내 인생의 오디션

바버라 월터스 회고록

내 인생의 오디션

바버라 월터스 지음 | 이기동 옮김

도서
출판 **프리뷰**

옮긴이 **이기동**은 서울신문에서 모스크바 특파원과 국제부장, 논설위원을 지낸 언론인이다. 국제전문 기자로 수십 개국을 순회취재했으며 지금은 대학 강의와 집필, 번역 활동에 전념하고 있다.

내 인생의 오디션

초판 1쇄 발행 | 2009년 8월 27일
초판 2쇄 발행 | 2009년 9월 17일

지은이 | 바버라 월터스
옮긴이 | 이기동
펴낸이 | 이기동
펴낸곳 | 도서출판 프리뷰
주소 | 서울시 성동구 성수1가 1동 656–410 홍성빌딩 4F
이메일 | icare@previewbooks.co.kr

전화 | 02)3409–4210
팩스 | 02)3409–4201
등록번호 | 제206-93-29887호

교열 | 이경우
편집디자인 | 에테르
인쇄 | 상지사

ISBN 978–89–962763–1–9 03070

잘못된 책은 구입하신 서점에서 바꿔 드립니다.
책값은 뒤표지에 있습니다.

언니 재클린 월터스와

너무도 예쁜 내 딸 재클린 월터스 댄포스를 생각하며

이 책을 쓴다.

두 사람 모두 나의 삶을 바꾸어 놓았다.

차 례

프롤로그

　　시스터Sister. 나는 한동안 내 회고록의 타이틀을 이 '시스터'로 할 생각이었다. 왜냐하면 알게 모르게 내 삶에 가장 큰 영향을 미친 사람이 나의 유일한 자매 재클린(재키) 언니였기 때문이다. 재키 언니는 나보다 세 살 위이지만 언제나 내 동생 같았다. 언니는 약간이긴 하지만 정신지체 증세가 있었다. 그래서 정규 학교에 가지 못했고 친구도 없었다. 직업도 가질 수 없었고 결혼도 하지 못했다. 다시 말해 제대로 된 삶을 살 수 없었다.

　　언니의 병은 내 삶도 바꾸어 놓았다. 나는 아주 어릴 적부터 언젠가는 재키 언니를 내가 책임지고 돌봐 주어야 할 것이라는 생각을 했다. 내가 그토록 일에 매달리게 된 주된 이유들 가운데 하나가 바로 언니에 대한 책임감 때문이었다. 그것은 경제적인 책임감에 그치는 것만이 아니었다.

　　얼마나 많은 세월을 내가 언니 때문에 속상하고 언니 때문에 창피했는지 모른다. 나는 이렇게 가진 게 많은데 언니는 왜 저렇게 가진 게 없는지 하는 죄책감에 얼마나 시달렸는지도 모른다. 약 80년 전 재키 언니가 태어나던 때만 해도 정신지체에 대한 사회의 인식은 거의 전무하다시피 했다. 요즘은 '지능장애아'라고 부르지만 당시에는 이런 아이들을 가르치는 학교가 거의 없었다. 이런 아이들이 가서 무엇이라도 배울 만한 워크숍도 없었고 이런 아이들이 가진 재능과 성실성을 어떻게든 끄집어내어 활용해 보겠다고 나서는 고용주도 없었다.

요즘 같았으면 언니도 직업을 가질 수 있었을지 모른다. 단순하지만 생산적인 무슨 일이라도 할 수 있었을 것이다. 어쩌면 멋진 남자를 만나 결혼도 했을지 모른다. 하지만 그 당시 재키 언니의 삶은 나와 어머니, 아버지와의 관계를 빼놓고는 그야말로 완전히 고립돼 있었다.

부모님은 언니를 보호하셨다. 두 분은 가족 말고는 누구한테도 언니 이야기를 꺼내거나 언니의 몸 상태를 입에 올린 적이 없었다. 부모님은 말해 봐야 남들이 언니를 이해해 줄 리도 없고 기피하고 업신여기기만 할 것이라고 생각하셨다.

재키 언니의 고독은 나의 고독감을 키우는 데도 한몫했다. 언니가 생일 파티를 하지 않기 때문에 어릴 때부터 내 생일 파티도 없었고 언니가 갈 수 없었기 때문에 나도 걸스카우트에 들어가지 못했다. 아이들이 우리 언니를 어떻게 생각할지 몰라서 나도 다른 집 아이들과 친구를 사귀지 못했다. 아이들이 언니에 대해 쑥덕거릴 것이라고 생각했다. 정말로 그랬는지는 모르지만 나는 그럴 것이라고 생각했다.

외톨이가 된 언니를 보면서 마음이 상하신 어머니는 내가 나이가 조금 들면서부터 여자 친구와 함께 놀러 나가거나 남자 친구와 데이트를 하러 나가면 언니를 같이 데리고 가라는 말을 종종 하셨다. 나는 언니를 사랑했다. 언니는 착하고 인정이 많았다. 그리고 어찌 됐든 내 언니였다. 물론 언니가 미울 때도 있었다. 나와 다르다는 사실, 나와 다르다는 생각을 갖게 만드는 것, 그리고 언니가 나의 삶에 드리운 여러 가지 제약 때문에 언니가 미웠다. 언니를 미워하는 감정이 오래 가지는 않았지만 그런 감정이 있었던 건 부인할 수 없다. 내가 언니를 미워했다는 말을 듣고 놀랄 사람이 있을지도 모르겠다. 같은 감정을 가져 본 사람이라면 나의 말에 함께 죄책감을 가질지도 모르겠고, 아니면 나만 그런게 아니구나 하며 안도감을 느낄지도 모르겠다. 이 글을 쓰면서 나는 형제자매 가운데 오래 앓아누워 있거나, 아니면 정신적으로 혹은 육체적으로 정상이 아닌 이를 둔 사람들은 내가 하는 말을 이해할 것이라고 생각했다.

나는 최근 재키 언니가 나의 삶에 미친 영향을 설명하는 데 많은 도움이 된 책 한 권을 우연히 읽게 되었다. 심리요법사인 지니 세이퍼가 쓴 '정상인 : 힘들거나 병든 형제자매와 함께하는 삶' The Normal One : Life with a Difficulty or Damaged Sibling이 바로 그 책이다. 저자도 아주 힘든 남동생과 함께 자란 사람이었는데 거의 모든 페이지가 내 경우와 딱 들어맞았다. '너무 조숙한 아이. 남동생을 내가 돌보고 먹여 살려야 할 것이라고 어렴풋이 느껴지는 책임감. 반드시 성공해야 한다는 강박감과 실패하면 안 된다는 두려움' 이라는 구절이 있었다. 이 책을 좀 더 일찍 읽었더라면 하는 아쉬움을 가져 보지만 그랬더라도 달라질 건 없었을 것이다. 그래 봐야 재키 언니는 여전히 재키 언니였을 것이고 나는 똑같은 상황에 휘둘리며 지내 왔을 것이다.

성공, 성취, 자기 보호 등 내가 자신을 내몬 욕구의 뿌리를 거슬러 올라가면 대부분 언니에 대한 나의 감정과 닿아 있다. 하지만 그것만으로는 성공할 수 없었을 것이다. 그 욕구를 남보다 뛰어난 것으로 만들기 위해서는 '그 무언가' 가 반드시 필요하다. 혹자는 그것을 야망이라고 부를 것이다. 맞는 말일 수도 있다. 또 혹자는 그걸 불안감이라고도 한다. 수줍음이라고 하는 것처럼 상투적이고 따분한 설명이기는 하지만 전혀 일리 없는 말은 아니다. 하지만 돌이켜 보면 살아오면서 긴 오디션을 한번 받았다는 기분이 든다. 그 오디션을 통해 나는 남보다 뛰어나려고 애썼고 인정받기 위해 노력했다.

언니는 어릴 때 아주 예뻤다. 정신지체가 있었지만 외모에는 전혀 이상이 없었다. 언니는 고운 머리칼, 고운 피부, 예쁜 미소를 가지고 있었다. 키는 나보다 조금 작았지만 몸매는 나보다 더 예뻤다. 나는 검은색 머리에 얼굴은 창백한 편이었다. 말라깽이라는 소리를 자주 들었다. 부모님은 나를 귀여운 말라깽이라는 뜻으로 '스키니말링키딩크' 라고 사랑이 가득한 목소리로 부르곤 하셨다. 재키 언니도 겉으로 보기에는 나와 하나도 다를 게 없었다. 적어도 말을 하지 않을 때는 그랬다. 언니는 내가 지금까지 본 사람 가운데 가장 심한 말더듬이였다. 얼마나 심했던지 단어 한마디를 내뱉으려면 혀를 바깥으로 내밀며 온 힘을 들여야 했다. 부모님은 언니를 위해 좋다는 치료법은 다 써 보았지만 아무런 도움이 되지 않았다. 한번은 조지 6세 영국 왕의 언어장애를 낫게 했다는 사람한테 언니를 데려간 적도 있다. 그 사람도 언니한테는 아무런 도움이 못 되었다. 언니가 말하는 걸 듣고 있으면 너무 딱했다. 사람들은 대부분 듣다 말고 놀리기부터 했다. 언니에 대해 제일 먼저 기억나는 일은 내가 세 살 때쯤이고 언니가 여섯 살이었을 때다. 이웃의 남자아이들이 언니가 말하는 것을 보고는 언니 스커트를 잡아당기며 놀려댔다. 우리 둘은 울면서 집안으로 뛰어 들어갔다.

언니가 1985년에 난소암으로 죽을 때까지 나는 부모님을 대신해 언니 일을 걱정하고 도와주고 중요한 결정을 내렸다. 그리고 나는 언니를 항상 사랑하지는 못했는데 언니는 언제나 나를 사랑했다는 사실 때문에 괴로워했다. 언니는 나에게 공감하고 이해하는 법을 가르쳐 주었다. 이 두 가지 마음씨는 나중에 인터뷰를 진행할 때 내게 중요한 자산이 되었다. 언니는 의기소침하고 짜증 내고 발끈하기도 잘했지만 나한테 화를 내거나 나를 시기한 적은 한번도 없었다.

나는 내 딸아이 이름을 재클린(재키)이라고 지었다. 재키 언니가 내 아이를 자기 친딸처럼 생각했으면 하는 마음에서였다. 그 무렵에는 나도 언니가 자기 아이를 가질 희망이 없다는 사실을 알았다. 이렇듯 언니에 대한 감정은 다소 복잡한 것이었지만 사랑이 원망보다 강했으며 언니가 안됐다는 마음이 너무 컸다.

내가 이 이야기를 하는 이유는 텔레비전 생활을 갓 시작한 젊은이들이 흔히 나한테 "나도 당신처럼 되고 싶어요"라는 말을 하기 때문이다. 이럴 때 나는 준비해 둔 것처럼 항상 "그건 패키지로 몽땅 가져가야 하는데"라는 대답을 들려준다. 그러면 모두 공손하게 웃지만 내가 말하는 의도는 알 리가 없다. 나도 굳이 자세히 말하려고 하지 않는다. 나는 오랫동안 언니에 대한 이야기를 나 혼자만 간직해 왔다. 언니가 내 삶을 이끌어온 중심적인 힘이기는 하지만 언니 역시 내가 이 책에서 밝히려고 하는 패키지의 일부였다.

이 패키지에는 언니 외에도 명석하고 빈틈없는 지휘자 역할을 하신 아버지, 사랑스럽지만 힘들게 사신 어머니, 그리고 어린 시절부터 시작해 텔레비전에서 전문 직업인으로 살아오면서 그동안 내가 만난 멋지고 훌륭한 많은 사람들이 들어 있다. 그렇다! 하지만 이 회고록에 담긴 내용은 대부분 내가 어떻게, 그리고 왜 여기까지 오게 되었는지에 대해 쓴 나 자신의 이야기다.

프롤로그를 마치기 전에 한 가지만 더 말해야겠다. 오래전 NBC의 '투데이 쇼'에 매일 출연하던 60년대 때의 일이다. 그때 나는 7번 애비뉴 57번 스트리트에 살았다. 내 아파트는 길 건너편 카네기홀이 있는 아주 번잡한 거리 모퉁이에 자리하고 있었다. 근처에는 비즈니스맨들이 모여드는 대형 호텔도 여러 곳 있었다. 그 때문에 그 길모퉁이는 아주 매력적인 '밤의 여인들'이 모여드는 곳이기도 했다. 매일 새벽 5시면 나는 화장을 안 했기 때문에 짙은 선글라스를 끼고 아파트 문을 나섰다. 손에는 보통 쓰레기 봉지를 든 채였다. 그 '여인들' 눈에는 내가 방금 거물 '고객'과 함께 있다 나오는 것으로 보였을 것이 틀림없다. 그때만 해도 나는 아무것도 모르는 영계는 아니었다. 바깥으로 나오면 젊은 여인들을 볼 수 있었고 그 가운데는 십대들도 있었다. "굿모닝"이라고 내가 아침인사를 건네면 그 여인들도 "굿모닝" 하고 답했다. 그리고 나서 나는 제복 차림의 운전기사가 모는 긴 검정 리무진에 올라 이른 새벽의 불빛 속으로 미끄러져 갔다. 나의 그런 모습이 그 여인들에게 과연 어떤 영향을 끼쳤을까?

나는 그들에게 희망을 주었다.

이 책도 여러분에게 그런 희망을 줄지 모른다.

자, 이제 그 패키지를 열어 보이려 한다. 처음부터 하나하나.

내 인생의 오디션

Babara Walters
AUDITION

아버지와 어머니, 그리고 공주 할머니

나의 어머니 데나 셀레츠키는 1919년 보스턴에서 열린 한 자선 댄스 모임에서 아버지 루 월터스를 만났다. 아버지의 친구가 두 사람을 소개해 주었는데 그 친구 분은 나중에 우리 이모와 결혼했다. 어머니는 그때 스물두 살이었고 길고 검은 머리에다 광대뼈가 나오고 큰 가슴(엄마는 늘 젖가슴이 너무 큰 게 불만이셨다)에 늘씬한 다리와 아름다운 갈색 눈을 가진 정말 예쁜 아가씨였다. 아쉽게도 그 갈색 눈은 거의 보이지 않을 만큼 시력이 나빴다. 어머니는 심한 근시여서 항상 알이 두꺼운 안경을 써야 했는데 엄마한테는 그게 큰 고민거리였다. 사진기 앞에서 포즈를 취할 때면 엄마는 반드시 안경을 벗었다.

당시 스물네 살 청년이었던 아버지는 특별히 잘생긴 용모는 아니었다. 157센티미터 정도로 키는 작고 마른 체구에다 연한 갈색머리였고 코가 컸다. 코는 나중에 성형수술을 해서 뜯어고치셨다. 아버지도 안경을 끼셨는데 다른 이유가 있었다. 어릴 적에 사고가 나 깨진 우유병 조각에 한쪽 눈을 잃어서 그쪽에는 의안을 하고 계셨다. 하지만 아버지는 항상 옷차림이 깔끔하고 용모에 기품이 있었다. 아마도 영국에서 자란 영향 때문일 것이라 생각된다. 아버지는 영국식 억양을 사용하셨는데 그때나 지금이나 나는 영국식 억양이 듣기 좋다.

아버지는 첫 번째 사업에서 성공을 거두셨다. 당시 많은 사람들이 부러워하

면서도 섣불리 뛰어들지 못한 사업에 손을 댔는데 바로 쇼 비즈니스였다. 아버
지는 어머니를 만날 당시 보스턴에서 루 월터스 에이전시라는 이름의 티켓 예
약 전문 회사를 막 시작했다.

당시 보드빌 홀은 제1차 세계대전 직후 '광란의 1920년대' Roaring Twenties 로
알려진 시끌벅적한 사회 분위기에서 왕국과 같은 존재였다. 적어도 뉴잉글랜드
에서 아버지는 이 왕국으로 들어가는 열쇠를 쥔 분이셨다. 보드빌 홀은 사람들
로 들어찼고 끝없이 파티가 이어졌다. 아버지는 그 파티가 계속 이어지도록 만
드는 사람이었다. '말괄량이 아가씨들이 필요하십니까? 루 월터스 에이전시가
소개해 드립니다. 찰스턴 밴드가 필요하십니까? 아무 걱정 마십시오.' 마술사,
댄서, 코미디언, 일류 스타, 무명 스타를 막론하고 아버지 회사에서 모두 주선
해 주었다. 돈을 갈퀴로 긁어모으듯 했다. 그때 아버지 나이 겨우 20대였다.

아버지와 달리 어머니는 그때 남성 넥타이 가게에서 포장 일을 하셨다. 어
머니의 아버지는 그때 구두 가게를 했는데 심장병을 앓고 계셨다. 일을 시작한
지는 얼마 되지 않았지만 어머니는 여섯 명의 동생을 부양하는 데 부모님에게
힘을 보태려고 일을 하셨던 것이다. 어머니는 항상 느긋한 자세로 일을 하셨고
다른 친구들과 달리 기품도 있었다고 한다. 말을 예쁘게 하셨고 약간 빈정대는
투가 있긴 하지만 유머 감각도 뛰어났다고 한다.

부모님은 만난 지 1년 만에 결혼하셨다. 1920년 5월 30일이 바로 두 분의
결혼 일이다. 이날을 기해 굴곡 많은 두 분의 관계는 공식적으로 시작되었다.
이후 개인적인 비극을 극복하고 성공의 정점과 극심한 금전적인 어려움의 심연
을 오가며 두 분의 결혼생활은 60년 가까이 계속되었다.

어머니와 아버지 양쪽 선대 모두 당시 러시아제국이었다가 지금은 동유럽
에 속하는 곳에 사셨다. 외가는 리투아니아의 한 시골 마을이고 친가는 폴란드
의 로지였다. 이는 내가 이 회고록을 쓰면서 새로 알게 된 사실이다. 우리 가족
들 일부는 그동안 아버지의 '훌륭한' 선대가 학구적이고 매우 종교적인 도시이
며 리투아니아의 예루살렘으로 불리는 빌니우스 출신이라고 굳게 믿고 있었다.
1997년 죽은 나의 고종사촌 언니 셜리는 자칭 월터스 가문의 족보를 꿰고 있다

고 자부해 왔는데 우리 친가 쪽이 빌니우스 출신이라고 굳게 믿었다. 나는 족보 전문가는 아니지만 이번 회고록을 쓰면서 옛날 기록을 찾아보았더니 친가 쪽 할아버지 이삭 아브라함스는 1868년 로지에서 태어나셨고, 외할아버지 제이콥 셀레츠키는 비슷한 시기에 러시아에서 태어나신 것으로 되어 있었다.

셀레츠키 집안과 아브라함스 집안 모두 러시아제국 시절의 반유대주의를 피해 시작된 유대인 난민 행렬에 몸을 실었을 것으로 생각된다. 외가 쪽은 1890년대에 곧바로 미국으로 건너와 보스턴에 정착했던 것 같고 친가 쪽은 먼저 런던으로 갔다.

셜리 언니는 우리 친가 쪽 할아버지가 할머니를 만나 결혼하게 되기까지의 동화 같은 이야기를 신이 나서 들려주곤 했다. 셜리 언니 이야기에 따르면 스물두 살 남짓한 청년 이삭 아브라함스가 런던에 도착했을 때 그는 부모 없는 고아에다 학교도 다니지 못했고 땡전 한 푼 없는 무일푼이었다. 그런 그가 어쩌다 부유한 슈워츠가와 인연을 맺게 된다. 슈워츠가는 몇 년 앞서 동유럽을 떠나 그곳으로 왔는데 당시 잉글랜드에 아주 수입이 좋은 직조공장을 여러 개 소유하고 있었다. 슈워츠 부부는 청년 이삭이 총명하고 예의바른 데다 잘생긴 용모에 호감을 갖게 되었다. 그래서 그를 양자로 삼다시피 해서 직조공장의 견습공으로 데려다가 일을 배우게 하고 영어부터 시작해 공부도 가르쳤다.

그 즈음에 두 사람의 딸 릴리안이 등장한다. 동화에는 늘 공주가 등장하지만 두 분의 고명딸인 릴리안은 시시한 공주 이상이었다. 릴리안의 부모는 휴일이면 딸의 손에 견습공들에게 먹일 음식을 들려서 직조공장으로 보냈다. 릴리안이 들고 오는 바구니 안에는 칠면조, 거위, 오리, 빵, 케이크 등 먹을 것이 가득 들어 있었다. 운명의 날, 공주는 잘생긴 고아 청년을 보게 된다. 셜리 언니의 이야기에 따르면 그날 릴리안은 옅은 하늘색 코트에다 작은 흰색 담비 머프와 모자 차림이었다. 두 사람은 첫눈에 서로 반했다. 금지된 사랑이었다. 대담한 공주는 자신의 감정에 충실했고, 이 무일푼 구혼자를 포기하라는 가족의 명령을 무시하고 이삭을 따라 집을 나가 버렸다.

슈워츠가에서는 이 결혼이 못마땅했지만 그래도 직조공장에서 이삭을 잘

가르쳤고 그는 런던에서 돈벌이가 아주 좋은 맞춤 양복점 주인이 되었다. 공주
는 일곱 번 엄마가 되었다. 첫딸이 로즈였는데 이분이 바로 셜리 언니의 어머니
다. 그 다음 아버지 루가 태어났다. 그리고 해리, 배닛, 벨, 플로렌스가 그 뒤를
이었다(퀴즈 문제를 내려는 건 아니니 걱정 마시라).

릴리안과 할아버지 이삭은 런던에서 친가 쪽 가족을 키워 갔고, 외가 쪽은
보스턴에서 가족을 늘리는 데 여념이 없었다. 외할아버지 제이콥 셀레츠키는
행상을 하며 새로운 나라에서의 삶을 시작했다. 1895년에 외할머니 셀리아 샤
코위츠를 만나 결혼할 당시에는 동생 조지프와 함께 신발 장사를 하고 있었다.
두 분도 7명의 자녀를 두었다. 나의 어머니 데나와 이모 레나, 그리고 에드워드,
새뮤얼, 맥스, 쌍둥이인 대니얼과 허먼 등 아들 한 보따리를 낳았다.

외할아버지는 전혀 기억이 나지 않는데 외할머니 셀리아는 또렷하게 기억
이 난다. 외할머니는 키가 자그마하고 뚱뚱했으며 어머니처럼 두꺼운 안경을
쓰셨다. 모두들 외할머니 말에는 고분고분했다. 외할머니는 강인하고 무서운
분이셨다. 외할머니는 이디시어 억양이 많이 들어간 영어를 쓰셨는데 내가 알
고 있는 몇 마디 안 되는 이디시어 단어는 모두 외할머니한테서 배운 것이다.
예를 들면 달콤하지만 애처롭다는 뜻의 '네비시', 아주 많은 것이 움직인다는
뜻의 '미스후구스', 미친 사람을 나타내는 '미스후가', 침울한 사람을 뜻하는
'파비세너' 등을 꼽을 수 있다. 스펠링을 좀 더 정확하게 쓸 수도 있겠지만 대충
뜻이 그렇다는 말이다. 애석하게도 외가 쪽에는 셜리 언니처럼 족보를 꿰고 있
는 사람이 없다. 그래서 좀 더 흥미진진한 셀레츠키 집안 이야기가 있는지는 모
르지만 어쨌든 나는 들은 바가 없다.

슈워츠 집안에서는 우리 할아버지를 훌륭하게 교육시켰는데 이삭 할아버지
는 열렬한 독서가였고 글도 쓰셨다. 할아버지는 책 읽기에 대한 열정을 아버지
께 물려주셨는데 내 기억에 아버지는 항상 책을 손에 들고 사셨다. 이삭 할아버
지는 또한 글 쓰는 재능도 큰아들에게 물려주셨다. 런던에서 학창 시절을 보낼
때 아버지는 에세이를 잘 써서 우수상 은메달도 받으셨다. 그러니 집에서는 당
연히 똑똑한 아이로 대접을 받았다.

하지만 이삭 할아버지는 런던에서 어렵게 사셨다. 당시 이스트앤드(런던 동부의 빈민가)의 의류업계는 유대인 이민 노동자를 착취하는 것으로 악명이 높았다. 작업 환경은 보통 끔찍한 게 아니었다. 무덥고 공기도 제대로 통하지 않는 방은 저임금 노동자들로 빽빽이 들어찼고 그 가운데는 아이들도 많았다. 화장실도 갖춰져 있지 않은 곳에서 이들은 일주일에 7일을 꼬박 일했다. 이러한 '노동력 착취'는 '노동력 착취업체'라는 용어를 탄생시켰고 결국 사회적 소요와 폭동으로 이어질 수밖에 없었다.

이삭 할아버지께서 노동력 착취업체를 운영하셨는지 아니면 그런 곳에서 일을 하셨는지 나는 모른다. 어쨌든 의류업계의 불만과 소요가 1901년에 파업으로 이어지자 할아버지는 가족을 데리고 북아일랜드의 벨파스트로 옮기셨다. 그곳에도 제법 큰 규모의 유대인 사회가 형성되어 있었고 그 규모도 점차 늘어나고 있었지만 할아버지는 그곳에 오래 머물지 않으셨다. 할아버지는 1909년에 가족을 데리고 미국으로 건너왔다. 이삭 할아버지는 우리 아버지와 헤리 삼촌, 배닛 삼촌 등 세 명의 아들과 함께 증기선 세드릭호에 몸을 싣고 리버풀을 떠나 8월 28일 뉴욕에 도착하셨다. 승객 명단을 보면 이분들은 엘리스 섬에서 하룻밤 억류되어 있었던 것으로 기록되어 있다. 아버지가 한쪽 눈을 실명한 것 때문에 입국허가를 받는 데 의사의 소견이 필요했기 때문이다. 억류에서 풀려나자 이분들은 친척집에 잠시 머문 다음 맨해튼의 로어 이스트 사이드에 있는 유대인 이민자 커뮤니티인 리빙턴 스트리트로 옮겼다. 할머니는 딸 네 명을 데리고 7개월 뒤에 증기선 컬럼비아호를 타고 와서 합류했다. 이들도 엘리스 섬에서 하룻밤 억류당해 있었는데 나중에 할아버지가 가서 데리고 나왔다고 한다. 우리 가족의 미국 오디세이는 이렇게 해서 시작됐다.

아브라함스 가문이 언제 어떻게 아브라함스라는 성을 버리고 월터스라는 성을 택하게 되었는지는 분명치 않다. 하지만 당시에는 많은 이민자들이 미국이라는 멜팅폿에 섞여 들어가기 위해 영어식 이름을 택했다. 예를 들어 보스턴에 사시던 어머니의 남자 형제 두 분은 그때 벌써 셀레츠키라는 성을 버리고 셀레트라는 성을 쓰고 계셨다. 그렇게 해서 할아버지 이삭 아브라함스는 에이브

러햄 월터스가 되었고, 공주 할머니는 릴리안 월터스가 되었다. 그리고 두 분의
맏아들은 루이스 에드워드 월터스가 되었다.

셜리 언니는 이혼한 엄마와 함께 잠시 할아버지 댁에 같이 살았는데 언니는
나중에 대단했던 우리 할머니에 대한 이야기를 엄청나게 많이 해 주었다. 릴리
안 할머니는 매일 점심식사 후에는 폰즈 드라이 스킨 크림을 얼굴에 듬뿍 바르
고 눈에는 오이를 잘라 붙인 채 낮잠을 주무셨다고 했다. 내가 조금 자란 다음
셜리 언니는 내가 데이트를 나가기 전에는 꼭 누우라고 해서 눈에다 오이를 잘
라 붙여 주었다. 그러면 그게 베개 위로 떨어졌다. 릴리안 할머니는 그뿐만 아
니라 우유로 목욕을 하고 양 팔꿈치의 꺼칠꺼칠한 살갗도 레몬으로 말끔히 닦
아 내야 직성이 풀리셨다고 했다.

이분들은 '신세계'에 와서 행복하게 지냈지만 내 조부모님은 끝까지 속속
들이 영국 사람으로 사셨다. 일요일 아침에는 훈제 연어, 달걀, 양파를 드셨고
매일 오후 할머니는 껍질을 벗겨낸 식빵에 물냉이와 오이를 넣어 만든 샌드위
치와 함께 하이 티를 즐기셨다. 여러 해가 지나도록 영국식 사고방식이 워낙 뿌
리 깊이 자리하고 있었기 때문에 1936년 에드워드 8세 왕이 두 번이나 이혼 경
력이 있는 미국 여인 월리스 심슨 부인과 결혼하기 위해 왕위를 포기하자 온 가
족이 발작을 일으킨 것처럼 슬픔에 빠졌다. 셜리 언니 말에 따르면 조부모님은
사랑하는 여인을 위해 왕위를 포기한다는 에드워드 왕의 유명한 연설을 라디오
로 들으면서 내내 훌쩍이셨다고 한다(그로부터 여러 해 뒤에 우리 가족을 돌보는 하느
님의 섭리가 있었는지 아버지는 바하마에서 자신이 주관하는 쇼 공연 중 한 편을 윈저 공 부
처 앞에서 공연하게 되었고, 공연이 끝난 다음 아버지는 어머니와 나를 데리고 그분들과 함
께하는 만찬에 참석했다).

나는 아버지의 부모님에 대한 기억이 전혀 없다. 나는 에이브러햄 할아버지
가 1931년 56세에 심장마비로 돌아가시던 그 무렵에 태어났다. 5년 뒤에 릴리
안 할머니가 할아버지의 뒤를 따라 가셨다. 돌아가시던 날 아침에 공주 할머니
는 셜리 언니한테 손톱 손질을 해 달라고 하셨다고 한다. "숙녀라면 이렇게 살
아선 안 된단다." 할머니는 셜리 언니에게 이렇게 말씀하셨다. "어떻게 이런 몸

으로 죽을 수 있겠니?" 그러시면서 할머니는 자기가 처녀의 몸이라고 선언하셨다. 그 말을 들은 셜리 언니는 당연히 이렇게 되물었다. "말도 안 돼요, 할머니. 할머니는 아이를 7명이나 나으셨잖아요." 할머니는 단호한 어조로 말씀하셨다. "나도 알아. 하지만 나는 한번도 그 일에 내 발로 가담한 적은 없었어."

미국 해안에 도착할 때 열다섯 살이던 아버지는 곧바로 일자리를 구하러 나섰다. 아버지는 훨씬 뒤인 70세 때 당시 일을 적은 글에서 "얼마나 돌아다녔는지 모를 정도"라고 썼다. 책으로 내지는 않았지만 그 글은 보물처럼 귀한 아버지의 회고록이다. 아버지가 뉴욕에 오셔서 학교에 다녔다는 이야기는 없다. 슬픈 일이다. 하지만 돌이켜 보면 그 당시 막 도착한 아홉 명의 식구를 먹여 살리는 데 힘을 보태야만 했다. 그리고 일자리는 얼마 되지 않는데 일자리를 구하러 나선 그 또래 남자아이들이 많은 때였다.

그 글에 보면 아버지는 매일 아침 8시쯤이면 로어 맨해튼의 리빙턴 스트리트에서 시작해 타임스 스퀘어까지 3마일이나 되는 길을 걷기 시작했다. 브로드웨이 42번가 길모퉁이에 있는 한 건물에 나붙는 일용직 구인광고를 그는 몇 달 동안 매일 아침 읽었다. 아버지는 구인광고에 나오는 제일 가까운 주소로 달려갔지만 가 보면 언제나 다른 사람이 먼저 와 있었다. 먼저 온 남자아이들이 이삼십 명씩 되는 경우가 많았고 순식간에 자기 뒤에도 이삼십 명이 뒤따라 왔다고 했다. 사람을 이미 구했다는 공고가 나붙으면 아버지는 또다시 가까운 주소지를 찾아 달려갔다. 하지만 가 보면 먼저 와 있는 아이들이 사십 명씩이나 되었다. '정말 가망 없는 일이었다'고 아버지는 쓰셨다.

7개월 만에 아버지는 드디어 일자리를 구하셨다. 그리고 그 일이 본의 아니게 아버지의 평생 일이 되고 말았다. "사무실 남자 보조 구함. 인디펜던트 예매사무소. 브로드웨이 1440. 오후 2시 이후 신청 바람." 아버지는 1910년 4월 5일 아침 어떤 건물 창문에 나붙은 여러 구인광고 가운데서 이 문구를 읽었다. 당시 아버지는 예매 사무소가 무슨 일을 하는 곳인지 전혀 몰랐지만 일자리만 얻을 수 있다면 무슨 일이든 상관없었다. 몇 군데 다른 구직 자리에 쫓아갔다가 허탕

을 친 뒤 아버지는 38번가 브로드웨이 모퉁이에 있는 니커보커 극장 건물에 있
는 사무실로 어슬렁거리며 걸어 들어갔다. 시간은 아직 정오밖에 안 되었다. 시
간이 아직 이르다는 것을 알면서도 아버지는 몇 달째 허탕만 치다 보니 무조건
안내 직원한테 찾아가 구인광고를 보고 왔노라고 말했다. 놀랍게도 그 자리에
서 사장인 스텀도프 씨한테 안내되었다. 주급 6달러였다. "다른 데서 일해 본
경험은?" "노." "타이프를 칠 줄은?" "노." "오후 2시 이후 신청 바람이라는 문
구는 봤는지?" 유일하게 그 질문에 대한 대답만 예스였다. 아버지는 제시간에
왔다가는 기다리는 줄이 많아 인터뷰를 해보기도 전에 자리가 차 버릴까 봐 빨
리 왔다고 설명했다. 스텀도프 씨는 정해진 시간에 다시 오라고 하면서 아버지
를 돌려보냈다.

　아버지는 2시 5분 전에 다시 그리로 찾아갔다. 기다리는 방은 사람들로 꽉
들어차 있었다. 아버지는 그 사람들이 모두 일자리를 구하러 온 사람들이라고
생각했는데 사실은 일감을 구하러 온 연예인들이었다. 그러는 찰나에 또 청천
벽력 같은 소리를 들었다. 안내 직원이 "미안하지만 일자리가 채워졌다"고 알
려 주는 것이었다. 낙담한 채 계단을 반쯤 내려가다가 두 시도 되기 전에 일자
리가 채워질 리는 없다는 생각이 번쩍 드는 것이었다. 그래서 아버지는 다시 사
무실로 돌아갔다. "아, 당신이 바로 일찍 왔던 루 월터스 군이군요. 들어와요"
라고 안내 직원은 말했다.

　그렇다면 아버지는 어떻게 그 일자리를 구할 수 있었을까? 나중에 알고 보
니 스텀도프 씨도 영국 사람이었다. 아버지는 영국 억양을 쓴 덕을 본 것이라고
하셨다. 나는 개인적으로 아버지가 보인 적극적인 자세 덕분이었을 것으로 생
각한다. 사무실로 두 번씩이나 찾아가고, 또한 신청자들 중에서 제일 먼저 온
사람이라는 인상을 확실히 심어 주었기 때문이었을 것이다.

　아버지는 일을 아주 빨리 배우셨다. 회사의 그날 고객 명단을 여러 극장과
보드빌 홀 체인의 입장표 예매업자들한테 넘기는 일이었다. 어쨌든 그렇게 해
서 아버지는 행운인지 불행인지 모르지만 평생 몸담으신 쇼 비즈니스업계 일을
시작하게 된 것이었다.

처음에는 '행운' 쪽이었다. 그 회사 주인 가운데 한 명이 보스턴에 지사를 열자 아버지는 그리로 옮기게 되었다. 아버지의 부모님과 어린 동생들도 모두 따라갔다. 나의 외가인 셀레츠키 집안과 친가 집안은 보스턴에서 한데 모여 살기 시작했다. 당시 외가는 신발 가게 두 곳을 운영하며 기반을 잡고 있었고 친가의 에이브러헴 할아버지는 양복점을 하며 그런대로 잘 지내셨던 것 같다. 그러나 무슨 이유에서인지 할아버지는 보스턴이 자기한테 안 맞는다며 아버지만 그곳에 남겨 두고 나머지 가족을 모두 데리고 뉴저지로 옮기셨다. 월터스 집안 사람 몇몇은 지금까지 뉴저지에 살고 있다.

아버지는 보스턴에서 잘 지내셨고 얼마 지나지 않아 일하던 회사를 떠나 자기 예매회사를 직접 차리고 루 월터스 예매 에이전시라는 근사한 이름을 붙였다. 아버지는 작은 시골 마을에 있는 보드빌 홀도 일일이 찾아다니며 재미있는 공연을 발굴하고 사람들을 만나셨다. TV가 없던 당시의 무성영화 시절에는 웬만한 마을마다 보드빌 홀이 있었고 아버지는 공연을 발굴하기 위해 계속 이 마을 저 마을 찾아다니셨다. 코미디언이던 잭 헤일리도 아버지가 발굴했다. 그는 나중에 클래식 영화 '오즈의 마법사'에 양철인간으로 출연했다. 어머니를 만난 것도 그때인데 그 당시 아버지는 표준 '일등 신랑감'이었다.

아버지는 어머니께 밍크 스톨을 사주시고 보스턴 교외의 부촌 뉴턴에 있는 방 14개짜리 저택으로 이사했다. 그 집에 살 때 언니가 태어났다. 두 분이 결혼하고 2년 뒤에 외할아버지가 심장병으로 돌아가셨다. 외할머니 셀리아는 그때까지도 다섯 명의 자녀를 키우고 계셨다. 아버지는 곧바로 외할머니와 레나 이모를 포함해 외가 식구들을 모두 불러들여 한집에서 살았다. 레나 이모가 결혼하자 이모부 시드니도 들어와 같이 살았다. 그 많은 식구들이 함께 살아도 아무 불편함이 없을 만큼 집이 넓었다. 식구들 모두 호사스럽게 살았다. 아버지는 캐딜락 두 대, 피어스애로와 패커드 각각 한 대 등 고급 승용차를 네 대 갖고 계셨다.

나는 그 자동차들을 보지 못했다.

나의 어린 시절

내가 보스턴에서 태어나던 때쯤 아버지는 처음에 모은 재산을 모두 잃으셨다(나는 지금 70대인데 몇 살인지 더 이상 자세히는 못 가르쳐 주겠다). 아버지가 사업을 하시면서 겪은 롤러코스터처럼 기복이 심한 금전적인 어려움은 내게 엄청나게 큰 영향을 미쳤다.

아버지는 쇼 비즈니스에서 몇 번이나 실패를 겪으셨다. 자라는 동안 내가 아는 아이들 대부분은 아버지가 평범하고 안정적인 직업을 가지고 있었다. 삼촌은 신발 장사를 했고 이모부는 싸구려 옷 장사를 했다. 치과의사면 대단한 직업이었고 그중에서도 최고는 "우리 의사 남편" 하고 으스대는 것이었다. "우리 예매 회사 사장 남편"이라고 으스댈 수 있는 사람은 많지 않았으며 어머니도 마찬가지셨다. 아버지의 사업이 망한 다음에는 말할 것도 없었다.

아버지의 잘못은 아니었다. 무엇보다도 1929년 주식 대폭락 사태가 있었고, 그와 함께 사치와 향락으로 점철된 광란의 1920년대는 갑자기 끝나 버렸다. 십년에 걸친 대공황이 그 뒤를 이었다. 하지만 실제로 아버지의 사업을 망친 장본인은 앨 졸슨이라는 배우였다.

앨 졸슨이 주연을 맡은 1927년작 영화 '재즈 싱어'는 쇼 비즈니스계의 기적이었다. '발성영화'의 효시가 된 이 영화는 활동사진 비즈니스를 완전히 뒤바꾸어 놓았다. 무성영화 시대는 거의 하룻밤 사이에 막을 내리게 되었고 뿐만 아니라 시장은 점차 라이브 쇼로 바뀌었다. 보드빌 홀들은 하나하나 영화관으로 바뀌었고 한때 호황을 누렸던 아버지의 사업은 서서히 멈춰 서기 시작했다. 그래서 나는 보스턴의 병원에서 집으로 갈 때 엄마의 모피 스톨에 싸여서 간 게 아니었다. 모피 스톨은 그때 벌써 팔아 치운 다음이었다. 네 대나 되는 고급 승용차 가운데 한 대에 태워져 간 것도 아니다. 네 대 모두 팔리고 없었다. 뉴턴에 있는 대저택의 안락한 아기침대에 뉘어진 것도 아니었다. 대신 나는 브루클린에 있는 두 가구가 함께 사는 초라한 집으로 갔다. 브루클린도 보스턴 교외이기는 하지만 뉴턴과는 비교도 안 될 만큼 초라한 곳이었다.

그래도 그렇게 나쁜 곳은 아니었다. 내가 어렸을 적에 브루클린에는 말이 한두 마리씩 어슬렁거리는 들판도 군데군데 있었다. 그때도 지금처럼 쿨리지 코너라고 불리는 작은 쇼핑센터가 하나 있고 도로시 머리엘스라는 이름의 빵가게도 하나 있어서 거기서 맛있는 컵케이크를 사 먹던 기억이 난다. 영화관도 하나 있었는데 나이가 좀 들면서 나는 그곳까지 걸어서 갔다. 그럴 즈음 아버지는 임대료를 내지 못해 보스턴 사무실 문을 닫을 수밖에 없게 되셨다. 아버지의 사업은 아직 영화관으로 전면 전환하지 못한 시골 극장들을 상대로 공연이나 소규모 쇼를 파는 것으로 규모가 줄어들었다. 아버지는 또한 매사추세츠 제화업협회 같은 단체들이 만든 그렇고 그런 상품광고 쇼 예매 사업도 시작했다. 사업이 크게 잘되는 것은 아니었지만 자금 조달에 도움이 되었다.

내가 대여섯 살 되던 해 아버지는 또 한번 작은 성공을 거두어 돈을 제법 벌었다. 보드빌 사업은 끝났지만 잿더미에서 나이트클럽 시대가 다시 열린 것이었다. 아버지는 순식간에 재능 있는 나이트클럽 프로듀서가 되셨다. 아버지가 처음 기획한 쇼는 보스턴에 있는 리도 베니스란 이름의 클럽 무대에 올려졌는데 뉴욕에서 온 여배우를 크게 내세워 선전했다. 아버지는 그 쇼를 "사랑스러운 신인 여배우들이 만드는 코러스"라고 선전했다. 실제로 그 여배우들은 현지 댄스학교에서 뽑은 젊은 여성들이었다. 첫 두 주간의 공연은 대성공이었고 두 번째 공연도 목표를 뛰어넘었다.

아버지는 여배우 이블린 네스빗을 설득해 리도 클럽에 출연하도록 만들었다. 그녀는 매혹적인 젊은 여성으로 몇 년 전 유명한 건축가 스탠퍼드 화이트와 깊은 관계였는데, 그 때문에 그녀의 백만장자 남편 해리 토가 매디슨 스퀘어 가든의 지붕 위에서 화이트를 총으로 쏴 죽인 사건이 있었다. 네스빗이 이룬 일은 딱 두 가지가 있었는데 아버지는 자기 회고록에서 이렇게 쓰셨다. 하나는 전국의 모든 신문은 물론 폴리스 가제타지 일면에 자기 사진이 실리도록 만든 것이었다. 다른 하나는 관중을 끌어모으는 능력이었다. 그녀는 당시 인기 패러디 물이었던 '페르시안 고양이'를 불러 실제로 사람들을 끌어모았다. 시장과 경찰청장을 비롯해 사실상 보스턴 사람 모두가 이 공연을 보러 왔다.

이 공연들을 제작하고 감독하면서 아버지는 수시로 재키 언니와 나를 데리고 가서 리허설 장면을 보여 주셨다. 출연진들은 우리를 보고 야단법석을 떨었다. 댄서들은 어떤 때는 나를 어지러울 정도로 빙빙 돌렸는데 나는 그게 너무 재미있었다. 아버지는 우리한테 핫도그를 넣은 롤빵을 사 주시곤 했는데 아버지와 우리 모두 그걸 무척 좋아했다.

하지만 행복한 시절은 오래 가지 못했다. 리도 클럽은 매각되었고, 아버지는 브래드퍼드 호텔에 있는 캐스케이즈룸에서 쇼 제작을 계속하셨지만 대공황의 여파는 아버지에게도 밀어닥쳤다. 브래드퍼드 호텔을 소유한 호텔 체인이 사업을 접어서 아버지는 또다시 사업을 그만두시게 되었다.

아버지는 얼마 안 가 다시 길거리로 나섰다. 일거리를 찾아 아버지는 20명 가까운 연예인, 음악가들과 함께 네 대의 승용차에 나누어 타고 동부 해안 일대를 샅샅이 누볐다. 메인 카에는 '멈추자, 보자, 들어 보자'라고 쓴 커다란 사인이 그려져 있었다. 한번은 이 이동 캐러밴과 함께 유료 관객을 찾아 북쪽으로 수백 마일을 달려 토론토를 거쳐 노바스코샤까지 가신 적도 있었다. 어떤 때는 몇 주일씩 아버지 얼굴을 못 보는 때도 있었는데 그래서 나는 어렸을 적에 아버지를 제대로 못 알아보았다. 한번은 아버지가 이 북부 여행을 마치고 돌아오시면서 재키 언니와 내게 흰색 코트와 후드를 한 벌씩 사다 주신 기억이 어렴풋이 난다. 옷은 우리한테 맞지 않았는데 그래서 엄마가 쓸데없이 돈을 낭비한다고 아버지께 핀잔을 주셨다.

부모님은 지금 기준으로 보면 잘 안 맞는 커플이었다. 어머니는 현실적이고 약간 우울한 성격이셨다. 어머니는 걱정거리가 많았다. 금전적인 걱정 말고도 그때 이미 정신지체 진단을 받은 어린 딸이 있었던 것이다. 더구나 언니가 태어나기 4년 전에 아들 하나까지 잃었다. 이름이 버튼이었는데 내 이름 바버라의 첫 철자인 'B'는 버튼의 이름 첫 자와 같이 만들려고 지은 게 분명했다. 그는 생후 14개월 만에 폐렴으로 숨을 거두었다. 부모님은 내 앞에서 한번도 그 아들 이야기를 입에 올리지 않으셨다. 할머니가 돌아가시고 엄마를 따라 할머니 묘소에 간 적이 있는데 할머니 묘소 옆에 있는 작은 묘비가 눈에 띄었다. '버튼 월터스'라고 씌어 있었다. 어머니는 그 앞에 무릎을 꿇고 앉아 울음을 터뜨리셨다.

그리하여 아버지와 어머니, 그리고 어린 두 딸만 남게 된 것이다. 어머니는 두 딸을 끔찍이도 사랑하셨다. 그렇지만 자신의 삶에 그다지 많은 환상을 갖고 있지 않은 현실적인 여성이었다. 아버지는 어머니와는 정반대 타입이었는데 시인 같은 분으로 항상 읽을거리를 손에서 놓는 법이 없으셨다. 자기 세계 속에 갇혀 사는 것처럼 보였고 남에게 애정을 잘 드러내 보이지 않으셨다. 나는 아버지가 장기간 여행에서 돌아오시는 경우에도 포옹을 해본 기억이 없다.

평생 동안 아버지의 유일한 탈출구는 카드놀이였다. 피노클과 진러미 게임을 주로 하셨다. 아버지는 돈내기를 하셨는데 주로 잃는 편이었다. 카드놀음을 같이하는 친구들이 아버지의 한쪽 눈이 의안이라는 점을 악용해 패를 던질 때 안 보이는 눈앞에다 던져서 아버지를 헷갈리게 했기 때문이라고 했다. 하지만 아버지는 카드놀이를 안 하고는 못 견디는 정도였다. 어머니는 아버지를 일주일에 하루 저녁이라도 집에 머물게 하려고 우리 아파트에서 주로 금요일 저녁에 카드놀이를 하도록 허락했다. 그날이 되면 친구들이 우리 집으로 몰려왔는데 온 집안이 시가 연기로 가득 차 몇 날 며칠이 지나도 연기가 빠져나가지 않았다.

어머니는 카드게임과는 거리가 먼 분이었는데 도박 때문에 아버지께 잔소리를 심하게 하고 가뜩이나 어려운데 돈을 날리면 어쩌려고 그러느냐며 불평하셨다. 나는 어머니가 불안해하고 걱정하는 게 이해가 되었다. 나도 도박은 한번

도 좋아해 본 적이 없다. 여러 해가 지나서야 비로소 나는 도박을 한다고 집에
서 욕을 먹기는 했지만 감수성이 풍부하고 재주가 많으신 아버지가 어려운 시
절에 우리를 키우느라 얼마나 애쓰셨는지 이해하게 되었다.

아버지가 언니와 나를 바깥으로 데리고 나가서 어머니께 쉴 시간을 갖도록
해주신 기억이 간간이 난다. 리도 베니스에서 멋진 리허설 구경을 시켜 주신 것
외에도 아버지는 우리를 보스턴의 퍼블릭 가든으로 데리고 가서 백조 보트를
태워 주고 보스턴의 차이나타운으로 데려가서 치킨 초면도 사 주셨다. 하지만
아버지와의 그런 기억은 아주 드문 편이고 나는 어디까지나 엄마의 딸이었다.
나한테 엄마는 인자하고 자상한 분이었다. 나는 나중에 자라면 우리 집 바로 옆
에다 예쁜 엄마 집도 사 드릴 거라는 말을 하곤 했지만 결국 그렇게 하지 못했
다. 그렇게 해 드렸더라면 하고 지금은 얼마나 후회가 되는지 모른다.

아버지에 대한 엄마의 감정은 솔직히 어떠한 것이었을까? 나로서는 알 도리
가 없다. 어머니는 아버지께 잘해 드렸고 아버지가 집에 돌아오면 좋아하는 음
식인 스테이크, 프렌치 프라이드 감자, 프랑크푸르트 소시지, 구운 콩 등 모두
다 해 드렸다. 물론 그 시절에는 재료부터 일일이 손수 만들어야 했다. 어머니
는 스테이크를 만들면 항상 제일 연한 부위를 골라서 아버지께 드렸다. 아버지
가 마시는 차도 어머니가 직접 끓여서 드렸으며 봉지에 든 차를 쓴 적은 한번도
없었다.

아버지도 어머니의 품위와 우아함을 존중하셨다는 건 나도 아는데 아버지
자신이 수시로 그렇게 말씀하셨다. 어머니도 아버지가 감수성이 풍부하고 지적
인 분이라서 어머니를 존중하셨다는 걸 분명히 아셨을 것이다. 아버지는 고등
학교도 졸업하지 못하셨지만 고전을 많이 읽어 셰익스피어 작품 대목을 인용할
정도였고 내가 잠들 때는 그리스 신화를 읽어 주기도 했다. 나는 아버지가 소장
하신 책을 모두 한군데 모아 놓았는데 대부분이 초판 아니면 한정판들이다.

두 분은 서로 사랑하셨을까? 나는 두 분이 우리 앞에서 키스나 포옹하는 걸
한번도 보지 못했다. 심지어 같이 웃는 것도 못 봤다. 지금까지 살아 계시면 계
속 같이 사셨을까? 그건 모르겠다. 어쨌든 두 분은 죽음이 서로를 갈라놓을 때

까지 60년 가까이 같이 사셨다.

어머니는 아버지께는 딱딱하게 대하셨지만(아버지는 어머니가 자기의 좋은 면 대신 허물만 잡는다는 말을 자주 하셨다) 재키 언니와 내게는 한없이 부드럽게 그리고 인내심을 갖고 대하셨다. 드문 일이지만 부모님이 친구들과 함께 외출하실 때 어머니는 우리를 늘 같은 보모한테 맡기셨다. '도티'라는 별명을 가진 바짝 마르고 나이 든 부인이었다. 보모는 우리에게 자기 손으로 구운 부석부석한 쿠키를 갖다 주었는데 그녀한테서는 항상 쿠키 반죽 냄새가 났다. 어머니는 도티가 아니고는 절대로 우리를 집에 두고 외출하는 법이 없었다. 어머니는 언니와 내게 항상 예쁘게 옷을 차려입혔는데 때로는 같은 옷을 입히기도 했다. 나는 그게 너무 싫었다. 머리는 곱게 빗겨서 당시 유행하던 커다란 호박단 머리띠를 매어 주셨다. 음식은 모두 손수 요리했고 매일 빨래와 다림질을 했다. 시간이 나면 어머니는 멋진 모자를 손수 만들었는데 어머니가 재봉틀로 커다란 검은색 밀짚모자에다 연분홍 체리 무늬를 박아 넣던 기억이 난다. 어머니가 그걸 우리에게 씌우면 눈 밑까지 내려왔다. 나는 그게 재미있었다.

엄마와 함께 있으면 나는 너무 기분이 좋았다. 물론 나는 엄마의 불평불만을 들어 주는 사람이었는데 불평 상대는 주로 아버지였다. 엄마는 친구가 많지 않았는데 카드놀이나 나이 든 사람들이 많이 하는 마작도 하지 않으셨다. 운전도 안 하셨는데 겁이 나서였다. 엄마의 제일 가까운 친구는 레나 이모였다. 하지만 레나 이모는 다른 교외 마을인 도체스터에 살았고 아들 둘이 있었다. 그래서 이모는 브루클린에 그렇게 자주 올 수가 없었는데, 일요일이면 자동차를 몰고 와서 우리를 태우고는 자기 집으로 데려가기도 했다. 외할머니는 레나 이모가 모시고 있었다.

매일 저녁 준비가 끝나면 엄마는 재키 언니와 나를 데리고 부엌 식탁에 함께 앉았다. 내가 그날 학교에서 겪은 일을 이야기하는 동안 언니는 혼자 생각에 빠져 아무 말이 없었다. 엄마는 아버지 이야기를 자주 하셨는데 주로 돈이 아쉽다든가 엄마가 필요로 할 때 옆에 안 계시다는 이야기였다. 나는 내가 엄마의 이야기 상대라는 게 그렇게 이상하게 생각되지는 않았다. 돌이켜 생각해 보면 당시 나도 어리지는 않았던 것 같다.

　우리는 그 시절 이사를 자주 했는데 대게는 더 나쁜 곳으로 옮겼다. 장례식장 바로 옆집에 살기도 했다. 한번은 아파트로 이사했는데 아버지가 집안일을 도와주시지 않았기 때문에 엄마가 지하실 보일러 불을 때야만 했다. 어머니는 그러다 허리를 다치셨고 이후로 엄마는 허리가 좋지 않아 한동안 고생하셨다.

　그 당시 나는 정신지체 언니는 누구한테나 다 있는 줄 알았다. 그리고 누구 아버지나 다 도박을 하고 집에 잘 들어오지 않는 줄 알았다. 나는 엄마가 나를 예뻐한다는 걸 알았다. 엄마는 나 같은 애 여섯 명만 있으면 좋겠다는 말을 수시로 하셨다. 나는 정말 말 잘 듣고 수월한 아이였다. 하지만 내 마음속 어디에선가는 불만이 자리하고 있었다.

　엄마가 언니한테 시간을 더 쏟는 것을 시샘했던 것일까? 엄마는 언니가 울거나 신경질을 부리면 달래고 옷도 입혀 주고 머리도 빗겨 주며 일일이 보살펴 주셨다. 그런 것 때문에 질투가 났을까? 나도 큰 애가 아니라 어린애 취급을 받고 싶었던 것일까? 아마도 그랬던 것 같다. 일곱 살인가 여덟 살 때였는데 툭하면 배가 아프다며 엄마가 자는 방에 들어가서 징징댄 기억이 난다. 평소에 워낙 착하고 말썽을 부리지 않는 아이였기 때문에 엄마는 내가 아프다고 하면 그걸 아주 심각하게 받아들였다. 그런 일이 일어나면 엄마는 언니를 도티 보모에게 맡기고 나를 데리고 병원을 찾아다녔다. 의사들은 아무리 진찰하고 필요한 검사를 해봐도 내게서 아무런 이상을 발견하지 못했다.

　그래도 나는 계속 아프다고 우겼다. 병원을 찾아다닌 끝에 한번은 엄마가 나를 식당에 데리고 가서 내가 좋아하는 스파게티를 시켜 주셨다. 너무 기분이 좋았다. 배가 아프다면서도 나는 순식간에 그걸 먹어 치웠다. 결국은 어떤 의사가 얼떨결에 내 맹장을 잘라내야 한다는 진단을 내렸다. 그 수밖에 없는 것 같았다. 나는 기꺼이 맹장수술을 받았다. 더 많은 관심을 얻어낸 것이다.

　퇴원하자 나는 원래 가정부 방으로 만든 작은 방에서 부모님이 지내는 큰 방으로 옮겨졌다. 기분이 너무 좋았다. 그 방에서는 주유소가 내려다보였다. 부모님 방 창문을 통해 나는 주유소에서 일하는 남자를 몰래 훔쳐 볼 수 있었다. 매일 밤 일이 끝나면 그 남자는 주유소 문을 닫고 작업복을 벗은 다음 속옷 차림으로 서서 바지를 입었다. 여덟 살 여자아이의 눈에는 정말 짜릿한 장면이 었다.

수술 자리가 감염이 되는 바람에 엄마는 내게 신경을 왕창 더 쏟지 않을 수 없게 되었다. 그때를 생각하면 정말 달콤하면서도 슬프다. 한번은 이런 일도 있 었다. 수술 뒤 병원에서 회복하고 있던 때였는데 그때는 맹장수술을 받고 나면 거의 일주일쯤 병원에 누워 있어야 했다. 엄마는 나를 돌보기 위해 매일 전차를 타고 브루클린에서 보스턴까지 왔다 갔다 했다. 전차에 내려서도 병원까지 열 블록은 족히 걸어야 했다. 어느 날 저녁에 누가 병실 문을 열고 들어서는 소리 를 들었는데 나는 그게 간호사라고 생각하고 쳐다보고 싶지 않아 계속 눈을 꼭 감고 있었다. 그 사람이 병실을 나간 다음 눈을 떠보았더니 침대 발치에 내가 좋아하는 인형이 놓여 있는 것이었다. 내가 혼자 있어서 무서워할까 봐 엄마가 밤중에 한 번 더 나를 보려고 전차를 타고 왔던 것이다. 그날의 기억은 지금까 지도 생생하게 남아 있다. 나는 지금도 그날의 일을 제대로 쓸 수가 없다. 엄마 를 생각하면 너무 슬퍼진다.

지금까지도 생생한 엄마와 나 사이에 대한 기억이 하나 더 있다. 벌써 60년 도 더 된 기억이다. 어느 크리스마스였는데 엄마에게 세공유리 향수병을 선물해 드리려고 돈을 모았던 기억이 난다. 세공유리 향수병은 당시 많은 여성들이 화 장대에 올려놓고 있던 것이었다. 엄마는 수집품이 많았는데 나는 엄마가 더 갖 고 싶어 할 것이라고 생각했다. 꼼꼼하게 살펴본 다음 반달 모양으로 깎아 완벽 하게 보이는 병을 골랐다. 나는 엄마가 내 선물을 맘에 들어 하고 되돌려주지 않 아야 할 텐데 하고 바랐다. 엄마는 아버지한테서 받은 선물을 여러 차례 되돌려 준 적이 있기 때문이었다. 엄마가 하도 선물을 되돌려 보내자 아버지는 엄마께 선물하는 것을 그만두셨다. 나는 평생 이 교훈을 마음속에 간직하고 살았다. 그 래서 어떤 사람이 나한테 선물을 하면 무조건 "정말 멋지네요"라고 말하며 적어 도 두 번은 그 선물을 써 보았다. 마음에 들지 않으면 그 다음에 돌려주었다.

크리스마스 전날 입이 근질거려 안달이 난 나는 엄마에게 향수병이 하나 더

생기면 좋겠느냐고 슬쩍 물어 보았다. "아닌데" 하고 엄마는 대답했다. 그러고
는 "지금 있는 것도 너무 많아"라고 하는 것이었다. 나는 눈물을 왈칵 쏟을 뻔했
다. 다음날 아침 나는 반짝이는 포장지에 싼 선물을 엄마께 건넸다. 엄마는 선
물을 열어 보고는 나를 두 팔로 꼭 껴안으며 이렇게 말했다. "내가 가진 향수병
중에서 이게 제일 예쁘다. 이걸 보고 나니 다른 것은 보기 흉하네. 다른 건 모두
내다 버리고 이것만 가져야겠구나." 엄마는 정말 그렇게 하셨다.

　　하지만 크고 작은 이런 정신적 충격들은 나의 학교생활에 아무런 영향을 미
친 것 같지 않다. 나는 아주 착실한 학생이었다. 숙제는 꼬박꼬박 제때 제출했
고 성적도 좋았다. 내가 다닌 브루클린의 작은 공립학교인 로렌스 스쿨에 가서
나를 가르친 선생님 몇 분과 인터뷰한 적이 있다. 5학년 때 나를 가르친 미스
(밀드레드) 질리스 선생님은 내가 '아주 착실한 학생'이었다고 하셨다. 선생님은
자기는 보통 A를 잘 안 주는데 내게는 A를 주었다고 하셨다. 선생님은 또한 내
가 쾌활하고 글쓰기 실력이 뛰어났다고 하셨다(어디 계세요, 미스 질리스 선생님? 지
금 저한텐 선생님이 필요해요).

　　더 흥미로운 것은 나한테 놀이 친구가 있는 걸 못 봤다는 말이었다. "나는
바버라가 붙임성이 있었다는 기억은 없어요"라고 미스 질리스 선생님은 말씀하
셨다. "바버라에게 학교는 비즈니스 장소 같았답니다."

　　나는 선생님의 마지막 이 말에는 동의하지 않는다. 나는 놀이 친구를 갖고
싶었고, 집에 친구도 데려가고 싶었고, 항상 외톨이라는 기분이었기 때문에 다
른 아이들과 같이 어울리고 싶었다. 일곱 살 때쯤이었는데 학교에서 학부모들
을 위해 작은 공연을 했다. 붉은가슴울새를 리드로 내세운 갈색 의상의 작은 처
퍼새 합창단의 공연이었다. 나는 붉은가슴울새 역을 맡았다. 하지만 나는 다른
아이들과 함께 합창단에 끼고 싶었다. 바느질 솜씨가 좋은 엄마는 그날 밤 신이
나서 나의 울새 의상을 만들었다. 나는 배 부분이 크고 멋진 붉은색의 울새 의
상을 입은 다음 두 팔을 벌려 보고는 울음을 터뜨리고 말았다. 엄마한테 이유를
설명하자 엄마는 이튿날 나와 함께 학교에 오셔서 사정을 설명했는데 선생님은
놀란 표정이 역력했다. 나는 엄마와 함께 집으로 와서 그 의상을 찢어 버리고는

다른 아이들과 같이 처퍼새 합창단에 끼어 들어갔다.

언니도 로렌스 스쿨에 다녔는데 아주 잠깐만 다녔다. 언니는 합창단에도 들지 못했다. 학교 양호교사였던 엘리자베스 맥과이어 선생님이 나와 인터뷰하면서 하신 이야기에 따르면 재키 언니는 '학년 구분이 없는 학급'에 들어갔다. 이는 지체 장애를 가진 아이들을 모아 놓은 학급을 완곡하게 일컫는 표현이다. 재키 언니는 1학년을 적어도 두 번은 다녀야 했던 것 같고 학과 성적 기록도 남아 있지 않다. 가여운 우리 부모님. 불쌍한 재키 언니.

미스 맥과이어 선생님은 재키 언니의 상태를 분만 때 입은 부상으로 흔히 생기는 것이라고 했는데 흥미로운 진단이다. 몇 년 뒤에 나는 엄마와 재키 언니의 증상에 대해 이야기한 적이 있는데 그때 엄마는 재키 언니가 겸자분만으로 태어났다는 말을 했다. 맥과이어 선생님 말씀이 옳은 것 같다. 맥과이어 선생님은 재키 언니가 집중력이 모자라고 걸음걸이가 불안정하며 언어장애가 있었다고 했다. 그러면서 선생님은 "재기가 아마도 약한 형태의 뇌성마비를 앓은 것 같다"는 견해를 밝히셨다. 재키 언니는 나중에 진찰을 받아 봤는데 약한 뇌성마비도 아닌 것 같았다. 우리는 언니가 왜 그렇게 되었는지 그 이유를 결국 알아내지 못했다.

지금은 언니의 병이 유전적인 게 아닐까 하는 생각을 하고 있다. 요즘 같았으면 재키 언니가 '자폐증' 진단을 받지 않았을까? 내 사촌의 아이들 가운데 두 명이 일종의 '발달장애'를 앓고 있는데 비교적 정상적인 생활을 하고 있다. 이 아이들은 자폐증 진단을 받았다. 재키 언니가 어렸을 적엔 '자폐증'이란 말이 없었다. 지금은 특수치료법, 전문의, 워크숍, 후원단체 등이 많이 있고 무엇보다도 이들에 대한 이해가 있다. 하지만 당시는 언니와 우리 부모님이 의지할 곳이 아무 데도 없었다. 어떻게 하면 좋겠느냐고 도움을 요청하는 엄마한테 돌아오는 답이라고는 "기관에 보내라"는 것뿐이었다. 엄마는 그건 생각조차 하지 않으셨다.

잠시 동안 재키 언니는 디보션(헌신)이라는 이름의 다른 공립학교에 다녔다. 그 학교에서도 학년 구분이 없는 학급을 운영하고 있었는데 언니는 거기도 오래 다니지 못했다. 그런 다음부터 언니는 집에서 머물며 과외 선생님으로부터 읽고 쓰기를 배웠다. 언니가 시험 치는 것을 본 적이 없기 때문에 언니의 수준이 어느 정도인지는 모르겠다(짐작건대 3~4 학년 수준이 아닐까 생각된다). 언니 아이큐가 얼마인지도 모른다. 언니는 항상 집에만 있었다.

엄마는 재키 언니가 자신이 다른 사람과 다르다는 느낌을 갖지 않도록 하려고 갖은 애를 다 쓰셨다. 물론 아무리 그래 봐야 소용은 없었다. 한번은 이웃 사람들끼리 모여 장기자랑을 열었는데 재키 언니와 나는 탭댄스 레슨을 받고 있었기 때문에 엄마는 우리 둘을 장기자랑에 나가도록 했다. 우리는 엄마가 준비해 주신 의상까지 맞춰 입고 공연에 나갔다. 그런데 재키 언니가 너무 긴장한 나머지 배운 스텝을 몇 가지 잊어 먹고 말았다. 언니는 음악도 놓치고 결국은 내가 춤추는 것을 쳐다보며 무대 위에서 가만히 서 있었다. 관중들은 야유를 해 댔고 나는 당황하고 겁이 났다. 나는 언니의 손을 잡고 엄마가 기다리는 집으로 걸어갔다.

그렇다면 나는 끔찍한 어린 시절을 보낸 것인가? 한번은 누가 자기의 어린 시절에 대해 불만을 늘어놓자 내 친구가 이렇게 말했다. "그건 끔찍한 어린 시절이 아니야. 헬렌 켈러라면 끔찍한 어린 시절을 보냈다고 할 수 있지." 나는 사랑을 받았다. 먹을 것이나 입을 게 부족한 적이 한번도 없었다. 재미있게 같이 논 사촌들이 있었고 수영을 가르쳐 주고 놀이공원에 데리고 간 삼촌들이 있었다. 나를 맹목적으로 사랑하신 엄마와 외할머니가 계셨고 자주 집을 비우긴 했지만 내게 무섭게 대하거나 매를 댄 적이 한번도 없는 아버지가 계셨다.

나는 곳곳에 친구가 있었다. 열 살쯤 되었을 때 한번은 자기 엄마한테서 담배를 훔쳐 와 같이 피운 친구도 있다. 비록 우울하고 심각한 성격의 어린 소녀이긴 했지만 나의 어린 시절이 통째로 갈색 종이봉지에 담긴 것은 아니었다. 아버지의 비정상적인 생활 속에서도 가끔씩 다닌 가족 소풍처럼 반짝이는 고급 포장지에 싸인 적도 더러 있었다. 그리고 엄마가 정성 들여 매어 주신 예쁜 머리끈도 여러 개 있던 어린 시절이었다.

스키니말링키딩크

어릴 적 여러 해 동안 나는 엄마, 아빠, 재키 언니와 함께 뉴저지에 있는 월터스 집을 자주 찾아갔다. 해리 월터스 삼촌은 맨해튼에서 불과 한 시간 거리인 뉴저지 주 애즈베리 파크의 유지였다. 삼촌과 미나 숙모는 애즈베리 파크에서 마른 물건을 파는 큰 가게를 운영하셨다. 두 분은 시트, 타월, 심지어 어린이 옷도 팔았는데 장사가 아주 잘 되었다. 우리가 찾아가면 해리 삼촌은 가게에 있는 물건들을 우리한테 선물로 주셨다. 해리 삼촌과 미나 숙모는 내 또래의 딸 셋을 두셨다. 안타깝게도 지금은 모두 죽고 없지만 지금도 그 아이들은 만난다. 사촌들한테는 가정교사가 한 분 있었는데 아주 신앙심이 독실한 가정교사였다. 사촌들은 서로 아껴 주고 놀 때도 같이 놀았다. 우리 부모님은 한번도 교회 문안에 발을 들여놓은 적이 없는 분들이었다. 아버지는 자신을 무신론자라고 하셨다. 하지만 해리 삼촌은 시나고그에 아주 열심히 다니셨다. 삼촌과 미나 숙모는 유대교 휴일을 지켰다. 대속죄일인 욤 키푸르날에는 금식을 하고 유월절에는 온 가족이 모여 큰 잔치를 벌였다. 우리 집은 한번도 그런 적이 없다. 우리가 기껏 본 것이라고는 엄마가 금요일 밤에 안식일 촛불을 켜는 정도였다. 아버지도 금요일 저녁만은 집에 계시려고 애를 쓰셨다. 우리는 우리가 유대인이라는 사실을 분명히 알고 있었지만 실제로 믿는 것은 전혀 중요하지 않은 것 같았다. 그래서 나는 유대인 교육이나 종교 교육을 받지 않았고 유대교 휴일도 지키지 않는다.

　해리 삼촌과 미나 숙모에 대해 이야기할 게 하나 더 있다. 두 분은 아주 훌륭한 결혼 생활을 하셨다. 월터스 집안 사람들은 충고를 듣거나 위로를 받고 싶을 때 그리고 돈이 필요하면 모두 두 분을 찾아갔다. 해리 삼촌은 월터스 집안의 지도자였다. 멋지게 생기신 데다 낙천적이고 자상했으며, 내 짐작으로는 예측 가능한 분이셨다. 삼촌의 형인 우리 아버지 루는 모험심 강한 도박사였고 예술가 기질에다 전혀 가정적이지 않은 사람이었다. 나는 행복하게 지내는 여사촌 세 명이 부러웠다(그들이 가진 걸 말하는 것이다). 하지만 자라면서는(이런 말을 해서 미안하지만) 내 삶이 그들보다 훨씬 더 흥미진진했다. 더 낫다는 말은 아니지만 훨씬 더 흥미로웠다는 것이다. 그리고 좋든 나쁘든 나는 평범한 것보다 흥미진진한 것에 훨씬 더 가치를 두는 사람이 되었다.

　월터스 집안은 나의 외가 쪽인 셀레츠키 집안을 평범한 집안이라고 항상 깔보았다. 놀랄 일도 아니지만 아버지는 처가인 셀레츠키 집안과 전혀 맞지 않았다. 그렇지만 우리는 외가 친척들과 많은 시간을 함께 보냈다.

　내가 어렸을 적에는 약 5년간 매년 여름이면 엄마, 아빠, 재키 언니와 함께 낸태스켓에 있는 레나 알콘 이모네 집에 가서 같이 지냈다. 그 집에는 이모부 시드니와 두 분의 아들인 셀리그와 앨빈이 살았다. 낸태스켓은 현재 보스턴 교외의 헐이라는 동네가 있는 자리에 있었다. 보스턴에서 20마일 정도 되는 거리에 있는 좁다랗게 생긴 반도인데 한쪽은 매사추세츠 베이, 다른 한쪽에는 힝험 베이가 자리하고 있다. 케네디가의 여름 별장이 있는 케이프 코드의 히야니스 포트 같은 멋진 여름 휴양지는 아니었다. 하지만 나는 그곳을 좋아했는데 그 이유 중 하나는 나의 영웅이었던 셀리그와 함께 지낸다는 점 때문이었다. 셀리그는 나보다 다섯 살 위였다. 나보다 두 살 위인 앨빈은 나와 제일 친한 친구였다.

　이모 집은 작은 마을의 제일 큰 도로에 딱 붙어 있었다. 그래서 낸태스켓에서 들어오고 나가는 차는 모두 우리가 있는 집 앞을 지나가야 했다. 대부분의 사람들이 좋아하는 위치는 아니었고 앞마당도 아주 작았으며 현관문은 도로 쪽으로 나 있었다. 하지만 집 앞으로 온갖 세상사가 다 지나다녔고 한마디로 우리가 세상사의 시계추에 올라탄 기분이었다. 게다가 그렇게 사생활도 없고 사람들로 북적이는 곳이다 보니 집세가 쌌다.

브루클린에서 지내는 조용한 생활과 달리 여름철은 시끌벅적하고 활기에 넘쳤다. 셀리아 외할머니도 그 집에서 우리와 함께 지내셨다. 언젠가는 외삼촌 두세 명이 와서 함께 지낸 적도 있었다. 우리 외삼촌들은 모두 y나 ie로 끝나는 애칭을 가지셨다. 새미, 맥시, 에디, 대니, 허미 하는 식이었다. 욕실은 하나밖에 없었는데 그걸 온 식구가 같이 썼다. 내가 낙타 오줌보를 갖게 된 것은 아마도 그 집에서가 아닐까 생각하는데 나중에 카메라 앞에서 몇 시간씩 생방송을 할 때면 그게 엄청난 자산이 되었다. 나의 경력에서 다른 소중한 자산이 또 하나 있는데 그것까지 낸태스켓에서 보낸 여름철 덕분이라고 할 수는 없다. 나는 땀을 안 흘린다. 텔레비전 불빛이 아무리 뜨거워도 혹은 사우디 사막에서 몇 시간씩 방송을 해야 하는 연옥 같은 상황에서도 나는 땀 한 방울 흘리지 않는다.

낸태스켓 해변은 길고 아름다웠으며 바닷물은 차고 파도가 높았다. 우리는 매일 아침 해변으로 나가서 노는 '비치 데이'를 고대하며 잠에서 깨어났다. 엄마와 레나 이모는 요리를 하거나 우리 뒤치다꺼리 청소를 하고 외삼촌 한두 명이 나서서 우리를 데리고 멀리 여섯 블록을 걸어 해변으로 나가 수영을 가르쳐 주었다. 수영장 같은 것은 없었다. 곧바로 파도 속으로 뛰어드는 것이었다.

어떤 날은 엄마도 해변으로 오셨다. 내 기억에 엄마는 거의 무릎까지 내려오는 검은색 니트 원피스 수영복을 입으셨다. 엄마는 다리가 정말 아름답고 가슴이 컸다. 쪽 진 머리에 검은색 모자를 쓰고 바닷물에서 나오면 가끔 머리를 풀었는데 머리칼이 허리까지 늘어졌다. 나는 엄마가 정말 아름답다고 생각했다. 언니는 주로 엄마의 한쪽 손을 꼭 잡고 다녔는데 언니 역시 예쁘고 동글동글한 작은 몸매를 가졌다. 유독 나만 새까만 거미새끼처럼 온몸이 구불구불하고 뼈가 툭툭 불거져 있었다. 앞에서도 말했듯이 그때 내 별명은 '스키니말링키딩크'였다. 지금도 몇 안 되지만 이 별명으로 부르는 사람들이 있다. 정말이다.

식사 준비는 솜씨가 더 나은 쪽인 엄마나 아니면 더 빨리 하는 쪽인 레나 이모가 했다. 이모의 아들 셀리그 오빠는 이모 요리 솜씨를 가리켜 "솜씨 없기로 치면 올림픽 메달감"이라고 했다. 하지만 그런 부엌에서 무엇이라도 요리해 낸다는 건 보통 일이 아니었다. 부엌에는 낡은 석탄 화로가 하나 있었는데 성냥으로 불을 붙인 다음 계속 불을 때 줘야 했다. 낸태스켓에서는 당시 '아이스박스'라는 말도 통용되고 있었다. 그때만 해도 미국 전역에 수백만 개의 프레온 가스 냉장고가 사용되고 있었지만 우리 집에서는 '아이스맨 왔어요'로 통했다. 정말 거의 매일 얼음 배달원이 커다란 집게로 새 얼음덩어리를 집어서 들고 왔다. 그러고는 얼음을 아이스박스 제일 위에다 얹어 주었다. 얼음은 우유와 달걀을 차게 보관하고 얼음 녹은 물은 양푼으로 흘러 들어가도록 해 놓았다. 푹푹 찌는 날에는 얼음 조각을 떼내어 혓바닥 위에 올려 녹여 먹기도 했는데 그러면 최고였다. 에어컨 같은 건 필요도 없었다. 그 당시에는 에어컨이 있다는 말도 들어보지 못했다. 그저 창문을 열면 되었고 밤이 되면 어른들이 라디오를 켜놓고 좋아하는 프로그램을 들으면 우리도 같이 듣느라 귀를 쫑긋 세웠다. 어른들이 좋아하는 라디오 프로그램은 메이저 바우스의 '아마추어 아워'나 복화술사 에드가 버겐(여배우 캔디스 버겐의 아버지)과 빈정대기 잘하는 그의 나무 인형 찰리 매카시였다.

물론 레나 이모가 내는 소리도 항상 들렸다. 레나 이모는 말하는 게 아니라 고함을 질러댔다. 어렸을 적에는 이모 때문에 많이 놀라기도 했지만 나중에 나는 이모를 거의 엄마만큼 좋아했다. 두 자매는 그렇게 다를 수가 없었다. 엄마는 옷을 좋아했는데 레나 이모는 옷에 대해 그렇게 무심할 수가 없었다. 말수가 적은 엄마는 친한 친구가 한두 명밖에 없었다. 엄마는 카드놀이도 하지 않았지만 레나 이모는 네 군데 브리지 클럽에 들어 있었고, 가는 동네마다 자기 집에서 열 블록 안에 있는 여자는 모두 다 아는 것 같았다. 엄마는 운전을 배울 생각도 없고 할 줄도 몰랐다 (안된 일이지만 나도 마찬가지다).

레나 이모는 온 집안 쇼핑을 맡아서 했고 다른 사람들이 필요한 물건을 사다 달라고 하면 대신 사다 주었다. 이모는 두루마리 화장지 하나를 사는 데도 3센트를 아끼려고 몇 마일씩 찾아다녔다. 엄마는 그런 이모 때문에 거의 돌아버릴 지경이었다. 두 사람은 물과 기름 같은 관계이면서도 무지하게 친했다. 친하면서 판판이다 보니 두 사람은 늘 티격태격하고 사사건건 충돌했다. 우리는 모두 그런 모습에 익숙해져 있어서 두 사람이 싸우건 말건 신경도 안 썼다.

몇 년 뒤 우리 가족이 보스턴을 떠나 다른 도시로 이사 다닐 때도 이사 때마다 찾아와서 엄마 옆에 같이 있어 준 건 레나 이모였다. 이모는 새집에 이사 가면 엄마가 이삿짐 싸고 푸는 것은 물론 물건을 제자리에 갖다 얹고 내다 버리고 하는 것을 모두 도와주었다. 레나 이모는 이 땅의 소금이었고 셀레츠키 집안의 요란하고 사랑스러운 중심이었다. 외할머니는 돌아가실 때까지 레나 이모와 같이 사셨다. 외삼촌들도 장가들기 전에는 이모와 같이 살았다. 레나 이모는 지금도 바로 옆에 계시는 것처럼 내 눈에 선하다.

아버지가 여행에서 돌아올 즈음이면 엄마는 재키 언니와 나의 머리를 장식끈으로 묶고 제일 예쁜 옷을 골라 입히셨다. 일요일에 집에 계실 때면 아버지는 우리를 데리고 낸태스켓 팀이 이웃 팀과 하는 경기를 보러 야구장으로 갔다. 아버지는 혼자 가거나 아니면 삼촌 가운데 누구를 데리고 가고 싶으셨겠지만 일요일은 우리들의 날이었다. 아버지는 참을성 있게 재키 언니와 내게 야구 경기에 대해 이것저것 다 가르쳐 주셨다. 아버지 덕분에 나는 지금까지도 야구를 좋아한다. 나는 지금은 양키스 팬이지만 그때는 보스턴 레드삭스에 뿌리를 두고 있었다.

하나같이 아주 평범하게 보이는 이야기들이 아닌가? 사실 그랬다. 여름철은 우리가 지내던 조용하고 음산한 겨울철로부터 벗어나는 반가운 피난처 같은 것이었다. 꽤 오랫동안 그런 생활은 크게 바뀌지 않았을 것이다. 아버지는 갈 만한 곳이면 어디든 찾아가서 공연을 하며 생계를 꾸려 나가셨을 것이다. 나는 브루클린에서 공립 초등학교를 다닌 뒤 브루클린 고등학교를 다녔을 것이고, 그다음에는 아마도 장학금을 받고 주립대로 진학했을지 모르겠다. 어쩌면 나는 지금도 보스턴에 살고 있었을지도 모른다.

하지만 캉캉 걸들이 우리의 삶을 완전히 바꿔 놓았다.

63센트의 마법

혹시 "10센트짜리 동전 한 닢에 내 인생이 바뀌었다"는 표현을 아시
나요? 실제로 우리의 삶은 63센트 때문에 바뀌었다. 1937년 아버
지가 보스턴에서 예전에 그리스정교회였던 낡은 건물을 빌려서 나
이트클럽으로 개조하고 주머니에 남은 돈이 달랑 63센트였다. 클럽 이름은 라틴
쿼터였다. 그 클럽은 아버지를 성공시키고 부자로 만들었으며 유명 인사로 만들
어 주었다.

하지만 시작할 때만 해도 엄청난 도박이었다. 윈체스터 스트리트 46에 있는
그 교회 건물은 세속적인 용도로 쓰이고 있었는데 카르낙이라는 이름의 이집트
를 테마로 한 고급 클럽과 중국식당 등이 들어와 사업을 했으나 모두 실패했다.
하지만 아버지는 전망이 있다고 생각하셨다.

보스턴에는 나이트클럽이 이미 있을 만큼 있었다. 하지만 10달러 미만으로
디너 풀 코스를 먹을 수 있는 비싸지 않고, 성인들이 가기에는 조금 미흡하지만
가족 단위로 가기에 괜찮은 나이트클럽은 없었다. 아버지는 처음에 콩고를 주
제로 해서 클럽을 꾸몄다. 벽에는 사자와 호랑이를 그려 넣고 원주민처럼 꾸민
무희들로 코러스 라인을 만들었다. 아버지는 이어서 뉴욕의 아름다운 그리니치
빌리지에 있는 클럽들처럼 보헤미안 분위기의 클럽을 하나 만들 생각을 하셨

다. 그런데 루디 밸 리가 나이트클럽 주인으로 나오는 새 영화 '골드 디거스 인 파리' Gold Diggers in Paris를 보고는 마음이 바뀌셨다. 영화에서는 파리로 온 미국 아가씨들이 코러스 라인을 만들었는데 아버지는 그 반대로 해보기로 했다. 파리를 보스턴으로 옮기는 것이었다.

아버지는 자신의 비전에 어떤 이름을 붙일 생각이셨을까? 영화에 나오는 노래 가운데 하나가 바로 완벽한 이름이었고 아버지는 그 나이트클럽에 '라틴 쿼터' 라는 이름을 붙이기로 하셨다.

돈을 있는 대로 긁어모아서 교회 건물을 센 강 왼편의 파리식 명품으로 바꾸는 것은 실로 마음을 졸이는 작업이었다. "실패하면 어쩌지?" 엄마는 걱정이 태산 같았다. "그러면? 두 아이는 어떻게 키우고?"

아버지의 단점은 타고난 도박꾼이라는 것이고 장점 또한 타고난 도박꾼이라는 것이었다. 아버지는 돈을 있는 대로 긁어모아서 낡은 교회 건물을 뜯어고치는 데 집어넣었다. 아버지가 나이트클럽을 만드는 데 돈을 빌려 주겠다는 은행은 한 군데도 없었다. 그래서 아버지는 아는 사람을 일일이 찾아다니며 돈을 빌렸다. 여기서 조금, 저기서 조금 하는 식이었다. 그 친구들은 나이트클럽에 돈을 대면 자기들 생활에 약간의 재밋거리가 될 것이라는 생각을 했는지도 모르겠다.

엄마의 집안 사람들은 돈을 댈 여유가 없었을 뿐만 아니라 엄마처럼 너무 신중한 사람들이어서 아버지가 모든 책임을 다 지는 클럽의 성공 전망에 기대를 걸지 않았다. 그분들은 모른 체했다. 그래도 아버지는 사업 속도를 늦추지 않았다. 친구들에게 빌린 돈으로 부족하자 아버지는 대가를 제시하고 갖은 약속을 하고 애걸복걸하며 돈을 빌렸다.

250달러를 빌려 주면 나중에 500달러 이상을 갚겠다는 식이었다. 게다가 현지 미술가들을 감언이설로 설득해 파리식 카페의 벽화와 '빤히 쳐다보는 눈을 가진 아가씨들'을 그려 달라고 부탁했다. 아버지는 이 아가씨들이 "검은 머리에 옆이 찢어진 스커트를 입은 프랑스 창녀 모습"이라고 설명했다. 구세군에 찾아가서 내다 버리는 테이블과 의자를 사 모으고 테이블보는 싸구려 붉은색과 흰색 줄무늬의 깅엄 천으로 만든 것을 썼다. 문을 열기 몇 주 전에는 빈 와인병 목에 녹인 촛물을 둘러씌워서 프렌치 카페 분위기가 나도록 했다.

당시 아버지는 마을에서 모르는 사람이 없었고 사람들에게 인기가 좋았다. 아버지는 자신의 오래된 후원자이자 친구인 보스턴 경찰청장 조 튜멀티에게 부탁하고, 그가 또 자기 친한 친구인 주지사 제임스 컬리에게 부탁해서 주류취급 면허를 얻어 냈다. 또한 수석 웨이터로 에디 리즈먼이라는 아주 똑똑한 붉은 머리 젊은 아가씨를 채용했다. 사람들을 여럿 거느린 클럽 매니저 출신이었는데 그때부터 25년을 아버지와 함께 일했다. 그리하여 1937년 10월 1일 드디어 루 월터스 라틴 쿼터는 문을 열었다.

엄마는 제일 멋진 드레스를 골라서 차려입고 머리 손질까지 한 다음 도티 보모를 불러서 재키와 나를 봐 달라고 맡기셨다. 겁먹은 표정이었지만 가슴에 는 희망을 담은 채 엄마는 아버지와 함께 개막 나이트에 참석하셨다. 금방 문을 열었지만 고풍스러운 분위기가 나는 나이트클럽이었다. 여기서 재미있는 일이 벌어졌다. 클럽 문을 열기 직전에 아버지는 자기 호주머니에 손을 집어넣고는 남은 돈 63센트를 모두 꺼내셨다. 그리고 옆에 서 있는 한 웨이터에게 그걸 건네주면서 이렇게 말씀하셨다. "자, 받아. 이제 나는 처음부터 다시 시작한다."

하지만 아버지는 두 번 다시 망할 걱정은 할 필요가 없었다. 보스턴 역사상 그 같은 성공은 일찍이 없었다. 라틴 쿼터는 첫날부터 대박을 터뜨렸다.

공연은 하룻저녁에 두 번 했는데 재키 언니와 나처럼 어린 여자아이들도 주말에는 자주 구경하러 갔다. 우리는 그곳에 가면 제일 뒤쪽에 있는, 아버지가 쓰는 작은 테이블에 앉았다.

배우, 가수, 곡예사, 코미디언이 여기저기 보였고 출연진은 매주 바뀌었다. 하지만 제일 크고 꾸준한 인기를 누린 것은 아버지가 '프티 맘젤레'라고 이름 붙인 쇼였다. 참신한 얼굴의 젊은 아가씨들로 구성된 코러스 라인이었는데 옛 날 방식대로 현지 댄스 학교에서 뽑은 댄서들이었다.

이 쇼들은 수십 년 뒤 라스베이거스 식으로 여자들이 출연하는 대형 쇼의 선구자 격이었다. 아가씨들은 모두 훌륭한 댄서들이었고 모든 쇼는 이들이 아빠가 프렌치 캉캉이라고 각색한 춤을 추는 것으로 끝났다. 댄서들은 "울-랄-라!" 하는 함성과 함께 무대를 돌며 춤을 추었다. 이들은 여러 겹의 페티코트가 달린 요란한 색상의 주름 스커트를 들어 올리며 일사불란하게 다리를 뻗었다. 피날레 때는 더 큰 소리를 질렀고 한 명씩 떨어져 나가며 스커트를 머리 위로 들어 올리면 주름 팬티가 드러났다.

캉캉 춤이다! 정통 캉캉 춤은 아니었지만 보스턴 사람들이 그 차이를 알 턱은 없었고 그 춤은 그때부터 아버지가 보여 주는 거의 모든 쇼의 마지막을 장식하는 트레이드마크가 되었다. 나한테 와인 한두 잔만 갖다 주면 지금이라도 그때 모든 쇼의 시작을 알렸던 주제곡을 불러 보일 수 있다. 이렇게 시작된다.

여기는 게이 파-리! 와서 나와 함께 놀아요.
우리는 구경하러 나왔어요. 라틴 쿼터로.
헌 베레모를 쓰고 와요. 함께 라마르세예즈를 불러요.
와인은 맹물처럼 다 마셔 없애 버려요.

우리는 얼마 안 가서 훨씬 더 번화한 거리에 있는 훨씬 더 큰 아파트로 이사했다. 캐서린이라는 이름의 가정부까지 두었다. 웃기는 어린 아일랜드 소녀였는데 일이 힘들 때면 입버릇처럼 "언젠가는 아침에 눈을 뜰 때 콱 죽어 있었으면 좋겠어요"라고 엄마한테 말하는 것이었다. 그러면 엄마는 항상 이렇게 대꾸하셨다. "하지만 오늘은 그러지 마라, 캐서린."

부모님은 한결 더 행복한 날들을 보내셨다. 아마도 내가 태어난 이후 처음으로 쓸 돈도 넉넉했다. 아버지가 거둔 성공은 다른 가족들한테도 영향을 미쳤다. 맥스 외삼촌은 정식 직원이 되어 봉급을 받았다. 외삼촌은 이제 일등 노총각 신랑감이 되었다. 아버지도 성공한 유명 인사가 되셨다. 라틴 쿼터는 첫 시즌에 75만 달러의 매출을 기록했고 아버지는 새로운 공연지를 물색하기 시작하셨다.

첫 번째는 내가 지금도 도저히 이해가 안 되는 경우인데 매사추세츠 주 팰머스에 있는 올드 실버 비치라는 소규모 휴양지였다. 1930년대 말에는 에어컨이 새로 나온 사치품에 속했다. 그래서 보스턴 라틴 쿼터는 7월과 8월 두 달간 문을 닫았다. 그래서 아버지는 여름 관객을 찾아 케이프 코드에 있는 이 휴양지 마을로 간 것이었다. 그곳에서 아버지는 일요일 오후부터 저녁까지 해변에 바로 인접해 있는 하워드 존슨 스타일의 레스토랑에서 쇼를 공연했다. 건물 한쪽은 나이트클럽이고 다른 한쪽은 패스트푸드 레스토랑이었는데 카운터에서 햄버거, 핫도그, 아이스크림콘 등을 팔았다. 그 시절 쇼에 대한 나의 기억은 초현실적인 것 같다. 수영복 차림의 관객들이 핫도그를 먹으면서 캉캉 춤을 구경했다.

　나는 낸태스켓과 그곳에서 가족과 함께 보낸 여름철 생활이 그리웠다. 팰머스에서 우리가 머문 작은 집은 클럽에서 길 하나를 사이에 두고 있었다. 엄마와 많은 시간을 함께 보낼 수 있었는데 나는 코러스 아가씨들과도 더러 나다녔다. 특히 언니는 그 아가씨들과 같이 있는 걸 아주 좋아했는데 그들은 언니한테 아주 잘 대해 주었다.

　하지만 우리 가족한테는 어떤 곳에 언제 얼마나 머물지는 점점 더 단언하기 어려운 일이 되어 갔다. 라틴 쿼터에 대한 아버지의 생각은 보스턴이나 팰머스에 국한되지 않았다. 아버지는 라틴 쿼터를 전국으로 확장시킬 생각이셨다. 나는 아버지가 재능과 창의력이 넘치는 진정한 흥행사였다는 걸 이제야 알게 되었다. 우리 가족이 브루클린으로 돌아오고 나도 로렌스 스쿨에 다시 자리를 잡은 지 불과 몇 달 뒤에 아버지는 또 이사를 간다고 선언하셨다. 그때는 정말 아버지의 재능이 마음에 들지 않았다. 더구나 이번에는 브루클린 안에서 다른 아파트나 주택, 아니면 어떤 다른 곳으로 이사 가는 게 아니었다. 초등학교 5학년에 한창 다니고 있는데 마이애미로 떠난다는 것이었다.

피스타치오 그린 하우스

추운 11월 어느날 우리는 브루클린에 작별을 고했다. 내가 다니던 작은 공립학교와 유치원 때부터 나를 아는 선생님들을 두고 떠난 것이었다. 우리가 살던 작고 아담한 아파트를 떠났고 외할머니, 레나 이모, 시드니 이모부, 그리고 이종사촌 셀리그 오빠와 앨빈 오빠를 껴안고 작별 키스를 나누었다. 마이애미비치로 간 우리는 그동안 한번도 본 적이 없는 엄청나게 큰 저택에서 살게 되었다. 더구나 그 집은 녹색이었다. 피스타치오 아이스크림과 똑같은 황록색의 피스타치오 그린이었다.

이 거대한 집은 5에이커에 달하는 아름다운 히비스커스, 부겐빌레아, 그리고 야자수들 사이에 자리 잡고 있었다. 방이 15개였다. 내 침실뿐 아니라 놀이방도 따로 있었는데 한마디로 환상적이었다.

피스타치오 하우스는 팜아일랜드라고 불리는 인공으로 만든 작은 땅덩어리에 자리 잡고 있었다. 대문은 보안이 철저했고 마이애미와 마이애미비치 두 도시를 연결하는 수상 가교를 통해서만 드나들 수 있었다. 지금은 번잡한 곳이 되었지만 당시에는 팜아일랜드에 다른 집이 별로 없었다. 바로 길 아래쪽에는 악명 높은 갱 알 카포네의 집이 있었다. 섬에 다른 아이들은 없는 것 같았다. 처음에 나는 무척 외로웠고 브루클린 생각이 간절했다. 누가 이 아이스크림색 큰 집에 살고 싶다고 했대?

우리 집이 그리고 옮겨간 이유는 바로 길 건너에 자리 잡고 있는 엄청나게 크고 반짝이는 흰색 건물 팜아일랜드 클럽 때문이었다. 현재 이 건물은 없어지고 그 자리는 시민공원으로 바뀌었다. 원래 그곳에는 1930년대 말까지 유명한 나이트클럽과 카지노가 있었는데 도박이 금지되면서 카지노와 클럽이 파산해서 문을 닫은 상태였다.

아버지 이야기를 해보자. 아버지는 그곳을 보고 첫눈에 빠지셨다. 아버지는 팜아일랜드 클럽의 대리석 현관으로 이어지는 열두 계단을 마치 나이트클럽 영화에 나오는 세트처럼 보이게 했고 부엌, 포크와 나이프, 식기, 테이블, 의자 등 건물 안은 모조리 최신식으로 치장했다. 좌석은 600석으로 보스턴 라틴 쿼터보다 세 배나 많은 수용 능력을 갖추었다. 댄서들이 묵을 기숙사, 직원들이 살 방 열 개짜리 집, 그리고 길 건너편에 피스타치오 맨션이 있었다. "나는 크고 아름다운 팜아일랜드 클럽을 보고 첫눈에 반해 버렸다." 아빠는 나중에 자기 회고록에 이렇게 쓰셨다. "나는 클럽에 딸린 방 15개짜리 맨션에 반했다."

간단히 말하자면 아버지는 이 클럽을 볼티모어에 있는 어떤 모기지 회사로부터 10년간 연간 7500달러에 빌렸다. 더구나 그 모기지 회사는 아버지께 클럽 길 건너에 있는 그 저택을 단돈 2500달러 정도에 세를 주겠다고 제안했다. 거저나 다름없는 횡재였다.

걸림돌은 빌 드와이어란 사람이었다. 내 어릴 적 기억으로는 덩치 크고 테 없는 안경을 쓴 독특하게 생긴 남자였다. 나는 그를 미스터 드와이어라고 불렀는데 그는 무슨 연유에선지 우리와 함께 피스타치오 하우스에 살았다. 그의 운전기사 겸 보디가드도 함께 살았는데 나는 보디가드가 정확하게 어떤 일을 하는 것인지 몰랐다. 그리고 또 스페일러라는 중년 아주머니가 같이 있었는데 역시 독특한 외모를 하고 있었는데 그 사람의 가정부라며 우리 집에 같이 살았다.

나는 몇 년 뒤 아버지의 회고록을 읽고서야 비로소 빌 드와이어에 대한 이야기를 알게 되었다. 1939년 12월 어느 날 아침 스페일러 아주머니의 통고와 함께 그 아저씨는 그냥 우리 집에 들어왔다. "미스터 드와이어 씨가 오셨어요"라고 아주머니는 말했다. 아저씨는 가방을 잔뜩 쌓아 놓고 그 앞에 서 있었다.

옆에는 그의 보디가드 겸 운전기사도 서 있었다. 아버지는 전에 빌 드와이어에 대해 들은 적이 있었다. 그는 직전에 팜아일랜드 클럽과 카지노 주인이었고 그곳에서는 '해결사'로 알려져 있었다. 금주령 기간 동안 럼주를 배에 싣고 와 경찰한테 걸리지 않고 내려놓을 수 있도록 해결할 수 있는 사람이 바로 미스터 드와이어였다. 그는 마피아와 법 사이에서 거간꾼 노릇을 했다. "네가 빌을 돌봐주면 너는 빌이 돌봐준다." 아버지는 이렇게 쓰셨다. 바로 그 '해결사'가 우리 집 거실 앞에 떡 버티고 서서 들어오려 하고 있었던 것이다.

납득이 될 만한 설명을 하자면 이랬다. 드와이어는 길 건너 클럽을 볼티모어의 모기지 회사에 담보로 잡혔다가 담보를 잃게 되었고 그래서 클럽에 대해서는 이제 아무런 소유권을 주장할 수 없게 되었다. 클럽은 이제 아버지 소유가 된 것이었다. 하지만 미스터 드와이어는 그때까지도 집에 대해서는 자기가 여러 해 동안 빌렸기 때문에 자기에게 권리가 있다고 생각했다. 그 사람이 집을 빌린 기간은 그 전에 만료되었지만 그는 볼티모어 모기지 회사가 자기한테 아무런 통보를 해주지 않았기 때문에 재임대되었다고 생각했다. 그는 모기지 회사로부터 아무 통보도 받은 게 없었고 그래서 겨울 몇 달을 지내려고 그냥 집 안으로 밀고 들어온 것이었다.

"물에 빠지면 삶이 자기 눈앞에서 순식간에 지나가고 물에 빠진 사람은 지푸라기라도 잡으려고 한다는 말이 있다." 아버지는 빌 드와이어와의 첫 대면 순간에 대해 이렇게 쓰셨다. 한편 아버지는 주택과 길 건너 나이트클럽에 대해 완벽한 임차권을 확보해 놓으셨고 클럽은 이틀 뒤면 문을 열기로 되어 있었다. 아버지는 그 사람을 내쫓아 버릴 수도 있었다. 하지만 다른 한편으로 빌 드와이어가 환한 미소 뒤에 무슨 꿍꿍이속을 감추고 있는지 몰랐고, 그의 똘마니가 무슨 짓을 저지를지 알 수 없었다.

아버지로서는 갱을 아내와 두 딸이 있는 집안에 들여서 같이 살게 할 수는 없었다. 그러나 아버지도 미스터 드와이어가 마이애미에 있는 인기 경마장인 트로피컬 파크의 사장이라는 사실을 알고 있었다. 어쩌면 그렇게 나쁜 사람은 아닐지도 몰랐다. 그리고 아버지가 알기로 드와이어는 누구를 죽이거나 감옥살이를 한 적도 없었다. 집에는 침실이 모두 7개 있는데 우리가 쓰는 것은 3개밖에 안 되었다. 곰곰이 생각한 끝에 아버지는 미스터 드와이어와 모기지 회사의 일이 해결될 때까지 그를 손님으로 집 안에 들이기로 하셨다. 그 일은 1940년 4월에 해결되었던 같은데 그때 드와이어와 그의 보디가드, 그리고 스페일러 부인이 모두 사라졌기 때문이다.

아버지가 도박을 한 것은 미스터 드와이어를 집 안으로 들인 일뿐이 아니다. 굳이 자동차로 수상 가교를 통해서만 올 수 있는 섬에다 라틴 쿼터를 여는 것도 모험이었다. 마이애미비치에 가면 걸어서 갈 수 있는 멋진 나이트클럽과 호텔이 널려 있었기 때문이다. 하지만 아버지는 안 된다고 하는 사람의 말을 들으신 적이 없는 분이었다. 이번에는 아버지의 생각이 옳았다. '루 월터스 마이애미비치 라틴 쿼터'는 1940년 12월 23일 문을 열었는데 그때부터 우리의 삶에는 더 많은 햇살이 비추었다. 라틴 쿼터는 개장 첫날부터 만원이었다.

나중에 아버지는 밀턴 벌리, 마사 레이, 조 E. 루이스, 소피 터커 같은 스타들을 고용했다. 하지만 초기에 라틴 쿼터의 매력은 쇼 그 자체였다. 쇼는 거창하고 화려했으며 두 시간가량 계속되었다. 하룻밤에 두 차례 공연했는데 아버지 쇼의 유명한 캉캉 걸과 쇼걸, 곡예사, 가수, 신인 배우들은 마이애미 사람들이 이전에 한번도 구경해 본 적이 없었다. 인기 쇼 '아파치'(프랑스 배우는 이를 아-파-세이라고 제대로 발음했다)는 거친 하류사회 남자와 그의 여자들 사이에 벌어지는 말다툼을 흉내 냈다. 쇼 마지막 장면에서 여자들 가운데 한 명이 그 남자를 총으로 쏘았다(실제로 두 사람은 행복하게 결혼생활을 하고 있는 부부였다).

쇼는 밝고 행복하고 섹시하고 웅장했다. 아버지의 클럽은 해변의 낙원이 되었고 급속히 성장하는 그 지역을 찾는 휴가객들에게 순식간에 명소가 되었다. 1930년대에 마이애미비치에는 수많은 아르 데코 호텔들이 야자수 나무처럼 들어섰다. 사우스 비치 쪽에 가 보면 지금도 이들 가운데 다수가 단장을 새로 하고 페인트칠을 다시 해서 그대로 남아 있다. 대공황에 지친 '흰 멧새'들이 시카고, 보스턴, 뉴욕 등 북부 도시에서 몰려들면서 관광 붐을 이루어 1935년에 6만 명 정도였던 이곳의 겨울철 인구는 1940년에는 7만 5000명 정도로 늘어났다.

운전기사 딸린 승용차들이 줄줄이 라틴 쿼터의 대리석 현관에 멈춰 서서 정유업계의 거부로 영화 제작자이고 항공업계 재벌인 하워드 휴스, 케네디가의 최고 어른인 조지프 케네디 등을 내려놓았다. 케네디는 이 클럽의 단골이 되었으며 팜비치에 있는 대저택에서 수시로 내려와 들렀다. 그는 팰머스의 라틴 쿼터 시절부터 우리 아버지와 아는 사이였다. 팰머스 라틴 쿼터는 하이어니스에 있는 케네디가의 여름별장에서 아주 가까이 있었다. 케네디는 보스턴 라틴 쿼터에도 자신의 정치적 측근인 제임스 컬리 주지사, 조 튜멀티 경찰청장 등과 함께 자주 들렀다. 그러니 플로리다에서도 라틴 쿼터를 돌봐준 것은 이상할 게 없었다. 케네디는 그 후에도 단골로 드나들었다. 그가 뇌졸중으로 쓰러졌을 때 병문안을 간 적이 있는데 당시 나는 투데이쇼에서 로즈 케네디와 인터뷰한 적이 있었다. 그때 나는 투데이쇼의 바버라 월터스라고 하지 않고 루 월터스의 딸 바버라 월터스라고 자신을 소개했다. 그랬더니 비로소 나를 어렴풋이 알아보는 것이었다.

커다란 그린 하우스와 미스터 드와이어, 그리고 스페일러 부인한테 적응이 되고 나니 마이애미비치에서의 첫 번째 겨울은 나의 어린 시절에서 가장 행복한 시절 중 하나가 되었다. 그 시절에 재키 언니가 함께 없었다는 걸 생각하면 지금도 마음이 아프다. 부모님은 언니를 비슷한 아이들과 같이 보낼 수 있는 곳을 알아보려고 여러 해 동안 수소문했다. 내가 어린 시절을 어느 정도 외롭게 보낸 편이라면 재키 언니는 얼마나 더 외로웠을지 상상이 될 것이다. 부모님은 또한 언니가 조금이라도 교육을 받게 하고 싶었다. 그래서 꼼꼼하게 알아본 끝에 두 분은 언니를 특별한 보살핌이 필요한 아이들을 위한 기숙학교가 있는 펜실베이니아로 보냈다. 그렇게 되자 나는 부모님의 관심을 독차지하게 되었고 그게 너무 좋았다. 하지만 재키 언니한테는 괴로운 일이었다. 언니는 그 학교에 보낼 만큼 정신 지체가 심각하지 않다는 게 판명 났고 또한 엄마를 너무 보고 싶어 했다. 재키 언니는 집을 떠난 지 6개월 만에 다시 집으로 돌아왔다. 이후 부모님은 언니를 다시는 떠나보내지 않으셨다.

언니가 돌아온 후에도 나는 계속해서 행복한 시간을 보냈다. 팰머스에 있을

때 우리가 있던 작은 집이 그랬던 것처럼 라틴 쿼터도 집에서 바로 길 건너편에
있었다. 그래서 학교에서 돌아오면 엄마가 집에 계셨고 아빠도 집에 계시는 경
우가 많았다. 부모님은 저녁에 라틴 쿼터에서 디너 쇼 관람을 하기 위해 옷을
차려입었는데 너무 멋져 보였다. 학교에 가기 위해 아침에 일찍 집을 나서다가
그때 집으로 돌아오는 부모님과 마주친 기억도 더러 있다. 그러면 두 분은 내게
아침인사와 잘 다녀오라는 키스를 한꺼번에 해 주고는 침실로 들어가셨다. 나
한테는 그런 게 하나도 색다른 일이 아니었다.

플로리다의 어린 시절에 특별한 일이 한 가지 있었다면 부모님이 행복하셨
다는 점이다. 특히 엄마는 유쾌하게 지내셨다. 나는 엄마가 그렇게 행복해하신
걸 본 적이 없었는데 그걸 보니 나도 행복했다. 아버지는 쌀쌀한 저녁에 입으라
고 엄마에게 예쁜 모피 코트를 사 주셨는데 엄마는 그걸 보물처럼 아끼셨다. 지
금도 그 모피 코트를 입으신 엄마 모습이 눈앞에 생생한데 정말 화사했다.

엄마는 팜아일랜드에 살면서 직접 운전을 하지 않으니 불편이 이만저만이
아니었다. 엄마는 어디를 가든 운전기사와 함께 다녀야 했다. 정원사가 매일
아침 마이애미에 있는 초등학교까지 나를 데려다 주고 방과 후에 데려오고 한
것처럼 엄마도 스타킹 하나 사거나 장 보러 갈 때도 항상 누가 데려다 주고 데
려와야 했다. 그래서 엄마는 아빠한테 이야기하지 않고 겁나는 걸 꾹 참으며
운전교습을 받기 시작하셨다.

나는 그 당시 양쪽 끝에 고무 밴드가 달린 치아 교정 틀을 끼고 있었다. 물
론 나는 그게 너무 싫었다. 치열 교정 병원이 마이애미에 있었기 때문에 엄마는
나를 태우고 병원까지 왔다 갔다 하면서 운전 연습을 하셨다. 병원에는 주차장
이 있었기 때문에 평행 주차하는 데 별 어려움은 없었지만 그때까지 평행 주차
는 엄마의 능력 밖이었다. 그리고 아버지가 보스턴 출장에서 돌아오는 날 엄마
는 대단한 일을 드디어 해 내셨다. 엄마가 나와 함께 예고 없이 공항으로 마중
을 나가 아버지를 집까지 태우고 오셨던 것이다. 아빠는 너무 감격해 어쩔 줄
몰라 하셨다.

엄마는 그 이후에도 한동안 운전을 하셨는데 그렇다고 겁이 완전히 사라진

것은 아니었다. 도시가 점점 더 복잡해지면서 엄마는 운전을 포기하셨다. 부모님의 영향 탓인지 나는 지금까지 운전을 안 하고 살았다. 운전을 하면 목이 너무 아프다. 대학 졸업 후에 잠깐 운전을 한 적이 있고 아버지가 내게 올즈모빌 컨버터블을 한 대 사 주시기까지 했다. 하지만 엄마의 운전 두려움증이 나한테 너무 깊이 박혀서 나도 결국 운전을 그만두었고 그 뒤 다시는 운전대를 잡지 않았다. 운전을 하면 항상 다른 차를 들이받을까 봐 겁이 났다. 그래서 나는 얌전히 뒷자리에 앉아 타고 간다.

운전 습관을 이야기하다 보니 그때 일이 하나 더 생각난다. 학교에서 사귄 내 꼬마 친구들은 직접 운전을 못했고 그 부모들도 팜아일랜드의 우리 집까지 아이들을 데리고 왔다 갔다 하는 게 성가시다고 생각했을 것이다. 그래서 학교에서 사귄 여자 아이들은 우리 집에 와서 노는 경우가 거의 없었다. 그렇다면 내가 새로 사귄 제일 친한 친구는 누구였을까? 바로 미스터 드와이어였다.

도대체 어떻게 설명해야 하지? 드와이어는 나를 좋아했다. 그는 매일 자기 경마장에 갔는데 주말이면 종종 나를 데리고 갔다. 나는 너무 어려서 경마장 안에는 들어갈 수 없었다. 그래서 우리는 내가 말들을 볼 수 있는 곳에 차를 세워놓았다. 내가 아버지에게서 용돈으로 받은 몇 달러를 건네주면 드와이어는 내 대신 베팅을 해 주었다. 마술을 부리는 것처럼 나는 항상 돈을 땄다.

이 책을 쓰면서 내게 생긴 희망사항 가운데 하나는 여러 해 동안 나를 궁금하게 만든 몇 가지 질문에 대한 답을 어떻게든 알게 되었으면 하는 것이다. 예를 들면 미스터 드와이어는 우리 집을 떠난 뒤에 어떻게 되었을까 하는 것이다. 그리고 그분과 한 방에서 지냈던 운전기사 겸 보디가드는 또 어떻게 되었을까? 미스터 드와이어가 게이였다는 게 맞을까? 그 시절만 해도 내가 '게이'와 관련해 들은 말이라고는 라틴 쿼터의 테마 송에 나오는 "여기는 게이 파리"라는 대목밖에 없었다. 하지만 돌이켜 생각해 보니 그 말이 맞는 것 같기도 하다. 나는 부모님이 그해 이후 두 번 다시 드와이어의 일을 입에 올리는 걸 보지 못했다. 나도 지금까지 드와이어를 생각해 본 적이 없다. 하지만 어쨌든 나는 그 사람에 대한 진실을 알았으면 좋겠다.

내게는 필리스 파인이라는 학교 친구가 한 명 있었다. 쇼 비즈니스를 하던 그 아이 아빠 래리 파인은 전설적인 코미디언 쇼인 '스리 스투지스' Three Stooges 의 출연자 세 명 가운데 한 분이었다. 필리스는 마이애미비치에 있는 호텔에서 살았는데 금발의 예쁜 아이였다. 그리고 나처럼 외톨이인 경우가 많았다. 그 아이는 팜아일랜드 우리 집에 종종 놀러 왔고 나도 간혹 호텔로 가서 그 아이와 함께 밤을 지내기도 했지만 그런 경우는 아주 드물었다. 다시 말하지만 우리 두 사람 모두 누가 데리고 와서 기다렸다가 다시 집으로 데리고 가야 했다.

학교는 완전히 새로운 도전이었다. 나는 학기가 시작된 지 석 달이 지나 전학했다. 커리큘럼은 완전히 처음 보는 내용들이었고 선생님들은 전혀 모르는 사람들이었다. 선생님들은 내가 어떤 아이인지, 내가 어떤 것을 배웠고 어떤 것을 배우지 않았는지 몰랐다. 그리고 다른 아이들 대부분은 겨울 몇 달만 마이애미비치에 와서 사는 부모들을 따라온 아이들이었다.

공립학교였는데 그리 크지 않은 남녀공학이었다. 하지만 나는 수줍음을 많이 타고 내성적인 아이였다. 어떻게 연기해야 할지 모르는 새로운 역할에 오디션을 받아야 하는 처지가 된 기분이었다. 나는 어쩌면 필요 이상으로 열심히 숙제를 하면서 그 어려움을 이겨 내려고 했다. 그리고 나는 필리스와 함께 어려움을 이겨 나갈 것이라고 생각했다.

드레스 코드도 나를 괴롭힌 문제였다. 플로리다는 햇볕이 따갑고 더운 날씨였기 때문에 같은 반의 많은 여자 아이들이 짧은 바지를 입고 다녔다(우리는 막 입는 청바지가 등장하기 전의 암흑기를 살았다). 하지만 나는 다리가 너무 말라 내놓을 수 없다고 생각했기 때문에 짧은 바지를 못 입고 블라우스와 스커트 차림을 했다. 엄마와 나는 마이애미비치에 있는 유행의 거리인 링컨 로드로 가서 새 옷을 샀다. 우리는 내가 브루클린에 살 때 입던 대로 무거운 스웨터와 대부분 격자무늬의 울 스커트를 사면서 짧은 바지는 단 한 벌도 사지 않았다.

나는 운동을 한 기억이 없다. 해변에 가서 때때로 수영을 하지 않았을까 생각하겠지만 우리는 한번도 그런 적이 없었다. 나는 운동을 안 해도 아무 문제될 게 없었다. 나는 지금까지 한번도 특별히 무슨 운동을 한 적이 없다. 전반적으로 학교생활은 내게 더할 나위 없이 좋은 경험이었다. 하지만 아주 좋거나 나쁘지도 않고 특별히 기억에 남는 일도 없다.

나는 썩 잘 적응했다. 학교를 마치고 집에 돌아오면 숙제를 해 놓고 나서 인형을 갖고 놀았다. 나는 인형 집을 끔찍이 좋아했고 혼자서 몇 시간이고 놀 수 있었다. 나는 또한 그때나 지금이나 엄청난 독서광이라서 몇 시간이고 책에 파묻히기 일쑤였다. 당시에는 우리가 사는 섬이 관광객들이 유람선을 타고 비스케인 베이 일대를 둘러보는 여러 볼거리 가운데 하나였다. 그래서 나는 종종 부두로 걸어 나가서 혼자 쪼그리고 앉아 지나가는 관광객들에게 손을 흔들었다.

그보다 더 큰 모험은 자전거를 타고 알 카포네의 저택 앞을 지나가는 것이었다. 악명 높은 공공의 적 1호라는 사람의 얼굴을 얼핏이라도 보고 싶다는 생각을 했지만 한번도 보지는 못했다. 알 카포네는 탈세 죄로 8년을 감옥에서 보내고 1939년에 팜아일랜드의 자기 집으로 돌아왔는데 우리가 그곳으로 간 것과 비슷한 무렵이었다. 그는 드와이어보디 훨씬 더 악명 높은 진짜 갱이었다. 알 카포네는 대량으로 밀주를 거래했고 살인자였다. 7명의 라이벌 갱 단원을 총격으로 살해한 1929년 성 밸런타인데이 대학살을 주도한 시카고 갱단 두목이었다. 팜아일랜드로 돌아올 무렵 그는 말기 매독에다 치매까지 앓고 있었다. 하지만 그때 나는 그런 것은 전혀 몰랐다. 아버지도 그런 것은 잘 몰랐던 게 분명하다. 아버지는 알 카포네가 라틴 쿼터에 가끔씩 들렀다고 쓰셨다. 클럽에 오면 바에 앉아서 클럽 소다를 한 잔씩 마시고 주머니에서 빳빳한 새 지폐 다발을 꺼내서는 20달러짜리로 계산했다고 했다. "그는 다른 사람과 어울리는 법이 없었고 솔직히 말하면 아무도 그와 어울리려고 하지 않았다"고 아버지는 쓰셨다. 아버지는 알 카포네가 1947년에 '단추 구멍 만드는 재봉사처럼' 평화롭게 숨을 거두었다고 쓰셨는데 "그의 죽음을 애도하는 사람은 바텐더 한 명밖에 없었다"고 했다.

팜아일랜드에서 보낸 어린 시절 이야기를 쓰다 보니 마치 뉴욕의 플라자호텔에 사는 엘루이즈 같다는 생각이 든다. 팜아일랜드가 일류 호텔이 아니었고 엘루이즈가 경마장에 가서 시간을 보내거나 주말 저녁을 나이트클럽 조명 부스에서 보낸 것도 아니기는 하지만.

보스턴, 그리고 나중에 갔던 뉴욕과 달리 플로리다의 라틴 쿼터는 가족 축하 파티를 하는 장소는 아니었다. 쇼가 어린이들이 볼 정도로 순진한 내용이 아니었기 때문에 나는 댄스 플로어 위쪽 높은 곳에 있는 작은 조명 부스에 숨어서 쇼를 구경했다. 그곳은 수석 전기기사가 무대 조명을 관장하는 곳이었다. 주말만 되면 나는 전기기사 옆에 웅크리고 앉아 쇼를 구경했기 때문에 나중에는 모든 쇼를 실제로 따라 할 수 있을 정도였다. 언니는 집으로 다시 돌아온 다음 무대 뒤쪽에 있는 분장실에 몰래 들어가서 코러스 걸들과 같이 구경했다. 코러스 걸들은 언니한테 아주 잘 대해 주었다. 나는 거기 있는 게 불편해서 조명 부스 쪽을 더 좋아했다.

앞서 말했듯이 라틴 쿼터에 온 첫해에 아버지는 유명 스타들을 고용하지 않았다. 그들의 몸값을 감당할 수 있을지 자신이 없었기 때문이다. 하지만 이듬해에는 지미 듀란트가 클럽에서 공연했다. '라스트 오브 더 레드 핫 마마스' Last of the Red Hot Mamas로 유명한 소피 터커도 그녀의 테마 송 '유아 고너 미스 유어 레드 핫 마마 섬 오브 디즈 데이스' You're Gonna Miss Your Red Hot Mama Some of These Days를 열창했다. 밀턴 벌리도 그곳에서 공연했다. 나는 그의 연기를 너무 많이 봐서 지금도 그의 연기를 따라 하는 것은 식은 죽 먹기처럼 쉽다. 하지만 옷을 제대로 걸치지 않은 이국적인 용모의 아주 유명한 댄서 샐리 랜드가 유명한 부채춤을 추면서 앞뒤로 흔들어 대는 흰색 깃털 부채는 다루는 법을 배우지 못했다.

엄마가 좋아한 배우 가운데 한 명은 유명한 사람이 아니었는데 이름이 에밀 보레오였다. 그는 말투가 아주 투박스러웠고 지금 생각해도 정말 이상한 공연을 했다. 그는 테두리가 큰 부드러운 펠트 모자를 쓰고는 테두리 모양을 이리저리 바꾸면서 자기는 어떤 사람이든 될 수 있다고 했다. 60년도 더 지났지만 나는 지금도 그가 하던 오프닝 인사를 기억한다. "내가 하는 게 아닙니다. 내가 말하는 것도 아닙니다. 내가 모자를 어떻게 쓰느냐에 따라 달라질 뿐입니다. 모자챙을 이렇게 한 번씩 비틀면 나는 어떤 사람이든 될 수 있습니다." 그렇게 말하면서 그는 모자를 슬쩍 만져서 프랑스 사람들이 쓰는 베레모나 영국인들이 쓰는 중산모로 바꾸었다(왜 나 보고 이 연기를 한번 해 보라고 부탁하는 사람이 없을까?).

그 다음에는 유명한 스페인의 복화술사인 세뇨르 웬세스가 있었다. 그로부터 몇 년 뒤 에드 설리번 쇼에서 그를 본 사람이 많을 것이다. 나는 그의 기본동작도 따라 할 수 있다. 그는 한쪽 주먹을 쥐고는 엄지를 나머지 손가락 위에 두른다. 안 보이는 손가락 하나에 립스틱을 칠해 입을 만들고 검정색 분필로 '두 눈'을 만든다. 그렇게 해서 그의 꼬마 친구 조니가 만들어진다. 세뇨르 웬세스는 조니를 '요니'라고 발음했는데 요니는 깜찍하고 웃겼다. 그리고 요니는 친절하고 점잖은 세뇨르 웬세스를 괴롭혔다. 웬세스는 대화 상대가 하나 더 있었는데 바로 나무상자에 든 머리통이었다. 세뇨르 웬세스가 그 나무상자를 열 때마다 요니는 이렇게 말했다. "그 상자 닫아요." 그러면 그 머리통이 이렇게 말했다. "상자 열어요." 이걸 다 해 보이지는 않겠다. 하지만 나는 이 공연들을 다 따라 배우면서도 학교 시험은 제대로 봤다는 사실을 밝혀 두어야 할 것 같다.

하지만 정말 관객들을 즐겁게 만드는 것은 항상 아버지의 멋진 쇼걸들이 연출하는 퍼레이드였다. 쇼걸들은 형형색색의 커다란 머리 장식을 쓰고 무대 위를 빙빙 돌아다녔다. 다른 것은 몸에 거의 걸치지 않았다. 당시 마이애미비치에서는 도박과 마찬가지로 완전한 누드 차림도 불법으로 금지되어 있었다. 그래서 이 멋진 아마조네스들은 작은 금속 조각으로 만든 '젖꼭지 가리개'로 젖꼭지만 살짝 가리고 깃털, 금속 조각, 때로는 모피 털로 국부 가리개를 만들어 입었다. 초기 팜아일랜드 라틴 쿼터 시절 관심을 모은 쇼 중 하나는 작은 검은 고양이 한 마리를 자기 국부를 가린 모피 토시 안에 넣어 가지고 나온 중국인 아가씨였다. 순진한 나는 고양이한테만 관심이 있어서 그 고양이를 집에 데려오고 싶어 했다.

아버지는 쇼걸들에게 세 가지의 '황금률'을 지키도록 했다. (1)리허설 때도 최고의 쇼를 보일 것. (2)햇볕에 태우지 말 것. 이 규칙은 쇼걸 중의 한 명인 트위니 때문에 생겼다. 트위니는 팜아일랜드 클럽의 지붕에 올라가 일광욕 하는 걸 좋아했는데 그 때문에 '나무 병정들의 퍼레이드' 쇼를 할 때 얼굴이 창백한 쌍둥이 자매 위니와 구분이 되었다. 몇 년 뒤 트위니는 내게 "네 아버지는 우리가 초콜릿 병정과 바닐라 병정으로 나뉘는 걸 원치 않으셨단다"라고 했다. 세 번째는 다름 아닌 살찌지 말라는 것이었다.

나는 이 모든 일을 어린이의 눈으로 보았다. 관중들은 처음부터 쇼를 즐기면 되지만 마술과 판타지를 만들어 내는 마법사가 아버지였다는 사실을 알게 된 것은 몇 년이 지나서였다. 어린 나이에 내가 알게 된 것이 있다면 그것은 바로 이러한 판타지의 무대 뒤에 있는 것은 진짜 사람들이라는 사실이었다. 무대 위의 그들은 멋졌다. 하지만 나는 의상과 메이크업을 하지 않은 무대 뒤의 그들을 보았다. 그들도 다른 사람들과 똑같이 갖가지 문제를 안고 있었다. 소피 터커는 아들이 하나 있었는데 자주 보지 못했고 샐리 랜드는 부채춤 때문에 인기를 모으긴 했지만 부채춤 추는 것을 아주 지겨워했다. 그리고 많은 코러스 걸들이 부양가족이 있었다. 이들 덕분에 나는 유명 스타들의 삶을 이해하게 되었다. 그들이 아니었다면 절대 그럴 기회가 없었을 것이다. 그래서 나는 한참 뒤에 유명 스타들과 인터뷰할 때도 그들에 대해 신비한 호기심 같은 것은 없었다.

라틴 쿼터에서의 어린 시절은 또한 내가 나중에 질문을 하고 그 대답을 듣는 방법에도 영향을 주었다. 나는 대부분의 유명 스타들 가슴에 가장 깊이 남는 게 어린 시절이며 나중에 그들의 선택도 내 경우처럼 어린 시절의 일로 설명된다는 사실을 알았다. 그리고 조용히 들어 주기만 해야 하는 때가 언제인지도 배웠다. 나는 이들의 눈물을 짜내게 하는 게 무엇인지 알았다. 유명 스타들의 눈물을 너무 짜내게 만든다는 욕을 하도 자주 들어서 이제는 눈물을 안 흘리도록 만들려고 내 나름대로 애를 쓴다. "이 프로그램에서 울면 방송을 내보내지 않을 거예요!" 한번은 로빈 윌리엄스가 울려고 하는 걸 보고 이렇게 경고한 적도 있다.

내가 회고록에서 아버지와 라틴 쿼터 이야기를 이렇게 많이 쓰는 걸 보고 독자들이 의아하게 생각할지도 모르겠다. 하지만 그 나이트클럽은 나의 삶을 좌우했다. 우리가 한 모든 일들이 그곳을 중심으로 빙빙 돌며 벌어졌다. 우리가 소유한 모든 것, 우리가 먹는 모든 음식, 우리가 걸치는 옷 모두가 한마디로 라틴 쿼터에서 나왔던 것이다. 월터스 집안과 라틴 쿼터는 떼어 놓을 수가 없었다. 집안의 다른 식구들도 팜아일랜드로 모여 들었다. 레나 이모는 수시로 우리 집을 찾아왔다. 엄마의 동생인 맥스 외삼촌도 아버지와 함께 일했기 때문에 클럽으로 나갔다. 댄 셀레츠키 외삼촌도 6개월 동안 클럽에서 일하셨다. 외삼촌은 라틴 쿼터 두 번째 시즌이 시작되기 직전에 수술을 받으셨는데 아버지는 외삼촌에게 건강을 회복하라고 클럽 단지 안에 아파트를 장만해 준 것 외에 외숙모 앤에게 일자리도 마련해 주었다. 외숙모는 아버지 사무실의 매니저가 되셨다.

팜아일랜드 라틴 쿼터의 성공은 계속되었고 그와 함께 뛰어난 쇼맨으로서 아버지의 명성도 커졌다. 아버지는 현지 신문들의 애정을 한 몸에 받았고 전국적인 신디케이트 칼럼니스트들이 칼럼에서 라틴 쿼터를 언급하기 시작했다. 그 가운데는 아주 중요한 칼럼니스트 겸 라디오 방송인인 월터 윈첼도 있었다. 그는 가십 칼럼을 사실상 처음으로 만든 사람이다. 신문에서 언급되는 횟수가 늘어나면서 아버지의 명성도 높아져 갔다. 이런 상황이 이어지면서 아버지한테 새로운 제안이 들어왔다.

아버지가 회고록에 적어 놓은 바에 의하면 1941년 새해 첫날 아버지는 팜아일랜드 라틴 쿼터에 혼자 앉아 있었다. 그때 어빙 저스먼이라는 중개인이 찾아와 이렇게 말했다. "브로드웨이에서 나이트클럽을 운영해 볼 의향이 없으십니까? 타임스 스퀘어입니다. 세계 최고의 요지이지요. 투자금은 단돈 1센트도 필요 없습니다." 장소는 10년 임차할 수 있다고 저스먼은 말했다. 그리고 나이트클럽 사업에 진출하고 싶어 하는 후원자가 있다고 했다. E. M. 로라는 백만장자로 영화관 체인을 갖고 있는 사람이었다. 아버지는 로를 안 지가 25년이나 되었다(아버지는 전에 로의 극장들에 보드빌 공연 예매를 한 적이 있었다). 로가 모든 돈을 다 대고 아버지한테는 쇼 제작만 맡긴다고 했다. 서로 파트너가 되는 것이었다.

엄마는 또 모험을 한다는 데 대해 회의적이셨다. 지금 잘되고 있는데 그냥 이대로 내버려 두면 안 되느냐는 것이었다. 하지만 아버지의 두 눈은 벌써 춤을 추고 있었다. 아버지는 그 전에 그 건물을 직접 본 적이 있으셨다. 팰레이 도르라는 이름의 고급 중국 식당이 들어서 있었고 그 다음에는 포스트 할렘 코튼 클럽, 게이 화이트 웨이 클럽이 있었다. 이 나이트클럽들은 모두 성공을 거두지

못했다. 하지만 600석 내지 700석이 들어설 공간이 되었고 낙천적인 아버지는
거기서 큰 성공을 거둘 수 있겠다는 생각을 하셨다. 그래서 아버지는 더 이상
생각해 볼 것도 없이 인색한 E. M. 로와 계약을 체결했다. 아버지는 나중에 그
사람을 "돈 쓰기를 무척 싫어한 훌륭한 신사"라고 평했다.

그렇게 하여 잘되었건 못되었건 우리는 다시 이사를 했다. 낯선 도시, 낯선
학교, 낯선 친구들 앞에서 또 오디션을 볼 차례였다. 이번에는 행선지가 뉴욕이
었다.

뉴욕 뉴욕

문제는 나의 '쿠바 힐'에 있었다고 생각된다. 여러 해에 걸쳐 세 번째 옮겨 다닌 학교인 필드스턴에 8학년으로 들어가면서 나의 뉴욕 생활은 시작되었지만 순조롭지는 못했다. 쿠바 힐은 아바나나 마이애미와는 아무 상관이 없는 말이다. 나는 굽 높이가 1인치인 스퀘어 힐에 구두코가 없는 구두를 신었다. 그것은 어린 여자아이들이 미치도록 좋아하는 것으로 예복을 갖춰 입어야 하는 저녁 행사 때 실크 스타킹과 함께 신는 신발이었다. 보통 갈색이나 검정색이었는데 낮에는 갈색 샌들이나 구두 발등에 레이스가 달린 새들 구두를 신었다. 새들 구두는 측면을 갈색으로 댄 흰색 구두인데 이것을 신을 땐 발목까지 오는 양말을 신었다.

갑자기 신발 이야기를 하게 된 것은 독자 여러분께 일이 완전 엉망진창이 되어 버렸다는 말을 하기 위해서다. 쿠바 힐에 대해 전에 들었지만 마이애미에서 오며 엄마와 나는 흰색 신발을 샀다. 마이애미 신발가게에 검정색 신발이 없었기 때문이다. 일이 꼬이느라 나는 그 구두코가 없는 신발을 실크 스타킹 대신 발목까지 오는 흰 양말과 같이 신었다. 그래서 등교 첫날 나는 학교 분위기도 모른 채 특별히 차려 입었지만 약간 촌스러운 모습으로 학교로 갔다. 실제로 나는 촌놈이었다. 더구나 그 당시 나는 강한 보스턴 억양을 쓰고 있었는데 케네디가가 보스턴 억양을 유행시키기 한참 전이었다. 뉴요커들의 귀에는 내가 '캔트' can't '앤트' aunt 를 '칸-트' '안-트' 라고 발음하는 것으로 들렸다.

필드스턴은 그때나 지금이나 대단한 명문이고 입학하기 힘든 사립학교였다. 당시 엄마가 그 학교를 어떻게 알고 전학 신청서를 보냈는지 지금 생각해도 놀랍다. 본교는 뉴욕 시 외곽의 리버데일에 있고 맨해튼에도 초등학교가 있는데 학생 대부분이 유치원이나 1학년 때부터 이 학교에 다닌 학생들이었다. 남녀공학인데 끼리끼리 파벌이 보통이 아니었다. 이 여자애는 저 여자애와 제일 가깝고, 어떤 여자애는 남자애들이 모두 싫어한다는 식이다. 어떤 그룹은 A그룹이고 어떤 그룹은 아무도 거들떠보지 않는다. 나는 당연한 것처럼 두 번째 그룹에 속했다.

처음에 제일 힘들었던 일은 학교 식당에서 점심 먹는 것이었다. 나는 A그룹 아이들이 보면 옆에 앉으라고 해 주겠지 하고 기대하면서 식판을 들고 식당 안을 천천히 한 바퀴 돌곤 했다. 점심 때 누구와 같이 앉느냐가 아이들의 사회적 신분을 결정했다. 하지만 나는 흰색 쿠바 힐을 내다버리고 새들 슈즈로 바꿔 신었는데도 도저히 A그룹에 낄 수가 없었다. 기껏해야 B 아니면 C 플러스 그룹이었다. 하지만 우리 같은 사회적 약자들도 간혹 A그룹 여자애들에게 토요일 오후 '데이트' 를 신청할 수 있었다. 우리는 실제로 정식 데이트 신청을 했는데 어떤 여자애한테 가서 토요일을 함께 보내지 않겠느냐고 물어 보는 것이었다. 그 애가 좋다고 하면 점심을 같이 먹고 보통은 영화도 같이 보러 간다. 당시 뉴욕에는 브로드웨이 주변에 십여 개의 영화관이 있었는데 엄청나게 큰 대형 무대 쇼도 공연했다. 당시 브로드웨이는 아주 안전했으며 그밖에도 십대들이 갈 만한 곳들이 많았다.

라디오 시티 뮤직홀에서는 유명한 코러스 라인인 하이 키킹 로켓이 있었다. 모든 극장들이 토미 도르시, 글렌 밀러, 베니 굿맨 같은 대규모 밴드를 보유하고 있었다. 도르시의 밴드와 함께 노래하는 가수는 깡마르고 볼이 움푹 들어간 넥타이 차림의 프랭크 시내트라라는 남자 가수였다. 바람이 세게 불면 날아갈 것 같았는데 누구도 따라갈 수 없을 정도로 러브 송을 잘 불렀다. 젊은 여자애들은 좋아서 난리였다. 나를 포함한 시내트라의 청소년 팬들은 '바비 사커스'

bobby-sockers라고 불렸는데 우리가 신는 짧은 양말을 빗댄 것이 분명했다. 1942년 프랭크 시내트라가 파라마운트 극장에 솔로로 모습을 나타냈을 때 엄마와 재키 언니, 그리고 나는 그를 보려고 줄을 서서 표를 샀다. 그가 나타나면 어린 여자애들 사이에는 엄청난 히스테리가 일어나 기절하는 애들도 있었다. 신문에서는 심리학자들을 동원해 이런 현상을 분석했다. 나는 기절까지는 안 했지만 그때나 지금이나 항상 그의 목소리를 좋아한다.

그가 파라마운트 극장으로 돌아온 2년 뒤에는 '콜럼버스 데이 폭동'으로 알려진 사건이 일어났다. 1944년 10월 그의 공연 첫날에 1만 명의 바비 사커스들이 매표소를 둘러쌌고, 그 외에도 2000여 명이 타임스퀘어 광장을 가득 메웠다. 그 바람에 유리창이 곳곳에서 깨졌다. 그렇게 해서 시내트라는 이후 50년대에 엘비스 프레슬리, 60년대에 비틀스가 등장하기 전까지는 누구도 필적할 수 없을 정도로 전국적인 유명 인사가 되었다. 그런데 시내트라는 몇 년 뒤 인기가 시들해지고 나서 전설적인 인기를 되찾기 전까지 라틴 쿼터에서 공연했다.

내가 이야기하고자 하는 요점은 당시는 어린아이건 나이 든 사람이건 영화관에 가거나 무대 쇼를 구경하면서 하루 종일 즐길 수 있었다는 사실이다. 더구나 인기 있는 여자애와 같이 영화관에 간다는 건 대단한 일이었다. 그런 인기 있는 여자애들을 둘러싸고 구애작전 같은 게 벌어졌던 일들은 지금도 기억에 생생하다. A그룹의 한 여자애는 손발이 작고 덩치도 작고 우아한 모습을 한 아이였다. 또 다른 애는 같은 반의 미인이었는데 (지금 생각해 보니) 허리까지 내려오는 긴 금발이었다. 앞머리를 틀어 올려 완벽한 퐁파두르 머리 모양을 하고 있었다. 앞머리를 얼굴 위로 커다랗게 둥근 모양으로 틀어 올린 것이었다. 나이 든 남자애들은(열다섯 살짜리들이었다) 그 여자애를 선녀처럼 떠받들었다. 여러 해 뒤에 그 여자애를 다시 만났는데 그때 보니 그렇게 대단한 얼굴은 아니었다. 나는 그때 벌써 투데이쇼를 진행하고 있었다. 너무 내 자랑을 한다는 말을 들을지 모르겠지만 엄청나게 스트레스 받고 살았던 그때를 생각하면 이 정도의 보상은 받을 자격이 있는 것 아닌가.

물론 내가 그 시절에 천덕꾸러기 신세였던 건 아니지만 너무 깡말랐고 퐁파

두르 머리를 해도 그렇게 예뻐 보이지 않았다. 그럼에도 불구하는 나는 서서히 좋은 친구들을 사귀었다. B급에도 좋은 아이들이 더러 있었다. 그리고 나의 뉴욕 생활이 서서히 좋아지기 시작했다.

우리 가족은 57번 스트리트 6번 애비뉴에 있는 버킹엄이라는 이름의 주거 호텔에서 뉴욕 생활을 시작했다. 6번 애비뉴는 나중에 아메리카스 애비뉴로 이름이 바뀌었지만 그 후로도 새 이름으로 부르는 뉴요커는 한 명도 못 봤다. 도심에 있었고 내가 좋아하는 장소 가운데 하나인 오토매트에서 한 블록 떨어진 곳이었다. 호른 앤드 하다트Horn & Hardart가 만든 전설적인 아이디어의 산물인 오토매트는 마치 하나의 거대한 카페테리아처럼 뉴욕 전역에 지점을 갖고 있었다. 작은 유리 문 뒤로 샌드위치, 샐러드, 파이 조각 같은 먹을 것이 잔뜩 놓여 있었다. 동전을 구멍에 넣으면 문이 열리고 선택한 음식이 나온다. 오토매트는 당시 기억에 남을 만한 슬로건을 내걸었는데, 바로 '엄마의 일손을 덜어 주자'는 것이었다. 재미도 있었지만 오늘날 패스트푸드 체인의 천재적인 선구자였다.

오토매트 단골들은 적은 돈으로 끼니를 해결하려고 하루 종일 그 주위를 얼쩡거렸다. 그들은 테이블에 놓여 있는 공짜 크래커와 케첩을 먹고 차 봉지와 더운 물까지 이용하며 몇 시간씩 그 옆에서 서성거렸다. 시간이 지나며 우리는 이 단골들과 안면을 익히게 되었다. 우리는 그들을 보고 미소를 지어 보였고 그들도 우리를 보고 미소 지었다. 오토매트는 정말 당시 뉴욕 생활의 중요한 일부분이었다. 그래서 호른 앤드 하다트가 문을 닫자(42번 스트리트 3번 애비뉴에 있는 마지막 지점이 문을 닫은 건 1991년이다) 신문은 사설을 써서 애도했고 나이 든 사람들은 정말로 슬퍼했다.

나는 언제나 재키 언니가 문제였다. 우선 언니와 나는 침실을 같이 써야 했고 더 큰 문제는 언니 혼자서는 아무것도 할 수 없다는 것이었다. 내가 학교에 가 있는 동안에는 엄마가 무슨 일을 하고 어디를 가든 재키 언니도 따라다녔다. 엄마는 십대가 되었는데도 언니가 혼자 지내는 게 너무 가슴이 아프셨다. 그래서 툭하면 기다리고 기다리던 토요일 오후에 내가 '데이트'를 나갈라치면 제발 재키 언니도 데려가라고 애원하는 것이었다. 나는 지금도 엄마의 목소리가 생생하게 들리는 것 같다. "언니도 데려가면 안 되겠니? 언니가 엄청 좋아할 텐데." 엄마도 그런 부탁을 하고 싶지 않았을 것이다. 하지만 두 딸을 다 사랑하는데 그 중에 한 명이 너무 외로웠다.

나는 한마디로 부끄러웠다. 참을 수 없을 정도로 창피했다. 재키 언니가 말을 하려고 더듬거리거나 대화에 제대로 끼지 못하면 친구들은 거북스러운 표정을 지었다. "네 언니는 어느 학교에 다니니?" 이렇게 물었다. 이튿날 만나면 친구들은 머뭇거리며 네 언니는 옷은 혼자서 입느냐고 물어 보았다. '정신 지체'나 '장애'가 무슨 뜻이니? 네 언니가 미쳤다는 뜻이니?

지금 생각해 보면 그때는 몰라도 너무 몰랐다. 하지만 이런 주제는 입에 담지조차 않았다. 우리 언니 같은 아이가 집에 있으면 사람들은 우리 부모님처럼 했다. 그저 보호해 주고 아무도 눈치 채지 못하도록 숨기는 것이었다.

언니는 정말 힘들었을 것이다. 언니는 툭하면 펑펑 울고 짜증을 있는 대로 부렸으며, 특히 나중에는 엄마한테 고함을 질러댔다. 하지만 나한테는 한번도 화를 내지 않았다.

나는 언니한테 그러지 못했다. 나는 언니에게 짜증을 부리고 화를 냈다. 나는 지금까지도 언니한테 못되게 말한 걸 두고두고 후회한다. 왜 토요일 오후에 언니를 영화관에 데리고 가지 않았던가? 여동생인 나는 모든 걸 다 가졌고 재키 언니는 가진 게 너무 없었다. 내게는 전화가 왔지만 언니를 찾는 전화는 단한 통도 없었다. 나를 보러 온 친구들은 있었지만 언니를 찾아오는 친구는 없었다. 언니 옷도 내가 입었다. 나이가 들면서 언니는 살이 쪘다. 그래서 엄마가 언니 입히려고 사온 새 옷이 언니 몸에 맞지 않으면 내가 입었다. 언니가 왜 나를 미워하지 않았을까? 이유는 모르겠지만 어쨌든 언니는 한번도 나를 미워하지 않았다.

나라 사정이 어려워도 브로드웨이와 48번 스트리트의 사정은 그렇지 않았다. 뉴욕 라틴 쿼터는 1942년 4월 22일에 문을 열었다. 일본이 진주만을 공격하고 우리가 제2차 세계대전에 참가하고 4개월이 지난 뒤였다. 정부에서는 휘발유 배급을 실시했고 우리는 식량배급 카드도 받았다. 야간 등화관제도 실시되었는데 적기가 뉴욕 상공으로 날아올 것에 대비해 우리는 차양을 내리고 불을 모두 껐다. 나이트클럽 영업을 시작하기에는 좋은 시기가 아닐 수도 있었지만 현실은 정반대였다. 아버지가 꾸민 호화로운 환상의 세계는 클럽의 자줏빛 이중문 바깥에 있는 힘든 전시 세상에 완벽한 해독제 역할을 하는 것으로 드러났다. 붉은 벨벳이 클럽의 벽을 둘렀고, 핑크빛의 두꺼운 킬트가 천장을 장식했다. 클럽 안 여러 개의 분수에서는 형형색색의 물을 내뿜었다. 계단은 거울로 돼 있었으며, 간접 조명이 타조 깃털 사이로 은은하게 스며드는 등 클럽은 환상적인 분위기를 연출했다. 입석만 갖춘 클럽은 첫해에 1600만 달러를 벌어들였다. 당시로서는 엄청난 액수였다.

라틴 쿼터가 문을 연 지 1년 뒤에 새터데이 이브닝 포스트는 이러한 현상에 대해 이렇게 썼다. "브로드웨이 역사상 가장 놀라운 실적이다. 월터스가 어떻게 해서 이런 성공을 거둘 수 있었는지 누구도 알지 못한다." 물론 아버지는 그 비결을 알고 계셨다. 그리고 아버지는 자신의 비결을 망설임 없이 잡지에 차례차례 공개했다.

"나이트클럽에 있는 모든 게 여러분이 감당할 수 있는 것보다 조금씩 더 나은 것이다"라고 아버지는 말했다. 클럽의 화려한 실내장식을 가리키는 말이었다. 고객들에 대해서는 이렇게 말하셨다. "음식을 잔뜩 대접하고 사람들을 깜짝 놀라게 만든다. 단 일분간이라도 사람들이 긴장을 늦추고 평범하다고 느끼는 순간을 만들면 안 된다. 나이트클럽에 오는 손님들은 돈을 쓰려고 온다. 클럽도 그 사람 기분에 맞춰서 돈을 써야 한다."

라틴 쿼터의 성공을 진짜 주목하게 만든 것은 치열한 경쟁 속에서 거둔 성공이었기 때문이다. TV가 없던 이 나이트클럽 시절에 라틴 쿼터는 뉴욕에 있는 여러 유명한 클럽 가운데 하나였을 뿐이다. 최고는 마피아 소유로 알려진 코파카바나였다. 라틴 쿼터는 마피아와 아무 관련이 없었다. 마피아는 라스베이거스에서 매우 극성이었는데 아버지는 보스턴에서 오셨고 소규모 예매회사로 사업을 시작했다는 점을 기억하면 이해가 될 것이다. 마피아와 아버지는 서로 만날 기회가 없었던 것이다. 아버지는 마피아들과 아무런 관련이 없었고 여러 군데서 나이트클럽을 열 당시 이들을 알지도 못했다. 간혹 나는 아버지가 마피아들과 알았더라면 우리 집이 더 부자가 되었을 텐데라고 농담을 하셨다. 코파 클럽은 5번 애비뉴 바로 건너편에 있는 어떤 호텔 지하에 있었는데 항상 담배 연기로 자욱했다. 하지만 그곳에는 '코파 걸스'라고 불리는 정말 아름다운 아가씨들이 있었다. 이들은 춤은 거의 추지 않았고 그럴 필요도 없었다. 그저 미소를 머금고 천천히 걸어 다니기만 해도 너무 예뻤다. 그 뒤 코파 클럽은 배꼽을 잡게 만드는 코미디 팀인 제리 루이스와 딘 마틴이 매 시즌 공연하며 사람들로 만원을 이루었다.

그 다음으로는 아주 세련된 분위기의 스토크 클럽이 있었다. 무희들이 없었는데도 입장권 구하기가 하늘의 별 따기였다. 사람들을 떨게 만드는 가십 칼럼니스트로 우리 아버지에 대해 제일 먼저 눈여겨보고 글을 썼던 월터 윈첼은 매일 저녁 그곳에 자기 지정 테이블이 있었다. 그리고 상류사회 진용클립인 엘 모로코가 있었는데 얼룩말 의자가 그곳의 상징이었고 위세당당한 문지기가 버티고 서서 에롤 플린이나 험프리 보가트 같은 유명 연예인은 들여보내면서 일반 손님들은 몇 시간씩 벨벳 로프 뒤에서 기다리게 했다. 엘 모로코는 춤은 있었지만 쇼 공연은 하지 않았다. 하지만 제일 큰 수입원은 쇼였다. 빌리 로즈의 유명한 다이아몬드 호스슈는 대규모 쇼와 코러스 걸들을 갖추고 있어서 아버지의 제일 큰 경쟁상대였다.

라틴 쿼터의 장점은 저렴한 가격이었다. 최하 2달러부터 시작해 디너 가격은 1인당 평균 8달러였으며 디너에는 새우 칵테일, 샐러드, 스테이크, 그리고 디저트가 포함되었다. 그리고 대부분의 다른 클럽들은 확실한 성인 전용인데 반해 뉴욕 라틴 쿼터는(팜아일랜드 라틴 쿼터와 달리) 가족 단위 손님을 환영했다. 고등학생들이 무도회가 끝난 뒤에 몰려오기도 하고 할머니 생일잔치를 손자들과 같이하기에도 좋은 클럽이었다. 군에 입대하는 젊은이들도 우리 클럽으로 몰려왔다. 그 사람들은 나중에 그 옛날 라틴 쿼터에서 찍은 사진을 내게 보내오기도 했다. 아버지는 입대하는 젊은이들한테는 돈을 받지 않으셨다.

라틴 쿼터는 뉴욕의 문화사에서 매우 중요한 자리를 차지했기 때문에 60년이 지난 뒤에 마이클 블룸버그 시장은 시의회의 투표를 거쳐 라틴 쿼터가 20년간 자리했던 48번 스트리트 브로드웨이의 이름을 '루 월터스의 길'로 바꾸었다. 나는 2006년 4월 어느 멋진 봄날 아침에 시장이 주관하는 거리 개명식에 참석했다.

아버지가 돌아가셨을 때 우리는 추도식을 갖지 않았다. 그래서 나는 거리 개명식 때 아버지의 코러스 걸 가운데 살아 있는 이들을 찾아서(모두 70~80대였다) 초대했다. 여전히 아름다운 여배우 아를린 달(18세 때부터 코러스에서 활동했다)을 포함해 모두 12명이 와 주었다. 일란성 쌍둥이 캉캉 댄서였던 트위니와 위니도 울먹이며 달려왔다. 80대에 들어선 두 사람은 블룸버그 시장 양쪽에 서서 사진기자들 앞에 포즈를 잡고는 한쪽 다리를 머리 위로 번쩍 쳐들어 레이스 달린 속옷을 드러내 보였다. 얼굴이 빨개진 시장은 폭소를 터뜨렸고 행복한 행사에 참석한 우리 모두 따라 웃었다. 쇼걸 중 두 명은 옛날 의상을 입고 왔다. 제대로 갖춰 입지는 않았지만 그런대로 차려입고 머리 장식과 모피 목도리도 걸쳤다. 이들은 아주 젊은 쇼걸이었던 라틴 쿼터 시절의 자기들 모습을 담은 옛날 사진 등 소중한 보물들을 가져왔고 아버지에 대한 애정 어린 추억담을 들려 주었다. 나는 식이 끝난 뒤 그들을 점심 식사에 초대했다. 모두들 돌아가면서 우리 아버지는 제일 친절하고 인자하신 보스였다는 말을 했다. 그들은 아버지를 존경했다. 라틴 쿼터가 문을 닫은 지 60년이 더 지난 지금까지도 그들이 매년 다시 만나서 자기들의 삶에서 최고의 시절이었다는 당시를 회상하는 것도 바로 그런 이유에서다. 나도 사정이 허락하는 한 그들과 같이 만난다.

하지만 어렸을 적에 나는 나중에 블룸버그 시장이 그 자리에 참석해 주었을 때처럼 아버지에 대해 자랑스럽게 생각하지 않았다. 라틴 쿼터는 누구에게나 특별한 장소였지만 내게는 그렇지 않았다. 당시 나는 다른 가족들이 어떻게 사는지, 그리고 그들은 우리 집처럼 살지 않는다는 사실을 알 만큼 나이가 들었다. 다른 집 아버지들은 매일 저녁 집으로 돌아와 엄마, 아이들과 같이 지냈다. 추수감사절과 크리스마스 때는 사촌, 고모, 삼촌들도 식탁에 같이 모여 앉았다.

다른 아이들은 집에서 생일 파티를 열고 친구들을 모두 초대했지만 우리는 그런 것들을 한번도 못해 봤다. 우리는 추수감사절, 크리스마스, 새해맞이, 그리고 모든 생일 파티를 라틴 쿼터에서 했다. 아버지는 일주일에 한 번 금요일에 집에 오셔서 저녁 식사를 했는데 그게 아버지를 만나는 유일한 기회였다. 다른 날의 경우 아버지는 내가 잠들고 나서 한참 뒤에 집으로 돌아오셨고 아침에는 늦게까지 주무셨다.

지금 생각해 보니 아버지는 우리를 자신의 삶에 포함시키려고 하셨던 것 같다. 공연하는 배우는 두 주마다 바뀌었지만 전체 작품 내용은 일 년에 두 번씩만 바뀌었다. 새 작품이 처음 공연되는 날 저녁에는 엄마와 재키 언니, 그리고 나는 아버지를 따라 공연을 보러 갔다. 우리는 출입문에서 제일 가까운 쪽에 있는 아버지의 테이블에 자리를 잡았고 아버지는 공연 내내 대부분의 시간을 테이블 위에 놓인 인터콤을 통해 조명기사나 마담 카메로바에게 이런저런 지시를 내리셨다. 마담 카메로바는 오랫동안 제작 책임자 겸 안무가로 아버지와 함께 일했다. 공연 시간 내내 나는 조용히 앉아서 엄마와 함께 정신을 바짝 차리고는 새로 시작한 쇼에 잘못된 게 없는지 살폈다. 아버지에게 쇼가 아주 훌륭하다는 말은 보통 하지 않았는데 나는 사람들이 공연을 하고 나면 칭찬해 주는 말을 얼마나 듣고 싶어 하는지 이제서야 알게 되었다. 그런데도 우리는 그때 좋지 않은 점에 대해서만 아버지에게 이야기했던 것 같다.

나는 우리 아버지는 왜 옆집 아버지처럼 하지 않는지에 대해 어느 정도 불만을 가졌던 것 같다. 에드 설리번, 레너드 라이언스, 얼 윌슨, 루이스 소벌 같은 영향력 있는 브로드웨이 칼럼니스트들이 우리 테이블에 들러도 나는 별로 관심을 보이지 않았다. 간혹 월터 윈첼이 우리에게 다가와도 마찬가지였다. 내가 침묵하는 것 때문에 아버지는 마음이 상하셨고 나는 그것 때문에 마음이 또 상했다. "너는 열등감이 문제야." 그러던 어느 날 저녁에 아버지는 내게 이렇게 말씀하셨다. "그래서 아무하고도 말을 안 하려는 거지."

반면에 재키 언니는 라틴 쿼터를 좋아했다. 클럽은 언니에게 집과 다름없었고 시간만 나면 무대 뒤로 가서 코러스 걸들과 같이 있었다. 그들은 언니한테 정말 잘 대해 주었고 프랭크 시내트라, 캐럴 채닝, 가수 조니 레이처럼 나중에 아버지가 고용한 많은 대스타들도 마찬가지였다. 조니 레이는 '더 리틀 화이트 클라우드 댓 크라이드' The Little White Cloud That Cried라는 곡으로 유명한데 재키 언니는 그를 정말 좋아했다. 그도 언니를 '재키 달링' 이라고 부르며 같이 호응했는데 순회여행 중에도 꼬박꼬박 생일 카드와 사인이 든 사진을 보내 주었다.

그 사람도 어릴 때부터 청각 장애가 일부 있고 보청기를 끼고 있기 때문이었는지는 모르겠다. 재키 언니는 자기가 그 사람을 사랑하는 것처럼 조니 레이도 자기를 사랑하는 것으로 생각했다. 언니가 죽고 몇 년 지난 뒤에 나는 언니의 일기를 읽게 되었다. 언니는 글씨를 잘 쓰지는 못했지만 충분히 읽을 수 있게 썼다. 일기 곳곳에 다음과 같이 그 사람에 대한 언급을 써놓았다. "조니가 시카고에 가 있다. 나한테 전화해 주겠지." "조니가 댈러스에 가 있다. 언젠가는 그와 결혼할 거야." 일기를 보면 너무 가슴이 뭉클해져서 도저히 끝까지 읽을 수가 없었다. 지금도 이 글을 쓰기 위해 언니 일기를 읽으니 눈물이 난다.

재키 언니는 라틴 쿼터에 가 있지 않으면 엄마를 따라 영화를 보러 갔다. 매일 저녁 무슨 영화든 가리지 않고 보았다. 아무 일도 없는 날은 하루 종일 엄마와 재키 언니 두 사람 모두 지루해서 어쩔 줄 몰라 했다. 그 무렵 부모님은 재키 언니한테 시중드는 사람을 구해 주려고 했다. 하지만 어떤 종류의 사람을 구할지를 놓고 두 분의 의견이 엇갈렸다. 아버지는 재키 언니처럼 다소 어눌한 사람을 구하고 싶어 하셨다. 엄마는 안심하고 언니를 맡길 수 있고 언니한테 읽고 쓰기도 가르쳐 줄 만한 사람을 원했다. 결과적으로 두 가지 타입 모두 아무런 도움이 되지 않았다.

똑똑한 사람들은 명색이 '돈 주고 고용한 친구' 인데도 재키 언니와 공통점이 하나도 없었다. 그래서 언니는 여전히 외로웠다. 이도 저도 아니면서 어눌한 친구들도 도움이 안 되기는 마찬가지였다. 그런 사람들은 재키 언니 돌보는 일은 잊어버리고 자기 놀기에 바빴다. 한번은 재키 언니와 고용한 친구가 록펠러 센터의 스케이트 링크에 같이 간 적이 있었다. 둘이서 스케이트를 조금 타다가 그 친구가 혼자 타러 온 어떤 녀석과 어울리는 바람에 재키 언니가 몇 시간을 혼자 타도록 내버려 두었다. 재키 언니는 나중에 집에 와서 부모님한테 그 이야기를 했고 그 친구는 곧바로 그만두게 했다. 그래서 얼마 뒤에 부모님은 그 시도를 그만두고 재키 언니를 다시 자기들이 맡으셨다. 부모님이 재키 언니를 떼어 놓고 휴가를 가신 적이 딱 한 번 있었는데 베이비 레이크라는 이름의 코러스 걸에게 언니를 맡기고 바하마제도로 가신 때였다. 그녀는 우리 모두가 좋아하는 정말 멋진 여자였다. 그래도 부모님은 하루에 세 번씩 집으로 전화하셨다.

이런 상황은 어쩔 수 없이 두 분의 결혼생활에 엄청난 부담을 주었다. 플로리다에 있을 때는 팜아일랜드 클럽이 우리가 사는 피스타치오 하우스와 가까이 있어서 두 분이 함께 있는 시간이 많았다. 하지만 뉴욕에서는 그렇지 못했다.

버킹엄에서 몇 달을 지낸 다음 우리는 센트럴파크 웨스트에 있는 멋진 펜트하우스로 이사했다. 이후 우리는 계속해서 펜트하우스를 옮겨 다니며 살았지만 엄마는 아버지 얼굴을 거의 보지 못했다. 아버지는 라틴 쿼터에서 밤을 지내고 아침이면 아파트로 돌아와 주무셨다. 그리고 오후에는 프라이어스 클럽으로 가서 카드놀이를 하셨다. 쇼 비즈니스를 하는 남자들이 모여서 시간을 보내던 유명한 클럽이었다.

두 분 사이에는 돈도 문제가 되었다. 뉴욕 라틴 쿼터는 대단한 성공을 거두었지만 제작비가 엄청나게 들었다. 쇼 한 편당 7만 5000 내지 8만 달러가 들었는데 당시로서는 엄청난 액수였고 그만큼 이윤은 얼마 되지 않았다. 아버지는 돈에 대해 관대했고 다른 남편들처럼 엄마가 돈 쓰는 데 간섭하지 않으셨다. 하지만 엄마는 혹시라도 클럽이 잘못되고 아버지가 카드게임에서 많은 돈을 잃어 또다시 망하게 될까 봐 늘 걱정이셨다.

나는 어릴 적부터 이런 걱정을 익히 들어서 알고 있었으며 나도 엄마와 같은 걱정을 했다. 돈이 다 떨어져 버리면 어떻게 하지? 부모님은 저축을 하거나 보험에 들고 안전한 투자를 하는 문제를 놓고 다투셨다. 아버지의 반응은 어땠을까? 아버님은 한 발 더 나아가 많은 돈을 들여 브로드웨이에서 뮤지컬 풍자극을 잇달아 공연했다. 더 큰 성공을 노렸던 것이다.

윈터 가든 극장에서 열린 아버지의 첫 번째 브로드웨이 호화 쇼는 1943년에 공연한 '지그펠드 폴리스' Ziegfeld Follies였다. 위대한 쇼맨 플로렌즈 지그펠드가 1907년부터 1931년까지 매년 공연해 대성공을 거둔 뮤지컬 풍자극을 리바이벌한 것이었다. 아버지가 각색한 것이 훨씬 더 호화롭다는 점만 빼면 라틴 쿼터에서 하는 쇼와 매우 흡사했다. 나는 공연 첫날 저녁 부모님을 따라 공연을 보러 갔다. 그리고 이튿날 아침 우리는 좋은 평이 들리기를 숨을 죽이고 기다렸다. 평은 좋지 않았다. 하지만 전시 관객들은 그 공연을 좋아했고 공연은 무려 523회나 이어졌다.

이 공연의 성공에 고무된 아버지는 그레이트 화이트 웨이에서 더 거창한 프로젝트를 벌였다. 아버지는 1920년대부터 시작된 보드빌 풍자극을 개작한 '아티스트와 모델들' Artists and Models을 단기간에 자신이 직접 쓰고 제작하고 감독했다. 쇼는 1943년 11월 5일 브로드웨이 극장에서 개막되었고 당시 유명한 여가수였던 제인 포르먼이 공연했다. 그녀는 비행기 사고로 두 다리를 쓰지 못해 특수 제작된 휠체어를 타고 무대에 올랐다. '아티스트와 모델들'에는 재키 글리슨이라는 젊은 코미디언도 출연했다. 하지만 출연진이 최선을 다하고 글리슨이 엄청나게 웃겼음에도 불구하고 이 작품은 3주일 만에 막을 내리고 말았다. 여기서 많은 돈을 잃었지만 아버지는 멈추지 않으셨다. 불과 3개월이 채 안 되어서 아버지는 다시 재기해서 초기 풍자극인 '테이크 어 바우' Take a Bow를 제작했다. 하지만 이 공연의 유명 스타였던 마르크스 브러더스의 치코 마르크스도 공연의 실패를 막지 못했다. 쇼는 14회 공연 뒤 막을 내렸고 아버지는 또 수천 달러를 날렸다.

이게 바로 우리 가족이다. 아버지는 도박사에다 몽상가였다. 어머니는 현실주의자였지만 아버지는 그런 엄마를 염세주의자라고 불렀다. 그러면 나는? 나는 이런저런 걱정이 많은 아이였다. 그런 나를 부모님은 애늙은이로 간주했다.

결국 일이 터지고 말았다. 어느 날 오후 학교에서 돌아오니 엄마가 울고 계셨다. "아빠가 우리를 떠나셨단다." 엄마는 이렇게 말했다. "네가 아빠한테 가서 돌아오시라고 말해 다오." 두 분 사이를 오가며 전령 노릇하는 게 생소한 일은 아니었다. 엄마는 아빠한테 불만이 있으면 수시로 나를 보내 말을 전하셨다.

"아빠한테 가서 전해라." 엄마는 이렇게 말하곤 하셨다. 그러면 나는 아버지가 집에 들어오시는 금요일 저녁이면 아버지한테 갔고 대부분은 일이 잘 풀렸다. 하지만 이번은 보통 때보다 훨씬 더 심각한 것 같았다. 엄마는 언니도 같이 가라고 하셨다. 더 많은 동정심을 불러일으키려는 심산이셨다. 그래서 나는 재키 언니의 손을 잡고 라틴 쿼터로 찾아갔다.

　아무도 없는 어두컴컴한 나이트클럽 안에서 아버지 테이블에 같이 앉아 제발 우리를 버리지 말라고 울며 애원하던 일이 지금도 생생하게 기억난다. 재키 언니도 무슨 일인지 분명히는 모르면서 따라 울었다. 당시 아버지가 쇼걸 중 한 명과 관계를 맺고 있었다는 말은 몇 년 뒤에 들었다. 그게 사실이었다 해도 아버지를 너무 심하게 비난할 생각은 없다. 현실을 직시해 보자. 그래야 이야기가 되니까. 당시나 지금이나 쇼 비즈니스에 종사하는 사람들은 대부분 같은 업종에서 일하는 다른 사람과 연애 관계를 갖는다. 아버지는 정말 예쁜 여성들에게 둘러싸여 있었는데 아내는 그저 평범한 중년 여인이있다. 어머니로서는 옷 장사 하는 남자와 결혼했더라면 더 행복한 결혼생활을 했을지도 모른다. 그랬더라면 남편은 매주 번 돈을 집으로 꼬박꼬박 가져오고 그래서 보다 안정된 생활을 할 수 있었을지 모른다. 하지만 우리는 그때 쇼걸에 대해 아무것도 몰랐다.

　우리가 울고불고 하는 동안 아버지는 아무 말씀도 없으셨다. 아버지는 재키 언니와 내게 키스해 주고는 일하러 가야 된다는 말만 하셨다. 나는 어떻게 해야 될지 몰랐다. 엄마께 가서 어떻게 말해야 할지 정말 생각이 안 났다. 그래서 나는 재키 언니를 데리고 스테이지 쇼를 하는 가까운 영화관으로 가버렸다. 나는 집으로 돌아가기가 겁이 났고 그래서 극장 안에 몇 시간이고 앉아 있었다. 하지만 우리가 집에 돌아가자 엄마가 웃으면서 반겨 주셨다. 아빠가 마음을 바꾸셔서 우리를 떠나지 않기로 했다는 것이었다. 그렇게 해서 내 걱정은 끝이 났다.

　나는 무엇이 아버지의 마음을 돌려놓았는지 당시는 몰랐다. 하지만 이제는 안다. 도박을 하고 무절제한 생활을 하셨지만 아버지는 원칙이 있고 점잖으신 분이었다. 아버지는 또한 내성적이고 수줍음을 많이 타는 둘째 딸과 측은하고 착한 맏딸을 사랑하셨다. 그러니 어떻게 그냥 걸어 나가서 우리를 떠날 수 있었겠는가? 또한 아빠는 자기 자신의 방식대로 아내를 사랑하셨고 분명히 엄마를 존중하셨다. 그렇게 위기는 지나갔다.

필드스턴에서의 첫해는 그런대로 괜찮게 보냈다. 나는 대부분의 학과목에서 A학점과 B학점을 받았지만 체육 점수는 엉망이었다. 나는 하키 스틱을 들고 미친 듯이 볼을 쫓아 필드를 이리저리 누비는 여자아이들이 부러웠다. 그들은 나와는 다른 종류의 아이들이었다. 나는 자신감이 넘치고 운동 잘하는 이 특별한 종류의 여자아이들을 늘 '하키 선수'들이라고 생각했는데 특별히 호의적인 뜻으로 그런 것은 아니었다. 당시에는 내가 운동선수였으면 좋겠다는 생각은 했다. '그러면 새로 전학 온 학생으로서 좋은 이미지를 심어줄 수 있을 텐데'라는 생각을 했던 것이다. 하지만 지금이나 그때나 마찬가지로 야구나 배구, 축구 그 어떤 스포츠든 하나도 잘하는 게 없었다. 나는 테니스도 배워 본 적이 없다. 골프도 배워 보려고 했지만 재미없었다. 나는 물에 빠져 죽지는 않을 것이다. 하지만 나 보고 뒤로 재주넘기해서 물로 뛰어들라는 말은 하지 말기 바란다.

운동신경 둔한 것은 숙박 캠프까지 따라와 나를 괴롭혔다. 뉴욕에 온 뒤 첫해 여름에 나는 뉴저지에 사는 사촌언니 헬렌과 함께 포코노스로 갔다. 헬렌은 멋진 여자였고 나는 그녀를 무척 따랐다. 모두 다 헬렌을 좋아했다. 그곳에서 지낸 지 6주가 끝날 무렵 헬렌은 '최고의 운동선수'뿐 아니라 '최고의 만능 캠퍼'로 뽑혔다. 이곳은 모든 아이들이 집에 가서 부모한테 보여줄 수 있도록 무슨 상이든 주어서 보내야 한다고 생각하는 캠프였다. 그래서 나는 '가장 기량이 향상된 운동선수'로 뽑혔다. 더 이상 할 말이 필요한가?

필드스턴에서 나는 잘했지만 학교는 나한테 문제가 있었다. 아버지의 쇼와 관계있는 문제였다. 라틴 쿼터나 브로드웨이에서 새로운 쇼가 시작되는 날이면 엄마와 재키 언니, 그리고 나는 그걸 구경하러 갔다. 쇼가 끝나면 우리는 종종 아빠와 함께 유명한 심야 식품점 린디스로 갔다. 특히 코미디언들을 비롯해 도시에 있는 쇼 관련 사람들은 모두 그곳으로 몰려오는 것 같았다. 그 사람들은 모두 아빠를 알아보았고 재키 언니와 나를 둘러싸고 갖은 법석을 다 떨었다. 이 때문에 우리는 집에 아주 늦게 돌아왔고 엄마는 이튿날 집에서 잠을 자도록 했다. 나는 착실한 학생이기는 했지만 학교에서는 내가 결석하는 것을 용납하지 않았다. 학교 측에서는 부모님께 말하기를 이듬해 필드스턴에 계속 다니려면 학교를 그렇게 많이 빼먹으면 안 된다고 했다. 하지만 그런 일은 신경 쓸 필요가 없게 되었다.

학년이 끝날 무렵에 아버지는 우리에게 다시 보따리를 쌀 것이며, 내가 집이라고 생각하게 된 곳을 떠날 것이라고 말했다. 나는 화가 머리끝까지 났다. 이제 겨우 친구들을 사귀었고 나도 내 생활이 있었다. 그런데 이제 와서 또 그것들을 모두 남겨두고 떠나야 한다니. 꼭 노래 가사처럼 "새로운 쇼가 또 새로 시작된다"는 것이었다. 나로서는 또 새로운 오디션을 치러야 하는 것이었고 아버지에게는 새로운 도전이었다. 라틴 쿼터는 뉴욕에서 잘 돌아가고 있었고 아버지는 그곳에 계속 신경 쓰실 필요가 없게 되었다. 그래서 아버지는 새로운 프로젝트를 마음에 품으셨던 것이다. 이게 정말 말이 되는가? 우리는 다시 마이애미비치로 돌아갔다.

마이애미는 전쟁 중

지난번 내가 마이애미비치에서 학교에 다닐 때는 교실 바깥에서 들리는 소리라고는 우리보다 한 시간 뒤에 쉬는 시간이 있는 상급생 아이들의 웃고 떠드는 소리뿐이었다. 이번에는 크고 씩씩하게 "사운드 오프 원 투, 사운드오프 스리 포" 하고 일사불란하게 외치는 구령소리가 들렸다.

때는 1944년으로 미국이 2차 세계대전에 뛰어든 지 3년째 되던 해였다. 나는 학교에 다니고 있었지만 마이애미비치에 있는 모든 호텔은 군대가 사실상 다 차지하고 있었다. 수천 명의 군인들을 야자수 그늘과 태고의 해변에서 훈련시켜 전쟁에 내보내기 위해 400개 가까운 호텔이 징발되었다. 미국 군대가 우리의 낙원을 점령해 버린 것이었다. 관광객들이 들어갈 방은 단 하나도 없었다.

마이애미비치에는 군대가 들어와 있었다. 수상 가교 건너 마이애미에는 해군사령부가 들어왔다. 전쟁포로로 잡혀온 독일 군인들을 덮개 없는 트럭에 실어 나르는 것을 본 기억도 난다. 독일군들은 행진을 시키거나 조를 나누지 않았다. 청바지와 셔츠 차림에다 등에는 PW(전쟁포로)라고 새겨져 있었다. 그들을 데려와서 마이애미비치 청소를 시켰는데 근처에 전쟁포로 수용소가 있었던 게 분명하다. 독일군 포로들에게도 마이애미비치는 낙원이었을까? 그렇지 않았을 것이다. 다시 말하지만 그때는 그런 일에 큰 신경을 쓰지 않았다. 돌이켜 보면 나는 당시 내 개인의 삶 외에 다른 일에는 별로 신경을 안 썼다.

정말 이상한 일이었다. 당시나 지금이나 나는 그때 아버지가 왜 마이애미비치로 돌아가고 싶어 했는지 이해가 안 된다. 팜비치의 라틴 쿼터는 훈련병들을 먹이기 위한 여러 개의 간이식당 가운데 하나로 징발당했다. 피스타치오 그린 하우스 역시 군대가 차지했다. 그곳은 몇몇 운 좋은 장교들의 숙소로 쓰였다. 우리 가족은 같은 수상 가교를 이용하는 다른 섬에 살았다. 팜아일랜드에서 자전거를 타고 작은 다리 하나를 건너 조금만 가면 되는 거리에 있는 히비스커스 아일랜드였다. 그곳에서 아버지와 어머니는 예쁜 잔디밭과 수영장이 딸린 아름다운 흰색 주택을 한 채 빌렸다.

라틴 쿼터도 없이 우리 가족은 그곳에서 무얼 하고 살았을까? 마이애미 교외에 컬러니얼 인이라는 이름의 클럽을 세낸 것을 보면 아버지는 그런 상황에서도 비즈니스가 될 것이라고 생각하셨던 것 같다.

아버지가 컬러니얼 인을 얼마 동안 운영하셨는지는 분명히 모르겠다. 호텔 방을 잡기가 거의 불가능했기 때문에 마이애미나 마이애미비치로 찾아오는 손님은 거의 없었다. 아버지는 아마도 한 시간 반 거리에 있는 팜비치 주민들이 올 것이라고 생각하셨던 것 같다. 그곳에는 군대가 많이 들어가 있지 않았다. 하지만 전시 휘발유 배급제가 엄격히 실시되던 때라 사람들이 어떻게 차를 타고 클럽에 찾아올 것이라고 생각하셨는지 나는 지금도 도무지 이해가 안 된다. 하지만 그 당시 나는 아버지의 문제에 대해서는 그렇게 많이 생각하지 않았다. 새 학교로 전학을 했고 이번에는 너무 힘든 오디션을 받았기 때문이었다.

플로리다에서 마지막으로 같이 알던 아이들도 있었다. 그리고 내 급우들은 필드스턴에서 첫해를 보낼 때 만난 아이들 같은 속물은 절대로 아니었다(나는 아마도 그때까지 흰색 쿠바 힐을 신고 있었을 것이다). 파벌이 없는 것은 아니었지만 그곳의 파벌은 남녀 학생들의 동아리 모임이었다. 이 모임들은 희랍어 이름을 붙였고 매 학년 초가 되면 각 동아리 모임의 상급반 남녀 학생들이 신입생을 선별해서 끌어들인다. 그런 일을 겪으면서 나는 지금도 이 학생 동아리 모임이 배타적이고 차별적이며 아이들의 마음에 상처를 준다는 생각을 한다. 오래전 2학년 때 내가 그토록 들어가고 싶어 했던 붉은가슴울새 합창단 기억이 날 것이다. 크게 바뀐 것은 없었다.

카파 피라는 이름의 여학생 동아리는 더 배타적이 되어 있었다. 그보다 조금 밑의 등급이 람브다 피였다. 학기가 시작되고 나서 람브다 피가 먼저 신입회원을 모집한다는 말을 들었다. 하지만 좀 더 기다리면 카파 피에서 나보고 가입하라는 말을 해올 게 분명했다. 하지만 나는 만약에 기다리다가 아무 데도 못들어가면 어떡하나 하고 겁이 났다. 그런 일을 당할 수는 없는 노릇이었다. 그래서 람브다 피에서 가입 서약을 하라는 말을 듣는 순간 나는 얼른 그러겠다고 답했다.

가입 서약이란 그 그룹에 전적으로 충성을 맹세하는 것으로 카파 피 소속 여학생들과는 절대로 친구가 되지 않겠다고 약속하는 것이다. 웃긴다고? 그 당시는 웃기지 않았다. 나는 가입이 되었다. 합창단에도 들어갔고 친구도 많이 생겼다. 나는 그해를 재미있게 보냈다. 흑인(당시는 '유색인종'이라고 불렸다) 남학생이나 여학생도 가입할 수 있었을까? 1940년대 당시 남부에는 인종차별이 철저히 지켜지고 있었다는 점을 기억하시라. 그리고 마이애미비치는 확실한 남부였다. 그러니 흑인 학생들은 무조건 가입불가였다. 하지만 우리는 당시 사회적 문제들에 대해서는 관심이 없었다. 오직 우리들만의 작은 사회적 삶에만 관심이 있었고 그것만으로도 바쁘고 할 일이 많았다. 우리는 방과 후 댄스 모임을 가졌는데 나는 거기서 지르박을 배웠다. 그 춤은 린디라는 이름으로도 통했다. 요즘도 가끔씩 결혼식 피로연에 가서 밴드가 1940년대 음악을 연주하기 시작하면 60~70대들이 플로어에 나와서 아내들을 빙빙 돌리고 거의 어깨 위로 던져 올리듯 하며 즐겁게 춤추는 모습을 더러 본다. 린디는 한번 배우면 절대로 잊어먹지 않는다.

하지만 그때까지도 나는 학교에 갈 때 다른 많은 여학생들과 달리 짧은 바지를 입지 않았다. 다리는 정말 늘씬했는데도 그랬다. 정말이다. 여배우 마를린 디트리히도 내게 "당신 다리는 정말 최고다"라는 말을 해준 적이 있다. 남자 친구도 몇 명 있었는데 그중 한 명은 에드 클레인이라는 남학생이었다. 우리는 꾸준히 사귀는 사이는 아니었다. 꾸준히 사귄다는 말은 서로 다른 이성 친구는 두

지 않는 사이를 뜻하는 말이다. 하여튼 우리는 자주 만났는데 그는 나보다 한 학년 위였다. 에드는 나중에 마이애미에서 판사가 되었다. 몇 년 전 그는 자기 아내와 함께 내가 진행하는 낮시간 텔레비전 쇼 '더 뷰' The View를 방청하게 해 줄 수 있겠느냐는 편지를 내게 보내 왔다. 나는 방청석에 앉아 있는 그를 방청객들에게 소개했는데 여전히 정말 멋진 남자 같았다.

그때 재키 언니는 십대 후반의 아주 예쁜 아가씨였지만 여전히 엄마 주위만 맴돌았다. 이따금씩 가족 친구들이 보스턴이던가 뉴욕 출신의 군인 아니면 수병을 한번 만나 보라는 말을 우리 가족들에게 했다. 그래서 나는 군대생활을 하는 아직 십대의 잘생긴 남자를 만나게 되었다. 엄마는 여전히 "네 언니를 좀 데려가지 않겠니?"라는 부탁을 했다. 그래서 우리는 새 남자 친구의 친구 한 명을 데리고 와서 더블 데이트를 했다.

우리는 군인들이 쉴 수 있는 어느 호텔로 갔다. 재키 언니는 아무 말이 없었다. 나는 언니와 같이 있는 게 한번도 마음 편한 적은 없었다. 하지만 그래도 나이는 더 어리지만 내가 언니를 보살피는 입장이고 정신적으로는 '내가 언니'라는 기분이어서 별 문제가 없었다. 그런데 언니와 데이트하는 그 남자가 언니한테 둘이 따로 가서 술이나 한잔하자는 것이었다. 재키 언니는 어떻게 해야 할지 몰랐다. 하지만 나는 어떻게 해야 하는지 알았다. 나는 이렇게 말했다. "우리는 집으로 갈 거예요." 나는 재키 언니가 아무런 경험도 없고 너무 순진해서 이용당할까 겁났던 것이다. 내가 언니 일을 망친 것일까? 언니는 그런 일에 대해 한마디도 한 적이 없으니 나로선 알 수가 없다. 하지만 나는 혹시라도 언니한테 그런 일이 생기게 놔둘 수는 없었다.

재키 언니에게 관심을 가진 남자가 또 한 명 있었는데 제대로 알고 보니 믿을 만한 사람이었다. 그래서 부모님도 그 사람이 언니를 데리고 몇 번 영화를 보러 가도록 허락했다. 그의 이름은 버트 무언가였고 나이는 제법 많아 이십대 후반이었다. 그 사람이 어떻게 우리의 삶에 들어오게 되었는지는 기억이 안 난다. 그는 아주 유쾌한 사람이었고 용모도 아주 잘생겼다. 키가 약간 작고 뚱뚱했지만 성격이 매우 쾌활해서 특히 엄마가 그 남자를 아주 맘에 들어 하셨다.

그 남자는 재키 언니를 아주 좋아하는 것 같았다. 언니한테 아주 인내심을 갖고 이야기를 했고 무언가 일이 진행될 것도 같았다. 하지만 언니는 그 사람에게 전혀 관심을 보이지 않았다.

버트는 한동안 계속 우리 집에 드나들다가 차츰 우리 생활에서 멀어져 갔다. 언니 주변에 다른 남자는 없었다. 이 글을 쓰다 보니 내가 언니의 사생활에 너무 깊이 들어간다는 기분이 들기는 하지만 단언하건대 언니는 평생 처녀로 살았다.

당시 플로리다 시절 생활에서 가장 기억나는 것은 재키 언니와 버트라는 사람의 관계가 아니라, 나와 달리 언니가 다시 혼자가 되었다는 사실이다. 물론 그것은 나의 삶에서 계속 반복되어 일어난 일이다. 한번은 히비스커스 아일랜드에 있을 때 내가 속한 동아리의 남녀 학생들과 그들의 친구들까지 초대해 수영장에서 하는 거창한 풀 파티를 열었다. 먹을 것과 음악에 댄스까지 정말 요란한 파티였다. 베니 굿먼과 토미 도르시의 레코드를 틀어 놓고 린디 춤도 추었다. 그러다 집 안으로 들어갈 일이 생겼다. 집 안에는 엄마와 재키 언니가 조용히 앉아 있었다. 엄마는 언니의 손을 꼭 잡고 바깥 파티장에서 들려오는 음악 소리에 가만히 귀를 기울이고 있는 것이었다. 엄마는 내 기분을 이해하고 내가 기분 좋게 지내도록 해 주려고 이번에는 언니를 끼워 주라는 말을 하지 않으셨다. 나도 그런 말은 입 밖에도 내지 않았다. 이런 말을 털어놓는 게 쉬운 일은 아니다. 내가 자신밖에 모르는 이기적인 사람이라는 비참한 기분이 들기 때문이다. 하지만 그런대로 행복하게 보낸 한 해였다. 우리 람브다 피 그룹 여학생들은 어울려서 각자 집을 돌아다니며 놀았고 같은 그룹의 남학생들과 이런저런 행사도 같이했다. 우리는 해변과 영화관으로 몰려다녔고 화장도 해 봤다. 우리는 '탠지 내추럴' 립스틱을 발랐는데 아무리 진하게 발라도 크게 표가 나지 않고 진짜 입술처럼 보였다.

이따금씩 학교에서도 댄스를 했다. 나는 누군가가 데려다 주고 또 집으로 데려와야 했는데 휘발유 배급제 때문에 쉬운 일이 아니었다. 그래서 나는 가끔 친구 집에서 자고 오기도 했는데 그건 정말 신나는 일이었다. 내 성적이 아주

좋았다는 사실은 밝혀야겠다. 나는 그게 뭔지는 모르지만 '미스 프렌치 클럽'
으로 선발되기도 했다. '가장 기량이 향상된 운동선수' 보다야 한결 나은 상 아
니었을까? 어쨌든 모든 일이 다 괜찮게 돌아갔다.

　그러다 1945년 5월 8일이 되었다. 연합군이 유럽에서 독일군에 대해 공식
적으로 승리를 선언하면서 마이애미에 엄청난 축제의 물결이 일어났다. 태평양
에서 일본군의 패배는 3개월 뒤로 미뤄졌지만 마이애미에 있는 수천 명의 군인
들에게 유럽전승기념일은 곧 정상적인 생활로 귀환한다는 것을 알리는 신호탄
이었다. 뼛속까지 영국 사람이셨던 아버지는 우리 모두를 영화관으로 데려가서
는 런던에서 논스톱으로 벌어지는 축하잔치 뉴스를 보여 주셨다.

　유럽의 종전은 플로리다에서 맞은 나의 10학년 기념 케이크에도 축하 글씨
로 새겨졌다. 나는 햇빛이 눈부시게 내리쬐는 플로리다에서 앞으로 다가올 날
들을 기대했다. 하지만 그런 일은 일어나지 않았다. 여름방학이 시작되자마자
우리는 다시 뉴욕으로 이사했고, 다시는 돌아오지 않았다.

아주 평범한 아이

이제는 이야기가 어떻게 진행되는지 여러분이 알 것이다. 어퍼 웨스트 사이드에 있는 새 학교 이름은 버치 웨이든이었다. 두 분의 훌륭한 여인인 미스 버치와 미스 웨이든이 세운 학교였다. 새로 사귄 친구들이 있었고(이번에는 사귀기가 훨씬 더 수월했다) 새로 이사 간 펜트하우스(지금까지 산 곳 중에서 제일 크고 제일 호화로운)에서 살았다.

전후의 들뜬 분위기 속에 라틴 쿼터는 뉴욕에서 제일 붐비는 나이트클럽이 되었다. 전장에서 돌아오는 군인들과 관광객들이 아버지의 화려한 쇼를 보기 위해 모여들었고 클럽은 라디오 시티 뮤직홀에 이어 관광객들이 반드시 둘러보는 두 번째로 중요한 행선지가 되었다. 뉴욕은 잠들지 않는 도시가 되었고 라틴 쿼터도 마찬가지였다. 365일 연중무휴로 문을 열었으며 1945년에는 프랭클린 루스벨트 대통령의 서거를 애도하려고 딱 이틀 문을 닫았을 뿐이었다. 모든 유명 스타들이 이제는 이곳에서 공연했다. 코미디언 밀턴 벌리는 이제 고정 프로인 '나는 루 월터스가 라틴어를 한마디도 모를 적부터, 그리고 그가 완전 무일푼일 때부터 그를 알았다'를 공연했다.

팜아일랜드 라틴 쿼터도 전쟁이 끝난 뒤 다시 문을 열어 손님들로 만원을 이루었다. 미국 전역이 축하 분위기였고 마이애미비치는 흥청거렸다. 마이애미비치 전역에는 계속 더 많은 호텔이 세워졌고 북부에서 내려온 전쟁에 지친 태양 숭배자들뿐 아니라 이곳에서 훈련 받았던 군인들까지 몰려들어 방을 채웠다. 카키 군복 대신 하와이언 셔츠를 입은 이들은 가족들과 함께 수천 명이 돌아와 잔치를 벌였고 모두 다 라틴 쿼터로 왔다.

당시로서는 뉴욕 최고의 아파트 가운데 한 곳에서 살지 못할 이유가 없었다. 60번가 센트럴파크 웨스트에 있는 펜트하우스였다. 1층에 하나밖에 없는 아파트였는데 네 면이 모두 꽃과 작은 나무들이 심어진 엄청나게 큰 테라스로 둘러싸여 있었다. 부모님 침실은 공원이 내려다보였고 재키 언니의 방도 마찬가지였다. 내 방에서는 공원이 보이지 않았다. 하지만 내 방에는 작은 방이 하나 더 딸려 있었는데 아마도 유모들 가족이 거기서 살았던 것 같다. 그러니 나는 사실상 내 스위트룸이 있었던 셈이다.

아파트는 엄청나게 컸다. 나무판자로 장식한 어마어마하게 큰 거실, 아무도 연주하지 않는 피아노가 있는 음악실, 서재, 식당, 찬방이 딸린 어마하게 큰 부엌, 네 개의 침실, 짧은 계단을 올라가면 바가 딸린 놀이실이 있고 놀이실에는 한번도 사용한 적이 없는 전용 부엌과 전용 욕실이 따로 있었다. 다만 우리 집에서 일하는 집사 한 명만 그 욕실을 이용했다. 그는 알코올 중독자였는데 술병을 그 욕실에 잔뜩 숨겨 두었다.

그 아파트는 전에 억만장자 출판업자인 허스트 가문 소유였던 것 같다. 나중에 이종사촌 오빠 셀리그가 캘리포니아 주 샌시메온에 있는 허스트 성을 찾아갔을 때 비슷한 나무판자들을 보고 깜짝 놀랐다고 한다. 그곳 관리인은 뉴욕에 있는 허스트 펜트하우스에서 가져온 것이라는 말을 했다고 한다. 어쨌든 뉴욕에는 우리의 보물을 숨겨둔 우리의 성이 있었던 셈이다. 아버지는 수집한 초판본들로 서재 선반을 채우셨고 그 책들은 지금 내 서재에 있다.

엄마는 전에도 집안 장식은 자기 손으로 했는데 이번에는 돈에 구애되지 않고 마음껏 쓰셨다. 서재에는 붉은색 가죽 소파와 의자를 들여놓았는데 압권은 거실이었다. 엄마는 거실에다 연노랑과 라벤더색 능라 소파와 의자를 들여놓았다. 그리고 술 장식이 달린 베개를 여러 개 사다 놓았는데 전체적으로 거대한 부활절 달걀 같은 분위기를 풍겼다.

엄마는 요리사 부부를 고용해 필요한 요리를 모두 시켰다. 그러는 가운데서도 엄마는 우리의 재정적인 미래에 대해 걱정하셨다. 엄마는 아빠와 함께 사는 동안 거지에서 부자, 부자에서 또다시 거지로 왔다 갔다 했다. 물론 거지까지는 안 갔지만 직물 코트에서 모피 코트 사이를 오갔다고나 할까. 그래서 나는 엄마가 이 새로 찾아온 부유함을 정말로 믿고 즐겼는지 잘 모르겠고 나도 엄마처럼 걱정이 없지 않았다.

우리 두 사람 모두 아버지의 무절제한 생활습관과 초호화판으로 쇼를 만들려는 자세를 알고 있었다. 의상만 해도 제법 많은 돈이 들었다. 많은 의상이 에르테가 디자인한 것이었다. 에르테는 러시아 태생의 프랑스 디자이너 겸 아르데코 화가로 파리에 있는 뮤직홀 폴리 베르제르의 의상을 디자인한 사람이다. 아버지는 실크, 공단, 벨벳 같은 최고급 옷감만 고집하셨다. 자기는 물론 쇼걸들에게도 인조 레이온은 절대로 입히지 않았다. 장식 금속판은 손으로 직접 기워 붙여야 했는데, 그래야 기계로 꿰맨 것보다 보기가 나았다. 캉캉을 출 때 입는 속옷은 주름이 한꺼번에 달린 싸구려가 아니라 개별 주름이 달린 것으로 했다. 아버지는 점점 더 화려하고 독특한 의상 디자인을 계속 고집하셨다.

에르테가 의상과 세트 등을 만들기 위해 그린 수채화 스케치는 그 자체로 예술품이었다. 나는 최근 여러 해 동안 이 작품들을 수집하고 있다. 어떤 작품 뒷면에는 '제1막 피날레용'이라고 쓰여 있고 또 어떤 작품에는 '이것은 빨간 머리 아가씨한테 입힐 것'이라고 쓰여 있다. 지금은 이렇게 수집한 스케치들이 내가 사는 아파트 한쪽 벽면을 다 덮고 있다.

에르테가 디자인한 독특한 의상으로 치장할 쇼걸들은 점점 더 많아졌다. 코러스 라인에는 모두 36명의 젊은 아가씨들이 있었다. 요즘의 브로드웨이 뮤지컬보다 더 많은 숫자였다. 아버지는 일 년에 한두 번씩 유럽으로 가서 새로운 코러스 걸과 댄서들을 데려왔다. 한꺼번에 열 명 넘게 데려오는 경우도 있었다. 아버지는 이들에게 주급 75달러를 지급했는데 이들이 전후 유럽에서 받던 쥐꼬리만 한 돈에 비하면 아주 많은 액수였다. 최고는 파리의 리도 나이트클럽에서 데려온 캉캉 댄서들이었다. 이들은 두 다리를 앞뒤로 완전히 벌리는 것뿐 아니라 공중 높이 점프했다가 두 다리를 완전히 벌리고 착지해서 중력의 법칙과 해부학의 원리를 무색하게 했다. 그동안 아버지와 함께 일해 온 미국 캉캉 댄서들은 프랑스 댄서들한테 약간 위협을 느꼈지만 라틴 쿼터의 관객들은 이들을 좋아했다.

항상 걱정하는 엄마 외에 아버지에게 유일하게 눈엣가시 같은 존재는 뉴욕과 플로리다 클럽의 동업자인 E. M. 로였다. 뉴욕 클럽은 '루 월터스 라틴 쿼터'로 불렸다. 아버지가 워낙 유명 인사였기 때문에 E. M.(항상 이렇게 불렸다)은 자기도 힘을 한번 휘둘러보고 싶은 욕심으로 꽉 차 있었다. 그는 체중이 많이 나갔다.

아주 덩치가 큰 사람이었는데 목소리가 크고 말투가 상스러웠다. 그는 항상 우리 아버지를 왜소하게 보이려고 갖은 애를 다 썼다. 덩치 크기만 이야기하는 게 아니었다. 그는 자기 목적을 위해서는 남의 뒤통수도 치는 그런 포악한 사람이었다. 그는 투박한 러시아 억양을 썼는데 하기야 내가 좋아하는 외할머니도 그랬다. 그는 말투가 야비했고 말하는 도중에 수시로 침도 뱉었다. 그는 항상 우리 아버지를 '루이'라고 불렀다. 아버지는 자기를 '루이'라고 부르는 걸 아주 싫어하셨다. 어쨌든 아버지는 그런 것은 그런대로 참을 만하셨던 것 같다. 진짜 큰 문제는 로가 이득만 따지는 경리 책임자라는 점이었다. 아버지의 빛을 가리는 어둠의 세력이었던 셈이다. 그는 아버지가 지출하는 모든 제작비에 대해 동전 한 푼까지 따졌다. 장식 금속판 하나를 비롯해 라틴 쿼터를 그처럼 독보적이고 특별한 곳으로 만든 모든 것에 대해 시비를 걸었다. "루이." 로는 툭하면 이런 식으로 말했다. "피날레 의상을 왜 새로 사야 돼? 작년 것을 그대로 쓰면 되잖아. 그걸 알아 볼 사람이 어딨어?"

E. M.의 아내인 소냐도 고약하긴 마찬가지였다. 그녀는 시끄러웠고 라틴 쿼터에서 제멋대로 행동했다. "나는 미세스 E. M. 로야." 그녀는 툭하면 이렇게 소리쳤다. "내가 여기 주인이란 말이야." 우리는 항상 아버지와 같이 클럽 뒷자리에 앉았는데 소냐는 앞줄 자리를 고집했다. 원래 링사이드 일등석은 돈 내는 고객들을 앉혀야 하는 법이다. 그녀는 항상 대여섯 명씩 몰고 다녔는데 모두

다 자기처럼 술고래들이었다. 이 정도 하면 독자들도 내가 로 부부를 좋아하지 않는다는 사실을 눈치 챘을 것이다.

하지만 돌이켜 생각해 보면 로가 라틴 쿼터의 돈주머니를 꽉 움켜쥔 덕분에 15년에 걸친 아버지의 뉴욕 사업이 성공할 수 있었을 것이라는 점도 인정해야 할 것 같다. 아버지의 고삐를 꽉 움켜잡음으로써 로는 클럽의 수익을 올리는 데 기여했다. 하지만 나는 그가 아버지를 깎아내리려고 한 것은 용서할 수가 없었다. 나도 아버지 루 월터스와 문제가 아주 없었던 것은 아니지만 그래도 아버지가 점잖으신 분이라는 사실은 인정했다. 그리고 어쨌든 그분은 내 아버지였으니까.

다행히 로는 보스턴에서 살았기 때문에 항상 뉴욕에 있지는 않았다. 그가 나타나면 마치 우리 주위에 어둠이 내려앉는 것 같았다. 나는 가끔 로가 살인을 저지르는 꿈까지 꾸었다. 꿈은 너무 생생해서 꿈속에서 나는 어떻게 하면 이 살인자를 없애 버릴 수 있을까 궁리를 짜내느라 고민했다. 물론 나는 로를 죽이지 않았고 그는 아버지보다 7년을 더 산 다음 1984년에 세상을 떠났다. 나는 그의 장례식에 참석하지 않았다.

고등학생 시절의 마지막 2년 동안 나는 순조로운 항해를 계속했다. 처음에는 필드스턴이 나의 전학을 다시 받아 주지 않겠다고 해서 슬펐다. 이전에 출석률이 너무 나쁘다는 이유였다. 하지만 나는 버치 웨이든으로 가서 새로운 친구들을 금방 사귀었다. 다시 열심히 공부해서 나는 좋은 점수를 받았다. 데이트도 시작했는데 대부분 우리는 영화를 보러 가거나 다른 친구의 집에 갔다. 섹스 따위는 꿈에도 생각해 보지 않았다. 당시는 피임약이 나오기 여러 해 전이었다. 내 여자 친구들도 모두 숫처녀였고 나도 마찬가지였다.

뉴욕에서의 생활은 특별했다. 브로드웨이에서는 완전히 새로운 종류의 뮤지컬이 주목을 받았다. 노래가 곳곳에서 등장하고 전체 플롯에 노래가 합쳐지는 쇼들이었다. 아버지는 개막공연 저녁 때 우리를 자주 데려가셨다. 개막공연 저녁에 오는 사람들은 한껏 멋을 냈다. 여자들은 긴 가운을 걸치고 목에는 진주 목걸이를 했으며 족제비 코트를 어깨에 두르기도 했다. 남자들은 턱시도 차림을 했다. 나는 지금까지도 극장에 가서 관객들 다수가 청바지에 티셔츠 차림인 것을 보면 놀랍다는 생각이 든다.

아버지는 '오클라호마' 개막 공연에도 우리를 데려가셨다. 명콤비 로저스와 해머스타인의 명성에 힘입어 실로 쇼 비즈니스의 역사를 새로 쓴 작품이었다. 그리고 이때부터 소위 뮤지컬의 황금시대가 열리게 되었다. 우리는 그 뮤지컬들을 모두 다 봤다. 1927년에 만들어진 서사시적인 작품 '쇼 보트'의 리바이벌 공연도 보러 갔고, 머제스틱 극장에서 로저스와 해머스타인이 공연한 낭만적인 작품 '회전목마' Carousel도 보았다. 에델 머먼이 출연한 어빙 벌린의 작품 '애니야 총을 들어라' Annie Get Your Gun도 보러 갔다. 1949년에 있었던 '남태평양' 개막 공연은 정말 잊을 수가 없다. 로저스와 해머스타인은 이 작품에서 다시 한번 절묘한 콤비를 선보였고 오페라 베이스 에지오 핀자가 여주인공 매리 마틴에게 '마법에 걸린 어느 날 저녁' Some Enchanted Evening을 불러 줬다. 그 시절 나의 삶은 온통 마법에 걸린 것 같았다.

여름이 되면 겨울 못지않게 바빴다. 당시에는 여름에만 문을 여는 대형 리조트 호텔이 여기저기 불과 몇 개 되지 않았다. 롱아일랜드에 리도가 있었고, 코네티컷의 그리즈월드에 또 하나 있었다. 그리고 또 하나 업스테이트 뉴욕 주의 애디론대크 마운틴에 새거모어가 있었다. 우리는 그곳에 다 가보았는데 내 또래의 아이들로 만원이었고 아주 인기가 좋았다.

주말이면 여자들은 옷을 차려입고 보석을 있는 대로 치장했다. 남자들은 도시에서 일하고 주말에만 그곳으로 왔는데 암청색 양복에 넥타이 차림을 했다. 주중에 부인네들은 댄스 교습을 받고 주말이면 남편들 앞에서 새로 배운 룸바 스텝을 뽐냈다.

우리 십대들도 댄스 교습을 받았다. 댄스 강사 한 명이 내게 홀딱 반해 틈만 나면 나와 춤을 추자고 했는데, 그는 언니하고도 춤을 추라고 돈을 받았다. 재키 언니는 리듬 감각이 없어서 플로어 주위를 계속 빙빙 돌기만 했다. 그래도 언니는 그걸 좋아했다. 나는 그 춤 선생에게 재키 언니와 한번 출 때마다 나와 춤을 추게 해주겠다고 약속했다. 그렇게 하지 않으면 언니는 거의 대부분 한쪽 구석에 가만히 앉아 있어야 했을 것이다.

버치 웨이든 고등학교 3학년이 되자 관심은 대학 가는 것이었다. 내가 제일 가고 싶은 곳은 지금이나 그때나 제일 유명한 여자대학이고 보스턴 교외에 있 는 웰슬리였다. 나는 거기에 지원했다. 힐러리 클린턴, 린 세르, 다이앤 소여 등 내가 나중에 알게 된 정말 똑똑한 여성들 몇 명이 웰슬리 출신이다. 나는 로드 아일랜드에 있는 펨브로크 칼리지에도 '안전' 지원을 했다. 세 번째는 웨체스 터 인근에 있는 작은 도시 브롱스빌에 있는 작은 대학이었는데 세라 로렌스의 이름을 딴 대학이었다.

세라 로렌스는 여자대학이었고 학교 역사는 20년 가까이 되며 아주 전위적 이고 진보적인 학풍을 갖고 있었다. 그 학교는 시험도 치지 않고 반드시 이수해 야 하는 필수과목도 없으며 학점이란 것도 사실상 없었다. 그저 매학기 중요 과 목 3개를 듣고 영국식 전통에 따라 어드바이저 혹은 '돈' don이라고 부르는 지도 교수 한 명과 긴밀한 관계를 유지하며 공부하면 되었다. 모험적이고 예술적이 고 자발적으로 연구하는 교수와 신예 학자들이 많이 모여 드는 학교였다. 하지 만 나는 그런 것과는 관계가 없고 단지 그 당시 제일 가까운 친구였던 셀비가 지원했기 때문에 따라서 원서를 냈다.

세라 로렌스는 입학심사 절차가 독특했다. 입학 지원서를 내면 구체적인 질 문을 담은 질문지를 보내온다. 예를 들면 이런 식이었다. "최근에 읽은 책 가운 데 싫어하는 책 두 권의 이름과 싫어하는 이유를 적으시오." 혹은 "여러분이 공 부하고자 하는 행정학, 정치학, 경제학 가운데서 특별히 관심이 있는 분야가 있 는지, 있다면 그 이유를 적으시오." 이 질문들은 실제로 50여 년 된 입학 지원서 에 적혀 있는 내용들이다. 내 입학 지원서는 회고록 자료를 모으는 과정에서 최 근 세라 로렌스 측에서 나한테 보내 주었다.

내가 싫어하는 책 두 권에 대해서는 답을 잘 썼다. 한 권은 리튼 스트래치가 쓴 '빅토리아시대 명사들' Eminent Victorians이었다. 나는 등장인물들이 '특징과 현 실감'이 떨어진다고 적었다. 또 한 권은 매리 제인 워드의 '정신병원' The Snake Pit 이었는데 같은 내용이 '중언부언' 되고 '정신병원의 문제점들을 고칠 수 있는 방안에 대해 일절 언급이 없다' 고 적었다. 행정학 관련 질문에도 답을 잘했다. 노동과 자본의 갈등에 대해 또박또박 써 놓았다. 이런 문제에는 솔직히 관심이 하나도 없었지만 당시 일어난 파업에 대해 쓴 신문 연재 기사를 읽고 도움을 받은 것이었다. 그때 교사들의 파업과 AT&T를 겨냥한 파업이 있었다.

하지만 그 당시 세라 로렌스에 제출한, 말도 안 되게 뻔뻔스러운 거짓말을 읽어 보고 나는 머리칼이 곤두섰다. "학교 바깥에서 받은 교육 중에서 가장 의미 있었던 것은 무언인가?"라는 질문에 나는 이렇게 써 놓았던 것이다. "주일학교다. 나는 그곳에서 하느님의 섭리를 알게 되었고 하느님의 권능에 대한 믿음과 이해를 키우게 되었다." 나는 주일학교라고는 한번도 가 본 적이 없다. 수녀님이 입학 지원서를 심사한다고 생각했던 것일까? 그래서 내 죄를 용서해 주실 것으로? 아마 그랬을 것이다. 왜냐하면 달리 설명할 길이 없기 때문이다.

예술에 대한 경험을 묻는 질문에 답하면서도 나는 또 한번 허풍을 떨었다. 물론 대답 가운데 일부는 사실이었다. 실제로 나는 드라마를 매우 좋아했다. 처퍼새 역을 맡은 이래 학교 연극에도 몇 번 출연했다. 하지만 코네티컷에 있는 여름철 공연 극단에서 일한 적이 있으며 그곳에서 "기술과 관련해 보람 있는 경험을 많이 쌓았다"고 쓴 것은 도저히 이해가 안 된다. 세상에! 내 평생 여름 극단에서 일해 본 적은 단 한번도 없다. 다행히 세라 로렌스는 사실 여부를 검사하지 않았다.

하지만 이런 식의 신화 같은 거짓말은 부모님이 적도록 되어 있는 난에서 산산이 깨졌다. 아마도 엄마가 다 적고 아버지가 마지막 한 줄을 덧붙이신 것으로 생각된다. 아버지는 다소 나를 무시하고 깔보는 투로 이렇게 쓰셨다. "바버라는 평범한 관심사를 가진 아주 평범한 아이임." 그게 다였다. 깊이 생각해 보지도 않고 그렇게 쓰신 것 같았는데 알고 보니 그게 아니었다. 입학원서 원본을 보니 아버지가 4페이지에 달하는 평가문을 모두 직접 쓰셨다. 그것도 아주 꼼꼼하게 써 놓으셨다.

나의 고등학교 생활에 대해 아버지는 내가 학교생활을 "재미있게 했다"고 쓰셨다. 내가 재미있는 학교생활을 보내고 좋은 성적을 낸 것에 만족한다고 했다. 또한 내가 "친구를 잘 사귀고 친구들과 잘 지낸다"고 했다. 나의 관심사에 대해 아버지는 내가 "문학적 소양"이 풍부하며 "독서량이 아주 많다"는 말로 그런 사실을 뒷받침하셨다. 그리고 내가 자기 의사를 "분명하고 야무지게" 표현한다고 쓰셨다. 내가 벗어났으면 하는 일이 있으면 적으라는 난에 아버지는 내가 걱정할 만한 행동은 하지 않는다고 쓰고 자기가 보기에 "어떤 나쁜 습관도 갖고 있지 않다"고 하셨다. 이런 내용을 다 쓴 다음에 마지막으로 내가 "평범한 아이"라는 문장으로 요약해서 쓰신 것이었다. 아마도 아버지의 그 평가문 때문에 나는 세라 로렌스에 입학하게 된 것 같다. 하지만 아버지는 평범한 보통의 미국 아버지가 아니셨다. 나는 오랫동안 아버지에 대해 그렇게 생각하지 않았다. 그리고 내 입학원서에 아버지가 쓰신 마지막 문장을 갖고 그게 바로 아버지가 나를 제대로 몰랐다는 증거라고 생각했다. 이제 아버지가 쓰신 글을 제대로 읽어 보니 그 정반대라는 사실을 알게 되었다. 내가 아버지를 몰랐던 것이다.

그 뒤에 웰슬리에 일이 있어 갔다가 나는 엄청난 감명을 받았다. 셸비와 함께 나는 개인 인터뷰를 하기 위해 세라 로렌스도 갔는데 학교가 생각보다 작은 것 같았다. 학교가 작아서 좋기는 했지만 내가 가고 싶은 학교는 그곳이 아니었다.

그런데 일이 이렇게 되었다. 웰슬리는 나를 후보자 명단에 올렸고 여름이 다 지나도록 합격 여부가 판명나지 않았다. 내가 '안전 지원'한 펨브로크는 나를 불합격시켰고 세라 로렌스는 나를 합격시켰다. 나는 다시 카파 피에 들어갈 것이냐 람브다 피에 들어갈 것이냐를 놓고 고민하는 불안정한 상황으로 되돌아가게 된 것이었다. 웰슬리가 끝까지 나를 받아들이지 않으면 어떻게 하지? 그러면 갈 데가 없어지는 것 아닌가? 나는 그 세 학교에만 지원했다. 나는 웰슬리가 나를 받아 줄 때까지 기다릴 자신도 없었고 그 학교에 전화를 걸어 내가 훌륭한 학생이라고 설득할 용기도 없었다. 그래서 세라 로렌스로 가기로 했다.

세라 로렌스

나는 세라 로렌스 칼리지에 다니는 동안 과학 과목을 한번도 수강하지 않았다. 비교종교학, 언어, 수학도 듣지 않았다. 나중에 나는 아무것도 배운 게 없다는 말을 하곤 했다. 그러고는 그때 만약 제대로 배웠더라면 나도 성공할 수 있었을 텐데라는 농담을 하곤 했다. 하지만 최근에 세라 로렌스에서 보내준 수강 목록을 보고는 그 말이 사실이 아니라는 것을 알게 되었다.

내가 보다 중요한 학과목을 열심히 공부하지 않은 이유에는 내가 4년 내내 '연극' 이라는 과목에 열심히 몰두한 탓도 있었다. 세라 로렌스에서는 3개 분야에서 3개의 전공과목을 택하도록 했다. 내 전공 가운데 하나는 연극이었다. 나는 연극이 너무 좋았다. 연극을 정말 전공과목으로 택해도 된다는 말인가? 그건 당시 나의 진짜 고민 하나도 해결해 주었다. 당시 나는 내가 나중에 어른이 되어서 무슨 일을 할지 아무런 생각도 없이 그저 막막하기만 했다. 자라면서 줄곧 쇼 비즈니스 세계만 보아왔기 때문에 클럽에 가고 연극을 보러 다니고, 배우를 비롯해 무대 뒤쪽에 있는 사람들과 어울리는 게 내가 할 줄 아는 전부였기 때문이기도 했다. 그래서 나는 내가 있을 곳은 '극장' 이라고 생각했다. 무엇을 해야 할지 방향감각이 없는 내게 연극은 괜찮은 전공과목이었던 것이다. 나는 무대장치를 구성하고 의상 디자인과 조명기술을 배우는 게 좋았다. 하지만 그중에서도 내가 제일 관심을 가진 것은 연기였다. 나와 전혀 다른 사람의 배역을 맡아서 완전히 몰입하는 자신을 상상해 보았다. 나는 그런 일을 해낼 수 있을 것 같았다.

위대한 희곡 작품들을 읽는 과제도 받았다. 읽기 과제 중에는 테네시 윌리엄스의 '유리 동물원', 클레멘스 데인의 '이혼증서', T. S. 엘리엇의 '칵테일 파티'를 비롯해서 안톤 체홉과 숀 오케이시의 희곡들이 들어 있었다. 나는 유리 동물원을 특히 감명 깊게 읽었는데 언니가 처한 상황을 연상시켜 주었기 때문이다. 희곡에서는 다소 극성맞은 남부의 어머니가 몸과 마음이 모두 연약한 딸에게 '신사 방문객'을 찾아 주려고 필사적으로 애쓴다. 딸은 매일같이 작은 유리 동물들을 만지작거리며 시간을 보낸다. 아들도 한 명 있는데 어머니는 툭하면 '신사 방문객'을 데려오라고 아들을 윽박지른다. 아들은 결국 집을 뛰쳐나가게 되고 나중에 그 일을 후회하며 독백한다. 물론 극의 상황이 내가 처한 상황과 꼭 들어맞는 건 아니었지만 지금도 그렇고 그 당시 나의 처지와 비슷한 점이 있었다.

정말 신나게도 나는 1학년 때 오디션을 봐서 숀 오케이시의 작품 '주노와 공작'Juno and the Paycock에서 매리 보일 역을 맡게 되었다. 우리는 이 작품을 사흘간 공연했다. 관객들은 학생과 학교 주변 마을의 주민들이었고 아무나 와서 볼 수 있었다. 나는 박수소리를 들을 때의 희열과 웃음소리가 들려올 때 맛본 즐거움이 지금도 생각난다. 웃음소리가 나야 할 때 나면 특히 더 그랬다. 나는 나중에 배우들과 인터뷰하면서 그들이 대학생 때 처음으로 연기에 빠지기 시작했다고 말하는 경우를 많이 보았다. 내가 바로 그랬다. 나는 배우가 되기로 마음먹었다. 그게 바로 나의 소명이라고 생각했다.

나는 다른 과목도 수강했다. 과학 과목도 듣는 게 좋을 것이라는 말을 들어서 예술심리학을 들었다. 거기서 붉은색이 푸른색보다 사람의 시선을 더 끈다는 것도 배웠다. 그 과목은 적어도 나중에 인터뷰할 때 내가 입을 옷을 정하는 데는 도움이 되었다. 또한 한 학기지만 멋진 문학과목도 들었는데 거기서 톨스토이, 제임스 서버, 존 듀이, 프로이트의 책을 읽었다. 조지프 캠벨 교수가 가르치는 신화의 중요성에 대한 강의도 들었고 글쓰기 과목도 수강했다. 만약 배우가 못 되면 작가가 되겠다는 생각이 있었기 때문이다. 죽음에 관해서 아주 음산한 글을 한 편 썼던 기억이 난다.

나는 또한 삶의 미스터리에 대해서도 공부해 보고 싶어 했던 것 같다. 왜냐하면 죽음에 대한 글 외에 사랑에 대해서도 기말 논문을 한 편 썼기 때문이다. '남녀 간의 사랑은 순전히 감정적인 현상인가', 아니면 '화학적인 현상인가', '사랑은 서구사회의 발명품인가' 등 지금도 해답을 모르는 질문들을 그때 던져 보았다. 최근에 남녀 간의 사랑은 화학적인 현상이며 특별한 향 때문에 생기는 현상일 수 있다고 하는 글을 읽은 적이 있다. 그렇다면 냄새만 제대로 맡으면 사랑을 얻을 수 있다는 말인가? 글쎄.

세라 로렌스는 공부하기 좋은 분위기였다. 학급 규모는 아주 작았는데 모든 과목이 6명에서 12명 사이였다. 우리는 다른 곳처럼 일렬로 앉는 게 아니라 원탁에 둘러앉아서 수업을 했다. 우리는 발표하고 토론했다. 나는 질문하는 법과 남의 말 듣는 법을 배웠다. 말하는 걸 두려워하지 않는 것도 배웠다. 모든 학생들의 말은 경청되었고 절대로 "말도 안 되는 소리"라거나 "엉뚱한 소리" 같은 말을 입에 담으면 안 되었다.

지도교수는 과목 전부를 지도했다. 또한 우리의 개인적인 고민이나 공부와 관련된 문제가 있으면 모두 해결해 주려고 애썼다. 우리는 제일 관심 있는 수강 과목 분야에서 아주 긴 리포트를 써내야 했다. 나는 그 당시 타이프를 칠 줄 몰랐는데 글씨는 작고 악필이었다. 교수님들이 내가 써낸 리포트를 어떻게 알아볼 수 있었는지 기적 같다. 리포트가 제출되면 나누어서 토론에 부쳤다. 토론에 참여하려면 독창적인 생각과 연구, 조직하는 노력이 엄청나게 필요했다. 이런 훈련은 나중에 내가 하는 일에 분명히 도움이 되었으며 심지어 기삿거리를 선택하는 데도 도움이 되었다.

나는 티츠워스라는 이름의 기숙사에서 지냈다. 초창기 학교 후원자였던 줄리아 티츠워스의 이름을 딴 기숙사였다. 티츠(여자의 젖가슴)라는 말을 가지고 야한 농담들을 하지만 나는 그래도 그 이름이 마음에 들었다.

우리는 모두 침실 두 개에 가운데 욕실이 딸린 스위트룸에서 살았다. 나는 1학년 때 운 좋게도 마이라 콘이라는 아주 똑똑한 룸메이트와 지냈다. 그녀는 나중에 시인이 되어서 동화책을 여러 권 펴냈다. 마이라는 졸업반이었는데 룸메이트로 1학년생을 원했고 학교 측에서 나를 지목했던 것이다. 마이라는 학교신문에 열정적인 정치 서한을 써 보내는 부류의 학생이면서 또 한편으로는 그에 어울리지 않게 튜바를 연주했다. 튜바 연주는 왜 하느냐고 물었더니 아랫입술을 발달시키기 위해서라고 했다.

티츠워스에서 보낸 4년을 계기로 나는 이후 많은 친구들과 오랜 우정을 쌓게 되었다. 그 중에 마샤 바넷이라는 친구가 있었는데 그녀는 나를 바비라고 불렀고 그 애칭은 4년 내내 나를 따라다녔다. 나는 그녀를 마이크라고 불렀다. 또 한 명은 키가 크고 다소 엉뚱하고 잘 웃기는 애니타 콜먼이라는 친구였다. 그녀가 암으로 세상을 떠날 때까지 우리는 친한 친구로 지냈다. 그녀의 딸 리안은 내 대녀代女다. 그리고 조앤 로즌이 있었다. 그녀의 아버지는 메인 주의 판사였다. 조앤은 오랫동안 뉴욕 메모리얼 슬론 케터링 암센터의 회장 겸 최고경영자CEO를 지낸 폴 마크스 박사와 결혼했다. 조앤은 2학년 때 티츠워스 기숙사 내 우리 소모임에 있다가 모임 분위기가 진지하지 않다며 다른 기숙사로 옮겨 갔다. 그해 나는 티츠워스의 학생장으로 뽑혔는데 전교학생회에도 간부가 되는 자리였다. 나는 전교학생회에는 아무 관심이 없었지만 조앤보다 앞서고 싶었다. 왜냐하면 진지하지 못한 나는 학생회에서 2년 동안 일했지만 조앤은 그렇지 않았기 때문이다. 그럼에도 불구하고 우리는 지금까지 평생 친구로 지내고 있다. 조앤은 세라 로렌스에서 26년 동안 인간유전자 분야 대학원 프로그램 책임자로 일하며 매우 특별하고 성공한 여성이 되었다. 조앤은 또한 세라 로렌스에서 최초로 보건 분야 대학원 프로그램을 만들어 지도했다. 대학원의 이 두 가지 프로그램 모두 그녀의 이름을 붙여서 만들어졌다.

세라 로렌스는 친구를 사귀는 데 특히 도움을 많이 주었다. 우리는 매일 단체 요법 분위기 속에서 살았기 때문에 정신과 의사가 따로 특별히 필요 없었다. 우리들 사이에는 아무런 비밀이 없었다. 각층마다 전화기가 한 대씩 있었는데

벨이 울리면 아무나 가서 받았다. 그러고는 전화에서 찾는 여학생 이름과 전화를 걸어온 사람의 이름을 목청껏 외쳤다.

거의 2년 가까이 나는 대부분 의사들과 데이트했다. 대개 젊은 레지던트들이었다. 이 남자를 통해 또 저 남자를 만나고 하는 식이었다. 마이크로 통하는 마샤 바넷은 예일 로스쿨에 다니는 학생과 데이트했다. 그래서 나도 결국 의사에서 변호사로 데이트 상대를 바꾸었다. 나는 많은 시간을 예일에서 보냈다. 미식축구를 보러 가는 게 끔찍하게 싫었지만 할 수 없이 따라다녔는데 남자들과 어울리는 걸 좋아했던 게 분명하다.

로스쿨에 다니는 남자 친구 한 명이 저녁 행사가 끝난 뒤 나를 호텔 방으로 데려다 주곤 했다. 그러면 백발백중 종이컵에다 럼주와 콜라를 따라 같이 마셨다. 남자 친구는 당연히 내 방에서 같이 밤을 지냈다. 하지만 그때만 해도 순진하던 시절이었다. 내가 일부러 잠든 척하면 그는 스웨터 속으로 손을 집어넣어 내 가슴을 만졌다. 키스까지는 괜찮았다. 하지만 소위 '페팅'이라는 건 즐기는 티를 내지 말라고 하느님이 막았다. 잠든 체했기 때문에 그 남자 친구는 내가 그걸 좋아했다는 생각은 못 했을 것이다. 하지만 사실 나는 그걸 즐겼다.

세라 로렌스는 시내에서 불과 반 시간 거리에 있었다. 나는 주말마다 뉴욕으로 나갔다. 당시 내가 온통 섹스만 생각하며 살았다고는 생각하지 말았으면 좋겠다. 나는 윌리엄 필립스 교수가 진행하는 강의를 들으러 간혹 그리니치 빌리지로 갔다. 필립스 교수는 파티잔 리뷰Partisan Review의 공동 창간자로 최고 수준의 지식인이었다. 나는 필립스 교수가 나를 마음에 들어 하자 매우 으쓱해했다. 우리 대학은 뉴욕과 가깝다는 이점 때문에 캠퍼스가 멀리 떨어져 있다며 가르치려고 오지 않을 교수들을 끌어들였다. 유명한 영국인 시인 스티븐 스펜더도 그런 분이었다. 나는 그분의 목소리를 듣는 게 좋았고 언어를 그토록 편안하고 운율이 넘치게 구사하는 게 너무 좋았다.

주말에 집에 가기는 쉬웠지만 그곳 사정은 여전히 좋지 않았다. 아버지는 거의 집에 계시지 않았다. 마이애미비치와 뉴욕을 계속 오가실 뿐 아니라 새로운 배우와 출연자들을 발굴하기 위해 유럽 전역을 돌아다녔다. 그래서 집에는 엄마와 재키 언니 둘만 있었다. 거의 매일 저녁 엄마는 재키 언니를 데리고 영화를 보러 다녔다. 개봉하는 미국 영화를 다 보고 나면 그 다음에는 프랑스 영화, 스페인 영화를 보러 갔다. 재키 언니는 자막을 읽는 데 어려움이 있었지만 어차피 목적은 저녁 시간을 때우는 데 있었으니 문제될 게 없었다. 바로 그때 기적이 일어났다. 세라 로렌스 친구인 바비 알트만으로부터 재키 언니한테 텔레비전을 한 대 사주면 좋을 것이라는 말을 듣고 그 말을 부모님한테 전해 드렸던 것이다. 그 당시만 해도 나온 지 얼마 안 되는 텔레비전은 뇌성마비를 앓고 있는 바비의 언니에게 생명줄과 같은 물건이라는 것이었다. 그렇게 해서 엄청나게 큰 흑백 듀몬트 텔레비전 세트는 언니의 삶에서 중심자리를 차지하게 되었다. 언니는 아버지와 같이 일한 밀턴 벌리와 재키 글리슨 같은 인기 연예인들을 많이 알고 있었기 때문에 텔레비전 보는 걸 특히 재미있어 했다. 당시에는 몇 종류의 버라이어티 쇼가 방송되고 있었는데 대부분 라틴 쿼터 같은 클럽에서 공연한 적이 있는 마술사, 접시 돌리는 사람, 가수들이 출연했다. 텔레비전은 재키에게 큰 오락거리를 제공했지만 당시 우리는 텔레비전이 앞으로 우리 생활에 끼칠 영향에 대해 전혀 짐작하지 못했다. 나의 장래만 두고 이야기하는 게 아니고 집에 들어앉아 텔레비전 보는 걸 좋아한 것은 재키 언니뿐이 아니었다. 얼마 안 가 미국 전역이 그렇게 되었고 그것은 바로 사람들이 쇼걸을 보려고 외출하는 일이 없어진다는 뜻이었다. 아무리 화려한 의상을 입거나 심지어 옷을 벗어 던져도 결과는 마찬가지였다. 텔레비전의 등장으로 아버지의 성공은 종말을 고하기 시작했다.

세라 로렌스로 돌아오면 항상 안도감 같은 걸 느꼈다. 해럴드 테일러 총장과 약간 도도한 그의 아내 그레이스는 수시로 교수와 학생들을 캠퍼스 밖에 있는 자택으로 초대해 모임을 하고 강연도 듣고 활발한 대화도 나누었다. 우리는 그 집에 있는 큰 양몰이개 벤과 함께 거실 바닥에 앉아 토론하고 또 토론했다. 테일러 총장 집에서 하는 토론 주제는 대부분 정치적인 것이었다. 당시 미국은 2차 세계대전이 끝나고 공산 소련과 팽팽한 긴장관계에 놓여 있었다. 냉전이 편집병적으로 진행되기 시작한 때라 의회에서는 공산당과 조금이라도 연루되었다 싶은 사람은 모조리 조사했다. 하원의 반미활동조사위원회는 활동영화업계를 겨냥해 잘 협력하지 않거나 이름을 대지 않는 배우, 작가, 프로듀서, 감독은 모조리 블랙리스트에 올려놓고 조사했다. 상원 소위원회에서는 대학교수들의 불온 활동도 조사했는데 진보적인 성향의 세라 로렌스가 주요 타깃이었다. 미국재향군인회는 의심스러운 공산주의자들을 교수진에 받아들였다고 우리 대학, 특히 해럴드 테일러 총장을 지목했다. 내가 졸업하고 얼마 뒤에 일부 교수들이 상원 소위의 청문회에 불려 나갔다.

솔직히 말해 그 일이 있기 전까지만 해도 나하고는 상관없는 일이라고 생각했다. 그런데 마녀사냥이 바로 나한테 닥친 것이었다. 그 교수님들은 내가 잘 알고 존경하는 분들이었다. 나와 상관없는 곳에서 벌어지는 일이 아니었던 것이다. 하지만 그런 일들은 모두 내가 대학을 졸업한 뒤에 일어났다. 그러는 사이 나도 다른 사람들처럼 방관자로 머물러 있었다.

캠퍼스 안팎에서 우리는 위스콘신 주 출신 조지프 매카시 상원의원이 휘두르는 공산주의자 찾아내기 전략을 지켜보았다. 그는 국무부, 나중에는 군대 내 인사들까지 공산주의자로 몰아세우느라 여념이 없었다. 나는 소수의 극렬주의자들에 의해 사람들의 삶이 집요하게 파괴되는 것을 친구들과 함께 지켜보며 소름이 끼쳤다. 그중 한 명이 로이 M. 콘이었다. 야심으로 가득 찬 24세의 뉴욕 주 검사보였던 그는 1951년 세라 로렌스의 양심에 뛰어들어 에델 로젠버그와 줄리어스 로젠버그 부부를 핵폭탄 기밀을 러시아로 넘겨 준 혐의로 기소하는 데 성공했다. 로젠버그 부부의 혐의는 주로 콘이 에델의 동생을 유도 심문해 얻어 낸 것이었다. 콘은 징역형을 얻어 내는 데 만족하지 않고 사형에 처해야 한다고 주장해 결국 그것을 얻어냈다. 로젠버그 부부는 싱싱 교도소에서 전기의자로 사형에 처해졌다. 싱싱 교도소는 보안시설이 제일 철저하게 되어 있는 감옥으로 세라 로렌스에서 멀지 않은 곳에 있었다. 로젠버그 재판을 지켜보지 못한 젊은 독자들에게는 그 재판이 얼마나 큰 후폭풍을 일으켰는지 설명하기가 곤란하다. 세계 전역에서 수만 명의 사람들이 사형판결에 항의했다. 신문들은

고아가 될 처지에 놓인 로젠버그 부부의 어린 두 아들 사진을 대문짝만 하게 실
었다. 당시 여섯 살과 열 살이었다. 로젠버그 부부가 정말 반역자들인지 아니면
사건이 조작된 것인지를 둘러싸고 논란이 들끓었고 로이 콘은 바로 그 논란의
중심에 서 있었다. 공산주의 용의자들을 줄기차게 추적하면서 그는 순식간에
세라 로렌스 캠퍼스의 공적 1호가 되었다. 그는 당시 이미 공산주의자 혐의를
받은 상무부의 전직 직원 한 명을 위증죄로 기소하는 데 핵심 역할을 한 바 있
었다. 그밖에도 공산당원 11명을 기를 쓰고 추적해 선동죄로 기소했다. 하지만
로젠버그 부부의 사형판결로 콘은 살아 있는 사탄이 되었다.

이 사건은 우리 캠퍼스와 미국, 그리고 전 세계의 화젯거리였다. 하지만 나
는 로젠버그 사건이나 로이 콘 검사, 매카시 상원의원과 관련해 엄마나 아버지
와 단 한마디도 대화를 했던 기억이 없다. 정치는 그분들의 삶과 전혀 관계가
없었다.

나는 배우가 되겠다는 꿈을 향해 점점 더 빠져들고 있었다. 나는 대학이 내
가 있을 곳인가 하는 의문을 갖기 시작했고, 결국 3학년 때 세라 로렌스를 완전
히 그만두기로 했다. 나는 그해 가을에 단구^{單球}세포 증가증을 앓아 결석을 많
이 했고 그래서 학교에 대한 애착이 줄어들었다. 나는 '주노와 공작'에서 주연
을 맡았고, 나중에는 조지 버나드 쇼 원작 '캔디다' Candida에서도 주연을 맡아
연기했는데 무척 기분이 좋았다. 나보다 좀 더 성숙한 배우가 맡았더라면 하는
아쉬움이 있지만 여성이 맡기에 좋은 배역이었다. 내가 무대에서 결혼하기로
되어 있는 남자와의 신체적 접촉을 부끄러워해서 꺼리는 바람에 감독은 어려움
을 겪었다. 내가 맡은 배역은 목사의 아내인데 젊은 시인과 사랑에 빠진다. 남
편은 아내에게 떠나지 말라고 애원한다. "남편과 성적인 관계를 가질 때 그런
몸짓을 조금은 보여 줘야지"라며 감독은 안타깝게 말했다. "남자 팔도 쓰다듬
고. 팔을 남자 무릎에 얹어 봐." 하지만 나는 그를 만지는 게 너무 어색했다. 나
는 지금도 신체 접촉을 할 때는 자는 체하는 게 상책이라고 생각한다. 하지만
나는 그런대로 잘해서 커튼콜 때 기립박수는 아니지만 요란한 박수를 받았다.

당시 나는 무대에서의 나의 장래는 아주 밝다고 확신했다. 그래서 나는 에

스터 라우센부시 학장을 만나러 갔다. 배우의 길을 가기 위해 세라 로렌스를 그만둘 생각이라고 했다. 놀랍게도 그녀는 나의 뜻을 지지했다. "모든 사람이 다 대학을 마쳐야 하는 것은 아니지"라며 학장은 이렇게 말했다. "만약에 네 뜻이 확고하다면 그렇게 해보도록 해." 나는 학장이 이렇게 말할 것으로 생각했다. "어떻게 학교를 그만둘 생각을 다 하지? 이 학교는 너 같은 학생이 없으면 안 돼"라고. 그런데 학장은 그런 말을 안 했다. 그래서 나는 학장의 충고를 받아들여 나의 길을 가 보기로 했다.

아버지는 도시에 있는 프로듀서와 극장 에이전트를 모두 다 알았다. 그래서 내게 몇 군데 오디션을 주선해 주셨다. 대부분의 에이전트들은 나보고 좀 더 경험을 쌓을 필요가 있다는 말을 했다. 하지만 그 중에서 한 군데 오드리 우드라는 이름의 유명한 에이전트는 오디션을 받으라고 하면서 테네시 윌리엄스의 '여름과 연기'Summer and Smoke 대사를 한 대목 읽어 보라고 했다. 나는 너무 흥분이 됐다. 테네시 윌리엄스의 작품으로 브로드웨이에 데뷔한다면 스타덤에 오르는 것은 따 놓은 당상이라고 생각했기 때문이다.

하지만 오디션을 이틀 앞두고 엄청나게 긴장이 되었다. 떨어지면 어떻게 하지? 실패한다면? 배역을 못 맡으면 그 부담은 나 혼자서 오롯이 감당해야 한다는 것을 알았다. 나는 그럴 자신이 없었다. 고등학교 시절 동아리 모임에 들어가려다 퇴짜 맞으면 어쩌나 하는 두려움, 인기 있는 여학생들이 자기 그룹에 나를 끼워 주지 않으려고 하면 어쩌나 하는 두려움 같은 것이었다. 그 순간 나는 내가 그런 식으로 거부당하는 일을 거듭해서 감내할 용기나 자신이 없다는 사실을 깨달았다. 나는 훌륭한 연극배우가 되지 못할 것이라는 사실을 받아들여야만 했다. 아버지가 쇼 비즈니스에서 유명 인사이기 때문에 나를 밀어주는 끈은 있지만 스스로 자신을 밀고 나갈 힘이 없었다. 나는 오디션에 나가지 않았다. 대신 나는 세라 로렌스로 되돌아가 마지막 학년을 마치고 졸업했다. 나는 마지막 수업 후 디너 때 학생과 학부모들 앞에서 학생 대표로 인사까지 했다.

라우센부시 학장이 매우 현명했다는 생각이 든다. 만약 그때 학장이 내게 "안 돼, 너는 학교에 남아야 돼"라고 했더라면 나는 계속해서 학장이 내가 소명을 따르는 것을 방해한다고 생각했을 것이다. 나의 철없는 열망을 지지해 주면서 학장은 내 스스로 그럴 자질이 없다는 것을 깨닫게 만들었다. 교수님 중 한 분은 벌써 그런 사실을 알고 계셨다. "바비는 이번 학기에 여배우로서 자신의 재능을 개발하기까지 먼 길을 왔다"며 그 여교수님은 이렇게 써놓았다. "하지만 바비는 비평을 새겨듣는 법을 배워야 한다." 그 교수님은 내가 나 자신에 대해 아는 것보다도 나를 더 잘 알고 계셨던 게 분명하다.

오디션을 받도록 아버지가 나서서 주선해 주셨음에도 불구하고 나는 아버지에 대한 불만이 가득했다. 아마 아버지를 제대로 알지 못했기 때문이었을 것이다. 왜 그랬을까? 나는 아버지를 거의 못 보고 지냈다. 또한 엄마와 아빠의 관계가 원만치 않다는 사실도 알고 있었고, 그 때문에 아버지를 좋아하기가 쉽지 않았다. 나는 아버지가 우리를 떠나려 했다는 사실을 잊을 수가 없었다.

대학 3학년 여름이 되자 아버지는 엄마와 재키 언니, 그리고 나를 데리고 유럽 그랜드 투어를 떠났다. 파리, 프랑스 남부, 스위스 알프스, 베니스를 도는 정말 멋진 여행이었다. 하지만 실상은 그렇지 못했다. 파리에서는 조지 5세 호텔, 칸에서는 칼튼 호텔 등 가는 곳마다 최고급 호텔에 묵었는데도 나는 가족여행보다는 뉴욕에 남아 새로 사귄 의사 남자 친구와 지내고 싶었기 때문이다. 재키 언니는 우리가 어디로 가든 크게 신경 쓰지 않았다. 언니는 우리 가족이 모두 함께 있다는 사실에 그저 행복해했다.

나는 배에서 친구를 몇 명 사귀었고 파리에서는 페르시안 남자와 몇 차례 데이트했다. 거기다 프랑스 남자 친구도 한 명 만들었으니 유럽 여행이 그렇게 나빴다고는 할 수 없겠다. 저녁이 되면 아버지는 우리를 데리고 센세이셔널한 토플리스 레뷔극 때문에 세계적으로 유명한 리도 클럽으로 갔다. 리도의 소유주인 무슈 게린은 전에 아버지와 쇼를 맞교환해서 공연했기 때문에 우리한테 제일 좋은 자리를 마련해 주었다. 여행은 정말 멋진 경험이었다. 왜 그 꿈같은 여행을 시답잖게 생각했는지는 나도 모르겠다.

우리는 프랑스 남부로 가 칸에서 3주를 보냈다. 그곳에서 악명 높은 플레이보이 배우 에롤 플린이 내게 수작을 걸어 왔지만 나는 그를 무시해 버렸다. 그는 우선 나이가 너무 많았다. 같은 호텔에 머무는 또래 친구들과 어울리는 게 훨씬 더 재미있었다. 할리우드 거물들의 아들딸들이었다. 우리는 낮에는 인근에 있는 호텔 뒤캡으로 같이 수영하러 가고 밤마다 같이 어울려 돌아다녔다.

당시 우리 미국 여자아이들의 최고 인기 패션은 큰 펠트 푸들이 달린 둥근 펠트 스커트였다. 갖가지 색이 다 있었는데 그걸 입고 린디를 추면 아주 보기 좋았다. 낮에는 몸통이 드러나도록 투피스 드레스(작은 톱과 스커트)를 입고 다녔다. 하지만 요즘과 달리 배꼽은 드러내지 않았다. 우리는 스타킹이 흘러내리지 않도록 팬티거들이나 가터벨트를 했다. 스타킹은 뒤쪽에 솔기가 나 있어서 신은 다음에는 다리를 뒤로 쭉 뻗어서 어깨 너머로 솔기가 바로 되어 있는지 살펴보았다.

수영복은 원피스를 입었는데 나는 흰색을 제일 좋아했다. 비키니라는 말은 들어 보지도 못했다. 팬츠는 한번도 못 입어 봤다는 게 지금 생각해도 신기하나. 쇼츠는 괜찮있다. 하지민 팬츠는 노였다. 엄마가 칸에서 붉은색 격자무늬 쇼츠 두 벌을 샀던 기억이 난다. 하나는 내 것이고 하나는 재키 언니 것이었다. 재키 언니와 나는 가끔 같은 옷을 입어도 언니 혼자만 뻘쭘했다. 나랑 다른 애들이 어울려서 신나게 놀아도 언니는 언제나 따로 떨어져 있었다. 그 때문에 나의 즐거운 시간에는 항상 죄책감이 뒤섞였다. 이런 말 자꾸 하는 것도 지겹지만 그래도 그런 감정은 깊게 자리 잡고 있어서 좀처럼 사라지지 않았다.

지금 돌이켜 보니 "오, 불쌍한 우리 아빠!"라는 생각이 든다. 그 여행을 위해 아버지는 많은 돈을 쓰셨을 것이다. 아버지는 우리 모두를 행복하게 해주기 위해 무슨 일이든 다 하시려고 했다. 내가 친구들을 만나러 나가는 때를 제외하고 아버지는 항상 우리와 함께 계셨다. 아버지는 저녁식사 때 우리와 대화를 나누려고 애쓰셨고 우리가 원하는 것은 무엇이든 다 사주셨다. 심지어 나이트클럽에 가면 우리와 춤도 췄다. 아버지가 훌륭한 댄서이기는 했지만 춤은 같이 추기 싫었다. 아버지는 노력하셨다. 정말 노력하셨다. 그런데도 나는 계속 부루퉁 있었다. 그때 아버지한테 고마운 마음을 가졌더라면 얼마나 좋았을까. 어쨌든 집으로 돌아오자마자 그 의사 남자 친구와는 곧바로 헤어져 버렸는데.

　　나는 약간 불안한 마음으로 졸업 학년을 시작했다. 친구들은 모두 졸업 후에 무슨 일을 할지 정확하게 알고 있는 것 같았다. 애니타는 미술관에서 일을 하려고 했다. 조앤은 사회복지사가 되겠다고 했다. 다른 친구들은 대학원에 진학하거나 유럽으로 떠난다고 했다. 나만 남았다. 무슨 일을 하고 살지? 나의 문제는 내가 진짜 하고 싶은 게 없다는 것이었다. 내가 특별히 잘한다고 생각되는 것도 없었다. 교사가 될까 하는 생각도 2분 동안 했다. 하지만 그러려면 석사 학위를 따야 하는데 나는 그럴 생각이 없었다. 돌이켜 보면 석사 학위를 따러 갔어야 했다. 그랬더라면 세라 로렌스는 내가 가는 대학원에 진보적인 비점수 시스템 대신 수치로 표시된 나의 점수를 보내 주어야 했을 것이다. 솔직히 말해 내 점수가 몇 점인지 모르면서 어떻게 다른 사람들한테 나를 견줄 수 있나 하는 생각이 줄곧 나를 따라다녔다. 나는 A학점 학생이었을까? 아니면 B학점? 나는 똑똑했을까? 지금 나는 똑똑한가? 웃지 마시라. 나는 지금도 모르겠다.

　　나는 제일 쉬운 길을 찾아 무슨 직업이든 갖기로 하고 뉴욕의 집으로 향했다. 아마 버스 안에선가 속기학원 광고가 눈에 띄었다. 그래서 내 친구들은 보다 가치 있는 미래를 찾아 길을 떠나는데 나는 뭐라도 해야지 하는 심정으로 42번가에 있는 속기학원을 찾아갔다.

텔레비전 101

속기학원에서 나는 최고였다. 83명의 학생 가운데서 나는 당당히 일등이었다. 나도 무엇인가 남보다 뛰어난 게 있다는 확실한 증거였다. 내가 마스터한 것은 심벌이 아니라 철자를 이용해서 하는 초보적인 속기였지만 그래도 나는 기분이 좋았다. 나는 또한 수동 타자기로 타이프 치는 법도 배웠다. 지금은 너무 구식이라 스미스소니언 박물관에나 보내야 할 타자기였다.

이때 배운 두 가지 기술은 첫 직장 구하는 데 도움을 주진 못했지만 그 후 나의 인생에 도움이 되었다. 나는 열심히 발로 뛰어서 첫 직장을 구했다. 비서를 구하는 그 분홍빛 얼굴의 남자는 내 뒤를 따라 직업알선 회사의 계단을 올라왔는데 즉석에서 나를 채용했다. 요즘 같으면 그 사람처럼 여자 몸을 대담하게 훑어보다간 교도소행을 면키 어려울 것이다. 하지만 당시는 1950년대였다. 나는 튼튼한 두 다리를 갖고 있고 직장이 필요했다. 물론 꼭 직장이 필요했던 것은 아니다. 부모님이 계속 내 뒷바라지를 해줄 수 있었지만 그때 내가 확실하게 마음을 정한 것이라고는 대학원에는 안 간다는 것뿐이었다. 그래서 택한 것이 직장이었다.

알고 보니 정말 웃기는 짓이었다. 일단 채용되자 나는 친구 애니타 콜먼도 채용되도록 했다. 그리고 콜먼은 다시 다른 친구를 데려왔다. 그렇게 해서 우리 세 명이 작은 광고회사에서 같이 일했다. 지금은 회사 이름조차 기억이 안 나는데 향수병 판매 우편주문 광고 제작 회사였다. 광고 문구는 '크고 값싼'이었다. 우리는 이 회사를 '작고 싸구려'라고 불렀다. 나는 타이핑과 받아쓰기에는 뛰어났지만 먹지 쓰는 방법은 못 배웠다. 그리고 서류를 복사하는 일에 대해서는 전혀 몰랐다. 그래서 6장을 복사하라는 지시를 받으면 같은 서류 6장을 일일이 타이프로 쳤다. 그러니 일이 한없이 느려 터질 수밖에 없었다.

　나는 그곳에서 일 년 정도 일했다. 작고 값싼 광고 및 우편 판매 회사에서 일하는 새로운 경험은 사장이 내게 달아오르는 것과 함께 시들해졌다. 그는 환심을 사려고 내게 라울이라는 이름의 개도 한 마리 사주었다. 그 개는 내가 라울이라는 이름의 첫 글자 R 발음을 제대로 못해서인지 내 말을 절대 안 들었다. 나는 금발에 분홍빛 얼굴을 가진 이 남자 밑에서 일해서는 미래가 없다고 생각했다. 그는 자기가 광고하는 향수병에 파묻혀 사는 사람 같았다. 그가 대놓고 호색적인 성향을 드러내자 나는 떠나기로 했다. 게다가 훨씬 더 흥미로운 분야인 텔레비전 분야에 아는 사람이 한 명 있었다. 당시 나는 텔레비전 비즈니스에 대해 아는 게 별로 없었지만 사람들의 생활에 텔레비전이 얼마나 중요한지는 확실히 알고 있었다. 엄마와 재키 언니는 '왈가닥 루시' '아더 고드프리와 그의 친구들' '텍사코 스타 시어터' '잭 배니' 같은 프로를 보면서 몇 시간이고 텔레비전 앞에서 보냈다. 텔레비전은 그들의 주요 오락 수단이었다. 당시에는 ABC, NBC, CBS, 그리고 얼마 안 되어 없어진 DuMont 등 4개의 채널이 있었는데 모두 다 오후 늦게 프로그램을 시작했다. 나머지 시간과 심야시간은 지방방송이 맡아서 했는데 내가 아는 친구도 지방방송국에 있었다.

　내 친구 로다 로젠털은 NBC의 자회사로 뉴욕에 있는 WNBT서 일했는데 홍보부 쪽에 빈자리가 하나 있다고 알려 주었다. "나는 자리를 어떻게 구하게 되었느냐 하면"이라며 그녀는 내게 이렇게 코치해 주었다. "우리 아버지가 쇼비즈니스와 관계있는 일을 하신다는 말을 했지." 그녀 아버지는 의상 제조업을 하셨기 때문에 나는 그 말을 듣고 다소 놀랐다. 맨 처음 일자리를 구할 때 나는 일부러 아버지의 이름을 알리지 않으려고 했다. 혼자 힘으로 일자리를 구해 보겠다는 생각에서였다. 하지만 필요하면 끈은 쓰라고 있는 것이었다. 그래서 지원서에 나의 속기술과 타이핑 기술, 기초 프랑스어 구사를 적는 것 외에 루 월터스의 딸이며 개인적으로 브로드웨이 칼럼니스트 대부분을 안다고 적었다. 그건 어느 정도 사실이었다. 나는 라틴 쿼터에서 하이 가드너, 레너드 라이언스, 얼 윌슨 같은 칼럼니스트들과 자리를 같이한 적이 많다. 하지만 항상 아버지의 딸 자격으로 앉아 있었지 개인적인 친구는 아니었다. 사랑과 전쟁뿐 아니라 구직에서도 수단과 방법을 가리면 안 된다. 그리고 그게 먹혀들었다. NBC 부회장 겸 WNBT 사장인 테드 콧과 면담한 다음에 홍보 및 광고 담당 국장인 필 딘과 면담하러 보내졌다. 필 딘 국장은 즉석에서 나를 자기 보조로 채용했다. 홍보 파트 전체에 우리 두 사람밖에 없었다. 그 때문에 나는 텔레비전 산업이 아직 걸음마 단계라는 느낌을 가졌다. 필은 느긋한 사람이었는데 사무실에 있는 시간보다 투츠 쇼어스 레스토랑에 가 있는 시간이 더 많았다. 필은 쇼 비즈 유명 인사와 운동선수들이 모이는 유명한 곳에서 사업 리서치를 한다고 주장했지만 오후 세 시 이전에는 사무실로 돌아오는 법이 없었다. 그리고 제정신으로 오는 경우가 거의 없었다. 뉴욕 양키스의 포수인 요기 베라는 "투츠 쇼어스에는 사람들이 너무 많이 와서 이제 아무도 거기 가지 않는다"는 말을 한 적이 있다. 그래서 나는 WNBT에서 내보내는 보도 자료를 거의 혼자서 다 썼는데 하루에 예닐곱 건씩 쓰기도 했다.

그때 보도 자료 쓰는 법을 배운 것은 내게 엄청나게 소중한 경험이었다. 당시 텔레비전은 별로 중요하지 않은 오락거리로 간주되었기 때문에 신문에 TV 비평란이 없었다. 대신 스포츠와 가십 칼럼니스트들이 자기들이 다루는 정규 소재에 텔레비전을 추가로 다루게 되어 있었다. 그래서 TV 보도 자료는 보내주면 모두 휴지통으로 들어갔다. 어떤 신문에서는 혹시라도 TV를 다룬 칼럼니스트가 있으면 그에 대한 벌로 그 남자를(당시에는 여자 칼럼니스트가 없었다) TV 전담으로 보내 버리기도 했다. 그래서 나는 보도 자료를 쓸 때 첫머리에 깜짝 놀랄 사실이나 도발적인 사례를 소개해서 그들의 관심을 끄는 법을 빨리 배웠다. 요즘도 나는 인터뷰를 진행하면서 이런 방법을 쓴다. 내가 쓴 어떤 보도 자료는 첫머리가 이렇게 시작되었다. "WNBT는 섹스에 대해 유명 스타들이 대거 참석하는 패널을 방영할 예정임." 그때나 지금이나 섹스는 먹히며 그런 보도 자료는 신문들이 크게 다루었다.

보도 자료를 안 쓸 때는 내가 아는 칼럼니스트들에게 전화를 걸어 우리 방송국의 출연진에 대한 정보를 알려 주었다. 라틴 쿼터의 아버지 테이블에 조용히 앉아 보낸 세월이 내가 방송 일을 시작하자 보답을 하기 시작한 것이다. 칼럼니스트들은 내 전화를 일일이 다 받아 주었고 전국적으로 실리는 신디케이트 칼럼들에 우리 지방방송국 관련 내용이 놀라울 정도로 많이 소개되었다. 나는 또한 아버지에 대한 긍정적인 평판과 인기를 실감하기 시작했다.

다른 일도 있었다. 나는 얼마 안 되어서 나의 상사인 테드 콧 사장과 데이트를 시작했다. 그는 당시 자녀 둘이 있었고 아내와 이혼소송 중이었다. 그는 당시 우리 방송국의 사장이었고 NBC 내에서 명석하고 창의적인 사람으로 정평이 나 있었다. 그건 사실이었고 나는 그런 점 때문에 그 사람한테 끌렸다. 나는 그때나 지금이나 똑똑하고 힘 있는 사람을 보면 마음이 끌린다. 왜 그런지 그 이유는 나도 모르겠다. 내가 내 자신을 돌보지 않아도 힘 있고 성공한 어떤 사람이 대신 나를 돌봐주었으면 하는 생각을 항상 갖고 있었기 때문이 아닐까 생각한다.

테드는 나보다 적어도 열 살은 더 많았다. 똥배가 좀 나오고 대머리에다 키도 작았다. 배가 나오긴 했지만 그는 내가 잠자리를 같이한 첫 남자였다. 그리니치 빌리지에 있는 그의 '독신' 아파트에서였다. 솔직히 말하면 그 사람을 열렬히 좋아해서 그렇게 한 건 아니었다. 그저 그럴 시간이 되었다고 생각했던 것이다. 많은 내 친구들이 결혼하고 애까지 갖는데 나는 여전히 이십대의 처녀였다. 그날 밤에 대해 자세한 기억은 없지만 아주 멋지거나 끔찍한 것 어느 쪽도 아니었던 것 같다. 그 순간 이후로는 무슨 일이 있어도 다시 처녀로 돌아갈 수 없다는 슬픈 생각이 들었던 기억은 난다. 그 순간 나는 자신에게 "입 닥쳐. 이제는 때가 된 거야"라고 마음속으로 주문을 걸었다.

RCA의 데이비드 사노프 회장이 그의 후견인이었다. 테드는 뉴욕에 있는 언론계 사람들 중에 모르는 이가 없었고 이들은 수시로 그의 아파트에 모였다. 나는 가끔 그의 호스티스 역할을 하면서 인적 네트워킹의 중요성을 배우게 됐다. 나는 테드를 통해 텍스 매크래리와 모델이며 테니스 스타였던 아름다운 그의 아내 징크스 폴켄버그를 만났다. 두 사람은 장수 라디오 쇼인 '텍스 앤드 징크스'와 엄청난 인기를 누리던 TV쇼 '앳 홈' At Home을 진행하고 있었다. 나는 또한 아주 매력적이고 재미있는 여성인 엘로이즈 매켈혼과도 친해졌다. 그녀는 라디오에서 텔레비전 쇼로 자리를 옮기는 중이었다. 당시는 몰랐지만 엘로이즈는 이후 나의 경력에서 중요한 역할을 했다.

테드는 창의력이 뛰어난 사장이었다. 내가 그곳 홍보부에서 일을 시작한 지 일 년쯤 지난 뒤에 그는 젊은 직원들을 상대로 텔레비전 쇼 제작법을 가르치는 교육 프로그램을 시작했다. 나는 하루 15분짜리 어린이 프로그램인 '카메라한테 물어 봐' Ask the Camera를 기안했다. 제작 감독은 붉은 머리의 룬 알리지라는 젊은이가 맡았다. 나중에 룬은 ABC 뉴스 사장이 되었으며 스포츠와 뉴스 비즈니스에 전설적인 인물이 된다. 하지만 당시 그는 각종 프로그램 감독을 맡아 매일 컨버터블을 몰고 스튜디오로 출근하던 싹싹한 젊은이였다.

'카메라한테 물어 봐'의 포맷은 단순했다. 사람들이 질문을 보내오면 우리는 우리 방송국 자료실에 있는 필름 클립을 이용해 질문에 답하면 되었다. 우리 필름 자료실이 비교적 빈약했기 때문에 나는 수시로 우리가 가지고 있는 필름 자료에 맞추어 직접 질문을 만들어 내야 했다. 예를 들면 우리한테 하마 관련 자료가 많았는데 나는 "하마는 어떻게 먹나요? 나는 그게 항상 궁금했어요"라는 질문을 만들었다. 방송 윤리 면에서 문제가 있을지 모르겠다. 하지만 나는 당시 저널리스트가 아니라 프로듀서로 일한 것이기 때문에 문제가 없다고 생각했다. 나는 또한 쇼 진행자인 샌디 베커를 위해 보이스 오버 voice-over 내레이션을 쓰고 방영시간에 맞게 필름 편집도 했다. 그 일에 익숙해지자 나중에는 스톱워치를 쓸 필요도 없게 되었다. 나는 카피를 쓰고 필름 편집하는 일을 거의 혼자서 다 해낼 수 있었다. 나는 지금도 그렇게 할 수 있다.

필름을 내 손으로 직접 잘라 내지는 않았다. 그 일은 필름 에디터가 했다.

하지만 우리는 무비올라라는 기계를 같이 내려다보며 일했고 필름 클립을 일일
이 찾아냈다. 내가 정확히 어떤 장면이 필요하다고 이야기하면 그는 해당 장면
을 찾아 잘라 내고 이어 붙여서 연결된 하나의 필름을 만들어 냈다. 또한 그 작
은 편집실 방안에서 나는 어떻게 하면 좋은 이야깃거리를 만드는지에 대한 기
초도 배웠다. 강렬한 시작(이건 필수다)과 강렬한 마무리만 있으면 사실 그 중간
에는 극적인 요소가 없어도 된다. 이것은 지금도 내가 지키는 공식이다.

    제작 일을 통해 나는 어쨌든 초창기 TV 가이드에 소개되기까지 했다. 여성
이고 게다가 루 월터스의 딸이었으니 나는 사람들의 관심을 모은 인물이었을
것이다. 나는 '젊은 프로듀서'라고 제목이 붙은 그 짤막한 기사를 보고 기분이
좋았다. 기사에서는 텔레비전에서 "책임 있는 일을 맡고 있는 똑똑하고 젊은 사
람들"의 한 예로 나를 소개하면서 내가 이 분야에서 일하는 제일 젊은 프로듀서
라고 했다. 나는 지금도 그 TV 가이드를 보관하고 있다. 1953년 5월 15일자로
발행된 것이다.

    아버지는 그 기사를 보고 자랑스러워했지만 텔레비전을 심각하게 받아들
이지는 않으셨다. 1953년이 되자 전체 미국인 가정의 절반이 텔레비전 세트를
최소한 한 대씩 보유했다. 이듬해에는 700만 대가 넘는 텔레비전 세트가 새로
팔릴 예정이었고 그 다음 해에도 마찬가지였다. 그런데도 아버지는 텔레비전
을 자기 나이트클럽의 경쟁상대로 인정하지 않으셨다. 어느 날 저녁에 나는 아
버지께 라틴 쿼터에 일 년 동안 오는 사람보다도 집에서 하루에 '텍스 앤드 징
크스' TV 쇼를 보는 사람의 수가 더 많다는 말씀을 드렸다. 아버지는 그 수치
에 대해서는 맞는다고 인정하면서도 이렇게 반박하셨다. "하지만 우리 고객들
은 돈을 내고 내 쇼를 보러 오지 않니."

    그때 나는 가족과 같이 살고 있었다. 당시에는 젊은 미혼 여성이 자기 아파
트를 얻어 혼자 살지 않았다. 그리고 펜트하우스는 워낙 커서 서로서로 누구에
게도 부담을 주지 않았다. 이종사촌인 셀리그 오빠도 같이 산 적이 있었다. 그
오빠도 텔레비전에서 일했는데 '조시의 키친'이라는 이름의 지방방송 요리 쇼
를 제작했다. 그중의 한 꼭지는 남아프리카 바닷가재 꼬리에 관한 것이었는데,

그걸 보고 남아프리카 바닷가재 꼬리 연구소인가 하는 곳에서 고맙다고 냉동 바닷가재 꼬리가 든 큰 상자를 하나 보내 왔다. 부모님과 재키 언니는 그때 플로리다에 가 있었기 때문에 셀리그 오빠와 나는 몇 주 동안 그 바닷가재를 먹고 살았다. 우리만 먹었는지 아니면 저녁에 사람들을 불러다 먹었는지는 모르겠지만 어쨌든 우리는 남아프리카 바닷가재 꼬리를 먹었다.

내가 텔레비전에 대해 아는 것을 모두 WNBT에서 일할 때 배웠다고는 할 수 없지만 그곳에서 많이 배운 것은 사실이다. 그때 배운 한 가지 교훈은(지금도 유용한 교훈이다) 특히 생방송을 할 때는 무슨 일이든 절대로 미리 가정하지 말라는 것이다. 나는 그것을 당시 유명한 사회 가십 칼럼니스트였던 이고르 카시니한테서 배웠다. 그는 당시 뉴욕 저널 아메리칸에 촐리 니커보커라는 가명으로 글을 썼다. 테드 사장은 카시니에게 자기 이름을 단 토크쇼 진행을 맡겼고 나는 제작을 맡았다. 내가 할 일은 카시니가 할 인사말과 초대 손님에게 할 질문을 큐 카드에 적어 주는 것이었다. 하지만 우리는 인사말에서부터 늘 걸렸다. 바보 같은 일이었지만 나는 이고르 카시니가 자기 본명을 기억하고 있을 것이라고 가정했던 것이다. 그래서 인사말 큐 카드에다 그의 이름 이니셜만 적어 주었다. "굿 이브닝 여러분." 그는 목청을 한껏 가다듬고 이렇게 인사를 시작했다. "저는 I.C.입니다."

WNBT(1960년에 WNBC로 이름이 바뀌었다)에서의 일은 너무 재미있었지만 테드 콧과의 관계는 점차 시들해졌다. 나는 다른 남자들과 데이트를 하고 싶었다. 테드는 질투가 심했고 소유욕이 강했다. 그는 계속해서 나와 결혼하자고 졸랐고 그럴 때마다 나는 그 사람한테서 점점 더 멀어졌다. 나는 그를 사랑하지 않았고 꿈에 그리는 남자를 기다리고 있었다. 하지만 테드는 집요하게 나를 따라다녔고 급기야는 내가 외출한 것을 알면 밤중에 센트럴파크 웨스트에 있는 우리 아파트 건물 바깥에서 내가 집으로 돌아오기를 기다리는 지경에 이르렀다.

내가 조 레프와 데이트를 시작하면서 결국 일이 터지고 말았다. 조 레프는 아주 멋진 신랑감인 젊은 총각이었다. 그의 가족은 니트 사업으로 성공한 집안으로 사촌과 여동생 모두 세라 로렌스 출신이었다. 나는 조를 아주 좋아했고 그 때문에 테드는 결국 선을 넘고 말았다. 어느 날 저녁에 조가 나를 집으로 데려다 주는데 테드가 갑자기 어둠 속에서 나타나 길에서 곧장 그 사람에게 주먹질을 했다. 나는 무서워 떨고 있었고 두 사람은 치고받고 싸웠다. 나를 놓고 두 남자가 치고받고 싸우는 게 어떤 여인들이 생각하듯이 그런 황홀한 기분을 안겨 줄 것이라고는 생각지 말라. 절대로 그렇지 않다. 다행히 두 남자는 양식이 있는 사람들이어서 싸움을 멈추고 각자 갈 길을 갔다. 두말없이 그 사건으로 나와 테드의 관계는 완전히 끝났다. 그리고 WNBT에서의 나의 일도 끝이 났다. 테드는 워낙 집요한 사람이라서 내가 결국은 떠나지 않고 못 배기게 만들었다. 그리고 내가 그토록 좋아했던 조는 사실은 나를 그렇게 좋아하지 않았던 것 같았다. 그는 내게 더 이상 전화를 걸어오지 않았다.

테드는 수라는 이름의 아름다운 여성과 결혼했는데 그걸 보면 그 사건 이후 제정신을 차린 것이 분명했다. 조도 조이스라는 아름다운 여성과 결혼했다. 조이스는 나중에 나의 제일 친한 친구가 되었다. 하지만 센트럴파크 웨스트에서의 길거리 격투 이후 내게는 아무것도 남은 게 없었다.

운 좋게도 새로운 일자리가 금방 나타났고 나는 다른 현지 뉴욕방송국 WPIX로 옮겨가 '엘로이즈 매켈혼 쇼'에서 일했다. 나는 테드의 아파트에서 열린 그 파티에서 엘로이즈를 만나 알고 지내는 사이였고 그녀를 무척 좋아했다. 그녀는 성질이 다소 급하고 약간 과체중인데 너무너무 재미있었다. 나의 공식 직책은 책임 프로듀서였지만 실제로는 보조 프로듀서, 작가, 스크립트 걸, 초대 손님 예약, 커피 타는 일까지 모두 혼자서 다했다. 한 사람이 여러 가지 일을 하는 것은 텔레비전 초창기 시절인 당시에는 흔한 일이었다. 일손이 워낙 부족해서 그런 것이기 때문에 나는 일이 많다는 생각은 전혀 해본 적이 없다. 우리는 매일 눈에 닥치는 대로 무엇이든 찾아서 반 시간을 메워야 했다. 인터뷰, 요리 강습, 패션, 체조, 애완동물 도움말 등 무엇이든 소재로 삼았는데, 심지어 남녀 관계를 다루는 '당신 남자에게 답하기'라는 이름을 붙인 것도 한 꼭지 있었다. 나는 엘로이즈가 시청자들로부터 '받은' 편지는 물론 답장까지도 내 손으로 술하게 썼다. 그리고 엘로이즈가 초대 손님들을 소개할 때 하는 말, 초대 손님들에게 하는 질문도 내가 썼다. 그래픽도 준비하고 각 편에 쓸 음악도 골랐다. 그런 다음 방송이 시작되면 컨트롤 부스에 앉아 쇼가 무사히 끝나게만 해 달라고 기도했다. "열심히 뛰어라." 그래서 텔레비전 일을 시작하려면 어떻게 해야 좋으냐고 묻는 젊은이들한테 나는 항상 이렇게 말한다. 지방 텔레비전 방송국으로 가서 시키는 대로 무슨 일이든 해라. 알아서 해라. 근무시간 쳐다보지 말고 무슨 일이든 자발적으로 해라. 그래서 일이 어떻게 돌아가는지를 배워라. 위기 상황은 계속 일어난다. 프로듀서가 나타나지 않고, 초청 인사가 나타나지 않고, 스크립트가 분실되는 등등. 그럴 때 제자리를 지키고 있어라.

실수를 하지 마라. 텔레비전은 하기 어려운 일이다. 거기서 성공하려면 어느 정도 집요하게 달라붙어야 한다. 그러려면 여러분의 사회생활이나 연애생활은 엉망이 된다. 엘로이즈 매켈혼도 1950년대에 방송 일을 하느라 남편과 아이들하고 보내는 시간을 소홀히 한 게 불만이었던 남편이 다른 여자에게 가 버리는 쓰라린 일을 겪었다. 엘로이즈는 아주 슬픈 시간을 지냈다. 하지만 나는 여름 시즌에 쇼가 잠시 중단되자 안도의 한숨이 나왔다.

얼마나 멋진 여름이었던가. 나는 세라 로렌스 시절의 절친한 친구인 애니타 콜먼과 함께 유럽으로 갔다. 애니타의 남자 친구인 워런 맨실을 방문하는 게 여행 목적이었다. 그는 임시로 파리에서 일하고 있었는데 애니타는 그 남자한테서 결혼 프러포즈를 받아내겠다는 목표가 있었지만 나는 모험이 목적이었다. 우리는 둘 다 원하는 바를 얻어냈다.

파리, 프랑스 남부, 이탈리아. 애니타와 나는 두 명의 이탈리아 남자와 각자 짧막한 밀종을 즐겼다. 애니타의 남자는 키가 컸고 내 남자는 작았다. 햇살이 가득한 낮과 별이 빛나는 밤이 이어졌다. 정말 멋진 날들이었다. 애니타가 파리로 돌아오자 워런이 프러포즈를 했고 그녀는 승낙했다. 애니타의 부모님이 비행기로 날아오고 카프리 섬에서 동화 같은 결혼식이 열렸다.

나는 그저 자유, 자유, 자유였다. 로마에 있는 아메리칸 익스프레스 사무실에 들러 내게 온 메일이 있는지 확인해 보았다. 당시 아메리칸 익스프레스는 여행객들이 이용하는 고객 우편함 역할을 했다. WPIX에서 보내온 편지 한 통이 있었는데 엘로이즈 매켈혼 쇼가 없어졌으니 내가 더 이상 필요 없게 되었다는 통보였다. 나는 전율을 느낄 정도로 기분이 좋아 스페인 계단에서 혼자 풀쩍풀쩍 뛰었다. 남은 여름 내내 나 혼자 즐길 수 있게 된 것이었다. 어쩌면 가을까지가 될지도 모를 일이었다. 아니면 평생. 항상 너그러우신 부모님은 유럽에 더 머물 수 있도록 돈을 보내 주셨다.

나는 혼자 친구들이 있는 프랑스 남부로 다시 갔다가 파리로 갔다. 나는 파리에서 잠시 동안 살기로 하고 직장을 구하러 나섰다. 레프트 뱅크에 비싸지 않은 호텔 방을 하나 구한 다음 오드리 헵번처럼 앞머리를 가지런하게 숏커트했다. 젊고 날씬한 미국 아가씨가 된 나는 하우스 오브 카르방의 모델 자리를 구했다. 마담 카르방은 자기가 선보이려는 아동복에 내가 딱 어울리는 체격이라고 좋아했다.

상상이나 할 일인가? 내가 파리에서 모델이 되다니. 오드리 헵번 머리를 하고서. 당시 파리에는 미국 아가씨가 많지 않았고 나는 인기 있는 신인이었다. 친구들이 많았고 남자 친구도 몇 명 있었다. 누군가를 사랑한다는 생각도 했다. 프랑스 남자 프레드는 재미있고 매력적인 데다 엉뚱한 데도 있었다. 게다가 그곳은 파리였다. 우리는 제법 관계를 발전시켰다. 하지만 그는 나를 좋아했지만 사랑하지는 않았고 나와 결혼할 생각은 추호도 없었다. 어쩔 수 없었지만 너무 서운했다. 나는 마음의 상처를 약간 입었다. 하지만 찢어질 정도는 아니었다. 나는 어느 아름다운 이른 아침에 꽃시장으로 걸어가서 예쁜 꽃다발로 둘러싸인 벤치에 앉아 생각했다. 나는 행복하다. 너무도 완벽하게 행복하다. 그 완벽한 만족의 순간을 기념하기 위해 나는 나중에 바로 그 꽃시장을 그린 차일드 하삼의 작은 그림을 한 점 샀다. 그 그림은 지금 내 뉴욕 아파트의 현관 쪽 홀에 걸려 있다. 나는 집에 들어오고 나갈 때마다 그 그림을 본다.

하지만 아버지가 나의 프랑스 생활에 종지부를 찍으셨다. "이제 집으로 돌아올 때가 되었다." 아버지는 1954년 11월에 내게 이렇게 편지를 쓰셨다. "런던에서 보자꾸나."

나는 순순히 런던으로 갔다. 그곳에서 아버지는 라틴 쿼터 레뷔극의 커맨드 공연(커맨드 공연이란 왕이나 국가원수의 요청으로 하는 무대공연을 말한다)을 하고 계셨다. 런던에 가서 나는 프랑스 남부에서 사귄 친구들을 찾아내 실컷 먹고 마셨다. 그랬더니 프레드를 잊기가 어느 정도 수월해졌다. 하지만 생리가 멈춘 것을 알고는 놀라고 무서워 견디기가 쉽지 않았다. 피임에 대해서는 전혀 몰랐고 갑자기 임신에 대한 공포가 밀려 왔다. 나는 몰래 런던의 한 외과의한테 찾아갔는데(그곳에서는 '미스터'라고 불렸다) 의사는 임신 여부를 확신하지 못했다. 너무 초기라 검사가 불가능했고 요즘처럼 집에서 하는 자가 조기 임신 테스트기가 개발되기 전이었다. 나는 어찌할 바를 몰랐다. 낙태는 불법이었다. 정말 임신이라면 도대체 어떻게 낳아야 하나? 엄마한테는 어떻게 이야기하나? 정신이 하나도 없었다. 고통스런 시간이었고 그 일로 인해 나는 비슷한 곤경에 처한 여성들의 입장을 더 이해하게 되었다. 그들 스스로 자신의 운명을 선택할 수 있는 권리를 갖게 해 주어야 한다고 믿게 되었다. 아버지가 런던을 떠나 집으로 돌아가시고 얼마 안 되어 나도 대양 여객선 SS 유나이티드 스테이츠에 몸을 싣고 집으로 돌아갔다. 기운은 완전히 늘어지고 걱정만 쌓여 갔는데 바다 위에서 두 번째 날 갑자기 생리가 시작되었다. 나는 남은 여행 내내 기분이 날아갈 것 같았다. 식사 때 같은 자리에 배정된 사람들과 그렇게 다정하게 지내게 된 것도 그 때문이었을 것이다. 밥 호프의 장모인 테레사 켈리 데피나와 알렉산더라는 이름의 젊은 그리스 선박회사 상속자가 나의 식탁 동료였다.

　집에 돌아오자 나는 부모님과 재키 언니를 보러 플로리다로 갔다. 가족들은 새로 지은 아주 인기 좋은 퐁텐블로 호텔에 머물고 있었다. 나무가 우거진 20에이커의 마당과 전설적인 '라군' 풀이 딸린 호텔이었다. 어서 뉴욕으로 돌아가 직장을 구해야 한다는 것은 알았지만 나는 느긋하게 열대지방의 삶을 즐겼다.

　알렉산더가 팜비치에서 나를 보러 오자 나는 정말 신났다. 그 남자는 그때 팜비치에 머물고 있었다. 로맨스가 있었는지 없었는지 모르지만 어쨌든 그것은 점심 한 번으로 끝이 났다. 아버지는 바다가 내려다보이는 풀장 옆 별실을 한 채 갖고 계셨는데 알렉산더는 캐비어와 샴페인에만 관심이 있었다. 그는 풀장 옆 별실에서 콘 비프와 파스트라미 샌드위치를 먹는 사람들을 보고 난 다음부터 나에 대한 관심이 급속히 식어 버렸다. 파스트라미 때문은 아니었을 것이다. 반유대주의도 약간은 작용했을 것이다. 어쨌든 나는 알렉산더를 두 번 다시 만나지 않았다.

플로리다 휴가 기간 동안 나는 내 인생에 아주 중요한 역할을 하게 될 두 명의 남자를 만났다. 그중의 한 명에게는 엄청난 비난을 받아가며 정성을 다 바쳤고 다른 한 명과는 결혼했다.

잘못된 선택

로이 콘과 밥 캐츠. 어울리지 않는 조합이다. 두 사람은 서로 만난 적이 없다. 하지만 나는 잘된 일인지 잘못된 일인지 모르지만 플로리다에서 쉬는 기간 동안 두 남자를 모두 만났다. 로이와의 첫 만남은 짧았지만 불쾌했다. 그는 팜비치 라틴 쿼터의 단골손님이 분명했다. 어느 날 저녁에 클럽에 갔더니 그 사람이 아버지와 같이 앉아 있었다. "내 딸 바버라요." 아버지는 나를 이렇게 소개하셨다. "얘가 당신을 한번 보고 싶다고 합니다." 나는 즉각 아버지의 말을 바로잡았다. "아빠 딸인 건 맞아요." 그러고는 이렇게 말했다. "하지만 이 분을 만나고 싶다는 말은 한 적이 없어요."

내가 왜 로이 콘을 만나고 싶어 해야 하지? 나는 그가 관련된 모든 것을 혐오했다. 1951년 로젠버그 재판 이후 그는 미국 공산주의자들을 조사하는 상원 소위원회의 고문 검사로 더욱더 악명을 떨쳤다. 공산주의자 잡는 데 혈안이 된 조지프 매카시 상원의원이 이끄는 소위원회였다. 내가 그 사람을 만난 1955년에 로이는 그 전해에 열린 군-매카시 청문회로 전국적인 유명 인사가 되어 있었다. 텔레비전을 통해 전국적으로 방영된 최초의 의회 청문회였다.

1954년 봄에 텔레비전을 통해 처음부터 끝까지 마라톤 생중계된 이 36일간에 걸친 청문회는 모두 2200만 명이 시청했다. 2200만 명! 본격적인 한 편의 드라마였다. 그리고 그곳에 예의 뒤로 반듯이 빗어 넘긴 머리와 눈 밑 그늘의 로이가 있었다. 나는 그가 도마뱀같이 생겼다고 생각했다. 그는 사탄 같은 얼굴로 상대를 노려보는 매카시 의원 옆에 붙어 앉아 자기들 눈에 걸리는 모든 사람들에게 혐의를 갖다 씌웠다. 그러다 6월 9일 매카시는 너무 나가고 말았다.

그가 육군 참모총장의 젊은 보좌관인 조지프 웰치를 공격하던 중에 웰치가 매카시의 몰락을 가져온 유명한 말을 내뱉는다. "상원의원님, 지금 이 순간까지도 나는 의원님이 얼마나 잔인하고 사려가 없으신 분인지 짐작하기 어렵습니다." 그는 이렇게 계속했다. "의원님은 체면이란 게 없으십니까? 마침내 체면이란 게 하나도 남지 않았습니까?" 그리고 상원 청문회장의 방청객들은 폭소를 터뜨렸다. 보이지는 않았지만 텔레비전 시청자들을 비롯한 많은 사람들도 행복한 눈물을 흘렸다. 그것은 정말 특별한 순간이었다. 모두가 두려워하던 불한당이 갑자기 옷이 발가벗겨지고 전혀 두려워할 필요가 없다는 것을 사람들이 갑자기 깨닫게 된 것 같은 순간이었다. 매카시의 인기는 순식간에 급전직하로 떨어지기 시작했고 그가 주도하던 이데올로기 테러는 끝이 났다. 청문회가 결론 없이 끝나자 로이는 사임했고 매카시는 곧이어 상원에서 견책을 받았다. 그로부터 3년 뒤에 그는 알코올성 간염으로 세상을 떠났다.

하지만 로이는 잿더미 속에서 다시 일어섰다. 플로리다에서 처음 만났을 당시 그는 28세로 뉴욕에서 가장 힘 있고 두려운 변호사들 중 한 사람이었다. 또한 그는 미국에서 아주 인기 없는 사람들 중의 한 명이었다. 그러니 내가 그를 만나고 싶어 할 이유가 없었다.

내가 플로리다에서 만나기 좋아한 사람은 밥 캐츠였다. 그는 마이애미의 많은 젊은 여성들이 대어로 점찍어 놓고 있는 일등 신랑감이었지만 나는 그렇게 생각하지 않았다. 몇 달 동안 자유분방하게 유럽을 돌아다니고 나서 나도 결혼할 때가 되었다는 생각은 하고 있었다. 밥은 나보다 열 살 위였다. 그는 다소 우울한 분위기의 미남이었다. 매너 좋고 운동 잘하고 춤도 잘 췄다. 그는 권력은 없었지만 확실히 매력적인 상대였다. 그의 아버지는 큰 어린이 모자 공장을 하고 있었고 그 사람도 자기 아버지와 같이 일했다. 그렇게 재미있는 사업은 아니지만 아주 성공한 사업이었다. 아이들이 대부분 모자를 쓰고 다니고 부활절 모자는 모두 새로 사서 쓰던 시절이었다. 그리고 쇼 비즈니스와 달리 안정적인 사업이었다. 그것이 내게는 매력이었다. 그래서 나는 밥과 데이트를 시작했다. 나는 '캐츠 해츠' 라는 별명을 붙여서 그 사람을 친구들한테 소개했다.

나는 동시에 헨리 엡스타인이라는 남자와도 데이트를 했는데 그는 밥과 정반대되는 사람이었다. 나는 헨리를 프랑스에서 만났는데 그와 같이 다니는 걸 엄청나게 좋아했다. 그는 밥과 달리 아주 지적이고 열정적이었다. 밥은 아주 냉정했고 어떤 방향으로든 열정이 없는 것같이 보였다. 하지만 헨리는 키가 작고 땅딸막해서 신체적 매력으로 치자면 밥의 반도 못 따라갔다. 당시 이십대 초반인 나로서 땅딸막한 체구는 곤란했다. 그러나 밥보다는 헨리가 훨씬 더 재미있었다. 그는 또한 빈틈없는 사업가였다. 그는 당시 5번 애비뉴에 있는 펜트하우스에 살고 있었다. 그렇지만 나는 친구들과 내가 모두 매력 있고 섹시하다고 생각하는 남자와 결혼하기로 했다. 친구들이 대부분 밥이 그런 남자라고 생각했다. 그래서 나는 헨리가 프러포즈했을 때는 거절하고 캐츠 해츠가 해온 프러포즈에는 예스라고 답했다.

솔직히 말하면 당시 내가 두 남자 중 누구와 결혼했더라도 끝이 좋을 수는 없었다. 당시 나의 의사결정 과정을 보면 나는 자신이 누구인지 내가 원하는 게 무엇인지, 또한 내가 어디로 가는지 모르고 있었던 게 분명하기 때문이다. 목적지가 있기나 했는지도 모르겠다. 나 같은 젊은 여자아이들은 당시 대학을 졸업하고 첫 직장을 갖고, 그 다음에는 결혼하고 직장을 떠났다. 내 친구들 대부분은 이런 무언의 일정표에 따라 결혼한 지 몇 년씩 되었다. 하지만 나는 그런 친구들과 달리 벌써 세 가지 일을 해봤다. 그렇게 해서 밥 캐츠와의 따분한 약혼 생활이 시작되었다.

우리는 그의 가족과 함께 시간을 보냈다. 우리 가족과도 시간을 같이 보냈다. 아버지는 밥이나 어린이 모자 제조업자인 밥의 아버지 이라 캐츠와 그렇게 많은 이야기를 나누지 않으셨다. 나도 마찬가지였다. 이렇게 따분함이 쌓여가자 두 달 만에 나는 파혼하고 말았다.

그러자 두 가지 사태가 벌어졌다. 밥은 나한테 제발 떠나지 말라고 매달리는 대신 쉽게 나의 파혼 결정에 따랐다. 나는 그 때문에 속이 엄청나게 상했다. 내가 그 사람과 결혼하지 않기로 한 데는 분명한 이유가 있다. 그런데 그가 어떻게 나와의 결혼을 원하지 않을 수 있단 말인가? 나는 퇴짜 맞은 기분도 들고 놀라기도 했다. 도대체 내가 무엇을 잘못했지?

그 다음에는 캐츠 집안이 하는 사업에 경리를 보는 여자가 있었다. 그 여자가 나를 미워했다. 이유는 간단했다. 밥의 어머니는 죽고 안 계시고 그 경리 여자가 집안에서 어머니 역할을 대신했다. 그 여자는 밥과 그의 동생을 "우리 아이들"이라고 부르며 보살피는 것은 물론이고 밥의 아버지까지도 지극정성으로 돌봤다. 그 여자에게 나는 한마디로 그 여자의 가족을 망칠 '계집애' 였다. 그리고 쌀쌀맞은 태도를 통해 그런 기분을 분명하게 드러내 보였다. 어떤 때는 내게 대놓고 싫은 기색을 했고 나는 그게 못마땅했다.

그렇게 퇴짜당하고 살 수는 없었다. 그래서 나의 불만을 도로 뒤집었다. 나는 밥에게 나는 자기가 아주 마음에 들며 그리니치 빌리지의 호레이시오 스트리트에 있는 그의 침실 하나짜리 아파트에서 같이 살고 싶다고 했다. 센트럴파크 웨스트에 있는 우리 펜트하우스와는 딴판인 곳이었다. 그를 도로 찾은 걸 보면 그는 내 말을 믿었던 것 같다. 그 경리 여자한테까지도 잘 보이려고 애쓴 것을 보면 나 자신도 나를 믿었던 것 같다. 어떤 이유에선지 나는 그 여자한테 내가 좋은 사람이며 천박하고 향락만 추구하는 바람둥이 여자애가 아니라는 점을 증명해 보이려고 했던 것 같다. 그 여자는 내가 씀씀이가 헤프다고 밥에게 계속 경고했다. 그래서 나는 그 반대쪽으로 보이려고 열심히 노력했다. 하루는 그 여자에게 전화를 걸어 혼수를 모두 디자인 앤 클라인 도매점에서 샀으며 웨딩드레스는 버그도프 굿먼에서 세일하는 걸로 샀다는 말을 했다. 심지어 나의 검소함을 증명하려고 영수증까지 보내 주었다. 마침내 평화가 선포되었고 공식적으로 결혼식 준비가 시작되었다. 내가 다시 돌아온 기념으로 유럽 여행이 마련되었고 밥은 유럽 여행길에 필요한 물품을 구입했다.

돌이켜 보면 모두 미친 짓이지만 내가 자진해서 한 일이었다. 때가 되면 결혼해야 된다고 생각한 50년대식 사고방식이 유죄였는지도 모르겠다. 어쩌면 안정된 생활을 하겠다는 강한 열망 때문에 그렇게 된 것일 수도 있다. 어쨌든 나는 결혼식 이틀 전까지도 밥 캐츠와 결혼하려고 했다. 바로 그때 현실이 나의 눈을 뜨게 했다. 나는 한마디도 같이 나눌 말이 없는 남자와 결혼하려 하고 있었던 것이다. 나는 덫에 걸린 기분이었고 겁이 났다. 엄마는 나를 이해하고 라틴 쿼터로 가서 아버지와 이야기해 보라고 하셨다. 아버지는 내 말에 공감하기는 하면서도 늘 그렇듯이 나와는 너무 동떨어진 곳에 계셨다. 아버지는 이미 오래전에 발송한 초청장 이야기를 했다. 결혼식과 리셉션을 위해 플라자 호텔에 방을 예약해 놓았다는 말도 했다. 연회 준비를 하는 사람들이 줄지어 기다리고 있고 오케스트라도 마찬가지라고 했다. 신혼부부 이름과 결혼식 날짜가 황금색으로 새겨진 성냥갑까지 준비되었다. "아가야, 결혼 앞둔 신부들은 다 그런 생각을 한단다." 아버지는 이렇게 말씀하셨다. "결혼식이 끝나면 기분이 나아질 거야."

그렇게 해서 1955년 6월에 아버지는 내 손을 잡고 식장으로 걸어 들어가셨다. 재키 언니가 신부 들러리를 했다. 수백 명의 하객이 참석했고 몇 사람은 눈물을 훔치기도 했다. 하지만 정말 울고 싶은 사람은 바로 나였다. 그렇게 마음이 무거웠던 적은 없었다. 그 뒤로는 결혼할 때마다 마음이 그렇게 무거웠다(나는 세 번 결혼했다). 이 책을 쓰면서 다시 한번 결심한다. 정말이지 이제는 다시 결혼하지 않을 것이다.

나중에 내가 투데이쇼에서 어느 정도 이름을 얻게 되자 나와 밥 캐츠의 결혼 사실을 두고 "바버라 월터스의 비밀 결혼!"이라고 쓴 기사들이 나왔다. 그게 비밀 결혼이 될 수는 없었지만 끔찍한 결혼이었던 것만은 사실이다. 적어도 나한테는 그랬다.

상세한 이야기를 늘어놓아서 여러분을 귀찮게 하지는 않겠다. 다만 우리는 신혼여행 때 구경을 같이 다니지 않았던 것 같다. 할 이야기도 거의 없었다. 나는 내 마음속에서 밥을 전혀 사랑하지 않는다는 것을 분명히 알았다. 신체적으로 매력적인 남자이기는 했지만 나는 그 사람한테서 성적인 욕구조차 눈곱만치도 생기지 않았다. 신혼여행 중 여러 날 동안 밥은 다음 시즌에 만들 어린이 모자 만드는 데 쓸 밀집과 리본을 사느라 분주하게 보냈다. 나는 밥이 싫다고 하면 나 혼자서 구경을 다녔다. 그때는 그렇게 불행하다는 생각은 안 들었다.

신혼여행이 끝나고 뉴욕으로 돌아와 호레이시오 스트리트에 있는 '우리' 아파트로 들어가서도 불행하지는 않았다. 아내 역할을 할 시간이었다. 나는 작은 아파트를 쓸고 닦고 생소한 동네 이웃을 돌아다니고 텔레비전을 보고 스파게티 소스를 태워 먹으며 시간을 보냈다. 직장을 구하지는 않았고 친구들과 크게 어울리지도 않았다.

아파트로 이사 온 지 얼마 안 되어 엄마가 살림살이를 챙겨 주러 오셨다. 하지만 14번 스트리트에서 내가 고른 어두침침한 트위드 그레이 침대보는 아파트를 더 음산하게 만들었다. 엄마는 짙은 분홍색 침대보를 사라고 권했지만 내가 현실적으로 짙은 회색 침대보가 오래도록 때가 덜 탄다고 우겼던 것이다. 그 우중충한 침대보는 우리의 결혼생활을 보여 주는 완벽한 상징물이었다.

밥은 점잖은 사람이었다. 하지만 시간이 지날수록 우리 사이에 공통점이 없다는 게 분명해졌다. 나는 우울한 기분을 떨쳐내 보려고 애썼다. 쇼핑도 하고 요리도 하고 남편한테 직장 일이 어땠느냐고 물어 보기도 하고 시댁 식구들과 시간을 보내고, 밤에는 남편과 텔레비전도 같이 봤다. 밥은 아침 일찍 집을 나갔기 때문에 일단 퇴근해서 집에 들어오면 다시 나가지 않으려고 했다. 두 사람 모두 결혼생활에 문제가 있다는 것을 알았다. 그래서 우리 부모님과 친구들이 사는 업타운으로 이사를 가면 사정이 나아질 것으로 생각했다. 우리는 임시방편으로 81번 스트리트 매디슨 애비뉴에 있는 작지만 한결 밝은 아파트를 구했다. 나는 새 집을 꾸미고 조촐한 디너파티도 한두 차례 열었다. 하지만 기분은 여전히 우울했다. '미친 주부의 일기' Diary of a Mad Housewife가 책과 영화로 나와서 나와 같은 주부들로부터 호응을 받은 것은 한참 뒤의 일이다. 하지만 당시와 같은 50년대에 여성들은 불행을 순전히 자기 탓이라고만 생각했다. 그래서 나도 다른 여자들이 하는 대로 했다. 정신과 의사를 찾아간 것이었다.

차분한 표정을 한 젊은 의사였는데 진짜 프로이트 식으로 질문도 거의 하지 않았고 내가 아내로서 제 구실을 못한다고 하소연을 마구 늘어놓는데도 아무런 대꾸가 없었다. 당시 내게 필요한 것은 이 결혼생활을 어떻게 감당해 나갈지,

아니면 벗어날 방도는 없는지에 대한 충고였다. 그는 아무런 도움이 안 됐다.

가능한 해결책 중 하나는 내가 다시 일을 하는 것이라고 밥과 나는 의견을 모았다. 나는 그가 내 뜻을 따라주어서 기뻤다. 당시는 부유하게 결혼생활을 하는 여성들은 집밖에 나가 일을 하지 않았다. 여자가 일을 하면 남편의 벌이가 신통치 않아서 그러는 것이라고 생각하는 사람들이 있었다. 하지만 밥은 내가 돈을 벌어 내 옷은 내가 사 입고 재정적으로 보다 독립적으로 되는 것을 좋아했다. 그렇게 해서 1955년에 나는 다시 텔레비전 일을 하게 되었는데 이번에는 CBS에서 일 년 된 프로인 '더 모닝쇼'의 작가 일이었다.

NBC가 3년 전에 '투데이쇼'를 시작하면서 이른 아침 텔레비전이 하나의 유행이 되고 있었고 CBS는 그 뒤를 따라잡으려고 노력 중이었다. 처음에는 대부분의 사람들이 아침 7시부터 9시 사이에 텔레비전을 볼 사람이 누가 있겠느냐고 생각했다. 하지만 '투데이쇼'를 만든 NBC의 실베스터 '팻' 위버 부회장(여배우 시고니 위버의 아버지)은 그 생각이 틀렸다는 것을 보여 주었나. 다시 말해 시작한 지 18개월 만에 회의론자들이 "위버의 어리석은 짓"이라고 부른 이 프로그램은 방송 역사상 가장 수익을 많이 내는 프로그램 중 하나가 되었다. 그건 지금도 마찬가지다. '투데이쇼'의 인기 절정 진행자인 데이브 개로웨이, 그리고 그보다 오히려 인기가 더 좋은 보조진행자 J. 프레드 머그스라는 이름의 침팬지와 경쟁하기 위해 우리는 CBS에서 고군분투했다. 동물 배우는 절대로 따라하지 말라는 쇼 비즈니스계의 격언을 잘 알 것이다. 물론 우리는 J. 프레드 머그스를 따라하려고 하지 않았다. 우리는 그를 이기기 위해 노력했다. 그것은 거의 불가능한 일이었다. 그 침팬지는 데이브 개로웨이보다도 더 많은 팬 편지를 받았고 사람들의 주목을 받으며 세계 일주 여행까지 한 몸이었다.

그렇다고 '더 모닝쇼'에는 인재가 없었다는 말이 아니다. 호모 사피엔스들이 모인 곳이기는 했지만 인재들이 있었다. 젊은 월터 크롱카이트와 찰스 콜링우드가 첫 공동 진행자였다. 그리고 나중에 올림픽 중계를 하고 '와이드 월드 오브 스포츠'를 진행한 전설적인 인물 짐 매케이가 스포츠 리포트를 맡았다. 내가 합류할 당시에는 배우 딕 밴 다이크가 콜링우드 대신 들어와 있었다. 그는

나중에 매리 타일러 무어와 함께 출연한 장기 TV시리즈로 에미상을 세 차례 받
게 된다. 지금의 모닝쇼들도 그렇지만 당시 우리가 맡은 프로그램은 뉴스와 오
락을 혼합한 것이었다. 그때부터 벌써 경계선이 다소 모호했다.

내가 맡은 일은 세그먼트를 쓰고 제작하는 것이었는데 대부분 모델들이 생
방송으로 출연하는 패션쇼였고 여성 시청자들을 겨냥한 프로였다. 내가 텔레비
전에 직접 출연한다는 것은 생각도 하지 않았다. 당시 여성이 카메라 앞에 서는
때는 날씨 안내뿐이었다.

날씨는 사실 '더 모닝쇼'의 시청률을 높이는 데 이용하는 게 주목적이었다.
갖가지 방법을 다 써 봤다. 처음에는 만화를 이용했고 그 다음에는 잠시 동안이
지만 전국 날씨 안내를 내보내면서 젊은 여성이 유리 탱크 안에서 잠수해서 예
보가 나가는 지역을 지도에다 동그라미로 표시했다. 그 다음에는 양궁 챔피언
이 나와서 밀집으로 만든 지도에다 활을 쏘았다. 하지만 무슨 수를 다 써 봐도
시청률은 올라가지 않았다. 그때의 세그먼트들을 다시 보면 왜 그랬는지 이해
가 되기도 한다.

아주 우수한 인력으로 새 제작팀이 꾸려졌다. 프로듀서로 프레드 프리드가
왔는데 그는 나중에 NBC로 옮겨가며 나를 '투데이쇼'로 데려갔다. 그의 보조
프로듀서로 로버트 '새드' 노스실드가 왔는데 그도 나중에 '투데이쇼'로 옮겨
갔다. 재능 있는 애브 웨스틴 감독은 20년간 CBS에서 일한 뒤에 나중에 ABC
로 옮겨 어떤 프로의 책임 프로듀서가 되었다. 무슨 프로였을까? 바로 '20/20'
이었다. 그들과 나는 이후 30년을 같이 일하는 동료이자 친구가 되었지만 당시
에는 그렇게 될 줄 생각지도 못했다. 그때는 그저 쇼를 어떻게든 끌고 나가기
위해 기를 쓰고 매달렸을 뿐이다.

딕 밴 다이크 대신 윌 로저스 주니어가 들어오고 쇼 이름도 '굿모닝'으로 바
꾸었다. 그래도 소용이 없었다. 윌 로저스 주니어는 카우보이 유머 칼럼니스트
겸 배우인 자기 아버지처럼 부드러운 미소와 현을 튕기는 듯 경쾌한 목소리를
갖고 있었다. 하지만 그는 자기 아버지가 갖고 있는 그런 친근감이 없었다. 친
화력이라고는 아예 없었다고 해도 될 것 같다. 그의 등 뒤에서 우리는 윌 로저

스 시니어가 남긴 명언 '그는 자기가 싫어하는 사람을 한번도 만난 적이 없다' 는 말에다 '자기 아들을 만나기 전까지는' 이라고 한마디 더 붙였다. 윌 로저스 주니어는 자기 아버지가 보여준 유머감각이 없었다. 앤디 루니라는 젊은 작가 가 아무리 노력해도 소용이 없었다. 그나마 윌의 입에서 나온 재치나 지혜는 모 두 앤디의 타이프라이터에서 나온 것이었다.

쇼는 이렇게 비틀거렸지만 기억할 만한 순간들은 있었다. 그중 적어도 두 번은 나도 관련이 있다. 내가 '굿모닝'에 출연을 한 것이다. 그것도 수영복 차림 으로. 수영복 차림 모델들 가운데 한 명이 새벽 5시 30분에 전화를 걸어 와서는 못 온다는 것이었다. 애브 웨스틴 감독은 나보고 그 모델 대신 나가라고 지목했 다. "나가도록 해." 감독은 내게 이렇게 말했다. "수영복을 입고 나가서 입은 수 영복에 대해 이야기하도록 해봐." 그래서 아랫배 집어넣는 일을 단단히 명심하 고는 감독이 시키는 대로 했다. 지금도 나는 처음이자 마지막이 된 나의 굿모닝 쇼 출연 사진을 갖고 있다. 그걸 보고 스포츠 일러스트레이티드 잡지에서 수영 복 특집에 출연해 달라고 전화를 걸어온 적은 없었지만 지금 보니 그런대로 봐 줄 만하다.

두 번째 기억할 만한 순간은 비극이었다. 1956년 7월 25일 이탈리아 호화 여객선 안드레아 도리아호와 스웨덴 선박 스톡홀름호가 안개가 자욱하게 낀 낸 터킷 라이트 인근 해상에서 충돌하는 사건이 일어난 것이었다. 모두 51명이 사 망했지만 많은 사람이 구조되었다. 조난신호를 받고 '일 드 프랑스' 호를 비롯 해 많은 배들이 달려와 주었기 때문이다. 구조작업이 진행되는 동안 침몰하는 안드레아 도리아호에서 구조된 1000여 명의 승객이 뉴욕으로 이송되었는데, 애브 웨스틴 감독은 한밤중에 나를 보고 부두로 나가서 생존자들 가운데 쇼에 출연할 사람이 있을지 알아보라고 했다. 그것은 바로 나의 생애 첫 번째 큰 뉴 스 취재였다. 그것은 혼돈스러운 사건을 취재한, 말할 수 없이 소중한 경험이었 다. 많은 승객들이 쇼크 상태였고 히스테리 증세를 보이기도 했다. "얼마나 끔 찍한 일을 당하셨어요"라고 나는 만나는 사람마다 붙잡고 말을 걸었다. "지금 도 힘드실 거예요. 하지만 내일 아침 7시에 우리 방송국 스튜디오로 나오셔서

겪은 일을 말해 주실 수 있으세요?" 내가 보기에는 놀랄 정도로 많은 사람들이
그렇게 하겠다고 답했다. 그래서 나는 방송에 쓰기 위해 그 사람들을 미리 인터
뷰했다. 이튿날 아침 우리는 충돌 사건에 대한 이야기로 방송을 시작했다. 특종
이었다. 끔찍한 사건이었던 만큼 나는 우리가 '투데이쇼'를 이겼다는 진짜 만
족감을 맛보았다.

　　비극을 당한 사람들과 인터뷰하라는 지시를 받으면 늘 어려움을 느낀다. 피
해자의 코 밑에 마이크로폰을 갖다 대고 "누구를 잃으셨습니까? 지금 기분은
어떠세요?"라고 묻는 리포터들을 보면 우리는 모두 진저리를 낸다. 하지만 안
드레아호 사건의 경우처럼 시청자들이 비극의 정도가 어느 정도인지 알 수 있
도록 하기 위해서는 질문을 해야 하는 경우들이 있다. 공포에 질린 사람을 보면
두 팔로 감싸 안아주고 싶은 마음이 들 때도 있다. 하지만 그런 행동은 하지 말
아야 한다. 그런 행동은 전문가다운 행동이 아니기 때문이다. 전술, 감각, 상식
모두 중요하다. 적절한 단어가 있다면 바로 '판단력'일 것이다.

　　하지만 간혹 자신의 감정에 사로잡히는 경우가 있다. 얼마 전에 성전환 어
린이의 이야기를 취재한 적이 있는데 나는 카메라 앞에서 열 살 소녀와 이야기
하고 있었다. 생물학적으로 남자로 태어난 아이였다. 이 아이는 자기가 얼마나
깊은 슬픔 속에서 사는지 털어놓으며 울음을 터뜨렸다. 나는 본능적으로 이 여
자아이를 두 팔로 껴안고 위로해 주었다. 프로듀서들은 내 행동이 리포터답지
못하다고 생각했다. 그리고 실제로 방송되면 비난받을 가능성이 있다고 판단해
그 섹션을 잘라냈다.　　안드레아 도리아호 사건의 경험은 내가 정말 어려운 일
을 당한 사람들과 대면한 숱한 사건들 중에서 첫 번째 사건이었다. 우리는 특종
을 했지만 그게 오래 가지는 않았다. 얼마 못 가 '굿모닝!'은 문을 닫았다. 그래
서 CBS는 내게 다른 작가 일을 맡겼다. 좋은 아이디어였다. '…가 일어난 날'
The Day That…이라는 제목이 붙은 시리즈물이었다. 우리는 "FDR(프랭클린 델라노
루스벨트)가 사망한 날"과 "엠파이어스테이트 빌딩에 비행기가 충돌한 날"이라
는 제목으로 두 개의 테스트 파일럿을 제작했다. 이 사건은 56년 뒤 세계무역센
터에 대한 테러리스트들의 공격을 암시한 오싹한 전조였다. 짙은 안개 때문에

방향을 잃은 B-52 폭격기 한 대가 당시 세계 최고층이던 이 빌딩 79층을 들이받아 14명이 사망했다. 하지만 이 다큐멘터리는 하나도 방송을 타지 못했고 프로젝트는 그대로 죽어 버렸다. 나는 일자리를 잃었다.

직장을 잃은 다음 내가 생활 보조금을 받는 신세가 되었다는 이야기가 있지만 그건 사실이 아니다. 하지만 나는 생애 처음이자 마지막으로 실업자 신세가 되었고 새로운 일자리를 구하는 동안 내가 누릴 수 있는 혜택들이 무엇인지 챙겨 보았다.

나는 또한 머물 집도 구하러 다녔다. 부모님은 플로리다에 사셨다. 밥 캐츠와 나는 3년간의 우리 결혼생활이 자연사를 당했다는 결론을 내렸다. 그래서 나는 그의 아파트에서 나오고 싶었다. 밥이 나보다는 집세를 감당할 형편이 나았다. 그래서 나는 필드스턴 시절부터 친한 친구인 마릴린 랜즈버거의 집으로 들어갔다. 나는 앨라배마로 가서 하루 만에 이혼수속을 끝마쳤다. 빈털터리에다 패배자가 된 기분이었다. 하지만 이상하게도 내가 언제 결혼을 했던가 하는 기분이 들 정도였다. 밥과의 관계에서는 하나도 미련이 없었다. 지금 돌이켜 보면 그 사람과 결혼했다는 기억조차 거의 나지 않는다.

나는 밥과 두 번 다시 만나지 않았다. 25년 뒤 아주 이상하게 마주친 경험을 제외하면 그렇다. 뉴욕에서 저녁 파티에 참석하러 가는 길이었다. 내가 동반자와 함께 건물 안으로 들어가는데 흐릿하게 낯익은 사람이 밖으로 나오고 있었다. 그 남자가 헬로라고 인사했고 나도 헬로라고 답했다. 그리고 그 사람은 지나갔다. "세상에!" 나는 내 동반자를 쳐다보며 말했다. "내 첫 남편이야!"

지금도 생생하게 기억나는 것은 내가 이혼을 하는 동안 나보다 훨씬 더 끔찍한 '이별'이 우리 가족 가운데 진행되고 있었다는 사실이다. 아버지와 E. M. 로의 사업 파트너십이 깨진 것이다. 여러 해에 걸쳐 두 사람 사이가 악화되어 온 사실은 나도 알고 있었다. 로는 의상, 무대장치, 출연진에 대해 아버지가 지출하는 비용에 대해 동전 한 닢까지 계속 시비를 걸었고 아버지도 이제는 더 이상 참을 수 없는 지경에까지 이른 것이었다. 그래서 아버지는 자기가 세운 금광에서 스스로 걸어 나오기로 하고 라틴 쿼터의 자기 지분을 오랫동안 싫어해온 그 남자에게 팔았다.

아버지로부터 그 말을 들은 엄마는 말리려고 기를 써 보았지만 아버지의 뜻
은 확고했다. 엄마는 걱정이 되어서 미칠 지경이었고 나도 마찬가지였다. 라틴
쿼터는 20년 넘게 우리 가족의 생명줄이었는데 그게 하루아침에 사라진 것이었
다. "이제 어떻게 되는 거예요?" 내가 가족을 부양해야 할지 모른다는 오랜 두
려움을 굳이 감추려고 하지 않은 채 이렇게 아버지께 물었다. 하지만 아버지는
나를 안심시켰다. 걱정 말라며 아버지는 이렇게 말하셨다. "더 성공적인 나이트
클럽을 열 거야."

동업자의 간섭을 받지 않는 완전한 자기 나이트클럽을 갖는 게 바로 아버지
의 꿈이었다. 라틴 쿼터보다 더 크고 더 화려한 나이트클럽을 말하는 것이었다.
처음에 마이애미에, 그 다음에는 뉴욕에 문을 열었다. 아버지는 새로 문을 연
나이트클럽의 이름을 '카페 드 파리'라고 지었다. 새 클럽을 시작하는 데 드는
돈은 문제가 안 되었다. 아버지는 라틴 쿼터의 지분을 50만 달러를 받고 E. M.
로한테 넘기셨다. 그리고 더 필요한 돈이 있으면 친구와 집안에서 얼마든지 빌
릴 수 있었다. 아무런 문제가 안 되었던 것이다.

카페 드 파리는 1957년 가을 마이애미에서 문을 열었다. 순탄치 않았지만
아버지는 뉴욕에 새 클럽을 열 계획을 세우기 시작했다. 아버지는 "카데 드 파
리는 여러분이 상상하는 모든 것을 다 갖춘 클럽이 될 것"이라고 언론에 이야기
했다. "우리는 손님들을 파리, 물랭루주, 캉캉 걸로 안내할 것입니다. 프랑스,
이탈리아, 런던의 스타들과 아이스 스케이터들을 데려오고, 특히 샴페인을 채
운 큰 크리스털 술잔 안에서 헤엄치는 인어도 선보일 것입니다."

아버지는 브로드웨이 53번 스트리트에 아카디아 볼룸이 있던 자리를 세냈
다. 좌석이 1200석이나 되는 엄청나게 큰 공간이었다. 아버지는 큰돈을 쏟아
부어 그곳을 뉴욕에서 제일 큰 나이트클럽으로 만들었다. 무대가 6개나 되고
아버지가 자기 입으로 밝힌 대로 모든 색을 '쇼킹한 핑크와 황금 백색'으로 꾸
며 한껏 치장했다.

엄마와 재키 언니는 플로리다에서 올라와 뉴욕의 중급 호텔 스위트룸에 묵

었다. 센트럴파크 사우스에 있는 나바로 호텔이었다. 돈은 있는 대로 모두 카페 드 파리에 들어갔다. 그때 마이애미 클럽에 문제가 있다면 그걸 드러냈어야 하는데 아버지는 그렇게 하지 않으셨다. 당시 마이애미는 사상 최악의 겨울을 보내고 있었다. 얼어붙을 듯한 추위와 많은 비로 흰멧새의 수가 확 줄어들었던 것이다. 날씨도 엉망이고 경제도 엉망이었다. 50년대 초에 겪은 경기침체로 아직 휘청거리는 국가경제는 다시 한번 침체기를 맞고 있었다. 그 결과 마이애미의 카페 드 파리는 첫 시즌을 마치고 문을 닫을 수밖에 없게 되었다.

하지만 남쪽에서 들려오는 우울한 뉴스와 국가 경제의 하강 소식에도 낙관적인 아버지는 굴하지 않았다. 아버지로서는 전에도 당해 본 일이었다. "경기 침체?" 아버지는 코웃음을 치셨다. "전에도 아무 문제 없었어. 1932년 보스턴 시절에는 사람들이 모두 길거리에서 사과를 팔았어." 아버지에게 경기 침체는 문제가 아니라 기회였다. "살기가 힘들면 사람들은 밤에 외출을 더 하게 되지." 아버지는 이렇게 말씀하셨다. "사람들은 최고급 탈출구를 필요로 하고 나는 그걸 사람들한테 제공하려는 것이야."

아버지가 미처 생각지 못하신 것은 텔레비전이 뉴욕의 밤을 점령하고 있다는 현실이었다. 아버지가 사람들한테 돈을 받고 제공하는 공연을 사람들은 텔레비전에서 공짜로 구경할 수 있게 되었다. 대형 나이트클럽의 시대는 끝나가고 있었다.

아버지는 또한 두 군데 라틴 쿼터 가까이에 경쟁 나이트클럽 문을 여는 데 대해 앙심을 품은 E. M. 로가 자신을 겨냥할 것이라는 사실도 예상치 못하셨다. 로는 법원으로 가서 아버지가 널리 알려진 자신의 이름 '루 월터스'를 카페 드 파리의 대형 천막에 쓰지 못하도록 사용 금지 가처분 조치를 얻어 냈다. 그리고 노조와도 문제가 생겼다. 로가 배후에서 사주하는 것으로 의심되는 많은 전기공, 목수, 페인트공, 음향 및 조명 기사들이 스케줄에 맞춰 출근하지 않기 시작했다. 그 다음에는 천, 음식, 술을 공급하는 업자들이 태업을 했다. 심지어 클럽의 주류 판매 허가가 보류되기까지 했다. 카페 드 파리가 문을 열기로 되어 있는 날 오후가 돼서야 허가가 났다. 1958년 5월 22일에 클럽은 문을 열었다. 엄마와 재키 언니, 그리고 나는 아버지의 테이블에 함께 앉아서 초호화 쇼를 구경했다. 주인공은 활력에 넘치는 금발의 가수 겸 배우인 베티 허튼이었다. 베티는 '애니여, 총을 들어라' Annie Get Your Gun와 '지상최대의 쇼'에서 많은 인기를 누렸다. "루 월터스의 임대료 파티에 오신 걸 환영합니다." 베티는 개업일 저녁 실내에 꽉 들어찬 사람들을 향해 이렇게 재치 있게 말했다. 아버지가 아마 당시로서는 뉴욕에서 가장 터무니없이 비싼 임대료를 지불한 것을 빗대어 한 말이었다.

베티는 많은 인기를 누렸으며 일주일의 계약기간 동안 클럽은 만원을 이루었다. 카페 드 파리는 7만 달러라는 많은 돈을 벌여 들였다. 하지만 그럼에도 불구하고 아버지가 비용을 충당하는 데 필요한 액수에 1만 달러가 부족했다. 그리고 그 이후부터는 내리막길을 걸었다.

첫째, 베티가 계약기간 2주 연장 제안을 거절했다. 아버지는 연장해 줄 것으로 기대했던 일이었다.

둘째, 아버지는 베티 대신 내세울 주인공을 열심히 물색해 내세웠으나 완전히 실패로 끝나고 말았다. 아버지는 피아노를 부수고 13살 사촌 여동생과 결혼한 것으로 유명한 문제의 로큰롤 가수 제리 리 루이스를 대신 내세웠다. 루이스의 공연이 시작되는 날 밤 카페는 사실상 텅텅 비었다. 둘째 날 밤에는 루이스도 아예 나타나지 않았다. 그리고 헤엄치는 인어를 담은 '술잔'이 깨져서 산산조각이 났다. 단골손님 몇 명은 물세례를 받았고 인어는 병원으로 실려 갔다.

아버지는 절박한 사정에 내몰렸다. 나이트클럽의 집세는 비쌌고 지불해야 할 급료도 엄청났다. 아버지는 뉴저지에 있는 집안사람들한테 더 많은 돈을 빌리려고 해보았지만 그들도 아버지를 외면했다. 삼촌도 아버지께 마침내 이런 말을 했던 기억이 난다. "루 형님, 이제부터 형님께는 돈을 빌려 줘도 형님이 하는 나이트클럽 앞으로는 돈을 못 빌려 드리겠습니다."

카페의 직원들은 아버지를 도우려고 했다. 집사장은 아버지께 돈을 빌려 주었다. 그의 아내와 웨이터, 하우스보이들과 시가렛 걸들도 마찬가지였다. 나도 그렇게 했다. 나는 그때 홍보부로 옮겨 일을 하고 있었는데 저축한 돈을 몽땅 털어서 전 재산 3000달러를 아버지께 드렸다. 그 돈으로는 어림도 없었다.

설상가상

아버지는 1958년 6월에 자살을 시도했다. 내가 마릴린이 부모(세상에서 제일 자상하신 분들이다)와 함께 사는 집으로 들어간 지 몇 주 뒤였다. 어느 날 아침 마릴린과 내가 아침을 먹고 있을 때 엄마가 나바로 호텔에서 전화를 걸어 왔다. "네 아빠가 깨워도 안 일어난다." 엄마는 이렇게 말씀하셨는데 평소 냉정하시던 말투가 거의 정신 나간 사람 같았다. "네 아빠가 안 일어나!"

나는 카페 드 파리가 심각한 어려움에 처해 있다는 걸 알고 있었다. 하지만 아버지가 자살할 것이라고는 상상도 해본 적이 없었다. 아니 상상했던 일인가? 내가 항상 두려워하고 있었던 게 바로 이런 일이었던가? 이제 모든 게 끝나는 건가? 모든 게 다 사라지는 건가? 하지만 그런 생각을 하고 있을 여유가 없었다. 나는 택시를 잡아타고 호텔로 달려갔다. 아버지는 침대에 누워 계셨는데 핏기가 하나도 없고 아무런 반응이 없었다. 아버지를 흔들어 보았으나 아무 반응도 없었다. "아빠, 아빠!" 하고 소리쳐 보았다. 역시 꿈쩍도 하지 않으셨다.

놀란 가운데서도 나는 앰뷸런스를 불렀다. 의료진이 금방 도착했고 아버지를 들것에 실어 호텔 밖으로 실어 나갔다. 나는 언니가 병원에 따라오면 안 된다는 걸 알았다. 큰 충격을 받을 것이기 때문이다. 하지만 언니를 호텔에 혼자 남겨둘 수도 없었다. 그래서 엄마가 재키 언니와 함께 호텔에 남고 내가 아버지를 실은 앰뷸런스에 탔다. 제발 하느님, 아버지를 살려 주세요. 나는 마음속으로 이 말을 계속 되풀이했다.

병원으로 달려가는 동안 나는 아버지가 살아나시든 돌아가시든 우리 생활은 크게 변할 것이라는 사실을 알았다. 동시에 생전 처음으로 아버지에 대한 사랑과 동정의 기분이 나의 온몸을 휘감았다. 나는 계속해서 아버지의 얼굴을 토닥이며 아빠를 불렀다. "아빠, 아빠, 아빠." 아버지에 대한 불만은 모조리 사라졌다. 불쌍하고 가련하신 아버지. 빚더미 속에서 새로 문을 연 나이트클럽은 실패했다. 너무 상심하신 나머지 살고 싶지 않으셨던 것이다. 그런데도 아버지는 자기의 답답한 마음을 엄마한테 털어놓지 않으셨다. 나 역시 내 일에만 파묻혀 아버지가 처한 심각한 상황을 알아채지 못했다.

아버지를 실은 앰뷸런스는 마운트 시나이 병원으로 달려갔고 그곳의 의사와 간호사들이 아버지의 목숨을 살려 냈다. 아버지는 여러 해 동안 수면제를 조금씩 복용했는데 그걸 한꺼번에 과다 복용하셨다. 병원에서는 아버지의 위를 세척하고 온갖 방법을 다 써서 가까스로 아버지를 살려 냈다. 마침내 아버지는 개인 병실로 옮겨 침대에 뉘어졌다.

아버지의 병실은 병원 일층에 있었다. 자살을 시도한 환자들은 일층 병실에 둔다는 사실을 알게 되었다. 아마도 환자들이 창문으로 뛰어내릴지 모른다는 우려 때문에 그렇게 하는 것 같았다. 아버지는 의식을 되찾은 뒤부터는 침대에 가만히 누워 계셨다. 기력이 없고 창백한 얼굴로 거의 아무런 말씀이 없으셨다. 언니도 무슨 일이 일어났는지 알게 되었고 언니와 엄마, 그리고 나 모두 병실에 함께 가 있었다.

아버지는 위험한 고비를 넘기셨고 내내 잠을 주무셨다. 우리는 한시도 아버지의 곁에서 떠나지 않았다. 우리는 아버지 주위를 빙빙 맴돌았지만 아버지는 자기의 자살 기도에 대해 우리에게 단 한마디도 하지 않으셨다. 그때는 물론이고 그 이후에도 그랬다.

자신의 실패에 대한 수치심을 견디지 못해서 그랬던 것일까? 빚을 너무 많이 지셔서 보험금으로 엄마와 재키 언니가 살아갈 수 있도록 해주기 위해서 그랬을까? 만약 그런 생각이었다면 보험금이 한 푼도 안 나온다는 걸 모르셨을까? 나중에 보니 아버지는 보험회사에서도 많은 돈을 빌린 것으로 드러났다. 가족들한테는 남은 게 아무것도 없었다. 아버지가 왜 그런 짓을 하셨는지 모르지만 우리는 그 이유를 묻지 않았다. 우리는 아버지가 살아나신 것만으로도 행복했다.

아버지의 자살 기도에 대해 세상에 밝힌 것은 이것이 처음이다. 그것은 아주 사적인 일이고 나는 우리가 아버지의 자존심을 지켜 드려야 한다고 생각했다. 삼촌과 숙모들에게도 아버지가 그런 일을 겪으셨다는 이야기는 하지 않았다. 나는 신문 칼럼니스트들이 카페 드 파리 직원들로부터 말을 전해들을 수도 있다는 생각을 했다. 그래서 미리 손을 써야 했다. 나는 칼럼니스트들 가운데 가장 영향력이 있는 월터 윈첼에게 전화를 걸었다. 그는 칼럼을 쓰는 것 외에도 가장 청취율이 높은 라디오 프로그램을 진행하는 사람이었다. 그는 자기가 싫어하는 사람은 잔인할 정도로 몰아붙이는 사람이었지만 우리 아버지께는 뉴욕에서 처음 사업을 시작할 때부터 친절하게 대해 주었다. 우리는 가끔 그와 저녁식사도 같이 했다. 나는 윈첼에게 아버지가 탈진한 나머지 가벼운 심장발작을 일으켰다고 했다. 나는 그런 이야기를 해주며 아무에게도 이야기하지 않은 '특종'이라고 덧붙였다. 그가 내 말을 믿었는지 아닌지는 모르지만 어쨌든 그는 내게서 들은 대로 기사를 썼고 다른 기사와 칼럼들이 모두 그것을 받아서 썼다. 이 책을 쓰면서 돌이켜 보니 내가 진짜 이야기가 터져 나오는 것을 막기 위해 어떻게 그런 수를 생각해 냈는지 놀랍기만 하다. 하여간 나는 그런 수를 썼고 아버지의 명예와 프라이버시는 보호되었다.

아버지는 일주일 정도 병원에 입원해 계셨다.

아버지가 병원에 계시는 동안 업계의 친구들과 카페 드 파리의 직원들은 클럽이 굴러가도록 하기 위해 초인적인 노력을 다했다. 당시 최고의 스타 몇 명은 엄청난 후원의 제스처로 최저임금인 주당 125달러를 받고 출연했다. '로드' 무비에 밥 호프, 빙 크로스비와 함께 출연해 엄청난 인기를 누리던 가수 도로시 라무어는 나흘간 출연했다. 헨리 영맨과 조이 애덤스 같은 유명 코미디언들도

하루 저녁 출연했다. 조이의 미망인인 신디 애덤스는 현재 유명 칼럼니스트로
활동하고 있다. 그녀와 나는 친한 친구 사이인데 사람들은 가끔 왜 두 사람이
그렇게 친한지 궁금해한다. 나와 신디, 그리고 지금은 고인이 된 그녀 남편과의
인연이 얼마나 오래전부터 이어져 오는 것인지 알면 이해가 될 것이다.

아버지는 다른 칼럼니스트들로부터도 도움을 받았는데 그들은 상냥한 말투
의 아버지를 항상 좋아했다. "상처 입고 마운트 시나이 병원에 누워 있는 이 작
은 사람을 돕기 위해 모두가 발 벗고 나선 것 같다"고 리 모티머는 데일리 뉴스
에 썼다. 그는 한마디로 정말 성질이 고약한 사람이었지만 유독 아버지가 관련
된 일에는 그렇지 않았다. 아버지는 험한 그 업계에서 그처럼 신사였으며 모든
브로드웨이 칼럼니스트들로부터 사랑과 존경을 받는 분이셨다.

하지만 이런 모든 호의에도 불구하고 카페 드 파리는 탄력을 회복하지 못하
고 시작한 지 겨우 한 달 만에 문을 닫았다. 독수리처럼 악당들이 덮치기 시작
했다. 채권자들이 곳곳에서 모습을 드러냈다. 어떤 사람은 아버지에게 빌려준
돈을 당장 돌려달라고 했고 어떤 사람은 밀린 대금을 결제해 달라고 요구했다.
테이블, 의자, 고급 장식품 등 클럽에 있는 물건은 채권자들이 몰려들어 먼저
잡는 사람이 임자였다. 나는 그 북새통 같은 현장으로 내려가서 한 가지 추억거
리만 내가 갖게 해 달라고 부탁했다. 바로 아버지의 낡은 타자기였다.

펜트하우스 시절도 끝이 났다. 부모님은 이제 나바로 호텔에서 살 처지가
못 되었다. 나도 이제는 친구 마릴린에게 얹혀 살 수 없다는 것을 깨달았다. 부
모님이나 재키 언니와 같이 산다는 생각도 할 수가 없었다. 어른이 된 이혼녀가
그렇게 한다는 것도 안 될 말이고, 더구나 이제 와서 다시 과거로 돌아갈 수도
없거니와 그럴 마음도 없었다. 그래서 나는 혼자 살 아파트를 구하기로 했다.
나 혼자 사는 것은 처음이었고 싼 집이어야 했다.

아버지가 퇴원하자 남은 몇 가지 문제들에 대한 해결책은 플로리다로 다시
돌아가는 것이었다. 거기서 아버지가 다시 기력과 건강을 회복하는 수밖에 없
었다. 부모님은 마이애미비치에서 제일 좋은 장소 중 하나인 노스 베이 로드에
아주 멋진 집을 한 채 갖고 계셨다. 어머니는 화창한 날씨가 아버지의 심한 우

울 증세를 회복시켜 주기를 바랐다. 전문적인 도움을 받을 생각은 하지 않으셨다. 부모님은 정신과 의사를 찾아갈 생각은 해본 적이 없는 세대였다. 대신 카드놀이인 진 러미가 있었다.

평생 절대로 카드를 만지지 않던 사람인 엄마가 매일 아버지와 진 러미 게임을 했다. 그것은 아버지의 정신을 또렷하게 해주는 데 도움이 되었는데 엄마는 진 게임을 제법 잘하셨다. 엄마는 과거에 항상 자기 남편을 지지하지는 않았지만 아버지가 정신적으로 쇠약해져 있던 당시에는 버팀목이 되어 주셨다. 아버지는 조금씩 나아지셨고 짙은 안개가 걷히는 것 같았다. 하지만 아버지는 여전히 뉴욕에서 처한 현실을 감당할 상태는 못 되었다. 그곳 사정은 급속히 나빠지고 있었다.

"뭐가 잘못되었어요?" 어느 날 플로리다에서 걸려온 엄마의 전화를 받고 나는 이렇게 물었다. 엄마의 목소리가 겁에 질려 있었기 때문이다. "세금 때문이란다." 엄마는 겨우 이렇게 말했다. "네 아버지가 뉴욕에서 내야 할 세금이 있는데 그걸 낼 형편이 안 되신다는구나." 그렇게 해서 끔찍한 일이 일어나기 시작했다. 아버지는 카페 드 파리 운영자금을 대느라 각종 세금을 제대로 신고도 못하고 납부도 하지 않았는데 국세청이 이를 추적한 것이었다.

당국은 플로리다 집을 압류했고 부모님은 자동차와 집을 비롯해 집안에 있는 가재도구도 모조리 처분해야 했다. 심지어 주방에 있는 샹들리에까지 압류당했다.

엄마는 항상 아버지의 사업이 잘못될지 모른다는 걱정을 하셨지만 나는 마지막 남은 집 한 채까지 압류당할 정도로 잘못될 줄은 몰랐다. 그렇지만 엄마는 강한 분이셨고 사정이 어려워질수록 더 강해지셨다. 엄마는 가져갈 수 있는 물건만 챙겨서는 형편 닿는 대로 마이애미비치에다 작은 셋집 아파트를 얻었다. 당시는 엄마와 아버지 두 분 모두 운전을 할 줄 몰랐기 때문에 슈퍼마켓까지 걸어 다닐 수 있는 곳에 집을 얻는 게 중요했다. 그런 일을 겪으면서 엄마는 아버지를 원망하지 않으셨다. 원망하기에는 너무 때가 늦었을 뿐 아니라 아버지의 허약한 정신상태가 걱정되셨기 때문이다. 언니는 사정이 어떻게 돌아가는지 모

두 알았지만 엄마가 이삿짐 꾸리는 것을 돕는 것 외에는 달리 도울 일이 없었
다. 불쌍한 재키 언니. 언니는 자기 생활도 없고 도망칠 구멍도 없이 그저 부모
님이 처한 삶의 굴곡을 그대로 따라서 겪고 있었다. 나는 하루에 두 번씩 엄마
에게 전화를 걸어 곧 나아질 것이라며 엄마를 위로했다. 하지만 불안하기는 나
도 마찬가지였다. 우리 식구 모두 암울하던 시절이었다.

　　나는 아버지가 진 빚을 조금이라도 갚을 돈을 마련해 보려고 이리저리 뛰었
다. 나는 어렸을 때부터 언젠가는 내가 가족을 책임져야 할 것이라는 생각을 했
다. 엄마는 항상 어린 나를 붙잡고 아버지와 아버지의 사업 걱정을 하셨다. 악
몽 같은 일이 일어난 것이지만 사실 나로서는 항상 걱정하던 사태였다. 어디 가
서 돈을 구할지 막막했다. 친가 쪽 친척들과는 연락이 끊어졌고 그분들은 이미
카페 드 파리에도 돈을 더 이상 못 대 주겠다고 했다.

　　그런 내게 수호천사 같은 사람이 나타났다. 적어도 나는 그를 그렇게 생각
했다. 루 체슬러라는 사람으로 바하마제도에서 도박 카지노의 황제라는 다소
수상쩍은 평판을 가진 사람이었다. 그는 라틴 쿼터(플로리다와 뉴욕 클럽 두 군데 모
두)에 뻔질나게 드나들던 단골인데 아버지를 무척 좋아했다. 나는 그 사람을 몇
번 본 적은 있지만 서로 아는 사이는 아니었다. 아버지가 편찮으시다는 말을 듣
고 그는 내게 전화를 걸어 아버지 안부를 물었다. 나는 자살을 기도하셨다는 말
은 하지 않고 그저 몸이 좋지 않으시다는 말만 했다. 그러면서 나는 차분한 어
조로 조만간 모든 게 좋아질 것이라고 했다.

　　하지만 체슬러는 눈치가 빠른 사람이라 내 말을 곧이곧대로 받아들이지는
않았다. 그는 부드러운 말로 아버지에게 빚이 있느냐고 묻고는 혹시 아버지가
돈이 필요하시냐고 물었다. 나는 그렇다고 답하고 내가 돈을 갚으려고 애쓰고
있는 중이라고 했다. 돈을 좀 빌려 달라는 부탁은 하지 않았는데도 그는 놀라운
제안을 해 왔다. 아무런 조건 없이 2만 달러를 빌려 주겠다는 것이었다. 지금도
마찬가지이지만 당시로서는 대단한 액수였다. 그러면서 그는 "돈은 굳이 갚지
않아도 돼요"라고 했다. 말로 이루 다할 수 없을 만큼 고마웠다. 나는 그 돈을
거절하지 않았다. 자존심을 내세우기에는 돈이 너무 필요했기 때문이다. 하지

만 돈을 그냥 받지는 않고 갚겠다고 했고, 그 뒤 여러 해에 걸쳐 조금씩 모두 갚았다.

나는 잘 알지도 못하던 그 사람이 그때 아버지를 도와주려고 나타난 것은 지금 생각해도 놀라운 일이다. 아버지가 그 사람에게 특별히 잘 대해 주셨을 수도 있을 것이고 아니면 당시 이십대였던 내가 동분서주하는 모습을 보고 감동한 나머지 돕겠다고 나섰을지도 모르겠다. 이유야 어쨌든 멜로 영화에 등장하는 이야기처럼 그는 내게 돈을 주었다. 나는 루 체슬러를 결코 잊지 않을 것이다. 그리고 지금 이 책에서 그분 이야기를 쓰게 되어 기쁘다.

부모님은 노스 베이 로드에 있는 큰 집을 떠나 엄마가 마이애미에 마련한 작고 값싼 아파트 셋집으로 이사했다. 나 혼자서 엄마와 아버지, 그리고 언니를 돌봐야 할 처지가 되었다. 항상 우려했던 일이 마침내 현실로 나타난 것이었다. 나는 울고 있을 시간도 없고 슬퍼할 여유도 없었다.

나는 지금도 이런 생각을 해 본다. 만약 그때 부모님이 금전적으로 그런 어려움에 처하게 되지 않았더라면 내가 지금 같은 성공을 거둘 수 있었을까? 어쩌면 이혼하고 나서 엄마, 아버지에게 가서 빈둥거리며 지내다 텔레비전에서 다른 일거리나 구하지는 않았을까? 이상한 방법으로 나타나긴 했지만 그 모든 게 나의 운명은 아니었을까? 내 딸은 내가 자기에게 제일 먼저 가르친 말이 항상 혼자 힘으로 살아갈 수 있도록 하라는 것이었다고 한다. 운명을 어떻게 장담할 수 있겠느냐만 나는 그게 내 운명이라는 생각이 든다. 운명이 분명히 맞을 것이다.

나는 내가 정말 하고 싶었던 텔레비전 일자리를 찾을 수 없었다. 좋아하는 일을 하며 지내는 호사를 누릴 팔자가 아니었던 모양이다. 그래서 나는 제일 비슷한 일을 찾았다. 텍스 매크래리라는 홍보회사의 소위 라디오 텔레비전 담당 부서에서 일하게 된 것이었다. 내가 WNBT 홍보부에 다니던 시절 '텍스 앤드 징크스' 라디오 및 텔레비전 쇼가 있었다는 사실이 기억날 것이다. 그 텍스가 잘나가는 홍보회사의 파트너가 된 것이다. 나는 빈자리가 있다는 말을 듣고 지원을 했고 텍스는 내가 입사하는 데 호의적이었다.

텍스는 이전에 아주 뛰어난 신문 에디터였으며 나는 홍보일은 좋아하지 않았지만 그에게서 일을 많이 배웠다. 그는 내게 기사 쓰는 법을 가르쳐 주었다. 그는 "첫 줄에 모든 걸 담아야 해요"라는 말을 입버릇처럼 했다. 그리고 "팩트는 둘째 줄에 넣어요"라고 했다. 그는 나를 포함해 많은 사람들에게 훌륭한 교사였다. 당시 그의 '학생' 중에는 윌리엄 새파이어라는 젊은이도 있었는데 라디오 텔레비전 부서를 책임지고 있는 주니어 파트너였다. 다시 말해 윌리엄(빌)은 나의 상사였다. 더 정확히 말하면 그의 비서를 제외하면 라디오 텔레비전 부서에서 일하는 직원은 빌과 나 두 명뿐이었다.

빌은 나중에 뉴욕타임스 칼럼니스트로 퓰리처상 수상 작가가 되었는데 입사 인터뷰 때는 뉴욕에서 활동하는 인물들에 대한 질문으로 나를 괴롭혔다. 내가 맡은 일은 고객 기업들의 제품에 대한 긍정적인 기사가 신문과 라디오, 텔레비전에 나도록 하는 것이었기 때문에 언론계 주요 인사들을 아는 게 대단히 중요했다. 나는 아는 사람이 많았는데 그것은 아버지의 후광과 WNBT, WPIX, 그리고 CBS에서 일한 경력 덕분이었다.

취직이 되자 나는 맨해튼에 부모님 친구가 주인인 아파트를 얻었다. 79번 스트리트와 당시는 후줄근했던 2번 애비뉴에 있는 후미진 아파트로 다른 건물의 뒤쪽이 바라다보였다. 밥 캐츠와 결혼하고 나서 살았던 아파트와 비슷했는데 침실과 거실이 각각 하나에다 작은 부엌이 딸려 있었다. 제일 중요한 것은 집세가 고정된 아파트란 점이었다. 매년 집세 인상이 없기 때문에 나로서는 큰 횡재였다.

작고 어두컴컴한 아파트를 꾸미는 데 셜리 언니가 도와주었다. 언니와 함께 가서 39달러를 주고 노란 양탄자를 사다가 바닥에 깔았더니 한결 보기에 나았다. 하지만 부모님 아파트에서 가져온 낡은 가구들은 영 보기가 안 좋았다. 셜리 언니가 가구에다 검은색 페인트를 칠하고 벽에는 검은색 벽지를 사다 바르자고 해서 그렇게 했다. 셜리 언니는 그래도 마음에 안 든다며 밖으로 나가더니 분홍색 접시에다 청포도를 가득 담아 왔다. 그러고는 "자, 됐다. 저것 때문에 아파트가 완전히 살아났네"라고 했다. 정말 셜리 언니는 못 말리는 사람이었다.

생활은 정상을 되찾아 갔고 나는 매일 버스로 출퇴근했다. 아파트 건너편에는 슈퍼마켓이 하나 있었는데 나는 거의 매일 저녁이면 그곳에 가서 썰어 놓은 볼로냐 소시지와 큰 롤빵을 사들고 집에 와서 커피를 만들어 거창한 저녁식사를 했다. 간혹 에그 스크램블을 만들어 먹는 것 외에 요리는 거의 하지 않았다.

나의 대학 시절 친구인 도로시 세크먼은 졸업 후에 파리에서 일하고 있었는데 주로 디오르나 발렌시아가 같은 패션 하우스에서 산 멋진 고급의상을 입었다. 입기 싫증난다며 그녀가 정말 예쁜 옷 두 벌을 내게 주었다. 디오르에서 만든 연한 파란색과 회색의 몸에 딱 맞는 울 드레스와 발렌시아가에서 만든 등 파인 검은색 새틴 칵테일 가운이었다. 그 옷을 지금까지 갖고 있었더라면 좋았을 텐데 정말 아깝다. 정말 얼마나 세련되어 보이는지 몰랐다. 그래서 나는 혼자 있을 때는 볼로냐 샌드위치를 만들어 먹고 데이트할 때는 파리 고급의상을 입고 나갔다.

나는 서른 번째 생일날 그 옷을 입었으나 외출은 하지 못했다. 그날 나는 당시 만나던 지안니 우지엘리라는 이름의 멋지고 사교적인 젊은 증권 중개인과 외출하기로 되어 있었다. 나는 머리를 감고 화장하고 예쁜 드레스를 입고 그가 나타나기를 기다렸다. 기다리고 또 기다렸는데 결국 그는 나를 바람맞혔다. 두 번 다시 내게 전화를 걸어오지 않았기 때문에 나는 그날 밤 그가 나 대신 누구와 데이트를 했는지 모른다. 하지만 몇 년 뒤에 그는 헨리 포드의 손녀인 젊고 예쁜 앤 포드와 결혼했다.

삼십대가 시작되는 날 상서로운 출발이 아니었던 것이다. 로이 M. 콘과의 첫 데이트도 순조로운 출발은 아니었다. 당시 로이 콘은 계속해서 내게 전화를 걸어와 만나자고 했지만 나는 거절했다. 그때까지도 로이 콘에 대한 나의 부정적인 생각은 바뀌지 않았지만 마침내 나는 호기심 때문인지 아니면 볼로냐 샌드위치에 질려서인지는 몰라도 데이트에 응했다. 몇 주 동안 텔레비전에서 그를 지켜보면서 도대체 어떤 사람인지 궁금한 생각도 들었다.

로이는 자동차를 가지고 나를 데리러 왔다. 우리는 당시 뉴욕에서 제일 고급 레스토랑인 '21' 클럽으로 가기로 했다. 하지만 우리의 첫 데이트가 그토록 기억에 남도록 만들어 준 것은 클럽 '21'이 아니라 그곳으로 가기까지의 과정이었다.

웨스트 52번 스트리트는 차가 꼼짝 못할 정도로 교통정체가 심했다('21'은 지금도 50번 애비뉴 바로 서쪽 그 자리에 있다). 신호등이 빨간색에서 파란색으로, 또 빨간색으로 바뀌었지만 차들은 계속 꼼짝도 하지 않았다. 로이만 움직였다. "이리 와요." 로이는 갑자기 이렇게 말했다. "나갑시다." 이렇게 말하며 자동차에서 내리고는 차문을 쾅 닫았다. 그러고는 레스토랑이 있는 방향으로 걸어가기 시작했다. 나는 영문도 모르고 놀라서 허겁지겁 그의 뒤를 따라갔다. 자동차를 길에다 버려두고 가다니. 도로 한가운데서 나는 그가 정말 내가 만난 사람 중에서 제일 오만하고 예측할 수 없는 사람이라는 생각을 했다. 운전도 할 줄 모르기는 했지만 따지고 보면 나도 공범이었다. 나는 그의 행동에 너무 놀란 나머지 그냥 질질 끌려갔다. 그날 저녁 식사를 마치고 어떻게 집까지 왔는지 아무런 기억도 나지 않는다. 아마도 그는 심부름꾼을 몇 명 불러서 자기 자동차를 끌고 가라고 시키고는 택시로 나를 집까지 바래다주었을 것이다. 어쨌든 그렇게 해서 나는 로이 콘과 만났다.

그는 계속해서 전화를 걸어 왔지만 나는 가능한 한 피하면서 아주 이따금씩 그와 만났다. 그를 만나면서 그에 대해 흥미가 생긴 것은 사실이다. 그는 세상에 모르는 것이 없고 이름깨나 있는 사람치고 모르는 이가 없었다. 그리고 냉소적이지만 아주 웃기기도 했다. 육체적으로는 그에게 단 한번도 매력을 느껴 본 적이 없고 그 역시 내게 그런 것 같았다. 그는 볼에 살짝 키스하는 것 외에 그 이상은 내게 단 한번도 요구한 적이 없었다. 그래서 가끔 전화가 오면 나는 좋다고 하고 함께 외출했다. 심각한 관계는 전혀 아니었다. 게다가 나는 어느 면에서나 로이와는 판이한 새로운 남자 친구가 생겼다. 바로 '월도프의 필립'이었다.

클로드 필립은 여러 해 동안 월도프-아스토리아의 아주 유명한 조리 및 연회 부문장이었고 그래서 '월도프의 필립'이라는 비공식 타이틀이 붙어 있었다. 그는 결혼식을 비롯해 모든 특별행사를 책임지고 있었다. 나는 몇 년 전 부모님이 나와 밥 캐츠의 결혼식장으로 적당한지 알아보기 위해 월도프로 찾아갔을 때 그를 처음 만났다. 필립은 예비신부인 내가 유명한 라틴 쿼터 루 월터스의 딸이었기 때문에 우리를 만났지만 필립의 개인적인 관심에도 불구하고 아버지는 결혼식장을 플라자로 결정했다. 그곳이 더 고급스럽다고 생각하셨기 때문이다.

나는 텍스 매크래리에 다닐 때 필립을 다시 만났다. 그는 1958년에 소득세 탈루로 기소된 사건으로 월도프에서 나온 이후 매크래리의 고객이 되어 있었다. 그 뒤로도 그는 자신의 무고함을 계속 주장했으며 여전히 쾌활한 매니저와 요리 및 와인 감식가로서의 평판을 유지하고 있었다. 그래서 그가 탈세 혐의로 기소된 일에 대해 나를 포함한 많은 사람들이 별로 흠으로 여기지 않았다.

탈세 혐의에도 불구하고 필립은 서밋호텔과 아메리카나 호텔 등 두 곳에 식음료 케이터링 업무 책임자로 스카우트되었다. 두 호텔 모두 텍스 매크래리의 고객사였다.

클로드 필립과 나는 멋진 점심식사를 함께 했다. 그는 파리에서 태어났는데 아주 매력적이고 위트가 넘쳤다. 와인과 요리, 레스토랑에 대해 모르는 게 없었고 한마디로 세련 덩어리였다. 그는 전화를 걸어 오기 시작했고 그때마다 나는 가슴이 뛰었다. 그렇게 해서 내 인생에서 가장 로맨틱한 2년이 시작되었던 것이다. 그가 파리에서 여배우와 결혼한 몸이라는 사실은 내게 별로 문제가 안 되었다. 두 사람은 별거 중이고 그녀는 프랑스에 살고 있었기 때문이다. 그는 그녀를 거의 만나지 않으며 두 사람 사이에 이혼 이야기가 오가고 있다고 했다. 나는 또다시 누구와 결혼한다는 생각은 하지 않았기 때문에 그가 결혼한 몸이라는 것은 개의치 않았다. 또한 나는 18살의 나이 차도 개의치 않았다. 필립은 우아하고 현실적이며 재미있었고 애정 표현의 달인이었다. 노랑 장미 꽃다발, 프랑스어로 쓴 사랑의 쪽지, 내 옷깃에 달아주는 라벤더 가지 등등. 나는 그에게 홀딱 빠져들었다.

나는 부모님께 필립을 만난다는 이야기는 한번도 하지 않았다. 그를 항상 '헤드 웨이터'로 부르는 셜리 언니의 반응도 아주 나빴지만 나는 신경 쓰지 않았다. 필립과 나는 두 사람 모두 바빴기 때문에 주중에는 거의 만나지 못했다. 하지만 주말은 온전히 두 사람의 시간이었고 꿈 같은 나날들이었다.

필립은 뉴욕 주 피크스킬에 큰 저택을 갖고 있었고 우리는 주말만 되면 거의 그리로 갔다. 그는 정원 가꾸기를 아주 좋아했는데 나는 그곳에서 수호초를 심었다. 나는 정원 가꾸기를 잘하지 못했고 수호초와 넝쿨옻나무도 구별하지 못했지만 그래도 불평 한마디 않고 쭈그리고 앉아 몇 시간씩 흙을 만지며 보냈다. 그래서 수호초 심는 법은 어느 정도 터득했다. 사실은 그때 와인에 대해 제대로 배웠으면 좋았을 텐데 하는 생각이 든다. 하지만 필립과 만날 때 와인 교습은 일정에 들어 있지 않았다.

마법의 시간은 낮이 아니라 밤에 찾아왔다. 필립의 집에는 괴팍스럽지만 마음씨가 온화한 늙은 집사가 잘 웃기는 젊은이 한 명을 데리고 집안일을 맡아서 하고 있었다. 필립은 최고로 맛있는 요리를 만든 다음 최고급 와인을 한 병씩 곁들였다. 우리는 불을 피워 놓고 테이블에 앉아서 웃고 떠들며 시간을 보냈고 그리고 나서 침대로 갔다. 필립은 그동안 내가 만난 어떤 남자보다도 더 노련했으며 부드럽고 열정적으로 멋진 사랑을 했다. 나는 성적으로 성숙해 갔다. 하지만 나는 그와 함께 같은 방에서 밤을 새우지는 않았다. 가정부가 우리 두 사람이 같이 잔다는 것을 눈치 채게 하고 싶지 않아서 나는 새벽마다 침대에서 일어나 살금살금 손님방으로 갔다(왜 이런 말을 하느냐고? 그때는 그런 시절이었으니까).

다른 손님은 아무도 없었고 주말에는 오직 우리 두 사람뿐이었다. 일 년쯤 지나면서 필립과 나는 간혹 결혼 이야기를 했는데 그가 하자고 우겼으면 아마 했을 것이다. 어쩌면 난생 처음으로 사랑에 빠졌던 것 같다. 하지만 필립은 이혼을 질질 끌었다. 그는 각자 집 옆에다 아파트를 한 채씩 얻자고 했지만 나는 그건 좋은 아이디어가 아니라고 생각했다. 그래서 우리는 뚜렷한 목표도 없이 그냥 어정쩡한 사이가 되었고 흔히 그렇듯이 두 사람의 관계도 식었다. 필립은 마침내 아내와 이혼했지만 그때는 우리 사이도 끝나 있었다. 하지만 지난 2년 동안 우리가 함께 보낸 시간은 너무도 로맨틱하고 아기자기했다. 콜 포터의 노래 가사처럼 '저스트 원 오브 도즈 싱스' Just One of Those Things였다. 돌이켜 생각하면 두 가지 후회가 남는데 하나는 프랑스어 실력을 늘리지 못한 것이고 또 다른 하나는 와인에 대해 제대로 못 배운 것이었다.

필립과 사귀는 도중에도 로이 콘은 이따금씩 연락을 해왔다. 콘은 거절을 당해도 쉽게 포기하지 않고 나름대로 책략을 썼다. 그는 자기 방식대로 내 인생을 좌지우지하려고 했던 것이다.

1959년에 로이는 리오넬 기차를 인수했다. 먼 친척인 발명자 조슈아 리오넬 코웬으로부터 인수한 것이었다. 당시 리오넬 기차 모형 세트는 수십 년 동안 미국 어린이들의 꿈이었다. 하지만 50년대 말에 들어서며 어린이들의 관심이 자동차와 비행기로 옮겨가면서 판매가 줄어들었다. 리오넬은 홍보가 필요했다. 그래서 로이는 나를 생각해서 그 일을 텍스 매크래리에 맡겼다. 나는 계속 그를 피했지만 그 일 때문에 회사 내에서 나의 입지는 크게 강화되었고 그래서 그가 고마웠다. 그렇다고 회사에서 나한테 보너스를 준 것은 아니고 나도 혹시라도 일자리를 잃게 될까 봐 보너스를 달라는 말은 하지도 못했다.

기차는 '투데이쇼'에서도 홍보효과를 톡톡히 보았는데 당시 인기 모닝쇼였던 투데이의 진행자는 데이브 개로웨이와 침팬지 J. 프레드 머그스였다. 그런데 데이브 개로웨이가 제일 좋아하는 게 무엇이었을까? 바로 리오넬 기차였다. 우리는 크리스마스에 그에게 정교한 기차 세트를 선물했는데 그는 그 기차 세트를 비롯해 내가 무료로 가져다주는 리오넬 제품은 모조리 방송에 들고 나와 작동해 보였다. 당시는 그 정도의 뇌물은 아무런 문제가 안 되던 시절이었다. 그는 모형은 받는 대로 모조리 집으로 가져갔고 누구도 그것에 대해 개의치 않았다. 공짜 모형 세트를 아무리 갖다 주어도 아깝지 않을 정도로 홍보효과는 충분했다.

당시 투데이쇼는 우리 고객사 제품 선전 효과가 제일 큰 프로그램 가운데 하나였다. 내가 텍스 매크래리에서 일할 당시 투데이는 실제 방송시간은 두 시간이었지만 매일 세 시간 생방송을 진행해야 했다. 왜냐하면 1958년 이전에는 비디오테이프 기술이 개발되지 않았기 때문에 동부 시간에 맞춰서 하는 앞의 한 시간을 중서부와 서부 시간에 맞춰 한 번 더 반복해야 했던 것이다. 하지만 초대 손님들은 한 시간 더 기다렸다가 인터뷰를 다시 하지 않으려고 했다. TV 홍보가 중요해진 지금과는 자세가 전혀 달랐다. 그래서 투데이는 시간을 메울 수단이 필요했고 내가 그것을 많이 제공해 주었던 것이다.

하지만 우리 회사가 제일 큰 히트를 친 것은 나의 보스인 빌 새파이어가 궁리해 낸 것이었다. 장소는 1959년 모스크바 미국박람회장에서였다. 빌이 맡은 고객사는 이동 트랙트 주택 대량 제작업체인 올스테이트 프로퍼티였다. 그리고 사건의 주인공은 당시 소련 공산당 서기장 니키타 흐루시초프와 미국 부통령 리처드 닉슨이었다.

혹시 공산세계 최고 지도자와 자본주의 세계 최고 지도자가 벌인 유명한 '부엌 논쟁' 을 기억하는지 모르겠다. 그 논쟁의 발단은 빌 새파이어가 당시 전시회장을 둘러보던 흐루시초프와 닉슨을 올스테이트의 전기 부엌으로 안내하면서 시작되었다. 전기스토브와 냉장고, 식기 세척기, 전기세탁기를 갖춘 우리 고객사의 꿈같은 부엌 앞에서 닉슨은 미국 노동자들이 얼마나 멋진 삶을 사는지 자랑을 늘어놓았다. 그 장면은 이튿날 모든 신문의 일면을 장식했고 텔레비전 뉴스도 이어졌다. 대성공이었다.

나는 빌이 벌인 모스크바 사건과 아무 관련이 없었지만 우리 고객사의 제품을 언론과 텔레비전에 나오도록 하기가 한결 수월해졌다. 일이 아주 만족스러운 것은 아니었지만 나는 당시 이것저것 따질 입장이 아니었다. 그때 나는 내가 쓸 돈은 물론 부모님께 보내드릴 돈까지 벌어야 할 처지였기 때문이다. 나는 빌 새파이어를 아주 좋아했지만 내가 하는 일에 비해 대우를 적게 받는다는 생각이 들었다. 그래서 한번은 용기를 내서 돈을 올려 달라고 해 봤는데 그는 내 청을 거절했다. 돈을 올려 주기는 고사하고 그는 수요와 공급의 법칙에 대해 강의를 늘어놓았다. 여자에 대한 수요가 적기 때문에 지금 받는 대우에도 감사하게 생각하라는 것이었다. 나는 그의 말에 수긍했고 봉급 인상은 물 건너갔다.

나는 일자리가 불안하다는 생각 때문에 결사적으로 일에 매달렸다. 점심은 사무실 책상에서 해결하고 하루도 결근하지 않으며 고객사들을 위해 전화통에 매달려 살다시피 했다. 잠시도 쉬지 않았다. 빌도 분명히 그걸 알았을 것이

고 그래서인지 한번은 사무실 크리스마스 파티 때 내게 검은색 짧은 나이트가
운과 레이스 팬티 세트를 선물해 주었다. 나는 약간 당황스러웠지만 기분이 좋
기도 했다. 요즘처럼 성추행에 민감한 시절이라면 그런 선물은 받을 수가 없었
을 것이다. 하지만 나와 빌의 관계를 생각해 보면 그것은 절대로 나를 유혹하려
는 제스처는 아니었다. 우리는 한번도 데이트를 한 적이 없었고, 어쩌면 그것은
현실의 틀 안에서도 내가 여전히 한 사람의 여자, 어쩌면 섹시한 여자라는 점을
일깨워 준 달콤한 추억이다. 필립과 시간을 보내면서도 나는 그저 즐거워하지
만은 않았다. 그럴 수가 없었다. 나는 가족과 아버지의 머리 위를 맴도는 세금
문제를 계속 걱정했다.

일 년 정도 지난 뒤 아버지는 차츰 기력을 회복하셨고 어쨌든 계속 평생 해
온 쇼 사업자로서의 자리를 유지하고 계셨다. 뉴욕에서 세금 문제로 재판이 2
년째 계속되고 있었지만 아버지는 마이애미비치에 있는 화려한 도빌 호텔에서
호화 쇼를 제작하는 일을 맡으셨다. 그 다음에 아버지는 라스베이거스에 있는
트로피카나 호텔에서 5년 계약으로 폴리 베르제르를 파리에서 수입하는 일을
맡아 1959년 새해 전야부터 공연을 시작했다. 폴리 베르제르는 엄청나게 인기
있는 프랑스 호화 쇼로 아름다운 쇼걸, 호화로운 의상을 비롯해 가수, 댄서, 마
술사 등 온갖 연예인들이 출연해 멋진 쇼를 펼쳐 보였다. 그것은 아버지가 장기
인 분야였고 아버지가 그 쇼를 라스베이거스로 데려온다는 것은 대단한 사건이
었다. 보통 한 가지 쇼에 익숙해 있던 관객들은 그 패키지 쇼를 좋아했다. 물론
자기 사업은 아니지만 아버지는 분명히 다시 컴백하신 것이었다. 하지만 아버
지는 여전히 국세청에 갚을 돈이 많이 남아 있었다.

라스베이거스 일을 맡기 전에 아버지는 가끔 뉴욕으로 오셨다. 뉴욕으로 오
시면 나의 작은 아파트에 머물며 방에 있는 다른 트윈베드에서 주무셨다. 나는
그게 마음에 안 들었다. 그동안 부모님과는 한번도 방을 같이 써 본 적이 없어
서 나는 그게 불편했다. 그렇다고 호텔에서 주무실 형편은 못 되었다. 한번은
아버지가 호텔에 묵으셨는데 내가 전화를 해도 응답이 없어서 크게 놀란 적이
있다. 계속 전화를 했지만 응답이 없었다. 또 자살 기도를 하신 게 아닌가 하고

놀라서 호텔로 달려가 방문을 마구 두드렸다. 아버지는 두 눈을 부비면서 문을 열었고 멀쩡하셨다. 습관대로 늦잠을 주무시고 계셨던 것이다.

아버지는 세금 문제를 해결하려고 오랫동안 애를 쓰셨고 나는 문제가 잘 해결된 줄 알았다. 그런데 1960년 말에 엄마한테서 또 깜짝 놀랄 전화가 걸려 왔다.

나는 그때 뉴욕에서 아버지가 오시기를 기다리고 있었는데 엄마가 라스베 이거스에서 전화를 걸어와 아버지가 뉴욕에 못 가신다는 것이었다. 이유를 물 었더니 엄마는 이렇게 말했다. 나는 그때까지 엄마 목소리가 그렇게 겁에 질린 것을 들어 본 적이 없었다. "아버지는 못 가셔. 곧 체포되실 것 같아."

체포라니!

나는 털썩 주저앉고 말았고 엄마는 아버지가 뉴욕에서 마지막 법원 출두 기 일을 지키지 않아 체포영장이 발부되었다고 했다. 아버지는 이제 더 이상 뉴욕 으로 가기 힘들다고 법원에 알렸는데도 판사가 고집을 부린다는 것이었다.

나는 도저히 믿겨지지가 않았다. 우리 아버지가 범죄자라고? 아버지가 그토 록 사랑하고 그토록 많은 즐거움을 선사한 도시로 이제 돌아올 수 없게 되었다 고? 나는 정신이 아득했다. 어떻게 해야 할지 몰랐다. 나는 몸이 떨려서 더운 물 로 목욕을 했다. 탕 속에 들어가 울고 있는데 전화벨이 울렸다. 로이 콘이었다.

"무슨 일이오?" 그는 이렇게 물었다. 그야 알 턱이 없겠지만 나는 너무 속상 해서 엄마한테서 들은 이야기를 해주었다. "얼른 옷 입고 와서 나하고 이야기해 봅시다." 그는 이렇게 말했다. 나는 그렇게 했다. 내 친구들은 여러 해 동안 내 가 왜 로이와 친한 친구 사이가 되었는지 이해하지 못했다. 월터 크롱카이트도 한번은 내게 아주 개인적인 질문을 하나 해도 되겠느냐고 한 적이 있다. 무슨 질문이었느냐 하면 바로 이것이었다. "도대체 어떻게 해서 로이 콘과 친구가 되 었어요?"

나는 왜 사람들이 그런 질문을 나한테 하는지 그때나 지금이나 이해한다. 한번도 해준 적이 없는 그 답을 지금 하겠다. 나는 욕실에서 나와 옷을 입었다. 그리고 로이와 만나 그에게 당시 상황을 소상하게 이야기했다. 그리고 일주일 뒤 아버지에 대한 기소가 취하되었다. 로이가 자기 돈으로 세금을 대신 내주었을까? 그건 아니라고 생각한다. 그는 뉴욕에 있는 유력 판사들 대부분과 강한 유대 관계를 갖고 있었고 친구도 많았다. 로이의 아버지 앨버트 콘도 판사였다. 로이는 여러 해 동안 여러 가지 이유로 여러 판사와 정치인들에게 많은 도움을 주었다. 그래서 그 대가로 아버지 일에 선처를 부탁해서 그러한 결과를 얻어 냈을 가능성이 훨씬 더 높다고 나는 생각한다.

나도 그가 정확하게 어떻게 했는지는 지금도 모른다. 물어 보았지만 그는 한번도 답을 해주지 않았다. 어쨌든 내가 아는 사실은 로이 덕분에 아버지의 체포영장은 취하되고 법적 문제도 모두 해결되었다는 사실이다. 아버지의 명예는 회복되었고 뉴욕으로 돌아올 수 있게 되었다. 윤리적인 문제는 생각지 말자. 우리는 지금 아버지 이야기를 하는 것이다. 그 일이 있고 난 뒤부터 나는 로이에게 감사했고 그에게 충실했다.

텔레비전 102와 이상한 청혼

여러분은 운명을 믿는가? 행운은? 타이밍은? 이 모든 것을 믿는가? 그런데 나는 믿는 편이다. 왜냐하면 나는 어쩌면 지금쯤 유능한 임원이나 CEO들을 추천해 주는 아주 유력 헤드헌팅 회사의 사장이 되어 있었을 것이다. 그리고 나는 그런 일을 정말 잘 해낼 수 있을 것이라고 생각한다. 그런데 운명이, 행운이, 그리고 타이밍이 개입하며 모든 게 뒤바뀌고 말았다. 무슨 일이 있었는지 이제부터 이야기하겠다.

1961년이 되자 나와 텍스 매크래리의 인연은 끝나 갔다. 텔레비전에 맞지 않는 고객사들을 팔려고 뛰어다니는 일에 싫증이 나기 시작한 것이다. 친구이자 보스였던 빌 새파이어는 그 회사를 떠나 자기 PR 회사를 차렸다(나중에 그는 그 회사를 접고 리처드 닉슨 대통령의 연설문 작성자가 되었다). 텔레비전에서 내가 할 일은 이제 없는 것 같았다. 그래서 나는 새로운 일을 시작해 볼 때가 되었다고 생각하고 당시 최고의 인재채용 회사를 찾아갔다. 그 인재채용 회사는 나를 다른 회사에 소개해 주는 대신 바로 자기들과 일을 같이하자고 제의했다. 비서들을 선별해 채용시켜 주는 일이었다. 그들은 내게 며칠간 여유를 줄 테니 생각해 보라고 했다. 그래서 나는 거의 승낙하기 직전까지 갔다. 비서가 되려는 사람들을 심사하면서 인터뷰를 한다면 내가 그 일을 얼마나 잘했을지 한번 생각해 보라. 그런데 그 제안을 받고 고민하는 동안에 레드북 매거진으로부터 제안이 들어왔다. 이 매거진은 내가 텍스 매크래리에서 일했다는 소문을 듣고는 더 많은 돈을 주겠다며 잡지 기사 홍보 일을 해 달라고 제의했다. 나는 다시 한번 홍보의 덫에 걸려들기로 하고 그 제안을 받아들였다. 적어도 내가 아는 덫이었으니까.

그래서 레드북으로 갔는데 그곳 일도 다소 따분했고 즐겁지가 않았다. 하지만 그건 문제가 아니었다. 당시 일은 내게 선택의 문제가 아니라 반드시 해야 했고 그곳은 내가 얻을 수 있는 최선의 직장이었다. 그때는 직장 동료들 대부분이 남자들이었는데 그들은 다음 단계, 즉 승진이 될 때까지 아무리 직장이 싫어도 꾹 참고 다녔다. 가끔 그 사람들이 생각난다. 그들과 달리 여성 동료들은 일이 싫어지면 그만두거나 결혼했다. 남자들과 나는 일을 해야만 했다. 물론 지금은 사정이 완전히 달라져 많은 여성들이 돈을 벌어야 하는 필요성을 가지고 있다. 하지만 그 당시에는 돈을 버는 짐이 대부분 남자들에게 지워졌다. 남자들은 싫든 좋든 하던 일을 계속해야 했던 것이다.

나는 레드북 일을 그렇게 좋아하지는 않았지만 그렇다고 지긋지긋한 정도는 아니었다. 그런데 어느 정말 멋진 날, 나는 투데이쇼의 새 프로듀서인 프레드 프리드한테서 전화를 받았다. 작가가 한 명 필요하다는 것이었다. 장기적인 일자리는 아니고 일정한 세그먼트에 일정 기간만 일하는 자리라고 했다. 그렇지만 원하면 내가 할 수 있는 자리였다. 내가 그 일을 하겠다고 했을까? 뻔한 걸 묻는다고?

나는 안정된 일자리를 버리고 단기 일자리를 찾아가는 것이라는 걸 알았다. 하지만 나는 텔레비전 일이 좋았다. 창의적인 일, 재미있는 사람들, 그곳의 분위기가 모두 좋았다. 더구나 PR 일과 달리 계속 영업을 하러 다니지 않아도 되었다. 그리고 내가 열심히 해서 일을 잘하게 되면 정식 직원으로 상근 일자리도 얻게 될 것이라는 생각도 했다.

프레드 프리드는 내가 CBS에서 일할 때 알던 사람이었다. 그는 내가 집필하는 모닝쇼의 프로듀서들 중 한 명이었다. 프레드는 나중에 텔레비전 다큐멘터리 분야에서 최고의 크리에이터들 가운데 한 명이 되지만 당시에는 약간 침체

상태에 있던 투데이쇼 활성화를 위해 그곳으로 모셔져 왔다. 프레드에 대해 한 가지 더 소개할 것이 있다. 그는 나중에 ABC의 뉴스매거진 20/20에서 일하게 되는 젊은 프로듀서의 아버지였다. 그 프로듀서의 이름은 케이스 프리드 제닝스이며 피터 제닝스의 미망인이다. 내가 그녀의 아버지와 일할 때 케이스는 정말 사랑스러운 어린애였다. 지금 그녀는 강인하고 재능 있는 여인이다. 어쨌든 1961년으로 다시 돌아가 보자.

투데이쇼의 새 광고주들을 찾기 위해 NBC 경영진은 프로그램의 한 피스를 단일 광고주에게 팔기로 했다. 여러 회사의 광고를 묶어서 내보내는 대신 이렇게 말하고 싶었던 것이다. "지금부터 삼십 분간은 아무개 회사가 제공합니다." 이 아무개 회사는 성공한 소비자-마케팅-보상 전문 기업 스페리 & 허친슨 소유의 S&H 그린 스탬프스가 되었다. S&H는 광고보다는 여성 시청자들에게 어필한다는 전략으로 모델 출신이고 배우였던 아름다운 여성을 내세웠다. 사교계의 명사로 클라크 게이블을 포함해 많은 주연 남우들의 마음을 사로잡은 여성이었다. 바로 애니타 콜비였는데 너무나 얼굴이 예뻐서 별명이 '더 페이스'였다. 그녀는 기품과 용모를 갖춘 데다 나이도 어느 정도 들어서 S&H와 완벽한 매치를 이루었다. 텔레비전이 무조건 젊은 여자, 젊은 애만 찾는 지금과 달리 당시에는 이런 용모를 훨씬 더 선호했다.

내가 맡은 것은 일주일에 다섯 번씩 애니타와 함께 하는 5분짜리 세그먼트의 프로듀서 겸 작가 일이었다. 나는 패션, 유행, 화장법, 그리고 스카프 매기, 가정에서 하는 오락, 휴일 준비에 대한 도움말 주기 같은 소재들을 만들어 냈다. 가끔 나는 짧은 인터뷰도 하고 웃기는 재담도 쓰고 했는데 5분 채우기는 아주 쉬웠다. 애니타는 정말 여성스럽고 멋진 여자였지만 출연자로서는 한계가 있었다. 텔레비전 출연은 거의 안 해 보았기 때문에 매우 힘들어했다. 그동안 그녀가 살아온 삶이란 대부분 디너파티와 저녁식사 모임으로 이루어져 있었다. 예를 들어 우리는 그녀와 함께 요리나 음식 특집을 할 수가 없었다. 애니타가 자기 손으로 부엌에서 할 줄 아는 게 없었기 때문이다. 한번은 베이컨 요리를 하는데 그녀가 뜨거운 버터에 베이컨 조각을 넣는다는 말을 했다. 아이쿠. 나도 형편없는 요리사이긴 하지만 그렇게 하면 안 된다는 정도는 알았다.

스케줄은 녹초가 될 정도로 빡빡했다. 일주일에 닷새는 79번 스트리트에 있는 아파트에서 택시를 타고 새벽 4시 30분에 스튜디오에 나갔다(그 시간에는 택시 잡기도 쉽지 않았다). 애니타는 메이크업과 머리 손질을 하고 한 시간 뒤에 나타났다. 당시는 헤어드라이어가 없던 시절이라 머리 손질을 하려면 뜨거운 미용실 후드 밑에 한 시간은 앉아 있어야 했다. 애니타는 이른 새벽에 일어나 작업하는 게 큰 문제였다. 그 가련한 여인은 너무나 힘들어서 하루는 5분짜리 세그먼트를 마치자마자 기절하고 말았다. 우리는 그녀가 다음날 아침에 나타날지 자신이 없었는데 그녀는 나타났다. 뿐만 아니라 그 세그먼트는 3개월 뒤에도 계속하기로 결정이 났고 나도 따라서 재계약이 되었다.

나는 황홀했다. 비록 수입은 주급 몇백 달러밖에 안 되었지만 내가 좋아하는 일에 다시 돌아왔던 것이다. 나는 스크립트 쓰는 일과 애니타가 말할 새로운 아이디어를 짜내는 일이 좋았다. 애니타가 일을 마치고 스튜디오를 떠나고 나면 나는 남은 시간을 패션 구상과 스크립트 쓰기, 초대 손님 예약하는 일로 보냈다. 여러 해 동안 내가 해온 일들이었다. 내게는 '모유' 먹는 것 같은 기간이었다. 그리고 그 시간은 끝이 났다. 세그먼트의 두 번째 3개월 계약이 끝난 다음 S&H 그린 스탬프스는 '더 페이스'가 자기들을 홍보해 줄 적격자가 아니라는 결론을 내렸다. 그래서 애니타는 잘렸다. 나는 그녀가 스토크 클럽에서 식사하고 엘 모로코에서 춤추는 원래의 생활로 돌아가게 되어 좋아했을 거라고 생각한다. 앞에서도 말했듯이 그녀는 아주 멋진 여성이었다. 우리는 한동안 연락을 주고받으며 지냈다. 물론 그녀에게 베이컨을 만들어 달라는 부탁은 하지 않았지만.

애니타는 프로를 그만두게 되어도 괜찮았겠지만 나는 걱정이 많이 되었다. 조만간 내게도 해고통보가 날아들 것이라고 생각했다. 클라크 게이블이 나타나 나를 엘 모로코로 모셔가지는 않을 것이다. 여기서 잘리면 내가 돌아갈 곳은 인재채용 회사밖에 없었다.

그런데 해고통보가 전해지기 직전에 번개가 번쩍 하며 나를 덮쳤고 내 인생

을 바꾸어 놓았다. 그리고 이후 그 전과 같은 인생은 두 번 다시 되풀이되지 않
았다.

당시 투데이쇼에는 여덟 명의 작가가 일하고 있었는데 이들은 인터뷰도 하
고 특집 제작도 했다. 그 여덟 명 가운데 여자는 딱 한 명뿐이었다. 두 명이 있
던 적은 단 한번도 없었다. 한 명 있는 여자가 자발적으로 회사를 떠나거나 죽
기 전에는 바꾸는 법이 없었다. 그런데 정말 운 좋게도(또 운을 들먹이지 않을 수 없
다) 그때 있던 한 명의 여성 작가가 결혼하게 되었다. 그리고 바로 그 순간 그 일
을 하고 싶어 하는 내가 그 자리에 대기하고 있었던 것이다.

프레드 프리드는 나를 정식 직원으로 채용했다. 나는 록펠러 플라자에 있는
RCA 빌딩의 작은 방에서 일하게 되었는데 다른 일곱 명의 남자 작가 중 한 명
과 사무실을 같이 썼다. 존 로드라는 쾌활한 영국 남자였다. 우리는 정말 좋은
관계를 유지했는데 사실은 다른 작가들 모두와 사이가 좋았다. 각자 맡은 일은
달랐지만 그들은 진심으로 나를 도와주려고 했다. 당시 여성 작가가 맡는 일은
소위 투데이 걸을 위해 대본을 써 주는 것에 국한되어 있었다.

지금 그 시절을 돌이켜 생각해 보면 얼마나 원시적이었는지 모르겠다. 당시
투데이 걸들은 날씨를 포함해 여성한테 맞춰 제작된 특집만 진행했다. 내가 스
태프에 합류했을 때는 최소한 아홉 명의 여성 진행자가 거쳐 지나갔다. 방송이
시작되면 그들은 다른 캐스터들과 함께 애드리브를 했는데 모두 예뻤다. 그게
다였다. 그들 잘못은 아니지만 나는 그들을 '차 따르는 여자들'이라고 불렀다.
그중에는 베스티 파머나 에스텔 파슨스와 같은 유명 여배우도 있었다. 플로렌
스 핸더슨이나 헬렌 오코넬 같은 훌륭한 가수도 있고, 미스 아메리카 출신인 리
앤 메리워더와 미스 라인골드 출신의 로빈 베인 같은 미인대회 입상자들도 있
었다. 미스 라인골드 미인대회는 당시 뉴욕에서 20년째 중요한 대회로 자리 잡
고 있었다. 라인골드 맥주가 주최하는 독창적인 쌍방향 홍보행사로 늘씬한 결
선 진출자 6명의 사진이 든 포스터를 지하철, 버스, 상점마다 붙여 놓고 일반 시
민들이 마음에 드는 후보자한테 투표하도록 했다. 투표자 수는 미국 대통령 선
거 다음으로 많았다. 투데이 걸이 지켜야 할 의무사항이 아침 7시에 정신을 바

짝 차리고 예쁘게 보여야 한다는 것은 놀랄 일이 아니다. 당시는 '예쁘고 머리 나쁜 것은 문제가 안 된다'는 시절이었고 텔레비전의 대중문화는 착하고 순종적인 당시의 훌륭한 아내 상을 반영했다. 여성이 머리를 써서 무슨 일을 한다는 것은 사람들의 관심 밖이었다. 엄청난 인기를 누린 '아이 러브 루시' I Love Lucy 는 끝나 가는 시점이었고 당시 최고 인기 오락 쇼 가운데 하나는 '리브 잇 투 비버' Leave It to Beaver 였다. 행복한 아내이면서 어머니인 여성상을 통해 완벽하게 행복한 시골 가족의 달콤한 이야기를 그려 냈다. 여성운동은 생겨나지도 않았다. 1961년 존 F. 케네디가 대통령이 되자 많은 여성들이 MIT에 들어가는 것보다는 재키 케네디가 쓴 챙 없는 모자와 몸에 꼭 맞는 소매 없는 리넨 드레스를 따라 입는 데 더 열중이었다. 그런 와중에서도 투데이쇼에는 변화의 바람이 불고 있었다. 다시 한번 타이밍이 내 편이었다.

촉매제는 데이브 개로웨이였다. 이제 어느 정도 잊혀진 존재가 됐지만 당시 그는 엄청난 스타였다. 9년 동안 그는 투데이쇼의 세련되고 재치 있는 진행자였고 그때까지도 여전히 영향력을 행사하고 있었다. 그가 지시하거나 허락하지 않고 되는 일은 거의 없었다. 프레드 프리드가 나를 채용하려고 했을 때도 그가 최종 승인을 했다. 하지만 그의 도도한 비서한테서 먼저 허락을 받아야 했다. 나는 그녀의 승인을 받은 다음에야 개로웨이를 만나러 들여보내졌다. 첫 번째 면담은 다소 기묘했다. 우리가 이야기하는 동안 그는 계속 책상에 있는 병에서 무엇인가 홀짝홀짝 마셨다. 그는 내가 자기에게 리오넬 기차를 대준 사람이라는 사실을 어렴풋이 기억하고는 약간 시시덕거렸다. 그는 내게 몇 가지 질문을 했는데 내 대답에는 별 흥미가 없는 듯했다. 면담은 그렇게 끝났다. 채용된 다음에는 실제로 그와 만난 적이 거의 없었다.

개로웨이의 재능은 느긋하고 여유 있게 보이는 능력이었다. 그는 시청자들에게 직접 이야기하는 것 같은 느낌을 주었다. 그는 항상 프로그램 말미에 한쪽 손을 들면서 '피스(평화)'라고 말하며 끝을 맺었다. 멋지고 평온한 느낌을 주었다. 그는 일에 대해 많이 알았고 방송에서는 여러 해 동안 그를 밀어 주었다. 하지만 1961년이 되자 그는 점점 더 요구하는 것이 많아지고 행동은 점점 더 괴팍스럽고 상궤를 벗어나기 시작했다. 무엇인지는 모르지만 아마도 그 병에 든 것 때문이었을 것이다. 그는 병에 든 것을 '더 닥터' 라고 불렀는데 그게 자기에게 힘을 준다고 했다. 병에 든 음료가 무엇인지 물어 본 사람은 없었지만 그게 무엇이었든 이제는 더 이상 그의 능력이나 성품을 향상시키는 데 도움을 못 주는 것 같았다.

그는 단지 자기 마음에 안 드는 문장을 한 줄 썼다고 작가들에게 호통치기 시작했다. 다행히 나는 투데이 걸이 볼 글을 썼지 그 사람이 볼 글은 안 썼기 때문에 그의 레이더에 걸리지 않았다. 힘들여 준비해 놓은 쇼를 뒤엎고 두 번째 시간에 출연할 초대 인사들을 모두 앞 시간으로 옮겨 버려서 텔레프롬프터, 소도구, 조명 등 모든 것을 엉망으로 만들어 놓기도 했다. 그가 쇼를 떠나는 것은 시간 문제였다.

당시 개로웨이의 사생활도 끔찍한 충격을 주었다. 세 살 난 아들을 둔 그의 아내 팸은 내가 쇼에 합류하기 직전인 1961년 4월에 자살했다. 그 사건은 그토록 강건하던 이 사내에게 큰 충격을 안겨 주었을 것이고, 그는 이미 불안정 증세를 나타내고 있었다. 그보다 3년 전엔 방송 시작 직전에 투데이 걸의 팔에 안긴 채 의식을 잃은 적이 있었다. 당시 의사의 진단은 '신체적 탈진' 이었고 그는 한 달 뒤 방송에 복귀했다. 하지만 그가 꾸벅꾸벅 졸면서 힘들게 쇼 방송을 진행한다는 우려가 계속 제기되었다. 그러다 결국 같은 해인 61년 봄 NBC와의 재계약 협상 때 일이 터지고 말았다. 개로웨이는 방송 시작 직전에 자기 사무실 바닥에 드러누워서는 NBC가 자기 요구를 들어 주지 않으면 못 일어나겠다고 버텼다. 당시 경영진은 그러지 않아도 그에 대해 걱정을 많이 하던 터라 그런 행동에 동조하지 않았다. NBC는 몇 년 전에 J. 프레드 머그스를 은퇴시킨(침팬지가 너무 공격적으로 변했기 때문에) 데 이어 데이브 개로웨이도 물러나도록 결정했다. 그의 마지막 쇼는 1961년 6월 16일에 나갔다.

개로웨이는 그 뒤 몇 년간 여기저기 텔레비전에서 제작도 하고 출연도 했지만 투데이에서 누린 명성을 되찾지는 못했다. 재혼도 했다. 1982년 1월에 그는 투데이 쇼의 방송 30주년에 맞춰 쇼에 다시 출연하기도 했다. 겉보기에는 과거의 쾌활한 모습을 되찾은 듯했으나 6개월 뒤에 그는 머리에 총을 쏘아 자살하고 말았다. 개로웨이의 의붓아들인 마이클은 그의 자살을 심장절개술을 받은 뒤 겪은 수술 후 합병증 때문이라고 밝혔다. 한때 아침 텔레비전의 탁월한 대부였던 한 남자의 너무도 슬픈 종말이었다.

개로웨이가 투데이쇼 수장 자리에서 물러남에 따라 많은 일이 뒤따라 일어났다. 그중 한 가지는 시청자보다는 프로그램 자체에 영향을 미쳤다(시청자들은 변화를 알아채지도 못했다). 투데이쇼는 그동안 오락 부서 소관이었는데 이번에는 뉴스 지향적인 NBC의 로버트 킨트너 사장이 프로그램을 오락 부서에서 뉴스 부서로 이관시키기로 했다. 그리고 데이브 개로웨이 자리에 보다 진지한 성향의 저널리스트를 앉혔다. 물론 남자였다.

베테랑 기자인 존 챈슬러가 모닝쇼의 새로운 진행자가 되었다. 그는 새드 노스실드를 투데이의 새 프로듀서로 앉혔는데 나는 그게 너무 기쁘면서도 놀랐다. 프레드 프리드는 그 직전에 다큐멘터리 프로듀서로 출발하기 위해 떠났고 나는 그대로 남아 있었다. 나는 CBS에서 새드와 같이 일했는데 그를 엄청나게 좋아했다. 그는 곰처럼 큰 체구에다 유머가 넘치는 사람이었다. 데이브 개로웨이가 말년에 휘두른 공포정치 때문에 우리 모두 그런 사람이 필요했다. 모두가 다 좋아할 줄 알았는데 사실은 그렇지가 않았다.

존 챈슬러는 매력적이고 똑똑하고 논리정연해서 쇼에는 전혀 맞지 않은 인물이었다. 그는 진지한 저널리스트였고 개로웨이와는 현격하게 대조적이었다. 시청자들은 진행자가 기차를 가지고 놀고 수영복 차림의 여성들과 시시덕거리는 모습에 익숙해져 있었다. 백만 년이 지나도 존 챈슬러가 침팬지와 같이 일할 가능성은 없었다.

투데이쇼의 시청률은 떨어졌다. 더 이상 편안하고 느긋하게 볼 수 있는 프로그램이 아니었고 많은 사람들이 보는 것을 중단해 버렸다. 존의 잘못이 아니었다. 그는 그저 맞지 않는 시간에 맞지 않는 장소에 놓여진 맞지 않는 사람이었을 뿐이다. 그 사람 자신도 그런 사실을 알았다. 존은 그 뒤 NBC 나이틀리 뉴스로 옮겨가 12년간 앵커를 맡았다. 존은 후일 래리 킹 쇼에 출연해 투데이에서 보낸 14개월에 대해 "한마디로 끔찍했다. 아침 7시 45분에 뮤지컬 배우들을 소개하기도 했다. 그건 내가 할 짓이 아니었다"는 말을 했다.

반대로 나는 존의 불안정한 입지 때문에 큰 덕을 봤다. 개화된 새드 덕분이었다. "바버라가 여성 특집만 쓰는 것은 말이 안 된다." 그는 어느 날 작가 회의에 참석해 이렇게 말했다. 세계의 종말이 온 건가? 도대체 무슨 일이 일어 난 것인지 본 사람? 아니, 아무 일도 없었다. 하지만 프로그램 시작 이래 처음으로 여성인 내가 과학, 경제, 심지어 국제 뉴스까지 맡아서 쓰게 된 것이었다. 물론 차 따르기 특집 기사도 계속 내가 맡았다. 내 기억으로는 쇼 시청자들이나 초대 손님들로부터 아무런 항의도 없었다. 다른 작가들로부터도 심한 항의는 없었던 것 같다. 물론 나와 함께 차 따르기 특집 기사를 같이 쓰겠다고 자원한 작가는 없었지만.

다른 허드렛일을 같이 하더라도 나는 고마웠다. 나는 여전히 새벽 4시에 일을 시작했지만 일은 한층 더 재미있었다. 일단 스튜디오에 들어가면 나는 존 챈슬러를 만나 그가 할 인터뷰들을 점검했다. 그런 다음 인터뷰할 초대 손님을 만나 질문 분야를 점검했다. 이런 식으로 모든 일이 제대로 돌아가도록 사전 준비를 했다. 오전 9시에 프로그램이 끝나면 우리는 사후 회의를 해서 무엇이 잘됐고 무엇이 잘못됐는지 점검했다. 오전 10시가 되면 30록의 로비에 있는 식품점 식료품 카운터로 갔다. 그때쯤이면 일어난 지 다섯 시간은 지났기 때문에 나는 베이컨, 상추, 토마토를 넣은 BLT 샌드위치나 햄버거를 먹은 다음 초콜릿 아이스크림을 시켜 먹었다. 그리고 나서 나의 멋진 사무실로 가서 전화하고 초대 손님과 약속하고 특집 기사 쓰고 앞으로 할 인터뷰 준비를 했다. 회의가 계속 이어졌고 약속을 취소하는 초대 손님이 있으면 화가 나고, 모시려고 공들인 사람이 좋다는 답을 하면 환호했다.

아침을 오전 10시에 먹었기 때문에 점심은 따로 먹지 않았다. 오후 6시쯤 되면 버스를 타고 집으로 갔고, 수시로 내가 사는 아파트 길 건너편에 있는 슈퍼마켓에 들러 볼로냐와 롤빵을 샀다. 여전히 내가 좋아하는 저녁거리였다. 외출하지 않는 날이면 저녁 9시 30분에 잠자리에 들었다. 모든 일이 순조로웠다.

그리고 일은 더 잘 풀려 나갔다.

새드는 NBC에서 나를 처음으로 방송에 내보낸 사람이다(적어도 수영복 차림이 아닌 다른 일로). 1961년 나의 미니 데뷔는 센트럴파크에서 자전거 의자에 올라앉아 진행되었다. 새드의 의도는 절대적인 남성 위주로 진행되는 방송에서 여성 취향의 보도를 한번 내보내자는 것이었다. 그래서 나는 센트럴파크에서 자전거 타기를 소재로 방송을 한 꼭지 만들어서 내보내게 된 것이었다. 나는 자전거를 잘 타지는 못했지만 그런대로 탈 줄은 알았다. 그 방송이 나가고 그 다음 달에 나는 좀 더 본격적인 데뷔를 했다. 파리의 가을 패션 컬렉션 취재를 간 것이었다.

너무 운이 좋아 믿겨지지가 않았다. 나는 새드에게 그 특집취재를 건의했는데 좋다며 나보고 직접 파리로 가서 최첨단 유행의 패션쇼를 취재하라는 것이었다. 얼마나 신나는 일인가. 나는 1961년 8월 29일자 투데이 데스크에서 방영된 화상이 흐릿한 데뷔 흑백 필름을 지금도 갖고 있다. 이렇게 말하면 너무 건방지게 들릴지 모르지만 그 필름을 보면 그때 왜 새드가 나를 방송에 내보냈는지 알 만하다. 나는 당시 유행하던 앞머리를 가지런히 짧게 자른 오드리 헵번 헤어스타일을 하고 있었다. 당시 프랑스의 젊은 여성들 대부분과 같은 모습이었다. 내 모습은 방송에 잘 어울렸다. 무엇보다도 내가 웃겼다. 당시 프로그램에서 가벼운 특집을 맡고 있는 프랭크 블레어가 내 보도를 소개했다. 나는 방송에서 윙크를 한번 해 보이며 이런 불평을 했던 기억이 난다. "오, 프랭크. 끔찍했어요. 매일 패션쇼를 돌아다녀야 하고 그러고 나면 맥심에서 점심을 먹고 샴페인을 마셔야 해요. 그런 다음에는 디오르에 가서 그 많은 향수 냄새를 다 맡아 봐야 하고. 너무 힘들었고, 정말 겨우 마지막 비행기를 타고 돌아올 수 있었어요."

나는 내가 만든 작은 꼭지가 방송에 나가는 것을 보고 기분이 좋았다. 하지만 정규적으로 방송에 나가는 기회는 주어지지 않았다. 당시 여성이 카메라 앞에 서려면 웃기지 말고 똑똑해서는 절대로 안 되며, 글래머라야 하는 게 필수조건이었다. 나는 시키는 일은 무엇이든지 잘해서 다른 여성 작가에게 밀려나지 않고 싶었다. 나는 그저 내 일자리를 지키고 싶었다. 이후 20년, 30년, 어쩌면 40년까지도 나는 같은 생각이었다. 아무리 내 이름이 알려지고 아무리 많은 상을 받고 아무리 많은 돈을 벌어도 나는 그 모든 것을 다 빼앗길지 모른다는 두려움을 안고 살았다. 로켓 과학자처럼 명석한 사람이 아니라도 나의 이러한 불안감이 아버지의 롤러코스터 같은 인생 역정이나 엄마가 가졌던 끊임없는 불안감, 언니를 돌봐주어야 한다는 부담감과 연관 지어 생각할 수 있을 것이다. 전에도 말했듯이 나는 항상 오디션을 본다는 생각을 하며 살았다. 그것은 새로 일자리를 얻는 데 필요한 오디션 같은 것일 수도 있고, 내가 지금 하는 일을 남보다 더 잘할 수 있다는 것을 증명해 보여야 하는 오디션일 수도 있다.

　그게 그렇게 나쁜 것만은 아니다. 나는 일생 동안 여러 다양한 종류의 불안감을 안고 살았지만 그렇다고 삶에 대한 나의 생각을 바꾼 적은 한번도 없었다. 나는 열심히 다른 사람보다 더 열심히 일했다. 맡은 일은 무엇이든 다 하고, 일을 집에 가져가서도 하고, 스스로를 끊임없이 채찍질했다. 일은 반드시 해내고, 앞으로 나아갔다. 이게 성공의 나쁜 공식은 아니다.

　다행히 내가 투데이에서 격랑의 첫해를 보내는 동안 우리 가족은 안정된 생활을 꾸려 가고 있었다. 부모님과 언니는 라스베이거스에 정착했고 아버지는 그곳에서 호화쇼 제작 일을 계속하며 멋진 쇼걸과 댄서들을 끌어 모으셨다. 마이애미나 뉴욕과 달리 라스베이거스에서는 이 여성들이 가슴을 노출할 수 있었다. 의상도 세련된 것을 입었고 가슴도 내놓았다. 당시 트로피카나 호텔 소유주들은 유명 간판스타들을 확보하고 있었는데 아버지의 작업에 흡족해했다. 특히 파리의 폴리 베르제르를 아버지가 개작한 쇼는 큰 사랑을 받았다. 트로피카나 호텔은 아버지와 계약을 맺었고 점차 많은 호텔들이 아버지가 하는 식의 대형 쇼를 따라 했다.

　부모님은 라스베이거스에 작은 집을 한 채 장만했고 아버지는 장미 화원까지 만드셨다. 브로드웨이는 아니었지만 그렇다고 자살 기도자들을 모아 놓은 병동도 아니었다.

　아버지의 사업은 다시 활기를 되찾기 시작했다. 아버지는 배우를 찾고 아이

디어를 얻기 위해 뉴욕, 마이애미, 유럽으로 출장을 다니셨다. 트로피카나 주인
은 아버지의 화려한 쇼를 타고 마음껏 달렸고 아버지에게 월급도 많이 지불했
다. 나도 그때는 주급 500달러 정도로 꽤 많은 돈을 받았고 루 체슬러에게서 빌
린 돈을 계속 갚아 나갔다. 그 돈에 대해서는 아버지께 한번도 입 밖에 내지 않
았다. 아버지께 수치심을 안겨 드리고 싶지 않아서였다. 체슬러는 돈을 갚지 않
아도 된다고 여러 차례 말했지만 나는 그러고 싶지 않았다. 그는 내가 필요할
때 도움이 되어 주었고 나는 그런 식으로라도 감사를 표하고 싶었다.

재키 언니도 행복해하는 것 같아 마음이 놓였다. 늘 그랬던 것처럼 언니는
코러스 걸들 몇몇과 친구가 되었는데 아버지 쇼팀의 주연 배우 한 명과도 새로
친구가 되었다. '신사는 금발을 좋아해', 그리고 나중에 '헬로 돌리!'에 출연한
못 말리는 브로드웨이 스타인 캐럴 채닝이었다. 캐럴의 아버지 조지 채닝은 기
독교과학운동의 열렬한 추종자였는데 캐럴은 어린 시절 동네 주위의 많은 '재
키'들과 함께 자랐다. 캐럴은 언니와 같이 있는 걸 정말 좋아하는 것 같았다. 캐
럴은 자기가 하는 쇼마다 재키 언니를 초대했고 꼬박꼬박 전화도 하고 틈나는
대로 언니한테 찾아오기도 했다. 두 사람의 우정은 언니가 죽는 날까지 계속됐
다. 나 역시 캐럴 채닝을 끝까지 좋아할 것이다.

이 기간 동안 나는 휴가 때면 대부분 라스베이거스로 가서 식구들과 함께
보냈다. 그래도 뉴욕으로 돌아올 때가 되면 항상 즐거웠다. 삼십대 초반에다 일
이 많았고 독신이었다. 드디어 내 개인의 삶을 갖게 된 것이었다.

그때도 가끔 로이 콘과 만났다. 나는 그의 단점이 무엇인지 훤히 알았지만
그가 우리 아버지에게 해준 일을 잊을 수는 없었다. 우리는 절대로 정치 이야기
는 하지 않았다. 그는 자신을 민주당원이라고 했다. 하지만 그의 견해는 대단히
보수적이었다. 만약 우리가 그런 문제를 놓고 왈가왈부했더라면 아마도 나는
두 번 다시 그를 볼 수 없었을 것이다. 나는 단지 그가 아주 똑똑한 사람이며 같
이 다니기 편한 상대라는 점만 생각했다.

매카시 청문회 때 그토록 비열한 역할을 했음에도 불구하고 그는 각계각층
에 친한 사람이 백만 명은 되는 것 같았다. 나쁜 평판과 미심쩍은 뒷거래에도

불구하고 로이는 정상적이고 매력적인 삶의 일면도 갖고 있었다. 나의 오랜 친구인 빌 새파이어, 그리고 보수적인 정치 전문 잡지인 내셔널 리뷰의 설립자인 윌리엄 B. 버클리 주니어와도 가까운 친구 사이였다. 또한 콘데 나스트 출판사의 시 뉴하우스 회장과도 절친한 사이였다. 시 뉴하우스 회장의 부모인 미치 뉴하우스와 샘 뉴하우스 부부에게도 아주 극진히 대했다. 정치적으로는 로널드 레이건 대통령과 친구였고, 가톨릭 추기경들, 그리고 뉴욕 정가의 보스 격인 카민 데 새피오와도 친구 사이였다. 로이는 마치 대부 같았다. 네가 내게 호의를 보여 주면 나도 네게 잘해 주겠다는 식이었다. 그리고 그는 뉴욕에서 가장 깐깐하기로 소문난 이혼전문 변호사이기도 했다.

가끔씩 데이트할 때 로이는 식사를 같이 한 다음 나를 스토크 클럽으로 잘 데려 갔다. 우리는 항상 제일 좋은 자리로 안내되었다. 그리고 그곳 주인인 셔면 빌링슬리가 와서 그와 자리를 함께했다. 당대의 내로라하는 칼럼니스트들도 자리를 함께했다. 월터 윈첼, 레너드 라이언스, 그리고 당시 가장 신랄한 텔레비전 비평가로 통하던 잭 오브라이언 등이었다. 잭의 막내딸인 케이트 오브라이언이 지금 ABC뉴스의 부회장이다. 나는 그녀가 갓난아기 때부터 알고 있다. 나는 그때 이런 사람들이 로이를 친구로 받아들인다면 나도 그럴 수 있는 것 아니냐는 생각을 했다. 그렇다고 그 사람과 친구로 지낸 것을 변명하려는 것은 아니다. 그저 당시의 나를 좀 이해해 달라는 것뿐이다. 나 자신에게 이해시키려는 면도 있다.

군 매카시 청문회 때 로이의 성적 취향에 대한 소문이 나돌기는 했지만 그가 동성애자라는 건 정말 몰랐다(그때는 '게이'라는 단어도 없었다). 그 당시에는 동성애가 크게 화젯거리가 안 되었다. 물론 그때도 동성애자는 많았겠지만 언론에서 다룬 적도 없고 사적인 자리에서도 그런 문제를 화제에 올리지 않았다. 앞에서도 이야기했듯이 로이와 만날 때 우리가 하는 신체적 접촉은 볼에 가볍게 키스하는 정도였다. 나는 그를 내 애인으로 생각하지도 않았고 그러고 싶은 마음도 없었기 때문에 그것으로도 충분했다. 그와 어떻게 해볼 생각은 추호도 없었다. 돌이켜 생각해 보니 로이 자신도 자기 어머니가 돌아가시기 전까지는 자기가 동성애자라는 사실을 받아들이지 않은 게 아닐까 하는 생각이 든다.

그의 어머니는 아주 무서운 사람이었다. 이름이 도라 마크루스 콘이었는데 뉴욕에 있는 유명한 독일 유대인 가문 출신이었다. 로이는 자기 어머니를 어릴 때 부르던 대로 '무티'라고 불렀다. 어머니를 뜻하는 독일어 '무터'의 애칭이었다. 그녀는 로이의 남자 친구들을 무척 애지중지했다. 하지만 나는 별로 내켜 하지 않았다. 내가 자기 아들과 만나는지도 분명히 알지 못했다. 하지만 나의 존재는 알고 있었고 내가 자기가 사랑하는 아들의 배필감이 아니라는 것은 금세 알아챘다. 나는 나이트클럽 주인의 딸이었다. 그리고 로이는 판사의 아들이었다. 더구나 나는 돈도 사회적 배경도 없었다. 로이는 두 가지 다 넘칠 만큼 갖고 있는 사람이었다. 한번은 로이가 자기 어머니와 나를 함께 저녁식사에 데리고 갔는데 무티는 나에 대해 싫은 기색을 숨기려고도 하지 않았다. 지금 같았으면 그때 나는 당신 아들에게 아무런 관심도 없다고 쏘아주었더라면 하는 생각이 들기도 하지만, 나는 워낙 얌전하게 자란지라 입을 꼭 다물고 있었다.

내가 투데이쇼에 출연하기 시작하며 무티와의 관계는 약간 좋아졌다. 그녀는 마지못해 나를 약간 대접해 주었다. 그래도 여전히 내가 자기 아들의 배필감은 아니었다. 그런데 사람들이 나에 대해 좋은 말들을 하기 시작했고 그래서 로이의 생일이나 특별한 날 가끔 마주치면 그녀는 내게 반갑게 인사를 건넸다.

로이는 1969년까지 무티와 함께 파크 애비뉴에 있는 아파트에서 살았다. 한번은 로이를 한동안 보지 못했는데 어느 날 갑자기 전화를 걸어와서는 자기 아파트에 와서 랍비를 만나 보지 않겠느냐고 했다. 그의 아파트에 간 것은 그날이 처음이었다. 나는 막연히 로이가 자기 여자 친구가 있다는 걸 랍비에게 보여 주고 싶어 하는구나 하는 추측만 했을 뿐이다.

몇 년간 로이는 가끔 내게 자기와 결혼하겠느냐고 물어 봤다. 나는 그가 결혼할 때가 되었구나 하는 생각은 했다. 게다가 그는 아이들을 무척 좋아했다. 그리고 나를 좋아하는 게 분명했다. 그렇다면 결혼하지 못할 이유가 없지 않아? 물론 나는 그와 결혼하겠다는 생각을 심각하게 해본 적이 없지만 사람들은 나를 로이의 이성애 파트너로 알았다. 그는 기자들이 왜 결혼하지 않느냐고 물으면 으레 나와 결혼하고 싶지만 너무 바빠서 대신 일과 결혼했다는 답을 했다.

하지만 아주 짧은 순간 결혼 가능성을 생각한 적이 있다. 로이가 커다란 타운 하우스를 구입했을 때다. 4층짜리 집이었는데 로이는 우리 부모님과 재키 언니를 꼭대기 층에 모셔다 살면 어떻겠느냐는 말을 했다. 부모님과 언니를 안전하게 보호받으며 살 수 있게 한다는 것은 엄청난 유혹이었고 나는 그렇게 하면 좋겠다는 생각을 잠시 했다. 하지만 '좋겠다'는 생각이 '좋다'로 바뀌지는 않았다. 그럴 수는 없었다.

로이는 성적으로뿐 아니라 여러 면에서 문제가 많은 사람이었다. 불같은 성격도 직접 목격했고 전화에 대고 아랫사람들한테 고래고래 소리를 지르는 것도 들었다. 나는 그걸 보고 경악했다. 매카시 시절에 그의 손에 파괴된 사람들의 이야기를 듣고도 경악했다. 내 친구와 동료들까지 포함된 많은 사람들에게 그러한 기억은 생생하게 남아 있었다. 나는 그런 일들을 이해하면서도 나와 로이의 관계를 그들에게 설명할 수는 없었다.

투데이쇼를 시작한 지 2년째가 되면서 나는 로이와의 만남을 거의 중단했다. 그때 나는 다른 사람과 만났는데 그 이야기는 좀 있다 하겠다. 여러 해 동안 로이는 가끔 전화를 걸어 "잘 지내요? 점심이나 같이 할까?"라는 말을 했다. 그러면 나는 그를 따라 고급 레스토랑으로 가서 그가 어떻게 지내는지 이야기를 들었다. 그는 내 생활에 대해서는 큰 관심을 갖지 않았는데 나는 그게 편했다. 시간이 지나며 그의 동성애 취향은 점점 더 분명하게 나타났다. 하지만 그는 그걸 공개적으로 시인하지는 않았고 내게 개인적으로 털어놓은 적도 없다. 하지만 그는 점점 더 분별력이 없어져 갔고 나는 한밤중에 경찰로부터 로이가 어린 남자애한테 살해당했다는 전화를 받게 되지 않을까 걱정하게 되었다.

나이가 들며 그는 몇 차례 안면성형을 했고 본인도 그러한 사실을 굳이 숨기려 들지 않았다. 한번은 점심을 같이 먹는데 수술 자국이 그대로 보였다. 허영심과 다른 사람이 자기를 어떻게 생각하든 전혀 개의치 않는 태도를 한꺼번에 보여 주는 기이하고도 이중적인 모습이었다. 여러 기행에도 불구하고 직업적으로는 별 문제가 없었다. 그는 이혼소송뿐 아니라 아주 중요한 고객들을 많이 확보하고 있었다. 요트도 한 척 사서 맨해튼의 79번 스트리트에 있는 보트 정박장에다 매어 두었다. 나는 그 배에는 한번도 가지 않았다. 코네티컷에도 집을 한 채 사서 그곳에서 거창한 파티를 자주 열었다. 나도 여러 번 초대받았지만 한번도 가지 않았다. 엄청난 돈을 벌었음에도 그는 여러 해 동안 어디를 가든 돈을 내는 법이 없었다. 나중에 들은 바로는 모든 비용을 공금으로 처리하고, 또한 자기가 뒤를 봐주는 레스토랑이나 클럽에 비용 처리를 계속 떠안겼다는 것이었다.

그리고 에이즈에 걸렸다. 돌이켜 보면 그것은 피할 수 없는 결말이었다. 요트와 여기저기서 벌인 그 숱한 파티들. 그 어린 남자애들, 숱하게 갈아치운 어린 하룻밤 상대들. 그들이 그를 상대로 강도질을 했나? 협박한 건가? 번 돈을 모두 그들에게 쓴 것인가?

로이는 자기가 에이즈에 걸린 사실을 한번도 시인하지 않았다. 하지만 소문으로는 그랬다. 한번은 최고급 레스토랑인 르 서크에서 그와 점심을 먹을 때였는데 계속 훌쩍거리며 냅킨으로 코를 닦아대는 것을 보고 기겁을 했다. 여러 해 전에 처음으로 데이트하려고 나가던 길에 길 한복판에 차를 버리고 가던 그 경솔하고 이기적인 로이의 모습 그대로였다. 아니 그때보다도 훨씬 더 위험한 상태였다. 식사를 마치고 테이블을 떠나며 나는 종업원을 한쪽으로 불러내 그 냅킨을 내다 버리라고 시켰다.

하지만 그런 일을 겪으면서도 나는 로이에게 잘해 주었다. 예전에 그가 내게 잘해 준 것처럼. 1986년에 그가 나더러 뉴욕변호사협회에 나가서 자기에게 유리한 증언을 해 달라고 부탁했을 때 나는 그렇게 해 주었다. 당시 뉴욕변호사협회는 비윤리적이고 비전문적인 행위를 했다는 이유로 그의 변호사 자격을 박탈할 움직임을 보이고 있었다. 나는 로이가 죽어 간다는 사실을 알았고 그래서 협회에 그가 조금이나마 품위 있게 죽을 수 있도록 그의 죄를 용서해 달라고 부탁했다. 로이의 친한 친구인 빌 새파이어와 윌리엄 버클리도 증언했다. 우리 증언은 모두 비밀에 부쳐지도록 되어 있었지만 언론에 흘러 나갔다. 하지만 위원회는 로이의 건방지고 분명히 비윤리적인 행위에 실망했고 그의 변호사 자격을 결국 박탈해 버렸다.

2003년에 마이크 니컬스 감독이 케이블 TV 공급사 HBO의 훌륭한 미니시리즈 '에인절스 인 아메리카' Angels in America를 제작했다. 토니 쿠시너가 1990년에 만든 같은 이름의 희곡을 로이에게 맞춰 영화화한 충격적인 작품이었다. TV 시리즈에서는 알 파치노가 로이 역을 맡아 그의 복합적이고 잔혹한 성격을 그대로 보여 주었다. 로이에 대한 묘사 가운데는 내가 인정하는 부분도 있고 동의하지 않는 부분도 있다. 하지만 로이에 대한 나 자신의 추억도 무시할 수는 없었다.

변호사 자격을 박탈당한 지 얼마 안 되어 로이는 죽었다. 1986년 8월 2일, 그의 나이 59세였다.

인도로 가는 길

1962년 3월에 재키 케네디가 인도와 파키스탄을 방문했다. 백악
관은 그 방문을 '반半 공식방문'으로 불렀지만 퍼스트레이디
의 방문 취재를 위해 정부에서는 54명의 기자들에게 공식 취재
허가를 내주었다. 나도 그중의 한 명이었는데 NBC, CBS, ABC의 노련한 고참
뉴스캐스터들 사이에 낀 신참이었다. 물론 모두 남자들이었다. 그리고 워싱턴
포스트, 뉴욕 타임스, 각 통신들, 타임, 나중에 없어졌지만 새터데이 이브닝 포
스트 등 거의 모든 신문과 잡지의 베테랑 기자들이 총출동했다. 그들도 모두 남
자였다. 재키의 '친선 방문' 취재 허가를 받은 여성은 7명뿐이었다. 언론계에
여성이 거의 없을 때였고 나를 제외한 나머지 6명은 종이 언론 쪽이었다. AP 통
신의 프랜 르와인, 리더 신문 그룹의 매리 리더, 타임의 앤 챔벌린, 시카고 트리
뷴의 그웬 모건, 워싱턴 포스트의 몰리 세이어, 그리고 새터데이 이브닝 포스트
의 조앤 브래든이었다. 텔레비전 기자는 나 혼자뿐이었다.

어떻게 해서 내가 가게 되었을까? 새드 노스실드와 존 챈슬러가 이번 방문
이 투데이쇼 시청자들 구미에 딱 맞는 취재 거리라고 생각했기 때문이다. 취재
대상이 여성이고 여성이 취재한다. 그러니 나를 보내지 않을 이유가 없었던 것
이다. 나는 기사를 쓸 줄도 알고 방송 리포트도 할 줄 알았다. 짐 꾸리는 것만
빨리 못할 뿐이었다.

그때까지만 해도 나는 재키 케네디와 서로 모르는 사이였다. 하지만 다른 수백만 명의 미국민들처럼 나는 그녀의 멋진 용모와 포즈, 스타일에 매료되어 있었다. 존 F. 케네디는 젊고 핸섬한 대통령이었다. 두 사람은 백악관의 나이 많은 전임 안주인이었던 노부부 드와이트 아이젠하워, 메이미 아이젠하워와는 완전 딴판이었다. 미국은 다시 젊고 활기에 넘치기 시작했으며 약속과 가능성으로 넘쳐났다. 정말 매혹적인 시기였다.

힘든 취재 여행이었다. 모든 것이 사전에 치밀하게 계획되어 있었고 수행 기자들은 이 행사장에서 저 행사장으로 최대한 신속하게 이동해야 했다. 그래서 우리는 짐 보따리와 타이프라이터를 비롯한 장비를 모두 낑낑거리며 끌고 다녔다. 랩톱이 없던 시절이라 타이프라이터 무게만 해도 1톤은 되는 것 같았다. 미리 웨이트 트레이닝을 해놓든지 아니면 조앤 브래든 같은 여자가 되었어야 했다.

조앤은 매력적인 여성이었다. 당시 일곱 아이의 엄마였고 또 한 명이 더 태어날 예정이었다. 신디케이트 칼럼니스트인 톰 브래든이 남편이었는데 그는 나중에 자기 가족을 소재로 베스트셀러 '여덟이면 족해'Eight Is Enough라는 책을 쓴 사람이다. 조앤은 나와 방을 같이 썼고 나중에는 텐트 생활도(매리 리더와 셋이서) 같이했다. 조앤은 아주 날씬하고 햇빛을 너무 많이 쏘여서 조금은 쭈글쭈글했다. 그녀는 1960년 존 F. 케네디 대통령선거운동 때 바비 케네디와 같이 일하며 그와 연인 사이가 된 것으로 알려졌다. 그녀는 케네디가 모두와 친구였다. 그녀는 또한 유명한 언론인 형제인 조 알솝, 스튜어트 알솝 형제와도 아주 가까운 친구 사이였다. 조 알솝은 아주 영향력 있는 신디케이트 칼럼을 썼고 케네디 대통령과 존슨 대통령 모두와 아주 절친한 친구 사이였다. 스튜어트 알솝은 새터데이 이브닝 포스트 에디터였다. 조앤이 재키의 방문 취재를 하게 된 것도 그런 인연 때문이었다. 그 뒤 조앤은 로버트 맥나마라 국방장관이 아내와 사별하고 난 뒤 소위 그의 여행 친구가 되었는데 두 사람은 연인 사이였다. 조앤은 남편과 혼인관계를 유지하면서 그와 함께 전 세계를 돌아다녔다. 남편도 그것에 대해 반대하지 않는 것 같았다. 두 사람의 관계는 여러 해 동안 워싱턴의 제일 큰 화젯거리였다. 조앤에 관한 이야기라면 무엇이든 여자들의 입방아에 올랐다.

내가 이런 이야기를 하는 것은 나중에 보니 인도 여행에 함께 간 모든 남자들이 조앤에게 흠뻑 빠진 것으로 드러났기 때문이다. 백전노장의 남자 기자들이 앞다투어 그녀의 가방, 타이프라이터를 비롯해 무엇이든 대신 들어 주겠다고 나섰다. 당시에는 나도 쓸 만했는데 아무도 내 가방을 들어 주겠다고 나서는 이가 없었다. 나는 혼자서 끙끙대며 내 짐을 날랐다.

당시 조앤은 스타킹을 신지 않았는데 발뒤꿈치에 보니 물집이 나 있었다. 이 때문에 남자들은 그녀의 짐만 들어주는 게 아니라 직접 업어 주겠다고 나섰다. 그런데 나도 그녀를 좋아했다. 조앤은 재미있고 달콤하며 정말 여성스러웠다. 앞서 이야기했지만 그때 조앤은 결혼해서 아이 일곱을 둔 애 엄마였다.

차마 따라할 수는 없었지만 그녀는 몇 가지 특이한 습관이 있었다. 우선 의자나 소파 대신 바닥에 앉는 걸 좋아했다. 그렇게 하면 이야기하는 상대 남자를 올려다보게 되었다. 그러면 그녀는 마치 황홀경에 빠진 것처럼 두 눈으로 상대를 빤히 올려다보는 식이 되고, 상대 남자는 자기에게 헌신적인 종을 내려다보는 것처럼 되었다. 그리고 누가 웃기는 말만 하면 깔깔거리고 웃었는데 자기 이야기는 좀체 하지 않았다. 하는 말은 모두 답을 듣기 위해 질문을 하는 투였다. 그리고 상대가 남자든 여자든 대화할 때는 항상 상대가 듣기 좋은 말을 곁들였다.

뛰어난 사교술과 애교로 조앤은 포드 행정부와 닉슨 행정부 시절 워싱턴에서 가장 중요한 호스티스 중 한 명이었다. 헨리 키신저가 독신 시절 그녀의 절친한 친구였다. 그녀는 남편 톰과 함께 거의 매달 사람들을 저녁식사에 초대했다. 모든 사람이 다 참석했다. 조앤 부부는 부자가 아니었다. 그 많은 아이들을 키워야 했지만 별로 걱정하지 않는 것 같았다. 조앤은 조명을 아주 어둡게 해놓고 스파게티를 대접했는데 자기는 바닥에 앉았다.

그녀는 그 여행에서 유일하게 재클린 케네디와 단독 인터뷰를 했다.

물론 나도 2주간의 취재여행 기간 중 퍼스트레이디와 인터뷰를 하고 싶었지만 백악관은 우리 모두를 막았다. 나는 첫 번째 방문지인 로마에서 인터뷰를 시도해 봤지만 실패했다. 로마에서 재키는 교황을 알현하고 프랑스어로 환담을 나눴다. 인도에서도 시도해 봤지만 또 실패했다. 인도에서 재키와 여동생 리 래 지월은 당시 인도 주재 미국 대사인 존 케네스 갤브레이스의 영접을 받았다. 일 행은 우다이푸르의 호수에서 뱃놀이를 하고 파테푸르 시크리에서는 깊이 50피 트의 연못에 다이버들이 뛰어드는 것을 구경했다. 재키가 라즈 가트에 있는 간 디 묘소를 참배하러 갔을 때, 암베르 마을에서 코끼리를 탈 때, 그리고 아그라 의 휘황찬란한 타지마할에서 시간을 보낼 때도 접근해 보았지만 뜻을 이루지 못했다.

나는 마지막 방문지인 파키스탄을 목표로 삼았다. 그곳에서는 재키한테 홀 딱 반한 아유브 칸 대통령이 퍼스트레이디를 위해 경마 쇼를 준비했다(2000명이 횃불을 들고 말을 탔다). 그는 쓰고 있던 아스트라한 모자를 벗어서 재키에게 주기 도 하고 퍼스트레이디와 나를 포함한 수행기자단을 위해 위험한 아프가니스탄 국경까지 가는 유명한 카이버 고갯길도 돌아보도록 주선해 주었다. 하지만 재 키는 아유브 칸 대통령에게는 매력 있게 보였겠지만 자기 일거수일투족을 지켜 보는 기자들한테는 호의를 보이지 않았다. 나뿐 아니라 다른 누구와도 인터뷰 를 하지 않았다. 심지어 기자회견조차 하지 않았다.

파키스탄에서 재키가 어느 기념비를 방문할 때 나는 중요한 기회를 잡았다. "케네디 여사, 머리에 꽂은 바비핀이 떨어졌습니다." 내가 이렇게 말했더니 돌 아보고 웃으며 "고마워요"라고 하는 것이었다. 그게 다였다. 나의 단독 인터뷰 였던 셈이다.

하지만 나는 무척 바빴다. 매일 투데이쇼에 내보낼 꼭지를 만들어야 하고 라디오 방송도 생방송으로 내보내야 했기 때문이다. 재키가 그날 어디에 가고 어떤 옷을 입었는지를 제외하고는 기삿거리가 없었기 때문에 힘들었다. 한번 은 사원에 들어가는데 재키가 신발을 벗어야 했다. 그때 우리는 재키가 사이즈 10 신발을 신었다고 요란하게 보도했다. 그런 재미도 없는 기사들은 내보내지 않았어도 아무 문제가 없었을 것이다. 하지만 당시에는 그런 것이 큰 뉴스거리 였다. 일정이 너무 헐렁하다 보니 기자들은 확인도 안 되는 소문을 서로 주고

받았다. 재키가 트렁크를 26개 갖고 왔다거나 시중드는 여자 두 명을 데려 왔다든지 하는 이야기는 제법 큰 화젯거리였다. 나는 그런 소문은 보도하지 않았다. 나중에 알고 보니 선물을 넣어가려고 반만 채워 갖고 온 트렁크 세 개와 백악관으로 들어오기 오래전부터 케네디가에서 일해 온 미용사 한 명을 데려 왔을 뿐이었다.

더구나 나는 소수로 운영되는 풀기자단에 들지 못했다. 하기야 그 취재 여행을 따라오기 전에는 풀 기자라는 게 뭔지도 몰랐다. 풀 기자단은 신문기자 한 명, 잡지기자 한 명, 방송기자 한 명으로 구성되었는데 재키의 동정을 근접취재해서 나머지 기자단에 브리핑해 주는 역할을 했다. 물론 재키를 따라다니며 동정을 두 눈으로 직접 보고 들으면 보다 생생한 리포트를 할 수 있었을 것이다. 하지만 나는 NBC에서 나보다 한참 고참인 샌더 배노커에게 막혀 아무것도 못했다. 그는 풀 취재를 할 때 한번도 나를 데려가지 않았다. 나는 매일 필름 작업을 하고 라디오 방송을 하는데도 그는 몇 주 뒤에나 나갈 특별방송 자료준비나 한다며 시간을 보냈다. 내게 방송 풀 기자 기회를 한번 준다고 자기가 죽나?

인도에서는 기삿거리가 너무 없어서 인터뷰를 하러 바깥으로 나다녔는데, 당시 자와할랄 네루 총리의 딸 인디라 간디가 델리에 있는 총리 관저에서 나와 인터뷰를 해 주겠다고 해서 투데이쇼는 크게 한번 히트를 쳤다. 인도로 출발하기 전에 나는 간디 여사에게 편지를 써서 인터뷰 요청을 했는데, 내가 인도에 있는 동안에 그녀가 사람을 시켜 NBC에 연락해 나를 만나겠다는 의사를 전달했던 것이다.

당시 그녀는 자기 아버지의 공식 호스티스 역할을 하고 있었는데, 나와 우리 카메라맨에게 동굴처럼 생긴 저택을 두루 보여 주었다. 그리고 모든 여성이 공감하는 주제인 수납장 이야기로 나를 편안하게 해 주었다. 관저에 수납장이 부족해 불편하다고 그녀는 불평을 늘어놓았다. 그리고 부엌이 응접실에서 너무 멀리 떨어져 있어 손님한테 내가는 도중에 음식이 모두 식어 버린다고 했다.

4년 뒤에 인도 총리가 되고 세계의 위대한 지도자 중 한 명이 될 여자가 그렇게 내 앞에 앉아서 나와 같은 불평을 늘어놓고 있었던 것이다. 나도 방 3개짜리 아파트에 있는 내 부엌이 마음에 들지 않았고 수납공간도 부족했다. 이상하게도 장시간 계속된 그날의 인터뷰에서 가장 기억에 남는 것은 바로 그런 말들이었다. 그런 말 때문에 간디 여사는 내 기억에 아주 인간적인 사람으로 남아 있다. 그녀가 총리직에 네 번째 재임 중이던 1984년에 암살되었다는 소식을 듣고 나는 너무 놀라고 슬펐다.

잠깐 말을 돌려 인도의 좀 별난 지도자들 중 한 명과 만난 이야기를 하겠다. 1977년부터 1979년까지 인도 총리를 지낸 스리 모라르지 데사이란 사람인데 당시 나는 ABC에서 힘든 시기를 보내며(이 이야기는 나중에 자세히 이야기하겠다) 재기를 위해 애쓰던 시절이었다. 1977년 12월 29일부터 1978년 1월 6일까지 지미 카터 대통령은 폴란드, 프랑스, 벨기에, 사우디아라비아, 이란, 인도를 순방했다. ABC는 나를 딸려 보내 순방 취재를 시켰다. 당시 ABC 외교반장인 테드 코펠, 백악관 취재반장인 샘 도널드슨도 함께 갔다. 그런 동료들과 같이 가는 게 나는 너무 좋았다. 우리는 절친한 친구가 되었고 지금도 마찬가지다. 여행 기간 내내 우리는 자유 시간을 모두 함께 보냈다.

재키 케네디 취재 여행을 따라갔을 때처럼 나는 데사이 총리한테도 사전에 인터뷰 요청을 해놓았다. 나는 그가 공개한 자신의 건강비법에 관심이 많았다. 거기에는 치료 목적으로 자기 오줌을 마신다는 내용도 들어 있었다. 총리는 나의 인터뷰 요청을 받아 주었다. 그는 호리호리하고 금욕주의자처럼 보였는데 내가 묻는 질문에 쉬운 말로 솔직하게 답해 주었다. 인도와 미국의 관계에 대해 이야기를 마친 다음 만병통치라는 그의 오줌요법에 대해 물어 보았더니 "나는 오줌요법이 거의 모든 병에 치료효과가 있다고 생각합니다. 하지만 오줌을 마시는 사람이 치료에 대한 믿음을 가져야만 효과가 있어요"라고 당당하게 말하는 것이었다. 그는 오줌이 백내장 치료에 효과가 있다며 "백내장은 초기에 발견해서 오줌으로 눈을 계속 씻어 주면 나아요"라고 했다.

나는 취재한 내용을 곧바로 ABC뉴스로 보냈다. 그런데 나는 놀라운 인터뷰 내용을 취재했다고 생각했는데 ABC뉴스는 너무 역겨운 내용이라며 방송에 내보내지 않기로 결정을 내려 버렸다. 잘난 체하는 건 아니지만 그때 함께 뉴델리에 갔던 CBS의 댄 래더도 몇 주 뒤에 데사이 총리와 인터뷰를 하고 나처럼 오줌에 대한 질문을 해서는 인터뷰 내용을 그대로 내보냈다. 그러자 ABC도 할 수 없이 내가 취재한 것을 뒤따라 내보냈다. 그래서 방송끼리 오줌 전쟁이 벌어졌던 것이다. 하지만 그 이야기를 하려는 게 아니라 테드 코펠, 샘 도널드슨이 관련된 재미있는 이야기 한 토막을 여러분께 소개하려는 것이다.

내가 데사이 총리를 상대로 그런 사적인 질문을 던질 배짱을 가졌다는 데 대해 두 사람 모두 너무 기분 좋아했다. 그날 저녁에 우리 세 사람은 식사를 하러 뉴델리 시내 레스토랑으로 갔다. 우리는 백포도주 한 병을 시켰다. 포도주가 도착하자 테드는 자기 와인 잔에다 투명한 액체를 따른 다음 한 바퀴 돌리고 나서 맛을 보고는 엄숙한 목소리로 말했다. "좋은 오줌이야. 최고급은 아니지만 상당히 좋은 오줌이야."

정말 잊을 수 없는 저녁이었다.

재키와 그녀의 고대 '핑크 시티' 자이푸르 방문 이야기로 다시 돌아가자. 자이푸르의 마하라자와 그의 아내 마하라니가 재키의 친구였다. 왕가는 다른 곳에 있는 몇 군데 시골 궁전에 비해 어마어마한 규모의 시내 궁에서 케네디 여사 일행을 맞이했다. 온갖 보물로 치장되어 사람의 눈길을 사로잡는 멋진 궁이었다. 수천 년 전에 지어진 궁전 외에도 그보다 뒤에 세워진 크리슈티나신을 위한 7층 사원이 있었다. 크리슈티나신은 힌두교에서 가장 사랑받는 신 가운데 하나로 전설에 따르면 예수보다 5000년 전에 태어났다고 한다.

투데이쇼 시청자들은 진기한 궁의 모습에 넋을 잃었다. 그 가운데는 대형 크리스털 식탁이 하나 있는데 유명한 프랑스 유리 공예가인 라리크가 디자인하고 직접 제작한 것이었다. 그 식탁에 앉아 식사한다는 생각만 해도 황홀했다. 자기 친구들 사이에는 아예샤로 불리는 마하라니 가야트리 데비도 만났는데 그 순간도 정말 황홀했다. 마하라니는 세계 최고의 미인 가운데 한 명으로 꼽히는 여자였다. 그녀는 고귀한 신분으로 태어나 가족의 궁에서 하인 500명의 시중을 받으며 자랐고 당시는 존경받는 하원의원으로 진취적인 학교도 여러 개 설립했다. 그녀는 또한 훌륭한 호스티스였고 아주 예쁜 사리 의상을 여러 벌 갖고 있었다. 그때 나는 주름 잡힌 실크 사리를 입은 그녀의 우아한 자태에 반해 소매 없고 구김이 지지 않는 내 옷을 몽땅 실크 사리로 바꿔 버릴까 하는 생각까지 했다.

사리에 대한 나의 집착은 어쩌면 정신착란으로 인한 것인지도 모르겠다. 나는 그곳에 있는 동안 나답지 않게 실제로 아팠다. 나는 잘 아프지 않는데, 한참 뒤의 일이지만 한번은 장성한 딸애에게 전화를 걸어 열이 좀 있는 것 같다고 했더니 금방 달려오겠다는 것이었다. 내가 죽기 전에 보러 오겠다는 말 같았다. 하지만 나는 자이푸르에서 텐트에서 자다가 감기가 걸렸던 것이다. 우리가 모두 묵을 호텔방이 모자랐기 때문이다. 나는 몸이 너무 엉망이 되어서 궁에서 열린 대연회에도 참석하지 못했다.

세상이 얼마나 좁은지 보여 주는 일화가 있다. 그 취재 여행에서 우리는 마하라자의 왕위 계승자인 큰 왕자도 만났다. 그로부터 여러 해 뒤인 2005년 3월에 나는 다시 인도를 여행했는데, 그때는 천국에 대한 특집을 위해 달라이 라마를 인터뷰하기 위해 갔다. 인터뷰를 마친 다음 나는 스태프들에게 한턱내는 셈으로 며칠 동안 관광을 하기로 했다. 나는 테드 코펠, 샘 도널드슨과 같이 잠시와 본 뒤로는 인도에 다시 오지 못했다. 어쨌든 이번에 우리 관광 일정에서 중요한 곳은 자이푸르였다. 그런데 우리 가이드가 자기가 특별한 연줄이 있기 때문에 이름뿐이기는 하지만(식민지 독립 후 인도에서 왕실은 차츰 힘을 잃었다) 지금의 마하라자와 시내 궁에서 식사를 같이 하도록 주선해 줄 수 있다는 것이었다. 왕궁 한 곳이 멋진 호텔로 바뀌어 있었는데 우리는 그곳에서 밤을 지냈다. 가이드는 한 사람 앞에 200달러씩에 옛 인도의 영광을 되돌아 볼 수 있는 멋진 방문을 주선해 주겠다고 약속했다. 그런 제안을 어떻게 거절할 수 있겠는가.

나중에 800달러를 주기로 하고 우리 일행은 궁전 앞마당에 도착했다. 행사 때 쓰기 위해 빌려다 놓은 코끼리 몇 마리가 채색한 육중한 이마를 이리저리 흔들고 있는 것이 보였다. 코끼리는 온순한 동물이라 다른 관광지에서도 볼 수 있었다. 관광객들은 돈을 내면 작은 사다리로 코끼리 등에 올라앉아 갈 수 있었다. 다른 곳의 사원에서는 나도 코끼리 등을 타보았지만 궁에서는 그렇게 하지 않았다. 궁전 마당에는 코끼리 몇 마리와 함께 젊고 아주 매력적인 댄서 두 명이 있었는데 보석 치장을 한 의상을 입은 채 우리 일행을 위해 몸을 이리저리 돌리며 춤을 추었다. 이러한 간단한 환영행사를 마친 다음 우리는 본관으로 들어갔다. 그곳에서는 늙고 아주 지쳐 보이는 신사 한 분이 블레이저 재킷과 애스콧타이 차림으로 우리를 맞이하기 위해 기다리고 있었다. 이게 어찌된 영문인가! 그 사람은 오래전 재키 방문 때 만난 바로 그 왕세자였다. 그가 이제 마하라자가 되어 있었던 것이다. 나는 그에게 전에 만난 적이 있다는 말을 했다. 그는 재클린 케네디가 방문했던 사실을 분명히 기억하고 있었다. 하지만 이제는 자신이 왕위 계승자를 둔 입장인 데다 재정도 부족했다. 나중에 알고 보니 그와 식사하는 데는 특별한 연줄도 필요 없었다. 한 사람당 200달러만 내면 아는 사람이 있건 없건 식사할 수 있었던 것이다. 그 돈이면 그와 함께 오리지널 라리크 디자인의 그 멋진 크리스털 테이블(기억나시나요?)에 앉아서 식사도 할 수 있었다. 나는 오랜 세월이 흐른 뒤 그를 다시 만난 게 너무 감격스러워 식사 끝까지 우리와 같이 앉아 있지 않으셔도 된다고 말해 주었다. "가서 누우세요"라고 말하자 그는 고맙다며 자리를 떴다.

재키 취재 때 타지마할에서 별로 좋지 않은 일을 겪기도 했다. 다음 목적지로 가는 기차를 거의 놓칠 뻔했는데 45년이 지난 지금 이 글을 쓰는 동안에도 그때 놀랐던 기억이 난다. 뉴욕 본사에 전화로 리포트하는 것이 늦어지는 바람에 전력을 다해 역으로 질주해야 했다. 가는 도중에 넘어지면서 한 손이 심하게 까졌고 그 바람에 몇 주 동안 손에 붕대를 감고 다녀야 했다. 붕대는 뉴욕에 돌아와서야 풀었다. 나는 사람들에게 "석양에 타지마할에서 달리다 그렇게 됐다"고 말할까 했는데 아무도 묻는 사람이 없었다.

그 취재 여행에서 마지막 인터뷰는 파키스탄 대통령 아유브 칸과 했다. 내가 국가원수와 한 첫 번째 인터뷰였지만 하나도 기억나는 게 없다. 아마도 말 알레르기 때문에 기억력이 나빠졌는지도 모르겠다. 재키의 파키스탄 방문 일정에는 말 쇼가 들어 있었다. 우리도 따라서 볼 수밖에 없었다. 그걸 보고 나서 나는 눈이 충혈되고 재채기가 마구 났다. 퍼스트레이디가 말을 좋아한다는 것

을 알고 아유브 칸은 사르다르라는 이름의 말 한 필을 미국으로 딸려 보내 주
었다. 재키는 카라치에서 낙타도 탔는데 그때 나는 낙타 알레르기도 있는 것을
알았다. 다른 기자들이 그걸 쳐다보며 사진을 찍어 대는 동안 나는 재채기를
해댔다.

여행 마지막 날 재키는 마침내 여기자들을 불러서는 페인트칠이 된 작은
상자를 하나씩 선물했다. 나는 지금도 그걸 갖고 있다. "힘든 여행이라는 걸 알
아요. 내가 여러분께 얼마나 감사하고 있는지 알아 주셨으면 해요." 재키는 쉰
소리로 이렇게 말했다. 그나마 기자회견이라고 이름 붙일 만한 유일한 모임이
었다.

몇 년 뒤 재키와 나는 친구 사이처럼 되어서 간혹 점심도 같이 먹고 디너파
티에서 만나기도 했다. 그녀는 아주 유쾌한 사람이었고 자기 시누이들에 대해
안 좋은 이야기를 내게 털어놓곤 했는데 나는 그렇게 들은 말을 누구에게도 하
지 않았다. 재키는 시누이들의 운동 열성을 도저히 따라할 수 없다며 그녀들이
수상스키, 테니스 등 격렬한 운동을 하는 게 정말 싫다고 했다. 나도 공감했다.
내가 재키와 인터뷰하려고 했을까? 그거야 물으나 마나 당연한 일이다. 몇 년
동안에 걸쳐 숱하게 시도했다. 예를 들어 좋아하는 책을 주제로 하든 아니면 역
사적인 유적지 보존운동을 주제로 하든 그녀의 관심 분야를 가지고 인터뷰하자
고 졸라 보았지만 그녀는 항상 거절했다. 사실은 내 희망과 달리 지금 생각하니
그녀의 결정이 절대적으로 옳았다. 침묵은 그녀의 신비감을 유지시켜 주었고
은은한 분위기를 풍기게 했다. 그렇지 않았더라면 그런 분위기는 사라졌을 것
이다. 그녀의 침묵은 갖가지 궁금증을 자아내게 만들었다.

첫 번째 인도 여행에서 내가 잡은 유일한 특종은 보도되지 못했다. 케네디
대통령의 여성 편력은 지금은 다 알려진 이야기지만 당시에는 그의 엽색행각이
국가기밀로 다루어졌다. 언론도 그 문제는 다루지 않았다. 당시 인도에서 미국
해외공보처USIA 처장을 만났더니 그는 절대 비밀이라며 케네디 부인이 인도 여
행을 마치고 귀국하면 당시 대통령과 염문설이 나돌던 여배우 앤지 디킨슨이
재키와 똑같은 여행을 하기 위해 인도에 올 예정이라고 알려 주는 것이었다. 하

지만 USIA나 국무부 관리, 인도와 파키스탄 정부 관리, 그리고 나를 포함한 취재단의 기자들이 앤지가 퍼스트레이디와 똑같은 여행을 한다는 사실을 안다 해도 그것은 기밀사항이었다.

아무리 애를 써 봐도 재키와의 인터뷰가 성사되지 않자 나는 하는 수 없이 조앤 브래든을 투데이쇼에 출연시키기로 했다. 그녀는 유일하게 케네디 부인과 직접 인터뷰를 한 사람이었다. 재키가 귀국 비행기 안에서 조앤을 옆자리에 앉게 했기 때문이다. 스튜어트 알솝이 미리 손을 써서 그렇게 된 것이고 조앤은 그 기회를 이용해 새터데이 이브닝 포스트에 기사를 쓸 수 있었던 것이다. 조앤이 뉴욕으로 와서 우리는 유쾌하지만 특별히 뉴스 가치가 없는 인터뷰를 했다. 그런데 아니나 다를까. 그녀는 존 챈슬러와 새드 노스실드 두 사람을 완전히 사로잡아 놓았다. "좋은 인터뷰였어"라고 두 사람은 입을 모으는 것이었다. 하이고, 웃기는 소리!

장례식과 결혼식

첫 인도 여행이 즐거웠지만 집으로 돌아오니 좋았다. 큰 이유 중 하나는 인도로 떠나기 직전에 친구 소개로 리 거버라는 남자를 만났기 때문이다. 원래 내 친구 조이스 애슐리가 그 남자와 데이트를 했는데 멋진 남자이기는 하지만 두 사람 사이에는 짜릿한 감정이 생기지 않았다. 그래서 나와 만나도록 주선한 것이었다. "멋진 남자야." 그녀는 내게 이렇게 말했다. "하지만 절대로 그 남자하고 결혼은 안 할걸."

그래서 나는 그를 만나기 전부터 약간의 기대감을 갖고 나갔고 우리는 뉴욕에 있는 프라이어스 클럽에서 만났다. 조이스의 말이 맞았다. 푸른 눈, 검은 머리, 그리고 멋진 몸매. 더 놀라운 것은 만나자마자 짜릿한 감정이 통했다는 사실이었다. 우리는 처음 만난 날 저녁에 오래 같이 걸으며 서로의 삶에 대해 이야기했다. 그는 십대 아이 둘을 둔 이혼남이었다. 그리고 최근에 필라델피아에서 뉴욕으로 이사해 왔다. 직업이 무엇인지 말하기 전까지는 좋았다. 그런데 다름 아닌 극장 프로듀서라는 것이 아닌가.

오 노. 또 그건 안 돼! 아버지 일을 겪고 나서부터 나는 절대로 다시는 쇼 비즈니스 일을 하는 사람과는 얽히지 않을 것이라고 맹세했다.

하지만 리는 아버지와는 전혀 다른 사람인 것 같았다. 그는 두 명의 파트너와 함께 뮤직 페어 엔터프라이즈라는 회사를 운영했다. 그 회사를 통해 아주 성공적으로 여름철 극장들을 끌어가고 있었다. 롱아일랜드에 있는 웨스트베리 뮤직 페어를 비롯해서 필라델피아, 보스턴, 볼티모어, 그리고 워싱턴 같은 도시 변두리에 '천막' 극장들을 운영했다. 리는 제작 담당 파트너로서 '왕과 나' '신사는 금발을 좋아해' 같은 브로드웨이 뮤지컬들을 각색해 무대에 올렸다. 당시 천막 극장이 인기를 끈 이유 중 하나는 무대가 둥글어서 극장 안에 들어오는 모든 사람들에게 전망 좋은 자리를 보장해 주었기 때문이다. 또 다른 이유는 말할 것도 없이 천막 쇼가 교외에 모인 여름 휴가객들에게 브로드웨이 공연을 선사해 준다는 점이었다.

리는 또한 브로드웨이 쇼도 제작했는데 첫 번째 작품이 1961년 마틴 벡 극장에서 3개월간 공연된 '세상에서 제일 행복한 소녀' The Happiest Girl in the World였다. 큰 성공을 거둔 작품은 아니지만 출연 배우 한 명이 시어터 월드 어워드를 수상했고 최고 안무 부문 토니상 후보로 노미네이트되었다. 따라서 리는 그 분야에 일이 서툰 사람은 아니었다. 그렇더라도 그의 브로드웨이 커넥션은 나를 매우 불안하게 했다. 이미 겪어 보고 당해 본 일이었기 때문이다. 그냥 겪어 본 것이 아니라 나는 그 일이 싫었다.

그래도 나는 그 남자가 정말 좋았고 유일한 장애물은 그의 직업이었다. 하지만 몇 개월 뒤에 나는 그 사람은 아버지와 같은 종류의 쇼맨이 아니라고 자신을 달래기로 했다. 아버지가 몽상가였다면 리는 현실주의자였다. 아버지가 엉뚱한 사람인 반면 리는 꼼꼼했다. 그리고 리는 도박을 하지 않았다. 그는 사업가처럼 자기 프로덕션 회사를 꾸려 가고 있었고 나는 그를 사업가로 간주하기로 했다. 사업가와 프로듀서는 큰 차이가 있다. 그런 마음의 정리를 한 다음 나는 인도에서 돌아온 뒤부터 그와 진지하게 만나기 시작했다.

나의 개인 생활은 비교적 평탄하게 진행된 반면 투데이쇼는 어려움을 겪고 있었다. 투데이의 시청률은 인도 대륙에서 보낸 나의 리포트로 잠시 올라갔다가 다시 지속적인 하락세를 보였다. 심각하고 뉴스 위주의 프로그램은 사람들이 하루를 시작하는 시간에 보고 싶어 하는 방송이 아니었던 것이다. 그래서 내가 인도에서 돌아온 몇 달 뒤 존 챈슬러는 다시 하드 뉴스로 복귀하고, 대신 게임 쇼 진행자인 휴 다운스가 앵커 자리에 앉게 되었다.

휴는 NBC에서 매우 인기 있는 인재 중 한 사람이었다. 매력적이고 얌전한 성격인 그는 복잡하고 카리스마가 넘치는 심야 토크쇼 호스트인 잭 파와 좋은 대조를 이루었다. 그는 또한 아주 성공적인 퀴즈쇼 '컨센트레이션' Concentration을 여러 해 동안 진행했다. 휴는 침착한 진행으로 아침 프로그램에 완벽하게 맞는 사람이었다. 차분한 목소리에다 지적이고, 한마디로 이웃집 아저씨 같은 분위기를 느끼게 해주었다. 나는 금방 그를 좋아하게 되었다. 그때부터 투데이쇼에서 휴와 9년을 같이 일하고, 그 뒤에는 ABC로 옮겨 20/20 공동 진행자로 15년을 일하게 될 줄 누가 알았을까. 나는 스태프 작가로서 휴를 투데이쇼 시청자들에게 소개하는 세그먼트를 썼다. 그때만 해도 그렇게 될 줄은 생각지도 못했다.

처음에 NBC도 게임쇼 진행자가 아침 쇼의 새 진행자로 오는 데 대해 시청자들이 어떤 반응을 보일지 자신이 없었다. 게다가 그는 진짜 뉴스를 다룬 경험이 없었고, 네트워크 뉴스라는 게 새로운 사람을 환영하지 않는 남자들의 클럽이라는 건 나도 잘 알고 있었다. 하지만 휴는 온화한 사람인 데다 나중에 천문학에서부터 심리적 성숙 문제에 이르기까지 다양한 주제로 여러 권의 책을 쓸 만큼 진지하고 사려 깊은 사람이었다. 노인학 석사학위도 갖고 있었다. 훌륭하고 지적인 인터뷰를 제대로 진행할 줄 아는 사람이었고 그래서 NBC 뉴스는 속물 근성을 감추고 그를 모셔 오기로 한 것이었다. 그렇게 해서 NBC 방송뿐 아니라 내 인생에서도 가장 성공적이고 찬란한 한 장이 시작되었다. 모든 것이 바뀌었다. 존 챈슬러가 떠나며 새드 노스실드도 나가고 앨 모건이 새 프로듀서로 왔다. 나는 앨과 호흡이 잘 맞았다. 그는 재치 있고 냉소적인 유머감각을 가진데다 '위대한 사람' The Great Man이라는 베스트셀러 소설도 한 권 쓴 사람이었다. 라디오와 텔레비전 스타였던 아서 고드프리를 소재로 했는데 그의 신분을 감출 듯 말 듯 등장시키면서 지나치게 그에게 아첨하는 투도 아니었다.

앨은 새 프로듀서로 오자마자 프로그램을 RCA 건물에 있는 스튜디오 3K에서 길 건너 플로리다개발위원회 1층으로 옮겼다. 그는 투데이쇼를 처음 만든 팻 위버가 오래전인 1952년에 그렇게 했던 것처럼 일반 시청자들과의 소통을 다시 부활시키고자 했다. 웨스트 49번 스트리트에 있는 RCA 전시홀 1층에 '세상을 보는 창'이라고 이름 붙인 대형 유리 뒤에서 프로그램을 진행하며 투데이쇼는 처음 6년 동안 정말 멋지게 순항했다. 수많은 열성 인파가 아침에 피켓을 흔들며 모여 들었다. 그러다 프로그램 진행이 RCA 빌딩 위층으로 쫓겨 올라가게 되었다. RCA의 경쟁 TV 제작회사에서 전시회 건물 내에 있는 RCA 제품들이 텔레비전에 비친다고 항의했기 때문이다.

하지만 새로 옮겨간 플로리다개발위원회는 이상적인 장소가 못 되었다. 낮 시간에는 플로리다 방문객 유치를 위해 건물이 인공 야자수와 수영복 차림의 마네킹으로 장식되었다. 그러다 밤이 되면 이른 아침까지 투데이쇼 세트 설치를 마칠 수 있도록 구관조 새장들을 비롯해 모든 물건을 한데 모아서 뒷방에다 보관했다. 그러다 보니 팻 위버가 미처 생각지 못했던 재미있는 소동이 일어났다. 진행자인 휴는 이른 아침에 그 물품 보관실에 조용히 들어가 그날의 진행 자료를 점검했다. 마네킹은 오싹했지만 그런대로 견딜 만했다. 그러던 어느 날 자료를 검토하고 있는데 갑자기 등 뒤에서 "내 이름은 정글 짐"이라고 하는 소리에 그는 혼비백산해서 자리에서 벌떡 일어났다. 물론 구관조였다. 어느 날 아침에는 쇼 초대 손님으로 온 바비 케네디도 이 구관조가 맞이했다. 우리는 그때 이 보관실을 출연자 대기실로 사용했는데 케네디 법무장관도 그곳에서 기다렸던 것이다.

"당신 누구야?" 야자수 뒤에서 이런 소리가 났다.

"나는 로버트 케네디요." 케네디가 대답했다.

"당신 누구야?" 목소리의 주인공이 다시 물었다.

"로버트 케네디요." 대통령의 동생은 이렇게 다시 대답했다.

"당신 누구야?" 목소리의 주인공은 또 이렇게 물었고 바비 케네디는 주위를 둘러보며 이렇게 쏘아붙였다. "말했잖소. 이런 제기랄. 난 로버트 케네디란 말이오!" 그렇게 소리를 지른 다음 케네디는 세트로 왈칵 뛰어들어 와 버렸다. 인터뷰를 하기 위해 의자에 앉았을 때 보니 얼굴이 벌겋게 상기된 채 두 손을 벌벌 떨고 있었다.

앨 모건은 자기가 직접 나서서 일을 챙겨야 직성이 풀리는 프로듀서였다. 그는 매일 아침 집에서 쇼를 보았기 때문에 시청자의 입장에서 볼 수 있었다. 그리고 사무실에 나와서 고쳐야 될 부분을 고쳤다. 그의 철칙 중 하나는 모든 게 생방송이어야 한다는 것이었다. 그리고 새 장소에서는 생방송하기가 수월했다. 시간 매우는 게 필요하면 카메라로 스튜디오 바깥에 모인 사람들을 비추었다. 사람들은 피켓을 들고 모여 있었다. '안녕 틸리 고모', '해피 버스데이 몰리', '엄마 돈 떨어졌어요' 등등 그야말로 생생한 장면이었다. 초대 손님이 제 시간에 나타나지 않거나 아예 안 오면 우리는 카메라를 들고 모인 사람들에게 가서 현장 인터뷰를 했다. 그때나 지금이나 이런 경우를 우리는 '거리의 사람' Man on the Street이라고 부른다.

나는 정말 즐거운 마음으로 일했다. 무엇보다도 휴를 위해 글을 쓰는 게 너무 좋았다. 당시에는 작가가 프로듀서 일도 했다. 우리는 초청할 사람을 접촉하고 가능하면 사전 인터뷰도 하고 질문 내용도 작성했다. 당시만 해도 나는 자신이 고정적으로 방송에 출연하리라는 생각은 꿈에도 못 해 봤다. 인도 출장 같은 일은 어쩌다 얻어걸린 일이라고 생각했다. 제대로 된 진짜 방송 출연은 꾸준히 해 보지 못했던 것이다. 나는 CBS의 유명 프로듀서로 나중에 60미니츠를 만든 돈 휴이트와 처음 만나 나눈 대화를 생생하게 기억하고 있었다. 나는 투데이에서 작가로 일하고 있다고 자신을 소개했다. 그랬더니 그는 나보고 방송 출연은 어려운 것 같으니 적합한 일거리를 잡은 거라며 이렇게 말하는 것이었다. "텔레비전에 나올 용모는 아닌 것 같네." 그러면서 이렇게 말했다. "거기다 'r' 발음을 제대로 못하는군. 카메라 앞에 설 생각은 아예 하지 않는 게 좋을 거요."

돈 휴이트와 나는 지금도 수시로 그 이야기를 한다. 한 가지 이야기가 더 있다. 당시 마티 에를리히만이라는 젊은 매니저가 있었는데 젊은 무명가수를 출연시키려고 애쓰고 있었다. 돈은 에를리히만에게 "절대로 성공하지 못할 것"이라며 이렇게 말했다고 했다. "생긴 게 너무 우습잖아. 코가 너무 커." 그 무명가수 이름이 바로 바버라 스트라이샌드였다. 마티 에를리히만은 지금도 그녀의 매니저로 활동하고 있다.

그렇게 해서 나는 계속해서 투데이쇼에서 작가로 일했고 새로 온 진행자 팻 폰테인을 위해 스크립트도 썼다. 그녀는 한때 세인트루이스에서 기상 전문 리포터로 일했고 삼십대 후반에 아이 다섯을 둔 아주 멋진 여성이었다. 그런데 딱 한 가지 흠이 있었는데 바로 음주 문제였다. 불행히도 그녀가 채용될 때까지 아무도 그걸 몰랐다. 그래도 그녀는 일 년 반 동안 즐겁게 그리고 전문가답게 일했다. 하지만 도저히 방송에 나갈 수 없는 몰골로 스튜디오에 나타나는 아침이 많았다. 그것은 종말의 서막이었다. 우리는 당시 일주일 동안 미시간 주 북부 반도에서 좀 떨어진 곳에 있는 매키낙 섬에서 투데이쇼 방송을 진행한 적이 있었다. 우리가 묵은 호텔의 현관이 세계에서 제일 긴 호텔 현관이라는 것과 엘리자베스 여왕이 묵은 적이 있다는 것 외에는 그곳으로 간 별다른 이유도 없었다. 며칠 지난 뒤 우리는 이렇게 말했다. "여왕이 왜 두 번 다시 이곳에 안 온 이유를 알겠네."

섬에는 박쥐가 너무 많았다. 그래서 길을 걸어갈 때는 길 한가운데로 다니라는 말을 들었다. 길가 건물에서 그놈들이 밑으로 돌진하기 때문이라고 했다. 놈들은 호텔로 날아들기도 했는데 그러면 재빨리 빗자루나 배드민턴 라켓을 휘둘러 쫓아냈다. 한번은 내가 화장실에 있는데 작은 박쥐 한 마리가 날아 들어와 거의 까무러칠 뻔한 적도 있다. 내 비명을 듣고 앨 모건을 비롯해 몇 사람이 달려 왔는데 박쥐를 잡아 변기에 넣고 물을 내려 버리는 걸 보고 나는 더 기겁했다.

그러던 어느 날 밤 팻 폰테인은 또 코가 삐뚤어질 정도로 마셨다. 하지만 불행히도 날을 잘못 택했다. 다음날 새벽 4시 30분에 호텔을 출발해 페리로 이동해 생방송을 하기로 되어 있었던 것이다. 미시간 주의 관광홍보에 대단히 중요한 방송이었기 때문에 주지사를 포함해 관광국장 등 미시간 주 관료들이 많이 왔다. 그리고 척 신부님이라고 불리는 쾌활한 신부도 한 사람 왔다. 새벽 4시 15분에 호텔 로비에는 100명 가까운 사람이 모였는데 팻 폰테인이 안 보였다. 앨은 팀원 한 명을 그녀 방으로 올려 보냈다. 그들은 방에 갔다 오더니 말하기를 팻이 침대에 쓰러져 정신이 없다는 것이었다. "아무리 흔들어도 안 일어나요."

그래서 앨은 여성 팀원 두 명을 올려 보내 억지로 샤워를 시키고 커피를 들이마
시게 한 다음 옷을 입혀서 끌고 내려왔다. 그렇게 하는데 20분밖에 걸리지 않았
다. 그녀가 엉성한 몰골로 계단 꼭대기에 모습을 드러내는 것을 보고도 우리는
불안이 가시지 않았다. 그런데 팻은 계단 아래쪽에 있는 척 신부를 보더니 환하
게 미소를 지으며 이렇게 소리치는 것이었다. "척 신부님, 신부님은 정말 최고
예요." 팻은 전날 밤 술친구를 보고 이렇게 소리쳤다. 팻은 간신히 프로그램을
마쳤다. 척 신부는 페리 안에서 입을 다문 채 묵묵히 앉아 있기만 했다.

박쥐 호텔 여행에서 돌아온 뒤 앨은 방송 출연 경험이 일천하기는 했지만
나를 몇 주 만에 한 번씩 방송에 내보냈다. 그러면서 나는 서서히 이 일에 필요
한 기술을 연마해 갔다.

나는 말을 좀 더 천천히 하고 많이 웃는 법을 배웠다. 당시 나는 인터뷰할 때
너무 긴장했다. 카메라 앞에서 쉽게 말하는 법을 배워야 했는데 그것도 해냈다.

당시 내가 맡은 보도는 모두 여성에 관한 이야기였다. 몇몇 여자대학에서
정치적 보수주의가 등장하는 데 대한 이야기, 미시간에 있는 젊은 여성들을 위
한 개혁학교 이야기, 뉴욕에 있는 여성경찰학교 이야기 등이었다. 내가 직접
뉴욕 플레이보이 클럽에서 버니걸 체험을 하며 취재한 '플레이보이 버니걸의
하룻밤'이란 리포트도 했다. 나를 알아보는 사람이 없었기 때문에 손님들은 내
가 진짜 웨이트리스인 줄 알았다. 몰래 숨긴 카메라 하나가 나의 버니걸 역할
을 촬영했다. 나는 다른 버니들과 똑같이 불편하지만 손님들의 눈을 즐겁게 하
는 의상을 입었다. 허리가 꽉 쪼이는 코슬릿(이것을 입으면 거의 드러낸 가슴을 더
위로 밀어 올린다), 검은색 스타킹, 그리고 굽이 무지하게 높은 검은색 힐을 신었
다. 거기다가 토끼 귀와 토끼 꼬리를 달았는데 이것은 보는 사람에 따라 섹시
한 맛을 더하기도 하고 감하기도 했다. 하지만 진짜 중요한 것은 술을 서빙할
때 '버니 딥' 기술을 마스터하는 것이었다. 이것은 와인 잔에 가슴을 담근다는
말이 아니다. 요령은 바로 이렇다. 두 다리를 한데 모은다. 양 무릎은 약간 구
부린 다음 몸을 약간 뒤로 눕힌 채 오른쪽으로 숙인다. 이런 자세를 취하면 몸
이 쓰러지지는 않지만 허벅지 근육이 엄청나게 당긴다. 이틀 걸려 촬영을 했는

데 나는 그 일을 하는 게 마음에 들지 않았다. 하지만 나는 지금도 '버니 딥'을 할 수 있다. 휴 다운스는 내 다리가 멋지다는 걸 그때 처음 알았다고 했다.

나는 뉴욕 교외에 있는 가톨릭 수녀원에 가서 진지한 교훈도 배웠다. 수녀들은 나를 불러다 자기들이 사는 평화롭고 정적에 싸인 세상을 보여 주었다. 시청자들에게 세속생활을 포기했다고 이상한 사람들이 아니라는 것을 보여 주려는 것이었다. 젊은 수련자 한 명이 안내를 맡아 여기저기 보여 주었다. 그런데 그 여성은 자기가 겪고 있는 내면의 갈등을 내게 털어놓기 시작했다. 그걸 들으려니 마음이 편치 않았다. 하지만 가엾은 그 여성은 얼마나 절박했던지 일이 끝난 뒤 나를 기차역으로 운전해서 데려다 주는 길에 갑자기 이렇게 묻는 것이었다. "내가 이곳에 남아 수녀가 되는 게 옳다고 생각하세요?" 나는 어떻게 답해야 좋을지 몰랐다. 그녀는 자기 대신 누군가가 결정을 내려 주기를 바라는 것 같았다. 하지만 나는 내가 그 역할을 맡고 싶은 생각은 추호도 없었다. 그 질문에 답하기 위해서는 내가 지금 가진 것보다 훨씬 더 많은 지혜가 필요하다면서 그녀 스스로 자신의 길을 분명히 찾을 수 있을 것이라는 말을 해 주었더니 이만저만 낙심하는 게 아니었다. 뉴욕으로 돌아오는 기차 안에서 근심이 가득한 그녀의 얼굴이 내내 어른거렸다. 내가 그녀를 더 낙담시켰다는 생각도 들었다.

이 이야기는 내가 텔레비전의 위력을 제대로 느끼기 시작한 때의 이야기 가운데 하나다. 사람들은 TV 스크린에 등장하는 우리 모습을 보고는 당연히 우리에게 특별한 지혜가 있는 것으로 생각했다. 그렇지 않다면 어떻게 방송에 출연하겠느냐고 생각하는 것이었다. 텔레비전은 우리의 생각을 정당화시켜 줄 뿐 아니라 우리를 모르는 게 없는 사람으로 비춰 주었다. 솔직히 말하자면 우리가 말은 좀 더 잘할지 모르지만 집에서 텔레비전을 시청하는 사람들과 마찬가지로 우리도 여러 가지 일에 혼란을 겪는다.

텔레비전은 우리에게 권위를 부여하지만 우리는 그 때문에 불편을 겪는 경우가 많다. 한번은 한참 뒤 어떤 정치 패널에서 관객들에게 이런 말을 한 적이 있다. "텔레비전에 나온다고 해서 우리가 신은 아니라는 사실을 잊지 마세요." 그랬더니 존 챈슬러가 웃으며 이렇게 말했다. "당신이나 그렇지, 바버라."

　　그런데 나와 만난 몇 주 뒤에 그 수련자가 수녀원을 나왔다고 내게 편지로
알려 왔다. 놀란 나머지 나는 그녀의 결정에 영향을 미쳤을지 모르는 말을 한
게 있는지 기억해 내려고 필사적으로 매달려 보았다. 한편으로는 내 문제도 잘
풀리지 않았기 때문에 나는 그녀의 삶에 책임감을 느꼈다.

　　1963년 여름 리와 나는 약혼식을 올렸다. 결혼에 대한 케케묵은 공포감이
모두 다시 되살아났지만 이번에는 기어코 이겨 내고야 말겠다고 단단히 결심했
다. 내가 제일 원한 것은 아기를 갖는 것이었다. 리는 당시 17살인 캐럴, 16살인
제프 등 두 아이와 잘 지냈는데 나는 그것을 보고 그가 좋은 아버지가 될 것이
라고 생각했다. 나는 어리숙한 사춘기를 보내고 있는 캐럴과 특히 친했다. 지금
캐럴은 영양학자로 성공해 2002년에는 당뇨병을 억제하는 법에 대해 아주 유
명한 책을 한 권 썼다(그녀도 당뇨병을 앓고 있다). 우리는 지금도 서로 연락하며 지
낸다. 나는 캐럴에게 이메일을 보낼 때는 '사악한 계모로부터'라고 써서 보낸
다. 우리가 처음 만난 시절부터 나 스스로 그렇게 불러온 것이다. 물론 캐럴은
나를 그렇게 생각하지 않고 나도 사악한 계모가 아니기를 바란다. 리의 아이들
은 우리 사이에 보너스였지 방해물이 아니었다. 뿐만 아니라 나는 우리의 결혼
이 안정(이 단어를 또 쓰네)을 가져다 줄 것으로 생각했다.

　　부모님들의 삶에는 또 한번 변화가 닥쳤다. 자신들의 잘못이 아닌데도 그랬
다. 라스베이거스의 트로피카나 소유주들은 이제 더 이상 아버지의 도움이 필
요 없다는 결정을 내렸다. 아버지가 파리에서 들여온 폴리 베르제르가 완전히
자리를 잡자 호텔 경영진은 자기들이 직접 쇼를 제작할 수 있다는 생각을 한 것
이었다. 그래서 아버지를 내보냈다.

　　부모님과 재키 언니는 라스베이거스에서 잘 지내 왔기 때문에 그곳에 그대
로 머물러 있는 게 좋았다. 아버지는 거의 70세가 다 되었고 이제 은퇴할 나이
도 되셨지만 돈이 넉넉지 않았다. 그래서 아버지는 마이애미비치에 있는 현대
식 고층호텔 카릴론에서 쇼 제작 일을 맡으셨다. 엄마와 언니도 모두 플로리
다로 다시 돌아갔다.

　　엄마의 불평 소리 때문에 나는 전화벨만 울리면 가슴이 철렁하고 놀랄 지경

이 되었다. 불평 듣는 것은 싫었지만 엄마의 하소연은 일리가 있었다. 엄마와 일언반구 상의도 없이 아버지는 혼자 가서서 교외에다 집을 한 채 덜렁 사 버렸다. 엄마는 운전도 못하는 데다 친구도 없었기 때문에 재키 언니와 함께 집안에 틀어 박혀 하루 종일 텔레비전 앞에서 시간을 보내야 했다.

내가 그 활기 없는 집에 가 있던 1963년 여름 어느 날, 아버지는 또다시 거창한 계획을 하나 들고 오셨다. 바로 수상 쇼였다. 수상 쇼가 마지막으로 성공을 거둔 것은 1939년 세계박람회 때였으니 벌써 25년 전 이야기였다. 그때는 거대한 수영장에서 환상적인 싱크로나이즈드 다이버들과 수중발레, 불꽃놀이가 어우러진 한 편의 광상곡 같은 분위기가 연출되었다. 그 뒤로도 여러 차례 유사한 수상 쇼들이 시도되었지만 모두 실패했다. 하지만 항상 자신에 넘치는 아버지는 그대로 물러날 분이 아니었다. "그래도 쇼는 쇼야"라고 아버지는 내게 말씀하셨다. "무언가 거창한 것을 보여 주면 사람들은 모여들게 되어 있어."

다시 일은 시작됐다. 아버지의 새로운 꿈이 시작된 것이다. 하지만 돈이 없었다. 그리고 내가 나섰다. 아버지는 내가 5000달러를 투자했으면 좋겠다는 의중이셨다. 어떻게 해야 좋을지 몰라서 나는 리를 찾아갔다. 우리는 플로리다에서 아버지를 모시고 저녁을 같이 했다. 아버지가 자신의 계획에 대해 열심히 설명하는 동안 리는 귀를 기울여 들었다. 물에서 라틴 쿼터 쇼를 펼친다는 계획이셨다. 예쁜 여자들과 화려한 의상, 음악, 색채, 흥분 등등 미국 역사상 최고의 수상 쇼를 한다는 것이었다. "수중에 가진 돈이 5000달러밖에 없다면 그 돈을 어떻게 하시겠습니까?" 리가 이렇게 물었다. 그러자 아버지는 "수상 쇼에 투자하지"라고 하셨다. 내가 듣기에는 놀랄 일도 아니었지만 리는 그 말이 마음에 들었던 모양이다. "아버지께 돈을 드려요"라고 리는 말했다. 당시 나는 리를 사업가 범주에 넣어서 생각했다. 그래서 저축한 돈을 모두 아버지께 넘겨 드렸다. 나는 아버지와 리가 유사한 부류의 사람들이라는 사실을 인정하지 않았던 것이다. 두 사람 모두 "이번에는 틀림없어. 분명히 대성공할 거야"라는 식의 태도를 갖고 있었다. 그들은 성공에 대한 감이 있었고 그것을 확신했다. 단지 필요한 것은 쇼를 제작하는 데 필요한 돈이었을 뿐이었다.

수상 쇼는 실패했다. 아무런 반응도 불러일으키지 못했다. 아버지가 긁어모아서 새로운 꿈에 투자한 모든 것과 함께 내 돈 5000달러도 날아가 버렸다. 하지만 아버지께 그 도전을 해볼 기회를 드리지 않았더라면 나는 지금도 나 자신을 용서할 수 없을 것이다. 나는 일거리를 갖고 있었고 다시 돈을 모을 수 있었다. 나는 리도 욕하지 않았다. 숱한 사람이 아버지의 꿈에 속아 넘어갔다. 어떤 꿈은 대박을 터뜨리기도 했지만 이번에는 아니었던 것이다.

하지만 나는 우리의 약혼에 대해 차츰 시들해지기 시작했다. 그것은 리나 수상 쇼와는 아무 관계가 없었다. 어딘가에는 내가 정말 사랑하고 싶은 완벽한 남자가 있을 거라는 나의 꿈 때문이었다. 그 완벽한 사람이 리가 아니었을 뿐이었다. 그는 정말 핸섬하고 친절한 사람이었고 어떤 흠도 찾아보기 힘든 남자였지만 그것만 가지고는 부족했다. 다시 한번 나는 포위된 듯한 기분에 휩싸였다. 그래서 1963년 여름이 끝나가는 무렵에 파혼했다.

다시 혼자가 되었다. 물론 내가 올바른 결정을 내린 것인지에 대해서는 전혀 확신이 서지 않았다. 리가 보고 싶은 날도 있었고 그렇지 않은 날도 있었다. 같이 있으면 행복할 거라는 생각은 안 들었지만 그가 없다고 행복하지도 않았다. 그러던 가운데 1963년 11월 22일 금요일이 되었다. 살아 있는 모든 사람이 잊지 못할 날이었다. 당시 나는 밥 커니프라는 다른 작가와 같이 쓰는 NBC의 작은 사무실에 앉아 점심을 들고 있었다. 휴 다운스가 사무실 안으로 뛰어들며 말했다.

"소식 들었어요?"

"케네디 대통령이 피격됐다는 뉴스가 나왔어요." 곧 이어 그가 사망했다는 보도가 뒤따랐다.

몇 시간 뒤 브레이킹 뉴스를 통해 댈러스에서 해병대 출신인 리 하비 오스왈드를 대통령 암살 혐의로 체포했다는 소식이 날아들었다.

그 암흑의 날 텔레비전은 성큼 어른스런 모습을 보였다. 모든 오락 프로그램이 취소되었고 NBC를 비롯한 여러 네트워크들은 이후 나흘간 국가적인 비극을 계속 생방송으로 내보냈다. 블랙 위크엔드로 불린 그 기간 동안 텔레비전은 '바보상자'에서 충격에 빠진 온 나라의 구심점 역할로 탈바꿈했다.

NBC는 젊은 대통령의 장례식을 보도하기 위해 모든 인력을 총동원해야만 했다. 장례식은 대통령이 암살당한 이틀 뒤인 11월 24일 일요일에 거행됐다. 그래서 나도 생방송 리포터로 차출되었다. 나는 의회 의사당 외곽에 배치되어서 대통령의 관을 실은 마차가 백악관을 출발해 도착하는 장면을 보도하도록 되었다. 그날 펜실베이니아 애비뉴 전역에는 깊은 침묵이 감돌았다. 마차를 끄는 말발굽 소리와 장례 북소리만 정적을 깨뜨릴 뿐이었다.

휴 다운스는 워싱턴에 있는 NBC 스튜디오에서 투데이쇼를 진행했다. 그는 현장에서 보내오는 각종 보도를 종합하고 코멘트를 붙여서 내보내야 했다. 그는 또한 댈러스에서 보내오는 끔찍한 그림도 내보내야 했다. 댈러스에서는 NBC만 생방송으로 중계를 했는데 오스왈드가 경찰서 지하실에서 나이트클럽 주인 잭 러비라는 사람이 쏜 총에 맞아 숨졌다는 소식이었다. 대통령이 피살되는 장면은 계속 반복해서 방영되었고 장례식 장면이 군데군데 섞여서 나갔다. 텔레비전 시청률 조사기관인 닐슨은 전국의 모든 텔레비전 채널이 이 뉴스에 맞춰져 있었다고 추산했다. 93%. 전무후무한 시청률이었다.

나는 대통령의 유해가 안치된 의사당에 남아서 보도를 계속했다. 몰려드는 고위인사와 일반인들의 조문행렬을 보도하는 것도 내가 맡은 임무였다. 오래된 당시 필름을 우연히 보았더니 나도 검은색 코트 차림으로 방송을 하고 있었다. 나는 이런 멘트를 했다. "의장대 호위병들이 케네디 대통령의 관을 호위하고 있습니다. 내가 목이 메는 것은 방금 우리의 마지막 호위병을 떠나보냈기 때문일 것입니다."

내가 전국적인 사건을 보도한 것은 그때가 처음이었다. 그 짤막한 장면을 통해 당시의 한순간을 되살릴 수 있었다. 하지만 그 짧은 순간을 제외하고 나는 그날 내내 허둥댔다. 나는 의사당에 8시간 정도 머물렀던 것 같은데 25만 명 이상이 관 앞을 지나갔다. 텔레비전 시청 시간대는 심야를 지나 새벽까지 연장됐다. 나중에 우리는 의사당 원형 지붕 안쪽으로 자리를 옮겨 새벽 2시부터 4시까지 생방송을 진행했다. 조문행렬은 끝이 없을 것 같았다.

방송을 끝내고 다른 리포터들에게 마이크를 넘긴 뒤 휴와 나는 호텔로 돌아
왔다. 심신이 완전히 녹초가 된 채였다. 이튿날 나는 뉴욕으로 돌아와 남은 장
례식 행사를 텔레비전을 통해 지켜보았다. 대통령의 관을 실은 마차는 백악관
을 출발해 세인트 매튜 대성당으로 향했다. 케네디 여사와 로버트 케네디, 에드
워드 케네디가 걸어서 뒤를 따랐다. 도저히 잊을 수 없는 장면들도 있다. 바로
그날 세 살 생일을 맞은 어린 존존 케네디가 대성당 바깥에서 아버지의 관에 거
수경례를 하는 모습이었다. 케네디가 사람들의 얼굴에 나타난 형언할 수 없는
슬픔은 차마 눈 뜨고 볼 수 없을 정도였다.

전국의 모든 사람들과 마찬가지로 나도 똑같이 절망과 충격에 빠졌다. 텍사
스의 어느 화창한 날. 어떤 미친 사람 하나 때문에 갑자기 케네디가 떠나 버린
것이다. 그를 죽인 사람도 죽었고 부통령 린든 존슨이 새 대통령이 되었다.

며칠 뒤 내 아파트에서 머리를 감는데 초인종이 울렸다. 머리에 타월을 감
은 채 문간으로 갔더니 거기 리가 서 있었다. "삶이 너무 짧아요." 내 머리에서
물이 뚝뚝 떨어지는 가운데 그는 이렇게 말했다. "당장 결혼합시다."

모든 것이 명료하게 이해되었다. 내가 파혼을 선언한 뒤 지난 3개월 동안 서
로 아무 말도 하지 않은 게 무슨 대단한 일인가? 내가 품었던 모든 의문들, 이런
저런 이유로 유보시켰던 모든 일들이 우리가 방금 목격한 삶의 덧없음에 비하
면 아무것도 아닌 것 같았다. 지난 며칠 동안 얼마나 많은 여인들이 임신을 하
고 얼마나 많은 남녀가 만나고 혹은 헤어지기로 마음먹었을까? 나도 그들 중
한 명일 뿐이었다. "좋아요." 나는 이렇게 대답했다. "결혼해요."

이번에는 일이 너무 일사천리로 진행되어 나는 잠시도 쉴 틈이 없었다. 아
버지가 플로리다에서 날아 오셨고 엄마는 재키 언니와 함께 그대로 계셨다. 내
가 첫 번째 결혼에서 실패한 뒤 자기 집에 있으라고 나를 받아 준 좋은 친구 마
릴린 랜즈버거가 자기 아파트를 결혼식장으로 내주었다. 마릴린은 세이머 허스
코비츠라는 정말 좋은 남자와 결혼했다. 그렇게 해서 케네디 대통령이 암살되
고 불과 두 주일 후인 1963년 12월 8일 나는 미세스 리 거버가 됐다.

13주에서 13년으로

이제는 이런 말을 들어도 독자들이 놀라지도 않겠지만 결혼생활의 출발은 썩 좋지 못했다. 적어도 나는 그랬다. 우리는 신혼여행 계획을 세울 틈이 없었기 때문에 리의 친구가 이스트햄프턴에 있는 자기 집을 일주일 동안 빌려 주었다. 하지만 겨울이었고 지독하게 추웠다. 너무 추워서 해변은 물론 아무 곳에도 걸어 나갈 엄두를 못 냈다. 요즘 이스트햄프턴은 롱아일랜드에서 아주 인기 있는 여름 휴가지이고 연중 내내 주말이면 많은 사람이 몰려드는 곳이다. 하지만 60년대에는 여유를 즐기는 작가와 예술가들만 모여 들었고 시즌이 지나면 레스토랑은 모두 문을 닫았다. 시내에는 영화관이 하나 있었는데 매일 저녁 같은 영화만 상영했다. 이스트햄프턴에는 텔레비전이 있는 집도 없었다. 코네티컷에서 보내오는 채널이 하나 있었지만 제대로 나오지 않았다.

리는 다정한 사람이고 요리를 잘했다. 그는 정말 훌륭한 요리사였다. 하지만 오래된 나의 못된 본성이 다시 도졌다. 그는 자상한 사람이고 나도 그를 사랑했다. 그런데도 나는 그에게 푹 빠지지 않았다. 새삼스러운 일도 아니지만 나는 다시 한번 덫에 걸린 듯 안절부절못했다. 어쩌면 결혼이란 게 내게는 맞지 않는 것인지도 몰랐다. 리가 우리 혼인증명서를 갖고 와서 주 당국에 보내 법적으로 혼인절차를 마무리하자는 말을 했을 때 나는 그걸 빼앗아 박박 찢어 버리고는 없었던 일로 하자고 했다.

나는 결혼도 서툴지만 스키 타는 건 더 서툴렀다. 크리스마스가 가까워오던 때였는데 리는 캐럴과 제프를 데리고 버몬트의 스토웨로 스키 휴가를 가기로 약속이 되어 있었다. 그래서 우리는 결혼 2주 만에 그 유명한 스키 휴양지로 정식 신혼여행을 가게 되었다. 이미 말했듯이 나는 그의 아이들을 좋아했고 그 여행은 우리 네 명이 한 가족으로 유대를 쌓기에 좋은 기회였다. 스토웨에 도착하자 리와 아이들은 높은 산에서 스키로 쌩쌩 달려 내려갔고 나는 낮은 곳에 있는 초급자 코스에서 강습을 받았다.

나는 기분이 엉망이었다. 스키 부츠 때문에 발목이 무지하게 아팠다. 최신 유행의 파카와 스키 바지를 새로 사 입었는데도 추위는 뼛속까지 파고들었다. 스키 타는 건 고사하고 폴도 어떻게 해야 할지 몰라 쩔쩔맸다. 나는 계속 베이비 슬로프에서 엉금엉금 기다시피하고 있는데 같이 시작한 꼬마들은 벌써 상급 코스로 올라갔다. 첫 시간 레슨이 끝나자 나는 절뚝거리며 로지로 가서는 망할 놈의 부츠를 벗어 던지고 불가에 앉아 훌쩍거렸다. 이튿날 다시 도전했지만 가만히 서서 벌벌 떨다가 균형을 잃고 그대로 넘어지고 말았다. 이런 바보! 스키 스쿨 칠판에 투데이쇼의 바버라 월터스를 환영한다는 문구가 적혀 있었지만 그게 무슨 도움이 될까. 스키 타기에 부적격자라는 기분만 더 들게 해줄 뿐이었다. 맞아. 난 말만 할 줄 알지 다른 건 아무것도 할 수 있는 게 없어. 나는 로지로 돌아가서 다시는 나오지 않았다. 하지만 스키 타기를 포기하고 나서부터 나는 스키 휴양지에 가면 항상 즐겁게 시간을 보냈다. 스키 뒤풀이는 내가 제일 좋아하는 스포츠가 되었다.

리와 함께 뉴욕으로 돌아온 뒤 나의 태도는 한결 나아졌다. 혼자 살던 셋집을 떠나 웨스트피프티스의 모던 아트 미술관 근처에 있는 작고 아담한 리의 아파트로 옮겼다. 함께 지내게 된 첫날 밤 그는 나를 안고 침실로 들어갔는데 그 달콤한 기억이 지금도 생생하다. 그 집에서는 그리 오래 살지 않고 이번에는 카네기홀 건너편에 큰 방 6개가 딸린 아파트를 빌려 이사했다. 2차 세계대전 전에 지어진 오래되고 안락한 아파트였다. 집주인은 부모님 친구였는데 리와 결혼하기 전에 내가 살던 아파트 주인도 그 분이었다. 이사해서 보니 벽지 상태가 좋지 않았다. 그래서 나는 연회색 페인트칠을 하고 회색 벨벳 장식 커튼을 사서 달았다. 그렇게 하면 보기 좋을 줄 알았다. 특히 회색 벽 때문에 최근에 산 붉은색 가구가 돋보일 것이라고 생각했다. 그때 산 가구 중 몇 개는 지금도 우리 아파트에 그대로 있다. 그런데 엄마는 생각이 달랐다. 플로리다에서 올라온 엄마는 "벽 색깔이 꼭 네 안색 같구나"라고 하셨다. 엄마는 밖으로 나가 예쁜 붉은색 크리스털 꽃병을 하나 사서 너무도 황홀한 빨간 아네모네를 가득 담아 갖고 왔다. 아네모네는 내가 제일 좋아하는 꽃이다. 엄마는 꽃병을 부모님이 내게 사주신 작은 그랜드 피아노 위에 올려놓았다. 그 꽃병과 피아노는 지금도 우리 집에 그대로 있다. 엄마는 "자, 이제 모든 게 제대로 됐구나"라고 하셨다. 정말 멋졌다.

그 무렵 리와 나의 결혼생활은 그럭저럭 자리를 잡아가고 있었다. 두 사람 모두 바쁜 데다 친구도 많았고 행복하지 않을 이유는 별로 없었다. 하지만 사무실에서는 또 한번 큰 변화가 일어나고 있었다. 1964년 2월에 팻 폰테인이 결국 프로그램을 떠났다. 투데이 걸 자리가 다시 공석이 된 것이다. 앨 모건은 모린 오설리번이라는 유명한 여우를 그렇게 좋아했다. 그는 '너무 늦지 마세요' Never Too Late라는 브로드웨이 코미디에 출연한 그녀의 연기를 보고 흠뻑 빠져 버렸다. 우리는 그녀를 투데이쇼에 초청해 인터뷰했는데 말도 잘하고 재치가 넘쳤다. 앨에게 그런 인상이 단단히 각인되어 있었던 것이다. 그래서 앨은 더 이상 알아보지도 않고 모린을 투데이 걸로 결정해 버렸다. 앨은 모린을 모셔 오는데 무진 애를 먹었지만 결국은 무대와 달리 안정된 출연을 보장해 준다는 조건으로 설득에 성공했다. 모린은 아이가 일곱 명인가 있었는데(딸도 한 명 있었는데 바로 미아 패로다) 그의 말을 듣고는 계약에 서명했다.

즉각 부작용이 나타났다. 팻 폰테인 때문에 혼이 났던 휴는 다음 투데이 걸 선정 때는 자신의 입장을 반영해 달라는 점을 앨에게 분명히 밝혔다. 어쨌든 휴는 하루에 두 시간을 그 여성과 함께 방송해야 하기 때문에 그런 말을 할 자격이 있었다. 휴는 팻을 뽑을 때 한마디도 상의를 받아 본 적이 없었지만 그녀가

고주망태가 되어 기행을 일삼을 때마다 쇼를 진행하는 부담은 고스란히 자기가
져야 했다. 그런데 앨은 모린을 뽑을 때도 휴와 일언반구 상의를 하지 않았다.
그는 휴가 휴가 중일 때 일을 진행시켜서 그녀를 채용해 버렸다. 휴가에서 돌아
와 보니 일면식도 없는 여자가 보조 진행자로 아침 데스크에 같이 앉게 되어 있
는 걸 보고 휴가 어떤 기분이었을지는 짐작이 갈 것이다. 그 때문에 휴와 모린
사이는 그렇게 편치 못했고 휴와 앨의 관계도 마찬가지였다. 두 사람은 그 전에
도 불편한 사이였는데 이 일 때문에 서로 폭발 직전이 되었다.

　휴는 자기 모르게 모린을 채용한 데 대해 앨에게 불같이 화를 냈다. 앨은 자
기 권위에 도전하는 휴에게 격노했고 이후 점점 더 그를 싫어하게 됐다. 휴는
모닝쇼에 완벽하게 어울리는 인물이었다. 시청자들을 편안하게 해주고 마음씨
좋은 이웃집 아저씨 같은 이미지를 풍겼다. 하지만 앨은 휴가 너무 거만하고 잘
난 체한다고 혹평했다. 두 사람의 관계는 점점 더 악화되어 급기야 1968년에
NBC는 앨을 프로듀서로 계속 둘 것인지 아니면 휴를 진행자로 계속 둘 것인지
둘 중 하나를 선택해야 할 지경에까지 이르렀다. 휴는 앨이 쇼를 계속 맡는다면
재계약을 하지 않겠다고 버텼다. 하지만 게임은 하나 마나였다. 휴 다운스는 수
백만 명으로부터 사랑받는 인기 진행자고 앨은 장막 뒤의 실력자였다. 누가 남
고 누가 떠났을까?

　하지만 그것은 한참 뒤에 일어난 일이었다. 1964년 당시 당장 발등에 떨어
진 불은 모린이었다. 앨은 수많은 프로듀서들이 빠지는 덫에 빠지고 말았다. 자
기의 인터뷰 상대로 매력적이고 재미있어 보이는 사람이면 인터뷰를 직접 맡겨
도 똑같이 잘할 것이라고 생각한 것이다. 하지만 실제로 그런 경우는 아주 드물
었다. 질문을 던지는 것과 질문에 답하는 것은 전혀 다른 문제이며 질문을 하는
게 훨씬 더 어려운 일이다. 이른 아침에는 더욱더 그렇다.

　내 생각에는 모닝쇼야말로 제일 어려운 일인 것 같다. 우선 다방면에 다재
다능해야 한다. 미국 국무장관을 인터뷰하는가 하면 돌아서서 초대 요리사와
함께 치즈 퐁뒤 요리를 해 보여야 한다. 이 모든 것이 생방송으로 진행되기 때
문에 많은 실수는 용납되지 않는다. 뿐만 아니라 수시로 광고가 나가고 긴급 뉴

스를 내보내야 한다. 또 어떤 돌발상황이 생길지도 모른다. 무엇보다도 중요한 것은 자기가 무슨 일을 하는지 알아야 하는데 모린은 그걸 몰랐다.

사실 그 여자 잘못은 없다. 그녀는 한번도 텔레비전에서 일하거나 훈련을 받은 적이 없었다. 그녀와 같이 일해 본 사람도 전혀 없었다. 그녀는 배우로서 저주와 다름없는 상황에 처하게 된 것이다. 그녀의 재능은 대본을 받아들고 등장인물을 연구하고 대사를 외운 다음 그것을 멋지게 관객들에게 전달하는 데 있었다. 그런데 갑자기 보여줄 관객도 눈앞에 없고 카메라 불빛만 환한 가운데 대사조차 없었다. 그녀가 해보여야 하는 역할은 대본 속의 등장인물이 아니라 바로 그녀 자신이었다. 그녀한테는 너무도 힘든 역할이었다. 시간이 지나도 나아질 기미는 보이지 않았다. 모린은 계속해서 큐 사인도 놓쳤고 자기가 하는 인터뷰를 컨트롤하지 못했다. 무대 담당이 타임 큐를 흔들면 그녀는 카메라에 대고 "이제 그만하라구요?"라고 물었다.

또한 아무리 일러 주어도 길거리 인터뷰 요령을 터득하지 못했다. 길거리 인터뷰는 속성상 사전계획도 없고 연습도 없이 이루어지는 것이었다. 인터뷰에 응한 사람이 대답을 마치기 전에 말을 자르는 게 한두 번이 아니었다. 자신이 없거나 겁이 나면 모린은 그냥 휴에게 마이크를 넘기거나 심지어 광고 쪽으로 넘겨 버리기도 했다. 그녀는 방송 도중에 점점 더 혼란스러워하는 모습을 보이기 시작했다. 프로그램에 적응하기 위해 아무리 노력해도 도움이 안 됐다.

모린이 몇 년 뒤에 쓴 내용에 따르면 당시 그녀는 마약을 처방받아 꾸준히 복용하고 있었는데 우리는 그런 사실을 몰랐다. 아무리 소량이라도 마약에 의존하는 사람은 그러한 부담감 속에서 일을 제대로 할 수 없다. 이런 쇼를 진행하려면 훈련을 잘 받고 기초가 탄탄해야만 한다. 하지만 당시 우리는 그녀가 어처구니없는 실수를 한다는 생각만 했다.

말도 많고 탈도 많던 모린 시절에 나는 유산을 했다. 캘리포니아에서 프로그램을 진행할 때였는데 아마 일이 무척 힘들었던 것으로 기억된다. 기분은 좋았고 그래서 임신하고 싶은 생각이 들었던 것 같다. 당시 나는 정말 아이를 갖고 싶었고 그래서 산부인과 의사로부터 임신했다는 말을 들었을 때 얼마나 기뻤는지 모른다. 마치 달 위에 올라앉은 기분이었다. 남편 리도 마찬가지였다.

　그런데 아이를 잃은 것이다.

　나는 내가 잘못해 그렇게 된 것이라고 자책했다. 그렇게 일에 열심히 매달리지 않았더라면 유산은 막을 수 있었을지 모를 일이었다. 나는 크게 낙담했다. 그때 나는 삼십대 초반이었다. 당시 대부분의 여성들은 그보다 젊은 나이에 아이를 가졌지만 나는 그때도 임신이 가능했다. 하지만 나의 신체 시계는 끝을 향해 똑딱거리고 가고 있었다. 그래서 나는 다시 임신을 하기 위해 필사적으로 매달렸다. 2년 동안 리와 나는 번갈아 병원을 찾아가 검사를 받았다. 요즘과 같은 수태요법은 생각지도 못하던 시절이었다. 체외수정이나 대리모도 없었다. 그런 것은 공상과학 소설에나 나오는 이야기였다. 호르몬과 타이밍이 맞아떨어져야만 임신이 가능하던 시절이었다.

　의사는 나더러 생리기간 뒤 임신 가능성이 가장 높은 때를 체크하라고 했다. 당시 우리 부부는 내 체온을 일일이 기록해서 의사가 그것을 보고 골라준 임신 최적 기간에 맞춰 잠자리를 같이했다. 임신 적기 중에는 리가 쇼 일을 마치고 아무리 늦게 귀가하든 아니면 내가 쇼 진행 때문에 꼭두새벽에 집을 나서야 하든 상관없이 우리는 사랑을 나누었다. 그리고 아이를 달라고 간절히 기도했다. 마침내 우리의 소원이 이루어졌다. 하지만 나는 이번에도 유산을 하고 말았다. 그리고 6개월 뒤에 또 유산이었다. 비슷한 일을 겪어 본 사람이라면 이럴 때 당하는 감정의 기복이 얼마나 심각한지 알 것이다. 한순간 최정점으로 치솟았다가 순식간에 저 밑바닥으로 곤두박질쳐 버린다. 돌이켜 보면 내 마음 한 구석에선 그게 일종의 계시 같은 것이었다는 생각이 든다. 차마 입에 담기조차 죄스럽기는 하지만 솔직히 말해 나는 그때 아이를 갖지 못한 것에 대해 감사하는 마음이 들 정도이다. 언니를 생각하면 그렇다. 언니가 그렇게 된 것은 유전적인 것일까? 내 아이가 재키 언니한테 일어난 운명을 겪지 않도록 하기 위한 자연의 섭리가 있었던 것일까? 알 수 없는 노릇이다. 지금은 만약 그때 그런 일이 일어났다면 얼마나 힘들었을까 하는 생각이 든다. 하지만 당시에는 그런 일을 겪고도 아이를 갖고 싶다는 생각이 조금도 수그러들지 않았다. 그래서 리와 나는 마침내 아이를 입양했다. 이 이야기를 하기 전에 먼저 할 이야기가 있다.

1964년의 골칫거리는 계속해서 모린 오설리번이었다. 그해 8월에 우리는 애틀랜틱시티로 가서 존 F. 케네디에 이어 린든 존슨을 대통령 후보로, 미네소타 주 상원의원 휴버트 험프리를 러닝메이트로 선출한 민주당 전당대회를 취재했다. 케네디가 암살된 지 불과 9개월 뒤의 일이었기 때문에 그의 죽음이 전당대회를 무겁게 압도하고 있었다.

4년 뒤에 민주당 대통령 지명전 선거운동 기간 중에 암살당하게 되는 로버트 케네디는 전당대회 폐막일에 가까스로 마음을 추슬러 '통합'을 호소하는 연설을 했다. 그가 셰익스피어의 로미오와 줄리엣에 나오는 다음의 대사를 인용하며 형을 추모하자 냉정한 정치인들까지 포함해 플로어에 있는 모든 사람이 눈물을 훔쳤다.

"그가 죽을 때는/그를 자잘하게 잘라서 작은 별들로 만들어다오/그가 하늘의 얼굴을 매우 곱게 만들어/세상이 온통 밤과 사랑에 빠지게 해다오/그래서 찬란한 해를 숭배하지 않도록 해다오"

모린 오설리번도 울었는데 다른 이유에서 울었다. 마침내 잘린 것이다. 유명 하원의원과 상원의원은 물론이고 선거운동 전문가, 논평가, 학자들과 정치 인터뷰를 계속해야 하는데 휴 혼자 그 모든 것을 다 맡아서 할 수는 없었다. 우리 작가들이 모두 나서서 모린에게 엄청난 양의 조사한 내용과 인사말, 질문, 심지어 예상 답변까지 만들어 주었는데도 그녀는 어찌할 바를 모르고 쩔쩔매기만 했다. 마지못해 끌려갈 뿐이었다. 존슨과 공화당 대통령후보 지명자 배리 골드워터 사이에 벌어질 치열한 선거전을 앞두고 모린 오설리번의 방송 미래는 매우 암울했다. 앨 모건은 마침내 결단을 내려 전당대회 기간 중에 모린에게 그만두라는 말을 했다.

모린은 불같이 화를 내며 앨에게 배신감을 느꼈다. 처음에 모린에게 흠뻑 빠져서 일을 맡긴 사람이 바로 그였기 때문이다. 하지만 내 생각에는 그녀 역시 그때 그만두길 잘했다고 생각한다. 그녀는 나중에 기자들에게 "당시 내가

쇼에서 한 역할은 책이 쓰러지지 않도록 돕는 북엔드였다"는 말을 했다. 공식
적으로는 그녀가 상호합의 하에 쇼를 떠났다고 발표됐다. 모린은 배우로 다시
복귀해 성공을 거두었다.

투데이는 또다시 투데이 걸 없이 진행되었다. 앨은 이번에도 스타를 물색하
기 시작했지만 한 가지 문제가 있었다. 모린의 계약기간이 일 년 반이나 남아
있었기 때문에 남은 돈을 마저 지불해야 했다. 모린은 목돈을 챙겼고 앨이 다른
진행자를 모셔오는 데 쓸 돈은 많이 남아 있지 않았다. 더구나 매일 고약한 시
간에 일어나 이른 아침 프로그램을 진행하는 어려운 요령을 배워 가며 일해야
하는 자리였다. 앨로서는 요령도 알고 비교적 적은 돈으로 데려올 만한 사람이
필요했다. 시간도 별로 없었다.

그때 멜로 영화의 순정파 여배우처럼 내가 등장했다. 오랜 세월 무관심 속
에 기다려온 대역배우였다. 휴는 나를 데려다 쓰려고 했다. 당시 나는 제법 이
름도 알려진 신뢰받는 동료였다. 게다가 나를 쓰면 위험부담이 없었다. 아주 멋
지게는 못하더라도 그런대로 진행을 해 나갈 것이 분명했다.

"바버라를 쓰면 되지 않겠어요?" 휴가 이런 제안을 내놓았다.

NBC 간부들은 안 되는 이유를 알았다. 그들은 한결같이 이런 반응을 내놓
았다. 그 여자는 유명 인사가 아닌 데다 예쁘지도 않다. 그 여자를 내세우면 스
폰서들이 붙지 않을 것이다. 그들이 내세운 이러한 나의 단점들 못지않게 다른
반응도 만만치 않게 제기되었는데 바로 적은 돈으로 쓸 수 있다는 것이었다.

휴는 고집을 부렸고 좀처럼 휴의 입장에 동조하지 않던 앨도 이번에는 그의
편을 들었다. 그들은 나를 보완해 줄 진행자를 내세운다는 생각을 했다. 나는
일주일에 세 번 진행을 맡고 나머지 이틀은 시청자들에게 잘 알려진 다른 여성
을 보조로 내세우는데 필요하면 나도 그들과 함께 내세운다는 계획이었다.

두 여성 모두 내가 아주 좋아하는 사람들이었다. 한 명은 재치 있고 신랄한
영화 비평가 주디스 크라이스트였는데 그녀는 지금은 문 닫은 지 오래된 뉴욕
헤럴드 트리뷴에서 일했다. 당시 이미 그녀는 우리 프로그램에서 영화 비평을

맡고 있었다. 또 한 명은 똑똑하고 유쾌한 역사학자 앨린 사리넨이었다. 앨린은 미술품 전시회를 비롯한 여러 문화행사를 우리 시청자들에게 알기 쉽고 재미있게 소개하는 일을 꽤 오랫동안 해왔다. 내가 알기로는 텔레비전에서 이런 일을 제대로 해낼 줄 아는 유일한 사람이었다. 핀란드 출신의 유명한 건축가인 에로 사리넨의 미망인으로 배사 피 베타 카파 칼리지를 졸업한 뒤 나중에 뉴욕 타임스에서 미술 뉴스 담당 매니징 에디터와 미술 담당 에디터 및 비평가로 수상도 했다. 앨린은 1962년에 CBS에서 내보낸 당시 공사가 진행 중이던 링컨 센터 특집방송에 출연했다가 앨 모건의 눈에 띄었다. 그녀는 지적이면서도 아는 체하지 않았다. NBC 간부들은 그녀를 출연자로 쓰자는 앨의 결정에 동의했다. 하지만 그녀 혼자 진행을 하도록 맡길 생각은 없었다.

　프로그램 초기 시절이던 당시에는 휴와 투데이 걸이 광고도 직접 했다. 광고를 내보내는 것도 그들이 맡은 일이었던 것이다. 하지만 스폰서들은 주디스나 앨린이 광고를 내보내는 걸 원치 않았다. 스폰서들이 보기에 주디스는 너무 신랄한 이미지이고 앨린은 너무 박식하고 우아해서 시청자들이 외면할 것이라고 생각했다. 반면에 나는 신랄하지도 박식하지도 않았으며, 솔직히 당시에는 우아하지도 않았다. 그래서 광고는 대부분 내가 맡아서 했다. 우리 프로그램의 최대 스폰서 중 하나는 통조림 개먹이 앨포였다. 광고는 생방송으로 내보냈는데 진짜 강아지가 등장해 헐떡거리며 돌아다니고 뼈다귀를 핥았다. 그러면 앞발 사이에 앨포 그릇을 갖다 놓았다. 강아지가 맛있는 먹이를 게걸스럽게 먹어치우는 동안 광고를 맡은 사람은 이 개먹이가 얼마나 좋은 제품인지 선전하는 것이었다. 진행을 맡은 첫 주에 나는 광고를 담당했다. 굶주린 개는 끈을 매달아 놓았는데도 고분고분하지 않았고 실제로는 나를 끌고 스튜디오 안을 이리저리 돌아다니며 먹이를 핥아 먹었다. 개는 좋다고 멍멍 짖어댔고 나도 웃으며 따라 짖었다. 스폰서들은 만족해서 짖었다.

　앨이 외모보다 머리를 더 높이 평가하게 된 데는 당시 거세지던 여성해방운동과 시장에서 여성의 불평등에 대한 의식이 높아지던 추세의 영향일 수도 있었다. 하지만 나는 그렇게 생각지 않는다. 베티 프리단이 '여성의 신비'Feminine

Mystique를 써서 큰 반향을 불러일으킨 게 1963년이고 의회가 민권법안을 통과시켜 인종과 성의 차별을 금지시킨 것이 1964년이었으니 앨이 그렇게 한 것은 순전히 자기 필요 때문이었을 것이라고 나는 생각한다. 다시 말해 우리 가운데 한 명이 아프거나 제 시간에 나타나지 않거나 술에 취해 곯아떨어지더라도 나머지 두 명이 있으니까 걱정이 없는 것이다. 그러니 우리 세 명은 만약의 사태에 대비해 앨이 든 보험이었던 셈이다. 어떤 광고 제작자가 존슨 & 존슨 기저귀 크림 광고를 찍으면서 촬영하는 날 아기에게 기저귀 피부염이 안 생길 경우에 대비해 세쌍둥이를 모델로 썼다는 이야기와 흡사하다.

업무 분담은 다음과 같았다. 주디스 크라이스트는 투데이의 영화와 연극 비평을 담당했고 앨린은 투데이의 미술 비평을 맡았다. 나는 그냥 나였다. 나 자신을 포함해 누구도 내가 맡은 역할이 정확하게 무엇인지 몰랐다. 나는 3개월 뒤 TV 가이드에 "내가 무슨 일을 하는지는 하느님만 아신다"는 말을 했다. 그리고 나는 투데이 걸이라고 불리지 않았다. 그 멍청한 이름은 마침내 사라졌다. 누가 물으면 나는 투데이 리포터로 소개되었다.

1964년 10월 나는 새로 맡은 일을 시작했다. 거창한 팡파르도 없었고 인사 발령이나 공식발표도 없었다. 선전이 없었으니 시청자들의 대단한 기대 같은 것도 없었다. 사람들이 내가 그 자리에 있다는 것을 눈치 채지도 못하는 가운데 나는 고정적으로 방송에 출연했다. 처음에는 주당 세 번씩 하다가 서서히 횟수를 늘려서 주당 다섯 번씩 출연했다. 주디스나 앨린은 정해진 시간에만 출연한 반면 얼마 안 가서 나는 붙박이로 출연했다. 수많은 유명 인사들과 인터뷰하고 패션쇼의 소개와 설명을 맡았으며 그밖에 소위 여성 관련 특집을 도맡아 했다. 내가 제일 좋아하는 것은 데스크에 앉아 휴와 투데이 스포츠캐스터였던 잭 레스쿨리, 뉴스 캐스터였던 프랭크 블레어와 함께 애드리브를 하는 시간이었다. 스스로 잘한다고 생각했고 미래가 어떻게 될지 모르지만 기분은 한껏 고조되어 있었다.

얼마 안 가서 나는 방송을 할 때의 나와 하지 않을 때의 나 사이에 이상한 인격의 불균형이 있다는 사실을 깨달았다. 첫날부터 나는 카메라 앞에 서면 침착

하고 태연하며 자신감에 넘쳤다. 어떤 일에도 흔들리지 않았고 매우 외향적인
성격이 되었다. 하지만 카메라만 없으면 나는 내성적인 성격으로 돌아갔다. 리
와 함께 파티에 초대 받았는데 그가 못 갈 형편이면 나 혼자서는 안 갔다. 자의
식이 강했고 조금 덜해지기는 했지만 그건 지금도 마찬가지다. 혼자서는 춤도
추지 않았다. 지금도 나는 댄스 파트너가 따로 노는 빠른 춤이 나오면 자리에
가만히 앉는다. 나 혼자서 이리저리 뛰다 보면 꼭 망가진 우산 같은 기분이 들
기 때문이다. 그래서 느린 음악으로 바뀌고 파트너가 나를 팔로 단단히 잡아줄
때까지 기다렸다가 춤을 춘다. 이런 이중적인 인격을 가진 게 나 혼자는 아니
다. 정도의 차이야 있겠지만 많은 진행자들이 텔레비전에 출연하거나 무대에
서면 아무 거리낌 없이 술술 말을 잘하다가도 사적인 생활에서는 매우 수줍음
을 탄다. 텔레비전 저널리스트도 진행자라고 할 수 있다. 로버트 드 니로가 생
각나는데 영화에서는 정말 다변인 사람이지만 개인적으로 만나 보면 말을 거의
입 밖에 내지 않는다. 반면 개인적으로는 활기에 넘치고 말이 많은데도 일어서
서 건배도 못할 정도로 심각한 무대 공포증에 시달리는 사람들도 있다.

　한번은 앨이 'r' 발음 문제를 고쳐 보라고 나를 발성 전문가에게 보냈다. 보
스턴 태생 사람들은 'r' 발음을 이상한 악센트로 느리게 하는 경우가 흔하다.
그래서 나는 이것을 고쳐 보려고 해봤다. 지금은 이 문제를 거의 극복했지만 당
시에는 발성 전문가가 시키는 대로 발음하다 보니 꼭 야바위꾼이 허풍떨 때 내
는 소리 같았다. 내 발음이 왜 그렇게 우스우냐고 몇몇 시청자들이 편지를 보내
와서 나는 발성 전문가가 시키는 대로 하는 걸 그만두고 원래의 자연스런 발성
으로 돌아가 버렸다. 거짓말이 아니라 'r'이 너무 많이 들어가는 문장은 가급적
피하려고 애썼다.

　휴는 같이 일하기에 정말 멋진 상대였다. 그는 인터뷰를 배정하는 데 항상
관대했고 자기가 좋은 것만 골라서 하려고 하지 않았다. 그는 자신감에 넘쳤고
남을 시기하는 체질이 아니었다. 여러 해 동안 함께 일하면서 우리는 한번도 언
쟁한 적이 없다. 휴와의 관계는 내 인생에서 가장 만족스러운 관계 중 하나였
다. 한편으로 나는 그의 보호를 받는 처지였지만 우리는 멋진 친구가 되었다.

그는 멋진 아내 루스, 어린 딸 데어드레이와 HR란 별명을 가진 사내아이를 두고 있었다. 해외에서 투데이쇼를 진행하는 경우에는 보통 루스가 휴를 따라 왔는데 식사 때는 나도 불러서 자기들과 자리를 같이했기 때문에 나는 전혀 외롭지가 않았다.

휴와 나는 개성도 다르고 스타일도 달랐지만 우리는 서로를 보완해 주었다. 그는 다소 사색적이고 마치 철학자인 것처럼 처신했다. 인터뷰 때 하는 그의 질문은 나보다 더 부드러웠지만 내가 묻고자 하는 것을 한번도 제지하지 않았다. 한마디로 그는 예나 지금이나 내가 아는 한 진짜 신사 가운데 한 사람이다.

투데이쇼에서 내가 제일 처음에 한 인터뷰 가운데 하나는 재키 케네디의 멋쟁이 여동생 리 래지윌과 가진 것이었다. 그녀는 나와 같은 시기에 세라 로렌스 칼리지를 다녔고 처녀 때 이름은 세라 리 부비어였다. 우리는 서로 다른 기숙사에서 지냈는데 그녀는 세라 로렌스에 오래 다니지는 않았다. 어쨌든 나는 그녀가 나를 기억해 줄 것이라 생각했다. 대학 때 기억이 아니라면 언니를 따라 인도 여행을 갔을 때 함께 갔던 몇 안 되는 여기자들 가운데 내가 끼어 있었으니 어쩌면 기억할 것이라고 생각했다. 하지만 그녀는 나를 전혀 기억하지 못했다. 당시 그녀는 망명한 폴란드 왕족인 스타니슬라프 래지윌이라는 사람과 결혼해 있었다. 인터뷰에서 내가 그녀를 보고 어떻게 불렀으면 좋겠느냐고 물었더니 짜증스런 표정으로 "그냥 프린세스라고 불러요"라고 하는 것이었다. 오케이 프린세스.

오랫동안 리(왕자가 아니라 우리 남편)는 투데이를 보기 위해 매일 아침 일찍 일어났다. 그 사람으로서는 보통 정성이 아니었다. 그는 '밤에 일하는 사람'이고 극장 프로듀서로서 보통 브로드웨이 공연이 모두 끝나는 시간까지 남아 있다가 극단 관계자들과 어울려서 사디스나 린디스로 몰려가기 일쑤였다. 자기가 운영하는 극장에도 자주 들러 봐야 했다. 그 사람으로서는 아침 7시에 일어난다는 건 고문이나 마찬가지였다. 몇 달이 지나자 그는 내가 정확하게 언제쯤 등장하는지 시간을 체크해 두었다가 보기 시작했다. 하지만 시간이 지나며 그마저도 하는 둥 마는 둥 하다 결국에는 내가 전국의 시청자들을 만나는 시간에 남편은 단잠을 잤다. 나는 남편이 자는 것을 충분히 이해했지만 저녁시간에 식탁에 마주 앉았을 때 두 사람 사이에 할 말은 점점 줄어들었다.

이처럼 두 사람의 스케줄이 완전히 극과 극이다 보니 나뿐만 아니라 남편 리도 무척 힘들어했다. 하루하루 괴로운 시간이었지만 시간이 지나면서 점차 익숙하게 되었다. 나는 새벽 4시 30분에 반드시 일어나기 위해 알람시계 두 개를 준비해 놓고 잤다. 5시 30분까지는 스튜디오에 도착해야 했다. 남편 잠을 방해하지 않으려고 나는 불도 안 켜고 깜깜한 방에서 일어나 발뒤꿈치를 들고 살금살금 옷방으로 가서 불을 켠 다음 거기서 옷을 갈아입었다.

처음에는 집에서 이틀에 한 번씩 머리를 감았다. 머리를 감는 날에는 좀 더 일찍 4시에 일어났다. 어떤 때는 머리를 말리지 않고 스튜디오로 출근해 거기서 큰 롤러를 감은 다음 큰 헤어드라이어로 머리를 말리기도 했다. 투데이에 출연하는 동안 바비 암스트롱이라는 현명하고 친절한 여성이 메이크업을 맡아서 해 주었다. 몇 년 뒤 내가 NBC를 떠나 ABC로 옮겼을 때도 바비는 내 메이크업을 계속 맡아서 해 주었다. 정말 최고의 메이크업 아티스트였을 뿐 아니라 내가 제일 안심하고 메이크업을 맡길 수 있는 사람이었다.

투데이쇼 때는 방송 시작 직전 한 시간 정도가 가장 행복한 시간이었다. 어쩌다 주디스, 앨린, 그리고 나 세 사람이 같이 모이는 날이면 우리는 윙윙거리는 헤어드라이어 소음 속에서 갖은 수다를 떨어댔다. 휴를 포함해 우리 모두가 큰 방에서 함께 준비를 했는데 거기서 대본을 읽고 고치고 각자 필요한 메모도 했다. 작가들이 인터뷰에 필요한 시작 말을 쓰고 질문도 써 주었지만 나는 보통 내게 가장 어울리는 쪽으로 시작 말을 바꾸었다. 질문 내용도 내가 직접 바꿔서 하는 경우가 많았다. 작가들은 그런 일에 개의치 않았다. 하기야 나도 한때 작가 일을 했으니까. 메이크업 룸의 분위기는 화기애애하고 행복했다. 우리 모두가 진정으로 서로를 좋아했다.

슬픈 일이지만 따뜻하던 집안 분위기는 차츰차츰 식어 갔다. 당연한 일이지만 리는 나와 함께 극장에 가고 싶어 하는 때도 있었다. 그렇지 않고서야 그 사람과 함께할 시간이 따로 어디 있었겠는가? 때로는 전반부가 끝나고 극장을 나와야 할 때도 있었지만 나도 노력했다. 물론 그 사람도 이해했고 그런 내게 무척 고마워했다. 하지만 분명히 그는 아내가 자기 옆에 함께 있어 주기를 바랐을 것이다. 그는 한번도 내게 직장을 그만두라는 부탁은 하지 않았다. 부부 사이에 일을 두고 서로 경쟁심 같은 걸 느낀 적도 없다. 나는 텔레비전에서 일했지만 그때는 그다지 유명하지도 않았고 서로 경험을 공유할 기회는 드물었지만 각자 상대방이 일을 잘하고 있다는 데 대해 기뻐했다. 물론 아이를 가지려는 노력도 계속했다. 하지만 그렇다고 우리 생활이 더 좋아진 것은 아니었다.

방송 일은 순조롭게 진행됐다. 시청자들이 나를 좋아하는 것 같았고 스폰서들과 앨포 강아지들까지 정말 나를 좋아했다. 주디스, 앨린과도 함께 방송을 진행하는 사흘뿐만 아니라 전반적으로 호흡이 잘 맞았다. 몇 달 뒤에 일이 좀 뒤엉키는 바람에 휴와 데스크에 같이 앉는 것은 나 혼자만 하고 주디스와 앨린은 자기들이 하는 전문적인 역할을 맡기로 결정이 났다. 주디스는 NBC의 프리랜스 연극 및 영화 비평가가 됐다. 앨린은 투데이에 가끔 출연하는 것 외에 NBC의 미술 담당 기자로 활동하다 나중에는 NBC의 지방방송 낮 시간 프로그램인 '여성만을 위한 쇼' For Women Only 의 진행을 맡았다.

일주일에 5일 출연하는 투데이의 고정 진행자가 되고 나서부터 나는 당시 나로서는 믿을 수 없이 엄청난 액수인 주급 750달러를 받았다. 최저임금이었지만 나는 좋아서 날아갈 것만 같았다. 모린 오설리번은 훨씬 더 많은 돈을 받았겠지만 그 돈은 내가 그때까지 만져본 적이 없는 거액이었다.

NBC는 나와 13주 계약을 맺었는데 나는 13년을 그곳에서 일했다.

바버라 월터스가 되다

투데이에서 일하는 동안은 내내 녹초가 되다시피 했다. 나는 언제 어디서든 머리만 대면 잠깐씩 잠을 자는 요령도 터득했다. 프로그램을 진행하면서도 광고가 나가거나 다른 사람이 인터뷰를 진행하는 동안 3분씩 깜빡 잠에 빠져들기도 했다. 어떤 때는 너무 피곤한 나머지 누가 내 몸에 손을 대면 통증을 느낄 정도였다. 지금도 나는 언제 어디서든 가리지 않고 잠을 자는데 새벽 5시에 말도 안 되는 전화가 걸려 와도 금방 일어나 말짱한 정신이 된다.

나는 새벽 시간에 일어나는 것을 좋아하는데 거기에는 특별한 이유가 있다. 사방이 정적에 싸여 있는 시간에 식탁에 혼자 앉아 모닝커피를 마시는 것을 나는 정말 좋아한다. 하루 중 내게는 가장 조용한 시간인 것이다. 그리고 나는 아파트에서 나와 NBC 스튜디오까지 가는 짧은 드라이브를 좋아했다. 새벽 5시라 교통체증도 없었다. 동이 트기 시작하고 너무도 평화스러운 시간이었다. 하지만 불과 10분 만에 드레싱 룸으로 들어서면 사람들이 모여 들고 평화는 끝이 났다.

어떤 때는 투데이쇼 전체가 다른 곳으로 옮겨서 진행되었다.

앨 모건은 해외에서 투데이쇼 진행하는 것을 좋아했다. 작가, 프로듀서, 메이크업 아티스트, 온에어 요원들뿐만 아니라 갖가지 기술 및 지원 장비가 모두 옮겨가야 하기 때문에 비용이 엄청나게 들었다. 하지만 그때나 지금이나 해외 무대는 시청률을 높여 주었다. 그래서 쇼는 거의 매년 이 나라 저 나라로 옮겨 다녔다.

가장 의욕적이고 사실상 사상 최초의 위성방송이 1965년 5월 3일에 진행되었다. 얼리버드 위성을 통해 유럽에서 생방송으로 투데이쇼가 진행된 것이다. 최초의 위성 텔레비전 방송이었고 유럽에서 일어난 사건이 미국 시청자들에게 생방송으로 전달된 최초의 텔레비전 방송이었다. 앨은 벨기에 브뤼셀에서 쇼를 총지휘했다. 휴 다운스는 런던 웨스트민스터 사원에 나가 있고, 잭 레스쿨리는 암스테르담, 앨린 사리넨은 로마의 원형경기장, 프랭크 블레어는 워싱턴의 의사당 계단, 그리고 나는 파리에서 가수 겸 배우 이브 몽탕과 같이 방송에 나왔다. 내가 맡은 역할은 프랑스 요리, 프랑스 패션, 그리고 프랑스 남자에 대한 리포트로 프로그램에 약간의 맛을 더하는 것이었다. 괜찮은 역할이었다.

이 사상 최초의 위성 생방송은 너무도 의미가 큰 것이어서 당시 요한 바오로 6세가 바티칸에서 첫머리 인사를 했다. 모건은 나중에 "교황 큐"라고 외친 것을 결코 잊지 못할 것이라는 말을 했다. 힘든 액트였지만 각국에서 예쁜 여자 아이들이 나와서 첫머리에 그 나라 말로 인사했다. "굿모닝" "봉주르" "본조르노" "구텐모르겐—디스 이즈 투데이!" 다음 컷은 런던으로 옮겨 버킹엄궁 근위대 교대식을 생방송으로 내보냈다.

위성방송은 텔레비전의 미래를 개척한 일로 널리 축하를 받았다. 인쇄 미디어들은 텔레비전, 그리고 나에 대해 좀 더 많은 관심을 갖기 시작했다.

당시 텔레비전 네트워크 뉴스에서 활동하는 여성은 나 외에 두 명이 더 있었다. 한 명은 NBC의 베테랑 유엔 담당 기자인 폴린 프레데릭이었는데 20여 년간 아주 탁월한 기자로 정평이 나 있었다. 하지만 그녀는 다소 딱딱하고 별로 매력적이지 않아서 미디어의 주목을 크게 받지 못했다. 다른 한 명은 낸시 디커슨이라는 아주 멋쟁이였다. 그녀는 내가 투데이에 고정출연하기 전에 CBS에서 활동했는데 이후 NBC로 옮겨 워싱턴 주재 기자로 일했다. 그녀는 워싱턴 정계 인사들과 친하게 지냈다. 린든 존슨 대통령이 특히 그녀를 좋아했다. 낸시는 몇

해 동안 내가 여름휴가를 가면 내 자리를 대신 맡아 했는데 내 자리를 차지하고 싶어 한 것이 분명했다. 그녀는 요로에 편지를 보내 자기가 나보다 더 잘할 수 있다고 공세를 폈다. 그러니 나도 그녀를 좋아하기는 힘들었고 한편으로는 불안하기도 했다. 나는 그때만 해도 자리가 불안정한 상태였던 반면 낸시는 사실 나보다 이름이 훨씬 더 알려져 있었다. 그러던 차에 그녀는 자기 눈을 스스로 찌르고 말았다.

그녀는 아주 부자와 결혼했는데 NBC 스튜디오로 올 때는 롤스로이스를 타고 왔다. 그걸 보고 언짢아하는 사람들이 더러 있었다. 그런데 그녀는 자기가 원치 않는 일거리를 맡으면 프로듀서를 제치고 NBC의 모기업인 RCA의 데이비드 사노프 회장한테 곧바로 가서 문제를 해결하려고 들었다. 그러다 보니 함께 일하는 사람들 사이에서 차츰 신망을 잃어 갔다. 저녁 뉴스와 투데이쇼의 프로듀서들은 차츰 그녀에게 일을 맡기는 횟수를 줄이다가 나중에는 완전히 배제해 버렸다. 그녀는 몇 년 더 일을 했지만 NBC 초기 시절에 누렸던 명성을 되찾지는 못했다.

그렇게 해서 나는 남았고 방송에 등장한 뉴 페이스로 호기심의 대상이 되었다.

NBC 홍보실은 신이 났다. 신문에 나에 대한 기사가 꼬리를 물고 실렸기 때문이다. 뉴욕 헤럴드 트리뷴 1965년 8월 22일자는 전면을 할애하여 나에 대한 소개기사를 실었는데 첫머리는 이렇게 시작됐다. "바버라 월터스는 아무도 싫어할 수 없는 아가씨girl다." 당시 여성운동은 '아가씨' girl 대신 '여성' woman 이란 단어를 쓸 정도로까지 진행되지는 못했다. 하지만 그게 문제는 아니었고 나는 언론의 주목을 받는 게 기분 좋았다. 특히 '사람들은 아침에 그녀를 사랑한다' They Love Her in the Morning 라고 붙인 제목이 맘에 들었다. 나 혼자 기분만 좋은 게 아니라 NBC 고위층 사이에서 내 위상도 높아졌다.

내가 프로그램을 맡은 초기 시절 NBC 최고 경영진이 나에 대해 많은 신뢰를 가졌는지 잘 모르지만 나에 대한 기사가 엄청나게 쏟아지면서부터는 달라졌을 것이라고 생각한다. 그 가운데는 1965년 뉴욕 타임스에 글로리아 스타이넘

이 쓴 '뉴스룸의 나일론' 이란 제목의 글도 있었다. 글로리아는 아름다운 여성
으로 나중에 영향력이 아주 큰 페미니스트 리더가 되었다. 글로리아는 텔레비
전 업계에 오랫동안 뿌리박힌 '여성은 안 된다' 는 고정관념을 지적하며 내가
바로 여성들의 지위가 진일보한 생생한 사례라고 소개했다. 당시에는 한 남성
간부가 말한 것처럼 '여자 시청자들은 여성 관련 주제를 제외한 다른 분야에서
여성 출연자가 등장하는 것을 보고 싶어 하지 않는다' 는 의식이 팽배했다. 글로
리아의 글에 내가 한 말이 인용되어 있는 것을 보면 40년이 더 지난 지금에도
선견지명이 있다는 생각이 된다. "내가 쇄골 밑으로 내려가게 옷을 입으면 시청
자들은 놀라서 편지를 보내온다. 나는 그들에게 일종의 만물박사 친구 같은 존
재이다. 그들은 내가 글래머 걸이 되는 것을 원치 않는다. 그것까지는 괜찮다.
그들은 내가 40살이 넘어서도 일을 그만두지 않고 성형수술도 하지 않을 것이
라고 생각한다. 그들은 내가 자기들과는 다른 종류의 인간일 것으로 생각한다."
글로리아와 나는 지금까지도 친구로 지낸다. 우리는 카네기홀에서 자선공연도
같이 한 적이 있다. 글로리아는 탭댄스를 추고 나는 노래를 불렀다. 우리는 엄
청난 박수갈채를 받았지만 그 뒤 공연을 또 하라고 하는 사람은 단 한 명도 없
었다.

　　NBC 경영진이 이러한 언론 보도들을 보고 나타낸 반응은 예상했던 대로였
다. 나는 TV 가이드에서 그 당시 표현한 것처럼 갑자기 '베이비 유명 인사' 가
되었다. 언론의 주목을 받기 전에 나는 창 없는 사무실에서 일했다. 라이프 매
거진에서 내가 "하루 종일 햇빛을 못 보는 날들이 있다"고 한 말을 인용해 보도
한 뒤 나는 창문 있는 사무실로 옮겨졌다. 스튜디오에 창문이 없고 새벽부터
해질 때까지 일했으니 그 말은 사실이었다. 매리 호니켈이라는 이름의 전속 비
서까지 생겼다. 멋진 비서였던 매리는 이후 12년을 나와 같이 일했다. 투데이
사무실로 통하는 복도에 내 사진도 걸렸고 CEO를 비롯해 NBC 경영진이 엘리
베이터에서 나를 보면 인사도 건넸다.

　　NBC는 그때 '모니터' 와 '엠퍼시스' 라는 이름으로 라디오 프로그램 두 개
를 갖고 있었다. 나는 두 프로그램 모두에 출연해 달라는 요청을 받고 출연했

다. 일주일에 5일씩 출연하다가 나중에 너무 힘들어서 3일로 줄였다. 실제로 내 생활은 크게 바뀌지 않았다. 나는 한번도 급료를 올려 달라고 부탁하지 않았고 그런 제의를 받은 적도 없었다. 계속해서 세낸 아파트에서 살고 같은 친구들과 어울렸다. 연예 부서에서 일하는 사람들과 달리 뉴스 쪽 사람들은 에이전트, 광고 담당자, 개인 매니저들이 없었다. 나는 비서가 한 명 딸려 있어서 행복했다. 연극 초연이나 개봉에도 초대받았지만 너무 피곤해서 참석하는 경우는 거의 없었고 가끔 거창한 파티에 참석했지만 기본적으로 나의 생활은 예전과 다를 바 없었다. 친구들은 내가 얼마나 바쁘게 얼마나 힘들게 일하는지 알기 때문에 나를 부러워하지 않았다. 할리우드에서야 영화 한 편 크게 히트하면 주연배우의 명성이 하루아침에 달라질 수 있지만 텔레비전 뉴스의 경우는 예나 지금이나 운이 좋으면 장시간에 걸쳐 서서히 이름이 알려질 수 있을 뿐이다. 나는 서서히 이름이 알려지기 시작했다.

파급효과는 NBC 외부로 퍼져나갔다. 데뷔한 지 1~2년 만에 나는 레이디스 홈 저널에 매달 칼럼을 써 달라는 요청을 받았다. 보그 잡지는 "아름다움을 유지하는 25가지 비결(아마도 첫 번째 비결은 '충분한 수면을 취한다'였을 것)"을 쓰면서 나한테 질문을 해 왔고 코스모폴리탄은 푸치 타월의 모델을 해 달라고 부탁했다. 여러 칼럼에 내 이름이 등장하기 시작했다. 강의 요청을 받았고 책을 써 달라는 요청도 들어왔다(주제는 상관없으니 무엇이든 써 달라고 했다). 그리고 자선 경매에 내 개인 물품을 기부해 달라는 요청까지 받았다. 그러고는 정말로 나를 흥분시킨 초청을 받게 되었다. 자니 카슨이 진행하는 '더 투나잇쇼'에 게스트로 출연해 달라는 요청이었다. 당시 사람들은 투데이로 하루를 시작하고 투나잇으로 하루를 마감했다. 무려 30년 동안 누구도 그의 시청률을 넘보지 못했다. 나는 무대로 걸어 나가기 전 엄청나게 초조했다. 무슨 말을 했는지 한마디도 기억이 나지 않지만 또 출연해 달라는 부탁을 들었던 것을 보면 그런대로 잘했던 것 같다. 나는 몇 년 뒤 그가 자리를 비운 동안 대신 게스트 호스트를 맡아 달라는 부탁까지 받았다. 나는 담배를 피우지 않지만 자니 대신 진행을 하러 들어가기 전에는 담배를 한 개비씩 얻어 한 모금 하고 들어갔는데, 약간 어지럽긴 했지만 한결 안정이 되었다. 게스트 호스트를 시작할 때 나도 자니가 매일 저녁 하는 것처럼 모놀로그로 시작했는데 나는 나 같은 아침형 인간과 자니 같은 저녁형 인간의 차이점에 대해 이야기했다. 정오까지 세 번의 아침을 먹는 사연, 대부분 베이글 빵을 먹고 산다는 이야기 등을 털어놓았다. 그리고 야채를 제대로 못 먹어 비타민 부족 현상을 겪고 있다는 사연을 털어놓았다. 아주 재미있는 이야기는 아니지만 진실이라는 장점이 있었다. 그 다음에는 탭 댄스 시범을 보였다. 아는 사람은 알 테지만 나는 탭을 어린애처럼 한다. 어쨌든 보는 사람들이 야유는 하지 않았다.

백악관에도 초대를 받았다. 당시 백악관 주인이던 존슨 부부와 친근하게 만찬을 함께 하거나 국빈 만찬 자리는 아니었다. 하지만 나는 헤드 스타트 프로그램 축하 자리에 초청을 받았다. 버드 여사의 비서인 빈틈없는 리즈 카펜터가 초청장을 보내며 백악관 남서쪽 게이트에서 보여 주라고 일러 주었다. 얼마나 기뻤던지! 그 초청장을 지금까지 보관하고 있었더라면 좋았을 텐데.

백악관에서의 첫 초대는 마치 상을 받으러 가는 것 같은 기분이었다. 이후 다른 때는 그렇게 들뜨지 않았다. 프래그런스 재단은 영광스럽게도 '여성에게 감사를' Give Thanks for Women 연례 오찬에 나를 초대해 주었다. 하퍼스 바자는 '성공한 여성 100명' 명단에 나를 포함시켰고 브랜다이스 대학교는 내게 공로상을 수여했다. 이런 상들은 대단한 것처럼 보이지만 실상은 우리 모두 알다시피 심지어 당시 나 같은 조무래기 유명 인사까지 이용해 티켓을 팔아먹으려는 것이다. 대상자가 얼마나 큰 업적을 이루었는지는 그다지 문제가 안 되었다.

한편 투데이쇼 캐스트에도 바람직한 변화가 있었다. 약간 시들해진 스포츠 캐스터 잭 레스쿨리가 떠나고 유쾌하고 재치 있는 조 '텔 잇 라이크 잇 이즈' Tell It Like It Is 개러지올라가 왔다. 조는 프로야구 선수 출신으로 투데이로 오기 전 세인트루이스 카디널스와 뉴욕 양키스의 스포츠캐스터로 있었다. 휴와 나를 포함해 모두가 그를 너무너무 좋아했다. 조는 1973년까지 투데이에 함께 있었는데 돌이켜 보면 휴를 비롯해 조와 함께한 그 4년이 40년이 넘는 나의 텔레비전 생활에서 제일 행복했던 시절이었다. 우리 세 사람은 경쟁하기보다는 서로의 재능을 존중했으며 서로를 보완해 주는 존재였다. 이후 다른 파트너들과도 항상 그런 관계를 가진 것은 아니다. 그렇기 때문에 그처럼 서로를 좋아했던 그 시절이 유독 생각난다.

투데이에서는 이런 하모니를 이루고 있었지만 우리 가족에게는 그림자가 드리워지고 있었다. 이제 여러 해가 지나 안전거리를 확보하고 아버지의 삶을 되돌아보니 동정과 존경심이 내 마음을 가득 채운다. 아버지의 전성기는 정말 대단했고 좌절의 시기는 너무 비참했다.

내가 성공가도를 달리는 동안 아버지는 굴욕스러운 삶을 살고 계셨다. 라스베이거스 일은 이미 끝장이 났고 아쿠아케이드 사업은 완전히 실패로 돌아갔다. 아버지의 재능과 상상력은 다시 한번 일그러지고 말았다. 자신의 전문성을 발휘할 곳이 더 이상 어디에도 없게 되자 아버지는 불과 몇 년 전만 해도 생각지도 못할 일을 하기로 하셨다. 1965년에 아버지는 뉴욕 라틴 쿼터로 다시 돌아왔다. 하지만 이번에는 소유주도 파트너도 아닌 종업원 자격이었다. 뿐만 아니라 자기가 싫어하는 바로 그 사람 밑에서 일하셨다. 공손한 태도로 자존심은 접어둔 채 아버지는 E. M. 로의 제안을 받아들여 라틴 쿼터의 쇼를 제작하고 감독하는 일을 맡았다. 엄마는 살림살이를 챙기고 뉴욕에서 살 아파트를 알아보기 시작했다.

그때 아버지는 얼마나 힘드셨을까. 이제 고객이 볼 수 있는 라틴 쿼터의 프로그램은 모두 E. M. 로에 관한 이야기뿐이었다. 프로그램은 '온화한 목소리를 가진' 로(그의 목소리는 나이트클럽 이쪽 끝에서 저쪽 끝까지 울릴 정도다)가 플로리다에 먼저 클럽을 세운 다음 이어서 뉴욕 클럽을 세웠다고 소개했다. 아버지 이야기는 조금만 언급했다. 하지만 댄서와 스태프들은 사실을 알고 있었다. 아버지가 라틴 쿼터로 돌아와 리허설을 시작하자 코러스 걸들은 환호했다. 심지어 웨이터들은 저녁시간 테이블을 정리하면서 루 월터스가 한때 자기 집이었던 곳으로 돌아온 것을 보고 눈물을 흘리기까지 했다.

하지만 이번에는 상황이 아주 달랐다. 로는 고용주로서 그다지 관대하지 못했고 나도 그렇게 많은 도움을 부모님께 드리지는 못했다. 나는 엄마와 언니를 데리고 가서 옷을 사주고 아버지께는 뉴욕에 오면 필요한 옷을 새로 사다 드렸다. 펜트하우스 시절은 오래전에 지나갔다. 대신 엄마는 8번 애비뉴 50번 스트리트에 방 두 개짜리 아파트 세를 얻었다. 주변은 우중충했다. 하지만 아파트가 라틴 쿼터와 가까웠고 비교적 새 건물이라 깨끗했다. 우선 집세가 쌌다. 엄마는 플로리다에서 가져 올 수 있는 가구는 모두 가져 왔고 또다시 접시, 유리잔, 포트, 팬, 옷가지 등 짐 보따리를 풀어서 정리했다.

부모님과 언니가 뉴욕에 함께 있게 된 것은 좋기도 하고 나쁘기도 했다. 자주 보게 되니 모두가 좋았다. 가족들은 리를 아주 좋아했는데 덕분에 우리 부부 사이도 한결 편하고 느긋해졌다. 하지만 가족들은 나의 성공을 느긋하게 즐기지 못했다. 내가 혹시 직장을 잃게 되지는 않을까 늘 조마조마했기 때문이다. 가족들은 내가 잘해 나가고 있다는 사실에 대해 자랑스럽고 행복하게 생각했지만 거기에는 아버지가 그랬던 것처럼 나의 성공도 언제 끝날지 모른다는 두려움이 뒤섞여 있었다. 그들이 갖고 있는 두려움을 보며 나도 수시로 같은 두려움을 느꼈다.

개도 한 마리 있었던 기억이 난다. 엄마는 언니가 마음을 쏟으며 돌볼 대상이 무엇이라도 있어야 한다고 생각하셨다. 그래서 엄마는 재키 언니를 데리고 동물 보호소를 찾아가 에인절이라는 이름의 작고 불쌍하게 생긴 잡종 개 한 마리를 집으로 데려 왔다. 에인절은 귀여운 놈이었지만 겁이 많았다. 천둥과 번개, 심지어 자동차 경적소리에도 놀랐다. 먹이를 주는 것은 주로 엄마가 했기 때문에 에인절은 재키 언니보다 엄마를 더 따랐다. 엄마는 언니 혼자 바깥에 내보내는 것을 꺼리셨기 때문에 에인절 산책시키는 것도 엄마가 했다. 춥거나 비 오는 날 저녁에는 특히 더 그랬다. 두꺼운 코트를 걸치고 겁에 질린 불쌍한 강아지를 데리고 음산한 거리를 오르내리던 엄마의 모습이 지금도 눈에 선하다. 엄마와 아버지, 언니, 심지어 불쌍한 에인절에게도 행복한 삶이 아니었다. 나는 모두가 너무 불쌍해 보였다.

아버지는 1969년까지 라틴 쿼터 일을 계속하셨다. 코러스 걸을 대변하는 노동조합인 미국 버라이어티 아티스트 길드가 코러스 걸들에게 파업을 하라고 부추긴 해였다. 전성기 때 36명이던 코러스 걸의 수는 14명으로 줄어 있었는데 이들은 주급 30달러를 요구했다. 크게 과한 요구는 아니었지만 로는 당연히 거절했다. 중간에 놓인 것은 아버지였다. 어떤 신문이 아버지가 이렇게 말한 내용을 보도했다. "솔직히 과도한 요구는 아니다. 로는 파업을 막을 수 있었는데도 그렇게 하지 않았다." 그리하여 코러스 걸들은 파업에 돌입했다. 그렇지 않아도 전성기 시절에 비해 다소 초췌한 모습이던 라틴 쿼터는 크리스마스 시즌 직전에 임시로 문을 닫아 황금연휴 기간 수입을 모두 놓쳤다. 그리고 나서는 완전히 문을 닫고 말았다. 뉴욕 생활은 그렇게 끝이 났다. 마지막 나이트클럽 코러스 라인도 끝났고 아버지의 오랜 꿈도 그렇게 막을 내렸다. 얼마 후 가족들은 다시 마이애미비치로 돌아갔다. 그들의 삶은 내리막길을 걸었고 내 인생은 오르막길을 올랐다.

나는 차츰 유명 인사가 되어 영국 배우 피터 유스티노프와 뮤지컬의 아이콘인 프레드 앙스테어 같은 대형 스타들도 인터뷰에 모실 수 있을 정도가 되었다. 하지만 나는 유명 인사라고 훌륭한 인터뷰가 보장되는 것은 아니라는 사실을 금방 배웠다. 내가 한 최악의 인터뷰는 60년대 중반 워런 비티와 가진 것이었다. 나는 늘 하던 대로 워런에 대한 준비를 철저히 했다. 그는 신작 영화 '칼레이도스코프' 홍보차 투데이에 출연했다(워런은 몇 년 전 윌리엄 인지의 희곡을 각색한 영화 '초원의 빛'에 출연하며 일류 배우가 되었다). 헝클어진 머리칼, 휑한 두 눈을 한 채 나타난 그를 보고 문제가 심상치 않다는 걸 일찌감치 눈치 챘어야 했다. 하지만 나는 의자에 푹 파묻혀 하품을 해대는 그를 보고 질문을 계속했고, 그는 내 질문에 아무렇게나 한두 마디 툭 던지거나 아니면 딱 한마디씩만 답을 했다.

마침내 나는 다소 따분한 질문이지만 꼭 필요한 질문을 던졌다. "미스터 비티, 새 영화는 어떤 내용인가요?" 그는 가슴을 쓸어내리고 양손으로 머리를 빗어 넘기더니 또 하품을 했다. 더 긴 침묵. 한참 있다가 "그게 저" 하며 말을 꺼내는 것이었다. "정말 어려운 질문이군요." 그게 다였다. "미스터 비티, 당신은 내가 지금까지 인터뷰한 사람 중에서 제일 힘든 사람입니다." 나는 전국으로 나가는 생방송 텔레비전에서 이렇게 말했다. "광고를 보시겠습니다." 그렇게 인터뷰를 끝내 버렸다.

그날 이후 워런과는 정말 친한 친구가 됐지만 자기 말대로 그는 인터뷰하기 정말 힘든 사내다.

엉망이 된 워런 비티와의 인터뷰에도 불구하고 언론의 많은 호평 덕분에 나는 정치인이나 영화 스타들과 인터뷰하기가 점점 수월해졌다. 나는 정치인을 만나기가 쉽지 않으면 그 사람의 부인과 인터뷰했는데 남편을 만나는 것보다 더 재미있는 경우가 많았다. 드와이트 데이비드 아이젠하워 전 대통령의 부인인 메이미 아이젠하워 여사도 그런 경우였다. 메이미 여사는 남편과 50년을 함께 산 결혼 비결을 이렇게 털어놓았다. "우리는 공통점이 눈곱만치도 없어요." 대통령 부인인 버드 존슨 여사와도 인터뷰를 했는데, 여사는 내게 생전 처음으로 백악관 구경을 시켜준 것 외에도 자기 남편과 잊을 수 없는 만남을 갖도록 간접 주선해 주었다.

1968년 겨울 나는 백악관에 들어가 버드 존슨 여사와의 인터뷰 준비를 하고 있었다. 그때 버드 여사의 공보비서인 리즈 카펜터가 대통령을 만나 보겠느냐고 묻는 것이었다. 대통령은 그때 시간이 나서 나더러 오벌 오피스로 잠깐 들르겠느냐고 물어 보라고 리즈에게 지시했던 것이다. 나는 잠시 망설였다. 그때까지 미국 대통령은 한번도 만나 본 적이 없었고 또한 대통령을 만날 사전 준비가 전혀 안 되어 있었기 때문이다. 하지만 나는 그 유명한 대통령 집무실로 대통령을 만나러 들어갔다. 대통령이 서 있었는데 6피트 3.5인치나 되는 거구가 나를 내려다보고 있었다. 그는 내 손을 덥석 감싸 안고는 프레스카를 하겠느냐고 물었다. 들어 본 적이 없는 음료 이름이었기 때문에 나는 새로운 댄스 이름일 것이라고 생각했다. 그래서 나는 정중하게 거절했다. 존슨 대통령은 당시 몇 년 전에 담낭을 떼 내는 수술을 받았고 심장에도 계속 문제가 있었다. 나이 많은 독자라면 그가 수술 받은 자국을 보여 주는 사진을 본 기억이 날 것이다. 주치의는 그에게 담배를 끊으라고 말하고 소다를 마시면 니코틴 욕구를 이겨 내는 데 도움이 된다고 했다. 대통령은 "정말 끔찍하다"고 털어놓았다. 린든 존슨 대통령은 가끔 쌍스러운 행동으로 사람들을 놀라게 만드는 걸 좋아했는데 손을 자기 성기 윗부분에다 대고 자르는 시늉을 해 보이며 "차라리 내 남근을 자르라는 게 더 낫지"라고 하는 것이었다.

나는 순간 할 말을 잊어 버렸다. 겨우 "만나 뵈어서 정말 반가웠습니다. 대통령 각하"라는 말을 하고서 나는 오벌 오피스를 나왔다.

정말 하고 싶었지만 존슨 대통령과 정식 인터뷰는 하지 못했다. 하지만 많은 사람을 투데이쇼에서 인터뷰했다. 인터뷰는 프로그램 한 회에 보통 두 명에서 네 명, 일주일에 닷새를 했다. 매년 그런 식으로 하다 보니 13년을 계속하게 되었다. 정말 셀 수 없이 많은 인터뷰를 했다. 일일이 다 적을 수도 없고 기억도 다 나지 않는다. 하지만 초창기 시절에 한 인터뷰 가운데는 세월의 시련을 이겨내고 계속 기억에 남는 것들이 있다. 이 특별한 사람들은 40년 전에 나를 사로잡았던 이들이다. 그들은 지금도 내 마음을 사로잡고 있다.

갈런드, 카포티, 로즈 케네디,
그리고 그레이스 왕비

명석하고 까다롭고 엄청나게 재능 있는 아티스트 두 명을 꼽으라면 나는 주디 갈런드와 트루먼 카포티를 든다. 나는 1967년에 투데이에서 이 두 사람을 모두 인터뷰했다.

당시 갈런드는 이미 내리막길에 들어서 있었다. 할리우드에서는 음주와 약물중독 때문에 오래전부터 그녀를 외면했다. 하지만 뮤직홀에서는 여전히 사랑받고 있었고 브로드웨이의 팰리스 시어터에서는 기립 박수를 받으며 공연했다. 나는 그녀의 오후 스케줄이 빈 때를 골라 인터뷰하러 갔다. 정오까지 그녀가 묵는 호텔방으로 오라는 전갈을 받고 시간에 맞춰 갔는데 그녀는 방에 없었다.

오후 3시가 되어도 갈런드는 나타나지 않았다. 전설적인 인물 주디 갈런드가 아니었다면(다른 전설의 인물인 엘리자베스 테일러도 툭하면 나를 그렇게 오래 기다리게 만들었다) 나는 몇 시간 전에 벌써 자리를 떴을 것이다. 그러다 마침내 갈런드가 침실에서 모습을 드러냈다. 4피트 11인치밖에 안 되는 자그마한 여인이 십대인 딸 로나 루프트의 것을 얻어 입었다며 드레스를 걸치고 있었다. 그리고 그녀는 매력과 유머, 연민으로 나를 사로잡았다.

그녀의 딸 리자 미넬리는 당시 싱어송 라이터 피터 앨런과 결혼한 직후였다. 앨런은 갈런드가 홍콩에서 발굴한 사람으로 주디나 리자의 수준에는 못 미쳤지만 재능 있는 연기자이기도 했다. 하지만 게이라는 소문이 있었고 결혼생활은 5년 만에 파경을 맞았다. 하지만 돌이켜 보면 주디는 당시 그를 끔찍이 아꼈다. "정말 멋진 청년이 우리 딸애한테 흠뻑 빠졌답니다." 그녀는 내게 이렇게 자랑을 늘어놓았다. "우리 리자도 저렇게 예쁘니 나는 정말 너무 행복하고 자랑스럽답니다."

그 결혼은 나중에 '실수'로 불렸고, 리자는 이후에도 '실수'로 결혼을 세 번 더 했다. 나와 인터뷰할 당시 주디는 네 번 결혼한 몸이었고 1969년에 한번 더 짤막한 결혼생활을 하게 된다. 그녀는 자신의 결혼 실패율이 높은 것을 남편들 탓으로 돌렸다. 주디는 "그 남자들은 나와 얽히기만 하면 결혼생활이 너무 힘들다는 말을 했어요"라고 내게 털어놓았다. "그런 생각을 왜 미리 못하는 거지요?"

"내가 잘못한 것이라고는 말이에요"라고 그녀는 말을 이었다. "내가 그 남자들한테 잘못한 것이라고는 '오버 더 레인보' Over the Rainbow를 부른 죄밖에 없어요." 이렇게 말하며 깔깔 웃었다. '오즈의 마법사'의 타이틀곡을 가리키는 것이었는데 우스갯소리만은 아니었다. 그녀는 그 노래를 매일 밤 몇 년간에 걸쳐 공연 때마다 지겨울 정도로 불렀다.

그녀는 정말 힘들게 살아 왔다. 그녀의 살아온 배경에 대해서는 책자에 소개된 것도 많았지만 그녀의 입으로 직접 듣게 되니 끔찍했다. 그녀는 아주 자그마할 때 엄마한테 떠밀려서 억지로 무대에 선 이래로 43년간 무대생활을 했다고 했다. "우리 엄마는 마녀였어요"라고 그녀는 말했다. "어머니는 무대 한쪽 끝에 서서 우리가 공연하는 것을 지켜보았어요. 만약 내가 기분이 별로 안 좋거나 배가 아프다고 하면 '당장 나가서 노래 불러. 안 그러면 침대 기둥에 묶어서 혼내 줄 테야'라고 겁을 주었어요." 그러면 나가서 노래를 불렀다는 것이다.

그리고 영화 이야기를 했다. 미키 루니와 찍은 클래식들을 포함해 MGM 영화만 20편 넘게 찍었는데 주디는 루니를 "정말 멋진 신사이고 세계에서 가장 재능 있는 배우"라고 말했다. 하지만 아역 스타에게 할리우드 생활이 그렇게 멋질 수는 없었다. "우리는 밤낮없이 일했지요." 주디는 이렇게 말했다. "제대로 된 학교는 다녀 본 적이 없었어요. 일주일에 엿새 일하고 어떤 때는 한번에 72

시간 쉬지 않고 일한 적도 있었어요. 하루도 쉬지 않고 몇 주씩 강행군을 하기
도 했어요."

그렇게 해서 그녀에게 남은 것이 무엇일까? 호텔 의자에 딸의 옷을 입고 웅
크리고 앉은 자그마한 여인을 보니 측은한 생각이 들었다. "지금 나는 빈털터리
랍니다." 주디는 이렇게 말했다. "그러니 오늘밤에도 항상 하던 대로 나가서 노
래나 불러야겠어요."

그게 팰리스 시어터에서 그녀의 마지막 공연이었다. 2년 뒤 주디는 런던에
서 수면제 과다복용으로 죽었다. 47세였다.

트루먼 카포티의 삶도 주디 갈런드와 크게 다르지 않았다. '티파니에서의
아침을'의 작가인 트루먼은 불과 17세 때부터 '더 뉴요커'에서 일을 시작했고
20대에 베스트 셀러가 된 처녀작 '다른 목소리 다른 방' Other Voices, Other Rooms을
썼다. 엄청난 애주가였던 트루먼은 간질환으로 1984년에 59세의 나이로 죽었
다. 하지만 1967년 당시 그는 한창 전성기를 구가하고 있었다.

그는 1966년 소위 논픽션 소설 '냉혈한' In Cold Blood을 발표하며 천재적인
작가로 칭송을 받았다. 이 작품은 영화화되어 로버트 블레이크가 주연을 맡았
다. 나는 그 후 몇 년 뒤 아내 살해 혐의로 기소된 블레이크와 인터뷰를 했다.
트루먼은 나와 인터뷰하기 불과 일 년 전 워싱턴 포스트 발행인 캐서린 그레이
엄 여사를 기념해 플라자 호텔 그랜드볼룸에서 전설처럼 전해 내려오는 가면무
도회를 개최해 사회면 헤드라인을 장식하기도 했다. '흑백 무도회'라는 이름의
이 가면무도회는 "아름다운 사람들"이라고 이름 붙인 사람들로 만원을 이루었
다. 수십 명에 달하는 유명 인사, 저널리스트, 상류사회 인사, 정치인, 영화계
스타들이 갖가지 가면을 쓰고 참석했다. 무도회는 대성황을 이루었다. 그런데
나는 초대받지 못했다. 그 당시 나는 그 정도로 유명 인사가 아니어서 '아름다
운 사람들'의 일원이 되기는 힘들었는데 그게 다행이었다.

2006년 배우 필립 세이무어 호프먼이 전성기 때의 트루먼 카포티를 그린 영
화 '카포티'로 아카데미상을 수상했다. 한번은 파티석상에서 호프먼이 내게 괴

팍스러운 카포티 역을 제대로 하려고 내 인터뷰를 50번 정도 봤노라는 말을 했다. 정말 기분이 으쓱하면서 좋았는데 그는 카포티 역을 정말 잘해 냈다.

그 사람한테서는 끄집어낼 게 정말 많았다.

"지루해 본 적이 있으신가요?"라고 물었더니 카포티는 이렇게 대답했다. "아니요. 호기심이 너무 많아서 지루할 틈이 없어요.""지루해할 수가 없어요. 어떤 사람이 나를 지루하게 만들면 나는 왜 이 사람은 나를 지루하게 만들까 하고 분석해 보지요. 그러면 계속 흥미가 생깁니다."

"우울할 때는 어떻게 하는지 아세요? 책을 읽어요. 나는 우울한 느낌이 들 때는 거의 없지만 비극에 대해서는 많은 생각을 합니다. 나는 인생은 비극이라고 생각하지요." 이것 외에도 나와 인터뷰하는 동안 카포티는 자신의 몰락을 예고하는 말을 또 했다.

"내가 지닌 창의적인 재능에 대한 확신이 없다면 나는 살 수 없을 겁니다. 그러한 확신이 없었다면 나는 정말 비참했을 것입니다. 당신도 보시다시피 나는 하나가 아니라 여러 사람입니다. 나는 많은 시간을 혼자서 보내고 정말 열심히 일합니다. 그리고 모든 일에 참견하는 다른 모습의 내가 또 있습니다. 사람들과 함께 있어야 하는 경우입니다."

그로부터 십 년 뒤 카포티는 자신의 삶에 너무도 소중한 '아름다운 사람들'에 대해 솔직히 그리고 신랄하게 썼다. 그 글을 통해 자신들에 대해 낱낱이 까발린 뒤 사람들로부터 버림을 받게 되자 그는 우리 인터뷰에서 밝힌 것처럼 절망과 고독 속에 빠져 지냈고 저술활동도 거의 중단했다.

인터뷰에서 그가 한 말 가운데 기억에 남는 마지막 말은 예술, 그리고 하느님과 관계가 있다.

"나는 예술을 종교의 한 형태라고 생각하고 하느님에게 다다르는 하나의 수단이라고 생각합니다. 가끔 그리고 아주 드물게 문득문득 우리는 예술을 통해 하느님의 은총을 감지하게 됩니다. 마치 구름 속에서 목소리가 들려와 여러분에게 계시가 내려지는데 그것이 여러분의 손을 통해 예술로 승화되는 것이지요. 그것은 일종의 종교적 체험입니다."

몇 년 뒤 나는 위대한 배우인 로렌스 올리비에 경과 인터뷰할 기회가 있었
다. 어떤 사람으로 기억되기를 원하느냐는 질문을 했더니 카포티와 아주 비슷
한 답을 하는 것이었다. "전문적인 장인workman 같은 사람입니다." "장인이라구
요?" 나는 이렇게 되물었다. "너무 평범한 표현 아닌가요?" 그러자 올리비에 경
은 "그래요?"라며 잠시 뜸을 들이더니 이렇게 말하는 것이었다. "나는 시인도
장인이라고 생각해요. 내 생각에는 셰익스피어도 장인이었어요. 하느님도 장인
이지요. 나는 장인보다 더 훌륭한 사람은 없다고 생각해요. 아니면 장인 여성
workwoman 이라고 해야 하나요."

그리고 로즈 케네디 여사와도 인터뷰했다. 케네디 여사에게 하느님은 장인
이 아니었다. 하느님은 그녀의 존재 전체에서 중심이었다. 그녀는 매일 미사에
참석했고 신앙심은 그녀에게 용기, 신념, 그리고 무엇보다도 위로를 주었다. 그
녀의 말을 여기서 인용하는 것은 훌륭한 자식들에 대해 그녀가 한 말 때문이다.
　케네디 여사는 아주 부유하고 논란을 많이 불러일으킨 인물이며 영국 주재
미국대사도 지낸 조지프 P. 케네디의 부인이다. 또한 존 F. 케네디 대통령과 로
버트 케네디 상원의원, 에드워드 케네디 상원의원의 어머니이고 다른 자녀들
도 6명이 더 있다. 그들 중에서 조지프 주니어와 딸 캐슬린은 1940년대에 비행
기 사고로 죽었다. 또 한 명의 딸인 로즈매리는 뇌 장애 때문에 특수시설에 들
어가 있었으며 케네디 여사는 이 딸을 평생 돌봐야 했다. 그리고 1960대에 케
네디 대통령과 로버트 케네디 상원의원이 암살당했다. 한 사람의 어머니로서
는 분명 감당하기 힘든 고통이었을 것이다. 하지만 케네디 여사는 활기와 용
기, 신앙심을 한번도 잃은 적이 없었다.
　보스턴에서 자랐고 케이프 코드에서 여름휴가를 보낸 나는 특별히 그들과
유대감을 갖고 있었다. 두 군데 모두 케네디 일가의 별장이 있는 곳이기 때문이
다. 앞에서도 말했듯이 조지프 케네디 시니어는 플로리다의 라틴 쿼터에 와서
시간을 많이 보냈다. 하지만 케네디 여사는 그 클럽에 한번도 발을 들여 놓은
적이 없었다. 그들 부부는 전혀 별개의 삶을 살았던 것이다. 조지프 케네디는

여배우 글로리아 스완슨과 오랜 기간 관계를 맺어 왔다. 그는 스완슨을 위해 영화를 몇 편 제작하기까지 했다. 모든 정황으로 미루어 볼 때 케네디 여사는 그런 사실을 알고도 묵인했다.

케네디 여사는 미모였고 검은 머리에 눈부신 미소를 갖고 있었으며 날씬하고 세련된 모습이었다. 여사는 남편이 다른 여자와 애정행각을 벌이는 것을 당연한 일로 받아들이는 것 같았고, 떠도는 갖가지 소문이 사실이라면 아버지의 그런 피는 아들들도 물려받은 셈이다. 케네디 여사는 9자녀를 낳는 동안 남편이 자기 옆에 있던 적이 거의 없다고 했다. "상관없어요." 그녀는 미소 띤 얼굴로 살짝 윙크하며 이렇게 말했다. "다이아몬드 팔찌가 그것을 보상해 주지요."

하지만 그처럼 많은 자녀를 잃은 것은 무엇으로 보상을 받을 것인가? 다음은 1968년 11월에 그녀가 내게 들려준 이야기다. 5개월 전에 암살당한 아들 로버트 케네디의 생일이 있는 달이었고 그의 형 잭 케네디가 암살당한 지 5주년 되는 달이기도 했다.

"굴복당하지 않겠다고 마음을 먹었지요." 그녀는 이렇게 말했다. "내가 무너지면 가족들에게 아주 나쁜 영향을 미치게 될 것이기 때문이지요. 나는 가족들에게 일종의 평안과 용기를 주려고 애쓰고 있답니다."

자녀들이 어렸을 적에 아들 중에서 대통령이 나올 거라는 말이 있었느냐고 물어 보았더니 그녀는 이렇게 대답했다. "아이들 아버지는 늘 그런 생각을 갖고 있었던 것 같아요. 하지만 나는 아이들이 자랄 때 그런 생각을 하지는 않았어요. 그냥 아이들이 정신적으로, 육체적으로, 그리고…." 이 대목에서 케네디 여사는 잠시 말을 멈추었다. "심리적으로 말인가요?" 하며 내가 끼어들었다. "아니에요." 케네디 여사는 이렇게 말했다. "도덕적으로 제대로 자라 주기만 바랐어요."

그녀는 이렇게 말을 계속했다. "사람들이 케네디 왕국이라는 말을 하지만 나는 분명히 다른 가문이 또 나타나 어깨를 나란히 하게 될 것이라고 봐요. 그래서 삶이 재미있어지는 것이지요." 이렇게 말하며 그녀는 소리 내어 웃었다. "그러한 부조리가 바로 삶에서 모두에게 즐거움을 안겨 주는 것이지요."

네 자녀를 잃고서 웃으며 인생의 부조리를 이야기할 수 있는 여인. 정말 대단한 여인이었다. 마지막으로 나는 아들들에게 충고를 한 적이 있느냐고 물었다. 그녀는 잭 케네디가 대통령직에 있을 때 양손을 호주머니에 넣고 서 있지 말라는 말을 해 주었다고 했다. 사진에서 보는 영국 사람들처럼 두 손을 등 뒤로 모은 채 있는 것이 보기가 훨씬 더 낫다는 말을 해 주었다는 것이다. 그녀는 또한 바비 케네디에게도 충고를 적은 편지를 보냈다고 했다. 아마 그걸 끝으로 그런 편지는 더 이상 쓰지 않았을 것이라고 했다. "많은 충고를 한 소크라테스도 결국 독약을 마시고 죽었으니까요." 로즈 케네디 여사와 가진 인터뷰는 내가 제일 마음에 드는 인터뷰 가운데 하나다.

당시 케네디가는 미국의 왕실 가족처럼 생각되었다. 하지만 우리는 진짜 왕비를 만났다. 하지만 그레이스 켈리 모나코 왕비와의 인터뷰는 로즈 케네디 여사와의 인터뷰만큼 유쾌하지는 않았다.

아름다운 전직 무비 스타와의 인터뷰는 1966년 8월 몬테카를로에서 가졌는데 나는 최근에 그 필름을 다시 찾아서 봤다. 감히 말하건대 나와 그녀 모두에게 제일 기분 좋은 기억은 아닌 것 같다.

1956년에 있었던 차분하고 귀족적인 용모의 그레이스 켈리와 최고의 신랑감 레이니에 국왕의 결혼은 당시 '세기의 결혼'으로 불렸다. 프랑스령 리비에라 해안의 작은 공국 모나코는 유럽 최고의 풍광을 자랑하며 유명한 카지노 도박장들이 모여 있는 곳이다. 이곳은 또한 백만장자들이 세금 걱정 없이 머물며 요트와 블랙잭을 즐기고 몬테카를로의 토플리스 비치 클럽에서 일광욕을 즐기는 곳이기도 하다. 수도인 몬테카를로는 뉴욕의 센트럴파크보다도 더 작다. 하지만 그게 무슨 문제인가. 레이니에 국왕은 유럽 왕족의 혈통을 이어 받은 사람이다. 완벽한 용모에 푸른 눈, 금발로 그레이스는 우리의 미국판 왕족이었다. 윌리엄 홀덴에서부터 레이 밀란드, 빙 크로스비, 클라크 게이블에 이르기까지 그녀와 함께 연기한 주연 남우들은 하나같이 그녀와 사랑에 빠진 것으로 알려졌다. 그러던 어느 날 '나는 결백하다' To Catch a Thief로 캐리 그랜트와 칸 영화제 참석 기간 중에 그녀는 총각 국왕과 인사를 나누게 되었다. 그러고는 프랑스어를 하는 모나코 사람들 말대로 부알라! 얼마 뒤 약혼한다는 소식이 발표되었다.

그녀는 그 시절의 프린세스 다이애나였다. 몇 주 동안 기자들은 이들의 약혼과 결혼 소식을 빠뜨리지 않고 보도했다. 사람들은 그것으로도 성이 차지 않았다. 신부 들러리는 누가 하지? 결혼식 예복은 무엇을 입을까? 그레이스 켈리가 신혼여행 때 쓰고 간다는 모자는 시장에서 팔렸고 나도 하나 샀던 것 같다.

동화 같은 결혼식이었다. 아버지의 손에 이끌려 복도를 걸어 나오는 그레이스는 MGM의 의상 디자이너 헬렌 로즈가 디자인한 가운을 입고 할리우드가 연출할 수 있는 최고로 우아한 장면을 보여 주었다. 하지만 그것은 할리우드가 아니라 실제 상황이었다. 그러고 나서 우리의 금발 왕비 그레이스 켈리는 몬테카를로의 궁전 벽 너머로 사라졌다. 이후 사람들은 그녀에 대한 이야기를 읽고 사진을 보았지만 그녀는 영화는 단 한 편도 더 찍지 않았다.

뿐만 아니라 고귀하신 왕비님은 텔레비전 인터뷰도 절대로 하지 않았다. 나는 그녀를 인터뷰에 모시기 위해 몇 년간에 걸쳐 편지를 쓰고 또 썼다. 결혼하고 십 년이 지나고 세 명의 자녀와 왕세자가 태어난 뒤에 왕실은 비로소 인터뷰에 응할 때가 되었다는 판단을 했던 것 같다. 나를 몬테카를로로 오라는 날짜가 잡혔다. 결혼 이후 첫 텔레비전 인터뷰였다.

그레이스 왕비는 약속 시간보다 딱 15분 늦게 왕궁 정원에서 나를 맞이했다. 주디 갈런드를 기다릴 때와 비교하면 한결 나은 셈이었다. 대부분의 유럽 사람들은 왕족을 만날 때 그 정도면 양호한 것이라고 생각한다. 하지만 나는 그렇게 생각하지 않았다. 나는 악수도 하지 않았다. 그저 허리를 약간 숙여 인사를 건네며 웃어 보였을 뿐이다. 왕비는 평상복을 입고 굽 낮은 신발을 신었다. 우리는 함께 걸어서 궁전 수영장으로 갔고 수영장 한가운데에는 작은 보트가 하나 떠 있었다. 우리는 그곳에서 앉아 이야기를 진행했다. 몇 군데 간추려서 소개하자면 다음과 같다.

바버라: 대부분의 사람들이 왕비는 정오까지 침대에 누워 자고 아침식사는 침대

에서 한다고 생각합니다. 수많은 시녀와 시종들이 늘어서서 대기한다고 생각합니다. 지금 내가 이야기한 것과 조금이라도 비슷한 생활을 하십니까?

그레이스 왕비: 사람들은 늘 나의 생활을 공상화하지요. 나의 생활도 일하는 보통 여성들과 크게 다르지 않습니다. 책임진 일도 많고 해야 할 일이 엄청나게 많답니다. 세 아이도 돌봐야 하구요.

바버라: 배우로 남아 영화계에 있는 어떤 사람과 결혼하는 것과는 전혀 다른 생활을 하고 있다고 생각하시나요?

그레이스 왕비: 그래요, 그럴 것으로 생각합니다. 왜냐하면 내가 배우 생활을 할 때는 내 사생활을 대부분 내 맘대로 쓸 수 있었으니까요. 지금은 사생활도 아주 공적인 것이 되었어요.

바버라: 나 같은 사람들이 찾아오고 옆에 앉아서 온갖 이야기들을 합니까.

그레이스 왕비: 대답하기 어려운 질문이군요.

그때까지 나는 비교적 평범한 일상적인 질문들을 하고 있었다. 대답하기 곤란한 질문은 하지도 않았다.

바버라: 처음 이곳에 왔을 때 왕비로서 그리고 왕실에 제일 적응하기 힘든 게 무엇이었나요?

그레이스 왕비: 누구에게든 큰 변화였지요…. 문화도 다르고 언어도 다르고. 당시에 나는 프랑스어를 조금 했지만 잘하지는 못했어요. 질문은 했지만 답은 알아듣지 못하는 수준이었지요.

바버라: 유럽 남편은 미국 남편과는 딴판인가요? 레이니에 국왕은 왕비님의 형제들과는 완전히 다른 분인가요?

그레이스 왕비: 유럽의 남편은 한마디로 집안의 가장이지요. 그것에 대해서는 이의를 달 수가 없습니다. 미국의 부부 관계를 보면 유럽 남자들은 항상 놀랍니다. 예를 들어 미국의 부인은 공개석상에서 자기 남편과 다른 생각을 이야기합니다. 미국 여성들은 직설적이고 솔직하게 자신의 생각을 드러내 놓고 말합니다. 이런

걸 보고 유럽 남자들은 기겁을 합니다. 유럽 여성이 다른 사람들 앞에서 남편의 말이 틀렸다고 이야기하는 것은 보기 힘들 것이라는 말입니다.

바버라: 결혼 초기에도 그렇게 하셨나요? 그걸 빨리 배웠어요?

그레이스 왕비: 많은 것을 배웠어요(웃음). 결혼생활에 제일 큰 힘이 되고 이곳 생활에 적응하는 데 제일 도움이 된 것은 국왕과 내가 같은 종교를 믿는다는 사실이라고 생각해요. 종교는 우리 두 사람을 연결해 주는 아주 강력한 끈입니다. 그 것이 우리의 배경과 문화적 차이를 극복하는 데 도움을 주었다고 생각합니다.

왕비가 '사랑'이라는 단어를 한번도 입에 올리지 않은 점을 주목하기 바란다.

바버라: 궁에는 방이 몇 개나 됩니까?

그레이스 왕비: 몰라요. 200개는 넘을걸요. 어디선가 읽은 적이 있어요.

우리는 계속해서 사람들이 왕비를 어떻게 대하는지에 대해 이야기했다. 그녀는 많은 모나코 사람들이 지금도 자기를 외국인으로 생각하는 것 같다고 했다. 그녀도 자신을 미국인으로 생각했다. 영화를 다시 하고 싶다는 생각을 들게 만드는 배역이 없느냐고 물어 보았다. 그랬더니 그녀는 입센 희곡에 등장하는 헤다 개블러 역이라고 대답했다. 헤다 개블러는 4막 마지막 장면에서 자살한다.

바버라: 딸 중에서 영화배우가 되고 싶다고 하면 반대하실 건가요?

그레이스 왕비: 그럴 겁니다. 그래요.

바버라: 왜죠?

그레이스 왕비: 자기 딸에게 권할 만한 직업은 아니라고 생각해요.

바버라: 하지만 왕비께서는 그 직업을 스스로 택하셨지요. 만약에 왕비의 딸이 "엄마, 엄마는 하셨잖아요. 왜 나는 안 되나요?"라고 하면 어떡하지요?

그레이스 왕비: 실제로 닥치면 그때 가서 생각해 봐야겠네요.

바버라: [마지막 질문] 왕비님, 이제 대부분의 미국인들이 알고 싶어 하는 질문을 해야겠습니다. 왕비님은 행복하십니까?

그레이스 왕비: 일종의 편안한 마음으로 살고 있다고 생각해요. 그래요. 행복합니다. 그리고 우리 아이들은 내게 엄청난 행복을 주고 있고 나는 이곳에서 나의 생활에 만족하고 있습니다.

(세상에! '일종의 편안한 마음'? 즐겁지는 않고? 프라이드도 없고? 게다가 남편에 대한 언급은 한마디도 없이 '일종의 편안한 마음'이라고? 고귀하신 모나코의 그레이스 왕비가 행복에 대해 내린 정의가 고작 이것이란 말인가?)

그녀도 자신의 말이 어떻게 들렸을지 알고 있었을 것이다. 내가 아주 공손한 태도로 감사 인사를 드리자 그녀의 눈에 눈물이 맺혔기 때문이다. 물론 그동안 텔레비전 인터뷰를 한번도 하지 않았고 또한 대본에 없는 질문들에 답하느라 고문에 가까울 정도로 힘들었기 때문에 눈물이 났을 수도 있을 것이다. 하지만 그녀를 만난 이후 나는 그녀가 예상치 못하게 실망스러운 삶을 살고 있다는 생각을 늘 지울 수가 없었다.

1982년 17살 된 딸 스테파니 공주와 함께 자동차 사고를 당했을 때 그녀의 불행한 삶은 막을 내릴 뻔했다. 당시 그레이스 왕비가 직접 운전하던 자동차는 모나코 뒤편 가파른 U자형 커브길에서 밑으로 굴렀다. 그레이스 왕비는 중상을 입었으나 다행히 스테파니 공주는 가벼운 찰과상만 입고 쇼크 치료를 받았다. 그레이스 왕비는 당시 52살이었고 사고 직전에 뇌졸중을 일으켰을 것이라는 추측이 있었다. 이상하게도 내가 보기에 그녀 외에도 우리 세대에서 제일 아름답고 흥미로운 두 명의 여성인 오드리 헵번과 재클린 케네디 오나시스 모두 제명대로 살지 못하고 세상을 떠났다.

이 이야기에 나와 관련된 슬픈 이야기를 하나 덧붙여야겠다. 당시 나는 모나코와 니스 중간쯤의 코트다쥐르 해안에 있는 기막히게 아름다운 호텔 라 리저브 드 볼리외에 대해 많이 들어 알고 있었다. 그곳에 가서 정말 멋진 시간을 보냈다는 친구들도 있었다. 그래서 나는 그레이스 왕비와의 인터뷰를 마친 뒤 며칠 시간을 내 그곳에 가서 호사를 한번 누려 보기로 했다. 햇볕도 즐기며 느긋하게 쉬다 보면 새로운 친구도 한두 명 만나겠지 하는 기대를 하고 갔다.

나는 칵테일 타임에 맞춰 도착해서 예쁜 정원에 있는 작은 테이블에 앉았다. 와인을 한 잔 주문하고는 혼자서 홀짝거리며 마셨다. 옆 테이블들에 미국 사람들이 있었지만 내게 시선을 주는 사람은 한 명도 없고 나는 그저 혼자 앉아 있는 싱글 여성일 뿐이었다. 그들은 내가 누군지 전혀 알아보지 못했다. TV에서 나를 본 적도 없는 모양이었다. 나는 혼자서 와인 잔을 다 비웠고 칵테일 타임이 끝나고 나서는 레스토랑 테라스로 옮겨 혼자서 저녁을 먹었다. 다음날 아침 나는 작은 수영장이 있는 곳으로 갔다. 주위에는 온통 웃고 떠드는 커플들뿐이었다. 나는 혼자서 일광욕을 하고 거창한 점심을 혼자서 먹고 혼자서 칵테일을 들고 또 저녁을 혼자서 먹었다. 이튿날 아침에 나는 남은 주말 일정을 취소하고 첫 비행기로 뉴욕으로 돌아와 버렸다.

그레이스 왕비와 나 중에서 누가 더 외로운 사람이었는지 모르겠다.

가슴으로 낳은 딸

집에 돌아오니 기분이 좋았다. 남편 리와 나는 우리가 함께한 삶에서 가장 즐거운 한 장을 시작하려고 하고 있었다. 세 번의 유산, 그리고 너무도 많은 호르몬과 열정을 허비한 끝에 리와 나는 두려우면서도 짜릿한 결론에 도달했다. 아이를 입양하기로 한 것이다.

당시 60년대만 해도 아이를 입양하는 게 지금처럼 까다롭지 않았다. 여성의 낙태권을 인정하는 계기가 된 연방대법원의 '로 대(對) 웨이드' 판결 취지가 연방법으로 채택된 것은 한참 뒤인 1973년이 되어서였다. 당시 우리는 자신들이 꽤 앞선 사고를 하고 있으면서도 미혼모에 대해서는 좋게 생각하지 않고 있었다. 당시 혼외로 태어난 아기는 '사생아'로 불렸다. 미혼이면서 임신한 여성은 어려움을 겪었고 아이를 낳기가 쉽지 않았다. 이런 여성들은 이웃의 손가락질을 피해 부모들의 손에 강제로 7~8개월씩 휴가를 떠났고 그렇게 태어난 아이는 입양시켜 보내는 경우가 많았다. 이러한 사회적 편견 때문에 원치 않게 태어난 아이들을 입양하기가 지금보다 쉬웠다.

남편 리와 나는 입양기관을 찾아갔다. 면접 때 내가 풀타임으로 일하는 직장을 갖고 있어서 엄마로서 좋은 후보가 아닐지 모른다는 걱정을 털어놓았더니 카운슬러는 그건 문제가 안 될 것이라고 했다. 카운슬러는 대기자 명단이 길다는 말을 했고 우리더러 이름을 올려놓고 기다리겠다고 했다.

그리고 마침내 기적이 일어났다. 리와 나는 어느 날 저녁 아주 친하지는 않고 그저 아는 사이인 어느 부부와 함께 연극을 보러 갔다. 그 집 부인과 나는 둘 다 미혼일 때 가끔 더블데이트를 한 사이였다. 그런데 어느 날 우연히 다시 만나 언제 한번 부부끼리 어울리자는 말을 했는데 그날 만난 것이었다.

그 부인 이름은 그냥 제인이라고 부르겠다. 제인은 대규모 목재 공장을 소유한 큰 부자와 결혼했다. 그 남편 이름은 그냥 존이라고 부르기로 한다. 연극을 보고 난 뒤 극장 구역에 있는 유명한 레스토랑 사르디에서 함께 저녁을 먹었는데 제인이 자기 부부는 2년 전에 사설 입양기관에서 여자아이를 입양했다는 말을 하는 것이었다. 그리고 지금은 남자아이도 한 명 입양하고 싶다고 했다. 그냥 아기가 아니라 금발에 푸른 눈을 가진 딸처럼 크고 금발의 백인 사내아이를 입양하겠다는 것이었다. 두 사람 다 키가 작고 검은 머리를 하고 있어서 자신들의 외모가 그렇게 마음에 들지 않았기 때문이었다.

제인과 존은 키 큰 금발의 사내아이를 입양하겠다는 결심이 너무 확고해서 이번에도 사설 입양기관을 찾았다. 당시 대부분의 입양기관들은 아이의 친부모에 대한 기록을 거의 밝히지 않았다. 심지어 건강상태나 가족 배경 같은 기본적인 사실관계도 비밀에 부쳤다. 그래서 제인과 존은 입양기관 변호사들에게 좋은 배경과 좋은 신체조건을 가진 미혼의 임신부로서 아이를 낳으면 입양시켜서 떠나보낼 의사가 있는 여성을 물색해 달라고 부탁했다. 변호사들은 가능한 경우에는 해당 여성의 부모도 만났다. 그 변호사들은 부모를 만날 때 체크 리스트를 갖고 가서 예를 들어 고등학교는 다녔는지 졸업은 제대로 했는지 등을 확인했다. 변호사들은 그밖에도 부모들이 당뇨병 같은 유전적인 질병을 갖고 있는지 등도 조사해 달라는 부탁을 받았다.

지금은 '디자인한 베이비'라는 말이 크게 이상하게 들리지 않겠지만 당시 우리는 맞춤형 아이를 구하려고 그처럼 계산된 접근을 하는 것을 보고 정말 놀랐다. 그 말을 듣고 나는 니체의 초인이나 다윈의 적자생존 같은 이론이 생각날 뿐이었다. 리와 나는 아이의 성별이나 머리색, 키 같은 것은 상관없이 그저 건강한 아기만 얻을 수 있으면 된다고 생각했다.

그런데 우리가 도저히 거부할 수 없는 제안이 왔다. 제인과 존은 남자아이를 원했고 그 점은 확고했다. 그런데 당시 60년대만 해도 아기가 태어나기 전에 성별을 알 방법은 없었다. 그래서 그 부부는 만약에 태어나는 아이가 여아일 경우 그 아기를 반드시 입양해 갈 부부를 찾고 있었던 것이다. 리와 나는 서로 얼굴을 쳐다보면서 동시에 이렇게 말했다. "우리가 하겠어요."

우리는 아무에게도 말하지 않았다. 아이 방도 꾸미지 않고 신생아 용품도 사지 않고 그저 조용히 기다렸다.

제인은 가끔 전화를 걸어 변호사들이 어떤 여성을 만났고 어떤 부부를 만났는지 등을 알려 주었는데 자기들이 찾는 조건에 들어맞는 후보자를 찾지 못하고 있었다. 그러다가 마침내 딱 들어맞는 사람을 찾게 되었다. 아이를 낳을 여성은 미혼이고 좋은 집안 출신이었다. 여성의 부모는 딸의 임신 사실을 모르고 있었다. 그녀는 다른 주에 살고 있었는데 겨우 19살이었다. 아이를 낳아서 키우는 책임을 질 처지가 아니었던 것이다. 그 여성과 아이 아버지가 될 청년 모두 키가 크고 금발이었다. 유전적인 질병도 없다고 했다. 우리는 계속 기다렸다.

그러던 중 드디어 잊을 수 없는 날이 왔다. 방송을 막 끝내고 신문기자가 찾아와서 인터뷰에 응하고 있는데 전화벨이 울렸다. 남편 리였다.

"딸아이요." 남편은 말했다. "이제 우리 딸이오!"

나는 인터뷰하러 온 그 여기자를 쳐다보며 울음을 터뜨렸다.

"내가 엄마가 되었어요." 나는 기뻐서 울먹이며 그녀에게 비밀을 지켜 달라고 부탁했다.

사무실에서 나와 가까이 지내는 모든 사람들에게 비밀을 지켜 달라고 당부했다. 나는 이 말이 신문에 나서 아이의 생모에게 우리가 양부모라는 사실이 알려지는 것을 원치 않았다. 하지만 사실 나는 당장 록펠러 광장으로 뛰어 내려가 마음껏 이렇게 외치고 싶었다. "우리에게 아기가 생겼어요! 아기가 생겼어요! 할렐루야!" 나는 너무 기뻐서 제정신이 아니었고 당장 달려가 딸아이를 보고 싶었다.

그날 저녁 남편과 나는 웃고 울고 했다. 우리는 임신 적기인지 아닌지 따져 보지도 않고 사랑을 나누었다. 우리는 비행기 표를 사서 아이가 태어난 주로 날아갔다. 병원에서는 생후 4일은 지나야 아기를 병원에서 데리고 나갈 수 있다고 했다. 생모는 아무 문제가 되지 않았다. 그녀는 우리가 누군지 전혀 알지 못했고 우리를 만날 의사도 없었으며 우리도 그녀를 만나고 싶지 않았다.

공개 입양이 현실이 되기 전의 일이었고 그런 것은 할 수도 없던 시절이었다는 것을 기억해 주었으면 좋겠다. 입양된 아이나 아이 생부모의 신분은 비밀에 부쳐졌고 아이 자신이나 아이의 양부모도 생부모가 누군지 알 수가 없었다. 그렇게 하는 것이 최선이라고 생각하던 시절이었다. 양부모는 자기가 원하면 아이한테 무슨 말이든 할 수가 있고 자기 뜻대로 상황에 대처해 나가면 되었다.

제인과 존 부부가 나중에 원하는 대로 금발에 푸른 눈을 가지고 키가 큰 아들을 얻었는지는 모르겠다. 딸아이를 얻은 뒤 우리는 서로 연락이 끊어졌기 때문이다. 다만 한 가지 우리 딸은 푸른 눈에 금발을 하고 있고 키는 지금 6피트(약 183센티미터)가 약간 넘는다.

나는 뉴욕에 살고 계시는 부모님과 언니에게 즉각 이 사실을 알렸다. 모두들 뛸 듯이 좋아했다. 우리는 언니 이름을 따서 아이 이름을 재클린이라고 지었는데 모두들 좋다고 했다. 그렇게 한 것이 언니에게는 정말 의미가 컸다. 언니는 그때 사십대 초반이었다. 언니는 자기 아이를 가져 보지 못할 것이었고 베이비 재키는 그 채우지 못하는 언니의 빈 마음을 채우는 데 도움이 될 것이었기 때문이다.

가족에게 알린 다음 곧바로 프로듀서에게도 말했다. 그러면서 나는 아이의 출생에 대해 절대로 방송에서 이야기하지 않을 것이며 공식발표도 하지 않겠다는 뜻을 분명히 했다. 나는 생모가 상황을 따져본 뒤 우리가 자기 아이의 양부모라는 사실을 알아낼 것이 거듭 두려웠다. 나는 그녀가 나나 재키와 연락이 닿는 것을 원치 않았고 지금까지도 그녀는 한번도 우리와 연락이 닿지 않았다. 아마 그녀도 비밀이 지켜지기를 원했는지 모르겠다.

우리가 딸애에 대해 아는 것은 아이가 건강하다는 사실뿐이었다. 그밖에 아이 가족에 당뇨 병력이 없다는 사실은 알았다. 그리고 아이 엄마가 아이큐가 높고 유대인이 아니라는 사실도 전해들은 적이 있다. 반대로 아이의 생모는 우리가 결혼한 부부이고 아이를 사랑할 것이라는 것 말고는 우리에 대해 전혀 알지 못했다. 그녀는 자기 아이가 어떤 종교를 갖게 될지에 대해서도 신경 쓰지 않았다. 생모의 병원비와 그녀에게 든 변호사 비용은 우리가 모두 부담했다. 그게 전부였다.

기적 같은 전화를 받은 바로 그날 나는 뉴저지 주 애즈베리 파크에 사는 사촌언니 로레인에게 전화를 걸었다. 로레인은 자기 아버지의 뒤를 이어 의류업에 종사하고 있었는데 아동의류 가게도 직접 운영하고 있었다. 로레인은 아기한테 필요한 게 무엇인지 나보다 훨씬 더 잘 알았기 때문에 금방 유아용품을 일습으로 보내 주었다. 턱받이, 기저귀 커버, 속옷, 원피스 점퍼, 담요, 이불, 타월이 들어 있었다. 유아용 목욕통과 기저귀 서랍이 딸린 접이식 테이블을 포함해 내게 필요하다 싶은 것은 모두 보냈다. 내 친한 친구는 자기가 쓰던 요람과 아기 침대를 빌려 주었다.

아기는 서재로 쓰는 방에 재우기로 했다. 벽에 짙은 갈색 인조 가죽이 발라져 있는 방이었다. 서재로 쓰기에는 세련된 색이지만 아기 방으로는 너무 칙칙했다. 페인트칠을 할 시간도 없었다. 그래서 투데이의 크리에이티브 세트 디자이너가 만들어 준 큰 파스텔 나비를 벽에다 걸었더니 방이 한순간에 환하게 바뀌었다. 우리는 서둘러 가정부 알선 업체에 전화를 걸어 간단하게 인터뷰를 한 다음 경험 많은 보모를 한 명 고용했다.

태어난 지 나흘 째 되던 날 우리는 아기를 데리러 갔다. 한편으로는 얼른 내 손으로 아기를 안아 보고 싶은 마음에 안달이 났고 또 다른 한편으로는 긴장이 되었다. 내가 아기를 제대로 안을 줄이나 알까? 나는 아기를 다루어 본 적이 별로 없고 육아교육도 받은 적이 없었다. 그저 모성 본능이 모든 걸 해결해 주겠지 하는 기대만 가지고 있었다. 나는 부드러운 핑크색 포대기와 예쁜 흰색 담요, 기저귀, 우유병을 준비해 갔다. 필요하다는 것은 모두 챙겨 갔다. 나름대로는 준비를 한 셈이었다.

아기를 건네받는 응접실에는 들어가고 싶지 않았다. 혹시라도 아기 생모와 마주칠까 봐 겁이 났기 때문이다. 남편 리 혼자서 아기 포대기를 들고 위층으로 올라갔다. 간호사가 아기 옷을 입혀서 남편의 팔에 안겼다. 남편이 계단을 내려와 우리 아기를 내 팔에 안겨 주었다.

이 글을 쓰는데 또 눈물이 난다. 그 작은 핑크색 포대기를 건네받을 때 내가 얼마나 기뻤는지는 도저히 말로 다할 수가 없다. 아기 얼굴이 담요에 살짝 가려 있었기 때문에 나는 그것을 조심스레 치웠다. 내 딸 재키는 내가 지금까지 본 아기들 중에서 제일 예쁜 아기였다. 완벽한 생김새였다. 왼쪽 뺨에는 작은 보조개가 있었다. 사촌언니 셜리는 재키를 처음 보고는 이렇게 말했다. "입이 꼭 장미 꽃봉오리 같네." 머리칼은 아직 없고 금발 솜털만 약간 돋아나 있었다. 푸른 눈에 완벽한 손과 발. 완벽 그 자체였다.

나는 곧바로 육아일기를 쓰기 시작했는데 그걸 보니 그때 우리 딸은 몸무게가 7파운드에 키는 21인치로 평균보다 조금 큰 편이었다. 육아일기를 보니 생후 1개월부터 딸애는 방실방실 웃기 시작했다. 아니면 그저 트림한 것이었을까? 12주부터는 자기 손발을 알아보았고 생후 4개월이 되자 엄마 아빠를 쉽게 알아봤다. 그리고 8개월째 기기 시작했고 당연한 말이지만 지금까지 태어난 세상의 아기들 중에서 제일 똑똑했다. 그뿐만이 아니라 우리 딸은 그해 태어난 아기들 중에서 나이를 속여서 말해야 했던 유일한 아기였다.

재키를 건네받은 다음 남편 리와 나는 곧바로 공항으로 갔다.

"아기가 몇 살입니까?" 체크인 카운터에서 이렇게 묻자 우리는 "나흘요"라고 자랑스럽게 말했다. 그러자 티켓 검사원은 "너무 어려 비행기를 탈 수 없습니다"라고 하는 것이었다. "최소한 생후 8일은 지나야 비행기를 탈 수 있습니다."

우리는 티켓을 반납한 다음 다른 항공사로 갔다. "8일요." 이렇게 말하고 우리는 잠든 아기를 안은 채 비행기에 올랐다. 나는 비행기에서 아기의 기저귀를 갈아 주었다. 나는 서툴렀다. 당시에는 헝겊 기저귀였는데 커다란 안전핀으로 조여야 했다. 요령을 터득하기까지 나는 몇 번이나 핀에 찔렸다. 나는 아기에게 젖병을 물리고 가슴에 안고 얼굴에 대고 입에다 댔다. "우리 딸이야." 남편은 계속 이렇게 중얼거렸다. "우리 딸이야." 불과 일주일 전까지만 해도 우리는 우리에게 아이가 생길 줄은 꿈에도 생각지 못했다. 그런데 이제 우리는 부모가 된 것이었다.

우리 부모님은 할아버지 할머니가 되었고 언니는 이제 이모가 된 것이다. 아이가 태어나던 순간부터 그들은 아기가 자신들의 혈육이 아니라는 생각을 하지 않았다. 내 앞에서 '입양'이라는 단어를 단 한번도 입에 담은 적이 없었던 것 같다. 우리 애는 바로 그분들의 손녀딸이었다. 부모님과 언니 세 사람 모두의 아이였다. 나도 그게 좋았다. 나는 부모님과 언니가 우리 아이가 남편과 나두 사람뿐 아니라 그들 모두의 일부분이라고 생각해 주기를 바랐다. 아이한테 맹목적으로 빠진 것을 보면 세 사람 모두 그랬던 것 같다. 세 사람 모두 아이한테서 잠시도 눈을 떼지 못했다.

재키가 태어났을 때 남편 리의 아들과 딸은 모두 십대 후반이었다. 둘 다 아이를 무척 귀여워했지만 다른 배 다른 언니 오빠들처럼 자기들의 관심사가 따로 있었다. 그 아이들의 엄마도 재혼했다. 그 아이들은 어린 여동생을 안고 어르고 했으며 한번도 시기하는 티를 낸 적은 없었지만 재키가 그들 삶의 일부는 결코 아니었다.

육아서나 아기 다루는 법을 적은 책을 모조리 읽는다 해도 그걸로 준비가 다 끝나는 것은 아니다. 신생아한테서 나는 달콤한 내음이 지금도 생각난다. 그 것은 세상에서 가장 순수하고 달콤한 향기다. 아이가 얼마나 작았던지, 그리고 두 팔로 안아 올릴 때 내가 아이의 목을 제대로 받치려고 얼마나 조심했던지 지금도 기억이 생생하다. 배운 대로 내 팔꿈치를 살짝 담가서 아기 욕조의 물이 뜨겁지 않은지 알아보던 기억도 난다. 남편 리와 나 모두 딸의 기저귀를 갈아주었다.

이 작은 아기와 관계되는 일 모두가 경이로웠다. 나는 특히 재키의 다리가 예쁘다고 생각했다. 사십 년이 더 지난 지금도 딸의 다리는 늘씬하고 예쁘다. 아기의 왼쪽 뺨에 있는 작은 보조개도 귀여웠다. 정말 얼마나 예쁜지.

재키가 태어나고 몇 달이 지난 뒤까지 나는 방송에서 딸아이에 대해 한마디도 하지 않았다. 내가 마침내 아이에 대해 이야기하기 시작하자 몇몇 시청자들이 편지를 보내 왔는데 하나같이 내가 임신한 줄 알았다는 것이다. 하기야 임신했던 것은 사실이니까 그렇게 생각했을 수도 있을 것이다. 하지만 임신 중에는 시청자들이 임신 사실을 알아채지 못하게 감춘 다음에야 방송에 나오도록 허락이 되었다. 당시에는 임신이 감추어야 할 일이었다. 50년대 투데이 걸이었던 플로렌스 헨더슨은 임신 중에 항상 책상 뒤에 배를 가린 채 방송을 했다. 하기야 임신을 했건 안 했건 당시에는 생방송 TV에 여성 진행자가 거의 없던 시절이었다.

재키를 키우는 동안 나는 스튜디오에 아이를 데려오지 않았다. 많은 일하는 엄마들이 지금도 그렇게 한다. 하지만 요즘은 텔레비전에서 일하는데 아이가 있으면 아기를 데리고 와서 기저귀도 갈아 주고 우유도 먹이고 재우고 해도 된다. 그러면 함께 일하는 동료들이 모두 까꿍 룰룰 하면서 어른다. 그렇게 하는 게 마땅한 일이다. 일일 토크 프로그램을 진행하는 캐스터 요원들 가운데는 아기와 보모를 위해 특별 방을 만들어 달라고 요구하는 이들도 있다. 로지 오도넬은 NBC에서 낮 시간 토크쇼를 진행하면서 육아 세트를 완전히 갖추어 놓고 일했다. 그렇게 해놓고 자기 아이들뿐만 아니라 함께 진행하는 요원들의 어린아이들이 같이 쓰도록 했다. 마치 낮 시간에 아이를 맡기는 보육 센터 같았다. 하지만 재키가 태어났을 당시에는 아이들을 스튜디오에 데려오는 게 환영받던 때가 아니었다. 마치 대소변을 가리지 못하는 강아지를 데려오는 것과 같은 취급을 받았다.

나는 가능한 한 집에 있는 시간을 많이 가지려고 애썼다. 보모가 쉬는 날은 내가 오전 9시에 방송을 끝내고 서둘러 아파트로 돌아올 때까지 남편 리가 재키를 돌봤다. 소아과 의사는 재키가 게워 내는 아기라고 했지만 나는 재키에게 젖병 물리는 것을 좋아했다. 젖병을 물리고 나서 트림을 시키면 먹은 것을 대부분 게워 냈다. 나는 트림시키는 일은 자신 있게 해냈지만 내 옷은 툭하면 재키가 뱉어낸 것을 뒤집어썼다. 엄마가 스월이라고 부르는 면 드레스를 내게 한 보따리 사주며 문제를 해결해 주었다. 입은 옷 위에다 이것을 걸치면 되었다. 재키는 마침내 게워 내는 시기를 벗어났지만 지금도 위장이 약한 편이다. 내가 억지로 트림을 시킬 필요는 없게 되었지만.

나는 한번도 재키를 임시로 일하는 베이비시터에게 맡기지 않았다. 생후 2년이 될 때까지 우리는 자격증이 있고 경험 많은 보모 두 명을 고용해서 재키를 돌보게 했다. 보모들은 일 년 이상 한 가정에 머물지 않았는데 아이에게 너무 정이 들까봐 일부러 그렇게 한다는 것이었다. 나는 엄마가 너무 이래라 저래라 간섭하면 보모들이 싫어한다는 말을 들었기 때문에 보모에게 시간과 여유를 충분히 보장해 주었다. 내손으로 재키를 키우지 않았기 때문에 가능한 한 자주 아이한테 직접 젖병을 물리는 일은 내게 매우 중요했다. 새벽 5시에 우유 먹이는 일도 내가 했는데 어차피 나는 그 시간이면 일어났으니까.

재키가 세 살이 되던 해 두 명의 멋진 여인이 딸의 세상 속으로 들어왔다. 이 여인들은 딸의 삶에 너무 밀접했던 사람들이라 여기서 소개해야겠다. 한 명은 테레제 들 라 샤펠이라는 프랑스 여성으로 쾌활하고 아주 지적이었다. 그녀는 자기를 '마드모아젤'로 불러 달라고 했는데 우리는 줄여서 '젤'이라고 불렀다. 젤은 우리 집에 놀러 오는 모든 사람과 알게 됐다.

나는 젤에 대해 책도 한 권 썼다. 그녀는 명문 집안 출신으로 당시에도 자기 집안은 프랑스 리옹 가까운 곳에 낡았지만 사람이 실제로 사는 샤토를 한 채 소유하고 있었다. 아버지는 남작이고 어머니는 남작 부인이었다. 어머니가 세상을 뜨자 젤은 여자 남작이 되었다. 남작이 되었다고 좋은 것은 하나도 없었다. 그녀는 14자녀의 맏이였고 2차 세계대전이 끝난 뒤라 그녀의 대가족은 돈이 필요했다. 그래서 그녀는 시카고에 사는 친척 일을 돕기 위해 단신으로 미국으로 건너왔던 것이다. 거기서 영어를 배우고 친척이 더 이상 있을 필요가 없다고 할 때까지 그 집에서 살았다. 그리고 뉴욕으로 와서 알코올 중독 엄마를 둔 어린 사내아이 키우는 일을 도왔다. 얼마 뒤 그 아이는 기숙학교로 보내졌다. 나는 그 사내아이 엄마의 친구들한테서 젤의 이야기를 들었다. 젤은 계속해서 이 사내아이와 가깝게 지냈다. 우리 집 일은 젤이 맡은 세 번째 일이었다.

그녀가 우리 집에 온 첫날을 나는 지금도 기억한다. 재키가 갓 세 살이 되며 정식으로 아이를 돌봐 줄 사람이 필요했다. 마드모아젤 들 라 샤펠이 도착했을 때 나는 (늘 그렇듯이) 전화를 하고 있었다. 내가 전화를 하는 동안 재키는 뒤뚱뒤뚱 젤에게 걸어가서는 작은 손을 내밀어 젤의 손을 잡았다. 두 사람은 그렇게 첫눈에 서로 사랑에 빠졌다.

여름철이 올 때까지 젤은 단 하루도 일을 거른 적이 없었는데 여름이 되면 프랑스로 돌아갔다. 나도 그때는 휴가 중이기 때문에 재키를 내 손으로 돌볼 수 있었다. 젤은 늦여름이면 뉴욕으로 돌아왔다. 그녀가 받는 돈은 사실 한 푼 남기지 않고 가족들한테 보내져서 낡은 샤토를 유지하는 데 들어갔다. 하지만 얼마 안 가서 젤은 사실상 우리 가족의 일원이 되었다. 그녀는 재키 인생의 모든 면에 관여했고 재키가 다 자라고 난 다음에는 어느 의미에서 나의 가정교사가 되었다.

그녀는 정말 멋진 여성이었다. 자그맣고 깡마른 데다 아무것도 먹지 않고 사는 것 같았다. 선물로 받은 것은 하나도 버리지 않고 간직했는데 내가 보기에는 없이 살던 전쟁 때의 버릇이 몸에 밴 것 같았다. 나와 함께 살던 시절 내내 그녀는 단 한번도 내 이름이나 성을 부른 적이 없었다. 내 방에 들어올 때는 그저 "노크 노크"라는 말만 했다. 그리고 내게 메시지를 전달할 때는 그저 "당신 친구가 말하기를"하며 말을 시작했다. 재키가 돌봐 줄 필요가 없을 정도로 자란 다음부터 젤은 집안일을 맡아서 했다. 장을 보고 요금 내는 것을 모두 책임지고 전화도 자기가 받고 궂은일은 모두 알아서 했다. 이웃에서도 그녀를 모르는 사람이 없었다. 사람들을 초대할 때도 일을 도왔다. 그야말로 에너지 덩어리였다. 달리고 달려도 지칠 줄 몰랐다.

젤은 병이 들어서 프랑스로 완전히 돌아가기까지 34년을 우리와 함께했다. 그녀는 우리를 무척 보고 싶어 했고 나는 말로 표현할 수 없을 정도로 그녀가 보고 싶었다. 치료를 제대로 받아 회복되기를 바랐지만 그녀는 2004년 가족의 품에서 숨을 거두었다. 성인이 된 지 한참 지난 재키와 나는 젤의 사망 소식을 듣고 함께 울었다. 지금까지도 우리는 젤의 이야기를 한다.

재키가 어렸을 때 나는 수입이 좋았기 때문에 도움을 받을 수 있는 사람 두 명을 쓸 수가 있었다. 젤은 재키를 돌봤다. 다른 멋진 여성은 나머지 일을 맡

아서 했다. 그녀의 이름은 이코델 톰린슨이었는데 지금까지 35년을 같이 살고
있다.

이코델은 고향 자메이카 섬을 떠난 직후부터 우리와 같이 살기 시작했고 지
금은 미국 시민이 되었다. 우리와 함께 지내는 동안에 그녀는 딸 하나와 아들
셋을 키웠다. 그녀의 아들 필립은 컬럼비아대 저널리즘 스쿨을 졸업했고 딸 이
베트는 뉴욕대 티시 스쿨 오브 아츠에서 석사학위를 받았다. 우리는 몇 년 전
이베트의 결혼식에서 만나 즐거운 시간을 보냈는데 이베트는 우리 프로의 테이
프 에디터인 마크 번스와 결혼했다. 이코델의 아이들 역시 내 삶의 일부였다.

이코델은 우리 집안에 멋진 유머와 특별한 지혜, 그리고 지극한 사랑으로
넘치는 가슴을 안겨 주었다. 그녀는 작은 우리 가정의 주축이었다. 나는 그녀가
언성을 높이거나 누구를 욕하는 것을 한번도 보지 못했다. 그녀는 자기 집이 따
로 있었지만 우리 집 요리를 거의 도맡아 했고 집안 곳곳을 살폈다. 젤이 없을
때는 재키와도 몇 시간이고 재미나게 놀아 주었다.

이코델과 젤 두 사람은 아주 흥미로운 짝이었다. 이코델이 편안하고 항상
온유한 성품이라면 젤은 프랑스 여성만의 우아함을 갖추고 교양 있고 섬세했
다. 간혹 이코델의 느긋한 성격을 못마땅해했지만 매우 성실하고 책임감이 강
했다.

두 사람 모두 재키를 친딸처럼 사랑스러워했다. 두 사람이 있었기 때문에,
그리고 특히 젤이 항상 우리 곁에 있었기 때문에 나는 세계 곳곳을 돌아다니면
서도 어떤 상황에서도 재키가 아무 탈 없이 잘 지낼 것이라 믿었다. 그건 엄청
난 위안이 되었다. 두 여성 모두 일이 조금만 잘못되어도 서로 비난하기는 했지
만 우리는 30년 넘게 아주 행복하게 같이 잘살았다. 이 두 여성과 계속해서 같
이 살게 되어서 재키는 운이 좋았던 것이고 그건 나도 마찬가지였다. 나는 그
두 사람이 우리의 삶에 들어와서 운이 좋았다.

나는 죄책감을 느꼈을까? 죄책감을 느끼지 않는 엄마가 세상에 있을까? 내
경우는 60년대와 70년대에는 나처럼 일하는 엄마의 수가 소수라는 점 때문에
더 힘들었다. 요즘에는 일에 대한 여자들의 생각이 정반대 방향으로 멀리 가 있

고, 많은 수의 엄마들이 자녀들과 시간을 보내기 위해 직장을 떠나 가정으로 돌아오는 추세다. 완벽한 해결책은 없다. 그저 기진맥진할 뿐이다. 내가 좋아하는 말로 죄책감이다. 나는 사람이 모든 걸 다 가질 수는 없다는 말을 자주 한다. 멋진 결혼생활, 성공적인 직업, 잘 자란 아이들. 적어도 이 모두를 한꺼번에 가질 수는 없다. 지금은 유연한 생각을 가진 고용주들이 파트타임을 할 수 있게 해주고, 스마트폰 블랙베리 덕분에 아무 데서나 일을 볼 수 있게 되었다. 그리고 요즘은 남편들도 아기 기저귀를 갈아 준다. 그렇기는 하지만 지금도 외줄타기처럼 아슬아슬하기는 마찬가지이고 어쩌면 앞으로도 계속 그럴 것이다.

나는 재키와 함께 보낼 수 있는 매순간을 소중하게 생각했다. 우리는 툭하면 방바닥에 같이 앉아서 '마우스 하우스 놀이'를 했다. 엄마 쥐와 아빠 쥐, 그리고 아기 쥐들이 있는 인형 집 놀이인데 내가 재키에게 사준 것이었다. 그리고 주말이면 집에서 시간을 함께 보냈다. 사촌언니 셜리도 자주 와서 같이 지냈는데 셜리 언니는 나만큼 재키를 귀여워했다. 여름철이 되면 리와 나는 롱아일랜드에 집을 빌렸는데 부모님과 재키 언니는 그곳에 오면 아이한테서 한시도 떨어지지 않았다. 그들은 뒷마당에 마련해 놓은 모래밭이나 작은 고무 튜브에서 오후 내내 재키와 같이 놀아 주었다. 재키가 어떻게 걸음마를 배웠는지는 아무도 모른다. 왜냐하면 엄마와 아빠, 그리고 재키 언니 세 사람이 번갈아가며 아이를 안아 주거나 아니면 유모차에 태워서 밀고 다녔기 때문이다. 재키는 세상에서 제일 귀여운 아이로 자람으로써 그들에게 보답했다. 아기 때부터 재키는 아버지 말씀대로 '쇼 비즈니스 스마일'을 아버지께 선사했다. 활짝 웃는 것이었는데 아이는 그게 할아버지를 기쁘게 한다는 사실을 어느 정도 아는 것 같았다. 아버지가 손녀 앞에서 행복해하시는 걸 보면 나도 그렇게 좋을 수가 없었다.

남편 리도 딸을 끔찍이 사랑하고 헌신적인 아버지였다. 두 번째 가정을 꾸리는 남자들이 흔히 그렇듯이 리도 다른 두 자녀가 어렸을 때 그랬던 것보다는 어린 재키와 더 많은 시간을 보냈다. 무엇보다도 첫 번째 결혼생활 때는 일을 하느라 바빴고, 애들 엄마와는 결혼생활이 그다지 행복하지 않았기 때문이었

다. 남편과 내가 재키와 같이 놀아 주는 것은 대부분 주말이었지만 남편은 내가
일하러 나간 아침에 대부분은 집에 있었다. 그리고 남편이 극장 일을 하고 있는
저녁시간에는 내가 집에서 재키와 함께 지냈다. 재키는 한마디로 우리 부부의
사랑을 독차지했다.

재키는 자라면서 재키 이모를 무척 좋아했다. 두 사람은 공책에 색칠하기
놀이도 같이 하고 어린 재키는 재키 이모의 긴 금발을 빗겨 주고 땋는 걸 특히
좋아했다. 그러면서 어린 재키는 차츰 재키 이모와 그런 놀이를 할 나이를 넘어
섰다. 입 밖에 낸 적은 없었지만 재키는 이모가 자기만큼 똑똑하지 않다는 사실
을 알게 된 것이었다. 그때가 언제였는지 정확하게 기억나지는 않지만 아마도
재키가 열 살이나 열두 살 때였을 것이다. 그렇지만 재키 언니는 이름이 같은
어린 조카를 항상 예뻐했고 어린 재키도 항상 이모한테 따뜻하게 대했다.

제일 큰 걱정은 언제 어떤 식으로 재키에게 입양되었다는 사실을 말해 줄
것이냐는 문제였다. 언젠가 말해 주어야 한다는 내 생각은 확고했다. 이 문제와
관련해 당시에는 두 가지 서로 다른 이론이 사람들의 입에 오르내리고 있었다.
하나는 아이가 사실을 이해할 나이가 될 때까지 기다렸다가 '입양되었다' 는 사
실을 말해 주라는 것이었다. 다른 하나는 아이에게 아예 이야기해 주지 말라는
것이었다.

나는 쾌활하고 생각이 깊은 이스라엘 출신의 아동 심리학자 하임 기너트에
게 조언을 구했다. 투데이쇼에 정기적으로 출연했는데 유머 감각이 뛰어난 사
람이었다. 한번은 아이가 정말 말을 안 들을 때는 때리는 게 어떠냐고 물었더
니 그는 이렇게 대답했다. "아이를 때리는 것과 아이를 죽이는 것 둘 중에서 하
나를 고르라면 때리는 게 낫다고 생각합니다." 하지만 나는 재키를 단 한번도
때린 적이 없었다.

그는 사실을 말해야 할 때가 될 때까지 그냥 기다리라고 했다. 어떤 때가 좋
다는 특별한 시점은 따로 없다는 것이었다.

기너트 박사는 부모가 성별이 같은 어린 자녀와 같이 목욕하는 것에 대해
대찬성이었다. 나는 일리 있는 말이라고 생각했다. 나는 매일 오후 늦게 재키와

함께 목욕하는 시간을 기다렸다. 욕탕은 우리가 입양에 대해 이야기하는 장소
가 되었다. 나는 아이 몸에 비누칠을 하고 같이 물을 튀기는 것을 좋아했다. 아
이는 가끔 내 가슴과 몸을 만졌다. 호기심이 어린 눈치였다. 나는 그때가 말하
기 좋은 기회라고 생각했다. 나는 작은 몸을 꼭 껴안고 이렇게 말했다. "어떤 아
이들은 엄마가 배로 낳는단다." 나는 아이가 알아듣기 쉽게 이렇게 말해 주었
다. "하지만 예쁜 아가야. 너는 엄마가 가슴으로 낳았단다."

진심이었다. 나는 지금도 그렇게 생각한다.

딘 러스크, 골다 메이어, 헨리 키신저, 그리고 프린스 필립

어린아이의 엄마가 왜 위험한 환경과 위험한 상황에서 굳이 일을 하는지 스스로 반문해 보는 때가 있었다. 처음으로 이런 질문을 던진 것은 재키를 집으로 데려온 지 두 달 지난 뒤였다. 시카고에서 열린 유명했던 민주당 전당대회에서 최루가스를 맡았을 때였다. 1968년 8월이었다. 베트남전을 놓고 나라가 둘로 나뉘어 있었고 그 끔찍했던 주에 분열은 결국 바깥으로 터져 나왔으며 그 장면이 텔레비전으로 중계되어 모두가 지켜보았다.

우리 투데이 제작진은 모두 다발적으로 격렬한 충돌이 벌어진 그랜트 파크 길 건너편에 위치한 콘래드 힐튼 호텔에 묵고 있었다. 경찰봉을 휘두르고 최루가스를 난사하는 시카고 경찰과 자동소총으로 무장한 일리노이 주 국가방위군이 전국에서 모여든 수천 명의 반전시위대와 맞서고 있었다. 호텔에 차린 우리 제작 사무실은 얻어맞아 부상당한 일부 시위대들이 몰려들며 임시 진료소가 되어 버렸다. 우리 보조 제작진 한 명도 데일리 시장 휘하의 폭동진압 경찰이 휘두른 경찰봉에 얻어맞았고 경찰에 얻어맞은 취재기자와 사진기자의 수는 21명에 달했다. 충돌 때는 우리가 갖고 있는 취재증도 우리를 보호해 주는 데 아무런 도움이 안 되었다. 나는 얻어맞지는 않았지만 바로 호텔 정문 앞에서 리포트를 하며 경찰이 사람들을 경찰봉으로 때리고 죄수 호송차로 끌고 가는 장면을 그대로 내보냈다. 군중 속으로 흩어져 나가고 힐튼 호텔을 휘감던 달콤한 최루가스 냄새는 지금도 기억이 생생하다.

그럼에도 불구하고 그런 장면을 보도하다 보면 도전의식과 스릴을 느낀다. 리포터는 위험에 처하면 보통 두려움을 잃게 된다. 나도 마찬가지다. 자신이 갖고 있는 실제 생활은 잠시 제쳐 두게 되는 것이다. 아니 어쩌면 그게 바로 우리의 실제 생활인지도 모를 일이다.

1968년은 이미 그 전부터 폭력으로 얼룩진 한 해였다. 4월에는 마틴 루터 킹 주니어가 멤피스에서 총격으로 쓰러졌고 6월에는 바비 케네디가 캘리포니아에서 총에 맞아 사망했다. 해외에서는 베트남에서 미군 전사자 수가 점점 많아졌다. 우리는 매일 아침 투데이쇼에서 전사자 수를 집계했는데 3만 6000명을 넘어섰다. 끝이 보이지 않았다.

린든 존슨 대통령은 전쟁의 희생자였다. 그는 그해 3월 말 재선에 출마하지 않겠다고 선언했다. 그래서 5개월 뒤에 열린 그 혼란스러운 민주당 전당대회장에 반전 대통령 예비후보인 두 상원의원 조지 맥거번과 유진 매카시를 지지하기 위해 수많은 단체들이 모여들었다. 이들은 또한 린든 존슨의 부통령인 휴버트 험프리가 후보로 지명되어 존슨 대통령의 전쟁 정책을 계속할지 모른다며 이에 반대하는 시위도 벌였다. 당시 시카고의 나흘간은 미국의 악몽이었지만 기자들에게는 뉴스가 일어나는 곳이었고 우리는 현장에 있고 싶었던 것이다.

험프리는 시위에도 불구하고 민주당 대통령 후보로 선출되었지만 대통령 선거에서 졌다. 11월 선거에서 그는 공화당의 리처드 닉슨 후보에게 근소한 차이로 패했고 그렇게 해서 민주당 행정부는 막을 내렸다. 케네디 대통령과 존슨 대통령 밑에서 일하며 미국 역사상 두 번째로 장수한 국무장관이었던 딘 러스크의 시대도 함께 끝이 났다(최장수 국무장관은 프랭클린 델라노 루스벨트 대통령 시절의 코델 헐 국무장관이다). 베트남 전쟁을 완강하게 밀어붙인 장본인으로 간주되고 있는 러스크 장관은 자신의 심중을 남에게 드러내지 않고 인터뷰도 거의 하지 않았다. 그가 마침내 공직을 떠나게 되었다는 사실을 알고 모두가 인터뷰를 하려고 몰려들었다. 나도 그렇게 했지만 인터뷰 기회를 잡을 가능성은 높지 않다고 생각했다. CBS의 에릭 세버라이드와 월터 크롱카이트 등 인터뷰를 노리는 고참 정치 외교 전문 기자들이 너무 많았다. 거기다 나는 그동안 제대로 중요한 정치 인터뷰를 해본 적이 없었다. 하지만 나는 다른 기자들에 비해 흥미 있는 강점을 하나 갖고 있었다.

나는 1967년 여름 어느 워싱턴 칵테일 파티에서 러스크를 만난 적이 있었다. 휴가 휴가 중이어서 모닝쇼를 나 혼자서 끌고 가던 때였는데 국무장관이 관심을 갖고 있었던 게 분명했다. 일주일 되었을 때 나는 그로부터 예상치 못한 팬레터를 한 통 받았는데 그건 지금도 액자에 넣어 내가 사는 아파트 벽에 걸어 두고 있다. 편지에 그는 이렇게 썼다.

국무장관

워싱턴

1967년 8월 28일

친애하는 미스 월터스,

투데이쇼를 빠지지 않고 보는 시청자의 한 사람으로서 나는 당신이 하고 있는 일에 내가 얼마나 경탄하고 감사하게 생각하는지 말하기 위해 짧은 편지를 쓰지 않을 수 없군요. 아마도 나는 당신이 8월에 뉴스를 진행하는 멋진 솜씨를 보고 감동을 받은 것 같습니다. 만약 NBC의 여러 부회장들이 당신을 괴롭히면 이 편지를 그들을 비롯해 여러 사람들에게 보여 주면서 당신을 건드리지 말라고 하세요.

이만 줄입니다.

딘 러스크

나는 사적이거나 유머러스하지 않은 것으로 유명한 사람으로부터 이 사적이면서 유머러스한 편지를 받고 놀라면서도 한편으로는 기뻤다. 나는 즉각 감사 편지를 보내면서 인터뷰를 요청했다. 그는 정중하게 거절했고 그게 다였다. 그런데 기적 중에서 기적이 일어나 그는 물러난 직후 첫 번째 인터뷰 상대로 나를 택했다. 그가 내게 보낸 팬레터는 진심이었던 게 분명했지만 어쨌든 그가 나를 선택한 것은 나의 경력에 매우 중요한 계기가 되었다.

나의 첫 번째 진지한 독점 정치 인터뷰는 워싱턴의 헤이 애덤스 호텔의 룸에서 이루어졌다. 러스크 장관과 나는 장장 네 시간을 이야기하며 논란이 분분했던 존슨 대통령과 자신의 베트남 전쟁에 대한 입장에서부터 케네디 행정부와 존슨 행정부 안에서 일하며 자신이 겪은 일들을 소상히 털어놓았다. 인터뷰를 마치면서 그는 내게 자기를 '당황하게 만들' 경솔하거나 순진한 질문을 하지 않아서 고맙다는 말을 했다. 그 말에 나는 그런 질문을 했더라면 오히려 내가 부끄러웠을 것이라고 답해 주었다. 그리고 나서 우리는 다음 약속 장소로 가기 위해 바깥으로 나왔다. 지금까지 내 기억 속에서 떠나지 않는 장면이 벌어진 것은 바로 그 다음 순간이다.

뉴욕으로 돌아가서 필름 편집을 해야 하기 때문에 우리를 공항까지 데리고 갈 차가 기다리고 있었다. 나는 전직 국무장관에게도 당연히 누군가가 기다리고 있을 줄로 생각했는데 그렇지 않은 것이었다. "이제는 관용차가 없어요." 그는 이렇게 말하고는 "택시를 타고 가면 돼요"라고 했다. 나는 깜짝 놀랐다. 그는 자동차나 비행기는 자기 마음대로 탈 뿐 아니라 세상에서 가장 막강한 권력을 가진 사람 중의 한 명이었다. 그런데 리포터인 내가 온 세상 사람들이 우러러보던 전직 국무장관에게 자동차를 태워 주겠다는 말을 했던 것이다. 권력과 성공이라는 겉치장은 모두 떠나고 없었다. 그는 내게 고맙다는 말을 남기고는 택시를 타고 떠났다.

인터뷰는 대성공이었다. 새로운 사실과 역사적으로 흥미로운 자료들이 너무 많이 담겨 있는 내용이어서 우리는 그것을 5부로 나누어서 투데이쇼에 매일 한 차례씩 일주일 내내 내보냈다. 전 세계 신문들이 러스크 장관의 말을 인용하며 기사를 썼다. 사설도 뒤따랐다. 나로서는 중요한 하나의 이정표가 된 인터뷰였다.

그로부터 2년 뒤에 러스크 장관이 한 번 더 나를 택해서 헤드라인감 인터뷰를 해주어서 나는 기뻤다. 일급 국방부 기밀문서가 뉴욕 타임스에 실렸는데 베트남전 당시 미 행정부의 내부 계획과 비밀 조치들이 일목요연하게 담긴 문서

였다. 당시 조지아대 로스쿨에서 국제법 교수로 있던 러스크 장관은 텔레비전
이 베트남전에 지나치게 반대했다고 비난했다. 하지만 그는 자신이 범한 실책
을 인정했는데 상처를 입고 마음고생도 심한 것 같아 보였다. "나 자신이 월맹
의 투지를 과소평가한 반면 이처럼 장기전을 참아 줄 것이라는 미 국민들의 인
내심은 과대평가했어요." 그는 이렇게 말을 이었다. "미 국민들은 인내심이 많
지 않으며 이런 전쟁은 끝내고 싶어 합니다." 이라크를 둘러싼 지금의 논란을
보면 그가 정말 선견지명이 있었음을 알 수 있다. 이후 러스크 장관과 다시 인
터뷰하지는 못했지만 그가 1994년 85세로 사망할 때까지 우리는 서로 연락을
주고받았다.

러스크 장관과의 첫 번째 인터뷰는 내게 진지한 정치 저널리스트라는 이름
을 안겨 주었지만 나는 진저 로저스, 앤드루 와이어스, 레오폴드 스토코프스키,
로렌 바콜 등 예술계 인사들과의 인터뷰도 계속했다. 나는 바콜의 너무도 솔직
한 성격을 특히 좋아했다. 바콜이 남편 험프리 보가트와 사별한 지 몇 년 뒤에
프랭크 시내트라가 그녀에게 프러포즈한 적이 있었다. 그런데 시내트라는 두
사람의 약혼 사실이 언론에 공개되자 일방적으로 파혼을 선언했다. 프랭크 시
내트라 이야기를 꺼내자 그녀는 바닥을 가리키며 손가락을 딱 튀기면서 "프랭
크는 이 바닥처럼 메마른 사람"이라고 했다. 하지만 이제 나는 그런 사람들과의
인터뷰만 하는 게 아니라 여러 방면으로 영역을 넓혀 나갔다. 아주 중요한 인터
뷰 가운데 하나가 바로 당시 이스라엘 총리였던 골다 메이어 여사와의 인터뷰
였다.

당시 여성 운동이 초창기였던 때라 미국 여성들은 전혀 다르게 살고 있는
이스라엘 여성들에 대해 큰 매력을 느끼고 있었다. 그들은 18세가 넘으면 군복
무를 해야 하고 키부츠라는 집단농장에서 힘든 일을 했다. 그리고 메이어 여사
는 그 나라의 최고 정치 지도자 자리에까지 올랐던 것이다.

메이어 총리는 코네티컷에 사는 여동생과 함께 스튜디오에 나타났는데 총
리 같은 외모는 아니었다. 거구에다 근엄한 표정의 71세 여성은 국가원수라기
보다는 엄한 할머니 같았다. 우리 조부모님들처럼 메이어 여사의 부모도 러시

아에서 이민 온 사람들이었다. 메이어 총리는 8살 때 부모님을 따라 위스콘신 주 밀워키에 정착해 대학교까지 마쳤다.

밀워키에서 교사로 일하다 1921년에 남편과 함께 팔레스타인으로 이주해 갔고 거기서는 키부츠에서 양계를 하며 살았다고 했다. 메이어 여사는 "그러기 전에는 무서워서 방에 닭 한 마리도 들여놓지 못했어요"라고 했다. 1948년 이스라엘 건국 주역의 한 사람이 된 그녀는 초대 소련 주재 대사를 지냈고 노동장 관과 외무장관을 거쳐 이스라엘의 처음이자 지금까지 유일한 여성 총리가 됐다. 이 모든 일을 두 아이를 혼자서 키우는 어머니로서 해냈다(남편과는 오래전에 헤어졌다).

나는 여성들이 일과 자녀들 사이에서 어떻게 균형을 유지하는지에 대해 늘 관심이 많았기 때문에 어머니로서 '큰 희생'을 감수해야 했는지 물어 보았다. 메이어 여사의 대답은 여성들이 밖에 나가 일할 수 있도록 이스라엘의 집단 육아시설을 본떠 육아센터를 지어야 한다고 주장해온 나와 미국의 페미니스트들 에게 고무적인 내용이 아니었다. "어머니로서 양심의 가책을 느끼는 것은 당연 하지요." 메이어 여사는 당연한 소리라는 듯 이렇게 말했다. "아이들도 그건 마 찬가지일 거라고 생각해요." 그녀는 장성한 딸이 어렸을 때 엄마가 일하기 위해 많은 시간 집밖에 나가 있는 것을 보며 속이 상하고 화가 났다고 하더라는 말을 들려 주었다. 하지만 나를 포함해 일하는 엄마들이 바라는 보상도 있었다고 했 다. 그녀의 딸도 자기 엄마가 집에다 무엇인가 보탬을 주었고, 자기에게 훨씬 더 넓은 시야와 관심을 갖게 해주었다고 하더라는 것이었다.

"아이들에게 잘해 주지 못했다고 느끼는 것은 자연스러운 것이지만 결과는 괜찮았어요"라고 메이어 여사는 말했다. "아이들은 절대로 나를 원망하지 않아 요." 몇 년 뒤 내가 NBC를 떠나 ABC로 옮겼을 때 나는 첫 주에 메이어 여사와 인터뷰했다. 슬프게도 그것이 내가 메이어 여사와 가진 마지막 인터뷰였다.

초기 인터뷰 가운데서 과격 블랙팬더당 대변인이던 캐슬린 닐 클리버와의 인터뷰는 오싹했다. 과격한 확신범으로 베스트셀러 자서전 '차가운 영혼' Soul on Ice의 저자인 엘드리지 클리버와 결혼한 여자였다. 클리버는 당시 알제로 도망가서 살고 있었다. 그녀는 도시 빈민가 흑인 젊은이들에게 인종적인 분노를 심어 주었고 그 때문에 마틴 루터 킹 주니어가 암살된 뒤 로스앤젤레스의 와츠 섹션과 디트로이트, 클리블랜드, 뉴어크를 비롯한 전국의 여러 도시에서 흑인폭동이 일어났다. 블랙팬더당의 10대 강령은 킹 목사의 비폭력 철학을 반영하지 않았다.

"만약 흑인들이 자유로운 삶, 자유, 행복 추구권을 보장받지 못한다면 다른 누구도 보장받을 수 없다는 게 우리의 입장입니다." 그녀는 이렇게 말했다. "우리가 그것을 갖거나 아니면 그것을 차지하기 위한 우리의 노력으로 인해 전 세계가 쑥대밭이 될 것입니다."

나는 24살의 혁명가에게 그녀가 임신 중이라는 사실과 나도 아이가 있다는 사실, 그리고 우리 두 사람 모두 우리의 자녀들이 자유롭고 공정한 사회에서 자랄 것이라는 희망을 갖고 있다는 등을 환기시키며 공통적인 유대감을 만들어 보려고 애썼다. "나 같은 사람과 당신 같은 사람이 어떤 합의점에 도달할 길은 있는가요? 아니면 오직 혁명의 길뿐인가요?" 나는 이렇게 물었다.

"기존의 사회관계를 모조리 바꾸는 것 외에 다른 해결책은 없는 것 같습니다." 그녀는 이렇게 대답했다. "경제체제를 완전히 뜯어고치고 억압적이고 착취적일 뿐 아니라 시대착오적이고 시대에 뒤떨어진 모든 제도를 완전히 바꾸는 것만이 해결책입니다."

우리는 취약한 공통분모에 겨우 도달할 수 있었다. 그녀가 투쟁은 인종적인 문제에 국한되는 게 아니라 계급에도 적용된다는 점에 동의했기 때문이다.

"그것은 바로 주인에 대한 노예의 투쟁인 동시에"라고 그녀는 말을 이었다. "상류 계급에 대한 하류 계급의 투쟁, 지배자 계급에 대한 피지배 계급의 투쟁입니다."

그녀가 말한 혁명은 결코 실현되지 않았다. 많은 블랙팬더 당원들이 내부 갈등에 빠지거나 피살되고 감옥에 갔다.

J. 에드거 후버 FBI 국장이 "미국 사회의 내부 안보에 가장 큰 위협"이라고 부른 이 운동은 점차 자체 소멸의 길을 걸었다. 하지만 캐슬린 클리버는 이후

전혀 다른 길을 걸었다. 그녀는 전액 장학생으로 예일대에 진학해 최우수 성적을 받아 피 베타 카파 클럽 학생으로 졸업했다. 예일 로스쿨을 졸업한 뒤에는 뉴욕 최고의 로펌으로 손꼽히는 크래배스, 스와인 앤드 무어Cravath, Swaine & Moore 에서 일한 뒤 에모리대 법대 교수가 되어서 지금까지 재직하고 있다.

　그런 가운데 나는 엘리자베스 여왕의 부군인 필립공, 닉슨 대통령의 국가안보 보좌관이던 헨리 키신저와 정말 기대하지 않은 인터뷰를 했다. 두 건 모두 닉슨 대통령의 호의로 이루어졌다.

　사실 닉슨 대통령이 내게는 최고의 후원자 중 한 명이었다. 나는 1969년 백악관 로즈 가든에서 대통령의 딸 트리샤와 인터뷰하면서 그를 만났다. 당시 그는 내성적이고 사교성이 떨어진다는 말을 듣고 있었는데 놀랍게도 여유가 있었고, 더 놀라운 것은 매력도 있는 사람이었다. 그는 실제로 아주 다정한 사람이어서 나는 그날 저녁 백악관에서 대통령 주최로 열리는 남자들만 참석하는 필립공 초청 만찬에 대해 명백한 성차별 아니냐고 놀리기까지 했다.

　"필립공이 투데이쇼에 나오나요?" 닉슨 대통령은 내게 이렇게 물었다.

　"아닙니다." 그는 이렇게 대답했다. "모시려고 했는데 지금까지는 가능성이 없습니다. 우리의 요청을 거절하셨습니다."

　"그렇다면 말이지요." 닉슨 대통령은 이렇게 말했다. "내가 오늘 저녁에 한번 얘기해 보겠어요."

　미국 대통령이 초청자 섭외 에이전트가 되어 줄 줄은 꿈에도 생각해 본 적이 없었는데 닉슨 대통령이 그 일을 해냈다. 그날 저녁 늦은 시간에 주미 영국 대사관에서 전화가 걸려와 필립공이 이튿날 아침에 프로그램에 나갈 수 있다고 알려 주었다. 필립공은 엄청나게 화가 났을 테지만 우리는 인터뷰를 했다. 그런데 엉뚱하게도 영국 안에서 대소란이 벌어졌다. 내 질문은 아주 간단했다. "엘리자베스 여왕께서 왕위를 찰스 왕세자에게 양위할 가능성이 있습니까?" 필립공의 대답은 이랬다. "그걸 누가 알아요? 어떤 일이든 일어날 수 있는 거지." 그 말을 가지고 영국 언론이 대서특필했고 여왕을 지지하는 군중이 몰려드는 사태까지 벌어졌다. 버킹엄궁은 급기야 여왕이 왕위를 양위할 의사가 없다고 하는 성명서를 발표해야만 했다.

나는 곧바로 필립공에게 나로 인해 그렇게 곤란한 입장에 처하게 된 데 대해 사과하는 편지를 썼고 그가 보낸 답신을 받았다. 서신은 왕실 문장紋章이 찍힌 버킹엄 궁 편지지에 쓰여 있었다.

친애하는 미스 월터스,

당신의 친절하고 사려 깊은 편지에 감사합니다. 우리 두 사람 모두 당신의 편지에 크게 감사드립니다. 대부분의 시위가 분노와 도발로만 가득 찬 이때 우리로 인해 그처럼 엄청난 환호와 호의가 분출된 것은 대단히 기분 좋은 일입니다. 나는 그 인터뷰가 아주 좋았다고 생각합니다. 여왕이 양위하지 않은 데 대해 당신도 용서를 한 것 같군요.

이만 줄입니다.

필립

그로부터 일 년 뒤에 닉슨 대통령은 또 한번 나를 도와주었다. 이번에는 헨리 키신저 국무장관을 설득해 투데이쇼에 나와 앉도록 만든 것이었다. 나는 기뻤지만 단순히 대통령이 나를 좋아해 개인적인 호의를 베푼 것으로 보긴 어려웠다. 리처드 닉슨은 자신의 행정부와 행정부의 정책을 홍보하는 데 텔레비전이 유용하다는 것을 잘 알고 있었기 때문이다. 나도 그것을 잘 알지만 텔레비전에 대한 닉슨의 이해력 덕분에 혜택을 누리는 입장에 선 것이 나쁘지는 않았다. 우리는 서로를 이용했고 사실은 내가 여러 해에 걸쳐 인터뷰한 많은 초청 인사들도 다 그런 식이었다. 사람들은 자신을 과시하고 싶어서 TV에 나온다. 무엇이 되었건 남들에게 보일 자리가 필요해서 나오는 것이다. 나도 필요한 게 있었고 그것은 바로 인터뷰였다.

그렇게 해서 나는 1970년 12월 헨리 키신저를 시청자들 앞에 세우게 됐다. 당시 국가안보보좌관이던 키신저는 한마디로 논란의 한가운데 서 있는 사람이었다. 닉슨의 선거공약 가운데 하나가 베트남전을 끝내겠다는 것이었지만 미국은 여전히 그곳에서 헤어나지 못하고 있었다. 투데이는 전사자 수 집계를 계속 했는데 1970년 한 해 동안 6164명이 또 전사했다. 하지만 약간의 독일식 억양을 가진 키신저는 일반 국민들에게 호기심의 대상이었고 막강한 권한을 가진 사람이었다.

나는 이후에도 여러 해 동안 몇 번 더 헨리 키신저와 인터뷰했고 우리는 아주 친한 친구 사이가 됐다. 키신저 박사와 그의 부인 낸시는 수시로 우리 집에 손님으로 왔고 나도 그들 집에 자주 갔다. 그가 닉슨 대통령과 후임자인 제럴드 포드 대통령 밑에서 국무장관으로 재직하는 동안 나와 가진 인터뷰 중에서 가장 기억에 남는 것이 하나 있는데 내가 ABC에 있을 때 한 것이었다.

그가 1994년에 베스트셀러 '외교'Diplomacy를 발간했을 때 나는 우리 프로듀서와 함께 그를 독일에 있는 그의 작은 고향마을 퓌르트로 데려갔다. 퓌르트는 전후 나치 지도자들을 상대로 제2차 세계대전 전범재판이 열려 유명한 뉘렘베르크 가까이 있는 마을이었다.

그의 아버지가 중학교 과정인 김나지움에서 가르치고 키신저 박사가 생애 첫 15년을 보낸 곳도 그곳이었다. 1938년에 그는 가족을 따라 나치를 피해 미국으로 건너왔다. 인터뷰하는 동안 길거리를 걸으며 키신저는 자신의 어린 시절을 회상하며 그의 가족이 살던 낡은 아파트를 가리켰다. 아파트는 건물 3층에 위치하고 있었는데 지금은 미용실이 자리하고 있었다. 그는 또한 자신이 처음으로 정신이 빠졌던 장소인 마을 축구 스타디움으로 나를 데려갔다. 어린 시절 헨리는 마을 축구 클럽의 열렬한 팬이었다. 하지만 유대인이기 때문에 그는 그 스타디움에서 환영받지 못했고 그래서 매 경기를 구장 끝 쪽에 있는 철망을 통해 지켜보아야 했다.

스타디움에 도착하자 나는 카메라를 모두 치워 달라고 부탁했다. 그리고 나는 "이리 와 보세요"라고 그에게 말했다. "안으로 들어가 봐요." 나는 그의 한쪽 팔을 잡아끌었고 우리 두 사람은 스타디움 안으로 들어가서 조용히 앉았다. 우리가 오리라고 생각했던 사람은 아무도 없었다. 누가 제일 먼저 키신저를 알아보았는지는 모르겠다. 하지만 한 사람 한 사람씩 차례로 스탠드에 앉아 있던 사

람들이 천천히 머리를 그가 있는 쪽으로 돌렸고 마침내 모든 사람이 그를 쳐다
보았다. 축구경기는 중단이 되었고 선수들까지도 그를 쳐다보았다. 그리고 박수
소리가 시작되더니 스타디움 전체로 퍼져 나갔다. 곧이어 그가 일어났고 스타디
움 전체가 그의 발 아래서 그곳이 낳은 아들에게 박수갈채를 보냈다. 우리 두 사
람의 눈에는 눈물이 맺혔다.

투데이쇼 이야기로 돌아와 또 한 사람의 세계적인 유명 정치인에 대한 추억
을 소개하겠다. 나는 방송에서 나의 마흔 살 생일축하를 했다. 글쎄, '축하' 라
는 말은 너무 강한 단어고 '받아들였다' 는 말이 더 적절할 것이다. 당시 유행하
던 촛불 하나를 켠 컵케이크, 그리고 휴와 조로부터 나이가 든다는 것에 대해
웃기고 애정이 넘치는 갖가지 조크를 들었다. 쇼가 끝난 뒤 내 방으로 돌아오니
내 조수인 매리 호니켈이 어리둥절한 표정으로 전화기를 들고 있었다. "자기가
린든 존슨이라고 말하는 남자가 전화를 걸어 왔어요." 나는 "그럴 리가"라고 하
면서 전화를 받았는데 귀에 익은 느릿한 텍사스 말씨가 흘러나왔다. 진짜 전직
대통령 린든 존슨이었다. 텍사스에 있는 자신의 목장에서 전화를 걸어온 것이
었다.

그는 "레이디 버드와 같이 침실에 누워서 TV를 보았는데 아내가 나보고 '바
버라에게 전화를 걸어 생일축하 인사를 할 배짱이 있느냐는 것이었어요"라고
했다.

"감사합니다. 미스터 프레지던트." 나는 이렇게 대답했다. "하지만 솔직히
말씀 드리자면 오늘 생일이 그다지 행복한 것은 아닙니다."

"알아요. 알아요." 그는 말했다. "하지만 당신은 모든 미국 여성들에게 일종
의 영감을 불어넣어 주는 존재입니다."

"그렇게 말씀해 주시니 고맙습니다." 나는 이렇게 대답했다. "하지만 오늘
은 그다지 영감이 솟아오르지 않는군요."

"그러면 내가 짤막한 이야기 하나를 해주지요"라며 존슨 대통령은 이야기
를 이어갔다. "이곳 텍사스에 의회선거에 열 번 출마해 열 번 떨어진 어떤 남자

가 있었어요. 그렇게 20년을 떨어진 뒤 또다시 출마해서 마침내 당선이 됐어요. 그래서 기자들이 찾아와 그에게 '의원님, 이게 어떤 의미를 가집니까?' 라고 물었어요. 그랬더니 그 의원이 답하기를 '어떤 의미냐 하면 말이지요. 내가 할 수 있으면 어떤 바보도 할 수 있다는 것이지요' 라고 했어요."

그러고 나서 잠시 말을 멈춘 다음 존슨 대통령은 이렇게 말했다. "그런데 바버라, 많은 여자들이 저 바깥에서 당신을 지켜보고 있어요."

나는 웃으며 "감사합니다. 대통령 각하"라고 말하고는 전화를 끊었다. 린든 존슨 대통령이 내게 전화를 걸어 영감을 주는 천치라는 말을 하려고 했던 것인지 아니면 그저 영감을 주는 사람이라는 말을 하려고 했던 것인지는 지금까지도 모르겠다. 어쨌든 나는 그 전화를 받고 깜짝 놀랐고 감격스러웠다.

서른 번째 생일보다 훨씬 발전한 것은 분명했다. 그때는 빌린 고급 디자이너 의상을 차려입고 기다리다 지안니 우지엘리에게 바람이나 맞았으니까.

서글펐던 플로리다 시절

1970년에 우리 가족은 뉴욕을 떠나 플로리다로 돌아갔다. 형편이 나아져서 간 게 아니었다. 레나 이모가 마이애미비치에 살고 있었는데 이모가 사는 집 마당 건너편에 있는 건물에 부모님이 방 하나짜리 아파트 셋집을 얻은 것이었다. 언니는 잡아당기면 침대가 되는 소파에서 자야 했는데 형편이 그것밖에 안 되었던 것이다. 아버지의 사정은 아주 어려우셨다.

내가 그 아파트로 찾아간 기억은 달콤하면서도 한편으론 씁쓸했다. 부모님의 기분을 밝게 해 드리려고 나는 어린 재키를 데려갔는데 두 분 모두 아이를 애지중지하셨다. 그런데 어느 날 밤 두 분은 재키 때문에 대판 싸웠다. 아이가 잠에서 깨 도록 만든 게 서로 상대 탓이라며 한바탕 말싸움을 벌인 뒤 화가 머리끝까지 난 아버지가 집을 나가서는 그날 밤 돌아오지 않으셨다. 나는 그날 밤 아버지가 어디서 밤을 보내셨는지 지금까지도 모른다. 공원 벤치에 누워 주무셨을까? 아니면 밤새 해변을 돌아다셨을까? 엄마와 나는 아버지가 또 자살을 시도하신 게 아닐까 해서 엄청나게 겁을 먹었지만 다행히도 아버지는 이튿날 아침에 돌아오셨다. 자살을 시도하려 했는지를 포함해 우리는 아무것도 묻지 않았다.

두 분의 싸움은 내게 쓰라린 기억으로 남아 있다. 달콤한 기억은 우리 딸이 내게 첫 키스를 해준 때였다. 아이들이 몇 살이면 키스하는 걸 알게 되는지는 모르겠다. 그리고 우리 딸이 한 것도 그저 키스를 흉내 낸 것일지도 모른다. 하지만 딸이 입술을 내 뺨에 갖다 댔을 때 그것은 내게 정말로 멋진 행복과 사랑의 느낌을 안겨 주었다.

나는 그 비좁은 아파트에서 부모님을 구출해 내지 않으면 두 분은 서로를 죽일지도 모르겠다는 생각이 들었다. 나는 저축해 놓은 돈을 가지고 두 분에게 마이애미비치에 있는 좋은 건물(아주 멋진 건물을 사 드릴 형편은 못 되었고)에 방 두 개짜리 좀 더 큰 콘도미니엄을 사드렸다. 이웃도 근사했고 무엇보다도 엄마에게 좋은 점은 슈퍼마켓이 두 블록밖에 떨어지지 않았다는 것이었다.

지금 생각해 보면 아마도 그때 아주 멋진 건물에 콘도미니엄을 사드릴 형편이 되었을 것이다. 하지만 나는 그때까지도 텔레비전이 어떻게 될지 모른다는 두려운 생각을 하고 있었기 때문에 더 많은 돈을 쓸 엄두가 나지 않았던 것이다. 그렇게 해서 식구들은 새 아파트로 이사했다. 엄마는 언니와 한 방의 트윈 베드에서 잤고 아버지는 다른 방에서 주무셨다. 아버지는 내내 잠을 주무셨다. 같은 건물에 카드놀이를 같이할 사람은 몇몇 있었지만 같이 이야기를 터놓고 지낼 만한 사람은 없었다. 엄마는 항상 친구가 없다고 불평하셨는데 평생 많아야 새로운 친구 한두 명 사귀는 정도였다. 부모님은 외출을 많이 하지 않으셨고 다른 사람 집에도 초대받아 가는 경우가 거의 없었다. 어디를 가든 언니를 데려가는 게 문제였다. 두 분은 언니를 혼자 집에 떼놓으려고 하지 않으셨다. 언니는 식탁 매너도 아주 좋고 얌전했지만 사실 다른 사람과 제대로 된 대화를 나누기는 어려웠다.

리는 아버지께 일거리를 드려서 도우려고 했지만 아버지의 재능은 특정 분야에 국한되어 있었다. 그것은 섹시한 여자들을 대거 등장시켜서 화려한 쇼를 만드는 것이었다. 따라서 리가 만드는 '가족 위주'의 극장 공연에는 맞지 않으셨다. 그렇게 해서 아버지의 60년간에 걸친 쇼 비즈니스는 조용히 막을 내리고 있었다.

언니는 부모님들보다 더 잘 적응했다. 나는 언니가 호프 스쿨에서 교사 보조로 일할 수 있도록 해 주었다. 지능이 온전치 못한 아이들을 가르치는 지방의 사립학교였다. 나는 그 학교에 기부금을 내고 그 후로도 오랫동안 기부를 계속 했는데 멋진 곳이었다. 재키 언니는 매일 아침 통학버스를 타고 학교에 가서 정 오까지 서류 정리와 교사들 심부름을 했다. 언니는 그 일을 좋아했고 자기가 맡 은 일을 아주 진지하게 받아들였다.

하지만 새 아파트로 옮기고 나서도 생활은 여전히 힘들었다. 아버지와 엄마 는 계속 다투셨는데 대부분 돈 때문이었다. 한번은 아버지가 내가 보내 드린 돈 일부를 이스라엘 국채를 사는 데 써 버린 사실을 엄마가 아셨다. 아파트 건물에 서 모금행사가 있어서 세 든 사람들 대부분이 모였는데 거기서 돈을 쓰신 것이 었다. "돈이 없다고 하시는구나." 엄마는 내게 이렇게 말씀하셨다. "어떻게 그 런 짓을 하실 수가 있니? 왜 자기는 항상 대단한 인물인 양 행세해야 하니?"

그렇다. 아버지는 대단한 인물이 아니었다. 아버지는 자기가 카드놀이를 같 이 하는 친구들처럼 국채를 살 능력이 있다는 자존심을 지키는 게 중요하셨던 것 이다. 아버지는 그동안 돈을 잘 쓰고 사셨다. 만약에 아버지가 엄마의 말을 들었 더라면 마지막 남은 돈까지 보스턴에서 낡은 교회 건물에다 나이트클럽을 만든 다고 모두 집어넣는 일은 결코 하지 않았을 것이다. 그랬더라면 가족들을 먹여 살린다고 노바스코샤까지 가서 소규모 공연을 하는 대신 삼촌들처럼 구두나 옷 장사를 하셨을 것이다.

아버지는 이스라엘 국채를 사면서 이렇게 말씀하셨다. "나는 성공한 사람이 니 그 정도는 할 수 있어." 그 말에 엄마는 이렇게 대꾸했다. "왜 자기는 항상 거 물 행세를 하려고 해요? 당신은 그럴 형편이 아니에요." 항상 그랬듯이 나는 그 럴 때 중립을 지키며 엄마의 메신저 역할을 했다. "네 아버지한테 가서 그만한 돈을 감당하지 못할 거라고 말해 드려라." 엄마는 계속 이렇게 다그쳤다. 하지 만 나는 아버지께 이스라엘 국채 이야기는 한마디도 꺼내지 않았다. 대신 돈 몇 푼을 아버지 호주머니에 슬그머니 넣어 드렸다.

엄마와 아버지 두 분 모두 금전적으로 내게 의지하는 것을 무척 싫어했고 계속해서 미안해하셨다. 그러면 나는 으레 이렇게 대답했다. "지금의 내가 있는 건 모두 부모님이 해 주셨어요. 나를 좋은 학교에 보내 주셨고 여행을 시켜 주셨어요. 내게 읽기를 가르쳐 주셨고 호기심을 가지도록 만들어 주셨어요. 엄마 아빠께 돈을 갚아드릴 수 있게 되어서 정말 다행이에요." 진심이었다.

돈에 관한 분별력이라고는 없는 아버지셨지만 이상하게도 내가 일자리를 잃을까 봐 늘 걱정이었다. "윗사람들은 너를 좋아하니?" 아버지는 수시로 이렇게 물으셨다. "프로그램을 진행하고 나면 윗사람들이 네게 뭐라고 안 하던?" 자신의 미래에 대해서는 걱정이라곤 안 하고 사신 분이 내 일에 대해서는 끊임없이 걱정을 하는 것이었다. 아버지는 쇼 비즈니스의 눈으로 내 직업을 보셨다. 혹시 막을 내리고 나서 좋지 않은 평판이 들려오지는 않을까 걱정하시는 것이었다. 하지만 걱정되기는 나도 마찬가지였다. 이름은 기억나지 않지만 어떤 잡지에서는 나의 이력을 소개하면서 경제적으로 불안정했던 어린 시절이 내게 공포감을 드리우고 있다고 하신 아버지의 말을 인용하기도 했다. 나는 그 잡지 기사를 통해 버라이어티쇼 시대가 막을 내린 뒤 아버지가 실제로 가족을 부양하기 위해 세일즈맨이 되려는 생각을 하셨다는 사실도 알았다. 만약 그랬더라면 얼마나 끔찍한 일인가. 자칫하면 '세일즈맨의 죽음'에 나오는, 인생에 환멸을 느끼는 자기기만과 비운의 주인공 윌리 로만 같은 사람이 될 뻔하신 것이다.

플로리다에서의 어려운 시절 동안 나는 점차 아버지를 다른 눈으로 보기 시작했다. 처자식을 소홀히 하고 집에 들어오지 않던 사람으로서만이 아니라 여러 해 전에 떠났을 여자와 계속해서 살고 있는 한 남자라는 생각도 들었다. 그 여자는 아버지가 꿈을 함께 나누기에는 문제가 있고 불만에 가득 찬 여자였다.

하지만 도대체 엄마가 어떻게 그 꿈을 함께할 수 있단 말인가? 그 꿈은 엄마에게는 악몽이었다. 아버지는 몇 번의 행운을 날려 버렸고 들어 놓은 생명보험까지 현금으로 찾아서 썼다. 그리고 이제는 딸에게 금전적으로 의존하는 처지가 되고 만 것이었다. 엄마는 계속해서 닥치는 불행을 참고 살아야 했다. 한 아이는 생후 14개월에 죽었고 또 한 아이는 정신 지체아다. 하지만 누가 뭐래도 언니에게는 인자한 엄마였다. 매일 언니에게 옷을 입혀 주고 머리 손질을 해주고 항상 곁에 있어 주었다. 엄마는 또한 나름대로는 헌신적인 아내였다. 투덜거리면서도 아버지가 좋아하는 음식을 만들고 차를 끓여 대령했다.

하지만 사람의 관계는 알 수 없는 것이고 나도 굳이 알려고 하지 않았다. 엄마와 아버지를 사랑하기 때문에 나는 항상 안심하고 뉴욕의 직장으로 돌아왔다.

1969년 7월에 나는 영국의 노스웨일스로 가서 찰스 왕세자의 웨일스공 책봉식을 보도하는 신나는 일거리를 맡았다. 왕실 책봉식은 복잡하고 오래 걸리지만 보기 드문 볼거리다. 21살의 왕자를 왕세자로 책봉하는 이 행사는 20세기 들어 불과 두 번째로 치러지는 것으로 수세기 동안 변하지 않고 지켜져 내려오는 정교한 전통에 따라 진행됐다. 매순간, 그리고 모든 의상과 소도구, 모든 참석자가 하나같이 전통적인 의미를 갖고 있었기 때문에 나는 그 모든 것을 제대로 알고 있어야 했다.

나는 투데이쇼에서 인터뷰한 적이 있는 마거릿 공주의 남편 스노던 경으로부터 도움을 받았다. 그가 바로 복잡한 이 의식의 설계자였다. 우리는 5시간 내리 방송을 했는데 방송이 시작되자 나는 누가, 왜, 어떤 막대기, 지팡이를 들고 있는지 줄줄이 꿸 뿐만 아니라 그걸 어디에 쓰는지까지 훤하게 소개했다. 또한 프린스, 프린세스, 듀크, 더치스, 얼 등 누가 누군지 모두 알아보았고 역사적인 이름과 그 의미까지 모두 기억해서 소개했다. 어쨌든 나는 웨일스를 사랑했고 그곳에서 멋진 시간을 보냈다.

이후 나는 계속해서 돌아다녔다. 투데이쇼는 온 세상을 다 돌아다녔다. 자메이카에서는 휴와 그의 아내 루스와 함께 럼주를 실컷 마신 기억이 나고 그리스의 섬에 갔을 때는 웃기고 사랑스러운 프로듀서 윈 웰펜, 작가 바버라 고든과 함께 어울려 현지 타베르나에서 우조 주를 마시고 그리스 댄스를 배운다고 법석을 떨기도 했다. 꼭 '희랍인 조르바'의 엉성한 한 장면 같았을 것이다. 네덜란드, 이탈리아, 포르투갈도 가고 루마니아도 갔다. 루마니아 공산정부의 메이데이 퍼레이드는 얼마나 요란한지 우리가 묵은 호텔까지 들썩거릴 정도였다. 얼어 죽을 것 같았던 아일랜드 여행 때는 현명한 우리 '소도구' 담당자가 아이리시 위스키를 듬뿍 넣은 오렌지 주스를 이른 아침에 만들어 주었는데 정말 잊을 수 없는 행복한 아침들이었다.

스코틀랜드에서는 맑은 정신으로 지냈다. 석탄 광산 밑으로 내려갔는데 암흑, 그야말로 칠흑 같은 암흑, 죽음의 기운이 온몸을 휘감는 끔찍한 경험이었다. 나는 그 광산에서 석탄 한 덩이를 기념으로 가져와 여러 해 동안 집안의 거실 탁자에 올려놓았다. 일본 여행은 내가 여성이라는 사실을 다시 한번 일깨워주었다. 일본 사람들은 휴를 온갖 장소로 모시고 다녔는데 나는 여자라고 빼놓았다. 그래서 나는 많은 시간을 호텔방에 처박혀 지내야 했다. 휴는 일본에서 신나게 지냈지만 나는 그렇지 못했다.

성차별은 일본에만 있는 게 아니었다. NBC의 양복 입은 남자들도 의식이 깨어나지 않았다. 60년대 말 여성운동은 한창 무르익었지만 그들은 그 사실을 전혀 깨닫지 못한 것 같았다. 전국에 있는 여성 단체들이 낙태 합법화와 동등한 일, 동등한 임금을 요구하며 시위를 벌였다. 여성들은 뉴욕 타임스를 비롯한 신문들을 상대로 성차별적인 구인광고(남성 사무직 교육생 구함, 여비서 구함 등)에 항의하는 피켓 시위를 전국적으로 벌였다. 뉴욕에 있는 플라자 호텔의 오크룸과 로스앤젤레스에 있는 베벌리힐스 호텔의 폴로 라운지와 같은 남성 전용 바와 레스토랑 앞에서도 시위를 벌였다.

1970년 여름 뉴욕에서 벌어진 여성 시위에는 5만 명가량의 여성이 모였는데 베티 프리던의 주도로 5번 애비뉴를 따라 행진했다. '평등을 위한 여성들의 시위'라는 이름이 붙여진 시위였다. 5만 명이면 엄청나게 많은 여성이 모인 것이고 당연한 일이지만 언론의 주목을 크게 받았다. NBC 뉴스의 로이벤 프랭크 회장에게 메모를 써서 여성운동에 관한 특별방송을 하자고 제안했더니 그에게서 다음과 같은 짤막한 답장이 왔다. '충분한 흥밋거리가 안 됨.'

당시 여성들을 무시하는 남성들의 태도는 비단 NBC에만 국한된 게 아니고 언론계 전반에 퍼져 있었다. 몇 명 안 되는 텔레비전의 우리 여성 저널리스트들은 남성 위주의 뉴스룸에서 우리의 위치를 찾기 위해 싸웠지만 그것이 바뀌리라는 생각은 하지 못했다.

닉슨의 후원, 시내트라와의 불화

여성들이 평등권을 위해 싸우는 동안 나는 예상치 못한 화살 하나를 내 활에 장전했다. 한 가지 일은 또 다른 일을 부른다는 옛 속담을 알 것이다. 맞는 말이다. 내가 60년대 말에 쓴 기사 하나가 이 말이 사실이라는 것을 확실히 보여 주었다. 당시 유행하기 시작한 새로운 흐름에 맞춰 쓴 글이었다. 유명 인사 강연에 관한 글이었다. 점점 더 많은 '유명 인사' 들이 전국을 돌며 각종 단체와 모금행사에 참석해 (돈을 받고) 강연을 했다. 강연 비즈니스가 번창한다는 것은 소위 점점 더 많은 보통 사람들이 기억에 남을 만한 말을 듣거나 잠시나마 그들과 개인적인 만남을 가져 보려고 이 유명 인사들과 만나게 된다는 뜻이었다. 하지만 그들은 어떻게 해야 그런 인연을 맺을 수 있는지 방법을 몰랐다.

이제 막 유명 인사 대열에 오른 나는 내 경험을 토대로 사람들이 나한테 가끔씩 하는 실수들을 모았다. 예를 들면 이런 것이다. "실물이 텔레비전에서보다 훨씬 더 보기 좋아요." 그러면 나는 어떻게 대꾸할까? "고마워요. 두 시간씩 걸려 메이크업을 하는데도 텔레비전에서 그렇게 형편없이 보인다는 말씀이세요?" 좋은 뜻으로 한다는 게 다음과 같이 더 고약해져 버리는 경우도 있다. "텔레비전에서 보는 게 실물보다 훨씬 더 좋아요." 이럴 때는 어떻게 대꾸해야 하는지 지금도 모르겠다.

　그 글을 쓰고 나서 얼마 뒤에 나는 더블데이 출판사로부터 편지 한 통을 받았다. 편지에는 도저히 거절할 수 없는 제안이 담겨 있었다. 편집장인 켄 매코믹이 내 글을 읽고 그걸 늘려서 말이 서툴고 사교성이 없는 사람들을 상대로 작은 책자를 만들어 보자는 생각을 한 것이었다. 대화를 시작할 때 어떤 말부터 꺼내야 하는지 몰라 걱정하는 사람들이 많다는 것이었다.

　그렇게 해서 나는 '누구와 어떤 문제든 대화하는 방법' How to Talk with Practically Anybody about Practically Anything을 쓰기 시작했다. 사람들이 무슨 말을 어떻게 해야 할지 모르는 갖가지 상황이 있을 것이라는 점에 착안한 것이다. 이러한 상황에는 유명 인사와 이야기할 때뿐만 아니라 디너파티에서 낯선 사람을 만났을 때도 포함된다. 사랑하는 사람을 얼마 전에 잃은 사람, 어린이를 만나면 어떻게 말하는지, 스포츠에 문외한인 사람이 운동선수를 만나면 어떻게 말을 시작할지, 거물 인사를 만나면 어떻게 말을 붙이고, 혹은 귀찮게 구는 사람은 어떻게 상대하는지도 포함시켰다.

　책은 1970년에 출간됐다. 나는 사람들에게 도움이 되는 작고 참한 책이라고 생각했는데 놀랍게도 책이 나오자 엄청난 화제를 불러일으켰다. 팔리고 또 팔렸다. 나는 표지에서 밝은 분홍색 드레스를 입고 새까만 머리칼에 환하게 웃고 있었다. 웃는 게 하나도 이상하지 않다. 지금까지 그 책은 8쇄를 하며 전 세계적으로 몇백만 부가 팔렸고 6개 이상의 언어로 번역되었다. 사람들은 지금도 옛날 책을 들고 와서 사인해 달라고 한다. 책의 성공에 대해 나는 지금도 그저 놀랄 뿐이다.

　책을 쓰면서 나는 자신의 사교성 미숙에 대해 썼다. 왜냐하면 나는 그때까지도 카메라 앞에 서면 떨렸기 때문이다. 재미있게 쓰기 위해서 나는 내가 아는 거의 모든 유명 인사들과 관련된 재미있는 사례들을 집어넣었는데 그렇게 많지는 않았다. 휴 다운스와 베닛 서프에 관한 언급이 주를 이루었는데 당시로서는 내가 제일 잘 아는 유명 인사들이 바로 그 두 사람이었다. 랜덤 하우스 출판사 사장인 베닛은 여러 해 동안 엄청난 인기를 모은 텔레비전 퀴즈쇼 '와츠 마이 라인' What's My Line? 진행자로 유명했다. 그는 대단한 이야기꾼이었는데 나는 책

곳곳에서 그의 말을 인용했다. 하지만 대부분의 조언은 내가 매일 겪는 경험에서 터득한 것이었다. 결혼반지를 끼고 있지 않은 남자가 미혼인지 기혼인지 알고 싶으면 어떻게 하면 할까? 내 충고는 이렇다. 그가 입은 양복과 스웨터, 넥타이가 멋있다고 먼저 칭찬한 다음 이렇게 말한다. "정말 멋있으시네요. 부인이 고르신 거예요?" 간단하다. 그러면 원하는 답을 얻을 수 있다.

거물 인사의 입을 열게 하고 싶으면 어떻게 하느냐고? 그 사람의 제일 첫 번째 직업이 무엇이었냐고 물어 본다. 내 말을 믿어라. 대통령이나 스타 배우에서 정치인에 이르기까지 누구든 자신의 첫 번째 직업은 반드시 기억하며 금방 상세히 설명해 줄 것이다.

나는 당시 재키 케네디와 결혼을 앞둔 그리스 선박왕 아리스토텔레스 오나시스와의 만남을 사례로 들었다. 나는 오나시스의 공보 담당자들로부터 뉴욕에서 오나시스와 점심을 같이 하자는 초대를 받았다. 도착하니(텔레비전에 나올 때보다 좀 더 잘 차려입고 갔다) 오나시스는 선박업계 사람들과 함께 선박과 관련해 분주하게 이야기 중이었다. 나는 대화가 끊어지기를 조용히 기다렸다가 호기심에 가득 찬 듯 눈을 한껏 크게 뜨면서 이렇게 물었다. "여러분처럼 성공한 분들은 모두들 처음에 어떻게 시작하셨는지 궁금하군요. 예를 들면 오나시스, 당신의 제일 첫 번째 직업은 무엇이었습니까?"

배 이야기는 그걸로 끝이었다. 오나시스는 터키에서 아르헨티나로 건너간(그의 아버지는 터키가 그리스인들을 탄압하던 시절에 투옥당했다) 젊은 이민자 시절 접시닦이에서 시작해 건설노동자, 그리고 담배를 팔아 처음으로 큰돈을 만지게 되기까지 상세하게 털어놓았다. 점심이 끝날 무렵 오나시스는 나와 절친한 친구 사이가 되었고 더구나 수영장과 황금욕조가 딸린 전설적인 자신의 요트 크리스티나호에서 인터뷰를 하자고도 했다. 아쉽게도 그의 스케줄과 NBC의 카메라 팀 사정이 서로 맞지 않아 그 인터뷰는 불발로 끝나고 말았다. 누가 아나? 만약에 그 인터뷰가 성사되었더라면 재키 케네디가 아니라 내가 그 다음 아리스토텔레스 오나시스 부인이 되었을지….

거물 인사, VIP, 술 취한 사람, 호색한들을 망라해서 나는 사람 다루는 방법

나의 외조부모이신 존 셀레츠키와 셀리아 셀레츠키.
서 있는 아이는 데나 이모, 안겨 있는 아기는 레나 이모이다.

라틴 쿼터의 전형적인 피날레 장면

라틴 쿼터가 나소에서 공연할 때 공연장을 찾은 윈저 부인(왼쪽)을 맞이하는 부모님

부모님과 스무 살 무렵의 재키 언니

재키 언니

고종사촌 언니 셜리와
형부 어빙 버드

1960년대 말에 찍은 가족 사진. 재키 언니,아
버지, 나, 남편 리 거버, 엄마(사진 위)

남편 리와 우리 딸 재키(왼쪽 위)
딸 재키를 업고 있는 나. 달콤한 추억이 담긴
사진이다.(왼쪽 아래)

결혼식 날 머브 애들슨과 나(1986년 5월 10일)

우리 집안의 소중한 보배였던 마드모아젤
(제제 들 라 샤펠(젤)과 함께

우리 가족의 또 다른 보배 이코델 톰린슨.
그녀가 없었더라면 나는 못 살았을 것이다.

장성한 재키와 함께

1976년 대통령 당선자 신분이던 지미 카터 부부와 인터뷰

1976년 백악관 파티에서 포드 대통령과 함께

1986년 레이건 대통령 부부와 인터뷰(사진 위)

1981년 레이건 대통령 목장에서 인터뷰(왼쪽)

나의 절친한 친구였던 이스라엘의 영웅 모세 다얀. 1974년

1989년 조지 H.W. 부시 부부와 함께

1996년 에어포스 원에서 빌 클린턴 대통령과 인터뷰

대통령 당선자 조지 W. 부시와 2001년 1월 15일 텍사스 목장에서 인터뷰

1990년 중국 지도자 정쩌민과 인터뷰

1977년 11월 예루살렘에서 가진 안와르 사다트 이집트 대통령,
메나헴 베긴 이스라엘 총리와의 역사적인 합동 인터뷰

1996년 레바논에서 야세르 아라파트와 인터뷰를 마치고

1977년 이란 국왕 샤의
호화로운 궁에서 가진
인터뷰

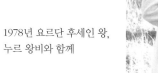

1978년 요르단 후세인 왕,
누르 왕비와 함께

1989년 1월 23일 무아마르 카다피의 비밀 텐트에서 인터뷰를 마치고. 나는 핑크 정장 차림이고 카다피는 흰색 정장에 녹색 셔츠 차림이었다.(사진 위)

1977년 5월 19일 피델 카스트로와 피그즈 만을 가로지르는 배 위에서 인터뷰(오른쪽)

Constitution
of the
Republic
of Cuba

For Barbara as a remembrance of the
most difficult interview that I have had
in all the days of my life
Fidel Castro
May 20, 1977
1:29 A.M.

인터뷰를 한 다음날 카스트로가 친필 사인을 해서 내게 선물로 준 쿠바 헌법

1987년 정말 멋진 여인 마가렛 대처 영국 총리와 다우닝가 10번지에서 인터뷰

2007년 3월 우고 차베스 베네수엘라 대통령과 인터뷰

방송에 출연한 헨리 키신
저와 함께

1차 걸프전이 끝난 후인
1991년 사우디 리야드에서
노먼 슈워츠코프 장군과
함께 인터뷰를 가진 뒤

슈워츠코프 장군과 인터뷰
하기 위해 사우디로 향하기
전날 밤 조지 H.W. 부시
대통령이 내게 써 준 메모
(아래). "노먼−,부디 조심 또
조심하게. 하지만 괜찮은
여자네. 다시 한번 축하하
네. 조지 부시"

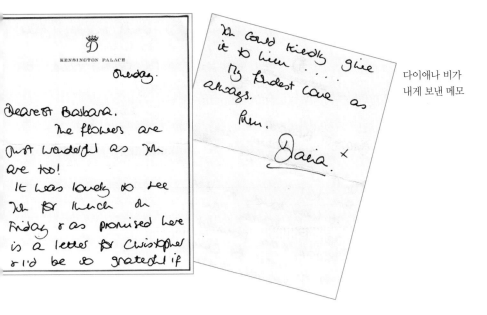

Dearest Barbara,

The flowers are
just wonderful as you
are too!
It was lovely to see
you for lunch on
Friday & as promised here
is a letter for Christopher
& I'd be so grateful if

you could kindly give
it to him . . . .
My fondest love as
always.

From

Diana. x

다이애나 비가
내게 보낸 메모

2005년 다름살라에서 달라이 라마와 인터뷰한 다음 코 인사를 나누고 있다.

1977년 5월에 찍은 사진. 엄마, 빙 크로스비, 그리고 나

1977년 존 워너, 엘리자베스 테일러 부부와 함께 두 사람의 농장에서 인터뷰

을 알려 주었다. 디너파티 자리에서 계속 내 무릎을 만지는 사람을 내가 어떻게 뭉개 주었는지도 소개했다. 나는 그의 두 눈을 똑바로 쳐다보며 이렇게 말했다. "좋아요. 우리 서로 솔직하게 이야기해 봅시다. 당장 당신 부인하고 이혼한 뒤 나하고 결혼할까요?" 다시는 그의 손이 얼씬거리지 않았다.

나는 책 말미에 '백약이 무효일 때 써 먹을 수 있는 20가지 확실한 대화 시작법' 을 소개했다. 하지만 대부분은 내가 인터뷰 때 써 먹은 방법들이었다. 그 중에서 지금도 유용하게 써 먹을 수 있는 방법 몇 가지만 소개한다.

1. 만약 지금의 일을 하고 있지 않다면 어떤 일을 하고 계실까요?
2. 만약 역사 속의 어떤 시점을 택할 수 있다면 어느 시대에 살고 싶으세요?
3. 역사 속의 어떤 인물이 될 수 있다면 누구를 택하시겠어요?
4. 갑자기 백만 달러가 생기고 그 돈을 자신을 위해서만 써야 한다면 제일 먼저 무엇을 사겠습니까?
5. 많이 아프지 않은데도 3개월 병원에 입원한다면 친척을 제외하고 옆 병상에 누가 있었으면 좋겠어요?

제일 마지막 질문은 내가 제일 좋아하는 것인데 왜냐하면 재미있는 답변이 너무도 많기 때문이다.

코미디언 앨런 킹은 영화배우 리처드 버튼을 지목했는데 그 이유는 버튼의 아내 엘리자베스 테일러가 자주 들를 것이기 때문이라고 했다.

유쾌한 피아니스트 리버레이스는 신비스럽고 말이 없는 여배우 그레타 가르보를 꼽았는데 옆에 오면 실컷 이야기를 나눠 보고 싶다고 했다.

자니 카슨은 대답에서도 재치가 빛났다. "제기랄, 이곳 최고의 의사지요."

언젠가는 유용하고 재미있는 조언을 좀 더 보완해서 이 작은 책자의 개정판을 내고 싶다. 하지만 일단 지금 쓰는 이 책부터 먼저 마쳐야 하니 70년대 초로 다시 돌아가기로 한다.

나의 초기 유명 인사 시절에는 어두운 면도 있었다. 대중의 시야에 들어온

대부분의 사람들은 많은 편지를 받는다. 그중에는 팬들한테서 오는 것도 있고
고약한 비평가들이 보내는 것도 있으며 특히 독방에 갇혀 있는 수감자들이 보
내오는 것들도 있다. 그래서 나는 투데이쇼 초기 시절 제정신이 아닌 어떤 팬으
로부터 나를 정말 좋아한다는 러브 레터를 받고도 대수롭지 않게 생각했다. 그
런데 같은 사람으로부터 두 번째, 세 번째, 그리고 네 번째 편지가 배달됐다. 편
지 내용에 약간 불길한 변화가 보였다. 교황을 죽이고 싶고 남편 리도 죽이겠다
는 것이었다. "당신을 지켜보고 있어." 그는 이렇게 썼다. "당신을 보고 있어."
무서웠다. 정적에 싸인 뉴욕의 새벽에 내가 아파트를 나서는 것을 그가 지켜보
는 것일까? 아파트에서 나와 자동차로 걸어가는 동안 그가 내 얼굴에 황산을
던지려는 것일까? 정말 남편을 죽이려는 것일까? 편지로 살해 위협을 하는 것
은 연방법에 저촉되며 다행히 나의 스토커는 그렇게 똑똑하지 못했다. 자기 주
소를 편지에다 적어 놓았던 것이다. 우리는 경찰에 신고했고 경찰이 브롱크스
에 있는 그의 아파트에서 그를 체포했다. 그는 거구로 체포 당시 격렬하게 저항
했다. 그가 구금당하자 우리는 한결 마음이 놓였다. 남편의 고발에 따라 그 남
자는 감옥에 갔고 그제서야 우리는 마음을 놓고 살았다. 얼마 뒤 그가 감옥에서
나왔다는 사실을 당국에서 알려 왔을 때 나는 다시 걱정했는데 다행히 그는 더
이상 연락을 해오지 않았다. 나는 지금까지도 팬과 팬 아닌 사람, 수감자들로부
터 편지를 받는다. 수감자들 대부분은 자신이 결백하다고 주장한다. 어쨌든 나
는 위협 받는 일은 두 번 다시 당하지 않았다. 정말 무서운 경험이었다.

즐거운 일을 이야기하자면 1970년 여름에 나는 나중에 나의 조언자 겸 가장
절친한 친구가 된 한 남자를 만났다. 리 스티븐스라는 사람인데 윌리엄 모리스
에이전시에서 일하는 에이전트였다. 윌리엄 모리스는 그때도 지금처럼 업계 최
대 극장 에이전시로 많은 톱 배우와 감독, 작가들이 그들과 같이 일하고 있었
다. 뉴스에 종사하는 사람들을 위해서는 일하지 않았다. 당시에는 인재 에이전
시에서 그런 일은 하지 않았다.

텔레비전 뉴스에서 일하는 우리들 가운데 에이전트를 둔 사람은 아무도 없
었다. 적어도 내가 알기로는 그랬다. 뉴스 쪽 사람들은 너무 순수해서 돈을 더

달라는 것 같은 천박한 짓은 안 한다고 생각했던 것이다. 에이전트는 연예인들이나 상대하는 것이라고 생각했다. 뉴스 쪽에서 일하는 우리는 자신들이 하는 일을 하나의 특권으로 여겼다. 그건 사실이었으며 우리는 신문 저널리스트들보다 훨씬 많은 돈을 받았다. 그쪽은 거의 기아선상에서 허덕이고 있었다. 사실 우리 쪽에서도 부자가 된 사람은 아직 없었다.

하지만 텔레비전 연예 쪽 사람들은 엄청난 돈을 벌며 에이전트와 매니저, 출판업자와 변호사까지 두고 있었다. 예를 들어 1970년에 자니 카슨은 연간 300만 달러를 버는 것으로 알려졌다. 하지만 우리 같은 저널리스트들은 전혀 종류가 다른 인간들이었다. 내 경우 재계약할 때가 되면 그저 불려가서 내 봉급이 얼마라는 말을 통고 받는 수준이었다. 그러면 나는 "정말 고맙습니다"는 말만 했다. 내 봉급에 대해 의문을 제기한다는 생각은 단 한번도 하지 않았다.

그러던 어느 날 리 스티븐스가 휴와 휴의 아내 루스, 그리고 다른 몇 사람과 함께 점심을 먹으러 왔다. 장소는 남편 리와 내가 한 달 동안 빌린 여름휴가 집이었다. 두 사람의 리는 서로 친구였다. 두 사람 모두 쇼 비즈니스에 종사하고 있었고 그 분야에서는 강아지도 에이전트를 두고 있었다. 리 스티븐스는 내게도 당연히 에이전트가 있을 것으로 생각했다가 내가 그렇지 않다고 하자 깜짝 놀랐다. 간단히 이야기하자면 즐거운 여름철 오후를 보낸 뒤 나는 새로운 친구를 얻었을 뿐 아니라 에이전트까지 두게 되었다. 그때는 그 사람이 나의 경력에서 얼마나 중요한 역할을 하게 될지 상상도 못했다.

당시 나는 NBC와 1970년부터 1972년까지 3년 계약을 이미 체결한 상태였고 꽤 많은 돈을 받는다고 생각했다. 주급 2500달러에다 매년 주급을 500달러씩 추가 인상해 준다는 조건이었다. 하지만 그 돈의 상당 부분은 플로리다의 가족을 먹여 살리는 데 들어갔기 때문에 그렇게 풍족한 생활을 했던 것은 아니다. 그렇다고 빈 깡통을 들고 길거리에 나간 것도 물론 아니다. 이미 내가 계약을 체결한 상태이기 때문에 리는 보통 자기 고객의 봉급에서 떼 가는 10% 수수료는 받지 않겠다고 했다. 이 계약기간 동안은 돈을 안 받고 나를 대리해 주겠다는 것이었다. 하지만 내가 새로운 일을 벌이면 윌리엄 모리스사가 관례대로

10%를 가져가겠다고 했다. 당시로서 나는 새로운 '일'을 벌인다는 생각은 해본 적이 없기 때문에 괜찮은 제안 같아 보였다.

그래서 나는 1971년에 NBC가 내게 '여성만을 위한 쇼' For Women Only 진행을 맡아 달라고 했을 때 돈 생각은 조금도 해보지 않았다. '여성만을 위한 쇼'는 투데이쇼가 끝나면 바로 이어지는 프로였는데 나의 동료인 앨린 사리넨이 진행하는 지방방송 아침 토론 쇼였다. 깊이 있는 프로그램으로 시청자 수는 많지 않았지만 NBC 로컬 방송국이 연방통신위원회FCC 조건을 충족시키기 위해 만든 것이었다. FCC는 모든 텔레비전 방송국들을 상대로 공익 프로그램을 일정 분량 방송할 것을 요구하고 있으며 이를 준수하지 않을 경우 면허취소를 당할 수 있다. NBC의 문화 담당 기자인 앨린은 지식인들과 교수들을 패널로 초청해 '버라이어티' Variety지에서 평가한 대로 '공적인 관심사에 대해 대단히 진지하고 냉철한 토론 포럼'을 진행했다. 해당 주제의 전문가인 방청객들도 소규모로 초청해 질문을 하도록 했다.

앨린이 추구하는 것은 분명 가치 있는 일이었지만 아침 9시에 그렇게 지적인 토론을 볼 태세를 갖춘 여성은 얼마 되지 않았다. 그렇기는 하지만 만약 NBC가 앨린에게 최초의 여성 파리 지국장으로 가라는 멋진 제안을 하지 않았더라면 그 프로그램은 계속 굴러갔을 것이다. 당연히 그녀는 그 제안을 받아들였다(애석하게도 그녀는 일 년 뒤에 뇌암으로 사망하고 말았다). 그렇게 해서 그녀가 진행하던 작은 모닝쇼는 이리저리 표류하다 결국 나한테까지 온 것이었다.

그것은 투데이쇼에서 일주일에 닷새 동안 매일 두 시간씩 전국 방송을 하는 것 외에 로컬 텔레비전에서 반 시간을 더 일하게 되는 것을 의미했다. 나는 망설였다. "이걸 내가 감당할 수 있을까?" 하는 생각이 들었다. "그러다 남편이나 딸애 얼굴이나 보고 살 수 있을까?" 그러는 차에 5회분을 하루에 다 녹화해도 좋다는 말을 들었다. 그렇게 하면 방송국으로서는 비용을 크게 절약할 수 있기 때문이다. 그리고 진행과 패널 초청을 모두 내 뜻대로 해도 좋다는 말도 들었다. 그래도 나는 망설였다.

나는 수주 동안 앨린이 진행하는 방송을 지켜보며 괜찮은 프로라는 생각이

들었다. 다만 주제는 지방 이슈에 국한시키지 않았으면 좋겠다는 생각을 했다. 시의 수돗물 공급 한 가지 주제로 반 시간을 다 쓸 것이 아니라 그날의 뜨거운 주제 몇 가지를 토론 주제로 올리면 좋겠다고 생각했다. 이런 생각은 여러 해가 지난 뒤 내가 진행하는 ABC의 낮 시간 프로그램 '더 뷰'에서도 그대로 지켜졌다. 나는 NBC에 주제를 넓히고 새출발한다는 의미로 프로그램 이름도 '여성만을 위한 쇼' For Women Only에서 다소 장황하지만 포괄적인 이름인 '여성만을 위한 쇼가 아닌' Not for Women Only 으로 바꾸면 어떻겠느냐고 제안했다. NBC는 기꺼이 그렇게 하라고 했고 나는 진행을 맡았다.

1971년 9월에 투데이쇼를 마친 다음 곧바로 첫 방송을 시작했다. 시청자들이 아침에 바버라 월터스 얼굴을 너무 많이 본다는 불평을 하지 않을까 하는 걱정도 했지만 프로는 시작되자마자 대성공이었다.

목욕물을 버리면서 아이까지 함께 버린 것은 아니었다. 나는 주제를 확대하는 한편 공익 포맷은 축소했다. 공익 서비스라는 길을 가면서도 우리는 시청자들에게 한층 더 친숙하고 관련 있는 주제를 택했다. 경박하게 만들거나 정보 제공만을 위한 프로그램으로 만들지 않으면서 우리는 조금씩 변화를 시도했다. 겉으로 드러나는 변화도 있었다. 좀 더 쌍방향으로 보이도록 하기 위해 방청객들을 일렬로 촘촘히 앉히지 않고 여러 개의 원탁에 앉도록 했다. 그렇게 하니 방청객들은 한결 편안했고 패널들과의 의견교환도 더 활발해졌다. 방청객들은 이제 질문을 던지거나 반대 의견을 내는 데도 별 스스럼이 없게 됐다. 뿐만 아니라 방청석에는 전문가들 외에 방청 신청을 한 남녀 일반인들도 초청했다. 당시에는 몰랐지만 '여성만을 위한 쇼가 아닌'은 나중에 필 도나휴나 오프라 윈프리 같은 여성 위주 토론 프로그램의 원형이 되었다. 앞서 말했듯이 내가 진행한 '더 뷰' 역시 여기에 포함된다.

좀 더 보람 있는 프로그램으로 만들기 위해 나는 스튜디오 방청객과 집에서 보는 시청자들의 생활에 모두 관련 있는 주제들을 고르려고 애썼다. 몇 개만 예를 들자면 '가족은 없어지는가?' '감수성 훈련' 'TV와 어린이' 등이다. 그러면서 '손님 접대에 최고로 능숙한 안주인 되기' 처럼 가벼운 주제들도 끼워 넣었다. 어떻게 하면 파티를 잘 열 수 있는지를 다룬 주제였는데 이를 위해 이 분야에 정말 노련한 전문가들로 패널을 구성했다. 정말 웃기는 작가이자 워싱턴의 유명한 파티 호스티스인 바버라 호워, 신문 칼럼니스트이며 최고의 호스티스인 필리스 서프(베닛 서프의 부인), 그리고 패션 디자이너로 당시 맨해튼에서 손꼽히는 파티 호스티스였던 몰리 파니스 등이 초청됐다. 이들은 어떤 사람이 훌륭한 손님이고 어떤 사람이 정말 밥맛없는 손님인지 재미있게 이야기했다. 이런 스타일 역시 '더 뷰' 의 모델이 되었다.

나는 프로그램이 시작되자 엄청 기분이 좋았고 NBC는 나보다 더 신이 났다. 로컬 방송국의 별것 아닌 프로그램이 엄청난 인기를 누리는 멜로드라마가 시작되기 전 아침 시간대에 파묻혀 있다가 갑자기 사람들이 보는 프로그램으로 바뀌었고 광고가 많이 따라 붙었기 때문이다. 내 스케줄은 정신을 못 차릴 정도였다. '여성만을 위한 쇼가 아닌' 이 추가되면서 나는 투데이쇼 인터뷰 준비에다 새 프로그램이 다루는 여러 주제들에 대한 준비도 해야 했다.

우리한테는 매들린 앰곳이라는 이름의 멋진 프로듀서가 있었고 아주 열심히 일하는 소규모 여성 스태프가 있었다. 그렇더라도 나는 '여성만을 위한 쇼가 아닌' 에 초청할 사람들을 교섭하고 질문지도 직접 작성해야 했다. 내 침대 머리맡에는 가지고 온 책과 잡지가 내 목숨을 위협할 정도로 산더미처럼 쌓였다. 몇 주씩 보내던 휴가는 아련한 추억이 되었고 남편 리와의 달콤한 시간도 마찬가지였다. 왜 그렇게 자신을 바쁘게 내몰았는지 지금도 도저히 이해가 안 된다. 야망 때문이었을까? 투데이에서 일하는 날이 영원히 지속되지는 않을 것이라는 두려움 때문이었을까? 아니면 돈 때문에? 돈 때문은 아니었던 것 같다. NBC는 '여성만을 위한 쇼가 아닌' 진행료로 내게 주당 800달러를 추가로 더 주었을 뿐이다. 프로그램 한 편당 160달러꼴이었다. 내 자신의 능력을 한 번 더 입증해 보일 수 있는 기회를 갖게 된 데 대해 감사했던 것 같다. 나는 이렇게 또 한번의 오디션을 통과했다.

초창기 홍보 관련 일을 했던 게 크게 도움이 되었다. 보도 자료를 낼 때 리드에 섹스 관련 언급이 들어가 있으면 보는 사람의 시선을 잡을 수 있다는 것을 그때 배웠다. '여성만을 위한 쇼가 아닌'에서도 섹스는 확실한 불쏘시개 역할을 했다. 시청률이 떨어질 때마다 우리는 섹스를 다루었다. 일주일 내내 여성과 남성의 성기능 장애를 주제로 다룬 적도 있다. 최대한 점잖고 권위 있는 전문가들이 나와서 이 문제를 다루었고 우리가 던지는 질문도 점잖게 했다. 그렇지만 솔직하게 접근하다 보니 당시 다른 쇼들이 감히 시도하지 못했던 짜릿한 흥분을 안겨 주었다.

예를 들어 한번은 섹스 치료사가 나와서 조루 예방법을 시연해 보이면서 타월을 감아 페니스 모양으로 만들어서는 방청객들에게 어디를 꽉 잡아야 하는지 보여 주었다. 그것은 귀중한 정보였다. 몇 주 뒤 뉴욕에서 워싱턴 D.C.로 오는 비행기 안에서 어떤 젊은이가 내게 다가오더니 페니스를 어떤 세기로 쥐어짜야 하느냐고 물었다. 나는 기내 승무원한테 알리려고 하려다 그 젊은이가 '여성만을 위한 쇼가 아닌'을 본 게 사실이고 진지한 태도로 내게 전문가 의견을 구한 것을 알고는 참았다.

몇 달 동안 하루에 5편씩 녹화한 뒤에 우리는 무리한 스케줄을 조금 줄이기로 했다. 그래서 화요일에 세 편, 목요일에 두 편씩 찍었다. 하지만 예를 들어 닉슨 행정부 각료 부인들처럼 아주 중요한 패널은 일주일 내내 방송에 내보내기도 했다. 그 부인들의 경우는 6시간 마라톤 진행을 통해 닷새 분을 한꺼번에 녹화했다.

정말 미친 짓이었다. 바버라 부시(당시 유엔 주재 대사 조지 H. W. 부시의 부인), 아델 로저스(윌리엄 로저스 국무장관의 부인), 르노 롬니(주택도시개발 장관 조지 롬니의 부인), 앤 리처드슨(보건교육복지부 장관 엘리엇 리처드슨의 부인), 마사 미첼(법무부 장관 존 미첼의 부인) 등 거물급 인사의 부인들이 옷걸이에 갈아입을 옷을 잔뜩 챙겨서 스튜디오에 도착했다. 옷을 계속 바꿔 입어서 매일 다른 모습으로 보여야 하기 때문이었다. 삼십 분 녹화하면 10분 휴식시간을 가졌는데 나를 포함해서 모두들 그때 옷을 갈아입었다. 서로 옷 모양새를 비교하며 모두들 깔깔거렸다. 마치 세라 로렌스의 기숙사 시절로 되돌아간 것 같은 기분이었다.

이 같은 우리의 노력은 효과를 나타냈다. 새로 단장한 쇼를 선보인 지 6개월

만에 시청률이 세 배로 뛴 것이다. NBC의 워싱턴 방송국이 이를 방영했고 그
덕분에 나는 추가로 주당 300달러를 더 받았다. 리 스티븐슨은 그 즈음 NBC 경
영진을 찾아가서 '여성만을 위한 쇼가 아닌'을 전국적인 미디어 배급사인 신디
캐스트Syndicast와 신디케이트 계약을 맺자고 제안했다. NBC는 이 제안을 받아
들였고 일 년 남짓 사이에 우리 프로그램은 전국 80개 도시에서 방영되었다. 리
덕분에 나는 '여성만을 위한 쇼가 아닌'을 통해 주당 5000달러를 벌어 들였다.
투데이쇼에서 받는 돈의 두 배였다. 물론 NBC도 상당한 수입을 거둬들였다.

  '그때 어떻게 했더라면'이라는 가정을 해본들 아무 소용이 없다는 건 잘 알
지만   그때 '여성만을 위한 쇼가 아닌'의 일부를 내 소유로 해 달라고 부탁하지
않은 건 정말 잘못한 일이었다. 지금의 바월 프로덕션스Barwall Productions처럼 그
때 내 프로덕션을 갖고 있었더라면 '여성만을 위한 쇼가 아닌'뿐만 아니라 신
디케이트 프로그램도 하나쯤 갖고 몇 년간 우려먹을 수 있었을 텐데. 만약 내가
오프라(과욕을 부려서)라고 한번 가정해 보자. 물론 그녀는 최고 중의 최고이지만
1986년에 하포 프로덕션 주식회사Harpo Productions, Inc.를 설립하고 오프라 윈프
리쇼의 소유권, 제작, 배급을 모두 직접 관장한다. 오프라쇼는 국내외를 막론하
고 텔레비전 역사상 가장 성공적인 토크쇼다. 가장 최근에 집계한 바로는 132
개국에서 방영되었다. 그녀는 정말 똑똑한 여성이다. 하지만 나는 지금도 뉴스
분야에 있던 내가 '여성만을 위한 쇼가 아닌'을 '소유'할 수 있었을지는 잘 모
르겠다. 어쨌든 나는 그런 요구도 하지 않았고 그래서 소유권을 갖지 못했다.

  당시 뉴스 분야에서는 할 수 있는 일과 해서는 안 되는 일이 엄청나게 많았
다. 지금도 마찬가지다. 예를 들어 현재 '더 뷰'에 출연하는 여성들은 매일 자기
가 원하는 의상을 제공받고 옷을 만든 디자이너가 누구인지 밝혀 준다. 하지만
나는 그렇게 못한다. 뉴스 파트 소속이기 때문에 '선물'을 받아서도 안 되고 상
품을 선전해 주는 것이 되기 때문에 누가 만든 옷인지 밝힐 수도 없다. 그렇기
때문에 나는 프로그램에 나갈 때 거의 언제나 내 옷을 입고 나간다. 갖고 있는
옷을 이리저리 조합하고 아래위를 맞춰 입는 것이다.

  투데이쇼 초창기 시절에는 옷이 많이 필요했는데 캐스퍼 같은 디자이너들

이 샘플 옷을 입어 보라고 주었다. 당시 나는 표준 체구였는데 캐스퍼는 나와 절친한 친구 사이였다. 그래서 아주 맘에 드는 옷이 있으면 원가로 사 입었다. 한번은 지금 생각하면 끔찍하기 짝이 없는 옷을 샀는데 자주색 플레이드 코트 한 벌에다 스커트 두 벌이었다. 스커트 한 벌은 코트와 같은 자주색 플레이드였고 다른 한 벌은 자주 단색이었다. 그리고 재킷도 두 벌 샀는데 하나는 순 자주색, 다른 하나는 플레이드였다. 나는 그 끔찍한 옷을 이리저리 바꿔 가며 조합해 입었다. 자주색 가죽 부츠까지 있었다. 지금 생각하면 정말 가관이었다.

친구로 지내는 다른 디자이너들도 여럿 있었는데 그들은 내게 옷을 빌려 주기도 하고 싼값에 입으라고도 했다. 당시 최고의 인기를 누린 할스톤도 그중 한 명이었다. 모든 사교계 인사와 영화 스타들이 할스톤 옷을 사 입었다. 그의 여신은 리자 미넬리였다. 할스톤은 내게 맞춰 입을 수 있는 옷을 여러 벌 만들어 주었는데 투데이쇼가 루마니아로 출장 갈 때 그 옷을 몽땅 싸 가지고 갔다. 다른 옷은 갖고 갈 필요가 없었다. 할스톤은 아주 비쌌지만 옷이 잘 만들어지고 실용적이어서 몇 년씩 입을 수 있었다. 몇 벌은 지금까지도 입고 있다. 예를 들어 짙은 빨간 바지와 그 바지에 어울리는 코트는 35년째 입고 있다.

방송에서 도발적인 의상은 입은 적이 없는데 그것은 뉴스 쪽에 있는 사람들 모두 다 마찬가지다. 나는 목과 소매가 긴 정장과 드레스를 입었다. 미니스커트를 입을 때 다리를 드러내는 것 말고 신체를 노출한 적은 거의 없다. 일하는 여성이 진지하게 받아들여질 수 있는 유일한 길은 성적 매력을 없애는 것이라는 게 당시로서는 불문율이었다.

한결 너그러워지기는 했지만 그래도 뉴스 프로를 진행하는 여성 앵커들에게 적용되는 기본수칙은 크게 바뀌지 않았다. 우리는 지금도 기본적으로 정장을 입는다. 나도 심각한 인터뷰를 하면서 스커트 대신 바지를 입기 시작한 것은 불과 몇 년 되지 않았다. 바지를 입기 시작한 초기 시절 또렷이 기억나는 사례 하나는 다른 곳도 아닌 백악관으로 갈 때였다. 1996년 1월 퍼스트레이디 힐러리 클린턴이 신간 '집 밖에서 더 잘 크는 아이들' It Takes a Village을 낸 다음 인터뷰하러 가는 자리였다. 엄청난 눈보라로 뉴욕의 모든 공항이 폐쇄되었지만 나는 무슨 일이

있어도 워싱턴으로 가기로 했다. 화이트워터 스캔들이 새 국면으로 접어든 시점
이어서 만약 이번 약속을 취소하면 스케줄을 다시 잡기 어려울지 모른다는 생각
이 들었기 때문이다. 그래서 나는 바지 두 벌과 눈 부츠를 챙겨서 지하철을 타고
펜 스테이션 기차역으로 갔다. 우여곡절 끝에 워싱턴으로 엉금엉금 기어들어 갔
더니 백악관으로 가는 펜실베이니아 애비뉴에는 무릎까지 오는 눈이 쌓여 있었
다. 마침내 클린턴 여사를 만났는데 그녀도 바지를 입고 있었다. 인터뷰 때는 옷
을 바꿔 입겠지라고 생각했는데 그녀는 그렇게 하지 않았다. 그녀도 처음으로
바지를 입고 인터뷰한 것이었는데 정말 멋있어 보였다. 클린턴 여사는 가슴은
아주 빈약하고 히프는 크다. 바지를 입으면 몸매가 감춰지는데 상원의원이 되고
난 뒤 요즘 보면 바지 정장 외에는 잘 입지 않는다.

　　그보다 앞서 1970년에 백악관에 갔을 때는 날씨도 좋고 내 옷맵시도 한결
더 나았다. 공식 만찬이어서 나는 목이 긴 긴소매의 검은색 드레스를 입었다.
긴 말이 필요 없다. 패션에 관한 한 워싱턴은 아주 보수적인 도시다. 그날 남편
리와 나는 위대한 미국인 화가 앤드루 와이스를 위한 만찬에 초대받았다. 나는
그 전해에 와이스를 투데이쇼에서 인터뷰한 적이 있었지만 지금 내가 하려고
하는 이야기의 주인공은 와이스가 아니라 리처드 닉슨이라는 사람이다.

　　닉슨 대통령이 필립공과 헨리 키신저를 설득해 투데이쇼에 나가도록 만든
다음 그를 만난 지 6개월쯤 되었을 때였다. 나는 대통령이 그때 일을 기억하고
있을까 하고 생각했는데 그는 기억하고 있었다. 내가 최고의 사람 섭외 에이전
트가 되어 주셔서 고맙다며 농담으로 인사를 건네자 그는 웃으면서 이렇게 말
했다.

　　"다음에는 누구를 해줄까요, 바버라?"

　　"한 사람 있긴 한데요." 나는 이렇게 맞받았다.

　　"그 사람이 누구요?" 그는 이렇게 물었다.

　　"바로 대통령 각하이십니다." 나는 이렇게 답했다.

　　그로부터 거의 일 년이 지난 어느 날 리와 내가 팜스프링스로 짧은 휴가를
가기 위해 짐을 싸고 있는데 백악관에서 전화가 왔다. 닉슨 대통령의 공보비서

인 론 지글러였다. 대통령이 투데이쇼에서 나와 인터뷰할 준비가 되어 있다는 전갈이었다. 나와 하겠다고? 리와 나는 다시 짐을 풀었다.

당시에는 텔레비전 저널리스트가 대통령과 단독으로 앉아 이야기한다는 게 아주 드문 기회였다. 한번 따져 보자. 당시에는 방송사가 3개뿐이었다. 나머지 폭스, CNN, 그리고 MSNBC는 그 뒤에 생겼다. 하지만 닉슨 대통령은 지지율이 떨어지는 가운데 선거의 해를 맞고 있었다. 그래서 그의 행정부 내 인사들이 투데이 시청자들의 환심을 사고 싶은 생각을 했던 것 같다. 그런 이유와 함께 닉슨은 당시 비밀스럽고 거만하고 일반 국민들과 동떨어진 인물이라는 이미지를 갖고 있었다는 점도 작용했을 것이다. 그의 정적들은 닉슨을 '교활한 딕' Tricky Dick이라는 별명을 붙여서 불렀다. 닉슨 사진에다 "이 사람한테서 믿고 중고차를 사시겠습니까?"라는 문구를 넣은 포스터가 인기를 모으기도 했다.

닉슨이 물려받은 베트남전 때문에 나라는 분열되어 있었다. 닉슨 대통령은 서서히 미군을 철수시키고 월남군을 그 자리에 대체시키고 있었지만 1970년에는 캄보디아와 라오스를 침공하고 월맹군의 보급로를 차단하는 등 확전을 했다. 캠퍼스의 데모 열기가 가열되며 오하이오 주 켄트주립대 캠퍼스에서는 학생 4명이 주방위군의 총격으로 사망했다.

닉슨의 백악관에서는 특히 입노릇을 담당한 스피로 애그뉴 부통령이 나서서 언론을 비난하고 반전 폭력 시위자들을 '이데올로기의 내시들'이라고 몰아붙였다. 나의 오랜 친구이자 상사였던 빌 새파이어는 당시 닉슨 행정부 안에 스피치 라이터로 웅크리고 있었는데 애그뉴 부통령이 언론을 '부정적인 말만 늘어놓는 권력집단', 닉슨의 정책을 비판하는 자들을 모조리 '치유 가망이 없는 히스테리컬한 히포콘드리아 정신병자들'이라고 몰아친 말로 전면에 등장했다. 말싸움을 떠나 미국이 어려움에 처해 있던 시기였다. 회색지대는 없었다. 매파 아니면 비둘기파뿐이었다. "미국. 사랑하라. 아니면 떠나라"는 말이 소위 침묵하는 다수라는 닉슨 지지자들이 내건 애국 슬로건이었다.

당연한 일이지만 백악관은 상냥하고 부드러운 모습의 닉슨을 일반 국민들에게 보여 주고 싶어 했고 투데이쇼는 완벽한 도구였던 셈이다.

　　내가 현직 대통령과는 처음으로 갖는 그 인터뷰는 1971년 3월 백악관 블루룸에서 열렸다. 카메라 팀들이 장비를 설치하자 닉슨은 매우 긴장했다. 그는 무릎까지 올라오는 내 부츠를 보고 계속 찬사를 늘어놓았다. "아주 멋진 부츠인데요." "아주 편하게 보이는군요." "보이는 것처럼 편한가요?" 드디어 인터뷰가 시작되자 나는 미국의 베트남전 참전에 관해 늘상 하는 질문들을 던졌고 대통령은 독재자들과 타협하지 않는다는 식의 통상적인 답변을 늘어놓았다. 그저 중단하고 철수할 수는 없는 노릇이라고 그는 말했다(그 다음에 이런 말을 또 어디서 들었더라?). 그것은 중요한 정보였다. 하지만 나는 우리 아침 시청자들이 이 비밀스런 은둔자 같은 사람에 대해 좀 더 알 수 있는 기회가 되어야 한다고 생각했다. 외교정책에 대한 질문을 마친 뒤 나는 심호흡을 한번 하고 나서 이렇게 말했다. "미스터 프레지던트, 각하의 이미지에 대해 많은 말들이 오가고 있습니다. 미 국민들이 각하를 인간미라고는 없이 꽉 막힌 고집불통이라고 생각하는데요." 미국 대통령을 면전에서 "고집불통"이라고 부른 것이다. 그의 두 눈이 가늘어지는 것이 보였지만 나는 계속 밀고 나갔다. "이러한 이미지를 가진 것이 걱정 되십니까, 미스터 프레지던트?"

　　드디어 내가 판도라 상자를 열어젖힌 것이다. '대통령은 자신의 이미지나 여론조사, 언론보도 따위는 어떻게 비치든 개의치 않는다. 신문은 읽어 보지도 않는다' 등등 장황하게 늘어놓았다. "대통령은 말이지요"라고 그는 말을 시작했다. "신문에서 자신에 대해 어떻게 쓰는지 신경 쓰느라 경기를 제대로 못하는 운동선수나 축구팀처럼 되면 안 됩니다." 그는 이어 선출직 관리는 "계속 거울 앞에 서서 몸치장만 하고 있으면 안 돼요"라며 "자기가 조국을 위해 할 수 있는 최선의 노력을 다해야 합니다. 그게 바로 내가 하는 일이오"라고 말했다.

　　계속 그런 식으로 말을 이어가며 그는 여론의 비판에 대해서는 점점 더 무시하는 입장을 취했다. "갤럽 여론조사에 비위를 맞추는 사람은 말이지요"라고 그는 단언했다. "훌륭한 지도자가 될 수 없습니다."

　　모처럼 닉슨의 진짜 사람 됨됨이를 엿볼 수 있는 멋진 인터뷰였다. 우리는 투데이쇼에서 두 시간 동안 인터뷰를 편집 없이 거의 그대로 다 내보냈다. 처

음 있는 일이었다. 요즘은 생각도 할 수 없는 일이다. 한마디로 시청자들이 그
렇게 오랜 시간 집중할 수 없다. 하지만 그때는 사정이 달랐다. 닉슨이라는 인
물에 대해 엄청나게 호기심이 많았던 것이다. 인터뷰는 닉슨의 인기를 올리는
데는 도움을 주지 못했지만 다른 방송들을 화나게 하는 데는 도움이 되었다.
세 방송을 위한 풀 방송인 경우를 제외하고는 대통령이 특정 방송에만 나오는
것은 당시 관례가 아니었다. 하지만 투데이쇼가 나가는 그 시간에 CBS 모닝
에서는 '캡틴 캥거루' Captain Kangaroo를 하고 있었고 ABC는 프로그램도 없었기
때문에 그들의 불만은 금방 수그러들었다. 'A.M. 아메리카' 가 시작되기 4년
전이었고 'A.M. 아메리카' 는 시작하고 10개월 뒤에 '굿모닝 아메리카' 로 이름
이 바뀌었다.

저널리스트로 점차 자리를 잡아간 반면 나는 가수로서 좋아했고 우리 가족
의 친구라고 생각했던 한 남자로부터 욕을 먹는 너무 슬픈 일을 당하게 되었다.
다름 아닌 프랭크 시내트라가 앞장서서 공개적으로 나를 욕하는 적이 된 것이
다. 죽을 때까지 그는 정말 말도 안 되는 이유로 툭하면 나를 공개적으로 비난
하고 개인적으로 배척했다.

먼저 약간의 배경 설명을 해 보자. 나는 오래전부터 시내트라를 알았다. 그
는 인기가 떨어졌던 60년대 시절 라틴 쿼터에서 노래를 불렀다. 당시 그는 언니
한테 특별히 잘 대해 주었고 나도 그래서 그가 좋았다. 그는 언니가 사인이 든
사진을 하나 달라고 부탁하자 언니한테 달콤한 편지를 직접 써서 보내기도 했
다. 재키 언니는 그 편지를 평생 보물처럼 간직했다. 우리 부모님은 시내트라의
폭력적인 성향에 대한 글을 읽고서도 그를 무척 좋아했다. 우리는 그를 상냥한
친구로 생각했다.

투데이쇼 진행을 맡은 직후에 나는 필리스와 베닛 서프 부부의 시골집에서
그를 다시 만났는데 그는 내게 정말 잘 대해 주었다. 예를 들어 그는 일주일 내
내 매일 아침 투데이쇼를 본다고 했다. 그리고 베닛을 통해 내게 조언을 보내오
기도 했다. 최고의 가수 프랭크 시내트라가 내게 조언을 보내와? 첫 번째 조언
은 내가 인터뷰할 때 너무 무표정하니 표정도 많이 짓고 반응도 좀 더 많이 나

타내라는 것이었는데 나는 그 조언을 금방 마음에 새겼다. 나는 그가 내게 관심을 보여준 데 대해 진심으로 고맙게 생각했다.

그러던 어느 날 나는 운명적인 전화 한 통을 걸게 되었다.

어느 토요일이었다. 도대체 그날이 토요일이었는지 어떻게 기억이 나는지 모르지만 하여튼 그랬다. 집에 있는데 NBC 뉴스에서 전화가 왔다. 프랭크 시내트라가 파멜라 헤이워드와 곧 결혼할 것이라는 루머가 돌고 있다는 것이었다. 파멜라는 유명한 제작자인 릴랜드 헤이워드의 매력적인 미망인으로 윈스턴 처칠의 아들 랜돌프 처칠의 전처이기도 했다. NBC 뉴스는 나와 시내트라의 관계를 알고 나더러 캘리포니아에 있는 그에게 전화를 걸어 결혼과 관련된 루머의 진위를 확인해 줄 수 있겠느냐고 물었다. 그래서 나는 전화를 걸었다. 나는 가십 칼럼니스트는 아니었지만 방송국에 그 이야기의 진위를 제대로 알려 준다면 시내트라 본인과 방송국 모두 고마워할 것이라고 생각했다.

시내트라는 외출 중이어서 그 집 집사장에게 돌아오면 전화를 걸어 달라는 메시지와 함께 내 전화번호를 남겼다. 바로 그날부터, 그리고 이후 30년 동안 시내트라는 나를 미워했다. 내가 그의 프라이버시를 침해했고 그가 경멸하는 다른 저질 가십 칼럼니스트들보다 내가 더 나을 게 하나도 없다는 것이었다. 나는 어떻게 된 사정인지 설명하며 구구절절 애절한 사과 편지를 써서 베닛 서프에게 주며 그에게 전달해 달라고 부탁했다. 시내트라는 그 편지를 열어 보지도 않고 찢어 버렸다는 것이었다.

그는 라스베이거스의 무대에서 나에 대해 모욕적인 말을 내뱉었고 나와는 같은 방에 있기도 싫어했다. 몇 년 뒤 헨리 키신저를 위한 만찬에서는 내가 온다는 말을 듣고 나와 같이 귀빈석에 앉기를 거부했다. 슬프고 당황스러웠다. 디너 주최 측에서는 시내트라가 워낙 거물이다 보니 나보고 참석하지 말았으면 하는 부탁을 해 왔다. 나는 너무도 슬펐다. 물론 나는 그곳에 가지 않았다.

아버지와 언니는 이런 일방적인 적개심을 도저히 이해하지 못했다. 그들이 그토록 좋아했던 사람이 왜 그렇게 적개심에 불타는 행동을 하는지 그 이유를 모르겠다고 했다. 기자들 중에서 그의 분노의 표적이 된 사람이 나뿐은 아니지만 나는 그가 너무도 오랫동안 우리 가족의 친구라고 생각해 왔기 때문에 더 마음이 아팠다.

　파멜라 헤이워드는 시내트라와 결혼하지 않고 뉴욕 주지사를 지낸 대단한 부자인 에이버럴 해리먼과 결혼했다. 해리먼이 죽은 뒤에 그녀는 열렬한 민주당 정치인이 되어 1992년 클린턴 행정부 때 프랑스 주재 미국대사로 이름을 날렸다. 하지만 그녀가 다시 결혼하고 본인도 여러 번 결혼한 이후까지도 시내트라는 나에 대한 적개심을 계속 갖고 있었다.

　우리는 그가 사망하기 불과 몇 해 전에 마침내 약간 화해를 했다. 그는 뉴욕에 있는 최고의 암 전문병원인 메모리얼 슬론 케터링 암센터를 위한 자선모임에서 공연을 했다. 당시 슬론 케터링의 유명한 병원장 겸 CEO가 폴 마크스 박사였는데 앞서 이야기했듯이 세라 로렌스 시절 내 친구인 조앤 마크스의 남편이었다. 조앤과 폴 부부는 그 당시 나와 아주 절친한 친구였는데 폴은 내가 시내트라 때문에 얼마나 마음 아파하는지 잘 알고 있었다. 그래서 그는 기회다 싶어서 시내트라와 그의 아내 바버라, 그리고 나를 자기 테이블에 같이 앉혔다. 나는 숨을 죽이고 시내트라가 나타나기를 기다렸다. 하지만 그는 그저 나를 알아보고는 고개를 끄떡해 보이며 간단한 인사를 건네는 것이었다. 내가 왜 자기를 화나게 했는지에 대해 오래전에 잊어버린 것이 분명해 보였다. 두 사람 사이에 지속된 일방적 적대감이 마침내 끝난 것이었다.

　나에 대한 시내트라의 적대감이 끔찍한 것이었지만 그건 내가 투데이에서 한 책상을 쓰면서 알게 된 한 사람과의 관계에 비하면 아무것도 아니었다.

맥기와의 악연

1971년 가을에 휴가 갑자기 쇼를 그만두기로 결정했다. 놀랍고도 슬픈 일이었다. 그는 투데이쇼에서 9년을 일했고 이제는 애리조나 주 케어프리에 새로 장만한 집에서 아내와 더 많은 시간을 보내고 싶다고 했다. 그는 NBC에서 뉴스성이 강하고 심각한 주제를 다루는 특집을 시리즈로 제작했는데 본인은 그런 주제를 좋아했지만 시청률이 형편없었다. 그래서 NBC는 특집 시리즈를 중단했다.

휴가 투데이에서 떠나자 그 빈자리는 엄청났다. 나는 그가 떠나는 게 너무 가슴 아팠지만 그의 후임을 보고 가슴은 더 아팠다.

우리는 모두 오랫동안 NBC 기자로 일해 온 에드윈 뉴먼이 휴의 후임으로 올 것이라고 생각했다. 에드는 그동안 휴가 여름휴가를 떠나면 수시로 대신 진행을 맡아 온 사람이었다. 그는 지적이면서도 정색을 하고 던지는 유머도 곧잘 했다. 그야말로 적임자였다. 하지만 NBC는 그가 너무 딱딱하고 너무 지적이어서 마음에 들지 않았던 모양이고 그래서 다른 남자들을 찾기 시작했다.

'남자들'이란 말에 유의하기 바란다. 당시 나는 7년째 아침 데스크에 앉아 있었지만 진행자나 공동 진행자로서 고려 대상에 들지조차 못했다. 진행자와 동등한 지위를 부여하는 어떤 타이틀도 내게는 고려 대상이 아니었다. 나는 프로그램에서 여성의 역할을 채우기 위해 채용되었던 것이고, 내가 비록 맡은 일의 영역을 확대하기는 했지만 그것은 어디까지나 '여성으로서의 역할'이었을 뿐이다. 만약 내가 떠나더라도 다른 여성이 그 자리를 채울 것이고 쇼는 계속되었을 것이라는 말이다. 당시에는 집에서 텔레비전을 보는 남성들뿐 아니라 여성들도 권위 있는 자리에 여성이 앉는 것을 절대로 받아들이지 않을 것이라는 게 일반적인 분위기였다. 진행자는 남성이어야 했던 것이다.

그렇게 해서 낙점된 남성이 바로 저명한 저널리스트로서 훌륭한 리포터이고 작가인 프랭크 맥기였다. 프랭크는 매력 있고 환한 미소에다 방송이 시작되면 분위기를 압도했다. 그는 한 가지만 빼고는 모든 것을 갖춘 진행자였다. 그 한 가지란 바로 우리 프로그램을 아주 싫어한다는 것이었다.

나도 처음에는 그런 사실을 몰랐다. 프랭크가 부임하자마자 나는 페르시안 왕조 2500주년 기념식을 취재하기 위해 이란으로 떠났다. 아마도 그때는 너무 바빠서 부정적인 낌새를 미처 알아채지 못했던 모양이다. 나는 출장 준비하랴 투데이쇼와 '여성만을 위한 쇼가 아닌'에 출연하랴 정신이 하나도 없었다. 거기다 내가 자리를 비운 사이에 내보낼 '여성만을 위한 쇼가 아닌' 일주일분을 추가로 녹화해야 했다. 돌이켜 생각해 보면 그때 내가 프랭크의 기분을 헤아릴 여유가 없었던 것은 당연했다. 나는 이란에서 보낼 격동의 일주일을 맞을 준비에 온 정신을 집중해야 했다.

이란의 국왕 샤는 고대 페르시아의 사막 수도 페르세폴리스에서 어마어마한 축하행사를 준비하고 있었다. 그는 지구상에 있는 모든 전·현직 국왕과 국가수반을 모조리 초청했다. 스웨덴, 노르웨이, 덴마크, 벨기에, 네덜란드에서 국왕 부부가 참석했고 스페인의 후안 카를로스 왕자, 그리스의 콘스탄틴 국왕, 요르단의 후세인 왕, 유고슬라비아의 티토 대통령, 루마니아의 차우셰스쿠 대통령, 그리고 필리핀의 마르코스 대통령이 구두 애호가인 부인 이멜다 여사와 같이 참석했다. 그리고 나의 오랜 친구인 모나코의 그레이스 왕비와 그의 남편 레이니에 왕이 참석했다. 황제도 한 명 있었다. 작은 체구의 하일리 셀라시에 에티오피아 황제였다.

프랑스의 퐁피두 대통령, 닉슨 대통령, 엘리자베스 여왕은 참석하지 않았다. 나중에 알았지만 테러 공격에 대한 우려도 있었다. 행사 몇 달 전에 샤에 반대하는 최초의 무장봉기가 있었고 그 뒤에도 봉기는 몇 차례 더 일어났다(그 뒤 8년 만에 이슬람 혁명이 일어났고 왕은 망명길에 올랐다). 은행과 영화관이 공격당했고 경찰관들이 피살되었다. 그리고 행사 불과 며칠 전에도 봉기를 주도하는 근본주의자들은 "페르세폴리스 행사를 피의 욕조에 던져 넣겠다"고 협박했다. 퐁피두 대통령이 자크 샤방 델마스 총리를, 닉슨 대통령이 스피로 애그뉴 부통령을, 엘리자베스 여왕이 부군인 필립공과 앤 공주를 대신 보낸 데는 이러한 협박도 일부 작용했을 것이다. 우리 저널리스트들의 안전에 대해서는 누구도 관심이 없는 것 같았다.

페르세폴리스 참석자 명단이 뉴스 가치가 있었다면 이들에게 쏟아부을 호화스러운 대접은 뉴스 가치가 더 있었다. 언론은 VIP들이 묵는 엄청나게 호화롭고 에어컨이 설치된 청황색 텐트 시티를 취재하는 필드 데이를 가졌다. 텐트 시티는 페르시안적인 요소를 버리고 곳곳에서 프랑스적인 매력을 발산했다.

텐트는 당시 최고의 인기 인테리어 장식가로 파리에서 활동하는 얀센이 디자인한 것이었다. 프랑스에 있는 샤토는 모조리 그 사람 손으로 장식되었다고 할 정도였다. 그의 회사가 프랑스에서 맞춤 도자기, 맞춤 크리스털 잔, 리넨을 모두 공수해 왔다. 심지어 미용사들까지 파리에서 데려왔고 음식도 모두 맥심에서 가져왔다. 페르시아풍이라고는 텐트 바닥에 깔린 멋진 카펫과 손으로 짠 각국 수반의 '카펫 초상화', 그리고 산더미처럼 쌓인 이란 캐비아뿐이었다. 연회용으로 준비한 캐비아가 2톤이라는 말도 있었다.

당시에는 얼마나 큰 잘못인지 아무도 몰랐지만 화려함과 서양식 취향을 강조한 것은 큰 실책이었다. 샤는 전 세계를 향해 자신이 이란을 얼마나 서구화시켰는지 보여 주려고 했지만 이란의 시아파 물라들은 샤가 보인 무신론자 같은 노력에 대해 큰 비난을 퍼부었다. 나중에 이슬람 혁명을 이끌게 되는 아야톨라 호메이니는 벌써 그 축제행사를 '악의 축제'라며 비난했다. 호메이니는 망명지인 이라크에서 샤에 대해 "앞으로 어두운 미래가 그대 앞에 놓여 있다"고 경고했다. 그의 말이 옳았다. 하지만 우리 리포터들은 페르세폴리스의 탐욕이 샤의 몰락과 지금의 이란을 지배하는 근본주의 이슬람 정권의 등장에 얼마나 큰 이정표가 될지 몰랐다. 우리는 그저 파티 취재나 하고 있었던 것이다.

나는 샤가 이란의 과거에 봉헌하는 의식을 페르세폴리스에서 생방송으로 보도했다. 고대 이란의 복장을 한 약 1800명에 달하는 병사들과 이륜 전차, 기마대, 물소, 낙타 떼가 어우러져 벌이는 대규모 퍼레이드가 주류를 이루었다. 2500년 전으로 이어지는 장관은 너무 볼만해서 우리는 프로그램 시간을 두 시간 더 늘렸다. 하지만 가는 곳마다 문제였다. 페르세폴리스에 도착하자마자 우리 리서치 라이터인 도린 추가 아파서 드러누운 것이다. 엄청 아팠다. 우리는 가까운 도시인 시라즈의 학교 기숙사에 묵었는데 생방송 시작 세 시간을 남겨 놓고 도린은 나 혼자 남겨 놓고 자기 침대에 가서 드러누워 버렸다. 리허설도 못해 봤고 내게 리서치 쪽지를 건네줄 사람도 없었다. 그때 두 가지 반가운 일이 일어났다. 하나는 BBC 방송에서 온 아주 친절한 남자 리포터 한 명을 알게 된 것이었다. 아쉽게도 그 사람 이름은 기억이 안 나는데 우리와 같은 숙소에 묵었다. 그리고 또한 샐리 퀸이라는 워싱턴 포스트에서 일하는 아주 재치 있고 예쁘게 생긴 작가와 친하게 된 것이었다. 샐리와 나는 출장 기간 내내 붙어 다니며 노트도 서로 비교하고 정보도 함께 나누었다. 텐트 안에서는 더운 물이 나오지 않고 화장실이 제대로 작동하지 않으며, 텐트가 모두 서로 다르게 장식이 되었는데 엉성하다는 등등의 정보를 서로 공유했다. 샐리는 신문에다 썼고 나는 텔레비전에 내보냈지만 그래도 우리는 서로 큰 힘이 됐다. 하지만 내 목숨을 구해 준 쪽은 새로 알게 된 BBC의 친구였다.

10월 15일 아침 7시 프로그램이 시작되자 시청자들은 사막을 향해 있는 유리 부스에 앉아 있는 나를 보았다. 그곳에서 나는 지나가는 기병대와 전차, 수레 등의 모습을 중계했다. 아케메네스 왕조, 셀레우코스 왕조, 파르티아 왕조, 사산 왕조 등 기원전 559년 이후의 왕조들을 모조리 읊어댔으니 나는 상당히 유식하게 보였다. 그뿐만이 아니라 타히리드 왕조, 사파리드 왕조, 셀주크 왕조 등등 막힘없이 술술 설명을 이어 나갔다. 카메라가 기본적으로 퍼레이드에 맞춰져 있었기 때문에 아무도 눈치 챈 사람은 없었지만 내 양쪽 귀에는 이어폰이 끼워져 있었다. 그리고 그것은 BBC 방송의 내 친구에게 연결되어 있었다.

그렇다고 내가 준비를 제대로 안 했다는 말은 아니다. 준비는 했지만 산더미처럼 많은 쪽지들을 분류해 줄 사람도 없이 그저 앞에 놓고 읽을 수는 없는 노릇이었다. 이어폰의 다른 쪽 끝에 연결되어 있는 BBC의 내 친구는 라디오 중계를 했기 때문에 자기가 준비해 놓은 자료를 앞에 펴놓고 상세하게 읽어 내려갈 수 있었다. 그가 말하는 거의 대부분을 나도 따라했는데 거기다 내가 아는 정보도 조금씩 덧붙여서 10초 늦게 내보냈다. 그의 말을 그대로 따라한 것은 아닌데도 가끔 내가 하는 방송에 영국식 영어 악센트가 불쑥불쑥 튀어나왔다. 문제는 BBC는 광고시간이 없는데 우리는 광고시간이 있다는 것이었다. 내가 "전하는 말을 듣고 다시 돌아오겠습니다"고 하면 뉴욕에서 조 개러지올라가 화면에 등장해서 립튼 오니언 수프, 블루 러스터 러그 샴푸 선전을 했다. 카메라가 페르세폴리스로 다시 돌아올 즈음이면 BBC의 내 친구는 한참 진도가 나가서 나는 역사에서 한 세기쯤 잃어버린 뒤였다.

"지난번 마지막 장면에서 여러분은 고대 페르시아의 오지 마을들이 흩어지는 장면을 보셨습니다." 나는 이렇게 말을 이어 갔다. "자, 이제는 그 마을들이 다시 뭉쳤고 때는 바야흐로 1000년이 아니라 1100년이 되었습니다." 광고시간이 1분 30초가 되거나 프랭크 블레어가 뉴스를 내보내게 되면 끊어지는 시간은 더 길어졌고 그러면 한 500년쯤 건너뛰어야 했다. 나는 BBC 친구의 중계를 놓치지 않고 듣고 있다가 우리 방송이 시작되면 재빨리 이렇게 말하며 다시 방송을 시작했다. "500년 전에 말씀 드린 바와 같이…" 그때나 지금이나 한 세기가 뭐 별건가?

어쨌든 시청자들이 보는 것은 말과 의상, 그리고 수시로 화면에 잡히는 VIP 인사들이었기 때문에 내가 하는 말에 신경 쓰는 사람은 아무도 없었다. 시청자들은 그게 2500년 전이건 바로 지난달 일어난 사건이건 관계없었다.

마지막 전차가 지나간 다음 내가 BBC 친구에게 감사의 꽃다발이라도 보냈던가? 양탄자라도 하나 선물했던가? 그랬기를 바란다. 그는 사실상 그날 나를 살려 주었다. 장장 세 시간 동안 나는 탁월한 권위를 발휘하며 생방송을 진행했다. 대성공이었다. 하지만 대성공의 영향은 오래 가지 않았고 뉴욕으로 돌아오자 잔치는 끝났다. 휴는 떠났고 프랭크 맥기가 나의 삶을 비참하게 만들려고 기다리고 있었다.

프랭크는 자기가 우리 프로그램으로 온 것을 좌천이라고 생각했다. 그는 저녁뉴스에도 앵커 세 명 가운데 한 명으로 부분적으로 참여하고 있었다. 1970년에 체트 헌틀리가 은퇴한 다음 이들 세 명이 대단한 명성을 누리던 헌틀리-브링클리 리포트 진행을 넘겨받아서 한 것이다. NBC는 앵커가 너무 많이 투입되어서 프로그램에 좋지 않다는 판단에 따라 프랭크를 투데이로 보낸 것이었기 때문에 프랭크로서는 당연히 밀려났다는 생각을 했고 그건 그럴 수 있다고 본다.

프랭크는 투데이를 진지한 뉴스 프로그램으로 보지 않았다. 그는 자기가 보기에 게임쇼를 진행했기 때문에 뉴스맨이 아니라고 생각하는 휴 다운스 후임으로 왔다. 프랭크는 설상가상으로 남성 동료가 아니라 여성인 나와 공동 데스크에 앉으라는 말을 들었다. 그는 여성을 동등하게 생각하지 않았다. 많은 사랑을 받는 조 개러지올라도 세트에서 인터뷰 때 그로부터 멸시를 받았다. 어느 잡지 기사는 맥기가 조에 대해 "내가 전문가적인 입장에서 일부러 묻지 않는 질문을 그 사람은 한다"고 말했다고 썼다.

카메라 앞에 서면 프랭크는 유쾌했고 일상적인 이야기를 나눌 때는 내게도 어색한 웃음을 지어 보였다. 시청자들은 문제가 있다는 것을 전혀 눈치 채지 못했다. 방송이 끝나면 휴와 그랬던 것처럼 나는 그와 메이크업 룸을 같이 썼는데 그는 무례할 정도로 쌀쌀맞게 굴었고 가능한 한 나와 같이 있지 않으려고 했다. 나는 그가 쇼 진행을 잘하기 때문에 그것은 참을 수가 있었다. 시청률은 휴가 진행하던 시절에 육박할 정도로 높았고 나는 그것으로 족했다.

그는 자신의 이름을 내세워 뉴욕에서 워싱턴의 정치인이나 뉴스 메이커들과 시리즈 인터뷰를 하는 등 프로그램에 무게를 실어 주었다. 나는 그와 함께 나란히 데스크에 앉아 번갈아 가며 질문을 했다.

하지만 프랭크는 그걸 참지 못했다. 그는 내가 하는 질문이 자기 질문을 방해하며 자기 질문이 훨씬 더 중요하다고 생각했다. 하지만 우리 프로그램의 프로듀서는 우리 두 사람이 번갈아 가며 질문하는 걸 좋아했다. 그는 해오던 방식대로 그냥 하고 싶어 했다. 당시 프로듀서는 스튜어트 슐버그였는데 '무엇이 새미를 달리게 만드나' What Makes Sammy Run를 쓴 유명한 작가이며 영화 '워터프런트' On the Waterfront의 대본을 쓴 버드 슐버그의 동생이다.

프랭크는 슐버그와는 아무 데도 같이 가려고 하지 않았고, 자기 혼자서 조치를 취하기 위해 제일 높은 사람인 NBC의 줄리안 굿먼 회장에게 곧바로 찾아갔다. 그는 올바른 결정을 내리기 위해 나보고 그 자리에 참석하라고 했다. 그러고는 내 면전에서 굿먼 회장에게 내가 인터뷰에 참여함으로써 인터뷰의 중요성을 떨어뜨린다는 말을 했다. 그는 쇼에서 나의 역할은 자기표현대로 '여자들이나 할' 인터뷰에 국한되어야 한다고 말했다.

내가 데스크에 계속 앉아 있는 것은 좋지만 중요한 뉴스가 되는 인터뷰에는 참여하지 말아야 한다는 것이었다. 이 글을 쓰는 지금 이 순간까지도 나는 어떻게 그런 생각을 입 밖에 낼 수 있는지 믿겨지지가 않는다. 하지만 줄리안 굿먼 회장은 놀라거나 언짢은 표정을 짓지 않았다. 그는 프랭크가 하는 말을 듣고는 나는 안중에도 없는 것처럼 그렇게 하라고 했다.

나는 어떻게 그런 일이 일어나는지 도저히 믿겨지지가 않았다. 비록 오랜 기간 동안 내게 주어지는 역할에 항상 감사하며 살았지만 이것은 너무 심했다. 나는 이 두 끔찍한 남자 앞에서 기가 질렸지만 용기를 내서 할 말을 했다. 나는 굿먼에게 여러 해 동안 이 프로그램에서 인터뷰를 해 왔지만 차나 따르는 소녀 시대 때의 역할만 한 것은 아니라는 말과 함께 그러한 결정은 받아들일 수 없다고 했다. 그리고 터져 나오는 울음을 꾹 참고 눈물 한 방울 보이지 않았다.

돌이켜 생각하면 나는 그날이 내 경력에서 하나의 이정표였다고 생각한다. 만약 그날 내 감정을 억누르고 '여자들이나 할' 역할에 나의 일을 국한시켰더라면 나의 앞날이 어떻게 되었을지 모르겠다.

내가 할 말을 쏟아내자 굿먼은 놀랐던 듯하고 우리는 마침내 모종의 타협점을 찾아냈다. '유력 인사' 인터뷰 때는 프랭크가 먼저 세 가지 질문을 하기로 했다. 그의 질문이 끝나고 시간이 남으면 내가 네 번째 질문을 하는 것이었다.

나아가 프랭크는 자기가 원하면 나 없이 자기 혼자서 어떤 추가질문이든 할 수 있는 권한을 부여 받았다. 초대 손님이 인터뷰하기 위해 스튜디오에 들어왔는데 프랭크가 마음만 먹으면 나를 배제할 수가 있게 된 것이었다. 나는 철저히 아무런 권한이 없었다. 그날 이후 나는 프랭크나 스튜어트 슐버그가 시키는 인터뷰는 무엇이든 해야 했다. 그런 결정에 불만을 품은 스튜어트는 그날 이후 매일 점심 때 마티니 석 잔을 마셨다. 어쨌든 우리는 새벽부터 정오까지 그와 부딪쳐야 했다. 나는 행운인지 불행인지 모르지만 술을 못 마셨다.

나는 나 자신의 운명이 프랭크의 손에 달렸다는 사실을 알게 되었을 뿐만 아니라 NBC가 프랭크에게 나보다 두 배나 많은 돈을 지급한다는 사실까지 알게 되었다. 여성운동이 점차 거세지는 데도 불구하고 남자들은 여자들보다 거의 언제나 더 많은 돈을 받았다. 나는 그 사실을 알고도 놀라거나 화를 내지 않았다. 대신 내 자리가 불안정하며 밀려날 수 있다는 생각을 하게 되었다. 세트 안에는 프랭크가 마음대로 전권을 휘두르는 동안 여자나 할 인터뷰를 기꺼이 하면서 고분고분하게 앉아 있을 여자들이 수두룩했다. 그래서 나는 주어진 일을 충실히 해 나갔다.

겉으로는 매일 프로그램에서 성실하고 즐거운 모습으로 일했지만 나는 내게 주어진 새 역할을 도저히 받아들일 수가 없어서 프랭크가 내린 칙령의 허점을 찾아 나섰다. 나는 네 번째 질문 순서가 돌아오기 전에는 나설 수가 없었고 프랭크가 세트에서 인터뷰하기 원하는 초대 손님 선정에도 아무런 발언권이 없었다. 하지만 스튜디오 바깥에서 내가 중요한 인터뷰를 찾아서 하는 것은 막지 않는다는 것을 알았다. 스튜어트도 동의했다.

그래서 나는 그 일을 찾아 나섰다.

그렇게 해서 나는 의욕적이고 적극적으로 인터뷰를 찾아 나서는 '푸시 쿠키'(저돌적인 여자)라는 소리를 듣게 되었다.

나는 하루에 서너 가지 신문을 읽고 여러 종류의 잡지도 읽으며 어떤 사람이 뉴스가 되고 누구를 인터뷰할지 찾아 나섰다. 프랭크 맥기의 칙령이 하달된 뒤 나의 노력이 두 배로 늘었다고 할 수는 없다. 그전부터도 나는 밤늦게까지 읽고 노트하고 또 읽고 하는 일을 해 왔기 때문이다. 하지만 그때부터 나는 내가 인터뷰하기 원하는 사람들 앞으로 손으로 직접 편지를 써서 보내기 시작했다(나는 전화하는 것을 싫어한다). 지금도 마찬가지이지만 나는 편지 쓸 때 내가 왜 인터뷰하고 싶어 하는지가 아니라 그들이 왜 나와 인터뷰해야 하는지를 쓰려고 노력했다. 이 사람이 오해를 받거나 중상모략을 당하지는 않았는가? 이 사람이 자기 이야기를 할 기회를 원하지 않는가? 이런 것을 생각하는 것이었다.

한 가지 좋은 예가 바로 헨리 포드 2세였다. 그는 한번도 텔레비전과 인터뷰한 적이 없었지만 랠프 네이더 때문에 계속해서 전국적인 뉴스의 인물로 질질 끌려들어가고 있었다. 소비자 보호운동을 하는 네이더는 1965년에 낸 저서 '언세이프 앳 애니 스피드' Unsafe at Any Speed를 통해 자동차 업계를 비판했고 포드자동차가 에어백을 장착하지 않는 등 여러 위험한 관행을 일삼는다고 공격했다. 그는 사회적 책임을 등한시하고 일방적으로 기업의 이익만 추구한다며 다른 CEO와 마찬가지로 포드도 공격했다.

그래서 나는 헨리 포드에게 편지를 썼다. 첫 번째는 좋은 말로 인터뷰를 제의했고, 두 번째는 자기 이야기를 나타낼 기회를 잡는 것이 좋지 않겠느냐고 강한 어조로 조언을 했다. 내 편지는 그에게 제대로 전달되었고 그는 마침내 나와 인터뷰하기로 했다. 나는 뉴욕 스튜디오를 벗어나 미시간 주 디어본으로 가서 그와 인터뷰했고, 나는 NBC가 이틀에 걸쳐 연속으로 두 파트로 나누어 방영할 정도로 그를 엄청난 화제의 인물로 만들어 놓았다.

나는 그 인터뷰에서 두 가지 특별한 일이 기억난다. 하나는 기업 이익과 관련된 네이더의 비판을 언급하면서 포드에게 연간 수입이 얼마냐고 물었더니 그는 "그건 당신이 알 바 아니오"라고 답한 것이었다. 나는 "이런 세상에"라는 생각이 들었으나 그 말을 입 밖에 내지는 않았다. 나는 그 뒤에도 왜 내게 그렇게 말하는 사람이 자꾸 늘어나는지 자주 생각해 보았다. 또 하나 기억나는 말은 다음과 같은 정말 멋진 충고였다. "언제든지 한 가지 변명만 하시오. 두 가지 변명은 절대로 하지 마시오." 그래서 나는 딸 재키와 시간을 보내고 싶고 게다가 감기까지 걸렸기 때문에 디너파티에 참석할 수 없다고 말하려다 그만두었다. 한 가지 변명이면 충분하다는 것을 나는 배웠다. 그렇게 하는 것이 훨씬 더 신뢰감을 준다.

나는 그 일을 계속했다. 편지를 쓰고 일이 성사될 듯싶으면 전화를 걸었다. 그렇게 해서 나는 대통령의 맏딸 트리샤 닉슨과도 스튜디오를 떠나 버지니아 주 몬티셀로로 가서 인터뷰하게 되었고 90세의 유명한 지휘자 레오폴드 스토코프스키와도 스튜디오를 떠나 뉴욕 주에 있는 그의 아파트에서 인터뷰했다. 대통령 후보 조지 월래스의 젊은 부인인 코넬리아 월래스와도 스튜디오를 떠나 앨라배마에 있는 그의 선거운동 사무실에서 인터뷰했다. 코넬리아는 인종차별주의자 월래스 앨라배마 주지사와 결혼한 전력이 있기 때문에 특히 관심의 대상이 되었다. 월래스는 그녀와 결혼하고 1년 뒤에 일어난 암살 기도로 두 다리가 마비되어 휠체어 신세를 지고 있다.

또한 애틀랜타로 날아가서 당시 조지아대 교수로 있는 딘 러스크와도 인터뷰했다. 그와는 두 번째 인터뷰였다. 그리고 워싱턴으로 가서 존 미첼 법무장관의 아내인 마사 미첼과도 인터뷰했다. 그녀는 감정절제가 안 되고 거의 제정신이 아닌 사람처럼 보였다. 그리고 다시 워싱턴으로 가서 백악관에서 퍼스트레이디 팻 닉슨 여사와 인터뷰했다.

이 인터뷰들은 언론으로부터 많은 주목을 받았지만 프랭크 맥기는 별로 감격하지 않았다. 하지만 인터뷰들 덕분에 우리 쇼의 시청률이 많이 올라갔기 때문에 불평을 할 수는 없었다. 그 외에도 스튜디오에서는 워싱턴 인사들과 매일 인터뷰가 진행되었고 나는 계속해서 말 잘 듣는 양순한 계집애처럼 네 번째 질문 차례가 올 때까지 기다렸다.

프랭크 시대 초기인 1971년 나는 내가 한 인터뷰 중에서 제일 큰 뉴스가 되었던 인터뷰를 워싱턴에서 가졌다. 그동안 한번도 텔레비전 인터뷰를 한 적이 없는 H. R. 할데만은 모두가 불러내고 싶어 했다. 상고머리의 밥 할데만은 냉철하고 수수께끼 같은 인물로 닉슨 대통령의 비서실장이었다. 당시는 장발과 옆머리를 길게 기르는 게 유행이던 시절이라 할데만의 뒤로 빗어 넘긴 군인 머리

는 그것만으로도 화젯거리였다. 그는 닉슨의 '독일 병정'으로 불렸으며 많은
이들이 닉슨의 차갑고 고립된 이미지도 그 때문이라고 비난했다. 할데만의 이
미지는 한마디로 차갑고 정나미가 없어 그의 보스에게 도움이 되지 않았다.

　　그래서 나는 그에게 편지를 써서 왜 나와 인터뷰를 해야 하는지 설명했다.
지금까지 인터뷰를 안 했으니 하자는 것이나 온화하고 호감 가는 인상을 보여
주기 위해 인터뷰하자는 게 아니었다. 나는 인터뷰가 대통령에게 도움을 줄 것
이라는 말을 했다. 당시 닉슨 대통령은 사람들이 자기를 어떻게 생각하든 전혀
개의치 않는 잔혹한 성정을 지닌 인물이라는 말을 듣고 있었다. 나는 할데만에
게 대통령의 철학과 통치철학을 제대로 설명할 수 있는 사람은 자기뿐이라는
말을 해 주었다. 닉슨 대통령의 비서실장으로서 그렇게 대통령을 보좌하는 모
습을 보이는 것은 중요한 일이라고 나는 말했다.

　　그런 다음에 나는 전화를 한 통 걸었다. 그가 내 전화를 받자 나는 용기를
얻어서 이렇게 말했다.

　　"아세요? 당신의 차가운 이미지는 당신의 외모 때문이에요." 이렇게 말하면
서 나는 그의 독일 병정 같은 상고머리와 푸른 눈을 지적했다. "사람들은 당신
을 '백악관의 나치'라고 부르고 있어요."

　　그는 웃으며 "나도 그런 말 들었어요"라고 했다. "할데만, 아흐퉁(차렷)!"

　　좋은 징조였다. 숨겨진 유머 감각이 있다는 의미였다. 몇 마디 이야기를 나
눈 다음 그는 내게 워싱턴으로 내려와서 인터뷰 가능성에 대해 좀 더 이야기를
해보는 게 어떻겠느냐는 제안을 했다.

　　나는 바로 다음 비행기를 탔다.

　　나는 할데만과 만나서 유쾌한 시간을 가졌다. 그는 내 제안을 생각해 본 다
음 답변을 주겠노라고 했다. 그 후에 나는 헨리 키신저와 점심식사를 했다. "시
간 낭비하는 거요." 그는 이렇게 말했다. "그 사람 절대로 안 할 거요."

　　그로부터 한 달 뒤에 밥 할데만은 백악관 그의 집무실에서(물론 뉴욕의 우리
스튜디오가 아닌) 나와 마주 앉았다. 투데이는 그 인터뷰를 1972년 2월 초에 사흘
연속 나누어서 내보냈고 전국적으로 헤드라인을 장식했다.

결정적인 역할을 한 질문은 사실 별 내용이 아니었다. 그저 이렇게 물었을 뿐이다. "도대체 무엇이 어떤 비판이 대통령을 언짢게 만듭니까?"

그랬더니 폭발하듯 반응을 쏟아냈다. 당시 닉슨 행정부는 월맹과 평화협정을 체결하려 하고 있었는데 그 정책에 모두가 다 동조하지는 않았다. 하지만 대통령도 그랬겠지만 할데만의 눈에는 "대통령이 하는 일에 반대하는 사람은 모두 부지불식간에 적이 원하는 대로 움직이는 사람들"로 보였다. 할데만이 내세우는 주장의 핵심은 닉슨 대통령의 비판자들이 "의도적으로 적을 도와주고 부추긴다"는 것이었다. 한마디로 반역자들이라는 말이었다.

나는 내 귀를 의심할 정도였다. 나는 올해가 선거의 해이고 민주당의 조지 맥거번 상원의원 같은 여러 대통령 예비후보들이 대통령의 베트남 정책에 비판적인 입장을 취하고 있다는 점을 지적했다. 그러면 맥거번 상원의원도 "적을 돕고 부추기는 것입니까?"라고 물었다. 할데만은 이름을 거명하지는 않았지만 물러서지 않았다. 그는 닉슨의 정책에 반대하는 사람들을 당파 이익을 평화보다 우선시하고, 반드시 해야 할 일보다 우선시하는 사람들이라고 계속해서 비난했다(조지 W. 부시 대통령이 이라크전에 대한 비판에 반응하는 것과 크게 다르지 않았다).

언론은 흥분했지만 할데만은 그 인터뷰에 만족하는 게 분명했다. 그는 내게 따뜻한 인사의 편지를 보내 "나를 유명 인사로 만들어 주어서 감사합니다"라고 했다.

프랭크 맥기와 NBC 뉴스 회장의 실망스러운 행동에도 불구하고 나의 일은 순조롭게 나아갔다.

하지만 내 결혼생활은 그렇지 못했다.

좌초한 결혼

최고의 시간들이었다. 흥미진진하고 도발적인 인터뷰가 이어졌고 나는 점점 더 유명해졌다. 하지만 나의 결혼생활은 차츰 가라앉고 있었다. 특별한 위기도 없었고 상대를 못 살게 하는 것도 서로 욕하는 것도 아니었기 때문에 왜 그랬는지 이 글을 쓰는 지금도 그 이유를 모르겠다. 그저 최악이었을 뿐이다.

남편 리와 나는 결혼한 지 9년째를 맞았다. 친구들이 겉으로 보기에는 성공적인 결혼생활이었다. 함께 있으면 보기에도 좋았다. 리와 같이 있으면 어떤 여자든 좋게 보였을 것이다. 그는 키가 178센티미터였고 멋진 몸매와 아름다운 푸른 눈, 부드러운 미소를 가진 남자였다. 그는 내게 잘해 주었고 나도 그에게 잘했다. 그리고 두 사람 모두 딸을 예뻐했다.

우리는 친구들을 좋아했고 친구들도 점점 많아졌다. 애니타 맨실과 워런 맨실 부부, 조앤 마크스와 폴 마크스 부부, 그리고 대학 때 친구들 외에도 우리는 아주 재미있는 세상에 속하게 되었다. 우리는 유명한 작곡가인 리처드 로저스, 우아한 그의 부인 도로시 로저스와 시간을 같이 보냈는데 로저스는 '오클라호마!'를 비롯해 '남태평양' '왕과 나' 등 미국 최고의 뮤지컬들을 작곡한 사람으로 코네티컷에 멋진 집을 갖고 있었다. 도로시는 완벽주의자로 자기 집에는 모두 고상한 물건들뿐이었다. 도로시 로저스는 오줌도 꽃에 눈다는 말도 들은 적이 있다. 어쨌든 두 사람은 우리 부부를 좋아했고 가끔 우리는 토요일이면 그 집으로 가서 일요일 점심 먹고 나서 돌아오곤 했다. 우리가 도착하면 가방은 금방 풀어서 안에 든 옷가지는 옷걸이에 걸거나 아니면 화장지에 싸서 서랍장에 가지런히 넣어졌다. 그런 호강은 못내 부담스러웠다.

토요일 저녁에는 가까이 사는 그들 부부의 친구들을 초대해 가벼운 디너파티가 자주 열렸다. 당시 뉴욕 타임스의 유명한 연극 평론가였던 월커 커와 희곡 작가인 그의 아내 진을 비롯해 로저스의 뮤지컬에 출연하는 스타 배우 매리 마틴과 그녀의 남편 리처드 홀리데이 같은 사람들이 초대되기도 했다. 진 커는 재미있는 책 '데이지 꽃은 먹지 마세요' Please Don't Eat the Daisies를 쓴 작가이기도 하다. 리와 나는 그렇게 조촐하게 보내는 주말이 좋았다. 좀 더 자주 갈 수도 있었지만 나는 재키를 혼자 두고 가는 게 싫었고 주말에 아이들은 초대받지 않았다.

어떤 때는 베닛 서프와 그의 아내 필리스 서프의 집에 가기도 했는데 그들 역시 뉴욕 주 마운트 키스코에 멋진 집을 갖고 있었다. 베닛은 내게 빠져 있었고 우리는 가끔 '21'에서 만나 점심을 같이 했다. 나는 그가 자기 출판사인 랜덤 하우스에서 책을 내는 천재 작가들에 대해 들려주는 이야기에 매료되었다. 그는 한번도 내게 집적거린 적은 없었고, 그저 나를 좋아하고 젊은 사람들과 같이 지내는 걸 좋아했다.

베닛이 어느 날 나를 자기 집 점심에 초대하며 남편과 같이 오라고 하자 그의 아내 필리스는 무척 좋아했다. 남편 리와 필리스는 아주 친한 친구가 되었고 우리는 자주 초대되어 멋진 점심과 만찬을 함께 했다. 이처럼 리와 나의 관계는 괜찮았다. 문제는 함께 있는 시간이 적다는 것이었다.

리의 여름 천막 극장은 괜찮았고 연중 상시 공연하는 롱아일랜드의 극장도 마찬가지였다. 하지만 그가 무대에 올리는 뮤지컬과 토니 베닛, 자니 카슨 등이 출연하는 특별공연들 때문에 그는 대부분의 주말을 뉴욕에서 떠나 있어야 했다. 나는 그와 함께 지내고 싶었지만 나 역시 재키와 함께 시간을 보내야 했고, 엄청난 업무 스케줄 때문에 집에서도 할 일이 무지하게 많았다. 그래서 메릴랜드와 롱아일랜드까지 오가는 것도 즐겁기보다는 부담이었다.

주중에도 리는 저녁 시간에 이곳저곳 극장을 돌아다녀야 하는 때가 많았고 나는 그와 함께 다닐 처지가 못 되었다. 그는 자정이 훨씬 지나서 집에 들어오는 경우가 많았고 나는 네댓 시간 뒤면 일어나야 했다. 우리의 스케줄은 아버지가 라틴 쿼터를 운영하던 때 엄마와 아빠의 스케줄을 닮아 갔다. 그때 엄마는 일주일에 한번 저녁에 아버지를 보았던 것 같다. 내 마음에 안 드는 것 가운데 아버지와 닮은 게 하나 더 있었다. 리는 변두리 극장에서 리바이벌을 공연하는데 만족하지 못했다. 그는 브로드웨이 무대에 작품을 올려 보겠다는 야심을 갖고 있었다. 그게 그의 목표였고 그는 나와 결혼생활을 하는 동안 브로드웨이 공연 작품을 세 편 제작했다.

한번은 결혼 초기였는데 '캐치 미 이프 유 캔' Catch Me If You Can 이라는 작품에 영화배우 댄 데일리와 톰 보슬리가 출연했다. 톰 보슬리는 나중에 텔레비전 인기 프로 '해피 데이스' Happy Days 에서 아버지 역을 맡았던 배우다. '캐치 미 이프 유 캔'은 코미디 미스터리물인데 비평가들로부터 호평을 받지 못했고 1965년에 공연을 시작해 미지근한 반응 속에 3개월을 못 채우고 막을 내렸다.

리는 낙심하더라도 그것을 밖으로 드러내지 않는 사람이었다. 대신 그는 또 다른 제작 거리를 찾아 나섰다. 나는 그게 걱정되었다. 브로드웨이에서 제작활동을 한다는 것은 친구들을 찾아가 자기 작품에 투자하라며 돈을 구걸해야 하는 경우도 많다는 것을 뜻했다. 그는 다들 그렇게 한다는 말을 했는데 그건 맞는 말이었다. 소위 수많은 브로드웨이 천사들이 쇼에 투자하기를 원하는데 그것은 쇼가 성공을 거두어서 이득을 볼 것이라고 생각해서 반드시 그렇게 하는 것이 아니라 그저 쇼 비즈니스에 참여한다는 으쓱한 기분 때문에 그렇게도 한다.

사람들은 두 가지 사업을 하는데 하나는 자기 사업이고 다른 하나는 쇼 비즈니스라는 말이 있다. 물론 나는 쇼 비즈니스가 얼마나 화려하지 못한 사업인지 잘 안다. 다행히 리는 내게 한번도 자기 제작물에 돈을 대라는 말을 하지 않았다. 그의 쇼는 아버지의 실패한 작품에 대한 옛 기억을 되살려 줄 뿐이었다. 나는 연극이 막을 내리고 난 뒤 비평을 읽고 실망하는 기분이 얼마나 끔찍한 것인지 잘 안다. 그러나 리는 심호흡을 한 번 하고 나서 다시 도전했다.

리의 가장 큰 도전과 실망은 조지 S. 카우프먼과 모스 하트가 만든 '디너에 온 남자' The Man Who Came to Dinner라는 코미디였다. 원작은 1939년 브로드웨이에서 공연된 것으로 당시 몬티 울리가 성질 잘 내고 자기중심적인 강연자 겸 비평가로 출연했다. 주인공은 작은 마을에 있는 어떤 가정에 찾아와서는 다리 한쪽이 부러져서 계속 그 집에 머물며 기이한 요구들을 해대서 사람들을 미치게 만든다. 당시 연극은 엄청난 성공을 거두었고 1942년에는 영화화되었는데 그때 주인공도 울리가 맡았다. 그의 비서 역을 맡은 여배우가 바로 베티 데이비스다.

리는 이 작품을 뮤지컬로 만들면 아주 멋질 것이라는 생각을 했다. 그러고는 조지 S. 카우프먼의 딸 앤과 모스 하트의 미망인 키티 칼리슬 하트를 만나 공연권을 달라고 부탁하고 타이르고 애걸하며 졸랐다. 몇 주 동안 줄다리기를 한 끝에 마침내 합의가 이루어졌는데 리가 주인공으로 정말 좋은 아이디어를 제시한 것이 효과를 보았다. 바로 신랄한 성격의 영국 배우 조지 샌더스였다.

샌더스는 '달과 6펜스' '이브의 모든 것' All About Eve에서 신랄한 연기로 호평을 받은 연기자로 춤과 노래도 잘했다. 리가 만든 뮤지컬은 1967년에 데뷔 스케줄이 잡혔다. 샌더스 외에 베티 데이비스가 맡은 역은 당시 브로드웨이에서 이름이 잘 알려진 돌로레스 그레이라는 여배우가 맡았는데 키가 크고 금발에다 섹시했다. 나는 리의 다른 쇼와 달리 이 뮤지컬 제작에는 깊숙이 관여했다. 이 작품이 그에게 얼마나 중요한 것인지 알았기 때문이다. 가능한 한 리허설에도 자주 참석하고 쪽지를 써서 건네주고 일이 잘못되면 격려도 했다.

샌더스는 연기만 신랄하게 하는 게 아니라 사람도 정말 신랄한 불평꾼이었다. 성질 급하고 따지기 좋아하고 안된 일이지만 심하게 앓고 있는 아내 베니타 흄(첫 번째 아내는 자자 가보) 때문에 정신이 없었다. 리허설에도 툭하면 늦게 나타났다. 노래도 못했고 대사도 잘 외우지 못했으며 놀랍게도 연기 역시 엉망이었다. 그랬지만 모두들 억지로 끌고 나가서 마침내 보스턴 시연을 갖게 되었다. 그때 그의 아내가 죽었고 샌더스는 무대에서 걸어 나가 버렸다. 그를 비난할 수는 없지만 엄청난 타격이었다.

리는 어떻게든 끌고 나가 보려고 필사적으로 매달렸다. 샌더스 대신 재능 있는 배우인 클리브 레빌을 투입했다. 그는 연기는 샌더스보다 나았지만 관객들에게는 상대적으로 덜 알려진 배우였다. 우여곡절 끝에 뮤지컬 '세리'Sherry는 1967년 3월 브로드웨이에서 막을 올렸고 불과 72회밖에 공연하지 못했다. 참담한 실패였다.

리는 이 뮤지컬에 많은 투자를 하고 큰 기대를 걸었다. 그에게서 많은 것을 빼앗아간 채 쇼는 막을 내렸다. 그 어느 때보다도 남편에게 내가 필요하다는 것을 알았지만 나는 그를 위해 쓸 시간이 없었다. 그때 나는 일주일에 다섯 번 투데이에 출연했다.

하지만 낙관주의자(우리 아버지처럼)인 리는 금방 브로드웨이로 다시 뛰어들었다. '세리' 실패 후 3년 만에 그는 더 의욕적으로 연극 '인퀘스트'Inquest를 제작했다. 스파이 혐의로 처형된 에델 로젠버그와 줄리어스 로젠버그 부부의 재판을 동정적으로 극화한 것이었다. 이들이 처형되기까지 적극적인 역할을 한 로이 콘은 이 연극에 대해 심하게 화를 냈다. 당시 나는 가끔 그와 만났는데 충분히 예상 가능한 반응이었다. 앤 잭슨과 조지 그리저드 같은 훌륭한 배역들이 등장했음에도 불구하고 이 드라마 역시 평론가들의 악평 속에 불과 28일밖에 공연되지 못했다. 남편은 크게 상심했고 나도 그랬다.

하지만 리가 극장에 몰두하는 것은 다른 이유로 나를 그에게서 점점 멀어지게 만들었다. 온전히 그의 잘못은 아니었다. 마치 아버지의 거창한 계획들, 브로드웨이의 실패작들, 실패한 나이트클럽, 출범도 못해 본 아쿠아케이드를 한군데 합쳐 놓은 것 같은 상황이었다. 남편의 실패를 지켜보면서 아무 일도 없는 것처럼 태연할 수가 없었다. 나는 평생 개막과 슬픈 종막을 볼 만큼 보았던 것이다.

하지만 우리에게는 어린 딸이 있었다.

걸음마 단계를 벗어난 재키는 그때 막 유아원에 다니기 시작했다. 아침에는 젤이 아이를 작은 유아원으로 데리고 갔고 정오에 오전반이 끝나면 가능한 한 내가 아이를 데리러 가려고 했다. 그러고는 점심을 먹으러 어디론가 갔는데 슈래프트로 자주 갔다. 여성들이 많이 가는 집이었는데 아이스크림소다와 선데이가 아주 맛있었다.

남편도 딸애와 같이 있는 것을 좋아했다. 큰아이 캐럴과 제프는 대학생이라 집을 떠나 있었기 때문에 그에게는 재키가 인생의 새로운 출발이었다. 그는 아이를 목말 태우거나 법석을 떨며 장난을 쳤는데 아이도 그걸 좋아했다. 그리고 우리 아버지가 어렸을 때 언니와 나를 데리고 다니신 것처럼 그도 아이를 자기가 만든 쇼의 리허설에 데리고 다녔다.

우리는 그렇게 지냈다. 문제가 있었지만 그럭저럭 지냈던 것이다. 각자 다른 일을 하면서 언제 다시 합쳐질지 기약도 없이 계속 멀어지기만 하는 가족이었다. 시간이 제각각이다 보니 성생활에도 영향이 미쳤다. 우리는 시간을 정해 놓고 잠자리를 같이할 수밖에 없었지만 그렇게 해도 보통은 어느 한쪽이 피곤해서 제대로 되지 않았다.

남편과 나는 여전히 돈이 넉넉지 못했다. 우리는 계속해서 뉴욕 미드타운의 아파트 셋집에서 살고 있었다. 나는 그때 돈을 많이 벌었지만 마이애미에 사는 엄마와 아버지, 언니를 부양해야 했다. 리는 브로드웨이 쇼에다 가진 돈을 쏟아 부은 터라 많이 어려웠다. 하지만 우리 두 사람 모두 씀씀이가 헤프지는 않았다. 여름에는 한 달만 휴가 집을 빌렸고 휴가도 자주 가지 않았으며 무엇을 사 모으려고 애쓰지도 않았다. 돈이 아니라 시간이 문제였다. 하지만 우리는 그런 문제에 대해 이야기를 나누지 않았다. 대화는 단절되었고 문제는 그대로 남아 있었다.

나는 리에게 작별 편지를 썼다가 찢어 버리기 시작했다. 내게 아무런 잘못을 한 것도 없는 사람을 어떻게 떠난단 말인가? 우리가 저지른 제일 큰 실수라고는 함께하는 생활이 없다는 것인데 그렇다고 떠날 수가 있는가? 나는 내가 하는 일을 줄일 생각은 없었다. 오히려 나는 '여성만을 위한 쇼가 아닌'을 맡아서 일을 더 늘렸다. 리 또한 자신의 생활방식이나 야심을 바꿀 수 없는 사람이었다. 다시 한번 나는 자신이 결혼생활에 적합한 사람이 아니라는 결론을 내렸다. 실패의 책임은 기본적으로 내게 있었다. 우리 어머니처럼 나도 핑곗거리를 찾고 있었을지 모른다. 기분은 엉망이었지만 어떻게 일을 바로잡아야 할지 막

막혔다.

그러던 1971년 신문들이 헨리 키신저가 극비리에 중국을 방문했다고 보도해 세상을 깜짝 놀라게 했다. 1949년 공산당 정부 수립 이후 미국에 빗장을 걸어 잠그고 있던 중국이었다. 신문들은 닉슨 대통령이 직접 중국을 방문할 것이라고 대서특필했다. 믿을 수 없는 일이었다.

닉슨의 역사적 방중은 1972년 2월에 예정되어 있었고 소규모 기자단이 그를 수행취재하기로 되었다. 나는 NBC 취재단에 포함되어서 정말 기분이 좋았다.

나는 먼 취재 여행을 떠나기 전에 해체되는 우리 결혼의 현실과 마주해야 한다고 생각했다. 장시간에 걸친 눈물의 만찬 끝에 우리는 헤어지기로 결정했다. 처음에 리는 계속 더 노력해 보자고 했지만 나중에는 자기도 나 못지않게 불행하다는 점을 인정했다. 내가 중국에 가 있는 한 달 동안 그가 아파트에서 나가 살 곳을 새로 구하기로 했다. 나는 재키와 함께 살던 아파트에서 그대로 살기로 했다.

나는 두 번째 결혼을 그렇게 끝내고 있었다. 더 힘든 것은 재키를 좋아하는 아빠한테서 떼어 놓는다는 것이었다. 물론 계속해서 아빠를 볼 수야 있겠지만 이제 겨우 네 살인데 아무래도 이전과 같지는 않을 것이다. 생부를 한번도 본 적이 없는데 이제 두 번째 아빠마저 떠나보내야 하는 것인가?

하지만 일을 되돌리기에는 너무 늦었다. 나는 중국 출장 준비에 들어갔고 내 죄의식에 눈금 하나를 더 새겨 넣었다.

역사적인 여행 : 닉슨의 중국 방문

닉슨 대통령은 공산국가 중국에서 보낸 일주일간의 여행은 역사를 바꾼 일이며 인간의 달 착륙에 비견할 만한 사건이라고 했다. 맞는 말이었다. 평생 한번 해볼까 말까 한 여행이었지만 그것은 마치 중국 음식처럼 달콤하면서도 쌉쌀했다. 그리고 달나라에 간 사람처럼 그렇게 외롭지는 않았다.

먼저 달콤한 면을 보자. 내가 NBC 취재기자로 그곳에 간 것은 하나의 작은 기적이었다. 여행의 역사적인 성격 때문에 텔레비전 방송들은 모두 정치 분야 취재 경험이 많은 최고 중량급 슈퍼스타들을 투입했다. CBS에서는 월터 크롱카이트, 댄 래더, 에릭 세버라이드가 갔고, ABC에서는 테드 코펠과 해리 리즈너가 갔다. 그리고 NBC는 대표 앵커 존 챈슬러 외에 다른 두 명의 최고참 기자인 허브 캐플로와 존 리치, 그리고 내가 따라갔다. 내가 어떻게 가게 되었을까? 첫째, NBC는 만약에 맥기를 포함시켰다가 챈슬러와 맥기 사이에 경쟁하는 모습이 보여지는 것을 바라지 않았다. 두 번째 이유는 나도 한참 뒤에 알게 된 것이다. 취재진에 포함될 각 방송국의 모든 기자들이 중년의 백인 남성들이었고, 그래서 NBC 뉴스의 딕 월드 부사장이 나를 보내면 무언가 차별화된 보도를 내보낼 수 있을 것이라고 생각했던 것이다. 세 번째 이유는 시차였다.

그때는 베이징을 북경이라고 불렀는데 북경과 뉴욕의 시차는 13시간이었

다. 중국이 저녁이면 미국은 투데이쇼를 내보내는 아침이었다. 저녁에 큰 연회
나 연설, 중요한 만찬, 문화행사가 열리면 내가 중국에서 생방송으로 내보낼 수
있었다. 투데이 시청자들은 나를 아침에 만나는데 그러면 나는 지구 반대편에
서 위성 생중계를 통해 등장하는 것이었다.

내가 소규모의 취재단에 포함된 것을 놓고 NBC에서도 많은 사람들이 언짢
아했다. 취재단에 포함된 사람보다는 빠진 사람이 훨씬 더 많았기 때문이다. 나
중에 안 일이지만 존 챈슬러도 나를 포함시킨 것에 반대했다. 무엇보다도 나는
경험이 일천했고 노련한 남성들의 바다에 떠 있는 유일한 여성이었다. 존은 다
른 남성 기자가 함께 가면 훨씬 편했을 것이다. 하지만 딕 월드 부사장은 기어
코 도박을 강행하겠다고 우겼다. 그는 당시 내가 NBC 취재팀에서 많은 기여를
할 것이라는 기대는 하지 않았다고 최근에 내게 털어놓았다. 딕은 내 이름을
NBC 취재단에 올렸고 백악관에서는 이를 받아들였다. 대통령 공보비서인 론
지글러는 수백 명의 취재 신청자 가운데서 자기가 직접 취재기자 명단을 선별
해 골랐다고 했다.

나는 겁을 잔뜩 먹었다. 프린트 쪽 기자들의 명단도 그야말로 쟁쟁했다. 워
싱턴 스타의 윌리엄 버클리, 타임/라이프와 공영방송 퍼블릭 브로드캐스팅에
'대통령의 탄생' The Making of the President 시리즈를 보도해 퓰리처상을 수상한 시
어도어 화이트, 리더스 다이제스트의 퓰리처상 수상작가 제임스 미치너 등 그
야말로 모두 거물들이었다.

중국 방문단 전체에서 여성은 몇 명 되지 않았다. 한 명은 대통령 수행원인
아주 예쁘고 젊은 금발 여성이었는데 나와는 그저 인사만 하는 정도였고 실제
접촉은 없었다. 닉슨 대통령의 공보비서인 론 지글러의 보좌관으로 이름은 다
이앤 소여였다.

중국 취재단에는 나 외에 두 명의 여성 취재기자가 있었다. 한 명은 존경스
럽고 겁 없는 UPI의 헬렌 토머스 기자였고 다른 한 명은 스토어러 브로드캐스
팅의 고참 기자 페이 웰스였다. 헬렌은 신문들이 받아쓰도록 기사를 썼고 페이
는 주로 라디오 방송을 했다. 나는 유일한 여성 방송인이었다. 프랭크 맥기의

빈정대는 축복을 받으며 나는 떠났다. 나중에 안 일이지만 프랭크는 딕 월드에게 나의 출장 소식을 전해 듣고는 이렇게 말했다고 한다. "일주일 동안 바버라를 스튜디오에서 쫓아낸다고? 중국보다 더 먼 곳이면 좋겠는데."

우리는 취재단 전용기로 대통령 일행보다 하루 앞서 현지에 도착했는데 나한테는 무지하게 먼 곳으로 느껴졌다. 중국 공보부에서 나온 관리 몇 사람이 우리를 맞아 주었는데 생김새가 모두 다 비슷했다. 남녀 모두 네이비 블루 바지와 마오식 재킷을 입고 있었다. 맵시라고는 전혀 없고 유일한 장식품이라고는 중화인민공화국을 세운 공산당 지도자 마오쩌둥毛澤東의 초상이 새겨진 붉은색 둥근 핀뿐이었다.

나는 통역인 미스 탕을 소개받았다. 그녀는 당시 모든 중국 여성이 다 그렇듯이 결혼반지도 끼지 않았고 처녀 때 이름을 쓰고 있었는데 나중에 알고 보니 기혼이었다. 미스 탕은 항상 심각하고 시무룩했다. 그녀는 반드시 나를 '미스 바버라 월터스'라고 부르지 절대로 '미스 월터스'나 '바버라'로 부르는 법이 없었다. 그녀는 말을 매번 이렇게 시작했다. "그래서 미스 바버라 월터스, 오늘 우리는 공장을 방문하게 될 것입니다." 그녀는 절대로 화장을 하는 법이 없었고 31세라는데 40세처럼 보였다. 그녀가 내게 던진 첫 번째 질문은 "몇 살이세요?"였다. 나는 우리 둘 다 비슷한 연배일 것이라고 답했다. 그리고 아이들에 대해 간단히 몇 마디 나누었다. 집에 네 살 다 되어 가는 딸애가 하나 있다고 했더니 미스 탕은 두 살 반짜리 딸이 하나 있는데 탁아소에서 지내며 주말에만 아이를 본다고 했다. 이렇게 간단하게 몇 마디 주고받은 다음부터 미스 탕은 나 자신이나 일반적인 미국에 대해 더 이상 묻지 않았다. 대신 내가 묻는 말에는 꼬박꼬박 대답해 주었다. 마치 정치학 교과서에서 옮겨다 적은 것처럼 도대체 얼마나 많은 질문들이 쏟아져 나왔을지 짐작이 될 것이다. 예를 들어 재미있는 보도 거리가 있을 것 같아서 미장원에 데려다 달라고 하면 그녀는 이렇게 대답했다. "우리는 미장원이 필요 없답니다. 우리한테는 더 고귀한 사상이 있으니까요." 이런 게 바로 기삿거리지, 미스 바버라 월터스!

그곳 사람들은 미국 대통령의 도착 소식에도 별로 관심을 나타내지 않았다.

나는 공항에 있는 급조한 방송센터에 마련된 임시 스튜디오에서 방송했다. 모
든 위성 생방송은 그곳에서 하도록 되어 있었다. 중국 측 영접단에 누가 포함될
지 어떤 의전행사가 진행될지 아니면 영접행사가 있기나 한지에 대한 정보는
아무도 들은 게 없었다. 우리는 무슨 일이 일어날지 아무런 단서도 없이 그저
수백만 명의 미국 시청자들에게 역사적인 순간을 전달하기 위한 방송 준비 태
세를 갖추고 있었다.

아는 것은 한 가지 사실밖에 없었다. 방송할 게 별로 많지 않다는 것이었다.
소수의 공식 대표단만이 공항에서 닉슨 대통령을 맞이했다. 영접 인사 가운데
한 명은 73세의 저우언라이周恩來 총리였다. 이번과 대조적으로 4개월 전 에티
오피아의 하일리 셀라시에 황제가 왔을 때는 30만 명이 넘는 환영 군중이 모였
다. 대통령 부인은 옅은 붉은색 코트를 입고 있었는데 아이로니컬하게도 공항
곳곳에 나붙어 있는 '만국의 피압박민들'에게 단결을 촉구하고 마르크스주의-
레닌주의와 중국 공산당을 찬양하는 대형 구호들과 같은 색이었다. 우중충한
분위기에서 그녀의 코트와 구호만이 유일하게 밝은 색이었다.

대통령의 도착 장면은 철저히 통제되며 교조적인 중국의 분위기를 잘 보여
주었다. 닉슨 대통령 부부는 중국 총리와 함께 리무진에 동승한 뒤 40분 정도
텅 빈 거리를 달려 북경 시내로 갔다. 북경의 '영구 평화 거리'나 100에이커에
달하는 드넓은 천안문天安門 광장에는 구경하러 나온 관중도 없었다. 그로부터
17년 뒤 바로 이 천안문 광장에서는 자유를 외치는 수백 명의 학생이 당국에 의
해 무자비하게 진압당하게 된다. 하지만 1972년 닉슨 대통령 일행을 태운 자동
차 행렬이 그곳을 지날 때 광장은 거의 텅텅 비어 있었고 정적만 감돌았다. 자
전거를 타고 다니는 사람들이 보였지만 우리한테는 눈길조차 주지 않았다.

몇몇 베테랑 중국 전문가들은 중국 국민들의 이 같은 무관심을 미국과 중국
인민공화국 사이에 공식적인 외교관계가 없기 때문이라고 설명했다. 하지만 나
는 빌 버클리의 말이 옳다고 생각한다. 나중에 몇몇 프린트 저널리스트들과 라
운드테이블 인터뷰를 가졌는데 그때 버클리는 중국 국민들이 닉슨이 누군지 모
를 것이라는 말을 했다. 그는 또한 중국 국민들은 미국이든 누구든 몇 년 전에

사람이 달에 착륙한 사실도 모를 것이라는 점을 지적했다. 그곳에서는 그렇게 뉴스가 통제되고 있었던 것이다.

중국에서 내가 맡은 일은 닉슨 대통령 부부의 낮 시간 동정을 취재하는 것 외에 내가 취재한 무슨 기사든 보도하고 저녁의 주요 행사를 위성방송으로 내보내는 것이었다. 따라서 나는 저녁행사에 참석할 수 없었다. 카메라가 인민대회당에 가 있으면 나는 거의 한 시간 떨어진 방송센터에서 TV 모니터로 연회장면을 지켜보았다. "오늘 저녁 메뉴는 죽순과 샥스핀, 튀김 새우입니다." 나는 투데이쇼 시청자들에게 이렇게 전했다. "이 음악소리가 들리십니까? 귀에 익은 음악이지요? 대규모 중국 오케스트라가 '언덕 위의 집'Home on the Range을 연주하고 있습니다." 나는 페르세폴리스에서처럼 방송의 대부분을 애드리브로 처리했는데 이번에는 이어폰으로 내게 귓속말로 정보를 알려 주는 친구가 따로 없었다.

텔레비전 연회 방송을 마치면 나는 곧바로 라디오 프로듀서한테 이끌려 다른 임시 스튜디오로 달려가서 청취자들에게 텔레비전으로 보낸 내용을 다시 설명했다. 하루는 한밤중에 라디오 방송을 마치고 숙소로 돌아가는 길에 통역으로 일하는 미스터 칭이라는 남자와 이야기를 나누었다.

"자녀들은 몇 살인가요?"라고 내가 물었더니 그는 이렇게 대답했다. "열한 살, 일곱 살, 세 살 이렇게 모두 세 명입니다. 하지만 세 살 난 애는 태어난 뒤 아직 보지 못했습니다." 그 통역은 나중에 알고 보니 공무원이었고 그의 아내도 공무원이었다. 문화대혁명이 진행된 십여 년간 수백만 명에 달하는 중국의 교사, 교육받은 공무원, 지식인들이 당의 명령에 따라 강제로 농촌으로 보내져서 살았다. 미스터 칭은 성인 '개조 학교'에 보내졌다가 나중에는 농촌에서 일했다. 그의 아내는 그때까지 다른 농촌에서 일하고 있었다. 그는 아내를 언제 다시 만날 수 있을지 알 수 없고 아이들은 할머니 손에서 자란다고 했다. 아내가 언제 아이들한테로 돌아갈 수 있을지 모르겠다고 했다.

출장 기간 그런 이야기들을 많이 들었는데 북경대에 갔을 때 특히 그랬다. 북경대는 문화혁명 초기에 폐쇄되었다가 다시 문을 연 지 얼마 되지 않았다. 북

경대는 학교가 폐쇄되고 학생들이 흩어지기 전까지 아시아 최고 대학 가운데
하나였다. 저명한 교수들이 고깔모자를 쓴 채 길거리에서 끌려가며 십대 홍위
병 아이들에게 조롱당했다. 미스터 칭과 같은 교사들 대부분이 '개조' 센터로
보내지고 투옥당하고 농촌으로 보내져서 일했다. 그들은 이제 막 돌아오고 있
는 중이었다. 교육받은 사람들에게 행한 이러한 압박을 생각하면 그 끔찍한 문
화혁명이 끝난 뒤 30여 년 만에 중국이 이룬 것은 정말 놀라울 뿐이다.

닉슨 대통령이 두 나라 사이에 놓인 철학적 간극을 메워 보려고 한 시도는
정말 힘든 것이었지만 그는 그 일을 해 보려고 했다. 방문 기간 중 닉슨 대통령
일행은 중국 지도자들과 대부분 비밀회동을 가졌다. 우리는 팻 닉슨 여사를 따
라 학교, 탁아소, 공장, 마을 등을 다니며 취재했는데 모두 중국 당국이 엄선해
서 준비한 방문지들이었다.

닉슨 여사는 대부분의 미국 국민들 눈에는 수줍음 많고 가까이하기 힘든 사
람으로 비쳐졌지만 중국에서 자신의 개성을 활짝 드러내 보였다. 그녀는 시종
우아한 미소를 잃지 않았으며 특히 어린이들과 멋진 시간을 보냈다. 중국은 당
시 누구보다도 그녀에게 많은 것을 보여 주었다. 그로부터 2년 뒤에 남편이 워
터게이트 스캔들로 대통령직을 사임함에 따라 그녀의 백악관 생활이 슬픔과 외
로움 속에 막을 내리게 된 것은 정말 안된 일이었다.

퍼스트레이디를 뒤쫓아 다니는 것은 너무 고된 일이었다. 나는 카메라와 녹
음기를 직접 들고 다녀야 했다. 카메라와 녹음기는 생긴 게 너무 비슷하고 내가
그런 걸 다루는 데 특히 서툴다는 것은 많은 사람이 아는 사실이다. 나는 녹음
기를 꺼내야 할 때 카메라를 꺼내고 카메라를 꺼내야 할 때는 녹음기를 꺼내 들
었다. 한번은 더 끔찍한 일을 당했는데 어쩌다 보니 미세스 닉슨과 내가 단 둘
이 있게 된 것이었다. 그래서 간단한 단독 인터뷰를 하려고 가까이 있는 카메라
팀에게 촬영을 부탁했다. 그들은 당황한 표정을 지으면서도 퍼스트레이디와의
인터뷰를 찍어 주었다. 나중에야 나는 그들이 NBC가 아니라 CBS 사람들이라
는 것을 알았다. 내가 특종을 한 것을 알고 CBS는 화가 나서 처음에는 그 필름
을 내놓지 않겠다고 했다. 내가 싹싹 빌고 모두들 화가 가라앉아서 다행이지 그

렇지 않았더라면 자칫 국제적인 사건이 될 뻔했다. 하지만 중국에 함께 간 동료 기자들은 그 사건을 좋게 받아들이지 않았다. 나는 정말 모자란 바보였지만 그들은 나를 바보로 보지 않고 혼자서 날뛰는 프리마돈나로 생각했기 때문에 나의 평판에는 전혀 도움이 안 되었다.

퍼스트레이디를 취재하거나 혼자 취재를 다닐 때는 항상 미스 탕이 따라다녔는데 그렇지 않은 시간이면 나는 호텔 방에 틀어박혀 지냈다. 나는 페이 웰스와 방을 함께 썼는데 큰 솜이불이 덮인 아주 편안한 침대가 있었다. 그리고 빗, 칫솔, 치약, 면도용 크림, 연필, 펜, 중국 발레 그림이 담긴 엽서, 알사탕, 차를 만들 더운 물이 준비되어 있었다. 나는 더운 물로 콘택트렌즈를 소독하고 귤도 씻어 먹었다. 귤이 정말 맛있어서 바쁜 날이면 나는 귤만 먹고 살았다. NBC의 동료 기자인 허브 캐플로는 집으로 돌아온 첫날 아침잠에서 깨어나 귤을 집으려고 손을 뻗었다가 대신 전구를 씹어 먹었다고 했다.

샤워 시설 대신 아주 넓은 욕탕이 딸려 있어서 기대하지 않은 호사를 누렸다. 세탁은 하루 만에 되었고 다림질은 한 시간 만에 해 주었는데 우리는 작은 짐 가방 하나씩밖에 가져올 수 없었기 때문에 정말 다행한 일이었다. 층마다 플로어맨이 기다리고 있다가 주문만 하면 언제든지 먹을 것을 가져다주었다. 하이라이트는 아침식사였다. 서양식이나 중국식 중에서 선택할 수 있었는데 나는 중국식을 택했다. 중국식 아침에는 맛있는 닭고기 누들 수프와 갖가지 찬 음식, 야채, 스프링 롤, 그리고 운 좋은 날에는 달콤새큼한 소스를 얹은 돼지갈비도 나왔다. 이런 걸 두고 오트밀을 먹을 이유가 어디 있담?

우리는 솔직히 쓰레기통이 필요 없었다. 정말 곤란한 것은 중국인들의 친절한 습관 때문에 아무것도 버릴 수가 없었다는 점이다. 구멍 난 스타킹, 다 쓴 클리넥스 통, 빈 샴푸병 등을 버리면 깨끗이 포장해서 우리한테 되돌려 주는 것이었다.

취재는 쉽게 이루어지지 않았다. 우리는 원하는 곳은 어디든 자유롭게 갈 수 있었으나 갈 수단이 없었다. 택시도 없고 자가용차도 없었으며 우리를 이곳에서 저곳으로 이동시켜 주는 공식 버스 외에는 교통수단이 아무것도 없었다.

호텔에서 걸어갈 수 있는 거리에 백화점이 하나 있어서 나는 미스 탕에게 취재
할 수 있도록 나와 우리 카메라맨을 1번 백화점이라는 그곳으로 데려다 달라고
부탁했다. 상점에는 이름 대신 지어진 순서대로 번호가 매겨져 있었다. 백화점
을 보면 그곳 사람들이 어떻게 사는지 알 수 있다는 게 내 지론이다.

백화점은 크고 사람들로 북적였는데 난방시설은 입구에 석탄 난로 하나밖에
없어서 추웠다. 자동차를 가진 사람이 없었기 때문에 사람들이 제일 갖고 싶은
게 자전거였는데 대당 가격은 60달러쯤 되었다. 공장 노동자의 한 달 평균 임금
이 20달러쯤 되었기 때문에 최대한 아껴서 살며 일 년쯤 모으면 자전거나 재봉
틀을 한 대 살 수 있었다. 자전거 다음으로 갖고 싶어 하는 게 재봉틀이었는데
그것도 60달러쯤 했다. 신발 한 켤레에 1.5달러였고 얼굴 크림과 샴푸는 봉지에
조금씩 넣어 팔았다. 나는 그날 저녁 방송용으로 그 백화점에서 신제품 발표회
같은 리포트를 내보냈다.

백화점 바로 옆에는 약국이 있었는데(1번 약국이었던가?) 외국인들에게 최고
로 인기 있는 플라스틱 침술 인형이 있었다. 작고 말랑말랑한 느낌을 주는 흰색
인형이었는데 침을 놓는 자리가 잔뜩 표시되어 있었다. 침은 길이가 3 내지 8인
치 정도 되었는데 자기 손으로 놓을 수 있는 침구 세트였다. 약국에는 말랑말랑
한 침술 귀 모형도 있었다. 중국 한의사들은 귀에 인체의 말초신경이 모두 모여
있다고 믿었다. 내가 가지고 온 선물 중에서도 사실상 모든 중국 사람들이 달
고 다니는 마오 주석의 얼굴이 새겨진 큰 붉은색 단추와 함께 침술 인형과 귀
모형이 제일 인기 있는 선물이었다.

메모리얼 슬론 케터링 병원에 있는 내 친구 폴 마크스 박사는 내가 가져다
준 귀 모형을 보고 반해 버렸다. 당시 미국에는 침술이 거의 소개되지 않았는데
중국인들은 마취하지 않고 침만 가지고 수술을 할 수 있다고 자랑했다. 북경을
떠나기 전 어느 날 오후에 기자들 몇 명이 침술 시술 장면을 보게 되었다. 전해
들은 바로는 환자가 수술대 위에 누워서 두 눈을 뜬 채 아주 편한 모습이었다고
했다. 핀에 살짝 찔리는 것도 못 참는 나는 침술 구경 가는 데는 빠지고 집에 가
져갈 플라스틱 귀 대여섯 개를 준비했다. 집으로 사가지는 않았지만 최음제 세

트도 있었다. 사랑 때문이 아니라 '정치적 동지'이기 때문에 결혼한다는 사람들이 사는 그 엄숙한 나라에서 이런 걸 판다니 믿을 수가 없었다.

나는 상록 인민 코뮌이라는 데서도 취재허가를 받았다. 이 농촌 코뮌은 우리가 묵은 호텔에서 불과 십분 거리에 있었고 호텔에는 더운물과 찬물이 콸콸 나왔는데 그 마을에는 둘 다 없었다.

우리는 공 씨라는 사람의 집을 방문했는데 웨일스 지방에서 본 허름한 광부의 집은 여기에 비하면 트럼프 플라자였다. 공 씨의 방 두 칸짜리 농가에는 진흙 방바닥에 벽돌과 나무로 만든 침상이 하나 놓여 있었다. 방바닥 밑에서 탄으로 난방을 했으며 바깥채가 한 채 있었는데 그게 다였다. 그런데도 공 씨 일가는 공산당을 찬양했다. 먹을 것은 충분하고 겨울철에는 난방이 되고 깨끗하고 따뜻한 옷을 입고 있었는데 그것을 모두 마오 주석 덕분이라고 했다. 마오 주석은 악독한 지주들에게서 농지를 빼앗은 다음 그것을 모두 농민들에게 나누어 주었다.

좋은 취재였다고 나는 생각했다. 진짜 중국 농촌의 모습을 담은 유일한 필름이었고 미국 시청자들에게 중국 사람들의 사는 모습뿐 아니라 그들이 어떤 생각을 하는지까지 보여 줄 수 있었기 때문이었다. 나는 그것을 뉴욕으로 보냈는데 상록수 인민 코뮌과 록펠러 센터 중간 어디에선가 필름이 사라져 버렸다. 도중에 사라졌다는 것 외에는 지금도 아는 것이 없다.

아침 6시부터 이튿날 새벽 2시까지 이어지는 긴긴 하루가 계속되면서 나는 지치기 시작했다. 그때도 그랬지만 지금 생각해 보니 당시 나는 의기소침했던 것 같다. 다음은 좋지 않은 이야기를 소개하겠다.

나와 몇몇 남자 동료들 사이의 관계는 그렇게 좋지 못했다. 적대적인 감정은 사실 중국에 도착하기 전 하와이에서 1박할 때부터 시작되었다. 헨리 키신저와 스피치 라이터인 팻 뷰캐넌 사무실에서 나온 몇 명이 호놀룰루에 사는 클레어 부스 루스로부터 조촐한 만찬 초대를 받았다. 루스 여사는 타임 창설자의 아내로 본인도 대단한 인물이었다. 키신저 박사와 나는 투데이에서 심층 인터뷰를 한 인연으로 스튜디오 밖에서도 친구로 지내고 있었는데 키신저가 루스 여사에게 나도 만찬에 참석했으면 좋겠다는 뜻을 전했다. 안 좋은 이야기는 그렇게 해서 시작이 되었다.

기자 중에서는 나만 초대받은 게 아니고 존 챈슬러와 시어도어 화이트도 갔다. 하지만 유일한 여성 리포터였기 때문에 내가 돋보였다. 대부분이 초대받지 못했지만 초대받지 못한 리포터들은 내가 키신저, 백악관 스태프들과 만나는 게 못마땅했다. 그들의 눈에 나는 경험 없고 잘못 배운 신출내기가 벼락출세한 것으로밖에 보이지 않았다. 키신저가 나를 따로 불러 사적인 이야기를 나눈 것도 사태를 더 악화시켰다. 모두들 키신저가 내게 특종을 미리 알려 주었을 것이라고 생각했다. 실은 중국에 가서 시간이 나면 자기가 가족과 친구들한테 가져다 줄 선물을 대신 좀 사 줄 수 있겠느냐는 부탁을 내게 한 것이었다. 당시 그와 교제 중이었고 나중에 그의 부인이 된 낸시 매긴스의 선물은 부탁하지 않았다. 당시 낸시는 매우 보수적이어서 중국 공산주의자들과 관계 맺는 것을 좋아하지 않았다. 그래서 키신저에게 중국에서 가져오는 선물은 원치 않는다는 뜻을 밝혔다고 한다. 이후 그녀는 중국을 아주 좋아하게 되었고 많은 중국 지도자들과 친분을 맺었다. 키신저의 선물을 대신 챙겨 준 것은 불에 기름을 부은 격이 되었다.

종이 쪽 취재진은 중국 취재단에 텔레비전 인원이 많이 배정된 데 대해 벌써 불만이 많았다. 백악관은 종이 미디어의 경우에는 신문이나 잡지사별로 한 명의 기자만 허용해 주고 사진은 풀을 이용하라고 한 반면 방송사들에는 TV 기술 인력과 카메라맨 등 대규모 인원을 보내도록 허락했다. 닉슨의 백악관은 대통령의 모습을 이국적이고 금지된 나라 중국에서 위성 생방송으로 미국의 안방에 내보내는 게 홍보에 어떤 효과가 있는지 교묘하게 예측했고 그래서 텔레비전 인원을 늘려 주려고 애를 썼던 것이다. 예를 들어 텔레비전 스태프들은 수시로 승용차를 이용해 이동시켜 준 반면 종이 저널리스트들은 버스로 이동시켜서 불만을 샀다.

신문과 잡지 리포터들의 불만은 그럴 만도 했다. 리처드 닉슨은 처음부터 끝까지 텔레비전 쇼를 이용했다. 그는 워싱턴 기자단을 '진보적'이라고 생각했고 베트남전 반전 여론도 그들에게 책임이 있다고 생각했다. 닉슨은 기자단을 거치지 않고 미 국민들에게 직접 이야기했고 텔레비전 생방송은 완벽한 수단이 되었다.

불행하게도 나는 그 십자포화 속에 갇혔다.

종이 저널리스트들은 월터 크롱카이트나 존 챈슬러같이 모든 사람이 좋아하는 노련한 텔레비전 저널리스트들에게 분노를 표시할 수는 없었다. 그러면 누가 있는가? 그게 바로 나였다.

일부 사진기자들은 심지어 내 호텔방 바깥에 못 쓰게 된 필름 파일을 갖다 버렸다는 이야기까지 퍼뜨렸다. 정말 그렇게 했는지는 나도 보지 않았으니 모른다. 그들은 내가 닉슨 여사한테 너무 붙어 다니는 바람에 퍼스트레이디 사진에 내 얼굴이 들어 있지 않은 것이 없었다는 말을 했다. 나는 그 말을 믿지 않았다. 나는 보통 남자 리포터들보다 닉슨 여사한테 더 가까이 가지 않았다. 한마디로 다 큰 어른들이 꾸며 내는 라커룸 소문이었을 뿐이었다.

사실은 종이 리포터들이 나를 따돌렸다. 그들은 하루 일과 끝나고 한잔할 때 나를 부르지 않았다. 버스로 이동하면서 잡담할 때도 나는 끼워 주지 않았다.

나중에 뉴욕 타임스 편집국장이 되고 그 중국 취재 기사로 퓰리처상을 받은 맥스 프랭켈까지도 나를 기피했다. 하루는 맥스가 몇몇 동료들과 저녁을 먹으러 나가는 것을 보고 나도 가면 안 되느냐고 물었더니 그는 말도 안 되는 변명을 늘어놓으며 자기들끼리만 가 버렸다. 몇 년 뒤 맥스는 계속해서 반성하고 있다며 내게 사과했다. 당시 그들은 나와 같이 있는 게 그저 싫었던 것이다. 나는 신출내기였고 투데이쇼에서 왔다는 것이었다. 그들은 우리 쇼에 관심을 갖기 시작했지만 존중은 하지 않았다.

하지만 당시에는 나도 그들을 이해할 수가 없었다. 도대체 내가 이 남자들에게 무엇을 잘못했단 말인가? 나는 계속 이 생각을 했다. 내가 무슨 짓을 했다고 나를 이토록 미워하는가?

나는 하와이에서 만찬에 초대되어 간 일과 키신저와 따로 이야기를 나눈 것 등을 생각했다. 그리고 대통령과 함께 있을 때 그가 나를 알아보고 미소를 지어 준 일 등을 떠올렸다. 나는 담임선생님의 애완견 같은 생각이 들기 시작했다. 학생들이 선생님의 애완견에 대해 어떤 기분을 갖는지 알 것이다.

그리고 할데만이 있었는데 그는 자기 무비 카메라를 직접 들고 중국을 누비고 다녔다. 나는 그와 인터뷰를 가진 게 불과 몇 주 전이었기 때문에 그는 중국에서 나만 보면 미소를 지었고 틈만 나면 내게 다가왔다. 그걸 보고 다른 기자들이 이를 갈았을 수 있다. 그들은 할데만과 인터뷰도 해보지 못했는데 나는 대통령의 비서실장인 그가 윙크를 해 대는 사이였던 것이다.

지금 돌이켜 생각해 보니 그 당시의 적대감을 좀 더 잘 이해할 수 있을 것 같다. 다른 텔레비전 기자들은 종이 쪽에서 일한 경험들이 있었다. 종이 쪽 사람들은 그들을 돈 때문에 저속한 텔레비전에 팔려간 것으로 치부했지만 그러면서도 그들 사이에는 공통분모가 있었다. 하지만 내게는 그런 공통분모가 없었다. 나는 텔레비전의 아이인 데다 여자였고 그들은 모두 고참 남성 클럽 회원들이었다. 나도 그때는 그걸 몰랐다.

하지만 NBC의 동료들 특히 존 챈슬러는 내게 아주 친절하게 대하며 나를 도와주었다. 그것이 다른 사람들로부터 받는 힘든 대접을 메워 주었다. 그리고 나는 한편의 서사시 같은 그 일주일 동안 중국에 매료되었다. 개인적인 문제로 불안정하던 시기에 그 여행은 나의 외로움을 달래는 데 큰 도움이 되었다.

위성 덕분에 쉽게 전화할 수 있었지만 나는 마땅히 전화할 데가 없었다. 헤어졌으니 리에게도 전화할 수 없었다. 나를 그토록 먼 곳에 보내 놓았으니 부모님도 벌써 내 걱정을 하셨겠지만 두 분께도 전화할 수가 없었다. 전화하면 자연히 이런저런 것을 물으실 게 뻔했기 때문이다. 어린 딸도 걱정이 되었다. 이 먼 곳에 있는 동안 애가 아프거나 무슨 일이 생기면 어떻게 하지? 젤이 무슨 일이 생기든 잘 처리해 줄 것이라 믿었기 때문에 전화할 데라고는 그곳밖에 없었다. 나는 틈만 나면 집으로 전화를 걸어서는 재키에게 보고 싶다는 말과 엄마가 사랑한다는 말을 해 주고 젤에게는 아이를 유아원에 데려가기 전에 투데이쇼를 틀어서 중국이라는 이상한 나라에 가 있는 엄마를 보여 주라고 시켰다. 그리고 나서 전화를 끊으면 외로움이 더 밀려 왔고 그러면 다시 일을 시작했다.

닉슨 여사 취재로 힘든 하루를 보내고 난 어느 날 나는 이번 방문에 맞춰 열리는 주요 문화행사 보도를 하기 위해 방송 부스로 갔다. 인민대회당에서 특별 발레공연이 예정되어 있었다. 서방 인사들과 기자, 기술자 등 모든 이들이 '홍색낭자군'紅色娘子軍이라는 제목의 공연에 초대를 받았다. '홍색낭자군'의 테마는 공산당 정권에 반대하는 사람들을 모두 몰아내는 여전사들의 이야기를 다룬 것이었다. '백조의 호수'에 비할 바는 못 되었지만 공연 초대장이 중국에서 가장 중요한 여인인 마오쩌둥 아내의 이름으로 나갔기 때문에 뉴스가 되었다. 그녀는 처녀 때 이름인 장칭江靑으로 알려져 있었으며 공연에 직접 참석했다.

마담 장은 소위 작업하기 힘든 상대였다. 모두들 기를 쓰고 그녀를 만나려고 했다. 그녀는 마오의 네 번째 부인이고 마오보다 한 세대 젊은 여인이었다. 배우 출신에 아름다웠지만 많은 이들이 사악한 여자라고 생각했다. 마오는 그녀와 결혼하기 위해 세 번째 부인과 이혼했다. 두 사람 사이에 자녀가 있는지 아무도 몰랐다. 아무도 감히 물어 보지 못했을 것이다.

어쨌든 문화대혁명이 진행 중이던 1960대까지는 미스 장칭에 대해 알려진 게 거의 없었다. 그녀는 마치 용처럼 나타나 악명 높은 4인방을 결성해서는 지식인, 작가, 정부 내 수정주의 관료들을 잔인하게 숙청했다. 그녀의 지시로 그들 가운데 많은 이들이 죽음에 처해졌다. 그녀는 중국의 발레와 오페라 레파토리도 자기 손으로 완전히 바꾸어서 8편의 마오주의 작품으로 대체했는데 이 작품도 그 가운데 하나였다.

나중에 그녀의 잔혹한 독재는 심판을 받게 되었다. 4년 뒤에 남편이 죽자 그녀는 재판에 회부되어 처음에는 사형을 언도받았다가 종신형을 선고받고 감옥에 갇혔다. 그리고 1991년에 자살한 것으로 알려졌다. 하지만 발레 공연이 있던 그날 밤 닉슨 부부 사이에 남편과 나란히 앉은 그녀는 당당하고 매력적인 인물이었다. 발레 무대에서 몇 마일 떨어진 작은 부스에 앉아서 나는 텔레비전 모니터를 통해 투데이쇼 시청자들에게 그녀의 모습을 설명해 주었을 뿐 그녀를 한번도 만나지는 못했다.

밤 11시가 넘어 발레가 끝나자 버스가 우리를 우호상점으로 데려다 줄 것이라는 말을 들었다. 중국 주요 도시에 있는 외국인 상점은 그렇게 불렀다. 하루 24시간 영업하는 곳이었는데 4000달러에 비취반지, 2만 달러에 에메랄드 목걸이를 살 수 있었다. 그곳에서 헨리 키신저가 부탁한 선물을 샀고 나도 예쁜 실크 옷감을 조금 샀다. 나는 지금도 그 옷감으로 만든 스커트를 입고 다닌다. 그 상점에서 나는 취재단의 다른 일행들에게 제법 인기 있는 사람이 되었는데 몇몇은 내게 와서 아내나 아이들에게 사다 줄 선물을 고르는 데 조언을 부탁했다. 얼음이 녹고 있었던 것이다. 새벽 한 시가 되어서야 잠자리에 들었다가 중국식 닭고기 누들 수프를 먹기 위해 새벽 6시에 다시 일어났다.

나는 무척 불안했다. 내가 보내는 생방송이 뉴욕에서 어떻게 받아들여지고 있는지 전혀 알지 못했고 심지어 내가 촬영해서 보내 주는 필름이 방송에서 내보내는지조차 몰랐다. 급조한 커뮤니케이션 센터에서 방송을 하자니 정말 한심했다. 벽지는 너덜너덜했고 한쪽 스튜디오에서는 월터 크롱카이트가 방송하는 소리가 들려 왔다. 또 다른 스튜디오에서는 해리 리즈너, 그리고 홀 건너편에서는 존 챈슬러의 방송 소리가 들렸다. 내가 어떻게 이런 거물들과 경쟁할 수 있단 말인가?

아이로니컬하게도 내게 잘한다고 격려해 준 사람은 닉슨 대통령이었다. 모두 만리장성으로 갔을 때였는데 그곳은 닉슨 대통령의 텔레비전 주간 중에서도 백미였다. 그가 저우언라이 중국 총리와 격의 없이 걸어가는 동안 모든 카메라들이 그의 발걸음을 하나도 놓치지 않고 잡아서 미국으로 보냈다. 산보가 끝나고 카메라가 꺼지자 그는 내게 다가와서 그 전날 밤 내가 체육관에서 취재해서 보낸 방송에 대해 칭찬을 했다. "그걸 어떻게 아셨습니까?" 이렇게 물었더니 대통령은 "아, 매일 아침 전화로 보고를 받지요"라고 하는 것이었다. 주도면밀하고 텔레비전의 생리를 잘 아는 대통령은 중국 방문 중에 시청률을 챙기고 있었던 것이다. 그에 대해 많은 것을 말해 주는 일화지만 어쨌든 내 귀에는 음악 소리처럼 감미로운 칭찬이었다.

하지만 그 일 때문에 나는 만리장성에서 하마터면 혼자 남겨질 뻔했다. 대통령과 이야기하다 보니 내가 타야 할 NBC 자동차를 찾아갈 시간이 없었다. CBS

카메라 팀한테 저지른 실수를 또다시 되풀이하고 싶은 마음은 없었지만 만약에 차를 놓쳐서 만리장성에서 나 혼자 호텔로 돌아가려면 5년은 족히 걸릴 것이라고 생각했다. 반갑게도 애브 웨스틴이 자동차에 올라타는 모습이 보였다. 나는 몇 년 전에 CBS에서 그와 같이 일한 적이 있었는데 지금은 ABC 나이틀리 뉴스의 책임 프로듀서로 일하고 있었다. 같이 타도 되겠느냐고 물었더니 그는 흔쾌히 좋다고 말하고 ABC의 수석 기자인 해리 리즈너 옆에 끼어 앉게 했다. 그는 정말 유쾌한 사람이었다.

북경에서의 마지막이 되는 그날 밤 26명의 중국 기자단이 미국 기자단을 만찬에 초대했다. 나는 방송을 마치고 만찬에 뒤늦게 참석했다. 내 왼편에 앉은 아주 똑똑한 중국 기자에게 내가 이렇게 물었다.

"우리는 당신에게 많은 것을 물었어요. 이제 미국이나 미국 사람에 대해 궁금한 것이 있으면 무엇이든 물어 보실래요?"

"없어요."

"자동차나 아니면 자전거를 한 대 더 사고 싶다든지 하는 것 없으세요?"

"없어요. 원하는 건 다 갖고 있어요."

"아들이 둘이라고 하셨는데요. 아이들이 자라서 무엇이 되었으면 좋겠어요?"

"나쁜 습관을 갖지 않고 인민에게 봉사하도록 자라기를 바랍니다."

내가 이런 일을 소개하는 것은 지금은 너무도 많은 사람들이 중국을 방문하고 있고 중국에 대해 읽고 있기 때문에, 과거에 그토록 폐쇄적이고 통제되었던 중국 사회가 공산주의 사회임에도 불구하고 어떻게 지금처럼 현대화된 사회로 활짝 꽃피게 되었는지 이해하기가 거의 불가능하기 때문이다.

방문 엿새째 우리는 '중국의 베니스'라고 불리는 아름다운 도시 항저우杭州로 날아갔다. 고약했던 옛날 이곳은 부유하고 아름다운 여인들과 아름다운 비단의 본고장, 그리고 중국 최고의 차茶가 나는 곳으로 유명했다. 호수와 탑, 사원 등 마치 그림책을 보는 것 같았다. 대통령과 닉슨 여사는 서호西湖에서 보트를 탔고 우리도 그렇게 했다. 대통령은 마음껏 농담을 했다. 주말처럼 유쾌하고 느긋한 날이었고 나도 그날 밤에는 일을 하지 않았다.

나도 처음으로 연회에 참석했다. 연회가 끝난 뒤 대통령이 천천히 방을 가로지르며 우리와 인사를 나누었다. 그리고 전설적인 인물 저우언라이 총리에게 우리를 소개했다. 날씬하고 우아한 신사였는데 영어도 조금 했다. "이쪽은 헬렌 토머스입니다." 대통령은 베테랑 UPI 기자를 소개하며 이렇게 말했다. "60년 동안 백악관을 취재했답니다."(멋진 헬렌은 2000년에 80회 생일을 앞두고 은퇴했다.) 그리고 대통령은 나를 총리에게 소개했다. "이쪽은 바버라 월터스입니다." 나를 소개하며 그는 이렇게 말했다. "이제 막 시작한 사람이지요."

마지막 방문지 상하이에서 닉슨 대통령은 중국과 상하이 코뮈니케에 서명했다. 앞으로 대만과의 민감한 관계를 다루고 미국과 중국 사이의 접촉과 교류를 점차 늘려 간다고 다짐하는 성명이었다. 코뮈니케 말미에 닉슨 대통령은 이렇게 선언했다. "이번 한 주는 세계를 바꾼 한 주일이었습니다."

뉴스의 세계도 바꾼 한 주였다. 이 중국 방문은 아마도 텔레비전이 미국의 주요한 뉴스원 지위를 행사한 중요한 기간이었다. 프린트 리포터들은 화가 끝까지 났다. 라이프 매거진의 휴 사이디는 백악관이 "글 쓰는 사람들을 불필요한 악처럼 취급했다"고 불평했다. 귀국한 다음 뉴욕 타임스는 사설을 통해 텔레비전이 뉴스 커버리지를 장악했다고 주장했다.

한 주간의 중국 출장은 나도 바꾸어 놓았다. 나는 그 전이나 이후 어떤 때보다도 리포트에 대해 많은 것을 배웠다. 그리고 나는 한 나라가 어둠에서 벗어나 새로운 시대로 진입하는 것을 다른 대부분의 서양 사람들보다 앞서서 보았다.

이후 나는 1975년 제럴드 포드 대통령 방문 때를 포함해 여러 해에 걸쳐 중국을 여러 차례 더 방문했다. 하지만 첫 방문이던 1972년 그때와 비교할 만한 경우는 없었다. 나는 겸허한 마음으로 감사했다. 얼마나 멋진 일을 내가 해냈던가! 나는 정말 운이 좋았다. 그 무신론의 나라에서 보낸 마지막 오후에 나는 짧은 감사의 기도를 올렸다.

중국에서의 마지막 밤에 나는 다시 한번 페이와 같은 방을 썼다. 우리는 새벽 두 시까지 자지 않고 앉아서 어떻게 해야 중국 사람들이 우리가 버린 쓰레기

를 도로 갖다 놓지 않을까 궁리하며 필요 없는 쪽지를 버렸다. 그때 노크 소리
가 났다. 험상궂게 생긴 두 명의 중국 남자가 들어오더니 커다란 선물 상자들을
우리 무릎 위에 안기는 것이었다. 상자 하나의 무게가 30파운드는 나갈 것 같았
다. "사탕입니다. 상하이시 혁명정부의 성의입니다." 영어를 할 줄 아는 사내가
이렇게 말했다. 페이와 나는 깔깔거리며 웃음을 터뜨리고 말았다. 새벽 두 시에
30파운드짜리 사탕 박스를 들고 와서 집으로 가져가란다. 도저히 그냥 두고 나
올 수가 없었다. 그랬다가는 중국 사람들이 절대로 우리를 용서하지 않을 것 같
았다. 그리고 두고 오게 놔두지도 않았을 것이다.

　이튿날 우리는 미국 기자단 전세기를 탔고 점심에는 핫도그와 햄버거가 나
왔다. 어느새 귤은 흔적도 없이 사라져 버렸다.

　방문은 끝났다. 나는 살아남았고 분명히 잘해 냈다. NBC 내부에서 우리 뉴
스팀의 다른 누가 보낸 기사보다도 내가 보낸 중국 리포트에 방송시간을 더 많
이 할애했다는 말이 들렸다. 더 기분 좋은 것은 NBC 취재팀이 시청률에서 모든
다른 경쟁사들을 물리쳤다는 사실이었다. 나는 중국인이 아니라 우리 동료들
중에서 친구도 한두 명 새로 알게 되었다. 특히 존 챈슬러는 그 한 주일 동안 나
에 대한 생각을 바꾸었고 내가 열심히 일한 것을 인정해 주었다. 그는 비행기
안에서 남성 쇼비니스트들의 질시를 물리치고 내 자리로 와서는 과감하게 아주
공적인 키스를 내 뺨에 해 주었다.

　이제 집으로 돌아가서 또 다른 도전을 맞이해야 할 시간이었다.

　그것은 다름 아닌 리가 없는 삶이었다.

끝장난 결혼과 사해 ^{死海}

나는 완전히 녹초가 된 채 중국에서 돌아왔지만 NBC나 나 자신이 생각했던 것 이상으로 일을 잘하고 왔다. 하지만 아파트 현관문을 열고 들어서는 순간 나를 끌어안으며 "어서 와요. 당신이 자랑스러워"라고 말해 줄 사람이 없었다. 리는 떠나고 없었다. 나는 오랫동안 자유롭고 싶었는데 이제 자유롭게 되었다. 하지만 자유는 그에 따르는 결과를 감내해야 한다.

차라리 리와 내가 서로 욕설을 주고받으며 싸웠더라면 일이 이렇게 꼬이지는 않았을 것이다. 하지만 그런 일은 한번도 없었다. 내가 방송생활을 시작했을 때 리는 그 자리에 있었고 그가 브로드웨이 사업을 할 때는 내가 그 자리에 있었다. 우리는 아이를 입양해서 아이가 자라는 것을 지켜보는 기쁨을 함께 맛보았다. 리는 좋은 아빠였고 나는 그의 아이들에게 좋은 의붓어머니였다. 나는 그러한 관계가 지속되기를 바랐는데 리와 나 자신을 생각하면 마음이 아팠다.

나는 또한 이제 두 번 결혼이면 족하다고 생각했고 다시는 결혼하지 않겠다고 맹세했다. 나는 그 맹세를 지키지 못했다.

나는 다른 많은 여자들보다는 그런 결심을 하는 게 좀 더 쉬었다. 나는 결혼생활할 때와 같은 생활 스타일을 유지하는 데 충분한 돈이 있었고 혼자되는 게 겁나지 않았다. 더구나 아주 바쁜 직장생활과 어린아이 때문에 나는 그동안 혼자 있는 시간이 원하는 것만큼 많지 않았다. 나로서는 혼자가 되는 게 아주 원했던 일처럼 생각되었다.

리와 나는 금전적으로 서로 다툴 일이 하나도 없었다. 위자료나 생계비 지원도 필요 없었다. 리는 재키 앞으로 최소한의 아이 양육비를 보내 왔고 그가 그것을 원했다. 그는 재키를 키우는 것은 자기 책임이기도 하다는 생각을 했고 그렇게 하는 것이 공정한 것 같았다.

리는 원하면 언제든지 재키를 볼 수 있도록 했다. 그 문제에 대해서는 공식적인 합의문을 만든 적이 없지만 아무런 문제가 되지 않았다. 우리가 살던 아파트는 세낸 것이라 내가 그대로 살기로 하고 리는 더 작은 아파트를 자기가 빌렸다. 결혼생활을 깨는 것이었지만 일은 아주 간단했다.

하지만 부모님은 아주 기분이 안 좋으셨다. 아버지는 특히 리와 가깝게 지내셨기 때문에 계속해서 내게 "왜? 왜?"라고 물으셨다. 나는 기어들어가는 목소리고 겨우 대답했을 뿐이었다. 두 분은 리에 대해서 안타깝게 생각하셨지만 나에 대해서도 걱정하셨다. 셜리 언니도 마찬가지였다. 나의 상담 친구이자 제일 친한 친구인 셜리는 그 전까지 항상 나의 결정을 지지해 주었는데 나는 이번에도 그렇게 해줄 것이라고 믿었다. 하지만 그렇지 않았다. 내 기분을 이해하지 못해서가 아니었다. 나는 언니에게 내가 어렴풋이 느끼는 불만을 자주 이야기했고, 그런 기분이 한 달 두 달, 일 년 이 년 시간이 흐르면서 점점 더 강해지고 뚜렷해진다는 것을 털어놓았다. 하지만 부모님과 마찬가지로 언니는 나의 앞날을 걱정했다. "리는 문제 없을 거야." 언니는 이렇게 말했다. "그는 다른 사람을 구하는 데 아무 문제가 없을 거야. 하지만 너는 이제 사십을 앞두고 있어. 다른 사람을 구하기 전까지는 지금 있는 사람을 보내면 안 돼."

언니는 재키의 앞날도 걱정했다. 병원비는 누가 대고? 학비는? 대학은 누가 시키고? "네 일자리가 안정된 것인지 누가 아니?" 언니는 내게 손으로 하나하나 꼽아 보이며 이야기했다. "지금이야 너도 괜찮지. 하지만 네가 하는 일에 어떤 일이 일어날지는 아무도 몰라. 너는 전에도 텔레비전에서 일자리를 잃었지 않니. 그런 일은 다시 일어날 수 있어." 나는 잠자코 듣고 있었지만 결심을 바꾸지는 않았다. 남은 기회를 또 써 보기로 했다.

한 가지 재미있는 루머가 떠돌아다니기 시작했는데 적어도 나로서는 재미있는 루머였다. 내가 헨리 키신저에게 가기 위해 리를 떠났다는 루머였다. 리와 내가 헤어질 때 키신저는 내 마음에 들어온 적이 한번도 없었다. 나는 그를 존경했고 그와 같이 있는 것을 좋아했지만 그게 로맨스였던 적은 한번도 없었다. 그의 아내가 될 낸시 매긴스와도 인사를 했는데 나는 보자마자 그녀를 좋아하게 되었다. 두 사람은 1974년에 결혼했다. 하지만 워싱턴과 뉴욕의 몇몇 칼럼니스트들이 보기에는 키신저와 나를 놓고 이야기하는 게 그럴듯하게 생각되던 모양이다. 셜리 언니도 같은 생각이었다. "헨리 키신저면 네게 딱 어울리는 사람이야." 언니는 이렇게 말했다. "그 사람은 멋지고 똑똑하고 게다가 유대인이잖니."

중국에서 돌아오고 난 뒤 몇 주 동안 나는 로맨스에 대해서는 일절 생각도 하지 않았다. 어린 딸 걱정을 훨씬 더 많이 했다. 처음에 아이는 아빠가 집에 같이 살지 않는다는 사실을 제대로 이해하지 못했다. 어차피 아빠는 이곳저곳 극장을 돌아다닌다고 집을 비우는 때가 많았으니까. 하지만 불과 네 살밖에 안 되었는데도 얼마 안 가 부모의 이혼이 영향을 나타내기 시작했다.

리는 재키에게 그렇게 헌신적일 수가 없었다. 가능한 한 딸을 자주 만나고 학교 연극 발표회는 절대로 빠지지 않고 보러 왔으며 휴가는 아이와 함께 갔다. 우리는 일주일에 여러 번 만났지만 서로 나쁜 말은 한마디도 하지 않았다. 하지만 재키는 아빠가 데리러 오면 싫다고 울며 떼를 쓰기 시작했다. 나는 아빠와 엄마가 같이 내린 결정이라고 틈만 나면 이야기했지만 딸애가 아빠가 집을 나간 데 대해 정말 용서했는지는 지금도 잘 모르겠다.

리와 나는 처음 고통스러운 몇 개월을 지낸 뒤 조금씩 각자의 위치를 찾아갔고 진정한 우정관계를 만들어 나가기 시작했다. 어린 딸에 대한 두 사람의 사랑 덕분이기도 했다.

리는 나중에 로이스 와이즈라는 아주 똑똑하고 멋진 여성과 결혼했다. 로이스는 와이즈 광고회사의 창업자 겸 회장으로 베스트셀러가 된 '웃겨, 당신은 할머니처럼 보이지 않아' Funny, You Don't Look Like a Grandmother를 비롯해 60권이 넘는 책을 쓴 작가이기도 하다. 나도 로이스를 약간은 알았는데 투데이쇼에서 소개한 광고 가운데 그녀가 만든 것도 있었다. 로이스는 간혹 우리가 자기 고객 광고를 제대로 하고 있는지 체크하러 스튜디오에 들르기도 했다. 나는 그녀가 리와 결혼한 다음에도 그녀를 좋아해서 서로 친구가 되었다. 로이스는 리가 하는 쇼 비즈니스 사업을 무척 좋아하는 것 같았고 리와 나 두 사람이 보기 드물게 서로 따뜻한 감정을 갖고 있다는 사실도 용인해 주었다. 한번은 무지하게 추운 어느 겨울밤에 그 두 사람과 같은 파티에 간 적이 있었다. 파티 장소는 우리 아파트에서 얼마 떨어지지 않은 곳이었고 집에 갈 시간이 되자 나는 밤중에 미끄러운 거리를 혼자 걸어갈 일이 걱정되었다. 로이스가 먼저 리보고 나를 집까지 바래다주라고 했고 우리 두 사람은 오랜 친구 사이처럼 팔짱을 끼고 걸어서 집까지 왔다.

리는 계속해서 브로드웨이의 유혹에서 벗어나지 못했다. 1986년에 그가 마지막으로 거액을 들여 만든 뮤지컬 '래그스' Rags는 겨우 네 번 공연하고 막을 내리고 말았다. 그리고 6개월 뒤에 그는 수술이 불가능한 뇌암 진단을 받았다. 로이스는 헌신적으로 그를 간호했고 오랜 기간 그가 화학요법을 받는 동안 불평 한마디 하지 않았다. 병이 진전되면서 나도 자주 찾아가 보았다. 로이스는 항상 나를 반갑게 맞아 주었다. 생의 마지막 몇 달 동안 리는 나를 제대로 알아보지 못하는 것 같았는데도 내가 가면 좋아했다.

리는 1988년 3월에 67세의 나이로 세상을 떠났다. 그가 죽은 날 아침 로이스가 내게 전화를 걸었다. "와 줄 수 있어요?"라고 그녀는 물었고 나는 곧바로 달려가 손을 마주 잡은 채 둘이 같이 있었다. 이상하게 들릴지 모르지만 로이스는 자기가 사랑하는 그 사람에게 내가 큰 의미를 가졌다는 것, 그리고 내게도 그 사람이 큰 의미를 가진다는 사실을 질투심 없이 받아들였다. 그녀가 2007년에 죽을 때까지 여러 해 동안 우리는 웃으면서 서로 "형님, 동생" 하며 지냈다.

내 인생에서 리와의 이별보다 더 가슴 아픈 일은 없지만 그보다 15년 앞서 내 경력에서 나는 아주 가슴 아픈 이별을 겪게 되었다. 1973년 1월에 카메라 앞에서는 동료였고 카메라 바깥에서는 나의 후원자였던 조 개러지올라가 투데이 쇼를 떠난 것이다. 지금도 많은 사람들이 진짜 이유를 숨길 때 쓰는 말이지만 표면적인 이유는 가족과 좀 더 많은 시간을 보내고 싶다는 것이었다. 하지만 내 생각에 진짜 이유는 프랭크 맥기 때문이었다. 프랭크는 한번도 프로그램에서 조의 가치를 제대로 알아주지 않았다. 그에게 조는 퇴물 야구선수였을 뿐이고 그저 농담이나 할 상대였다. 하지만 조는 그런 사람이 아니었다. 그는 아주 똑똑하고 현명한 사람이었다.

세트에서의 그러한 긴장관계는 조와 휴, 그리고 나 사이에 오고 갔던 우정과 선의의 정신을 흐려 놓았다. 우리는 여행을 같이 했고 수없이 많은 식사를 같이 한 사이였다. 우리는 가족끼리도 서로 알고 지냈고 각자의 생일을 함께 축하했다. 정말 행복하고도 행복한 세월이었다. 하지만 프랭크가 오면서 모든 게 바뀌고 만 것이었다.

반면에 나는 프랭크와 한번도 아침이나 점심을 같이 한 적이 없을 뿐 아니라 그와 개인적으로 대화를 나눈 기억도 없었다. 그에게 크리스마스카드나 생일카드를 보냈지만 답장은 고사하고 고맙다는 말도 한번 들은 적이 없다.

이러한 적대적인 기간 동안 나는 조와 점점 더 친밀하게 지냈다. 우리는 힘들 때는 서로 돕고 웃으며 5년을 함께 일했다. 어떤 이들의 결혼생활보다 더 긴 세월이었다. 그래서 그가 떠나자 나는 정말 마음이 아팠다. 매일 아침 두 시간 동안 행복한 얼굴로 카메라 앞에 앉아 있는다는 건 더 힘든 일이었다.

룩 매거진의 예술 비평가 진 샬릿이 헝클어진 머리, 팔자 콧수염, 나비넥타이를 매고 등장했다. 투데이 시청자들은 그렇지 않았지만 나는 처음부터 그를 좋아했다. 진은 현실주의자인 개러지올라보다 한층 더 세심하고 예민한 성격이었다. 거기다 외모도 확연히 달랐다. 진과 조는 머리숱이 많지 않았다. 하지만 진이 뱉어 내는 재치 있고 때로는 신랄한 연극 영화 비평은 금방 시청자들을 사로잡았다. 그는 미국에서 가장 영향력 있는 영화 비평가 중 한 사람이 되었고 우리는 평생 친구가 되었다.

프랭크 맥기와 일한다는 것은 내 인터뷰를 하기 위해 계속해서 스튜디오 바깥으로 나가야 한다는 뜻이었다. 1973년 8월에 나는 뉴욕 스튜디오를 벗어났다. 이스라엘 건국 25주년 기념행사 취재였다. 그곳에서 골다 메이어 총리와 인터뷰하기로 되어 있었다. 첫 번째 중동 여행이었다.

이상한 일이지만 나는 유대인이면서도 이스라엘에 그렇게 가고 싶은 적이 없었다. 이스라엘과 종교적으로나 정신적으로 특별한 유대관계가 있다는 생각은 들지 않았다. 아마도 부모님이나 내가 신앙심이 깊지 않고 그곳에 사는 친척도 없었기 때문일 것이다. 아버지가 이 작고 고립된 나라와 가장 가까워진 것은 이스라엘 채권을 사셨을 때였다. 그래서 나는 아무런 기대감 같은 것 없이 예루살렘에 도착했다.

정말 놀랍게도 이스라엘은 나를 압도하고 그 전에 몰랐던 내 안의 감정을 일깨워 주었다. 유대인이건 아니건 그곳을 찾아가는 사람이라면 고대 성벽도시 예루살렘의 놀라운 역사에 감동받지 않을 수 없을 것이다. 아름다운 영토에도 감탄을 금할 수가 없었다. 한때 건조한 바위땅이었던 그곳은 이스라엘 사람들이 절묘한 방법으로 사막에 물을 댐으로써 비옥한 영토로 바뀌었다. 나는 놀라는 한편 강한 유대감을 느꼈다. 이스라엘 사람들의 힘이 되어 준 긍지와 고통, 결의를 이해할 수 있게 된 것이었다.

그곳에 있는 동안 모세 다얀 국방장관과 인터뷰하려고 했다. 군사령관 출신으로 이스라엘 참모총장을 지낸 다얀 장관은 미국에서도 용감하고 영웅적인 인물로 알려져 있었다. 그는 용모가 아주 준수하고 강인한 인상에 광대뼈가 튀어나오고 시리아에서 저격수에게 잃은 한쪽 눈에는 안대를 하고 있었다. 이스라엘 키부츠의 한 농가에서 자라났다고 들었는데 내가 보기에는 동양의 왕자 같은 풍모였다. 군 지휘관으로서의 용맹과 국방장관으로서 1967년 아랍·이스라엘 전쟁을 손쉽게 승리로 이끈 공적으로 그는 영웅이 되었다.

이스라엘 관리들이 전하는 말로는 다얀 장관과의 인터뷰를 주선할 권한을 가진 사람이 아무도 없다는 게 문제였다. 그는 누구와 이야기할지를 본인이 직접 정하는데 대부분은 거절한다는 것이었다. 나는 인터뷰 요청을 해 놓고 답을 기다렸다.

　　기다리는 시간은 최고로 잘 보냈다. 보통 인터뷰 수락 여부를 기다릴 때는 호텔방에서 전화기 옆에 혼자 앉아 마냥 기다려야 했는데 이스라엘에서는 그렇게 하지 않았다. 이스라엘 정부와 텔아비브에 있는 NBC 지국에서는 내가 어디 있는지 빤히 알고 있었기 때문에 나는 예루살렘 시내를 돌아볼 여유가 있었다. 기독교, 이슬람, 유대교 등 세계 3개 주요 종교의 발상지인 구시가를 어슬렁거리며 다니고 예수의 발자취도 따라가 보았다. 구시가 곳곳을 살펴보고 다녔는데 향료에서 시계에 이르기까지 온갖 것을 다 팔고 있었다. 팔레스타인과 이스라엘 분쟁의 궁극적인 원천인 이곳은 전 세계에서 가장 매력적인 곳 가운데 하나다.

　　어느 잊지 못할 저녁 나는 이스라엘 필하모니 오케스트라 공연을 보러 갈 계획이었는데 그날 오후 예루살렘 구시가를 둘러보다가 아주 매력적인 이스라엘 교수를 만났다. 그는 "콘서트에는 가지 말아요" 하며 나를 말렸다. 그러면서 "달빛의 사해死海를 보여 주겠어요"라고 하는 것이었다.

　　달빛 속의 사해라. 그런 제안을 어떻게 거절할 수 있겠는가? 그날 저녁 우리는 자동차로 예루살렘에서 한 시간 거리에 있는 지구상에서 제일 낮은 그곳으로 갔다. 방금 전 떠오른 달이 정적에 싸인 수면을 비추었다. 물은 짜고 따뜻했는데 염도가 높아서 힘을 하나도 들이지 않고서도 물에 뜬 기억이 분명히 나니 수영복도 챙겨 갔던 것 같다. 하지만 미네랄이 풍부한 물은 너무 농도가 짙어서 몸이 뜨기만 할 뿐 헤엄을 칠 수는 없었다. 등을 물에 댄 채 달빛 아래 가만히 누워 있으니 이런 분쟁지역에서 이처럼 평화로운 순간을 누린다는 게 얼마나 아이러니한가 하는 생각이 들었다. 사해 건너편으로는 요르단 왕국의 불빛이 보였다. 너무도 가까운 곳에 있었지만 요르단과 이스라엘이 평화를 이루는 데는 그로부터 20년이 더 걸려야 했다.

　　모세 다얀으로부터는 아직 아무런 답변도 듣지 못했기 때문에 나는 당시 홍해에 면한 이스라엘 휴양지 샤름 엘 세이크로 며칠 여가를 내서 떠났다. 이집트로 영토권이 넘어간 이후 샤름 엘 세이크는 처음에는 인기 있는 휴양지였으나 21세기로 접어들면서 사악한 테러 공격의 표적이 되었다. 하지만 1973년 여름이던 당시에는 예쁘고 조용한 곳이었다. 마침내 메시지가 왔는데 다얀이 인터뷰하기로 했다는 것이었다.

일이 어떻게 될지 전혀 예측할 수가 없었다. NBC 지국에서 들은 바로는 그가 인터뷰하는 것을 아주 싫어하기 때문에 무례하고 예측불허일 수 있다는 것이었다. 좋았어. 사실 그런 점 때문에 우리는 아주 친한 친구가 되었다.

지금 내 거실 책장에는 모세 다얀이 여러 해에 걸쳐 내게 선물한 갖가지 고대 석조 공예품들이 놓여 있다. 그는 아주 열심인 아마추어 고고학자였는데 시간이 나면 수시로 성지의 땅을 파며 보냈다. 나도 고대 석조 공예품을 수집하기 때문에 다얀과 나 사이에는 일종의 유대관계가 있었던 셈이다. 그는 내게 돌 조각을 줄 때 자기 사인을 넣어서 주었는데 그중에는 자기가 재떨이로 쓰던 것도 있었다. 그에게서 받은 돌들은 내가 제일 소중하게 아끼는 수집품들에 속한다. '재떨이' 바닥에는 "모든 소원이 이루어지기를 기원하며 바버라에게. 주데아 bc 4000, m. 다얀"이라는 친필 글씨가 명각銘刻되어 있다.

첫 번째 만남은 텔아비브 교외에 있는 침실 두 개짜리 그의 작은 집 뒷마당에서 이루어졌는데 특별히 우호적이지는 않았다. 사실 그는 이스라엘의 레바논 민항기 나포에 대한 국제적 비난이 고조되는 시점에서 어쩔 수 없이 인터뷰에 응한 것이었다. 이스라엘 측은 추적 중인 팔레스타인 테러범이 타고 있다는 잘못된 첩보를 받고 비행기를 억류했던 것이었다. 다얀은 사과하는 대신 이렇게 말했다. "우리는 테러리스트가 아닙니다. 우리는 테러리스트들을 잡는 사람들입니다. 테러리스트들이 멈추면 우리도 멈춥니다." 이스라엘은 오래전 다얀이 한 이 말을 지금도 되풀이한다.

내가 인터뷰한 수많은 사람들 중에서도 모세 다얀은 분명 제일 퉁명스런 사람 가운데 한 명이었다. 그의 최고의 자질은, 간혹 제일 나쁜 자질이 되지만, 다른 사람이 자기를 어떻게 생각하는지에 대해 전혀 개의치 않는다는 것이었다. 인터뷰하면서 무슨 질문을 했더니 "그건 한심한 질문이오"라고 대답하는 것이었다. "좋습니다." 나는 이렇게 맞받았다. "그게 한심한 질문이라면 당신이 제대로 된 질문을 하고 답도 해보세요. 나는 가만히 앉아 있을게요. 그러면 되겠네요." 내가 그렇게 나올 줄은 예상하지 못했던 모양이었다. 그는 한바탕 웃어 젖혔고 우리의 우정은 그때부터 시작되었다. 나는 그의 예쁜 두 번째 부인 라켈 도 만났는데 우리는 서로 아주 좋아하는 사이가 되었다.

메이어, 다얀과의 인터뷰는 많은 관심을 모았다. 심지어 프랭크 맥기까지도 내게 마지못해 "좋았어"라는 인사를 해 주었는데 그의 입에서 그런 말을 듣는 다는 것은 보통 일이 아니었다. 그때나 지금이나 이스라엘과 이스라엘의 생존 투쟁에 대해서는 사람들의 관심이 컸다. 내가 그곳을 다녀오고 두 달 뒤에 다시 전쟁이 터졌다. 이집트는 시월 전쟁, 이스라엘은 욤 키푸르 전쟁이라고 불렀는 데 시리아와 이집트가 합동으로 기습공격을 가해 이스라엘은 큰 위험에 처하게 되었다.

나는 1973년 전쟁을 면밀히 추적하고 이스라엘이 초기 공격의 충격에서 벗 어나 아랍 적군들을 몰아내는 것을 보고는 마음이 놓였다. 하지만 골다 메이어 와 모세 다얀은 많은 이스라엘인들이 목숨을 잃게 만들고 공격을 예상치 못했 다는 책임을 면할 수 없게 되어 모두 물러났다. 이후 메이어 여사는 활발히 정 치활동을 벌였으나 정부에서 다른 직책은 맡지 않았다. 다얀은 1977년 메나헴 베긴 총리 때 외무장관으로 다시 내각으로 복귀했다.

국내의 아침시간 텔레비전 방송에서 나는 나름대로 소규모 전쟁을 치르고 있었다. CBS가 CBS 모닝쇼를 개편해 투데이에 도전장을 내기로 한 것이었다. 그동안 아침시간대에는 사실상 NBC의 경쟁상대가 없었다. 그런데 이번에 CBS 는 워싱턴 포스트의 젊고 예쁘고 멋진 피처 라이터인 샐리 퀸을 데려오기로 결 정한 것이었다. 샐리는 페르세폴리스 출장 때부터 알고 지내는 나의 오랜 친구 였다.

나는 샐리를 아주 좋아했기 때문에 우리가 경쟁관계가 된다는 게 섭섭했다. 하지만 언론들은 좋아라고 떠들며 우리 둘 사이에 싸움을 붙이려고 난리였다. 뉴욕 매거진은 커버스토리로 샐리가 두 다리를 꼬고 가방더미 위에 앉아 있는 사진을 싣고 이렇게 제목을 달았다. "굿모닝. 나는 샐리 퀸이에요. CBS가 바버 라 월터스와 싸우라고 나를 이리로 데려왔답니다."

매거진은 내가 샐리의 임명 소식을 듣고 그녀에게 보낸 편지를 실었다. "CBS가 최고의 사람을 고른 것 같군요. 이제부터 자기가 뉴욕에 있게 될 테니 자주 보게 될 것이라는 생각에 진심으로 기뻐요. 내가 카메라에서 자기를 따라 잡기는 어렵겠지만 카메라 밖에서는 자주 어울리게 되길 바라요. 세상에, 언론계 안팎에서 우리 둘을 갈라놓으려고 야단인데 그런 사람들은 피합시다. 우리 두 사람은 서로 너무 좋아하기 때문이지요." 그러고는 사인을 하고 이렇게 인사말을 덧붙였다. "행운과 애정을 듬뿍 전하며."

사실 나는 어느 정도 긴장이 되었다. 샐리가 얼마나 훌륭하고 재치 있는 리포터인지 알기 때문이었다. 맥기와의 불화는 겪을 만큼 겪었기 때문에 샐리와 매일 비교되는 것은 나도 바라지 않았다. 그녀는 워싱턴 정가에 많은 인맥을 갖고 있었고 내게 없는 장점을 많이 갖추고 있었다. 그중에서도 제일 중요한 세 가지는 금발에 푸른 눈, 그리고 젊음이었다. 하지만 CBS는 과거에 NBC가 모린 오설리번에게 저지른 똑같은 실수를 샐리에게 저질렀다. 인터뷰 대상으로 멋진 인물이 인터뷰도 잘해낼 것이라고 착각한 것이다.

1973년 8월 휴스 러드라는 쾌활한 베테랑 뉴스맨과 공동으로 진행된 샐리의 데뷔쇼는 그렇게 성공적이지 못했다. 샐리의 잘못은 아니었다. 나중에 그녀가 털어놓은 바에 따르면 당시 그녀는 아파서 열이 많았는데도 CBS의 어느 누구도 그녀에게 어떻게 하라는 지침을 내려주지 않았다고 한다. 그들은 그저 그녀를 방송에 던져 내보내 놓고는 날아오르기를 기다렸다. 한마디로 그것은 거의 불가능한 임무였다.

CBS 모닝 뉴스는 투데이쇼의 시청률에 별 영향을 주지 못했다. 투데이쇼는 하루 400만 명에 육박하는 시청자를 끌어 모으고 있었는데 당시로서는 엄청난 숫자였다. 샐리와의 경쟁이 겁나는 대신 나는 그녀가 측은하다는 마음이 들기 시작했다.

그녀가 CBS 생활을 시작한 지 3개월쯤 지난 뒤에 우리는 그해 가장 요란한 화젯거리를 놓고 각자의 방송을 대변해 한바탕 경쟁을 벌였다. 사건은 1973년 11월 런던의 웨스트민스터 사원에서 거행된 앤 공주와 마크 필립스의 결혼식이었다. 엘리자베스 여왕과 필립공의 유일한 딸의 화려한 결혼식은 다이애나비와 찰스 왕세자의 결혼 전초전이었다. 똑같은 장관이었고 전 세계에서 왕가와 정치 지도자들이 참석했다.

다섯 시간이라는 시차 때문에 투데이쇼와 CBS 모닝 뉴스 모두 새벽 5시부터 결혼식을 생중계했다. 내가 성인이라도 된다는 말이 아니라 그때 나는 샐리에게 정말로 동정심을 갖고 있었다. 나는 찰스 왕세자의 책봉식 때부터 취재해 온 터라 왕실 전통에 대해 많이 알고 있었는데 반해 그녀는 런던에서 힘들게 일하고 있었다. 나는 하객들 중에서 누가 중요한 사람이고 누가 소위 덜 중요한 왕족인지 알고 있었다. 덜 중요한 왕족이란 왕위 승계 서열 10위권 밖의 인사들을 가리키는 말이다. 나는 많은 정보를 샐리와 나누었다. 빨리 배우는 사람이라 그녀는 결혼식 보도는 그런대로 잘해 냈다. 하지만 샐리는 CBS에 불과 몇 달 더 있다가 워싱턴 포스트로 돌아갔다. 그곳에서 그녀는 재능을 활짝 꽃피우게 되었을 뿐 아니라 포스트의 유명한 편집 담당 부사장이 된 벤 브래들리와 결혼했다. 두 사람은 지금까지 행복하게 살고 있으며 나와 샐리는 지금도 절친한 친구다.

런던에서 돌아오자 프로그램에 있는 모든 사람들이 프랭크 맥기에 대해 쑤군거렸다. 아무래도 제정신이 아닌 것 같다는 말인데 매미라는 이름의 젊은 흑인 제작 보조와 불장난 같은 사랑에 빠져 아내를 버리고 그 젊은 애한테 가 버렸다는 것이다. 믿을 수 없는 일이었다. 적어도 우리가 보기에 프랭크는 아내 수와 오랜 세월 행복한 결혼생활을 해 왔다. 투데이쇼 출장을 갈 때도 아내와 동행하지 않은 적이 한번도 없었다. 그가 전당대회 취재로 밤낮없이 일할 때도 그녀는 남편과 동행했다. 정말 확고부동한 결혼생활 같았다.

결혼생활이 확고하지 않다는 유일한 힌트라고는 프랭크 부부가 밤에 마티니를 한 피처씩 마신다는 말을 들은 것이었다. 정말 행복하다면 매일 밤 곤드레만드레 취하도록 술을 마시겠는가? 그렇다 해도 프랭크와 같이 일하는 우리들은 왜 그가 갑자기 아내를 버리고 매미한테 갔는지 아무리 생각해도 수수께끼였다. 매미는 프랭크와 수 부부의 손자들 베이비시터 일을 했다. 우리가 알기에 매미는 재미있고 잘 킬킬거리고 일은 제대로 못하고 크게 예쁘지도 않은 여자였다. 이런 소문이 어떻게 해서 방송국 안에만 머물고 바깥으로 나가 칼럼의 소재가 되지 않았는지 모르지만 어쨌든 소문은 바깥으로 새어 나가지 않았다. 우리는 모두 그것을 비밀로 부쳤다. 만약 지금 같으면 타블로이드의 전면에 등장하고 온 인터넷에 도배질이 되고 케이블 뉴스쇼에서는 십 분마다 속보를 내보냈을 것이다.

이런 소란의 와중에 친구 겸 에이전트인 리 스티븐슨은 NBC를 상대로 나의 3년 재계약 문제를 협상하고 있었다. 1973년 9월이었는데 '여성만을 위한 쇼가 아닌'은 약 80개 도시에서 신디케이트로 방송되고 있었기 때문에 리는 협상에서 유리한 위치에 있는 것 같았는데 실제로 그랬다. 그는 대폭적인 연봉 인상을 관철시켰다. 하지만 돈을 더 받아내는 건 그의 진짜 관심사가 아니었다. 리는 만약 프랭크가 자발적이든 자발적이 아니든 프로그램을 떠나는 경우, 누가 후임으로 오더라도 나는 공동 진행자의 지위를 차지하게 된다는 조항을 계약서에 집어넣었다.

NBC에서 아무도 그 조항에 대해 문제를 제기하지 않은 것은 놀랄 일이 아니었다. 협상에 임한 간부들은 프랭크가 앞으로 몇 년간은 프로그램 진행을 계속 맡을 것이라고 생각했다. 시청률은 견고했고 그는 이제 51세밖에 안 되었다. 그러니 그들은 재계약하게 되는 3년 안에 그런 일이 일어날 가능성은 극히 희박하다고 생각했고 NBC는 그 조항을 받아들였다. 나는 계약서에 서명하고 계속해서 스튜디오 바깥으로 나가 내 인터뷰를 계속했다. 인터뷰할 거리는 수없이 많았다.

1973년에는 역사를 뒤흔들어 놓을 스캔들이 닉슨의 백악관을 집어 삼키고 있었다. 워터게이트가 본격적으로 터졌고 매일 헤드라인을 장식하는 인물들은 모두 워싱턴에 있었다. 그리고 나도 그 격동의 시간에 대부분 워싱턴에 있었다.

워터게이트와 닉슨의 사임 : 공동 진행자가 되다

1973년 여름에 있어야 할 곳은 워싱턴이고 묵어야 할 호텔은 워터 게이트 호텔이었다. 그리고 봐야 할 텔레비전 프로그램은 투데 이쇼였다. 일명 상원 워터게이트위원회로 불린 대통령선거운동 특별위원회는 닉슨 행정부와 대통령 자신이 초래한 엄청난 위기를 조사하기 위해 공개 청문회를 개최했고 하나하나 실체가 벗겨지기 시작했다.

그 전해 워터게이트 호텔에 차린 민주당 전국위원회 본부 사무실에서 일어 난 희한한 도난사건은 정치적 스파이, 방해, 도청, 도난, 음모가 뒤엉킨 센세이 셔널한 스캔들로 발전되었다. 1973년 봄이 되자 닉슨 대통령의 최측근 최고위 인사들에게까지 불똥이 번졌다. 백악관 보좌관 존 딘이 해임되고 중국에서 내 게 윙크를 보냈던 밥 할데만 비서실장을 포함해 닉슨의 최고위급 참모들이 줄 줄이 물러나야 했다.

그리고 상원 청문회가 열렸다.

나는 그해 여름 내내 홀가분하게 워싱턴에 가 있었다. 어린 딸은 아빠인 리 를 따라 롱아일랜드의 웨스트햄프턴에 있는 여름별장에 가 있었다. 부모님과 언니는 마이애미에 있었고 나는 일주일에 세 번씩 그들과 통화했다. 엄마는 아 버지에 관해 좋지 않은 소식을 전해 주셨다. 기력을 잃고 하루 종일 잠만 주무 신다는 것이었다. 우울증 탓이라는 생각이 들었지만 어떻게 해야 할지 생각이

나지 않았다.

프랭크는 뉴욕에서 앵커를 하고 나는 워싱턴의 NBC 스튜디오에서 특집과 인터뷰를 내보냈다. 우리는 투데이에서 워터게이트의 모든 핵심 인물들을 모두 다루었다. 내가 하원의원, 상원의원, 헌법 전문 변호사, 여론조사 전문가, 혹은 이 사건에 대해 잘 아는 전문가 누군가와 인터뷰하지 않고 지나가는 날은 거의 없었다. 워싱턴에서 많은 인터뷰를 진행하면서 내게 네 번째 질문에만 끼어들 수 있다고 한 프랭크의 포고령은 슬그머니 효력이 사라지기 시작했다. 프랭크는 뉴욕에서 자기 인터뷰를 진행했고 나는 멀리 떨어진 워싱턴의 NBC에서 내 인터뷰를 진행했다. 두 사람의 관계는 아주 평온했다. 그는 나를 중국에 보낼 때처럼 나를 워싱턴으로 보내 놓은 게 분명히 기분 좋았을 것이다.

청문회를 취재하기 위해 몰려든 많은 기자들이 워터게이트 호텔에 묵었는데 우리는 저녁이 되면 한데 모여서 취재 노트를 서로 맞추어 보았다. 올드 보이들의 클럽은 마침내 나를 받아들이기 시작했는데 그것은 내가 아침 인터뷰에서 취재한 좋은 정보들을 교환하는 게 좋았기 때문이었다(당시 저녁 뉴스 프로그램들은 인터뷰를 하지 않았다). 뉴스 프로그램 중에서 인터뷰를 녹화해서 내보내는 프로그램은 60미니츠뿐이었는데 CBS의 이 프로그램은 일주일에 한 번밖에 방영되지 않았다. 투데이는 일주일에 다섯 번씩 아침에 생방송으로 두 시간씩 나갔다. 엄청나게 유리한 입장이었던 것이다.

텔레비전과 인쇄매체를 포함해 뉴스에 종사하는 우리 모든 이들에게 워터게이트 사건 취재는 일생 동안 가장 흥미롭고 흥분되는 경험 가운데 하나였다. 스타는 워싱턴 포스트의 젊은 두 기자인 밥 우드워드와 칼 번스타인이었다. 두 사람은 워터게이트 사건 관련 특종을 연이어 터뜨려 댔다. 하지만 다른 모두에게도 뉴스거리는 많았다. 특히 나는 닉슨 대통령과 아는 사이였기 때문에 황홀한 시간이었다. 모두들 그를 둘러싸고 협공을 해 댔다.

청문회가 진행되자 연속적으로 폭탄발언이 터져 나왔으며 스캔들은 한발한발 오벌 오피스를 향해 다가가고 있었다. 닉슨이 참모들과 35차례나 만나 은폐를 지시했다는 증언이 나왔다. 닉슨은 오벌 오피스에서 이루어지는 대화와 통화 내용을 모두 녹음한 것으로 드러났지만 녹음 내용을 상원 워터게이트위원회에 제출하기를 거부했다. 연방대법원의 결정이 뒷받침되면서 법원이 이 테이프를 제출하라는 명령을 내렸는데 제출된 테이프에 수상한 18.5분의 공백이 드러났고 그것은 닉슨의 비서인 로즈 매리 우즈의 소행으로 밝혀졌다.

스피로 애그뉴 부통령이 소득세 탈루 혐의로 사임했지만(닉슨은 애그뉴의 후임으로 제럴드 포드를 임명) 닉슨에게 도움이 되지 못했다. 하원 법사위원회는 1974년 5월에 탄핵 청문회를 시작했다. 나는 이 청문회 취재를 위해 다시 석 달간 워싱턴에 머물렀다. 7월에 청문회가 끝날 때쯤 나는 셜리 클러먼과 딕 클러먼 부부와 아주 가까운 친구 사이가 되었다. 클러먼은 당시 타임의 수석 기자로서 23년간의 멋진 기자생활을 마감하고 있었다. 그는 닉슨의 법률참모인 존 딘의 후임인 레너드 가먼트와 아주 친한 친구였다. 클러먼 부부와 가먼트, 그리고 나는 하원 법사위원회 위원장인 민주당의 피터 로디노 의원이 닉슨에 대한 3개항의 탄핵안 표결을 진행하는 것을 지켜보았다. 그때 천연덕스럽게 유머를 잘하는 레너드가 이렇게 말했다. "컴 온 피터. 적당히 하자고." 나는 그 말이 마음에 들어서 지금까지도 기억하고 있다.

그리고 얼마 뒤 다른 모든 미국인들과 마찬가지로 나는 닉슨의 사임을 지켜보았다. 탄핵당해 물러나는 최초의 미국 대통령이었다. 팻 닉슨은 두 딸 줄리, 트리샤와 함께 유령처럼 남편의 뒤에 서 있었다. 아버지와 아주 가까웠던 줄리는 제발 물러나지 말라고 애원했지만 닉슨으로서는 달리 방법이 없었다. 나중에 인터뷰에서 밝힌 내용이지만 줄리는 아버지가 사임할 것이란 말을 엄마에게 알린 것은 자기였다고 했다. 흥미롭고 역사적인 중요성을 지닌 사건이기는 하지만 동시에 대단히 가슴 아픈 사건이기도 했다.

나는 내가 닉슨과 함께 보낸 시간을 찬찬히 생각해 보았다. 이 특이한 사람은 내게 항상 친절하게 대해 주었다. 나는 그와 몇 차례 인터뷰했고 트리샤의 결혼식을 취재했다. 그의 사임 발표를 지켜보면서 나는 분노와 연민을 모두 느꼈다. 그러면서 팻 닉슨 여사에게 얼마나 참혹한 일일까 하는 생각이 내내 떠나지 않았다. 그녀는 남편과 한번도 가까운 사이였던 것 같아 보이지 않았다. 두 사람이 거의 대화를 하지 않다 보니 그녀는 자기가 어떻게 할 수 없는 상황 앞에서 더 외로웠을 것이다. 그녀를 한층 돋보이게 만든 중국 방문 직후에 이런 일이 터지다니 안됐다는 생각이 들었다.

이런 흥미진진한 시간을 보내는 와중에서도 나는 여배우 리자 미넬리, 헨리 폰다, 그리고 오랜 연인 아리스토텔레스 오나시스를 재키 케네디에게 빼앗긴 그리스의 오페라 디바 마리아 칼라스 등 정치와 전혀 무관한 사람들과의 인터뷰를 계속했다. 사람들은 오나시스로부터 버림받았을 때의 기분이 어떠했을지 궁금해했기 때문에 칼라스와의 인터뷰는 많은 관심을 불러일으켰다. 칼라스는 우리 인터뷰에서 자기는 재키와 만난 적이 한번도 없다고 말하고 그러고 싶은 마음도 없다고 했다. 그녀는 오나시스가 실제로 몇 번이나 자기에게 결혼해 달라고 한 것처럼 말했으나(나는 그 말을 믿지 않았다) 자기는 한 번 결혼한 적이 있기 때문에 그의 결혼 제의를 거절했다고 했다. 그녀는 오나시스가 행복했으면 좋겠다는 말을 계속했으나 그것은 자기가 마음 아파하지 않는다는 것을 보여 주려고 그러는 것이 분명했다. 오나시스 때문에 포기했던 그녀의 가수 생명은 거의 끝나 있었고 그와의 관계가 다시 재개될 가능성 또한 마찬가지였다. 오나시스와 재키의 관계가 깨지고 나서 칼라스는 다시 그의 생활 안으로 돌아갔지만 두 사람의 관계가 결코 예전 같지는 않았다고 한다.

하지만 당시 내가 인터뷰한 사람들은 대부분 워터게이트 관련 인사들이었다. 테드 케네디 상원의원, 존 미첼 법무장관과 그의 아내 마사 미첼(두 사람은 얼마 뒤 헤어졌다)과 인터뷰했는데 미첼 법무장관은 그 뒤 공모, 위증, 사법방해죄로 19개월간 복역했다. 닉슨의 선거운동 부책임자로 위증과 공모, 그리고 사법방해죄로 7개월간 복역한 젭 맥그루더와도 인터뷰했다. 할데만과도 인터뷰했는데 그도 공모와 사법방해죄로 18개월간 철창신세를 졌다.

물론 그중에서도 가장 핵심적인 인물은 바로 리처드 닉슨이었고 나는 이후에도 그와는 직업적인 관계를 계속 이어 갔다. 그래서 여기서 잠시 옆길로 벗어나 이야기를 하려고 한다.

대통령직에서 물러난 다음 닉슨은 공보비서 론 지글러와 젊은 보조 공보비서 다이앤 소여와 함께 캘리포니아 주 샌클레멘테에 있는 집에서 칩거했다. 이 기간 동안에도 나는 인터뷰를 요청하는 편지를 보냈지만 그를 만나지는 못했 다. 그는 사임한 뒤 첫 인터뷰를 1977년에 했는데 상대는 내가 아니라 영국 텔 레비전 저널리스트인 데이비드 프로스트였다.

지금은 데이비드 경이 되었고 나와도 절친한 친구 사이인 데이비드는 당시 24시간이 넘는 시리즈 녹화 인터뷰를 하는 대가로 닉슨에게 60만 달러를 준 것 으로 알려졌다. 그 인터뷰는 90분짜리 네 편으로 만들어졌는데 물론 제일 흥미 있는 부분은 워터게이트 편이었다. 그의 후임인 제럴드 포드가 대통령 특별사 면을 했기 때문에 닉슨은 워터게이트에서 자신이 한 역할 때문에 법정에 서지 는 않았다. 그렇기 때문에 그때까지 닉슨이 어떤 역할을 했는지 아무도 알지 못 했다. 닉슨은 데이비드와 가진 녹화 인터뷰가 편집된 다음에 그것을 보고 최종 승인했다고 한다. 전직 대통령의 역할에 대한 호기심과 데이비드라는 훌륭한 인터뷰어 덕분에 그 인터뷰 시리즈는 신디케이트로 전 세계 70개국에서 방영되 었다. 물론 지금까지도 궁금한 점은 남아 있다. 2007년에는 이 인터뷰를 토대 로 만들어진 연극 '프로스트/닉슨'이 런던에서 상연된 다음 브로드웨이에까지 올려져 엄청난 성공을 거두었고 이후 영화화되었다.

닉슨은 프로스트와 인터뷰하고 나서 3년 뒤에 나의 인생에 다시 들어왔다. 당시 그는 외교정책과 소련과 진행 중이던 냉전에 관해 쓴 저서를 홍보하기 위 해 방송에 접근했다. 책 제목은 '진짜 전쟁' The Real War이었다. 하지만 닉슨은 인 터뷰하는 데 조건을 달았다. 편집하지 않고 생방송으로 내보내야만 인터뷰에 응하겠다는 것이었다. 닉슨은 먼저 CBS의 60미니츠와 접촉했는데 이 프로그램 의 프로듀서인 돈 휴잇은 한번도 생방송을 허용한 적이 없는지라 닉슨의 제안 을 거절했다. 그것은 돈에게는 손실이었고 내게는 이득이었다.

나는 당시 ABC에 있었는데 그해 5월 8일 뉴욕 스튜디오에서 닉슨과 마주 앉아 한 시간 생방송 인터뷰를 했다. 나는 오래전부터 내 나름대로 인터뷰 준비 요령을 개발해 놓고 있었다. 나는 3×5인치 크기 카드 여러 장에 예상 질문을 가능한 한 많이 적어 놓은 다음 내 방에 들어오는 아무나 붙잡고 "당신이라면 어떤 질문을 하겠어요?"라고 물어 본다. 우편물을 배달하러 온 사람이건 보조 프로듀서건 미용사건 상관없는데 이 방법은 아주 효과가 있다. 닉슨과의 이 인터뷰를 앞두고 나는 6시간은 할 수 있을 정도로 많은 예상 질문을 만들었다. 늘 해 오던 대로 내 카드에는 100개가 넘는 예상 질문을 적었고 그런 다음 그것을 하나씩 줄여 나갔다.

어려운 문제가 남아 있었다. 만약에 내가 전직 대통령을 상대로 너무 거칠게 굴면 사람들이 그에게 연민을 느끼게 될 것이고, 그래서 아직도 그를 존경하거나 조금이라도 좋아하는 사람들은 나한테 등을 돌리게 될 것이다. 반대로 내가 그에게 너무 순하게 굴면 비판자들은 "왜 뉴스국에서 더 거친 사람을 내보내 인터뷰를 하지 않은 거야?"라고 투덜거릴 것이었다. 아주 민감한 균형이 필요했다. 나는 예상 질문을 외교정책과 국내정책 분야로 나누었고 다소 사적인 질문 분야도 따로 만들었다. 그가 원한다면 신앙은 그에게 어떤 의미를 갖는지, 사임, 그리고 그 뒤 정맥염으로 닥친 건강의 위기를 이겨 내는 데 가족은 그에게 어떤 힘이 되었는지 같은 것도 물어 보고 싶었다. 대통령 재임 시절 나와 가진 첫 인터뷰 때 그는 개인적인 문제에 대해서는 답을 하지 않으려고 했지만 지금은 기꺼이 하고 싶을 것이라고 나는 생각했다. 이런 질문은 인터뷰 말미에 하려고 남겨 두었다.

그런데 핵심은 마지막 질문이었다. 자신의 사임을 몰고 온 테이프들을 태워 버리지 않은 게 후회되십니까? 이 마지막 질문을 위해 나는 감독에게 인터뷰 마지막 30초를 남겨 놓고 큐 사인을 보내 달라고 부탁했다. 나는 닉슨에게 문제를 회피하지 않고 예스 아니면 노만 답하게 만들려고 시간을 아주 조금만 주려고 했던 것이다.

우리는 스튜디오에서 만났다. 닉슨은 예의 어색한 모습으로 약간 썰렁한 농담을 건네며 스태프들에게 친한 척했다. 그는 땀을 흘리는 경향이 있기 때문에 우리는 그에게 분장을 했다. 1960년 선거 때 존 F. 케네디와 가진 텔레비전 토론 때 그가 땀을 흘린 것 때문에 선거에서 졌다고 생각하는 사람들도 있다(당시 라디오로 방송을 들은 사람들은 닉슨이 이겼다고 생각했는데 텔레비전으로 닉슨이 땀 흘리

는 것을 본 사람들은 케네디가 이겼다고 생각했다). 우리는 생방송으로 인터뷰를 시작
했다.

닉슨은 외교정책에서는 훌륭하게 대답했지만 워터게이트에 대해서는 말하
기를 주저했다. 현재 미 국민들이 자기 지도자들에게 갖고 있는 불신과 냉소에
대해 책임감을 느끼느냐고 물었더니 그는 이렇게 대답했다. "워터게이트가 6년
이 지난 상황에서 이제는 과거에 매몰되어 있지 말고 미래를 향해 앞으로 나아
가야 할 때라고 생각합니다."

나는 밀어붙였지만 그는 워터게이트에 대해서는 더 이상 이야기하려고 하
지 않았다. 내가 인터뷰 말미에 개인적인 질문으로 들어가자 그는 완강하게 맞
섰다. "왜 당신에 관해 책을 쓴 사람들, 당신과 같이 일한 사람들, 어떤 식으로
든 당신과 가까운 사람들이 당신이 냉정하고 쌀쌀하며 가까이 할 수 없는 사람
이라는 말을 합니까?"라는 질문을 던지가 그는 이렇게 맞받았다. "그렇다면 당
신은 왜 나하고 인터뷰를 하고 있는 거요?" 내가 그를 냉정하고 쌀쌀한 사람이
라고 생각한다는 말이 아니라 헨리 키신저 같은 사람들이 그렇게 말한다고 했
더니 그는 퉁명스럽게 "진지한 이야기나 합시다"라고 말했다.

나는 이런 질문들을 "진지하지 않다"고 하면 섭섭하다며 물러서지 않고 사
람들이 "당신이라는 사람, 당신의 기분이 어떤지에 대해 많은 관심을 갖고 있습
니다"라고 계속 물고 늘어졌지만 그는 대답을 하지 않았다. 그래서 나는 그에게
그 힘든 시기를 어떻게 헤쳐 나왔는지 말할 기회를 주어 보려고 했다. 신앙의
힘이었나요? 친구들이었습니까? 나는 그에게 일종의 동정심을 나타내 보이려
고 해 보았지만 그는 용납하지 않았다. 워터게이트가 끝난 직후 얼마 동안 '정
신적 파탄'을 겪은 적은 없었느냐고 물었더니 그는 화를 버럭 내며 "전혀 없었
소"라고 말했다. 그러고는 끝. 더 이상 아무 말이 없었다.

다시 외교정책 질문으로 돌아가 아직 하지 않은 질문을 마저 하는 것 외에
는 다른 방도가 없었다.

그런데 질문 카드를 찾을 수가 없었다.

25년이 더 지난 지금까지도 그 순간을 생각하면 아랫배가 팽팽해진다. 그렇

다고 텔레비전 생방송에서 그걸 찾는다고 여기저기 들쑤실 수도 없는 노릇이었다. 그럴 땐 포기하는 것 외에 다른 도리가 없다. 다행히 예상 질문은 내 손으로 직접 썼고, 인터뷰하기 전까지 일백 번도 더 썼기 때문에 나는 질문 내용을 다 외우고 있었다. 우리는 인터뷰의 마지막 부분으로 나아가서 군비증강 정책과 그것에 대해 의회의 지지를 얻지 못한 것에 대해 이야기했다. 다가오는 대통령 선거(로널드 레이건이 지미 카터를 누르고 승리)와 이란 샤 왕정의 전복을 이야기했다. 그리고 마침내 32초 큐 사인이 왔다.

"이제 몇 초밖에 남지 않았네요. 예스 아니면 노로 답하실 수밖에 없을 것 같군요. 테이프를 태워 버리지 않은 게 후회되십니까?"

닉슨은 유럽에 갔더니 만나는 사람들이 하나같이 "왜 테이프를 태워 버리지 않았습니까?"라고 묻더라고 했다. "내 대답이 뭐였냐 하면 말이지요" 하면서 그는 말을 이었다. "태워 버렸어야 하는 걸 그랬나?"

"그 일이 다시 되풀이된다면 그때는 테이프를 태우시겠습니까?" 나는 마지막 몇 초를 남겨 놓고 그를 이렇게 다그쳤다.

"그래요. 그럴 거라고 생각해요." 닉슨은 이렇게 대답했다. "왜냐하면 그것은 나의 개인적인 대화이고 우리 모두 보았듯이 오해 받을 소지가 있는 내용들이기 때문입니다." 바로 그것이었다. 나는 결국 그가 다음 날 헤드라인을 장식할 말을 하도록 만들었던 것이다.

"우리 인터뷰에 응해 주셔서 감사합니다." 나는 이렇게 말했고 인터뷰는 끝났다. 마이크로폰을 빼고 그와 악수하기 위해 일어서면서 나는 그때서야 인터뷰의 마지막 십 분을 질문지도 없이 진행하느라 온 몸이 얼어붙은 것처럼 긴장했다는 사실을 깨달았다. 일어서서 보니 닉슨은 분장 위로 땀을 뻘뻘 흘리고 있었고 나는 온몸이 빳빳하게 굳어 있었다. 그제서야 그 망할 질문 카드가 의자에 놓여 있는 게 눈에 들어왔다. 외교정책 분야 질문을 다했다고 생각하고 엉덩이 밑에 두고는 인터뷰 내내 그대로 깔고 앉아 있었던 것이다.

닉슨은 그 인터뷰에 불만이 없었고 우리는 계속 좋은 관계를 유지했다. 이후 나는 그와 두 번 더 인터뷰했는데 한번은 1982년에 소련 지도자 레오니드 브레즈네프 사망 때이고 다른 한번은 1985년에 그가 다섯 번째 저서 '노 모어 베트남' No More Vietnams 을 내고 나서였다.

톰 머피와 캐피털 시티스는 1986년에 ABC를 사들이자마자 연예 부문이 나서서 우드워드와 번스타인이 워터게이트에 관해 쓴 두 번째 책 '마지막 날들' The Final Days 판권을 사들여 텔레비전 영화로 만들기로 했다. 닉슨은 그것이 영화화되는 것을 막으려고 온갖 노력을 다했다. 그는 아내를 보호하기 위해서라고 했는데 닉슨 여사는 남편이 사임한 뒤 뇌졸중을 두 번 겪었기 때문에 닉슨은 아내 걱정을 많이 했다. "나는 모든 것을 이겨 냈지만 당신도 알다시피 백악관에서의 힘겨운 마지막 날들을 말없이 겪어온 여자로서는 감당하기가 훨씬 더 힘들었어요"라고 그는 앞서 가진 인터뷰 때 내게 말한 적이 있었다. 그는 이제 바로 그 시기를 다룬 ABC 영화가 나오면 아내가 또다시 뇌졸중을 겪게 될까 걱정했다.

하지만 그의 이 같은 간청은 소용이 없었다. ABC는 그 영화 계획을 취소할 수도 있었지만 그렇게 하지 않았다. 영화 제작은 이미 끝났고 그들은 방영을 고집했다(그런데 시청률은 아주 낮았다). 하지만 리처드 닉슨은 이후로 두 번 다시 방송에서 나를 만나지 않았다. 그 뒤 내가 또 한번 인터뷰하자고 접근하자 그는 내 제의를 거절했다. 그는 개인적으로 나를 좋아하지만 내가 ABC에서 봉급을 받기 때문에 어쩔 수 없다고 했다.

팻 닉슨은 ABC 영화를 보고 난 뒤에도 뇌졸중을 겪지는 않았지만 건강은 계속 악화되었다. 그녀는 1993년 6월 22일 폐암으로 세상을 떠났다. 나는 리처드 닉슨 도서관과 그의 고향인 캘리포니아 주 요바린다에서 치러진 그녀의 장례식을 텔레비전으로 중계했다. 닉슨은 눈에 띄게 슬퍼 보였다. 그 냉정하고 인정 없는 사람이 장례식에서 주체할 수 없을 정도로 울먹였다.

나는 최근에 닉슨의 젊은 보좌관인 모니카 크롤리한테서 닉슨 여사가 죽은 뒤 그는 나에 대한 생각을 바꾸었고 ABC에 대한 보이콧도 철회했다는 말을 들었다. 그는 새로운 저서 '평화를 넘어서' Beyond Peace를 탈고하고 나와 인터뷰하겠다고 했다. 그는 모니카에게 카메라 불빛에 대비해 서재를 정돈하라고 말한 다음 나와 인터뷰하고 싶다는 말을 전하라고 시켰다는 것이었다. 하지만 그 일은 이루어지지 못했다. 닉슨은 1994년 4월 18일 아주 심각한 뇌졸중을 겪게 되었고 이후 부분적인 마비와 함께 말을 할 수 없게 되고 말았다. 그는 나흘 뒤 81세를 일기로 세상을 떠났고 책은 사후 출판되었다.

그의 아내 장례식을 보도한 지 열 달 만에 나는 그의 장례식을 보도하기 위해 다시 요바린다로 갔다. 리처드 닉슨은 내가 인터뷰한 첫 번째 미국 대통령이었고 나의 초창기 시절 중요한 역할을 한 사람이었다. 그는 항상 내게 따뜻하게 대해 주었다. 그의 죽음으로 미국 역사의 고통스런 한 시대가 마감되었지만 개인적으로 나는 그의 죽음이 슬프고 마음 아팠다.

이제 닉슨 이야기를 끝내고 다시 1970년대로 되돌아가서 정말 나의 삶을 바꾸어 놓은 또 한 사람의 죽음에 대해 이야기하기로 한다. 1974년 4월 캘리포니아에 가 있던 나는 뉴욕에서 걸려온 전화를 받았다. 프랭크 맥기가 52세로 죽었다는 것이었다. 프랭크가 죽었다고? 믿어지지가 않았다. 우리 모두 그가 아프다는 생각은 했지만 얼마나 아픈지는 전혀 몰랐다. 그는 골수암을 앓고 있었던 것으로 밝혀졌고 극심한 고통 속에서도 죽는 바로 그날까지 거의 매일 아침 프로그램을 진행했으며 병에 대해서는 우리에게 단 한마디도 입 밖에 내지 않았던 것이다.

나는 곧바로 뉴욕으로 날아갔고 이튿날 투데이에 나갔다. 시청자들과 우리 모두 충격에 휩싸였다. 나는 전국에서 보내온 수백 통의 위로 편지를 받았는데 그것은 바로 내가 프랭크와 그만큼 좋은 관계(전혀 그렇지 않았지만)를 가졌다는 증거였다.

프랭크의 아내와 아이들이 장례식에 참석했고 매미는 보이지 않았다. 모두가 일터로 다시 돌아온 직후 사태는 심각해졌다. 매미는 스튜어트 슐버그와 대판 싸웠고 그는 매미를 쫓아내 버렸다. 나중에 그는 매미에게 사과하고 NBC 내 다른 부서로 보내 주겠다고 제의했으나 매미는 거절하고 인종차별 혐의로 NBC를 고소하기로 했다. 그 일 때문에 투데이 내부에는 심각한 갈등이 야기되었다.

매미의 입장을 지지하는 사람들과 슐버그를 비롯해 프로그램의 고참 스태프들은 서로 대립했다. 나중에 고용기회평등실에서 매미의 인종차별 주장을 근거 없다고 기각한 뒤 매미가 투데이를 떠나 NBC 내의 다른 부서로 옮겨가면서 사태는 수습이 되었다. 이런 일은 신문에 일절 보도되지 않았다.

프랭크가 죽은 뒤 NBC는 즉시 투데이의 후임 남성 진행자 물색에 나섰다. 딕 캐빗과 빌 모이어스와 같은 NBC의 '아웃사이더'들과 톰 브로코, 톰 스나이더, 개릭 어틀리, 짐 하츠 같은 NBC 뉴스 '인사이더'들의 이름이 대거 거명되었다. NBC는 쾌활하고 인기 있는 로컬 뉴스 진행자인 하츠로 결정했다. 편안하고 논란을 불러일으키지 않을 인물을 원했던 것 같다. 그런데 새 진행자를 발표하기 직전에 리 스티븐스가 NBC 고위 경영진들에게 전화를 걸어 "그런데 여러분, 아주 사소한 문제가 하나 있습니다"라고 말했다. 그러고는 앞서 만든 계약 조항을 상기시켜 주었다. "프랭크 맥기가 쇼를 떠나게 되는 이런 상황이 오면 말입니다." 리는 이 사실을 지적했다. "바버라가 공동 진행자가 되어야 합니다."

1974년 4월 22일 NBC는 나의 새 직책을 알리는 보도 자료를 냈다. "바버라 월터스는 지금부터 NBC 텔레비전 네트워크 투데이 프로그램의 공동 진행자로 활동하게 됨." 텔레비전 뉴스 프로그램 담당 부회장 도널드 미니의 명의로 낸 보도 자료는 이렇게 밝히고 있었다. "우리 프로그램이 공동 진행자 제도를 도입한 것이 이번이 처음이며 이제부터 투데이는 TV 네트워크 뉴스와 공영 프로그램을 통틀어 여성 공동 진행자를 둔 유일한 TV 네트워크임."

그렇게 해서 나는 투데이쇼의 공식 공동 진행자가 되었다. 2년 뒤에 나는 투데이를 떠났지만 그때부터 지금 이 시간까지 모든 방송국의 아침 텔레비전 쇼 진행을 맡는 여성들은 모두 공동 진행자가 되었다. 물론 이것은 역사책에 올라가지는 않았지만 아주 큰 진전이었다. 전적으로 리 스티븐스가 그 조항 하나를 내 계약서에 집어넣은 덕분에 NBC의 그 어느 누구도 이의를 제기할 엄두를 내지 못했던 것이다.

워싱턴에서 만난 남자들

1974년 8월에 대통령이 사임한 뒤 워싱턴은 다시 활기에 넘쳤다. 음울한 분위기의 리처드 닉슨 후임으로 제럴드 포드가 새 대통령으로 취임했고 도시 전체가 심호흡을 가다듬으며 여유를 되찾은 것처럼 보였다. 사람들은 국가적 악몽이 지나갔다고 했으며 유쾌한 축제와 안도의 분위기가 감돌았다. 지금은 주미 외국 대사관들이 가끔 엄숙한 만찬 행사가 거행되는 아주 진지한 장소가 되었지만 당시 포드 시대 때는 서로 경쟁적으로 제일 인기 있고 재미있는 장소가 되려고 기를 썼다.

그 파티들은 내게는 사람을 만나는 데 말할 수 없이 좋은 기회였다. 기자에게 가장 중요한 것은 집 전화번호로 가득한 전화번호 책과 사건에 대해 제대로 알면서 당신을 좋아하고 당신 전화를 필요할 때 받아 줄 사람을 아는 것이다. 따라서 이러한 파티들이 내게는 재미뿐 아니라 업무의 연장이었다.

호화스럽고 그저 재미만 따진다면 최고의 대사관은 멋진 독신남인 아르데시르 자헤디 대사가 있는 이란 대사관이었다. 이란의 샤는 20대 초에 짧은 기간 동안 정략결혼을 해서 딸 하나를 두었는데 바로 샤나즈 팔레비 공주다. 자헤디는 바로 이 공주와 결혼했으나 딸 하나를 낳고 이혼했는데 그 후에도 샤는 사위였던 그와 친분 관계를 유지했다.

대사는 키 크고 멋진 검은 머리에 우뚝 솟은 코, 사람을 휘어잡는 미소, 그리고 누구한테나 호의적인 태도 등 너무도 당당한 인물이었다. 그는 또한 똑똑하고 예리해서 미국 내에서 샤가 가장 신임하는 조언자였다. 샤가 시켰는지는 모르지만 자헤디 대사는 수백 명의 손님을 초청해 놓고 샴페인을 터뜨리고 신선한 이란 캐비아를 산더미처럼 쌓아 놓고 벌이는 요란한 파티, 그리고 후머스에서 햄버거에 이르기까지 온갖 음식을 실컷 먹을 수 있는 뷔페를 여는 것을 좋아했다. 사람들과 어울려 놀아도 좋고 그저 이리저리 구경만 해도 좋았다. 볼거리도 무진장 많았다. 벨리 댄서를 구경하고 연주를 듣거나 밴드에 맞춰 춤을 출수도 있었다. 같이 이야기할 정치인들도 있고 곁눈질해 볼 스타 영화배우들도 수두룩했다.

엘리자베스 테일러는 인기 손님이었는데 미스 테일러와 대사가 연인 관계라는 소문이 있었다. 하지만 그에게 진짜 연인이 있는 것 같지는 않아 보였다. 실제로 이란 왕비 파라 디바가 뉴욕을 방문했을 때 자헤디 대사는 나보고 그의 '데이트 상대'가 되어 달라고 부탁했다. 여느 때처럼 그는 '21'에 작은 밀실을 마련해 놓고 유명 인사와 친구들을 몇 명 초대했다. 나는 샤바누로 불리는 파라 왕비를 전에도 만난 적이 있었다. 이튿날 내게 몇 파운드나 되는 캐비아가 선물로 배달되어 왔다.

NBC는 뉴스 부서 사람이 선물 받는 것을 허락하지 않았지만(지금도 모든 방송의 뉴스 부서에서는 선물 받는 것을 용납하지 않는다) 캐비아와 캔디는 먹으면 없어지는 물품이라서 용인이 되었다. 자헤디 대사는 내 생일날 카르티에 시계를 선물로 보내온 적도 있었는데 그것을 받을 수 없는 사유를 적은 편지와 함께 선물을 되돌려 보냈다(사실은 그렇게 예쁜 시계도 아니었다). 편지 사본 한 장은 NBC 뉴스의 책임자인 딕 월드에게 보내고 나도 한 부 보관했다. 그렇게 한 것은 정말 현명한 처사였다. 1979년 샤를 쫓아내고 곧바로 새로 들어선 근본주의 이슬람 정부는 미국 기자들이 뇌물을 받았다고 비난했는데 나도 공개적으로 욕을 먹은 기자들 가운데 한 명이었다. 그들은 어떤 장부에서 찾아냈을 것이 분명한 자료를 바탕으로 내가 카르티에 시계를 받았다고 주장했다. 그런데 휴! 내가 그 시계를 받지 않았다는 것을 입증하는 편지가 내게 있었던 것이다. 하지만 그것은 멋쟁이 대사가 요란한 파티를 열던 70년대보다 여러 해 뒤의 일들이다.

워싱턴에는 독신 대사가 또 한 사람 있었는데 알레한드로 오르필라 아르헨티나 대사로 이혼남이었다. 고국에 여러 채의 집과 많은 토지를 소유하고 있는 것으로 알려졌는데 이 사람도 자헤디 정도의 수준은 아니지만 화려한 파티 열기를 좋아했다. 오르필라 대사는 진지한 사람이었는데 사실은 모든 대사들이 다 그랬다. 최고가 아니면 세계에서 제일 중요한 지역의 공관장으로 나올 수 없을 것이다. 나는 아르헨티나 대사관 파티에는 몇 번 가지 않았지만 오르필라 대사와 아주 즐거운 시간을 보냈다. 나는 그와 몇 번 데이트를 했는데 어느 날 불쑥 결혼해 달라고 하는 바람에 깜짝 놀랐다. 농담이었을까? 나는 그의 청혼을 거절한 뒤에도 계속 친구로 만났다. 아마도 미국 현지처가 필요했던 것인지도 모르겠다.

오르필라는 나중에 명망 있는 자리인 미주기구OAS 사무총장을 연임했다. 그가 워싱턴을 떠난 뒤 우리는 연락이 끊어졌지만 그 사람을 생각하면 항상 수도 워싱턴에서 함께 보낸 즐거웠던 시간들이 떠오른다.

나는 뉴욕에서도 몇 사람을 만났다. 투자금융 회사 베어 스턴스를 엄청난 조직으로 성장시킨 앨런 그린버그를 만났는데 그는 자기 친구와 동료들에게 '에이스'로 불렸다. 나는 앨런(나는 그를 항상 앨런이라고 불렀다)이 1960년대에 오클라호마에서 뉴욕으로 와서 '에이스'가 된 이래 계속 알고 지냈다. 그는 아주 똑똑하고 잘 웃겼다. 지금 그는 매력 있는 변호사로 나와 아주 가깝게 흉금을 터놓고 지내는 친구인 케이티와 결혼해 잘살고 있다. 더구나 그는 내가 필요하면 언제든지 돈을 마련해 주었다. 나는 내 인생에서 앨런을 알게 된 것을 항상 감사하게 생각할 것이다. 그가 아니었더라면 내가 어떻게 되었을지 모른다.

존 디볼트라는 멋진 남자도 있었다. 그는 '오토메이션'이라는 선견지명으로 가득 찬 책을 써서 자동화의 의미를 디트로이트의 조립 라인에서 벗어나 사무기기로 넓힌 사람이었다. 그는 은행과 건강관리 분야의 자동이체와 자동기록을 이뤄낸 기술의 천재였다. 나보고 더 이상 설명하라고 하면 곤란하다. 내가 이해하는 건 이게 전부다. 그의 딸은 재키와 같은 학교에 다녔는데 우리는 사친

회 모임에서 서로 인사를 나누었다. 존은 내가 만난 사람 가운데서 제일 사려
깊은 남자였고 재키에게 제일 온화하게 잘 대해 준 사람이었다.

그는 아주 상상력이 풍부한 입맛을 가졌는데 재키와 젤, 그리고 나는 이스
트 리버에 있는 존의 멋진 아파트에서 추수감사절과 이른 크리스마스 만찬을
함께 했다(이코넬은 자기 아이들과 저녁을 같이 했다.) 존은 아주 솜씨 좋은 요리사를
시켜서 콘 푸딩과 마시멜로를 얹은 고구마에서부터 맛있는 바나나 스플릿 디저
트에 이르기까지 어린 여자아이가 좋아할 만한 요리는 모두 만들어서 내놓았
다. 한번은 크리스마스 때 존이 재키에게 작은 마구간에 말안장까지 갖춘 여섯
필의 말이 있는 미니어처 말 농장 세트를 선물해 주었다. 재키는 너무 좋아했는
데 갖고 있는 쥐 집보다는 훨씬 좋은 것이었다.

왜 이런 일들을 이야기하는 것일까? 내게는 아주 설레고 행복한 시간이었기
때문이다. 가볍게 남자와 데이트하던 20대와 30대 때는 맛보지 못한 시간이었
다. 그때 나는 정신적으로나 경제적으로나 가족을 보살피기 위해 애쓰던 시절
이었고 가족 생각에 너무 몰두해 있었다. 그리고 NBC 생활을 시작하고부터는
오직 일, 일, 일밖에 몰랐다. 그리고 많은 보상을 받았고 신분은 상승했으며 나
는 이제 좀처럼 웃지 않던 진지한 소녀가 아니었다. 그러다 리와 결혼했고 딸을
얻었다. 40대 초반이 되어서 이제 그때까지 제대로 맛보지 못했던 것을 경험하
게 된 것이었다. 그것은 바로 흥겨움과 로맨스였다.

이 모든 남자들이 같은 시기에 내 삶에 들어온 것은 아니라는 점은 알아주
기 바란다. 그리고 이들 중에서도 더 좋아한 남자가 있고 그렇지 않은 남자도
있다. "이제 그 이야기는 그만"이라는 말이 나오기 전에 두 사람만 더 이야기하
겠다.

워터게이트 청문회가 열리기 직전에 나는 그때나 지금이나 절친한 친구인
조이스 애슐리를 보기 위해 로스앤젤레스로 갔다. 조이스는 워너 브러더스 영
화사 사장인 테드 애슐리와 결혼해 있었다(두 사람은 그 뒤 이혼했다). 두 사람은
말리부 해변에 멋진 저택을 갖고 있었고 이웃집에는 여배우 제니퍼 존스와 엄
청나게 부자인 그녀의 남편 노턴 사이먼이 살고 있었는데 사이먼은 대단한 미

술품 수집가였다. 그는 나중에 캘리포니아 주 파사데나에 자기 이름을 딴 미술관을 짓고 소장품을 모두 그곳에 보냈다. 제니퍼는 배우생활은 오래전에 접었지만 여전히 미모였는데 외모에 얼마나 신경을 썼던지 파티를 여는 날에는 시작 전에 옷을 최소한 세 번은 바꿔 입고 구두 밑창은 깨끗이 닦아 새 구두처럼 보이도록 만들어야 직성이 풀렸다.

그런데도 불구하고 아니면 그렇기 때문인지는 모르지만, 나는 제니퍼를 아주 좋아했다. 그녀는 즉흥적이고 웃겼으며 너그럽고 사려 깊었다. 어느 날 저녁에 그녀는 조이스, 테드, 그리고 나를 만찬에 초대해서 우리를 매튜 번이라는 아주 매력적인 남자에게 소개했다. 매튜는 연방법원 판사였는데 사교적이고 친구가 백만 명은 될 것 같아 보였고 로스앤젤레스 최고의 신랑감이었다. 하지만 그는 자기 어머니와 누이, 사촌을 부양하고 있었는데 결혼할 낌새를 전혀 보이지 않았다.

처음에 매튜는 내게 그렇게 매달리지 않았다. 그는 1973년 유명한 대니얼 엘즈버그 재판을 맡아 상당히 유명한 사람이었다. 엘즈버그는 펜타곤 기밀문서를 뉴욕 타임스에 누출시켰다가 스파이, 절도, 공모죄로 기소되어 재판에 회부되었다. 처음 만나서 30분 동안 나는 엘즈버그와 재판에 대한 질문으로 그를 괴롭혔는데 그는 오로지 스카치와 느긋하게 즐기는 데만 관심이 있었다. 그는 그때 자리를 박차고 나갈 뻔했다고 나중에 털어놓았다. 하지만 그날 이후 나는 로스앤젤레스에 있는 동안 거의 매일 밤 그와 함께 외출했다.

우리는 가벼운 로맨스를 즐겼지만 심각한 관계로까지 나아가지는 않았다. 매튜가 그렇게 나와 주었으면 하고 바랐지만 그는 한번도 내게 사랑한다는 말을 하지 않았다. 누군가를 사랑해 본 적이 있을까? 자기 어머니가 세상을 떠난 뒤에도 그는 끝내 결혼하지 않았다.

그는 어쩌면 더 출세할 수도 있었을 텐데 한 가지 실수를 범하고 말았다. 엘즈버그 재판 때 매튜는 닉슨의 고위 보좌관 중 한 명인 존 에를리히만을 만나 자신의 FBI 수장 임명 가능성을 논의했던 것이었다. 그 만남은 자칫 뇌물거래로 비춰질 수도 있었고 아무리 좋게 봐도 부적절한 것이었다. 그 사실이 외부로 알려지면서 그의 임명 가능성은 완전히 날아가 버렸다. 한번은 이 이야기를 꺼 냈더니 매튜는 절대로 그 만남은 FBI 자리 때문에 가졌던 게 아니라고 했는데 그러면서도 왜 만났는지는 말하지 않았다. 그래서 진상이 무엇인지는 나도 모 른다. 하지만 매튜는 이후 30년 넘게 아주 사려 깊은 연방판사로 재직했다.

이후 오랫동안 우리는 느슨한 관계를 이어 왔는데 2006년 겨울에 장성한 매 튜의 사촌이 전화를 걸어와 폐 질환으로 죽어 가는 그가 내 목소리를 듣고 싶어 한다는 말을 전해 듣고는 가슴이 뭉클했다. 전화를 걸었더니 매튜는 아주 쇠약 해져 있었다. 우리는 지난 세월을 놓고 농담을 주고받았다. 전화를 끊기 전에 내가 "당신을 사랑해요, 친구"라고 말했더니 매튜는 이렇게 답했다. "나도 당신 을 사랑해요, 친구." 두 사람 모두 속마음을 그나마 내보인 건 그게 다였다. 두 주 뒤에 그는 숨을 거두었다.

테네시 윌리엄스의 표현대로 '젠틀맨 콜러'gentleman caller 한 사람만 더 이야 기하겠다. 1974년 워터게이트 탄핵 청문회가 끝나가던 무렵 뉴욕에 있을 때였 는데 친구들이 나도 전에 많이 들어본 한 남자를 소개해 주었다. 찰스 레브슨이 란 사람이었는데 수백만장자로 당시 지구상에서 제일 성공한 화장품 회사인 레 브론 화장품의 설립자이며 소유주였다. 레브슨은 당시 세 번째 부인과 이혼한 직후였는데 부인의 생일날 사무실로 데려와 이혼을 통보했다고 한다. 큰 몫의 레브론 주식을 생일선물로 받는 줄 알고 사무실에 나왔던 부인은 레브슨의 변 호사들로부터 남편이 이혼소송을 할 것이라는 통보서를 받아들었다는 것이다. 그런 사실이 모든 신문에 실리며 똑똑하지만 피도 눈물도 없는 갑부라는 그의 명성은 더 굳어졌다.

내가 만났을 때 레브슨은 60대 후반이었는데 이혼한 뒤 리 래지월과 데이트 중이라는 소문이 있었다. 그래서 향수업계에서 레브슨과 같이 일하는 친구들이 그가 나를 보고 싶어 한다는 말을 전해 듣고 나는 깜짝 놀랐다. 여름철이었고 나는 새로 산 노란색 실크 바지 정장을 입고 있었다. 바지 정장은 당시 제법 앞 서가는 패션이었기 때문에 나는 내가 제법 멋있게 보일 줄 알았다. 하지만 저녁 을 먹는 자리에서 레브슨은 내 옷이 맘에 안 든다는 말을 했다. 그러면서 노란

색은 내게 잘 어울리는 색이 아니며 괜찮다면 나와 함께 쇼핑을 갔으면 좋겠다
고 했다. 나는 그가 제정신이 아니라는 생각이 들었고 내 생각을 그대로 말해
주었다. 그 말을 듣고도 기분이 상하지 않았는지 그는 이튿날 밤에 저녁을 같이
하자고 하면서 자기 요트가 프랑스 남부로 가는데 자기 친구들과 요트 여행을
함께 가지 않겠느냐고 물었다. 나는 다음 날 탄핵 청문회 취재 때문에 워싱턴으
로 갈 예정이기 때문에 저녁은 같이할 수 없다고 했다. 그리고 크루즈 여행은
고맙지만 사양하겠다고 거절하면서 로스앤젤레스로 돌아가서 내 친구 조이스
와 시간을 보내고 매튜 번과 시간을 좀 더 보낼 것이라고 했다. 백만장자든 뭐
든 찰스 레브슨에게는 관심이 없었다. 이튿날 워싱턴으로 가는 비행기를 타기
위해 아파트를 나서는데 그가 보낸 엄청나게 큰 장미 부케가 배달되었다. 백 송
이쯤 되는 긴 줄기에 달린 장미꽃을 일일이 화장지로 싸서 만든 부케였다. 이걸
어떻게 한다? 아파트에는 사람이 아무도 없었다. 내다 버릴까? 저 많은 장미꽃
을? 여태 그런 건 한번도 받아 본 적이 없었다. 그래서 바보같이 나는 가방과 함
께 그걸 들고 비행기에 탔다. 옆 좌석에 앉은 사람을 툭툭 치고 낑낑대며 워싱
턴의 내 호텔까지 들고 갔던 것이다.

　찰스 레브슨은 다시 만나지 않았다. 1974년 그해 여름에 내가 몰랐던 것은
당시 그가 암에 걸려 있었다는 사실이다. 그가 자기 아내를 그런 식으로 서운하
게 떠나보낸 것도 그 때문이 아니었을까 하는 생각을 지울 수가 없다(프랭크 맥기
생각이 난다). 그는 이듬해 여름 68세의 나이로 세상을 떠났다.

　이것은 70년대 초반과 중반에 내 인생에 들어왔던 여러 남자들의 이야기였
다. 그들 가운데 당시나 아니면 그 이후 아주 유명하고 성공한 사람 세 명이 있
다. 그들의 공통점은 모두 정부 직책을 갖고 있었다는 점이다. 정부에서 일하
는 사람들은 내가 가장 자주 만나는 사람들이었다. 그렇지만 그 세 사람은 모
두 다 개성이 각각이었다. 그러면서도 한 가지 공통점은 내가 세 명 모두를 아
주 좋아했다는 사실이다.

내 인생에서 특별했던 남자들

에드워드 W. 브루크는 미국 역사상 남부가 연방에 편입된 '리컨스트럭션(재건)' 이후 미국 상원의원에 당선된 최초의 아프리칸 아메리칸이다. 그는 1967년부터 1979년까지 두 차례 상원의원을 지냈다. 그는 대부분 민주당 주였던 매사추세츠 주에서 공화당으로 출마해 당선되었고 전통적인 상원의원의 경력에는 들어맞지 않은 인물이었다. 워싱턴으로 오기 전에 그는 매사추세츠 주에서 아주 인기 있는 법무장관으로 두 번 연임했고 그 다음 상원의원에 도전했다. 모두가 백인인 대단히 배타적인 클럽에 흑인인 그가 선출될 것이라고 예상한 사람은 거의 없던 시절이었다. 하지만 그는 당선되었고 공화당에서 스타가 되었다.

당시 어떤 잡지에서는 그를 "백인이 지배하는 주류 정치에서 흑인이 어떻게 커나갈 수 있는지 보여 주는 하나의 모델"이라고 묘사했다. 그가 부통령 지명을 받는 최초의 아프리칸 아메리칸이 되거나 심지어 대통령 출마까지도 할 수 있을 것이라고 말하는 사람들도 있었다. 웬만한 사람이면 이 정도 정보는 다 알고 있다. 하지만 나의 가장 친한 친구들을 제외하고 대부분의 사람들이 모르는 사실은 에드워드 W.브루크와 내가 오랜 세월 비밀스런 관계를 맺어 왔다는 것이다.

그리고 한 가지 더. 그 사람은 결혼한 몸이었다.

어디서부터 이야기를 시작해야 하지? 어디서 일이 시작되었던 거지? 1973년이었다. 내 인생에서 남자가 부족하거나 로맨스가 부족한 적은 분명히 없었다. 그런데 왜 결혼한 남자와 비밀스런 관계를 맺어야 했던 것일까? 그것도 흑인 기혼남을? 인종간 관용은 상승하고 있었으며 1970년대가 되자 인종간 결혼은 두 배 이상으로 늘기는 했지만 기혼 흑인 상원의원과 로맨스를 갖는다면 사람들은 대놓고 손가락질을 했을 것이다. 내게는 딸이 있었고 내가 그런 종류의 스캔들에 휘말린다면 놀라 자빠질 사람들이 주위에 너무 많았다. 에드 브루크는 아주 매력적이고 섹시하고 재미있고 호감이 가는, 한마디로 말해 도저히 거역할 수 없는 남자였다. 나는 흥분되고 매력에 사로잡히고 마음은 들뜨고 하여간 그에게 홀딱 빠졌다.

우리는 뉴욕에 있는 한 레스토랑에서 처음 만났다. 나는 친구들과 같이 있었고 그 역시 친구들과 함께였다. 우리는 인사를 나누게 되었는데 그는 내 손을 잡고 악수하며 미소를 지어 보였다. 그는 환하고 다소 장난기 어린 웃음을 보였는데 나는 그때 "이 사람이 누구더라?" 하며 기억을 더듬었던 생각이 난다.

몇 달 뒤 나는 워싱턴에서 닉슨과 중국에 대해 패널 토론 같은 것을 했는데 브루크 상원의원이 패널에 포함되어 있었다. 그는 내게 그날 시내에 있을 거냐고 물어 보았고 나는 그렇다고 대답했다. 그는 내게 점심에 초대해도 괜찮겠느냐고 물었다. 나는 "좋죠"라고 대답했다. 그래서 그는 나를 상원 식당으로 데려갔는데 손님들이 자주 초대되어 가는 곳이었다. 거기서 그는 주위의 시선을 아랑곳하지 않고 노골적으로 내게 수작을 걸기 시작했다.

그는 우리가 처음 만난 그날 밤 이후 한번도 내 생각을 하지 않은 적이 없다고 했다. 정말? 그리고 그는 매일 아침 내 방송을 본다고 했다. 농담이겠지? 그는 자기가 이탈리아인 백인 여자와 결혼했다고 말하며 2차 세계대전 때 이탈리아에서 군복무하면서(그때는 인종차별이 있었다) 그녀를 만났다고 했다. 전쟁이 끝나고 귀국한 다음 그녀를 데려왔는데 그녀는 지금까지도 영어를 못한다고 했다. 결혼해서 30년을 미국에서 살았는데도 거의 영어를 할 줄 모른다는 것이었다. 그는 두 사람의 관계가 시들해진 다음 부부 사이에는 장성한 딸 둘 외에는 공통되는 게 거의 없다고 서글픈 표정으로 말했다. 그는 휴일이나 선거기간 외에는 아내를 거의 보는 일이 없다고 했다. 그는 부인이 그레이터 보스턴에 사는 많은 이탈리안 아메리칸 주민들 사이에 아주 훌륭한 선거운동원이라고 말했다. 아주 오래전에 궤도를 벗어난 결혼생활이었던 것이다. 하지만 당시에는 정치인들이 이혼을 하지 않았고 더구나 그의 부인은 그가 집을 비워도 적응이 되어서 따지지도 않았다. '그런데 이혼을 왜 해?'라는 식이었다.

어떤 사람에게 왜 끌리는지를 다른 사람에게 설명하는 건 아주 어려운 일이다. 브루크(나는 그를 에드라고 부른 적이 한번도 없다)가 내게 잘해 준다거나 비위를 맞춰 주어서 그런 것은 분명히 아니었다. 어쩌면 그가 그런 짓을 하지 않았기 때문에 끌렸는지도 모르겠다. 나는 언제나 내게 잘해 주는 남자를 좋아했지 마조키스트는 아니었다. 하지만 브루크는 나를 갖고 놀았다. 그는 붙들어 앉히기가 힘든 남자였다. 나는 그게 화나면서도 재미있었다. 듣기 좋은 말을 한참 늘어놓더니 이번에는 내가 자기가 마음이 끌린 여자 중에서 제일 나이 많은 여자라는 것이었다. 농담으로 하는 말이었지만 실제로는 농담이 아니었다. 그때 나는 사십대 초반이었으니까. 그는 나보다 열 살 위였지만 나이는 별로 문제가 안 되는 사람같이 보였다. 그는 평생 여자들에게 인기가 있었던 것이다.

그는 가끔 내가 자기와 함께한 제일 나이 많은 여자라는 말을 했다. 그래서 나는 이런 말을 해줄까 하는 생각도 해 보았다. "오, 그래요? 그렇다면 당신은 내가 함께한 제일 새까만 남자예요." 하지만 사실 피부색은 아무 문제가 안 되었다. 우리의 연인 관계가 탄로 났을 경우 그의 피부색이 문제가 안 될 것이라고 생각할 정도로 내 눈이 뒤집힌 것은 아니지만 브루크가 흑인이라는 게 내게는 별로 중요한 문제가 아니었다는 말이다. 그리고 우리 모두 피부색은 입에 올리지 않았다.

돌이켜 생각해 보면 브루크는 피부색이 아주 새까맣지는 않았는데 그는 자신을 흑인이라고 생각하지 않았다. 그는 한번도 자신의 배경이나 흑인들이 겪는 문제 같은 것을 입에 담은 적이 없었다. 그 역시 차별을 겪어 보았으리라고 생각되지만 그는 그런 일을 절대로 언급하지 않았다.

브루크는 내게 속박당하는 것을 좋아했는데 그것도 매력이었다. 그렇게 해본 적이 없었기 때문에 처음에 나는 그게 기분 좋았다. 그러다가 한번씩 자기 마음대로 일을 끌고 나가는 게 또한 그의 매력이었다. 예를 들어 한번은 뉴욕에서 같이 있기로 계획을 세우고 나는 재키를 사촌 언니 셜리 집에 보냈다. 셜리 언니는 브루크와 사귀는 것을 아주 싫어했지만 재키를 자기 집에 데려와서 재우는 것은 좋아했다. 재키도 하룻밤 엄마한테서 떠나 잔다는 사실에 신이 났다.

젤과 이코넬은 그대로 집에 있었지만 나를 좋아했기 때문에 침묵으로써 나를 보호해 주었다. 저녁 요리가 만들어지고 음악이 흘러나왔다. 그리고 브루크가 전화를 걸어와 워싱턴에 그냥 있기로 했다는 것이다. 아무런 변명도 없었다. 한편으로는 안심이 되면서도 또 다른 한편으로는 화가 났다. 재키를 다른 데로 보낸 게 내내 마음에 걸렸으면서도 나는 화가 나서 일주일 동안 브루크의 전화를 받지 않았다. 그리고 나서는 다시 화를 풀고 그를 만나기 시작했다. 도대체 왜? 답은 간단하다. 그를 보면 가슴이 두근거렸기 때문이다.

우리 사이를 아는 한 부부가 있었는데 브루크의 오랜 친구 부부였다. 그 사람들이 버지니아에 집이 있어서 우리는 가끔 그 집에 가서 머물렀다. 우리는 아주 조심했고 사실 그렇게 자주 만나지는 못했다. 나는 뉴욕에 살며 일했고 꼭 필요한 경우가 아니면 재키한테서 떠나 있고 싶지 않았다.

여름은 예외였다. 브루크는 오크 블러프스에 큰 저택을 갖고 있었다. 오크 블러프스는 그때나 지금이나 부유한 상류층 아프리칸 아메리칸 인사들이 많이 모여 드는 곳이다. 워싱턴에 사는 내 친구 앤 조던과 버논 조던 부부도 오크 블러프스에 집을 갖고 있다. 나는 버논이 무언가 낌새를 챘을 것이라는 생각을 늘 했는데 설사 그랬더라도 그런 것을 입 밖에 낼 사람은 아니었다. 한번은 주말에 그곳으로 가서 그의 어머니(아버지는 돌아가셨다)를 만났는데 정말 매력적인 여성으로 성공한 아들을 대견스러워했다. 그녀가 속으로 나를 어떻게 생각했는지는 알 길이 없지만 어쨌든 내게 아주 잘 대해 주셨다. 아들이 하는 일이니 어련하겠지 생각하는 것 같았다.

이듬해 여름에 나는 투데이쇼에 3주간 휴가를 내고 오크 블러프스에 집을 한 채 구해 셜리 언니더러 함께 가자고 했다. 셜리 언니도 재키와 같은 또래의 손녀를 데리고 왔다. 사람들 눈에 띄지 않는 곳이었고 브루크는 일주일에 두세 번씩 우리한테 들렀다. 재키는 지금도 그를 희미하게 기억한다. 뉴욕에 있을 때 재키는 그가 찾아오는 걸 보지 못했다. 재키는 그를 좋아하는 듯했지만 그렇게 많이 좋아하지는 않았다.

그러는 한편 나는 편안한 마음으로 다른 남자들도 계속 만났다. 한 명은 앞에서도 말한 바 있는 친절하고 온화한 존 디볼트였다. 그는 밤과 낮 모두 에드 브루크와는 전혀 딴판인 사람으로 너무도 사려 깊고 믿음이 가는 사람이었다. 브루크를 만나지 않을 때는 거의 대부분 존을 만났다. 존은 나와 브루크의 관계는 전혀 눈치 채지 못했다.

이런 복잡한 와중에서도 브루크와의 관계는 계속 발전했다. 정치는 그가 열정을 바치는 곳이었고 나도 관심이 아주 많았다. 서로 할 이야기가 무궁무진했고 몰래 만나는 데 대한 짜릿함도 물론 있었다. 금단의 과일을 따 먹는 그런 비슷한 기분이었을 것이다. 하지만 몰래 만나는 데 대해 회의가 들기 시작했다. 우리가 과연 결혼할 수 있을까 하는 자문도 해 보았다. 결혼하면 그의 경력은 끝나는 것일까? 나의 경력도 끝날까? 우리가 과연 공개적으로 관계를 유지할 수 있을지에 대해서는 전혀 해답이 보이지 않았다. 그러던 중 일이 심각하게 꼬이기 시작했다. 만난 지 2년쯤 되던 그해 추수감사절에 브루크는 자기 집으로 가지 않고 뉴욕으로 와서 나와 함께 지냈다. 성탄절 휴일도 나와 함께 보낼 생각이었다. 그의 아내는 몇 년째 그의 애정행각을 눈감아 왔지만 이제는 무언가 다른 일이 벌어지고 있다는 의심을 하기 시작했다.

워싱턴에 있는 몇몇 사람들도 상원의원과 나 사이에 직업적인 관계 이상의 무엇이 오간다는 의심을 하기 시작했다. 가끔 어떤 리셉션이나 만찬에 두 사람이 모두 초대되어 가는 일이 있었는데 그런 때는 브루크가 일부러 큰 소리로 나보고 집에 바래다주겠노라고 말했다. 하지만 사람들은 우리를 주목하기 시작했다.

당시 워싱턴 포스트에 맥신 체셔라는 아주 매섭고 무서운 가십 칼럼니스트가 있었다. 나를 포함해 모두들 그녀를 두려워했는데 그녀가 나와 브루크가 그렇고 그런 사이라는 소문을 칼럼에 올리기 시작했다. 상황이 바뀌기 시작한 것이었다. 나는 브루크에게 계속 이렇게 살 수는 없다는 말을 했다. 그는 결혼한 몸이고 이제는 우리 사이를 끝내야 한다고 했다. 하지만 브루크는 우리 사이가 돌이킬 수 없는 단계까지 왔다고 생각했다. 그래서 그는 어쩌면 자신의 정치생명을 한 번에 망칠지도 모르는 일을 저지르고 말았다. 집에 가서 아내에게 이혼하자는 말을 꺼낸 것이었다.

그의 아내는 엄청나게 분노했다. 나도 그녀를 욕할 생각은 없다. 사실상 집에 들어오는 날이 별로 없었기 때문에 남편에 대한 정은 없더라도 어쨌든 그녀는 두 딸의 어머니였다. 그리고 그곳의 이탈리아계 유권자들이 그를 용서하지도 않을 것이었다.

그녀는 반격을 시작했는데 남편 보좌관들에게 물어서 내가 바로 그가 이혼을 요구하게 된 장본인이라는 사실을 알아냈다. 그녀는 사설탐정을 고용했고 또한 타블로이드 신문 내셔널 인콰이어러에도 아는 사람이 있었다. 신문은 이 이야기에 군침이 돌았고 자기들도 사설탐정을 별도로 고용했다. 당시 브루크는 카리브 해에 있는 세인트 마틴 섬에 별장을 한 채 갖고 있었는데 가끔 '손님' 과 함께 그 별장에서 휴가를 보냈다. 내가 그 손님으로 갈 가능성이 있을까? 나는 내셔널 인콰이어러 기자가 내 사진을 손에 들고 가게 주인이나 레스토랑 웨이터 등에게 보여 주며 본 적이 있느냐고 묻고 다닌다는 말을 들었다. 나는 브루크와 함께 그 섬에 가지 않았지만 나에 대한 탐문 작업은 계속되었고 나는 무척 신경이 쓰였다.

그 무렵 나는 아주 친한 친구로 리처드 닉슨 때 상무장관을 지낸 피트 피터슨으로부터 전화 한 통을 받았다. 그는 나와 에드 브루크의 관계에 대한 소문을 들었다며 조만간 이야기가 언론에 터질 것이라는 말을 해 주었다. 그렇게 되면 나의 경력은 끝장일 것이라는 말도 했다. NBC가 나를 지켜 주기는 어려울 것이라는 말도 해주었다. 피트는 에드 브루크와의 관계를 계속할 때 닥쳐올 결과에 대해 좀 더 심각하게 생각해 보라고 나를 타일렀다.

나는 그렇게 했고 브루크도 그랬다. 그는 자신의 정치생명을 위험에 빠뜨릴 수는 없었다. 그는 자기가 상원의원이 된 걸 자랑스럽게 생각했고 앞으로 얼마든지 더 뻗어 나갈 수 있었다. 나 또한 나의 경력을 위험에 처하게 할 수는 없었다. 아이와 플로리다에 있는 가족 생각도 해야 했다. 우리는 현명하지만 매우 슬픈 결정을 내렸고 더 이상 만나지 않기로 했다. 그게 끝이었다. 우리는 거기서 멈췄다.

　　당시 내게는 아주 소중했던 두 명의 남자가 더 있었다. 나는 앨런 그린스펀을 1975년 워싱턴에서 넬슨 록펠러 부통령이 주최한 어느 티 댄스파티에서 만났다. 지금은 관공서의 보안검색이 워낙 철통 같아서 미국 부통령이 댄스파티를 연다는 건 생각하기 힘들다. 하지만 당시 록펠러 부통령과 부인 해피 여사는 외국 공관 거리인 엠버시로에 있는 부통령 관저 애드미럴스 하우스 수리 후 집들이 '댄싱파티'를 여러 차례 열었다. 그때 초청된 인사들로는 영화배우(캐리 그랜트), 우주비행사(앨런 셰퍼드), 기업가(출판인 윌리엄 랜돌프 허스트), 언론계 인사(나), 하원의원 등이었다. 록펠러 부부는 워싱턴에 따로 집이 있었기 때문에 지은 지 82년 된 애드미럴스 하우스에 입주할 생각은 없었고 사람들 만나는 장소로만 공관을 이용했다. 한번은 그 집들이 파티 때 키가 크고 안경 낀 남자가 내게 다가와서는 춤을 추자고 말했다. 그의 이름은 앨런 그린스펀이었고 포드 대통령의 경제자문회의 의장이라고 자신을 소개했다. 별로 감동적이지는 않았지만 중요한 자리라는 생각이 들었다. 그는 아주 쾌활하고 건방지지 않은 사람이었다. 그는 아주 훌륭한 댄서였는데 춤을 마친 다음 자기는 주말에만 뉴욕에서 지낸다면서 전화를 해도 좋겠느냐고 했다. 그래서 나는 그에게 내 전화번호를 주었고 그는 바로 그 다음 주말에 전화를 걸어 왔다. 그때 나는 에드 브루크와의 관계를 막 끝낸 때여서 그의 전화가 반가웠다. 그것은 키 크고 조용한 이 남자가 걸어온 수많은 전화의 시작이었다.

　　웃기지만 사소한 문제가 하나 생겼다. 앞에서도 이야기했듯이 나는 여러 해 동안 투자금융가 앨런 그린버그와 관계를 맺어 왔다. 브루크와 만나는 기간에도 그와의 관계는 계속되었다. 그런데 앨런 그린스펀은 집으로 전화를 걸면 앞의 이름만 남겼고 앨런 그린버그도 그렇게 했다. 그래서 젤과 이코델은 엄청 헷갈렸다. 그래서 두 남자에게 뒤쪽의 성도 알려 달라고 부탁했지만 그것도 별 도움이 안 되었다. 그린버그나 그린스펀이나 그게 그거였기 때문이다. 두 여자는 거의 절망적이 되었다. 그래서 내게 메모를 갖고 오면 나는 그저 이렇게만 물어보았다. "어느 남자 목소리가 더 컸지?"

앨런 그린버그는 둔탁하면서도 쾌활했고 외향적이었다. 그는 보통 크기의 목소리로 말했다. 반면에 앨런 그린스펀은 아주 부드러운 목소리로 거의 속삭이듯이 말했다. 그래서 나는 목소리 크기로 쪽지의 주인공이 그린스펀인지 그린버그인지 구별해 냈다.

몇 년 전 앨런 그린스펀이 막강한 연방준비제도이사회 의장으로 있으면서 의회 증언에 나온 것을 보니 그때도 목소리를 높이는 법이 없었다. 내 앞에서도 그랬다. 그것은 천성이 온화하고 말이 없는 성격으로 타고났기 때문이다. 처음 만날 때 나는 그를 디너파티에 자주 데리고 갔는데 식사 시작 전에 좀처럼 남들과 섞이지 않고 식사 때도 모르는 여자 옆에 앉게 되면 좀처럼 대화를 시작하지 못해 옆의 여자를 난처하게 만들었다. 본인도 인정하듯이 그는 내성적이지만 사교계 행사에 참석하는 것을 좋아한다고 했다. 그는 방문을 열고 들어서면 누군지 쉽게 알아볼 수 있는 그런 사람이 아니었기 때문에 나는 친구들에게 그를 한 번 이상 소개해 주어야 할 때가 종종 있었다. 사람들이 그가 누군지 알아보지 못했기 때문이었다. 수줍은 성격 탓인지는 몰라도 그는 사람들의 시선을 끌지 않으려고 일부러 그러는 것처럼 약간 구부정한 자세로 걸었다. 겸손한 것이라고 봐야 옳을 것이다. 엄청나게 유명해진 지금도 앨런은 이러한 품성을 그대로 갖고 있다.

앨런이 2007년에 써서 베스트셀러가 된 솔직한 그의 자서전 '격동의 시대' The Age of Turbulence의 일부를 인용해 보겠다. 그는 나보다 더 상세한 내용들을 기억하고 있다. "나는 힘 있는 여자로부터 주눅 들지 않는 사람이다. 지금은 나도 결혼한 몸이다. 내가 상상할 수 있는 제일 따분한 짓은 아무 생각 없는 데이트 상대와 함께 나가는 것이다. … 바버라를 알기 전까지 나는 보통 다른 경제전문가들과 직업적인 만찬을 하는 게 주요한 저녁 일과였다. 하지만 바버라는 끊임

없이 뉴스, 스포츠, 미디어, 연예계 사람들과 어울렸다. … 우리가 사귄 그 시절, 그리고 그 이후에도(우리는 계속 친구로 지낸다) 나는 바버라와 함께 많은 파티를 다녔고, 거기서 바버라가 아니었더라면 절대로 만나지 못했을 사람들을 만났다. 대개 음식은 맛있었지만 대화는 따분했다. 그 사람들도 아마 나에 대해 같은 생각을 했을 것이다.

그렇기는 하지만 나는 멋진 친구들을 많이 만났다. 바버라는 내게 50회 생일 파티를 마련해 주었는데 거기서 많은 뉴욕 친구들을 만났다. 헨리와 낸시 키신저 부부, 오스카와 아네트 드 라 렌타 부부, 펠릭스와 리즈 로하틴 부부, 펀치와 캐럴 슐츠버거 부부, 헨리와 루이즈 그룬월트 부부, 그리고 데이비드 록펠러 등이었다. 그 뒤 30년이 지난 오늘날까지 나는 이들 가운데 많은 이들과 친구로 지내고 있다."

앨런은 내가 로스앤젤레스에서도 내 친구들을 만나게 해 주었다고 썼다. 그곳에서도 그는 '꼬리표처럼' 나를 따라 파티에 다녔지만 어색하기 짝이 없었다며 "비즈니스 경제전문가는 파티에 어울리는 동물이 아니다"라고 썼다. 지금도 앨런과 나는 그때 만난 사람들과 친구로 지내고 있는데 아마도 그 사람들은 그때 앨런을 만난 사실을 자랑하고 다닐 것이다.

그때 나는 경제에 대해서는 하나도 몰랐고 또 그럴 필요도 없었다. 앨런과 나는 그날의 뉴스에 대해 이야기했다. 정치에 대해서도 이야기했지만 그는 내가 알아서는 안 될 이야기는 입 밖에 내지 않으려고 매우 주의했다. 우리는 극장이나 콘서트에 다녔는데 앨런은 정말 아는 게 많았다. 그는 정부의 개입과 규제는 최소한에 그쳐야 한다는 철학을 가진 사람이었는데 어떻게 국내 최대의 규제기구 의장이 되었는지 나로서는 이해가 안 된다. 앨런이 처음 의장에 임명되었을 때 큰 논란이 있었지만 그는 일을 훌륭하게 수행해 냈다.

앨런이 경제전문가가 되기 전에는 음악가였다는 사실을 알고 나는 크게 놀랐다. 그는 뉴욕의 줄리아드 음대에서 클라리넷을 전공했고 잠시 동안 뉴욕에 있는 헨리 제롬 밴드에서 연주활동을 했다. 그때 나중에 닉슨의 백악관 색소폰 참모가 된 렌 가먼트와 같이 활동했다. 두 사람은 친구 사이였는데 가먼트가 앨

런을 경제자문회의 의장에 추천했다는 말이 있다. 나는 앨런이 경제자문회의
의장일 때 만났다. 앨런을 통해서 나는 아주 쾌활한 딕 체니와 만났던 기억이
나는데 그는 당시 포드 대통령의 백악관 비서실장이었다. 포드 대통령의 국방
장관이던 도널드 럼즈펠드도 그때 만났는데 그렇게 멋지지는 않았지만 재미있
는 사람이라고 생각했다. 우리 두 사람은 가끔 그들과 부부 동반으로 만났는데
그렇게 기억에 남을 만한 날들은 아니었다. 그리고 나중에 조지 W. 부시가 대
통령이 되고 나서 그 사람들과 다시 만났는데 아주 딴 사람이 된 것처럼 나한테
행동했다. 우리가 예전에 알고 지낸 사이라는 것도 기억하지 못하는 것 같았다.
나는 이 사람들에게 일일이 인터뷰 요청을 했는데 모조리 거절당했다.

앨런과 연인 사이로 지내던 당시에 그는 주중에는 워싱턴에서 지냈고 뉴욕
에도 유엔 가까이에 작은 아파트를 한 채 갖고 있었다. 그는 자기 어머니를 극
진히 모셨는데 그 어머니가 매주 먹을 것도 가져오고 가정부가 집을 깨끗이 하
는지 살펴보기 위해 들렀다. 앨런의 부모는 그가 어릴 적에 이혼했는데 자기 아
버지에 대해서는 좀체 말을 하지 않았다. 그는 할머니와 어머니 손에서 자랐는
데 두 사람 모두 직장을 갖고 있었다. 나는 그의 어머니를 아주 좋아했다. 그녀
는 온화하고 활기차며, 아들과 달리 외향적인 성격이셨다. 그녀는 피아노 연주
를 좋아했는데 내가 사는 아파트에 피아노가 있어서 우리를 보러 오면 자주 피
아노를 쳐 주셨다. 그 뒤 연방준비제도이사회 의장이 되면서 모든 시간을 워싱
턴에서 보내게 되자 그는 매주 자기 어머니를 보기 위해 뉴욕으로 왔다. 어머니
에게 들른 다음에 그는 나와 점심식사를 같이 했다. 나는 그가 자기 어머니께
극진히 하는 게 아주 마음에 들었다.

앨런은 이십대 때 아주 짧은 기간 동안 결혼을 했는데 에인 랜드 그룹 가문
의 여자라고 들었다. 그 여자와 이혼하고 난 뒤에 그는 죽 독신으로 살았고 다
시 결혼할 마음이 없는 것 같아 보였다. 나 역시 다시 결혼할 마음이 없었기 때
문에 두 사람 사이에 재혼 이야기는 없었다. 더구나 앨런은 아이를 갖고 싶다는
이야기를 입 밖에 꺼낸 적도 없었다. 그는 내 딸에게 아주 잘 대해 주었지만 아
주 가깝게 지내지는 않았다. 하지만 나는 그가 우리 딸의 의붓아버지가 될 사람

으로 생각하지는 않았기 때문에 그건 개의치 않았다.

앨런과 함께 있으면 편안하고 아늑한 기분이 들었다. 워싱턴에서도 그런 성품 때문에 존경을 받는 사람이었는데 개인적인 면모도 마찬가지였다. 그는 총명하고 아는 게 많았으며 많은 권력자들이 가지고 있는 남을 지배하려는 성향 같은 것도 없었다. 나는 그가 의회에 나와 증언할 때는 무슨 말을 하는지 거의 이해하지 못했지만 둘이서 이야기할 때는 그가 하는 말을 알아듣는 데 전혀 문제가 없었다. 그는 절대로 나를 무시하지 않았다. 그는 자기 이야기는 한마디도 하지 않으면서 내가 하는 걱정과 불평불만을 몇 시간이고 들어 주었다. 그는 놀랄 만큼 비틀어 대는 유머감각도 갖고 있었다. 한마디로 그는 우리가 만날 수 있는 최고로 좋은 사람이었다.

앨런에게 유일하게 불만이 있다면 너무 검소하다는 점이었다. 내게뿐만 아니라 자기 자신에게도 그랬는데 단벌 네이비블루 레인코트를 다 해져서 못 입게 될 때까지 입고 다녔다. 자기 일에만 몰두하는 전형적인 교수 타입이었다. 크리스마스나 생일 때 선물을 사 주는 법이 거의 없었다. 하지만 이런 일들이 내가 그에 대해 기억해 낼 수 있는 유일한 결점들이다.

1976년 대통령 선거에서 지미 카터가 제럴드 포드를 꺾고 승리하자 앨런은 관직을 떠나 자신이 설립한 경제자문 회사인 타운센드 그린스펀으로 돌아갔다 (타운센드가 어떤 사람인지는 도저히 알아낼 수 없었다). 사람들은 앨런에게 주식이나 채권을 사고파는 데 대해 자문을 했지만 그는 공손하게 이를 물리쳤다. 자기 전문분야가 아니라는 이유에서였다. 그는 장기적인 흐름과 사회 전반에 영향을 미칠 재정적인 여러 여건들을 예리하게 분석하는 데 가장 뛰어난 사람이었다.

한번은 내가 그에게 재정적인 충고를 부탁한 적이 있는데 그 일을 생각하면 두 사람 모두 웃음이 절로 나왔다. 만난 지 몇 년쯤 지났을 때였다. 나는 세 들어 사는 아파트를 떠나 공동주택을 한 채 장만하려고 했다. 셜리 언니가 재클린 케네디 오나시스가 살던 같은 건물에 멋진 집이 하나 있다고 보아 둔 것이었다. 침실 네 개에다 아주 큰 거실과 부엌이 딸려 있고 센트럴파크를 내려다보고 있는 집이었다. 1977년이었는데 뉴욕 시가 금융위기를 겪는 와중이었고 시가 파산할 것이라는 우려까지 나돌던 때였다. 집을 내놓은 사람은 25만 달러를 요구했는데 50번 애비뉴에 있는 크고 멋진 아파트치고는 값이 괜찮은 것 같았다. 앨런에게 자문을 했더니 "사지 말아요" 하며 이렇게 말하는 것이었다. "뉴욕 시가 처한 사정을 보면 좋은 투자가 아니에요." 그래서 나는 사지 않았다. 지금 그 아파트는 3000만 달러가 넘는다.

앨런과 나는 정식으로 헤어지지는 않았지만 관계가 더 이상 발전하지 않으면서 차츰 사그라들었다. 우리 모두 결혼을 원치 않았고 당시로서는 같이 살 수도 없었다. 나는 직업적으로 아주 어려운 시기들을 겪었는데 그럴 때면 앨런이 내 편이 되어 주었다. 그의 지혜와 도움이 없었다면 내가 그런 어려운 시기들을 어떻게 헤쳐 나왔을지 모르겠다. 나중에 좀 더 상세히 말할 기회가 있을 것이다. 비록 30년 전의 일이지만 앨런 그린스펀에 대한 나의 본질적인 감정은 그대로다. 그는 내가 아는 가장 멋진 사람 가운데 한 명이다.

나중에 나는 다른 사람을 만나 사랑하고 결혼했다. 앨런도 멋진 NBC 기자 안드레아 미첼을 만나 사랑에 빠졌다. 안드레아는 훌륭한 리포터이고 앨런과 그녀는 많은 공통점을 지니고 있다. 앨런은 마침내 결혼 기피증을 극복했는데 1997년에 나는 기쁜 마음으로 두 사람의 결혼식에 초대 받았다. 정말 행복한 결합이었다. 두 사람은 서로를 사랑하며 나는 두 사람의 친구라는 사실이 자랑스럽다.

2007년 가을에 나는 앨런의 친구들이 그를 위해 열어준 출판기념회에 참석했다. 연방준비제도이사회 의장으로 재직한 18년 동안의 이야기와 자신의 삶에 대해 적은(나에 대한 이야기와 그 지루한 디너파티 이야기도 들어 있다) 것으로 정말 멋진 책이다. 이 책을 다 읽고 난 다음에는 앨런의 책도 한번 읽어 보시기 바란다.

그리고 마지막으로 존 워너에 대한 이야기를 조금 하겠다. 그는 정말 세련되고 효율적으로 의원 생활을 하는 상원의원 가운데 한 명이다. 이 책을 쓰는 현재 그는 버지니아 주 출신의 상원의원으로 다섯 번째 연임하고 있다. 나는 존도 70년대 초에 만났는데 그가 상원의원이 되기 직전이었다. 당시 그는 미국 독립 200주년 행사를 준비하는 200주년기념위원회 위원장을 맡고 있었다. 몇 사람이 이 일을 맡았으나 신통치 않자 제럴드 포드 대통령이 연방 직책인 이 자리에 그를 임명한 것이었다. 사실 크게 할 일이 있는 자리는 아니었고 축하행사를 준비하는 데 각 주에서 제대로 기여하도록 만들기만 하면 되는 자리였다.

존은 그 일을 아주 진지하게 받아들여서 50개 주를 빠짐없이 직접 돌아다녔다. 200주년기념위원회 대변인 자격으로 그가 투데이쇼에 출연했을 때 내가 인터뷰를 맡았다. 그는 그때 내가 활기차고 매력적이었다고 나중에 내게 말했다. 나는 그가 머리칼이 정말 멋있지만 약간 거만한 사람이라는 기억이 있었다. 하지만 그가 점심을 같이 하겠느냐고 물었을 때 나는 좋다고 했다. 그는 자기 자신과 200주년기념위원회에 대해 많은 이야기를 했다. 나는 그의 남부식 매너가 마음에 들었는데 그는 한마디로 보수주의자였다. 나는 그에 대해 이것저것 많이 물었는데 알아낸 것을 종합하면 이렇다.

존은 버지니아 주에서 의사의 두 아들 중 한 명으로 태어났다. 존은 아버지를 좋아했고 평생 가깝게 지냈다. 존은 해병대에 입대해 한국에서 근무한 뒤 버지니아대 로스쿨을 졸업한 다음에는 버지니아에서 잘생긴 젊은 변호사로 사교계에 데뷔했다. 그리고 1957년에 세계 최고 갑부 중 한 명인 폴 멜론의 외동딸 캐서린 코노버 멜론과 결혼했다. 폴 멜론의 아버지 앤드루 멜론이 자금을 대 앨코아와 걸프오일 같은 회사를 설립했다. 존은 닉슨이 대통령 예비후보로 나설 때 사전 공작원으로 활동했다. 1972년에 닉슨은 존을 해군장관으로 임명했고 1974년까지 해군장관으로 일했다. 그리고 나서 200주년기념위원회 위원장으로 임명된 것이다.

그러는 사이 존과 캐서린은 딸 둘과 아들 하나 등 세 자녀를 두었다. 하지만 캐서린은 젊었고 존의 사는 방식이 마음에 들지 않았던 것 같다. 그녀는 보다 예술 지향적이었으며 소박하고 수수한 스타일을 좋아했다. 두 사람은 1973년 이혼했으며 여러 해 동안 사실상 존이 아이들을 키웠다. 폴 멜론은 딸과 사위에게 워싱턴의 조지타운 지역에 멋진 저택과 버지니아 주에 있는 거대한 농장을 물려주었다. 이혼합의서에서 폴 멜론은 이 둘을 모두 존에게 주었다. 존이 아이들에게 훌륭하고 책임감 있게 행동했기 때문이었던 것 같다.

농장이 크다는 말을 듣고 나는 도대체 얼마나 큰지 호기심이 나서 물어 보 았는데 거의 3000에이커쯤 된다는 말을 듣고는 놀라 뒤로 나자빠질 뻔했다. 농 장에는 말과 소들이 있고 테니스 코트와 실내 수영장, 최신식 부엌이 갖춰져 있 었다. 좀 친해진 뒤에 존은 나와 재키, 이코델한테 그곳을 보여 주었다. 몇 에이 커를 지나도 옥수수 밭이 끝도 없이 이어졌는데 재키는 자라면서 그런 것을 본 적이 없었다. 우리는 부엌에서 아이스크림을 만들어 먹었는데 부엌에는 필요한 요리 기구가 없는 게 없었다.

집안 장식은 별로 하지 않았는데 벽난로와 거대한 책상이 놓인 멋진 서재가 있었다. 위층에 있는 주 침실에도 벽난로가 있고 방은 멋진 페이슬리 직물로 장 식되어 있었다. 미국에서 제일 유명한 인테리어 디자이너 중 한 명인 빌리 볼드 윈이 장식했다고 했다. 하지만 존은 캐서린과 헤어진 다음에는 집 안 손보는 일 을 중단했다고 말했다.

어쨌든 존 워너와 나는 그렇게 만났다. 그는 버지니아 주에서 상원의원에 출마하고 싶다는 뜻을 이야기했는데 공화당에서 큰 지지를 못 받고 있는 것 같았다. 그리고 아는 기자들도 별로 없었다. 그래서 나는 워싱턴 포스트의 편 집 담당 부사장인 벤 브래들리 생일 파티에 그를 데리고 가서 내 친구 여러 명 에게 인사시켜 주었다.

내 친구들은 그가 아주 쾌활하다고 생각했지만 그는 기자들이 좋아하는 유 의 사람은 아니었다. 사실은 내가 좋아하는 스타일도 아니었다. 그래도 그는 계 속 가까워졌다. 한번은 하와이로 투데이쇼를 진행하러 갔는데 그도 그곳으로 와서 나를 깜짝 놀라게 했다. 그때 나는 재키를 데려갔는데 존이 우리를 위해 진주만과 잠수함을 특별히 구경시켜 주어서 너무 기분이 좋았다. 우리 모두 멋 진 시간을 보냈고 특히 어린 재키는 흥분해서 어쩔 줄 몰라 했다. 나는 존의 친 절함에 감사했지만 우리의 관계는 서서히 식어 갔다.

그리고 1976년에 존이 백악관에 초청받아 갈 때 다름 아닌 슈퍼스타 엘리자 베스 테일러를 데려가면서 우리 관계는 막을 내렸다. 두 사람 모두를 알기 때문 에 나는 그 이상 잘 어울리는 짝은 없다고 생각했다. 하지만 두 사람 모두 일종

의 환상을 갖고 있었다. 엘리자베스의 인기는 흔들리고 있었고 게다가 그녀가
만나는 남자들은 하나같이 그렇고 그런 수준이었다. 그럴 때 이 백마 탄 기사가
나타난 것이다. 부자고 핸섬한 데다 무엇보다도 그에겐 멋진 농장이 있었다. 그
가 핸섬하다는 말을 내가 제대로 하지 않았던가?

엘리자베스는 말을 특히 좋아했다. 그에게는 농장, 평화, 안락함, 이 모든
것이 갖추어져 있었다. 그녀와 존은 1976년 12월 4일 농장 뜰에서 결혼식을 올
렸다. 결혼식 사진을 보니 배경에 소와 말들이 보였고 엘리자베스는 전원풍 우
아함의 심포니 그 자체였다. 라벤더 회색 드레스를 입고 라벤더 터번을 썼으며
회색 스웨이드 부츠를 신었다. 그리고 은여우 코트를 걸치고 손에는 헤더꽃 부
케를 들고 있었다.

새 신부는 영국 배우 리처드 버튼과 두 번 결혼한 것까지 포함해 7번째 결혼
이었다. 존은 그 결혼으로 금방 유명해졌다. 하지만 존이 정말 하고 싶은 것은
버지니아 주 상원의원이었다. 그는 1978년 공화당 예비선거에서 리처드 오벤세
인이라는 전도유망한 젊은이에게 패해 2위를 하는 데 그쳤다. 하지만 불과 몇
주 뒤에 오벤세인이 비극적인 자가용 비행기 사고로 죽자 존이 후보가 되었다.

공화당으로서는 그보다 더 나은 후보가 없었다. 존은 유명한 아내를 옆에
데리고 버지니아 주 이쪽 끝에서 저쪽 끝까지 누볐다. 엘리자베스는 유권자들
에게 남편을 소개하면서 악수를 너무 많이 해서 나중에 손에 궤양이 걸렸다고
불평하기까지 했다. 존은 정치연설을 했지만 사람들은 그가 무슨 말을 하는지
에는 사실 아무 관심도 없었고 모두들 그의 유명한 아내를 보고 싶어 했다. 11
월에 존은 상원의원으로 선출되었고 곧 의회에서 제일 열심히 일하고 양심적인
정치인 가운데 한 명이 되었다.

한데 엘리자베스에게 문제가 생겼다. 상원의원의 아내로 산다는 것은 별 재
미가 없기 때문이다. 그녀는 길고 지루하게 이어지는 만찬들을 싫어했다. 친구
들도 보고 싶었다. 엘레자베스 테일러는 야한 농담을 정말 잘하는데 그걸 좋아
하는 사람이 많지 않았다. 내 생각에는 그녀의 남편도 그랬을 것 같다.

존이 상원의원으로 선출되기 직전에 두 사람과 다소 기묘한 인터뷰를 하기

위해 그들의 농장으로 갔던 기억이 난다. ABC 방송이 두 번째로 프라임 타임 스페셜 프로그램으로 마련한 인터뷰였다. 내 남자 친구였던 자가 파이프를 입에 문 채 자기 파트너인 엘리자베스에 대해 이야기하면서 두 사람이 어떻게 지내는지에 대해 이야기했다. 하지만 나중에 부엌에서 두 사람과 이야기하면서 알게 된 것은 엘리자베스가 밤낮으로 하는 일이란 먹는 것이라는 사실이었다. 존이 아내가 야채를 좀 더 많이 먹어야겠다고 말하자 엘리자베스는 "나 야채 먹는단 말이에요"라며 이렇게 말했다. "감자요."

그녀는 행복하다고 했지만 두 사람은 6년 뒤인 1982년에 이혼했다. 그 뒤 나와 인터뷰하면서 그녀는 결혼생활이 행복하지 않았으며 그래서 계속 먹기만 했다고 털어놓았다. 그렇지만 그녀는 헤어진 뒤에도 존에 대한 존경과 애정은 계속 갖고 있었다.

나도 그랬다. 이 남자건 저 남자건 "친절하다"는 말을 붙이는 건 싫어하지만 존 워너는 정말 세상에서 제일 친절한 사람이라고 할 만했다. 그는 신사다웠고 정직했으며 자상했다. 나는 그가 상원에서 점점 더 훌륭한 사람으로 성장해 가는 것을 지켜보면서 기분이 뿌듯했다. 나는 다시는 결혼하지 않겠다고 한 맹세를 깨고 다시 한번 결혼했다. 그리고 1990년에 그 결혼이 깨어지고 난 다음 나는 존과 다시 만나기 시작했다. 이번에는 매우 진지했다. 그를 진짜 알게 된 것은 바로 그 시기였다. 나는 자기 일에 대해 완전히 몰두하는 그의 모습을 보고 반했다. 그는 철저한 공화당원이었지만 당의 지시를 그대로 따르기만 하지는 않았다. 존은 1994년에 공화당 지도부에 맞서서 올리버 노스에 반대하는 운동을 적극적으로 폈다. 당시 노스는 버지니아 주 상원의원 공화당 후보로 나섰다. 존은 노스를 너무 싫어한 나머지 자기도 같은 주 공화당 상원의원이면서도 노스 대신 무소속 후보를 지원했다. 결과는 현직 상원의원인 민주당 척 로브 후보가 당선되었다.

이후에도 존의 정치적 입지는 줄어들지 않아 그는 1999년에 상원 군사위원회 위원장이 되었고 2006년 민주당이 상원 다수당이 될 때까지 계속 상원의 요직에 있었다.

존과 나는 1990년대에 5년 정도 만났다. 그는 여름철이면 나와 사우스햄프
턴에 가서 여러 주를 같이 지냈다. 우리는 친구들끼리도 서로 친하게 지냈으며
그는 테니스와 골프를 좋아해서 피트 피터슨, 룬 알리지와 치열한 게임을 많이
했다. 존이 제일 좋아한 건 그림이었다. 그는 우리 집 뒷마당에 있는 나무그늘
에 앉아 유화로 꽃 그림을 그리곤 했는데 꽃 그림이 전문이었다. 그는 매년 자
기가 보내는 크리스마스 카드에 자기가 그린 꽃 그림을 넣었다.

하지만 다시 말하지만 발전하지 않는 관계는 사그라드는 법이다. 나는 상원
의원의 아내가 되어 워싱턴에서 산다는 생각은 꿈에도 해본 적이 없다. 그리고
존 역시 뉴욕 생활은 맞지 않는 사람이었다. 서로 만나는 횟수가 차츰 줄어들었
고 그러던 중 그는 워싱턴에 살고 서로 관심사도 비슷한 멋진 여성 진 밴더 마
이드를 만났다. 두 사람은 2003년에 결혼했고 그 뒤 존을 만나 이야기를 들어
보면 정말 행복하게 사는 것 같았다.

2007년 8월 80세의 나이로 존은 상원 불출마를 선언했다. 그는 출세의 정점
에서 존경 받으며 명예롭게 물러났다. 그는 공화당에서 최초로 부시 대통령에
게 이라크 철군을 주장한 사람들 가운데 속했다. 그는 부시 대통령을 존경했고
자기 당에 피해를 주지 않는 선에서 자신의 소신을 피력했다. 엘리자베스 테일
러의 남편이라는 신분에서 시작해 정말 먼 길을 헤쳐 온 것이었다. 나는 그가
정말 상원을 그리워할 것이라고 생각한다.

상원 선거 불출마를 선언한 직후 존이 내게 전화를 걸어 와서 우리는 오랜
시간 즐거운 대화를 나누었다. 그는 상원선거에서 이기면 그날 밤 꼭 내게 전화
를 걸어 왔다. 이제 우리의 대화는 친한 친구끼리 나누는 우정의 대화이다. 나는
존에게 선거 당일 밤의 그 전화가 그립겠지만 잘한 결정이라는 말을 해 주었다.

존과 앨런 그린스펀, 에드 브루크를 생각하면 이 남자들을 알게 되어 나는
정말 운이 좋은 사람이라는 생각을 하게 된다. 늦게 꽃피운 나의 사랑에 대해
이야기했으니 이제 다시 일 이야기로 돌아갈 시간이 되었다.

이집트, 이스라엘, 그리고 카스트로!

공동 진행자. 아침 투데이쇼 데스크에서 남자 진행자 옆에 앉아 있기 십 년 만에 얻은 이 타이틀에 나는 정말 기분이 좋았다. 십 년이라. 지금의 기준에서 보면 별 것 아닌 것 같지만 1974년 당시에는 대단한 일이었다. 그 타이틀은 달리 설명하기가 쉽지 않았다. 봉급이 많아지는 것도 아니고 더 큰 방을 사무실로 쓰거나 프로그램에서 발언권이 더 커지는 것도 아니었다. 하지만 언론들은 주목했다. 뉴스위크는 새 직책을 받은 나를 커버스토리로 올릴 생각까지도 했다고 한다. "바버라 월터스—아침의 스타." 내 질문을 일컬어 "텔레비전 저널리즘에서 제일 깐깐한 질문들—앙고라 털에 쌓인 덤덤탄"이라고 묘사했는데 나는 그 부제가 아주 맘에 들었다.

내 인생에서 정말 달라진 것이라고는 프랭크 맥기가 가고 그와 함께 카메라 바깥에서의 갈등과 긴장도 사라졌다는 사실이었다. 나는 내가 인터뷰하고 싶은 사람은 누구든지 뉴욕 스튜디오에 앉아서 인터뷰할 수 있게 되었고 하고 싶은 질문은 뭐든지 할 수 있게 되었다. 물론 나는 그렇게 하지 않았다. 짐 하츠와 나는 잘 협력해서 팀을 이루었다.

투데이쇼에서 떠난 사람이 한 명 더 있었는데 21년간 뉴스캐스터로 일해 온 프랭크 블레어였다. 그를 떠나보내게 되어 나는 섭섭한 마음을 이루 말로 다할 수 없었다. 그는 당시 술을 많이 마셨는데 일이 다소 심각했다. 프랭크는 핸섬한 남자였고 결혼생활도 오래했지만 나를 포함해 쇼에서 일하는 모든 여자의 꽁무니를 쫓아다녔다. 류 우드라는 아주 쾌활한 남자가 프랭크의 후임으로 왔다. 그래서 투데이는 짐 하츠와 진 샐릿, 류, 그리고 내가 한 팀을 이루게 되었다.

나는 계속해서 워싱턴에서 보내는 시간이 많았는데 그게 프로그램에 도움이 되었다. 당시 각종 대사관 파티에서 만나 친하게 지내는 대사들 가운데 이집트 대사 아슈라프 고르발이 있었다. 지적이고 매력 있는 남자였으며 그의 아내 아말 아메르를 포함해 나는 그 부부와 함께 멋진 저녁을 많이 보냈다. 4년 뒤에 고르발 대사는 이집트와 이스라엘의 캠프데이비드 평화협정 체결 때 핵심적인 역할을 하게 되었다. 하지만 1974년이던 당시에는 두 나라 사이에 평화의 기미는 전혀 없었다.

이집트와 이스라엘은 1973년에 치열한 전쟁을 했으며 그때 이집트는 이스라엘을 기습 공격했다. 그 때문에 내 친구 모세 다얀이 책임을 지고 물러났다. 중동평화회의가 제네바에서 열리기로 되었으며 조심스레 낙관적인 기류가 감돌았다. 이스라엘 지도자들과는 많은 시간을 가져 봤기 때문에 나는 이들의 회교 측 카운터파트이자 공식적으로는 적인 이집트 대통령 안와르 사다트와 인터뷰하고 싶었다. 나는 그러한 희망을 고르발 대사를 통해 1974년 여름 워싱턴에 온 이스마일 파미 이집트 외무장관에게 전달했다. 고르발 대사를 통해 나는 그 외무장관과 인터뷰를 할 수 있었다. 파미 장관은 사다트가 예루살렘으로 역사적인 평화 방문을 할 때 수행하지 못하고 그 전에 물러났다. 그는 인터뷰를 마친 다음 내가 사다트 대통령과의 인터뷰가 성사되도록 도와달라고 부탁하자 매우 진지한 태도를 보였다.

"미 국민들은 사다트 대통령을 잘 모르기 때문에 그 사람뿐만 아니라 당신 나라까지 두려워하는 것입니다." 나는 외무장관에게 이렇게 말했다. "만약 대통령께서 인터뷰하실 생각이 있다면 투데이쇼가 제일 적절한 장이 될 것입니다. 그러니 부디 내가 카이로로 가서 대통령과 인터뷰할 수 있도록 주선해 주시기 바랍니다. 대통령을 미 국민들에게 소개할 수 있도록 해 주세요."

정말 놀랍게도 나는 몇 주 뒤에 그동안 미국 언론과 일절 인터뷰를 하지 않았던 사다트 대통령으로부터 청신호를 받았다. 사실은 반쪽짜리 청신호였다. 고르발 대사는 말하기를 내가 이집트에 오는 것은 환영하지만 사다트 대통령이 인터뷰를 약속하지는 않았다는 것이다. 그 말은 만약에 내가 사다트의 마음에 든다면 인터뷰를 할 수 있을 것이라는 뜻이었다.

나는 비밀 임무를 갖고 최대한 서둘러 카이로로 갔다. 나는 워싱턴에서 만나는 이집트 사람들을 좋아했고 워싱턴에서 만나는 이스라엘 사람들도 좋아했다. 내게 두 민족은 여러 모로 비슷했다. 강인하고 지적이며 자존심이 강한 민족이었다. 하지만 두 나라가 계속해서 서로 전쟁 상태에 놓여 있었기 때문에 두 민족은 서로 대화조차 하지 않고 있었다. 이집트는 이스라엘의 생존권을 인정하지 않았기 때문에 이스라엘 정부라는 것은 지구상에 존재하지 않는 상대였다. 카이로행 이집트항공 기내에서 보니 이스라엘은 아예 항로에 표시되어 있지도 않았다.

내 계획은 이랬다. 사다트 대통령과의 인터뷰를 하고 난 다음 이스라엘로 날아가 똑같은 질문을 이츠하크 라빈 총리에게도 던지는 것이었다. 그래서 한 프로그램에서 두 사람의 인터뷰를 같이 내보내는 것이었다. 그렇게 하면 양측 국민들이 두 나라와 두 나라 지도자의 차이점을 알게 될 뿐만 아니라, 나아가 두 지도자가 협상의 여지를 찾을 수도 있겠다는 생각이었다. 그렇게 하면 내가 노벨 평화상까지는 못 타더라도 멋진 텔레비전 방송이 될 것이라고 생각했다.

하지만 그 일은 성사되지 못했다.

나는 카이로 호텔 방 안에서 전화벨이 울리기를 기다리며 며칠을 기다렸다. 아주 눈치 빠른 정치인인 라빈 총리는 이미 우리 계획에 동의했는데 이집트 쪽에서는 아직 소식이 없었다. 나는 비행 일정을 체크하기 위해 전화로 같은 호텔에 묵고 있는 우리 프로듀서와 통화를 했다. 이집트에서 '존재하지 않는 나라'로 가는 직항 편은 없었기 때문에 키프로스나 아테네를 경유해야 했다. 하지만 두 인터뷰를 잇달아 내보내려면 그렇게라도 하는 수밖에 없었다. 전화를 끊자마자 전화벨이 울렸다.

"그렇게는 안 됩니다." 전화를 걸어온 이집트 관리가 이렇게 말하는 것이었다. "만약 사다트 대통령 인터뷰를 같은 시간이나 같은 날 라빈 인터뷰와 함께 내보낸다면 우리 대통령과의 인터뷰는 불가합니다."

도대체 이집트인들이 어떻게 우리 계획을 알았을까? 우리 전화를 도청한 게 분명했다. 꼴좋다, 바버라 월터스. 평화 중재자라더니. 나는 그 관리에게 사다트 대통령 인터뷰를 다른 어느 인터뷰와도 나란히 내보내지 않겠다는 점을 공식적으로 밝혔다. 그렇게 해도 사다트 인터뷰 허락은 떨어지지 않았다. 그 관리는 다음날 대통령 보좌관 한 명이 나를 먼저 만나 보고 나서 그 다음에 결정하겠다고 했다.

나는 신중을 기했다. 보수 회교도들의 취향에 맞도록 만약을 대비해 사 가지고 온 검은 재킷과 무릎까지 내려오는 검은색 스커트를 입었다. 기자에 있는 대통령궁에 갔을 때 어떤 일이 일어날지 알 수 없었다. 대리석 바닥이 깔린 접견실로 안내되어 가자 향이 좋은 차이가 나왔다. 그리고 문이 열리더니 아름다운 여인이 걸어 들어왔다. 세련된 녹색 바지 정장을 하고 있었다.

"나는 지한 사다트입니다"라고 그녀가 말했다.

우리는 한 시간 정도 이야기를 나누었는데 지한 사다트 여사는 정말 멋진 여인이었다. 1973년 전쟁 때 전선으로 나가 이집트 군인들을 격려할 때도 같은 정장을 입고 있었다. 과거 이집트의 어떤 지도자 부인도 정장을 입거나 전선에 나가 남자 군인들을 만난 적이 없었다. 그녀는 고등교육을 받고 싶어 하는 다른 여성들을 격려하기 위해 자신이 직접 카이로 대학에 입학했고 자기가 시험 보는 모습이 텔레비전에 생방송으로 중계되도록 했다. 격렬한 종교적 반대에도 불구하고 그녀는 이집트의 인구 폭등을 억제하기 위해 산아제한 운동의 전면에 나섰다. 그녀는 또한 장애인과 고아들을 위한 주택 건설을 장려하고 이혼한 여성들의 권리를 지키기 위한 운동에 앞장섰다.

15살의 학생이던 지한을 처음 만났을 때 사다트는 자녀 둘을 두고 이혼한 몸이었다. 영국인 어머니와 이집트인 아버지 사이에 태어난 지한에게 사다트는 영웅이었다. 그는 이집트 민족주의자이며 영국 식민주의자들과 그들이 세운 꼭

두각시 정부인 타락한 국왕 파루크를 몰아내기 위해 싸우다 투옥당한 혁명가였다. 지한의 가족은 딸의 선택을 인정하지 않았다. 사다트는 나이가 한참 더 많았고 이혼남에다 땡전 한 푼 없는 사내였다. 하지만 두 사람은 결국 결혼했고, 내가 보기에도 존경과 애정으로 결합된 결혼생활을 하고 있었다.

여러 해 동안 그리고 여러 잔의 차이를 함께 마시며 지한과 나는 평생의 친구가 되었다. 나는 그때나 지금이나 그녀를 좋아하며 그녀는 내가 그녀의 남편과 인터뷰할 수 있도록 도와주었다. 그를 만나기 위해서는 그녀의 허락이 반드시 필요했다.

이후 삼십 년 넘게 내 마음에 박힌 한 가지 이미지가 있다. 인터뷰하기 위해 도착하자 골똘히 생각에 잠긴 채 앉아 있는 호리호리한 남자가 텔레비전 장비를 싣고 온 빈 상자 위에서 파이프를 뻑뻑 피우며 앉아 있는 모습이 눈에 띄었다. 그는 우리 스태프들이 자기 거실에 들어가 카메라와 마이크로폰, 모니터와 조명을 설치하는 것을 지켜보고 있었다. 그의 주위에는 경호원이나 보좌관, 비서가 한 명도 없었다. 이집트 대통령 혼자서 그냥 나온 것이었다.

이후에도 여러 번 하게 되지만 그날의 첫 인터뷰는 잘 진행되었다. 사다트 대통령은 자기는 이스라엘과 평화를 원한다는 말을 여러 차례 되풀이했다. 조건은 이스라엘이 1967년에 점령한 영토를 반환하고 합법적인 팔레스타인 국가의 설립을 보장하라는 것이었다. "문제의 핵심은 팔레스타인입니다"라고 그는 말했다. 그리고 또한 모든 사람이 알고 싶어 하는 한 가지 질문에 대답했다. 그 질문은 바로 라빈 총리와 만날 것이냐는 것이었다.

"지금은 불가능합니다. 불가합니다. 26년간의 적대적인 감정, 폭력, 증오, 슬픔을 겪었는데 갑자기 우리가 만날 수 있습니까? 그건 절대 말이 안 되지요."

하지만 그러한 답변은 최종적인 것이 아니라 어느 정도 희망의 여지를 남겨둔 것처럼 들렸다. 왜냐하면 그가 '지금은' 안 된다고 했기 때문이다. 그는 나를 '바르-버-라' 이렇게 항상 세 음절로 나누어서 불렀는데 악센트를 가운데 음절인 '-버-'에 주었다. 이 책을 쓰는 지금도 그의 목소리가 귀에 들리는 것만 같다. 남편이 죽고 난 뒤 한참 뒤에 사다트 부인은 내게 남편에게서 제일 기억에 남는 것은 깊게 울리는 그의 목소리라고 말했다.

　나는 많은 사람들이 생각한 것처럼 사다트한테서 무서운 구석이라고는 찾아볼 수 없었다. 그는 다정하고 솔직하면서도 카리스마가 넘치는 사람이었다. 나는 그가 라빈 총리를 압도할 것이라고 생각했다. 라빈 총리는 총명하기는 하지만 인터뷰하는 것을 보면 말수가 적고 유머 감각이 없는 사람이었다.

　하지만 텔아비브에서 우리와 인터뷰할 때 라빈 총리는 매우 말이 많았다. 내가 묻는 질문에 대한 답변 외에 자기 질문도 많이 던졌다. 라빈은 사다트에 대해 엄청나게 궁금한 게 많았다. 그는 사다트와 일면식도 없었고 그 후로도 만나지 못했다. "어떤 사람이던가요?" "뭐라고 하던가요?" "당신이 보기에는 어떤 사람 같았어요?" 나는 자신을 공식 중재자로 생각할 정도로 주제넘은 사람은 아니지만 리포터로서 두 사람 모두와 이야기를 나누고 사실상 두 사람이 개인적으로 전달할 수 없는 메시지를 대신 전달할 수 있게 된 것이 감격스러웠다. 그래서 나는 사다트의 됨됨이에 대해 라빈에게 설명하고 사다트가 사려 깊고 합리적인 사람이라는 나의 인상을 말해 주었다. 그리고 사다트가 회담 가능성을 완전히 배제한 게 아니라 적당한 때가 오기를 기다리더라는 말도 해 주었다.

　내가 한 이 두 건의 인터뷰는 투데이쇼에서 이틀 연속으로 방영되고 또한 저녁 뉴스 프로그램에서도 내보냈다. 9월이라 가을 텔레비전 시즌이 시작되는 때였고 시청자들의 반응은 좋았다. 특히 사다트 편의 반응이 좋았다. 이것은 미국 국민들에게 그가 처음 소개되는 기회였고 사람들은 이스라엘과 평화협정을 체결한 최초의 무슬림 지도자가 되는 그에게 매혹되었다. 나는 그 평화협상 현장에도 갔는데 그 이야기는 나중에 하겠다. 슬픈 일이지만 나는 1981년 사다트가 그 평화를 맺은 대가로 피살된 뒤 사다트의 장례식 때도 카이로에 갔다.

　1975년에 아침 텔레비전은 나름대로 작은 전쟁을 치르고 있었다. 그해 11월 ABC에서 굿모닝 아메리카를 데뷔시켰다. 투데이로서는 처음으로 심각한 도전자를 만난 셈이지만 크게 놀랄 일은 아니었다. 프로그램이 탄생하기 몇 달 전에 ABC의 이사 한 명이 ABC로 옮길 의향이 있는지 떠보려고 내게 접근한 적이 있기 때문이다. 나와 ABC의 첫 번째 접촉이었는데 당시 나한테는 아주 드문 일이었다.

그 ABC 이사는 잭 하우스먼이라는 사람으로 내 친구지만 나보다 나이가 많고 아주 멋지고 성공한 비즈니스맨이었다. 그 사람과 부인 에델은 뇌성마비를 앓는 딸 하나를 두고 있었는데 전에 우리 언니에게 도움을 주려고 애를 썼다. 부부는 신경질환 환자들을 위한 보호 작업장을 여러 곳 운영하고 있었는데 재키 언니가 그곳에 와서 일하면 좋아할 것이라고 생각했다. 언니는 한번 가 보고는 자기가 일할 곳은 아니라는 생각을 했던 것 같다. 그렇지만 나는 그들이 관심을 가져 준 것이 고마웠다. 그래서 매년 그들이 주최하는 뇌성마비 연구기금 모금을 위한 방송에 자원해서 진행을 맡았다.

ABC의 설립자 겸 회장인 레너드 골든슨도 뇌성마비 딸이 한 명 있었다. 나는 그를 잘 몰랐는데, 그 사람과 잭 하우스먼은 공통 관심사 때문에 아주 친한 친구 사이였고 뇌성마비연합회를 함께 설립했다. 하우스먼은 이사진에 포함되어 있었다. 두 사람은 어느 날 나에 대한 이야기를 했을 것이고 그래서 하우스먼이 내게 전화를 걸어와 만나자고 했다. 그 자리에서 그는 나보고 NBC를 떠나 ABC로 올 생각이 없느냐고 물어 보았던 것이다. 그때 ABC는 모닝쇼를 만들 생각을 하고 있었다. 그는 내게 ABC에 오면 돈은 엄청나게 많이 줄 의향이 있다는 말을 했다.

나는 즉각 이렇게 대답했다. "고맙지만 사양하겠습니다." 현재 잘 지내고 있고 또한 성공하고 있는 아침 프로그램을 버리고 라이벌 방송국에서 시작하는, 장래가 불투명한 프로그램으로 옮길 이유가 없지 않은가? 그래서 굿모닝 아메리카GMA는 내가 아니라 공동 진행자('공동'이란 말에 주목하시기 바람)인 데이비드 하트먼과 낸시 두솔트를 내세워 시작되었다. GMA의 공동 진행자들은 아주 매력적인 팀이기는 하지만 나를 이기기에는 턱없이 부족했다. 나도 ABC에 대해서는 두 번 다시 생각해 보지 않았다.

나는 생애 최고로 행복한 시절을 보내고 있었다. 투데이쇼는 연간 1000억 달러의 수입을 올려 NBC에서 가장 수입이 좋은 낮 시간 프로그램으로 자리 잡아 다른 방송국들의 부러움을 사고 있었다. 더구나 나의 역할도 인정을 받고 있었다. 1975년에 국제라디오텔레비전협회는 나를 '올해의 방송인' 으로 선정했는데 대단히 영예로운 수상이었다. 텔레비전 업계에 종사하는 동료들한테서 받은 상이라 나로서는 큰 의미가 있었다. 나는 '토크, 서비스, 버라이어티 시리즈 부문 최고의 호스트 혹은 호스티스' 로 에미상도 받았는데 이 또한 나로서는 큰 영광이었다. 하지만 여기에는 약간 걸리는 점이 있었다. 에미상 후보는 개별 프로그램으로 하는데 투데이의 프로듀서인 스튜어트 슐버그는 짐 하츠도 같이 추천한 것이었다. 스튜어트는 내 이름만 추천하면 짐이 언짢아할 것 같아 그렇게 했다고 내게 말했다.

공동 진행자이면서도 나는 여전히 '여성' 으로 인식되고 있었던 것이고 '남성' 만큼 중요한 인물이라는 대접을 못 받고 있었던 것이다. 나는 스튜어트가 하츠 한 사람만 추천하면서도 과연 내 기분을 걱정했을까 하는 생각을 해 보았다. 어쨌든 이전에 수없이 그래 왔듯이 여자 없이 남자만 추천하는 것은 용납이 되었지만 그 반대의 경우는 곤란하다는 것이었다.

짐과 나는 모두 예심을 통과해서 4명이 겨루는 최종 명단에 포함되었다. 결국 내가 수상자로 최종 결정되었는데 마지막까지 짐과 내가 겨루었기 때문에 기분이 개운치만은 않았다. "정말 상을 받을 자격이 있는 사람은 내 파트너인데 그가 받지 못해 기분이 좋지 않습니다." 나는 수상소감에서 이렇게 말했다. "그래서 나는 이 상을 우리 두 사람한테 주는 것으로 생각하고 받겠습니다."

프로그램의 분위기는 몇 해 전에 비해 한층 활기에 넘쳤다. 짐은 낙천적인 사람이었다. 건국 200주년을 앞두고 그는 각주를 돌아다니며 방송하는 일을 맡았다. 그러다 보니 그는 특집 리포트를 위해 등장하는 일이 잦았는데 그는 그렇게 하는 게 좋은 모양이었다. 그러다 보니 내가 스튜디오를 지키고 앉아 주요 인터뷰를 맡아서 했다. 처음으로 프로그램 첫머리에 내보내는 뉴스 헤드라인도 내가 읽었다. 전에는 남성 진행자의 전유물이던 것이었다.

1975년에 나는 또 다른 실험을 시작했다. 리 스티븐스는 내 계약서에 공동 진행자 조항을 밀어 넣는 것 외에 나 혼자 진행하는 특별 프로그램 개발을 NBC가 허용해 준다는 조항도 넣어 놓았던 것이다. 찰스 왕세자 책봉식, 앤 공주 결혼식, 샤의 페르세폴리스 축하행렬 등이 높은 시청률을 기록했기 때문에 나는 시청자들이 그런 유의 프로그램을 더 보고 싶어 할 것이라고 생각했다. NBC도 그 아이디어에 동의했기 때문에 나는 왕실을 소재로 시청자들이 좋아할 요란한 볼거리를 만들기 위해 루시 자르비스라는 프로듀서와 함께 파리 출장을 갔다. 그러나 그 시도는 완전히 실패하고 말았다.

이제서야 깨달은 사실이지만 유럽 왕실의 경우 영국 여왕이나 그 직계 가족이 아니면 시청자들한테 어필하지 않는다. 잘 알려지지 않은 왕족들 이야기는 팔리지 않는다는 말이다. 그런데 당시 우리는 프랑스 왕실 왕위 계승자라는 오를레앙공 부부 이야기를 다루었던 것이다. 우리는 나와 두 사람의 식사 장면, 오를레앙공이 롱샹 경마장에서 경마하는 장면 등을 필름에 담았다. 또 한 편은 베르사유궁을 배경으로 만들었다. 오랫동안 그곳에서 일한 큐레이터가 마리 앙투아네트가 쓰던 개인 방을 우리에게 보여 주었다. 앙투아네트는 프랑스 왕비였다가 1793년 프랑스혁명 때 단두대에서 머리가 잘린 사람이다. 큐레이터는 우리를 데리고 다니며 그녀가 쓰던 갖가지 노리개와 장식품을 일일이 설명했다. 우리는 고개를 끄덕이며 그의 뒤를 따라다닐 수밖에 없었는데 며칠 걸렸고 한마디로 지루하기 짝이 없었다.

그러던 와중에 플로리다 엄마에게서 전화가 걸려 왔다. 아버지가 입원했는데 복부 수술을 받을 예정이라는 것이었다. 나는 곧장 달려가서 아버지 상태를 확인했는데 그렇게 심각한 수술은 아닌 것 같았다. 그런 다음 또 곧장 유럽으로 날아갔다. 겁먹은 엄마를 도와야 했고 동시에 어려움에 처한 촬영팀과 프로듀서를 유럽에 홀로 남겨둘 수도 없는 노릇이었다. 나는 완전히 기진맥진했다.

다시 돌아가서 이번에는 필름에 담을 만한 사람을 만났는데 덴마크의 마르그레테 여왕과 부군 헨릭공이었다. 헨릭공은 프랑스 외교관 출신이었다. 마르그레테 여왕 이야기는 한결 더 재미있었다. 그녀는 덴마크 왕실 최초의 여왕이었다. 두 사람에게는 멋진 어린 왕자 두 명이 있었는데 그중 한 명이 우리가 촬영하는 가운데 말에서 떨어졌다. 부모는 그 자리에서 왕자를 들어올려 말안장에 도로 앉혔다. 멋있고 재미있는 장면이었다.

우리는 큰 소득을 거두지 못하고 돌아왔다. '바버라 월터스가 찾아간 곳' 이란 제목의 시리즈로 내보내려고 만든 최초의 프로그램은 큰 성공을 거두지 못했다. NBC는 이 프로그램을 프라임 타임이 아닌 오후 1시 30분에 내보내기로 했다. 그 시간대의 주 시청자는 여성들인데 왕자와 결혼하는 공상을 즐기기보다는 어린애 낮잠 재우느라 한창 바쁠 시간이었다. 시청률은 거의 제로에 가까웠고 나는 그때 어떤 종류의 유명 인사 스페셜도 성공하기 어렵다는 확신을 가졌다.

사실은 시청률보다 플로리다 소식이 더 걱정이었다. 수술은 성공적으로 끝났지만 아버지는 너무 쇠약해져서 걷고 옷 입고 화장실 가는 데도 부축이 필요했다. 퇴원하면 남자 간호사가 필요하다는 것이었다. 하지만 마이애미 아파트는 침실 두 개에 거실 하나, 그리고 작은 부엌이 딸린 아주 작은 아파트였다. 엄마는 언니와 한 방에서 잤다. 남자 간호사가 아버지 방이나 거실에서 하루 종일 보낸다는 것은 엄마에게 이만저만 불편한 게 아닐 것 같았다. 그러면서도 아버지 걱정은 되었기 때문에 엄마는 안절부절못하면서 불안해했다. 엄마가 그러니 언니도 따라서 그랬다.

상황이 아주 좋지 않았다. 그래서 엄마는 과감한 결정을 내리기로 했다. 아버지를 좋다는 요양원으로 보내기로 한 것이다. 좋은 곳으로 알려져 있고 시설이 좋고 24시간 개인 간호사가 아버지를 돌봐 준다고 하지만 그래도 요양원은 요양원이었다. 아버지는 그런 수치스러운 대접을 감당할 수가 없으셨다. 천하의 루 월터스가 이게 무슨 꼴이냐는 것이었다. 하지만 아버지는 너무 쇠약해지셔서 싸울 기력도 없으신 것 같았다. 나도 싸울 기력이 없기는 마찬가지였다. 24시간 간호사에게 드는 비용은 내가 감당한다 치더라도 엄마를 설득해 아버지를 집에서 모시게 할 자신이 없었다. 이제는 엄마도 늙었고 신경이 곤두서 있는데 어떻게 한단 말인가?

엄마는 최대한 자주 요양원에 계시는 아버지를 찾아보았다. 적어도 일주일에 세 번은 레나 이모가 운전하는 차를 타고 아버지를 찾아갔고 청어 피클과 살라미 등 아버지가 좋아하시는 음식을 가지고 갔다. 아버지는 차츰 사그라지셨다. 나는 몇 차례 찾아갔고 매주 토요일에는 빠짐없이 전화를 걸었는데 아버지는 말수가 아주 적어지셨다. 나는 내가 하는 일도 말하고 이것저것 물어 보기도 했는데 아버지는 그저 "그래, 얘야" 아니면 "아니다, 얘야"라는 말만 했다.

어쩌다 찾아갈 때마다 나는 마음이 무거웠다. 아버지를 만나서 이야기해 보면 아버지를 모시고 와서 어린 재키와 뉴욕에서 같이 지내도록 해야겠다는 생각이 들지 않을 때가 없었다. 아버지는 재키를 정말 예뻐하셔서 같이 지내면 기분이 나아지고 활기를 되찾으실 것 같았다. 하지만 두고두고 죄책감이 드는 일이지만 나는 그렇게 하지 않았다. 내 아파트는 작았고 침실도 두 개밖에 없었으며 그나마 하나는 서재로 쓰고 있었다. 아버지까지 모셔 오면 너무 비좁을 것 같았다. 지금은 그때 그렇게 했더라면 좋았을 것이라는 생각이 든다. 하지만 사실 그때는 나도 너무 바빴고 재키한테 신경 쓰는 것만으로도 벅찼다. 그래서 아버지는 계속 요양원에 계셨다.

과거를 생각하며 죄책감 이야기를 계속하는 것도 듣기 지겨울 줄 알지만 지금은 부모들이 더 오래 살기 때문에 많은 가족들이 이런 문제를 겪을 것이라고 생각한다. 나는 그 죄책감이 너무 강해서 여기에 쓰지 않을 수가 없다. 지금 생각하면 나는 그때 아버지를 정말 좋아하고 존경했다. 이제는 나도 나이가 많이 들었고 어린 시절의 아픈 기억들도 다 지난 이야기가 되었다. 이제는 내 마음속에 남아 있는 아버지의 좋은 기억들을 안고 살 수 있다. 책을 좋아하시고 글쓰기를 좋아하신 아버지, 그리고 뛰어난 유머 감각을 가진 아버지셨다.

삶은 계속 흘러갔다. 플로리다의 내 가족은 슬프고 외롭게 지냈고 뉴욕의 나는 더 바쁘게 지냈다. 나는 매일 아침 투데이쇼를 진행하고, 그게 끝나면 '여성만을 위한 쇼가 아닌'을 계속했다. 자니 카슨이 진행하는 '더 투나잇쇼' 진행도 가끔 대타로 맡았다. 그 시기에 나는 휴 다운스를 설득해 반半은퇴 생활을 하지 말고 나와 교대로 한 주씩 '여성만을 위한 쇼가 아닌' 진행을 맡아 달라고 부탁했다. 그렇게 하니 내 짐은 다소 가벼워졌지만 대신 강연회 요청이 더러 들어왔고 잡지 기사 청탁도 가끔 받았다. 그때까지도 나는 부모님이 하던 것처럼 지금 하는 일이 하룻밤 사이에 모두 사라질 수 있다는 걱정이 떠나지 않았기 때문에 부모님과 나의 미래를 위해 돈벌이가 된다 싶은 것은 마다하지 않고 다 맡아서 했다.

"무슨 일이든 한다"는 말은 무엇보다도 독점 인터뷰와 중요한 인터뷰를 가리키는 말이었다. 그런데 평소에 하던 대로 편지를 쓰고 전화를 하던 중에 엄청난 횡재를 하게 되었다. 다른 리포터들과 함께 조지 맥거번 상원의원을 따라 쿠바로 피델 카스트로를 만나러 가게 된 것이었다.

1975년 봄이었고 변화의 기류가 감돌고 있었다. 쿠바 망명자들이 미국의 후원을 받아 피델 카스트로를 몰아내기 위해 시도한 쿠바 침공이 실패로 끝난 지 14년이 지났고, 러시아가 공산 쿠바에 핵무기를 반입해 들어와 미국과 러시아가 전쟁 직전까지 갔던 일도 13년이 지났다. 미국 안에서도 공산 쿠바와 관계를 정상화하거나 최소한 1962년 이후 취해온 경제 금수조치의 일부라도(금수조치는 지금도 취해지고 있다) 해제하자는 이야기가 나오고 있었다.

맥거번 상원의원은 영양 및 인간의 욕구 특별위원회 위원장으로 인도주의적인 측면과 외교적인 측면에서 쿠바에 대한 금수조치를 해제해야 한다고 주장하고 있었다. 맥거번 의원은 금수조치가 쿠바 감옥에 갇혀 있는 9명의 미국인 석방 문제를 포함해 쿠바와의 다른 갈등들을 해소하는 데 도움이 될 것이라고 생각했다. 미국은 그들을 정치범으로 간주했다. 맥거번 의원은 쿠바와의 문화 스포츠 교류도 지지했는데 야구가 두 나라 사이의 적대감을 허물어뜨리는 데 도움이 될 것이라는 생각을 갖고 있었다.

나는 맥거번 의원을 따라간 15명쯤 되는 기자단의 일원이었을 뿐인데 우리가 쿠바에 있는 동안 카스트로가 무슨 영문인지 내 이름을 부르며 찾았다. 여느 때와 달리 동행한 남자 동료들도 그걸 보고 재미있어 했다.

우리는 아바나에 있는 며칠 동안 각종 공장과 의료시설에서 학교 등 모두 공산주의의 성공을 보여 주기 위한 곳으로만 끌려 다녔다. 하지만 카스트로는 모습을 드러낼 기미가 없었다. 우리는 공산주의 아바나 이전에 최고급 호텔이었던 나시오날 호텔에 묵었다. 아바나 항을 수놓은 옛 시절의 거대한 저택들 사이에 자리한 호텔은 칠이 낡았는데 큰 문제는 에어컨이 없고 화장실 변기가 없다는 것이었다. 그런 와중에도 로비에서는 살사 밴드가 연주되고 있었으며 어니스트 헤밍웨이가 아바나에 살 때 제일 좋아했다는 다이커리 칵테일을 얼마든지 마실 수 있었다.

하지만 우리는 다이커리 칵테일을 마시려고 간 것은 아니었다. 또한 사흘째 되는 날 자동차에 실려 멀리 떨어진 피델의 맏형인 라몬 카스트로 소유라는 농장 구경까지 간 것 때문에 기분이 상해 있었다. 잔디밭 여기저기 흩어져서 누워 있는데 갑자기 대여섯 대의 지프차가 들이닥쳤다. 이게 어찌된 영문인가. 두 번째 지프차에서 바로 그 사람이 두꺼운 겨울 카키색 군복 차림으로 나타난 것이었다.

그런데 피델 카스트로의 첫 마디가 이랬다. "돈데 에스타 바버라?"[바버라는 어디 있나?]

세상에! 그 사람이 내 이름을 도대체 어떻게 알았을까? 아바나에서도 투데이쇼를 볼 수 있고, 그래서 잠이 없다는 카스트로가 잠자리에 들기 전에 자장가처럼 그것을 보는지도 모를 일이었다.

"여기 있는데요." 내가 이렇게 소리쳤다. "우리 모두 여기 있습니다." 나는 동료들을 가리키며 이렇게 외쳤다. "각하께서 우리와 기자회견을 해 주시기를 기다리며 우리 모두 며칠째 이렇게 기다리고 있습니다." 카스트로는 영어를 잘 못했지만 후아니타라는 이름의 아주 예쁜 여자 통역이 우리의 급박한 사정을 카스트로에게 전달했다. 그랬더니 카스트로는 활짝 웃으며 그렇게 하자고 했다. 그날 저녁 그는 아바나의 혁명궁전에서 기자회견을 가졌다. 그의 메시지는 이랬다. 최소한 의약품과 식량에 대해서만이라도 봉쇄조치를 해제해 달라. 쿠바의 입장을 존중해 달라. 자신에 대한 암살 기도를 중단하라. 우리는 이웃이며 어떤 식으로든 평화롭게 살아야 한다. 그리고 자신은 존 F. 케네디 암살과 아무런 관련이 없다. 이후 30년 동안 그는 같은 입장을 되풀이해 왔다. 하지만 언론 자유, 반정부 인사 감금, 반대를 용납하지 않는 독재자 같은 행동 등 비판적인 질문이 이어지자 카스트로의 호의적인 태도는 사라졌다.

아주 만족할 만한 기자회견은 아니었지만 어쨌든 우리는 아바나에 와서 카스트로를 만나지도 못하고 허탕 친 것은 아니었으니 감지덕지했다. 그 기자회견을 성사시키는 데 내가 역할을 했기 때문에 동료들은 나한테 고마워했고 그날 밤 우리는 다이커리를 실컷 마셨다. 이제는 변기가 있는 집으로 돌아갈 수 있게 되었다.

그 기자회견은 좋았지만 모든 기자들은 카스트로와 단독으로 회견하기를 원했다. 나는 그날 그의 맏형 농장을 떠나기 직전에 그와 몇 마디 나눌 기회가 있었는데 그때 나는 그와 일대일 회견을 하고 싶다는 의사를 서둘러 전달했다. 그는 기꺼이 그렇게 하자고 하면서 연내에 하자고 했다. 그런데 좀 더 정신을 차렸어야 했는데 그 말에 함정이 있었다. 그는 어느 해의 연내라는 말을 하지 않았던 것이다.

사실은 그로부터 여러 해 뒤에 나는 카스트로와 단독 인터뷰를 하게 되었다. 하지만 그것은 NBC에서 한 게 아니라 ABC에서 어려움에 처해 있던 나의 처지를 구해 준 인터뷰가 되었다.

밀리언 달러 베이비

그 일은 1976년 3월 뉴욕 주 웨스트체스터에 있는 한 사설 코트에서 열린 테니스 게임에서 시작되었다. 플레이어는 윌리엄 모리스사의 텔레비전 부문 책임자인 루 와이스와 그의 이웃인 ABC 텔레비전 방송국의 프레드 피어스 사장이었다. 나는 그 게임에서 누가 이겼는지는 모르지만 내가 그 스코어의 한 부분이었다는 사실은 알고 있다.

"5년?" 피어스는 경기 기록책 커버에 이렇게 쓴 뒤 와이스에게 넘겨주며 말했다. "500만이오."

그것은 프레드 피어스가 나를 NBC에서 빼내 ABC로 데려가는 데 제시한 액수였다. 연간 한 시간짜리 스페셜을 네 편 만드는 조건으로 ABC의 연예 부문에서 50만 달러를 제공하고, 그 밖에 ABC 이브닝 뉴스에서 베테랑 뉴스맨인 해리 리즈너와 공동 앵커를 맡는 데 대해 추가로 50만 달러를 제공하겠다는 것이었다. 예상치 못한 거액의 제안이었다.

하지만 나는 그 돈에 넘어가지는 않았다. 나는 NBC에서 이미 거기에 육박하는 액수를 받고 있었다. 그것은 역사상 처음으로 텔레비전 방송 뉴스 프로그램의 여성 공동 앵커가 되는 역사적인 제안이었다. 네트워크 뉴스의 진행을 여자가 맡는다는 것은 들어 본 적도 없고 나 역시 생각지도 못한 일이었다. 그 권위 있는 자리는 항상 남성의 몫이었고 정치, 전쟁, 자연재해 같은 뉴스를 여성이 진행하면 진지하게 보이지 않는다는 생각이 주류를 이루던 때였다.

나는 그런 제안에 마음이 흔들렸지만 유혹을 받는 것으로 끝냈다. 용기를 내서 무슨 일이든 제일 먼저 해본다는 것은 내 성품에 맞지 않았다. 고등학교 시절에는 아무 클럽에도 못 들어갈까 봐 좀 수준이 떨어지는 클럽을 택했고, 제일 가고 싶었던 대학 입학 때는 웰슬리 칼리지에 대기 순번에 들었지만 안전하게 세라 로렌스를 택했던 사람이 바로 나다. 나는 그동안 인생에서 산전수전을 겪을 만큼 겪었기 때문에 이제는 안전하고 확실한 길을 가고 싶었다. 안전한 것은 NBC와 투데이쇼였다. 나는 그곳에서 나를 더 이상 필요 없다고 할 때까지 남겠다는 생각을 항상 하고 있었다. 그러면 고맙다고 내게 금시계라도 하나 선물해 주겠지. 하지만 거기까지는 갈 길이 많이 남아 있었고, 당장은 어떻게 하는 게 좋을지 확신이 서지 않았다.

루 와이스와 리 스티븐스는 집요했다. ABC 사람들을 일단 한번 만나 보는 건 관계없지 않으냐? 손해 볼 건 없지 않으냐? 일단 한번 이야기를 들어 보고 앞으로 NBC에서 생활하는 데 참고로 삼으면 되지 않느냐는 등등의 말로 나를 타일렀다.

그래서 리는 로스앤젤레스에 있는 ABC의 센추리 시티 콤플렉스에 있는 한 전용 식당에서 비밀 회동을 갖도록 주선했다.

ABC의 거물들이 대거 참석한 것을 보니 기분이 우쭐해졌다. 이사회 의장인 레너드 골든슨(앞서 말했듯이 조금 아는 사이였다), ABC방송 사장인 엘튼 룰, 그리고 ABC 뉴스의 빌 시한 사장이 와 있었다. 그들은 달콤한 제안을 내놓았다. 지금 삼십 분인 뉴스 시간을 한 시간으로 늘리겠다는 것이었다. 어떤 방송에서도 시도해 본 적이 없는 제안이었다. 만약 내가 최초의 여성 뉴스 공동 앵커를 맡게 되면 추가되는 삼십 분은 나의 특기인 인터뷰로 활용하도록 할 생각이라는 것이었다. 나는 해리 리즈너와 공동으로 뉴스 진행을 맡는 것 외에 프라임 타임에 내 개인적으로 심층 인터뷰를 더 진행하게 되는 것이었다. 이전에 그 누구도 해본 적이 없는 시도였다.

구미가 당기고 기분 좋은 제안이기는 했지만 나는 계속해서 그 제안을 심각하게 받아들이지 않았다. 한 달에 한번씩 ABC의 일요일 아침 공공문제를 다루는 '이슈 앤드 앤서' 진행을 맡고 선거 때는 특별 뉴스 프로그램의 공동 앵커를 맡는다는 등의 조건도 포함되어 있었다. 나는 투데이를 떠날 생각이 없었다. 리는 NBC와 나의 재계약을 협상 중이었고 나는 협상이 잘 진행될 것이라고 확신했다. 나는 분명히 그렇게 되기를 바랐고 NBC도 그럴 것이라고 생각했다.

그런데 왜 리가 협상에 그처럼 어려움을 겪고 있었을까? 그는 1975년 12월부터 NBC와 협상을 시작했기 때문에 새 계약이 발효되는 1976년 9월까지는 모든 게 정리가 되어야 했다. 그가 만나는 상대는 NBC의 허브 슐로서 사장, NBC 뉴스 사장인 딕 월드, 그리고 협상 책임자인 NBC의 프로그램 및 인재 획득 담당 사장 앨 러시였다.

그들은 리가 요구하는 금액에는 이의를 달지 못했다. 윌리엄 모리스는 투데이쇼와 '여성만을 위한 쇼가 아닌' 이 30초의 광고를 통해 올리는 총수익을 산출한 다음 그 수익에 내가 기여하는 몫이 얼마 정도 되는지를 계산했다. 리는 또한 내가 자니 카슨처럼 성공한 '오락프로' 시리즈물의 스타들에게 지급되는 보너스를 똑같이 받을 자격이 있다고 주장했다. 더구나 그들과 달리 나는 재방영에 따르는 초과 수익금도 받지 않고 있었다.

리가 제시한 액수가 그렇게 엄청난 금액은 아니었다. 1976년에 80만 달러에서 시작해 매년 조금씩 인상하는데 (나는 이미 70만 달러를 받고 있었다) 계약기간 동안 연간 10만 달러씩 인상해 달라는 것이었다. 제일 먼저 부딪치는 부분은 계약기간이었다. 리와 나는 3년 계약기간을 5년으로 늘려 달라고 요구했다. 나는 혼자 몸이며 아이가 딸려 있고 부양해야 할 가족이 있었다. 나는 이 일을 얼마나 오래 끌고 갈 수 있을지 몰랐기 때문에 어느 정도의 안정성이 필요했다. 하지만 앨 러시는 한사코 반대했다.

그는 "내 눈에 흙이 들어가기 전에는 안 된다"고 단호하게 말했다. "3년. 그 이상은 안 돼요."

협상의 치사한 면에 익숙한 리는 그런 내용을 내게 알려 주었다. 내게 몹쓸 짓을 한 것이었다. 하지만 그런 사실을 전해 들음으로써 나는 처음으로 NBC에 대한 충성심이 흔들리기 시작했다.

나와 리는 내가 쇼에서 하는 인터뷰와 특집에 대해 약간의 통제권을 행사할 수 있게 해 달라는 요구를 했는데 그 때문에 나의 충성심은 더 약해졌다. 새로운 프로듀서로 누가 올지에 대해, 그리고 공동 진행자로 누가 올지 등에 대해 발언권을 달라는 것이었다. 하지만 어떤 발언권도 행사할 수 없다는 말을 들었다. 스튜어트 슐버그는 내게 어떤 일을 해 오라고 지시했다. 그는 매우 유연한 사람이었지만 그가 앞으로 프로그램에 언제까지 남아 있을지 누가 보장한단 말인가. 더구나 나는 짐 하츠를 좋아했지만 프로그램에는 이미 다섯 명의 남성 진행자가 있었고 다음에 어떤 일이 일어날지 아무도 알 수 없는 일이었다. 또다시 프랭크 맥기 같은 인물이 온다면 난 더는 못 견뎌낼 것 같았다.

더 화나게 하는 일은 내가 자기들이 쓰는 '탤런트' 일 뿐이지 경영진이 아니기 때문에 어떤 특집을 할지 어떤 인터뷰를 할지에 대해 발언권을 행사할 수 없다는 인식이었다. 어떤 프로듀서가 왔으면 좋다든지 어떤 공동 진행자가 좋겠다든지에 대한 발언권 행사는 아예 꿈도 꾸지 말라는 것이었다.

평지풍파를 일으키고 싶지 않았기 때문에 리는 발언권 행사 요구는 완화시켰다. 그렇다면 협상을 할 수 있도록 해줄 것인가? 그런 일을 결정하는 데 나의 의견이 반영되도록 고려는 해 달라는 의견을 제시했다. 하지만 이런 제안에 대해서도 경영진은 불같이 화를 냈다.

딕 월드 사장과 NBC 사장을 지내고 지금은 회장 겸 CEO가 된 줄리언 굿먼은 나의 협상권 요구에 대해 버럭 화를 냈다. 나는 딕의 반응을 전해 듣고 놀랐다. 몇 년 전에 우리는 NBC의 크리스마스 파티 장에서 몰래 빠져나와 당시 많은 사람의 입에 오르내리던 포르노 영화 '딥 스로트' Deep Throat를 같이 본 적이 있었다. 나는 그를 좋아했고 신뢰했고 존경했으며 그도 나를 좋아하고 신뢰하고 존경한다고 생각했다. 하지만 그는 그렇지 않았다.

놀랄 일도 아니지만 줄리언 굿먼도 마찬가지였다. 기억하겠지만 투데이 인터뷰에서 나더러 네 번째 질문에만 들어올 수 있도록 하는 그 프랭크 맥기의 칙령을 지지한 사람이 바로 굿먼이었다.

    NBC 경영진들이 협상 테이블에 수시로 불참함으로써 협상은 더 복잡하게 꼬였다. 엎친 데 덮친 격으로 방송은 NABET(전국방송 피고용자 및 기술인력 연합회)가 주도하는 파업의 소용돌이에 휘말려 있었다. 파업은 심각했고 NBC는 간부들을 훈련시켜 노조 파업 참가자들로 인해 생긴 공백을 메우느라 여념이 없었다. 그래서 나의 계약 협상은 툭하면 취소되었고 별로 관심사가 되지 못했다. 당시 NBC 사장이던 허브 슐로서는 대부분의 시간을 노조와의 협상에 쏟느라 나와는 단 한 차례도 만날 시간을 내지 못했다.

    그것만으로 부족했던지 NBC의 모기업인 RCA에도 소용돌이가 몰아치고 있었다. RCA의 CEO이자 유명한 NBC 창업주인 데이비드 사르노프 '제너럴'의 아들인 로버트 사르노프가 뚜렷한 이유 없이 갑자기 이사회에서 해고당한 것이다. 떠도는 이야기로는 바비(로버트 사르노프는 바비라는 애칭으로 통했다)가 업무를 너무 소홀히 하고 회사 비행기에 유명한 오페라 소프라노 가수인 새로 얻은 아내 안나 모포를 태우고 그녀의 연주여행에 따라다녔다는 것이었다. 그것은 바비에게 안 좋은 일이었고 내게도 마찬가지였다. 바비는 나를 좋아했기 때문에 그가 있었더라면 NBC에서 나를 그처럼 함부로 대하도록 내버려 두지는 않았을 것이다. 새로 CEO가 된 앤디 콘래드는 모르는 사람이고 만난 적도 없었다.

    협상이 질질 끌리면서 나는 ABC에 대해 차츰 더 심각하게 생각하기 시작했다. 생각만 해도 온몸이 짜릿해지는 한 가지 이점은 새벽 4시 30분에 일어나지 않아도 된다는 것이었다. 깜깜한 꼭두새벽에 일어나기 시작한 지 13년 만에 이제 정상적인 생활로 돌아갈 수 있게 된 것이었다. 이제부터는 아침식사를 재키와 같이 먹고 학교에도 데려다 주고 딸애와 더 많은 시간을 같이 보낼 수 있게 되는 것이었다. 저녁에 일하러 나가더라도 다음날 녹초가 될 염려는 없었다. 완전히 새로운 세계가 나를 기다리고 있는 것이었다.

    ABC 경영진이 약속한 뉴스 시간 확대에도 마음이 끌렸다. 나의 장점인 인터뷰를 할 시간이 얼마든지 보장되는 것이고 그렇게 하면 방송도 한층 더 돋보이게 꾸려나갈 수 있을 것 같았다. 인터뷰를 하는 저녁뉴스 앵커는 없었다. 전통적인 뉴스 앵커나 뉴스 캐스터와는 차별화되는 것이었다.

또한 매일 숙제에 파묻혀 지내는 데서도 해방될 수 있었다. 지금까지는 읽어야 할 기사는 계속 쌓이는데, 인터뷰에 나올 유명 인사들이 출연한 영화도 봐야 하고 프로그램에 출연하는 작가들이 쓴 책도 훑어봐야 했다. 내가 생각하기에는 아침 쇼의 진행이나 공동 진행을 맡는 것이 보람은 큰 대신 제일 힘든 일인 것 같다. 저녁뉴스 앵커를 하면 그날 일어난 주요 사건은 모두 알고 있어야 하지만 솔직히 말해 미리 준비할 일은 그렇게 많지 않다.

다른 조건들은 더 구미가 당겼다. 원한다면 사무실에는 느지막하게 오후 3시에 나가서 매니징 에디터와 그날 저녁뉴스 준비 작업을 하게 된다. ABC는 세 번의 피드를 했는데 오후 6시와 6시 30분, 그리고 업데이트할 필요가 생기는 경우에 한해 7시에 한 번 더 했다. 그러니 저녁 7시 45분이면 집에 와 있을 수 있다. 한마디로 정상적인 생활을 하게 되는 것이었다.

하지만 정상적인 생활을 하든 못 하든 나는 생각 끝에 현재의 생활에 만족한다는 결론을 내렸다. NBC에서 나는 행복하고 성공했고 안정적이었다. 배를 굳이 흔들 필요가 무엇이람?

"ABC에 노라고 말해 주세요." 나는 리에게 이렇게 말했다.

하지만 ABC는 물러서지 않았다. 그들은 현재 월터 크롱카이트가 있는 CBS, 존 챈슬러가 진행하는 NBC에 이어 3위에 처져 있는 뉴스 부문을 강화하겠다는 의지가 확고했다. 우리는 당시 ABC를 싸구려 잡화점 뉴스 네트워크라고 불렀다. 그래서 베트남전쟁도 ABC에 보내면 다른 프로그램들처럼 조기에 끝날 텐데라는 농담도 했다. 그들은 방송사상 최초의 여성 공동 앵커를 쓴다면 뉴스에 필요한 활력이 될 것이라고 생각했다. 여성 시청자들을 더 많이 끌어들일 수 있을 것이고, 투데이에서 나를 끌어낸다면 굿모닝 아메리카도 자리를 잡는 데 도움이 될 것이라고 판단한 것이다.

ABC의 다른 부문들은 당시 순항하고 있었다. 프로그래밍의 귀재라고 불리는 프레드 실버먼이 CBS에서 옮겨와 연예 부문을 책임지고 있었다. 최초의 대형 TV 미니시리즈인 어윈 쇼의 12시간짜리 '부자와 가난한 자' Rich Man, Poor Man

를 비롯해 여러 인기 쇼 프로 등 혁신적인 프라임 타임 프로그램들을 내세워 ABC는 프라임타임 시청률 꼴찌에서 당당히 1위로 올라서 있었다. 실버먼은 이어서 1977년에는 사상 최고의 히트작 '뿌리'Roots를 텔레비전 스크린에 올렸다.

ABC에는 룬 알리지라는 또 한 명의 천재가 있었는데 그는 NBC에서 옮겨와 ABC의 스포츠 부문을 완전히 바꾸어 놓았다. 1953년에 WNBT에서 어린이 프로 '카메라에게 물어 봐'를 나와 같이 진행한 이래 그는 계속 성공을 거듭해 당시에는 스포츠 프로그래밍의 전설 같은 인물이 되어 있었다. 그는 ABC의 '드넓은 스포츠의 세계'와 '먼데이 나이트 풋볼'Monday Night Football을 자기 손으로 만들었다. 그는 또한 ABC의 동계 및 하계 올림픽 중계를 제작했고 운동선수들의 이야기에 자기가 개발해낸 독특한 '인간적인 밀착 터치'를 가미했다. 룬과 프레드의 활약에 힘입어 ABC는 수입이 크게 늘었다. 1975년에 2900만 달러, 1976년에 8300만 달러이던 것이 이듬해에는 1억 65만 달러로 놀랄 만한 급신장을 이루었다. 그러니 ABC로서는 내게 연간 100만 달러를 제시한 게 대단한 일은 아니었다. 그들은 그 정도는 감당할 형편이 되었고 특히 그 가운데 절반은 뉴스 부문이 내고 나머지 절반은 ABC의 연예 부문이 주도록 되어 있었다. 더구나 네 편의 특집 스페셜 프로가 수백만 달러를 벌어다 줄 것이었다. 하지만 나는 NBC에 남는다는 생각이었다.

그런데 로스앤젤레스에서 ABC와 비밀회동을 가진 지 한 달 뒤인 4월에 100만 달러라는 숫자가 어떻게 된 영문인지 언론에 흘러나갔다. 그런 제의가 있었다는 사실에 NBC도 마침내 관심을 갖게는 되었지만 나로서는 악몽의 시작이었다.

나는 하루아침에 '밀리언 달러 뉴스 베이비'가 되어 버린 것이다. 월터 크롱카이트를 비롯해 당시 뉴스 비즈니스에 종사하던 어떤 사람보다도 두 배가 넘는 봉급을 제의받은 것이었다. 홍수처럼 쏟아지는 언론 보도 가운데서 ABC가 제의한 액수가 뉴스와 연예 부문으로 반반씩 나뉘어져 있다는 사실은 실종되어 버렸다. 뉴스 부문만 놓고 보면 NBC 뉴스에서 받는 것보다 ABC 뉴스에서 받는 액수가 더 적었지만 그런 데는 누구도 관심을 갖지 않았다.

ABC의 제의 내용이 알려지면서 NBC도 진지한 태도로 협상에 임하기 시작했다. 합의안이 서둘러 작성되었다. ABC가 제시한 액수와 같은 봉급과 함께 5년 계약 요구도 그대로 받아들여졌다. 내가 참여하는 프로그램에서 나와 관련된 분야에 대한 발언권 보장을 제외한 다른 요구는 모두 받아들여진 것이다.

그때 RCA의 CEO인 앤디 콘래드가 나섰다.

"일이 어떻게 돌아가는 거요?"라고 그는 허브 슐로서에게 물었다.

"바버라 월터스가 ABC로 옮겨갈지 모릅니다"라고 허브는 대답했다.

"돈 때문인가요?" 콘래드가 물었다.

"아닙니다. 우리도 같은 액수를 줄 생각입니다"라고 허브가 말했다.

"그러면 무엇 때문입니까?" 콘래드가 재차 물었다.

"새 프로듀서 선임 때 발언권을 달라는 것입니다. 공동 진행자를 새로 선임할 때도 발언권을 요구합니다. 줄리안과 딕 사장은 그렇게 할 수 없다는 입장입니다"라고 허브는 대답했다.

"그녀를 붙잡아요." 콘래드는 이렇게 말했다. "원하는 것은 무엇이든 들어주세요."

그런 지시가 떨어지면서 딕 월드는 내게 발언권을 보장한다는 서한을 써서 NBC 합의안에다 첨부했다. 허브 슐로서는 내게 점심을 같이 하자고 했다. 그때 어떤 이야기를 나누었는지 다 기억나지는 않지만 이 말은 분명하게 기억이 난다.

"바버라, 우리를 떠나지 말아요. 우리는 당신이 필요합니다."

어디에 가 있다가 이제야 나타났단 말인가?

나는 당시 개인적으로나 직업적으로나 너무 힘들었다. NBC는 너무 오랫동안 사태를 끌어와서 그러한 새로운 제안에도 불구하고 나는 그때 이미 ABC로 옮겨가면 어떨까 하는 생각을 품고 있었다. 지금까지와는 다른 한결 편한 삶을 살 수 있는 진짜 좋은 기회가 눈앞에 와 있었다. 13년 동안 견뎌온 혹독한 스케줄을 끝낼 수 있게 된 것이었다. 나는 몇 주째 갈 것이냐 말 것이냐를 놓고 고민에 고민을 거듭하고 있었다. 거의 미칠 지경이었다. 아무리 해도 결론을 내릴 수가 없었다.

이러지도 저러지도 못하고 고문처럼 견디기 힘든 몇 주가 지나갔다. 리 스티븐스는 결단을 내리라고 나를 계속 부추겼다. "대단한 사건이 될 것입니다." 그는 이렇게 말했다. "방송 역사를 새로 쓰는 것이에요. 다른 여성 저널리스트들을 위해 세상을 바꾸는 것입니다." 나는 그 말에 흔들렸다. 맞아, 이건 나 혼자만의 일이 아니야. 방송계에서 여성의 역할은 크게 높아질 것이었다. 내가 그 일을 해낼 수 있을까? 할 수만 있다면 얼마나 멋진 일인가.

하지만 뉴스 앵커를 완전히 망쳐 버리면 어떻게 하나? 그렇게 되면 나는 오랜 세월 쌓아온 모든 것을 한꺼번에 잃고 말 것이었다. 앞으로 공동 앵커를 같이 하게 될 해리 리즈너가 어떤 사람일지에 대한 의문도 풀리지 않았다. 여러 해 전에 린든 존슨을 대통령 후보로 선출한 민주당 전당대회장에서 그를 만난 적이 있었다. 그때는 서로 시시덕거리며 점심식사도 같이 했다. 그리고 1972년 닉슨 방중 때 같이 취재를 갔다. 중국에서 그가 나를 몰아세운 올드 보이 클럽에 속해 있었던가 아닌가? 기억이 나지 않았다.

그가 투데이쇼에서 온 '여자애'인 나와 앵커 일을 같이 나누어서 하는 걸 좋아할지 어떨지 알 수 없었다. 다른 사람과 앵커 일을 나누어 하는 걸 좋아할 리는 없었다. 그는 ABC 저녁뉴스 앵커를 하기 위해 CBS의 60미니츠를 떠나 ABC로 온 사람이었다. 그는 한동안 다른 베테랑 뉴스맨인 하워드 K. 스미스와 앵커 일을 같이 진행했으나 결국에는 스미스를 밀어내고 혼자서 일을 차지했다. 그리고 이제 내가 들어가는 것이었다. 어쩌면 그 사람도 여자가 뉴스를 진행하면 신뢰도가 떨어진다는 생각을 할지도 모를 일이었다. 더구나 나는 텔레비전에서 자랐고 신문이나 통신에서는 일해 본 적이 없는 여자였다.

초기 징조는 좋지 않았다. 뉴욕 타임스는 내가 ABC로 갈지 모른다는 소식을 듣고 해리가 사표를 내겠다고 위협했다고 보도했다. 이후 그의 태도는 약간 누그러졌다. 이후 그는 "이 문제에 대해서 열린 마음으로 임하려고 노력 중"이라고 뉴욕 타임스에 이야기했다. 하지만 다른 소식통은 해리가 ABC가 나를 데려오려는 것은 "엄밀한 의미에서 저널리스트적인 측면이라기보다는 스턴트적

인 측면에서인 것 같다"는 말을 한 것으로 전했다. 해리는 뉴스위크에 이런 말
도 했다. "닉슨 대통령 방중 때 그녀와 같이 갔는데 사실 그녀가 일하는 모습은
본 적이 없다. 내가 그녀에 대해 기억나는 것이라고는 버스 타는 걸 아주 잘하
더라는 것뿐이다." 그렇게 고무적인 말이 아니었다.

그렇게 망설이는 가운데 시간은 계속 흘러갔다. 어떻게 해야 좋을지 모르겠
고 이럴까 저럴까 계속 망설일 뿐이었다. 망설임 때문에 거의 마비된 것 같은
상태에서 나는 매일 아침 투데이쇼와 '여성만을 위한 쇼가 아닌'을 용케 진행
했다. 그리고 나머지 시간은 하루 종일 내 거취를 묻은 언론의 질문에 시달렸
다. 뉴스위크는 내 문제를 커버스토리로 다루려고 했다. 타임도 주요 기사로 내
보낼 계획이었다. 워싱턴 포스트의 텔레비전 비평가인 샌더 배코커가 있었는데
그 사람은 매일 내게 전화를 걸어 왔고 단독 인터뷰까지 요구했다. NBC 리포터
출신인 그는 오래전 재키 케네디를 따라 인도로 갔을 때 풀 기자를 하며 나한테
기사 한 꼭지도 넘겨 준 적이 없었다. 그런데 이제 와서 내게 단독 인터뷰를 요
구하는 것이었다. 나는 응하지 않았고 실제로 할 말도 없었다.

세상에! 앨런 그린스펀이 있었지. 그는 어려울 때 나를 만나서 도움을 주는
사람이라는 말을 앞에서도 한 적이 있었지 아마? 나는 더듬거리며 말을 이어
나갔다. NBC는 내 친정과 같고 ABC는 어떤 곳인지 모른다. 어떻게 해야 하나
요? 앨런은 내가 망설이는 동안 여러 날 밤 인내심을 가지고 내 말을 들어 주었
다. 그는 차분하고 객관적인 친구였다. 그는 ABC가 5년 동안 500만 달러를 나
한테 지불할 능력에 대해 약간 의구심을 가졌다. 그리고 자기 나름대로 계산을
해보고 나서는 그럴 능력이 있다는 결론을 내렸다. 그 말은 고무적이었다. 나만
잘하면 ABC는 돈을 지불할 여력이 있다는 말이었다.

당시는 언론이 호들갑을 떠는 미디어 프렌지 현상이 만들어지던 시기였다.
지금 생각하면 내가 투데이에 남든 떠나든 그게 무슨 이야깃거리가 되는지 이
상하게 들릴지도 모르겠다. 하지만 그로부터 30년 뒤에도 케이티 쿠릭이 NBC
를 떠나 CBS로 간다고 언론이 대서특필해 대지 않았는가? 내가 이렇게 할까 저
렇게 할까 고심 중이던 당시에는 네트워크 텔레비전 뉴스 프로그램에서 여성이

앵커나 공동 앵커로 기용된다는 건 생각지도 못하던 때였다. 그것뿐이 아니라 뉴스 종사자치고 100만 달러 연봉을 받는 사람은 단 한 명도 없던 때였다. 내 아파트 집 앞에는 기자와 사진기자들이 진을 치고 기다렸다. 우리는 웨스트 57번 스트리트에 있는 아파트에 세 들어 살고 있었는데 취재진을 막아 줄 경비원도 없었다. 취재진 때문에 어린 재키는 무척 겁을 먹었다.

마냥 시간을 끌 수는 없었고 마침내 수요일이던 4월 21일 오후 라디오 시티 뮤직홀에서 나는 결심을 굳혔다. 나는 7살인 재키를 데리고 뮤지컬 클래식 '대츠 엔터테인먼트' That's Entertainment!를 보기 위해 그곳에 갔다. 나는 완전히 탈진한 상태였지만 지난 몇 주 동안 딸애와 시간을 제대로 보내지 못했다는 생각이 들어 그리로 갔던 것이다. 왜 내가 할리우드의 지난 뮤지컬들을 모은 이 뮤지컬 시리즈를 보기로 했는지는 모르겠으나 나는 딸의 손을 잡고 전화벨도 울리지 않고 누구한테도 간섭받지 않고 시간을 보낼 요량으로 그곳으로 갔던 것이다.

어두운 극장 안에 앉아서 계속해서 마음속으로 갈등을 겪고 있는데 "지쳤을 때는 결정을 내리지 말라"고 한 리처드 닉슨의 말이 갑자기 생각났다. 맞는 말이었고 나는 그때 극도로 지쳐 있었다. 하지만 이런 식으로 계속 시간을 끌 수는 없었다. 프레드 애스테어(그와 인터뷰한 적이 있다)와 진저 로저스(이 사람과도 인터뷰한 적이 있다)가 너무도 우아하고 멋있는 폼으로 춤추는 장면을 화면으로 보면서 나는 ABC로 가기로 결심했다. 어차피 ABC의 저녁뉴스는 바닥에서 더 내려갈 곳도 없는 처지였다. 그리고 앞으로 2년을 더 NBC에서 새벽 4시 30분에 일어나면서 보내고 싶지는 않았다. 딸과 같이 지낼 시간을 갖고 싶었다. 그리고 뉴스 시간을 한 시간으로 늘리면 나의 장점을 발휘할 수 있을 것이라고 생각했다. 잘못될 게 없지 않은가?

나는 코를 잡고 뛰어내렸다.

이튿날 아침 두 시간 동안 투데이쇼를 마친 다음 9시에 리에게 전화를 걸어 나의 결심을 말해 주었다. 리는 자기가 허브 슐로서와 앨 러시에게 전화를 걸겠다고 했다. 그리고 나서 나는 서둘러 '여성만을 위한 쇼가 아닌' 녹화와 투데이에 내보낼 광고 몇 편을 녹화했다.

바로 그때부터 일이 뒤틀리기 시작했다.

사무실로 돌아온 다음 나는 허브 슐로서에게 전화를 걸어 NBC를 떠나겠다는 말을 직접 전달하려고 했다. 하지만 그때 전화벨이 울리며 끔찍한 소식이 전해졌다. NBC에서 익명의 대변인들이 교대로 나서서 신문, 잡지와 통신에 일일이 전화를 걸어 나에게 제시한 협상안을 모두 철회한다는 사실을 알렸다는 것이다. 내가 협상을 끝낼 것이라는 사실을 알고는 그런 식으로 나온 것이었다. 내가 ABC로 갈 것이라는 공식 발표가 나오기 전에 자기들 체면을 세우려는 계산이었던 것이다. 하지만 어찌되었건 그것은 그때, 그리고 장기적으로도 내게 매우 불리한 소식이었다.

협상을 둘러싼 소란스러운 분위기를 소개하며 NBC는 거짓말을 쏟아냈다. 그들은 내가 개인 리무진과 전속 미용사와 메이크업 담당자를 달라는 요구를 했다고 주장했다. 정말 기가 막혔다. NBC는 수년 전부터 그러한 서비스를 나뿐만 아니라 여러 사람한테 제공해 오고 있었다. 하지만 그렇게 공개하니 대단한 것이고 내가 탐욕스럽게 비쳐졌다. "이러한 서비스는 저널리스트가 아니라 영화계 여왕에게나 어울릴 만한 일들이라서 우리는 다시 생각하게 되었다"고 한 대변인은 뉴욕 타임스에 말했다.

나는 화가 머리끝까지 나서 딕 월드에게 전화를 걸었더니 자기는 그런 보도에 대해 일절 아는 바가 없다고 했는데 그것도 거짓말이었다. 나중에 알았지만 그는 그날 아침 줄리언 굿먼, 허브 슐로서, 앨 러시, 그리고 홍보 담당자들과 같이 회의를 가졌고 이들이 앞장서서 모든 일을 결정했다. 협상 책임자였던 앨 러시는 그날 회의장으로 들어서며 이렇게 말했다고 한다. "배가 떠난 것 같습니다. ABC가 그 여자를 태운 것 같습니다."

그날 아침 "배가 떠난 것 같습니다"에서 오후에 "영화계 여왕"이란 말이 나오기까지는 시간이 많이 지난 것 같지만 나에 대한 협상안을 공식 철회하기로 한 결정이 내려진 것은 바로 그 회의였다. 그들은 내가 떠나기로 한 것에 화가 났을 뿐만 아니라 내가 자기들에게 직접 알려주지 않은 데 대해서도 화가 났던 것이다. 하지만 그날 내가 일을 하느라 바빴다는 점은 누구도 고려해 주지 않았다. 나는 투데이쇼를 공동 진행하고 '여성만을 위한 쇼가 아닌' 녹화와 광고 녹화 때문에 눈코 뜰 새 없이 바빴다.

허브 슐로서는 나중에 말하기를 몇 번이나 내게 전화를 걸었지만 광고 촬영 중이라 연락이 닿지 않았다고 했다. 그게 말이 되는 소린가? NBC의 회장 겸 CEO와 NBC 사장, NBC 뉴스 사장, 프로그램 인재 획득 담당 부사장이 하나같이 내게 메시지 한 장 전달하지 못했다는 게 말이 되는가? 세상에! 모두가 다 한 건물 안에 있었는데. 그날 오후 나와 같은 사무실에 있었던 딕 월드에게 가서 따졌더니 그는 계약 철회에 대해 전혀 몰랐다면서 어떻게 된 건지 즉시 알아보겠다고 하는 것이었다.

내 보조로 일하는 매리 호니켈은 딕이 6시 약 십 분 전에 내 사무실에서 나갔다고 했다. 그리고 얼마 뒤 존 챈슬러가 저녁뉴스에 나와서 이렇게 발표했다. "NBC는 바버라의 능력을 높이 샀지만 그녀가 요구하는 재계약 조항에 수백만 달러와 기타 여러 특혜사항이 포함되어 있기 때문에 오늘 오후 협상을 마감하고 그녀가 ABC로 갈 수 있도록 길을 내주기로 했습니다." 존은 나중에 이러한 내용이 사실이 아니며 협상을 끝낸 쪽은 바로 나였다는 사실을 알고 기분이 매우 언짢았다고 내게 말했다. 하지만 나는 상처를 입었다.

리 스티븐스와 내가 저지른 실책은 내가 ABC로 가기로 했다는 보도 자료를 우리가 직접 내지 않은 것이었다. 우리는 NBC가 공동 보도 자료를 내거나 아니면 최소한 보도 자료 문안을 어떻게 할지 우리와 의논할 줄 알았다. 우리가 정말 어처구니없는 실책을 범한 것이었다.

그날 늦게 스튜디오를 나서는데 카메라 플래시 불빛에 눈이 안 보일 정도였다. 이튿날 아침 각 신문의 헤드라인은 끔찍했다. 어떤 신문은 나를 뮤지컬 라디오 시티 로켓에 비유했다. 어떤 코러스 걸이 그 뉴스를 보면서 자기도 좀 진지한 대접을 받고 싶어 한다는 내용이었다.

그 다음에는 돈 이야기로 난타를 당했다. 언론들은 '100만 달러 베이비' 나아가 '500만 달러 베이비' 라고 떠들썩했고 심지어 외국 언론들까지 돈 이야기를 받아 썼다. 독일 신문, 프랑스, 일본, 인도 등등 셀 수도 없었다. 폴란드 신문까지 헤드라인으로 거들었다. 세계적인 유명 인사가 된 것이었다. 그나마 위안이 된 것은 그것이 나중에 전 세계 지도자들과 인터뷰하려고 할 때 도움이 되었다는 사실이다.

텔레비전 동료들까지 가세하고 나섰다. 월터 크롱카이트에서부터 시작해 CBS 뉴스 사장, 그리고 스포츠 캐스터들까지 나서서 100만 달러짜리 저널리즘의 죽음이라고 혀를 찼다. CBS 뉴스의 리처드 샐런트 사장은 "바버라는 저널리스트인가 아니면 가수 셰어인가?"라고 물었다. 크롱카이트는 자기 보스의 입장을 대변하며 자기도 "우리 모두 겪고 있는 불쾌한 감정을 경험했다"고 했다. 하지만 혹시 이걸 아시나요? 해리 리즈너를 포함해 거의 모든 텔레비전 저널리스트들이 자기 보스의 방으로 밀고 들어가서 봉급 인상을 요구해 이를 관철시켰다는 사실을. 그거야 내가 상관할 바가 아니지 뭐.

특히 여성들 사이에서 몇몇 용감한 목소리가 나타나 나를 변호했다. 칼럼니스트 엘런 굿먼은 워싱턴 포스트에 "매우 조심스러운 말이기는 하지만 만약에 미스 월터스가 미스터 월터스였다면 논란이 이처럼 가열되지는 않았을지 모른다는 생각이 막연하게나마 든다"고 썼다. 뒤이어 허스트신문의 신디케이트 칼럼니스트인 매리앤 민스도 이렇게 썼다. "바버라 월터스가 500만 달러를 받고 ABC 저녁뉴스 공동 앵커로 가는 것을 둘러싸고 벌어지는 논란을 보면 남의 것을 시기하는 신포도 냄새가 진동한다. … 사람들이 진짜 놀라는 것은 공동 앵커가 연간 100만 달러를 받는다는 사실이 아니라 여자가 그만한 돈을 받는다는 사실이다."

남자들 중에도 나를 지지하는 사람이 더러 있었다. 클리블랜드 프레스의 텔레비전 칼럼니스트인 빌 배럿도 그중 한 사람이었는데 그는 "바버라 월터스는 그런 기회를 잡을 자격이 있다"며 이렇게 썼다. "그녀는 큰 네트워크의 뉴스 진행 석에 앉기 위해 어떤 남자가 지나온 길보다도 훨씬 더 멀고 먼 길을 거쳐 왔다." 찰스턴 이브닝 포스트는 내 문제를 사설로 다루기까지 했다. "바버라 월터스는 재능 있는 저널리스트이며 동시에 뛰어난 쇼맨(이때만 해도 쇼퍼슨이란 말은 쓰지 않았다)이다. … 우리는 리포터가 스타덤에 오르는 것을 질시하는 대신 기쁜 마음으로 이를 반긴다.”

　　나를 옹호하는 목소리들에 대해 고마우면서도 나는 자신이 남녀 성별 논쟁과 뉴스와 오락의 전쟁 한가운데 서는 것에 대해 마음이 편치 않았다. 오락과 뉴스의 전쟁은 돈을 저널리즘의 죽음으로 보는 ‘순수’ 논쟁의 성격을 띠고 있었다. 저널리스트는 뉴스를 보도하는 사람이지 자기가 직접 뉴스가 되어서는 안 된다는 생각이 들었다.

　　NBC와의 계약기간은 네 달 반이나 남아 있었기 때문에 나는 투데이쇼를 계속 진행하기는 했지만 기분은 엉망이었다. 좌불안석이었고 마치 헤어진 남편과 한 아파트에서 계속 같이 사는 것 같은 기분이었다.

　　해리 리즈너와 관련된 소식들도 고약했다. 어떤 기사는 ABC에 있는 어떤 여성의 말을 인용해 그를 ‘남성 쇼비니스트 돼지’로 불렀다. 제일 언짢은 소식은 루 와이스가 전해준 것이었다. 그는 ABC의 발표가 나온 직후 어떤 레스토랑에서 해리를 봤는데 그곳에서 해리는 모든 사람이 다 들리도록 자기는 정말 나를 싫어한다고 큰 소리로 떠들어 대더라는 것이었다. 루는 해리가 공개적으로 나에 대한 분노를 터뜨리는 것을 보고 움찔해서 아무래도 우리가 잘못한 것 같다는 말을 했다. 하지만 때는 이미 늦었다.

　　나는 NBC에 오래 있지 못했다. 그들은 6월에 나를 방송에서 하차시켰다. 미국 건국 200주년 행사가 다가오고 있었는데 내게 그런 큰 행사 보도를 맡기고 싶지 않았던 것이다. 그렇게 하면서도 내 계약은 풀어 주지 않았다. 내 계약기간이 만료되는 9월 이전에 ABC로 가도록 두지는 않겠다는 심산이었다. 그 전에 옮긴다면 계약위반으로 나를 고소할 수 있고 그들의 태도로 보아 능히 그럴 것 같았다.

　　그러니 지난 13년간 내가 투데이쇼에서 진행한 프로나 내가 한 인터뷰에서 발췌해서 ‘바버라의 최고 히트작’ 같은 두 시간짜리 고별 프로그램도 없었다. 그저 잘 가 잘 있어 하는 인사뿐이었다. 마지막 날 나는 시청자들에게 몇 마디 마무리 인사를 해도 좋다는 허락을 받았다. 나의 인생을 바꾸어 놓은 열성적인 시청자들이었다. 나는 이렇게 말했다.

"투데이쇼는 24년이 되었습니다. 앞의 12년 동안 33명의 여성이 프로그램
에 출연했고 지난 13년 동안에는 오직 한 명의 여성이 있었습니다. 프로그램 초
기에 나는 영광스럽게도 차 따르는 여자였습니다만 이제 시대가 바뀌었습니다.
이제는 여성들이 텔레비전 생활을 나처럼 시작하지 않아도 됩니다. 이러한 변
화에 내가 조금이라도 기여했다면 나는 행복합니다."

그리고 끝이었다. 오전 9시 스튜디오 3K에서 투데이 캐스트와 직원들이 모
여서 단출한 파티를 열어 주었다. 작별파티를 하기에 좋은 시간은 아니었다. 개
사료 알포 쪽 사람들은 그 전날 내게 점심을 대접하며 샴페인 한 병을 소화전같
이 생긴 붉은색 얼음통에 담아 선물했다. 내가 NBC에서 한 일에 대해 사람들이
내게 고마워하는 것보다는 개들이 내가 자기들을 위해 광고를 내보내 준 데 대
해 더 고마워하는 것 같았다.

나는 작별 파티에서 이별 시계를 받지 못했지만 그건 관계없었다. 내가 더
소중하게 간직하고 있는 것은 투데이 프로듀셔들이 준 은제 박스인데 '사랑하
는 바버라에게 투데이'라는 명문이 새겨져 있다. 더 고마운 것은 투데이의 무대
담당자들과 팀원들이 준 내 이름과 함께 '우리는 당신을 사랑해요'라는 문구를
적은 장식이 달린 금팔찌였다. 그렇게 끝이 났다.

그날 밤 나는 허브 슐로서의 50번째 생일 파티에 갔다. NBC에서의 치졸한
끝내기가 벌어지기 전에 초대받은 것이었다. 실패로 끝난 재계약 협상의 주역
들인 딕 월드와 앨 러시를 비롯해 NBC에 있는 나의 오랜 친구들이 모두 참석할
예정이었다. 내가 나타나면 그들의 반응이 어떨지 보고 싶었지만 유쾌한 일은
아니었다.

내가 등장하자 방안은 일순간에 물을 끼얹은 듯 조용해졌다. 영화의 스틸
프레임 한 장면처럼 모두들 그 자리에 얼어붙었다. "저 여자가 왜 여기 나타난
거지?"라고 수군거리는 소리가 들리는 것 같은 분위기에서 허브가 나섰다. 신
사처럼 행동한 것은 그 사람뿐이었다. "와줘서 정말 반가워요, 바버라." 그는
이렇게 말하며 내게 다가와 인사했고 나는 이렇게 답했다. "당신 생일 파티에
빠지고 싶지 않았어요, 허브." 나는 웃으며 정중하게 대했다. 그리고 고통스러

운 십 분을 보낸 다음 그곳을 떠났다.

이 글을 쓰다 보니 내가 겪은 일과 케이티 쿠릭이 NBC를 떠날 때의 일을 비교해 보지 않을 수가 없다. CBS가 케이티에게 주기로 한 돈이 연봉 1500만 달러라는 이야기가 알려지면서 약간의 소란이 있었다. NBC는 쿠릭에게 엄청난 고별행사를 벌여 주었다. 두 주에 걸쳐 그녀의 특집방송과 각계 유명 인사와 정치인들이 보내온 메시지를 소개했다. 그녀를 위해 만든 특별 곡도 내보내고 투데이에서 일할 때부터 그녀의 활약을 담은 필름도 내보냈다. 그리고 마지막으로 세 시간짜리 회고 프로그램을 준비했다. 그리고 CBS에서도 그에 못지않게 성대한 환영행사를 열어 주었다. 2006년이었지만 그때도 케이티가 성공할지를 놓고 여러 기사와 사설이 실렸지만 그녀는 야비한 일은 당하지 않고 NBC를 떠났다. 그녀에 대한 거짓말도 없었고 의도적으로 흠을 내는 짓도 없었다.

어쩌면 내가 당한 일은 제일 먼저 하는 사람이 치른 대가였을지도 모르겠고 시절이 지금과는 딴판이었기 때문일 수도 있겠다. 1976년 그 시절에는 소위 남자가 하는 일을 하겠다고 나서는 여자는 얼마든지 공격해도 되었다. 잘난 남자들의 전유물인 뉴스 부문에서는 특히 더 그랬다. 지금도 여자는 자기 분수를 지키고 살아야 한다고 생각하는 사람들이 많다. 카메라 쪽에는 일하는 여자 수가 적고 간부직으로 올라가면 모든 직종에서 더 그렇다. 하지만 이제 그런 태도는 정치적으로 부당할 뿐만 아니라 그에 대한 반발도 크다.

내가 투데이쇼를 떠난 뒤 NBC는 짐 하츠와 재계약을 맺는 대신 뉴스맨 톰 브로코와 제인 폴리를 투데이의 공동 진행자로 재빨리 발표했다. 제인은 NBC 시카고 지국 출신의 의기양양한 젊은 여성이었다. 나는 제인에게 축하 전보를 한 통 보냈다. "멋지게 새로 시작하게 되었군요. … 좋은 괘종시계를 준비하고 즐겁게 지내기 바랍니다." 다만 한 가지 알포 개먹이 광고를 어떻게 읽어야 하는지에 대한 조언은 해줄 필요가 없었다. 투데이쇼에서 광고 읽는 일은 '고급 인력'에게 시키지 않기로 했기 때문이다.

NBC를 떠나며 겪은 일 가운데 제일 중요한 일이 한 가지 더 있다. 내가 이 책에 쓸 내용 가운데 제일 고통스러운 시기인 당시 일들을 조사하면서 알게 된

일이다. 2006년에 나는 루 와이스와 점심식사를 같이 했는데 그는 1976년에
그 유명한 테니스 게임을 하며 나의 이적 문제를 처음 다루기 시작한 사람으로
윌리엄 모리스의 명예회장으로 있었다. 점심 자리에는 NBC의 동료였던 딕 월
드와 허브 슐로서도 함께했다. 두 사람 모두 내가 떠나고 2년 만에 해고되었다.
내가 떠난 것과 관련이 있는지는 모르겠다. 슐로서는 그 뒤 투자은행으로 갔고
월드는 ABC 뉴스로 와서 우리는 다시 친구가 되었다. 그들 모두 내가 NBC를
떠날 때 있었던 소동을 기억나는 대로 최대한 설명해 주었다.

   모든 사안에 그들의 기억이 다 일치하는 것은 아니었지만 일치하는 게 한
가지가 있었다. 만약 그때 내가 NBC에 남았더라면 나는 ABC에서 하게 된 일
을 결코 해보지 못했을 거라는 말이었다. NBC의 시청률은 저조했고 ABC는 빠
르게 성장하고 있었다. 그리고 딕과 허브가 떠나면서 NBC에서 나를 챙겨 주고
나의 미래에 투자하자고 나설 사람은 아무도 없었다.

   "당신은 그때 완전히 새로운 앞날을 만들어 나갈 새로운 장소가 필요했어
요"라고 허브 슐로서는 내게 말했다. "NBC에서는 그걸 이룰 수가 없었을 겁니
다"라고 딕 월드도 공감을 표했다. "NBC에는 뉴스매거진 쇼를 만들 계획이 없
었기 때문에 '스페셜' Specials 같은 프로를 진행하지도 못했을 것이고, 그곳에서
당신이 저녁뉴스의 앵커건 공동 앵커건 맡을 기회는 분명이 없었어요."

   정말 눈이 번쩍 뜨이게 하는 말이었다. 지난 30년 동안 나는 내가 정말 올바
른 결정을 한 것인지 자신이 없었고 수시로 마음이 아팠다. 헤어진다는 것은 힘
들고 어려운 일이었다. 이제 비로소 내가 잘못하지 않았다는 것을 알게 된 것이
다. 그런 사실을 알고 나니 이루 말할 수 없을 정도로 마음이 놓인다. 하지만 그
때는 훨씬 더 고약한 일이 나를 기다리고 있었다.

악당들의 손에 쓰러지면 안 돼요

찍한 여름이었다. 나는 NBC를 떠난 게 정말 끔찍한 실수였다고 확신했다. 하루하루 지날수록 그런 생각은 더 굳어졌다. 누군가 믿고 이야기할 상대가 필요해 정신과 의사를 찾아갈 생각까지도 했다. 하지만 누가 나를 위해 어떻게 해줄 상황이 아니었다. 긴장을 완전히 풀고 느긋하게 쉬면 도움이 되었겠지만 그럴 처지는 아니었다.

NBC와의 계약기간이 남아 있기 때문에 나는 ABC를 위해 아무 일도 할 수 없었다. 그 여름 석 달 동안 나는 한가하게 풀밭에 나앉은 처지가 되었지만 그 사치스러운 여유가 나는 너무 싫었다. 일이 내 인생의 전부였다는 말이 아니다. 내게는 친구도 있고 여러 관심사도 있고 더구나 딸도 있었다. 하지만 일단 NBC를 떠나자 나는 내가 직업적으로 친숙한 것, 보상, 성취감 같은 것과 완전히 단절되고 말았다. 앞날이 암담했다.

해리와 나는 로스앤젤레스에서 빌 시한과 점심을 같이 했다. 중매를 통해 매파와 함께 신랑감을 처음 만나러 가는 기분이었다. 중매결혼도 행복하고 성공적으로 끝날 수 있지만 내 경우는 그렇게 잘될 것 같은 생각이 들지 않았다. 해리는 언짢아했지만 나뿐만 아니라 그도 주사위는 이미 던져진 상황이었다. 이제는 우리 두 사람 모두 빠져나갈 구멍이 없었다. 점심식사가 끝나고 우리는 서로 악수를 나누었는데 나는 그에게 "염려하지 마세요"라는 말을 했던 것 같

다. 해리는 억지로 멋쩍은 미소를 지어 보이며 헤어졌다. 불쌍한 사람, 그때 그
도 기분이 정말 엉망이었을 텐데.

하지만 얼마 안 가 내 처지도 힘들게 되었다. 우리는 로스앤젤레스에서 전
국의 ABC 지방 방송국 대표들 모임에 참석했다. 대단히 중요한 모임이었다.
ABC 프로그램을 내보내는 전국의 지방 방송국 소유주와 사장들에게 내가 소개
될 예정이었다. 그 사람들 대부분은 ABC 뉴스 시청률이 올라가 다른 프로그램
시청률도 끌어올려 줄 것으로 믿는 사람들이었다. 또한 나는 새로운 동료들 앞
에서 ABC 뉴스 방송시간을 30분 포맷에서 45분으로, 그리고 나중에는 한 시간
으로 늘리는 게 왜 좋은지 설명하기로 되어 있었다.

뉴스 시간을 늘리기로 한 것도 내가 옮기기로 한 큰 이유 중 하나였다. 그리
고 ABC 최고위 간부들이 모두 나서서 방송시간을 늘려서 내가 그날의 뉴스 메
이커들과 짤막한 인터뷰를 할 수 있도록 해 주겠다고 열변을 토하지 않았던가?
나는 빌 시한이 그러한 결정을 이미 계열 방송사들에 다 전달한 줄 알았다. 그
리고 나는 메신저가 아니라 그냥 분위기를 고조시키는 차원에서 참석하는 줄로
알았다. 그래서 나는 그 모임에 참석하러 가면서 기분이 들떠 있었고 뉴스 프로
그램 확대 계획도 사람들에게 호응을 받을 것이라는 기대를 가지고 갔다. 그런
데 막상 가서 보니 ABC 고위 간부들은 그런 계획을 계열 방송사들에 알리기는
커녕 계획을 확정해 놓지도 않은 것으로 드러났다.

빌 시한은 그 모임에서 뉴스쇼를 확대하는 것이 불가피하며 ABC가 그러한
변화에 앞장서겠다는 식으로 간략한 언급만 했다. 결국 내게 총대를 메게 한 것
이었다. 지금 생각해 보니 뉴스 부문 간부들은 그때 계열 방송사들이 이러한 확
대 계획에 반대하고 나올 것임을 이미 알고 있었던 것이 아닌가 하는 의구심이
든다. 추가 시간은 나를 데려오기 위해 그저 내게만 제의했단 말인가?

부드러운 표현으로 말해 모임 결과는 좋지 않게 끝났다. 나는 전국 뉴스 시
간을 늘리는 첫 번째 방송국이 되는 게 얼마나 중요한지, 그리고 내가 뉴스의
인물 인터뷰를 맡아서 하는 게 얼마나 중요한지에 대해 열변을 토했다. 하지만
박수갈채가 쏟아지는 대신 싸늘한 침묵이 흐르는 것이었다. 예의를 갖추느라

내게 야유까지 보내지는 않았지만 속으로는 그러고 싶었을 것이란 생각이 들었다.

반면에 해리는 우레와 같은 환호 속에 연단에 올라섰다. 그의 즉석연설이 진행되는 중에도 환호는 계속됐다. "설사 우리가 서로 좋아하지 않더라도 그건 아무도 눈치 채지 못할 것입니다." 그는 맹목적인 청중들에게 이런 말을 했다. "해리, 당신은 나를 좋아하게 될 거예요." 나는 재빨리 이렇게 거들었다. 그 말에 사람들은 웃음을 터뜨렸지만 그들의 애정이 누구에게 있는지는 분명했다. 뉴스 확대를 강력하게 주장한 덕분에 나는 ABC의 새로운 스타가 아니라 ABC의 100만 달러짜리 골칫덩이가 되어 있었던 것이다.

그렇게 해서 내가 약속받았던 한 시간짜리 뉴스 방송의 꿈과 함께 다른 방송사들과의 차별화를 담보해 줄 상설 인터뷰의 꿈은 사라졌다. 한 시간짜리 뉴스 프로그램은 지금까지도 실현되지 않고 있다. 지방 방송사들로서는 그때나 지금이나 자신들이 만들어 내보내는 수익성 높은 지방 뉴스 방송 시간을 단 일 초도 포기할 의사가 없기 때문이다.

그 황당한 여름 동안 충격적인 일은 연이어 터져 나왔다. 한번은 뉴욕으로 돌아온 뒤 가을부터 일하게 될 곳을 볼 요량으로 66번 스트리트 콜럼버스 애비뉴에 있는 ABC 뉴스 건물에 가보았다. 계약 기간 만료 전에는 ABC 뉴스룸에 발을 들여놓을 수 없다는 NBC 규정 때문에 건물 안에 들어갈 엄두는 못 냈다. 바깥에서 건물을 보니 마음이 아팠다. 평범하게 보이는 작은 빌딩 하나가 웨스트사이드에 들어찬 아파트 건물들 사이에 자리 잡고 있었다. 그로부터 몇 년 뒤에 ABC는 거대한 본사 건물을 짓게 되지만 당시에는 그저 작은 빌딩에 불과했다. 회전문을 통해 안쪽을 보니 엘리베이터도 한 대밖에 없었다. 세계 최대의 뉴스 방송사, 그리고 록펠러 센터의 유명한 스케이트 링크, 그리고 크리스마스 시즌에는 대형 트리가 내려다보이는 번쩍거리는 건물을 버리고 이렇게 초라한 삼류 건물로 온단 말인가? 나는 몇 분간 건물 주의를 서성거리다 누가 볼까 봐 서둘러 그곳을 떠났다.

여름 내내 상실감은 더 커졌다. 200주년 행사가 전국적으로 한창 진행되고 있었고 나는 현장에 없었다. 투데이쇼에서 진행한 마지막 방송에 고향 매사추세츠 주에서 200주년과 관련해 찍은 녹화분이 들어 있었다. 하지만 그 이후로는 아무 일도 할 수 없었다. 7월 4일을 전후한 주말에는 세계 전역에서 모여든 19세기 '대형 범선' 수백 척이 뉴욕 항에서 퍼레이드를 벌였다. 그 장면을 취재했더라면 얼마나 좋았을까. 하지만 나는 아침에 일어나 옷을 갈아입은 다음 톰 브로코와 제인 폴리가 전하는 행사장면을 지켜보았다. 나중에 나는 앨런 그린스펀의 초대 손님으로 행사가 열리는 배에 갔다. 한때 나의 데이트 상대였던 존 워너가 200주년위원회 위원장으로서 행사를 주관했다. 나는 즐겁게 보내려고 억지로 많이 웃었지만 마음이 무거웠다.

그해 여름에는 대통령 후보 선출을 위한 각 당의 전당대회도 열렸다. 지미 카터를 후보로 뽑은 민주당 전당대회는 200주년 행사 일주일 뒤에 뉴욕에서 시작되었다. 공화당 전당대회는 8월에 미주리 주 캔자스시티에서 열려 제럴드 포드 현 대통령을 후보로 선출했다. ABC는 내가 대회장에 갔으면 좋겠다고 생각했다. 선거일 밤 방송 때는 어차피 내가 방송을 해야 할 것이기 때문이다. 하지만 아무런 직책이 없었다. 나는 1964년부터 전당대회는 빠짐없이 취재했지만 12년이 지난 지금 아무 할 일도 없고 갈 곳도 없이 그저 어슬렁거리며 대회장을 돌아다니기만 했다.

하루 저녁에는 너무 소외감을 느낀 나머지 NBC 컨트롤 룸으로 들어가 옛 동료들을 만났는데 너무 마음이 아팠다. 내게 유쾌하고 깍듯이 대했지만 그들도 바쁜 몸이었다. 그래서 나는 다시 아무도 없는 무인도로 돌아왔다. ABC 컨트롤 룸으로 가 보았지만 그곳에는 아는 사람도 없는 데다 그들도 바빴다. 내 소개를 하거나 우스갯소리를 할 분위기도 아니었기 때문에 나는 다시 나와서 어슬렁거렸다.

전당대회가 진행되는 기간 동안 빌 시한은 내게 ABC 지국들을 돌아보며 기자들을 만나보는 게 어떻겠느냐고 했다. 원한다면 유럽 지국들도 돌아볼 수 있을 거라고 했다. 하지만 워싱턴에서 그곳 기자들을 몇 명 만나보고는 썩 내키지가 않았다.

워싱턴 기자들은 아주 시큰둥했다. 그들 말로 빌 시한은 아무 힘도 없다는 것이었다. ABC 뉴스는 와해되어 싸구려 조직이 되고 말았다는 것이다. 카메라는 낡고 구식이었고 돈도 없었다. 그들은 ABC가 돈을 더 투자해 장비를 교체해야 한다는 것 말고는 내게 달리 해줄 말이 없었다. 나는 이 사람들이 새 카메라를 사는 데 써야 할 돈으로 내게 너무 많은 돈을 지불한다고 불평하는 게 아닌가 하는 의구심이 들었다. 그렇게 불평하는 소리를 듣고 나니 굳이 런던 지국이나 파리 지국까지 가서 불평불만을 더 들을 필요는 없을 것 같았다. 그래서 나는 롱아일랜드의 웨스트햄프턴 비치에 빌려 놓은 여름별장에 가서 몇 주 틀어박혀 버렸다. 재키는 낮 시간에만 하는 캠프에 보냈기 때문에 나는 매일 아이를 데리러 가서 아이스크림을 사 먹었다. 재키만 보면 웃음이 절로 나오고 기분이 좋았다. 하지만 여름별장 이웃인 하워드 코셀 때문에 기분은 더 우울해졌다. 하워드는 ABC의 유명한 스포츠캐스터로 항상 우울하고 냉소적인 사람이었다. 무슨 이유에선지 그는 거의 매일 우리 집으로 찾아와 불평을 늘어놓았다. ABC가 자기에게 감사할 줄 모른다느니, 그러니 ABC는 내게도 그럴 것이라느니, 해리 리즈너가 자기에게 전혀 관심이 없다느니, 그러니 내게도 그럴 것이라느니. 나는 참다못해 제발 그런 이야기는 그만해 달라고 부탁할 수밖에 없었다.

코미디언 길다 래드너가 그해 여름 '새터데이 나이트 라이브'에서 나를 바버 워워Baba Wawa라고 부르며 내 흉내를 내서 사람들을 웃겼다. 내가 'l'과 'r' 발음을 'w' 비슷하게 내는 것을 따라한 것인데 사람들은 배꼽을 잡고 웃었다. 하지만 나는 우습기는커녕 몹시 불쾌했다.

"흐이유! 저는 바버 워워예요. 화웨웰(작별인사)을 하려고 나왔어요." 한번은 길다가 새터데이 나이트에 나와 이렇게 말했다. "이 자리를 빌려 NBC에 아포오자이즈(사과)하고 싶어요." 그녀는 계속 이렇게 말을 이었다. "나는 정말 위빙하고(떠나고) 싶지 않아요. 프위즈(제발) 내 말을 트워스트(믿어)해 주세요."

(그런데 사실은 내가 'r' 발음에는 문제가 있었지만 'l' 발음에는 아무 문제가 없었음에도 사람들이 듣기에 우습기는 마찬가지였다.)

사람들은 내가 없는 데서 나를 바버 워워라고 부르기 시작했고 심지어 내

면전에서 그렇게 부르는 사람들도 있었다. 지금까지도 그렇다. 하지만 그때는 내가 너무 저기압이던 때라서 사람들이 길다의 흉내에 웃는 것이 아니라 나를 조롱하는 것이라는 생각만 들었다.

내 생각이 잘못되었다는 것을 일깨워 준 건 딸 재키였다. 한번은 토요일 저녁에 아이 방을 지나가다가 깔깔거리며 웃는 소리를 들었다. "엄마, 이것 좀 봐요" 하는 말에 쳐다보았더니 길다가 바버 워워 흉내를 내고 있는데 딸은 그게 너무 우스운 모양이었다. 나는 웃을 일이 아니라는 투로 몇 마디 중얼거렸는데 재키가 이렇게 말했다. "오, 엄마. 웃어 봐요." 재키 입에서 그 말을 듣는 순간 나는 내가 너무 마음의 여유 없이 산다는 사실을 깨달았다. 내 유머 감각은 어디로 간 것이지?

그래서 그 뒤 뉴욕의 유엔 주재 캐나다 대사관에서 열린 어느 전시회에서 우연히 길다를 보고는 반가워서 다가갔다. 그녀는 내가 자기에게 다가오는 것을 보고 다소 긴장이 되었을 것이다. "내가 누구인지는 아실 테지요"라고 나는 말했다. 'ɾ' 자가 들어가는 단어는 쓰지 않고 한 마디 한 마디 또박또박 말했다.

그녀는 고개를 끄덕여 보이고는 가만히 있었다.

"좋아요. 내 앞에서 한번 해봐요"라고 내가 말했다. "한번 해줘요. 제발 한번 해줘요."

우리는 한쪽 구석으로 갔고 그녀는 쪼그리고 앉아서 바버라 월터스 흉내를 냈다.

그녀는 내가 인터뷰할 때 하는 것처럼 한쪽 발목을 다른 쪽 발목 뒤로 보내고는 몸을 앞으로 수그리고 앉았다. 그러고는 말을 시작했다.

정말 똑같았다. 그녀는 천재였다. 나는 그 말을 그녀에게 해 주었다. 그녀는 우리 두 사람 모두 바비 암스트롱이라는 메이크업 아티스트한테서 분장을 받는다는 말을 하면서 그 사람이 내가 어떻게 앉는지 말해 주었다고 했다. 그리고 '여성만을 위한 쇼가 아닌' 테이프를 틀어 놓고 내 말투를 연습했다고 했다. 헤어질 때 우리는 친구가 되었고 그래서 1989년 42살의 나이로 그녀가 난소암으로 죽었을 때는 많은 미국인들과 마찬가지로 나도 너무 슬펐다. 나는 그녀의 남편인 진 와일더에게 다음과 같이 짤막한 편지를 보냈다. "그녀는 나를 웃겼습니다. 그녀가 보고 싶을 것입니다. 바버 워워."

절름발이가 된 그해 여름 나는 그 일 외에는 웃을 일이 별로 없었다. 나에 대한 부정적인 기사는 계속 쏟아져 나왔고 나를 대하는 해리의 태도는 더 냉랭해졌다. 언론 보도 내용들은 ABC가 살길을 모색하려고 나를 데려왔는데 그 때문에 사정이 더 어렵게 되었다는 식이었다. 만약에 시청률이 올라가면 내 도움이 필요했다는 말이 맞는 것이고 시청률이 계속 내려가면 ABC와 나 양쪽 모두 헤어날 길이 없게 된다는 것이다.

10월 초를 목표로 우리의 데뷔 카운트다운이 시작되었다. NBC와의 내 계약이 9월에 끝나자마자 우리는 두 주간의 리허설에 들어갔다. 리허설 기간 중에 해리는 예의 바르게 처신했지만 내게 친근하게 대하지는 않았다. 내게 제일 힘든 것은 갑자기 긴급 뉴스가 터지는 경우 얼른 다른 뉴스들을 죽이고 새 뉴스를 대체해 넣는 일이었다.

그것은 정말 어려운 오디션이었고 나는 엄청난 부담을 느꼈다. ABC는 새 방송 포맷에 큰돈을 투자했다. 세트도 새로 만들었고 책임 프로듀서도 새로 왔다. 작가도 새로 왔고 기자도 새로 채용했는데 그들 가운데 여자들이 눈에 띄어서 나는 기분이 좋았다. 모두 합쳐서 전국 뉴스 예산은 25%나 인상되었다.

선전도 많이 하고 전국 주요 일간지에 광고도 나갔다. 내 사진은 꼭 송장처럼 나왔다. 해리는 앵커맨처럼 당당하게 정면의 카메라를 응시하고 있었다. 그런데 나는 놀란 사람처럼 눈을 있는 대로 크게 뜨고 먼 데를 응시하고 있었다. 공동 앵커의 이미지와는 거리가 멀었다.

프로그램 이름은 '해리 리즈너, 바버라 월터스와 함께하는 ABC 이브닝 뉴스'였다. 나를 포함해 누구도 그때는 내 이름을 해리 이름 앞에다 붙인다는 생각을 하지 못했다. 사실은 그 뒤로도 내 이름은 줄곧 남자 파트너 이름 뒤에 붙여졌다. 나는 휴와 15년 동안 20/20을 공동으로 진행했는데 이름 순서는 항상 휴 다운스와 바버라 월터스였다. 그게 유리한 거라고 말하는 사람들도 있었는데 그 뒤 내 '스페셜' Specials 프로그램에서 빙 크로스비를 인터뷰했는데 그는 내

게 자기는 항상 자기 이름을 영화제목 위에 올리지 않는다고 했다. 그렇게 해
놓아야 영화가 성공하면 사람들은 그게 자기 덕분인 줄 알지만 영화가 실패했
을 때는 자기 때문이라는 생각을 하지 않는다는 것이었다. 나는 아주 현명한 처
사라는 생각이 들었다. 다음에 텔레비전에서 빙 크로스비 영화를 볼 기회가 있
으면 꼭 이 말을 염두에 두고 살펴보기 바란다.

　누구 이름이 앞에 나가든 상관없이 해리와 나는 '텔레비전 역사상 제일 다
이내믹하고 정보가 풍부한 뉴스 팀' 으로 선전이 되었다. 신경이 무지하게 많이
쓰였지만 드라마틱한 일이었고 마치 외줄타기를 하는 기분이었다. "쇼가 잘못
되면 나는 끝나는 거지요." 나는 방송이 시작되기 전 주에 뉴스위크와의 인터뷰
에서 이렇게 말했다. "하지만 일이 잘된다면… 세상에, 얼마나 신나겠어요."

　첫 방송 예정일은 10월 4일 월요일로 잡혔다. 내가 미처 깨닫지 못했던 것
은 그해 10월 4일은 유대인들이 제일 신성시하는 축제일인 욤 키푸르였다는 사
실이다. 하지만 때가 늦었다. 대부분의 유대인들은 그날 일을 하지 않는다. 이
날 유대인들은 해질 때까지 금식을 하고 보통은 사원에 간다. 그리고 나서 거창
한 저녁을 먹으며 금식을 끝낸다. 우리 가족은 이 축제일을 지키지 않지만(나는
지금까지 한번도 사원에 가거나 금식을 한 적이 없다) 내 종교를 존중한다는 의미에서
나는 그 휴일에 방송출연은 하지 않고 지냈다. 나는 지금도 그렇게 한다.

　우리 시청자들 가운데 유대인들이 나를 보면 다른 유대인들이 아무도 일을
하지 않는데 내가 일한다는 말을 할 텐데 하는 생각이 들어 신경이 쓰였다. 하
느님이 나를 용서해 주실까 하는 생각도 들었지만 나로서는 어쩔 도리가 없었
다. 새 프로그램을 시작하기에 10월은 시기적으로 늦었지만 나의 NBC 계약이
끝날 때까지는 어쩔 도리가 없었고 ABC에서 더 기다리는 것도 좋지 않다고 판
단해 시작한 것이었다.

　나의 장래는 기로에 서게 되었다. 내가 ABC로 옮겨가면서 생긴 그 숱한 소
란 끝에 전국에 있는 수백만 명의 시청자들이 내가 성공할지 실패할지 지켜볼
것이었다. 가까이는 ABC 고위 간부들이 바로 옆 스튜디오에서 쇼를 지켜볼 것
이었다. 그들의 명예도 외줄타기에 올려져 있었다.

나는 그날 낮 시간에 첫 방송을 위해 두 건의 큰 인터뷰를 위성으로 미리 해 두었다. 한 사람은 골다 메이어 전 이스라엘 총리이고 다른 사람은 안와르 사다트 이집트 대통령이었다. 나는 이 두 명의 세계 지도자들과 인터뷰하게 되어 기분이 좋았다. 이들이라면 내가 프로그램에 기여하고 있다는 것을 시청자들에게 똑똑히 보여줄 만한 사람들이었다. 인터뷰는 하나씩 이틀 연속으로 내보내기로 했는데 둘 다 뉴스 가치가 있었다. 프로그램 시작 날이 우연히도 1973년 전쟁 발발 3주년 되는 날이었기 때문에 골다 메이어는 뉴스 가치가 있었다. 그리고 당시 레바논에서 기독교와 회교도 간에 유혈내전이 벌어지고 있었기 때문에 아랍권의 안와르 사다트 대통령도 뉴스 가치가 있었던 것이다. 그는 우리로 하여금 중동평화에 드리운 위협들에 대해 정확한 인식을 엿볼 수 있게 해줄 것이었다.

하지만 마지막 순간에 그 인터뷰가 ABC의 평화를 위협했다. 나는 골다 메이어에게 시청자들에게 특별한 욤 키푸르 인사를 할 수 있도록 자기 인터뷰를 먼저 내보내겠다고 약속했다. 그녀는 또한 이스라엘의 적인 안와르 사다트보다 먼저 프로그램에 나오고 싶어 했다. 하지만 빌 시한이 두 인터뷰를 모두 보고 나더니 사다트 인터뷰를 먼저 내보기로 결정해 버린 것이다. 나는 골다 메이어에게 한 약속을 이야기하면서 순서를 바꾼 데 대해 격렬히 항의해 보았지만 그의 입장은 확고했다. 나의 첫 방송이었고 나는 그의 결정에 따를 수밖에 없었다. 예상한 일이지만 골다 메이어는 순서가 바뀌었다는 소식을 전해 듣고 엄청나게 화를 냈다. 그녀는 앞으로 나와는 두 번 다시 인터뷰를 하지 않겠다고 말했고 실제로 그렇게 했다.

첫 방송 날 ABC 고위 간부들은 모두 입에 함박웃음을 지으며 내게 따뜻하게 대해 주었다. 나는 이상하리만치 마음이 차분해졌다. 여러 해 동안 해온 일이기 때문에 텔레프롬프터는 읽을 수 있을 것이라 생각했다. 나는 그저 말실수를 한마디도 하지 않게 해 달라고 기도했을 뿐이다. 그리고 5, 4, 3, 2, 1. 드디어 방송이 시작되었다.

"굿이브닝." 해리는 이렇게 인사한 다음 곧바로 그날 저녁의 톱뉴스를 요약해 전했다. 민항기 안에서 인종차별적인 농담을 한 얼 버츠 농업장관의 사임 소식이었다. 그리고 그는 나를 소개했다. "가까운 곳 소식을 전하겠습니다. 새 동료를 소개합니다. 환영합니다. 바버라?"

"생큐, 해리." 나는 이렇게 말했다. "예, 마침내 내게 오늘 밤이 왔군요. 당신, 그리고 ABC 뉴스와 함께하게 되어 정말 기쁩니다." 그런 다음 나는 그날 보도할 다른 뉴스들을 소개했다. 연방대법원이 최소한 3개 주에서 사형집행을 계속할 수 있도록 허용했다는 소식과 포드의 파업 속보, 그리고 내가 한 안와르 사다트와의 뉴스 메이커 인터뷰 예고를 내보냈다.

방송은 마지막까지 순조롭게 진행되었다. 나는 방송을 끝내기 전에 시청자들에게 앞으로 나의 계획에 대해 소개했다. 뉴스의 인물들에 대한 심층 보도와 함께 뉴스가 시청자들의 생활에 어떤 영향을 미치는지에 대한 이야기도 했다. 예를 들어 "왜 모든 텔레비전 뉴스 프로그램이 다우존스지수를 내보내는지, 그리고 그것이 주식을 한 주도 갖고 있지 않은 사람에게도 왜 의미를 갖는지"에 대해 설명했다. 나는 또한 그동안 소홀히 취급했던 여성 문제에 대해서도 특별한 관심을 갖겠다고 말했다.

그리고 그 다음 해리 차례였다. 그는 성차별이나 거만한 티를 내지 않고서 나를 환영하는 말을 어떻게 해야 좋을지 조금 고민했다고 말했다. 썩 고무적인 말로 들리지는 않았다. 그는 다음과 같은 말로 마무리를 지었다. "나는 오늘밤 당신이 하는 방송시간과 내가 하는 방송시간을 모두 재 봤는데 당신이 나한테 4분을 뺏어 갔어요." 농담이겠지 했는데 농담이 아니었다.

첫 평가는 아주 좋았다. 다음날 아침 뉴욕 타임스는 나를 "한때 전적으로 남자들의 세계였던 곳에서 정상에 오른 철저히 프로다운 놀라운 여성"이라고 부르면서 내가 "새로 맡은 일에서 전혀 흔들리거나 당황하지 않았다"고 평가했다. 타임 매거진의 평가 역시 시작은 아주 긍정적이었다. 타임 기사는 "월터스의 데뷔는 100달러짜리 새 지폐처럼 빳빳했다"로 시작되었다. 그리고 내가 방송시간 1분마다 100달러를 벌어들였다는 말을 덧붙였다. 약간 뜨끔했지만 그런대로 참을 만한 말이었다.

그리고 안와르 사다트, 골다 메이어와의 인터뷰에 대해 일부 비판이 있었다. 나는 이집트 대통령과 이스라엘 전 총리는 뉴스 가치가 있는 인물들이라고 생각했는데 비판하는 사람들은 그들을 '유명 인사 게스트'로 평가절하했다. 물론 그것은 나를 진지한 저널리스트가 아니라 유명 인사 인터뷰어로 본다는 의도가 숨어 있는 평가였다. 사다트 대통령도 내게 도움이 안 되었다. 인터뷰 말미에 함께해 주셔서 고맙다는 인사를 했더니 그는 내게 고맙다는 말을 하고는 이렇게 말하는 것이었다. "100만 달러 일을 하는 기분이 어때요? 솔직히 말해 내 봉급이 얼마인지 아시오? 1만 2000달러밖에 안 돼요. 나는 그 돈을 받고 밤낮없이 일한다오."

나는 웃으며 이렇게 답했다. "하지만 대통령 각하, 우리는 돈 때문이 아니라 사랑 때문에 일을 하지요."

지금 같으면 이런 사소한 언쟁은 아무런 문제가 안 되었을 것이다. 하지만 그때는 비판을 받았다. 뉴스에 생기를 불어넣고 좀 더 재미있게 만들어 보려고 한 나의 시도는 뉴스 전달 방송보다는 토크쇼에나 어울리는 수법이라는 소리를 들었다. 전통적인 뉴스 앵커의 모델은 월터 크롱카이트, 존 챈슬러, 해리 리즈너 같은 사람들이었다. 해리는 나와 사다트의 언쟁에 대해 불쾌감을 감추지 않았다.

내가 그를 돌아보며 "하지만 사다트 대통령은 우리보다 부수적인 특혜를 더 많이 받는다는 점을 말씀드렸어야 하는 건데, 그렇지요 해리"라고 말하자 그는 아무런 대꾸도 하지 않았다. 이런 비판의 글이 실렸다. "해리 리즈너는 고통스런 표정을 지었는데 당연히 그럴 만했다."

어쨌든 ABC 간부들은 새로운 방송을 출범시킨 데 대해 기분이 좋아서 해리와 나를 축하해 주려고 샴페인을 가져왔다. 하지만 샴페인 병마개를 따지 않는 게 좋을 뻔했다. 첫째 날 밤에 우리는 NBC와 CBS의 시청자를 합친 것의 두 배 가까운 엄청난 시청자를 끌어 모았지만 그들 가운데 대부분이 호기심에서 한번 기웃거린 사람들로 드러났다. 방송 이튿날인 화요일 밤에 데이비드 브링클리는 NBC의 방송을 '웰컴 백'이란 인사말로 시작했다. 그들의 시청자들은 대부분 다시 돌아가 그곳에 머물렀다. 하지만 ABC는 내가 방송을 시작한 지 첫 7주 만에 새로운 시청자가 70만 명이 늘어났기 때문에 기분이 한껏 고조되었다. 닐슨 시청률 조사는 일 년 전 같은 기간과 비교해 990만 명에서 1050만 명으로 뛴 것으로 나타났다. 그러니 완전히 실패한 것은 아닌 셈이었다. 하지만 방송사 간 경쟁에서 해리와 나는 내가 가세하기 전 해리 혼자였을 때와 비슷한 수준이었다. 그대로 3위에 머물러 있었던 것이다.

만약에 새 방송이 엄청나게 성공했더라면 해리도 나에 대한 생각이 달라졌을지 모른다. 하지만 시청률 격차가 계속 유지되자 그의 불만은 더 깊어졌다. 매일 오후 3시에 저녁뉴스 예고 프로모를 찍기 위해 스튜디오로 걸어 들어가면 아무도 내게 말을 걸지 않았다. 크루와 카메라맨, 무대 담당들은 지난 6년간 해리와 호흡을 맞춰 온 사람들이었기 때문에 해리가 나를 인정하지 않으면 자기들도 그렇다는 식이었다. 해리는 크루들과 농담을 주고받았고 그들도 해리와 그렇게 했다. 나는 안중에도 없었다. 그리고 그는 밖으로 나가 길 건너에 있는 단골 아지트인 카페 데스 아티스테스로 가서 남자들끼리 방송 시작하기 전에 한 잔씩 걸쳤다. 그러면서 그들은 모든 사람들이 다 들리도록 나에 대한 험담을 늘어놓으며 낄낄댔다. 어떤 사람들은 해리 일당이 나를 헐뜯는 말들을 내게 전해 주기도 했다. 나 때문에 재앙이 일어나고 있고 내가 프로그램을 끌어내리고 있다는 말들을 한다는 것이었다. 나를 생각해서 들은 말을 전해 준다고 하지만 그런 말을 전해 듣는 것도 고역이었다.

내가 위안을 얻을 곳은 뉴욕 양키스밖에 없었다. 나는 열렬한 양키 팬이었고 지금도 마찬가지다. 화가 난 채 스튜디오에 들어오면 나는 해리를 비롯해 크루의 남자들과 양키스 경기를 놓고 내기를 걸었는데 내가 이기는 경우가 많았다. 그러면 한 오 분 정도 그들과 함께 어울릴 수가 있었지만 그런 내기를 하는 경우는 아주 드물었고 어차피 야구 시즌은 짧다.

내가 앞장서서 농담을 하려고 애를 써보기도 했다. 한번은 방송 시작 전에 터키 동부에 있는 아라라트 산에 있는 노아의 방주에 대한 탐사 이야기를 점검하는 중이었다. 발음하기 골치 아픈 'r' 자가 너무 많았다. 그래서 나는 크루들을 보며 이렇게 우스갯소리를 했다. "왜 하필 아라라트Ararat 산이야? 키스코Kisco

산이었음 좋았을 텐데." 크루들은 웃음을 터뜨렸는데 해리는 웃지 않았다.

ABC는 그의 마음을 달래 보려고 갖은 노력을 다했다. 연봉을 인상해 주는 것 외에 우리 두 사람의 사무실 크기도 정확히 같게 만들고 책임 프로듀서 밥 지겐트할러 사무실과의 거리도 똑같이 만들었다. 두 사람 모두 전속 보조원과 미용사, 분장사가 딸려 있었다. 두 사람 모두 출퇴근용 리무진은 제공되지 않았다. 저녁뉴스이기 때문에 아침 10시에 사무실에 출근할 일은 없었다. 그러니 택시를 타거나 걸어서 오면 되었다. 그리고 일단 방송을 시작하면 두 사람은 방송 시간을 똑같이 나누어 썼다.

하지만 두 사람 사이가 너무 나쁘다 보니 크루에 있는 그의 똘마니들은 스톱워치를 갖고 내 방송시간을 쟀다. 내가 3분 25초짜리 세그먼트를 하면 해리는 자기도 3분 25초짜리를 하겠다고 요구했다. 그는 방송 시간을 동등하게 갖겠다며 로스앤젤레스의 부동산 가격에 대한 긴 방송을 한 다음 이어서 댈러스 카우보이 풋볼 팀에 대한 긴 방송을 또 자기가 했다.

얼마 안 가서 해리는 방송에서도 나를 싫어하는 기색을 드러냈다. 프랭크 맥기는 나를 싫어하더라도 방송 바깥에서 그것을 나타냈는데 해리는 그렇지 않았다. 한번은 방송을 마치며 그의 팔을 슬쩍 건드렸더니 움찔하는 것이었다. 수백만 명의 시청자들이 보는 앞에서 표시가 나도록 움찔했다. 당연히 언론들이 두 사람 사이가 좋지 않은 것을 지적해 냈다. 뉴 리퍼블릭의 로저 로젠브랫은 "해리 리즈너가 월터스와 카메라 앞에 같이 앉아 있는 모습은 마치 기소 중인 주지사처럼 불편하게 보인다"고 꼬집었다.

해리는 결국 방송에서 나를 공격하기 시작했다. 한번은 당시 제럴드 포드 대통령의 국무장관인 헨리 키신저에 대한 소개를 했는데 우리는 그의 협상능력과 여성들 사이에 인기가 좋다는 등의 말을 했다. 그리고 마지막에 애드리브할 시간이 몇 초쯤 남았고 나는 해리에게 이렇게 말했다. "그런데 헨리 키신저는 보기와 달리 워싱턴에서는 섹스 심벌로 통하는데요."

"아, 그건." 해리는 냉랭한 말투로 이렇게 대답했다. "그거야, 당신이 나보다 더 잘 알잖아요."

그 길고 긴 여러 주 동안 나의 보조원인 매리와 분장사 바비가 없었더라면 어떻게 지냈을지 모르겠다. 그들은 내가 믿을 수 있는 사람들이고 나의 지지자들이었다. 그 못지않게 중요한 일은 해리가 내게 나타내는 적대감을 자기들 두 눈으로 목격한 여성들이 전국에서 수백 통의 편지를 보내오기 시작한 것이다. 그들은 자기들이 경험한 성희롱과 차별, 그리고 남자들이 지배하는 환경에서 성공의 사다리를 올라갈 수 없었던 이야기를 편지에 적었다. "이겨내야 해요." 그들은 이렇게 썼다. "당신이 해내면 우리도 할 수 있을 거예요."

나는 그 편지들을 받고 정말 가슴이 뭉클했다. 그래서 할 수 있는 한 답장을 썼다. 그렇게 하다가 나중에는 공식적인 답장 서식을 만들고 거기다 내가 직접 사인을 해서 보냈다. 내가 정말 힘든 날을 보낼 때면 매리는 나보고 최근에 보내온 응원 편지 다발을 갖다 주며 읽어 보라고 했는데 그렇게 하면 힘이 났다.

밥 지겐트할러는 해리가 나타내는 적대감에 질렸던 것 같다. 그래서 그는 카메라맨들에게 우리 두 사람을 투 샷(2인 구도)으로 나란히 비추지 말라는 지시를 내렸다. 이러한 구도는 애브 웨스틴이 지겐트할러 후임으로 온 1977년까지 계속되었다. 카메라는 나와 해리를 한 사람씩 번갈아 가며 비추었다.

이렇게 힘든 시기를 보내고 있을 때 여성유권자연맹에서 나보고 마지막 세 번째 대통령 후보 토론의 사회를 맡아 달라는 요청을 해 왔다. 현직 대통령인 제럴드 포드 후보와 도전자인 조지아 주 출신의 지미 카터 후보 간 토론이었다. 지금과 달리 당시에는 후보 간 토론이 아주 드물었다. 여성유권자연맹에서 내가 불쌍해서 나를 고른 것인지 아니면 내가 그 일을 잘할 것 같으니까 고른 것인지는 모르겠지만 내가 굳이 그런 일을 맡아야 했던가 하는 생각이 든다. 엄청나게 많은 준비 작업이 필요했다. 사회자는 시간을 체크하고 세 명의 질문자가 요지에서 벗어나지 않도록 만들어야 하며 경우에 따라선 사회자가 직접 후속 질문을 하기도 한다. 그렇기 때문에 나는 주요 의제에 관해 제대로 파악하고 있어야 했다. 3대 텔레비전 방송국인 CBS, NBC, ABC와 공영방송이 토론을 중계할 예정이었다.

토론회는 내가 뉴스를 시작한 지 3주가 지난 10월 22일 버지니아 주 윌리엄

즈버그에 있는 윌리엄 앤드 매리 칼리지에서 열렸다. 토론회가 끝난 뒤 여론조
사에서는 카터가 포드를 앞선 것으로 나타났다. 하지만 두 사람을 제쳐 놓고 제
일 앞선 것은 바로 나였다고 생각한다. 토론은 순조롭게 진행되었고 나는 한번
도 실수를 범하지 않았다. 나는 그날 저녁 모처럼 푹 자고 가벼운 마음으로 새
로운 전쟁이 기다리는 뉴욕으로 돌아왔다.

　　토론을 하고 불과 열흘 후가 대통령 선거일이었다. 나는 그해 사실은 지난 4
년을 통틀어 최대 정치판이 열리는 날 밤 해리와 공동 앵커를 보기로 되어 있
었다. 그때까지 나는 선거일 밤 앵커를 맡아 본 적이 없었다. ABC는 해리와 내
게 선거 관련 책자들을 준비해 주었다. 나는 매일 저녁 어디 상원·하원 선거가
제일 중요한지, 어느 주가 관심 주인지, 어떤 문제가 제일 관심사인지, 어느 주
에서 어떤 후보가 유리한지, 관심 후보의 약력과 해당 주 관련 정보 등을 열심
히 공부했다. 나는 상원의원과 하원의원들의 이름과 선거 관련 사항들을 외웠
다. 엄청나게 많은 숙제였다. 그리고 선거 결과를 기다리는 시간을 메워야 할
현실정치와 관련된 이런저런 이야기들을 공부해야 했다.

　　해리와 나는 ABC가 마련한 선거일 밤 특별 스튜디오 데스크에 나란히 앉았
다. 두 사람 옆에는 전에 해리의 공동 앵커였던 하워드 K. 스미스가 자리를 잡
았다. 스미스는 여러 해 동안 개표방송을 해봤기 때문에 ABC에 자신의 존재를
과시하고 싶어 했다. 그 장시간 동안 그 사람과 해리는 나를 제쳐 놓고 둘이서
떠들었지만 나는 상관하지 않았다. 제프 그랠닉이라는 젊은 리서치 담당자가
최선을 다해 내게 정보를 알려 주었기 때문이다. 그는 나중에 수석 프로듀서가
된 사람이다. 나는 두드러진 실수를 딱 한 가지 했는데, 플로리다에서 제럴드
포드가 이겼다고 내보냈다. 플로리다에서는 카터가 이겼다.

　　그런데 내게 유리한 점이 한 가지 있었다. 마지막 대통령 후보 토론 사회를
보았기 때문에 여러 현안들에 대해 제대로 파악하고 있다는 점이었다. 그리고
투데이쇼에서 인터뷰한 적이 있어서 지미 카터에 대해서도 잘 알았다. 그래서
나름대로 개인적으로 그리고 정치적으로 정통한 애드리브를 많이 했다. 나는
첫 개표 방송을 그렇게 잘 넘겼다. 그리고 카터가 차기 미국 대통령으로 확정되

자 내 마음속에 제일 먼저 떠오른 것은 '드디어 이 밤이 끝났구나' 하는 안도감
과 함께 '어떻게 하면 지미 카터를 ABC 스페셜의 첫 손님으로 모실 수 있을
까?' 하는 것이었다.

아! 그런데 나는 선거 불과 한 달 후에 저녁뉴스 공동 앵커를 진행하는 것 외
에 네 번의 프라임 타임 스페셜의 첫 방송을 하기로 예정되어 있었다. 언론들은
그때까지도 ABC 뉴스에서 벌어지는 드라마를 마음껏 즐기고 있었다. 심지어
내가 분홍색 사무실에 분홍 타자기를 쓴다는 소문까지 나돌았다. 정말 어처구
니가 없었다. 내 사무실은 따뜻한 베이지색으로 꾸며졌고 평범한 검은색 타자
기가 있었다. 내가 특수 책장을 주문해 피아노처럼 건물 바깥에서 창문을 통해
사무실 안으로 들여왔다는 소문을 쓴 글도 있었다. 정말 말도 안 되는 소리였
다. 모든 사무실에는 책장이 갖추어져 있었고 내 책장도 마찬가지였다.

하지만 그런 소문들은 해리와의 파트너십이 실패라고 요란하게 떠드는 이
야기들에 비하면 아무것도 아니었다. TV 가이드는 내가 그만두어야 한다는 사
설을 쓰기도 했다. 뉴욕 매거진은 리즈너-월터스 뉴스 팀이 '실패작'이라는 장
문의 기사를 실었다. 그 힘든 시기 몇 달 동안 나는 밤에 거의 외출을 하지 않았
는데 한번은 어느 리셉션인가에 갔다가 당시 뉴욕 매거진 편집국장이던 클레이
펠커와 부딪쳤다. 나는 그 사람과 안 지가 오래되었다. "당신이 쓴 글 때문에 속
이 많이 상했어요"라고 말했더니 클레이는 어깨를 으쓱해 보이며 이렇게 대답
했다. "아 그건, 당신이 실패작이니까."

점차 나는 구조선은 눈에 보이지 않고 몸은 물속으로 가라앉는 기분이었다.
빌 시한을 비롯해 나를 데려오려고 그렇게 열렬히 매달리던 ABC 뉴스 고위 간
부들은 코빼기도 볼 수 없었다. 유일하게 내 편이 되어준 사람은 나의 충실하고
낙천적이고 사랑스러운 사촌 언니 셜리뿐이었다. 끔찍한 기사가 나올 때마다
나는 셜리 언니에게 전화를 걸었다. 그러면 그녀는 "어떤 기사 말이니?"라고 말
했다. "난 그런 기사 못 봤는데. 내가 아는 사람 중에 그 신문 봤다는 사람은 한
명도 없어." 그 말을 들으면 기분이 좀 나아졌다. 하지만 플로리다에 있는 엄마
한테 전화를 걸면 사정은 또 달라졌다. 엄마는 내게 관련된 기사는 하나도 빠짐

없이 읽고 거기에 쓰인 내용을 그대로 믿었다. "엄마, 그 사람들이 쓰는 기사는 사실이 아니에요." 나는 이렇게 말했고 그러면 엄마는 이렇게 대꾸했다. "얘야, 그런데 사실이 아닌데 왜 신문에 난 거니?"

나를 더 슬프게 만드는 것은 요양원에 계시는 아버지도 그 신문들을 보신다는 사실이었다. 아버지는 기력이 아주 쇠약해지셨는데 내가 전화를 하면 억지로 기운을 내서 힘들게 말을 하셨다. 아버지는 항상 내가 일을 그만두게 될까봐 걱정하셨다. 이제 그런 우려가 현실로 나타나는 것 같은 생각이 들어서 아버지는 나를 격려하려고 애를 쓰셨다. 아버지는 자기 방에 텔레비전이 있어서 그걸 보고는 내게 이렇게 말하셨다. "얘야, 어제 저녁에는 정말 예쁘더구나. 곧 괜찮아질 거다." 그리고 낮은 소리로 이렇게 한마디 덧붙이셨다. "이곳에 와서 잠시 쉬겠니?"

사실은 나 자신도 내 장래가 끝날 수 있다는 두려운 생각을 하고 있었다. 수년간 공들여 쌓아온 모든 것이 나의 잘못된 판단 때문에 무너져 내리고 있는 것이었다. 나는 자신에게 '이 기회를 잡지 말았어야 하는 건데'라고 되뇌었다. 자만심 때문이었을까? 아니면 야심이 지나쳤나? ABC가 나보고 그만두라고 말할 것 같은 생각이 들었다. 리 스티븐스에게 그럴 가능성에 대해 물었더니 그런 일은 없을 거라고 나를 안심시키기는 했지만 그도 그렇게 확신하지는 못하는 것 같았다. 만약에 내가 방송을 떠난다면 내가 부양하는 가족들은 어떻게 될까? 마이애미 아파트에 사는 엄마와 언니, 그리고 비싼 요양원에 계시는 아버지는, 내 딸 재키는?

방송을 마치고 집에 돌아오면 재키가 나의 위안이었다. 재키는 엄마가 무슨 일을 겪는지 아무것도 몰랐다. 그저 항상 똑같은 엄마일 뿐이었다. 젤과 이코델 역시 내게 힘을 주는 두 기둥이었다. "오늘 저녁 뉴스 정말 멋있었어요." 두 사람은 내가 녹초가 된 몸으로 아파트 현관문을 들어서면 이렇게 말했다. 한번은 너무 기운이 빠져서 다음날 일하러 못 갈 것이라고 이코델에게 말했던 기억도 난다. "오, 아니에요. 가실 수 있어요." 그랬더니 이코델은 이렇게 말했다. "내일 분명히 나가실 수 있어요. 내가 어젯밤에 기도를 드렸거든요. 두고 보세요.

이겨내실 거예요."

　진심으로 내 편이 되어준 여성 저널리스트들이 몇 있었다. 샐리 퀸은 워싱턴 포스트 특집 라이터일 때부터 해리를 비판했다. 그녀는 타임에 만약에 물러나야 할 사람이 있다면 그것은 해리 리즈너라고 썼다. "해리는 방송에서 그녀를 모욕했다. 그녀에게 무례하게 대하고 비꼬았으며 무시했다." 심지어 한때 내가 저널리스트인지 셰어인지 모르겠다는 말을 한 CBS 뉴스의 리처드 샐런트 사장까지도 내게 비판적인 언론들에 대해 "그녀를 너무 심하게 때리지 말라"고 한마디 했다.

　그런 식으로 몇 달이 흘러갔다. 하루도 비판과 찬성의 기사가 실리지 않는 날이 없었고 대부분은 나에 대한 비판이었다. 하지만 한동안 내게 힘을 준 것은 어느 날 한번도 만난 적이 없는 한 남자가 보내온 한 통의 전보였다. 전보에는 간단히 "악당들의 손에 쓰러지면 안 돼요"라는 말과 함께 '존 웨인'이라는 사인이 들어 있었다. 나는 지원군이 달려오는 것 같은 기분이 들었다. 하지만 좀 더 빨리 왔으면 하는 생각이 간절했다.

나의 구세주 '더 스페셜!'

뉴스 부문 일과 한 달에 한번 '이슈 앤드 앤서' 진행을 맡는 것 외에 ABC 연예 부문을 위해 연간 한번이라도(네 번은 고사하고) '스페셜' 인터뷰를 하겠다고 한 이유가 도대체 무엇이었을까? 계약협상 기간 중에는 뉴스 공동 앵커에만 신경을 쓰느라 연간 네 번씩 스페셜 인터뷰를 한다는 조항은 언론뿐 아니라 나도 별 신경을 안 쓰고 지나쳤다.

돌이켜 보면 미친 짓이었다. 그전까지는 누구도 프라임 타임에 한 시간짜리 인터뷰를 할 생각을 해본 적이 없었다. 당연한 일이었다. 한 시간짜리 스페셜 인터뷰를 하기 위해서는 적어도 독점 인터뷰가 두서너 건은 준비되어야 했다. 그러지 않고서는 스페셜이란 이름을 붙일 수가 없기 때문이다. 나의 에이전트와 ABC는 내게 연간 50만 달러를 추가 지급해 주기 위해 방법을 찾다 보니 그렇게 했던 것이다. 그러면서 내 전문이 장시간 인터뷰이니 그게 얼마나 힘든 일인지 과소평가했던 것이다. 그렇게 해서 나는 꼼짝없이 걸려들었다. 도대체 시간을 어떻게 낸담? 그리고 인터뷰 상대는 어떻게 구하나?

1976년 7월에 인터내셔널 크리에이티브 매니지먼트의 최고 영화 에이전트인 수 멩거스와 점심을 하면서 나는 비로소 그게 얼마나 어려운 일인지 깨달았다. 은퇴한 지 오래되었지만 지금도 수 멩거스는 영화 비즈니스의 전설적인 인물이다. 총명하고 단호하며 재미있는 그녀는 지나칠 정도로 정직한 사람이기도

하다. 나는 그녀의 주 고객이고 당시 어마어마한 스타였던 바브라 스트라이샌
드를 나의 스페셜 인터뷰 첫 손님으로 모시고 싶었다. 게다가 나는 그 인터뷰를
스트라이샌드의 집에서 진행하고 싶었다.

"그건 불가능할 거예요." 수는 이렇게 말했다. "100만 년을 기다려도 안 될
겁니다. 당신과 카메라 팀을 자기 집안에 들여놓을 스타는 없을 겁니다. 예전에
에드워드 R. 머로 같았으면 그렇게 할지도 모르지만 그때만 해도 좋은 시절이
었어요. 이제 그런 시절은 끝났습니다. 당신과 같이 앉아서 인터뷰에 응하겠다
는 스타는 찾기 어려울 겁니다."

나는 필사적으로 매달렸다. 당시 스트라이샌드는 12월 17일에 개봉될 예정
인 영화의 책임 프로듀서 겸 주인공이었다. 유명한 영화 '스타탄생'A Star Is Born
의 세 번째 버전이었다. 스트라이샌드는 이 영화를 록 뮤지컬로 다시 만들어
주인공인 에스더 블로제트 역을 맡아 아카데미상 후보에 올랐다. 22년 뒤에 주
디 갈런드가 맡았던 역이다. 블로제트의 남편 노먼 메인 역은 가수 크리스 크
리스토퍼슨이 맡았다. 스트라이샌드는 새 영화를 위해 노래도 몇 곡 새로 만들
었고 무엇보다도 그녀의 전속 헤어 스타일리스트였다가 애인이 된 존 피터스
가 제작을 맡아 화제를 모았다.

이런 여러 점들을 내세우며 수 멩거스는 최상의 프라임 타임 인터뷰 프로인
'스페셜'에 출연하는 게 영화를 선전하는 데 최고의 기회가 될 것이라고 스트
라이샌드와 피터스를 설득했다. 스트라이샌드도 인터뷰를 말리부 언덕에 있는
그녀의 그림 같은 목장에서 하자는 말로 동의했다. 그렇게만 된다면야 더 이상
바랄 게 무엇이겠는가? 스트라이샌드는 엄청난 인기몰이 중인 스타였고 인터
뷰를 거의 하지 않았다. 그녀와 피터스의 염문은 갖가지 억측을 낳았고, 모두들
두 사람이 함께 있는 모습을 보고 싶어 하고 있는데 이제 두 사람이 그렇게 하
겠다고 나선 것이었다.

단지 약간 신경 쓰이는 조건이 하나 붙어 있었다. 스트라이샌드는 마지막
피스에 들어갈 내용에 대한 결정권을 자기에게 달라고 요구했다. 그런데 이 스
페셜은 연예 부문에서 하는 것이었다. 뉴스 부문 일이었다면 그녀에게 편집권

을 줄 수는 없겠지만 ABC 뉴스도 그런 요구에 반대하지는 않을 것 같았다. 그
래서 나는 그녀와의 인터뷰 기회를 놓치고 싶지 않아서 그렇게 했고 인터뷰를
하기로 해 주어서 고맙다는 감사 인사를 했다. 나는 스트라이샌드가 병적인 지
배욕이 있다는 소리를 들어서 알고 있었지만 내가 최종적으로 오케이한 피스를
보면 좋아할 것이라는 확신이 있었다(내가 누군가. 해리 리즈너가 나를 좋아하게 될 것
이라고 확신했던 사람이 바로 나 아닌가).

　뉴스 데뷔 열흘을 채 남겨 놓지 않았고 우연히 내 생일인 9월 25일에 나는
캘리포니아로 가서 스트라이샌드와 피터스 두 사람을 앉혀 놓고 녹화 인터뷰를
했다. 당시 나의 신분은 공식적으로 ABC 직원이 아니었고 방영일은 12월 14일
이후로 잡혔다. 정말 힘든 하루였지만 일이 순조롭게 진행되었다는 생각이 들
었다. 스트라이샌드는 일에서와 마찬가지로 집안도 완벽하게 꾸며 놓고 있었는
데 우리를 초현대식 스타일로 꾸민 집안 곳곳으로 데리고 다니며 보여 주었다.
예쁜 정원도 보여 주었는데 그녀는 정원에 있는 꽃과 나무의 라틴어 이름을 모
두 알고 있었다. 그녀는 학명이 카멜리아 자포니카인 동백꽃을 특히 좋아했다.

　인터뷰는 스트라이샌드와 피터스가 나란히 앉아서 진행했는데 새로운 이야
기를 많이 들려주었다. 그녀는 사람들이 자기에게 너무 예의 없이 대한다는 이
야기도 솔직하게 털어놓았다. "사람들이 내게 다가와서는 '야, 당신 코가 그렇
게 크지는 않네' 같은 이야기를 해요. 연예인은 살아 있는 사람이 아닌 것처럼
대하는 것이지요. 그럴 때는 내가 사람 취급을 못 받는 것 같아 마음이 아픕니
다." 그건 나도 공감하는 이야기다.

　피터스도 솔직하게 이야기했다. 사람들이 영화 제작은 해본 적도 없는 헤어
드레서가 운이 좋아 스타를 꾀어 대박을 터뜨렸다는 말을 한다고 했더니(정말 이
렇게 말했다) 그는 맞는 말이라고 했다. "나는 헤어드레서였고 지금까지 17년간
헤어드레서로 일해 왔습니다. 나는 투기꾼이기도 하지요. 나는 내 인생을 몽땅
걸어서 내가 원하는 것을 얻었습니다. 스타를 꾀었다는 것도 직업적인 면에서
보면 맞는 말입니다. 바브라가 아니었더라면 절대로 이 영화를 제작하지 못했
을 것입니다."

두 사람은 서로를 사랑한다고 털어놓았고 스트라이샌드는 이 영화를 위해 작곡한 주제곡 '에버그린'을 불렀다. 베스트 오리지널 송 부문 아카데미상을 수상한 곡이었다. 한마디로 인터뷰는 무난하게 진행된 것 같았다.

하지만 그리고 나서 옛날 코미디언들이 잘하는 말로 "자, 여러분. 재미는 지금부터입니다"가 나왔다.

녹화를 끝낸 다음 우리는 같이 앉아서 편집하지 않은 인터뷰 전체를 검토했다. 스트라이샌드, 피터스, 나, 마티 에를리히만, 수 멩거스, 그리고 워너 브러더스 영화 스튜디오에서 온 두 사람(한 명은 프로덕션에서 왔고 한 명은 홍보 쪽에서 왔다), 그리고 우리 쪽 프로듀서 루시 자르비스와 보조 프로듀서 조앤 골드버그가 자리를 같이했다. 이 두 프로듀서는 내가 NBC에서 '로열 러버스 스페셜' 프로를 함께 진행했던 사람들이었다. 거기서 심각한 문제가 불거졌다. 방안에 앉은 사람 모두가 무엇을 남기고 무엇을 잘라 낼지에 대해 의견이 제각각이었던 것이다. 루시, 조앤, 그리고 나 이렇게 세 사람은 스트라이샌드의 거실에 앉아 서로를 쳐다보며 걱정이 태산 같았다. 이런 식으로는 아무것도 안 되겠다 싶었다.

그래서 나는 방법을 바꾸어 보았다. 인터뷰를 하면서 나는 스트라이샌드에게 완벽주의자와 프리마돈나로서의 명성에 대해 물었는데 이렇게 답하는 것이었다. "나에 대해 그런 말을 하는 것은 내가 여성이기 때문입니다. 모두들 나를 타깃으로 삼기 때문이지요." 나는 그녀에게 이 말을 상기시키며 편집을 우리가 알아서 하도록 해 달라고 부탁했다. 다른 사람들에게는 작업을 하면서 의논하겠다고 약속했다.

그날부터는 낮이건 밤이건 캘리포니아에서 전화가 한 통도 걸려 오지 않는 날이 하루도 없었다. 바브라 아니면 마티 에를리히만이 걸어 왔고 마티가 아니면 수 멩거스가 전화를 걸었다. 어떤 대화를 쓰는지, 무엇이 들어가고 무엇이 빠지는지, 동백꽃 클로즈업은 제대로 했는지, 일차 편집분은 언제 보여 줄 것인지 등등 줄기차게 물어 대는 것이었다.

로스앤젤레스와 뉴욕 사이에는 세 시간의 시차가 있었지만 스트라이샌드 진영에서는 누구도 그것을 개의치 않았다. 나는 새벽 한 시나 두 시에도 전화를 받았다. 논쟁하고 토론하고 다독이고 한 끝에 마침내 인터뷰 내용을 손상하지 않는 범위 내에서 내가 알아서 편집을 하기로 합의했다. 그렇게 하지 않으면 일이 안 되었다. 스트라이샌드가 우리가 편집한 내용이 마음에 안 들면 방영을 못하도록 할 수 있도록 했다.

나는 내 손으로 편집을 직접 했고 대사와 화면을 꼼꼼하게 살폈다. 나는 스트라이샌드가 요구하는 대로 방송을 내보내는 날까지 수정작업을 했다. 이후에도 스트라이샌드와는 인터뷰를 네 번 더 했는데 그때마다 숱한 전화통화를 하며 비슷한 과정을 거쳤다. 그녀는 정말 재능 있고 훌륭한 스타여서 나는 그녀와 같이 작업하는 게 행복했다. 나는 일을 떠나서도 그녀를 개인적으로 좋아했다. 하지만 스트라이샌드와의 첫 인터뷰 이후 나는 엄청나게 중요한 교훈을 하나 얻었다. 절대로 내가 인터뷰하는 사람에게 방송 내용에 대해 간섭하지 못하도록 하는 것이었다. 간혹 스트라이샌드의 경우를 들먹이며 자기도 그렇게 해 달라고 요구하는 사람이 있었지만 나는 그렇게는 안 된다고 단호하게 잘랐다.

내가 생각하는 스페셜의 포맷은 최소한 유명 연예인 한 명에다 정치인 한 명을 내보내는 것이었다. 이후 선보이는 뉴스매거진과 유사한 포맷이었다. 그래서 나는 지미 카터 대통령 당선자가 그 첫 번째 스페셜 심층 인터뷰에 응해 주어서 너무 기뻤다. 고문당하는 것처럼 까다로웠던 스트라이샌드와의 인터뷰 뒤에 가진 카터와 부인 로절린 여사와의 인터뷰는 조지아 주 플레인스 대평원에서 뛰노는 것처럼 흥겨웠다.

내가 카터와 처음 인터뷰를 가진 것은 1974년 투데이쇼에서였다. 당시 카터는 대부분의 미국인들에게 무명이나 다름없는 인물로 대통령 후보직 도전장을 던졌다. 당시 그는 조지아 주 주지사였고 땅콩농장 농장주에다 해군 장교 출신으로 조지아 주 정치판에서 정치 경력을 쌓은 인물이었다.

그는 제임스 얼 카터라는 자기 정식 이름을 쓴 적이 거의 없었기 때문에 사람들은 처음에 "지미 누구?"라고 되묻곤 했다. 그것도 다소 신선한 느낌을 주었다. 투데이쇼 인터뷰는 모닝쇼 인터뷰가 대부분 그렇듯이 짤막했지만 그때 나

는 상당히 깊은 인상을 받았다. 그는 체구가 자그마했지만 아주 확신에 찬 인물
이었다. 눈이 약간 튀어나왔지만 아주 부드러운 미소를 갖고 있었다. 리처드 닉
슨의 암울한 시기와 제럴드 포드의 미숙한 시기에 이어 카터는 단순하고 정직
한 분위기를 풍겼다. 나는 그때 이 사람이 대통령이 될지 모르겠다는 생각이 들
었다.

나는 그의 유세 과정을 면밀히 지켜보았고 그가 플로리다에서 유세할 때 취
재하러 갔다. 나는 그 취재 때 부모님도 찾아보기로 하고 딸을 데리고 갔다. 나
는 카터가 8살 난 재키와 함께 마룻바닥에 앉아 아주 진지한 표정으로 이야기
를 나누는 멋진 사진을 갖고 있다. 그때 재키는 그에게 투표하겠다고 약속했다.

그래서 나는 우리의 인터뷰를 기다렸고 인터뷰는 선거 한 달 뒤 조지아 주
플레인스에 있는 그의 고향에서 열렸다. 플레인스를 비롯해 인근 마을의 전화
번호부는 45쪽밖에 안 되었고 그중에서 플레인스 마을 것은 한쪽 반밖에 안 되
었다. 대통령 선거로 많은 기자들이 몰려오기 전까지는 마을에 레스토랑도 하
나 없었는데 그 뒤에 간단히 요기를 할 수 있는 간이식당 하나가 문을 열었다.

인터뷰는 과수원으로 둘러싸인 카터 일가의 소박한 방 네 개짜리 벽돌집에
서 진행되었다. 카터는 거실 가구 대부분을 자기가 손수 만들었다고 했다. 그가
만들었다는 소파에 앉아 그는 내게 이렇게 말했다. "나는 내가 당선되리라는 것
을 추호도 의심해 본 적이 없어요. 내 일생을 통틀어 단 하루도 내가 질 것이라
는 생각은 해본 적이 없었습니다." 조지아 주지사를 한 차례 지내고 크게 내세
울 게 없는 배경을 가진 사람의 입에서 너무도 확신에 찬 말이 흘러나와 흥미로
웠다.

그 순간 내가 실언을 하고 말았다. 퇴임하는 제럴드 포드 대통령은 취임 직
후 자기와 부인 베티가 쓰던 침대를 백악관으로 가져왔다는 말을 공개적으로
한 적이 있었다. 그 말이 생각나서 나는 지미 카터에게 쓰던 침대를 백악관에
가져갈 것이냐고 물었던 것이다. 건방진 질문처럼 보이지만 그 당시에는 그렇
게 들리지 않았다. 지미 카터와 로절린 두 사람도 그 질문에 전혀 당황스러워하
지 않았다. 그래서 나는 민망스럽긴 하지만 짓궂은 질문을 계속했다. "두 분은

더블베드에서 주무시나요, 트윈 베드에서 주무시나요?" 이렇게 물었더니 카터
는 미소를 머금은 채 아내를 보면서 "더블베드요"라고 대답했다. "항상 그렇고
가끔 싱글 베드에서 함께 자는 경우도 있지요. 하지만 더블베드가 한결 편하지
요."

　대통령 당선자 부부를 상대로 나눈 이 대화를 떠올리면 지금은 한심하다는
생각이 들지만 어쨌든 이 대화는 두 사람을 아주 인간미가 풍부한 사람들로 보
이게 했다. 그리도 이후 4년 동안 누가 보기에도 그랬지만 부부 사이가 얼마나
가까운지도 제대로 보여 주었다.

　하지만 나는 카터의 침실 관련 질문으로 실컷 욕을 먹었다. 뉴욕 타임스의
권위 있는 텔레비전 비평가인 존 오코너는 그것을 "은밀한 개인적인 내용을 까
발린 행위"이며 "아무 가치 없는 말장난"이라고 몰아붙였다. 하지만 내가 인터
뷰를 마치면서 한 마무리 발언에 대해 쏟아진 분노의 목소리들에 비하면 이 정
도는 아무것도 아니었다.

　카터 당선자는 얼마 안 있어 베트남전과 워터게이트 사건으로 갈가리 찢겨
진 나라를 이끌 사람이었다. 그래서 나는 이렇게 말했다. "우리에게 현명하게
처신해 주세요, 주지사님. 우리한테 잘해 주세요." 그는 "노력하겠습니다"라고
대답했다.

　지금까지도 나는 왜 내가 그런 말을 했는지 모르겠다. 차라리 매일 저녁 우
리를 데리고 침대로 가서 눕힌 다음 이야기책을 읽어 달라고 할 걸 그랬나? 만
약에 월터 크롱카이트가 당당한 월터 아저씨의 목소리로 그런 말을 했더라면
사람들이 "정말 멋진 엔딩"이라고 했을지도 모른다는 생각이 든다. 하지만 그
대화에 대한 사람들의 반응이 어떠했을지 능히 짐작이 될 것이다. 나는 비평가
들의 손에 거의 죽도록 얻어맞았다. 도대체 어떻게 그처럼 유치하고 어리석고
개인적이고, 그처럼 여자 같은 소리를 할 수 있느냐는 비판들이었다.

　60미니츠를 진행하면서 라디오 해설도 하고 있던 몰리 세이퍼가 한 말을 소
개해 보겠다. "카터 주지사와의 인터뷰는 미스 월터스의 짧은 저널리스트로서
의 경력을 마감시키고 그녀를 머브 그리핀스나 자니 카슨의 반열에 확고히 자

리매김시켰다. 도대체 리포터가 어떤 권리로 그런 강복을 내리는가? 마치 미스터 카터가 루이 14세가 된 것 같은 장면이었다. 교황 바버라의 설교가 아니면 카터가 우리한테 함부로 대하기라도 한다는 식이었다."

사람들의 분노를 제일 많이 산 것은 스트라이샌드 인터뷰와 카터 부부 인터뷰 중간에 끼워 넣은 세그먼트였는데 뉴욕에 있는 내 아파트 모습을 짤막하게 내보낸 것이었다. 나는 그렇게 하고 싶지 않았는데 인터뷰에 불러낼 사람이 더 없었다. 그래서 정말 하는 수 없이 4분간을 나의 거실 화면으로 채웠던 것이다.

우리는 그때 스트라이샌드의 집과 지미 카터의 집을 내보내는데 내 집이라고 못 내보낼 것이 무엇인가 하는 생각을 했다. 카메라가 우리 거실로 들어와 회색 벽과 커튼, 붉은색 가구, 그리고 가짜 벽난로를 비추었다. 이후 30여 년간 스페셜 프로를 진행하면서 나는 인터뷰를 연예인들의 집에서 진행했고 그게 그 프로그램의 트레이드마크가 되었다. 요즘은 연예인들이 사생활을 중시해 주로 호텔 방에서 인터뷰를 한다. 내 아파트를 내보낸 것은 멋지지는 않았지만 텔레비전에서 나간 것 중에서 최악은 아니었다고 생각한다.

최악이 아니라고? 몰리 세이퍼는 이렇게 혹평했다. "우리는 카터 부부의 흰빵과 스트라이샌드의 흑빵 사이에 미스 월터스라는 파스트라미를 넣어 만든 샌드위치를 먹은 기분이다."

그런데 이걸 아시나요? 그 첫 번째 스페셜은 엄청난 히트를 기록했다. 시청률은 CBS와 NBC를 모두 크게 압도했으며 1500만 명 이상이 시청한 것으로 나타났다. "지금까지 시청자들이 보아 온 것과는 다른 프로였다. 시청자들이 정말 좋아했다"고 엔터테인먼트 위클리는 기사에다 썼다. 우연히도 여기자가 쓴 글이었는데 기사는 이어서 "바버라 월터스는 자신의 몸값이 100만 달러가 된다는 것을 증명해 보여야 했는데 1976년 12월 14일 저녁에 그녀는 그것을 증명해 보였다"고 썼다.

나는 지금까지 뉴스 때문에 녹초가 될 지경이었지만 비판의 소리에도 불구하고 스페셜에서 나의 인기는 계속 올라갔다. 마치 계속 흔들어 대는 개 꼬리 같았다. 뉴스에서 무슨 일을 겪든 상관없이 나는 그해 스페셜을 계속 진행했다.

그리고 그 다음 해, 그 다음 해, 그렇게 해서 바로 지금까지 계속해 오고 있는 것이다. 나는 지금까지 30년 넘게 '스페셜'을 진행하고 있다.

2006년 겨울에 우리는 '30년간의 30대 실수'라는 제목으로 장난스런 특집을 내보냈는데 이틀간 두 시간 넘게 진행했다. 그동안 내가 말한 것과 지미 카터에게 "우리에게 현명하게 처신해 주세요"라고 한 것처럼 하지 말았어야 할 말을 모아 보았는데 다시 보니 재미있었다. 2006년에는 나 자신을 되돌아보며 웃을 수 있는 여유가 생겼지만 30년 전 당시 바버라 월터스 스페셜은 내가 완전한 실패작이 아니라는 것을 사람들에게 보여준 프로였다.

첫 회 분이 나가고 가니 유명 초청 인사를 모시기가 한결 더 수월해졌다. 나는 계속해서 연예인과 뉴스메이커를 섞어 내보내는 방침을 고수했고 스태프도 새로 짰다. 우리는 넉 달 뒤인 4월에 내보낼 다음 스페셜을 위해 멋진 대상자들을 골랐다.

이번에 인터뷰할 연예인은 엘리자베스 테일러와 그녀의 새 남편이자 나의 오랜 친구인 존 워너였다(얼마 뒤 상원의원에 당선된다). 뉴스메이커 손님은 이란 국왕과 그의 부인 파라 왕비였다. 그밖에 바버라 조던 텍사스 주 하원의원을 골랐다. 그녀는 남부 주 최초의 흑인 여성 하원의원으로 대단한 웅변가였다. 조던 의원은 1974년 여름 닉슨 대통령에 대한 하원 법사위 탄핵청문회에서 국가의 양심에 호소하는 열변을 토한 바 있다. 대단한 존경을 받았지만 너무 거칠고 냉정하다는 비판을 받았다. 나는 그녀를 대단히 높게 평가했다.

엘리자베스 테일러, 존 워너 부부와의 인터뷰는 앞서 이야기했듯이 다소 기이했다. 질문을 하면서도 나는 자신이 무용지물이 된 듯한 기분이 들었다. 두 사람은 부부이고 나는 옛 애인이었으며 엘리자베스도 그 사실을 알고 있었다. 하지만 중요한 것은 시청자들이 좋아했다는 것이다.

센세이션을 불러일으킨 것은 테헤란에서 가진 샤 부부와의 인터뷰였다. 먼저 38세 왕비와는 개인 서재에서 인터뷰했다. 서재에는 스웨이드 가죽 소파와 책으로 가득 찬 벽, 값을 따지기 힘든 페르시안 필사본들과 미로, 콜더, 피카소, 살바도르 달리의 조각, 그림들, 그리고 심지어 앤디 워홀이 그린 믹 재거의 초상화도 있었다. 그곳은 그녀의 안식처였다. 나는 왕비를 아주 좋아했다. 값을 매길 수 없을 정도로 비싼 장식품과 24캐럿 같은 라이프스타일에도 불구하고 나는 그녀가 솔직하게 보이고 이야기하기에 편했다.

그리고 궁전 다른 곳에 가서 샤와 인터뷰했다. 그는 아내보다 19살 연상이었고 집무실은 엄청나게 화려했다. 집무실에는 금박 입힌 책상과 황금 전화기가 놓여 있고 창틀에 황금 양각을 한 창문이 에워싸고 있었는데 모두 방탄 유리였다. 그는 당당하고 위압적인 모습이었으나 내가 하는 모든 질문에 성실하게 대답해 주었다. 너무 정직하게 답하길래 "지금 무슨 말씀을 하고 계시는지 아십니까?"라고 말해 주고 싶은 때가 더러 있을 정도였다.

왕이 된 것이 신의 뜻이라고 생각하느냐는 질문에 그는 "나의 삶은 왕위를 위해 있을 뿐"이라고 답했다. 사실 그가 왕위에 오른 것은 군 장교 출신으로 나중에 총리가 된 그의 부친이 전임 샤를 폐위시켰기 때문이다. 그 나라에서 신문이 샤를 비판할 수 있느냐는 질문에 그는 단호히 "노"라고 답했다.

"왜 안 되나요?"라고 묻자 그는 이렇게 대답했다. "왕을 모욕하면 안 되니까요."

이러한 태도 때문에 그는 국민들의 욕구를 외면하는 독재 군주라는 평판을 점점 더 많이 듣고 있었다. 그는 엄청난 규모의 사유지를 징발해 소작 농민들에게 나누어 주고, 교사와 의사 교육에 앞장섰으며 여성들의 권리를 신장시켜 주었다. 하지만 이처럼 여러 중요한 개혁정책을 많이 폈음에도 불구하고 샤 정권은 큰 위기에 처해 있었다. 그와 그의 가족들은 부패 혐의를 받고 있었고, 그가 창설한 비밀경찰 사바크는 무자비했다. 이 인터뷰를 가진 지 불과 2년 만에 이란에서는 회교혁명이 일어나 샤와 왕비는 이란을 떠나야 했다.

하지만 우리와 인터뷰하던 때 샤는 위기를 느끼지 않았다. 그런 다음 우리는 샤 부부를 함께 앉혀 놓고 공동 인터뷰를 했다. 미국 텔레비전에 두 사람이 함께 나와서 인터뷰하는 것은 처음이었다. 인터뷰 준비를 하며 어떤 잡지에서 샤가 여성에 대해 아주 심한 말을 했다는 글을 읽은 적이 있었다. 설마 그런 말을 했을 리가 있나 하면서 나는 직접 한번 물어 보기로 했다. "각하, 여성에 대한 각하의 생각을 한번 질문해 보고 싶군요. 이런 말씀을 하셨다고 들었습니다. '여성들 가운데는 미켈란젤로나 바흐도 없고 심지어 훌륭한 요리사도 없다.' 그러니 여성이 남성과 동등하다거나 동등한 지능이나 능력을 갖고 있다고는 생각하지 않는 건가요?"

그런데 사실 샤는 자기 나라에서 여성들을 위해 개혁조치를 많이 취했다. 여성도 교육을 받을 수 있게 했고 손을 가리지 않고 다니는 것도 허용했다. 이 때문에 물라들은 격노했다. 이란의 의과대학에서는 여학생 수가 계속 늘어나고 있었다. 그럼에도 불구하고 그는 "지금까지는 그렇소. 어쩌면 앞으로 당신이 남자와 동등한 여성이 될 수 있을지 모르겠오"라고 답해 여성에 대한 자신의 생각이 확고하다는 것을 다시 한번 입증해 보였다.

나는 이렇게 반문했다. "당신 나라의 여성들에게 동등한 인권을 부여해 주면서도 여성이 지능 면에서 남성과 동등하지 않다는 말씀이신가요?"

샤: 물론 그렇지 않은 경우도 있소. 언제나 예외는 있는 법이니까요.

나: [빈정대는 투로]여기저기 간혹?

샤: 그렇소. 하지만 평균적으로 말해 그렇다는 말이오. 최고의 여성 과학자가 누가 있었지요?

나: 마담 큐리입니다.

샤: 그분은 예외지요.

나: 하지만 우리 여성은 각하와 같은 생각 때문에 앞서 나가기가 무척 힘들었던 것입니다. 부인도 그런 예외라고 생각하십니까? 부인도 남자와 똑같이 통치할 수 있을 것이라고 생각하십니까?

샤: 그 질문에는 답하지 않겠소.

나: 하지만 각하는 부인을 섭정 자리에 앉혀 놓았습니다. 만약에 각하가 돌아가시면 부인이 국가를 이끌게 됩니다. 그런데도 부인이 남자처럼 통치할 수 있을지 확신을 못 하신다는 말씀인가요?

샤: 말하기 곤란하오. 부인이 위기 때 어떻게 대처해 나갈지 모르겠소.

대화가 진행되는 동안 왕비는 남편 옆에 조용히 앉아 있었다. 나는 그에게 이렇게 말했다. "솔직하게 말씀해 주셔서 정말 감사합니다. 각하가 말씀하려는 것은 여자란 자기 분수를 지키며 가만히 있어야 착하고 예쁘다는 것이군요." 그렇게 말한 다음 나는 그의 부인 쪽으로 돌아앉으며 이렇게 물었다. "왕비님, 한마디 해주시지요. 이런 말을 들으니 기분이 어떠신가요?"

두 눈에 눈물이 고인 채 왕비는 남편을 쳐다보면서 나지막이 말했다. "당신이 정말 그렇다고 믿는 건 아니라고 생각해요." 말을 계속하며 그녀는 목소리를 차츰 가다듬었다. "하지만 정말 남자들이 세상에 한 일이 무엇이지요? 완벽한 세상을 만들기 위해 한 일이 무엇인가요? 정치적으로, 경제적으로, 관계, 진보? 그러니 남자 여자 구분하는 짓은 하지 않았으면 해요."

남자처럼 통치할 수 있다고 생각하느냐고 물었더니 그녀는 이렇게 대답했다. "남편과 비교한다면 어렵다고 봐요. 전 세계 국가수반 중에서도 36년간 통치 경험을 가진 사람은 별로 없어요. 그리고 지능과 능력 면에서도 내가 남편과 견줄 수는 없어요. 하지만 다른 사람들과 비교한다면 내가 못할 게 없다고 생각해요. 내가 왜 못해요?"

그날 밤 두 사람의 침실 대화가 어떠했는지는 알 수 없다. 나는 이튿날에도 유가에 대해 샤와 인터뷰를 계속하기로 되어 있었다. 당시 이란은 세계 석유의 상당 부분을 좌지우지하고 있었기 때문이다. 유가에 대해 물어 보지도 않고 인터뷰를 끝낼 수는 없는 노릇인데 내가 그를 화나게 했기 때문에 추가 인터뷰가 취소되어 버리지나 않을지 나는 걱정이 되었다. 그의 보좌관들도 왕이 내 질문 때문에 화가 났을지 모르겠다고 했다. 하지만 이튿날 샤는 웃으면서 나타나 다정하게 대해 주었고 인터뷰는 예정대로 진행되었다.

국왕 부부와 가진 인터뷰는 1977년 4월에 방영되었는데 지금까지도 내게 그 인터뷰에 대해 이야기하는 사람들이 있다. 제일 중요한 부분이 있다. 샤가 망명길에 오르고 나중에 암에 걸렸다는 사실이 밝혀진 다음 그의 간호뿐만이 아니라 어디로 가서 어떻게 살아야 할지를 비롯해서 같이 망명길에 오른 수천 명의 이란 사람들을 위해 그를 대신해 갖가지 결정을 내린 사람은 그의 아내였다.

파라 왕비는 현재 조용히 살고 있다. 그녀는 메릴랜드 주에 있는 손자손녀와 맏아들이 사는 곳 가까이에서 가능한 한 많은 시간을 보낸다. 맏아들은 혁명이 일어나지 않았으면 왕이 되었을 사람이다. 우리는 지금도 만나고 있는데 나는 그녀의 용기와 위엄스런 모습을 존경한다. 나는 그녀가 이란의 지도자가 되었을 경우보다 이란이 더 나빠졌을지 모른다고 생각한다(실제로 더 나빠졌다).

이 스페셜도 시청률이 좋았지만 엘리자베스 테일러 인터뷰는 샤와 왕비 인터뷰보다 더 많은 시청자들을 끌어 모았다. 바버라 조던 인터뷰를 본 사람은 그보다 적었는데 그것은 마치 사람들에게 어떤 음악을 좋아하느냐고 물으면 "바흐"라고 대답하고는 나가서 록을 사는 것과 마찬가지 현상이었다. 연예인들이 프로그램을 주도했던 것이다. 그래서 우리는 우리가 하는 거의 모든 쇼의 장래에 영향을 미치는 한 가지 결정을 내렸는데, 그것은 바로 연예인들을 더 많이 출연시키고 정치인과 뉴스메이커의 수는 줄이기로 한 것이었다.

그러한 결정에 따라 스페셜의 세 번째 회에는 밥 호프와 돌로레스 호프 부부, 빙 크로스비, 그리고 당시 시트콤 '샌퍼드 앤드 선' Sanford and Son에 출연 중이던 레드 폭스 인터뷰를 내보냈다. 인터뷰는 계속해서 초대 손님의 집에서 진행했는데 이는 프로그램의 성공에 큰 도움이 된 것으로 드러났다. 시청자들은 스타들이 어떻게 사는지 보고 싶어 했기 때문이다.

레드 폭스의 집을 보고 사람들은 눈이 휘둥그레졌다. 커튼, 카펫, 전등갓 등 무슨 물건에든 여우 그림이 그려져 있었기 때문이다. 그런데 그의 침실에는 여우가 아니라 살아 있는 원숭이들이 있었다. 침대는 마치 수조처럼 둥근 유리 안에 들어 있었는데 그 안에서 원숭이들이 뛰어다니고 있었다. 유리로 만든 원숭이 우리는 에어컨 시설을 해서 원숭이들이 놀기에 적당한 온도를 만들어 놓았다. 원숭이와 폭스는 서로 마주 보며 놀았는데 나는 그러는 그들을 보면서 너무도 신기해 잘 믿겨지지가 않았다. 호프의 집은 아담하고 전통적인 양식으로 보기에 수수했다. 돌로레스 호프는 수시로 집을 비우는 남편에 대해 이해심이 많은 아내였다. 유쾌하고 순조롭게 진행된 인터뷰였다.

빙 크로스비와 인터뷰를 하면서 우리는 깜짝 놀랐다. 온화하고 편안한 사람

처럼 보이는 크로스비가 자녀들에게는 엄청나게 엄격한 아버지였던 것이다. 많
은 젊은이들이 결혼하지 않고 동거하는 풍조가 생겨나기 시작하던 때였는데 크
로스비에게 그의 7자녀들 중에서 동거하겠다고 나서는 아이가 있으면 어떻게
하겠느냐고 물었더니 그는 그런 아이와는 두 번 다시 말도 하지 않을 것이라고
딱 자르는 것이었다.

　　그 말을 듣고 놀라서 이렇게 물어 보았다. "만약에 당신 아들 가운데서 누가
'나는 이 여자애가 좋아서 같이 살고 싶은데 결혼하지는 않을 것'이라고 말하
면 그 아들과 두 번 다시 이야기하지 않을 건가요?" 그의 대답은 여전히 단호했
다. 그는 나아가 외동딸인 매리 프랜시스가 만약에 사귀는 남자가 있다고 말한
다면 당장 보따리를 챙겨 집을 나가라고 할 것이며 두 번 다시 보지 않을 것이
라는 말도 했다. 자기가 젊은 시절에 바람둥이처럼 살았다는 사실은 잊어버린
모양이었다. 그는 자기는 가톨릭 신자이며 다른 식으로 아이들을 키울 줄은 모
른다고 분명하게 말했다. 그런 엄격한 태도에도 불구하고 나는 크로스비가 좋
았다. 영화 선전 포스터에 자기 이름을 밑에 올리는 태도도 좋고 무엇보다도 우
리 엄마께 잘 대해 주어서 좋았다. 나는 그때 처음으로 출장길에 엄마를 모셔
갔다. 언니는 데려가지 않았다. 아버지는 요양원에 계셨고 언니는 레나 이모가
돌봐주겠다고 했기 때문에 엄마는 마침내 나를 따라나섰다. 엄마는 빙 크로스
비가 출연하는 영화는 빼놓지 않고 볼 정도로 그를 좋아했기 때문에 나를 따라
나서며 너무 좋아했다.

　　크로스비는 샌프란시스코 교외에 멋진 저택을 갖고 있었다. 저택 관리를 위
해 그는 앨런 피셔라는 멋진 영국인 관리인을 한 명 두고 있었는데 그는 미국으
로 건너오기 전 원저공 밑에서 일했다고 했다. 피셔는 엄마에게 아름다운 저택
이곳저곳을 구경시켜 주었고 우리에게 버터 바른 빵, 샌드위치와 함께 특별한
차도 대접했다. 엄마는 그날 너무 우아하고 매력적으로 보였다. 크로스비와 그
집 관리인 모두 엄마한테서 눈을 떼지 못했다. 인터뷰 때마다 모시고 다녔으면
좋았을 것을 하는 생각이 들었다. 이제는 좀 쉴 때가 되셨다. 하지만 그 신나는
캘리포니아 여행 중에도 엄마는 언니가 어떻게 지내는지 걱정된다며 수시로 집

으로 전화를 걸었다.

　빙 크로스비와의 인터뷰는 대단히 중요한 인터뷰로 내 기억에 남아 있다. 엄마 때문만이 아니라 그게 크로스비의 마지막 인터뷰였기 때문이다. 그로부터 6개월 뒤에 그는 스페인 마드리드에서 골프 18홀을 치고 난 뒤 심장마비로 죽었다. 당시 73세였다. 그가 죽은 뒤 앨런 피셔가 내게 크로스비의 안경을 하나 보내 주었다. 그는 그 안경이 없다고 아쉬워할 사람은 아무도 없을 것 같고 우리 엄마가 그걸 좋아하실 것 같아 보낸다고 했다. 엄마는 정말 좋아했다.

　연예인 스페셜을 두세 번 내보내고 나자 당시 유명 스타들과 인터뷰하기가 점점 더 수월해졌다. 전 헤비급 복싱 세계 챔피언인 무하마드 알리도 시카고 사우스 사이드에 있는 그의 집에서 인터뷰했다. 30명은 족히 될 만한 사람이 함께 둘러앉았는데 식객이 그렇게 많은 것은 처음 봤다. 그걸 보니 돈을 모으지 못한 게 이해가 되었다. 알리는 나를 놀리는 말로 인터뷰를 시작했다. 그는 하느님이 남자를 자기 형상대로 만드셨는데 여자에 대해서는 전혀 신경을 쓰지 않았고 남자의 갈비뼈 하나를 빼내서 여자를 만드셨기 때문에 남자가 여자보다 키가 큰 것이며 내가 자기를 올려다보아야 하는 것도 그 때문이라고 했다. 나는 순간적으로 샤와 다시 마주 앉은 게 아닌가 하는 생각이 들었지만 알리는 "농담한 것뿐이오"라고 웃으며 말했다. 그때만 해도 그는 그렇게 잘 웃겼다.

　그리고 존 웨인도 인터뷰했는데 내가 ABC에 와서 몇 개월째 끔찍한 시간을 보낼 때 내게 전보를 보내 기운을 내게 해준 바로 그 사람이다. 인터뷰하기로 약속을 잡은 다음 처음에는 해군 기뢰제거함을 개조한 136피트짜리 그의 요트 '와일드 구스'에서 인터뷰했고, 그 다음에는 캘리포니아 뉴포트 비치에 있는 그의 집에서 했다. 집이 너무 우아하다며 놀라움을 표시했더니 웨인은 이렇게 되받았다. "왜, 안 되는 것이오? 나도 학교를 다녔고 우리 같은 컨트리 보이들도 그만한 안목을 갖고 있소." 또 한 가지 기억나는 것은 당시 71살이던 웨인이 자기의 젊은 비서인 팻 스테이시에 대한 이야기를 특히 많이 했는데 그녀를 좋아하는 게 분명했다. 세 번째 부인과 헤어진 그는 그녀에 대한 자신의 마음이 알려지기를 바랐던 것이다. 그는 내게 "나는 미스 스테이시를 아주 총애하오"

라고 했다. "나는 그녀와 함께 아주 즐거운 삶을 보내고 있소." 그 인터뷰를 하기 전까지 사람들은 '미스 스테이시' 라는 존재에 대해 모르고 있었다.

'듀크' 라는 애칭으로 불리던 존 웨인은 그때 앓고 있었고 그래서 나는 인터뷰 말미에 내가 사람들에게 잘 던지는 질문을 던졌다. "요즘 당신의 생각을 요약해서 나타낼 수 있는 철학이 무엇입니까?"

웨인은 이렇게 대답했다. "잘 들어 봐요. 저 위에 있는 분에게도 이야기를 했지만 나는 항상 초월적인 존재가 있다고 믿어 왔어요. 그러니 그분이 나보고 좀 더 남아 있으라고 한 것과 그녀가 나를 좀 더 살아 있게 해주어서 나는 더할 나위 없이 기분이 좋아요. 나는 건강이 허락하는 한 살아 있을 것이고 내 방식대로 살 것이오." 후회는 없느냐고 물었더니 그는 이렇게 말했다. "인생을 다시 살아야 한다면 지금과 똑같이 살 것이오."

이 인터뷰를 마치고 얼마 뒤에 존 웨인은 병원에 입원했고 인터뷰가 스페셜에서 방영되고 석 달 뒤에 암으로 숨을 거두었다.

국가수반들과의 인터뷰가 높은 시청률을 기록하지 않는다는 것을 알면서도 나는 또 한번 스페셜 인터뷰를 위해 요르단 암만으로 갔다. 오랫동안 왕위를 유지하고 있는 국왕 후세인, 새로 결혼한 지 얼마 안 되는 그의 부인 누르 왕비와 미국 텔레비전으로서는 최초로 인터뷰를 하기 위해서였다. 누르가 결혼할 당시 후세인 국왕에게는 지금 국왕인 압둘라를 비롯해 세 번의 결혼에서 얻은 8명의 자녀가 있었다. 니 리자 할래비 누르 왕비는 프린스턴 졸업생으로 금발에 여느 스타 배우 못지않은 미모를 갖고 있었는데 미 국민들은 그녀에게 매료당했다 (1999년 후세인 왕이 사망한 뒤 그녀는 첫 텔레비전 인터뷰를 나와 했다).

이 스페셜 인터뷰의 시청률을 높이기 위해 우리는 당시 M*A*S*H에서 인기 절정에 있던 앨런 앨다와 다이애나 로스 인터뷰도 함께 했다. 다이애나 로스는 우리와 인터뷰하기 위해 하룻밤 사이 LA의 집 실내장식을 청록색에서 진홍색으로 바꾸었다. 하지만 나는 핑크 드레스를 입을 계획이었기 때문에 황당하기 짝이 없었다.

스페셜 인터뷰 초기 시절 해리와 나는 여전히 3위권에 머물러 있는 뉴스 시청률을 끌어올리기 위해 기를 썼다. 하지만 조만간 내게 엄청난 변화가 밀어닥 쳤다.

1977년 5월에 ABC는 룬 알리지를 ABC 뉴스와 ABC 스포츠 사장에 임명했다. 그리고 그는 나의 제일 든든한 후원자가 되었다. 뉴욕 타임스와의 인터뷰에서 그는 나를 "프로 저널리스트"라고 부르며 "그녀는 최고의 자산인데 그동안 우리가 대우를 잘못했다"고 했다. 룬 사장은 계속해서 뉴스 시청률이 저조한 것은 내가 아니라 해리 때문이라며 이렇게 말했다. "해리는 6년 동안 프로그램을 맡았는데 쇼는 서서히 내려앉아 더 이상 갈 곳이 없을 지경이 되었다."

룬 사장의 말은 내 귀에는 복음처럼 들렸다. 해리와 공동 앵커를 진행하던 1년 반 동안 그토록 숱한 비판의 표적이 됨으로써 저널리스트로서 나의 신뢰는 바닥에 내려앉아 있었다. 그런 나에게 룬 사장이 구세주가 된 것이다.

그의 지시에 따라 나는 뉴스 부문용으로 뉴스메이커 스페셜 인터뷰를 추가로 하게 되었다. 오락 부문의 연예인 스페셜과는 별도로 하는 것이었다. 당시 제일 중요하고 카리스마가 넘치고 논란의 중심에 서 있는 지도자들과의 인터뷰를 하는 것이었다. 그 인터뷰는 내가 그동안 저녁 뉴스에서 진행해온 어떤 인터뷰보다도 중요한 프로그램이 되었다. 그 인터뷰들이 만신창이가 된 나의 명예를 조금씩 회복시켜 나가기 시작했다.

드디어 카스트로와 인터뷰

덥고 햇볕이 쨍쨍 내리쬐는 아름다운 날씨였다. 파란 하늘이 파란 수면에 내려앉아 있었다. 나는 미국 현대사에서 가장 수치스러운 적인 피델 카스트로와 얽힌 가장 수치스러운 수면 위를 달리고 있었다. 우리는 쿠바 순시선에 몸을 싣고 피그즈만을 가로질러 달리는 중이었다.

"피그즈만을 가로질러 가는 것은 미국인으로서는 16년 만에 우리가 처음인 게 맞습니까?" 나는 턱수염이 더부룩한 공산 쿠바의 최고 지도자에게 이렇게 물었다.

"내가 알기로는 이것이 처음이오." 그는 통역을 통해 이렇게 대답했다.

"피그즈만에 오면 기분이 어떠세요?" 나는 이렇게 물었다.

"침공 전에는 가끔 이곳에 와서 낚시도 하면서 쉬었지요"라고 그는 답했다. "침공 뒤에도 여러 번 왔어요. 나는 이곳을 좋아합니다. 한적하고 수중낚시하기에 좋은 곳이 많아요."

쿠바 지도자와의 특별한 인터뷰는 이렇게 시작되었다. 카스트로 군대는 1961년 CIA가 후원해 쿠바에 침공한 미군을 바로 이곳 피그즈만에서 물리쳤다. 하지만 그는 미국이 자기를 몰아내려고 했다는 그 이야기 대신 작살낚시하기에 좋은 장소 이야기를 하고 있었다.

나와 카메라 팀이 어떻게 해서 피델 카스트로와 한 배에 타게 되었는지 이야기하자면 길다. 쿠바에서 그를 만난 지 2년이 지난 시점이었고 그 2년간 나는 그가 내게 약속했던 독점 인터뷰를 성사시키기 위해 끈질기게 노력했다. 나는 유엔 주재 쿠바 공관을 통해 그에게 수없이 많은 편지를 보냈고 워싱턴의 체코 대사관 안에 있는 쿠바 대표부를 통해서도 그렇게 했다. 미국과 쿠바는 지금까지도 외교관계가 단절된 상태다. 1977년 5월까지 나는 단 한번도 회신을 받지 못했다.

카스트로가 갑자기 인터뷰를 하겠다고 알려왔을 때 나는 기분이 날아갈 것만 같았다. ABC와 룬 알리지도 마찬가지였다. 신비에 싸인 쿠바 지도자는 지난 16년 동안 스포츠 행사에 나타나 몇 마디 한 것 외에는 단 한번도 텔레비전 인터뷰를 한 적이 없었다. 시청률이 크게 높지 않을 수 있다는 것은 우리도 알았다. 카스트로가 스타 배우는 아니었으니까. 하지만 그와의 인터뷰는 뉴스 가치가 너무 높았기 때문에 룬은 인터뷰 내용을 저녁뉴스에 먼저 내보내고 이어서 반 시간짜리 프라임 타임 뉴스 스페셜에 내보내기로 했다.

나는 아바나에 도착해 집무실에서 카스트로를 만났다. 그는 만면에 미소를 머금고는 전에 만났던 바로 그 예쁜 통역 후아니타를 통해 "어디로 가고 싶소?" 라고 묻는 것이었다.

나는 재빨리 머리를 굴렸다. "피그즈만을 보고 싶습니다, 각하."

"좋아요, 갈 수 있지"라고 그는 동의했다.

"그리고 시에라 마에스트라 산맥도 가로질러 가고 싶습니다. 각하가 혁명운동을 시작한 곳을 보고 싶어서요."

"둘 다 보도록 합시다." 그는 이렇게 말했다. "내가 주선하겠소."

그렇게 해서 우리는 이튿날 쿠바 순시선에 타고 피그즈만을 가로질러 가게 된 것이다. 우리는 작은 섬에 들러 그릴에 구운 생선과 파인애플로 소풍 나온 사람들처럼 점심을 먹었다. 점심을 먹으며 카스트로는 ABC 크루들과 낚시 이야기를 주고받았다. 우리는 그곳에서 그와 간단하면서도 솔직한 첫 번째 인터뷰를 했다. 그는 인터뷰에서 쿠바 침공 명령을 내린 미국 대통령 존 F. 케네디에 대해서는 존경심을 나타냈고 쿠바를 침공한 적이 없는 리처드 닉슨에 대해서는 싫어하는 감정을 나타냈다. "리처드 닉슨은 조금도 좋아하지 않아요"라고 카스트로는 말했다. "나는 첫눈에 그 사람이 정직하지 않다는 것을 알아봤고 정치적으로 말하자면 그 사람은 한마디로 바보요."

일이 잘 풀리기만 한 것은 아니었다. 프로듀서인 딕 리히터와 톰 캐프라는 도착 순간부터 상상도 못한 장애물들과 맞부딪쳤다. 우선 NBC에서 나의 계약 협상 기간 중에 파업을 일으켜서 NBC를 마비시켰던 NABET가 ABC를 상대로 파업에 돌입했다는 소식을 들었다. 노조 소속 크루들은 모든 것을 중단하고 미국으로 돌아갔고 우리는 프리랜스 크루가 도착할 때까지 기다려야 했다. 기다리는 동안에 우리는 쿠바 국영방송센터에서 장비를 임대했는데 그들은 우리에게 바가지를 엄청나게 씌우려고 했다. 결국 카스트로가 직접 중재에 나서서 좋은 가격에 임대받도록 해 주었다. 하기야 카스트로에게 이의를 제기할 사람이 누가 있겠는가? 그런데 다른 문제가 또 불거졌다.

쿠바 최고의 발레리나인 알리샤 알론소와 저녁뉴스 생방송 인터뷰가 예정되어 있었는데 화면을 뉴욕으로 보낼 길이 막막했다. 마이애미와 아바나 사이에는 직통 위성 연결망이 없었다. 그래서 인터뷰는 체코로 보내 그곳에서 뉴욕으로 보내야만 했다. 믿을 수 있는 일인가? 반면에 오디오 연결망은 마이애미를 통했는데 비주얼과 매치시키기가 거의 불가능했다.

피그즈만 덕분에 우리는 모두 들떴고 그래서 호텔 리비에라로 돌아와서 자축 파티를 열었다. 2년 전에 우리가 묵었던 호텔 나시오날과 마찬가지로 리비에라도 한때는 아바나 최고의 호텔 가운데 하나였지만 서글픈 몰골을 하고 있었다. 거기도 양변기는 없었다. 벽지는 곳곳이 벗겨져 있고 아름다운 가구는 부서지고 쿠션은 찢겨져 있었다. 소프트드링크도 없었다. 콜라는 없고 오직 럼주뿐이었다.

하지만 '그게 무슨 문제야?' 라는 생각이었다. 엄청난 기사를 내보낼 수 있게 되었기 때문이다. 또한 예상치도 못하게 나는 새로운 친구를 만나게 되었다. 피그즈만에서 돌아온 뒤 카스트로는 야구경기를 같이 보러 가자고 우리를 초청했다. 곧이어 ABC 크루들 사이에 한바탕 소란이 일어났다. 야구장에서 뉴욕 양키스 구단주인 조지 스타인브레너와 은퇴한 양키 팀 피처 화이티 포드를 비롯해 몇 명의 양키 팀 코치들을 보았기 때문이다.

조지 스타인브레너는 양키스 팀 구단주가 된 지 몇 년 되지 않았기 때문에 나는 그의 이름을 들어 본 적이 없었지만 그가 쿠바에 무얼 하러 왔는지 궁금했다. 하지만 그는 내게 눈곱만큼도 관심이 없었다. 그는 내가 카메라 크루 한 명과 다가가는 것을 보고는 자리를 피해 버렸다. 나중에 알고 보니 그는 쿠바 야구 선수들에게 메이저리그 조언을 해 달라는 카스트로의 초청을 받고 비밀리에 코치들과 함께 쿠바로 왔는데 갑자기 눈앞에 ABC 뉴스 팀이 나타난 것이었다. 우리가 그를 쫓아낸 게 분명했고 그는 화가 머리끝까지 났다. 스타인브레너 일행은 보따리를 챙겨 다음날 아침 떠날 것이라는 소문이 돌았고, 나는 마음이 편치 않았다.

호텔로 돌아오니 그가 바에 앉아 있는 것이 보였다. 그래서 나는 약간 조마조마한 마음으로 그의 옆에 앉았다. 그러고는 그의 모습은 단 한 피트도 찍지 않았다고 말하고 그럴 생각도 없다는 말을 했다. "내가 여기 온 것은 당신 때문이 아니에요"라고 나는 설명해 주었다. "그리고 내가 이곳에서 당신을 본 것을 떠벌릴 생각도 없어요." 그는 다소 놀란 표정을 짓더니 그제서야 안심하고 떠나려던 계획을 취소했다. 그래서 우리는 이야기를 시작했고 그 뒤 삼십 년이 지난 지금까지도 우리는 친구로 지낸다. 양키 스타디움에 있는 그의 박스에 앉아서 홈 팀을 응원하는 것보다 더 신나는 일은 없다. 그게 모두 쿠바의 그 야구경기 때 시작된 인연이다.

카스트로 이야기로 다시 돌아가자. 지금도 우리 집 벽에는 스페인어로 쓴 쪽지가 액자에 넣어져 걸려 있다. 번역하면 이런 뜻이다. '바버라에게. 내 평생 제일 힘들었던 인터뷰를 기억하며.' 그리고 '피델 카스트로, 1977년 5월 20일 새벽 1시 29분'이라는 사인이 들어 있다. 새벽이라고 쓴 이유가 있다. 그의 집무실에서 진행된 우리 인터뷰는 너무 길어져서 자정을 넘겼던 것이다. 논스톱으로 장장 5시간이 걸렸다. 그는 긴 쿠바산 코히바 시가를 계속 피워대 내 온몸을 담배연기로 감쌌다. 그 연기를 들이마시고도 내가 급성 기관지염을 일으키지 않은 게 신기했다.

하지만 그걸 참고 견딜 만한 가치는 충분히 있었다. 그 긴 텔레비전 인터뷰를 통해 카스트로는 자기가 느끼고 있는 걱정과 두려움을 모두 털어놓았다. 먼저 그는 자신이 공산주의자라는 점을 아주 분명하게 강조했다. 비록 부유한 가정에서 태어났지만 그는 어린 시절부터 공산주의자였다. 무슨 일이 있어도 자기는 바뀌지 않을 것이며 CIA가 20년 넘게 자신의 목숨을 노린 것도 그 때문이라고 했다. 최근에 공개된 CIA 비밀문서들에 의하면 그의 이러한 주장은 맞는 부분이 있다.

카스트로는 또한 쿠바의 감옥에 수감되어 있는 정치범의 수에 대해서도 2000명 내지 3000명이라고 솔직하게 털어놓았다. 그리고 국가가 언론을 통제한다는 나의 지적에 대해서도 그는 솔직하게 답했다. "당신은 반체제를 용납하지 않지요." 나는 이렇게 말했다. "신문, 라디오, 텔레비전, 영화는 국가 통제 아래 있습니다. 사람들은 모임에서 반정부 구호를 외칠 수는 있지만 언론에서 반체제나 반정부 목소리는 허용되지 않습니다."

"바버라, 우리가 생각하는 언론 자유는 당신들의 것과는 달라요." 그는 이렇게 답했다. "이곳에서 사회주의에 반대하는 신문이 만들어질 수 있느냐고 물으면 그 대답은 노요. 그건 안 돼요. 그것은 당과 정부, 그리고 국민들이 용납하지 않아요. 그런 의미에서 우리에게 미국에서 당신들이 누리는 언론 자유는 없어요. 그리고 우리는 그런 현실에 불만이 없어요."

누구도 그에게 물어 본 적이 없는 개인적인 질문을 하자 그는 그다지 솔직하게 나오지 않았다. 그는 자신의 결혼 여부에 대해서도 분명하게 밝히려 들지 않았다. "결혼했건 하지 않았건 그게 뭐 중요한 일이오?"라고 그는 답했다. 나는 중요한 일이라서가 아니라 '당신 결혼했어요?'와 같은 그야말로 단순한 질문에 답하는 게 왜 그렇게 복잡한가라고 되물었다.

그는 잠시 뜸을 들이더니 단호하게 말했다. "포르말멘테, 노(공식적으로는 하지 않았소)." 그러고는 입을 다물어 버렸다.

장장 다섯 시간에 걸친 마라톤 인터뷰가 끝나자 나는 완전히 녹초가 되었다. 하지만 카스트로는 이제 겨우 몸이 풀린 정도였다. "바버라, 당신 배고파요?" 이렇게 말하고는 갑자기 나와 크루를 모두 부엌으로 데리고 가더니 치즈를 녹여 넣은 맛있는 샌드위치를 직접 만들어 주는 것이었다. 나도 살아오면서 맛있는 요리를 많이 먹어 봤지만 피델 카스트로가 새벽 2시에 손수 만들어 주는 그 요리가 단연 으뜸이었다. 그게 다가 아니었다. "내일 시에라 마에스트라에 가면 저녁에 무엇을 먹고 싶소?" 카스트로가 이렇게 물었다. "로스트 포크와 유카 오케이?" 나는 카스트로와 또 마라톤 인터뷰를 해야 한다는 생각에 머리가 멍했다. 딕 리히터가 내 옆구리를 쿡 찔러서 그때서야 좋다고 대답했다.

우리는 새벽 세 시가 되어서 호텔에 돌아왔다. 딕이 룬 사장에게 전화를 걸어 방송시간을 더 달라고 요청해서 승낙을 받아냈다. 침대에 곯아떨어질 무렵 반 시간짜리 스페셜 프로는 한 시간짜리로 바뀌었다. 다음날 아침 9시에 전화벨이 울렸다. 삼 십 분 후에 총사령관이 자동차를 보낸다는 전갈이었다. 나도 놀랐고 호텔 앞에 있던 관광객 몇 명도 눈이 휘둥그레졌는데 보내온 자동차는 지프였고 운전기사는 바로 카스트로 본인이었다. 보통 여행이 아닐 것 같았다. 자동차에서 내린 다음에는 카스트로의 전용기를 타고 쿠바 제2의 도시인 산티아고데쿠바로 갔다. 그곳은 카스트로가 1953년에 혁명군을 이끌고 독재자 풀헨시오 바티스타 정권을 타도하기 위한 전쟁을 시작한 곳이었다. 전쟁은 6년 만에 카스트로의 승리로 끝이 났고 그들이 벌인 게릴라전은 그로부터 24년 뒤 나의 경력에서 가장 기억에 남는 날들 중 하나가 되고 있었다.

"이리 와요, 바버라. 내 옆에 앉아요." 카스트로는 공항에서 내려 그날 두 번째로 타는 지프에 오르며 이렇게 말했다. 이번에도 카스트로가 운전대를 잡았고 우리는 시에라 마에스트라로 오르기 시작했다. 그의 혁명군이 비밀 아지트로 삼았던 곳이다. 그는 한 손으로 핸들을 잡고 다른 한 손은 시가를 들고 흔들어댔다. 뒷좌석에는 통역인 후아니타와 혁명시절 카스트로의 옛 전우 두 명이 비좁게 앉았다. 6시간에 걸쳐 산길을 오르내리는 동안 카스트로는 내게 전투지점과 매복장소, 게릴라 야영지를 가리켜 주었고 카메라 크루들은 다른 지프에 타고 뒤따랐다.

비로 불어난 하천을 통과하면서 물이 튀자 카스트로는 내게 딱딱한 사탕 통을 건네주었다. 그가 가는 곳마다 모여 드는 아이들에게 나누어 주려고 갖고 다니는 것이었다. 그는 권총도 내게 건네주었는데 사탕 통과 권총이 물에 젖지 않도록 머리 위로 쳐들고 있는 게 내가 할 일이었다. 나는 스페인어 민요 '세엘리토 린도(아름다운 작은 하늘)'도 따라 부를 정도가 되었는데 그는 큰소리로 음정 무시하고 노래를 불렀다. 지금 생각해 보니 그 여행은 내 평생에서 가장 멋진 자동차 드라이브였다.

해질 무렵 우리는 그의 산악 별장에 도착했다. 큰 통나무집 단지였는데 우리에게는 각자 독방이 주어졌다. 깨끗한 타월이 있고 더운 물이 나왔고 양변기가 갖추어진 화장실이 딸려 있었다. 우리는 저녁 식탁에서 알제리산 와인을 실컷 마셨고 돼지머리가 그대로 붙어 있는 구운 새끼 돼지고기로 식사를 했다. 웃음과 화기애애한 분위기가 넘쳐흘렀다. 카스트로는 자기가 제공한 서비스에 돈을 받겠다고 농담을 하기도 했다.

여러분도 직접 그 자리에 있었어야 제대로 이해하겠지만 정말 유쾌한 분위기였다. 톰 캐프라가 그에게 너무 연기가 신통찮은 배우라서 돈을 지불하지 못하겠다고 하자 그는 감독이나 프로듀서 자격으로 돈을 주면 되지 않느냐고 했다. 나는 둘 다 역할이 신통치 않았다고 답했다. "진창길을 통과해 왔는데 그게 감독인 당신의 아이디어였다면 잘한 게 아니지요. 우리한테 아무것도 보여 주는 게 없이 몇 시간 동안이나 달려오게 만들었으니 프로듀서라고 할 수도 없지 않습니까?"

우리는 운전기사 일에만 돈을 지불하겠다고 합의하고 그에게 5달러를 제의했고 그는 그것을 받아들였다. 톰이 ABC 비용 영수증에다 '운전기사 피델 카스트로에게 5달러 지불'이라고 써서 건네주자 카스트로는 거기다 사인을 휘갈겨 주었다. 톰은 분명히 그 영수증을 지금도 갖고 있을 것이다.

피델 카스트로의 개인 별장으로 갔던 그날을 돌이켜 보니 두 번 다시 해볼 수 없는 경험이었던 것 같다. 세계 지도자들 가운데 저널리스트들에게 그토록 많은 시간을 할애해 주고 솔직하게 대해 준 사람은 거의 없을 것이다. 우리가 잡은 타이밍이 좋았고 카스트로는 자신의 생각을 설명하고 싶었던 것이다. 그는 나도 좋아했던 것 같다. 한번도 내게 사적인 말이나 행동을 나타낸 적은 없었지만 그 산악여행은 그가 아무 저널리스트한테다 시켜 주는 것이 아니었다. 카스트로는 영어를 거의 할 줄 몰랐고 그래서 후아니타가 그의 옆에 항상 바짝 붙어 다니며 통역을 했다.

우리는 이튿날 아바나를 떠났고 나는 오는 길에 플로리다에 들러 엄마와 언니, 아버지를 만났다. 어떤 자녀건 요양원에 계신 부모를 보는 것은 충격적인 일일 것이다. 아버지는 체구가 작았지만 항상 강건하신 분이었는데 이제는 더 쪼그라들고 쇠약해지신 것 같았다. 나는 아버지를 휠체어에 태우고 바깥으로 밀고 나갔다. 아버지의 두 손을 잡고 이야기를 나누어 보려고 했지만 아버지는 그럴 기력이 거의 없었다. 나는 아버지께 사랑한다고 했고 아버지도 나를 사랑한다고 하셨다. 그리고 나는 그곳을 떠났다. 나는 그게 어쩌면 아버지를 마지막으로 보는 것일지 모른다는 것을 알았고 눈물을 참을 수가 없었다.

뉴욕으로 돌아온 다음 딕 리히터와 톰 캐프라, 그리고 나는 카스트로의 영상을 편집했는데 쉬운 작업이 아니었다. 그의 매력적인 면모를 보여 주면서도 또한 그가 공산국가의 절대적인 독재자로서 반체제를 허용하지 않고 수많은 정적을 투옥하고 민주주의 체제의 철저한 반대자라는 점도 분명히 보여줄 필요가 있었다. 나는 마지막을 이렇게 말하며 끝냈다. "우리가 가장 심각하게 의견이 갈린 것은 자유에 대한 의미였습니다. 그게 바로 우리를 갈라놓고 있는 것입니다."

'피델 카스트로가 말하다' 는 1977년 6월 9일에 방영되었고 뉴스 스페셜 시작 이래 가장 높은 시청률을 기록했다. 하지만 CBS에 장기 탐정 시리즈로 나갔고 NBC에는 영화로 방영된 바 있는 '명탐정 바나비 존스' 의 시청률에는 미치지 못했다. 나는 엘리자베스 여왕의 즉위 25주년 기념식 취재 때문에 영국에 가 있어서 보지 못했지만 하여간에 카스트로 스페셜은 나의 장래에 하나의 전환점이 되었다.

룬은 뉴욕 타임스에 내가 앵커 데스크 뒤에서 "대우를 잘못 받고 있다"고 한 말을 실행에 옮겨서 나를 ABC 뉴스의 순회 앵커로 정식 임명했다. 그는 나를

뉴스 데스크 뒤에 앉아 있게 하는 것보다는 리포터로서 전 세계 어디든 언제든
지 다니도록 하는 게 더 유용하다는 사실을 간파했던 것이다. 나는 뉴스의 공동
앵커는 계속 맡았지만 룬은 해리와 나의 삐걱거리는 관계를 해소하는 길은 가
능한 한 두 사람을 떼어 놓는 것이라고 생각했다.

카스트로 스페셜이 남긴 부정적인 여진도 있었다. 카스트로가 신이 나서 개
인적인 질문만 빼고 5시간짜리 인터뷰 전부를 쿠바 텔레비전에서 수도 없이 틀
어대자 미국에 사는 다수의 쿠바인들이 왜 그에게 방송시간을 할애해 주었느냐
고 격렬하게 항의했다. 수백 통의 편지를 받았는데 쿠바에 친구나 친척이 사는
사람들한테서 온 것으로 그중에는 부드러운 어투로 자기들을 대신해 카스트로
에게 탄원을 해 달라고 부탁하는 내용도 있었지만(그런 편지는 쿠바 관리들에게 전
달했다) 나를 위협하는 내용의 편지들도 있었다. 나는 이런 협박 편지는 아주 심
각하게 받아들였는데 그 이유 가운데 하나는 아버지가 요양원에서 쿠바인 간호
사들의 보살핌을 받기 때문이었다. 내가 아버지를 찾아갔을 때 그 사람들은 내
게 아주 냉랭하게 대했다. 그때도 내가 카스트로를 인터뷰하고 오는 길이라는
걸 알았던 것일까? 어쨌든 이제는 알고 있을 게 분명했다. 딸아이의 안전도 매
우 염려가 되었다. ABC도 그런 사실을 알고는 경호원을 채용해 재키의 등하교
길을 지켜 주었다. 편지는 점차 줄어들었고 위협이 사라졌다는 말을 들은 다음
에야 우리는 정상적인 생활로 다시 돌아갔다.

모든 게 정상으로 돌아갔다고 생각할 즈음에 쇠약해지신 아버지가 돌아가
셨다. 81세였다. 늘 그렇듯이 1977년 8월 15일이던 그날도 나는 조지 스타인브
레너와 점심을 먹고 있는 중에 그 전화를 받았다. 가슴이 미어졌지만 놀라지는
않았다. 나는 곧바로 플로리다로 날아갔는데 가서 보니 엄마도 아버지의 죽음
을 맞을 마음의 준비가 되어 있었다. 어쩌면 안도하고 계셨을지도 모를 일이다.
오랫동안 엄마는 심신이 쇠약해져 가는 아버지를 속수무책으로 지켜볼 수밖에
없었다.

우리는 유대교 교리를 지키지 않았기 때문에 유대교 의식대로 7일간의 장례
의식을 치르지 않고 묘지에서 간단하게 장례의식을 치렀다. 나는 엄마, 언니와

함께 며칠 있다가 뉴욕으로 돌아왔다. 몇몇 주요 신문과 접촉해서 아버지의 사망기사가 모두 실리도록 했다. '버라이어티'는 유일하게 멋진 추모 기사를 실었는데 '그는 환하게 켜진 조명을 믿었던 사람'이라는 멋진 문구가 들어 있었다. 쇼맨에게 그보다 더 멋진 비문碑文이 또 있을까?

뉴욕에서도 추모식을 가질까 생각해 보았지만 그렇게 하지 않았다. 아버지가 뉴욕을 떠난 지 너무 오래 되어서 아무도 오는 사람이 없을까 걱정이 되었기 때문이다. 텅 빈 홀에 엄마와 언니, 그리고 나 세 사람만 덩그러니 앉아 있는 모습을 그려 보았다. 아버지가 제일 싫어하셨던 게 바로 텅 빈 좌석이 아니었던가. 만원이 되지 않으면 아버지가 화를 내실 것 같았다.

지금 생각해 보니 그때 잘못했다는 생각이 든다. 당연히 사람들은 왔을 것이다. 블룸버그 시장의 주선으로 루 월터스 웨이 명명식이 열렸을 때 얼마나 많은 사람들이 모였는지 생각해 보라. 아버지는 마침내 명예롭게 되셨고 사람들의 뇌리에 기억되셨다. 좀 더 일찍 그때 추모식을 하는 게 옳았다.

카스트로는 1979년 유엔 연설 차 뉴욕에 들렀을 때 다시 만났다. 그는 렉싱턴 애비뉴에 있는 쿠바 공관에서 열린 만찬에 나를 초대했는데 나는 비공식적으로 그와 만날 수 있도록 다른 언론계 사람들과 함께 가도 좋겠느냐고 물어 보았다. 그는 데려오고 싶은 사람이 있으면 모두 데려오라고 했다. 그 자리에서 내가 카스트로의 호스티스 역할을 했기 때문에 두 사람 사이의 염문이 퍼지기 시작했다. 사람들을 실망시키고 싶지는 않지만 다시 한번 분명하게 말하건대 카스트로와 나는 연인 사이는 절대 아니다. 노 로맨스. 추파도 한번 없었다. '나다無'. 아무것도 없었다.

멋진 만찬이었다. ABC 뉴스에서 룬 사장도 왔고 캐서린 그레이엄, 벤 브래들리와 샐리 퀸, 타임 매거진의 천재적인 에디터인 헨리 그룬월드 같은 친구들도 참석했다. 그리고 뉴욕에 있는 주요 매거진과 신문의 톱 에디터들도 모두 초청했는데 뉴욕 타임스의 매니징 에디터 A. M. 로젠탈 한 사람만 빼고는 모두 참석했다. 그는 피델 카스트로와 한 방에 있고 싶지 않다고 말하며 거절했다. CBS와 NBC의 기자들은 아무도 초청하지 않았는데 저녁이 끝나면 카스트로와

한 번 더 인터뷰하기로 되어 있었기 때문에 그들과 경쟁을 벌이고 싶지 않았던
것이다. 멋진 행동은 아니지만 텔레비전은 힘든 게임이고 항상 미스 나이스 가
이처럼 행동하다간 이기지 못한다.

그날 인터뷰는 하지 못했다. 하지만 카스트로가 온더레코드로 이야기하겠
다고 하자 나의 신문 친구들은 갑자기 수첩을 꺼내 들고 한 시간 동안 이 공산
지도자를 들볶았다. 내가 기억하는 한 그는 매력적이고 잘 웃기며 요리를 빨리
만들어 내는 사람이었다. 인터뷰를 마친 다음 그는 공관의 부엌으로 가서 우리
모두에게 맛있는 바닷가재 만찬을 만들어 주었다. 이튿날 그는 그날 온 손님 모
두에게 살아 있는 바닷가재를 한 마리씩 보내 주었다. 바닷가재 외교였다.

그 뒤 나는 25년이 지나서야 피델 카스트로를 다시 만나게 되었다. 나는 인
터뷰를 한 번 더 하자고 부탁했으나 답을 듣지 못했다. 매년 크리스마스카드는
꼬박꼬박 보내 왔는데 쿠바 대표부 직원이 직접 들고 왔다. 카드는 보통 4월에
배달되었는데 나는 그때마다 아바나로 오라는 초청장이 들어 있었으면 하는 기
대를 하며 그것을 받았다. 2002년 10월에 마침내 그 기대가 실현되었다.

그때 카스트로의 나이는 76세였다. 그는 9명의 미국 대통령이 지나가는 동
안 건재했고 그 9명의 미국 대통령 모두 그가 지구상에서 사라지기를 바랐다.
혁명궁에서 다시 만나자 카스트로는 내게 아주 보기 좋다는 인사를 했다. "각하
도 여전히 보기 좋습니다"라고 나는 답했다. "각하는 흰머리가 좀 더 늘었고 나
는 금발이 좀 더 늘었다는 것만 다르네요." 그가 항상 신임하는 통역인 후아니
타가 그의 옆에 다시 나타났는데 나는 그녀를 보니 반가웠다. 여전히 아름다웠
지만 그녀도 머리가 하얗게 바뀌었다. 우리는 서로 끌어안으며 오래전 시에라
마에스트라의 산야를 통과해 지나갔던 그 여행을 떠올렸다.

1977년에 카스트로는 내게 미국이 쿠바에 대한 금수조치를 해제해 준다면
자기 수염을 깎겠다는 말을 했다. 2002년에 만났더니 그는 여전히 턱수염을 하
고 있었다. 일부 식량을 제외하고 미국은 여전히 금수조치를 계속하고 있었다.
미국 정부는 미국 관광객의 쿠바 방문도 금지했다. 그래도 불법적으로 쿠바를
방문하는 사람들은 더러 있었다. 다른 나라들은 공산 쿠바에 대한 조치를 많이

완화시켜서 매년 100만 명이 넘는 유럽과 캐나다 관광객들이 쿠바의 태양과 해변, 럼주를 즐길 수 있게 되었다. 이제는 관광이 쿠바의 제일 큰 산업이 되었다.

그래서 이제 자신의 트레이드마크인 군복 대신 양복 정장을 입은 것이냐고 물어 보았다. "바버라, 당신한테 잘 보여서 당신이 내게 잘 대해 주기를 바라는 마음에서 그런 것이오. 나를 가엾게 여겨 달라고." 그는 이렇게 농담을 했다. "당신은 미 공군이 갖고 있는 미사일 수보다 더 많은 질문을 하는 사람이 아니오."

그의 유머 감각은 여전했고 그의 절대 권력 역시 마찬가지였다. 쿠바에 가기 전에 우리는 후안 미구엘 곤잘레스와의 인터뷰를 요청했다. 그는 다섯 살이던 1999년에 엄마와 함께 미국으로 도망가다 엄마는 바다에서 빠져 죽고 혼자 미국으로 간 쿠바 소년 엘리안 곤잘레스의 아버지였다. 당시 엘리안의 거취를 놓고 카스트로에 철저히 반대하는 플로리다의 소년 친척들과 쿠바에 있는 소년의 아버지 사이에 치열한 공방이 벌어졌는데 결국 카스트로의 승리로 끝났다. 엘리안의 마이애미 친척들은 소년의 쿠바 송환을 막으려고 연방대법원까지 갔지만 소년은 2000년에 아버지 후안 미구엘의 품으로 돌려보내졌다.

몇 달 동안 온 미국의 이목을 집중시킨 드라마였지만 쿠바에 있는 소년 아버지와의 인터뷰 요청은 거부되었다. 카스트로와 인터뷰할 때까지는 그랬다. 그런데 이튿날 아침 후안 미구엘이 정부에서 보낸 자동차에 태워져 급히 아바나로 왔다. 엘리안은 쿠바로 돌아온 뒤 '아주 행복하게' 지내고 있다고 그의 아버지는 내게 말했다. 9살이 되어 수줍은 모습을 한 소년의 사진도 보여 주었다. "이제 키가 나만 합니다. 학교에서 가라테를 배우고 있는데 푸른 띠입니다."

엘리안에 대한 소식은 믿을 수 없을 정도로 반가웠다. 소년은 쿠바가 내세우는 선전용 포스터 같은 아이가 되어서 국경일 행사 필름을 보면 카스트로 옆에 함께 있는 모습이 자주 목격되었다. 카스트로 자신은 5명의 아들과 여러 명의 손자손녀가 있으며 그중에는 세 쌍둥이까지 있다는 말이 있었다. 하지만 그는 지난번 인터뷰 때 자신의 혈육 관계를 일절 인정하지 않았다. 왜 그렇게 하느냐고 물었더니 그는 "나의 사생활을 언급하는 것은 금지되어 있소. 그것은 우리의 생활방식이 아니오"라고 대답하는 것이었다.

"무엇을 숨기려 하시는 겁니까?" 나는 이렇게 되물었다.

"그건 나의 인권이오"라고 카스트로는 농담을 했다. "나의 프라이버시를 지키려고 나의 인권을 주장하는 것이오."

그래도 내가 계속해서 묻자 그는 마지못해 이렇게 털어놓았다. "좋소, 우리한테 자손들이 있소. 그게 다요."

나는 세 쌍둥이에 대해 계속 물어 보았다.

"아, 세 쌍둥이야 어딘가에 있겠지요. 나도 그런 말을 들은 적이 있어요."

내가 카스트로의 입을 통해 들은 개인적인 이야기는 그게 모두였다.

우리가 아바나를 떠날 때 카스트로는 기념 선물로 '승리의 기억'이라는 제목이 붙은 오래전 피그즈만 때의 전투 사진집을 주었다. 사진집은 물론 스페인어로 되어 있었는데 쪽지가 붙어 있었다. 그 쪽지 내용을 번역하면 이렇다. "바버라에게, 그대의 무서운 손아귀에 내가 25년 만에 굴복했소. 이제는 절대로 그대의 손아귀에서 벗어나려고 하지 않겠다고 약속하오. 벗어난다는 건 불가능하기 때문이오. 나는 2027년에 있을 우리의 다음 만남을 기다리겠소." 쪽지에는 '피델 카스트로'라는 사인과 함께 2002년 10월 7일이란 날짜가 적혀 있었다.

그의 정치와 이념에 대해 사람들이 어떻게 생각하든 상관없이 그는 현대사에 큰 족적을 남긴 인물이다. 2006년 7월에 그가 위중했을 때는 며칠 동안 아무도 그의 생사조차 몰랐다. 이 회고록을 쓰는 동안에 나는 그가 수술을 위해 병원에 입원했다는 뉴스를 들었다. 나는 곧바로 펠리페 페레스 로케 쿠바 외무장관에게 이메일을 보내 근심을 표하고 조속한 쾌유를 비는 나의 마음을 카스트로에게 전해 달라고 부탁했다. 물론 순수한 인정에서 그 이메일을 보낸 것만은 아니었다. 나는 별도의 이메일을 통해 카스트로가 회복되면 곧바로 인터뷰를 하게 해 달라는 요청서도 함께 보냈다.

나는 피델 카스트로로부터 답장을 받지 못했으며 앞으로도 그 답장은 영영 받지 못할 것이다.

역사적인 인터뷰 :
안와르 사다트와 메나헴 베긴

내가 제일 자주 받는 질문은 당신이 한 인터뷰 가운데 어느 것이 제일 마음에 드느냐는 것이다. '마음에 든다' 는 말은 잘 안 쓰지만 내게 제일 소중하게 생각되는 것을 굳이 하나 고른다면 고인이 된 안와르 엘 사다트 이집트 대통령과의 인터뷰이다. 그는 세상을 바꾸었고 적어도 바꾸려고 노력한 사람이었다. 이집트와 이스라엘 사이에 우의는 아니더라도 평화를 가져오는 데 그는 타협을 향한 위대한 첫걸음을 내디딘 사람이다. 그는 지금까지 지구상에서 제일 복잡하게 얽힌 분쟁지역 가운데 하나인 곳에서 타협을 이루기 위해 노력했다. 사다트는 통찰력과 용기, 그리고 카리스마를 가진 사람이었다. 호리호리하고 자그마한 체구를 가졌지만 마음은 거인이었던 사람이다.

그리고 내가 일을 하면서 가장 소중하고 가장 자랑스러웠던 시간을 고르라고 한다면 그것 역시 중동에서 일했던 70년대 중반이 될 것이다. 지금은 역사적인 시절이 되었지만 그 힘들고 굴곡 많았던 시기를 나는 추억으로 간직하고 있다.

아버지가 돌아가신 지 한 달 뒤에 나는 당시 팔레스타인해방기구PLO 의장이던 야세르 아라파트와 인터뷰하기 위해 베이루트로 갔다. 나는 종적을 포착하기가 어려운 그 PLO 의장과 인터뷰하기 위해 여러 해 동안 애를 써오다 1977년 9월에 마침내 인터뷰에 응하겠다는 답을 받아 냈다. 그때는 ABC에 20/20 같은 뉴스매거진이 없었기 때문에 인터뷰는 일요일 아침 뉴스 프로그램인 '이슈 앤드 앤서'에 내보내기로 했다.

당시 서방과 이스라엘의 입장에서 볼 때 아라파트는 팔레스타인 영토의 독립을 쟁취하기 위해 폭력행위를 주도하는 팔레스타인 테러리스트 제1호였다. 하지만 팔레스타인 사람들에게 그는 영웅이며 수호자였다. 당시 많은 팔레스타인 사람들이 이스라엘에서 도망치거나 추방당해 레바논의 난민수용소에서 비참한 생활을 하고 있었다. 중동이라는 처절한 모자이크 판에서 아라파트는 매우 막강한 영향력을 가진 존재였다.

레바논은 매우 어수선한 시기였다. 기독교와 회교 민병대 사이에 진행된 2년여에 걸친 내전이 서서히 잦아들고 있었고, PLO는 그곳에서 이스라엘을 향해 로켓포 공격을 감행하고 이스라엘은 여기에 맞서 보복공격을 감행하고 있었다.

상황은 매우 위태로웠지만 나는 일에 너무 열중하느라 얼마나 위험한지 따위는 안중에도 없었다. 함께 간 팀도 손발이 잘 맞았다. ABC는 아주 유능하고 멋진 고참 뉴스 프로듀서인 데이비드 제인을 같이 보내 주었는데 그는 베트남 전쟁을 오래 보도한 사람이다. ABC 라디오의 래리 버크먼 기자도 같이 갔다.

우리는 아라파트를 만나기 위해 파괴된 도시에서 며칠을 기다렸다. 한때 중동 전역의 금융 중심지로 아름답고 번영을 구가했던 베이루트는 폭력으로 거의 폐허가 되다시피 했다. 시가 중심지의 현대식 건물들은 텅텅 비었고 창문은 부서졌으며 지중해변에 늘어선 휴양지 호텔들도 사정은 마찬가지였다(그 뒤 2006년 베이루트의 모습도 팔레스타인 테러 조직인 헤즈볼라에 대한 이스라엘의 공습으로 을씨년스럽기는 마찬가지였다). 아라파트를 만나기 위해 기다리는 동안 PLO는 우리를 데리고 가 난민촌 몇 곳을 보여 주었다. 모세 다얀이 전에 내게 선전용 투어라고 말해 준 적이 있는 관람이었다. 우리는 난민촌을 필름에 담았는데 선전이든 아니든 팔레스타인 사람들이 비참하게 살고 있다는 것은 부인할 수 없는 현실이었다. 거리 곳곳에 인분이 나뒹굴고 온통 쓰레기 천지였다. 어린이들은 PLO의 이스라엘 타도 슬로건인 "승리의 그날까지 혁명!"을 외치며 목총을 들고 이스라엘 사람들을 향해 총 쏘는 시늉을 하며 쓰레기 더미를 헤집고 다녔다.

당시 레바논과 미국 사이에 위성 전송이 안 되었기 때문에 ABC는 전세 비행기를 한 대 빌려 데이비드 제인이 그걸 타고 난민촌 필름을 들고 요르단의 암만으로 간 다음 그곳에서 뉴욕으로 전송했다. 그런 다음 그는 다시 베이루트로 돌아왔다.

아라파트와의 인터뷰는 어느 날 저녁 아무런 사전 설명 없이 갑작스럽게 이루어졌다. 우리는 차에 태워진 채 우회로로 도시를 통과한 뒤 한꺼번에 몇 블록씩 가다가는 갑자기 반대 방향으로 돌기도 하며 한참 돌아다닌 끝에 아주 평범하게 보이는 일반 아파트 건물 앞에 멈춰 섰다. 민간인 거주지역에 섞여 들어가는 게 당시 PLO의 전술이었다(헤즈볼라도 나중에 그렇게 했다).

아라파트는 경비가 철통같은 아파트의 가파른 계단 위 3층에서 우리를 기다리고 있었다. 우리가 들어갔을 때 그는 맨머리를 하고 있었는데 나는 그때 그가 대머리라는 것을 알고 놀랐던 기억이 난다. 내가 본 사진 속에서 그는 늘 모자나 두건인 카피에를 둘러쓰고 있었기 때문이다. 이야기를 시작할 시간이 되자 그는 그때서야 카피에를 썼다.

오래 기다려온 인터뷰는 그의 악수만큼이나 흐물흐물했다. 그는 늘 해온 것처럼 이스라엘의 생존권을 인정하는 듯하다가는 뒤로 물러나고 하는 그 수법을 그대로 썼다. 아라파트는 공개 인터뷰를 할 때는 항상 평화 가능성을 내세우지만 우리는 그가 자기 사람들끼리 모인 사적인 인터뷰에서는 그 말을 번복한다는 것을 알고 있었다. 어쨌든 우리는 인터뷰할 수 있어서 기분이 좋았고 이튿날 데이비드 제인은 다시 한번 래리 버크먼과 함께 암만으로 가서 필름을 뉴욕으로 전송했다. 나는 그들과 같이 가려다가 마지막 순간에 가지 않기로 했다. 일요일에 프로그램에 출연해야 하기 때문에 하루 머물려고 요르단으로 가는 게 별 의미가 없다고 생각했다. 그래서 데이비드와 나는 금요일에 파리에서 만나 같이 뉴욕으로 돌아가기로 약속했다.

그는 나타나지 않았다. 파리에서 몇 시간을 기다리자 걱정이 되기 시작했는데 그때 그 끔찍한 전화를 받았다. 데이비드와 래리가 탄 전세기가 암만에서 이륙 직후 폭발했다는 것이다. 두 사람 모두 죽었고 두 명의 요르단 조종사도 함께 죽었다. 조사가 진행되었지만 아무런 설명도 없었다.

데이비드와 래리는 그렇게 죽었다. 그들과 함께 아라파트와 가진 내 인터뷰 테이프도 대부분 사라졌다. 하지만 두 사람의 목숨에 비하면 그건 아무것도 아니었다. 나는 죄책감에 사로잡혔다. 두 사람은 내 인터뷰 때문에 암만에 왔다. 나는 명성을 얻겠지만 그들은 목숨을 잃었다. 나는 뉴욕으로 돌아가자 두 사람의 유가족들을 만났다. 그들은 나를 원망하지는 않았지만 나는 자신을 질책하지 않을 수 없었다.

나는 뉴스 시간에 래리와 데이비드의 죽음에 대해 이야기했다. "뉴스 일을 하는 남자와 여자들은 방송을 하는 동안에는 인격체가 아닙니다." 나는 이렇게 말을 시작했다. "우리가 지닌 운명적인 코드가 그런 것입니다. 하지만 나는 지난 금요일 아침 요르단 암만에서 죽은 두 명의 동료 이야기를 하지 않고서는 오늘 저녁뉴스를 시작할 수가 없습니다. 래리는 젊고 위트가 넘쳤으며 세 여자아이의 아버지였습니다." 나는 계속해서 이렇게 말했다. "데이비드도 이제 겨우 40세밖에 안 된 젊은이였고 네 아이의 아버지였습니다. 그는 정말 사랑스럽고 총명한 최고의 젊은이였습니다. 일어나지 말았어야 할 일이 일어났습니다. 우리가 몸담고 있는 일이 그렇다는 것을 알면서도 나는 부인과 자녀들, 그리고 ABC 뉴스에 남은 우리 자신들을 생각하면 너무도 가슴이 아픕니다."

베이루트에서 가진 인터뷰 말미에 아라파트는 머리에 두른 흑백의 카피에를 풀어서 그 위에다 아랍어로 '승리의 그날까지 혁명' 이라고 쓴 다음 내게 선물로 주었다. 나는 그것을 모세 다얀한테서 선물로 받은 작은 골동품 석유램프 옆에다 두고 중동의 두 적대 세력을 나타내 보일 생각이었다. 하지만 집에 돌아온 뒤 이코델이 내 가방을 풀면서 두건에 쓰인 글씨를 미처 보지 못했다. 그래서 그녀는 천에 잉크가 묻은 것쯤으로 생각하고는 세탁기에 넣어 돌려 버렸다. 하지만 나는 아까워하지 않았다. 비행기 사고로 어차피 그 선물은 아무런 의미가 없게 되어 버렸기 때문이다.

데이비드와 래리의 죽음은 중동이라는 증오의 늪에서 당한 의미 없는 손실이었다. 나는 이집트의 안와르 엘 사다트, 이스라엘의 골다 메이어, 모세 다얀, 메나헴 베긴, 그리고 PLO의 아라파트 등 그 지역에서 맞서 싸우는 양측의 많은 지도자들과 적어도 한 번씩은 인터뷰했다. 인터뷰를 할수록 희망은 점점 더 멀어 보이는 것 같았다. 1977년 11월까지는 그런 생각이었다.

나는 그때 바버라 월터스 스페셜 인터뷰 때문에 캔자스시티에서 돌리 파튼을 만나고 있었다. 바로 그 시각 사다트 대통령이 월터 크롱카이트와 인터뷰하는 도중에 평화를 위해 예루살렘을 방문할 용의가 있다는 뜻을 밝힘으로써 세계를 깜짝 놀라게 만들었다. 베긴 총리로부터 이스라엘 의회인 크네셋에서 연설해 달라는 공식초청만 있으면 된다는 것이었다. 그리고 CBS 뉴스 리포터들이 텔아비브의 한 호텔에 있는 베긴 총리를 에워싸고 인터뷰를 하면서 초청은 금방 이루어졌다. 크롱카이트는 두 인터뷰를 교묘하게 배치시켜서 마치 이집트 대통령과 이스라엘 총리가 서로 마주 보고 이야기하는 것처럼 보이게 만들었다. 두 사람이 만난다면 그야말로 역사적인 사건이었다. 곧바로 방송사들은 예루살렘을 향한 경쟁에 돌입했다. 사실은 그날 앞서 사다트로부터 평화를 위해 예루살렘으로 가겠다는 말을 처음으로 전해 들은 것은 ABC의 수석 해외 특파원인 피터 제닝스였다. 하지만 피터 제닝스는 그 자리에 카메라 크루 없이 있었기 때문에 특종을 CBS와 크롱카이트에게 놓치고 말았다.

룬 사장이 사다트의 예루살렘 방문 ABC 취재 팀장으로 나를 임명함으로써 피터 제닝스는 또 한번 충격을 받았다. 피터의 반발은 그럴 만했다. 그는 중동을 오랫동안 취재해 왔다. 룬 사장은 나중에 내가 사다트, 베긴 두 사람과 모두 아주 친하기 때문에 그렇게 한 것이라고 말했다. 피터는 그것 때문에 여러 해 동안 나를 욕했다. 나는 그의 행동을 비난하지는 않았지만 그렇다고 가라는 지시를 거부하지는 않았다. 사다트가 베긴의 초청을 받은 지 불과 닷새 뒤인 11월 19일에 예루살렘을 방문하겠다고 발표해 버렸기 때문에 우리는 한마디로 정신이 없었다.

나는 11월 18일 NBC의 앵커인 존 챈슬러와 같은 비행기로 텔아비브로 날아갔다. 두 사람 모두 크롱카이트가 어디 있는지 궁금했다. 나는 그날 모세 다얀과 만나 그의 주적이었던 나라와의 평화전망에 대한 이야기를 들은 다음 밤 늦게야 그 답을 알게 되었다. 장시간 비행과 인터뷰 때문에 지친 몸을 이끌고 호텔 방에서 깊은 잠에 빠져 있는데 전화벨이 울렸다. "크롱카이트는 카이로에 있소." 룬이 뉴욕에서 마치 선언문을 낭독하듯이 말했다. "내일 아침 텔아비브로 가는 사다트 비행기의 자리를 얻었소. 챈슬러도 그 비행기에 탈 것 같소. 그 비행기를 타시오."

바로 그것이었구나. 이집트와 이스라엘 사이에는 직통전화가 안 되었기 때문에 카이로에 있는 아는 이집트 사람들에게 전화를 걸 수가 없었다. 그래서 나는 전화번호 책을 꺼내 들고 미국 주재 이집트 대사인 아슈라프 고르발의 워싱턴 대사관저로 전화를 걸었다. 세상에 도대체 지금이 몇 시야. 하지만 나는 사다트의 비행기에 자리를 얻어야만 했다. 나는 대사에게 간청했고 그는 노력은 해 보겠지만 장담할 수는 없다고 했다. 두 시간 뒤에 연락해온 그는 "사다트 대통령 각하의 비행기에 탑승하는 것을 환영합니다"라고 말했다.

그런데 카이로까지는 어떻게 가나? 아시다시피 이집트와 이스라엘 사이에는 직항로가 없었다. 이스라엘 비행기로 키프로스로 가서 키프로스 비행기로 이집트로 갈 수 있지만 그렇게 해선 제 시간에 사다트의 비행기를 탈 수가 없다. 다행히 CBS가 위성 장비를 파리에서 텔아비브로 공수하기 위해 빌린 전세기가 있다는 말을 들었다. 우리는 프랑스 조종사에게 돈을 주고 나를 이집트로 데려다 달라고 했다. 우리는 키프로스에 잠시 기착했다가 다시 이륙하기로 되어 있었다.

나는 필름 크루들과 함께 비행기에 올랐다. 다시 하늘에 오른 것이었다. 나는 머리를 창에 기댄 채 잠에 빠져들었다. 거의 24시간 가까이 잠자는 사치를 누려 보지 못한 처지였다. 눈을 떴더니 바로 밑에 피라미드가 보이기 시작하는 것이었다. 내가 꿈을 꾸고 있나 하는 생각이 들었는데 알고 보니 이집트 쪽에서 우리를 키프로스에 기착하지 않아도 된다는 허락을 내려 주었다는 것이다. 정말 놀랍게도 조종사는 텔아비브에서 카이로로 논스톱 비행 허가를 얻었던 것이다. 불과 한 시간 거리밖에 되지 않았다. 우리가 탄 전세기는 1948년에 이스라

엘이 건국된 이래 이집트로 직접 날아간 최초의 민간 항공기였다. 역사적인 사
건이었지만 그때는 사람들이 더 큰 일에 묻혀 그런 건 생각할 겨를이 없었다.

　우리는 거의 텅 빈 공항에 도착했다. 사다트가 단신으로 평화협상을 위해
떠나는 데 대한 아랍인들의 반대 분위기를 보여 주듯 보안은 아주 철저했다. 나
는 도망치듯이 비행기에서 뛰어내려서는 메인 터미널 쪽으로 뛰었다. 그곳에는
놀라는 표정이 역력한 존 챈슬러와 월터 크롱카이트가 있었다. 크롱카이트는
나중에 PBS 프로그램인 아메리칸 마스터스에 출연해 당시를 이렇게 회고했다.
"카이로에서 비행기에 오르는데 작은 자가용 비행기가 한 대 활주로에 내렸습
니다. 그리고 그녀가 폴짝 뛰어내리더니 마치 야구 선수가 시합하러 필드로 뛰
어드는 것처럼 달려오기 시작했어요. 한쪽 손을 쳐들고 '기다려요, 기다려요,
내가 탈 때까지 기다려요'라고 소리치면서." 두 사람의 뉴스 앵커는 나를 보고
기분이 좋았을 리가 없다. "그보다 더 기분 나쁠 수는 없었다"고 월터는 나중에
털어놓았다. 나로 말할 것 같으면 내가 비행기를 탔다는 사실이 이루 말할 수
없을 정도로 짜릿했다. 비행기는 곧바로 이륙했고 이번에는 이스마일리아의 주
말 별장에 가 있는 사다트를 태우러 갔다.

　챈슬러, 크롱카이트와 경쟁할 생각을 하니 앞이 캄캄했다. 하지만 마침내
ABC, NBC, CBS가 나란히 한 비행기에 탔다. 비행기에 함께 탄 다른 미국 기
자는 타임의 윌튼 원 한 명뿐이었다. 비행기는 이스마일리아시 인근에 착륙했
고 그곳에서는 네이비블루 정장을 말끔하게 차려입은 사다트가 미소를 머금은
채 기다리고 있었다. 그는 이집트 의장대와 주요 각료들이 도열해 있는 가운데
바닥에 깔린 붉은 카펫 위를 천천히 걸어 왔다. 외무장관이면서 사다트의 오랜
친구인 이스마일 파미는 보이지 않았다. 그는 사다트를 배신자라고 부르며 이
스라엘 행에 항의해 사임해 버렸다. 하지만 사다트는 별로 개의치 않는 것 같았
다. 우리 가까이로 오자 나는 마이크를 갖다 대며 이렇게 물었다. "대통령 각하,
지금 감회가 어떠십니까?"

　"바르-버-라." 사다트는 예의 그 울리는 목소리로 이렇게 소리쳤다. "비행
기를 탔군요." 나는 웃었다. 하지만 질문을 다시 반복하기도 전에 사다트는 크

롱카이트한테로 몸을 돌리더니 큰 소리로 "월터, 바르-버-라가 비행기를 탔는데 기분이 어떻소?"

"어, 대통령 각하." 월터는 짤막하게 대답했다. "내가 예상했던 바는 아닙니다."

비행기가 이륙하자 사다트는 우리 세 사람을 자기 방으로 불러 짤막한 인터뷰를 했다. 우리는 제비뽑기로 첫 번째 질문을 누가 할지 정했다. 당시에는 첫 질문을 하는 게 아주 중요했는데 누가 이겼는지는 기억이 나지 않는다. 그러니 나는 아니었던 것 같다. 하지만 내게는 몰래 숨겨 놓은 에이스 카드가 한 장 있었다.

방으로 들어가기 전에 나는 종이에다 질문을 하나 적어 가지고 갔다. "대통령 각하, 크네셋에서 연설하신 다음에 저와 인터뷰를 하시겠습니까?" 답변하기 수월하도록 아래쪽에다 네모 칸 네 개를 만들어 각각 다음과 같이 써 놓았다. '예스' '노' '단독으로' '베긴 총리와 같이' 방을 나서면서 나는 그 쪽지를 그의 보좌관 중 한 명에게 슬쩍 찔러 주었다.

ABC는 사다트 대통령이 이스라엘 땅에 발을 내딛는 역사적인 도착 장면을 생중계했다. 그리고 비행기가 도착하자마자 나는 공항을 가로질러 피터 제닝스와 공항에 마련해 놓은 ABC 방송 셋업을 찾으러 갔다. 나는 착륙 때 사다트의 보좌관이 전해준 쪽지를 쳐다볼 시간조차 없었다. 피터와 함께 이집트에서 도착하기까지의 비행과정과 사다트와의 인터뷰 내용을 방송에 내보낼 때까지도 나는 숨을 헐떡였던 것 같다. 그제서야 가방에 쑤셔 넣었던 쪽지 생각이 나서 꺼내 보았다. 사다트는 '예스' 칸과 '단독으로' 칸에 체크를 해 놓았다. 베긴 총리와 합동 인터뷰가 되었으면 좋았겠지만 상관없었다. 이번 방문의 주인공과 독점 인터뷰를 하게 되었고 (물론 나는 그 쪽지를 잃어버렸다. 나는 뭐든지 잃어버린다) 나는 그 말을 우리 프로듀서인 저스틴 프리드랜드에게만 이야기했다. 경쟁사들 모르게 비밀 인터뷰 준비를 해야 하기 때문이다. 만약에 말이 새어 나가면 사다트가 모두와 같이 인터뷰하려고 할까 걱정이 되었던 것이다.

단독 인터뷰를 확보해 놓고 난 다음 나는 잠시 한숨을 돌리고 공항을 둘러

보러 나갔다. 수백 명의 인파가 이스라엘과 이집트 국기를 흔들고 있었다. 이스
라엘 사람들이 짧은 시간에 저토록 많은 이집트 국기를 어떻게 구했을까 하는
생각이 들었다. 그리고 이스라엘 군악대가 이집트 국가를 어떻게 입수해서 배
웠는지도 궁금했다. 하지만 제일 기억에 남는 장면은 메나헴 베긴, 골다 메이
어, 모세 다얀, 아리엘 샤론, 이츠하크 라빈 등 사다트의 적이었던 사람들이 모
두 그를 맞이하기 위해 도열해 있었다는 점이다.

　(당시 미국에서는 많은 풋볼 팬들이 오하이오 스테이트와 미시간의 풋볼 게임을 보려고
ABC를 틀었다가 풋볼 킥오프 대신 사다트의 역사적인 이스라엘 도착 장면이 나와 할 수 없
이 그것을 보게 되었다. 그러자 화가 난 사람들이 ABC에 항의전화를 해대는 바람에 전화선
이 불통이 될 정도였다. ABC는 7분 만에 풋볼 게임 중계로 돌아갔으며 팬들은 안도의 한숨
을 내쉬고 역사는 찬밥 신세가 되었다.)

　저스틴과 나는 텔아비브에서 예루살렘으로 자동차로 달렸다. 정말 대단한
장관이었다. 연도에는 사람들이 몰려나와 환호하고 어린아이들은 이스라엘과
이집트 국기를 흔들었다. 도저히 불가능하던 일이 현실로 나타난 것이다. 적이
이스라엘에 온 것이다. 우리는 모두 낙관했다. 사다트가 베긴을 만나면 평화도
멀지 않은 것 아닌가? 그날은 실로 내가 겪은 날들 중에서 가장 영광스러운 날
가운데 하나였다.

　예루살렘에 도착한 다음 나는 곧바로 예정되어 있는 베긴 총리와의 인터뷰
를 하러 갔다. 총리 관저는 작고 아담했다. 베긴과 그의 부인 알리자가 나를 반
겨 주었는데 나는 당시 부인도 꽤 잘 아는 사이였다. 베긴 총리는 나를 서재로
안내했는데 방이 온통 가족사진으로 둘러싸인 아주 인간적인 분위기였다. 나는
베긴이 사다트와 지금 이루어진 승리에 대한 이야기를 할 줄 알았다. 하지만 그
대신 그는 홀로코스트와 집단수용소에서 죽은 자기 가족들의 사진을 보여 주며
침통한 심정을 토로했다. 안와르 엘 사다트를 만나고 난 직후에 그의 마음을 사
로잡고 있는 심정이 바로 그런 것이었던 셈이다.

　인터뷰하고 난 다음 베긴은 에너지가 넘치는 듯했다. 그는 이튿날 크네셋에
서 연설하는 사다트를 동행하는 등 스케줄이 꽉 짜여 있었는데도 너무 흥분해

서 잠자리에 들 생각을 하지 않았다. 크네셋에서 할 연설 준비도 하지 않은 상태였다. 그는 지금까지 한번도 미리 써서 준비해 본 적이 없다고 내게 말했다. 대신 그는 충직한 보좌관인 예히엘 카디샤이에게 내일 연설에서 인용할 만한 성서 구절을 한번 찾아보라고 지시했다. 그는 자정이 한참 지나도록 계속 이야기를 했다. 카디샤이가 참다못해 "총리 각하, 제발 부탁드리는데 가서 주무십시오."

그래서 베긴은 방에서 나갔다. 하지만 도저히 잠이 안 오는 어린아이처럼 그는 금방 다시 나타났다. "바버라." 그는 이렇게 부르며 말했다. "한 가지 잊고 말하지 않은 게 있어요. 공항에서 같이 타고 오는 길에 사다트 대통령에게 내가 이렇게 말했어요. '우리의 소중한 친구 바버라를 위해 내일 그 인터뷰를 나와 같이 하시겠습니까?' 그랬더니 이봐요 바버라, 사다트가 예스라고 대답했어요. 그러니 내일 크네셋에서 우리가 연설을 하고 난 다음에 인터뷰합시다."

리처드 닉슨은 필립공과의 인터뷰를 주선해 주었는데 베긴 총리는 나의 기자 경력에서 제일 중요한 인터뷰를 만들어 준 것이었다. "감사합니다, 총리 각하"라고 나는 말했다. "정말 감사합니다." 그러고 나서 그는 잠을 자러 나갔다.

이튿날 저스틴은 그 합동 인터뷰를 위해 크네셋 본회의장에서 떨어진 곳에 작은 방을 하나 잡았다. 그날은 풋볼 경기도 없었기 때문에 ABC는 크네셋에서 행한 사다트의 탁월한 연설과 베긴의 연설을 모두 생방송으로 내보냈다. 그리고 곧이어 두 지도자는 우리가 기다리는 방으로 왔다. 이스라엘 보안군과 이집트 군인들이 뒤섞여 엄청난 소동이 벌어졌고 눈이 휘둥그레진 이스라엘 취재진 몇 명이 뒤따랐다.

나는 간밤을 거의 꼬박 새우며 이스라엘과 이집트 두 지도자의 사상 첫 합동 인터뷰 질문을 준비했다. 나는 두 사람과 40분간 이야기하며 TV 시간으로 테이프 카세트 두 개 분량을 녹화했다. 그 대화에서 벌써 최종적인 평화로 가는 길에 겪게 될 어려움들이 금방 드러났다. 두 사람은 서로에 대한 존경심과 호감을 표했지만 세부 내용에 들어가자 실질적인 평화협정 전망은 실로 암울했다. 사다트는 크네셋 연설에서 모든 것이 다 협상가능하지만 아랍 민족은 점령지를 단 한 치도 양보하지 않을 것이라고 강조했다. 인터뷰에서 내가 평화를 위해 영토를 양보할 수는 없느냐고 물었더니 그는 같은 입장을 되풀이했다.

"절대로 안 돼요"라고 그는 말했다. "절대로 안 됩니다."

"그렇다면 잘 이해가 안 되는군요." 내가 이렇게 말했다. "영토를 조금도 포기할 수 없고, 그건 협상이 불가하다면 도대체 무슨 노력을 하시겠다는 것인가요?"

"같이 앉아서 이야기할 수 있습니다. 다음 주나 그 다음 주에 어떤 일이 일어날지는 아무도 모르는 것입니다."

내가 계속 다그치자 사다트는 이렇게 말했다. "바버라, 정치는 이런 식으로 할 수 있는 게 아니에요."

그 다음에 나는 가벼운 질문으로 사다트 대통령에게 베긴 총리를 카이로로 초대할 계획이냐고 물었다.

"시나이 반도로 초대할 생각이오." 사다트는 짓궂은 미소를 지어 보이며 대답했다. 물론 시나이는 그때까지도 이스라엘군이 점령하고 있었다.

"그렇다면…" 베긴이 맞받았다 "내가 초대하지요." 그리고 두 사람 모두 웃음을 터뜨렸다.

우리는 팔레스타인 국가 건설이 가능한지와 같은 민감한 문제를 포함해 다른 문제들도 짚었다. 베긴은 아주 강경하게 "내 입장은 노"라고 대답했다. 그날 오전에 사다트가 야드 바셈 홀로코스트 추모관을 방문한 이야기도 했다. "아주 가슴이 뭉클했습니다"라고 그는 말했다. "오늘 본 것처럼 그 정도로 일이 저질러졌는지 정말 몰랐어요." 나는 또한 사다트에게 그를 반역자로 몰아붙이는 다른 이집트인들을 떠올리며 신체적 안전이 걱정되지 않느냐고 물어 보았다.

"내가 왜요? 나는 신이 원하는 것보다 단 일 분도 먼저 가지 않을 것이오"라고 그는 대답했다. 하지만 그로부터 4년 뒤에 그는 이 평화 노력의 대가로 암살당했다.

지금도 마찬가지이지만 그 당시 미국인들이 잘 이해할 수 없었던 점은 이집트가 중동에서 차지하는 중요성이었다. 그래서 왜 사다트가 이스라엘과 일방적으로 평화를 모색하겠다고 해서 후세인 요르단 국왕을 비롯한 다른 아랍권 지도자들로부터 그토록 심한 욕을 먹어야 하는지 이해하지 못했다. 그것에 대한 답은 숫자에 있었다. 이집트는 수단을 포함해 중동에 있는 아랍 전체 인구의 3분의 2를 차지하고 압도적인 군사력을 갖고 있었다. 이집트의 입장은 이 지역 다른 아랍국들에 심대한 영향을 미쳤다.

"이집트 없이는 아랍 세계에 전쟁도 평화도 이루어질 수 없다는 말이 사실입니까?" 나는 사다트에게 이렇게 물었다.

"그 말은 사실입니다"라고 그는 대답했다. "전쟁이든 평화든 이집트가 결정합니다. 우리 인구가 4000만 명이니까요."

나는 그 인터뷰를 한 게 너무 자랑스러웠다. 이튿날 전 세계적으로 헤드라인을 장식했고 CBS에 큰 후폭풍을 불러일으키게 만들었다.

베긴과 사다트의 공동 인터뷰가 끝나자마자 저스틴은 테이프 카세트를 챙겨 들고 이스라엘 텔레비전 방송센터로 달려가서 대화내용을 편집한 다음 위성을 통해 뉴욕으로 쏘았다. 소문은 순식간에 퍼져 나갔고 CBS 팀에서 일하는 이스라엘 운전기사가 자기 팀 프로듀서에게 달려가서는 "ABC가 사다트와 베긴을 채갔어요!"라고 소리쳤다. 그리고 추격 작전이 시작되었다.

CBS 스태프들은 결사적으로 두 지도자를 추적해서 자기들과도 인터뷰해 달라고 애걸복걸했다. 이번에는 월터 크롱카이트와 해 달라는 것이었다. 갑자기 치고 올라오는 3등 ABC 뉴스를 어떻게 하든 꺾어 놓아야 한다는 일념에서 CBS 뉴스는 크롱카이트가 한 인터뷰를 편집도 하지 않고 곧바로 뉴욕으로 보내 60미니츠에 내보냈다. 하지만 그게 실책이었다. ABC는 CBS에서 크롱카이트의 인터뷰를 내보내기 몇 초 앞서서 내 인터뷰를 방송에 내보냈을 뿐 아니라 크롱카이트가 인터뷰 말미에 "내가 모르는 것 중에서 바버라가 안 것이 있습니까?"라고 물었던 것이다.

나는 뉴욕으로 돌아오는 도중에 내내 '둥지'에서 편안하게 잤다. 엘 알 승무원들이 나를 위해 플로어에 편안하게 누울 자리를 만들어 주었던 것이다. 나는 뉴스 쪽에서 나의 위상이 크게 높아졌음을 실감했다. 카스트로와 아라파트, 그

리고 사다트, 베긴의 인터뷰를 잇달아 내놓음으로써 나는 진지한 저널리스트의
반열에 올라서게 되었던 것이다. 당시 방송 저널리즘의 최정상에 서 있던 두 사
람인 챈슬러, 크롱카이트와 맞대결을 벌인 것도 별 문제가 안 되었다. 이런 표
현을 써서 좀 미안하지만 나는 그때 그 두 사람을 완전히 뭉개 놓았다. 그날 이
후 나는 올드 보이 클럽의 일원으로 어느 정도 받아들여지게 되었다.

하지만 아직 끝마치지 않은 일이 있었다. 나는 거창한 계획을 마음속에 그
리고 있었던 것이다. 베긴, 사다트와의 합동 인터뷰 말미에 나는 두 사람에게
워싱턴에 있는 자국 대사들이 "그동안 한번도 그렇게 하지 못했지만 이제는 마
침내 서로 만나 이야기할 수 있게 되는 것이냐?"고 물어 보았다. 사다트는 잠시
생각해 보더니 이렇게 대답했다. "안 될 게 뭐가 있소? 오늘 당장부터라도 우리
는 그렇게 할 용의가 있소." 베긴도 좋다고 동의했다. "내일부터 전 세계에 나가
있는 이집트와 이스라엘 대사들이 합동 인터뷰도 하고 기자들을 만나 자유롭게
자신들의 입장을 밝힐 수 있도록 했으면 좋겠소."

나는 곧바로 심차 디니츠 주미 이스라엘 대사와 그의 이집트 파트너인 고르
발 대사에게 전화를 걸어 내가 미국으로 돌아가면 두 사람을 '이슈 앤드 앤서'
프로에 모셔서 합동 인터뷰를 하고 싶다는 뜻을 전했다. 디니츠 대사는 좋다고
했지만 고르발 대사는 나의 제안을 거절했다. 두 사람의 첫 만남을 텔레비전에
나와 공개적으로 하고 싶지는 않다는 것이었다. 그래서 그 대신 나는 두 사람을
오프더 레코드 디너파티에 초대했고 두 사람 모두 좋다고 이를 수락했다. 정말
이지 그것은 대단한 사건이었다. 지금도 이집트와 이스라엘 대사는 만찬장에
같이 나타나는 법이 드물다. 나는 이스라엘에서 돌아오고 불과 몇 주 뒤에 워싱
턴 매디슨 호텔에서 열린 그 만찬에서 호스트를 했는데 일종의 커밍아웃 같은
성격을 띤 파티였다. 양국 외교관들은 미국에 파견되어 모두 워싱턴에 살면서
도 그동안 한번도 서로 만난 적이 없었다. 이집트와 이스라엘은 1948년 이래
기술적으로 여전히 전쟁상태에 있었고 또한 수시로 실제로 전쟁을 했기 때문에
서로 만날 처지가 아니었던 것이다.

우리 모두 정말 유쾌한 시간을 보냈다. 나는 파티 준비를 철저하게 했다. 캐

서린 그레이엄, 벤 브래들리, 샐리 퀸, 그리고 유머 작가 아트 부크월드, 카터 대통령의 측근 보좌관 해밀턴 조던, 카터 대통령의 공보비서 조지 파월, 카터 대통령의 국가안보보좌관 즈비그뉴 브레진스키, 퇴임하는 국무장관 헨리 키신저, 그리고 나의 오랜 친구로 당시 뉴욕 타임스 칼럼니스트였던 빌 새파이어 등이 초청되었다. 그리고 누구도 대적하지 못했던 우리 백악관 출입기자 샘 도널드슨, 피터 제닝스, 그리고 그 외에도 30여 명이 참석했다.

모든 이목이 집중된 가운데 두 대사는 디너 시작 전에 마련된 프리디너 칵테일 모임에서 처음으로 만나 선 채로 환담을 나누었다. 두 사람은 후일 당시의 첫 만남을 아무 부담 없이 가벼운 환담을 나누는 자리였다고 회고했다. "날씨 이야기 등을 주고받다가 나중에는 약간 진지한 이유이기도 했지만 좋은 분위기"였다고 디니츠 대사는 말했다.

다행히도 빌 새파이어가 그날 저녁 일을 기록해 놓았다. 그렇지 않았으면 만찬 때 두 사람이 어떤 건배사를 했는지 제대로 기억하지 못할 뻔했다. 디니츠 대사는 "탁월한 능력과 전문성을 가진 사람이며 그것 때문에 내가 기분이 좋지 않을 때가 종종 있을 정도"라며 고르발 대사를 치켜세웠다. 그리고 그는 사다트 대통령의 이스라엘 방문 때 텔레비전을 통해 그를 환영하는 어린이들의 웃는 얼굴을 보았다고 회고하며 "그 아이들이 웃을 수 있도록 만들어 주는 게 우리들의 임무"라고 말했다.

고르발 대사도 같이 화답했다. 그는 "처음으로 디니츠 대사가 이스라엘과 이집트 두 나라 모두의 입장을 대변했다"고 말하며 자기 나라 정부도 완전하고 포괄적인 문제 해결을 위한 노력을 다할 것이며 "그러한 노력을 다음 세대에 떠넘기지 않겠다"고 다짐했다. 그는 잔을 들어 평화에 대한 희망과 이스라엘 대사, 그리고 카터 대통령을 위해 건배를 제의했다.

파티는 대성공이었다. 파티 장에서 있었던 모든 일은 오프더레코드로 하기로 되어 있었다. 그런데 이튿날 워싱턴 스타 가십 칼럼에 해밀턴 조던의 부적절한 행동에 대해 실린 글을 보고 나는 기겁을 했다. 곧 대통령 비서실장이 될 사람인 조던이 과음한 탓에 자기 디너 파트너인 이집트 대사 부인 아말 고르발에게 모욕적인 언사를 했다는 것이다. 앞가슴의 옷깃이 깊이 파인 그녀의 데콜테 의상을 내려다보면서 "그동안 정말 피라미드를 보고 싶었는데"라고 내뱉었다는 것이다.

나는 그 글을 읽으며 거의 까무라칠 뻔했다. 샘 도널드슨이 같은 테이블에 있었기 때문에 정말 그런 일이 있었느냐고 물어 보았더니, 공개적으로는 말을 안 하더니 나한테만 알려 준다며 사실이라는 것이다. 나는 호스티스 역할을 하느라 바쁘게 돌아다녔기 때문에 행인지 불행인지 모르지만 그런 일이 실제로 일어났는지 보지도 듣지도 못했다. 하지만 그 이야기는 워싱턴 포스트와 뉴욕 타임스를 포함해 온 신문에 돌고 돌았다. 마침내 빌 새파이어가 뉴욕 타임스 칼럼에다 그날 저녁의 점잖았던 분위기에 대해 썼다. 칼럼 제목은 '바버라의 디너 파티'였는데 해밀턴 조던의 이야기는 관대하게 빼놓았고 아주 멋진 글이었다. 더 관대한 것은 고르발 대사가 별로 기분 나빠하는 것 같지 않았다는 점이다.

평화에 대한 그 많은 기대와 1977년 이스라엘과 이집트 사이에 오갔던 그 호의적인 감정에도 불구하고 평화회담은 별 진전을 보이지 않았다. 그러다 지미 카터 대통령이 1978년 마침내 베긴, 사다트 두 사람을 비롯해 이스라엘과 이집트에서 온 대표단을 모두 캠프 데이비드 산장에 감금하다시피 하게 되었다. 나는 그 회담을 취재하라고 보내졌다. 하지만 뉴스 등화관제가 실시되어 우리는 모두 대통령 별장 바깥에서 서성거리며(아무도 안으로 들어갈 수가 없었다) 뉴스거리가 떨어지기를 기다리거나 소문이라도 듣기 위해 안간힘을 썼다. 집요하게 나도는 소문 가운데 하나는 요르단의 후세인 국왕이 이 회담에 참석하기 위해 런던에서 워싱턴으로 올 것이라는 것이었다. "요르단이 회담에 들어온다"는 소문은 나도 셀 수 없을 정도로 많이 들었다. 소문이 워낙 집요하다 보니 몇몇 기자들은 그것을 마치 사실인 양 보도하기 시작했다. 나는 후세인 왕의 런던 거처 개인번호를 알고 있었는데 당시 후세인 왕은 그곳에 머물고 있었다. 그래서 나는 옆에 아무도 없는 틈을 타 그와 전화 통화를 했다. 그는 자기가 미국으로 간다는 사실을 단호히 부인했다. 후세인 왕은 사실 사다트가 이스라엘과 개별 평화협상을 하는 데 대해 강력히 반대했다. 뿐만 아니라 그는 백악관의 어떤 사람으로부터도 자기에게 연락해 온 바가 없다고 밝혔다. 그래서 후세인 왕의 말을 인용해 그러한 사실을 방송에 내보냈다. 그런데 이튿날 또 누군가가 그가 캠프 데이비드로 오고 있다는 보도를 했다.

기분이 매우 언짢았다. 나는 그가 워싱턴으로 오는지 안 오는지에 대해 제대로 아는 유일한 사람인 본인과 통화했고 나는 그의 말을 믿었다. 하지만 마음 한쪽 구석에서는 신문기자들이 내가 모르는 무엇인가를 알고 있을지 모른다는 의혹이 자리를 잡고 있었다. 나는 다시 한번 활자의 위력에 압도되었다. 내가 ABC 생활을 시작한 무렵 신문에서 나에 대해 쓴 거짓 기사들을 믿는 엄마 생각이 떠올랐다. 하지만 후세인은 내게 이야기한 대로 캠프 데이비드에 나타나지 않았다. 내 보도가 맞았던 것이다. 사다트는 평화협상 상대와 남겨졌지만 거의 좌절하다시피 했다. 지미 카터 대통령이 양측 대표단을 오가며 계속 중재에 매달렸고 13일이 지나(첨예한 예루살렘 문제는 일단 제외한 채) 양측은 마침내 합의에 도달했다. 1978년 9월 17일 사다트와 베긴은 지미 카터의 중재로 백악관에서 캠프 데이비드 평화협정에 서명했다.

그것도 대단히 역사적인 사건이었고 나는 다시 한번 두 지도자와 합동 인터뷰를 갖고 싶었다. 베긴은 좋다고 했지만 사다트가 거부했다. 이집트 대표단은 거부 이유를 밝히지 않았다. 그래서 이튿날 나는 두 사람을 각국 대사관에서 만나 따로따로 인터뷰했다. 나는 두 사람에게 일부러 같은 질문을 많이 했기 때문에 인터뷰 내용을 생생하게 기억한다. 하나는 예루살렘의 지위에 관한 질문이었는데 베긴은 전 세계에 흩어져 사는 유대인의 99%가 예루살렘을 이스라엘의 수도라고 생각한다고 대답한 반면 사다트는 7억 무슬림과 아랍세계가 그 말에 동의하지 않을 것이라고 했다. 또 하나는 팔레스타인이 자기들 영토로 생각하는 가자와 웨스트뱅크에 들어서 있는 이스라엘 정착촌에 대한 질문이었다. 베긴은 정착촌이 이스라엘의 안보에 매우 긴요하다고 말한 반면 사다트는 이스라엘이 그 지역에 대한 영토 주권을 주장할 자격이 없다고 말했다.

이스라엘이 가자지구의 정착촌은 포기했지만 웨스트뱅크와 예루살렘 문제는 아직도 해결되지 않고 있는 것을 보면 놀라울 뿐이다. 하지만 캠프 데이비드 때는 이스라엘과 이집트가 정말 이견을 극복하고 중동에 팔레스타인과 여타 아랍 국가들이 받아들일 수 있는 영구적인 평화가 달성될 것처럼 보였다. 30년이 지난 지금까지 평화는 여전히 오리무중이다.

나는 당시의 역사적인 분위기 때문에 전에 해본 적이 없는 일을 했다. 두 사람을 각기 인터뷰한 다음에 나는 베긴과 사다트 모두에게 내가 한 질문지에다 친필 사인을 해 달라고 부탁했다. 베긴은 '친애하는 바버라에게'라고 썼고, 사다트는 '행운을 빌며'라고 쓴 다음 아랍어로 무슨 글씨를 썼는데 '평화'라는 말이었다. 나는 그 질문지를 액자에 넣어 지금까지 우리 집 아파트 벽에다 걸어 놓고 있다. 1978년 9월 18일이었다. 그래서 나도 그날만은 확실히 기억한다.

요란한 축하 잔치에도 불구하고 캠프 데이비드 평화협정은 최종적인 평화 조약이 아니라 평화를 위한 하나의 틀에 불과했을 뿐이다. 이집트와 이스라엘은 1978년 말까지 그 가이드라인 안에서 남은 문제들을 해결하기로 했지만 그렇게 하지 못했다.

1979년 3월에 나는 다시 한번 짧은 중동 출장길에 올랐다. 이집트와 이스라엘이 양측간 이견을 해소하는 데 실패함에 따라 지미 카터 대통령이 이집트로 사다트, 그리고 이스라엘로 베긴을 잇달아 방문해서 평화과정을 마무리 짓고 싶어 했기 때문이다. 나를 포함해 대규모 기자단이 그를 따라갔다.

먼저 카이로로 갔는데 카터 대통령은 그곳에서 사다트와 단독 협상을 가졌다. 우리는 또다시 뉴스 등화관제를 당했다. 기자에게 그보다 더 고통스러운 일은 없다. 더구나 대규모 기자단이 파견되어 무려 194명이나 되는 기자와 기술진이 한마디라도 들으려고 목을 빼고 기다리고 있었다. ABC만 해도 평화협상이 마무리될 것에 대비해 기자 13명, 프로듀서 14명, 기술요원 24명, 에디터 2명, 유닛 매니저 2명을 비롯해 거의 7000파운드에 달하는 장비를 보냈다.

나는 지한 사다트 부인과 인터뷰했지만 그녀는 회담에 대해서는 아무런 언급도 하지 않았다. 카터 대통령의 공보비서 조디 파월과 인터뷰했는데 그녀도 "아직 아무 일도 없다"는 말만 했다. 실망스러운 교착상태였다. 원래는 매일 몇 시간씩 세계에서 제일 중요한 뉴스를 생방송으로 내보낼 예정이었는데 진작 내가 리포트하는 것이라고는 리포트할 게 하나도 없다는 말뿐이었다. 크롱카이트와 챈슬러의 움직임에 계속 신경을 곤두세웠지만 사정은 모두 다 마찬가지였다.

사흘 동안 아무 뉴스도 없이 카이로에서 보내고 알렉산드리아로 잠깐 구경을 다녀온 뒤 우리는 모두 예루살렘으로 날아갔다. 카터 대통령은 그곳으로 가 킹 데이비드 호텔에서 베긴과 만나기로 되어 있었다. 우리는 경비병들에게 제지당해 들어가지도 못하고 호텔 문 앞에 모여 있었다. 그때 내가 아는 에제르 와이즈만 이스라엘 국방장관이 도착하는 것을 보고 나는 "장관님" 하고 소리쳤다. "아무도 말해 주는 사람이 없네요. 2분만 시간을 내 주세요!"

에제르 장관이 내게로 다가오길래 나는 드디어 리포트할 거리가 생기나 보다 했는데 그게 아니었다. "2분은 내 드릴 수가 있지만 보시다시피 할 말은 없습니다"라고 말하며 그는 나를 덥석 끌어안았다. 고맙지만 노 생큐였다.

전체 분위기를 끌어올리려고 몇 명이 나의 정말 좋은 친구인 샘 도널드슨의 45번째 생일 깜짝 파티를 준비했다. 샘은 내가 자기만 은밀히 내 방으로 오라며 유혹하길래 따라갔더니 깜짝 파티였다는 이야기를 지금도 수시로 한다. 진심인지 아닌지 모르지만 샘은 내가 밀회를 하자는 줄 알고 흥분해서 어쩔 줄 몰라하며 따라갔다고 주장한다. 크롱카이트, 댄 래더, 챈슬러, 그리고 조디 파월 등 모두 50명이 내 방에 모여 있었다. 샘이 내 방문을 노크하자 우리는 모두 "서프라이즈!"라고 소리를 질렀다. 밀회는 없었지만 벨리 댄서까지 한 명 와서 샘은 어쨌든 아주 즐거운 시간을 보냈다.

샘의 깜짝 생일 파티는 그 뉴스 없는 평화 공세 주간의 하이라이트였다. 백악관 기자단 다수가 카터의 평화 임무는 완전 실패로 끝났다며 워싱턴으로 돌아갔다. 크롱카이트는 남았고 챈슬러도 남았다. 그리고 나도 베긴 총리와의 인터뷰를 신청해 놓았기 때문에 남았다. 나는 베긴 총리를 만나면 왜 평화 임무가 무산되었는지 누구의 잘못인지 등을 물어 볼 생각이었다. 그리고 나서 카이로로 날아가 사다트 대통령에게 똑같은 질문을 던질 생각이었다.

내가 관심을 가진 것은 바로 그것이었다.

베긴 총리와의 인터뷰는 오후 4시 예루살렘에 있는 그의 관저에서 갖기로
되었다. 우리는 현장에 가서 준비를 갖추었는데 복잡한 일이 생겼다. 카터가 예
정에 없이 사다트와 추가 회담을 갖기 위해 전날 카이로로 다시 갔는데 24시간
이 지났어도 계속 회담을 하고 있는 것이었다. 딱 부러지게 결론이 난 게 하나
도 없는 것 같았지만 우리는 카터가 공식적으로 회담 결렬을 선언하고 귀국할
때까지 베긴과의 회담을 미룰 수는 없었다.

우리는 한 시간만 더 기다려 보자고 베긴을 구워 삶았는데 기다리는 동안
알리자 베긴 여사는 오렌지 주스와 초콜릿을 내왔다. 그리고 또 오렌지와 초콜
릿이 한번 더 나왔다. 그러다가 결국은 베긴이 "이제 그만 시작합시다"라고 말
했다. 인터뷰를 하기 위해 자리를 잡았는데 평화 노력이 좌절된 데 대해 사다트
를 비난할 것같이 보였다. 바로 그 순간 전화벨이 울렸다. 베긴 총리는 부엌에
서 전화를 받았는데 카터 대통령이 카이로 공항에서 건 것이었다.

베긴 총리는 얼굴에 함박 미소가 번진 채 거실로 돌아왔다. "대통령이 내게
좋은 뉴스를 알려 주었다는 사실을 여러분께 말할 수 있소"라고 그는 말했다.
"하지만 여러분께 말할 수 있는 것은 그게 전부요."

우리는 큰 뉴스의 한가운데 우리가 들어와 있다는 사실은 알게 되었지만 그
게 무엇인지는 알 수가 없었다. 우리는 필사적으로 뛰었다. 프로듀서인 밥 프라
이에가 워키토키로 예루살렘에 있는 ABC 지국에 연락해 보니 카터 대통령이
공항에서 언론 성명을 읽었는데 그것을 뉴욕으로 보냈다는 것이었다. "뉴욕에
서 도로 받아서 우리한테 읽어 주시오"라고 프라이에는 지국에 부탁했다. 베긴
총리를 포함해서 우리는 워키토키를 둘러싸고 옹기종기 모여서 카터 대통령의
성명을 들었다. "사다트는 동의했다"고 말하는 순간 워키토키 전원이 나가 버
렸다.

우리는 베긴의 전화기로 뉴욕으로 직접 전화를 걸었다. 이번 출장에서 내 보
조를 맡고 있는 셜리 크레이그가 카터의 성명 내용을 속기로 받아 적은 다음 베긴
옆에 한쪽 무릎을 꿇고 앉은 채 읽어 주었다. 셜리가 읽어 가는 동안 그는 아무 말
없이 들으며 가끔 동의의 표시로 머리를 끄덕였다. 믿을 수 없는 순간이었다.

우리는 곧바로 베긴과 인터뷰를 시작했다. 그는 그때까지도 합의내용을 제대로 알지 못했기 때문에 우리는 그의 소감이 어떤지에 초점을 맞추기로 했다. 베긴은 항상 그렇듯이 활기에 넘쳤으며 침착하게 정치인처럼 행동하려고 했으나 흥분한 모습이 역력했다. 베긴도 집무실로 나가야 했기 때문에 긴 인터뷰는 아니었으나 그려지고 있는 평화의 모습을 엿볼 수 있게 한 내용이었다. 야호! 특종이었다.

인터뷰를 마치자마자 우리는 평화의 다른 모습을 그려 보기 위해 카이로로 출발했다. 이번에는 키프로스를 경유했다. 하지만 카이로에서는 행운이 닿지 않았다.

밤 11시가 다 되어서야 우리는 기자의 나일 강이 내려다보이는 곳에 있는 사다트 대통령 관저에 도착했다. 나는 경비원을 붙잡고 대통령으로부터 몇 마디만 듣고 싶다는 전갈을 해 달라고 부탁해 보았으나 경비원은 거절했다. 그래서 우리는 하는 수 없이 대통령의 관심을 끌기 위해 관저 유리창에다 돌을 몇 번 던졌다(농담이 아니다). 왜 우리가 현장에서 체포당하지 않았는지 이해가 안 되지만 어쨌든 다른 경비원이 와서 쪽지를 사다트 대통령에게 전달하겠다고 했다. 사다트 대통령은 답변을 보내 당장은 우리를 만날 수 없지만 최종 평화협정에 서명하기 위해 워싱턴에 가면 기꺼이 만나 주겠다고 했다.

그 답변이 바로 뉴스였다. 그래서 새벽 두 시에 우리는 사다트 대통령 관저 바깥에 서서 이집트 대통령이 평화협정에 공식 서명하기 위해 조만간 워싱턴으로 갈 것이라고 보도했다. 호텔에 빈방이라고는 침실 하나짜리 스위트룸 하나밖에 없어서 우리는 네 명이 한 방에 몰려 들어갔다. 생각해 보니 일주일 동안 머리를 감지 못했다. 그래서 다른 사람들이 잠든 사이에 나는 샤워를 하고 이집트산 비누로 머리를 감았다. 우리는 1979년 3월 16일 마침내 뉴욕으로 돌아왔다.

저널리스트는 객관적이고 공정해야 한다고들 말한다. 나도 그 말에 동감이다. 하지만 당시에는 텔레비전 방송들도 분명히 평화과정의 한 부분이었다. 이전 기간 동안 카터, 베긴, 사다트는 분주히 서로 오갔으며 텔레비전은 신문보다빨리, 그리고 잡지보다는 훨씬 앞서서 기사를 실어 나를 수 있었다. 인쇄 저널리스트들은 기분이 편치 않았다. 그들은 '비디오 외교'라는 별로 우호적이지 않은 용어를 새로 만들어서 썼다. 크롱카이트가 사다트와 베긴 인터뷰를 교묘하게 편집해서 나란히 내보낸 것을 시작으로 내가 두 지도자를 크네셋에서 합동 인터뷰한 데 이어 예루살렘에서 베긴과의 인터뷰를 내보냈다.

하지만 싫든 좋든 텔레비전은 70년대 후반 들어 뉴스의 주요 전달자가 되었으며 특히 중동 보도에서는 중심 역할을 차지했다. 존 와이즈먼은 후일 TV 가이드에 이렇게 썼다. "1977년 11월 안와르 엘 사다트가 역사적인 예루살렘 방문을 한 바로 그 순간부터 보도는 TV 몫이었다. 베트남전이 세계 최초의 TV 전쟁이었다면 이스라엘-이집트의 평화협상은 세계 최초의 텔레비전 평화였다."

골다 메이어는 자신의 관찰을 다음과 같이 더 간결하게 표현했다. "베긴과 사다트가 노벨 평화상을 받게 될지는 모르겠다. 하지만 오스카상은 확실히 받을 것이라고 생각한다."

두 사람은 실제로 노벨 평화상을 수상했다. 그리고 1979년 3월 26일에 안와르 사다트와 메나헴 베긴은 백악관 사우스론에 정성스럽게 마련된 식장에서 마침내 이집트-이스라엘 평화협정에 공식 서명했다. 나는 상원의원 존 워너의 초청 손님으로 서명식에 참석했다. 드디어 일하는 게 아니라 역사의 현장을 음미할 수 있었던 것이다. 하지만 그런 시간은 오래 가지 않았다.

나는 오후 4시 30분에 이집트 대사관에서 사다트 대통령과 또 한번 인터뷰를 갖기로 되어 있었다. 인터뷰를 한 다음 얼른 편집을 거쳐 7시 정각 방송시간에 맞춰 내보내야 했기 때문에 상당히 일정이 촉박했다. 우리는 초 단위로 나누어 일을 진행했지만 이집트 대사관 분위기는 환호와는 거리가 멀었다. 사다트의 용기 있는 행동은 이미 아랍세계 전역에서 규탄 받고 있었다. 아랍동맹은 이집트의 회원자격을 즉각 중지시켰고 이집트의 아랍권 동맹국 지도자들은 이집트와의 외교관계를 단절했다.

그날 밤늦게 베긴을 인터뷰할 때 이스라엘 진영 분위기는 사뭇 달랐다. 베긴이 묵는 호텔 스위트룸은 축제 분위기였고 베긴은 스태프들과 같이 히브리 민요를 부르고 있었다.

정말 멋진 시간이었다. 기대감으로 넘쳤고 영웅들과 평화의 약속이 있었다.

나는 사다트와 베긴 두 사람과 계속 연락하며 지냈다. 비교적 자주 개인적으로 만났고 기회 있을 때마다 카드도 보내고 두 사람 모두 인터뷰도 몇 번씩 더했다. 하지만 일은 계속 진행되며 때로는 비극적인 방향으로 나아간다.

1981년 10월에 안와르 사다트는 카이로에서 열린 군사 퍼레이드에서 군에 침투한 무슬림 과격주의자들의 총격 세례를 받았다. 그 뉴스를 듣고 나는 너무 충격적이고 슬퍼서 몸을 가누기가 힘들 정도였다. ABC는 내게 사다트의 상태를 파악해 보라고 했다. 목숨은 건진 것인가? 아니면 죽었나? 나는 카이로 병원으로 전화를 걸어 그의 보좌관 한 명과 통화할 수 있었다. 그 보좌관이 지한 사다트가 병원을 떠났다는 말을 전해 듣고는 사정을 짐작할 수 있었다. 그녀는 남편이 살아 있다면 절대로 남편 곁을 떠날 여인이 아니었기 때문이다. 8시간 뒤에 이집트 당국은 그의 죽음을 공식 확인했다.

피터 제닝스와 나는 카이로에서 사다트의 장례식을 보도했다. 이채롭게도 아랍국가에서는 귀빈들이 참석하지 않았지만 메나헴 베긴을 비롯해 세 명의 전직 미국 대통령인 지미 카터, 제럴드 포드, 리처드 닉슨 등 많은 지도자들이 참석했다. 애도객들이 늘어선 대신 텅 빈 카이로의 거리에는 기괴한 정적이 감돌았다. 피터와 나는 사람들이 두려워서 집 안에 있는 것인지 아니면 사다트에게 등을 돌린 것인지 종잡을 수가 없었다. 이유가 무엇이었든 간에 너무도 기이하고도 슬픈 장례 행렬이었다.

그 뒤에 나는 리포터로서가 아니라 친구로서 지한 사다트에게 위로의 인사를 하기 위해 사다트의 관저를 찾아갔다. 우리는 서로 포옹을 나눈 다음 마주 앉아서 그녀의 남편에 대한 추억을 함께했다. "아세요? 당신은 내가 질투심을 느낀 유일한 사람이에요. 안와르가 당신을 너무 좋아했으니까요." 그녀는 미소를 지으며 이렇게 말했다. 지금까지 서로 친구로 지내는 아름다운 여인에게서 듣는 정말 멋진 찬사였다.

사다트 부인은 그로부터 석 달 뒤 나와 가진 인터뷰에서 남편에 대한 감동적인 이야기들을 들려주었다. 그녀는 그날 남편에게 퍼레이드에 나갈 때 방탄

조끼를 입으라고 권했지만 남편이 거절했다고 했다. 그는 "신이 나를 데려가시겠다면 데려가실 것이오"라고 부인에게 말했다고 한다. "좋아요"라며 그녀는 이렇게 대답했다고 했다. "하지만 당신이 그것을 돕지는 마세요."

그는 자신의 죽음을 예견한 듯한 말도 했다고 한다. 군 퍼레이드가 있기 며칠 전 아들 가말이 미국으로 여행을 떠났는데 아버지는 잘 다녀오라는 인사를 하고는 아들을 다시 불러 세웠다. 그는 "가말아"라고 부른 다음 이렇게 말했다. "네가 엄마를 잘 돌봐 드려야 한다." 지한은 눈물이 가득 고인 눈으로 이렇게 말했다. "남편은 알고 있었어요. 그분은 알고 있었어요."

장례식을 마치고 돌아오는 길에 나는 너무 슬프고 마음이 착잡했다. 또 한 명의 손실, 또 한 명이 무의미한 죽음을 당한 것이었다. 하지만 불과 한 주일 뒤에 또 한 명의 장례식에 참석하기 위해 중동으로 다시 돌아가게 될 줄은 몰랐다. 내 친구 모세 다얀의 장례식이었다. 모세는 결장암을 오래 앓았고 그 때문에 나머지 한쪽 눈마저 시력을 잃은 상태였다. 직접적인 사인은 강력한 심장발작이었다. 개인적으로 나는 그의 삶이 바로 그의 사인이었다고 생각한다.

이스라엘 안에서 그는 국방장관으로서 1973년 욤 키푸르 전쟁을 예상하지 못했다는 비난을 받아 왔다. 많은 이스라엘 사람들은 장례식에서까지도 그를 용서하지 않았다. 수천 명의 조문객이 그의 마지막 가는 길을 애도하기 위해 찾아 왔다. 다얀의 부인 라켈은 찾아온 그들을 위선자들이라고 욕했다. "남편이 필요로 할 때 모두들 어디 갔다가 이제 나타난 것이지요?" 그녀는 비통한 어조로 내게 이렇게 말했다.

나는 라켈과 아주 가깝게 지냈기 때문에 장례식 때 검은 드레스를 빌려 입기까지 했다. 장례식이 끝나고 집에 들른 많은 조문객들이 물러간 뒤에 나는 미국 친구인 롤라 핀켈스틴과 함께 뒷정리와 설거지를 도왔다. 나는 라켈 때문에도 마음이 아팠고 나 자신도 마음이 매우 무거웠다. 모세는 강연 차 뉴욕에 오면 나와 함께 골동품 가게들을 순례했다. 그는 고대 장식품을 보면 남은 돈을 모두 긁어서 다 샀는데 이스라엘의 그의 집에는 정말 대단한 골동품들을 수집해 놓았다. 모세 다얀은 시대를 훨씬 앞서 산 사람이었다. 그는 팔레스타인 문제를 평화적으로 해결할 유일한 길은 그들에게 자치권을 주는 것이라고 확신했다. 당시로서는 논란이 많은 주장이었다. 그는 1977년 이집트와의 캠프 데이비드 협상 때 이스라엘 협상 대표 중 한 명이었고 성서에 대한 저서를 비롯해 여러 권의 역사서를 쓴 저자이기도 하다. 그는 사람들로부터 사랑도 받고 미움도 받았지만 남이 자기를 무엇이라고 생각하든 전혀 상관하지 않은 사람이었다. 사다트처럼 그는 대단한 개성과 뛰어난 유머, 자기와 맞는 상대에게는 매력을 뿜어내는 사람이었다. 나는 그런 사람을 본 적이 없다. 그를 친구로 알았다는 데 대해 나는 지금도 감사한다.

그렇게 해서 중동에서 내가 가장 존경하는 세 사람 중 살아 있는 사람은 메나헴 베긴뿐이었다. 하지만 1982년 인터뷰 때 내가 이스라엘이 남부 레바논을 침공하여 점령한 것이 현명한 일이냐고 지적하고 나서부터 우리의 관계는 소원해지기 시작했다. 베긴은 당시 아랍과 서방 언론 모두로부터 비판을 받고 있었고 이스라엘 내에서도 그의 인기는 급격히 떨어지고 있었는데, 그는 나한테서 그런 비판을 들을 줄은 정말 생각지 못했던 모양이었다. 인터뷰를 마친 뒤에 그는 나를 똑바로 쳐다보며 이렇게 말했다. "당신마저 바버라?" 그는 매우 화난 표정이었고 그런 지적을 한 데 대해 나를 절대로 용서하려 들지 않았다. 베긴에게는 나도 그저 한 명의 적대적인 리포터일 뿐이었다.

사다트와 다얀이 죽은 뒤에 중동에서의 내 인생도 서서히 마감하게 되었다. 야세르 아라파트와 한 번 더 인터뷰했지만 그것은 쿠바에서 열린 비동맹국 회의에서였다. 그리고 요르단의 후세인 왕, 리비아 국가 지도자 무아마르 알 카다피, 그리고 좀 더 최근에는 후세인 왕의 후계자인 요르단의 압둘라 왕, 그리고 사우디아라비아의 압둘라 왕 등 몇 명의 아랍 지도자들과도 인터뷰했다. 하지만 70년대 중반 이집트와 이스라엘의 평화협상을 취재하고 그 시절의 영웅들을 만나던 때와 같은 흥분은 다시 맛보지 못했다.

내 인생에 재미가 없어졌다는 말은 아니다. 그저 무대가 지구의 다른 반구^半로 옮겨 갔을 뿐이다.

해리의 퇴장과 휴의 등장

내가 가장 자주 듣는 또 하나의 질문은 남성이 압도적인 주류였던 분야에서(지금도 어느 정도는 그렇지만) 여성이라는 점이 제약이었느냐 아니면 혜택을 보았느냐는 것이다. 물론 대답은 양쪽 모두이다. 부정적인 측면에는 프랭크 맥기와 해리 리즈너 같은 부류의 사람들이 있었다. 그들은 여성을 자기들과 동등한 직업인으로 받아들이지 않으려고 했다. 긍정적인 면에는 자기들과 인터뷰하러 온 사람이 남성이건 여성이건 상관하지 않는 수많은 남성과 여성들이 있었다.

내가 경험한 바로는 여성이 심한 차별대우를 받는 사우디아라비아 같은 나라에서도 이런 사정은 마찬가지다. 2005년에 압둘라 국왕은 왕위를 물려받은 뒤 첫 인터뷰를 자기들과 해 달라고 요청해온 많은 미국 저널리스트들 가운데서 나를 택했다. 그는 여성에게 질문 받는 것에 전혀 거리낌이 없었던 게 분명하다. 더구나 나는 인터뷰할 때 머리도 살짝만 가렸다. 아마도 아랍 지도자들은 그런 모습을 통해 자신들이 현대적인 이미지로 비쳐지는 것을 바라는지도 모른다. 아니면 단순히 서양 여성 리포터들은 다른 관습을 따르기 때문에 자기 나라 여성들과 같은 구속에 얽매일 필요가 없다고 생각하는 것일 수도 있을 것이다.

여성이 장점이 되는 경우들은 또 있다. 간혹 인터뷰하고 싶은 남성이 일을 하다 보면 로맨스(아니면 희롱이라도)가 직업적인 측면을 넘어서는 순간이 올 수 있을 것이라는 기대감 속에 여성 리포터를 선택하는 경우도 있다.

앞에서도 이야기했듯이 피델 카스트로는 내게 조금이라도 추근거린 적이 없지만 나는 그가 나를 좋아한다는 느낌을 받았다. 내가 여자이기 때문에 남자 리포터에게 하는 것보다 더 많은 시간을 할애해 준 것일까? 그럴지도 모른다. 하지만 1978년에 인터뷰한 파나마 독재자 오마르 토리호스 장군은 "그럴지도 모른다"가 아니라 대놓고 그런 의도를 드러냈다. 그는 나를 보자마자 좋아해서 언제든지 자기를 만날 수 있는 특별 접근권을 내게 주었다(하지만 남녀가 반대의 경우도 더러 있다. 예를 들어 낸시 레이건은 마이크 월러스에게 홀딱 반해서 자기 지위를 이용해 그에게 백악관 인터뷰를 몇 번이나 주선해 주었다). 토리호스가 나를 좋아하는 게 내게 도움이 되었기 때문에 나는 그런 행동에 개의치 않았다.

나는 1978년 4월에 파나마에 갔는데 당시 지미 카터 대통령과 토리호스 장군이 파나마 운하의 주권과 통제권을 최종적으로 파나마에 이양한다는 조약을 체결하고 미국 상원이 조약 비준을 위한 표결을 앞두고 있었기 때문이다. 당시 이는 매우 논란이 많았고 위험의 소지를 안고 있는 문제였다. 나는 조수인 메리 호니켈을 데려가고 싶었는데 프로듀서인 저스틴 프리드랜드는 안전하지 않은 곳이니 데려가지 말라고 했다. 만약에 상원 표결이 운하 이양에 반대하는 것으로 나올 경우 파나마 현지에서 미국인들에 대한 감정이 좋지 않을 것이 뻔했다. 그래서 만약 급하게 그곳을 떠나야 하는 일이 발생할 경우에 대비해 최소 필수 인원만 가자는 것이었다. 그래서 저스틴과 나는 카메라맨과 음향 기사, 그리고 ABC 사진기자 한 명과 함께 현지로 갔다.

공식 직함에 '파나마혁명 최고지도자' 겸 '정부 최고통수권자'가 포함되어 있는 토리호스 장군은 인디언 선조로부터 물려받은 윤곽이 뚜렷한 용모에 카리스마가 넘치는 인물이었다. 당시는 파나마 운하의 미래가 최고의 화젯거리였다. 모두들 토리호스의 말을 듣고 싶어 했다. 룬 알리지는 그와 단독 인터뷰를 해 보라며 나를 현지로 보냈다. 중요한 출장이었지만 나와 ABC 뉴스 모두에게 중요한 시기에 뉴욕을 떠난다는 게 마음에 내키지 않았다.

룬은 뉴스의 얼굴을 대폭 바꿀 생각이었다. 그렇게 되면 해리와 내가 공동 앵커로 계속 남을 가능성이 없는 게 분명했다. 점점 더 고통스러운 단계로 접어들고 있는 불편한 두 사람 사이를 완화시킬 무슨 조치가 필요한 시점이었다. 그래서 룬은 두 명의 공동 앵커나 아니면 한 명의 앵커를 데스크 뒤에 앉히는 것도 포기한다는 아주 독창적인 아이디어를 생각해 냈다. 그는 한 명이나 두 명이 아니라 세 명의 앵커가 각자의 위치에서 뉴스를 진행하도록 할 생각이었다. 워싱턴에서 진행을 맡을 주 앵커로는 아주 경험이 많고 프로다운 프랭크 레널즈, 그리고 시카고에는 최초의 아프리칸 아메리칸 방송 뉴스 앵커인 맥스 로빈슨을 생각해 놓고 있었다. 마을에 나타난 새로운 인물 피터 제닝스는 런던에서 진행을 맡길 생각이었다. 방송 제목은 월드 뉴스 투나잇으로 바뀌게 된다.

　해리 리즈너는 CBS로 돌아가기로 했다. 심사숙고 끝에 룬은 해리보다는 내가 ABC의 장래에 기여할 바가 더 크다는 판단을 내리고 해리의 계약을 풀어 주었다.   회사 내에는 룬의 결정이 잘못되었다고 생각하는 사람들도 있었지만 룬은 내가 제 밥값은 할 것이라고 믿었다. 룬은 나를 써 먹을 다른 복안을 갖고 있었다. 그는 내게 단순히 '순회 앵커'가 아니라 '특별 사건 담당 수석 특파원'이라는 새로운 타이틀을 안겨 권위와 함께 전 세계를 돌아다니며 중요 뉴스메이커들과 인터뷰할 수 있도록 하는 권한을 부여한다는 생각을 하고 있었다. 룬은 ABC 뉴스의 개편이라는 중요한 발표를 언제 내놓을지 그 시기를 저울질하고 있었다. 나는 이러한 변화가 내게 정확히 어떤 영향을 미칠지에 신경이 곤두서 있었다. 그런 시기에 룬이 나를 파나마로 보낸 것이었다.

　나는 도착하자마자 토리호스의 보좌관들을 찾아서는 피델 카스트로, 사다트, 베긴과 인터뷰한 사례를 들먹이며 장군의 면모와 장군의 입장을 가장 잘 대변해 줄 수 있다는 점을 강조했다. 그들은 상원 표결 전에 짤막한 인터뷰를 할 수 있도록 하겠다고 약속했다. 그 이상은 곤란하다고 했다. 당시 토리호스 장군은 휴식 차 콘타도라 섬 휴양지에 가 있었다. 그곳은 그로부터 일 년 뒤 쫓겨난 이란의 샤가 망명길에 잠시 피신해 있던 곳이기도 하다.

　나는 토리호스의 전용 헬기로 섬으로 갈 수 있도록 아침 7시까지 준비를 갖추라는 전갈을 받았다. 착륙할 당시 나는 수면 부족 때문에 눈은 충혈되고 약간

어리둥절했다. 토리호스 장군은 별로 개의치 않는 듯했다. 그는 영어를 한마디
도 못하고 나는 스페인어를 몰랐지만 문제는 없었다. 인터뷰에서 장군은 운하
를 파나마에 반환하지 않을 경우 가볍게 넘기지 않을 것이라고 미국 의회에 경
고했다. 하지만 제일 큰 관심은 표결이 자기가 원하는 대로 나오지 않을 경우
그가 어떤 조치를 취할 것이냐였다. 토리호스는 그것에 대해서는 내게 말을 하
지 않았다. 미국 상원의 표결은 바로 이튿날인 4월 18일에 예정되어 있었다. 솔
직히 말해 토리호스가 나를 좋아하는 것 같았기 때문에 나는 그에게 표결 직후
에 두 번째 인터뷰를 하자고 부탁했다. 그는 좋다고 했다.

　　시작은 좋았다. 파나마에는 토리호스와 단독 인터뷰를 하기 위해 몰려든 저
널리스트의 수가 수백 명이었는데 우리가 그것을 차지한 것이었다. 헬기를 타
고 본 섬으로 다시 돌아가면서 저스틴과 나는 기분이 상당히 뿌듯했다. 하지만
그 뿌듯함은 오래가지 않았다.

　　우리는 이튿날 하루 종일 장군과 약속된 인터뷰 연락이 오기를 기다렸지만
아무런 연락이 없었다. 상원 토의가 계속 이어지며 표결은 연기되었고 우리의
단독 인터뷰도 마찬가지였다. 장군의 보좌관 한 명이 연락을 해 왔는데 그의 생
각이 바뀌어 인터뷰를 하지 않을 것이라는 전갈이었다. 화가 치밀어 올랐다. 저
녁뉴스에 보낼 게 하나도 없게 되어 버린 것이다. 그래서 우리는 차선책을 택했
다. 우리는 토리호스가 라디오로 의회 토의 소식을 듣고 있을 것으로 생각되는
집 앞에 가서 서서 기다렸다.

　　일은 그렇게 해서 시작되었다. 그때 군복 입은 한 남자가 나타나더니 "장군
님께서 집으로 들어오시랍니다"라고 말했다.

　　나는 저스틴을 쳐다보았다. "들어가요." 그는 이렇게 말했다. "나는 이 필름
을 뉴욕으로 보내고 따라 들어갈 테니."

　　기가 막히다는 표정의 떨떠름한 NBC와 CBS 기자들을 뒤로하고 나는 안으
로 따라 들어갔다. 그리고 집 안에서 그날 저녁 내내 토리호스 장군과 함께 보
냈다.

　　집 안에 다른 여자는 없었고 오직 나와 토리호스의 최측근 군 보좌관과 친

구들만 있었다. 그들은 워싱턴에서 진행되는 토의 내용을 라디오로 듣고 있었다. 장군의 통역사가 그에게 통역을 해주고 있었고 나는 만약 표결 결과가 파나마에 불리하게 나온다면 토리호스 장군이 지금은 자신이 좋아하는 이 미국 기자가 썩 유쾌하게 보이지 않을 것이라는 생각이 들었다. 내게 무슨 짓을 할까? 나를 인질로 잡을까? 기분이 좋지 않았다. 나는 이제 방 안에 있는 사람들, 특히 토리호스 장군의 마음에 드는 표결 결과가 나오기만을 간절히 바랄 뿐이었다. 그는 내가 자기편이라고 확신하고 있었다. 우리는 남은 토의가 진행되는 것을 지켜보며 서로 불가분의 관계가 되었고 이후에는 실제 표결을 지켜보기 위해 파나마 텔레비전 방송센터로 함께 옮겨 갔다.

나는 방송센터 바깥에 모여 있는 사람들 사이에 저스틴이 있는지 찾았는데 다행히도 그가 내게 손을 흔들어 보였다. 토리호스의 한마디를 듣기 위해 전 세계에서 모여든 리포터들의 놀란 얼굴도 보였다. 나는 직접 토리호스의 에스코트를 받으며 건물 안으로 들어갔다. 회의실로 들어가니 거기도 여성은 나 혼자였다. 표결은 파나마 라디오에서 스페인어로 중계되고 있었다. 토리호스 일행은 표결 숫자 하나하나에 관심을 집중했으며 대부분 환호가 터져 나왔다. 그래서 나는 표결이 그들이 바라는 대로 진행된다는 것을 알았다. 마침내 표결 최종 결과가 공표되며 환호는 요란한 박수갈채로 바뀌었다.

흥겨움에 넘친 토리호스는 그제서야 나를 왜 그렇게 자기 가까이 있게 했는지 그 이유를 말해 주었다. 그는 통역을 통해 말하기를 만약에 상원 표결 결과가 파나마에 불리한 쪽으로 나오면 운하의 갑문을 파괴하라고 파나마 군에 지시해 놓았다는 것이다. 그는 나를 자기 헬기에 태우고 운하가 파괴되는 장면을 보여 주려고 했던 것이다. 나로서는 대단한 특종을 하게 되는 것이었겠지만 그런 특종은 안 하는 게 좋다는 생각이다. 그랬더라면 우리나라가 또 어떻게 나왔을지 모를 일이 아닌가? 하지만 협정은 통과되었고 이제 나는 마음 놓고 저스틴을 만나 큰 리포트를 한 건 할 수 있게 되었다.

하지만 장군은 나를 놓아 주지 않았다. 그는 내 한 손을 잡고 환호하는 군중 사이를 뚫고 지나가 국가보안국 사령부로 갔고 거기서 기자회견을 했다. 그런 다음 몇 군데 축하행사에 참석했다. 저스틴이 어떻게 그렇게 할 수 있었는지 모르지만 내가 어떤 건물에서 토리호스와 나타나면 그는 그곳에 있었다. 한번은 군중이 너무 많아서 걱정을 했는데도 내게 손을 흔드는 저스틴을 어김없이 발견했다. 중간에 있는 나무 위에 올라가 있었던 것이다.

아주 흥분되는 장면이었지만 당황스러웠다. 모든 방송이 다 모였고 전 세계 언론이 이 역사적인 순간을 기록하고 있는데 마치 렌즈에 묻은 점같이 내가 거기 있었던 것이다. 하지만 나로서도 어쩔 도리가 없었다.

나는 장군에게 그날 그곳에서 나와 인터뷰해 달라고 부탁해 보았지만 그는 거절하고 대신 이튿날 인터뷰를 해 주겠다고 약속했다. 나는 어서 빨리 그날의 뉴스, 특히 운하 파괴 위협을 방송에 내보내야 했다. 나는 마침내 그날 밤늦게 그 소식을 내보냈다. 파나마에 있는 다른 기자들은 그 기사를 믿을 수 없다고 즉각 맞받았다. 운하를 파괴하는 것은 불가능하다고 주장하며 내가 꾸며낸 기사라는 것이었다. 그가 말하고 내가 보도한 것은 그가 운하를 파괴하려 했다는 게 아니라 운하의 출입을 통제하는 갑문을 파괴함으로써 물이 넘쳐 들어와 운하를 못 쓰게 만들려는 계획을 갖고 있었다는 것이다.

나는 전날 밤 거의 눈을 붙이지 못하고 있다가 새벽 5시 30분에 굿모닝 아메리카 생방송을 위해 다시 일어났다. 그런데 오늘 또다시 잠을 못 자고 작은 군용기를 타고 토리호스의 바다 캠프 데이비드 별장이라 할 수 있는 콘타도라 섬으로 날아갔다. 바로 그날 룬 사장이 뉴욕의 레스토랑 '21'에서 기자회견을 갖고 발표하는 저녁뉴스의 포맷 변경이 너무 궁금했다. 저스틴과 나는 토리호스의 별장을 통해 전화선을 그 레스토랑에 연결해 어떤 식으로든 기자회견에 참여해 보고 싶었다. 하지만 우리는 그게 비현실적이고 혼란을 가져올 것이라는 생각이 들어 포기했다. 그렇게 해서 우리는 '21'에 모인 동료들한테서 인사를 받는 대신 토리호스 장군의 영접을 받았다. 그는 낙하 복장으로 그늘진 현관 아래 매달아 놓은 해먹 안에서 느긋하게 누운 채 우리를 맞았다.

그의 스태프들은 레스토랑 '21'도 흉내 내지 못할 정도로 멋진 아침식사를 준비했다. 신선한 오렌지 주스, 산더미처럼 쌓인 망고, 파인애플, 그레이프프루트, 그리고 달걀 요리도 원하는 대로 만들어 주고 햄, 베이컨, 머핀, 커피가 나왔다. 이 모든 것이 해변에 부딪쳐 부서지는 파도와 맑고 푸른 하늘, 따스한 태양, 상쾌하게 불어오는 적도의 미풍을 배경으로 하고 있었다. 몸을 쭉 뻗고 한 사흘 내리 잠이나 잤으면 하는 생각이 굴뚝같았다.

하지만 일하러 간 것이었으니 우리는 인터뷰를 했다. 인터뷰하면서 나는 내가 보도한 그 위협 기사 내용을 확인해 달라고 부탁했다.

"장군님" 하고 나는 물었다. "장군께서는 조약이 비준되지 않으면 운하를 파괴한다는 말을 하셨는데, 그게 진심이었습니까?"

"그렇소, 진심으로 말한 것이오"라고 그는 대답했다. "아주 고통스러운 결정이었지만 다른 대안이 없었소."

도대체 어떻게 파괴할 생각이었느냐고 물어 보았다. "아주 간단하오"라고 그는 말했다.

"운하는 갓난아기처럼 취약하오. 우리는 운하의 취약점을 모두 알고 있어요."

"만약 어젯밤에 운하를 파괴하려 했다면 나를 데리고 가서 보여줄 생각이었나요?"

"우리가 했다는 것을 증거로 남기기 위해 함께 갈 생각이었소"라고 그는 말했다.

내 보도가 사실이었다는 게 입증되었다. 나는 얼른 뉴욕으로 돌아가고 싶었다. 뉴욕 타임스가 파나마에서도 나를 쫓아다니며 룬이 시도하려는 뉴스 개편에 대해 물었다. 하지만 나는 뉴스 데스크에서 앵커를 하는 것은 원하지 않는다고 말하고 내가 원하는 것은 지금처럼 뉴스를 취재해서 보도하는 일이라고 분명하게 말했다. "지난해 해리와 공동 앵커를 진행하는 동안 나는 매우 불행했어요"라고 나는 뉴욕 타임스에 말했다. "올해는 정말 행복해요." 하지만 내가 말한 행복은 토리호스 장군이 생각하는 행복과는 맞지 않았다.

"이곳에서 며칠 더 머무시오"라고 그는 자신의 쾌활한 통역을 통해 말했다.

"그건 불가능합니다"라고 나는 말했다. "수영복도 없는 걸요."

"준비해 드리겠소"라고 그는 맞받았다.

"뉴욕으로 돌아갈 비행기 편이 예약되어 있어요"라고 나는 말했다.

"머물러요"라고 그는 고집을 부렸다. "나중에 내 비행기로 태워다 주겠소."

자기가 다스리는 나라가 있고 수영복 매장과 비행기 편대를 갖고 있는 사람과 언쟁을 벌인다는 것은 어려운 일이다. 나는 초대와 전용 비행기로 뉴욕까지 태워다 주겠다는 제안에 대해서는 고맙다는 인사를 한 다음 업무적인 이유로 당장 뉴욕으로 돌아가야 한다는 점을 설명했다. 내가 너무 단호하게 나오자 그는 물러서며 내 입장을 받아들여 주었다.

그의 도움이 없었더라면 예약해 둔 브래니프 항공 여객기를 절대로 타지 못했을 것이다. 토리호스 장군은 그의 전용 비행기로 나를 공항까지 태워다 주었을 뿐만 아니라 공항에다 전화를 걸어 뉴욕 행 민항기의 출발을 늦추어 놓았다. 장군의 전용 비행기가 공항에 착륙한 다음 브래니프 비행기 바로 옆까지 활주해 멈추자 나는 얼른 비행기를 옮겨 탔고 그리고 이륙했다. 그 로맨틱한 독재자와 만난 것은 그게 마지막이었다. 그는 3년 뒤 수수께끼 같은 비행기 추락사고로 사망했다.

3개월 뒤인 1978년 7월 10일 월드 뉴스 투나잇이 첫선을 보였다. 앵커 세 명으로 진행하는 포맷은 효과가 좋았다. 일 년 만에 방송은 NBC 나이틀리 뉴스를 따라잡았다. ABC는 아침에도 선전했다. 굿모닝 아메리카는 나의 친정인 투데이쇼에 육박하며 시청률에서 1.06%로 바짝 추격하고 있었다.

내게 보다 중요한 일은 1978년 6월에 다름 아닌 ABC 뉴스매거진 20/20이 등장한 것이었다. 룬 알리지는 CBS의 60미니츠에 도전하기 위해 20/20을 내놓았는데 출발은 여의치 않았다. 첫 방송은 저널리스트인 해럴드 헤이스와 미술비평가 로버트 휴스가 진행했는데 완전히 실패였다. 하지만 실패에서 해결책이 나오는 법. 자기답지 않게 첫 프로그램에 그다지 관심을 쏟지 않았던 룬은 어쩔 줄 몰라 했다. 그는 나보고 앵커를 맡을 생각이 없느냐고 물었다. 불과 얼마 전 앵커하면서 고생한 일만 없었어도 하겠다고 했을 것이다. 하지만 나는 또다시 오디션을 받고 한 번 더 수치스러운 실패를 겪고 싶은 마음이 없었다.

운이 닿았는지 나의 옛 동료인 휴 다운스가 당시 반은퇴 상태에 있었는데(퍼블릭 텔레비전에서 노인들을 상대로 한 '오버 이지'라는 프로그램을 진행하고 있었다) 그때 굿모닝 아메리카에서 대타로 하루 진행을 맡았다. 룬이 그것을 보고 마음을 정했다. 다소 밋밋한 감이 없지 않지만 노련하고, 무엇보다도 본인이 하겠다고 했기 때문이다. 그날 오후에 룬은 휴 다운스를 20/20 진행자로 채용했다. 그래서 나는 20/20 앵커 기회는 지나갔거니 하고 생각했다. 하지만 나는 휴 다운스와 공동 앵커를 맡게 되었고 이후 우리는 15년 동안 20/20을 진행하며 엄청난 성공을 거두었다. 그가 떠난 뒤에도 나는 계속 이 프로그램 진행을 맡아 오고 있다.

하지만 처음에 공식적으로 나는 20/20을 비롯해 어떤 특정 프로그램에도 소속되지 않았다. 어느 의미에서 그것은 아주 좋은 점이었다. 나는 월드 뉴스 투나잇, 굿모닝 아메리카, 20/20에 다양한 기사를 보도할 수 있었고 처음 몇 년간은 '이슈 앤드 앤서'에도 보도했다. '이슈 앤드 앤서'는 1981년에 데이비드 브링클리가 NBC에서 ABC로 옮겨와 진행을 맡으며 '데이비드 브링클리와 함께하는 디스 위크'로 이름이 바뀌었다. 이후 이 프로그램은 가장 인기 있는 일요일 아침 TV 프로그램이 되었다.

그 당시 나는 큰 특종을 여러 건 했다. 예를 들어 1979년 10월 지미 카터는 축출되고 암에 걸린 이란의 샤를 뉴욕의 병원에 와서 치료받도록 허락해 줌으로써 이란인들을 크게 자극했다. 저널리스트들은 그를 일절 만날 수 없었다. 당시 샤가 정말 아픈 게 아니며 실제로 그 병원에 있는 것도 아니라는 소문이 무성했다. 나는 샤와의 친분 관계 때문에 그의 보좌관들이 병실로 와서 그를 만나도록 허락해 주었다. 그는 매우 창백하고 병색이 완연했다. 침상 위쪽에 고릴라 한 마리가 나무줄기에 매달려 있는 큰 포스터가 있는데 '꽉 붙들고 있어'라는 문구가 씌어 있었다. 나는 그의 보좌관 중에서 이런 포스터를 걸 만한 배짱과 유머가 있는 자가 있었나 하며 의아한 생각이 들었다.

나는 텔레비전 카메라는커녕 심지어 녹음기도 가지고 들어갈 수 없었다. 있는 것이라고는 손에 들고 들어간 폴라로이드 카메라밖에 없었다. 나는 보좌관 한 명에게 내가 샤와 같이 있는 장면을 찍어 달라고 부탁해서 사진 한 장을 갖게 되었다. 그날은 목요일이었다. 그때는 20/20이 목요일에 방영되었는데 나는 사진을 손에 들고 스튜디오로 달려가 샤가 정말 뉴욕의 병원에 입원해 있다는 증거와 함께 병색이 완연한 그의 모습을 내보냈다. 나는 지금도 그 작은 폴라로이드 사진을 갖고 있다.

내가 병원에서 샤를 만나고 12일 뒤인 1979년 11월 4일 과격 이슬람 학생들이 테헤란 주재 미국 대사관에 난입해 50명이 넘는 미국인을 인질로 잡았다. 내가 찍은 샤 사진과 이 사건은 아무 관계가 없다. 이란 새 정부는 그가 뉴욕에 가 있다는 사실을 이미 알고 있었다. 인질극은 444일간 계속되었고 룬은 이 사건 보도를 위해 테드 코펠이 진행하는 나이트라인을 만들었다. 인질들은 샤가 이집트에서 사망한 지 6개월 뒤인 1981년 1월에 마침내 석방되었다. 나도 샤만큼은 아니지만 근본주의 정부의 분노를 샀다. 혁명에 가담한 학생들은 샤의 집무실을 약탈하면서 내가 샤바누와 인터뷰한 테이프를 발견하고 나를 비우호적인 인물이라는 의미의 페르소나 논 그라타로 규정했다.

20/20 초기에 나는 내 일생에 정말 제일 이상한 인터뷰를 한번 했는데 한밤중에 뉴욕 주 북부에 있는 한 호수에서 한 것이었다. 상대는 베트남 반전운동가인 애비 호프먼이었는데 당시 그는 법망을 피해 피신 중이었다. 호프먼은 1973년에 코카인 3파운드를 밀매한 혐의로 체포되었는데 종신형에 처해질 수 있는 죄목이었다. 그는 이듬해 보석 중에 자취를 감춘 뒤 가명을 쓰며 6년째 도피생활을 하고 있었다. 1980년 9월에 그는 투항하기로 했는데 폼 나게 하고 싶었던 것이다. 그의 친구 몇 명이 내게 몰래 연락을 취하고는 호프먼을 만날 의향이 없느냐고 물어 왔다. 그를 직접 만나기 전까지는 비밀을 지켜야 했다.

그는 동틀 녘에 자기가 숨어 지내는 캐나다 국경 작은 마을 인근의 한 호수에서 만나자고 했다. 약속한 시간에 나는 카메라 크루와 함께 보트를 타고 기다렸는데 호프먼은 보트를 탄 채 새벽 어스름을 뚫고 천천히 모습을 드러냈다. 마치 슬로모션으로 꿈을 꾸는 것처럼 너무 신비스럽고 극적인 장면이었다. 육지에 있는 그의 은신처에 가서 인터뷰를 진행했는데 호프먼은 자신이 가명으로 현지에서 환경보전을 위해 많은 일을 했다는 말을 늘어놓았다. 형량을 낮추는 데 도움이 될 것이라 생각한 모양이었는데 실제로 도움이 되었다. 그는 이튿날 자수해서 두 달을 복역한 뒤 뉴욕 마약갱생센터에서 실시하는 근로 석방 프로그램에서 10개월 일했다.

내가 그 인터뷰를 할 당시 20/20은 시작한 지 2년째 되었다. 휴는 온화하고 아는 것이 많은 진행자로서 프로그램을 잘 이끌고 있었다. 당시 그가 제일 총애하는 기자는 제랄도 리베라였는데 제랄도는 극적 요소가 풍부한 수사사건 기사를 많이 보도했다. 하지만 룬은 내가 보도만 하지 말고 휴의 공동 진행자로 참여하면 프로그램이 더 좋아질 것이라는 생각을 하고 있었다. 이번에는 나도 그 제안을 받아들였다. 나 혼자 진행하는 것도 아니고 나도 그때쯤에는 방송국에서 머물 '집'이 필요하다고 생각했기 때문이다. 더 중요한 것은 내가 휴를 좋아하고 또한 또다시 제2의 해리 리즈너와 같은 일을 겪지는 않을 것임을 알았기 때문이다.

두 사람의 우정, 그리고 서로 상대의 전문성을 존중해 주고 있음에도 불구하고 휴는 나와 공동 앵커가 되는 것은 원치 않았다. 그는 다른 누구와도 공동 앵커는 하려고 하지 않았다. 처음부터 자기 혼자 진행해 왔고 아주 성공적으로 하고 있다고 생각했기 때문에 그랬던 것이다. 그래서 그는 룬이 나와 함께 진행하면 쇼가 더 좋아질 것이라는 말을 하자 처음에는 반대했다. 휴는 내게도 자기 생각을 솔직히 말했다. 하지만 룬이 보스였고 휴도 결국 그렇게 하겠다고 동의했다. 일단 그가 그렇게 하겠다고 한 다음부터 우리는 한번도 사이가 좋지 않은 날은 없었다.

휴는 자기 이름을 위에 올리고 싶어 했고 나도 그건 상관없었다(나는 빙 크로스비의 충고를 기억하고 있었다). 그래서 휴가 프로그램 시작 멘트를 하고 나는 끝내는 멘트를 맡았다. 우리의 따뜻하고 포근한 방송 종료 멘트는 "우리 가까이 지내요. 여러분도 가까이 지내세요"였다. 우리 두 사람이 진행하면서 쇼는 확실히 더 성공했다. "내가 잘못 생각했던 일로 인해 이렇게 행복한 적은 없어요"라고 휴는 내게 말했다.

시간이 지나며 20/20은 ABC에서 가장 성공적인 주간 프로그램이 되었다. 가끔 시청률에서 60미니츠를 제치고 정상에 오를 때도 있었다. 물론 20/20은 처음에는 목요일에 하다가 나중에 금요일로 바뀌었기 때문에 방송 요일 면에서는 훨씬 더 유리한 입장에 있었다.

그밖에도 나는 일 년에 네 번씩 프라임 타임 스페셜 프로그램을 계속했다. 시간이 많이 드는 작업이라 나는 그것을 20/20에 넣고 싶었으나 너무 인기가 좋은 프로그램이기 때문에 ABC는 포기하지 않으려고 했다. 대신 룬은 그 프로를 예능국에서 떼어내 ABC 뉴스에 편입시켰고 지금까지 그대로 남아 있다. 룬의 수입이 더 늘어났다는 말이다.

20/20에 고정출연하고 스페셜을 계속 맡게 됨에 따라 나는 일이 더 많아졌다. 하지만 오랜 기다림 끝에 나는 드디어 매주 혹은 매일 오디션을 받는다는 기분에서 벗어나게 되었다.

직장 일은 한결 수월해졌지만 집안일은 더 힘들어졌다.

고통 그리고 새 출발

엄마와 언니는 아버지가 돌아가신 뒤에도 계속 마이애미에 사셨다. 아버지가 안 계신 두 사람의 삶은 평화로웠겠지만 점점 더 외로웠다. 두 사람은 서로에게 의지했고 내 생각에는 무섭기도 했던 것 같다. 엄마는 자기가 죽으면 재키 언니가 어떻게 될지 계속 걱정이 되셨다. 재키 언니 본인도 걱정이 되었을 것이다. 말은 안 했지만 내가 언니를 데리고 가서 같이 살아 줄까 하는 게 궁금했을 것이다.

하지만 나는 언니가 자신도 모르게 엄마에게 한 것과 같은 짓을 내가 감당할 자신은 없었다. 그걸 알기 때문에 나는 마음이 아팠다. 엄마와 언니 두 여자는 서로 의지하면서도 끊임없이 싸웠다. 그러면 언니는 눈물을 흘리며 문을 쾅 닫고 나가 내게 전화를 걸었다. 두 사람은 서로 상대방을 비난했다. 두 사람이 다투는 걸 보면 나는 마음이 찢어지는 듯 아팠다. 한 가지 문제는 두 사람이 갖고 있는 고립감이었다. 엄마는 언니를 혼자 두고는 아무 데도 가지 않으셨다. 그래서 어디서도 오라는 데가 없었다. 마이애미의 같은 아파트에는 미망인과 독신 여성들이 더러 살고 있었는데, 그래서 나는 엄마에게 그런 사람들을 불러서 커피와 치즈도 대접하면서 내가 진행하는 스페셜을 같이 보라고 해보았다. 그랬더니 엄마는 "그건 너무 힘든 일이다"거나 아니면 "그 사람들은 카드놀이만 하려고 해", 아니면 "그 사람들이 안 오려고 해"라는 말만 했다. 그래서 엄마와 언니 둘이서만 스페셜을 봤다.

텔레비전에서 일하는 여자라면 모두 아는 오래된 조크가 있다. 미국 대통령과 인터뷰를 하고 났더니 자기 엄마가 "얘야, 네 머리가 정말 맘에 들지 않더라"라고 말하더라는 것이다. 우리 엄마도 외모를 중요하게 생각하는 분이었다. 하지만 나를 너무나 자랑스럽게 생각하는 나머지 친구나 아는 사람들에게 "어젯밤 TV에서 내 딸 봤어요?"라고 묻는 법이 없었다. 나한테도 "어떤 사람이 자기 조카에게 주려고 네 사진 한 장만 달라는구나" 같은 말을 한 적이 없다. 나를 이용해 자신의 위신을 세우겠다는 생각은 스스로 용납하지 않으셨던 것이다.

하지만 나는 엄마와 재키 언니의 생활을 낫게 만들려고 최선을 다했다. 기회만 닿으면 두 사람을 찾아보았고 플로리다로 출장을 갈라치면 무슨 일을 하든 두 사람과 함께 다니려고 애썼다. 한번은 플로리다에서 진행되는 필 도나우 쇼에 초대 손님으로 출연했는데 엄마와 언니도 함께 데려갔다. 두 사람은 너무 좋아했고 도나우도 두 사람에게 그렇게 잘해 줄 수가 없었다. 나는 비록 조금이나마 두 사람에게 세상의 모습을 열어 보여 주는 일이 좋았다.

나는 또한 두 사람을 수시로 뉴욕으로 오라고 했는데 그러면 종종 문제가 일어났다. 엄마는 짐 싸는 게 귀찮아서 한번 오셨다 하면 최소한 3주 이상은 머물렀다. 그래서 나는 한 달 넘게 두 사람이 서로 소리치며 싸우는 것을 지켜보고 마지못해 심판 역할도 해야 했다. 두 사람 모두 옳았고 또한 두 사람 모두 잘못했다. 그리고 두 사람 모두 불쌍했다. 그러면 나는 저녁에 집에 돌아오기가 싫었다.

우리 집 공간에 다소 여유가 생겼다. 나는 ABC에서 일한 덕분에 1978년에 파크 애비뉴 62번 스트리트에 아파트를 한 채 사서 아주 인기 있는 천재적인 인테리어 디자이너 안젤로 덩기아에게 장식을 맡겼다. 옛날 아파트가 너무 어두컴컴했기 때문에 나는 침실과 거실을 포함해 모든 것을 흰색으로 꾸며 달라고 부탁했다. 아파트는 부엌만 빼고는 예쁘고 환기가 잘되고 밝았다. 이전 집주인은 부엌을 밝은 오렌지색으로 꾸몄는데 그걸 덮어씌우려면 흰색 페인트를 네 겹은 칠해야 되었다. 그런 일에 돈을 쓰고 싶지는 않아서 오렌지색을 그대로 두

기로 한 것이다.

내 집을 갖게 된 것은 그때가 처음이었고 부엌만 제외하고는 다 맘에 들었다. 딸 재키도 드디어 제대로 된 제 방을 갖게 되었고 이코델과 젤도 큰 방을 썼다. 그리고 엄마와 언니가 오면 자는 손님방도 하나 있었다.

엄마가 오시는 제일 큰 목적은 끔찍이도 좋아하는 손녀딸을 보는 것이었다. 1981년에 재키는 아주 고약한 사춘기를 시작하고 있었지만 엄마 눈에는 예쁘기만 할 뿐이었다. 입양한 아이들에게 일어날 수 있는 골치 아픈 문제들에 대해 이야기하는 사람들이 있지만 우리 엄마는 재키에 대해 제일 좋은 말만 골라서 하셨다. 재키는 엄마의 손녀딸이었다. 그걸로 끝이었다.

한번은 엄마가 우리 집에 오셨다가 건강에 무서운 일을 겪으셨다. 한밤중에 숨을 제대로 쉴 수가 없어서 잠이 깨신 것이다. 황급히 병원으로 모셨더니 심장이 제대로 작동하지 않고 폐에는 물이 고여 있었다. 한동안 입원해 계신 뒤에 회복이 되셨지만 오랫동안 기운이 없이 허약하고 기분도 좋지 않으셨다.

병원에서 퇴원하신 뒤에도 플로리다로 가시게 할 수 없어서 나는 멀지 않은 뉴욕 주 리버데일에 있는 시설 좋은 양로원으로 엄마를 모셨다. 더구나 그곳 원장이 언니에게도 그곳에 일거리를 만들어 주어서 더 좋았다. 정말 친절한 사람이었다. 그는 재키 언니를 '보조 비서'라고 부르며 하루에 몇 시간씩 잔심부름과 서류 정리 등 언니가 할 수 있는 일이면 무엇이든 찾아서 시켰는데 언니는 너무 행복해했다.

나는 언니에게는 앞으로도 그런 일이 제격이겠다는 생각이 들었다. 만약에 엄마가 잘못되더라도 재키 언니는 그곳에서 일하며 지낼 수 있을 것이었다. 언니는 식사는 모두 식당에서 했고 친구도 사귀었다. 언니는 그곳에서 자기 생활을 가졌지만 여전히 내 주변을 맴돌았다. 나는 언니 일을 엄마와는 한번도 의논해 보지 않았지만 언니 스스로 자립할 가능성을 깨닫게 되길 바랐다. 하지만 언니는 그렇게 되지 않았고 엄마는 그 양로원을 싫어했다. 그래서 언니에 대한 말은 꺼내 보지도 못했다. 엄마는 그곳에 있는 사람들과는 눈곱만큼도 공동 관심사가 없다고 불평했다. 지금 돌이켜 생각해 보니 그때 엄마가 원했던 것은 나와

같이 사는 것이었다. 그때 가까이에 작은 아파트라도 하나 장만해 드렸으면 좋
았을 텐데 하는 생각이 든다. 하지만 그렇더라도 엄마가 돌아가시고 나면 언니
는?

　그러다가 두 번째 건강 문제가 생겼다. 언니 가슴에 작은 덩어리가 생겼는
데 악성으로 판명이 난 것이었다. 엄마와 나는 언니에게 암에 걸렸다는 말을 하
지 않기로 했다. 그런 말을 들으면 겁을 먹을 것이기 때문이었다. 그래서 덩어
리가 생겼는데 아무것도 아니지만 떼어내야 한다고 했다. 언니는 좋다고 하며
그저 한두 가지만 물어 보았다. 나는 언니를 데리고 최고라는 의사를 찾아다니
며 치료법을 상의했다. 어떤 사람은 유방 절제를 권했고, 어떤 사람은 종양 덩
어리 절제도 효과적일 것이라고 했다. 그 말이 사실일 것 같은 증거들이 많았
다. 그런 일을 재키 언니와 상의할 수는 없었다. 그런 말을 들으면 놀라서 혼란
스러워할 것 같았기 때문이다. 엄마는 결정을 전적으로 내게 맡겼고, 나는 덩어
리 절제술로 결정을 내렸다.

　언니의 건강을 내 손으로 책임져야 한다니 무서웠다. 내 결정으로 언니의
생사가 갈릴 수도 있는 일이었다. 정말 다행스럽게도 치료는 잘되었다. 언니는
뉴욕에 있는 세계적으로 유명한 암 센터인 메모리얼 슬론 케터링에서 덩어리
절제술을 받은 뒤 방사선 치료를 받았다. 병원에서는 재키 언니와 엄마가 머물
고 있는 곳에서 가까운 리버데일의 아주 훌륭하고 이해심이 많은 방사선과 의
사를 소개해 주었다. 엄마는 여러 주 동안 매일 언니를 데리고 치료 받으러 다
녔다. 치료가 잘되어서 재키 언니는 자기가 유방암을 앓았다는 사실을 모른 채
지나갔다.

　엄마는 뉴욕에 계시는 동안 내내 기분이 좋지 않으셨다. 엄마는 그때 어디
에 가서 계셨든 그랬을 거라는 생각이 든다. 평생의 짐이 엄마의 삶에서 즐거움
을 빼앗아 가버린 것이었다. 내가 어렸을 적에는 정말 좋은 엄마였다. 나는 자
라서도 엄마를 좋아했다. 그래서 나는 엄마에게 기쁨을 안겨 드릴 수 있는 일이
무엇일까 곰곰 생각해 보았지만 쉽지가 않았다. 한번은 추수감사절 날 프라이
어스 클럽에서 저녁을 함께 했는데 모두 12명이 참석했다. 딸 재키와 사촌들,

그리고 그날 혼자 보내는 내 친구들도 몇 명 초대했다. 엄마와 언니는 그날 내가 새로 사준 드레스를 입고 나갔는데 너무 예뻤다. 아버지의 오랜 친구인 코미디언 헨리 영맨과 레드 버튼스 두 분이 우리 테이블로 와서 엄마에게 우스갯소리를 잔뜩 늘어놓았다. 나는 엄마가 즐거운 시간을 보냈다고 생각했다. 식사 도중에 나는 참석한 사람들에게 돌아가면서 제일 감사하게 생각하는 일 하나씩을 말해 보자고 제안했다. 그런데 엄마는 자기 차례가 되자 주위를 한번 둘러보더니 이렇게 말하는 것이었다. "나는 감사할 일이 하나도 없군요." 그 말을 듣고 나는 가슴이 철렁 내려앉았다.

엄마는 플로리다의 따스한 날씨를 그리워했다. 그래서 재키 언니의 방사선 치료가 끝나자 두 사람은 마이애미로 돌아갔다. 나는 작은 스파 휴양지 같은 곳에서 식사를 제공해 주고 각종 취미 프로그램까지 갖춘 아주 멋진 숙박시설을 구해 주었다. 재키 언니는 그림 그리기와 댄스 교실에 다니며 행복하게 지냈고 엄마도 어느 정도 만족하게 지내시는 것 같았다.

두 사람은 계속 아옹다옹했기 때문에 앞으로도 신경이 쓰이겠다는 생각이 들면서도 나는 어느 정도 마음이 놓였다. 하지만 몇 달이 지난 뒤 엄마에게 전화를 하면 가끔 이상한 소리를 했다. 어떤 때는 내 목소리를 알아보지 못하고 내 이름까지 기억하지 못했다. 언니 말로는 엄마가 자주 그런 증세를 보이고 침대에 누워 지내는 시간이 많아졌다는 것이었다. 마이애미비치에 사는 레나 이모에게 전화를 걸었더니 이모도 엄마가 자꾸 잊어 먹는다고 했다. 이제는 식사 때도 일어나지 않으려고 하고 시간과 공간 개념을 상실한 것 같다는 것이었다. 이모 말로는 걱정이 되었지만 내게 알리면 괜한 걱정을 할 것 같아 나아지겠지 하며 그냥 지켜봤다고 했다.

엄마를 돌보는 의사에게 전화를 걸었더니 의사도 레나 이모와 같은 말을 했다. 한 가지는 분명해졌다. 엄마는 이제 하루 종일 누가 돌봐 주어야 한다는 점이었다. 나는 플로리다로 가서 엄마를 아버지가 계셨던 요양원으로 모셨다. 엄마는 무슨 일이 일어나는지 영문을 모르는 것 같았다.

엄마를 뉴욕으로 모시고 간호사를 딸려서 나와 함께 지낼 수는 없었을까?

물론 그럴 수도 있었지만 나는 그렇게 하지 않았다. 나는 마음이 편치 않았다. 어렸을 때 나는 엄마에게 내가 자라면 엄마한테 집을 지어 주고 같이 살겠다고 했다. 그 집이 요양원은 아니었다. 연로한 부모를 둔 다른 사람들도 나와 같은 어려움을 겪는다는 걸 알았지만 그게 위안이 되지는 못했다. 사촌 언니 셜리도 나를 편하게 해주려고 애썼다. 셜리 언니는 엄마도 아버지를 요양원에 보내지 않았느냐는 말로 나를 위로하려고 했다. 그리고 셜리 언니도 자기 엄마인 로즈 숙모를 요양원에 보냈다. "내가 집에서 모셨더라면 요양원에서와 같이 돌봐 드리지 못했을 거야. 그리고 내 생활도 엉망이 되었을 거고"라고 셜리 언니는 말했다. "엄마를 모시다간 네 생활도 엉망이 될 거야."

셜리 언니의 말이 맞았다. 내 생활도 새로운 국면을 맞고 있었다. 50대 초반이 되었고 12년째 독신으로 살고 있었다. 직장은 안정되었고 베어 스턴스의 CEO가 된 앨런 '에이스' 그린버그와 데이트하는 시간이 많아졌다. 그는 나와 결혼하기를 간절히 원했다. 그는 내게 잘 대해 주었고 나도 눈 질끈 감고 그와 결혼해 버릴까 하는 생각이 없지 않았다. 문제는 좋고 멋진 사람이기는 하지만 그를 사랑하지는 않는다는 것이었다. 그러던 중 1984년 여름에 나는 뜻밖에 머브 애들슨이라는 남자를 만났다. 쾅! 바로 이 사람이다' 하는 생각이 들었다. 나는 정말 그 사람한테 끌렸고 그 사람만 좋다면 더 이상 망설일 게 없다고 생각했다. 그리고 얼마 안 가 그렇게 되었다.

우리는 서로 모르는 상태에서 만났다. 큐피드 역할을 해준 사람은 내가 여름휴가 집을 빌린 웨스트햄프턴에서 이웃에 사는 레오 켈멜슨이라는 광고업계 사람이었다. 레오는 자기가 운영하던 광고회사를 캘리포니아에서 온 아주 성공한 사람에게 팔았다고 했다. 그 사람은 '댈러스' '노츠 랜딩'Knots Landing '월턴네 사람들' 같은 엄청난 히트 프로그램을 많이 만들어낸 로리마 프로덕션의 창업자 겸 소유주였는데 캘리포니아 주 칼스배드에 있는 멋진 스파 휴양지 라코스타의 공동 창업주이기도 했다.

"머브가 광고회사 때문에 뉴욕에 자주 온다"며 레오가 내게 말했다. "최근에 아내와 헤어졌는데 대단히 매력적인 사람입니다. 한번 만나 보실래요?"

왜 안 만나?

머브한테서 연락이 와서 우리는 저녁을 같이 했는데 레오 말대로 정말 매력적인 사람이었다. 은발에 푸른 눈, 그리고 일 년 내내 구릿빛 피부를 하고 있었다. 섹시하고 웃기고 매력적인 사람으로 그야말로 캘리포니아다운 사람이었다. 물론 머브도 내가 바버라 월터스가 아니었으면 내게 관심을 갖지 않았을 것이다.

그런데 놀랍게도 머브는 같이 자리에 앉은 지 얼마 지나지 않아서 자신에 관해 털어놓기 시작했다. 그가 동업자와 함께 라코스타를 세우는 데 쓴 자금의 일부가 팀스터스 유니언 펜션 펀드라는 데서 나왔다는 것이었다. 팀스터스 유니언 펀드는 당시 조직범죄와 연루되어 있다는 말이 나돌았다. 펜트하우스 매거진은 1975년 머브도 악당들과 연관이 있다는 기사를 실었다. 머브는 펜트하우스를 명예훼손 혐의로 고소했지만 우리가 저녁식사를 하기 2년 전인 1982년에 패소판결을 받았는데 단 그때 판결에서 새로 재판을 받아 볼 수는 있도록 되었다. 그는 아직 법적인 문제가 해결되지 않았고 또한 마피아 연루설은 자신의 이름에 오점으로 남아 있기 때문에 그러한 사실을 털어놓는 것이라고 했다.

메인 코스 요리도 나오기 전에 그런 말을 했는데 나는 그의 솔직함이 마음에 들었다. 그의 명예훼손 건이 내게 무슨 영향을 미치지는 않겠지만 그래도 머브는 나의 명예를 지켜주고 싶었던 것이고 나는 그런 마음씨가 마음에 들었다. 어쨌든 우리는 멋진 저녁을 같이했다.

머브는 자기가 묵는 피에르 호텔까지 택시를 타고 갈 현금이 한 푼도 없어서 내가 5달러를 빌려 주었다. 내 생각에는 로스앤젤레스에서는 항상 기사 딸린 승용차가 대기하고 있는 데 익숙하다 보니 그런 일이 생긴 것 같았다. 엘리자베스 2세 여왕처럼 현금을 갖고 다닐 필요가 없었을 것이다. 일주일 뒤에 그는 내게 5달러와 함께 예쁜 쪽지를 보내 왔고 그래서 우리는 다시 데이트했다.

우리는 그해 여름 정말 자주 만났고 나는 그 사람에게 사랑을 느끼기 시작했다. 정말 드물게 멋진 감정을 경험했고 가족 문제에도 불구하고 나는 행복했다. 머브는 스케일이 큰 사람이었다. 그는 스키와 경마를 했고 골프와 테니스, 요트도 탔다. 뉴욕에 있는 내가 아는 사람들이 모두 베이비 블루 정장에 넥타이를 매고 다닐 때 그는 청바지와 티셔츠를 입었다. 한마디로 그는 내일이 없는 사람처럼 살았다.

머브는 벨 에어에 멋진 저택이 있었는데 나는 그곳에 자주 갔다. 나중에 우리가 살 집이었다. 그리고 아스펜에 있는 레이지 Z라는 이름의 그의 목장과 말리부 해변에 있는 그의 집에도 자주 가서 시간을 보냈다. 그는 뉴욕에 있는 한 호텔에도 아파트를 소유하고 있었지만 점점 더 우리 집에 와서 지내는 시간이 많아졌다. 사실은 엄마를 뉴욕에 모셔서 같이 살지 않은 이유도 그게 제일 컸다. 그게 마음에 걸렸지만 머브와의 관계와 엄마를 집에다 모셔 놓고 24시간 돌보는 일을 병행할 수는 없었다. 그리고 또 언니는 어떻게 하고?

그래서 1984년 여름에 나는 쇠약해진 엄마를 플로리다의 요양원에 보내고 언니는 취미 프로그램이 딸린 그 작은 집에 계속 살도록 했다. 나는 재키 언니에게 룸메이트를 구해 주려고 해 보았지만 불가능했다. 그래서 나는 지능에 문제가 있는 사람을 위한 호프 스쿨에 찾아가 보았다. 언니가 몇 년 전에 별것 아니지만 일을 조금 했던 곳이었다. 그 학교에 살 집이 새로 문을 열었는데 방 두 개짜리 스위트가 몇 개 있어서 그중 하나를 쓸 수 있었다. 관리하고 돌봐 주는 사람도 따로 있었다. 재키 언니는 지난번처럼 호프 스쿨에서 서류정리하고 잔심부름도 할 수 있었다. 그래서 언니는 그곳으로 보냈다.

하지만 언니는 그곳을 싫어했고 마이애미비치에 있는 아파트에 살고 싶어 했다.

"내게 룸메이트를 구해 주면 안 되겠니 바버라야?" 언니는 계속해서 이렇게 부탁했다. 그게 쉽지 않다고 아무리 설명해도 언니는 들으려고 하지 않았다. "뜻이 있으면 길이 있다고 하지 않니 바버라야." 언니는 내게 이런 말까지 했다.

나는 항상 엄마와 언니 생각을 했지만 머브와는 두 사람 문제를 많이 이야기하지 않았다. 우리는 로맨스를 시작하고 있었기 때문에 나는 그에게 이런 문제로 부담을 주고 싶지 않았다. 내가 말해 주는 사소한 일에도 그는 아주 친절히 공감해 주었다. 그는 또한 내 딸과도 특별한 관계를 만들어 나갔다. 딸 재키는 그를 만나자마자 금방 친해졌다. 머브는 재미있고 멋있고 바깥으로 나다니는 걸 좋아했는데 딸도 그랬다. 머브에게는 자녀 세 명이 있었는데 그중 한 명인 엘리는 재키보다 나이가 별로 많지 않았다. 우리 모두 한 가족이 될지도 몰랐다.

나는 5월에 머브를 만났다. 그리고 10월에 로널드 레이건과 월터 먼데일 두 사람의 첫 번째 대통령 후보 토론 사회를 본 뒤 그와 함께 아프리카로 사파리를 떠났다. 그의 아주 친한 친구인 조앤 시걸과 길 시걸 부부와 함께 갔다. 우리는 아프리카를 여행하는 동안 내내 웃고 떠들었다. 아프리카 밀림에서 텐트 치고 캠핑을 하게 될지 꿈이나 꿔 봤던가. 그것도 일이 아니라 재미로! 하지만 그것은 꿈이 아니었다. 정말 동화 속 같은 시간이었다. 낮에는 코끼리, 누, 기린, 사자를 보고 밤이 되면 텐트에서 보드카를 마셨다. 이러고도 사랑에 빠지지 않을 사람이 있을까?

머브와 나는 만난 지 일 년 되던 1985년 6월에 말리부 해안을 걸으며 약혼식을 올렸다. 앨런 그린버그와의 관계는 끝이 났다. 그는 지금 정말 멋진 여성과 결혼했고 나와는 계속 친구로 지내고 있다.

그렇게 해서 1985년에 나는 약혼을 했고 ABC에서 탄탄한 자리를 지키고 있었으며 반항적인 사춘기에 접어든 딸이 있었다. 그리고 마음 한쪽에는 늘 병든 엄마와 불만에 찬 언니가 자리하고 있었다.

"배가 아파." 하루는 언니가 전화를 걸어와 이렇게 말했다. 하지만 나는 별로 대수롭지 않게 생각했다. 재키 언니는 감기만 들어도 폐렴이라고 엄살을 떠는 경향이 있었기 때문이다. 그렇지만 학교에 전화를 걸어 언니를 의사한테 보여 달라고 부탁했다. 플로리다에서 걸려온 그 다음 전화는 황당했다. 진찰 결과가 나왔는데 난소암이 진전된 상태라는 것이었다.

마음이 너무 아팠다. 재키 언니가 엄마보다 먼저 죽을 것이라는 생각은 한 번도 해 본 적이 없었다. 나는 당장 플로리다로 날아갔다. 다행히도 의사는 난소암이 먼저 걸린 유방암과는 관련이 없다고 했다. 만약에 내가 전에 유방 절제 대신 종양 덩어리 절제술을 시키기로 한 결정 때문에 난소암이 생겼다면 나는 견딜 수 없었을 것이다.

난소암은 사람을 죽이는 비밀 킬러로 자가 진단법이 있기는 하지만 확실한 것은 아니다. 그래서 난소암에 걸렸는지를 미리 아는 경우는 드물다. 의사는 곧바로 수술해서 재키 언니의 난소를 제거했으면 좋겠다고 했다. 언니의 상태는 그만큼 심각했던 것이다. 나는 즉각 메모리얼 슬론 케터링 센터에 있는 내 친구 폴 마크스 박사에게 전화를 걸었다. 나는 언니를 뉴욕으로 데려가서 수술을 받게 하고 싶었지만 망설여졌다. 플로리다에서 언니를 치료하는 의사가 아주 마음이 푸근한 사람이어서 재키 언니에게 친근하게 대해 주었기 때문이다. 언니는 진료보다 더 소중한 게 필요했고 크지만 좀 친근감이 덜한 슬론 케터링 센터보다는 플로리다에서 따뜻하게 인간적인 보살핌을 받도록 하는 게 더 좋겠다는 생각이 들었다. 폴 마크스도 그렇게 하라고 했다. 그래서 우리는 플로리다 의사한테서 수술을 받기로 결정했다.

나는 수술 받는 동안 재키 언니 곁에 있었다. 이상한 후유증이 있었지만 수술은 잘 되었다. 수술을 마치고 회복실에 같이 있는데 언니는 "너무 아파, 너무 아파"라고 말했다. 그런데 더듬지를 않았다. 말더듬증이 완전히 사라져 버린 것이었다. 나는 지금까지도 그 이유가 뭔지 모른다.

수술하고 난 다음 나는 이틀 동안 언니 곁에 같이 있었다. 그리고 오래전부터 약속이 되어 있던 연설을 하기 위해 밀워키로 갔다가 곧바로 플로리다의 언니에게 다시 오려고 했다. 컨벤션 홀 무대 뒤에서 연설을 하려고 기다리는 중에 재키 언니 담당의사로부터 전화가 걸려왔다.

"아주 슬픈 소식입니다"라고 그는 말했다. "언니가 침대에서 일어나 화장실에 갔다가 출혈을 심하게 했습니다. 아무도 손을 쓸 수가 없었습니다. 언니는 아무런 고통 없이 가셨습니다."

세상에. 재키 언니가 죽었다는 말이야? 말도 안 돼! 내가 작별 키스를 할 때 몸은 쇠약했지만 그래도 모든 게 회복되고 있었는데. 나는 충격으로 아무런 감각이 없었다. 그리고 죄책감에 사로잡혔다. 도대체 언니 곁에 있지 않고 이 밀워키에서 무엇을 하고 있었단 말인가? 언니 혼자 죽게 내버려 두었다니. 그 음울한 무대 뒷방에 혼자 앉아 있으려니 죄책감과 슬픔이 한꺼번에 밀려 왔다. 나는 소리를 죽여 가며 흐느꼈다. 아무도 그 소리를 듣지 못했다. 나는 눈물을 닦고 무대로 나가 연설을 시작했다.

도대체 내가 무슨 말을 했는지 모르겠고 알고 싶지도 않다. 그냥 해야 되는 일이니 했을 뿐이다. 나는 컨벤션 홀에 모인 사람 누구에게도 언니가 죽었다는 말은 일절 하지 않았다. 나는 끔찍한 연설을 했고 그 때문에 욕을 먹었지만 개의치 않았다.

재키 언니가 죽은 것이다. 나의 삶에 그토록 큰 몫을 차지했던 언니가 죽었다. 다루기 어렵고 까다롭고 비극적이면서도 내가 사랑하는 언니였다. 어렸을 때 언니에게 품었던 못된 생각들과 자라면서 언니 때문에 느꼈던 좌절감들이 모두 떠올랐다. 그리고 성인이 되면서 언니를 대신해서 내가 내려 주어야 했던 결정들이 생각났다. 플로리다에서 수술을 받게 한 게 잘못된 결정이었단 말인가? 뉴욕으로 갔더라면 더 나은 치료를 받았을까?

나는 머브가 보내준 비행기를 타고 밀워키에서 플로리다로 돌아왔다. 우리는 재키 언니를 아버지와 같은 묘지에 묻었다. 그곳에는 우리 가족 묘지가 있어서 나도 죽으면 그곳에 묻힐 것이다. 이종사촌 오빠 셀리그도 뉴욕에서 아내 마블과 함께 묘지에서 랍비가 집전하는 장례식에 참석했다. 레나 이모와 사촌 언니 셜리도 두 아들을 데리고 참석했다. 호프 스쿨에서도 몇 명이 왔다. 아주 조촐하고 슬픈 조문객이었다.

엄마한테는 재키 언니가 죽었다는 말을 하지 않기로 했다. 엄마의 정신 상태는 이미 많이 혼란스러워져 있었기 때문에 언니의 죽음까지 감당하기에는 너무 힘드실 것이라고 생각했기 때문이다. 놀랍게도 엄마는 재키 언니에 대해서는 거의 묻지 않는데 물으면 나는 거짓말을 했다. 나는 엄마에게 재키 언니는 캘리포니아에 가서 캐럴 채닝과 함께 있다고 말했다. 엄마는 캐럴이 항상 재키 언니에게 잘해 주었다는 것을 알기 때문에 그 말을 믿고 안심하는 것 같았다. 엄마가 재키 언니의 죽음에 대해 모르도록 하기 위해 언니의 죽음을 친한 친구들에게만 알리고 비밀을 지켜달라고 당부했다. 만약에 언론에서 알고 쓰면 요양원에 있는 누군가 그걸 보고 엄마한테 알릴 수도 있기 때문에 겁이 났다.

엄마의 상태는 계속 악화되었으며 맑은 정신을 가진 시간이 점점 더 줄어들었다. 나는 한 달에 한 번씩 엄마를 보기 위해 내려갔고 가능한 한 자주 딸애도 데려갔다. 엄마는 나도 알아보다가 그러지 못하다가 했다. "네가 누구니?"라고 자꾸 물으셨고 나는 "엄마 딸 바버라잖아요"라고 대답했다. 그런데 재키가 누군지는 알아보았다. 엄마는 아주 특이한 종류의 선택적 기억력을 보이셨다. 가끔은 자기 자신이 누구인지도 몰라서 "내가 누구지?"라는 말을 자꾸 했다. "할머니, 할머니는 누구라고 생각하세요"라고 재키는 귀엽게 할머니를 놀렸다.

내가 누군지 생각나면 엄마는 제발 요양원에서 데리고 나와 뉴욕으로 데려가 달라고 애원했다. 나는 그 문제를 놓고 몇 시간씩 셜리 언니와 의논한 끝에 이제 언니도 떠났으니 그렇게 할 수 있다는 결론을 내렸다. 하지만 우리 아파트로 모셔가지는 않기로 했다. 나는 머브와 약혼한 상태이고 사실상 우리는 동거 중이었다. 병세가 악화되고 있는 엄마와 24시간 함께 머무는 간호사가 함께 지낼 경우 우리 두 사람 모두 부담이 클 것이라는 걱정 때문이었다. 대신 나는 우리 아파트 건너편에 있는 호텔에 스위트룸을 하나 구해서 간호사를 배치하고 매일 찾아뵙기로 했다. 하지만 엄마는 그곳을 좋아하지 않으셨다.

나는 지금도 그때 생각이 뇌리에서 떠나지 않는다. 만약에, 만약에 그때 엄마를 우리 아파트로 모셨더라면. 이런 생각이 마치 유령처럼 내 곁을 떠나지 않고 있다.

그런 와중에 머브와 나는 결혼식을 올렸다. 솔직히 말하자면 나는 그 결혼식을 두 번이나 미루었다. 첫 번째는 1985년 가을이었는데 내가 확신이 서지 않아 미룬 것이었다. 그 다음에는 크리스마스 휴가 때 아스펜에서 결혼식을 올리려고 했다가 자신이 없어서 또 미루었다. 머브에 대해서는 여전히 확신이 서지 않았다. 그는 모든 면에서 멋진 반려자이지만 지나치게 즉흥적이었고 그 점이 우리 관계에 그림자를 드리웠다. 그리고 또다시 쇼 비즈니스계 사람과 결혼했다가 초래될지 모르는 불안정함이 마음에 걸렸다. 나는 머브가 우선 사업가라는 점을 나 자신에게 납득시키려고 했다. 앞서 리와 결혼할 때도 같은 핑계를 댔다. 하지만 리가 브로드웨이 실패작에 계속 매달렸던 것과 마찬가지로 머브도 이미 시시껄렁하고 성공적이지 못한 영화 여러 편 제작에 손을 대고 있었다. 그의 회사가 어려움에 처할지 모른다는 소문이 나돌았다. 같은 실수를 또 어떻게 되풀이한단 말인가?

하지만 나의 가장 큰 걱정은 동서 양쪽 해안을 오가는 생활을 어떻게 감당할 것인가 하는 점이었다. 내 친구들 모두 머브를 좋아하고 그도 내 친구들을 좋아했지만 그는 사실 뉴욕을 좋아하지 않았다. 그는 캘리포니아에서 태어났고 그곳에서 평생을 살았으며 그곳이 그의 고향이었다. 하지만 나도 캘리포니아로 완전히 이사할 입장은 아니었다. 그곳에서 20/20을 진행할 수는 없었다. 이사를 가면 내 직업을 포기해야 하는 것이었다. 그래서 우리는 한 달에 열흘은 뉴욕에서, 열흘은 캘리포니아에서, 그리고 나머지 열흘은 따로 떨어져서 지내기로 했다. LA에 가 있는 주에 내보낼 20/20은 사전 녹화하도록 조치할 수 있었다. 두 사람 모두 바쁘니 보다 행복한 결혼생활을 위해 스케줄을 그렇게 조정할 수 있는 것 아니냐고 합리화해 보았지만 마음속으로는 불안감이 가시지 않았다. 그런 식으로 얼마나 갈 수 있을까? 일 년이나 이 년, 아니면 평생? 비행기 타고 오가는 시간은? 계획 짜기는? 시차는? 떨어져 지내는 시간은? 과연 몇 년이나 그런 식으로 끌고 갈 수 있을까?

세상 이치가 그렇듯이 머브는 벌써 뉴욕에 오는 횟수가 차츰 줄어들기 시작했고 나는 로스앤젤레스에 머무는 시간이 줄어들었다. 그곳에 가면 나는 대부분의 시간을 장성한 그의 자녀들과 함께 보냈다. 그는 아이들과 내가 정말 서로 알게 되기를 바랐다. 나는 그 아이들을 아주 좋아했지만 그것은 또한 머브와 내가 단둘이 마주 앉아 이야기할 시간이 줄어들었다는 말이었다. 솔직히 말해 우리 두 사람은 함께 공유하는 게 그렇게 많지 않았다. 그는 운동광이어서 골프, 테니스, 스키를 즐겼지만 나는 그런 운동은 하나도 할 줄 몰랐다. 대신 나는 독서와 친구 만나는 것을 좋아했다. 머브는 친구가 많지 않았고 독서에는 별 취미가 없었다.

1986년 5월 6일 화요일에 나는 파혼하려고 캘리포니아로 갔다. 그날을 어떻게 기억하느냐고? 그건 왜냐하면 나흘 뒤에 결혼식을 올렸으니까. 도착하니 햇빛은 화창하고 정원에는 꽃이 만발했다. 그리고 머브는 매력적이고 웃겼으며 그을린 얼굴에 핸섬했다. 도대체 내가 왜 이런단 말인가? 재키는 이미 그 사람을 아버지로 생각하고 있다. 머브에 대한 재키의 태도는 내게 아주 중요해서 내 결정에 큰 몫을 차지했다.

그렇게 해서 1986년 5월 10일 토요일에 나는 미세스 머브 애들슨이 되었다. 너무 후딱 해치우는 바람에 나는 다시 마음을 바꿀 여유도 없었다. 드레스도 없어서 친구한테서 빌려 입었다. 한번도 먹어 본 적이 없는 신경안정제를 한 알 먹고는 몽롱한 정신으로 한 발 두 발 결혼식장으로 걸어 들어갔다.

사실 아주 달콤한 결혼식이었다. 우리는 친한 친구이며 유명한 영화 및 텔레비전 제작자인 레너드 골드버그와 그의 부인 웬디의 베벌리힐스 저택에서 결혼식을 올렸다. 뉴욕에서도 친구 몇 명이 왔고 캘리포니아에 있는 친구도 몇 명 왔다. 나의 믿음직한 에이전트인 리 스티븐스가 내 손을 잡고 예식장으로 들어가서 신랑에게 인도했고 내 딸 재키가 신부 들러리를 했다. 유명한 소프라노로 나와 아주 친한 비벌리 실스가 엘리자베스 배럿 브라우닝의 소네트 '당신을 얼마나 사랑하는지' How Do I Love Thee?를 낭송했다. 재키와 재키의 친구들이 '그게 바로 우정이야' That's What Friends Are For를 합창했다. 정말 너무 가슴 뭉클하고 사랑스러운 장면이었다.

결혼생활도 좋았다. 적어도 몇 년간은. 우리는 너무 서둘러 결혼식을 올렸기 때문에 그해 가을 뉴욕 피에르 호텔에서 큰 피로연을 열기로 했다. 정말 거창하고 최고로 우아한 파티였다. 우리는 파티 디자이너를 고용해서 호텔 그랜드 볼룸을 아름다운 화원으로 바꾸어 놓았는데 모든 테이블을 향기로운 화환과 장미, 난, 튤립 꽃장식으로 꾸몄다. 브루크 애스터, 매리 록펠러와 로렌스 록펠러 부부에서부터 나의 대학시절 친구들까지 부부동반으로 초청해서 모두 300명이 참석했다. 뉴욕에 있는 내 친구와 동료들도 모두 부르고 머브의 친구와 사업 동료들도 로스앤젤레스에서 왔으며 양가 가족도 초대했다. 모두들 흥겨운 시간을 보냈다. 춤과 노래, 샴페인과 웃음이 이어졌다. 위대한 바리톤이며 한때 '키스 미 케이트'를 불러 스타가 된 하워드 킬은 당시 머브의 쇼 '댈러스'에 출연 중이었는데 그날 밤 나에게 바치는 아름다운 러브 송을 불러 주었다. 그런데 그만 잘못해서 엉뚱한 사람에게 노래를 불렀다. 나와 같은 테이블에 앉은 내 사촌 로레인은 나와 아주 많이 닮았는데 로레인을 보고 노래를 부른 것이었다. 그녀는 꼴깍 넘어갈 뻔했다.

결혼식 피로연에 유일하게 그림자를 드리운 게 있다면 월스트리트 저널이 두 주일 전 1면에 머브가 마피아에 연루되었다는 묵은 이야기를 재탕해서 다시 실은 것이었다. 하지만 그것은 아주 미미한 그림자에 불과했고 머브와 그의 동업자는 우리가 결혼하기 전에 펜트하우스를 상대로 낸 명예훼손 소송을 법정 바깥에서 해결했다. 머브는 자신이 조직범죄에 연루되었다는 주장이 허위라는 증거도 확보해 놓고 있었다. 펜트하우스의 소유주인 밥 구치오네는 머브에게 그가 범죄조직의 일원이라는 의미가 아니었다고 말하는 서한을 써주었다.

그럼에도 불구하고 나는 월스트리트 저널 기사에 대해 한마디 하지 않을 수가 없었다. 그래서 건배를 제의하면서 나는 "오늘 밤 파티를 축하해 준 월스트리트 저널에 감사드린다"며 이렇게 말했다. "오늘밤 좌석배치도 그분들이 해 주었더라면 좋았을 텐데요." 모두들 웃음을 터뜨렸고 그래서 자연스럽게 머브를 받아들였다.

머브는 피에르 호텔에 있는 그의 아파트를 처분하고 둘이서 멋진 아파트를 새로 한 채 장만했다. 내가 지금까지 살고 있는 바로 이 아파트다. 나는 마침내 오렌지 부엌에서 벗어날 수 있게 되었다.

가엽고 병든 엄마는 건강이 서서히 더 악화되어 갔다. 섭섭한 일이지만 엄마는 뉴욕에서 열린 우리 피로연에도 오지 못하셨다. 엄마는 나를 거의 알아보지 못하셨지만 그래도 내가 좋아하는 우리 엄마였다. 어렸을 적에 내 머리를 땋아 주고 언니와 내게 아침과 점심, 저녁을 지어 주고 우리 둘을 끔찍이 사랑하신 엄마였다. 내가 어렸을 때 나 같은 애 여섯 명만 있었으면 좋겠다고 하시던 엄마였다. 나이가 들면서 엄마 곁을 떠나야 할 때가 오면 내 얼굴을 꼭 잡고는 몇 번이고 키스를 해 주며 나를 얼마나 사랑하는지 아느냐고 말하시던 엄마였다. 그런 엄마가 말년에 우울하고 불행한 여인이 된 것이다. 함께 모시기가 쉽지 않게 되었지만 나는 한번도 엄마를 욕한 적은 없었다.

엄마는 1988년 6월에 91세의 나이로 돌아가셨다. 그날 나는 캘리포니아에서 딸애의 20번째 생일을 축하해 주고 있었다. 재키는 아주 힘든 시기를 벗어나고 있는 중이었고 머브와 나는 딸에게 생일파티를 열어 주었다. 나는 그 자리에 같이 있는 게 좋겠다고 생각해서 거기 있었지만 엄마가 계속 쇠약해지고 있어 안절부절못했다. 의사는 위중한 상태가 아니라고 하지만 나는 불안했다. 내가 캘리포니아에 가 있는 동안에 엄마는 의식불명 상태가 되었다. 엄마가 무척 좋아하시던 셀리그 오빠가 엄마한테 가 있었는데 나보고 연락을 하고는 뉴욕으로 돌아오지 말라고 했다. 그는 "네가 이곳에 온다고 해도 알아보지 못하셔"라고 했다. 그래서 나는 캘리포니아에 그대로 남아 있었다. 이제는 나의 죄책감을 말하는 것도 신물이 날 지경이다. 하지만 내 죄책감이 어느 정도이냐 하면 나는 지금도 영화에서 노인이 자녀의 품에 안겨서 숨을 거두는 모습을 쳐다보지 못한다. 나는 지금도 엄마 꿈을 꾼다.

우리는 엄마를 플로리다에 묻어 드렸다. 묘지에서 아버지와 언니의 무덤을 바라보며, 그리고 엄마를 묻으면서 나는 깨달았다. 걱정과 책임감이 뒤얽힌 그 오랜 세월 끝에 드디어 나는 놓여나게 된 것이었다. 그것은 내게 환호하는 기분이 아니라 일종의 안도감을 안겨 주었다. 하지만 대부분은 슬픔과 회한으로 뒤덮인 감정이었다.

나는 우리 집 아파트 탁자 위에 놓여 있는 부모님과 언니의 사진을 수시로 들여다본다. 내가 좋아하는 사진이다. 아주 오래전 라틴 쿼터에서 찍은 사진이다. 재키 언니는 금발에 미소를 짓고 있다. 엄마와 아빠도 웃고 계신다. 그 뒤 슬프고 어려운 일들이 이어졌지만 그때는 행복한 시절이었다. 나는 그 시절을 마음속에 간직하고 있다. 나의 가족사를 뒤돌아보면 그런 순간은 그렇게 많지 않았다.

가장 쓰기 힘든 이야기

지금부터 나는 이 책에서 가장 쓰기 힘든 이야기를 시작하려고 한다. 이 부분은 독립적인 한 장이 되어야 한다고 생각한다. 왜냐하면 재키 언니가 내 어린 시절의 중심 이야기였다면 내 딸 재키는 내 성인 시절의 중심 이야기이기 때문이다. 그리고 이보다 더 중요한 이유가 또 있다.

나는 이 세상에서 그 누구보다도 내 딸을 사랑한다. 언제나 그랬다. 그런데 그 애가 사춘기에 들어서면서 우리의 삶은 엄청나게 힘들어졌다. 이런 이야기는 쓰지 않았을지도 모르는데 재키는 다른 사람들이 알 수 있도록 자기와 내가 겪은 일을 쓰는 게 대단히 중요한 일이라고 생각했다. 그렇게 해서 다른 사람들에게 도움이 될 수 있을 것이라고 생각한 것이다. 재키는 우리가 그것을 이겨냈다면 도저히 이해하기 힘들고 반항적인 자녀들의 사춘기를 겪는 다른 부모들에게도 이겨낼 수 있다는 희망을 줄 수 있을 것이라고 생각했다. 이 이야기는 또한 직업을 가진 엄마들이 죄책감을 덜 느끼도록 만들어 줄 수도 있을 것이다. 일하는 엄마들은 자녀에게 문제가 생기면 제일 먼저 자기 자신을 질책하기 때문이다. 문제아는 어느 가정에서나 생길 수 있는데도 나처럼 일을 하는 엄마들은 그 부담을 훨씬 더 심각하게 느낀다. 그래서 나는 우리가 겪은 가장 고통스러웠던 시절들을 다른 사람과 함께 나누려고 하는 것이다. 솔직히 말해 나는 두 번 다시 떠올리고 싶지도 않은 이야기들이다.

리와 이혼한 것이 재키에게 어떤 영향을 주었는지는 정확히 모르겠다. 재키
는 그때 겨우 네 살이었고 그때 자기가 어떻게 받아들였는지 기억이 안 난다고
한다. 재키는 우리가 싸우는 소리를 한번도 듣지 못했다. 싸운 적이 없었으니
까. 그저 어느 날 갑자기 아빠가 집에서 사라진 것이었다. 우리는 이혼하는 부
모들이 하는 상투적인 방법을 조심스럽게 사용했다. "엄마 아빠는 모두 너를 사
랑한단다. 우리가 헤어지는 것은 너와는 아무 상관이 없는 일이야. 너는 하나도
잘못한 게 없어. 우리는 계속해서 너를 만날 것이야" 등등. 재키는 당연한 일로
받아들이는 것 같았다.

하지만 실제로는 부녀 관계가 예전 같지 않게 되었다. 리는 재키를 아주 사
랑했고 일주일에 적어도 두 번은 재키를 보러 왔다. 그는 휴가 때면 재키를 멋
진 곳으로 데려가고 겨울에는 스키 여행, 여름에는 멋진 별장으로 함께 갔다.
어느 해 8월에는 이탈리아의 베네치아에도 데려갔다. 그렇지만 재키는 그가
가깝게 느껴지지 않았다.

재키가 열아홉 살 때 리가 죽었다. 이제는 그때 아버지를 좀 더 잘 알았더라
면 좋았을 거라고 후회스러워한다. 재키는 자기 방에 그의 사진을 걸어 놓고 있
고, 그에 대해 안 좋은 말을 하는 것을 들어 본 적이 없다. 사실 안 좋은 말을 할
이유가 없는 사람이다. 그런데도 딸애에게 아버지를 스스럼없이 받아들이도록
만들 수는 없었다. 재키는 "아버지가 간섭이 너무 심해요"라는 말을 하곤 했다.
"아버지는 내게 이래라 저래라 잔소리를 많이 하세요." 사실 잔소리할 일이 많
은 때가 있었다.

어렸을 적에 재키는 정말 너무 사랑스러운 아이였다. 우리는 오후가 되면
놀이도 같이 하고 목욕도 같이 했다. 주말은 거의 같이 보냈고 가끔 셜리 언니도
와서 함께 보냈다. 셜리 언니는 나 못지않게 재키를 예뻐했다. 리와 헤어진 뒤
에는 나도 여름이면 롱아일랜드에 별장을 빌려 놓고 지냈다. 우리 부모님과 언
니가 찾아왔고, 그들은 오면 아이한테서 잠시도 떨어지지 않았다. 나는 그런 모
습을 보면 너무 기분이 좋았다.

나는 재키가 자기 이름이 이모의 이름을 따서 지어졌다는 데 대해 어떻게

생각할지 전혀 알지 못했다. 특히 나이가 들어 이모가 자기만큼 똑똑하지 못하다는 것을 알고 난 다음에 어떤 기분이었을지 나는 모른다. 하지만 나는 재키가 아주 행복한 어린 시절을 보냈다고 생각했는데 본인은 그렇게 생각하지 않는 것 같았다.

재키는 한번도 낯선 사람에게 맡겨 본 적이 없다. 내가 집을 비울 때는 젤과 이코넬이 재키를 돌봤다. 하지만 이처럼 사랑과 관심을 받으며 자라면서도 재키는 자아가 없는 것처럼 행동했다. 그녀가 설명하는 이론에 따르면 거의 모든 입양아들은 상실감을 갖고 자라며 가까운 사람으로부터 버려졌다는 '내부 유기 遺棄' 의식 때문에 고통 받는다는 것이다. 재키는 이를 입양아가 평생 안고 살아가야 할 짐이라고 말한다.

거기다가 재키는 키가 아주 컸다. 두 살 때쯤 당시 집안일을 도와주던 매리 호니켈은 재키의 키를 재 보더니 보통 아이의 두 배는 된다고 말했다. 그때 벌써 3피트가 넘었다. 나는 그때 그 말을 듣고 매리에게 화를 낸 기억이 있는데 실제로 지금 재키는 키가 6피트(183cm) 가까이 된다. 거기다 재키는 정말 예쁜데 크고 푸른 눈에 기막히게 예쁜 미소에다 뺨에 보조개까지 하나 있다. 그런데 놀랍게도 재키는 자신을 그저 키 크고 이상한 아이로만 생각하고 있었다.

이혼의 영향에 덧붙여 나는 미국 전역뿐 아니라 프랑스, 독일, 중동, 중국 등 세계 곳곳을 돌아다녔다. 사실 재키를 놀이터나 학교에서 집으로 데려오는 것은 항상 이코넬과 젤이었다. 재키가 어렸을 적에 나는 내 침대에 데려와서 같이 잔 적이 많았는데 우리 둘 다 그렇게 하는 걸 좋아했다. 그리고 새벽 5시에 출근할 때 자기 침대에 데려다 누이곤 했다. 주말을 제외하고는 아침 먹을 때 재키를 본 적이 없고 학교에 데려다 준 적도 없다. 그렇지만 나도 학교행사나 특별한 일이 있을 때는 빠지지 않고 참석했다. 생일날은 온갖 정성을 다해 축하해 주었다. 그러면서도 나는 나와 같은 세대 내부분의 직장 가진 엄마들이 갖는 걱정을 하며 살았다.

내가 점차 유명 인사가 되어 가는 데 대한 문제점도 느꼈다. 나는 그것이 재키한테 영향을 미치리라고는 미처 깨닫지 못했다. 친구도 그대로였으며 친구들 가운데 유명 인사는 없었다. 우리는 편안하게 살았지만 호화스럽게 살지는 않았다. 내가 보기에는 우리가 사는 집도 아주 평범했다. 그런데도 재키는 그때 학교 친구들이 자기를 좋아하는지 아니면 내가 자기 엄마이기 때문에 좋아하는 건지 알 수 없었다고 한다. 자신의 정체성을 찾아 자립하기 전까지는 계속 그랬다는 것이었다.

재키가 혼란을 겪는데 부지불식간에 내가 영향을 미쳤던 것 같다. 재키가 갓난아기였을 때부터 나는 아이에게 나로 인한 어떤 문제나 좌절을 겪게 하지는 않을 것이라고 스스로에게 다짐했다. 내게 지나치게 의존했던 우리 엄마처럼 되지는 않겠다고 했다. 내 문제는 내 스스로 해결할 것이라고 다짐했고 실제로 그렇게 했다. 하지만 부모님이 저지른 잘못에서 교훈을 얻으려고 하면 할수록 부모님이 저지르지 않았던 잘못을 내가 저지르게 되는 법이다. 내가 겪는 문제, 어려움, 장애들을 재키한테 털어놓지 않았기 때문에 재키는 엄마도 어려움을 겪는다는 사실을 몰랐다. 대신 재키는 자라면서 자기는 도저히 엄마가 이룬 것에는 근처에도 못 갈 것이라는 생각을 갖게 되었다.

유아원에 보낼 나이가 되자 나는 재키를 가까이 있는 유아원에 보내 젤이, 그리고 시간이 나면 내가 정오에 마치면 데리러 가려고 했다. 재키는 그 자그마한 유아원을 좋아하는 것 같았다. 그러다 한번은 크리스마스 축하행사 때 이런 일이 있었다. 학부모들이 열두 명 정도 되는 아이들이 부르는 합창을 보기 위해 초대를 받았는데 재키는 목소리가 예뻤기 때문에 리와 젤, 이코델, 셜리 언니와 나는 모두 기대를 하고 갔다. 그런데 아이들이 노래를 부르기 시작하자 재키만, 오직 재키 한 명만 관중석을 향해 등을 돌려 버리는 것이었다. 우리는 재키의 뒤통수만 보았다. 어떻게 해서 이런 일이 생긴 것이냐, 재키한테 특별한 도움이나 관심이 필요한 게 아니냐고 교사들에게 물어 보았다. 그랬더니 흔히 일어나는 일이고 재키가 다른 아이들보다 그저 부끄럼을 더 타기 때문에 그렇다는 것이었다. 걱정할 일이 아니라고 들었는데 지금 생각해 보니 그때 걱정했었어야 될 일이었던 것 같다.

아이를 뉴욕에 있는 사립학교에 보내려면 무척 힘이 드는데 나는 운 좋게도 뉴욕 최고라는 댈튼 스쿨에 잘 아는 사람이 있었다. 남녀공학이었는데 나는 여자만 있는 집에서 사는 재키가 세상에 남학생도 있다는 것을 아는 게 좋겠다는 생각도 했다. 댈튼은 사립학교치고는 규모가 컸다. 고등학교까지 있었는데 자립심이 다소 강하도록 아이들을 가르쳤다. 또한 아이들 개개인에게 특별한 관심을 기울이는 학교로 알려져 있었기 때문에 리와 나는 재키에게 좋겠다고 생각했다. 그래서 지원을 했더니 받아들여졌다. 뿐만 아니라 재키는 유치원 크리스마스 연극 때 주연 천사 역을 맡았다. 이번에는 관중들을 마주 보았다. 리와 나는 이혼한 상태였지만 같이 연극을 보러 갔다. 모든 게 아무 문제가 없는 것 같았다.

그런데 해가 지날수록 일이 순조롭게 진행되는 것 같지가 않았다. 재키는 친구가 몇 명 있었지만 제일 인기 있는 여자아이들이 자기를 끼워 주지 않아 섭섭하다는 말을 했다. 내 어린 시절 생각이 나서 나도 다소 걱정이 되었지만 아이한테 내색을 하지 않았다. 재키는 간혹 소위 그 인기 좋다는 여자아이들을 집으로 데려와 같이 자고는 했지만 그 아이들이 재키를 데려가는 일은 없었다. 재키는 태연한 것처럼 행동했다. 밸런타인데이에 재키는 같은 반 아이들 거의 모두에게 선물을 보냈지만 자기가 받는 것은 몇 개 되지 않았다. 내가 속상해하면 재키는 이번에도 걱정 말라고 했다. 물론 걱정이 되었다. 나는 담임교사와 학교 상담교사를 찾아갔다. 하지만 그들은 여자아이들은 원래 패를 잘 가르니 걱정 말라고 했다. 남학생들의 경우는 재키가 그 아이들보다도 키가 더 컸다. 파티에서 남학생들과 어울려 '병 돌려 키스하기 게임'을 하면서 어쩌다 병 주둥이가 재키 쪽으로 향하면 남자애들은 "어"라고 놀라는 표정을 지었다. 인기 있다는 여자애들이 재키를 피한 것도 그것 때문이었던 것 같다. 남자애들이 키 크고 어색한 우리 딸이 오는 걸 좋아하지 않으니 여자애들이 따돌린 것이었다. 하지만 그때 나는 그런 사정을 새카맣게 몰랐다. 재키는 한참 뒤에야 그런 일을 내게 털어놓았다.

학교 성적은 전반적으로 괜찮은 편이었고 미술은 뛰어났다. 하지만 불행하게도 학교나 재키 자신도 미술 잘하는 것을 대수롭지 않게 여겼다. 나는 재키를 좀 더 작은 학교로 전학시키는 게 좋지 않겠느냐고 학교 측과 상의해 보았으나 학교에서는 계속해서 내년이면 좋아질 것이니 그대로 두라는 말만 되풀이했다. 그것도 내가 유명 인사라서 그랬던 것일까? 내 딸이니 학교에 계속 이름을 올려놓고 싶었던 것이었을까?

내가 좀 더 신경을 쓸 수는 없었던 것일까? 근무다 출장이다 하며 내가 일 때문에 그렇게 바쁘지 않았더라면 아이에 대해 좀 더 제대로 알 수 있었지 않았을까?

재키가 열네 살이 되는 1982년이 되자 마치 십대 주의경보가 울려 퍼지는 것 같았다. 성적이 급격히 떨어졌다. 그때까지 젤이 프랑스어 공부를 도와주고 나도 수학은 열심히 도와주웠는데 그것만 가지고는 안 될 것 같았다. 그래서 우리는 두 과목 모두 과외선생을 붙였다. 그러자 그동안 학교에서 새로 이사 간 파크 애비뉴 아파트까지 걸어서 다니던 재키의 귀가시간이 자꾸 늦어지는 것이었다. 한번은 아이를 놀래 주려고 학교로 찾아갔더니 한 친구가 재키는 일찍 갔다는 것이었다. 그 애는 재미있어 하는 표정으로 나를 쳐다보면서 이렇게 말했다. "재키는 남학생들과 어울려 84번 스트리트로 놀러 갔어요."

나는 곧바로 84번 스트리트로 달려갔다. 우리 딸이 불량스러워 보이는 남자 아이들 여럿과 어울려서 길가에 세워둔 자동차에 비스듬히 기댄 채 담배를 피우고 있었다. 나를 보자 다른 아이들은 모두 도망쳐 버렸고 나는 재키를 데리고 집으로 왔다. 딸애는 울면서 하는 말이 그 남학생들 가운데 한 아이를 사랑해서 매일 그 아이들과 어울린다면서 엄마가 해줄 수 있는 일은 하나도 없다는 것이었다. 그 남자아이들은 84번 스트리트 갱이라고 불렸다.

이튿날 나는 재키가 학교에 가 있는 동안 84번 스트리트 갱들을 다시 찾아 갔다. 나는 두목이라는 애에게 만약에 재키가 다시 그들과 어울리면 모두 체포해 버리겠다고 겁을 주었다. 그 정도는 내가 충분히 할 수 있다는 말도 했다. 그 아이들은 나중에 재키한테 내가 한 말을 전하며 집으로 돌아가라고 했고 재키는 내게 다시는 그 아이들을 만나지 않겠다고 약속했다. 하지만 그것은 애초에 지킬 의사가 없는 약속이었다. 나는 리에게는 일절 말하지 않았다. 재키는 이제

갓 열네 살이고 일이 더 나빠질 것이라는 생각은 미처 하지 못했다. 하지만 일은 더 악화되었다.

재키는 매일 아침 점점 더 늦잠을 자는데 도저히 깨울 수가 없었다. 그때는 나도 투데이쇼를 진행하지 않았기 때문에 아침 시간에 집에 있었다. 흔들어 보기도 하고 어떤 때는 찬물을 끼얹어 보기도 했지만 소용이 없었다. 마약? 설마 우리 애가 그럴 리가(이런 제목의 텔레비전 특집 프로도 있었다)! 마약 이야기를 꺼내면 재키는 절대 그런 일 없다고 잡아뗐다. 나는 집안에서 마리화나를 보지는 못했다. 하기야 봤더라도 마리화나가 어떻게 생겼고 냄새가 어떤지 모르니 별 수 없었겠지만. 하지만 진짜 걱정해야 할 문제는 마리화나가 아니었다. 훨씬 뒤에 알게 된 일이지만 재키는 각성제 암페타민을 복용하고 있었다. 모든 종류의 각성제를 다 먹었으니 아침에 못 일어나는 게 당연했다. 다행히 코카인은 좋아하지 않아서 독한 마약에는 손을 대지 않았지만 각성제만 해도 보통 문제가 아니었다.

이게 25년여 전의 일이다. 당시에는 아이들이나 마약문제에 대해 지금처럼 별로 알지 못했다. 더구나 나는 마리화나 어떤 종류의 각성제에도 손을 대 본 적이 없었다. 머브와 결혼식에 들어가기 전에 신경안정제를 먹어 본 게 전부였다. 그러니 증상이 어떤지도 몰랐던 것이다.

재키는 그해 댈튼을 사실상 그만두었다. 나는 이듬해 가을에 조금 작은 여학교에 보내기로 했는데 그 학교는 학생이 모자라는 처지라 선뜻 받아 주겠다고 했다. 하지만 재키의 행실은 날로 더 고약해졌다. 오후가 다 되어서 일어나면 젤과 나를 보고 고래고래 소리를 질러댔다. 문을 쾅 닫고 나가면 돌아오는 시간은 마음 내키는 대로였다. 옷차림은 온통 검정색으로 입고 화장은 덧칠하듯이 했다. 어떤 아이들과 어울리는지도 말하지 않고, 뒤를 따라다녀 봐도 알아낼 수가 없었다.

우리 사이는 계속 멀어져만 갔고 어느 시점인가에는 나와 말도 하지 않으려고 했다. 하지만 그런 일을 겪으면서도 재키는 단 한번도 내게 "당신은 내 엄마가 아니잖아요"라는 말은 하지 않았다. 내 물건에 손댄 적도 없고 마약을 사기 위해 물건을 훔친 적도 없었다. 마음이 차분해지면 재키는 나를 껴안고 미안하다는 말을 하고 내가 얼마나 자기를 사랑하는지 알고 또한 자기도 나를 사랑한다는 말을 했다.

하지만 나는 우리가 정말 심각한 처지에 와 있다는 것을 알았다. 그래서 나는 아동 심리학자를 찾아가 우리 딸을 어떻게 다루어야 좋을지 상담을 받았다. 나는 재키도 의사한테 데려가서 필요한 도움을 받게 하고 싶었다. 하지만 한번 약속을 하고 가보고 난 다음부터는 두 번 다시 가지 않겠다고 했다. 그런 와중에서도 나는 편안하고 침착한 표정으로 텔레비전에 나갔다. 악몽 같은 시기였다.

마침내 나는 재키를 뉴욕시에서 떠나 있게 할 필요가 있다는 생각을 했다. 리와 나는 아이를 코네티컷에 있는 한 여학생 기숙학교에 보내기로 했다(지금은 문을 닫았다). 겉으로 보기에는 예쁜 곳이었다. 멋진 건물, 우거진 숲, 거기다 교장은 영화에 나오는 사람처럼 영국 악센트에다 트위드 양복을 차려입은 매력적인 모습이어서 우리 딸에게 도움이 되어 줄 것 같았다. 하지만 실상은 그렇지 않았다.

그곳에 가더니 재키는 주말에 집으로 오지 않았다. 그곳에서 낸시라는 친구를 새로 사귀었는데 학기 중에 행실이 나쁘다고 퇴학당한 여학생이었다. 한번은 재키와 그 친구 둘이서 인근 도시에서 마약에 잔뜩 취한 채 발견된 적도 있었는데 내 딸은 퇴학조치를 당하지는 않았다. 학교에서 바버라 월터스의 딸을 잃고 싶지 않았던 게 분명했다.

낸시가 퇴학당하고 난 뒤에도 재키가 낸시를 만나기 위해 주말에 보스턴까지 갔다 왔다는 이야기를 한두 번 들었다. 낸시의 부모를 알아내 연락을 취해 봤더니 그애 엄마는 재키가 낸시를 만나러 왔는지에 대해 모르고 있었다. 그리고 낸시의 엄마는 딸이 이제 열다섯 살이기 때문에 제 하고 싶은 대로 한다는 말을 했다. 나는 학교에다 재키가 다시는 낸시를 보러 가지 않도록 해 달라는 말만 했다. 달리 다른 방도가 없었다. 그 학교에서 또 데리고 나오면 이제는 어디로 데려간다 말인가?

내가 머브를 만난 게 그 무렵이었다. 머브와 재키는 만나자마자 금방 의기가 투합했다. 재키는 머브와는 말이 통할 것 같다고 했다. 나는 거기서 희망을 얻었고 머브가 너무 고마웠다. 마침내 방학이 되었고 1985년이었다. 머브와 나는 약혼을 했다. 여름방학 동안 재키를 어떻게 해야 하나? 갖가지 종류의 미술 프로그램을 갖춘 유명한 파슨스 디자인 스쿨이 고교생을 대상으로 로스앤젤레스에서 서머스쿨을 연다는 말을 들었다. 됐다 싶었다. 머브와 나는 말리부에 있는 그의 집에서 휴가를 보낼 계획이었다. 로스앤젤레스에 재키 또래의 딸을 가진 친한 친구가 있었는데 아이들끼리 서로 알고 또 좋아했다. 그래서 우리는 두 아이를 서머스쿨에 보내 파슨스 스쿨에서 지내도록 조치를 했다. 재키도 미술을 좋아하니 가겠다고 했다. 한동안은 일이 제대로 굴러갈 듯싶었다.

서머스쿨에 들여보낸 지 두 주 뒤에 재키가 사라졌다. 그곳에서 다른 어떤 아이와 같이 도망쳤다는데 나중에 알고 보니 낸시였다. 겁이 덜컥 났다. 나는 생각이 깊고 경험이 많은 친구인 미첼 로젠탈 박사에게 연락해 도움을 청했다. 그는 미국 내에서 최고의 마약치료센터인 피닉스 하우스를 운영하는 사람이다. "경찰에 연락하면 안 돼요"라고 미첼은 내게 말했다. 그랬다가는 모든 신문 1면에 기사가 나갈 것이고 그렇게 되면 재키는 점점 더 깊이 숨어 버려서 애를 납치하려고 드는 자가 생길 수도 있다는 것이었다. 만에 하나 그런 일이 생긴다면 지옥이 따로 없을 것이다.

며칠이 지났는데도 아무런 소식이 없었다. 좋은 소식이건 나쁜 소식이건 없었다. 나는 미칠 것만 같았다. 그러는 동안 미첼과 나는 한 가지 계획을 세웠다. 재키한테서 연락이 오면 미첼이 '수송' 전문가를 보내 아이를 데려와서 그 다음 어떻게 하는 게 재키한테 제일 좋을지 결정할 수 있도록 한다는 것이었다. 나는 조만간 재키에게 무슨 연락이든 올 것이라고 믿었다. 수송 전문가들이 하는 일은 문제 아이들을 찾아내면 대부분 강제로 데려와서 '정서 발달' 학교나 아니면 경우에 따라 강제로 수용시설에 가둬서 치료를 받도록 하는 것이다. 미첼은 그런 수송 전문가 한 명을 내게 소개해 주었는데 마이크란 사람이었다. 나는 마이크의 고마움을 두고두고 잊을 수가 없다.

이 짧은 기간 중에 나는 재키를 찾으면 어디로 보내야 할지 알아보기 위해 미첼이 운영하는 피닉스 스쿨을 포함해 학교 세 곳을 찾아가 보았다. 제일 마음에 드는 곳은 중서부에 있는 곳으로 제일 가까운 도시에서 자동차로 두 시간 거리에 있었다. 기차역도 공항도 없어서 찾아가기도 어렵고 도망치기도 어려운 곳이었다. 지금은 문을 닫았지만 그곳은 재키처럼 정신질환도 없고 범죄도 저지르지 않았으면서 마약 남용과 반항 같은 다양한 문제를 안고 있는 청소년들을 주로 치료하는 곳이었다.

공부는 중요시하지 않고 심리요법사나 정신과 의사도 없었다. 대신 엄격한 규율에다 포용을 많이 해주고 야외 그룹 활동을 많이 했다. 아이들에게 자신에 대한 정체성과 자긍심을 키워 주는 데 주안점을 두는 곳이었다. 3년짜리 프로그램이었는데 그보다 짧은 기간으로는 제대로 효과를 볼 수 없다고 보기 때문이었다. 3년은 마치 평생처럼 길게 생각되었지만 그곳에서 내가 만나 본 아이들은 비교적 행복해 보였고 학교가 자신들의 삶을 바꾸는 데 도움이 된다는 말을 했다. 재키를 찾아내면 그곳에 보내기로 나는 마음을 먹었다.

나흘이 지났지만 재키한데서 한마디 소식도 없었다. 그래서 나는 신문 1면에 나든 말든 경찰에 알려야 되겠다는 생각을 했다. 바로 그때 전화벨이 울렸다. 재키가 같이 히치하이킹을 한 남자애의 누나가 건 전화였다. 자기 동생이 재키의 지갑을 훔쳐 와서 우리 집 전화번호를 알았다고 했다. 그러면서 나쁜 애니 그 남자 애한테는 아무것도 주지 말라고 신신당부했다. 그 여자는 자기 본명은 밝히지 않았지만 재키가 있는 곳과 함께 전화번호도 알려 주었다. 세상에 이렇게 고마울 수가. 중서부 어느 주였다.

너무 떨려서 기절하기 직전의 심정으로 나는 전화 다이얼을 돌렸다. 여러 번 신호가 간 다음에 여자 목소리가 들렸다. 나는 재키를 바꿔 달라고 했다. 재키는 전화를 받더니 잘 있으며 나와는 이야기하고 싶지 않다는 것이었다. 돈이 필요하냐고 물었더니 그렇다고 했다. 재키와 낸시는 보스턴으로 돌아갈 돈이 필요했다. "좋아." 나는 이렇게 말했다. "주소를 알려다오. 그러면 너희 두 사람 비행기 표를 보내줄게."

어쩌면 재키도 돌아다니는 데 지쳤을지도 몰랐다. 나중에 재키는 히치하이킹으로 미국 전역을 돌아다녔다는 말을 했다. 그러다 도중에 알게 된 어떤 남자 애들의 집으로 갔다는 것이다. 둘 다 마약에 취해 있었다. 도대체 어떻게 그때 까지 살아 있었는지 아무리 생각해도 모르겠다. 재키는 지금도 그때 어떻게 살 아남았는지 모르겠다는 말을 한다. 어쨌든 재키는 자기가 있는 곳 주소를 알려 주었고 나는 너무도 기분이 황홀했다. 나는 즉시 미첼 로젠탈에게 전화를 걸었 다. "아무 짓도 하지 말아요." 미첼은 내게 이렇게 말했다. "내가 마이크를 보내 겠어요."

나중에 재키가 해준 말에 따르면 마이크는 이른 새벽 시간에 그 허름한 집 에 도착했는데 키가 재키보다 큰 건장한 체구의 사내였다고 한다. 문은 열려 있 었고 재키는 그 사람이 데리고 나와 대기 중인 자동차에 태우는 동안 거의 저항 을 하지 않았다. 마이크는 재키를 다른 수송 전문 카운슬러들이 데리고 온 문제 아들이 있는 곳으로 데리고 가서 하루 반나절 꼬박 이야기를 나누었다. 그리고 나서 그는 미첼과 머브, 그리고 내게 전화를 걸어 재키는 바탕이 착한 아이라며 수용시설에 가둘 필요는 없겠다고 했다. 그러면서 재키가 마지막에 있는 그 집 에서 떠나게 된 것을 안도해한다는 말을 전하면서 내가 골라 놓은 그 학교로 보 내는 게 좋을 것 같다고 했다. 우리는 마이크가 재키를 곧장 그곳으로 데려갈 수 있도록 주선했다. 재키는 나중에 내게 말하기를 그때 마이크를 만나 기뻤다 고 했다. 그때는 낸시가 겁나기 시작했고 다시는 그 아이를 만나고 싶지 않다고 했다. 재키는 그날 이후 다시는 낸시를 만나지 않았다.

앞에서 이야기한 것처럼 그 학교는 도망치기 어려운 곳에 있었다. 마을로 통하는 길은 길고 험했으며 아주 작은 마을이어서 낯선 사람이 나타나면 금방 눈에 띄었다. 아이들은 목재 기숙사에서 생활했는데 남녀를 분리해 놓았다. 학 교 규모가 커지면서 나이 든 아이들은 새로 오는 아이들이 묵을 시설 짓는 것을 도왔다. 카운슬러들 대부분이 이곳에서 3년 과정을 마친 사람들이었기 때문에 아이들을 얼마나 엄하게 혹은 얼마나 애정을 갖고 다루어야 하는지 잘 아는 것 같았다.

아이들에게 들려주는 음악도 엄선했고 텔레비전 프로그램이나 영화도 골라서 틀어 주었다. 거짓말을 하거나 나쁜 행동을 하면 남자건 여자건 '깨끗하지' 않은 것으로 간주되어 적절한 조치가 취해진다. 대부분은 몇 시간 혹은 며칠씩 말을 하거나 다른 학생들도 말을 걸지 못하도록 하는 처벌을 받는다. 치료는 엄격하고 실질적으로 도움이 되었다. 부모들은 언제든지 원하면 아이들을 데리고 나갈 수 있고 실제로 그렇게 하는 경우도 더러 있지만 학교에서는 그렇게 하지 말라고 강력히 말리며 "프로그램을 믿고 맡겨 보라"고 권한다.

그곳 아이들은 카운슬러를 비롯해 특히 부모에게 반드시 정직하게 말하도록 교육을 받았다.

재키는 그곳에 들어가고 나서 내게 전화를 한번 걸도록 허락 받았다. 딸애는 훌쩍이면서 미안하다고 하고 앞으로 다시는 이런 일이 없도록 하겠다고 말했다. 스스로 깨달은 바가 있었던 것이다. 제발 빨리 집으로 왔으면 하는 생각을 하고 있었다. "제발 이 끔찍한 곳에 내버려 두지 마세요. 제발, 제발요." 그 말을 들으니 마음이 찢어지는 것만 같았다. 하지만 재키한테는 내가 집에서 해 줄 수 있는 것 이상의 것이 필요하다는 사실을 나는 알고 있었다. 내가 울먹이며 그곳에 좀 더 있어야 한다고 말했더니 전화를 끊어 버렸다.

일이 꼬이려고 했던지 재키가 전화를 걸어온 그날은 머브가 로리마 필름에서 제작해 엄청나게 히트시킨 '댈러스' 캐스트 전부를 댈러스 시로 데려가기로 한 날이었다. 큰 축하연이 예정되어 있었는데 머브는 나보고 참석해서 캐스트 소개를 해 달라고 부탁했다. 나는 그저 이불을 덮어 쓰고 침대에 누워 있고 싶은 마음뿐이었다.

비행기로 댈러스까지 가서 하루 종일 억지웃음을 짓는 것은 죽기보다도 더 싫었다. 언니가 죽었다는 소식을 들은 날 멀리서 억지 연설을 했던 날을 연상시켰다. 하지만 머브는 내 딸에게도 다정하게 잘 대해 주었고 그 축하연은 그에게 중요한 것이니 가 주는 게 도리라는 생각이 들었다. 나는 제일 밝은 립스틱을 바르고 제일 무거운 가슴을 안고 그곳으로 갔다.

여기서 잠시 본론에서 벗어나기로 한다. 부모들의 경우 만약에 나와 같은 일을 당하게 되면 아이가 정말 나아질지도 모르면서 어떤 시설에 억지로 집어

넣기란 여간 힘든 일이 아닐 것이다. 여러분 마음도 여간 아프지 않을 것이고 그래서 자칫하면 아이를 그런 프로그램에 넣었다가도 집으로 데려오고 싶을 것이다. 하지만 그런 곳에 두는 게 더 낫겠다는 확신만 있으면 그곳에 두도록 하는 게 좋다. 그게 최선이자 어쩌면 유일한 희망일 것이다.

재키를 학교에 들여보내 놓고서 처음 3주 동안은 아이와 면회가 금지되었다. 아이의 상담 카운슬러는 내게 재키가 잘 적응하고 있다는 말을 해주었다. 카운슬러도 그 학교를 다닌 여자였다. 그녀는 내 기분이 어떨지 잘 안다며 자기 엄마한테 전화를 걸면 어떤 일을 겪었는지 경험을 들려줄 것이라며 그러면 기분이 좀 나아질 것이라고 했다. 그 말대로 해 보았으나 별로 도움은 되지 않았던 것 같다. 3주 뒤에 재키와 첫 통화를 했으나 그렇게 성공적이지는 않았다. 3분 정도 아무 말이 없더니 재키는 울음을 터뜨리고는 모든 게 자기 잘못이라고 했다. "일단은 진도에 맞게 따라가고 있는 것입니다"라고 재키의 카운슬러는 말했다.

그날로부터 한 달 뒤에 나는 다른 부모들과 함께 첫 면회를 갔다. 리는 그때 벌써 뇌암을 앓고 있어서 함께 갈 형편이 못되었다. 그래서 나중에 머브가 자기 비행기에 나를 태우고 리와 그의 부인 루이스에게 들러서 모두 함께 갔다.

첫 면회 때 재키는 나를 보더니 미소를 지으며 내 품에 안겼다. 3개월 만에 처음 보는 것이었다. 건강하고 행복해 보였지만 나를 보더니 집에 가고 싶다고 했다. 나는 그건 안 된다고 했다. 이틀 동안 재키는 시키는 대로 자신에 대한 이야기를 털어놓았고 나는 정말 듣고 싶지 않은 이야기들을 들었다. 재키는 자기는 불행했다는 말을 하며 각성제와 신경안정제, 마리화나 같은 마약류를 계속 복용했다고 했다. LSD도 복용해 보았지만 그건 좋아하지 않았다고 했다. 또한 84번 스트리트 갱 우두머리 애도 계속 만났다고 털어놓았는데 그 아이는 재키가 원하는 것을 채워 주었다고 했다. 그 일당 중 한 아이가 감옥에 간 다음에야 그들과 어울리는 것을 그만두었다는 것이었다.

충격적이었다. 그런 일이 계속되도록 어쩌면 그토록 깜깜하게 모를 수 있었단 말인가? 하지만 무슨 일이 있었는지 듣고 나니 나름대로 안심도 되었다. 또 무슨 일이 일어날지 모르기는 해도 재키가 자기 삶에서 보다 밝고 더 나은 곳으로 들어서고 있다는 믿음이 생겼고 나도 싫건 좋건 마침내 눈이 떠졌기 때문이다. 이제는 솔직한 마음으로 앞으로 나아갈 수 있었고 이후부터 우리는 실제로 그렇게 했다.

재키가 그 학교에 있는 동안 머브와 나는 결혼식을 올렸다. 학교는 재키가 결혼식에 참석할 수 있도록 허락해 주었다. 결혼식 날 기억은 모두 재키와 한데 묶여져 있다.

재키는 3년을 마치고 졸업할 때까지 그 학교에 남아 있었다. 18살이 되었을 때 재키는 법적으로 그곳을 떠날 수 있게 되었다. 재키는 처음에 학교에서 나오겠다고 했으나 머브가 장문의 편지를 보냈다. 재키는 머브를 좋아하고 신뢰했다. 재키는 전에 학교 프로그램을 따라 등산한 이야기를 한 적이 있었다. 힘들었지만 산에 오른 뒤에 엄청난 성취감을 느꼈다고 했다. 머브는 학교에 계속 남는다면 그것 자체가 하나의 높은 산을 오르는 것과 같을 것이며 그때는 더 큰 성취감을 맛보게 될 것이라고 했다. 그리고 재키는 학교에 남기로 했다.

그 학교는 재키뿐만 아니라 내게도 정말 좋은 경험이었다. 우리는 학부모들이 모이는 주말 모임에서 카운슬러와 아이들의 말을 들었다. 나는 옳다 그르다는 판정을 내리지 않고 아이들의 말을 듣는 법을 배웠다. 나는 누르지 말아야 할 단추가 어떤 것인지를 배웠다. 나는 부모 참석이 허락된 주말 모임에는 한번도 빠지지 않았다. 나는 부모로서 다른 부모들과 아주 가깝게 지내며 필요한 것을 듣고 서로의 경험을 공유했다. 물론 다른 부모들이 내가 '바버라 월터스'라는 것을 알았지만 무엇보다도 나는 '재키 엄마'였다.

그 기간 동안 나는 재키가 서서히 변하는 것을 보았다. 재키는 특히 황야에서 밤낮을 혼자 보내는 체험에서 자긍심을 갖게 되었다고 했다. 자기와 비슷한 슬픔을 가진 다른 아이들이 있다는 사실을 알게 된 것이었다. 왜 삶이 자기한테만 이렇게 불공평하냐고 큰 소리로 울부짖고 떠들 수 있었다. 그러면서 자기가 부모로부터 받은 사랑과 헌신을 누려 보지 못한 아이들이 있다는 사실도 알게 되었다.

학교 마지막 해에 재키는 부회장으로 선출되었다. 그러면서 자기가 그랬던 것처럼 반항적이고 겁먹은 다른 아이들이 적응하도록 돕는 일도 했다. 재키는 그곳에 있는 아이들 중 다수가 입양된 아이들이라고 했다.

졸업식 때 재키는 열여덟 살이었는데 정말 멋진 졸업식이었다. 재키는 흰 드레스를 입고 환하게 웃었다. 내 생애 최고로 행복한 날이었다. 그 아이가 최고 모범 우등학생인 '피 페타 카파'로 졸업했더라도 그보다 더 행복하진 않았을 것이다. 우리가 그동안 얼마나 험난한 길을 지나 왔던가.

하지만 재키 앞에는 가야 할 길이 많이 남아 있었다. 모든 게 순조롭지만은 않았다. 그때부터 나는 딸애를 도우려고 최선을 다했고 우리 두 사람의 관계는 점점 더 가까워졌다. 재키는 다시는 뉴욕에서 살지 않았다. 뉴욕은 재키에게 너무 크고 너무 추웠다. 엄마를 보기 위해 한 번씩 오기에는 멋진 곳이지만 살 곳은 못 된다고 생각했다. 재키는 한동안 그 학교에서 알게 된 여자애와 시애틀에서 살았다. 결혼도 해 보려고 했지만 여의치 않았다.

마지막으로 재키는 메인 주로 옮겼는데 시애틀과 기후는 비슷하며 나와 더 가까운 곳이기 때문이었다. 재키가 무슨 일을 했는지 여러분은 아마 짐작도 하기 힘들 것이다. 재키는 그 학교 카운슬러였던 사람과 함께 여자애들을 위한 작은 야외 숙식 치유 프로그램을 열었다. '젊은 여성을 위한 새로운 지평선'이라는 이름의 프로그램이었다. 재키의 파트너가 동부에 있고 싶지 않다고 해서 나중에는 재키가 그 프로그램을 모두 인수했다.

약간 사업 경험이 생기자 재키는 관련 서적을 닥치는 대로 읽었다. 그래서 그런 시설을 운영하는 데 필요한 면허를 취득하고 부지를 사는 데 필요한 돈을 모금해서 기숙사를 짓고 카운슬러, 심리요법사, 간호원, 가이드 등 필요한 인력을 채용했다. 재키는 그곳을 어떻게 끌고 나갈지 나름대로 자신의 생각을 갖고 있었다. 모두 여성들만 사는 작은 시설이었다. 몇 마일을 걸어야 물 한 잔 주는 그런 혹독한 프로그램이 아니라 따뜻함과 애정이 깃들어 있지만 엄격한 조직과 규율을 갖춘 곳이었다. 여자애들에게는 입을 옷이 모두 지급되었다. 그러니 옷 가지고 경쟁은 할 수 없었다. 화장도 허용되지 않았다. 아이팟도 안 되고 TV 세트도 없다. 감시는 엄격했다. 연중 내내 야외활동을 했고 그림 그리기 등 취미 생활도 했다. 여러 모로 독특한 시설이었다.

재키는 필요한 광고와 마케팅을 통해 학교와 카운슬러들에게 그런 곳이 있다는 것을 알렸다. 그리고 필요한 콘퍼런스에도 참석하며 어려운 그 프로젝트가 자리 잡도록 할 수 있는 모든 노력을 다했고 결실을 보았다. '새로운 지평선'은 6주에서 9주 프로그램으로 그 프로그램을 마치고 난 아이들에 대해서는 카운슬러가 부모를 만나 다음 단계를 어떻게 하라고 일러 준다.

그 시설을 설립하고 운영하면서 재키는 어엿한 사업 책임자가 되었다. 자기는 치료사도 아니고 아이들과 직접 시간을 보내지는 않았다. 하지만 재키는 아이들이 "선생님은 아는 게 뭐예요?"라고 물으면 "다 알지"라고 대답한다고 내게 웃으며 말했다.

그런데 이번에도 그 프로그램에 오는 아이들 다수가 입양아들이라는 것이었다. 재키는 이게 결코 우연이 아니라고 생각한다.

재키는 지금 오랫동안 사귀어온 남자 친구가 있는데 두 사람은 공동 관심사가 많고 같이 있으면 행복해하는 것 같다. 재키는 자기 아이는 낳지 않겠다고 하는데 자기 애는 프로그램에 이미 많다고 생각한다. 한번은 내가 "나는 손주가 보고 싶은데"라고 불평했더니 "개를 길러요, 엄마"라고 해서 그렇게 했다. 그래서 세계에서 가장 완벽한 개인 아바나제 차차가 들어오게 된 것이다. 내 손녀딸은 아니지만 완벽한 건 사실이다. 세상에 모든 것을 다 가진 사람은 없는 법이다.

나는 말로 이루 다할 수 없을 만큼 내 딸이 자랑스럽다. 내 딸은 예쁘고 유쾌하고 재미있는 여성이다. 내 딸은 자기 스스로 치는 북소리에 맞춰서 행진하는 사람이다. 내가 연주하는 음악이 아니지만, 하기야 나도 어느 의미에서는 내 북소리에 맞춰 행진해온 사람이다. 나도 굳이 재키의 음악에 맞춰 행진할 필요는 없었으니까.

몇 년 전에 재키는 우리가 지나온 일들을 고통을 겪는 부모들, 특히 엄마들에게 알려 주는 게 좋겠다는 생각을 했다. 나는 내가 진행하는 프로그램에서 그런 이야기를 할 수가 없었다. 너무 내 위주의 이야기가 되어 버릴 것 같았기 때문이다. 그래서 나는 NBC의 매거진 프로그램 데이트라인에 말해서 혹시 우리 이야기에 관심이 있는지 물어 보았다. 그들은 좋다고 했고 제인 폴리에게 일을 맡겼다. 제인은 '새로운 지평선'을 방문해 재키를 비롯해 그곳 여자애들과 며칠을 함께 보냈다. 그 아이들은 부모의 허락을 받고 자신들이 겪은 이야기를 털어놓았다. 제인은 감성적이고 사람들과 마음이 잘 통하는 진행자다. 제인은 재키 혼자 인터뷰를 한 다음 나중에 우리 두 사람과 함께 인터뷰했다. 재키와 나는 나란히 앉아서 우리 이야기를 했다. 사람들은 지금도 재키와 나를 만나면 우리가 출연한 그 프로그램 이야기를 한다.

한 가지 더 이야기하자면 나는 지금도 성인이 된 뒤 생모를 찾는 사람들의 이야기를 읽는다. 재키는 자기 생모가 누군지 알고 싶다는 이야기를 한번도 한 적이 없다. 나는 아마도 내 감정을 다치게 하고 싶지 않아서일 것이라고 생각했다. 그래서 하루는 생모를 찾고 싶으냐고 물어 보았다. 찾고 싶다면 내가 도와주겠노라고 했다.

"생모를 왜 찾아야 돼요?" 재키는 웃으며 이렇게 말했다. "엄마께 그동안 안겨 드린 고통으로도 모자라서요?"

맞아, 예쁜 우리 딸아. 나도 너와 같은 생각이야.

9/11과 숱한 우여곡절들

19 80년대 말이 되자 재키가 하는 일은 모두 안정을 찾았다. 당
시 재키는 시애틀에서 자신의 삶을 살고 있었다. 우리는 긴밀
하게 연락을 주고받았다. 나는 딸을 다시 찾은 것이 너무 다
행스럽고 감사했다.

내 일도 순조롭게 잘되고 있었다. 주요 정치인과 세계 지도자를 비롯해 헤
드라인을 장식하는 뉴스의 인물치고 20/20에서 나와 인터뷰하지 않은 사람은
거의 없었다. 그러는 한편 '스페셜'에서 하고 있는 쇼 비즈니스계 유명 인사들
과의 인터뷰도 엄청난 시청자들을 끌어 모았다. 1985년부터 1989년 사이에 이
프로그램을 본 사람은 평균 1700만 가구가 넘었다. 그리고 한 가구 안에서 몇
명이 함께 보았는지도 몰랐다.

일에서 순조롭게 헤엄을 친다면 머브와의 결혼생활은 개헤엄을 치듯 어색
했다. 전에 많이 듣던 소리 같다고? 양쪽 해안을 오가는 생활은 점점 더 힘들어
지고 거기다가 머브의 회사인 로리마는 흔들렸다. 머브는 파트너인 리 리치와
결별하고 세 명의 파트너와 새로 손을 잡았는데 그중의 한 명이 바로 지금 CBS
의 CEO인 아주 똑똑한 젊은이 레스 문브스였다. 그래도 회사가 계속 흔들리자
머브는 결국 지금의 타임워너에 회사를 넘기기로 했다. 회사를 넘겨서 돈은 많
이 챙겼지만 머브가 느끼는 상실감은 여전했다. 갑자기 갈 데가 없어진 것이었

다. 멋진 건물들과 호화로운 사무실, 수많은 프로듀서와 작가들도 모두 가 버렸다. 다시 한번 내가 제일 두려워하던 일이 현실로 나타난 것이었다. 또다시 쇼비즈니스계 사람과의 결혼이 예정된 길을 가고 있었던 것이다. 극장 제국이 또하나 사라졌다. 그러고 나서 머브는 인수합병 사업에 뛰어들어 로스앤젤레스와 뉴욕에 사무실을 각각 열었지만 사무실에는 거의 나가지 않았다. 그는 계속해서 갈피를 잡지 못했고 동부로 오면 시무룩해 있었다.

결혼은 서서히 멈춰 서고 있었고 1990년 여름이 되자 우리는 끝낼 때가 되었다고 판단했다. 두 사람 모두 매우 아쉬웠지만 어쩔 수 없다는 걸 잘 알았다.

머브와 나는 그해 9월에 헤어졌다. 아무런 다툼도 없고 슬픈 장면도 없었다. T. S. 엘리엇의 문구를 빌린다면 '쾅 하고 문 닫는 소리 대신 흐느낌과 함께' 우리의 결혼은 끝이 났다. 내 생일날 나는 로스앤젤레스로 가서 머브와 그의 아이들, 그리고 그들의 배우자들과 저녁식사를 같이 했다. 우리가 헤어진다는 것을 알고 아이들은 자기들 이름을 새긴 예쁘고 참한 금팔찌를 내게 주었다. 정말 예쁘고 가슴 찡한 선물이었다. 나는 양아이들을 참 좋아했는데 앞으로는 자주 볼수 없게 된 것이다. 그런 생각을 하니 슬펐다. 그리고 재키도 머브를 좋아하는데 우리 이혼 때문에 몹시 마음 아파할 것이라는 생각이 들었다.

나는 우리가 헤어졌다는 뉴스가 언론에 찔끔찔끔 새어 나가 가십과 추측 기사가 실리는 걸 원치 않았다. 그래서 나는 발표문을 써서 친구인 리즈 스미스에게 주어 전국적으로 실리는 그녀의 신디케이트 칼럼에 쓰도록 했다. 그녀가 그 칼럼을 발표하기 전날 나는 친구와 함께 온천 휴양지에 가 버렸기 때문에 계속 걸려 오는 전화에 시달리지 않아도 되었다. 리즈가 그때 쓴 글 가운데 일부만 소개한다.

슬픈 일이지만 바버라 월터스와 머브 애들슨이 시험적으로 별거에 들어간다고 발표했다. 지난 5년간 이 매혹적이고 멋진 커플은 적어도 한 달에 한 번씩 양쪽 해안을 오가며 매우 힘든 결혼생활을 이끌어 왔다. 하지만 이제 머브는 사업 때문에 대부분의 시간을 로스앤젤레스서 보내야 하고, 바버라는 텔레비전

일 때문에 전 세계를 돌아다녀야 하며, 그렇지 않을 때는 주로 뉴욕에 머물러 있어야 한다. 두 사람은 만나기야 하겠지만 엄청난 노력이 뒤따르게 되었다.

우리 친구들은 충격에 빠졌다. 그들은 우리가 정말 행복한 결혼생활을 하는 줄로 생각했다. 상투적인 이야기이긴 하지만 사실이다. 다른 사람의 사생활은 정말 알 수 없는 것이다.

이혼은 원만하게 진행되었지만 그래도 이혼에 따르는 복잡하고 어려운 일들이 있었다. 더구나 나는 그동안 돈과 관련되는 중요한 결정은 모두 머브에게 일임하고 살았다. 그래서 헤어지면서 나는 나의 재정적인 문제는 내가 직접 책임지기로 했다. 다행히 당시 워나코 그룹이라는 큰 공공기업의 사장 겸 CEO로 있던 린다 워치너라는 똑똑한 친구가 있어서 나를 도와주었다. 린다는 내 손을 끌고 전문 회계사와 보험 전문가한데 데려갔고 또한 투자에 대한 기본적인 결정을 내리도록 도와주었다.

딸 재키가 힘든 시기를 보낼 때 사랑과 힘을 보내 준 머브에 대한 고마움을 나는 항상 간직할 것이다. 그는 나중에 나보다 훨씬 젊은 여자와 결혼했고 두 아이를 입양했는데 그 뒤에 이혼했다.

머브는 캘리포니아에 살고 나는 뉴욕에 살기 때문에 우리는 여러 해 동안 서로 마주칠 일이 없었다. 그러다 결국엔 마주치게 되었는데 서로 반갑게 만났고 지금은 친구로 지낸다.

내 개인생활에 대한 이야기는 이 정도로 끝내기로 한다.

내가 진행하는 연예인 '스페셜'에서 가장 인기 있는 것은 예나 지금이나 1981년부터 시작된 오스카상 시상식 저녁 프로그램이다. 그때부터 나는 엘리자베스 테일러, 로버트 미첨, 오드리 헵번에서부터 던젤 워싱턴, 톰 크루즈, 조지 클루니, 헬렌 미렌, 에디 머피에 이르기까지 은막을 수놓은 거의 모든 대형 스타들과 인터뷰했다.

대부분의 사람들은 내가 스타들과 인터뷰하는 것을 보고 내가 실제로 아카데미상 시상식장에 가 있는 것으로 생각하지만 사실은 그렇지 않다. 1981년부터 바버라 월터스 스페셜을 제작하고 있는 우리 프로듀서 빌 게디(그는 '더 뷰'의 공동 책임 프로듀서도 맡았다)가 내가 위치할 멋진 곳을 찾아내서 거기서 오프닝과 클로징을 할 수 있도록 해주었다. 좋은 시야를 확보하기 위해 계단을 오르내리는 경우도 많다(나는 고소공포증이 심하다). 한번은 에픽 뮤지컬 선셋 불러바드 Sunset Boulevard의 세트를 사용한 적이 있는데, 글로리아 스완슨이 맡은 주인공의 집안에 있는 긴 계단을 걸어 내려가면서 방송을 해야 했다. 나는 뾰족 힐 구두에다 긴 파도 모양의 가운을 입고 있었다. 카메라를 보고 이야기하고 있었기 때문에 난간을 잡을 수도 밑을 내려다볼 수도 없었다. 너무 겁이 나서 어떻게 방송을 마쳤는지 모르겠다. 또 한번은 그때도 파도 모양의 연회 가운을 입고 있었는데 내가 영화관에 마련된 긴 에스컬레이터를 타고 내려가는 동안 카메라가 그 모습을 담았다. 그런데 에스컬레이터가 너무 높고 가팔라서 시청자들 눈에는 보이지 않지만 무대담당이 내가 떨어지면 잡아 줄 듯이 내 앞에 몸을 구부리고 앉아 있어야 했다. 그렇게 하고서야 나는 안심하고 방송을 진행할 수 있었다. 그렇게 내려오는 장면을 네 번이나 반복했다. 그 무대담당은 아카데미 용맹상을 받아야 마땅하다.

연예인들 인터뷰가 뉴스메이커나 세계 지도자들과 인터뷰하는 것보다 더 힘들고 시간이 많이 걸리는 경우가 많다. 사람들은 내가 그저 전화만 한 통 하면 곧바로 마이클 더글러스나 줄리아 로버츠를 만날 수 있는 것으로 생각하는 것 같은데 그렇지가 않다. 여러 해 동안 나는 에이전트, 홍보담당자, 변호사, 매니저들과 밀고 당기기를 해왔다. 인터뷰 한 건 성사시키는 데 몇 달씩 걸리는 경우도 허다하다. 놀라겠지만 제일 붙잡기 힘든 스타 중 한 명이 바로 캐서린 헵번이었다. 여러 달 동안 따라다닌 끝에 마침내 10월 어느 화요일에 만나기로 약속을 잡았다. 그런데 인터뷰하기 전 주말에 여성유권자연맹으로부터 로널드 레이건과 지미 카터 사이에 벌어지는 대통령 후보 토론의 패널을 맡아 달라는 전화를 받았던 것이다. 후보 토론 날이 바로 캐서린 헵번을 만나기로 한 날이었다. 그래서 나는 코네티컷에 있는 미스 헵번에게 전화를 걸어 "우리 인터뷰 날

짜를 화요일에서 목요일로 바꿔 주시면 안 되겠어요?"라고 물어 보았다. 그녀
는 인터뷰가 연기되었다고 너무 좋아했다. 그리고 다시 날을 잡는 데 열 달이
더 걸렸다.

　연예인들과의 인터뷰는 준비작업도 더 힘들다. 매일 신문을 열심히 읽으면
정치인이나 세계 지도자들이 무엇을 하는지는 대충 따라잡을 수가 있다. 하지
만 연예인들과 인터뷰할 때는 숙제를 훨씬 더 많이 해야 한다. 정치인이나 세계
지도자들과의 인터뷰는 이슈에 대한 것이지만 연예인들과의 인터뷰는 그들의
생활 스타일과 그들의 감정에 대한 이야기를 하는 것이다. 나는 그들에 관한 기
사는 모조리 찾아서 읽고 어린 시절 이야기도 파헤치고 그들이 출연하는 영화
도 찾아서 보고 하며 그들에 관한 이야기는 사소한 것도 빠뜨리지 않고 읽는다.
준비를 철저히 해가면 인터뷰하는 도중에 그 연예인이 내가 어떻게 그렇게 잘
아는지 놀라는 경우도 있다. 한번은 줄리아 로버츠에게 "시도 쓰시데요"라고
했더니 깜짝 놀라며 "그걸 어떻게 아셨어요?"라고 묻는 것이었다. 읽고 읽고
또 읽고, 그리고 내가 인터뷰하려고 하는 특정 스타에 대해 개인적으로 많이
아는 사람을 찾아서 또 이야기를 듣는다. 연예인들과 인터뷰할 때는 어떤 주제
든 내가 그들보다 더 많이 알아야 이야기가 된다. 앞에서도 이야기했듯이 나는
주위에 있는 사람들에게도 물어 가며 주제와 관련된 예상 질문을 모조리 쪽지
에 적는다. 그 작업을 하다 보면 인터뷰하는 시점이 되면 예상 질문이 모두 머
릿속에 들어와서 쪽지를 보지 않아도 될 정도가 된다. 그렇게 되면 인터뷰가
어떤 방향으로 진행되든 나는 흐름을 놓치지 않고 장악하게 된다. 하지만 내 경
우에는 어떻게 하면 제대로 된 질문을 하느냐보다는 상대가 하는 말을 듣는 것
을 더 중요시한다. 그래서 상대방에게 "그게 무슨 뜻이죠?" "그때 기분이 어땠
어요?" 같은 말을 자주 던진다.

　어떤 주제를 가지고 이야기할 때 인터뷰하는 사람이 저지르는 가장 큰 잘
못은 질문에 너무 얽매이는 것이다. 간혹 자기가 만들지 않고 남이 써 준 질문
지를 들고 인터뷰하는 사람들도 있는데 그러면 일은 더 엉망이 되고 만다. 그
다음 큰 잘못은 상대의 말을 듣지 않는 것이다. 가능한 한 상대의 말을 가로채

려고 해서는 안 된다. 나도 초기에는 상대의 말을 가로막는 경우가 많았는데 그게 나의 제일 큰 실책이었다.

큰 스타들이 자기가 출연한 신작 영화를 홍보하려고 인터뷰를 하자고 하는 경우가 많은데 그건 상관없다. 하지만 그런 이야기는 가능한 한 빨리 끝내는 게 좋다. 자신에 대한 오해를 해소하고 싶어 하는 경우들도 있다. 그러면 나는 내가 제일 잘 쓰는 "당신에 대한 제일 큰 오해는 무엇인가요?"라는 질문을 던져서 그를 도와준다. 요즈음 유행하는 새로운 흐름은 인터뷰를 통해 자기 고백을 하는 것이다. 음주운전, 아내 몰래 바람피우기, 신경안정제 과다복용, 마약갱생원 간 이야기 등등 고백하고 사과하기 위해 인터뷰하는 것이다. 하지만 아카데미상 시상식 때는 경력과 개인적인 삶이 흥미롭고 시련을 이겨낸 스타들을 찾아내기 위해 안간힘을 쏟는다. 오스카상 수상자 중에서 최소한 그런 스타 한 명은 찾아내려고 노력한다.

일단 실제 인터뷰에 들어가면 나는 상대에게 주위에 있는 불빛과 카메라는 신경 쓰지 말고 방 안에 우리 두 사람만 있는 것처럼 나와의 이야기에만 집중해 달라고 부탁한다. 나는 카메라 크루 외에는 모두 세팅 밖으로 나가 달라고 하고 만약에 그 연예인이 코미디언인 경우에는 크루들에게 웃음소리를 내지 말아 달라고 부탁한다. 웃음소리가 시청자들에게 들리는 것은 좋지 않기 때문이다.

그런데 1992년에 제리 사인펠드와 인터뷰할 때 이 룰이 깨져 버렸다. 그는 핏자국을 없애 준다고 광고하는 세제 이야기를 도마에 올렸는데 너무 웃겼다. "근데 옷에 핏자국이 묻으면 제일 큰 걱정거리가 세탁은 아니지요." 그는 이렇게 말했다. "피가 나면 세탁만 할 게 아니라 할 일이 더 있지요." 크루들과 나는 웃음이 터져 나오는 걸 억지로 참고 있었는데 참다못해 내가 이렇게 소리쳤다. "오케이, 웃어도 좋아요." 우리는 모두 박장대소했고 그러자 사인펠드는 이렇게 소리쳤다. "이제 당신들 모두 해고야. 모두 다 끝장이야. 빨리 책상 비우고 나가요." 웃지 말라는 룰은 깨지고 말았고 우리는 모두 해고당했다가 재취업되었다.

여러 해에 걸쳐 나는 수많은 인터뷰를 했고 그래서 우리는 초기 인터뷰들에서 세그먼트들을 모아서 스페셜 모음집을 만들기 시작했다. 첫 회는 1988년 바버라 월터스 스페셜 50회 기념으로 내보냈는데 당시로서는 파격적인 대우였다. 인터뷰 70개 중에서 부분씩 발췌해 두 시간짜리 프로그램을 만들었던 것이다. 빌 게디는 정말 훌륭한 솜씨로 편집을 했고 나는 처음부터 끝까지 그의 어깨너머로 작업을 지켜보았다. 나는 우리가 처음 만났을 때 다음과 같은 '규칙'을 정했는데 지금도 수시로 그 이야기를 한다. "어떤 내용에 대해 내가 아주 좋다고 생각하는데 당신은 그렇지 않다면 내가 이기는 것이에요. 그리고 당신이 아주 좋다고 생각하는데 내가 그렇지 않다면 당신이 이기는 겁니다. 하지만 내가 아주 좋다고 생각하고 당신도 그렇다면 내가 이긴 겁니다." 우리는 거의 20년을 같이 일하고 있다.

지난 인터뷰 모음은 노다지 같았다. 편집하지 않은 오리지널 필름은 적어도 한두 시간짜리인데 우리가 방송에 내보내는 것은 길이가 8분에서 10분 내외였다. 그래서 우리는 사용하지 않은 내용을 사랑, 유머, 유명세 등 주제별로 편집해서 모았다. 내가 특별히 좋아하는 작품은 '유명세'라는 제목을 붙인 필름이었다. 우리는 그 작품에다 유명 연예인이 되는 데 따르는 명암에 대해 스타가 말한 내용을 한데 모았다. 제일 기억에 남는 대목은 폴 뉴먼이 "화장실 소변기 앞에서 오줌 누면서도 사인을 해준 적이 있다"고 한 말이다.

20/20에서는 보다 심각한 주제를 다루었다. 예를 들어 1985년에 우리는 에이즈 전파에 대해 한 시간짜리 프로그램을 내보냈다. 록 허드슨이 에이즈 때문에 사망한 뒤여서 사람들의 공포감이 컸던 시기였다. 록 허드슨이 에이즈로 사망한 날 저녁에 우리는 계몽을 위해 '스페셜' 프로그램을 내보냈다. 사람들이 근거 없이 겁내지 않도록 하기 위한 목적이었다. 당시에는 많은 이들이 땀이나 눈물로도 에이즈가 감염된다고 믿었는데 나는 그게 사실이 아니라는 걸 보여주기 위해 에이즈에 걸린 두 살짜리 아이를 안고 키스를 했다. 아이는 실제로 땀을 흘리고 있었다. 많은 시청자들이 기겁을 했는데 사실은 그게 핵심이었다. 우리가 프로그램에 모시고 나온 의사는 자신은 여러 해 동안 600명이 넘는 에이즈 환자와 긴밀한 신체적 접촉을 해 왔지만 감염되지 않았다고 사람들을 안심

시켰다. 나는 그 '스페셜' 프로가 사람들이 갖고 있는 근거 없는 미신을 없애는 데 도움이 되었다는 생각에 그 방송을 아주 자랑스럽게 생각했다.

내가 개인적으로 좋아하는 프로는 2001년 4월에 진행한 '가슴으로 낳은 아이'라는 제목의 입양을 다룬 프로였다. 여러분은 재키가 어렸을 때 내가 그애에게 했던 이 말이 기억날 것이다. '스페셜'에서 이 주제를 다루겠다는 생각을 하게 된 것은 ABC, 특히 20/20에 나처럼 아이를 입양한 이들이 너무 많았기 때문이다. 우리의 이야기를 함께 나눔으로써 우리가 그랬던 것처럼 다른 누군가의 삶도 달라졌으면 하는 게 우리의 희망이었다.

그 스페셜은 많은 사람의 마음을 울렸다. 많은 사람들이 자신의 가장 내밀한 생각을 가끔은 유머를 섞어 가며 나타낸 사랑의 교훈이었다. 중국계 미국인으로 당시 20/20의 기자였던 코니 정과 그녀의 유대인 남편 모리 포비치는 처음에 중국인과 유대인 피가 반반씩 섞인 아이를 입양하려고 입양기관에 요청했던 이야기를 이렇게 털어놓았다. 입양기관에서 답이 오기를 "그런 아이를 찾을 때쯤이면 두 분 모두 이 세상 사람이 아닐 것"이라고 하더라는 것이었다. 그래서 두 사람은 매튜라는 예쁜 백인 남자아이를 입양했다.

우리 의료 자문위원인 팀 존슨은 장성한 아들 놀든과 함께 출연했는데 아내 낸시와 함께 여러 해 전에 인도네시아에서 버려진 아이를 입양했다고 했다. 루마니아에서 버려진 수천 명에 달하는 고아들의 가슴 아픈 이야기를 소개했던 우리 여성 프로듀서 가운데 한 명은 두 명의 루마니아 여자아이를 입양했다. ABC 뉴스 데이비드 웨스틴 사장의 부인인 세리 롤린스는 여섯 살이 된 너무도 깜찍한 중국인 딸 릴리를 데리고 나왔다.

하지만 내게는 뭐니뭐니 해도 프로그램의 하이라이트는 33살이 된 우리 딸 재키였다. 재키는 역시 입양아인 ABC의 신시아 맥팬든과 인터뷰했다.

재키는 신시아에게 사람들이 자신을 나의 양녀라고 말할 때마다 기분이 언짢았다며 이렇게 말했다. "그건 마치 부모님이 나를 끔찍이 사랑하고 나도 부모님이 좋은데 만나는 사람마다 '진짜 부모를 만나고 싶지 않니?' '진짜 부모가 나타나면 기분이 어떻겠니?'라고 묻는 것과 같았어요."

'진짜' 부모는 출생과 아무 관계가 없다고 재키는 말을 이었다. '진짜 부모
는 궁둥이를 닦아 주고 화장지를 꺼내 눈물을 닦아 주며 좋을 때나 나쁠 때나
옆에 있어 주는 사람이에요."

"당신의 진짜 엄마는 누구세요?"라고 신시아가 물었다.

"바버라예요"라고 재키는 대답했다.

흥미롭게도 재키는 유명 여류 인사의 아이라는 게 생각보다 훨씬 더 힘든
일이라고 털어놓았다. 어렸을 적에는 엄마가 학교 선생님이라고 말했고 그러다
가 나중에는 엄마가 TV에 나오며 "제법 유명하다"고 둘러댔다고 했다. 그 말을
듣고 이렇게 말한 친구도 있었다고 한다. "와! 네 엄마가 오프라 윈프리이신 모
양이구나!" 그래서 재키는 "잘 기억이 안 나. 그런데 생각해 보니 그 사람일지도
모르겠네"라고 해주었다고 했다.

나는 항상 재키가 천생 내 딸이라는 생각을 했다. 그런데 그 인터뷰 말미에
재키도 나와 같은 생각을 하고 있다는 말을 듣게 되어 너무 기분이 좋았다. "나
는 엄마의 딸이 되려고 태어난 것 같아요"라고 재키는 말했다. "내가 다른 사람
의 딸이라는 것은 상상할 수 없어요."

입양을 다룬 '스페셜'이 방송되고 5개월 뒤에 세계무역센터가 공격을 받았
다. 2001년 9월 11일 아침에 나는 집에 있었는데 텔레비전에서 비행기가 무역
센터에 부딪치는 것을 보았다. 나는 곧장 사무실로 달려갔고 피터 제닝스는 이
미 방송을 하고 있었다. 나는 방송에서 피터의 열렬한 팬이지만 스튜디오 바깥
에서 그의 팬은 아니었다. 나는 그가 텔레비전을 통틀어 최고의 저널리스트 가
운데 한 명이라고 생각했지만 회사 내에서 그는 성질이 급하고 나를 포함해 다
른 기자들에게 심하게 대한다는 말을 듣고 있었다. 그는 또한 방송 중에 다른
사람을 무시하고 퉁명스럽게 대했으며 방송시간을 혼자서 독차지하려고 했다.
나와는 특별한 사건이 생기면 함께 방송을 했기 때문에 내게 그렇게 대했다 싶
은 생각이 들면 내게 사과 쪽지를 보내오곤 했다. 그러고 나면 또 같은 일이 되
풀이되었는데 자기 자신도 어쩔 수 없는 모양이었다. 하지만 나는 9/11 당일과

1979년 존 웨인의 보
트에서 인터뷰(왼쪽)

1979년 조지 번스와
춤을(아래)

1981년 브로드웨이의 '웨스트 사이드 월츠' 세트장에서 캐서린 헵번과 함께

Katharine Houghton Hepburn

XII - 17 - 1992

Dear Barbara -
    I'm having your letter
framed - You're sweet - Thank you -

K-Hɛ̥

Come again soon!
Happy
New Year
etc.

1992년 캐서린 헵번이 내게 보낸 쪽지. "사랑하는 바버라-당신이 보낸 편지는 액자에 넣어 보관하고 있어요. 당신은 정말 멋진 여자. 고마워요."

1983년 지미 스튜어트와 함께 코키리 등에
올라 앉아(위)

1988년 실베스터 스텔론의 모터사이클 뒤
에 함께 타고(아래)

1989년 아카풀코 해변에서 오드리 헵번과 함께

1990년 헬스 중인 아널드 슈워제네거와 함께

1992년 클린트 이스트우드와 나

1995년 크리스토퍼 리브와 함께

1998년 밥 스미스다스, 미첼 스미스다스 부부와 함께

1998년 윌 스미스와 나

인터뷰하기 3개월 전 모니카 르윈스키가 내게 보낸 메모. "바버라 님, 어제 점심과 키스 고마웠습니다. 선생님은 멋진 분이고 좋은 새 친구입니다.-모니카"

15 Nov. 1998

Dear Barbara,
Thanks for lunch yesterday, and thanks for the ...
You're a wonderful person and good new friend.
XXXOOO
Monica

1999년 2월 20일 모니카 르윈스키와의 인터뷰를 위해
준비한 질문지(아래)

MONICA LEWINSKY

10. You testified that, shortly after your internship began, you and President began 'intense flirting.' When did you see him? W he do? *Love monica*

11. This photograph was taken at a birthday party for the President (**PHOTO #1**) When you see this photo - what do you remember?

12. November 15, 1995. The Government was shut down. Interns took on greater responsibilities in the White House. On that day, you found yourself alone with Bill Clinton in the Chief of Staff's office and you lifted the back of your jacket to show the President the top of your thong underwear. *New* How did that happen? *Fired* How did Bill Clinton react?

13. That evening, the President invited you to see him privately. What did you say? Who made the first move?

14. What did you think when Bill Clinton first kissed you?

오프라 윈프리와 나, 그리고 나의 애완견 차차. 2004년

1992년 12월 애티카 교도소에서 가진 존 레넌 살인범 마크 데이비드 채프먼과의 인터뷰

1993년 12월 살인죄로 복역을 마친 진 해리스와 가진 인터뷰

2003년 2월 로버트 블레이크와 가진 옥중 인터뷰

1956년 CBS에서 일할 당시 수영복 모델이 펑크를 내는 바람에 대타로 방송에 출연해서 찍은 사진. 왼쪽에서 두 번째가 나

해리 리즈너와의 불편했
던 시절. 1976년(위)

1990년 20/20 세트에서
휴 다운스와 함께(위)

2003년 20/20 세트에서
존 스토셀과 나(오른쪽)

2006년 '더 뷰'의 여걸들: 왼쪽부터 엘리자베스 하셀벡, 로지 오도넬, 나, 그리고 조이 베어

2007년 '더 뷰'의 출연진들: 왼쪽부터 엘리자베스 하셀벡, 우피 골드버그, 나, 세리 세퍼드, 조이 베어

1940년대 플로리다의 피스타치오 하우스 집앞
에서 말테제 강아지 퍼지와 함께

1954년 파리에서 카르벤 모델을
하던 시절

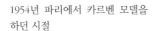

큰 그림이 걸린 우리 집 거실에서

지상 최고의 개 차차 월터스

그날 이후 그가 보여준 탁월한 능력에 대해 정말 마음속 깊이 존경심을 갖고 있다. 그 기간은 그의 최고의 시간이었고 그의 최고의 날들이었다. 그는 한번도 스튜디오를 떠나지 않고 미국 전역과 전 세계에서 들어오는 온갖 리포트와 인터뷰를 내보냈다.

지금도 나는 세계무역센터에서 북쪽으로 5마일 떨어진 66번 스트리트에 있는 ABC까지 날아들어 오던 매캐한 연기 냄새가 기억난다. 나는 너무 바빠서 놀랄 여유도 없었다. 재키는 메인 주에서 몇 번이나 전화를 걸었으나 모든 회선이 통화중이어서 나와 연결이 되지 않았다. 그러다가 마침내 통화가 되었는데 나는 괜찮다고 말했고 그 통화 이후에 나는 두 주 동안 사적인 통화는 단 한 건도 하지 못했다. 뉴스 부문에서는 각자 업무를 배당했는데 내가 맡은 일은 생존자들을 찾아내 인터뷰하는 것이었다. 하지만 생존자들은 끔찍한 쇼크 상태에 놓여 있었기 때문에 그들과 인터뷰하는 것은 매우 힘든 일이었다. 노스 타워 106층과 107층에 있는 레스토랑 '세계의 창' Windows on the World 의 주인과 용케 인터뷰하게 되었다. 70명이 넘는 직원과 90명 가까운 손님이 실종되었다. 주인과 주방장은 눈물범벅이 되어 있었다. 그 시점에서는 누가 죽었고 누가 살아 있을지 아무도 알 수 없었다. 그 뒤 며칠 동안 나한테는 그 레스토랑에 있던 사람들의 친척과 친구들로부터 그들의 생사를 확인하려는 전화가 폭주했다. 나는 수많은 기자들과 함께 스튜디오에서 피터와 함께 기사를 보도했다. 너무도 비극적인 일이지만 내가 보도한 대로 그날 아침 그 레스토랑에 있던 사람들은 모두 사망한 것으로 드러났다.

그 공격이 있고 난 엿새 뒤에 나는 9/11의 영웅들 가운데 한 명인 뉴욕시장 루돌프 줄리아니와 자리를 함께했다. 밤늦은 시간이었는데 그는 9/11 이후 지옥 같은 현장에 제일 먼저 출동한 소방서와 경찰서, 시체 안치소들을 방문하고 유가족들을 위로하고 매일 갖는 기자회견을 통해 집계한 사망자 수를 발표하느라 기진맥진한 상태였다.

시장은 시를 하루빨리 정상화시키고 뉴요커들이 일상으로 돌아갈 수 있도록 만들기 위해 동분서주하고 있었으며 그 와중에서 자신의 고통과도 싸워야 했다. 그는 수백만 명의 뉴요커들과 사실상 미국 국민 전부를 위로해 주고 있었다. 그러면 시장 자신은 누구한테서 위로 받느냐고 나는 물어 보았다. 한가한 질문처럼 들릴지 모르지만 사실은 그게 아니었다. 당시에는 그의 동반자로 불리었고 지금은 그의 부인이 된 주디스 네이선이 어둠 속에 서 있는 모습이 보였다. 줄리아니는 당시 부인과 이혼소송을 진행 중에 있었다. 그는 "내가 무척 사랑하고 나를 이해해 주는 주디스 네이선이 내게 힘을 주는 엄청난 원천이 되어 주고 있습니다"라고 말했다. 그가 그녀의 이름을 그런 식으로 언급한 것은 그때가 처음이었다.

줄리아니는 영국 본토 항공전에서 런던 시민들이 '그토록 많은 사상자와 끔찍한 피해'를 당하고서도 포기하지 않고 버틴 정신을 배운다고 했다. 그는 "용기야말로 인간이 가진 덕목 중에서 가장 으뜸이다. 다른 모든 덕목을 가능케 해 주는 덕목이 바로 그것이기 때문이다"라고 한 윈스턴 처칠의 말을 인용했다.

9/11이 일어난 지 일 년 뒤에 우리는 그 공격에서 죽은 사람들의 부인, 자녀들과 함께 특별 추모 프로그램 '애도의 시간'을 방영했다. 우리는 유가족들이 삶을 다시 추스를 수 있도록 치료사들이 도와주는 롱아일랜드에 있는 카운슬링 센터에서 지난 일 년간 프로그램을 촬영했다. 유가족들 가운데는 아주 어린 이들도 있었다. 그들이 하는 말을 들어 보면 너무 고통스러운 시간을 보내고 있다는 것을 알 수 있었다. 어린 자녀들 몇몇은 아버지가 돌아가셨다는 사실을 믿지 못하고 있었다. 부인들 가운데는 일 년 동안 현실을 받아들이지 못하다가 이제야 고통스러운 현실을 실감하기 시작한 이들도 있었다. 어떤 젊은 미망인은 이렇게 말했다. "내 친구가 내게 '얘야, 우리 모두 네가 그립단다'라고 하기에 '나도 내가 그리워. 당분간은 나를 찾지 말아 줘'라고 했어요."

그 미망인들 가운데 몇 명과는 계속 연락을 했는데 그들 중 몇 명은 재혼했다. 아이들도 시간이 지나며 어느 정도는 회복이 되었다. 아이들은 우리가 생각하는 것 이상으로 회복력이 강한 경우가 많다. 그들과의 연락은 차츰 끊어졌지만 비록 짧은 기간이나마 다른 사람들의 삶에 끼어들다 보면 나도 그들로부터 영향을 받지 않을 수 없게 된다. 비극을 당해 고통 받는 사람들과 인터뷰할 때마다 나는 그것을 느낀다. 남의 비극이 여러분에게 영향을 미치고 여러분과 함께 머문다. 그것을 매일 기억하며 살지는 않지만 그것은 여러분 삶의 일부가 되어 여러분 자신의 삶에 대해 감사하게 되고 남이 큰 어려움을 당하는 것을 보면 민감하게 반응하게 된다.

하지만 계속해서 방송국이 제일 수지맞는 프로는 연예인 '스페셜'이었다. 출연할 스타를 계속 대령하기가 힘들 정도였다. 이 프로는 ABC의 엄청난 수입원이었다. 뉴욕 타임스는 내가 20/20과 '스페셜'을 통해 다른 어떤 방송 저널리스트보다도 더 많은 수입을 안겨다 주고 있다고 썼다. ABC에 와서 15년 동안 그렇게 많은 수입을 안겨다 준 나는 1991년에 재계약 협상을 하게 되었다. 그런데 ABC가 독점 재협상 기간 내에 적절한 조치를 취하지 않아서 나는 회사를 떠날 가능성을 심각하게 고려했다.

우습게 들릴지 모르지만 룬 알리지의 의중을 알 수가 없었다. 그는 전화를 안 받기로 유명한 사람인데 상대가 기다리다 지쳐서 포기하거나 무조건 회사가 원하는 조건대로 따르겠다고 두 손 들고 나올 때까지 기다리는 것이다. 나의 관심은 돈이 아니라 인간적인 것이었다. 그토록 큰 성공을 안겨다 주었는데도 내가 남든 떠나든 룬이 별로 개의치 않는다고 나는 느꼈다. 룬은 ABC 인재 명단에 새로운 인물을 추가시키기 위해 뛰어다니고 있었다. 그 사람도 누가 물으면 자기와 나는 좋은 친구관계라고 말하겠지만 나는 그의 주 관심 대상이 아니었다. 그는 다른 물고기를 잡는 데 정신이 팔려 있었다. 그리고 그때 나는 CBS로부터 입이 벌어질 만한 제안을 받아 놓고 있었다.

내게 접근해 온 사람은 당시 CBS 방송 그룹의 하워드 스트링어(현재 소니사의 회장 겸 CEO인 하워드 스트링어 경) 사장과 CBS 사장인 로렌스 티시였다. 우리는 그때 비밀 면담을 가졌는데 지금 생각해 보니 비밀로 할 성질의 면담이 아니었다. 시내에서 제일 사람이 많이 모이는 레스토랑에서 만나 룬의 관심을 끌었어야 했다는 생각이 든다. 그렇게 하지 않았기 때문에 그들이 제시한 구미가 당기는 제안을 알고 있는 사람은 나 혼자뿐이었다. 최고의 프라임 타임인 매주 월

요일 저녁 10시에 최고의 프로듀서들과 함께 나한테 독자적인 뉴스매거진 프로
그램을 주겠다는 것이었다(그 프로듀서들 가운데 한 명인 앤드루 헤이워드는 나중에
CBS 뉴스의 사장이 되었다). 연봉은 얼마냐고? 일 년에 무려 1000만 달러였다.

　나는 이런 일을 제일 친한 친구인 수전 굿슨과만 주말에 센트럴파크의 호숫
가를 산책하면서 의논했다. 수전은 내가 아는 친구 가운데 제일 자기주장을 내
세우지 않는 사람이다. 내 이야기를 들을 때 그녀의 유일한 판단 기준은 내가
행복할 것이냐 하는 점이었다. 현명하고 제일 믿음직스러운 조언자인 리 스티
븐스는 죽고 없었고 새로운 에이전트인 마빈 조셉슨은 몇 주째 자기 딸이 히브
리어를 배우고 있는 이스라엘에 가 있었다. 나는 그에게 전화를 걸어 CBS의 제
안을 이야기했는데도 그는 돌아오지 않았다. 돌아오라고 다그쳤어야 했는데 나
는 그렇게 하지 않았다. 나는 실생활에서는 인터뷰 상대를 섭외할 때처럼 그렇
게 집요하게 사람들을 대하지 못한다. 그래서 나는 수전과만 이야기했다.

　"내가 또 다른 산을 오르고 싶은 걸까?" 나는 이렇게 말했다. "연봉 1000만
달러에 대해 쏟아질 사람들의 분노가 어떨까? 지난번처럼 또 한번 언론의 검증
을 받고 매주 시청률을 꼼꼼히 체크하는 일을 또 하고 싶은 걸까?" 20/20 앵커
를 계속하기 위해 그 제안을 거절해야 할까 아니면 다른 방송국에 가서 새로운
프로듀서들과 새로 만든 뉴스매거진을 진행하는 것이 좋을까? 나는 이런 농담
도 했다. "그 방송국에 여자 화장실이 어디 있는지도 모르는데." 그러면서 나는
수전과 나 자신에게 이렇게 말했다. "모르는 악마보다는 그래도 아는 악마가 낫
지."

　내가 그때 왜 룬에게 CBS의 제안에 대해 이야기하지 않았는지 지금 생각해
도 이해가 안 된다. 나는 멀리 가 있는 내 에이전트에게 같은 조건을 들어 줄 수
있는지 룬에게 물어 보라는 말도 하지 않았다. 룬은 계속 나와 거리를 유지했지
만 자기의 제일 측근 보좌관인 조앤 비스타니에게 나를 식사에 초대해서 그 일
을 이야기하라고 시킨 것을 보면 그도 무슨 일이 있다는 것은 알았던 것 같다.
그때쯤 나는 거의 마음을 굳힌 상태였다. 내가 아는 여자 화장실에 그대로 남기
로 한 것이다. 그 자리에서 나는 조앤에게 남겠다는 말을 했다. 나는 추가협상

도 해보지 않고 CBS의 제안을 거절했다. 이튿날 아침, 사실은 새벽에 ABC가 보낸 새로운 의향서가 우리 집으로 배달되었고 나는 5년간 남는 데 동의하는 사인을 했다.

내가 룬에게 경쟁사의 제안 내용을 이야기하지 않은 이유는 사실 내가 안다. CBS의 제안을 거절한 이유도 나는 안다. 사실은 또다시 오디션을 받을 자신이 없었던 것이다. 이유는 간단하다.

그렇게 해서 ABC 생활은 계속 굴러갔다.

ABC는 더 많은 연예인 스페셜을 원했다. 오스카상 시상식날 밤이건 아니면 편집한 것이든, 주제가 있건 없건 많이만 하라는 것이었다. 하지만 진짜 유명 스타들은 대부분 우리와 인터뷰를 모두 한 번씩은 했다. 그래서 1993년에 빌 게디와 나는 '가장 매혹적인 인물 10명'이라는 제목으로 연례 스페셜을 진행하자는 생각을 해냈다. 정치인, 의사, 사업가들과 한 심각한 인터뷰와 영화배우, 스포츠 스타, 레코딩 아티스트들과의 인터뷰를 혼합시키자는 아이디어였다. 핵심은 인터뷰 시간이었다. 예를 들어 사람들이 프라임 타임에 여성의원 바버라 조던과의 인터뷰를 30분씩 보던 시절은 오래전에 끝났다. 하지만 지금도 TV 스타나 레코딩 아티스트가 섞여 나온다면 4~5분은 앉아서 볼 것이라고 생각했다. 예상은 적중했다.

첫해에 우리는 클린트 이스트우드, K. D. 랭, 샤킬 오닐과 거부인 배리 딜러, '죽음의 의사' 잭 케보키언, 작가 마야 안젤로, 그리고 가장 매혹적인 인물 (매년 비밀에 부치려고 노력했다) 힐러리 클린턴을 한데 섞어서 내보냈다. '스페셜'은 순조롭게 진행되었고 '가장 매혹적인 인물 10명'은 지금도 많은 인기를 누리고 있다. 특히 지난해에는 빅토리아 베컴과 데이비드 베컴 부부, 온라인 음악 사이트 마이스페이스 창업자들, 빌 클린턴, 그리고 진행하던 라디오 쇼에서 쫓겨난 돈 아이머스와 첫 인터뷰를 했다. 시작한 지 14년이 지났지만 프로그램은 여전히 대단한 인기를 누리고 있었다.

우리는 매년 가장 매혹적인 인물 10명을 선정하기 위해 광범위한 여론조사를 실시했다. 하지만 실제로 후보 목록은 책임 프로듀서 빌 게디, 코디네이팅 프로듀서 브래드 라로사를 비롯해서 두 명의 보조 프로듀서인 베치 슐러와 제니퍼 조지프, 그리고 당연히 나를 포함한 바버라 월터스 스페셜 스태프들의 주도로 작성되었다. 이 '5명의 갱'이 내가 진행하는 '스페셜'의 모든 일을 결정했다. 스태프 수가 거의 100명에 육박하는 20/20 같은 뉴스매거진과는 달랐다.

스페셜을 진행하면서 나는 너무 재미있었고 그것으로도 많은 보상을 받은 셈이었다. 밥 호프, 조지 번스에서부터 데이비드 레터맨, 로빈 윌리엄스에 이르기까지 많은 코미디언과 인터뷰하면서 나는 많이 웃었다. 그리고 빙 크로스비, 패트릭 스웨이지, 알 파치노 등 숱한 파트너들과 춤을 추었다. 그리고 마사 스튜어트와 쿠키도 같이 구워 보았고 지미 스튜어트와 함께 코끼리 등에 타 봤으며 후세인 왕이 모는 헬기도 타 보았다. 그리고 실베스터 스탤론이 운전하는 모터사이클을 타고 거리를 질주하기도 했다. 그의 가죽 재킷도 입고 탔다. 쿠키는 부스러졌다. 이제 코끼리는 잘 타지 않고 모터사이클 타기도 별로 좋아하지 않지만 스탤론의 가죽 재킷은 지금도 내가 갖고 있다.

대통령과 퍼스트레이디들 :
백악관 취재 40년

이제는 내 자랑을 좀 해야겠다. 나는 리처드 닉슨 이후 조지 W. 부시 대통령에 이르기까지 모든 미국 대통령(퍼스트레이디까지)과 인터뷰했다. 그래서 내 머릿속에는 시간이 흐르고 여러 사건을 겪으며 그들에 대한 다양한 기억들이 남아 있다. 퍼스트레이디들과의 이야기가 그들의 남편들보다 더 재미있는 경우도 더러 있었다.

앞서 말했듯이 린든 존슨과는 여러 차례 만나기는 했지만 공식 인터뷰는 한 번도 하지 못했다. 내가 그를 만났을 때 놀란 것은 개인적으로 보면 활달하고 남들과 잘 어울리는 성격인데 미 국민들과의 의사소통에는 많은 문제가 있었다는 점이다. 그렇게 된 원인 가운데는 그가 카메라에 부착되어 있는 텔레프롬프터에 익숙하지 않았다는 점도 부분적으로 작용했다. 그는 겉으로는 자신만만한 것처럼 보였지만 프롬프터의 대사를 놓칠까 봐 불안해했다. 나는 이런 문제에 대해 이야기한 적이 있었는데 존슨 대통령은 그때 내게 어떻게 했으면 좋겠느냐고 자문했다. 나는 말하고자 하는 내용을 완전히 소화해서 대사를 놓치더라도 프롬프터를 다시 따라잡을 때까지 애드리브를 할 수 있을 정도가 되어야 한다는 말을 해 주었다. 그리고 프롬프터에 완전히 익숙해지기 전에는 원고에서 눈을 떼지 말라고 했다. 그러지 않으면 다음 줄에서 또 원고를 놓치기 십상이기 때문이다. 이것은 텔레프롬프터를 사용하는 사람에게 좋은 충고가 될 것이다.

다른 사람들도 같은 충고를 해 주었을 테지만 별로 나아지지 않았다. 안경을 코에 걸친 채 무표정한 얼굴로 카메라를 노려보는 모습은 한마디로 어색하고 불편해 보였다. 개인적으로 볼 때 모습과는 전혀 딴판이 되는 것이었다.

존슨 여사와는 좀 더 잘 알고 지냈다. 남편과 마찬가지로 그녀는 일대일로 만나면 온화하고 상대하기 편한 사람이었다. 하지만 그녀도 연설을 하거나 공식석상에 나타날 때면 그런 기질이 사라져 버리는 것 같았다. 존슨 여사와는 몇 차례 인터뷰했는데 첫 인터뷰 때 내가 그녀 남편이 매력적인 여자들을 너무 좋아한다는 이야기를 꺼냈다가 그녀 친구들의 분노를 샀다. 그를 둘러싸고 그런 소문이 끈질기게 나돌았기 때문에 나로서는 그런 질문을 하지 않을 수가 없다. 나는 다른 사람들 말을 빌려서 질문했다. 예를 들면 "존슨 여사, 많은 사람들이 이런저런 걱정을 하고 있습니다 등등" 하는 식이었다. 그런 질문을 받고 기분이 언짢았겠지만 내색은 하지 않고 대신 차분한 목소리로 그녀는 이렇게 말했다. "린든 대통령은 사람을 좋아하는데 그들 가운데 50%는 여성이지요." 훌륭한 답변이었다. 하지만 내 질문이 너무 무례하다고 여겼던지 몇 년 뒤 뉴욕에서 있은 한 디너파티에서 존슨 여사의 친한 친구 한 명은 나와 악수하기를 거부했다. 나는 뺨을 한 대 얻어맞은 것 같은 기분이었지만 그녀의 심정은 이해가 갔다. 그녀가 보기에 나는 강압적이고 무례한 저널리스트들 가운데 한 명이었던 것이다. 사실인지도 모르겠다.

남편이 죽고 여러 해 뒤에 텍사스 주 오스틴에서 가진 또 한번의 인터뷰에서 존슨 여사는 결혼생활을 하며 자기는 정말로 최선을 다해 남편을 섬겼다고 털어놓았다. 남편이 자기한테 "버드, 이리 와봐!"라고 큰소리로 불러도 전혀 개의치 않았다고 했다. "그때는 다른 세상이었지요. 내 남편은 그런 사람이었고 나는 거의 그의 방식대로 따라 살았어요. 나도 물론 나의 삶이 있었지만 많은 부분은 선반에 올려놓았지요. 남편이 떠나고 나서 내가 한 많은 일들이 그때는 선반 위에 올려 두었던 일이에요."

존슨 여사는 너무 현명한 분이어서 시대가 그때가 아니고 지금이라면 남편이 죽은 뒤 뒤를 이어 정치를 했어도 훌륭하게 해냈을 것이다.

마지막 인터뷰 말미에 나는 존슨 여사에게 남편의 명예를 훼손하는 사람들 때문에 화가 나거나 속을 썩인 일이 있느냐고 물어 보았다. 그녀가 해준 답변을 나는 지금까지 잊을 수가 없는 것은 물론이고, 나도 그녀가 한 말대로 살아 보려고 노력하고 있다. "분노를 안고 살기에는 삶과의 이별에 너무 가까이 와 있지요." 존슨 여사는 2007년 7월에 94세를 일기로 세상을 떠났다. 정말 많은 사랑을 받은 퍼스트레이디였다.

리처드 닉슨에 대해서는 앞에서도 많이 썼지만 닉슨의 두 딸 역시 나와 인연이 많았다. 금발에 얌전한 큰딸 트리샤와 거무튀튀하고 외향적인 성격의 둘째 딸 줄리가 있었다.

1971년에 나는 NBC 뉴스맨 에드윈 뉴먼과 함께 트리샤와 변호사인 에드 콕스의 결혼식을 보도했는데 우아한 웨딩드레스를 입고 금발을 길게 늘어뜨린 트리샤는 마치 이상한 나라의 앨리스처럼 젊고 순수해 보였다. 하지만 내가 그 결혼식에서 진짜 기억나는 것은 바로 다음 장면이다. 백악관에서 축하 리셉션이 열렸는데 팻 닉슨 여사가 남편과 춤을 추다가 갑자기 남편에게 애정 어린 포옹을 했다. 대통령은 깜짝 놀라더니 몸을 움찔하는 것 같았다. 이튿날 우리는 스페셜 프로그램을 통해 결혼식 장면을 다시 내보냈는데 그래서 이 고약한 순간을 다시 보게 되었다. 나는 닉슨 여사가 이 결혼식 장면을 보면 어떤 생각이 들까 궁금했다. 사실 그거야 물어 보지 않아도 알 수 있는 일이다. 나는 그녀가 안쓰러웠고 닉슨에게 화가 났다. 그토록 감정이 메말랐단 말인가? 공개적으로 애정 표현을 할 줄 모르는 사람인가?

그의 보좌관들도 닉슨이 자기 부인에 대해 애정 표현은 고사하고 무관심하다는 사실을 알고 있었고 그것을 정치적 약점으로 생각했다. 여러 해 뒤에 닉슨의 개인 서고가 연방으로 넘겨졌을 때 당시 닉슨의 텔레비전 담당 보좌관인 로저 에일스가 쓴 주목할 만한 메모랜덤이 공개되었다. 에일스는 그 문건에서 "가끔씩 부인에게 말도 걸고 미소도 지어 보여야 하는데"라며 이렇게 우려를 표명했다. "여성 유권자들은 공개석상에서 남자가 자기 부인에게 어떻게 대하는지에 대해 특히 민감하다."

줄리는 내가 제일 잘 아는 닉슨의 딸이고 우리는 지금도 가끔씩 연락을 주
고받으며 지낸다. 줄리는 남편인 아이젠하워 대통령의 손자 데이비드 아이젠하
워와의 사이에 외아들 알렉스와 두 딸 제니와 멜러니를 두고 있다. 제니는 가끔
나를 찾아오는데 풍기는 이미지가 엄마를 빼닮았다.

아버지가 대통령직에서 사임하고 얼마 되지 않았을 때 나는 라과디아 공항
에서 워싱턴으로 가는 비행기를 기다리다 그곳에서 줄리를 만났는데 어쩔 줄
몰라 하는 것 같았다. 자라면서 혼자서 민항기를 타 본 적이 없었기 때문에 어
디서 티켓을 사고 어디서 타는지 모르는 것이었다. 나는 그녀의 비행기 타는 것
을 도와주면서 권력과 특권이 사라지면 삶이 이렇게 바뀌는구나 하고 다시 한
번 실감했다.

닉슨 대통령은 대통령직에서 물러나 캘리포니아 주 샌클레멘테에서 칩거생
활을 끝낸 다음 동부 해안으로 옮겼다. 나는 밀드레드 힐슨이라는 지체 높은 부
인의 집에서 가끔 그를 보았다. 닉슨은 그녀의 생일 파티에서 피아노를 치기도
했다. 한번은 남이 사진에서 내 얼굴을 오려내 버리지 못하도록 하는 비결을 내
게 가르쳐 주기도 했다. "한쪽 팔을 옆에 있는 사람한테 두르면 그 사람이 당신
을 잘라 내지 못해요. 잘라 내더라도 팔은 그대로 남으니까." 나는 그가 가르쳐
준 수법을 가끔 써먹는다.

내가 ABC로 자리를 옮긴 1976년에 제럴드 포드는 선거에서 지미 카터에게
패했다. 사실 그는 대통령이건 부통령이건 선거에서 당선된 적이 한번도 없는
사람이다.   새해가 지나고 얼마 뒤 나는 포드 대통령 부부와 마주 앉아 백악관
을 떠나기 전 마지막 송별 인터뷰를 가졌다. 그 인터뷰에서 가장 기억에 남는
것은 대통령이 아니라 퍼스트레이디 베티 포드 여사와 관련된 이야기다. 인터
뷰를 시작하기 전에 포드 여사는 나를 데리고 백악관의 방 이곳저곳을 구경시
켜 주었다. 우리의 백악관 방문에서 멋지고 인간적인 부분으로 준비된 일정이
었지만 사실은 그렇게 되지 못했다. 포드 여사는 말을 한 문장도 하지 못했다.
발음이 흐물흐물했는데 술이나 마약에 취했거나 아니면 둘 다 한 것이 분명했
다. 나중에 인터뷰를 하기 위해 남편과 자리를 같이했는데 옆에 투명한 황갈색

액체를 잔에 따라놓고 있었다. "그것 좀 치울 수 없겠소?" 대통령은 걱정과 짜증이 섞인 투로 이렇게 말했다. 그러자 포드 여사는 딱 한두 모금만 마시겠다고 대답했다. 우리는 그녀한테는 거의 질문을 던지지 않았다.

인터뷰를 내보내기 전에 나는 결정을 내려야 했다. 술 취한 것이 분명한 포드 여사의 모습을 그대로 내보낼 것이냐 아니면 인간적으로 그 부분을 삭제할 것인가? 책임 프로듀서는 내가 결정하는 대로 따르겠다고 했다. 내가 한 인터뷰였고 내가 결정을 내려야만 했다.

어쩌면 나는 자질이 안 되는 리포터인지 모르겠다. 포드 여사의 어눌한 목소리는 제거하기로 결정을 내렸기 때문이다. 백악관 방을 구경시켜 주는 포드 여사의 모습을 보여 주면서 내가 설명을 덧붙였다. 만약에 그녀가 음주 문제가 있더라도 내가 그것을 처음으로 폭로하는 사람이 되고 싶지는 않았던 것이다. 돌이켜 보면 그녀의 음주 문제를 그때 폭로한 것이 그녀에게 도움이 되었을지도 모르겠다. 하지만 그때는 그녀의 절망감에 내가 고춧가루를 덧뿌리고 싶은 마음이 없었다.

백악관을 떠나고 몇 년 뒤에 베티 포드는 맑은 정신으로 다시 나와 마주 앉아서 처음으로 공개적으로 자신이 중독 문제와 싸우고 있다는 사실을 털어놓았다. 그녀는 등의 통증을 완화하기 위해 진통제를 먹기 시작했고 퍼스트레이디로서 받는 스트레스를 이겨내기 위해 술을 마셨다고 했다. 그녀의 남편과 네 명의 자녀들은 마침내 그녀의 상태가 어떤지 말하고 자신들이 참아내기가 얼마나 고통스러운지 그녀에게 설명했다. 고맙고 놀랍게도 포드 여사는 롱비치의 해군 병원에 있는 갱생 프로그램에 가는 데 동의했다. 우리는 1987년에 인터뷰하기 위해 그녀와 함께 그 병원을 다시 찾았다. 퇴원 후에는 그곳에 한번도 다시 찾아가지 않았던 곳이다. 그녀는 우리와 함께 홀을 걸어가며 눈물이 글썽한 눈으로 회복되기 전 자신의 상태가 어땠는지 설명했다.

"아무 것도 기억이 나지 않아요"라고 그녀는 털어놓았다. "매일 이런저런 전화가 걸려 왔고 여러 가지 일도 했는데 하나도 기억이 나지 않아요."

"그래서 몸이 아프면 마약을 드셨어요?" 나는 이렇게 물어 보았다. "마음이 아프면 술을 드시구요?"

"이겨 내려고 마약과 술에 의지했어요"라고 포드 부인은 말했다. "마취제와 같은 셈이었어요."

2007년 새해를 맞이한 지 얼마 안 되어 나는 제럴드 포드의 장례식을 보도 했다. 향년 93세였다. 모든 시선이 슬픔에 젖은 미망인에게 쏠렸다. 두 사람은 58년의 결혼생활을 함께했다. 당시 방송에서 나는 포드 여사가 세운 알코올과 마약 남용자들을 위한 베티 포드 센터가 포드 일가의 마지막 유산이라고 생각 한다는 말을 했다. 그녀보다 중독 문제의 심각성을 더 잘 아는 사람은 많지 않 을 것이고 그녀는 그러한 자신의 지식과 경험을 이용해 수천 명의 사람들에게 도움을 주려고 했다. 베티 포드 여사는 자기 나름의 역사를 만들었다. 나도 한 마디 덧붙이자면 이렇다. 만약 지금 알코올 중독인 퍼스트레이디와 인터뷰하게 되면 나는 그것을 있는 그대로 방영할 것이다. 이제 시대가 변했고 내가 포드 부부와 인터뷰한 것은 30년 전의 일이다. 이제는 인터뷰한 상대가 누구든 모든 걸 있는 그대로 공개할 것이다. 당연히 그래야 하는 게 도리이고 우리는 알 권 리가 있다. 이미 너무 많은 것이 감추어지고 있기 때문이다.

지미 카터는 내가 ABC로 옮긴 지 한 달 뒤에 제39대 미국 대통령으로 선출 되었다. 내가 진행하는 첫 번째 '스페셜' 손님으로 카터를 모시기 전에 나는 그 를 만날 기회가 몇 번 있었다. 두 가지 기억이 있는데 첫 번째는 1978년 크리스 마스 휴가 기간이었다. 카터 부부는 우리 딸을 백악관으로 초대해 그 집 딸 에 이미와 함께 하루 낮밤을 백악관에서 보내도록 했다. 그것은 정말 세심한 배려 에서 나온 결정이었다. 에이미는 열한 살로 재키보다 한 살 위였고 나는 초대되 지 않았다. 그날은 순전히 재키의 날이었고 대신 나는 딸애를 백악관까지 데려 다 주고 저녁식사 후에 데리러 가는 것은 허락을 받았다. 재키는 에이미가 정말 좋다며 그 아이가 정말 친근하게 대해 주고 성격이 모나지 않더라는 말을 내게 했다.

그날은 백악관 직원 자녀들을 위한 파티가 있었고 월터 크롱카이트가 '성 니콜라스의 방문' 시를 낭송하도록 되어 있었다. 월터가 예의 그 달콤한 목소리

로 '때는 크리스마스 전날 밤이었습니다' 로 시작되는 유명한 구절을 흥에 겨운
아이들에게 읽어 주었다. 나는 그 축제행사에는 참석하도록 초청받았다. 행사
가 끝나고 월터와 내가 떠날 채비를 하는데 카터 대통령이 우리 두 사람에게 커
피나 한잔하자고 했다. 월터와 나는 그 뒤로 그날 있었던 일을 이야기하며 수시
로 웃었다. 우리 둘 다 대통령이 우리가 방송에 써먹을 수 있도록 무슨 뉴스거
리라도 이야기해 주려는 가 보다 하고 내심 기대했다. 간결한 크리스마스 메시
지 같은 것이라도 있을 줄 알았던 것이다. 그런데 대통령은 자기 치질 이야기를
하는 것이었다. "아주 불편하고 고통스러워요"라고 그는 말했다. 아마도 수술
을 해야 될 것 같다고 했다. '메리 크리스마스. 내게 치질이 있습니다.' 이게 메
시지였던 셈이다.

지미 카터와 얽힌 마지막 이야기는 집무실을 비우기 불과 몇 주일 전인
1981년 1월 오벌 오피스에서 있었던 일이다. 룬 알리지와 나는 그동안 카터와
숱하게 얽힌 인연을 생각해 비공식적인 오프더레코드 방문을 할 수 있도록 해
달라고 요청했다. 요즘 같으면 현직 대통령에게 그런 부탁을 한다는 게 상상도
할 수 없는 일이지만 당시에 우리는 그렇게 했고 카터도 의욕이 없고 우울한 상
태였기 때문에 우리를 보고 싶었던 모양이었다. 이란에 억류된 미국인 인질 석
방 노력은 모두 수포로 돌아갔고 9개월 전에 벌였던 미국의 인질 구출작전은
참담하게 실패했다. 신문들은 그의 대통령 재임기간을 정리하면서 이란 인질문
제뿐만 아니라 몇 달 전 호수에서 낚시하는 그에게 놀란 늦지 토끼가 달려든 이
야기까지 거론했다. 그 토끼는 대통령이 탄 작은 보트에 올라타려고 뛰어들었
는데(토끼도 수영을 하는지는 모르지만) 카터는 노를 휘둘러 그놈을 쫓아내 버렸다.
별것 아닌 이야기였지만 모든 주요 텔레비전 방송들이 저녁뉴스에 그걸 보도해
카터 대통령을 아주 우습게 만들어 버렸던 것이다. 그 일도 다시 한번 화제에
올랐다.

룬과 나는 토끼보다는 선거에 더 관심이 있었다. 이란 인질 사건은 자신의
실패작이라고 생각하느냐는 질문에 카터는 그렇다고 답하고는 "그 사건과 플로
리다의 쿠바인들이 내 실패작"이라고 말해 우리를 놀라게 했다. 쿠바인들이

왜? 1980년에 카스트로가 허용하고 카터가 받아들이기로 함에 따라 10만 명이
넘는 쿠바인들이 미국으로 건너왔는데 그 가운데는 범죄자들과 정신병자들까
지 섞여 있었다. 그 쿠바인들이 플로리다 주 남부, 특히 마이애미로 몰려들며
이민국 업무를 마비시킬 지경이 되었고 그곳에 살고 있던 앵글로 색슨계 주민
과 흑인들을 분노케 했다. 경제는 가라앉았고 비非쿠바계 주민들은 난민들이
몰려들며 일으킨 혼란과 미 국민이 낸 세금 수백만 달러가 그들을 위해 쓰인다
는 사실에 몹시 기분이 상했다. "그것 때문에 정치적 인기 면에서 값비싼 대가
를 치렀다"고 카터는 후일 대통령 시절 회고록 '신념을 지키며' Keeping Faith에서
밝혔다. 그 결과 카터는 1976년에 이겼던 플로리다 주에서 1980년 선거 때는
패했다. 하지만 역사가 말해 주듯이 카터는 현직 때보다 전직 대통령 시절에 더
많은 존경을 받았다.

　로잘린 카터는 다소 가까이하기 어렵고 냉정한 사람이지만 퍼스트레이디로
있는 동안 보여준 정신병자들에 대한 관심에는 박수갈채를 보낸다. 그녀는 정
신병자들에 대한 관심을 환기시키고 도움이 필요한 수백만 명에게 손길을 내밀
었다. 그것은 아주 의미 있는 공적이었다. 그녀가 1980년에 제안한 정신건강제
도법안이 의회에서 통과되었지만 후임 레이건 행정부에서 시행되지 않았다.

　이스라엘과 이집트의 평화협정 체결 협상에 큰 진전을 이루었고 파나마 운
하를 원래 주인에게 돌려주는 등의 업적에도 불구하고 지미 카터는 자신의 임
기 후반을 괴롭힌 각종 위기에서 제대로 회복하지 못했다. 1979년에 발생한 에
너지 위기 때는 휘발유 배급제가 실시되고 주유소마다 긴 줄이 늘어서는 사태
가 벌어졌다. '우울한 연설'로 알려진 연설을 통해 카터는 국민들에게 카풀제
실시와 느리게 운전하기, 수입 석유에 대한 의존도를 줄이기 위해 온도조절기
눈금 낮추기 등을 당부했다. 하지만 그것은 미국인들이 들어서 마음에 새기고
싶은 메시지가 아니었다. 지미 카터의 임기가 절망감 속에서 막을 내린 반면 그
의 후임자인 로널드 레이건은 고조된 희망의 분위기 속에서 임기를 시작했다.

　1981년에 레이건이 취임하자 미국은 일종의 도취감에 빠져들었다. 사람 좋
고 낙천적인 로니와 항상 멋쟁이인 그의 부인 낸시의 등장으로 어떤 희생도 요

구되지 않게 되었다. 미 국민들은 이런 낙관적인 세계관을 훨씬 더 좋아했다.

나는 후보 시절에 레이건과 인터뷰했다. 그는 정말 호감이 가는 인물이지만 중요한 특정 사안들에 대해 너무 아는 게 없다는 사실에 놀라지 않을 수가 없었다. 예를 들면 지금과 마찬가지로 당시에도 이스라엘이 1967년 전쟁에서 점령한 땅을 돌려주는 대신 주변 아랍국들과 평화를 달성하는 문제를 놓고 언론에서 왈가왈부가 많았다. 밀고 당기는 논의의 대부분은 '평화와 영토의 맞교환'에 대한 기본 틀을 제시해 놓은 중요한 유엔결의안 242호와 관련이 있었다. 하지만 내가 레이건에게 그것에 대해 질문하자 그는 그저 멍하니 나를 쳐다볼 뿐이었다. 무슨 말인지 모른다는 표정이었다.

1980년 여름에 나는 레이건을 대통령 후보로 지명한 디트로이트 공화당 전당대회를 보도했다. 특별한 전당대회였다. 레이건이 대통령직을 수행할 만큼 건강하지 않다는 우려가 제기되었고 전당대회에서는 제럴드 포드를 레이건의 부통령 러닝메이트로 지명하는 것에 대해 논의가 진행되고 있었다. 전직 대통령인 포드가 부통령이 된다면 그것은 일종의 공동 대통령제가 되는 것으로 전례 없는 일이었다.

그 전당대회에서 겪은 일을 하나 소개하겠다. 당시 나는 전당대회장에서 약간 떨어진 방에서 샘 도널드슨, 칼럼니스트 조지 윌과 함께 특별방송을 하고 있었다. 앵커는 우리 세 사람이 하지 않고 프랭크 레널즈가 맡았다. 프랭크는 특별방송 시간이나 아니면 우리가 내보낼 뉴스가 생기면 우리와 연결했다. 포드의 보좌관을 지낸 내 친구 앨런 그린스펀도 비공식 자격으로 전당대회에 참석하고 있었다. 그가 내게 무슨 비밀정보를 주는 것은 없지만 그를 아는 덕분에 사람들에게 접근하기가 수월했다. 포드의 지명 가능성은 높지 않은 것 같았고 조지 H. W. 부시의 이름이 부상하기 시작했다. 부시는 예비선거에서 레이건에 맞섰고 그에 대해 아주 비판적이었기 때문에 놀라운 일이었다.

나는 조지 부시와는 아주 잘 아는 사이였기 때문에 누가 부통령 후보가 될지를 놓고 온갖 추측이 난무한 가운데 그와 통화를 하고 있었다. 통화 중에 그가 갑자기 잠깐만 기다리라는 말을 하며 로널드 레이건이 부른다는 것이었다.

나는 프로듀서에게 큰 뉴스가 있다고 말하고 감독에게 전화 대신 카메라를 연결해 달라고 부탁했다. 하지만 그러는 와중에 부시와 연결된 전화가 끊어져 버렸다. 그와 다시 전화를 연결하려고 필사적으로 매달리고 있는데 NBC의 안드레아 미첼이 조지 부시가 레이건의 러닝메이트가 될 것이라는 소식을 방금 들었다는 보도를 내보냈다. 안드레아에게는 축하할 일이지만 나는 거의 돌아버릴 지경이었다. 전당대회에서 제일 중요한 특종을 눈앞에서 놓쳐 버린 것이었다. 그러는 나를 보고 조지 월이 거만한 표정을 지으며 이렇게 말했다. "텔레비전 같은 데 난 것 같고 뭘 그래, 바버라." 나는 조지가 하는 방송을 듣고 그가 쓰는 깊이 있는 칼럼을 좋아하지만 그 사람도 오랫동안 '텔레비전 같은 데' 출연해서 번 돈으로 호의호식하고 있었다.

레이건 시대, 특히 레이건의 첫 임기 시절은 카터 시절과 극명한 대조를 보여 주었다. 다이아몬드 목걸이와 모피 코트로 화려하게 차려입은 할리우드 스타들이 다른 손님들과 함께 국가 공식 만찬에 참석했다. 와인이 넘쳐흐르고 오케스트라가 연주되었다. 재클린 케네디를 제외한다면 낸시 레이건은 미국의 퍼스트레이디들 가운데 가장 멋쟁이였다. 친구들은 그녀에게 박수를 보냈지만 대부분의 언론은 그녀의 지나치게 비싼 의상에 대해 비판했다. 그녀는 빨간색을 즐겨 입었고 제일 좋아하는 디자이너는 빌 블래스와 아돌포였는데 한 벌에 수천만 달러짜리 의상들이었다. 레이건 여사는 자기 돈으로 옷을 사 입는다고 주장했지만 조사가 진행되었고, 워싱턴 기자단이 주최하는 연례 야외 파티인 그리다이언 디너에 나타나 연기를 한번 하고 나서야 그녀에 대한 비난의 소리는 잠잠해졌다. 나도 그 파티에 갔는데 그녀가 마치 노숙자 같은 차림으로 무대에 올랐다. 레이건 여사는 바브라 스트라이샌드의 곡 '세컨드핸드 장미'의 가사를 바꾸어 "나는 세컨드핸드(중고품) 옷을 입어요"를 불렀다. 그녀는 열렬한 갈채를 받았고 그날 이후부터 지내기가 한결 수월해졌다.

그리고 레이건은 취임 69일째 되는 날 존 힝클리 주니어라는 이름의 25살 난 정신병자가 쏜 총에 맞았다. 그 뒤 나와 가진 인터뷰에서 레이건은 당시 상황을 이렇게 설명했다. "병원에 도착한 다음 내가 제일 먼저 차에서 내려 응급

실로 걸어 들어갔어요. 간호원이 내게 다가오길래 '숨 쉬기가 곤란하다' 는 말을 했는데 갑자기 다리가 후들거렸어요. 그 다음에 기억나는 것은 내가 수술대 위에 누워 있다는 것이었어요. 하필이면 그날 나는 새로 맞춘 완전히 새 양복을 처음 입었어요. 수술대 위에 누워 있는데 그 사람들이 가위를 가지고 내 새 양복을 잘라내 벗기고 있었어요."

레이건은 또한 자기 한쪽 눈에서 콘택트 렌즈를 찾느라고 의사가 법석을 떨었다는 이야기도 했다. 레이건은 한쪽 눈으로는 가까이 있는 것을 보고 다른 쪽 눈으로는 먼데 있는 것을 보려고 렌즈를 한쪽 눈에만 했던 모양이다. 나도 한쪽 눈에만 렌즈를 하기 때문에 그게 무슨 말인지 쉽게 알아들을 수 있었다. 나는 맨눈으로는 질문지를 눈에 가까이 대고 보고, 렌즈를 낀 눈으로는 멀리 있는 텔레프롬프터를 읽는다.

대통령은 그 암살기도 사건을 금방 극복한 것 같았으며 아주 단시간에 업무에 복귀했다. 퍼스트레이디는 후유증을 극복하는 데 다소 어려움을 겪었다. 남편에 대한 암살 기도가 있은 지 두 달 뒤에 그녀와 인터뷰했는데, 그녀는 자기가 갖고 있는 두려움과 걱정 등을 처음으로 공개했다. 그녀는 대통령은 잠을 잘 자지만 자기는 가끔 사과 같은 것이 먹고 싶어서 한밤중에 잠을 깬다고 했다. 그런데 사과 씹는 소리에 남편이 깰까 봐 사과 대신 바나나를 먹는다고 했다. 정말 우스우면서도 매우 인간적인 모습이라는 생각이 들었다.

암살을 기도했던 존 힝클리 주니어의 부모에 대한 이야기도 좀 해야겠다. 7주간의 재판 끝에 힝클리는 정신이상을 이유로 무죄가 입증되었다. 의사들은 그의 증세가 정신분열증이며 범행 동기는 여배우 조디 포스터에 대한 흠모에서 비롯되었다고 했다. 대통령을 쏘면 그녀의 마음을 감동시킬 수 있을 것이라 생각했다는 것이었다. 재판 뒤에 그는 워싱턴 D.C.에 있는 정신병원인 세인트 엘리자베스 병원으로 보내졌다. 하지만 그에게 유죄를 선고해 종신형에 처해야 한다고 주장하는 사람이 많았다.

그로부터 2년 뒤에 나는 시간이 어느 정도 흘렀다고 생각해 힝클리의 부모에게 편지를 써서 같이 앉아 이야기를 해보지 않겠느냐고 의향을 물어 보았다.

그 인터뷰가 사람들에게 정신분열증이 어떤 병인지에 대해 알려주고, 정신적인 문제를 가진 자녀를 둔 부모들에게도 자기 자녀가 심각한 정신질환을 앓는 것인지 아니면 단순히 힘든 사춘기를 보내는 것인지 알 수 있도록 도움을 줄 것이라고 말했다. 예의를 갖춰 인터뷰하겠다는 약속도 했다. 힝클리 부모는 내 요청을 받고 생각해 본 다음 인터뷰하겠다고 했다. 그 사람들로서는 처음이자 마지막으로 한 인터뷰였다. 인터뷰는 1983년 4월에 방영되었다.

부친 존 힝클리 시니어는 콜로라도 주 덴버에서 성공한 사업가였다. 그는 아내 조 앤과의 사이에 아들 둘과 딸 하나 등 모두 3명의 자녀를 두었는데 존 힝클리 주니어는 막내였다. 두 사람은 존이 "귀엽고 행복한 사내아이였다"고 했다. 가족은 아주 화목했으며 여행도 함께 다니고 주말은 늘 함께 보냈다. 그런데 존이 대학을 중퇴하고 집으로 돌아오면서부터 사정이 달라지기 시작했다. 아버지 말로는 방안에 틀어박혀 창밖만 바라보았다는 것이다. 그리고 바깥세상과 마주할 수 없을 정도로 우울증세가 심각했다고 했다.

신체적으로는 아들에게 아무런 이상이 없다는 판정이 내려지자 부모는 아들을 정신과 의사에게 데리고 갔다. 의사는 아들을 너무 어린애 취급하지 말라며 집에서 내보내 직업을 갖도록 하라고 시켰다. 절대로 아들을 도와주지 말고 독립하는 법을 배우도록 만들라는 것이었다. 일종의 '엄하게 키우는 사랑' 이었는데 힝클리 부부는 그게 옳은 치료법인지 확신을 갖지 못했다. 그러던 중 한번은 아들이 집에 오고 싶다고 했는데 그 말을 전해 들은 정신과 의사는 "만약 내 아들이라면 돈을 100달러 보내 주면서 잘 지내라는 말을 해줄 것"이라고 했다.

힝클리 부부는 어떻게 할 줄 몰라 고민하고 있었는데 아들이 면도도 하지 않은 모습으로 집에 돌아와서는 그냥 있겠다고 하자 안 된다고 했다. 어머니 조 앤 힝클리는 그러지 말라고 했지만 남편은 정신과 의사의 말을 들어야 한다고 우겼다. 다른 방법이 없었다. "내가 가진 현금을 모두 아들에게 주면서 이제부터는 '네 혼자 살아라' 는 말을 해서 내보냈고 그게 충격 소식을 듣기 전에 아들을 마지막 본 것이었어요"라고 아버지 존 힝클리는 내게 말했다.

눈물이 그렁그렁한 채 힝클리는 이렇게 말했다. "내 잘못이에요. 감당할 수 없는 곳으로 아들을 내몰았던 거예요. 내 잘못입니다."

힝클리 부부는 그 뒤 병원에 감금되어 있는 아들 가까이 있기 위해 콜로라도에서 워싱턴 D.C.로 이사했다. 두 사람은 정신분열증을 비롯한 정신병의 원인과 치료법 연구를 돕는 데 가진 돈과 여생을 모두 바쳤다.

지금까지도 나는 힝클리 부부와의 인터뷰를 내가 한 가장 중요한 인터뷰들 중 하나로 꼽는다. 나는 그 용감하고 정직한 사람들에게 빚을 지고 있다. 나름대로 힘든 십대를 보냈지만 다행히 정신병을 앓지는 않은 아이의 엄마로서 나는 그들이 겪은 혼란과 슬픔에 공감한다.

그들의 아들이 쏜 총의 가장 큰 희생자는 무뚝뚝하고 허스키에다 잘 웃기는 대통령 공보비서 제임스 브래디였다. 그는 별명이 '곰'이었는데 대통령을 겨냥해 쏜 총알 하나가 브래디의 머리에 박혔고 한동안 그는 생사의 문턱을 넘나들었다. 회복된 다음 나는 그와 그의 용감한 아내 세라와도 인터뷰를 했다.

그의 이야기를 듣자니 너무 마음이 아팠다. 총에 맞은 뒤부터 짐은 말을 하기는 했지만 말을 끝내지 못했다. 절망 속에서 울부짖는 고함소리처럼 말끝이 길게 꼬리를 무는 것이었다. 이후 그는 놀라운 회복력을 보였지만 끝내 뇌 손상의 영향에서 벗어나지는 못했다.

세라 브래디는 모든 시간을 남편과 아들을 위해 바치지는 못했지만 총기규제법안을 통과시키기 위해 의회를 상대로 쉬지 않고 로비를 해서 1993년에 마침내 브래디법이 통과되었다. 이 법이 통과됨에 따라 허가받은 총기상들은 권총을 사려는 사람이 있으면 총기를 팔기 전에 의무적으로 대기 시간을 갖고 구매자의 배경을 조사해야만 한다.

로널드 레이건은 피격된 지 8개월 뒤인 1981년 추수감사절 직전에 나와의 인터뷰에 응해 주었다. 더구나 그는 그 인터뷰를 캘리포니아 주 샌타바버라 인근 언덕배기에 있는 한적한 자신의 목장에서 갖자며 나를 초대했다. 대통령이 제일 행복하게 개인적인 시간을 보내는 그 목장에는 그때까지 텔레비전 카메라가 한번도 가 본 적이 없었다. 레이건 여사는 그곳을 좋아하지 않았는데 가 보니 그 이유를 알 만했다. 본채에는 난방시설이 제대로 안 되어 있어서 그녀는

수시로 춥다고 불평을 했다. 욕실도 비좁아서 대통령의 별장이라기보다는 젊은
부부가 쉬는 캠프 같았다. 지금 생각해 보니 집에 책이라고는 몇 권 없었던 것
같다. 하지만 대통령이 좋아하는 것은 바로 그런 생활이었다. 그는 언덕과 계곡
으로 둘러싸인 아늑하고 꾸밈없는 그런 집을 좋아했던 것이다. 그곳에서 그는
부인과 같이 말도 타면서 느긋하게 쉬었다. 그리고 텔레비전도 조금 보고 일찍
잠자리에 들었다.

   부지 안에 작은 호수가 하나 있고 '진정한 사랑'True Love이라는 이름이 붙은
카누도 한 척 있었다. 영화 '상류사회'High Society에 나오는 러브 송의 제목이었
다. 영화에는 그레이스 켈리와 빙 크로스비가 출연했는데 두 사람 모두 레이건
이 배우 시절부터 잘 아는 사람들이었다. 주변에는 나무가 많아서 대통령이 손
수 잘라서 장작을 팬 다음 땔감으로 썼다. 내가 도착했을 때도 대통령은 땔감을
만들고 있었다. 늦은 봄인데도 바깥에 나와 톱질을 할 만큼 건강한 모습을 보고
나는 정말 놀랐다. 불과 얼마 전까지도 병원에 누워서 생사를 넘나들었던 사람
이 아닌가.

   그 인터뷰는 내가 레이건 대통령과 한 인터뷰 중에서 제일 맘에 드는 것이
었다. 빈티지 레이건의 멋이었다. 그는 매력적이고 흥에 겨웠으며 시적이기까
지 했다. 리포트를 위해 대통령은 나를 지프에 태우고 목장 곳곳을 보여 주었
다. 나는 그의 옆자리에 앉고 그의 개는 내 뒤에 태웠다. 지프는 거의 내려앉기
직전이었다. "죄송합니다만 대통령 각하." 나는 이렇게 말했다. "기분 상하게
해드릴 생각은 없습니다만 이 지프는 너무 고물이군요. 쿠션이 삐져나오는데
요." 그러자 대통령은 앞을 쳐다본 채 이렇게 대답했다. "그래요. 하지만 우리
가 지금 긴축정책을 시행 중이라는 사실을 기억하기 바라오."

   그날 오후 석양 무렵 나는 대통령과 함께 목장의 언덕배기 한 곳에 서 있었
다. 그는 눈앞에 펼쳐진 계곡을 한동안 내려다보더니 나지막한 목소리로 이렇
게 말하는 것이었다. "나는 세계 곳곳에서 자유에 대한 사랑과 용기 하나로 자
기가 살던 근거지, 가족과 친구, 조국을 떠나 여기 이 대륙으로 온 사람들을 생
각하면 반드시 어떤 숨겨진 계획이 있었을 것이라고 믿어요. 그런 사람들이 이

땅에 와서 미 국민이라는 전혀 새로운 민족을 만든 것입니다. 이 아름다운 땅을 보시오. 노래 구절처럼 하느님은 정말 미국에 은총을 내리셨어요." 스크립트를 보며 말하는 것이 아니었다.

나는 로널드 레이건이 대통령 재임 중일 때 세 번 더 인터뷰했고 대통령직에서 물러난 직후에 한 번 더했다. 레이건 여사가 퍼스트레이디로 있을 때는 아마 다른 어떤 텔레비전 리포터보다도 더 많은 인터뷰를 했을 것이다. 그녀는 내게 자기 인생은 로널드 레이건을 만나면서 시작되었다는 말을 종종 했다. 대통령 역시 내게 같은 말을 한 적이 있다. "내 인생은 낸시를 만났을 때 시작되었다고 생각해요."

레이건 부부의 애정은 두 번째 임기 중 레이건 여사가 유방암에 걸려 유방절제수술을 받기로 했을 때 가장 극명하게 드러났다. 5개월 뒤에 낸시 여사는 당시 수술 결정과 관련해 처음으로 내게 공개적으로 말해 주었다. 유방종양절제 대신 유방절제를 택한 데 대해 비난하는 여자들도 더러 있었다. 유방종양절제는 우리 언니가 했던 것처럼 수술 부위가 한결 더 간단하다. 하지만 레이건 여사는 자신의 결정이 옳다며 의사들에게 "한번에 깨끗하게 끝내고 싶어요"라고 말했다고 했다. 그리고 그녀는 웃으면서 이렇게 덧붙였다. "나는 돌리 파튼과는 완전히 다르니 수술 시간도 그렇게 오래 걸리지 않을 것이라고 의사들에게 말했어요."

그녀의 제일 큰 관심은 다른 여자들이 어떻게 생각하느냐가 아니라 남편의 생각이었다. 그는 아내가 어떤 결정을 내리든 두 사람의 관계와 아내에 대한 사랑에는 하나도 달라질 게 없다는 말을 했다고 했다. 그리고 그녀는 수술을 받았다.

레이건 부부는 퇴임 후 로스앤젤레스의 벨 에어로 이사했고 나와는 계속 연락을 주고받았다. 머브와 결혼했을 때 우리도 벨 에어에 집이 있었다. 우리는 가끔 레이건 부부를 점심이나 저녁식사에 초대했고 레이건 여사와 나는 친구가 되었다. 머브와 이혼하고 나서 내가 뉴욕에서만 지낼 때 우리는 전화로 장시간 이야기를 나눈 적이 있었다. 그때는 남편이 알츠하이머병에 걸려 그녀 말대로

'오랜 굿바이' 상태에 들어가 있었기 때문에 그녀는 시간이 많았다. 나는 2004 년 로널드 레이건 대통령의 장례식에 초대받았다. 나는 조문객으로 참석했지만 장례식 보도도 했다. 레이건 여사와 나는 오랜 세월 개인적인 친분과 직업적인 친분을 모두 유지했기 때문에 그것은 상징적이었다.

레이건이 대통령 재임 중에 이룩한 역사적인 업적보다는 개인적인 면에 대해 주로 썼는데 그의 업적에 대해서는 다른 사람들이 나보다 훨씬 더 잘 쓸 수 있을 것이라 생각했기 때문이다. 나는 레이건 대통령에 대해 느낀 나의 개인적인 인상에 대해 소개하고 싶었는데 그것은 몇몇 역사학자나 보통 사람들이 말하는 것과 달리 나는 그가 냉정하거나 가까이하기 어렵다는 생각을 한번도 해보지 않았기 때문이다. 실제로 그는 농담을 아주 많이 했다. 나는 그가 아주 명석하다는 생각은 해본 적이 없지만 그렇다고 멍청하다고 생각한 적도 없고, 대통령이 된 다음에는 주요 이슈에 대해 잘 모른다는 느낌도 받은 적이 없다. 나는 낙태에 반대하는 그의 입장 등 몇몇 사안에 대해 그와 입장을 달리하지만 그는 자신과 입장이 다르다고 해서 크게 괘념치 않는 사람이다. 그는 정말 우리에게 긍지와 애국심, 자신감을 심어 주었다. 우리 역사상 그 시기에 그러한 덕목은 결코 사소한 것이 아니었다.

나는 공개적으로 낙태권을 찬성하지만 카메라 앞에서는 자신의 정치적인 입장을 거의 밝히지 않는다. 의아하게 들릴지도 모르겠다. 나는 왼쪽에 있는 정치인과도 인터뷰하고 오른쪽에 있는 정치인과도 인터뷰를 하지만 그것을 시청하는 사람들은 나의 정치적 입장이 무엇인지 알 수 없을 것이라고 생각한다. 요즘은 사람들이 그렇게 하지 않는 것 같지만 나는 계속해서 그런 방식을 고수하고 싶다. 이유 중 하나는 ABC 뉴스에서는 기자들이 객관적으로 처신하기를 바란다는 것이다. 나는 미국이 직면하고 있는 많은 문제들을 다루지만 여러분은 내가 대통령 선거에서 어떤 후보를 지지하는지, 심지어 내가 공화당 지지자인지 아니면 민주당 지지자인지, 아니면 마음내키는 대로 처신하는 무정부주의자인지 알 수 없을 것이다.

내가 인터뷰한 모든 대통령 중에서도 내가 개인적으로 가장 잘 아는 사람은 바로 조지 H. W. 부시 대통령일 것이다. 우리는 오래전 60년대에 그의 동생인 조너선을 통해 알게 되었는데 조너선은 당시 나의 남편이던 리의 친구였다. 조너선은 잠시 쇼 비즈니스계에 몸담았지만 이후 리와는 길이 엇갈렸다. 1971년 부시가 3년 임기의 유엔 주재 미국대사로 부임해서 뉴욕으로 오면서 우리는 한결 더 잘 알게 되었다. 당시 그는 텍사스에서 상원의원에 출마했다가 낙선한 직후라(로이드 벤슨에게 패했다) 처음에는 새 직책에 대해 크게 달가워하지 않았다. 그는 내게 보낸 편지에서 자신이 '금단현상'을 겪고 있다며 이렇게 썼다. "나는 우리가 하는 일을 믿었어요. 나는 우리가 공정하고 합리적으로 했다고 생각했는데 패했어요. 유엔은 흥미로운 곳이고 이제는 뒤돌아보지 않을 것이오." 그가 유엔에 재임하는 동안 바버라 부시는 항상 뉴욕에 있지는 않았다. 그래서 조지 부시와 나는 가끔 서로 아는 친구들과 함께 저녁식사를 같이 했다. 나는 그를 무척 좋아했다. 그는 깔끔하고 노련했으며 유머 감각이 있었다. 유엔에서 시작해 중국에 있을 때까지 내내 그랬다. 그는 1974년부터 1976년까지 미국연락대표부 대표로 중국에 가 있었다. 미국은 1979년에 중국과 수교했기 때문에 부시는 공식적으로 대사 직함을 갖고 있지 않았다. 나는 중국에 있는 부시에게 워터게이트 스캔들과 닉슨에 대한 탄핵진행 등에 대한 최신 소식을 편지로 써 보냈다. 그가 무척 궁금해했기 때문이다. 답장에서 그는 "세상에! 따끈따끈한 정보를 하나도 모르고 살았군요"라고 썼다. "우리는 북경을 사랑합니다. 고국의 십자포화와 혼란에서 벗어나 상당한 호사를 누리고 사는 것이지요." 하지만 그러한 호사는 오래 가지 못했다. 부시는 중국에서 돌아와 CIA 국장이 되었고, 1980년 예비선거에 공화당 대통령 예비후보로 출마했다. 나는 그가 대통령에 출마할 만한 배포를 품고 있었는지 전혀 몰랐는데 내가 틀렸던 것이다.

어느 날 이른 아침에 TV 쇼 출연을 마친 그가 전화를 걸어와 나를 깨웠다. 그러고는 내 아파트로 올 테니 아침을 주겠느냐는 것이었다. 몇 분이면 도착한다는 것이었다. 나는 욕실 가운을 얼른 걸친 다음 커피를 앞에 놓고 그와 마주앉았는데 출마 결심을 굳혔다는 말을 하는 것이었다. 나는 놀라는 한편 그에게 승산이 있을 것 같지 않다는 생각이 들었다(한 가지 밝힐 게 있다. 대통령들에 관한 이 장의 초안을 쓰면서 처음에 나는 부시가 도착하기 전에 "나는 얼른 옷을 대충 걸쳤다"라고 썼다. 욕실 가운을 입고 있었다고 하면 이상하게 들릴 것 같다는 생각이 들었기 때문이다. 그런데 2006년 여름에 어느 파티에서 부시 부부를 만났는데 거기서 내가 회고록을 집필 중이라는 이야기를 했다. 그랬더니 부시가 "내가 당신 집에 들렀을 때 욕실 가운을 입고 있었다는 말도 썼어요?"라고 묻는 것이었다. 그 이야기를 쓰면 좀 당혹스럽지 않겠느냐고 했더니 그는 "전혀"라고 하면서 "그게 사실 아니오. 그러면 그렇게 써야지"라고 하는 것이었다. 그래서 있었던 그대로 쓴 것이다).

부시는 그때 대통령이 되지 못했지만 로널드 레이건의 부통령으로 8년을 일하고 난 뒤 1988년에 대통령이 되었다. 그가 대통령이 된 초창기에 나는 백악관 디너파티에 간 적이 있는데 나중에 감사 편지를 보냈다. 그랬더니 우리 둘이 함께 찍은 사진을 한 장 보내 왔는데 이렇게 쓰여 있었다. "소중한 시간. 조지 주니어가 내게 말하기를 디너 때 당신 옆자리에 앉아서 멋진 시간을 보냈다고 하더군요." 나는 조지 주니어와 무슨 대화를 나누었는지 기억도 나지 않았다. 당시 유쾌한 나의 디너 동료가 나중에 대통령이 된다는 생각도 정말 손톱만치도 해보지 못했다. 디저트를 먹으며 하품을 하지 않은 게 천만다행이었다.

백악관에 있는 은밀한 가족 식당에서 아주 특별한 디너에 참석했던 기억도 난다. 1991년 3월이었는데 부시 대통령은 마거릿 대처 여사를 위해 극소수 몇 명만 초대했다. 나는 초대 명단에 포함되어서 기분이 무척 좋았는데 내가 그날 만찬을 특별히 기억하는 것은 바로 다음 날 아침에 걸프전을 승리로 이끈 노먼 슈워츠코프 장군과 첫 인터뷰를 하기 위해 사우디아라비아로 떠날 예정이었기 때문이다. 이 사실을 전해 들은 대통령은 자기 앞에 놓인 '대통령'이라고 쓰인 좌석 카드를 집어 들더니 뒷면에다 이렇게 쓰는 것이었다. "노먼, 조심 또 조심하게. 하지만 괜찮은 여자네. 다시 한번 축하하네, 조지 부시." 그러고는 카드를 내게 건네주며 장군에게 전해 주라고 했다.

그때만 해도 조지 부시의 호시절이었다. 좋지 않은 시절은 임기 마지막 해에 찾아왔다. 걸프전 승리에도 불구하고 그의 인기는 계속 떨어졌다. 대통령 선거전은 점점 더 치열해지고 있었다. 괴짜 무소속 후보인 로스 페로는 그의 지지

율을 잠식하고 아칸소 주지사 빌 클린턴이 부시에게 도전장을 내며 점차 인기를 쌓아가고 있었다. 거기다가 부시 대통령 부부 모두 그해 여름 그레이브즈병으로 알려진 갑상선 기능장애로 치료를 받았다. 갑상선 약은 계속 복용하고 있었는데 부시는 자기가 아주 건강하며 이제는 아무 증상도 없다고 주장했다. 그러면서도 텔레비전 인터뷰에는 일절 응하지 않고 있었다. 나는 평소대로 그의 보좌관들, 특히 미디어 담당 보좌관인 도런스 스미스에게 편지를 쓰고 전화를 해대면서 인터뷰하자고 계속 졸랐다. 도런스는 전에 ABC에서 일했으며 나는 그를 잘 알았다. 그리하여 마침내 1992년 6월에 대통령은 부시 여사와 함께 소위 말하는 심층 인터뷰에 응하겠다고 했다. 도런스는 인터뷰 시간이 한 시간이라고 알려 주었는데 충분한 시간이었다. 당시 나는 다른 대통령과의 인터뷰 때한번도 한 적이 없는 짓을 했다. 당시 부시를 계속 괴롭힌 질문은 그가 미국의 미래에 대해 아무런 비전이 없다는 것이었다. 그를 비판하는 사람들은 소위 말하는 '비전 문제'를 계속 걸고 넘어졌다. 도런스도 그걸 알고 있었다. 우리가 그동안 질문 내용을 미리 알려준 적은 한번도 없었다. 하지만 '비전 문제'는 엄청나게 중요한 사안이었고, 이미 말했듯이 조지 부시와 나는 아주 오랜 세월 알아온 사이인 데다 내가 그를 아주 좋아했기 때문에 나는 도런스에게 귀띔해 주면서 대통령이 답변을 미리 생각해 보게 하라고 당부했다. 정치인에게 질문할 내용을 미리 귀띔해 주는 것은 위험한 일이었다. 하지만 그때 나는 이런 생각을 했다. "불과 일 년 전만 해도 그는 인기 절정이었는데 지금은 우유부단하고 나약하고 실패한 대통령으로 취급받고 있다. 그러니 그에게 약간은 숨 돌릴 틈을 주어야겠다."

인터뷰에서 부시는 자신의 인기가 자꾸 떨어지는 것은 경제가 나쁘기 때문이라며 중언부언했다. 나는 마침내 이렇게 물었다. "사람들이 '대통령의 비전이 무엇인지 모르겠다'는 말들을 한다는 것은 아실 줄 압니다. 그러니 대통령 각하, 이 나라에 대한 각하의 비전은 무엇입니까?"

질문에 대한 언질을 미리 전달했음에도 불구하고 부시의 대답은 길고 장황하고 무덤덤해서 국민들이 그의 리더십에 대해 정말 확신을 갖도록 해줄 만한

게 하나도 없었다. 그는 추진력과 에너지가 부족한 것 같았다. 그가 아프다고
생각하는 사람들이 있는 것도 무리가 아니었다. 나의 인터뷰도 그에게 아무런
도움이 되지 못했다.

하지만 지금은 그도 사람이 완전히 달라졌다. 시간이 지나면서 조지 H. W.
부시는 인기 있는 전직 대통령이 되었다.

바버라 부시에 대한 사람들의 생각도 세월이 지나면서 바뀌었다. 날씬한 몸
매에 값비싼 디자이너 의상을 즐겨 입던 낸시 레이건에 이어 바버라 부시는 백
발에 펑퍼짐한 몸매, 모조 진주 목걸이로 우리 모두가 좋아하는 마음씨 좋고 푸
근한 할머니 같은 인상을 주었다. 남편의 재임 기간 동안 그녀는 그런 이미지를
과시했지만 남편이 물러난 뒤부터는 진짜 모습을 드러냈다. 사적인 자리나 공
적인 자리에서 그녀는 천연덕스러운 유머를 하고 자신의 의견을 자연스레 나타
냈다. 논란이 되는 문제들에 대해서도 당당하게 의견을 내놓았고 심지어 남편
과 다른 견해도 피력했다. 남편이 선거에 패해 대통령직에서 물러나고 2년 뒤
인 1994년 가을에 그녀는 회고록을 발간하고 나서 첫 인터뷰를 나와 가졌다.
인터뷰는 그들의 휴가 별장이 있는 메인 주의 케네벙크포트에서 진행되었다.

처음에 그녀는 직장을 가진 여성에 대해 이야기했는데 여자가 자녀를 가지
게 되면 직장보다는 자녀를 우선시하는 게 마땅하다는 말을 했다. 좋다. 크게
왈가왈부할 문제는 아니라고 본다. 하지만 요즘에는 직장을 갖는 여성이 너무
많아졌는데 그걸 실천에 옮기기가 말처럼 쉬운 것은 아니다. 그러고 나서 낙태
문제에 대한 자기의 생각을 털어놓았는데 여성의 낙태권을 지지한다는 것이었
다. 남편이 대통령직에 있는 동안에는 털어놓지 않았던 사실이었다. 부시 대통
령도 처음에 낙태권을 찬성하다가 나중에 낙태 금지로 입장을 바꾸었다고 생
각하는 사람들이 있다는 말을 하자 그녀는 그렇지 않다고 바로잡아 주었다. 남
편은 항상 낙태 금지 입장이었지 낙태권을 지지한 적은 한번도 없었다는 것이
었다. 두 사람은 그 문제에 대해선 입장이 분명하게 달랐다. 그녀가 남편이 대
통령직에 있을 때 용기를 갖고 그런 입장을 나타냈더라면 논란이 한층 더 무게
를 갖게 되었을 텐데 하는 아쉬움이 남았다.

또한 인터뷰에서 그녀는 남편이 중국에서 비공식 대사직 임기를 마치고 돌아온 직후인 51세 때 한바탕 심각한 우울증세를 겪었다고 솔직히 털어놓았다. 그녀는 창피해서 그런 사실은 남편에게만 이야기했다고 했다. 그때 남편이 우겨서 전문가의 도움을 받았다고 했다. 이후 우울증세는 다시 나타나지 않았다며 그녀는 이렇게 말했다. "나는 누가 우울증세가 있다는 말을 들으면 '마음을 굳게 먹어요' 라는 말 대신 '도움을 받아 보세요' 라는 말을 해줍니다."

이제 부시 여사는 자신이 백악관에 있던 시절보다 더 정확하게 자신의 진면목을 드러내 보이고 있다. 더구나 그의 아들인 현직 대통령 부시가 자기 어머니에 대해 엄하고 무섭다는 말을 자주 하기 때문에 더 그렇다. 요즘 사적인 자리에서 만나면 우리는 스스럼없이 속마음을 주고받는다. 2002년에 그녀는 내게 보낸 편지에서 이렇게 썼다. "당신과 나는 서로 알고 지낸 지가 정말 오래되었지요. 1971년인가 1972년인가 내가 '여성만을 위한 쇼가 아닌' 프로그램에 출연했을 때였지요 아마." 그녀는 이렇게 말을 이었다. "각료 부인들이 출연한 프로그램이었는데 정말 재미있었어요." 맞아요, 재미있었지요, 부시 여사. 정말 재미있었어요.

자, 이제 빌 클린턴과 힐러리 클린턴 부부 이야기를 해보자. 빌 클린턴의 최고 장점 중 하나는 한 시간짜리 인터뷰 약속을 해놓고 우리를 45분이나 기다리게 만들었으면 추가로 한 시간은 더 할애해 준다는 점이다. 더 길어지는 경우도 있다. 정말 맘에 드는 일이었다.

하지만 나는 한번도 클린턴을 제대로 안다는 생각이 들지 않았다. 나는 그의 유명한 섹스 어필도 직접 느껴 보지는 못했다. 나는 그를 보고 한번도 마음이 두근거려 본 적이 없다. 캐서린 그레이엄이 정말 재미있게 쓴 자서전에서 존 케네디 대통령이 자기는 젊지 않다고 거들떠보지 않더라고 쓴 것이 기억난다. 나와 빌 클린턴 사이도 같은 경우일 것이라는 생각이 들었다. 나는 1996년 9월에 그와 인터뷰했다. 그가 관계를 맺었다는 백악관 인턴 모니카 르윈스키와 인터뷰하기 3년 전이었다. 우리가 나눈 대화내용은 별로 기억이 나지 않는다.

하지만 나는 빌 클린턴이 대통령에서 물러난 다음에 만찬이나 자선행사 같

은 데서 그와 더러 마주쳤다. 그런데 만날 때마다 그는 따뜻하고 친근하게 나를
대해 주었다. 아마도 내가 질문을 하지 않으면 더 편안하게 느껴지는 모양이다.
그는 사적인 만찬 자리에서 쉬지 않고 이야기를 늘어놓는다. 그는 다른 손님들
로부터 질문을 받는 법은 거의 없는데 다행히 그가 하는 말은 항상 들어 줄 만
한 내용들이다.

내가 보기에 그 집안에서 제일 흥미로운 인물은 바로 힐러리 클린턴인데 나
는 그녀가 백악관에 있을 때와 백악관을 떠난 뒤에 모두 여러 차례 인터뷰했다.
당시 나는 클린턴 대통령이 전하는 메시지는 제대로 알아들었다는 느낌을 받지
못했지만 그녀의 메시지는 분명히 알아들은 것 같았다. 나와 인터뷰할 때도 그
랬지만 그녀는 크고 작은 연설을 할 때 절대로 메모를 보는 법이 없었다. 그녀
는 아주 호방하며 쉰 듯한 웃음소리를 내는데 전염성이 강하다. 그녀가 백악관
에 있을 때 아주 사적으로 마련된 그녀의 생일파티에 참석한 적이 있는데 지금
은 고인이 되었지만 성공한 브로드웨이 쇼 및 영화 작가인 피터 스톤이 건배를
했다. 피터는 잔을 들고는 방안에 모인 힐러리의 친구들을 보며 이렇게 말했다.
대부분이 유대인 친구들이었다. "자, 미국의 퍼스트 시크사(유대인 아닌 여자)를
위해 건배합시다." 모두들 웃음을 터뜨렸고 힐러리가 제일 크게 웃었다.

다음은 내가 제일 분명하게 기억하는 이야기다. 때는 2003년 6월이었다. 그
해 늦봄의 '대어'는 힐러리 클린턴이었다. 그녀의 자서전 '살아 있는 역사' Living
History가 출간을 앞두고 있었기 때문이다. 책의 내용이 철저히 베일에 가려져 있
어서 어떤 분야를 다루고 있는지, 어느 시점부터 쓰는지, 클린턴 부인이 남편과
의 관계에 대해 얼마나 말할지 아무도 몰랐다. 방송과 케이블 뉴스 프로그램에
있는 모든 이들이 그녀와 첫 인터뷰를 하고 싶어 했다. 나는 20/20에서 인터뷰
하고 싶었지만 앞서 모니카 르윈스키와 인터뷰한 것 때문에 ABC에서는 내게
기회가 올 가능성은 희박하다고 생각했다. 그래서 나는 "물러나 있으라"는 이
야기를 들었다. "들어오면 괜히 물만 흐린다"는 말이었다. 이유인즉 내가 나서
면 클린턴 쪽 사람들을 자극해 ABC의 다른 기자들이 힐러리 인터뷰하는 것까
지 위협받을 수 있다는 것이었다. 그렇게 해서 ABC는 클린턴 캠프에 보낸 기자

명단에서 아예 내 이름을 빼 버렸고 나는 그걸 받아들였다.

내가 그 책과 관련해서 대화한 것이라고는 백악관에서 클린턴 여사 밑에서 일했고 지금은 은퇴한 지 오래된 어떤 사람과 나눈 게 전부였다. 나와는 조금 알고 지내던 사람이었는데 우연히 어떤 출산준비 파티에서 만나 이런저런 이야기를 나누던 중 나는 누가 인터뷰하든 클린턴 여사가 어린 시절을 보낸 시카고 교외로 가서 그녀와 함께 그 시절이 어땠는지 한번 둘러보는 게 좋을 것이라는 말을 했다. 그렇게 하면 그녀를 제대로 이해하는 데 도움이 될 것이라는 말도 했다. 그저 의례적인 대화였고 그 뒤로 그 이야기는 두 번 다시 생각도 하지 않고 지냈다.

그랬기 때문에 2주 뒤에 클린턴 부인의 아주 유능한 변호사인 밥 바넷이 내게 전화를 걸어와 "내일 ABC 사람들과 같이 만날 수 있겠습니까? 좀 은밀한 곳에서 만나 클린턴 상원의원과의 인터뷰 건에 대해 의논하고 싶습니다"라고 했을 때 나는 놀라서 뒤로 나자빠질 뻔했다. 세상에 이게 어찌 된 영문인가, 내가 선택된 것이었다! 뉴스 부문 내에서 약간의 파문이 있었지만 어쨌든 ABC가 인터뷰를 따낸 것이었다.

책을 읽어 보고서 나는 내가 왜 인터뷰할 기자로 선택되었는지 그 이유를 알게 되었다. 앞부분 3분의 1에 일리노이 주 파크리지에서 보낸 그녀의 어린 시절 이야기와 지금의 여성 힐러리가 있게 하는데 영향을 미친 이야기들이 적혀 있었다. 내가 출산준비 파티에서 우연히 한 말이 그녀 쪽의 결정을 내리는 사람들 귀에 들어간 것 같다는 생각이 들었다.

경위야 어찌되었건 나는 클린턴 여사가 나를 택한 사실이 그녀에 대해 많은 것을 이야기해 준다고 생각했다. 하여튼 나는 그녀와 그녀 남편에게 그토록 큰 고통을 안겨 준 여성과 인터뷰했던 기자였는데 그녀는 그걸 가지고 내게 앙심을 품지 않았던 것이다.

나는 실제로 그녀에게 자기 고향으로 가자고 했고 그곳에서 우리는 딱딱하게 자리를 잡고 앉아서 하는 인터뷰에서는 가능하지 않은 특별한 시간을 보냈다. 골수 공화당 지지자인 아버지와 남몰래 민주당 편이었던 어머니 밑에서 그녀가 어린 시절을 보낸 고향집을 찾아갔고 마을에 하나뿐인 영화관 옆에 붙어 있는 간이식당에서 '올리브 버거'를 사먹었다. 클린턴 여사는 소녀 시절 이야기와 조금 더 자라 빌 클린턴과 사랑을 나누던 시절을 이야기하며 행복해했다. 그동안 나는 클린턴 여사와 여러 차례 인터뷰하면서 그녀가 좋다거나 싫다는 감정은 들지 않았다. 그녀는 똑똑하고 명쾌하며 얼버무리기도 잘하고 격식을 많이 차렸다. 그런데 이번에는 자기가 빌 클린턴의 손을 얼마나 좋아했는지 모른다는 이야기도 하며 나와 함께 웃고 떠들었다. 나는 그녀가 정말 좋아졌다. 하지만 일은 일이었다.

인터뷰 전반부는 그렇게 끝내고 후반부는 뉴욕 주 차파콰에 있는 그녀의 집에서 하기로 했다. 그곳에서는 모니카 르윈스키 이야기도 할 참이었다. "다음에 만나면 대화가 이번처럼 수월치는 않을 거예요." 내가 이렇게 말하자 그녀는 "나도 알아요"라고 대답했다. "겁이 나기는 하지만 그 이야기를 해야 한다는 건 알아요."

그리고 우리는 그 이야기를 했다. 그녀는 남편이 모니카에 대해 진실을 털어놓았을 때 남편에게 얼마나 화가 났는지에 대해 이야기했다. 남편과 헤어질 생각을 했던 일이며 결국은 자기 자신의 판단만 믿기로 한 이야기를 털어놓았다. 왜냐하면 "새벽 세 시에 일어나 앉았을 때 친구들은 곁에 없을 것이기 때문"이라고 했다.

"이 결혼생활을 어떻게 유지할 수 있었나요?" 내가 이렇게 묻자 그녀는 "그건 말이지요" 하며 이렇게 말했다. "빌보다 나를 더 잘 이해하고, 나를 웃게 만들 사람은 없기 때문이에요. 이런 일을 겪은 다음에도 그는 여전히 내가 만난 사람 중에서 제일 재미있고 활력에 넘치고 온전히 살아 있는 사람입니다."

"그가 같은 짓을 또 되풀이한다면 어떻게 하실 건가요?" 나는 이 질문을 할까 말까를 놓고 몇 번이나 망설였다. 하지만 그녀가 대답하기 어려울 것임을 알면서도 결국 물어 보지 않을 수가 없었다. 그녀는 대답 대신 이렇게 말했다. "그것은 우리 두 사람 사이의 일입니다. 프라이버시의 영역이라고 나는 생각해요. 하지만 지금 나는 아주아주 희망적이고 우리 결혼생활에 매우 충실하고 있습니다."

시간이 흘러 2007년 가을에 나는 빌 클린턴과 다시 인터뷰할 기회가 있었는데 이번에는 우리가 진행하는 '가장 매혹적인 인물 10명' 스페셜 때문이었다. 그의 아내는 대통령 예비후보로 뛰고 있었다. 적어도 내가 보기에 클린턴은 사람이 바뀐 것 같았다. 온화하고 친절하고 미소를 머금고 마음이 아주 편안한 것처럼 보였다. 인터뷰는 할렘에 있는 그의 널찍한 사무실에서 진행되었다. 사무실 벽에는 마틴 루터 킹 목사와 넬슨 만델라에서부터 옛날의 재즈 뮤지션들과 가족, 친구 사진이 많이 걸려 있었다. 도처에 책이 널려 있었는데 초판이 많았다.

인터뷰를 하다 보면 가벼운 질문을 하는 기회가 있다. 아내가 대통령이 되면 전통적인 퍼스트레이디 역할을 맡아서 부활절 달걀 준비와 크리스마스 장식 같은 일들을 하겠느냐고 물었더니 클린턴은 이렇게 대답했다. "물론이지요. 우리는 휴일을 좋아합니다. 첼시는 지금도 추수감사절 때마다 집에 와서 추수감사절 음식을 우리한테 만들어 줍니다. 딸애 친구들도 한 무리 같이 오고, 집 떠난 지 오래되거나 가족이 없어 오갈 데 없는 사람들도 집안에 불러들입니다. 그러니 크리스마스 축하나 부활절 준비 같은 것을 하라면 신나게 하지요."

보다 감동적인 대답은 네 곳의 혈관 연결 수술이 자신에게 어떤 영향을 미쳤느냐는 질문을 던졌을 때 나왔다. 다음과 같이 말하는 것을 보면 많은 영향을 미친 게 분명했다. "내가 살아 있는 모든 날들에 대해 더 감사하는 마음을 갖게 만들었어요." 그는 이렇게 말했다. "이전에 나를 괴롭혔던 모든 일들이 더 이상 대수롭지 않게 여겨집니다. 이제는 내게 주어진 시간을 다른 사람도 나처럼 살 수 있도록 기회를 주는 데 쓰겠다는 생각을 하게 되었습니다. 내가 만약에 그때 젊은 나이에 죽었더라면 많은 사람이 비극이라고 생각했겠지요. 하지만 나는 이렇게 살아남아서 이 세상 대부분의 사람들보다 더 충만하고 더 부유하게 살고 있습니다. 나는 예전보다 꽃을 더 많이 봅니다. 계절이 바뀌면 공기 냄새가 어떻게 바뀌는지도 이제 압니다. 내가 소년이었을 때 그랬던 것처럼 그런 일들이 다시 내게 의미를 갖게 되었습니다. 이제는 세상에 있는 사소한 일들을 사랑하게 되었고 또한 사소한 일들 때문에 마음 졸이는 것도 덜하게 되었습니다."

버락 오바마에 대해서는 간단한 이야기밖에 할 수 없는데 그건 그의 탓이
아니라 내 탓이다. 2007년 가을에 오바마는 타임워너의 CEO인 리처드 파슨스
와 인터뷰했는데 파슨스의 친구와 저널리스트들 중에서 선별된 사람들이 청중
으로 참석했다. 인터뷰가 끝난 뒤 오바마는 유쾌한 기분으로 사람들과 악수를
나누었다. 내가 다가가자 그는 나를 만나 정말 반갑다고 인사했다. 내가 '더 뷰'
에 출연할 의향이 없느냐고 묻자 그는 다소 놀란 표정으로 2004년에 '내 아버
지로부터의 꿈' Dreams From My Father 개정판을 냈을 때 '더 뷰'에 나간 적이 있다
고 했다. 당시 그는 일리노이 주에서 상원의원 당선자 신분이었다. 나는 얼른
사과하고 "미안합니다. 그 당시에는 내가 프로그램을 진행하지 않아서 기억을
못 했어요"라고 하자 그는 "어, 당신이 진행했는데요"라고 했다. 그런 때 쥐구
멍이 옆에 있어야 하는 건데. 2008년 3월에 상원의원 오바마는 '더 뷰'에 다시
출연했다. 모든 것이 용서되고 잊혀졌다.

조지 W. 부시도 내게 잘 대해 주었다. 그가 대통령 예비후보일 때 처음 만
나면서 나는 그가 어떤 모습일지 예상하기 힘들었다. 그가 뉴욕을 방문했을 때
그가 신임하는 공보 보좌관인 캐런 휴스가 나를 호텔 스위트로 초대했다. 그는
자신에 찬 모습으로 호텔 거실 방으로 뛰어 들어왔다. 그는 자신이 대통령이 될
것으로 확신한다고 말하며 내 손을 꽉 쥐며 힘차게 악수를 하고 윙크를 보냈다.
그는 윙크하는 걸 좋아한다. 나는 그의 확신을 보고 놀랐다. 다소 우유부단한
인물이라고 들었는데 전혀 그렇게 보이지 않았기 때문이다.

그가 후보 지명을 받고 난 다음 나는 보통 하는 것처럼 편지와 전화로 인터
뷰 요청을 했는데 선거 직후에 홈런을 쳤다. 2001년 1월 취임식을 하러 워싱턴
으로 떠나기 바로 이틀 전에 크로퍼드 목장으로 초대받아 가서 그와 인터뷰한
것이다.

인터뷰는 물이 질펀한 헛간에서 진행되었는데 내 부츠(하이힐을 신을 수 없는
곳이다)는 진흙으로 범벅이 되었다. 그 뒤 부시는 나만 보면 그 진흙 묻은 부츠
이야기를 하며 신나 했다.

대통령 되는 게 걱정되느냐고 물었더니 그는 전혀 그렇지 않다고 했다. "빨

리 가고 싶어 못 기다리겠다"면서 그는 "어서 시작하고 싶다"고 했다. 우리는 그의 이처럼 확신에 찬 모습을 그 뒤 더 잘 알게 된다.

자유분방한 빌 클린턴과의 인터뷰와 달리 부시와의 첫 인터뷰는 시간이 엄격하게 지켜졌다. 그 뒤로도 그와의 인터뷰는 늘 그랬다. 예를 들면 앞으로 20분 남았으며 그 이상은 안 된다는 식으로 말해 주는 것이었다. 인터뷰가 끝나고 나면 개들이 쫄쫄 따라다니는 가운데 백악관 안에서 얼마든지 돌아다닐 수 있고, 첫 번째 인터뷰의 경우에는 부시가 직접 모는 지프를 타고 목장 이곳저곳을 구경했다. 로널드 레이건과의 인터뷰 때가 생각났다. 부시는 인터뷰 시간만 철저하게 지키는 것이 아니라 각종 행사와 백악관 만찬 시간도 마찬가지로 엄격하게 지켰다. 클린턴은 잡담하기를 좋아하고 만찬 후에 댄스를 즐기기도 했다. 하지만 부시는 일찍 잠자리에 들었고 숟가락만 놓고 나면 거의 딴짓을 하지 않았다. 8년 재임 기간 동안 나는 부시의 백악관 만찬에 세 번 참석했는데 매번 저녁 10시에 행사가 끝났다. 10시가 되면 대통령은 무대에 올라가서 모두들 참석해 주셔서 감사합니다라는 인사를 했고 10시 10분까지는 모두들 그곳을 떠났다.

다시 목장 이야기로 돌아가서 내가 보기에 그곳은 규모가 작은 목장이었다. 위치는 텍사스 주 웨이코 부근이었지만 그곳에 들어가니 어디가 어딘지 분간이 안 되었다. 부시는 나를 태우고 언덕과 평지를 몇 번 오르내리고 작은 개울을 건넜다. 작은 폭포가 하나 눈에 띄기도 했다. 집으로 돌아오는 길에 보니 집 앞쪽에는 작은 인공 호수도 하나 있었고 연못에는 물고기를 가득 풀어 놓았다.

집은 아주 소박했는데 대통령 당선자는 나를 데리고 집 안으로 들어갔다. 자기 아버지가 선물로 주었다는 페인트칠한 스토브가 하나 놓여 있었는데 스토브 문을 여니 안에 소총이 몇 개 들어 있었다. 사무실에는 컴퓨터가 한 대 있었는데 부시는 앞으로는 이메일을 사용하지 않을 것이라고 했다. '너무 위험하기 때문' 이라는 것이었다.

나는 부시 대통령의 8년 재임 기간 중에 그와 네 번 더 인터뷰했다. 우리가 한 인터뷰 필름은 백악관에 보관되어 있는데 모두 진지한 내용을 담고 있으며 부시는 예의 잘 알려진 자기 입장에서 거의 벗어나는 법이 없었다. 이라크전에 대해 똑같은 질문과 똑같은 답변이 되풀이되었다. 하지만 내 기억에 가장 남는 것은 그가 자신의 신앙에 대해 한 말이었다. 그의 신앙심은 자기 생활의 일부분이 되어 있었는데 내가 알고 싶은 것은 신앙심이 정책 결정을 하는 데 얼마나 영향을 미치는지였다. 나는 이 주제를 두 번의 인터뷰에서 제기했다. 2005년에 그는 내게 이렇게 말했다. "신앙심은 내가 업무의 중압감을 이겨내는 데 대단히 중요한 부분입니다. 다른 대통령은 다르게 받아들일지 모르지만 나는 다릅니다. 나는 기도, 다시 말해 내가 직접 하는 기도와 다른 사람이 나를 위해 해 주는 기도 덕분에 지탱해 나갑니다."

또 한번은 그의 생활에서 하느님을 믿는 것이 정책 결정에 어떤 영향을 미치느냐고 물어 보았더니 그는 "신앙심은 전쟁이냐 평화냐에 대한 개별적인 결정을 내리는 게 아니라 나를 과거와는 다른 사람으로 만들어 줍니다"라고 말했다. 그는 이어 "나는 승부욕이 강해 이기려고 하지만 만약에 그것이 뜻대로 되지 않으면 운명이라고 생각하고 받아들이는데 그때 느끼는 편안한 마음은 나의 종교 덕분입니다"라고 했다.

물론 언젠가는 부시 대통령도 텍사스에 있는 그 목장으로 완전히 돌아갈 것이다. 고향 집으로 완전히 돌아가게 되더라도 그는 '운명을 받아들이며' 편안한 마음으로 갈 것이라고 나는 생각한다.

국가원수들 : 좋은 사람, 나쁜 사람, 그리고 미친 자들

국가원수. 오, 권력이여! 영광이여! 정상이여! 몰락이여! 민주적으로 선출된 사람에서부터 선택받은 신분으로 태어난 사람, 전쟁이나 포고령으로 추대된 사람, 기타 갖가지 수단을 동원해 권력을 잡은 사람에 이르기까지 다양한 지도자들이 있다. 나는 이들이 공통적으로 갖는 특성이 무엇일까 곰곰이 생각해 보았더니 한 가지 확실한 게 있었는데 바로 자기 확신이었다. 오직 자기만이 그 일을 할 수 있다는 확신이었다. 이란의 샤는 자신이 황제가 될 몸으로 태어났다고 믿었다. 피델 카스트로는 만약에 자기가 물러나겠다고 하면 국민들이 자기를 배신자로 생각할 것이라고 말했다. 안와르 사다트와 메나헴 베긴 두 사람 모두 운명론자였다. 두 사람은 서로 다른 이름의 신을 믿었지만 모두 자신들의 신이 자기에게 지도자가 될 지혜를 부여해 주었다고 생각했다.

나는 그동안 최소한 30여 명의 국가 원수와 인터뷰했으며 그 가운데는 폴란드의 마지막 공산당 총리였던 보이체흐 야루젤스키처럼 이름이 잘 알려지지 않은 사람도 있고 그의 후임자로 폴란드에서 처음으로 민주적 선거를 통해 선출된 레흐 바웬사 대통령처럼 많이 알려진 사람도 있다. 이스라엘의 골다 메이어, 영국의 마거릿 대처, 인도의 인디라 간디, 그리고 가장 최근에는 칠레 대통령 미첼 바첼레트 박사 등 여성도 있지만 다수는 남성들이다. 독일의 헬무트 콜 총리와 바츨라프 하벨(그와 인터뷰할 때는 워낙 집권 초기라 집무실에 타이프라이터도 몇 대 없어서 내 것을 주고 왔다) 체코 대통령처럼 기독교도도 있고, 사우디아라비아의 압둘라 국왕과 이집트의 호스니 무바라크 대통령, 요르단 하시미테 국왕들처럼 무슬림도 있다. 그리고 세 명의 이스라엘 유대인 총리와 두 명의 인도 힌두교 총리, 그리고 장쩌민江澤民 중국공산당 총서기와 피델 카스트로 등 최소한 두 명의 무신론자와 인터뷰했다.

세계의 지도자 모두를 좋아한 것은 아니지만 그래도 그들과 인터뷰하는 것은 큰 영광이었다. 내 의지와 상관없이 좋아하게 된 사람들도 있다. 블라디미르 푸틴은 유머 감각이 뛰어났고 우고 차베스는 미 국민들의 마음을 사로잡기 위해 아주 인간적인 방식으로 마음을 열어 보였다. 대부분이 미국의 친구들이었다. 사담 후세인 같은 사람은 미국의 친구처럼 보였는데 우리 모두 알다시피 나중에 철천지원수가 되었다. 또 한 사람 무아마르 카다피는 맹렬한 적이었다가 지금은 어느 정도 친구가 되었다.

소위 적으로 분류되는 지도자와 인터뷰할 때는 나 자신의 생각은 꼭꼭 묻어 두고 질문을 통해 나의 입장을 나타낸다. 우리 정부가 그렇게 할 수 없거나 할 의사가 없는 경우에도 저널리스트는 국민들의 생각을 대변할 수 있어야 한다고 나는 생각한다. 그것은 우리가 맞서야 할 대상에 대해 배우는 한 가지 방법이다. 그리고 만약 오사마 빈 라덴이 나와 인터뷰하길 원한다면 나는 얼씨구나 하고 그 기회를 잡을 것이다. 그건 어떤 리포터나 마찬가지일 것이다.

과거에는 국가 지도자와의 인터뷰가 대단한 것으로 간주되어서 텔레비전 뉴스매거진 쇼에서 많은 시간을 할애해 주었다. 하지만 전 세계적으로 브리트니 스피어스 같은 연예인과 센세이셔널한 범죄 스토리가 높은 시청률을 기록하면서 국제 정치 지도자들의 이야기는 극히 일부 예외적인 경우를 제외하고는 대단치 않은 일로 간주되어 방송시간이 줄어들었다. 비정상적이거나 우리 대통령을 악마라고 부르고 홀로코스트 같은 것은 없었다고 주장하는 지도자가 있다면 관심을 갖고 인터뷰를 시도해 볼 것이다. 일어서서 소리를 질러대면 인터뷰하러 가지만 합리적으로 행동하면 관심을 갖지 않는다는 말이다.

세계 지도자들도 바뀌어서 이제는 그들도 시청률에 신경을 많이 쓴다. 인터뷰에 응하기 전에 방송에 실제로 나가는 시간이 얼마나 되는지와 프로그램 시청률이 어떤지 등도 물어 본다. 심지어 인터뷰 내용을 편집하지 않고 내보지 않으면 인터뷰에 응하지 않겠다고 하는 경우도 있다. 대부분의 뉴스매거진은 그런 요구에 응하지 않는다.

물론 내가 그동안 인터뷰한 국가 원수 모두를 여기서 언급하려는 것은 아니고 중요하거나 흥미 있는 지도자들만 골라서 소개하려고 한다. 사소하지만 재미있었던 경우부터 시작하겠다. 재미있다고 부르기는 싫지만 실제로 재미있었기 때문에 어쩔 수가 없다. 1986년에 축출당한 지 얼마 되지 않은 아이티 독재자 '베이비 독' 장클로드 뒤발리에와 그의 사치스러운 부인 미셸과의 인터뷰가 바로 그것이다. 미셸은 '드래건 레이디'로 불렸다. 새로 들어선 정부는 이 부부가 가난한 아이티의 국고에서 4억 달러의 거금을 횡령했다고 주장했는데 이들은 다른 곳도 아닌 프랑스 남부에 있는 빌라에서 그런 혐의를 반박하겠다고 했다.

나는 인터뷰하기 위해 자리에 앉는 마담 뒤발리에를 보고는 도둑 혐의를 벗기가 쉽지 않겠다는 생각이 들었다. 디자이너 의상에다 다이아몬드 브로치, 다이아몬드 귀걸이, 다이아몬드 반지를 주렁주렁 달고 나왔기 때문이다. 홍보 마인드로 보면 형편없는 행동이었다. 베이비 독은 커다란 비곗덩어리처럼 앉아 거의 입을 열지 않았다. 하지만 미셸은 작은 땡벌처럼 계속 앵앵대며 조잘조잘거렸다. "내가 모피코트를 사다 놓고 그걸 입으려고 아파트에 냉방을 세게 틀었다고 하는데 열대 국가에서 어떻게 모피코트를 입겠어요?"라고 그녀는 조잘댔다. 모피코트를 입는 방은 따로 없으며 궁 전체가 에어컨 시설이 되어 있다고 했다. "포토프랭스에서 에어컨 없이 살 수는 없지요."

그런 말을 들으니 기가 막혔다. 많은 아이티 사람들이 에어컨은 고사하고 수돗물이나 전기도 없이 산다는 걸 모른다는 말인가? 그들은 일거리도 없고 아무런 미래도 없는데. 도대체 자기가 지금 무슨 소리를 하는지 알기나 하는 걸까? 하지만 내가 이런 문제들에 대해 질문을 하자 그녀는 아무런 대꾸없이 그저 멍한 표정만 지었다.

새로 들어선 아이티 정부의 내부 소식통이 우리에게 그녀가 전 세계를 돌아다니며 구입한 보석 영수증과 국고에서 지불된 수표들을 넘겨 준 것이 있었다. 에어컨 대화를 마친 다음에 나는 이 증거들을 하나하나 그녀에게 보여 주었다. 그랬더니 그녀는 눈 한번 깜짝하지 않고 수십만 달러에 달하는 그 돈은 모두 1983년 요한 바오로 2세 교황 방문 때 아이티 공항 장식비로 다 들어갔다고 우겼다. 엄청난 공항이 되었을 것 같다.

너무나 많은 연예인, 심지어 국가 원수들이 인터뷰를 하고 싶어 하면서도 정작 자기들이 하는 행동거지가 어떻게 비쳐질지에 대해서는 모른다. 마담 뒤발리에는 점점 더 자신만의 굴속으로 빠져들었고 나는 "도대체 이 여자가 왜 내게 이런 이야기를 하는 거지?" 하는 생각이 떠나지 않았다. 그녀는 눈치를 못 챘지만 시청자들은 분명히 알았을 것이다. 방송이 나가고 몇 주 동안 뉴욕에 사는 아이티 사람들은 시내에서 나를 보면 멈춰 서서 내게 뒤발리에 일가의 실상을 폭로해 주어서 고맙다는 인사를 했다. 내가 그들의 허영과 자기 국민에 대한 무관심을 드러내 보여 주고 싶었던 것은 사실이지만 실제로는 그 부부가 스스로 자해를 한 꼴이었다.

하찮은 여자와의 인터뷰 이야기는 그만하고 내게 정말 중요한 의미를 지닌 여성, 우리 시대 가장 중요한 지도자 가운데 한 명인 여성과의 인터뷰 이야기를 해보자. 영국의 첫 번째이자 유일한 여성 총리인 마거릿 대처 총리를 말하는 것이다. 그녀는 1979년부터 1990년까지 총리직에 있었으니 윈스턴 처칠을 포함해 금세기 다른 어떤 영국 총리보다도 더 오래 총리를 했다. 나는 다른 어떤 국가 원수보다도 대처 여사와 더 많은 인터뷰를 가졌는데 그녀가 총리가 되기 전부터 인터뷰를 시작했다. 이건 대단히 중요한 사실인데 그녀가 큰 권력자의 위치에 오르기 전부터 나는 그녀와 이야기하는 게 좋았다. 아마 그것 때문에 나중에 나와 인터뷰를 많이 하게 되었을 것이다.

그녀는 모든 면에서 그야말로 지도자였다. 솔직하고 명쾌하고 권위가 넘쳤다. 그녀는 고집이 아주 셌고 단호했다. 그 때문에 많은 사람들이 그녀에게 '철의 여인' 이란 별명을 붙였다. 정장에 넥타이를 맨 남자들의 세상에서 유일한 여성 지도자가 된 그녀이니만큼 그런 별명을 가진 게 놀랄 일도 아니다. 부풀린 헤어스타일을 하고 정장에 펌프스 구두, 진주 귀걸이에 지갑을 손에 들고 국제회의와 경제 정상회의를 분주히 오가던 그녀의 모습은 지금도 눈에 선하다.

사람들이 좋아하건 좋아하지 않건 상관없이 그녀는 영국의 사회제도를 뜯어고친 주인공이다. 하지만 그녀는 총리였지 여왕은 아니었고 놀랄 만큼 검소하게 살았다.

1987년에 그녀는 우리 20/20에 런던에 있는 총리 관저인 다우닝가 10번 집을 구경시켜 주었다. 아래층은 아주 넓고 위압적이었으며 계단을 올라가면 거주 공간이었다. 그녀는 은퇴한 화학자인 남편 데니스와 함께 그녀 표현대로 '가게 위층' 에 살았다.

거실은 작고 평범했다. 그녀는 현대 조각가 헨리 무어의 열렬한 숭배자인데 그의 소품 한 점과 그의 조카가 보내준 스케치 몇 점을 눈에 잘 띄는 곳에 전시해 놓고 있었다. "오래된 유산을 잘 보존하는 것도 중요하지만 현대적인 디자인들도 정말 멋진 것들이 있어요"라고 그녀는 말했다. 그녀는 요즘 읽고 있는 책이라며 '변화의 씨앗들:인류를 변화시킨 다섯 가지 식물' Seeds of Change: Five Plants That Transformed Mankind 을 보여 주었다. 첫째는 나무 종류인데 줄기에서 키니네 같은 말라리아 특효약이 생산된다고 했다. 그녀는 "지금은 차茶 부분을 읽고 있는 중이에요"라며 "아직 감자 부분은 읽지 못했어요"라고 했다.

감자 이야기를 하면서 총리는 주말에 남편을 위해 직접 요리한다는 부엌을 보여주었는데 비좁았다. "영국에는 총리 집안일을 도와주는 직원이 없답니다. 당연히 아내가 있을 것이라고 생각하는 것이지요"라고 그녀는 말했다.

부엌에서 나오자 그녀는 자기가 생각하는 리더십에 대해 이야기했다. 나는 지금도 리더십에 대해 연설할 기회가 있으면 그녀가 한 말을 인용한다. 그것은 그녀의 아버지가 그녀가 어렸을 때 해준 말이었다. "무슨 일을 하더라도 다른 사람이 하니 나도 따라서 한다는 생각으로 해서는 절대로 안 된다. 그건 잘못된 것이다. 사람들과 맞서기 싫다는 이유 때문에 군중들이 하는 대로 따라 해서는 절대로 안 된다. 어떤 것이 옳은 일인가에 대해 자신의 생각을 정리하도록 해야 한다. 그런 다음에는 자기를 따르도록 다른 사람들을 설득해 나가야 한다. 어린 아이가 받아들이기에는 무척 어려운 말이었지만 이 말은 아버지께서 우리를 키울 때 그야말로 확고한 방침이었답니다. 그때부터 죽 그 말은 내게 확고한 가르침으로 남아 있어요."

대처 여사는 분명히 자신이 믿는 대로 일을 추진했으며 그게 지나쳤는지 자기가 속한 정당 내에서 치열한 내분을 겪은 끝에 결국 1990년 총리직에서 물러났다. 영국은 그녀에게 등을 돌리지 않았지만 그녀가 속한 당이 그녀를 버렸던 것이다. 미국에서는 전임 대통령과 퍼스트레이디에게 비밀경호와 사무실 직원들에게 들어가는 비용을 국가에서 대주지만 영국에서는 전임 총리에게 아무것도 해주지 않는다. 총리직에서 물러난 뒤 대처 여사는 당장 살 집이 없었다. 그래서 헨리 포드 2세의 미망인이 빌려 준 아파트에서 살게 되었고 개인 비서와 보조원을 두는 데 드는 비용은 자기 호주머니에서 지불한다. 한동안 그녀는 심각한 우울증에 빠졌는데 오랜 권좌에서 물러난 다음이니 놀랄 일도 아니었다.

총리직에서 물러나고 넉 달 뒤에 그녀는 나와 가진 신랄한 인터뷰에서 자기 감정을 나타냈다. "여러 해 몸에 밴 습관이 남아 있어서 고생이랍니다." 그녀는 이렇게 말했다. "전화벨이 울리면 먼저 이런 생각부터 들지요. '어머나, 유엔이 열리고 있는데. 무슨 일이 난 거지.' 그러면서 전화를 받으려고 허겁지겁 갑니다. 그러다가 아, 내가 이제는 총리가 아니지 하는 생각이 퍼뜩 드는 거예요."

나도 이미 아는 것이지만 그것은 대단히 중요한 교훈이었다. 우리들 대부분은 '더 이상 지금까지의 내가 아닌' 날이 오게 마련이다. 그렇기 때문에 명성과 영예가 사라지더라도 당신 곁에 남아 있을 진정한 친구가 필요한 것이다.

나는 1993년 마거릿 대처 여사가 회고록 '다우닝가 시절' The Downing Street Years 홍보 차 뉴욕에 들렀을 때 그녀와 마지막 인터뷰를 했다. 당시 그녀는 엘리자베스 여왕에 의해 귀족으로 신분이 높아져서 공식 직위가 마거릿 레이디 대처, 케스티븐 남작이 되어 있었다. 솔직한 성품은 여전했고 제1차 걸프전 때 사담 후세인을 몰아내지 않은 것에 대해 조지 H. W. 부시 대통령을 비판하기도 했다. "무슨 일을 시작했으면 끝을 봐야 하고, 그것도 제대로 끝을 봐야 하는 게 최선"이라고 그녀는 말했다. '공개적으로 모욕을 주고' '항복을 시켜야 한다'는 것이었다. 그러면서 "사담 후세인 같은 침략자나 독재자를 일단 건드렸으면 모욕을 주었어야 했어요"라고 말했다. "그런 자들은 전쟁에서 패배시켰어야 하는 거예요." 그런데 부시는 그녀의 충고를 받아들이지 않았다.

사담 후세인과의 첫 인터뷰는 제1차 걸프전이 발발하기 10년 전인 1981년에 가졌다. 이스라엘이 이라크가 짓고 있던 핵원자로를 폭격한 직후에 나는 이라크 대통령과 인터뷰하기 위해 바그다드로 갔다. 후세인이 미국 텔레비전과 인터뷰한 것은 그때가 처음이었고 당시 나는 ABC의 일요일 뉴스 프로그램인 '이슈 앤드 앤서'에 그 인터뷰를 내보냈다. 사담 후세인을 만나는 게 무섭지는 않았지만 착륙할 때 활주로에 불빛이 하나도 없는 것을 보고는 걱정이 되었다. 당시 이라크는 이웃나라 이란과 전쟁 중이었기 때문에 등화관제를 실시하고 있었던 것이다. 인터뷰는 바그다드에 있는 깜깜한 대통령궁에서 진행되었는데, 2003년에 연합군이 이라크를 공격할 때 그곳도 접수했다.

사담 후세인에 대해 기억나는 게 어떤 게 있을까? 그는 검정 양복을 입었는데 아주 진지하고 위엄이 있어 보였다. 그는 차분한 어조로 말했는데 이스라엘이 원자로를 폭격한 데 대해 미국을 비난하면서도 목소리를 높이지 않았다. "이 공격은 미국이 지원해 준 무기를 가지고 저지른 것이오"라고 그는 통역을 통해 말했다. "그렇기 때문에 모든 반응과 비난, 그리고 우리가 이러한 분노와 증오를 나타내기 위해 내린 결정은 모두 정당한 것이오. 나는 그들을 침략자로 규정하오." 그는 이스라엘 영토 안에 팔레스타인 국가를 건설하는 것도 찬성하지 않았다. 이스라엘이라는 나라를 아예 인정하지 않기 때문이었다. 그들은 모두 팔레스타인이라고 했다. 그렇다면 이스라엘 국민들은 누구인가? 그 사람들은 팔레스타인 유대인이라는 것이었다.

유대인인 내가 그런 말을 들으면 기분이 어떨까 하고 궁금해하는 사람이 있을지 모르겠다. 나는 솔직히 이스라엘에 대해서는 관심이 많지만 개인적인 차원에서는 전혀 아무렇지도 않았다. 나는 전에도 아랍 사람들로부터 그와 비슷한 말을 들은 적이 있고 그 뒤로도 들었다. 나는 그런 입장은 영토나 사람에 따라 다르다고 생각한다.

그래서 미국과 이스라엘의 철저한 적인 리비아의 무아마르 카다피 대령으로부터 비슷한 말을 들었을 때 놀라지 않았다. 내가 그와 처음 이야기를 하게 된 것은 1989년 1월이었다. 당시 나는 그와 인터뷰하려고 수없이 시도했기 때문에 그가 하겠다고 하자 얼른 좋다고 했다.

리비아는 당시 테러국으로 분류되었고 미국인들이 여행할 수 없는 나라였기 때문에 나는 미국 정부로부터 특별 웨이버를 얻어야 했다. 미국은 1986년 미군 두 명의 목숨을 앗아간 서베를린 나이트클럽 폭탄테러 사건에 리비아가 연관되어 있다는 결론을 내리고 보복 공습을 감행했다. 그 공습으로 리비아의 수도 트리폴리에 있는 카다피의 집이 거의 완파되었으며 그의 아들들이 부상을 입고 15개월 된 입양한 딸이 사망했다.

인터뷰를 할 정확한 시간과 장소는 정해지지 않았지만 프로듀서인 마틴 클랜시와 내가 비행기에서 내리자마자 군복 입은 사람들이 다가오더니 대령이 지금 당장 인터뷰하고 싶어 한다는 말을 전했다. 흥미로운 일이지만 많은 국가 원수들이 나와 인터뷰할 때 밤에, 그것도 한참 기다리게 한 뒤에야 인터뷰를 시작했다. 아마도 보통은 그때가 되어야 시간이 나기 때문이기도 하고, 아니면 일종의 지배욕의 발로일 수도 있을 것이다.

하지만 리비아의 경우 우리 카메라 크루는 대부분 런던과 이탈리아에서 오기로 되어 있는데 아직 도착도 하지 않았다. 우리는 이튿날 준비를 갖추겠다고 약속했다. “인터뷰는 어디서 하게 되는가요?”라고 물었더니 “대령의 텐트에서 합니다”라는 답변이 왔다.

가서 보니 대령의 텐트는 트리폴리 한가운데 있는 작은 오아시스 같은 곳에 자리 잡고 있었는데 두꺼운 카펫으로 모래를 덮고 있었다. 야자나무 밑에 앉아 있는 경비병만 아니면 찾지도 못했을 것이다. 부지 내에는 야자나무가 몇 그루 더 있고 새끼 낙타들이 어슬렁거리며 돌아다니고 있었다. 카다피는 낙타 젖을 마시며 어린 시절의 베두인식 유목생활을 재현하고 있었다. 텐트는 미군 공습으로 파괴된 주택 가까이 세워져 있었는데 부서진 주택은 마치 신전처럼 보존해 놓았다. 죽은 딸의 부서진 침대는 이층 침실에 그대로 놓여져 있고 입구 옆에는 격추당한 미공군기 조종사 두 명의 헬멧을 전시해 놓았다.

텐트 안은 밝은 오렌지색과 녹색으로 치장되어 있었는데 녹색은 리비아 국가 색이며 이슬람의 전통 색이었다. 나는 핑크색 니트 정장을 입었다. 카다피는 흰색 정장에 녹색 셔츠, 녹색 줄이 든 흰 케이프 망토를 걸치고 흰색 악어 슬리퍼를 신고 나타났다. 그는 대단히 멋져 보였지만 나는 그가 입은 흰색과 녹색의 정장과 녹색과 오렌지색 텐트, 그리고 내가 입은 핑크색 정장 때문에 시청자들이 엄청나게 머리가 어지럽겠다는 생각밖에 들지 않았다.

나는 카다피가 테러 집단을 지원하고 이스라엘을 바닷속으로 처넣어 버리겠다고 호언한 것 때문에 그를 싫어했다. 하지만 두 시간 인터뷰 녹화를 하면서 그는 모든 질문에 대답했고 내게 아무런 적대감도 나타내 보이지 않았다. 나도 마찬가지였다. 하지만 그는 아주 흥미로운 자세를 취했는데 나를 한번도 쳐다보지 않았던 것이다. 가끔 그는 자기 통역이 앉아 있는 왼편으로 고개를 돌렸다. 그는 영어를 상당 부분 알아듣는 것 같았고 간혹 통역이 하는 말을 바로잡아 주기도 했다. 나는 계속해서 그의 얼굴을 쳐다보았지만 그는 고개를 왼편으로 돌리거나 아니면 위아래로만 왔다 갔다 할 뿐 한번도 나와 눈을 마주치지 않았다. 나는 내가 여자라서 그런 줄 알았는데 몇 년 뒤에 그를 인터뷰한 나의 동료 조지 스테파노풀로스는 자기한테도 그러더라는 말을 내게 했다.

나는 간단하게 다음과 같은 말로 카다피에게 질문을 시작했다. "미국에서 당신에 대해 갖고 있는 제일 큰 오해가 무엇이라고 생각하십니까?" 그는 서방 언론이 "내 사진을 해골, 시체와 같이 보여 주고 나의 진짜 사진을 제대로 보여 주지 않기 때문"이라는 말과 함께 서방 언론에 대한 비난을 장황하게 늘어놓았다.

오해에 대한 이야기는 계속되었고 그걸 이용해서 나는 미국에 있는 많은 사람들이 궁금하게 생각하는 질문을 할 수 있었다. 이 사람은 미친 건가? 우리는 우리가 좋아하지 않은 외국 지도자를 보면 그의 정신 상태를 의심하는 경향이 있는데, 어쨌든 나로서는 직접 물어 보지 않을 수가 없었다. 나는 너무 적대적으로 들리지 않게 말을 빙빙 돌렸다. "오해에 대한 이야기를 했는데 어쩌면 무례하게 들릴지 모르는 질문을 하나 드려도 되겠습니까? 미국에서는 당신이 미쳤다고 하는 기사들을 많이 봅니다. 당신 생각은 어떠세요?"

그는 화를 내는 대신 머리를 뒤로 젖히며 웃었다. '지구의 네 모퉁이에서 대부분의 보통 사람들이' 자기를 사랑한다고 하는 답변은 황당했지만 어쨌든 최소한 나를 쫓아내지는 않았다. 실제로 인터뷰 말미에 그는 상당히 만족스러워하는 듯 보였고 원하는 것이 있으면 무엇이든 말해 보라는 말까지 했다. 나는 두 가지를 이야기했다. 하나는 미국에서 화학무기를 비롯한 대량살상무기WMD 제조공장이라고 보도되었지만 리비아 사람들은 제약공장이라고 말하는 곳을 가 보고 싶다고 했다. 두 번째는 그의 가족, 특히 그의 아내를 만나고 싶다고 했다. 나는 "카메라에서 그들 얼굴을 본 서양인은 아직 한 명도 없다"며 이렇게 말했다. "그들을 보면 사람들이 당신을 이해하는 데 도움이 될 것입니다."

처음 질문과 관련해서 그는 자기한테는 그런 일을 결정할 권한이 없다고 했다. 오, 그래요? 대신 그는 그 공장을 책임지고 있는 커미셔너에게 우리가 찾아가는 게 가능한지 물어보겠다고 했다. 사흘간 머물며 계속해서 물어보았지만 그곳 방문은 가능하지 않은 것으로 판명 났다. 가족을 만나게 해달라는 부탁에 대해 카다피는 생각해 보고 답을 주겠다고 했다.

나는 호텔 방에서 맛있는 리비아산 붉은 오렌지를 먹으며 5시간을 기다렸다. 트리폴리는 시끌벅적한 시장, 인정이 많은 사람들, 아름다운 해변이 있는 아름다운 도시다. 이윽고 방문에 노크 소리가 들리고 카다피의 보좌관 한 명이 들어오더니 "곧장 가십시다"라고 했다. 다시 텐트로 돌아갔더니 카다피의 부인 사피야와 6명의 자녀 가운데 4명이 기다리고 있었다.

사피야 카다피는 두 번째 부인으로 키가 크고 대단한 미인이었다. 자녀들은 엄마의 양옆에 늘어서서 증오와 공포가 뒤섞인 눈으로 나를 쳐다보았다. 나는 자기들 누이동생을 죽인 나라에서 온 무서운 미국인이었던 것이다. "우리 애들은 미국인을 모두 드라큘라 같은 괴물로 생각해요"라고 사피야는 내게 말했다. "이곳 사람들은 아이들이 말을 잘 안 들면 '여기 봐, 안 그러면 미국 놈들이 잡으러 올 거야'라고 해요." 사피야는 트리폴리의 한 병원에서 간호사로 일했는데 카다피가 자동차 사고를 당해 그 병원에서 회복하는 동안 만났다. 두 사람은 사랑에 빠져서 카다피가 병원에서 퇴원한 다음 결혼해서 아들 다섯과 딸 하나를 두었다. "만약에 우리 남편이 정말 그런 악당이라면 말이에요." 카다피 여사는 내게 이렇게 말했다. "내가 지금까지 이렇게 오랜 세월을 같이 살았겠어요?"

앞서 말했듯이 그 인터뷰를 할 당시만 해도 카다피는 우리의 공공연한 적이었다. 그러던 그가 2003년 12월에 극적으로 태도를 바꾸어 핵무기 프로그램과 함께 다른 WMD도 포기하겠다고 발표함으로써 테러를 자행하는 적국에서 우리의 새로운 친구로 바뀌었다. 카다피가 마음을 바꾼 이유에 대해 어떤 칼럼니스트는 사담 후세인의 아들들이 이라크에 주둔한 미군의 손에 죽는 것을 보고 사피야 카다피가 남편에게 이제 장성한 아들들이 같은 운명을 당하지 않게 해달라고 간청했기 때문이라고 썼다. 나는 그 말이 사실인지 아닌지는 모른다. 하지만 만약에 사실이라면 이번에도 강한 아내가 남편에게 영향을 미친 경우가 될 것이다.

내가 사담 후세인, 무아마르 카다피와 한 인터뷰는 아마도 그때까지 내가 한 인터뷰들 가운데 가장 별난 인터뷰였을 것이다. 하지만 장쩌민 당시 중국공산당 총서기 겸 중앙군사위 주석과의 인터뷰 역시 미국의 친구라고 하기 힘든 지도자와 가진 인터뷰였다. 나는 1990년 5월 베이징에서 그와 마주 앉았다. 민주화 개혁을 요구하며 학생들이 벌인 50일간의 시위를 천안문天安門 광장에서 중국 보안군이 무력 진압한 사건이 일어나고 일 년이 지난 때였다. 이 사건은 천안문 광장 학살사건으로 알려졌지만 사망자가 얼마인지 정확하게 아는 사람이 없었다. 중국 지도부에 자리 바뀜이 있었고 장쩌민이 새로운 지도자로 자리 잡았다.

그 인터뷰를 성사시키기까지는 많은 시간이 걸렸다. 헨리 키신저가 많은 도움을 주었는데 그는 역사적인 중국 최초 방문 이후 중국 지도부와 좋은 관계를 유지해 오고 있었다. 키신저 박사는 나를 요로에 있는 사람들에게 연결시켜 주었다. 수많은 편지를 보낸 끝에 우리는 마침내 승낙을 받아냈는데 아마도 장쩌민이 중국에 대한 최혜국 대우 연장 문제로 미국 의회를 설득하겠다는 의중을 갖고 있었기 때문일 것이다.

우리는 베이징에 있는 영빈관의 아름다운 뜰에서 만났다. 우리는 통역을 통해 인터뷰를 진행했는데 장쩌민은 영어를 조금 알아듣는 편이고 몇 마디 하기도 했다. 그는 웃는 모습은 유쾌했으나 눈매는 차가웠고 셰익스피어를 더러 인용했다. 일 년 전 천안문 광장에서 있었던 학생 시위에 대한 생각을 물었더니 그는 영어로 이렇게 대답했다.

"공연한 법석을 떤 것이오 Much ado about nothing."

공연한 법석일 수는 없었지만 그는 물러서지 않고 굳이 학생들을 상대로 탱크를 동원한 그 진압방식에 대해서 "어떤 후회도 없다"는 말까지 했다. 하지만 자기 같았으면 달리 대응했을 것이라며 천안문 광장에 집회를 금지함으로써 치명적인 무기를 사용하는 일은 피할 수 있었을 것이라는 말을 했다. 그리고 그는 '한번의 좌절은 한번의 지혜를 가져다 준다' 吃一塹長一智 는 중국 속담을 인용했다.

당시 학생 시위대에 대한 공격 때 계속 기억에 남는 장면 중 하나는 청년 한 명이 광장으로 진격하는 탱크 대열을 막아선 것이었다. 우리는 흰색 셔츠를 입고 비닐 쇼핑백을 손에 든 이 청년의 사진을 ABC 뉴스에서 계속 내보냈다. 그 청년이 그 뒤에 어떻게 되었는지는 아무도 몰랐다.

나는 그 사진을 한 장 들고 가서 장쩌민의 얼굴에 정면으로 들이밀었다. 그는 놀란 표정으로 그를 한번 쳐다보고 나서는 눈초리가 더 냉정해졌다. 그는 나의 돌출행동이나 내가 한 질문이 마음에 들지 않았다.

"이 사람이 어떻게 되었는지 아십니까?" 나는 이렇게 물었다. "우리는 그 사람이 체포된 다음 처형되었다고 들었는데요."

"당신이 말하는 이 청년이 체포되었는지는 말해 줄 수 없습니다." 그는 갑자기 영어로 대답했다.

"그가 어떻게 되었는지 모르신다는 말인가요?" 나는 이렇게 다그쳤다.

"죽었다고는 생각하지 않아요"라고 그는 말했다.

"죽지 않았다고 생각하신단 말씀이세요?" 나는 이렇게 말했다.

"절대로 죽지 않았다고 생각해요." 그는 이렇게 반복했다.

그리고 그게 다였다. 우리는 용감하게 탱크 대열을 막아섰던 그 남자가 어떻게 되었는지 끝내 알 수 없었다.

인터뷰를 끝내고 뉴욕으로 전송한 다음 나는 여행을 좀 더 하고 싶었다. 닉슨 대통령의 중국 방문 때부터 중국에 가기는 했지만 일에 매달려 지내느라 그 드넓은 나라를 돌아 볼 기회가 없었던 것이다. 이번에는 내가 직접 비행기 표를 사서 다녔지만 한 성省에서 다른 성으로 이동하는 건 무척 힘들었다. 비행기 운항이 갑자기 취소되거나 출발이 지연되고 좌석 예약이 초과되기도 했는데 내가 표를 산 항공편도 마찬가지였다. 공항에 나갔는데 "미안합니다. 좌석이 다 찼습니다"는 말을 하는 것이었다. 그래서 나는 비행기 표 파는 곳으로 가서 중국 신문 1면에 실린 장쩌민과 내가 함께 찍힌 사진을 보여주었다. "이쪽으로 오십시오"라고 할 줄 알았는데 그렇게 무시당할 줄은 정말 몰랐다. 나를 태우지 않은 채 비행기는 떠나 버렸다.

소련에서 일어난 또 다른 성격의 혁명 때문에 1991년 1월에 나는 당시 러시아의회 의장이던 보리스 옐친과 인터뷰하러 갔다. 소비에트 연방공화국들이 잇달아 독립을 선포하고 있었는데 리투아니아가 독립을 선언하자 미하일 고르바초프 소련 대통령은 소련 군대를 수도 빌니우스(우리 외조모가 빌니우스 출신이다)에 투입시켜 텔레비전 방송국을 접수해 버렸다. 그 과정에서 14명의 비무장 리투아니아 시민이 목숨을 잃었고 수십 명이 부상당했다.

큰 사건이었다. 그런데 그 사건과 별도로 당시 발트해 국가들의 독립을 지지하던 옐친과 독립에 반대하는 고르바초프 사이에 힘겨루기도 진행 중이었다. 나는 러시아 의회가 들어 있는 건물 내 황금으로 칠한 화려한 그의 집무실에서 옐친을 만났다. 흥미롭게도 그 의회 건물 이름도 백악관이란 뜻이었다.

옐친은 고르바초프를 격렬하게 비난했다. 그는 고르바초프가 이성을 잃었으며 위험한 인물이 되었다고 했다. "지금 민간인을 상대로 군대를 동원한다는 게 어떻게 가능한 일인가?'라고 그는 말했다. 그리고 그는 고르바초프를 민중의 영웅이라고 떠받드는 미국에 대해서도 쓴소리를 했다. "당신네들은 어떤 사안에 대해서는 눈이 멀었어요." 옐친은 이렇게 말했다. "당신네들은 고르바초프라는 사람 개인만 보고 그의 주위에 있는 광채만 보고 있어요." 그의 말이 옳았다. 지금까지도 고르바초프는 미국에서 보리스 옐친보다 훨씬 더 많은 인기를 누리고 있다.

옐친에게 음주 문제가 있다는 소문이 무성했다. 1989년 존스 홉킨스대에서 강연할 때 그는 말투가 눈에 띄게 어눌했고 그밖에도 그가 과음한다는 이야기들이 많이 나돌았다. 그 문제도 물어 봐야겠다는 생각이 들었다. "술을 많이 드십니까?"

카다피의 면전에다 대고 정신이 온전하냐고 물었던 때와 같은 순간이었다. 옐친이 화를 낼까? 나를 내쫓아 버릴까? 다행히도 그는 내 질문에 간단히 이렇게 대답했다. "그렇지 않소. 당신도 내 모습을 보면 그 말이 사실이 아니라는 걸 알 수 있으리라 믿어요."

하지만 그는 건강하고 잘 가꾸어진 몸매는 아니었다. 얼굴은 불그스레하고 부어 있었다. 내가 보기에는 영락없는 술꾼의 얼굴이었다. 그가 대답을 해 주어서 기분은 좋았지만 나는 내가 그를 제대로 보는 것인지 자신이 없었다.

나는 허리 통증이 심했는데 뉴욕에서 모스크바까지 열 시간 가까이 비행기를 타고 오느라 통증이 더 심해졌다. 나는 그래서 호텔 방바닥에서 잠을 잤다. 종종 그렇게 하지만 이번에도 헤어스타일리스트 겸 보조원인 브라이언트 렌프로와 함께 출장을 갔다. 옐친과 인터뷰를 마친 다음 우리는 이틀간 시간을 내어 한번도 가 본 적이 없는 영광스런 도시 상트페테르부르크로 떠날 계획이었다. 우리 비행기는 오전 늦게 떠나는 것이었다. 그래서 나는 브라이언트에게 내 스위트룸 열쇠를 맡기려고 방바닥에서 고개를 드는데 갑자기 그가 나타났다. 그는 자기 방에서 텔레비전을 보고 있었던 것이다. "걸프전이 터졌어요." 그는 이렇게 말했다. "우리가 이라크를 공습하고 있어요." 거실에 텔레비전이 있어서 일어나려고 하는데 갑자기 허리에 경련이 일어나 꼼짝할 수가 없었다. 그래서 브라이언트가 침대보를 내 밑에 집어넣은 다음 나를 끌고 거실로 나갔다. 전쟁 화면을 보니 너무 머리가 복잡해 허리 통증은 아무것도 아닌 것 같았다. 상트페 테르부르크는 잊어버리자. 우리는 곧장 귀국 비행기에 올랐다.

그로부터 일 년 후에 나는 또 한번 옐친과 인터뷰하기 위해 모스크바로 돌아갔다. 당시 그는 최초의 자유선거를 통해 선출된 러시아 대통령이었다. 고르바초프는 떠났고 옛 소련 연방공화국들도 대부분 떠났다. 이 두 번째 인터뷰를 하기 한 달 전인 1991년 12월에 소련은 15개의 독립된 나라로 붕괴되었다.

인터뷰 날은 1992년 1월 31이었다. 그동안 몇 차례의 암살 기도를 피해 살아남은 옐친은 조지 H. W. 부시 대통령과의 정상회담을 위해 조만간 미국을 방문하기로 되어 있었다.

대통령이었기 때문에 이제 그의 건강에 대한 우려는 더 심해졌다. 본인도 인정했듯이 그는 불면증과 편두통, 그리고 우울증에 시달리고 있었다. 그는 러시아에서 툭하면 공식적인 해명도 없이 며칠, 몇 주씩 자취를 감춤으로써 음주벽에 대한 소문을 증폭시켰다. 일부 관측통들은 그가 대통령 취임선서를 할 때도 말이 어눌했다고 했다.

그래서 나는 일 년 전에 그에게 던졌던 그 민감한 질문을 또 했다. "미국의 신문과 잡지들은 당신이 스트레스 때문에 음주를 지나치게 많이 한다는 기사를 쓰고 있습니다."

옐친 대통령은 화를 내기는커녕 그 질문에 기꺼이 답변을 했다. 그의 답변은 다소 기발했다. 그는 "스포츠와 술은 같이 병행할 수 없어요"라는 말과 함께 자기가 운동을 얼마나 많이 하는지에 대해 장황하게 설명했다. 일주일에 두 번씩 장시간 운동을 하며 매일 조금씩 운동을 한 뒤에 찬물로 샤워한다는 것이었다.

"그렇다면 당신에게 반대하는 자들이 이런 소문을 퍼뜨린다고 생각하세요?" 이렇게 되묻자 그는 "센세이셔널한 이야기에 굶주린 자들이 지어내는 말일 수도 있겠지요"라고 그는 말했다. 예를 들면 나 같은 사람을 지칭하는 말로 들렸다. "그런 자들은 먼저 소문을 퍼뜨려 놓고 그 다음 반응을 떠보는 것 아니겠소."

자신에 대한 탄핵 기도 위기를 한 차례 넘긴 다음 옐친은 용케도 7년이나 더 대통령직을 지켰다. 그는 KGB 요원 출신인 블라디미르 푸틴을 후임자로 발탁한 뒤 1999년 12월에 대통령직에서 물러났다. 옐친은 2007년 4월 심장병으로 사망했다. 푸틴은 나중에 대통령으로 선출되었고 2001년에 나는 모스크바로 가서 그와 인터뷰했다. 인터뷰는 밤늦은 시간에 진행되었고 그는 약속시간보다 늦게 나타났다. 하지만 상관없었다. 그런 일에는 익숙하니까.

당초 계획은 푸틴 대통령과 내가 크렘린궁의 끝없이 이어지는 대리석 통로를 걸어내려 가면서 격의 없이 영어로 유쾌한 대화를 나누는 것이었다. 하지만 푸틴 대통령은 영어 레슨이 아직 그 정도로 진도가 나가지 못했다. 카메라가 우리 둘을 뒤따르는 가운데 내가 "하우 아 유(안녕하세요)?"라고 인사를 건넸더니 그는 "왓, 플리즈(뭐라구요)?"라고 대답했다. "하우 아 유?"라고 다시 했더니 "아엠 왓(내가 어쨌다구요)?"라고 하는 것이었다. 출발은 이렇게 별로 좋지 않았다.

대리석 바닥에 차르 시절부터 전해져 내려오는 화려한 가구들이 놓여 있는 아름다운 방에서 진행된 인터뷰 자체는 꽤 성공적이었다. 많은 시행착오 끝에 프로듀서들과 나는 통역사들을 활용하는 아주 효과적인 방법을 한 가지 고안해 놓고 있었다. 과거에 비영어권 국가원수들과 인터뷰할 때 통역사가 국가원수 바로 옆에 붙어 앉는 바람에 국가원수는 나를 쳐다보는 대신 통역한테 얼굴을 돌리고 있을 수밖에 없었다. 그래서 우리는 한 가지 꾀를 생각해 냈는데 통역사를 다른 방으로 보내 거기서 국가원수의 귀에 꽂은 아주 작은 이어폰을 통해 우리 대화를 통역하도록 한 것이었다. 국가원수가 하는 대답도 내 귀의 이어폰으로 전달되었다. 통역사가 눈앞에 없기 때문에 국가원수의 시선은 나를 향하게 되는 것이었다.

조지 W. 부시 대통령은 푸틴과의 첫 만남에 대해 이렇게 말한 적이 있다. "나는 이 사람의 눈을 쳐다보았다. 그렇게 하니 그의 영혼을 느낄 수가 있었다." (그 말은 일리가 있는데 나도 인터뷰할 때는 상대의 눈을 똑바로 쳐다보기 때문이다. 그래서 나는 상대가 살짝 눈흘김을 하거나 움찔하는 것까지도 놓치지 않고 포착한다. 이것은 저널리즘을 공부하는 학생들이 명심해야 할 대목이다.) 어쨌든 부시 대통령이 푸틴에 대해

한 말에 나도 공감했다. 그는 친근한 눈을 하고 있었고 개인적으로 대하니 전혀 무서운 사람이 아니었다(비록 유도 유단자이기는 하지만). 그는 체구가 작고 통역을 통하기는 했지만 이야기하기 편한 상대였다.

나는 우선 부시 대통령이 언급한 그의 영혼에 대해 물어 보았다. 물론 당시 미국 내에서 부시의 그 말은 비웃음을 샀다. 푸틴은 웃으면서 이렇게 말했다. "그분이 내 영혼에서 무엇을 봤는지 나로서는 말하기 어렵습니다. 하지만 한 가지 말씀드릴 수 있는 것은 그분은 다른 사람들보다 문제를 보다 더 잘 이해하고 더 깊이 파악하고 더 정확하게 이해하는 분이라는 사실입니다."

당시 그가 가장 신경 쓴 부분은 러시아가 뉴욕에서 일어난 9/11 공격을 사전에 막는 데 도움이 되지 못했다는 사실이었다. "이 비극적인 사건이 일어난 데 대해 나는 죄책감을 갖고 있습니다"라며 그는 이렇게 말했다. "우리는 미국을 비롯한 다른 나라들을 상대로 일어날지 모르는 위협에 대해 이야기를 나누었지만 (우리 특수 정보부서에서) 누가, 어디서, 어떤 식으로 공격을 가할지에 대해 정확히 파악하지는 못했어요."

사실 푸틴은 세계 지도자들 가운데서 테러 공격이 일어나고 부시 대통령에게 제일 먼저 전화를 건 사람이었다. "미 국민들을 지지한다는 뜻을 전했어요." 푸틴은 당시 통화내용을 이렇게 소개했다. "모스크바에서 테러가 많이 일어나기 때문에 미 국민들의 심정을 다른 사람들보다 더 잘 이해할 수 있었는지도 모르지요. 미 국민들은 그 음울한 순간에 자기들이 혼자가 아니라는 것을 알았을 것입니다."

인터뷰를 진행하면서 나는 푸틴의 개인적인 면에 대해 좀 더 자세히 알고 싶어졌다. 나는 카다피에게 미치지 않았느냐는 질문을 했고 보리스 옐친에게는 음주벽에 대해 물어 보았다. 그런 배짱이 있었다면 푸틴에게도 그 질문을 던져야만 한다고 생각했다. 그와 인터뷰하기로 한 순간부터 마음속으로 벼르던 질문이었다. 혹시 안 좋은 영향을 미칠까 해서 미리 제출한 질문지에는 적지 않았던 내용이었다. 인터뷰가 끝나가고 우리 사이의 대화 분위기도 느긋해져서 내가 그런 질문을 해도 그가 화를 내지 않게 되었을 무렵이었다. 푸틴이 전직

KGB 요원이었다는 것은 우리 모두가 다 아는 사실이다. 나는 이렇게 물었다.

"사람을 죽이라는 명령을 내려 본 적이 있으십니까?"

"없어요"라고 그는 대답했다. "내가 맡은 임무는 사실 어느 정도 지적인 일이었습니다. 정치 정보를 수집해서 분석하는 일 등이었지요. 그러니 덕분에 그런 일은 한번도 하지 않았습니다."

하지만 요즘 들어서 푸틴의 비판자들 가운데 암살당하는 사람의 수가 자꾸 늘어나면서 이런 의문이 또 제기되고 있다. 푸틴과 푸틴 행정부는 물론 그런 혐의를 부인하고 있다.

2002년 늦겨울에 나는 정말 흥미진진한 해외여행 경험을 하게 되었는데 사우디아리비아를 여행하면서 만나고 싶은 사람들을 실컷 만났던 것이다. 9/11 이후 비행기 납치범 19명 가운데 15명이 사우디 국적을 갖고 있고 공격을 지휘한 오사마 빈 라덴 역시 사우디 국적자라는 사실이 알려지며 미국 내에서 사우디아라비아의 이미지는 매우 취약해졌다. 테러 공격이 일어난 직후에 사우디 왕실에서는 워싱턴에 있는 홍보회사 코르비스 커뮤니케이션스에 부탁해 사우디 왕실의 이미지 개선 방안을 모색했다. 나는 사우디 정부에 오래전부터 방문 허가를 요청해 놓고 있었는데 갑자기 방문 허가가 떨어졌다. 그래서 나는 검은색의 긴 스커트 두 벌과 머리에 쓸 검은색 스카프 하나를 챙겨 넣고 카메라 크루 마틴 클랜시, 코르비스사에서 나온 주디 스미스와 함께 출발했다.

나는 당시 왕세자인 압둘라와의 인터뷰를 원했다. 그는 이복형인 파드 왕이 장기간 병상에 있으면서 사우디아라비아의 실질적인 지도자 노릇을 하고 있었다. 그를 만날 수는 있지만 카메라 인터뷰는 안 된다는 전갈을 받았다. 하지만 이후에 인터뷰를 하게 되면 나와 하겠다는 것이었다. 기회야 앞으로 얼마든지 있을 수 있겠지. 하여간 나는 홍해 연안 제다의 웅장한 조각정원이 있는 왕궁에서 그를 만나게 되어 기분이 좋았다.

나는 눈이 휘둥그레졌다. 사우디 사람들은 편협하고 접근하기 어렵다고 들었는데 대접견실 벽면이 텔레비전 모니터로 꽉 채워져 있었고 세어 보니 모두 34개였다. 모니터는 모두 켜져 있는데 CNN과 알자지라에서부터 미국 3대 방송의 모닝쇼와 '더 뷰'까지! 호텔 미용실에 가니 매니큐어리스트가 '더 뷰'를 즐겨 보기 때문에 나는 그곳에서 유명 인사였다.

압둘라와 인터뷰는 못했지만 우리는 왕국 전역을 샅샅이 돌아볼 수 있었다. 제다뿐만 아니라 수도 리야드, 그리고 남부 아시르 지방까지 갔다. 그들은 사우디가 국민들의 교육수준이 높고 개화된 나라라는 이미지로 비쳐지기를 바랐다. 특히 왕족들을 비롯한 몇몇 사람들과의 인터뷰에서는 그게 사실임을 알 수 있었다. 그들은 미국이나 영국에서 교육을 받아 완벽한 영어를 구사했기 때문이다. 왕자들과 그들의 부인은 매력적이고 세련되었다. 왕자의 부인들은 집 밖에서는 아바야(긴 검은색 겉옷)를 걸쳐 입고, 집안에서는 목이 파인 이브생로랑 가운과 오스카들라렌타 가운을 입었다. 그들이 사는 집은 호사스러웠고 곳곳에 실내 분수가 있고 에어컨 시설이 되어 있었다. 호텔 로비만 한 거실을 갖춘 곳도 있었다. 이슬람에서 술은 금지되어 있지만 그들은 최고급 프랑스 와인을 마셨고 정부에서 위성 TV는 못 보도록 금지시키고 있지만 그들은 보고 싶은 것은 무엇이든 다 보았다.

사우디아라비아 전역에서 집 지붕에 위성 접시들이 설치되어 있었다. 알자지라에서 수시로 이스라엘군이 팔레스타인 사람들을 공격하고 불도저를 동원해 그들의 집을 허무는 장면을 보여 주기 때문에 정부에서 딴 생각을 하는지도 모를 일이었다. 국가 원수들에 대한 이야기를 하다가 사우디아라비아 스페셜 프로그램 이야기를 길게 하니 좀 이상하게 들릴지도 모르겠다. 하지만 스페셜이 아니었더라면 압둘라 왕과의 인터뷰도 하지 못했을 것이다. 파드 국왕은 2005년에 사망했다. 내가 사우디아라비아에 대해 보도한 것은 그렇게 호의적이지 않았는데도 나는 그 인터뷰를 하게 되었던 것이다.

사우디 남부를 여행하면서 우리는 9/11 공격에 가담한 젊은이들 세 명의 아버지 두 사람을 만났다. 한 사람은 테러범 두 명의 아버지였다. 두 아버지는 돌아오지 않을 아들에 대해 말하면서 자기 아들들은 멀리 떠나 있는데 곧 집으로 돌아올 것이라는 말을 했다. 내가 혐의를 입증하는 서류들을 보여 주며 아무리 이야기를 해도 믿으려 들지 않았다. 미국이 만든 서류가 거짓이라면 사우디아라비아가 만든 서류도 거짓일 것이라고 했다.

　고등학교 교과서에서 유대인에 대해 묘사해 놓은 걸 보니 한심했다. 예를 들면 말하는 나무 이야기가 있는데 유대인이 뒤에 와서 숨자 나무는 "무슬림 친구들아, 이리로 와 봐"라고 소리친다. "내 뒤에 유대인이 숨었어. 어서 와서 죽여 버려." 우리가 어떤 정부 각료에게 어떻게 해서 학교 교과서에 그런 이야기가 실리느냐고 물었더니 그 각료는 자기도 화가 난다며 곧 고쳐질 것이라고 했다. 내가 아는 한 아직도 그 교과서는 고쳐지지 않고 있다.

　내가 인터뷰한 대학생들도 한심스럽기는 마찬가지였다. 어떤 대학생은 조지 부시도 오사마 빈 라덴과 같은 흉악한 테러리스트라고 주장했다. 또 어떤 대학생은 4000명에 달하는 유대인들이 그날 일하러 나가지 않았다며 시온주의자들이 세계무역센터를 공격했다고 주장했다. 그 학생은 나아가 역사상 모든 전쟁은 유대인들이 일으켰다는 말도 했다. 이러한 극단적인 편견은 이 나라의 문화 다방면에 걸쳐 나타나 있었다.

　그리고 무타윈이라는 종교경찰이 도로와 길거리를 돌아다니며 맨살을 약간이라도 드러내는 여자가 있는지 단속했다. 사우디아라비아 여성들은 운전을 할 수 없고 남자 친척의 동의 없이는 여행도 못하고 병원에도 못 간다는 것은 익히 알려진 사실이다. 공공장소에서는 남자와 커피도 같이 마실 수 없는데 나도 마찬가지였다. 한번은 제다에서 스타벅스에 들어가 일부러 남자 칸에 가서 앉았더니 정중하게 그러나 단호하게 여자 칸으로 쫓겨났다.

　우리는 압둘라 빈 라덴과의 인터뷰로 사우디아라비아 여행을 끝냈는데 그는 35세로 54명에 달하는 오사마 빈 라덴의 친이복 동기 중 한 명이었다. 압둘라는 하버드 로스쿨 졸업자로 보스턴에 살다가 9/11이 일어난 뒤에 홀연히 모국으로 돌아갔다. 그 인터뷰는 영향력 있는 주미 사우디 대사인 반다르 빈 술탄 빈 압둘아지즈 알 사우드 왕자가 주선했는데 반다르 대사는 빈 라덴 가문의 명성을 이용하는 게 도움이 될 것이라는 생각을 했던 모양이다. 빈 라덴 가문은 여전히 사우디에서 가장 부유하고 영향력 있는 가문 중 하나였기 때문이다. 반다르 대사가 압둘라를 반 강제로 우리 카메라 앞에 세우기는 했지만 그의 입에서 얻은 것은 아무것도 없었다. 당연한 일이지만 그는 자기와 자기 가족은 이복 형제인 빈 라덴과 어떠한 관련도 없다고 말했으며 너무 겁을 먹은 탓에 그 이상 은 단 한마디도 못했다. 어쨌든 우리는 당시 최고의 관심 인물인 빈 라덴의 이 복동생과 이야기를 나누었고 그것은 방송에서 큰 반향을 불러일으켰다.

사우디아라비아에 대한 한 시간짜리 '스페셜'은 2002년 3월에 방영되었다. 정말 성공적인 방송이었다. 이국적인 분위기가 물씬 풍겼고 사람들은 빈 라덴 의 동생이 하는 이야기에 관심이 많았다. 사우디아라비아에 대해 비판적인 내 용을 많이 담고 있었기 때문에 압둘라 국왕으로부터 나와 약속한 인터뷰를 하 겠다는 소식이 오지 않아도 이상하게 생각되지 않았다. 시간이 흘렀고 그러는 동안 케이티 쿠릭이 사우디아라비아로 가서 투데이쇼에서 압둘라 국왕과 소위 '걸으면서 하는' 세 마디 인터뷰를 했다. 그와 인터뷰하기는 물 건너갔다고 생 각하고 있는데 2005년 10월에 갑자기 사우디 관리로부터 전화가 걸려 왔다. 지 금도 국왕과 인터뷰할 의향이 있으면 곧바로 질문지를 보내 달라는 것이었다. 국왕은 나와 인터뷰하겠다고 한 약속을 기억하고 있었고 그래서 다른 인터뷰 요청이 많았지만 나와 하겠다는 것이었다. 나는 그 말에 감동을 받았고 검정색 긴 스커트와 스카프를 챙겨 가지고 다시 사우디아라비아로 갔다.

2002년에 처음 사우디에 갔을 때는 경호 요청도 하지 않았고 그럴 필요도 없었다. 그런데 미국의 이라크 침공 이후 사정이 완전히 바뀌었다. 2005년 여 행 때는 우리가 묵는 호텔 문 앞은 물론 우리 방문 앞에도 무장 경비병이 서 있 었다. 우리는 왕실 경호실에서 제공한 메르세데스 벤츠 방탄차량을 타고 다녔 다. 우리의 안전보다는 사우디 왕실을 상대로 한 테러리스트 공격에 대비해서 이루어진 조치들이었다.

압둘라 국왕은 키가 크고 위엄이 넘치는 80대 노인이었다. 머리와 턱수염까 지 모두 검은색으로 염색을 했는데 대부분의 다른 사우디 왕족과 달리 그는 영 어를 할 줄 몰랐다. 하지만 통역을 통해 이야기를 나누는데도 그는 유머 감각이 있고 안경 너머로 재치가 빛났다. 그는 우리에게 반 시간을 내주었는데 초까지 정확하게 지켰다. 그래서 하지 못한 질문이 많았다. 미국 시청자들이 많이 궁금해하는 민감한 문제인 여성의 권리에 대한 질문은 할 수 있었는데 국왕은 여권 신장을 지지하는 것같이 보였다. "내 어머니도 여성이고 누이동생과 딸, 아내도 여성입니다." 그는 이렇게 말했다. "여성도 운전을 할 수 있는 날이 올 것입니다."

나는 3년 전에도 사우디 왕자 여러 명으로부터 같은 대답을 들었지만 그때까지 바뀐 것은 하나도 없었다. "여성도 운전하도록 하는 칙령을 발표해 버리면 되는 것 아닌가요?"라고 물어 보았다. "국왕이지 않습니까." 그러자 그는 지금까지도 무슨 뜻인지 알 수 없는 대답을 했다. "나는 내 눈처럼 내 국민을 소중히 여기고 지켜 주어야 하오." 이런 대답을 한 것이었다 이 글을 쓰는 지금까지도 사우디아라비아 여성들은 자기 차 운전하는 게 금지되어 있다. 2007년 가을에는 국왕을 상대로 여성의 운전을 허락해 달라는 집단 청원이 제출되었다.

왕은 사우디 내에서 활동하는 알카에다 테러리스트 문제에 대해서는 "미치광이들이오. 미치광이고 사악한 자들이오. 그건 악마가 벌이는 짓거리들이오"라며 보다 분명한 어조로 말했다.

알카에다의 위협은 없어졌느냐고 물었더니 그는 "아니오"라고 했다.

우리에게 그처럼 삼엄한 경비를 붙이는 것도 이상한 일이 아니었다.

그는 미국의 이라크 침공과 아프가니스탄 전쟁에 반대한다고 말하고 팔레스타인 문제에 대해 많은 우려를 표시했다. "이 문제가 미국에 대한 사우디 국민들의 생각에 부정적인 영향을 미친다고 생각합니다"라고 그는 말했다.

이스라엘과 팔레스타인 문제는 계속해서 미국에 대한 무슬림들의 증오를 불러일으키는 주된 원천이 되고 있었다. 1999년에 요르단의 젊은 왕 압둘라와 가졌던 낙관적인 인터뷰가 기억난다. 후세인 왕의 유언에 따라 왕위를 물려받은 그는 머지않아 아무리 늦어도 2~3년 안에 평화가 실현될 것이라고 확신했다. "평화 과정에 너무 멀리 와 있어서 이제는 앞으로 나아가는 것 외에 다른 방도가 없다"는 것이었다. 하지만 그것은 9/11 이전의 상황이었다. 그 뒤로 미국의 이라크 침공이 일어났고 가자지구의 팔레스타인인들은 투표를 통해 하마스 강경파들에게 실권을 안겨 주었다.

지금도 그렇지만 그때도 골치 아픈 사건들이 많았다. 2007년 봄에 나는 베네수엘라의 독불장군 대통령 우고 차베스와 인터뷰하게 되었다. 피델 카스트로를 정신적 지주로 모시는 차베스는 베네수엘라를 시작으로 라틴아메리카 전역에 사회주의 혁명을 일으키려는 사람이다. 베네수엘라는 인구의 약 50%가 빈곤층에 속하는 나라이다. 라틴아메리카에서 빈곤이라는 게 큰 뉴스가 될 수는 없다. 우리도 그가 조지 W. 부시 대통령에게 심한 욕설을 해대지만 않았더라도 새로 등장한 좌익 성향 지도자에게 큰 관심을 기울이지는 않았을 것이다. 2006년 9월에 차베스는 미국을 방문해 유엔 총회장에서 미국의 이라크 침공을 비난하며 부시를 '엘 디아블로(악마)'라고 불렀다.

그러자 모든 사람이 그에게 주목했다. 언론은 비난에 담긴 실제 내용보다 그가 내뱉는 욕설에 더 관심을 보였다. 차베스와는 모르는 사이인데 갑자기 베네수엘라 대사관에서 나보고 인터뷰를 할 수 있는지 문의가 왔다. 그가 나와 인터뷰하고 싶어 한다는 것이었는데 지금도 그 이유를 모르겠다. 아마도 내가 카스트로와 인터뷰한 사실을 알았기 때문이 아닌가 짐작이 될 뿐이다. 그런데 운이 나빠서 그가 뉴욕에 체류한 며칠간 나는 '악어 사냥꾼' 스티브 어윈의 미망인 테리 어윈과 인터뷰하기 위해 호주에 가 있었다. 차베스는 ABC의 다른 사람과는 인터뷰하지 않겠다고 했다. 그는 PBS의 태비스 스마일리와 딱 한번 인터뷰하고는 베네수엘라로 돌아가 버렸다.

우리는 10월부터 그 인터뷰를 다시 추진했다. 차베스는 12월에 압도적 표차로 재선에 성공했고 우리는 인터뷰하기 위해 공을 들였다. 마침내 기회가 왔다. 부시 대통령이 2007년 3월에 라틴아메리카 순방에 나서기로 한 것이었다. 방문국은 브라질, 우루과이, 콜롬비아, 과테말라, 멕시코 등 5개국이었다. 차베스도 당시 이웃나라 몇 개국을 순방하기로 했는데 귀국하는 날을 나와의 인터뷰로 장식할 생각이었다. 그렇게 해서 2007년 3월 10일 토요일에 나는 믿음직한 프로듀서들인 마틴 클랜시, 케이티 톰슨과 함께 카라카스로 떠났다.

차베스와의 인터뷰 일정은 화요일까지도 잡히지 않았다. 우리는 당초 차베스와 함께 카라카스 일대를 돌며 도시 곳곳을 배경으로 그의 모습을 화면에 담을 예정이었으나 그가 라틴아메리카 순방을 계속하고 있었기 때문에 하는 수 없이 우리끼리 도시를 여기저기 돌아다녔다.

카라카스는 둘러보기에 별로 흥미로운 곳이 아니다. 제대로 된 구시가도 없고 박물관도 별로 없다. 그저 케이블카를 타고 아빌라산으로 올라가 도시 전체를 한번 내려다보는 것 말고는 할 일이 거의 없었다. 하지만 나는 별로 구미가 당기지 않았다(나는 고소공포증이 있다). 그래서 우리는 서비스가 아주 좋은 호텔에 머물며 이 나라에 온 기분을 느껴 보기로 했다. 철조망이 둘러쳐진 높은 담장 너머 호화 저택에 사는 부유한 사람들 몇몇을 소개받았는데 그들은 납치가 겁나 경호원들과 함께 방탄 차량을 타고 다녔다. 베네수엘라는 납치로 악명이 높다. 카라카스는 범죄행위가 기승을 부렸지만 차베스는 그것을 해결할 능력도 의지도 없었다.

베네수엘라 경제계 지도자 다수가 자기 나라를 떠났고 많은 이들이 차베스에게 언제 재산을 몰수당할지 몰라 전전긍긍하고 있었다. 카스트로도 쿠바의 중상류층 다수를 대상으로 재산 몰수 조치를 취한 바 있다. 주택사업에 종사하는 사람의 아들이 자기 친구들에게 우리를 소개해 주었는데 그들은 앞으로 한두 해 안에 나라를 떠나야 할 것이라고 생각하고 있었다. 모두들 일자리도 잃게 될 것이고 살 집도 잃게 될 것이라는 불안감에 싸여 있었다.

우리는 산타크루즈 델 에스테라는 이름의 주거지역에도 가보았는데 집들이 다닥다닥 포개져 있는 것 같은 전형적인 빈민촌이었다. 집들이 거리로 무너져 내리지 않는 게 신기할 정도였다. 그곳에서 만나는 사람들은 자부심이 강하고 친절했는데 전혀 다른 이야기를 했다. 차베스가 자기들에게 수돗물이 나오게 해주고 화장실도 만들어 주었다는 것이다. 베네수엘라는 석유가 많이 나는 나라이고 미국의 4번째로 큰 석유 수출국이다. 차베스는 가난한 사람들의 주거 개선 프로젝트에 돈을 지원해 주었고, 그 사람들은 그를 좋아했다.

빈민촌 사람들은 우리에게 잘 대해 주었는데 아마도 우리가 방송 준비를 미리 했기 때문인 것 같았다. 그럼에도 불구하고 나는 ABC에서 제공해 준 두 명의 경호원과 함께 방탄 차량을 타고 이동했다. 그곳 사정을 아는 사람들은 우리도 납치 표적이 될 수 있다며 가지 말라고 했다. 경호원 없이는 절대로 호텔을 나서지 말라는 충고도 받았다. 하지만 나는 별로 겁이 나지 않았는데 왜 그랬는지 모르겠다.

화요일에 차베스와의 인터뷰를 한 다음 굿모닝 아메리카와 20/20, 나이트라인에 방송을 내보낼 수 있도록 수요일에 서둘러 귀국할 생각이었다. 그런데 화요일 새벽 1시에(늦은 시간이라고 걱정하는 사람은 아무도 없는 것 같았다) 차베스가 여행 중에 목이 쉬어서 인터뷰를 "연기하기로 했다"는 전화가 걸려 왔다. 언제 할지에 대한 말은 없었다. 우리는 기가 막혔다. 그동안 들인 많은 시간과 돈은 어떻게 하란 말인가. 교통비, 호텔, 카메라 크루, 준비작업, 공들여 만든 질문지가 모두 무용지물이 될 지경이 되고 만 것이었다. 내가 아빌라산에서 뛰어내리기 직전에 좋은 소식이 들어 왔다. 차베스가 수요일에 인터뷰를 하겠다는 것이었다. 목요일 첫 비행기를 타면 금요일에 방송을 내보낼 수 있게 된 것이었다.

도대체 어떻게 생긴 사람일까? 이제 차베스는 부시를 묘사하는 수식어 목록에 '당나귀' '거짓말쟁이' '겁쟁이' '살인자' 그리고 '술주정꾼'이란 말까지 추가했다. 나는 이 요란하고 무례한 미국의 공적을 어서 만나보고 싶었다.

드디어 수요일이 되었다. 인터뷰는 100년 된 화려한 집으로 예전에 개인 저택이었으나 지금은 차베스가 대통령궁 부속 건물로 쓰는 곳에서 진행되었다. 나는 그의 트레이드마크인 깃을 열어젖힌 붉은색 셔츠와 모자 쓴 모습을 기대했다. 하지만 그의 개인 집무실로 들어서자 감청색 양복에 흰 와이셔츠와 넥타이를 맨 깔끔한 차림의 그가 환하게 미소를 지으며 맞아 주는 것이었다. 그는 내 손을 부드럽게 잡으며 온화하게 반겨 주었다. 친근하게 비쳐지고 싶어 하는 모습이 역력했다. 그는 두 번 결혼하고 지금은 이혼한 상태였는데 아이들 사진을 보여주며 애처로운 목소리로 이렇게 말했다. "나는 지상의 모든 가난한 사람들에게 헌신하기 위해 이 아이들을 포기할 수밖에 없었습니다." 그는 나중에 카메라 앞에서도 같은 말을 되풀이했다. 이런 말도 했다. "내가 결혼생활을 하기란 매우 힘든 일이지만 나도 여기 가슴이 있고 끓는 피가 있습니다." 그렇다니 다행이네라는 생각이 들었다.

나는 인터뷰 시작을 부시의 라틴아메리카 방문 성적을 10점 만점으로 매기면 몇 점을 주겠느냐는 질문으로 시작했다. 놀랄 일도 아니지만 그는 1점을 주었는데 방문 목적은 오직 자기 아량을 과시하려는 것밖에 없었다는 것이었다. 사실은 마이너스 5점이라고 생각한다고 했다. 부시를 악마, 당나귀라고 부른 것은 "그가 라틴 아메리카와 세계에서 일어나는 일들에 대해 너무 모르기 때문"이라고 했다. 그는 이어 만약 자기가 말이 너무 많았다면 사과할 용의가 있다고 했다. 그리고 만약 자기가 미국 선거에 나선다면 인권을 존중하는 자신의 입장 때문에 승리할 것이라는 말도 했다. 차베스는 "조지 부시는 인권을 중시하지 않습니다"라고 말하고 "그 사람은 다른 일을 위해 애를 쓰지요. 사람들을 죽이고 마을을 폭격하고 다른 나라들을 침략합니다."

차베스는 부시가 자기를 암살하려 한다고 비난했다. 실제로 그렇게 생각하는 것 같았다. 그는 미국을 안심시키려는 듯이 미국 정부가 또다시 다른 나라를 침공하지 않는 한 석유 수출을 중단하는 일은 없을 것이라고 장담했다. 오직 그런 경우에 한해서만 석유 공급을 중단할 것이라고 했다.

그는 미국 언론들이 자기가 사담 후세인, 피델 카스트로, 무아마르 카다피와 함께 있는 사진만 골라서 내보내며 자기를 사악한 사람으로 몰아세운다고 불평했다. 교황 요한 바오로 2세나 빌 클린턴과 함께 찍힌 사진은 한번도 내보내지 않는다고 했다.

인터뷰 말미에 차베스는 다소 엉터리 영어로 이렇게 말했다. "미 국민 여러분, 모든 여성, 모든 남성 여러분, 우리 베네수엘라 국민은 여러분을 사랑합니다. 우리는 여러분의 형제가 되고 싶습니다. 나는 여러분의 위대한 지도자 한 분을 매우 사랑합니다. 마틴 루터 킹은 나의 지도자이십니다. 그 분의 꿈은, 마틴 루터 킹의 꿈은 여러분의 꿈입니다. 우리의 꿈입니다. 나의 꿈입니다."

우리가 그의 집무실을 나서자 그는 카메라맨들과 경호원, 프로듀서 등 우리 팀원들 모두에게 일일이 악수 세례를 퍼부었다.

2007년 12월에 그는 대통령 종신제와 대통령 권한 강화를 위한 헌법개정을 묻는 찬반 국민투표에서 패배했다. 그의 꿈이 무엇이건 간에 그 꿈을 이루기 위해서는 아직도 여러 해를 기다려야 할지 모른다. 그는 자신의 정신적 스승인 카스트로처럼 사회주의 라틴아메리카를 만들고 싶어 하며 미국의 민주주의는 틀렸다고 생각해 그 지역의 다른 나라에서 민주주의를 실천하지 못하도록 기를 쓰고 막으려고 한다. 그는 베네수엘라에서 정보통신, 전기, 석유와 같은 산업 일부를 이미 국유화하기 시작했다. 개인재산은 그대로 두겠다고 말한다. 그럴지도 모르겠다. 그리고 그는 부시 후임 미국 대통령과는 좋은 관계를 갖고 싶다는 말을 한다. 한 가지만 더 이야기하겠다. 그는 하루에 커피를 스무 잔 마신다.

비밀스러운 자들과 함께한 모험

나를 가장 힘들게 만들었던 그 인터뷰는 1986년 여름 프랑스 남부에 있는 요트 선상에서 정말 아무것도 모른 채 시작되었다. 머브와 나는 신혼여행 중에 머브의 친구를 통해 아드난 카쇼기 소유의 호화 요트인 나빌라호 선상 점심에 초대받았다. 그로부터 몇 달 뒤에 카쇼기가 이란-콘트라 스캔들의 중심인물이 되어서 레이건 행정부를 곤경에 처하게 하고 나를 직장까지 잃게 만들 뻔한 장본인이 될지 누가 알았겠는가? 그때 우리는 카쇼기라는 사람의 이름만 들었을 뿐이었다. 대단히 부유한 사우디 출신의 수완가로 60년대와 70년대에 수십억 달러 규모의 미국산 무기를 사우디에 중개해 주는 역할을 했다. 그런 거래를 통해 그는 세계 최고 부자 반열에 올랐고 돈을 물 쓰듯 했다. 요트에 가 보니 그 말이 실감났다.

7000만 달러짜리 그 요트는 길이가 280피트에 달하는 바다의 궁전으로 무남독녀인 딸의 이름을 붙였는데 자가용 헬기와 헬기 착륙장, 금으로 장식한 욕실, 11개의 VIP 스위트를 갖추었는데 모두 석류석, 황옥 같은 준보석류 이름을 붙여 놓았다. 이발관이 하나 있고 거울 달린 마사지 룸도 여러 개 있었다. 요트는 최첨단 기술을 갖추었는데 지금 기준으로 보면 대단한 것은 아니지만 당시에는 듣도 보도 못한 것들이었다. 메인 스위트룸에 있는 시설은 모두 리모트 컨트롤로 작동되었다. 버튼을 누르면 문이 저절로 열리고 닫히고, 버튼을 누르면 TV가 튀어나왔다. 카쇼기의 접견실에 있는 버튼을 하나 누르면 샤워룸의 뒤쪽 벽이 열리며 비밀 방으로 연결되는 비밀계단이 나왔다. 나빌라호는 최첨단 수술실까지 갖추고 있는데 배에 탄 의사들은 그곳에 있는 폐쇄회로 TV를 통해 전 세계 어느 곳에 있는 의사들과도 화면으로 의사소통을 할 수 있도록 되어 있었다.

점심을 먹으며 우리는 그가 어떻게 해서 그렇게 많은 재산을 모으게 되었는지 비법 한 가지는 알게 되었다. 카쇼기는 나를 포함해 요트에 탄 손님들에게 배에 함께 타고 있는 힌두 신비주의자 시리 찬드라 스와미지 마하라지를 만나보겠느냐고 했다. 간단하게 스와미지로 통하는 그 사람은 미래를 내다보고 사람의 마음을 읽을 줄 안다고 카쇼기는 말했다. 스와미지를 실제로 만나 본 적이 없었기 때문에 나는 보겠다고 하고 점심이 끝난 뒤에 훨씬 작은 선실로 따라 들어갔다. 스와미지는 선실 바닥에 가부좌를 하고 앉아 있었다. 그 옆에는 몸에 잘 안 맞는 옷을 입은 남자가 앉아 있었는데 스와미지의 통역이라고 했다. 그 사람에게는 아무런 관심도 가지 않았다. 스와미지의 온몸에 너무도 평온한 기운이 넘쳐흐르는 것을 보고 나는 그의 지혜를 구해 보려는 마음에서 당시 겪고 있는 딸 아이 문제에 대해 모조리 털어놓았다.

하지만 큰 도움은 받지 못했다. 뿐만 아니라 몇 달 뒤에 알게 된 것이지만 카쇼기가 스와미지에게 안내한 사람들 중에서 도움을 받았다는 사람은 아무도 없었다. 나중에 알고 보니 그는 자기와 비즈니스 거래를 하는 사람은 모두 스와미지를 만나볼 수 있도록 주선했는데 그 사람들이 개인적인 고민이나 사업상의 고민을 스와미지에게 털어놓으면 그 통역이라는 사람이 카쇼기에게 그 내용을 고해바치는 것이었다.

머브와 나는 카쇼기를 좋아했다. 그는 쾌활한 성격에 작고 포동포동한 체구로 누르면 곧바로 튀어나오는 두더지 인형을 연상시켰다. 우리는 그날 만찬 초대도 받아 다시 요트로 갔는데 손님 중에는 준수한 용모의 피에르 트뤼도 캐나다 전 총리도 있었다. 우리는 나빌라호 선상에서 다시 한번 산해진미를 먹었으나 그게 전부다. 이후 카쇼기는 다시 만나지 못했다.

그로부터 넉 달 뒤에 이란-콘트라 스캔들이 터져 신문 헤드라인을 장식했
고 레이건 행정부는 심각한 타격을 입었다. 레바논의 한 신문에 최초로 보도된
뒤 미국 내 모든 신문의 일면을 장식한 스캔들의 내용은 레이건 행정부가 레바
논에 억류되어 있는 자국 인질들을 석방시키기 위해 대신 극비리에 이란에 무
기를 판매했다는 수수께끼 같은 이야기였다. 미국이 스스로 내세워온 정책에
위배되는 행동을 한 것이었다. 곧 이어서 비밀리에 무기를 팔아 생긴 자금은 니
카라과의 반공산 반군을 비밀리에 그리고 불법적으로 지원하는 데 쓰였다는 사
실도 밝혀졌다. 그 무기거래에서 브로커 노릇을 한 베일에 싸인 중개인이 누구
였을까? 바로 카쇼기였다.

세상에 이럴 수가! 그동안 나는 20/20 인터뷰에 출연시키기 위해 그의 행방
을 계속 수소문하고 있었다. 그를 찾아내기는 여간 힘든 일이 아니었다. 그는
케냐에 엄청난 규모의 목장을 갖고 있었고 마르벨라, 파리, 칸, 카나리아군도,
마드리드, 로마, 베이루트, 리야드, 제다, 몬테카를로에 집이 한 채씩, 그리고
뉴욕에도 3000만 달러짜리 아파트가 있었다. 마침내 그와 연락이 닿았는데 반
갑게 대해 주기는 했지만 인터뷰 건에 대해서는 애매한 입장을 취했다. 하겠다
는 것도 아니고 그렇다고 딱 부러지게 싫다는 말도 하지 않았다. 그러면 나는
조금 기다렸다가 다시 전화를 했다.

한번은 내가 머브와 함께 캘리포니아에 있는 머브의 온천 골프 휴양지인 라
코스타에 머물고 있는데 그가 갑자기 전화를 걸어왔다. 카쇼기는 항공 편으로
자료를 좀 보내니 한번 읽어 보라는 말을 했다. 자료는 그가 보낸 개인 메신저
가 이튿날 직접 들고 왔다. 안에는 그가 1985년에 레이건의 국가안보 보좌관
로버트 맥팔레인에게 보낸 서신 사본 한 통이 들어 있었는데 이란 내에 미국과
대화재개를 원하는 온건파 분자들이 있다는 사실을 알려 주는 내용이었다. 더
흥미로운 것은 맥팔레인이 그에게 고맙다는 감사 답신을 직접 보냈다는 사실이
다. 숱한 사람들이 오만 가지 일로 백악관에 갖가지 아이디어를 보내 오지만 그
처럼 고위인사가 직접 답신을 주는 경우는 거의 없었다. 카쇼기는 자기가 레이
건 행정부의 최고위급 레벨과 개인적인 친분 관계를 맺고 있다는 사실을 알려

주려는 것이었고 나는 그 메시지를 알아들었다.

하지만 내가 이해하지 못한 일도 하나 있었다. CBS 뉴스 사장을 지낸 프레드 프렌들리가 컬럼비아대에서 행한 강연 사본도 함께 보내 왔는데 왜 그걸 보냈는지 이해할 수가 없었다. 강연은 리포터가 공개되면 국가를 위험에 처하게 만들 수 있는 정보를 캐냈을 때 처하게 되는 딜레마에 대한 것이었다. 카쇼기가 그때 내게 경고를 보낸 것일까? 아니면 비밀을 지킬 수 있을지 나를 떠본 것일까? 아무리 생각해도 도무지 알 수가 없었다.

그 뒤 나는 전화를 걸어 강연 내용이 무슨 뜻인지 물어 보았다. 그랬더니 그는 대답 대신 나와 인터뷰를 하겠다고 했다. "내가 당신 있는 곳으로 가겠소"라고 그는 말했다. 사흘 뒤에 그는 라코스타에 도착했다.

그는 몇 마디 인사를 주고받은 다음 "안전한 전화 있어요?"라고 물었다. 우리에게 그런 전화는 없었다. 우리가 국가기밀을 다루는 직업도 아니지 않은가. 그런데 좋은 생각이 하나 떠올랐다.

"별장에 개인 전화가 있어요." 내가 이렇게 말하자 카쇼기는 "내선 전화기가 달려 있어요?"라고 물었다.

"욕실에 한 대 있어요"라고 나는 대답했다.

"내가 어떤 사람에게 전화를 할 테니 누군지 알 필요는 없고 그냥 듣기만 해요"라고 그는 말했다. "아무 소리도 내지 말고 내선 전화기를 통해 대화내용을 들어요."

그렇게 해서 카쇼기는 거실에 있는 전화기를 사용해 통화를 했고 나는 욕실의 변기 뚜껑에 쭈그리고 앉아서 내선 전화기로 대화내용을 들었다. 그는 베일에 싸인 다른 인물과 무기거래에 대해 이야기를 나누고 있었다.

"이번 건으로 우리가 손에 넣는 액수는 얼마요? 700만? 좋소. 토TOW로 챙기는 돈은? 200만…."

종이와 펜을 준비하지 않아서 나는 눈썹연필을 쥐고 화장지 통 뚜껑을 뜬 다음 그 위에다 대화내용을 최대한 빨리 받아 적었다. 그때는 토가 뭔지도 몰랐지만 이제는 그게 '대전차 토미사일'을 가리키는 말이라는 것을 안다. 나는 '발가락' toes이라고 받아 적으며 도대체 발가락이 무슨 관계가 있는 거지 하며 궁금한 생각이 들었다. 화장지 뚜껑에 쓸 자리가 없어질 때까지 대화는 끝이 나지 않았지만 왜 내게 대화내용을 들려주는지 의도는 충분히 알아들을 수 있었다. 카쇼기는 자기가 미국-이란의 무기거래 중개인이라는 점을 내게 입증해 보이려는 것이었다. 그러면서 인터뷰는 좀 더 기다렸다 하겠다고 했다.

"언젠가는 이 모든 사단의 배후에 있는 사람과 만나게 해주겠소"라고 그는 장담했다. "당신은 큰 특종을 하게 될 것이오."

저널리스트에게 '언젠가' 라는 말은 정말 끔찍스러운 단어다. 그 언젠가를 기다리다가 무슨 일이 일어날지 모르는 것이다. 다른 사람이 그 특종을 터뜨려 버리는 경우도 허다하다. 그래서 나는 카쇼기에게 바짝 붙어 다녔다. 캘리포니아에서 뉴욕으로 돌아온 뒤 우리는 5번 애비뉴에 있는 그의 엄청나게 큰 아파트에서 당시 그의 부인이었던 라미아와 함께 시간을 같이 보내기도 했다. 아파트 16채를 하나로 만든 것인데 올림픽 규모의 수영장까지 딸려 있었다. 수주일에 걸쳐 그를 따라다니며 환심을 사려고 노력한 끝에 12월 어느 날 카쇼기가 갑자기 인터뷰를 하자는 것이었다.

그렇게 해서 나를 엄청난 난관으로 밀어 넣은 그 모험이 시작되었다.

처음에는 일이 아주 깔끔하게 진행되었다. 우리는 그 인터뷰를 수요일 오후에 카쇼기의 아파트에서 진행할 계획이었다. 그렇게 하면 나와 우리 프로듀서인 마틴 클랜시는 목요일 밤 20/20에 인터뷰를 내보내기까지 편집할 시간이 충분했다. 그런데 인터뷰를 하기로 한 전날 밤에 카쇼기가 라스베이거스에서 전화를 걸어와서는 계획을 바꾸겠다고 하는 것이었다.

"뉴욕에서는 인터뷰를 하고 싶지 않소." 그는 이렇게 말했다. "몬테카를로로 가려고 하는데 당신도 우리 비행기에 함께 탑시다. 인터뷰는 그곳에서 합시다."

"좋아요." 나는 이렇게 대답했다. "하지만 우리 프로듀서와 6명의 크루도 같이 가야 합니다."

"좋아요." 카쇼기는 시원스럽게 대답했다.

그런데 머브가 끼어들었다. "돌아가는 게 영 심상치가 않아요"라며 그는 이렇게 말했다. "나도 당신과 함께 가겠소." 그렇게 해서 크루는 7명이 되었다.

목요일 새벽 3시에 우리는 뉴어크 공항에서 카쇼기의 자가용 DC-8기를 타고 이륙했다. 시트는 크림색 샤미가죽과 실크로 만들었고 시트 벨트 버클은 도금이 되어 있었다. 그리고 카쇼기의 전속 요리사가 아침을 내놓았다. 금으로 AK라고 새긴 도자기 식기에 아침을 내놓았다.

카쇼기와의 인터뷰 첫 번째 파트는 12월 11일 비행기 안에서 이루어졌다. 두 번째 파트는 몬테카를로에 있는 그의 아파트에서 갖기로 했다. 마틴과 나는 전체 인터뷰를 밤 10시 방송에 맞춰 위성으로 뉴욕에 보낼 생각이었기 때문에 머뭇거릴 시간이 없었다. 그래서 그 폭탄과 같은 인터뷰는 3만 피트 상공에서 시작되었다. 배경에는 제트 엔진 소리가 삑삑거리고 카쇼기는 중동 전통의상 카프탄을 입고 있었다.

레이건 행정부를 뒤흔든 '무기와 인질 교환' 스캔들과 관련해 처음으로 한 인물이 실체를 드러낸 것이었다. 아랍 악센트에 아랍인 얼굴을 한 남자가 로버트 맥팔레인과 이란 정권 내의 온건파들 사이에 이루어진 비밀거래에 대해 이야기했다. 미국이 이란에 무기를 제공해 주는 대가로 레바논에 억류되어 있는 미국인 인질들을 석방해 준다는 거래였다. 당시 이란은 이라크와 6년째 격렬한 전쟁을 치르고 있었다. 그는 또한 이란으로부터 무기 구매 대금으로 받은 3000만 달러 상당의 돈이 스위스 은행 비밀계좌에 숨겨져 있다는 사실도 밝혔다. 그 계좌는 레이건 행정부의 국가안보 고위 관리들이 관리하고 있는데, 니카라과 공산정권에 대항해 싸우는 콘트라 반군들을 불법적으로 지원하는 데 그 돈을 쏟아붓고 있었다.

나는 그의 입에서 쏟아져 나오는 말을 듣고 너무도 놀랐다. 하지만 여전히 부족한 부분이 하나 남아 있었다. 실제로 거래를 진행시킨 무기거래상은 마누체르 고르바니파르라는 이름의 이란 사업가였는데 워낙 베일에 싸인 인물이고 레이더에 잡히지 않게 일을 진행해 그의 사진을 본 사람조차 없었다.

"고르바니파르에게 데려다 주겠소." 프랑스 니스에 도착하자 카쇼기는 이렇게 말했다.

나는 너무도 당황스러웠다. 카쇼기와의 인터뷰만 해도 정말 대단한 것인데 이제 고르바니파르까지 한다는 말인가? 내가 라코스타의 욕실에 앉아서 통화 내용을 엿들었던 바로 그 사람? '발가락' toes을 가지고 있다던 그 사람? 돌아가는 이야기를 전해 들은 머브는 무척 긴장하는 표정이었으나 우리는 지체하지 않고 즉각 카쇼기가 대기시켜 놓은 헬기에 올라타고(우리 일행이 모두 타기 위해서는 두 대가 필요했다) 몬테카를로로 향했다.

카쇼기의 아파트에 도착해서 보니 고르바니파르는 깜짝 놀라는 표정이었다. 카쇼기가 고르바니파르를 어떻게 휘어잡고 있는지는 모르지만 그가 인터뷰하라고 말하자 고르바니파르는 땀을 뻘뻘 흘리면서 얼른 우리와 자리를 같이했다.

그는 자신이 하는 일은 보통의 건전한 비즈니스와 하나도 다를 게 없다는 말을 했다. 이란은 새로운 무기를 구매하면 이라크와의 전쟁을 승리로 이끌어 평화가 오게 되며 그렇게 되면 자신을 비롯해 사업 파트너인 카쇼기 모두 이득을 보게 된다는 것이었다. "하루에 20억 달러를 벌 것"이라고 그는 예상했다. 고르바니파르의 말에 따르면 '무기와 인질 교환' 거래는 그동안 진행이 잘 되었다. 그는 장로교 목사인 벤저민 위어를 포함해 모두 세 명의 인질 석방 건을 놓고 협상했다고 주장했다. 하지만 그들 대신 새로 붙잡힌 인질들에 대해서는 말하지 않았다. 그렇게 해서 일단 인터뷰는 끝이 났다.

마틴과 나는 얼른 호텔로 돌아와서 인터뷰를 편집했다. 그는 고르바니파르 것을 편집하고 나는 비행기에서 한 카쇼기 인터뷰를 편집했다. 우리는 24시간 이상 잠을 못 잔 상태라 마치 펀치 드렁크에 빠진 것처럼 녹초가 되어 있었다. 작업을 모두 마치니 몬테카를로 시간으로 새벽 3시였다. 뉴욕은 저녁 9시였다. 우리는 뿌루퉁한 프랑스인 기술자를 깨워서 인터뷰를 전송했다. 20/20 방송 시작 15분을 남겨 놓고 전송이 모두 끝났다. ABC는 그 인터뷰를 광고할 시간은 물론 미리 한번 볼 시간도 없이 그냥 내보냈고 엄청난 반응을 몰고 왔다.

테드 코펠은 나이트라인에서 그 인터뷰 내용을 소개했고 이튿날 모든 신문이 인터뷰 내용을 받아서 실었다. 나는 몬테카를로에서 실컷 잠을 잤고 머브도 좋아했다. 머브는 내게 파리에 가서 로맨틱한 주말을 보내자고 했다. 멋진 아이디어였지만 실현되지는 못했다.

카쇼기가 다급한 목소리로 전화를 걸어와서는 고르바니파르가 그날 오후 두 시에 자기 아파트로 오는데 레이건 대통령에게 보낼 긴급 메시지를 가지고 온다는 것이었다. 그러니 우리더러 그 사람을 꼭 만나 달라고 했다. 파리행 비행기는 오후 늦게 떠나기 때문에 나는 좋다고 했다. 나는 메시지가 봉투에 넣어 밀봉이 되어 있어서 그냥 백악관 측에 전달만 하면 되는 것쯤으로 생각했다.

그런데 그게 아니었다.

그리고 그것 때문에 나는 엄청난 난관에 봉착하게 되었다.

고르바니파르는 텔레비전 카메라가 자기 얼굴에 비치지 않으니까 아주 차분하고 땀도 흘리지 않은 채 놀랄 만큼 차분하게 이야기를 시작했다. "내가 이 이야기를 당신에게 하는 것은 내가 누구 손에 죽을지 모르기 때문에 진짜 내막을 누군가에게 털어놓아야 되겠다고 생각했기 때문입니다." 그는 이렇게 말했다. "당신 대통령이 이란과 거래를 하면 안 된다는 압력을 받고 있다는 것을 압니다. 하지만 부디 대화의 창을 열어 놓아야 한다고 말해 주시기 바랍니다. 그렇게만 해준다면 크리스마스이브에 한 명 내지 두 명의 인질이 추가로 석방될 것입니다. 이것은 생사가 걸린 문제이기 때문에 대통령 외에는 누구도 알면 안 됩니다. 만약에 이 이야기가 바깥으로 새어 나가면 인질들은 석방되지 않을 것입니다. 그리고 나도 죽고 이란에 있는 우리 가족도 모두 죽음을 당하게 될 것입니다."

그 말을 듣고 있자니 긴장이 되어서 숨이 막힐 지경이었다. 도저히 믿을 수가 없었다. 고르바니파르는 내게 이란-콘트라 혹은 이란 게이트로 불린 그 스캔들에서 자신이 한 역할을 내게 모두 털어놓으려고 하고 있었던 것이다. 엄청난 특종이 내 무릎에 떨어지고 있는 순간이었다.

나는 항상 가지고 다니는 작은 메모장을 꺼내 메모를 시작했다. 고르바니파르는 고위층에서 벌어진 거짓과 배반의 이야기를 끝도 없이 쏟아냈다. 이야기의 일부는 그의 동료인 아야툴라 몬타제리에 대한 것이었다. 그는 온건파로 병

환중인 아야툴라 호메이니(샤를 몰아내고 이슬람 혁명을 이끈 사람)의 후계자 반열에
올라 있는 사람이었다. 서방을 증오하는 호메이니와 달리 몬타제리는 미국을
비롯한 서방과의 관계를 회복하고 싶어 했다. 맥팔레인과 당시 국가안보위원회
보좌관이던 올리버 노스 대령이 타결을 본 그 무기거래는 친서방 몬타제리의
입지를 강화시켜 그의 승계 구도를 확고히 해 줄 호재였다. 서너 차례 무기 수
송이 이루어졌는데 그 가운데 결함 있는 부품들이 포함되어 있었다. 그래서 거
래는 일시 중단되고 몬타제리의 입지도 크게 흔들리게 되었으며 고르바니파르
는 목숨이 위태롭게 된 것이었다. 설상가상으로 선적이 재개된 다음에도 미국
측에서 고르바니파르를 거래에서 배제하려고 했다. 그런 시점에서 그는 자신의
목숨을 지키기 위해 ‘무기와 인질 교환’이라는 센세이셔널한 거래 사실을 레바
논 신문에 알렸다는 것이었다.

지금은 말끔하게 정리해서 이렇게 쓰고 있지만 고르바니파르가 그 이야기
를 털어놓을 당시에 나는 받아 적느라고 그야말로 정신이 하나도 없었다. 받아
적으면서 나는 ‘도대체 내가 지금 무슨 짓을 하고 있는 거지?’ 하는 생각이 들
기도 했다. 작은 메모장을 다 채우고 난 다음에는 카쇼기의 필기 용지를 썼다.
펜이 다 떨어지자 그 다음에는 연필로 쓰기 시작했다. 카쇼기의 필기 용지도 다
떨어지자 나는 무엇이든 눈에 보이는 대로 집어서 받아 적었다. 그래도 고르바
니파르의 이야기는 끝날 줄을 몰랐다.

머브는 내 옆에서 묵묵히 지켜보고 있었고 오후가 저녁이 되고 저녁이 밤
으로 바뀌었다. 도중에 한번 일어나 파리행 예약을 취소하고 새로 예약을 한
것을 제외하고는 꼬박 앉아 있었다. 그리고 마침내 고르바니파르가 이야기를
끝냈을 때는 새벽 네 시가 되어 있었다. 머브와 나는 완전히 녹초가 되어서 로
맨틱한 주말 같은 것은 생각도 나지 않았다. 우리는 호텔로 돌아와 그날 하루
종일 잤다.

나는 뉴욕으로 돌아온 다음 할 수 있는 한 최대한 이야기를 짜 맞추어 보았
다. 엄청난 이야기였지만 도대체 그중에서 내가 얼마나 기사로 쓸 수 있을까?
고르바니파르는 자기가 한 이야기 중에는 만약에 공개되거나 출처가 자기라는

사실이 밝혀질 경우 인질 석방이 물 건너가는 것은 물론 자기와 자기 가족도 목숨을 부지하지 못하게 될 것이라는 점을 분명히 말했다. 나는 그제서야 카쇼기가 왜 내게 프레드 프렌들리의 강연 내용을 보냈는지 이유를 알게 되었다. 고르바니파르가 내게 한 말 가운데 어디까지 ABC에 알려야 하나? 그리고 고르바니파르가 대통령에게 압력에 굴하지 말고 무기 전달을 계속해 달라고 한 메시지는 또 어떻게 해야 하나? 이란과의 대화를 계속하고 무기를 더 보내라는 요구였다. 그렇게 하지 않으면 인질은 석방되지 않을 것이다. 다른 사람의 목숨이 위험에 처해 있는 것이었다.

나는 내가 지켜야 하는 규정을 알고 있었다. 리포터는 자기가 직접 사건에 개입하거나 메신저 역할을 해서는 안 된다. 하지만 좋든 싫든 나는 이미 사건에 연루되어 있었다. 나는 다른 사람의 피를 내 손에 묻히고 싶지 않았고 그래서 고르바니파르의 비밀 준수 요구를 들어 주기로 했다. 그런데 레이건 대통령에게 어떻게 메시지를 전달한단 말인가? 레이건 대통령과 몇 차례 인터뷰를 한 적이 있기는 하지만 사실 개인적인 친분은 없었다. 무턱대고 백악관에 전화를 걸어서 "제발 대통령과 이야기할 수 있도록 해 주세요. 중요한 메시지를 전달할 게 있어요"라고 할 수는 없는 노릇이었다. 그렇게 할 수야 있겠지만 그러면 여섯 명이나 되는 보좌관들이 모두 무슨 내용인지 알려고 들 게 뻔했다.

그때 한 가지 생각이 떠올랐다. 낸시 레이건 같으면 남편에게 통로 역할을 해줄 수 있을 것 같았다. 그렇다고 레이건 여사에게 백악관으로 바로 전화를 걸 수는 없는 노릇이었다. 그런데 낸시 여사와 아주 친하고 나와도 친구 사이인 제리 지프킨이라는 사람이 있었다. 두 사람은 거의 매일 이야기를 나눈다는 말을 들은 적이 있기 때문에 나는 제리에게 전화를 걸었다. "제리, 이상하게 들릴지 모르지만 레이건 여사와 이야기를 좀 해야겠어요. 아주 심각한 일에 말려들었는데 가능한 한 빨리 이야기할 수 있게 해주었으면 좋겠어요. 백악관으로 전화를 걸어서 그녀더러 내게 전화를 좀 해달라고 해줄 수 있겠어요?"

한 시간 뒤에 레이건 여사가 전화를 걸어왔다. "제가 아주 난감한 입장에 처해 있습니다." 나는 이렇게 말을 시작했다. "대통령에게 드릴 아주 중요한 정보

가 있습니다." 그리고 사정을 전부 이야기한 다음 이렇게 말을 끝마쳤다. "제가
전달하려는 이 정보가 얼마나 정확한 것인지는 모르지만 대통령 한 분만 알고
계셔야 한다는 부탁을 받았습니다." 이야기를 나누는데 전화선에서 딸깍 하는
소리가 들렸다. "로니? 당신이에요?" 레이건 여사는 이렇게 말했다. 대통령이
었다. 그렇게 해서 나는 방금 한 이야기를 대통령에게 다시 전달했다. 말을 들
은 다음 대통령은 내가 가지고 있는 문서를 어떻게 하면 백악관에 자기 앞으로
전달할 수 있는지 자세히 설명했다. 나는 그 지시대로 했고 이후 정부 인사 누
구로부터도 아무런 연락도 받지 않았다.

　일주일쯤 뒤에 머브, 나는 딸 아이와 함께 하와이로 크리스마스 휴가를 떠
났다. 크리스마스이브에 나는 텔레비전 앞에 앉아서 인질 한 명이 석방되었다
고 발표하는 긴급뉴스가 나오기를 기다렸다. 하지만 긴급뉴스는 없었다. 비밀
협상 라인 어디에서 누구에게선가 일이 잘못된 것이었다. 우리 쪽인가? 아니면
고르바니파르 쪽인가? 나는 아무것도 몰랐고 무엇을 알아낼 수도 없었다.

　나는 이란-콘트라 스캔들에서 나의 역할은 끝났다고 생각했다. 두 건의 조
사가 시작되었다. 존 타워 전 상원의원이 이끄는 의회 조사위원회가 활동을 시
작했고 특별검사 로렌스 월시가 이끄는 조사도 시작되었다. 내가 레이건 대통령
에게 이야기한 지 한 달쯤 뒤에 뉴욕 타임스에 '무기와 인질 교환' 협상과 관련
해 정체불명의 문서들이 나돌고 있다는 기사가 실렸다. 결국 내 이름이 드러날
것이라는 생각에 나는 룬 알리지, 당시 ABC 뉴스 부사장이던 딕 월드와 자리를
함께한 다음 자초지종을 모두 털어놓았다. 나는 두 사람에게 내가 고르바니파르
와 관련해 백악관에 전달한 메모 사본을 보여 주며 그의 목숨이 위험에 처했고
레이건이 그의 말대로 조치를 취했더라면 인질 한 명이 풀려날 수 있었을 것이
라는 말을 했다. 룬과 딕은 나더러 그 이야기 핵심 내용의 출처가 고르바니파르
라는 것은 밝히지 말고 저녁뉴스 시간에 보도하라고 했다. 나는 그렇게 했고
ABC는 그 이야기에 관한 한 다른 방송들에 앞서 특종보도를 하게 되었다.

　1987년 3월에 월스트리트 저널이 내 이름을 거명하며 그 기사를 다시 쓰지
않았더라면 그 이야기는 그렇게 끝났을지 모른다. 월스트리트 저널은 "이란 무

기거래상이 바버라 월터스를 통로로 이용해 레이건에게 비밀 메시지를 전달했다"는 제하의 기사에서 내가 백악관에 전달한 메모를　ABC 뉴스 에디터들이 보았다는 사실과 내가 방송사의 사전 승인을 얻지 않은 채 백악관에 그 메모를 전달했다는 사실을 밝혔다.

전화가 왔다. "내 방으로 좀 오세요." ABC 뉴스의 이사였던 데이비드 버크가 냉정한 목소리로 불렀다. "잠깐 이야기 좀 합시다." 그는 회사의 정책과 절차를 감시하는 공식 직책에 있었다.

유쾌하지 않은 자리였다.

버크는 단호했고 화가 나 있었다. 매우 언짢은 표정의 딕 월드 앞에서 버크는 회사 측에서 공개적으로 ABC 뉴스의 규정을 위반한 데 대해 내게 징계를 가하겠다고 했다.　규정에는 뉴스 부서 종사자가 ABC 뉴스의 사전인지나 동의 없이 어떤 정부 기관에도 자료를 넘겨주는 것을 금지하고 있다. 생사가 걸린 상황에 한해서만 유일하게 예외를 인정하는데 그런 경우에는 기자가 자신의 판단에 따라 행동할 수 있도록 허용하고 있다.

나는 놀랐다. "내가 생각하기에는 데이비드, 이것은 생사가 걸린 문제였기 때문에　내 판단에 따른 것입니다"라고 나는 말했다. "내가 언론을 상대로 고르바니파르가 내게 자기 생명이 위험하며 레이건 대통령이 조치를 취해 주면 인질 한 명이 풀려날 수 있었다는 말을 했다고 말하면 되지 않겠어요?"

하지만 그는 내 말을 받아들이지 않았고 결국 나는 공개적으로 징계를 받았다.

ABC는 언론 성명을 통해 "바버라 월터스가 자신이 습득한 정보를 대통령에게 전달한 행위는 뉴스 규정을 위반한 것이다"고 밝히고 "ABC 뉴스는 사람의 목숨이 걸린 위협이 있는 경우를 제외하고는 저널리스트가 정부 기관과 협력하는 것을 정책적으로 제한하고 있다. 미스 월터스는 당시 사정이 사람의 목숨이 걸린 경우에 해당된다고 판단해서 그렇게 행동했다."

미국 내 거의 모든 신문 잡지가 이 발표문을 보도했다. 뉴욕 타임스는 "바버라 월터스가 이란 관련 문건을 레이건에게 전달"이라는 헤드라인을 달아서 마치 내가 이란-콘트라 사건에서 주요한 역할을 한 것처럼 보도했다. 로스앤젤레스 타임스도 "월터스, 심부름했다가 비난받아"라는 헤드라인으로 맞장구를 쳤고 USA 투데이는 "월터스, 레이건에게 이란 메모 전달해 논란"이라는 제목으로 다소 호의적인 기사를 실었다. 뉴욕 포스트는 심지어 호메이니가 다음과 같은 문구를 써 붙여 놓고 책상에 앉아 있는 만평까지 실었다. "굿 이브닝 20/20에 오신 걸 환영합니다. 바버라 월터스와 나는 서로 임무를 맞바꾸었습니다."

돌이켜 생각해 보니 룬과 딕 외에 데이비드 버크에게도 문건을 그 전에 보여 주었어야 했다. 당시 나는 혹시라도 문건이 유출되어서 고르바니파르가 죽음을 당할까 봐 걱정했다. 어쨌든 나는 인질이 풀려나야 한다는 생각에 그 문건을 백악관에 보냈을 것이다.

나는 또한 ABC가 내게 징계를 가한 것은 잘못했다고 생각한다. 그리고 룬과 딕 월드가 나를 옹호해 주지 않은 것에 대해 속이 상했다. 두 사람은 징계는 데이비드 버크의 권한이라며 그에게 미루어 버렸다. 내가 생각하기에 뉴스 부서에서는 내가 제공한 문건을 아무 거리낌 없이 보도했을 것이다. 솔직히 나는 그때 ABC가 예외로 규정해 놓은 사안을 무시하고 사람의 목숨을 위험에 빠뜨렸을 것이라고 생각한다. 나중에 나는 룬, 딕과는 화해했지만 데이비드 버크와는 거의 말을 하지 않았는데 그는 그 뒤 ABC 뉴스를 떠나 CBS 뉴스 사장으로 옮겨갔다.

아이러니하게도 당시 위험에 처한 것은 인질들의 목숨뿐이 아니었다. 로버트 맥팔레인은 1985년에 국가안보좌관직에서 물러난 뒤에서 레이건 대통령의 요청에 따라 개인 자격으로 이란-콘트라에서 역할을 계속했는데 1987년에 발륨 과다복용으로 자살을 기도했다. 그가 병원에서 퇴원한 뒤에 나는 처음으로 부인 존다와 함께 그를 인터뷰했다. 맥팔레인은 자신이 "조국에 누를 끼쳤다"는 말을 했다.

맥팔레인을 포함해 레이건 행정부의 고위 인사 몇 명이 이란-콘트라 사건에서 역할을 한 혐의를 받았고 맥팔레인은 의회에서 위증을 한 혐의로 유죄가 인정되었다. 올리버 노스와 맥팔레인의 뒤를 이어 국가안보좌관이 된 존 포인덱스터 제독은 다양한 혐의로 기소되었지만 절차상 문제로 취하되었다. 레이건의 국방장관인 캐스퍼 와인버거도 기소되었으나 레이건에 이어 대통령이 된 조지 H. W. 부시가 재판이 시작되기 직전에 사면해 주었다. 부시 대통령은 맥팔레인과 전 국무장관 엘리엇 에이브럼스, 그리고 CIA 고위 관계자 3명도 사면시켰다. 그렇게 해서 카쇼기와 고르바니파르를 포함해 이란-콘트라 스캔들에 가담한 모든 이들이 자유롭게 되었다.

나는 카쇼기와 가끔 연락을 주고받았는데 그는 계속 사업수완을 발휘하고 있었다. 그는 1990년에 이멜다 마르코스가 자신과 남편인 쫓겨난 필리핀 전 대통령 페르디난드 마르코스의 재산 수백만 달러를 은닉하도록 도운 혐의로 이멜다와 함께 기소되었는데 나는 그때도 그와 인터뷰했다(이멜다와도 인터뷰했다). 그 재산은 마르코스가 국가 재산을 횡령한 것으로 알려졌다. 카쇼기와 이멜다 두 사람 모두 무혐의 선고를 받았다. 이후 카쇼기는 다른 위법 사항도 드러났으나 마지막으로 내가 그의 소식을 들은 것은 몬테카를로에서 조용히 살고 있다는 것이었다. 스와미지는 그의 옆에 계속 붙어 있을지 모르지만 요트는 없었다. 그 요트는 수년 전에 도널드 트럼프에게 팔았고 트럼프는 그것을 어떤 사우디 사업가에게 다시 넘겼다.

고르바니파르 소식은 다시 듣지 못했는데 아마 계속해서 국제무대에서 사업을 하고 있을 것이다. 미국 국방부가 추진하는 이란의 '정권 교체' 기도와 관련해서도 그의 이름이 거론된 적이 한번 있었다. 뉴스위크 보도에 따르면 고르바니파르는 사담 후세인이 숨겨둔 현금 3억 4000만 달러의 행방을 안다고 주장하며 그 돈 절반이면 이란의 아야툴라 정권을 전복시킬 수 있다는 말을 했다고 한다.

레바논에 억류되어 있는 미국인 인질들 가운데 저널리스트인 테리 앤더슨은 7년 가까이 억류되어 있다 풀려났으며 나머지 인질들도 1991년에 모두 풀려났다. 그들이 고생 끝에 풀려난 것을 보고 나는 다른 모든 미국인들과 마찬가지로 기뻐했다. 나의 국제 외교 개입도 그렇게 해서 끝이 났다.

살인자들

우리가 하는 일에서 범죄는 항상 좋은 소재다. 강간사건, 살인사건
이 일어나면 우리는 멋진 방송을 할 수 있다. 다소 경박하고 냉혹
하게 들릴지 모르겠으나 센세이셔널한 범죄가 일어날수록 시청률
은 더 높아지는 게 사실이다. 그러니 내가 20/20을 25년 동안 진행해 오면서 중
요한 살인사건 용의자는 거의 모두 인터뷰했다는 것도 놀랄 일은 아니다. 단순
혐의자이건 아니면 유죄 선고를 받은 자이건 큰 사건이다 싶으면 빼놓지 않고
인터뷰했다. 인터뷰한 사람들 거의 모두 끔찍한 범죄를 저질러서 센세이셔널한
헤드라인을 장식한 자들이었다.

아더 실은 1992년에 아내 이린과 함께 엑슨 인터내셔널 회장인 시드니 레소
를 납치해 상자에 넣은 채 뉴저지에 있는 환풍도 안 되는 창고에 가두어 놓고
몸값을 요구했다. 나흘 뒤에 레소가 죽자 부부는 그를 암매장하고 계속 몸값을
요구했다. 제레미 스트로메이어는 18살의 잘생긴 고등학교 우등생이었는데
1977년에 네바다 주에 있는 한 카지노 도박장 여자 화장실에서 일곱 살 난 여자
아이를 성추행한 뒤 목 졸라 죽였다. 랍비(랍비가 세상에!) 프레드 노일랜더는 뉴
저지 주의 신도가 많은 유대교회당에서 아주 존경받는 랍비였는데 1994년에
아주 몸매가 늘씬한 여자와 연인 사이가 된 다음 두 명의 청부 살인자를 고용해
29살 난 자기 아내를 살해했다. 이들은 여자를 쇠파이프로 때려 죽였다. 랍비는

종신형을 선고받고 현재 30년째 복역 중이다. 아더 실과 스트로메이어는 가석방이 허용되지 않는 종신형을 살고 있다. 실의 아내 이린은 경찰에 협력하여 레소가 묻힌 곳을 알려 주었기 때문에 아더보다 가벼운 20년형을 선고받고 복역 중이다.

이들과 같이 살인 혐의를 받거나 살인죄로 복역하는 자들과 인터뷰하기 위해서는 길고 힘든 과정을 거쳐야 한다. 무엇보다도 교도소 측의 허락이 있어야 하고 관련 당국에도 그 사실을 알려야 한다. 그러기 위해 우리는 교도소장, 보안관, 아니면 해당 주의 교도소 책임자 등 권한을 쥔 사람이 누가 되었든 공식 허가를 얻어내기 위해 수많은 청원서를 보내고 전화도 수없이 걸어야 한다.

일단 교도소에 도착하면 포켓북, 지갑, 거울 등 갖고 있는 소지품은 모두 내놓아야 제한구역 안으로 들어갈 수 있다. 책이나 잡지는 물론 어떤 종류의 선물도 가져갈 수 없다. 재소자를 공동 면회실에서 만나는 경우에는 그들이 자판기에서 캔디, 햄버거, 혹은 소프트드링크를 사먹을 수 있도록 25센트짜리 동전은 조금 가져다 줄 수 있다. 이런 것은 기꺼이 용납이 된다.

나는 전국에 있는 수많은 교도소를 돌아다녔고 극약 주사 장비가 갖추어진 사형 집행실에도 가 보았다. 나는 무슨 이유로 가든 교도소에 갔다 오고 나면 며칠씩 후유증에 시달린다. 교도소 복도를 걸어갈 때 감방 안에서 나는 소리들, 발에 채운 족쇄 소리, 등 뒤에서 덜컹 하고 쇠철문 닫히는 소리 등이 머릿속에서 떠나지 않는 것이다. 교도소 문을 나서면 나는 심호흡을 하며 공기를 힘껏 들이마신다. 나는 "내가 저렇게 되지 않은 건 하느님 은총입니다" 같은 거창한 말은 하지 않지만 대신 "나를 자유의 몸으로 있게 해주셔서 정말 감사합니다"라고 말한다. 나와 인터뷰하는 죄수는 아무리 나쁜 죄를 저질렀다 해도 내겐 한 명의 인간일 뿐이다. 나는 아무런 선입견 없이 그들과 마주한다.

잔인한 살인을 저지른 사람에게 내가 간혹 공감을 표한다고 해서 내가 살인 행위를 이해한다는 것은 아니다. 하지만 살인범과 마주앉아 있을 때 나는 재판관의 입장이 아니다. 그래서 나는 "어떻게 그런 괴물 같은 짓을 저질렀단 말입니까?"라고 말하지 않고 "당신을 괴물이라고 생각하는 사람들이 있습니다. 그런 말을 들으면 기분이 어떤가요?"라고 묻는다. 실제로 인터뷰하는 동안에는 그렇게 많은 생각이 들지는 않는다. 범죄의 무서움을 실감하게 되는 것은 인터 뷰를 마치고 떠날 때다. '왜?' 라고 나는 자신에게 묻는다. 이 살인자들 대부분 이 직접 만나 보면 고분고분하고 예의 바르고 말도 분명하게 한다. 그 랍비처럼 계속 자기는 결백하다고 우기는 자들도 있지만 살인죄로 복역 중인 대부분의 사람들은 나와 인터뷰하면서 많은 뉘우침을 나타냈다.

내가 관여한 많은 살인 사건 가운데서 다섯 건이 유독 기억에 남는다. 아주 흉악한 살인범도 만나 보니 그렇게 나쁜 사람이 아니었다. 불가사의하면서 싹 싹한 사람인 클로스 폰 뷜로와 처음으로 마주앉은 것은 1982년이었는데, 당시 그는 한 달 전에 아주 부자인 아내 서니를 두 번 살해하려 한 혐의로 유죄평결 을 받았다. 사건 뒤 그의 아내는 혼수상태에 빠져 식물인간이 되었는데 배심원 은 그가 심각한 저혈당인 아내에게 피하 주사바늘을 이용해 인슐린을 주사한 것으로 판단했다.

그 사건은 7500만 달러에 달하는 서니 폰 뷜로의 엄청난 재산과 의붓아버지 폰 뷜로에 대해 내놓은 자녀들(오스트리아 귀족 혈통의 아들과 딸)의 불리한 증언, 그리고 클로스의 매력적인 연인 알렉산드라 아일스 등의 흥미 요소로 세계적인 관심을 불러일으켰다. 아일스는 폰 뷜로가 기소된 다음 변호사들의 충고에 따 라 그와의 관계를 청산했다. 폰 뷜로는 재판에서 증언을 하지 않았기 때문에 신 문과 텔레비전을 막론하고 모든 언론이 그의 이야기를 듣고 싶어서 안달이었 다. 나는 폰 뷜로와 아무런 연고도 없기 때문에 그가 인터뷰를 한다고 해도 내 게 그 기회가 올 것이란 생각은 못했다. 그래서 그가 유죄평결을 받은 직후에 당시 그의 상담가 겸 연인이던 안드레아 레널즈로부터 전화를 받고 나는 놀랐 다. 레널즈 부인은 내게 할 말이 있다며 5번 애비뉴에 있는 폰 뷜로의 아파트로 좀 와줄 수 없겠느냐고 했다.

그 집에 도착하자 왠지 모르게 오싹한 기분이 들었다. 레널즈 부인이 내게 말하려는 그게 무엇인지 전혀 몰랐고 거기다 날씨는 음침하고 추웠으며 새로

산 스웨이드 가죽 부츠는 진창에 빠져 엉망이 되었다. 폰 뷜로의 집은 5번 애비뉴에 있는 고급 빌딩들 중의 하나인 호화 아파트였다. 레널즈 부인은 차를 마시자며 나를 서재로 안내했다. 엉망이 된 내 부츠를 애도하며 앉아 있는데 장신의 클로스 폰 뷜로가 미소를 지으며 들어왔다. 그는 나와 악수를 나눈 다음 앉아서 우리가 서로 아는 한 영국인 친구 이야기를 꺼냈다. 그는 마치 만찬장에서 옆자리에 앉아 처음 만나는 사이처럼 자연스럽게 이야기를 했고 나도 그렇게 했다. 그는 그 영국인 친구 이야기를 하며 "어, 그런데 요즘 그 사람은 어떻게 지내지요?"라고 물었다. 그래서 나도 아주 공손하게 그 친구에 대해 몇 마디 해주었다. 나는 차를 한잔 더 마셨고, 그는 아주 차분하고 조용한 목소리고 자신이 처한 상황을 이야기하기 시작했다.

그는 판결을 두 주 남겨 놓고 있었는데 그의 항소 요구가 받아들여질 경우 검찰에서는 도주 우려를 감안해 그를 수감시키려 하고 있었다. 그는 자기가 서니와의 사이에 낳은 딸인 코시마에게 아주 헌신적이라는 점을 강조하며 나의 환심을 사려고 했다. 그는 행방을 감출 의사도 없으며 코시마를 버릴 의사도 전혀 없다는 말도 했다. 그러면서 언론에서 자신에 대해 잘못 보도하고 있는 것을 바로잡고 있으며 계속 집에 있을 것이라고 했다.

그때 나는 내가 독점 인터뷰의 오디션을 받고 있다는 사실을 깨달았다. 모든 기자들이 이 사람과 인터뷰를 하려고 몰려들었는데 왜 다른 사람이 아니고 나였을까? 안드레아(그녀는 내게 이름을 불러달라고 했다)가 나중에 이야기한 바에 따르면 그녀는 자기와 관련이 있는 윌리엄 모리스 에이전시에 전화를 걸어 자기 연인과 인터뷰할 사람으로 누가 제일 적임자일지 추천해 달라고 부탁했는데 나를 추천하더라는 것이었다. 폰 뷜로는 그녀의 생각을 믿고 따랐는데 그녀가 나와 인터뷰를 주선하자 편안한 마음으로 임했던 것이다.

그를 살인 혐의로 기소한 담당 검사는 내가 폰 뷜로와 인터뷰를 가짐으로써 그에게 여론 재판정에서 발언할 기회를 주는 데 대해 크게 화를 냈다. 실제로 폰 뷜로는 인터뷰를 통해 자기 아내를 "세상에서 제일 아름다운 여인" "자신감을 상실한 매우 불행한 사람" 등으로 불러 아내에게 성실하고 진지한 사람이라는 인상을 심어주었다. 그는 최근 여러 해 동안 업무 스케줄을 둘러싼 불화 때문에 이혼 직전까지 가게 되었다는 점은 인정했다. 또한 코시마를 낳은 뒤부터 아내에게 문제가 있어 부부관계를 하지 않았다는 점도 솔직하게 털어놓았다. 나는 마지막 질문을 던졌다. "마지막 질문을 하겠습니다. 폰 뷜로. 당신은 아내를 죽이려고 했습니까?" 나는 이렇게 물었다. "아니오, 나는 그런 짓을 하지 않았습니다." 그는 이렇게 대답했고 우리는 인터뷰를 끝냈다.

그 인터뷰가 재판 결과에 영향을 미쳤는지는 모르지만 폰 뷜로는 보석 허가를 받았다. 더구나 그는 유명한 하버드 법대 교수 앨런 더쇼위츠를 고용해 재판도 새로 받을 수 있게 되었다. 1985년 6월에 열린 두 번째 배심에서는 새로 밝혀진 의료 증거와 첫 번째 재판에서 나온 증언에서 일관성이 결여되고 상반되는 점들이 드러나 폰 뷜로에게 무죄평결이 내려졌다. 한때 살인 평결을 받았던 사람이 다시 자유의 몸이 되었다. 그가 풀려난 지 얼마 되지 않아서 나는 폰 뷜로와 다시 인터뷰했다. 두 번째 재판을 받고 난 뒤 그는 계속해서 품위 있고 예의 바르게 행동했으며 불가사의하게 보였다. 그는 옛날 영화에서 헐렁한 스모킹 재킷과 벨벳 슬리퍼를 신은 집주인 역을 하는 영국 배우들을 연상시켰다. 가장 인상 깊었던 것은 그가 나와 인터뷰를 하면서 단 한번도 "내가 왜 이런 일을 당하게 되었는지 모르겠다"와 같은 말을 한 적이 없다는 점이다. 그는 단 한번도 불평을 하지 않았고 언성을 높인 적이 없으며 감정이 격해지지 않았다. 그는 정말 냉정한 사람이었다.

하지만 그는 의붓자식들에 대해서만은 분을 삭이지 못했는데 그 아이들은 지금까지도 그가 자기들 엄마를 살해했다고 믿고 있다. 의붓자녀들은 그가 무죄로 풀려난 뒤에 민사소송을 제기했는데 폰 뷜로는 패소할 것을 우려해 그들의 요구를 들어주고 아내의 재산에 대해서는 권리를 포기하고 살던 곳을 떠났다. 폰 뷜로는 현재 런던에서 사는데 여기저기 파티에 다니며 가끔 연극과 미술 비평을 쓰고 있다. 그의 아내 서니는 이제 칠십대가 되었는데 지금도 뉴욕에 있는 한 요양원에서 의식불명 상태로 지내고 있다.

한편 나중에 폰 뷜로를 소재로 한 영화 '행운의 반전' Reversal of Fortune이 나왔는데 글렌 클로즈가 서니 역을 맡고 제레미 아이언스가 클로스 역을 맡았다. 아이언스는 이 역으로 1991년에 아카데미 최우수 남우주연상을 받았는데 나중에 내게 폰 뷜로의 차분하고 절제된 성격을 파악하기 위해 내 인터뷰를 몇 번이나 봤다는 말을 했다. 당시 폰 뷜로가 시체애착증 환자라는 소문이 나돌기도 했는데 영화 마지막 장면에 이런 대화가 나온다. 변호를 맡은 앨런 더쇼위츠 변호사 역의 론 실버가 "당신은 정말 이상한 사람이오"라고 하자 폰 뷜로 역의 아이언스는 "당신은 아무것도 몰라"라는 말을 한다. 나도 바로 그렇게 느꼈다. 정말 이상한 사람이었다.

내가 감옥에서 한 인터뷰 중에서 가장 극적인 것은 배우 로버트 블레이크와의 인터뷰였다. 그는 아내 살해 죄로 수감되었는데 폰 뷜로의 경우와 달리 보석이 허가되지 않아 구치소에서 판결을 기다려야 했다. 나는 2003년 2월에 로스앤젤레스 카운티 구치소에서 그를 인터뷰했는데 당시 그의 보석 허가 여부를 놓고 예심이 진행되고 있었다. 70년대 텔레비전 시리즈 '바레타' Baretta의 스타로 에미상 수상자인 그는 수척하고 넋이 나간 사람처럼 보였다. 당시 70세였던 그는 수갑을 차고 오렌지색 점프 슈트 죄수복을 입은 채 한때 O. J. 심슨이 있던 독방에 갇혀 있었다. 심슨처럼 지극히 초췌한 모습이었다.

그는 2001년 5월 4일에 결혼한 지 6개월밖에 안 된 아내 보니 리 베이클리를 총으로 살해한 혐의로 기소되었다. 피격 당시 보니는 스튜디오 시티에 있는 한 식당에서 저녁을 먹은 뒤 바깥에 있는 자동차에서 남편을 기다리고 있었다. 그는 아내가 피격될 당시 식당 안에 있었다고 주장했으나 일 년 뒤에 살인 혐의로 체포되었다. 두 명의 전직 스턴트맨이 블레이크로부터 보니를 살해해 달라는 부탁을 받았다고 주장하는 결정적인 증거가 나왔기 때문이다. 이 두 사람은 중증 마약 중독자들이었다.

블레이크는 그때부터 텔레비전과 인터뷰를 하기 위해 필사적으로 매달렸는데 자신의 무죄를 주장하기 위해서가 아니라 딸 로지에게 이야기를 하기 위해서였다. 그는 아내 보니와의 사이에 어린 딸이 있었는데 사건 뒤 일 년 동안 보지 못했다. 변호인 두 개 팀이 그가 공개적으로 유죄를 시인할 것을 우려해 변

호인 자격을 포기했고 세 번째 변호인은 인터뷰에 강력히 반대했으나 사임하지

는 않고 있었다. 세 번째 장애물은 로스앤젤레스 카운티 구치소였는데 카운티

보안관 르로이 배카는 변호사가 승인하든 않든 관계없이 기자가 구치소로 들어

와 인터뷰하는 데 대해 한사코 반대했다(2007년에 패리스 힐튼이 수감되었을 때 담당

보안관도 배카였다). 나는 그에게 전화를 걸어 다음에 로스앤젤레스에 가면 블레

이크를 만나게 해달라고 부탁했다. 나를 만나자 보안관은 아주 친절하게 대하

면서도 이렇게 말했다. "규정에 어긋나기 때문에 만나게 해드릴 수 없습니다."

그래서 나는 이런 카드를 꺼냈다.

　　전에도 이곳에서 수감자들을 만난 적이 있는데 왜 안 되느냐고 말했다. 그

랬더니 그는 놀라는 표정으로 "누구를 만났습니까?"라고 묻는 것이었다. "1996

년에 메넨데스 형제를 만났어요." 내가 이렇게 대답하자(이 형제 이야기는 나중에

나온다) 그는 헛기침을 하며 한참 뜸을 들이더니 마침내 알아보겠다고 했다. 그

는 내 말이 사실인지 좀처럼 믿지 않으려 했으나 내 말은 사실이었고 마침내 입

장이 누그러졌다. 그리고 "만약에 선례가 있다면 인터뷰하도록 해드리겠습니

다"라고 했다. 나는 그토록 매달렸으면서도 막상 허가가 떨어지자 그의 말이 믿

기지 않을 정도였다.

　　그렇게 해서 블레이크와의 센세이셔널하고 감동적이고 재미있고 거침없는

특별한 인터뷰가 마련되었다. 그는 때때로 울음을 터뜨리며 다른 사람에 대한

적대감을 나타내기도 하고 두 살 난 자기 딸에게 직접 이야기하듯 말했으나 전

반적으로는 마치 연기하는 것처럼 행동했다.

　　블레이크는 자신이 유죄판결을 받아서 다시는 딸을 만나지 못할 것이라고

믿고 있었다. 로지에게 할 말이 없느냐고 물었더니 그는 두 눈에 눈물이 가득해

지며 카메라를 쳐다보며 "삶은 정말 멋진 선물이란다 로지야"라고 말을 시작했

다. "절대로 삶을 헛되이 쓰지 마라. 그리고 나는 항상 너와 함께 있을 거야. 나

는 절대로 네 곁을 떠나지 않아." 그리고 이 지칠 대로 지친 남자는 딸에게 노래

를 불러 주기 시작했다. "너는 무지개의 끝." 노래를 부르자 두 뺨 위로는 눈물

이 줄줄 흘러내렸다. "나의 황금 단지. 너는 아빠 품에 안긴 작은 딸." 그런 식으

로 계속되었다. 이루 말할 수 없이 측은한 장면이었다.

"유죄로 판정나면 어떻게 하실 건가요?"라고 물었더니 그는 화난 얼굴로 나에게 이렇게 소리쳤다. "그게 무슨 상관이오? 나야 이미 죽은 목숨인데 또 어떻게 죽일 수 있단 말이오? 그들이 내게 또 무슨 짓을 할 수 있단 말이오? 그들은 나의 과거와 미래 모두를 빼앗아 갔소. 이제 또 무엇을 가져간단 말이오. 내 고환을 떼어 내서 그걸로 귀걸이라도 만들려고 그러는 것이오?"

연기를 그보다 더 잘할 수는 없을 것이다.

인터뷰가 방영된 뒤 법원에서는 그에게 보석을 허가해 석방시켰다. 블레이크의 안색이 너무 창백해서 판사들은 만약에 그가 구치소에서 죽기라도 할까 봐 겁도 났을 것 같았다. 블레이크는 나와 한 인터뷰 덕분에 자기가 풀려났다고 생각했고 지금도 그렇게 말한다.

2005년 3월에 블레이크의 아내 살인 혐의에 대해 무죄 판정이 내려졌다. 그를 살인행위에 연결시키는 물리적인 증거가 나오지 않았고 전직 스턴트맨 두 사람이 한 증언은 그들이 마약 중독자이고 진술이 서로 엇갈린다는 점 때문에 증거 능력을 상실했다. 우리가 한 인터뷰도 그의 무죄 판정에 약간의 역할을 했을 수도 있다. 인터뷰 일부는 법정에서도 방영되었다. 나중에 블레이크는 기자회견에서 공개적으로 내게 고맙다는 인사를 했다.

그의 어린 딸 로지는 그가 첫 번째 결혼에서 얻은 맏딸이며 개발심리학 교수인 델리나 블레이크 허위츠가 입양해서 기르고 있다. 나중에 만났더니 예쁘게 잘 자라고 있었다. 블레이크가 잘한 것 같았다.

살인 유죄 판정을 받은 사람 중 내가 인터뷰한 사람 가운데 진 해리스에게 나는 유독 친밀감을 느꼈다. 너무 가까운 사이지만 그녀 이야기를 하지 않을 수 없다. 그녀는 제일 믿기지 않는 살인자였다. 해리스는 버지니아 주 맥린에 있는 엘리트 여학교인 머데이라 스쿨의 엄한 교장 선생님이었다. 피살자는 바람둥이로 그녀와 오랜 연인 관계였던 유명한 심장병 의사이며 베스트셀러 저서 '스카스데일 다이어트' The Scarsdale Diet로 유명한 허먼 타나우어였다. 타나우어를 총으로 쏠 당시 해리스는 56세였고 타나우어는 69세였다. 사랑 때문에 범죄를 저지를 나이는 지났다고 생각하겠지만 실제로 일어난 사건이었다.

해리스는 자신의 표현대로 14년간 타나우어와 연인 사이로 지냈는데 1980년 3월 어느 토요일 아침에 두 사람의 관계는 파탄을 맞았다. 간밤에 그녀는 불면증 때문에 한숨도 못 잤다. 전날 학생들 사이에 인기가 좋은 네 명의 학생을 마리화나를 피운 죄로 퇴학시켰는데 해당 여학생들의 부모들이 학교에 몰려와 격렬하게 항의했다. 그리고 학생들도 그녀의 사무실 밖에 몰려와 퇴학당한 '머데이라 4인방'을 옹호하는 항의시위를 벌였다. 게다가 타나우어가 지난 십 년 동안 그녀에게 공급해 준 항우울제도 떨어지고 없었다. 약을 더 보내 달라고 전화를 걸었더니 타나우어는 스트레스를 주는 말만 더했다. 그는 언젠가 그녀와 결혼해 줄 것이라는 약속을 했는데 어느 순간부터 꽁무니를 빼기 시작했다. 그녀는 평생 독신으로 살아온 그가 젊은 보조원과 관계를 맺고 있다는 사실을 알게 되었다. 그런 마당에 타나우어는 조만간 열리는 중요한 파티에 그녀에게 자기와 같은 테이블에 앉지 말라는 말을 해서 가뜩이나 아픈 상처에다 소금을 뿌린 셈이 되었다.

이미 약해질 대로 약해진 해리스로서는 더 이상 감당하기 힘들 지경이 되었다. 그래서 타나우어에게 젊은 보조원에 대한 욕설을 잔뜩 담은 편지를 보낸 뒤 자살할 생각을 했다고 한다. 하지만 죽기 전에 타나우어와 마지막으로 이야기를 나눠 보고 싶었고 그렇게 해서 비극적인 종말이 시작된 것이었다.

3월 10일에 해리스는 장전한 권총을 지갑에 넣고 꽃다발을 하나 산 뒤 버지니아에서 출발해 다섯 시간을 운전해 뉴욕 외곽에 있는 타나우어의 집으로 갔다. 그녀가 도착했을 때 시간은 저녁 10시였고 비가 내리고 있었다. 그는 잠자리에 누워 있었는데 그녀를 보자 이야기하고 싶지 않다며 등을 돌려 버렸다. 그러는 참에 그녀의 눈에 여성 네글리제 한 벌과 슬리퍼가 눈에 들어왔다. 그녀는 완전히 이성을 잃어 버렸다. 그 다음에 벌어진 상황이 바로 재판의 핵심 포인트였다. 변호인은 해리스가 권총을 꺼내 자신의 머리에 갖다 대는 순간 타나우어가 이를 제지하려고 달려들었고, 이어서 몸싸움을 하는 과정에서 우발적으로 총기가 발사되어 타나우어가 치명상을 입었다고 주장했다. 검찰은 그녀가 고의

로 타나우어에게 총을 쏜 것이라고 주장했다. 어쨌든 타나우어는 네 발의 총상을 입고 바닥에 누워 죽어가고 있었고 해리스는 2급 살인 혐의로 체포되어 15년~종신형이 선고되었다.

이렇게 사건의 개요만 소개해서는 당시 이 사건이 얼마나 센세이셔널했는지 그 파장이 여러 해 동안 얼마나 요란했는지 짐작하기 어려울 것이다. 여권 단체들은 해리스를 무책임한 남자로부터 버림받은 피해자로 부각시켰다. 심지어 진 해리스 변호위원회라는 단체가 결성되어 마리오 쿠오모 주지사에게 해리스의 사면을 촉구하는 편지 쓰기와 서명 받기 캠페인을 벌이기도 했다. 하지만 매년 쿠오모 주지사는 그러한 청원을 기각했다.

나는 해리스 부인과 그녀의 변호인에게 나와 인터뷰를 갖고 그들의 입장을 이야기해 보라는 편지를 여러 통 보냈다. 유죄 판결이 내려지고 거의 2년이 지난 뒤에 그녀는 마침내 뉴욕 주에 있는 보안이 아주 철저한 여성 전용 교도소인 베드퍼드 힐스 교도소에서 나를 만나겠다고 했다.

그녀로서는 첫 번째 인터뷰였는데 나는 그 인터뷰를 도저히 잊을 수가 없다. 교도서 안에서도 그녀는 평소에 하고 다니던 가죽 머리끈을 하고 베이지색 케이블 니트 안에 흰 셔츠를 입고 있었는데 여전히 여교장 선생님 같은 모습이었다. 불과 이틀 전에 재판을 새로 받게 해 달라고 요구한 청원이 기각됐는데도 차분한 모습이었다. 타나우어 이야기를 꺼내기 전까지는 눈물도 보이지 않았다.

"지금도 그 사람을 사랑하세요?" 내가 이렇게 묻자 그녀는 "그래요"라고 대답했다.

"지금도 그 사람 생각하세요?" 나는 다시 이렇게 물었다.

그랬더니 그녀는 흐트러지며 완전히 자제력을 잃고 말았다. "그러지 말아요. 그러지 말아요." 그녀는 두 손으로 나를 밀치며 이렇게 흐느꼈다.

"안 할게요. 안 할게요." 나는 그녀를 더 이상 고통스럽게 만들지 않으려고 얼른 이렇게 말하며 달랬다. "이곳 생활을 조금 이야기해 볼래요? 할 수 있겠어요?"

하지만 진 해리스는 타나우어 이야기만 계속했다.

"나는 지금도 그 사람 생각만 해요." 그녀는 흐느끼며 이렇게 말했다. "그래서 나는 여기서 나가는 데는 관심도 없어요. 나가서도 그 사람 없이 어떻게 살아갈지 막막하기 때문입니다. 내가 정말 바보 같죠!?"

그녀가 안정을 되찾은 다음 우리는 인터뷰를 계속했다. 하지만 그녀가 보여준 격한 감정의 폭발은 두고두고 내 뇌리에서 떠나지 않았다. 앞으로 최소한 13년을 감옥에서 보내야 할 여인이 '그 사람'이 없기 때문에 바깥에 나가고 싶은 생각이 없다는 말을 했다. 나는 그런 사랑은 본 적이 없었고 그 말에 가슴이 정말 뭉클했다.

해리스는 수감 생활을 유용하게 보냈다. 베드퍼드 힐스 교도소에서 가진 후속 인터뷰에서 그녀는 내게 자신이 설립을 도운 육아센터를 보여 주었다. 수감자들이 아이들이 면회 오면 그곳에서 아이들에게 책도 읽어 주고 같이 놀기도 할 수 있는 시설이었다. 외부 간호사와 함께 그녀는 임신한 수감자와 젊은 엄마들을 상대로 바깥에 나가면 보다 잘 적응할 수 있도록 도와주는 교실도 운영했다. 또한 수감자들의 아이들에게 보다 나은 교육 기회를 주기 위해 그 간호사와 함께 '베드퍼드의 아이들 재단'도 만들었다. 그런 아이들 가운데 나중에 대학에 가고 로스쿨까지 간 아이들도 있다.

해리스는 감옥에서 심장발작을 일으켰고 진 해리스 변호위원회는 그녀를 사면시키기 위한 노력에 박차를 가했다. 나는 내 앞으로 오는 청원서에 모두 서명을 하고 쿠오모 주지사에게 편지 쓰는 일에도 동참했다. 쿠오모 주지사는 여전히 그녀의 석방을 거부했다.

나는 공정한 저널리스트였나? 해리스와 인터뷰할 때는 물론 그랬다. 하지만 개인적으로는 전혀 그렇지 않았다. 나는 그녀가 걱정이 되었고 15년을 감옥에서 썩게 하는 것은 공정하지 않다고 생각했다. 당연한 일이지만 ABC는 내가 사면 운동에 개인 자격으로 참여하는 것을 찬성하지 않았다. 그리고 한 신문 칼럼니스트가 나의 사면 운동 가담에 대해 글로 썼고 ABC 뉴스는 내게 그 사건에 대한 보도를 더 이상 하지 못하도록 금지시켰다. 그 뒤에도 나는 해리스를 가끔 면회했으나 그녀가 수감생활을 하는 나머지 9년 동안은 그녀에 대한 보도를 하지 않았다. 그 기간 중에 그녀는 한번 더 심장발작을 일으켰다.

1992년 12월에 해리스가 심혈관 네 곳의 바이패스 수술을 받기 위해 입원하자 쿠오모 주지사는 마침내 건강을 이유로 그녀를 사면해 주었다. 당시 그녀는 69세였고 13년을 감옥에서 보낸 뒤였다. 그녀는 마침내 자유의 몸이 되었고 나도 카메라 앞에서 그녀와 이야기할 수 있게 되었다. 우리의 마지막 인터뷰는 그녀가 심장수술을 받고 감옥에서 풀려난 지 3개월 뒤인 1993년 3월에 있었다.

해리스는 피곤해 보였으나 기력은 그대로였다. 감옥에서 보낸 시간이 헛되었다고 생각하느냐고 물었더니 그녀는 단 일 분도 헛되이 쓰지 않았다고 대답했다. 그녀는 자신이 감옥에 들어갈 때보다 훨씬 더 강해졌다고 했다. "들어갈 때 나는 살겠다는 의지가 그렇게 강하지 않았어요"라고 그녀는 말했다. "하지만 지금은 삶에 대한 의지가 아주 강하답니다."

첫 인터뷰 때 그녀가 타나우어의 이름을 듣는 순간 자제력을 잃고 펑펑 울던 당시와 너무 대조적인 모습이어서 나는 놀랐다.

"맞아요, 그때는 그랬지요. 하지만 지금은 아닙니다. 그건 12년 전이었고 이제 그 고통스럽던 시간은 지나갔어요. 지금 나는 이 나라에 있는 아이들의 삶을 향상시키기 위해 할 일만 생각합니다. 내 머릿속에는 온통 그 일 생각뿐입니다."

해리스의 이야기는 몇 권의 책과 영화로 소개되었다. 가장 최근에 만들어진 영화는 2006년 HBO 영화사에 만든 '해리스 부인' Mrs. Harris인데 아네트 베닝과 벤 킹슬리가 주연을 맡았다. 해리스는 이제 80대가 되었으며 코네티컷에 있는 요양원에서 지낸다. 타나우어를 만나기 전 결혼생활에서 얻은 두 아들과 가까운 곳에서 산다. 그녀는 지금도 베드퍼드 타나우어 어린이 재단을 위해 모금운동을 하며 나도 후원금을 보낸다. 그녀는 2007년 봄에 내 앞으로 짤막한 서신을 보내 왔는데 다정한 말투로 이렇게 물었다. "언제 일을 그만두려고 해요? 그리고 그렇게 열심히 해야만 하나요? 나는 이제 온몸이 삐그덕거리는데. 당신 같은 에너지가 정말 부럽네요." 나는 그녀가 평온하게 지냈으면 좋겠다. 그녀는 그럴 만한 권리가 있다고 생각한다.

마크 데이비드 채프먼은 내가 인터뷰한 사람 가운데 제일 유명한 살인자는 아니지만 제일 유명한 사람인 존 레넌을 죽였다. 나는 십 년 넘게 레넌이 죽은 날에 맞춰 그에게 인터뷰를 요청하는 편지를 보냈다. 채프먼의 승낙을 받아내는 데 꼬박 12년이 걸렸다. 그리고 교도소장이 채프먼의 정신상태가 이제는 온전하게 되었다는 판단 아래 동의하기까지 몇 개월이 더 걸렸다. 나는 1992년에 뉴욕 주 북부에 있는 애티카 교도소에서 마침내 채프먼과 만났다.

내가 그토록 긴 세월 동안 채프먼과의 인터뷰에 매달린 것은 그가 왜 레넌을 죽였는지에 대해 그때까지 그의 말을 직접 들어 본 사람이 없기 때문이었다. 거기다 그가 변호인을 통해 정신이상 주장을 철회하고 유죄를 인정했기 때문에 재판이나 증언도 없었다. 법정에서는 20년~종신형이 선고되었고 그는 독방에 수감되었다.

1992에 가진 나와의 첫 인터뷰와 때맞춰 발간된 그에 관한 책이 오랜 침묵을 깨 주었다.

채프먼은 수척한 모습에 안경을 끼고 있었다. 다리에는 쇠줄이 묶여져 있고 손에는 수갑이 채워져 있었으며 내게도 낯익은 연한 오렌지색 죄수복을 입고 있었다. 우람한 체구의 간수(간수들은 다 체구가 우람한 것 같다) 두 명이 양 옆에 붙어서 있었다. 우리는 공개된 작은 방에서 만났는데 나와 인터뷰하는 모든 살인범들이 다 그렇듯이 그도 차분한 모습이었다. 자리에 앉자 간수들이 그의 손과 발에서 수갑과 족쇄를 풀어 주었다. 다른 살인범들처럼 그도 할 말이 많았다. 그의 말은 조리가 있고 차분해서 완전히 제정신인 것처럼 보였지만 말하는 내용을 들어 보니 그렇지 않았다.

그는 도서관에서 우연히 레넌에 관한 책을 읽어 보고 레넌이 뉴욕에 있는 호화 아파트에 산다는 사실을 알고 나서부터 그를 증오하게 되었다고 했다. "나는 정말로 화가 났어요"라고 그는 내게 말했다. "나는 비틀스를 좋아했어요. 그들이 추구하는 이상은 내게 아주 중요했는데 갑자기 배신감을 느꼈어요." 채프먼은 어린 시절 학대를 당했고 우울증에 시달렸으며 자살을 기도하기도 했다. 그리고 레넌을 죽이려고 권총 한 자루와 뉴욕에서 하와이행 비행기

표를 샀다. "왜 그랬어요?"라고 물었더니 그는 이렇게 대답했다. "존 레넌은 아주 깊은 구멍에 빠졌어요. 그 구멍은 내 안 깊은 곳에 나 있어서 그를 죽이면 내가 그의 명성을 차지할 것이라고 생각했어요."

1980년 12월 8일에 채프먼은 레넌의 아파트 바깥에서 그가 녹음을 마치고 돌아오기를 기다렸다. 채프먼의 호주머니에는 권총 한 자루와 그가 신주처럼 모시는 J. D. 샐린저의 소설 '호밀밭의 파수꾼' A Catcher in the Rye이 들어 있었는데 그 책의 고독한 주인공은 채프먼과 꼭 닮은 꼴이다. 채프먼은 여하튼 레넌을 죽이면 기분이 좋을 것 같았다. "나는 그때 내가 아는 이 사람이 가짜라고 생각했어요"라고 채프먼은 말했다. "내 안의 누군가가 그를 처단하고 싶어 했어요."

이게 온전한 정신으로 자신의 정신이상 주장을 철회했다는 사람인가? 그는 자기가 사탄에게 존 레넌을 죽일 수 있는 힘을 달라고 부탁했다고 했다. "나 혼자 힘으로는 사람을 죽일 힘이 없다는 것을 알기 때문에 사탄에게 부탁한 것입니다"라고 그는 말했다. "그래서 나는 옷을 모두 벗고 노래 부르고 소리를 지르며 사탄의 의식을 치렀어요." 나중에 레넌의 자동차가 도착하자 사탄이 그에게 말했다고 했다. "나는 이런 소리를 계속해서 들었어요. '처단해, 처단해, 처단해, 처단해.'"

그리고 그 말대로 실행에 옮겼다.

채프먼은 존 레넌이 자기 아파트 건물로 걸어 들어가는 순간 네 발의 총탄을 퍼부었다. 그리고 채프먼은 건물에 기댄 채 경찰이 도착해서 자신을 경찰차에 태울 때까지 '호밀밭의 파수꾼'을 읽었다. 레넌이 피를 흘리며 보도에 쓰러져 누워 있는 것을 보면서도 그는 아무렇지도 않은 것 같았다. 하지만 경찰관이 레넌의 머리를 받쳐 들고 그에게 욕설을 퍼붓자 그는 참을 수 없이 속이 뒤틀렸다. "나는 놀라서 죽어 버릴 것 같았어요"라고 채프먼은 말했다. "경찰관이 내게 그런 끔찍한 욕설을 퍼붓는 것이었어요."

레넌은 병원으로 옮기는 도중 경찰차 안에서 숨을 거두었다. 그는 감옥으로 보내진 다음 감옥 담벼락 바깥에 있는 사제가 액막이를 통해 사탄을 쫓아냈다는 말을 내게 했다.

채프먼은 레넌의 미망인인 오노 요코와 레넌이 피살될 당시 다섯 살이던 그들의 아들 숀에게 사과하는 말로 인터뷰를 마쳤다. "미안합니다. 진심으로 미안합니다." 그는 이렇게 말했다. "미안합니다. 미안합니다."

인터뷰가 끝나고 간수가 수갑과 다리 족쇄를 도로 채운 뒤 그를 감방으로 데려가는 동안 그는 계속해서 머리를 뒤로 돌리면서 이렇게 말했다. "미안합니다. 미안합니다." 그의 말은 그가 자기 독방으로 가는 동안 긴 복도에 울려 퍼졌다. 지금도 내 귀에는 그 소리가 생생하게 들리는 것 같다.

많은 사람이 그 인터뷰를 보고 언짢아했으며 ABC는 인터뷰를 내보낸 뒤 나의 신변안전에 신경을 많이 썼다. 나는 항의하러 몰려든 사람들이 많아 별도의 출입문을 이용해야 했으며 존 레넌을 좋아하는 사람들은 우리가 암살자에게 방송시간을 할애해 준 데 대해 엄청나게 분노했다. 하지만 그 인터뷰는 채프먼에게 아무런 도움이 되지 않았으며 이 글을 쓰는 지금도 그는 애티카 교도소에 수감되어 있다. 그는 복음교 신자가 되었다는 말을 들었는데 그동안 네 번 가석방이 기각되었다. 기각된 이유 가운데 하나는 오노 요코 때문이었다. 그녀는 2006년 11월 남편의 사망 26주기 때 뉴욕 타임스에 쓴 글에서 "나는 지금도 방아쇠를 당긴 자를 용서할 마음의 준비가 되어 있는지 모르겠다"고 했다. 다른 사람도 마찬가지 같았다. 한번은 가석방 심사가 진행되는 동안 그가 석방되면 보복하겠다는 온라인 청원에 2000명 가까운 사람이 서명했다. 채프먼은 감옥에 있는 게 더 안전하다.

마지막으로 메넨데스 형제는 1996년에 성격이 불같은 그들의 변호인 레슬리 에이브럼슨을 통해 내게 왔다. 섬뜩한 범죄에 대한 일반 사람들의 호기심은 1991년에 법정 TV를 탄생시켰고 다른 수백만 명의 미국인들과 마찬가지로 나도 레슬리가 로스앤젤레스 법정에서 벌이는 드라마를 면밀히 지켜보았다. 그녀의 의뢰인인 에릭 메넨데스와 그의 형 라일 메넨데스는 1989년 베벌리힐스에 있는 호화 주택에서 텔레비전을 보고 있는 자기 부모를 총으로 잔인하게 살인한 일급 살인 혐의로 기소되었다. 사건 당시 에릭은 18세였고 라일은 21세였다. 두 사람에 대한 공동재판은 4년 뒤에 시작되었는데 에이브럼슨은 재판이 진행되는 동안 의뢰인들에게 스웨터와 카키색 바지를 입도록 해서 나이보다 더여러 보이도록 만들어 어린 나이를 부각시키려고 애를 썼다. 대단한 드라마였다. 우리는 모두 이 '소년들'을 지켜보았다. 레슬리는 항상 그 아이들을 그렇게불렀다. 그 아이들은 자기 아버지가 그들에게 성적 학대를 가한 이야기를 하면서 울었고 그런 사실을 남에게 알리면 자기들을 죽였을 거라며 너무 무서웠다고 했다. 그래서 자기들이 먼저 부모를 죽였다는 것이었다. 레슬리는 5개월째진행된 재판에서 줄곧 정당방위라는 논리를 폈다. 배심원들은 그녀의 말을 믿는 측과 이들이 재산이 탐나 부모를 죽였기 때문에 일급 살인죄에 해당된다고믿는 측 사이에 끼어서 옴짝달싹 못하고 있었다. 배심원 의견 불일치로 인한 미결정 심리는 일시적이나마 레슬리와 그녀의 '소년들'의 승리였다. 그리고 1995년에 열린 두 번째 재판은 7개월을 끌었다.

나는 재판이 진행되는 동안 줄곧 레슬리와 이야기를 나누었다. 자그마한 체구에 고아 소녀 애니 같은 금발을 한 그녀는 골치 아픈 존재로 법정 안팎에서호랑이로 소문이 났다. 그녀는 여러 속임수로 다른 변호사와 기자들을 화나게만들기도 했지만 나와는 죽이 잘 맞았다. 레슬리는 당시 어느 방송사와 자기가진행하는 TV쇼를 맡는 일을 교섭 중이었는데(실현되지는 않았다) 나도 몇 가지 조언해 주었다. 다른 텔레비전 저널리스트들도 마찬가지지만 내가 궁극적으로 원하는 것은 물론 그 형제들과의 인터뷰였다. 게다가 나는 그녀를 정말 좋아하기도 했다. 그런 좋은 관계 덕분에 두 번째 재판이 끝난 뒤에 그녀는 에릭과 라일을 설득해 나와 인터뷰하도록 했다. 당시 메넨데스 형제는 일급 살인죄로 유죄가 확정되어 가석방이 허용되지 않는 종신형을 선고받았다.

둘이 유죄 판결을 받은 이유는 다음과 같다. 형제에게 불리한 사실이 이미두 건이나 드러나 있었다. 하나는 부모가 죽은 뒤 아버지의 생명보험을 타내 돈을 물 쓰듯 한 것이었다. 라일은 6만 4000달러짜리 회색 포르셰 911 카레라까지 한 대 샀다. 두 번째는 에릭이 담당 의사에게 살인 사실을 털어놓았다는데그 말을 엿들은 의사의 여자 친구가 경찰에 신고한 것이었다. 세 번째는 두 번째 재판에 결정적인 변수가 되었는데 담당 판사의 입장이 급변한 것이었다. 메넨데스 재판의 담당 판사는 불과 일주일 전에 O. J. 심슨의 무죄 결정으로 욕을 먹은 이토 판사의 전철을 밟지 않기 위해 텔레비전 카메라를 법정 안에 들이지 않기로 했다. 그는 또한 첫 번째 재판에서 학대 행위가 입증되지 않았다는 점을 이유로 가족과 전문가 증언을 제한하는 조치를 취했다. 그렇게 함에 따라 배심원들에게는 일급 살인 아니면 무죄평결이라는 두 가지 선택만 남게 되었다. 정당방위 적용이 물 건너가자 남은 것은 일급살인밖에 없었다. 레슬리 에이브럼슨은 너무 기분이 상하고 지친 나머지 형법 업무에서 당분간 손을 떼기로 했다. 하지만 그녀는 에릭과 라일을 설득해서 첫 번째 단독 인터뷰를 나와 갖도록 주선했다.

나는 로스앤젤레스 카운티 구치소에서 메넨데스 형제와 인터뷰를 가졌다. 에릭과 라일이 재판정 밖에서 나란히 앉아 자신들의 이야기를 털어놓는 것은 처음이었다. 그들이 들려주는 이야기는 너무도 끔찍했다.

살인이 저질러진 날 밤에 대해 에릭은 이렇게 말했다. "그날 나는 다시는 아버지가 내 몸에 손대지 못하도록 만들겠다고 결심했어요. 그리고 총을 쏘기 직전에 아버지가 내 방으로 와서 잠깐만 있겠다고 했어요. 그것은 섹스를 하겠다는 말이었고 나는 그만 폭발하고 말았습니다."

그와 형이 그 전에 권총을 구입한 사실을 상기시켰더니 에릭은 그것은 자기들을 지키기 위한 것이었다고 했다. "내가 라일 형에게 비밀을 털어놓은 것을 알고 아버지는 라일에게 '만약에 네 놈들이 사람들에게 이 사실을 알리겠다면 절대로 그렇게 하지 못하게 만들어 주겠다' 고 했어요."

그렇다면 엄마는 왜 죽였을까? 형제는 엄마가 그런 사실을 알고도 아무런 조치도 취하지 않았기 때문이라고 했다. "엄마에게 화가 났어요"라고 라일은 말했다. "엄마는 그런 사실을 알면서도 아버지에 대해 모른 체했어요." 에릭은 이렇게 말했다.

"엄마는 자기도 아버지가 내게 무슨 짓을 하는지 다 안다고 했어요. 그 순간 나는 아빠와 엄마가 똑같은 사람이라는 걸 알았어요. 두 사람은 하나였어요."

그래서 형제는 부모를 모두 쐈고 그들이 남긴 돈으로 쇼핑을 갔다는 것이다. "두 사람 보고 못된 형제들, 사악한 아이들, 악마 같은 아이들이라고 말하는 사람들이 있어요. 그 말에 대해 어떻게 생각해요?" 묻는 말에 에릭은 이렇게 답했다. 제일 맘에 드는 말이기도 하다. "나는 그저 보통 아이일 뿐입니다"라고 그는 말했다. "오, 에릭!" 나는 그에게 이렇게 말해 주었다. "부모를 죽인 보통 아이란 말이지?"

인터뷰는 공식 판결이 내려져서 형제를 어느 교도소에 수감시킬지 정해지기 직전에 진행되었다. 둘은 같이 수감되기를 간절히 원했다. 라일은 "에릭과 나는 같이 자랐기 때문에 감옥에서도 같이 있어야만 합니다. 너무도 힘든 시기를 지내며 이제는 서로 떨어질 수가 없습니다"라고 라일은 말했다. 에릭은 둘이 떨어질까 봐 잔뜩 겁을 먹고 이렇게 말했다. "둘이 같은 감옥에 들어가지 않으면 영영 다시 못 볼 수가 있습니다. 이제 모든 것을 다 빼앗기고 마지막 남은 것이라고는 우리 둘뿐입니다." 하지만 당국은 두 사람의 간청을 받아들이지 않았다. 라일은 테하차피 인근에 있는 캘리포니아 교도소로 보내졌고 에릭은 샌크라멘토 카운티에 있는 캘리포니아 주립 교도소로 보내졌다. "몇 주 전에 내려진 끔찍한 결정에 대해 알려 드리고 싶어요." 에릭은 1996년 10월 내게 보낸 편지에서 이렇게 썼다. "라일 형과 나는 헤어졌습니다. 나는 이런 무자비한 힘으로 자행된 불행하고 잔인한 결정에 승복하지 않을 것입니다. 나는 너무 슬픕니다." 형제는 지금까지 서로 다른 교도소에서 지내고 있다.

에릭으로부터 편지를 받은 것은 그게 처음이 아니었다. 그와 인터뷰를 한 직후부터 그는 내게 편지를 보내기 시작했다. 처음에는 답장을 하지 않았으나 그의 편지 내용이 너무 지적인 데다 심적인 고통을 크게 겪고 있는 것 같아서 나는 답장을 보내기 시작했다. 그는 자신이 저지른 일 때문에 얼마나 고통스러운지 모른다고 거듭 강조했다. 그는 부모한테서 학대당한 사람들로부터 수백 통의 편지를 받는다고 했다. 그는 그 사람들에게 답장을 보내 무엇인가 도움을 주고 싶다고 했지만 물론 그렇게 할 처지가 아니었다. 그는 또한 교도소 개혁에 대해 몇 가지 생각이 있지만 교도소 당국이 관심을 보이지 않으며 그런 생각 때문에 오히려 어려움을 겪게 되었다고 했다.

　　잠시 딴 이야기를 하기로 한다. 복역 중에 에릭과 라일 두 사람 모두 바깥에 있는 여인들과 결혼했다. 두 여성 모두 그들이 재판을 받는 동안, 그리고 이후 몇 년간 복역하는 동안 편지를 보낸 수백 명, 아니 수천 명 가운데 들어 있었을 것이다. 라일은 결혼하고 일 년이 채 안 돼 이혼한 다음 또 결혼했다. 에릭은 1999년에 옥중 서신을 나누던 여성인 태미 메넨데스와 결혼한 다음 이 글을 쓰는 지금까지도 부부 관계를 유지하고 있다. 이들이 결혼생활을 유지하는 게 특히 놀라운 것은 라일과 에릭 같은 복역수들에게는 부부 사이의 면회가 허용되지 않기 때문이다. 쉽게 표현하면 섹스를 못 한다는 말이다. 에릭은 결혼한 지 삼 년이 지난 2002년에 내게 보낸 편지에서 태미와 인터뷰할 생각이 없느냐고 제의했고 나는 즉각 좋다고 답했다. 에릭은 자기 아내가 말하기를 매우 두려워한다고 했는데 그녀가 에릭 메넨데스라는 사실이 동료들에게 알려지면서 해 오던 자원봉사 일을 못 하게 되었다고 했다. 그렇지만 자기는 아내에게 나와 인터뷰하는 게 좋겠다고 말했다는 것이다. 그는 자기 사건이 재심 받게 되기를 계속 원하고 있었다. 이번에는 자기 부모의 학대와 관련된 비공개 자료를 이용할 생각이었다. 그는 아내 태미의 인터뷰가 재심 길을 여는 데 도움이 될 것이라는 생각을 했다. 그래서 나는 태미를 만나러 캘리포니아로 갔다. 태미는 에릭보다 열 살 연상이었고 두 번 결혼 전력이 있으며 두 딸(한 명은 장성했고 한 명은 여섯 살이었다)의 어머니였는데 연약하고 금발에다 아주 예쁘고 수줍음이 많은 여자였다. 어느 정도 친해진 다음에 우리는 함께 에릭을 면회하러 갔다. 기묘한 만남이었다. 나는 감옥에 자주 다니다 보니 자판기에 쓸 25센트 동전을 가져가야 한다는 것은 잘 알고 있었다. 우리 세 사람은 마치 맥도널드 점에 간 것처럼 함께 앉아서 햄버거를 먹으며 이야기를 나누었다. 그때 에릭의 혈색이 아주 좋았던 기억이 난다. 그는 당시 12년째 복역 중이었는데 검게 그을린 얼굴에 몸매도 탄탄했다. 알고 보니 교도소에서 밤에는 야간 관리인 일을 하고 낮에는 비닐봉지에 물을 채워 운동기구 삼아 근력운동을 한다고 했다. 그와 태미는 아주 사이가 좋았다. 면회시간 중에는 서로 손을 잡고 있었는데 그 외에 다른 신체 접촉은 금지되어 있었다.

나중에 나는 교도소 바깥에서 태미와 인터뷰했다. 부부를 함께 카메라에 담을 수는 없었는데 카메라를 동원해 복역수와 인터뷰하는 것은 금지되어 있었기 때문이다. 태미는 텔레비전을 통해 방영된 형제의 첫 번째 재판을 보고 "에릭에게 마음이 끌렸다"고 했는데 그녀는 "그가 한 행위를 이해할 수 있었다"고 했다. 그녀도 학대를 당한 것일까? 이렇게 묻자 그녀는 "결혼생활을 하는 동안 정에 굶주렸어요"라고 대답했다. 태미는 나중에 에릭과의 관계에 대해 쓴 책에서 당시 남편이 의붓딸인 그녀의 큰딸을 추행했다고 썼다. 그 남자는 나중에 자살했다.

태미는 재판이 진행되는 동안 구치소에 있는 에릭에게 편지를 썼는데 놀랍게도 답장을 받았다. 1996년에 남편이 죽자 그녀는 몇 달 뒤에 다시 편지를 썼다. 그녀 말로는 당시 그녀는 에릭으로부터 위안을 받고 싶었다고 했다. 어떻게 해서 한번 만난 적도 없는 에릭에게 믿음이 갔느냐고 물었더니 그녀는 이렇게 대답했다. "아마도 교도소에 갇혀 있기 때문일 테지요. 나한테는 아주 안전한 사람이었으니까요."

두 사람은 이듬해 여름에 태미가 캘리포니아로 에릭을 면회하러 가면서 처음 만났다. "겁이 났어요"라고 그녀는 말했다. "그 전에는 감옥이라는 곳에 한 번도 가 본 적이 없었으니까요." 만나자마자 불꽃이 튀었다. "나는 그저 '이 사람이 정말 마음에 든다. 다만 그가 감옥에 있어 좋지 않을 뿐이다'는 생각이 들었어요. 그리고 자주 면회를 가면서 두 사람 사이는 점점 더 탄탄해졌어요." 마침내 그녀는 둘째 딸과 함께 미네소타에서 에릭의 감옥 가까운 곳으로 이사했다. 두 사람은 1999년에 교도소 면회소 옆에 붙은 콘크리트 블록 회의실에서 결혼식을 올렸다. 에릭의 할머니가 참석했고 고모 두 명도 왔다. 결혼 케이크가 허용되지 않았기 때문에 "우리는 자판기에서 산 트윙키로 대신했어요"라고 태미는 말했다. 교도소 측에서 한 가지 양보를 했는데 "결혼식이 끝나고 두 사람이 서로 키스할 수 있도록 허용해 주었습니다. 그래서 좋았어요"라고 태미는 말했다.

에릭은 태미에게 헌신적인 것 같았고 태미도 마찬가지였다. 우리는 에릭의 얼굴을 카메라에 담을 수는 없었지만 전화로 그와 인터뷰했다. "나는 그녀에게 다른 남편들이 해주는 대부분의 것을 해줄 수 없습니다. 육체적으로는 껴안아 줄 수도 없습니다." 그는 이렇게 말했다. "내가 그녀에게 해줄 수 있는 것은 조건 없고 완전한 헌신과 사랑밖에 없습니다. 그녀는 나의 전부입니다."

그 인터뷰로 말미암아 에릭은 더 큰 어려움에 처하게 된 것 같았다. 그와 태미 모두 내게 편지를 보내 인터뷰 직후에 그가 수갑에 채워진 채 '구멍'에 가두어졌다고 했다. 태미는 그가 나흘간 독방에 감금되었으며 "얼굴은 피범벅이 되었고 음식물이 방안 곳곳에 흩어져 있었다"고 했다. 그는 '탈옥 음모' 혐의를 받았지만 본인은 영문도 모른 채 당했다는 것이었다. 그는 거짓말 테스트를 받은 다음 독방에서 풀려났지만 다른 불이익을 많이 당했다.

이후 에릭은 네 시간 거리인 캘리포니아 주 콜링가에 있는 플레즌트 밸리 주립 교도소로 이감되었으며 태미도 주말에만 면회가 허용되었다. 라일 역시 캘리포니아 주 아이온에 있는 뮬 크리크 주립 교도소로 이감되었다. 에릭이 가장 우려했던 일은 현실로 나타났다. 형제는 십 년 넘게 서로 보지도 이야기를 나누지도 못하고 살았던 것이다. 서로 편지를 주고받을 수는 있었지만 편지는 교도소 측이 개봉해서 읽어 주었다.

에릭은 지금도 내게 편지를 보내오며 그는 살인죄로 복역 중인 사람 가운데 내가 연락을 주고받는 유일한 사람이다. 나는 그가 저지른 행동이 나쁜 짓이라고 생각하나? 그야 물론이다. 그는 자신이 저지른 행동이 나쁜 짓이라고 생각하나? 그렇다. 적어도 말은 그렇게 한다. 그가 보내는 편지는 지적이고 세심하며 남을 원망하지 않는다. 에릭은 영원히 교도소에서 풀려나지 못할지 모른다. 나는 이렇게 지적이고 세심한 사람이 어떻게 자기 부모를 그토록 냉혹하게 살해할 수 있었을까 하는 생각이 자꾸 든다. 앞서 말했듯이 나는 에릭을 포함해 내가 인터뷰한 모든 살인범들에게 인간으로서 동정심을 느낀다. 하지만 그들이 저지른 범죄는 받아들일 수가 없다.

특별한 범죄자들

살인범들 이야기만 헤드라인을 장식하고 텔레비전 시청률을 높이는 것은 아니다. 마사 스튜어트나 소위 '정크 본드의 제왕'으로 불린 마이클 밀켄 같은 화이트칼라 백만장자 범죄인들도 마찬가지다. 유명인이 연루된 범죄의 경우에는 범죄자와 피해자들의 가족 이야기도 큰 관심사가 된다. 예를 들어 O. J. 심슨 같은 센세이셔널한 재판이 진행되는 경우에는 사실상 관련된 인사 모두가 인터뷰하고 싶은 대상 목록에 오른다. 또한 범죄 혐의자가 무죄로 판명 나는 경우에도 아주 흥미로운 인터뷰 대상이 된다.

허스트 출판제국의 회장인 랜돌프 허스트의 딸 패트리샤 허스트의 이야기부터 한번 해 보자. 지금까지도 패티 허스트가 범죄자인지 범죄의 피해자인지 아무도 단정 지어 말할 수가 없다.

1974년 2월에 당시 19살이던 패티 허스트는 자생적 무장혁명 단체인 심비어니즈 해방군SLA이 버클리의 타운하우스에서 그녀를 납치하면서 헤드라인을 장식했다. 납치범들은 약혼자와 같이 살던 집에서 그녀를 잠옷 차림으로 납치한 다음 타고 온 자동차 트렁크에 밀어 넣고 갔다. 일주일 뒤에 SLA는 그녀가 살려 달라고 애원하는 장면을 담은 오디오 테이프를 공개했다. 끔찍하지만 예상했던 일이었다. 예상치 못한 일이 벌어진 것은 그로부터 두 달 뒤에 은행강도 현장에서 두 손에 기관총을 손에 들고 휘두르는 패티의 모습이 은행 감시 테이프에 찍힌 것이었다. "나는 타냐다." 허스트는 새로 지은 가명을 쓰고 있었다.
"모두 벽에 기대서, 이 개새끼들아." 그렇게 해서 부유한 상속녀는 불쌍한 납치
피해자에서 못된 수배자로 신분이 바뀌었다.

　허스트는 1975년 9월에 체포되었다. 법정 TV가 없던 시절에 진행된 그녀
의 재판 진행상황은 연일 신문에 대서특필되었다. 그녀의 변호인은 그녀를 세
뇌와 협박의 피해자로 부각시키려고 애썼지만 실패했다. 배심원단은 허스트에
대해 무장강도 유죄 판정을 내렸고 그녀는 7년형을 선고받고 수감되었다. 나
는 ABC로 옮긴 직후에 그녀를 찾아갔다. 그녀는 인터뷰하는 게 허용되지 않았
지만 나는 감옥에서 나오면 나와 인터뷰해 달라는 부탁을 하려고 찾아간 것이
었다. 연방교도소에서 그녀를 만난다는 것은 정말 믿기지 않는 일이었다. 허스
트는 도시 게릴라 시절 이전으로 완전히 다시 돌아가 있었다. 군인 베레모와
붉게 염색한 머리, 공격적인 성향 등 이전에 자동소총을 휘두를 때의 모습은
찾아볼 수 없었다. 그녀는 차분하고 얌전했다.

　교도소로 면회 간 덕분에 그녀는 1981년에 조기 석방되자 제일 먼저 나와
인터뷰했다. 지미 카터 대통령이 그녀의 형량을 현재 복역한 날까지로 감형시
켜 줌으로써 허스트는 감옥에서 22개월밖에 보내지 않았다. 나중에 빌 클린턴
대통령은 그녀를 정식 사면했다. 모든 국민이 그렇게 하는 게 옳다고 생각한다
는 이유에서였다. 우리의 대화 내용은 무시무시하면서 수수께끼 같았다. 무시
무시한 부분에는 그녀가 납치당한 뒤 눈이 가리어진 채 갇혀 있던 57일간의 이
야기가 들어 있다. 그동안 그녀는 SLA 일당들과 강제로 섹스를 해야 했고 죽이
겠다는 협박을 숱하게 들었다고 했다. 수수께끼 같은 부분은 많은 기회가 있었
는데도 왜 도망치거나 집으로 전화도 한 통 하지 않았느냐는 것이었다. "로스앤
젤레스에 있는 한 모텔에 혼자서 며칠씩 지낸 적도 있었지요. 정말 혼자였는데
그때 부모님에게 전화를 걸어 '나는 잘 있습니다' 라고 안부인사라도 할 수 있
지 않았어요? 그런데 그렇게 하지 않았잖아요. 왜 그랬어요?"

　"그냥 할 수 없었어요"라고 그녀는 대답했다. "도저히 할 수 있다는 생각이
들지 않았어요. 전화를 한다는 생각조차 들지 않았어요. 그들SLA로부터 그런 짓

을 당하고 나서는 도망친다거나 배신하려다가는 그들 손에 죽는다는 생각밖에 들지 않았으니까요."

그 인터뷰에서 지금도 기억나는 것은 패티 허스트가 이야기한 내용이 아니라 그녀의 목소리가 정말 죽은 사람 목소리 같았다는 점이다. 그녀는 자기가 겪은 일을 정말 아무런 감정도 없이 그저 담담한 톤으로 이야기했다. 눈물도 죄책감도 없었다. 그녀의 의식에서는 모든 기억이 지워져 버렸고 다른 사람이 써놓은 것을 그냥 읽어내려 간다는 느낌을 주었다. 그렇게 해야 감당할 수 있었던 것일까? 아니면 너무도 많은 일을 겪어서 아무런 감정이 남아 있지 않았던 것일까? 나는 도저히 알 수 없었다.

한 가지 더 이야기할 것은 그녀의 정말 예쁜 아기 리디아에 관한 것이다. 감옥에서 나온 뒤에 패티는 그녀의 경호원이던 샌프란시스코 경찰관 버나드 쇼와 결혼했다. 두 사람은 당시 샌프란시스코 교외의 중상류층 지역에 있는 크게 호화롭지 않고 보안이 잘된 주택에서 살고 있었다. 두 사람은 지금까지 결혼생활을 계속하고 있으며 장성한 두 딸이 있고 코네티컷 주 윌턴에서 살고 있다. 내가 패티를 마지막으로 본 것은 다름 아닌 카밀라 파커 볼스가 초청한 런던 교외의 폴로 경기장에서였다. 카밀라의 미래의 남편이 될 찰스 왕세자가 출전한 경기였다. 패티는 그 자리에 내가 너무도 잘 기억하는 장성한 딸을 데리고 나왔다. 리디아는 모델이 되었고 패티는 조용하게 교외생활을 잘하고 있었다. 그녀는 자신이 겪은 일을 들먹이며 "무언가 중요한 일을 해 보고 싶어요" 같은 말은 절대로 하지 않는다. 그저 아무 일도 없었던 것처럼 살고 있을 뿐이다.

이제는 내가 보도한 이야기 중에서 가장 센세이셔널한 것 가운데 하나를 하겠다. 1996년과 그 이듬해 동안 내내 텔레비전 시청자들은 존베닛 램지에 관한 후속기사를 보려고 텔레비전에 눈과 귀를 고정시키고 살았다. 예쁜 금발의 여섯 살 난 여아였던 램지는 크리스마스이브에 콜로라도 주 볼더에 있는 자기 집에서 살해되었다. 그 비극적인 사건은 램지가 립스틱과 마스카라를 하고 성인 의상까지 입고 어린이 미인대회에 출전한 장면이 텔레비전 화면을 장식함으로써 한층 섬뜩한 사건이 되었다. 그 화면은 어린이 미인대회는 물론 존베닛 같

은 사춘기 이전 어린 소녀들에게 성인의 성적 매력을 덧씌우는 행위에 대해 전
국적인 비난을 불러일으켰다. 집 지하실에서 발견된 램지의 시체는 목이 졸린
채 두개골이 부서졌고 목은 나일론 끈으로 조른 다음 페인트 붓으로 단단하게
조여 놓아서 정말 끔찍했다. 하의와 바비 인형 잠옷에는 혈흔이 묻어 있었다.
어설픈 납치극이었을까? 계단에서 몸값을 요구하는 쪽지가 발견되었다. 성폭
력을 시도하다 아이가 죽자 위장한 것이었을까? 그렇다면 누가 한 짓이란 말인
가?

　아이의 부모인 존 램지와 패치 램지는 어느 모로 봐도 다정한 부부였고 좋
은 부모였다. 두 사람은 시종일관 살인범이 미리 집 안에 들어와 숨어 있다가
사람들이 잠들자 끔찍한 범행을 저지른 것이라고 주장했다. 하지만 의심의 눈
초리는 제일 먼저 미인대회 퀸(미스 웨스트버지니아) 출신인 존베닛의 어머니 패
치에게 향했다. 크리스마스이브에 램지가 침대에 오줌을 싸자 화를 못 이겨서
아이를 죽인 게 아니냐고 신문들은 긁어댔다. 존 램지도 타깃이 되었다. 딸을
성적으로 학대하고 죽인 게 아닌가? 존베닛의 아홉 살 된 오빠 버크도 초기에
용의선상에 올랐다가 경찰에서 그런 범행을 저지를 만한 완력이 없다는 결론을
내림에 따라 제외되었다. 여러 달 심지어 여러 해 동안 초점은 존베닛의 부모에
게 가 있었다. 두 사람은 딸을 사랑한다고 했고 딸의 죽음을 슬퍼했음에도 불구
하고 계속되는 수사에 시달려야 했고 범행 의혹을 받았다. 나중에야 램지 일가
가 사는 집에서 반경 2마일 이내에 등록된 성범죄자가 38명이나 산다는 사실이
밝혀졌다.

　사건 발생 2년이 지난 1998년에 존 램지와 패치 램지 부부에 대한 혐의는
대배심원으로 갔다. 배심원들은 13개월 동안 심의를 한 끝에 마침내 1999년
10월에 판정을 내렸다. 존베닛 살인과 관련해 두 사람 모두나 어느 한 사람에
게 유죄 판정을 내리기에는 증거가 불충분하다는 결론이었다. 그럼에도 불구
하고 갖가지 소문과 의혹은 끊이지 않았다. 지금까지도 램지 부모가 유죄라고
믿는 사람들이 없지 않다.

　물론 모두가 그들과 인터뷰하고 싶어 했다. 나는 늘 해오던 대로 편지를 보

내고 몇 차례나 전화를 걸어서 시달리거나 궁지에 몰리는 모습이 아닐 때 사람들에게 이야기를 해 달라고 부탁했다. 그때가 되면 차분하게 자기들 입장을 이야기할 수 있을 것이기 때문이었다. 두 사람은 내 인터뷰를 많이 보았기 때문에 한번 생각해 보겠노라고 했다. 그리고 또 일 년이 지나갔고 마침내 램지 부부는 인터뷰에 응했다(인터뷰 승낙을 받게 되기까지 이처럼 오랜 시간이 걸리는 경우가 많다).

램지 부부는 새로운 정보는 말하지 않았고 그럴 정보도 없었다. 하지만 그들이 하는 말을 듣자니 너무나 가슴이 아팠다. "딸은 바닥에 흰 담요를 펴고 그 위에 누워 있었어요." 존 램지는 힘들고 고통스러운 목소리로 말했다. "두 손은 머리 위에서 묶여져 있었고 입에는 테이프가 붙여져 있었어요. 두 눈은 감겨져 있었습니다. 나는 곧바로 무릎을 꿇고 딸의 뺨을 만져 보고는 입에 붙은 테이프를 떼어냈습니다. 양 팔을 묶은 끈을 풀려고 했는데 매듭이 풀어지지가 않았어요."

존 램지는 죽은 어린 딸을 안고 울면서 위층으로 뛰어올라갔다고 했다. "마치 꿈을 꾸는 것 같았어요. 고함을 지르려고 하는데 아무런 소리가 나오지 않았습니다."

그는 존베닛을 거실 바닥에 내려놓았다고 했다. 그때 패티 램지가 뛰어들어 왔다.

램지 부인은 고통스러운 말투로 당시를 이렇게 말했다. "딸애는 크리스마스 트리 앞에 놓여져 있었어요. 남편 존을 쳐다보았더니 '애가 죽었어요' 하는 것이었어요. 마치 나의 삶이 슬로모션처럼 돌아가는 것처럼 아무런 느낌이 없었어요. 믿어지지가 않았습니다. 나는 계속해서 '아니야, 아니야, 아니야'라는 말만 되풀이했어요. 하느님께 아이를 일으켜 달라고 부탁했어요."

한 시간가량의 인터뷰를 마칠 무렵 나는 그들이 살인을 저지르지 않았다는 확신이 들었다. 그건 지금도 마찬가지다. 내가 보기에 램지 부부는 여전히 고통 속에 지내고 있었고 서로 의지하고 있었으며 딸을 사랑하고 있었다. 만약에 부부 두 사람, 아니면 그들 중 한 사람이 유죄인 게 사실이라면 그들은 세상에서 제일 뛰어난 배우였을 것이다. 그런 사실은 그들의 몸짓을 통해서도 볼 수 있을 것이다. 인터뷰하는 도중 존 램지는 자기 아내를 수시로 위로하며 다독여 주었다. 무엇보다도 두 사람 모두 과거에 폭력이나 바람직하지 못한 행위를 한 전력이 일절 없었고 보물처럼 애지중지하는 어린 딸을 죽일 동기가 없었다. 침대에 오줌을 쌌다고 어린 딸을 목 졸라 죽이는 부모는 없다.

패치 램지는 또한 4기 난소암을 앓은 사람이었다. 회복 중이긴 했지만 암이 언제 도질지 모르는 상황이었다. 인터뷰를 끝내며 그녀는 자신의 신앙에 대해 이렇게 이야기했다. "만약에 믿음이 아니었으면 존베닛을 다시 만날 것이라는 희망도 없을 거예요. 하지만 우리는 이제 하늘나라에서 그 아이를 다시 만날 것이라는 것을 알아요." 나는 조용히 이렇게 물었다. "존베닛이 더 나은 곳에 가 있다고 믿으세요?" 그 말에 램지 부인은 이렇게 답했다. "존베닛에게는 내 품이 제일 좋은 곳이라고 그동안 생각했어요. 하지만 그 아이는 지금 언젠가 내가 갈 곳에 가 있어요. 나도 그곳으로 갈 것이라고 생각합니다."

2006년은 미궁에 빠진 존베닛 살인사건이 발생한 지 십년이 되는 해였다. 패치 램지는 그해 6월에 49세의 나이로 난소암으로 사망했다.

6개월 뒤에 나는 다시 한번 존 램지와 이야기를 나누었다. 사건 해결의 단서가 포착된 것 같았다. 존 마크 카라는 이름의 교사가 태국에서 체포되었는데 존베닛이 죽을 때 옆에 있었다고 자백했다는 것이었다. 하지만 램지는 "그 말을 듣고도 쉽게 희망을 가지지는 않았습니다"라고 말했다. 카를 둘러싼 각종 보도가 난무했다. "우스운 일이지만 어느 순간엔가 그 사람이 불쌍하다는 생각이 들기 시작했어요. 그 사람이 그런 것처럼 우리도 초기에 그런 혐의를 받았으니까요." 램지는 이렇게 말했다. 하지만 그는 기소되지 않았다. 카의 DNA가 사건 현장에서 나온 DNA 샘플과 일치하지 않는다는 이유로 풀려났다.

현재 존 램지는 애틀랜타에서 조용히 살며 딸을 죽인 범인이 잡혀서 자신과 아내의 삶을 완전히 파괴해 놓은 장본인이 누구인지 밝혀지기를 바라고 있다. 마지막 인터뷰 말미에 나는 그의 아내에게 물었던 것처럼 믿음이 어떤 의미를 주었는지 물어 보았다. 그는 이렇게 대답했다. "믿음이 있었기 때문에 이 이야기의 끝이 어디인지 알게 되었어요. 나는 천국에 가서 아내 패치와 딸 존베닛을 다시 만나게 될 것입니다. 우리 이야기는 그렇게 끝이 날 것이고 새로운 이야기가 시작될 것입니다."

살인자들 이야기만 높은 시청률을 기록하는 것은 아니다. 사람들은 높은 자리에 있는 힘 있는 자들이 추락해서 경찰의 범인 사진에 등장하는 것을 보고 싶어 한다. 소위 '정크 본드'라는 논란이 많은 투자를 전문으로 하는(정크 본드는 위험성이 높은 만큼 대신 고수익을 보장해 주는 채권) 억만장자 마이클 밀켄은 1989년에 정상에서 추락한 사람이었다. 밀켄이 취급하던 정크 본드는 자금을 조달하기 어려운 소규모 사업가들에게 많은 도움을 주었다. 하지만 밀켄은 본드를 조성하는 과정에서 심각한 잘못을 많이 저질렀고 다름 아닌 당시 뉴욕 지방검사장이던 루디 줄리아니에 의해 98건에 달하는 불공정거래와 사기 혐의로 기소되었다. 밀켄은 투자 금융업계에서는 엄청난 큰손이었으며 80년대 호황을 이끌 원조 같은 인물로 급성장했다. 수척한 모습에 가발을 쓴 그의 사진은 거의 매일 신문에 실렸다(가발은 그의 이미지에 별 도움이 안 되었다). 그의 주요 혐의 내용은 엄청나게 복잡했지만 연방 대배심원은 그에게 유죄 평결을 내리는 데 별 무리가 없었다. 사소한 위반 사례 6건을 인정하는 플리바겐을 통해 밀켄은 10년형을 선고받았으나 나중에 징역 2년과 집행유예 3년으로 형량이 줄어들었다.

나는 마이클 밀켄을 잘 알았고 그를 좋아했다. 그는 당시 남편이던 머브 애들슨의 친구였다. 그리고 그는 머브의 프로덕션 회사인 로리마의 자금 조달도 도와주었다. 머브와 나는 로스앤젤레스에서 밀켄, 그의 부인 로리와 함께 시간을 보내기도 했다. 로리는 그와 고등학교 때 연인으로 만나 결혼해 세 아이를 두고 있었다. 그는 명석하고 미래를 내다보는 안목이 있었으며 가정적인 사람이었다. 그는 억만장자이면서도 비교적 검소한 생활을 했다. 우리는 클라크 게이블과 캐롤 롬바드가 살았다는 한적한 그의 목장 집에서 햄버거를 먹기도 했다. 테이블에는 케첩 병이 여기저기 놓여 있고 우리는 종이 냅킨을 썼다. 우리가 만난 것은 모두 초저녁 시간이었다. 밀켄은 새벽 3시면 일어나서 4시면 사무실에 출근했는데 그때면 뉴욕의 월스트리트는 벌써 아침 7시가 되기 때문이다. 1991년 법원에서 그를 캘리포니아 주 플레즌턴에 있는 보안이 아주 허술한 봉사 캠프로 보내는 판결을 내리면서 그의 이러한 생활은 갑자기 중단되었다.

나는 그곳으로 그를 면회 갔다. 교도소로 패티 허드슨 면회를 가면서 출옥하면 독점 인터뷰를 해 달라는 부탁을 하던 것과 마찬가지였다. 그는 자기가 관련된 사건에 대해 언론이 멋대로 쓰도록 방치한 걸 제일 후회한다고 했다. 그의 변호인들이 인터뷰를 절대로 하지 말라고 막았기 때문이었다. 그는 인터뷰를 해서 자기가 무슨 동기로 일을 했으며 자신이 얼마나 좋은 일을 했는지 설명하는 게 옳았다는 말을 했다. 변호인들은 너무 신중을 기하느라 의뢰인들의 입을 막는 경우가 종종 있는데 나도 그것은 잘못이라고 생각한다. 그렇게 하면 의뢰인들을 더욱더 의심스럽게 보이도록 만드는 경우가 허다하기 때문이다.

만약 꼭 감옥에 가야 되는 경우가 있다면 플레즌턴이 제일 나쁜 교도소는 아니다. 우리는 따스한 햇살을 받으며 야외 벤치에 앉아 이야기를 나누었다. 밀켄은 7명의 다른 재소자들과 한 방을 쓰고 있었다. 재소자들은 이층 침대를 썼다. 그는 야구 모자를 쓰고 있었는데 햇볕에 눈을 보호하기 위해서 쓴 것만은 아니라는 걸 알 수 있었다. 재소자들에게는 가발을 쓰는 게 허용되지 않았기 때문에 가발 대신 야구 모자를 쓴 것이었다. "이런 곳에 나오면 가발을 벗어 버리지 않고 그래요?" 나는 이렇게 말했다. "사람들에게 당신의 진짜 모습을 보여 주세요." 물론 다른 사람도 그런 말을 했을 것이다. 감옥에서 나온 지 석 달 뒤인 1993년에 인터뷰할 때 그는 가발을 벗은 모습이었다.

하지만 그의 출옥에는 그림자가 드리워져 있었다. 출옥한 지 두 달도 채 안되어서 그의 담당의사는 그에게 수술 불가능한 만성 전립선암 진단을 내렸으며 12개월에서 18개월밖에 더 살지 못할 것이라는 말을 했다.

나는 그 인터뷰에서 암 이야기를 많이 묻지는 않았다. 그는 그 소식을 듣고 "너무 황당했다"고 말했고 우리는 곧바로 감옥 이야기를 했다. 진 해리스처럼 그도 감옥에 있는 시간을 잘 활용했다. 화장실 청소, 창문 닦기, 쓰레기통 비우기 등 잡역부로 잠시 일한 다음에 그는 교육 담당 강사일을 했다. "내가 가르친 재소자 중에서 한 명을 제외하고는 모두 고등학교 졸업장을 땄습니다"라고 그는 말했다. 그가 감옥에 가기 오래전에 시작한 밀켄 패밀리 재단을 통한 교육 프로그램을 적용해서 가르친 덕분이었다. 밀켄은 지금도 어린이 교육사업에 관여하고 있다.

인터뷰할 당시 밀켄은 자기에게 여생이 얼마 남지 않았다고 생각했다. 그는 온 힘을 쏟아 암을 이기기 위해 노력했고 결국 이겨냈다. 이후 그는 전립선암 재단을 세우고 '패스터 큐어스'FasterCures라고 자신이 이름 붙인 연구단체에 후원금을 댔다. 그는 생활습관과 식습관을 완전히 바꾸었다. 우리가 같이 먹던 햄버거 대신 콩과 야채를 먹으며 동양 의술에 심취해 요가, 아로마 요법, 명상 등을 열심히 하고 있다. 무엇 덕분인지는 모르지만 15년이 지난 지금까지도 밀켄은 그냥 살아 있는 게 아니라 아주 잘살고 있다. 나는 가끔 그를 만나며 전립선암에 걸린 친구들 몇 사람이나 이야기를 들어보라고 그에게 보냈다. 그러면 그는 항상 친절하게 시간을 내어 자기가 아는 대로 이야기를 해준다. 밀켄은 인생에서 힘든 경험을 했지만 그것을 유익한 힘으로 바꾼 사람이다.

마사 스튜어트 역시 감옥에 가서 더 강해진 것 같다. 스튜어트는 2003년에 부당 주식거래와 수사방해 혐의로 기소되기 전 재산이 10억 달러에 달해 미국에서 가장 부자인 '가정주부'였다. 어떤 기자는 그녀의 몰락을 "작은 미스 퍼펙트 나락으로 떨어지다"는 말로 표현했다. 당국의 혐의는 그녀가 주식 내부거래로 4만 5673달러의 부당 이득을 챙겼다는 것이었다.

나는 마사를 잘 알고 그녀를 좋아했다. 코네티컷 주 웨스트포트에 있는 그녀의 완벽하게 정돈된 부엌에서 '스페셜' 프로그램을 진행하며 함께 쿠키를 장식한 적도 있다. 그 뒤에 우리는 점심을 함께 하며 각자의 개인적인 삶에 대해 이런저런 이야기를 나누었다. 두 사람 모두 이혼녀에다 야심이 많고 딸을 하나씩 두고 있었다. 우리는 아주 친한 것은 아니지만 어느 정도 가까운 사이가 되었다. 마사가 기소된 뒤에 나는 그녀의 변호인인 로버트 모빌로에게 전화를 걸어 인터뷰 주선을 해 달라며 한번 만나자고 했다. 그는 마지못해 만나겠다고 하면서 마사의 다른 보좌관 몇 명과 함께 나왔다.

당시 마사 스튜어트에 대해 대단한 사람이라고 생각하는 사람들은 있었지만 호감 가는 인물은 아니었다. 그녀는 냉정하고 잘난 체하는 사람으로 알려져 있었다. 그 만남에서 나는 인터뷰를 통해 그녀의 보다 인간적인 면모를 보여줄 수 있을 것이라는 점을 강조했다. 나는 마사를 그녀가 자란 뉴저지의 작은 마을로 데려가서 그녀가 따스하고 가족적인 분위기에서 자랐다는 점을 시청자들에게 보여 주겠다고 했다. 그녀가 자란 집을 보고, 그녀가 다닌 고교와 그녀가 공부한 도서관을 보여 주면 시청자들에게 그녀의 인간적인 면모가 부각될 것이라고 했다(기억하겠지만 나중에 나는 힐러리 클린턴과도 같이 고향 방문을 했다). 그녀의 보좌관들은 내가 하는 말뜻을 알아듣고는 인터뷰에 동의했다.

2003년 11월에 방영된 인터뷰의 전반부는 '고향에 온 마사' 였다. 우리는 그녀와 함께 뉴저지 주 너틀리로 가서 그녀가 자란 집과 그녀의 부모와 다섯 명의 자녀가 함께 쓴 욕실 등을 둘러봤다. "정말 일찍 일어나야 욕실을 차지할 수 있었답니다"라고 그녀는 말했다. 그 말을 들으며 나는 그녀가 지금도 새벽 5시면 일어나는 습관은 그때부터 생긴 게 아닌가 하는 생각을 했다. 그녀의 어머니는 딸에게 요리와 바느질, 다림질, 세탁, 수선, 옷 만드는 법까지 가르쳤다. 그리고 아버지는 정원 가꾸기를 가르쳤다고 했다. "가지치기, 전기 손보는 일, 목공일 등 집안에서 필요한 모든 일을 다 배웠어요"라고 그녀는 말했다. 그리고 고등학교에 가서는 클럽이란 클럽에는 모두 들었다고 했다. "아무 일도 안 하면서 시간을 보낸 적은 없나요?" 내가 이렇게 물었더니 그녀는 "없어요" 라고 대답했다.

어린 시절의 마사는 어른이 된 마사와 놀라우리만치 똑같았다. 그녀를 성공으로 내몬 원천과 그녀가 엄청난 성공을 거두게 된 배경은 어느 정도 이해가 되었다.

인터뷰 후반부는 제법 쌀쌀한 가을 어느 날 이스트햄프턴에 있는 그녀의 집에서 진행했다. 부엌이 온통 녹색으로 뒤덮여 있어 정말 '마사답다' 는 생각을 했다. 접시와 냅킨도 모두 녹색이었고 심지어 부엌 바닥까지 녹색이었다. 입구 홀에는 벽난로가 있어서 전반적으로 아주 아늑한 분위기였다. 하지만 내 인터뷰의 요점은 안락함에 대한 것이 아니었다. 당시 마사의 인기는 가장 밑바닥에 와 있었고 그녀도 그것을 알고 있었다.

"마사, 왜 많은 사람들이 당신을 싫어하지요?"

그녀는 직설적으로 대답했다.

"나도 자신이 무감각하다는 생각이 들 때가 있어요." 그녀는 이렇게 대답했다. "하지만 나는 해야 할 일이 있습니다. 가끔 나는 다른 사람들도 나처럼 하는 일에 열심히 그리고 집중해서 했으면 하는 생각을 합니다. 하지만 나의 이런 특성과 행동은 남자라면 바람직한 것이지만 여자이기 때문에 '나쁜 년'이 되는 거지요. 아시잖아요."

일리가 있는 말이다. 그녀가 성공한 여성이기 때문에 더 가혹한 처벌을 받은 것이냐를 놓고 실제로 많은 논란이 벌어졌다. 그녀의 많은 지지자들이 인터넷상에서 티셔츠, 머그잔 같은 것을 팔며 '마사 구하기' 캠페인을 시작했다. 그리고 만약에 그녀가 성공한 여성이라서 처벌받은 것이 사실이라면 그 처벌은 약발이 먹혔다. 그녀 회사의 주식이 급락했기 때문이다.

"당신이 입은 손실액이 4억에서 7억 달러 사이라고 들었는데요"라고 물었더니 그녀는 "그 정도 돼요"라고 대답했다.

모든 저녁뉴스 방송의 관심사는 그녀가 실제로 감옥에 갈 것이냐에 대한 것이었다. 당시 그녀는 62세였고 남은 생이 자꾸 짧아지고 있다는 점을 알고 있었다. 그래서 그녀로서는 시간을 허비한다는 게 제일 고통스러운 일이었다. "내 나이가 되면 예상치 못했고 바람직하지 않으며 원치도 않는 겨울잠을 잘 시간이 없어요"라고 그녀는 말했다. "겁나느냐"고 물었더니 그녀는 "물론 겁나지요. 누군들 겁나지 않겠어요? 감옥에는 정말 가고 싶지 않아요."

물론 겁이 났을 것이다. 말없이 부엌에 있는 녹색 냅킨을 접은 지 3개월 뒤에 재판이 시작되었다. 나는 증언 마지막 날 재판정에 가 보았는데 변호인의 변론이 너무 엉망이었다. 모빌로 변호사는 말에 두서가 없고 설득력이 없었다. 반면에 검사는 실질적인 증거를 많이 제시하지도 않으면서 설득력이 있었다. 2004년 3월 5일에 배심원단은 마사에게 적용된 모든 혐의에 대해 유죄평결을 내렸다. 그녀는 징역 5개월에다 5개월 가택연금 및 보호관찰 2년을 선고받았다.

당시 우리는 친구 사이였기 때문에 나는 웨스트버지니아 주에 있는 올더슨

연방교도소로 면회를 갔다. 아주 고약한 곳은 아니었다. 야외에서 산보도 할 수
있고 테이블도 여러 개 있어서 앉아 쉴 수 있게 해 놓았다. 나는 자판기용으로
25센트 동전을 잔뜩 가져갔고 야외에 앉아 요구르트를 같이 먹었다(마사는 교도
소 측에 요청해 자판기에 요구르트를 팔도록 했다). 그녀는 감옥생활에 잘 적응하고 있
었다. 동료 수감자들에게 나를 소개했는데 모두들 그녀를 좋아하는 것 같았다.

　　나는 2005년 3월에 그녀가 감옥에서 나오자 인터뷰를 한 번 더하고 싶었지
만 마사는 곧바로 NBC에서 완전히 새로운 인생을 시작했다. NBC 제작진들도
그녀를 감옥으로 찾아가 보고는 그녀에 대한 사람들의 인식이 바뀌었다는 확신
을 갖게 되었다. 과거의 마사와는 전혀 다른 강인하면서도 따뜻한 모습을 보여
줄 수 있을 것이라고 생각한 것이었다. 그들은 도널드 트럼프가 진행해 큰 성공
을 거둔 '더 어프렌티스' The Apprentice를 그녀에게 맡기는 외에 한 시간짜리 신디
케이트 프로그램인 연예인들이 출연하는 요리 쇼를 진행토록 할 생각이었다.
'재미있고 새로운 마사'에게 걸맞게 스튜디오도 크고 예쁘게 꾸며 편안한 분위
기가 나도록 했다. '더 어프렌티스'는 한 시즌밖에 진행되지 못했지만 낮 시간
쇼는 지금까지 계속되고 있다. NBC는 첫 시즌을 '더 뷰' The View를 겨냥해 뉴욕
에서 진행했다. 우리는 경쟁 프로그램의 출현에 긴장했지만 별로 타격을 입지
는 않았다. 얼마 뒤 마사 스튜어트 쇼는 오후 1시로 시간대를 옮겨서 진행했기
때문에 우리는 한결 마음이 놓였다. '더 뷰'는 오전 11시에 진행한다.

　　마사 스튜어트 재판이 언론의 관심을 불러일으켰다 해도 1994년 6월에 있
었던 O. J. 심슨 체포와 이어진 재판에 비하면 그건 정말 아무것도 아니다. 나는
이 이야기를 제일 마지막에 하려고 남겨 두었다. 아니면 최고의 이야기 혹은 최
악의 이야기로 쓰기 위해 남겨 두었다. 심슨이 이혼한 전처 니콜 브라운 심슨과
론 골드먼이라는 젊은 남자를 살해한 혐의로 재판을 받았다는 사실은 새삼 이
야기할 필요가 없을 것이다. 그가 경찰에 출두하지 않은 바로 그날 경찰이 LA
고속도로를 따라 심슨이 탄 흰색 포드 브롱코를 추격하는 장면은 9500만 명이
생중계로 지켜봤다. 천천히 따라가는 추격전은 내가 20/20을 진행하고 있던 금
요일에 벌어졌다. 우리는 전 국민과 함께 넋을 놓고 그 장면을 지켜봤다. 추격

전이 점점 예기치 않은 방향으로 전개되면서 피터 제닝스가 우리 프로그램에 가담했다. O. J.는 수마일을 도망간 끝에 경찰에 항복했고 이후 재판이 열리기까지 7개월 동안 구치소에 갇혀 있었다.

내가 이 사건에 본격적으로 뛰어들게 된 것은 살인사건이 일어나고 두 달이 지난 1994년 8월이었다. 당시 나는 친구의 배를 타고 알래스카 연안을 돌아보고 있었는데 뉴욕 사무실에서 전화가 걸려왔다. 내 보조원은 "프레드 골드먼이라는 사람이 만나고 싶다고 합니다"라고 했다. "들어 본 것 같은 이름인데"라면서 나는 "프레드 골드먼이 누구지?"라고 물었다. "론 골드먼의 아버지 같습니다"라는 대답이었다.

세상에! 나는 어딘지도 모르면서 무조건 배에서 내린 다음 전세 비행기를 탈 수 있는 공항을 찾아가서는 로스앤젤레스로 날아가 프레드 골드먼과 마주앉았다. 그의 아내 패티와 론의 누이동생인 킴을 비롯해 로렌과 마이클 등 두 명의 자녀들이 자리를 함께했다. 모든 관심이 니콜에게만 쏟아지는 것에 대해 골드먼 부부는 너무 상처를 받고 있었다. 사랑하는 아들을 잃어서뿐만이 아니라 사람들이 자기 자식에 대해 아무것도 모른다는 게 마음이 아팠던 것이다. 가족들은 25살의 론이 단지 니콜 심슨이 자주 들렀던 레스토랑의 웨이터가 아니라 낮에는 뇌성마비를 앓는 사람들을 돌보고 밤에는 일을 하며 언젠가는 자기 레스토랑을 갖겠다는 꿈을 갖고 있던 아이였다는 사실을 알아주기 바랐다. 그들은 론에 대해 사람들이 단순히 '니콜의 남자친구' 아니면 그저 '웨이터'라고 부르는 것을 보면 너무 마음이 아프다고 했다. "희생자라는 단어를 복수로 부르지 않고 단수로 쓰는 기자들도 있습니다"라고 킴은 말했다. "그래서 내가 TV를 향해 '론이에요! 그 남자 이름은 론이란 말이에요! 그 사람도 이름이 있고 가족이 있고 그의 삶이 있었단 말이에요!'라고 소리치기도 했어요."

골드먼 가족과의 첫 번째 인터뷰는 그렇게 시작되었고 이후에도 나는 그들과 여러 번 인터뷰했다. 니콜과 그녀의 가족을 생각하면 마음이 아팠지만 골드먼 가족의 이야기를 들으면서 그들에 대해서도 너무 마음이 아팠다. 론의 아버지 프레드는 이혼 후 여러 해 뒤에 재혼할 때까지 론과 딸 킴을 혼자서 키웠다.

론은 성격이 쾌활해 온 가족의 사랑을 받았다. 그들은 그가 의붓동생들과 웃고 껴안고 함께 노래 부르고 동생들에게 테니스를 가르쳐 주는 모습을 담은 홈 무비를 보여 주었다. 가족들은 론이 니콜과 O.J. 심슨의 복잡한 관계에 끼어든 것이 아니라 단순히 그녀가 그날 밤 레스토랑에 두고 간 안경을 갖다 주기 위해 찾아간 것이라고 했다. 좋지 않은 시간에 좋지 않은 장소에 있었던 것뿐이라는 말이었다.

킴은 새어머니 패티와 매일 심슨 재판에 참석했다. 프레드 골드먼은 그렇게 자주 재판에 참석하는 게 심적으로 너무 힘들었다. 킴은 재판에 참석해서 모든 사람들에게 살해된 오빠를 상기시켜 주는 역할을 했다. 지금도 킴이나 그녀의 아버지는 O.J.를 '살인자'라고 부른다.

나는 지금도 골드먼 가족과 소식을 주고받고 있다. 프레드와 패티 부부는 로스앤젤레스를 떠나 애리조나 주로 이사해서 살고 있다. 킴은 결혼 때 내게 인사편지를 보내 왔다. 그녀는 아이를 한 명 낳고 나서 좀 있다가 이혼했다. 특히 그녀는 지금 범죄 희생자들을 돕는 단체에서 일하고 있다.

텔레비전을 통해 중계된 O.J. 재판은 1995년 1월부터 10월까지 열 달을 끌었다. '세기의 재판'이라 불린 이 재판은 사상 최고의 멜로드라마가 되어 수백만 명의 시청자를 '재판정 폐인'으로 만들었다. 외국 지도자들까지 엮였다. 보리스 옐친이 1995년 10월에 정상회담을 갖기 위해 뉴욕에 도착했을 때 빌 클린턴에게 제일 먼저 한 말이 "당신은 O.J.가 한 짓이라고 생각하시오?"였다.

심슨이나 재판과 관련된 사람 누구든 인터뷰하기 위해 기자들끼리 얼마나 경쟁이 치열했는지는 능히 짐작이 될 것이다. 물론 모두들 O.J. 본인과 이야기하고 싶어 했다. 나는 그의 개인 보조원인 케이티 랜다의 집전화 번호를 알고 있었는데 그녀가 심슨이 우리 집으로 전화를 걸도록 주선했다. 당시 그가 한 이야기는 익히 아는 내용으로 니콜이 나쁘다는 것이었다. 그는 그녀와 몇 번이나 헤어지려고 했지만 계속 떨어지지 않고 애를 먹였다는 것이었다. 자기는 아이들의 어머니인 니콜을 해치지 않았다는 말을 하면서 그는 이상하게 웃기도 했다. 하지만 솔직히 말해 그는 매력이 있었고 어느 정도 설득력도 있었다. 그는 인터뷰는 원하지 않았지만 우리가 나눈 대화를 내가 방송에서 소개해 주기를 바랐다. 나는 전화를 끊으면서도 이 매끄럽게 말 잘하는 남자가 유죄인지 무죄인지 알 수가 없었다. 나는 우리가 나눈 대화를 방송에 내보냈고 그는 나를 포함한 다른 기자 누구와도 인터뷰하지 않았다. 정말 노련한 그의 법률팀이 그렇게 조치를 취한 것이었다.

골드먼 가족은 거의 나하고만 이야기했다. 니콜의 가족은 다이앤 소여와 가까웠으며 우리는 서로의 영역을 존중했다. 다른 사람은 먼저 잡는 게 임자였기 때문에 전화통에 매달리고 숱한 편지와 찾아가기 등 일상적인 절차를 따랐다. 재판은 방송에 숱한 스타 변호사를 배출했다. 특히 그 가운데서도 신시아 맥페이든은 ABC에서 멋진 보도로 활약을 했고 검사 출신의 스타 존스는 나중에 '더 뷰'에서 다시 만나게 되었다.

나는 재판이 진행되면서 시청자들에게 낯익은 이름이 된 많은 이들과 인터뷰했다. 가장 중요한 인물은 브라이언 '케이토' 케린이었는데 그는 금발의 영화배우 지망생으로 사건이 일어난 날 밤에 심슨의 손님방에서 지내고 있었다. 그리고 심슨의 전처로 충실한 보조원도 만났는데 그녀는 결혼생활을 하는 12년 동안 심슨이 단 한번도 자기를 때린 적이 없었다고 했다. 그녀는 "O.J.는 말이 많지만 행동은 느린 편이었어요. 내가 바로 살아 있는 증거잖아요"라고 했다. 심슨의 친구인 지압사의 이야기도 들었는데 사건이 일어난 날 밤에 그는 멀쩡한 모습이었다며 그는 좋은 사람이라고 했다.

그런데 니콜의 친한 친구들은 심슨이 이혼 후에도 니콜을 따라다니며 괴롭혔다고 했으며 어떤 친구는 니콜이 "O.J.가 너무 무서워"라는 말을 여러 차례 했다고 했다.

다른 기자들과 마찬가지로 나도 몇 달 동안 소용돌이에 갇혀 지냈다. 재판에 참여한 법률팀들도 인터뷰의 중요한 목표였다. 검은 머리(지금은 금발로 바뀌었다)에 미니스커트 차림을 한 마샤 클라크 검사, 젊은 흑인 검사보인 크리스 다든, 그리고 심슨의 '드림팀' 변호인단이 있었다. 드림팀은 로버트 샤피로가 책임자였고, 명석하고 연극배우처럼 행동했고 지금은 고인이 된 흑인 변호사 조

니 코크런 주니어가 있었다. 나를 포함해 취재기자들은 누구도 쉬는 날 없이 일
했다.

마침내 1995년 10월 3일 불과 네 시간 심리 끝에 흑인 9명, 히스패닉계 한
명, 두 명의 백인으로 구성된 배심원은 평결을 내렸다. 나는 LA에 있었는데 서
둘러 임시 스튜디오로 쓰는 호텔 스위트로 달려갔다. 나는 케이토 케린을 섭외
해 나와 같이 있도록 했는데 그는 심슨에게 무죄 평결이 내려지자 놀라서 의자
에서 뒤로 나자빠질 뻔했다. 그는 심슨이 거짓말한다고 직접 말한 적은 없지만
우리들 대부분은 케린이 말한 것보다 훨씬 많은 사실을 알고 있다는 느낌을 받
고 있었다. 케이토가 놀랐다면 평결을 지켜본 수백만 명도 마찬가지였을 것이
다. 평결은 미국의 흑백을 크게 갈라놓았다. 어쨌든 O. J. 심슨은 그날 곧바로
자유의 몸이 되어 환호하면서 법정에서 걸어 나갔다.

심슨은 환호했지만 O.J.의 수석 변호인인 로버트 샤피로는 전혀 그렇지 않
았다. 나는 재판 직후에 그를 만나 헤드라인을 장식한 인터뷰를 했는데 그는 자
기 의뢰인에게 무죄 평결이 내려진 데 대해 기뻐하기는커녕 동료 변호사 조니
코크런이 인종문제를 변론 전략으로 삼은 데 대해 심히 불편한 심기를 드러냈
다. "내 입장은 항상 마찬가지입니다. 이 사건에 절대로 인종문제를 끌어들여선
안 된다는 것입니다"라고 샤피로 변호사는 말했다. "내가 잘못했어요. 우리는
인종 카드를 꺼내들었을 뿐 아니라 시종일관 그 카드를 가지고 대응했어요."

샤피로는 코크런 변호사가 배심원을 상대로 한 최종 변론에서 인종차별을
홀로코스트에 비유하는 말을 듣고 "매우 불쾌했다"고 말했다. 그는 "홀로코스
트는 인간이 저지른 가장 끔찍한 죄악이라고 나는 생각합니다"라고 했다. 드림
팀 내부에서 인종문제를 놓고 얼마나 의견이 엇갈렸던지 샤피로 변호사는 앞으
로 코크런 변호사와 같이 일하는 일은 두 번 다시 없을 것이라고 했다. "그는 미
국에서 벌어지는 모든 일이 인종문제와 결부되어 있다고 믿는 사람이고 나는
그렇게 생각하지 않습니다."

여담 한 토막. 샤피로는 심슨 변호인이 되면서 재판 기간 동안 유명세를 누
렸다. 스포츠 행사장에 가면 관중들에게 소개되고 박수갈채를 받았다. 심슨 배

심원 평결이 내려지던 날은 유대인들의 가장 신성한 휴일인 욤 키푸르였기 때문에 유대인인 그는 나와 인터뷰가 끝나고 곧바로 시나고그로 갔다. 나중에 그는 그날이 자기 인생에서 가장 고통스러운 날 가운데 하나였다고 했다. 시나고그에서 야유를 받았다는 것이었다.

평결을 둘러싸고 흑백간의 입장이 확연히 갈라졌다. 심슨을 기소했던 크리스 다든 검사는 흑인들로부터 백안시당하고 심지어 위협까지 당하는 등 흑백 갈등을 가장 뼈저리게 경험했다. 재판이 끝나고 다섯 달 뒤에 나와 첫 번째 인터뷰를 하는 자리에서 다든은 코크런이 인종문제에 불을 댕겼다는 샤피로의 말에 동의했다. 그는 그 사건 때문에 오랜 이웃들로부터도 따돌림을 당하고 있다고 했다. "내게 다가와서 내가 한 일에 자부심을 느낀다고 말하는 사람이 있는가 하면 충격과 분노를 표시하는 사람들도 있지요"라고 그는 말했다. 코크런은 검사측 증인 중 한 명의 인종차별적인 입장에 대해 설명하면서 니그로를 뜻하는 '엔-워드'를 사용했는데 다든은 그 단어를 쓰지 못하도록 반대했다.

"그 말은 영어에서 가장 더럽고 수치스러운 단어입니다." 다든은 이렇게 항의했다. "이번 사건과 본 법정에서는 절대로 쓰지 말아야 하는 단어입니다. … 그 단어는 진실을 보지 못하게 배심원들의 눈을 가로막을 것입니다." 그러자 코크런은 다든을 자기 종족을 배신한 자로 몰아가며 이렇게 말했다. "그가 하는 말은 아프리칸 아메리칸 그룹 모두를 부끄럽게 만들었습니다. 그를 대신해서 내가 미국에 있는 모든 아프리칸 아메리칸들에게 사과하겠습니다."

코크런이 그를 대신해서 사과하는 말을 들을 때 기분이 어땠느냐고 물었더니 다든은 이렇게 말했다. "그가 아프리칸 아메리칸들에게 한 말은 내가 변절자, 배신자라는 것이었습니다. 나를 톰 아저씨로 만든 것이지요." 다든은 절망감에 빠져 있었다. "사람들이 나를 보면 죽이려고 해요. 내게 침을 뱉습니다. 내 삶은 완전히 바뀌고 말았어요."

배심원들이 심슨에게 무죄 평결을 내렸을 때 다든은 내게 "야구 방망이로 배를 얻어맞은 기분이었어요"라고 했다. 하지만 그는 놀라지는 않았다고 했다. 은퇴한 용접공인 자기 아버지가 재판 시작할 때 이미 "흑인들은 절대로 O. J.

심슨을 감옥에 보내지 않을 거야"라며 그런 결과가 나올 수 있다는 경고를 했다는 것이었다. 다든은 배심원들을 보는 순간 자기 아버지가 옳았다는 것을 알았다고 했다. "첫날부터 O. J. 심슨에게 유죄 평결을 내릴 희망은 전혀 없다는 생각이 들었습니다"라고 그는 말했다. "보복의 시간이 왔고 우리에게 승산이 없다는 생각이 들었어요."

재판이 끝나고 일 년 뒤에 나는 수석 검사였던 마샤 클라크와도 인터뷰했다. 그녀도 다든과 마찬가지로 나중에 책을 한 권 썼는데 읽어 보니 아무런 통찰력도 보이지 않고 진부하기 짝이 없었다. 그 책을 읽고 또 인터뷰를 하면서 나는 그녀가 그렇게 폭발력 있는 재판의 검사를 맡을 만한 재목이 아니라는 생각이 들었다. 이후 그녀의 경력이 나의 판단을 뒷받침해 준다.

심슨은 살인 혐의를 벗게 되었을지 모르나 골드먼 가족이 제기한 민사소송에서 패소했다. 1997년에 배심원단은 론의 '억울한 죽음'을 초래한 혐의에 대해 심슨에게 유죄평결을 내리고 850만 달러에 달하는 보상적 손해배상을 지불하라는 명령을 내렸다. 그는 빈털터리가 되었다.

2000년 여름으로 얼른 한번 가 보자. O. J.는 돈벌이 궁리를 하나 생각해 냈는데 웹사이트를 만들어 인터넷 방문자들에게 돈을 받고 궁금한 점에 대해 물으면 자기가 답해 주는 것이었다. 그는 새로 시작한 사업을 홍보하기 위해 '더 뷰'에 나오고 싶어 했다. "대단한 시청률이 되겠는데!" 그 제안을 받고 나는 잠시 이런 생각이 들었다. 하지만 내가 '더 뷰'에서 심슨을 출연시킬 가능성이 있다는 사실을 언급하자 시청자들은 물론 제작진까지 반대하고 나섰다. 내가 도대체 무슨 생각을 한 거지? 라며 우리는 O. J. 출연 계획을 취소했다. 이번에는 2006년으로 얼른 가 보면 이 회고록을 쓰고 있는데 스페셜 프로그램을 제작하는 ABC 자회사의 대표한테서 전화가 왔다. O. J. 심슨이 쓴 것으로 알려진 픽션 책 이야기를 하며 그와 두 시간짜리 인터뷰를 할 의향이 있느냐고 묻는 것이었다. 그러면서 엠바고를 철저히 지켜 달라는 전제 아래 그 책의 한두 장을 곧 보내 주겠다고 했다. 나는 보내온 내용을 읽어 보았다. O. J.는 실제 칼로 찌르는 장면을 상세하게 묘사했다. 칼은 친구가 준 것이라고 했다. 실제로 죽인 자만이 알 수 있는 상세한 내용이 섬뜩하게 그려져 있었다. 하지만 픽션이었다. 그리고 제목이 '만약에 내가 그 짓을 했다면'If I Did It이었으니 심슨이 텔레비전에 나와서 자기 짓이라고 고백할 가능성은 없었다. ABC는 확신을 못했다. 방송에서는 나보고 인터뷰를 해 보라고 했다. 나라면 그의 감정을 뒤흔들어서 고백하게 만들지 모른다는 생각을 한 것이었다. 만약에 그렇게만 할 수 있다면 엄청난 파장을 불러올 것이고 시청률도 대단할 것이며 사건도 마침내 종결될 수 있을 것이었다.

나는 솔깃했으나 마음의 결정을 내리기까지 오래 걸리지는 않았다. 고백을 하든 하지 않든 상관없이 심슨의 책을 팔아 주는 데 나의 방송시간을 쓸 수는 없었다. 나는 인터뷰하지 않겠다고 했고 ABC는 그 제안을 거절했다.

폭스 TV가 나중에 그 책의 발행인인 주디스 리건과 심슨의 인터뷰를 내보낼 계획을 세웠다(루퍼트 머독이 폭스 TV와 하퍼콜린스 출판사를 모두 소유하고 있다). 그러자 인터뷰 방영 계획에 분노한 사설이 이어졌고 폭스는 그 계획을 철회했으며 주디스 리건은 나중에 해고되었다. 그 이야기는 2007년에도 이어졌는데 연방법원이 그 책의 판권을 론 골드먼의 가족에게 넘기라는 판결을 내린 것이었다. 골드먼 가족은 그 책의 제목을 '만약에 내가 그 짓을 했다면:살인자의 고백'If I Did It: Confessions of the Killer으로 바꾸어 출판했는데 이후 꾸준한 베스트셀러가 되었다.

이 장을 쓰는 동안에 O. J.가 이번에는 라스베이거스에서 무장강도 혐의로 체포되었다. 다음에는 그가 또 무슨 짓을 벌일지 모르지만 O. J. 심슨의 이야기를 듣게 되는 게 이번이 마지막은 분명 아닐 것이다. 하지만 나 개인적으로 이제 더 이상 그에 대한 관심은 없고 앞으로도 없을 것이다. 물론 나와 마주 앉아서 자기 손으로 니콜과 론을 살해했다고 진실로 고백하겠다면 이야기야 다르지. 그런 경우에는 그와 인터뷰할 용의가 얼마든지 있다.

미워도 다시 한번

터뷰를 한다는 것은 실제 생활에서는 차마 던져 보지 못할 질문을
모두 해볼 수 있다는 것을 의미한다. 인터뷰는 세상에서 가장 흥
미롭고 가장 성공했고 가장 유명한 사람들에 대해 알 수 있는 기
회이다. 나는 운 좋게도 그런 축복받은 기회를 누린 사람이지만 내가 진행한 인
터뷰가 모두 성공적인 것은 아니었다. 이 말은 사실이다. 오랜 세월 인터뷰를
해오면서 내게 큰 어려움을 안겨 준 사람들도 더러 있다. 어떤 때는 아무리 물
어도 물을 게 자꾸 나오는 사람들도 있다. 입만 열면 계속 새로운 사실을 쏟아
내는 사람들이다. 그리고 인터뷰하고 싶었지만 결국 못하고 만 사람들도 있다.

먼저 나를 힘들 게 한 사람들 이야기를 해 보자. 이건 내가 좋아하지 않거나
존경하지 않는 사람들이라는 말이 아니라 카메라 앞에 자리를 함께하는 게 무
척 어려운 사람이라는 뜻이다. 심층 인터뷰를 하려면 어느 정도는 개인적인 차
원에서도 이야기를 나누는 게 필요하다. 그렇지 않으면 영화나 TV 쇼를 보는
것과 다를 게 없다. 내게 큰 좌절을 안겨 준 세 명을 소개한다.

첫째는 워런 비티다. 그는 말할 게 많고 아는 것도 많으며 자기주장도 강한
사람인데 꼭 자기방식대로만 대답을 하려고 고집하기 때문에 좀처럼 말문을 열
지 않는 것이다. 마치 이를 뽑으러 치과에 가서는 입을 꽉 다물고 있는 사람처
럼 입 열기가 힘들다.

워런과의 첫 인터뷰는 아주 오래전 투데이쇼에서였는데 정말 끔찍한 경험이었다. 그 뒤 좀 친해진 다음에 하는 말을 들어 보니 그때는 로스앤젤레스에서 비행기를 타고 뉴욕에 막 도착한 데다 그 전에 텔레비전 인터뷰는 단 한번도 해본 적이 없었기 때문에 그랬다는 것이었다. 생방송으로 진행된 그 인터뷰 때 나는 얼마나 답답했던지 묻는 것을 중단하고 광고를 내보내기까지 했다. 앞에서도 여러 차례 이야기했듯이 나는 그 인터뷰를 내가 한 최악의 인터뷰로 꼽는다. 그 후로 워런은 그 인터뷰 때문만은 아니지만 텔레비전 인터뷰를 다시는 안 하겠다고 선언했다. 텔레비전에 나온다고 자기가 출연한 영화 관객 수가 크게 느는 것은 아니라고 생각했기 때문이었을 것이다. 1990년에 그는 인기 만화 탐정 이야기를 다룬 영화 '딕 트레이시'Dick Tracy의 감독 겸 주연을 맡았는데 관객이 많이 몰렸다. 당시 그는 TV 인터뷰를 안 하고 지낸 지가 15년이나 되었다. 디너 파티 장에서 몇 차례 부딪쳐 보니 태도도 부드럽고 적극적이길래 인터뷰를 한번 더 하지 않겠느냐고 넌지시 의중을 떠보았다. 그랬더니 그는 아주 천천히 "그건 저" 하더니 마침내 "이-에-스"라고 딱 한마디 하는 것이었다. '스페셜'에서 인터뷰를 제작하는 빌 게디는 환호성을 질렀다. 나는 그에게 "좋아하긴 일러요"라며 조심하라고 타일렀고 그렇게 해서 문제는 시작되었다.

그러고 나서 인터뷰 날짜를 잡는 데 몇 주, 만날 장소를 정하는 데 또 몇 주가 흘러갔다. 가공의 인물 딕 트레이시가 타는 경찰차를 어디다 두는 게 좋을지를 정하는 데도 또 날짜가 계속 지나갔다. 마침내 인터뷰를 할 때쯤 나는 그 망할 경찰차는 꼴도 보기 싫고 인터뷰고 뭐고 진절머리가 났다. 워런은 무슨 질문을 던져도 우물우물 얼버무리기만 했다. 당시 그는 대단한 미인 아네트 베닝과 결혼해 착실한 남편과 아버지로 정착하기 전이었고 주연 여우들과 '관계'를 맺는 것으로 유명한 바람둥이였다. 이번 영화에서 워런의 상대 주연 여우는 다름 아닌 마돈나였다. 그러니 인터뷰하면서 어떻게 이걸 그냥 넘어갈 수 있겠는가? 그래서 나는 이렇게 물었다.

나: 상대 주연 여우들과 사랑에 빠진 전력이 있지요? 그건 창조적인 호기심 같은

것인가요, 아니면 이미 마음이 끌리는 사람을 골라 연기를 같이 하는 것인가요?

나는 이렇게 일반적인 질문을 던져 놓으면 워런이 알아서 자기 편할 대로 대답을 할 것이라고 생각했다. 그는 이렇게 말했다.

워런: 예, 또 아시다시피 나는 그런 질문에는 대답하지 않습니다. 당신은 저널리스트로서 당연히 질문을 하는 것이고 나는 한 인간으로서 어떤 질문에 답하고 답하지 않을지 내가 결정합니다. 좋지 않은 일을 입에 담고 싶지는 않으니까요.
나: 좋지 않은 일을 왜 하시나요?
워런: 예, 또 그건 나도 모르겠어요. 다만 좀 더 사려 깊게 말씀해 주시면 좋겠군요.
나: 입 밖에 꺼내기조차 끔찍한 일을 왜 하는 것이지요?
워런: 시인 블레이크는 '사려는 무능력한 남자의 구애를 받는 돈 많고 못 생긴 노처녀와 같다' 고 했습니다.

다른 대목을 하나 더 소개해 보겠다.

나: 어떤 글을 보니 워런 비티 당신을 은둔자라고 묘사한 대목이 있던데요.
워런: 은둔자요?
나: 그래요.
워런: 지금 여기 나와 있는데요.
나: 좋아요. 하지만 첫 번째 인터뷰를 하고 나서 15년 동안 거의 나서지 않았잖아요.
워런: 그건 저, 나는 아주 느리거든요. 아주 느려요.

그 대목에서 워런은 나와 했던 첫 번째 인터뷰를 입에 올렸다. "그때 내가 당신을 힘들게 하려고 했다고 생각하세요?"라고 그는 물었다.

나: 솔직히 당신이 끔찍하다고 생각했어요.

워런: 인터뷰 도중에 나를 잘라 버린 것은 기억나세요? 그때 나는 내가 인터뷰를 잘못하고 있다는 생각이 들었어요. 하지만 그렇다고 내가 인터뷰 내내 대여섯 마디밖에 하지 않은 것은 아닌데요.

나: 하지만 그 인터뷰는 내게 아주 유별났어요. 사람들이 내게 "지금까지 한 최악의 인터뷰가 무엇이냐"고 물으면 나는 "워런 비티"라고 답하니까요. 나는 지금도 기분이 좋지 않아요.

워런: 나 말고 또 누가 있나요?

나: 당신 비슷한 사람도 없어요. 당신이 최악이에요.

역사는 되풀이되는 법이다. 워런과의 두 번째 인터뷰는 거의 첫 번째만큼 고약했다. 그런데 인터뷰를 끝냈을 때 워런은 자리에서 일어나더니 만면에 미소를 머금고는 이렇게 말하는 것이었다. "이제 좀 쉬어도 되겠군요. 나중에 인터뷰를 다시 한번 제대로 합시다."

노. 노. 노. 솔직히 말해서 싫었다. 워런 비티와는 두 번 다시 인터뷰를 하고 싶지 않다. 하지만 그와 친구로 지내는 것은 얼마든지 좋다.

다음은 멜 깁슨 차례다. 1990년에 나는 아카데미상 특집 '스페셜'에서 멜 깁슨과 인터뷰하기 위해 멀리 런던까지 날아갔다. 그는 프랑코 제피렐리가 감독을 맡은 영화에서 햄릿 역을 맡아 촬영에 열중하고 있었다. 그는 항상 새로운 일을 시도하는 사람이고 그래서 나는 정말 그와 인터뷰하고 싶었다. 우리는 한 시간을 달려 그가 촬영하고 있는 런던 외곽의 세퍼튼 스튜디오로 갔다. 우리는 그가 편하도록 세트에서 인터뷰를 하기로 했다. 우리는 이른 오후에 도착한 다음 깁슨이 원하는 때 언제든지 인터뷰하자는 말을 전했다. 그는 촬영에 열중하고 있었고 우리는 몇 시간을 그렇게 기다렸다. 기다리는 동안 나는 벤치에 웅크리고 누워 잠이 들었다. 마침내 그가 나타났을 때는 거의 밤 11시가 다 되어 있었다. 깁슨의 표정을 보니 그도 잠이 쏟아지는 모양이었다. 그는 무례하지는 않았는데 그냥 말을 잘 하지 않으려고 했다. 내가 몇 년 전에 언론으로부터 혹평을 들은 일을 상기시키자 그는 이렇게 말했다. "계속해서 촬영을 하다 보면 사람들이 내게 기대하는 이런 새로운 생활방식이나 일에 어떻게 대처해야 할지 모르게 되지요. 그러면 나 자신이 다른 사람들이 갖고 있는 선입견 속으로 빠져들게 됩니다. 그래서 나는 내 삶을 완전히 바꿔 호주로 되돌아간 것입니다. 잠시나마 탈출구를 찾았다고 생각했어요."

아주 솔직한 대답같이 들렸고 이해가 되는 말이었다. 그래도 인터뷰는 아무런 열정도 없이 그저 뜨뜻미지근했다. 실제로 깁슨은 아주 열렬한 가톨릭 신자이다. 여러분은 그가 주연한 멋진 영화 '패션 오브 더 크라이스트' The Passion of the Christ를 기억할 것이다. 인터뷰 끝 대목을 소개한다.

나: 당신이 출연하는 영화에 등장하는 폭력, 혼외정사, 누드 같은 장면과 당신이 가지고 있는 종교적인 신념 혹은 개인적인 도덕관을 서로 조화시키는 데 문제는 없어요?

깁슨: 흠.

나: 그럴 경우에는 어떻게 하나요?

깁슨: 모르겠는데요.

나: 그냥 무시해 버리나요? 어떻게든 방법이 있을 것 아닌가요.

깁슨: 내가 어떻게 한다구요?

나: 그럼, 그런 문제 때문에 고민하나요?

깁슨: 아니요.

나는 그 정도면 됐다고 생각하고 햄릿 대사 중에서 우리한테 들려줄 대목이 있으면 해 달라고 부탁했더니 이 대목을 들려주었다.

"오, 얼마나 사악한 여자인가! 오 악당, 악당, 미소 띤 증오스런 악마! 미소 짓고 미소 짓고, 그러면서도 악당이 될 수 있는 자."

웃기는 대목이라는 생각이 들었지만 내게 하는 소리는 아닌 줄 알겠다는 말을 해주었다. 우리는 이튿날 돌아왔다. 워런 비티처럼 깁슨과도 친구 사이가 되었을까? 그와는 알고 지내는 사이도 아니다.

다음은 앨 고어 이야기다. 나는 그를 아주 좋아하고 존경하며 언젠가는 한 번 더 인터뷰하고 싶은 사람이라는 사실을 먼저 밝혀 두고자 한다. 영화배우는 아니지만 다큐멘터리 필름 '불편한 진실'An Inconvenient Truth로 아카데미상을 수상했으니 그도 일단 연예계에 발은 들여놓은 셈이니까. 여기서 전 부통령에 대해 몇 가지 느낀 점을 소개하기로 한 것은 그와의 마지막 만남이 아주 실망스러웠기 때문이다.

조지 W. 부시에게 아깝게 패배한 뒤 2년 동안 고어는 텔레비전 인터뷰를 일절 하지 않았다. 그러다 2002년 11월에 우리는 그가 부인 티퍼와 함께 책을 썼다는 이야기를 들었다. 출판사에서 두 사람이 인터뷰했으면 좋겠다는 뜻을 전해 왔다. 우리는 그 책이 개인적인 이야기를 담은 줄 알고 인터뷰를 준비했다. 2000년 대선 패배에 대해 이야기할 수 있겠다는 기대를 가졌던 것이다. 하지만 책을 미리 받아보니 제목이 '가슴으로 만나다:미국 가정의 변화'Joined at the Heart: The Transformation of the American Family였는데 미국 전역의 다양한 가족이 겪은 이야기를 소개한 것이었다. 개인적인 이야기는 거의 없고 논란이 분분했던 대통령 선거에 대해서는 단 한마디도 없었다(선거결과는 뜨거운 논란 끝에 결국 연방대법원에 가서야 결론이 내려졌다). 우리 프로듀서는 고어 부부가 함께 쓴 책이 의도는 좋지만 내용이 따분하다며 부통령에게 연락해서 이번 인터뷰 약속은 취소하고 추후 인터뷰 기회를 갖자는 말을 해 달라고 내게 부탁했다. 이런 말을 전하려고 고어 측에 전화를 했는데 고어가 직접 전화를 받았고 내 말을 듣고는 불같이 화를 냈다. 정말 엄청나게 화를 냈다. 그는 내게 소리를 질러댔는데 나는 그럴 만하다고 생각한다. 그는 나보고 약속을 했으면 약속을 지키라고 했다. 그 순하고 부드럽던 앨 고어는 찾아볼 수 없었다. 일면 그걸 보면서 나는 기분이 좋았다. 그 불같은 열정을 텔레비전 화면에 잡아낼 수 있다면 아주 좋은 장면이 될 것 같았기 때문이다. 그렇게 해서 우리는 인터뷰를 예정대로 밀고 나가기로 했고 나는 대신 고어에게 부시에게 당한 간발의 패배에 대해서도 말을 해야 한다는 점을 일러 주었다.

그는 좋다고 했다. 그렇게 해서 나는 내슈빌에 있는 고어의 집으로 갔다. 집은 꼭 백악관 축소판 같은 느낌을 주었다. 인터뷰를 시작하기 전에 고어는 내게 드라이브를 잠깐 시켜 주었다. 차를 타고 가면서 그는 내게 노래도 약간 불러주었고('온 더 로드 어게인') 현지 대학에도 잠깐 들렀는데 그곳에서 그는 학생들에게 인사를 하며 이렇게 말했다. "안녕하세요, 앨 고어입니다. 한때 미국의 차기 대통령이었지요." 내가 정말 재미있는 말이라고 하자 그는 고맙다고 하면서 이렇게 말했다. "기대를 낮추니 한결 좋아졌습니다." 그때까지는 좋았다. 인터뷰를 시작하고 그 책에 대해 이야기를 들어 보니 꽤 재미있었다.

우리는 책에 등장하는 한 가족을 카메라로 불러 이야기를 나누었다. 하지만 사람들이 정말로 듣고 싶은 것은 지난 선거에 대한 고어의 생각이었다. 그러나 그런 기대는 접는 게 나았다. 그 인터뷰는 고어, 티퍼 부부와 함께 네 명의 자녀 중 두 명인 딸 캐리나, 크리스틴과 함께 진행되었는데 책에 대한 이야기라기보다는 그저 평범한 대화를 나누는 유쾌한 분위기였다. 내가 던지는 질문에 대한 고어의 답변에는 아무런 신념이나 성찰, 감정도 담겨 있지 않았다. 그는 그 끔찍한 패배를 당한 데 대해 무엇인가 반응을 내놓았어야 했지만 그러지 않았다. "내 입장은 말입니다." 그는 이렇게 말했다. "사람은 이길 때도 있고 질 때도 있습니다. 그리고 흔치는 않지만 제3의 경우도 있지요. 동전을 던졌는데 모로 서는 경우지요." 동전 던지기라고? 그 이상도 그 이하도 아니고? 반면에 크리스틴은 분노와 실망감을 드러냈다. 모든 가족 구성원 가운데서 그녀가 제일 신랄하고 제일 현실적이었다. 하지만 고어는 모든 게 괜찮고 앞으로도 괜찮을 것이라는 말만 되풀이했다. 앞으로 다른 일거리를 찾을 것이라고 하며 더 이상의 설명도 없고 후회도 없다고 했다. 만사 오케이라며 웃었다. 도저히 믿어지지가 않았다.

그 뒤 그가 지구 온난화의 위험에 대해 우리에게 경고하는 일을 하는 것을 보면서 나는 전에 알던 앨 고어의 모습을 다시 보는 것 같아 기분이 좋다. 나와 인터뷰할 때, 나아가 대통령 선거전 때도 그런 열정을 보여 주었더라면 하는 아쉬움이 남는다.

인터뷰하고 싶었는데 못한 사람 혹은 앞으로 인터뷰하고 싶은 사람이 누가 있느냐는 질문을 자주 받는다. 그런 사람이 많지는 않지만 모두들 인터뷰를 하지 않는 사람들이다. 고인이 된 재클린 케네디 오나시스, 고인이 된 요한 바오로 2세 교황, 지금 교황 베네딕토 16세, 엘리자베스 2세 여왕, 고인이 된 다이애나 비 등이 이 부류에 속한다.

엘리자베스 여왕은 인터뷰를 하지 않지만 필립공은 1969년 닉슨 대통령의 부탁으로 나와 인터뷰했던 것처럼 가끔 앉아서 질문을 받는다. 특히 질문이 자기가 좋아하는 야생동식물 및 환경 자선단체와 관련된 경우에는 기꺼이 그렇게 한다. 찰스 왕세자도 부친처럼 간혹 인터뷰에 응하는데 자기가 맡고 있는 프린스 트러스트에서 운영하는 여러 자선 프로젝트와 관련된 경우에는 기꺼이 질문을 받는다. 나는 1984년 12월 켄싱턴궁에서 인터뷰한 이후 그와는 이야기를 나누지 못했다. 그는 1994년에 영국 저널리스트 조너선 딤블비와 재앙에 가까운 인터뷰를 한 적이 있는데 그 인터뷰에서 그는 다이애나에게 정직하지 않은 짓을 했다는 사실을 시인했다. 물론 두 사람의 결혼생활이 돌이킬 수 없을 정도로 파경을 맞은 뒤라는 단서를 달기는 했다. 이후 그는 텔레비전 심층 인터뷰에는 응하지 않았다.

하지만 내 경우 진짜 관심은 왕세자가 아니라 그의 아내 카밀라 파커 볼스다. 우리는 그녀가 찰스 왕세자와 결혼한 2005년에 그녀를 '올해 가장 매력적인 인물' 로 선정했지만 인터뷰는 하지 못했다. 찰스에게는 가장 매력적인 여성임에 틀림없는 것 같았다. 나도 그녀를 매력적인 인물로 생각한다. 우리는 몇번 만난 적이 있다. 앞서 소개한 대로 한번은 영국에서 열린 폴로 경기에 그녀가 나를 초대했는데 아주 온화하고 편한 대화 상대였다. 나는 그녀가 좋아하는 화제인 골다공증 같은 것을 주제로 이야기를 한번 해 보자고 인터뷰 미끼를 던져 놓았는데 아직 묻지 않고 있다. 중요한 주제이고 이러 소모성 질환에 대해 그녀가 자기 생각을 이야기해 주면 정말 좋을 텐데 아쉬운 일이다.

카밀라 파커 볼스 이야기를 하다 보니 다이애나비 이야기를 하지 않을 수가 없다. 그녀와는 인터뷰가 거의 성사될 뻔했는데 못하고 말았다. 나는 다이애나비 측 사람들에게 그녀와의 인터뷰와 면담을 요청하는 편지를 계속해서 보냈다. 그런데 그녀의 공보 비서가 계속 바뀌었다. 안 바뀌는 사람은 그녀가 죽은 뒤 그녀가 아주 가까운 사이였다고 주장한 집사장 폴 버렐이 아니라 개인비서인 패트릭 제프슨인 것 같았다. 그는 그녀가 찰스와 결혼할 때도 개인비서였다. 개인비서는 왕족의 해외 방문 일정을 짤 뿐만 아니라 직접 수행하고 국내외 행사 참석까지도 관장한다. 그리고 디너에 참석할 초청인사 명단도 자기가 직접 짠다. 한마디로 개인 보좌관과 방패막이까지 하는 자리였다. 다이애나와 찰스가 별거에 들어갔을 때 제프슨은 그녀를 따라가는 것으로 결정이 났다. 그렇기 때문에 그는 내가 제일 자주 접촉한 사람이었다.

다이애나비가 초창기에 미국을 방문했을 때 그도 함께 왔는데 그때 나는 그와 만나 이야기를 나누었다. 그는 영국식 억양이 아주 심했고 철저히 세자비를 보호하려고 했다. 다이애나비가 영국으로 돌아간 뒤에도 그는 가끔 내게 전화를 걸어와 미국의 자선단체 행사에 세자비가 초청을 받았는데 참석하는 게 좋을지 내 의견을 묻곤 했다. 한번은 미국 뇌성마비협회에서 올해의 인도주의상이라는 걸 주겠다는데 어떻게 생각하느냐며 내 의견을 물었다. 나는 그 전에도 자선행사에서 사회를 보았고 그 해에도 사회를 볼 예정이었기 때문에 그 자선행사에 대해서는 잘 알았다. 알아보니 콜린 파월 장군이 참석할 예정이었고 헨리 키신저도 참석해서 다이애나비가 온다면 자기 손으로 상을 수여할 예정이라고 했다. 나는 제프슨에게 다이애나비가 반드시 참석하는 게 좋겠다는 뜻을 전했고 왕세자비는 행사에 참석했다. 그녀는 달라붙는 검은색 가운을 입었는데 너무 매력적이었고 동정을 주제로 감동적인 연설을 해 기립박수를 받았다. 한번은 제프슨이 어떤 패션쇼에 다이애나비가 참석해도 좋겠느냐고 물어왔는데 나는 좋은 생각이 아니라고 답했다. 그래도 참석했다가 경솔한 처신이라는 욕을 먹었다. 하지만 큰 상처를 입은 것은 아니었다.

어쨌든 제프슨은 차츰차츰 나를 신뢰하기 시작했고 왕세자비도 마찬가지였다. 한번은 워싱턴에서 열린 유방암 연구기금 모금을 위한 대규모 자선 디너에서 나는 다이애나비와 같은 헤드테이블에 앉게 되었다. 그녀는 디너를 주최한 랠프 로렌 옆자리에 앉았고 우리는 격의 없는 대화를 나누었다. 그녀는 당시 찰스 왕세자와 이혼한 뒤였는데 방안에 쓸 만한 남자 없느냐고 짓궂은 농담을 했다. 내가 몇 사람을 지목해 주었더니 그녀는 "너무 늙었다" 혹은 "키가 너무 작다"는 식으로 대꾸했다. 마치 딸과 이야기하는 기분이 들었다. 그런 일을 통해 우리는 더 가까운 사이가 되었다. 다이애나비는 아들들과 함께 찍은 사진을 담은 크리스마스 카드를 직접 보내오기도 했다.

　다이애나비와는 다른 인연도 있었다. 그녀의 제일 친한 친구 가운데 그녀보다 나이가 약간 많은 루시아 플레차 데 리마라는 여자가 있었다. 그녀의 남편인 파울로 타르소 데 리마는 영국 주재 브라질 대사를 지내고 당시에는 미국 주재 대사로 와 있었다. 다이애나는 두 부부가 런던에 있을 때부터 알고 지냈는데 루시아를 마치 유모처럼 생각하고 수시로 전화를 걸어 조언을 구했다. 다이애나는 이혼 뒤에 하스나트 칸이라는 파키스탄의 심장전문의와 사랑에 빠져 결혼을 심각하게 고려했는데 그때도 루시아로부터 많은 조언을 구했다. 루시아는 그 일을 상당히 심각히 받아들였으며 결과가 어떻게 될지에 대해 다이애나에게 많은 충고를 했다. 우리 모두 알다시피 결국 칸 박사와 다이애나는 결혼을 하지 않았다. 그는 그녀와 종교도 다르고 결혼할 경우 일어날 파장이 어떨지에 대해 알고 있었다. 그는 또한 스포트라이트를 받는 데 대해서도 부담스러워했다. 두 사람의 로맨스가 진행되는 동안 나는 루시아와 아주 친한 사이였기 때문에 우리는 두 사람 문제를 놓고 비밀대화를 많이 나누었다. 두 사람 관계는 당시 외부에 거의 알려지지 않았는데 나는 비밀을 철저히 지켰다. 나는 그런저런 일로 다이애나가 내게 인터뷰 기회를 주었으면 하는 바람이 있었다. 그녀와의 인터뷰는 나를 비롯해 모든 저널리스트들이 노리고 있었다.

　나는 1995년 런던 방문길에도 인터뷰 요청을 했더니 왕세자비는 켄싱턴궁 자기 집으로 나를 초대해 점심을 같이 하자고 했다. 이 궁은 작은 타운 하우스 여러 개를 터서 서로 연결되도록 해놓은 것이었다. 다이애나비가 사는 집 한쪽에는 엘리자베스 여왕의 누이동생인 마거릿 공주의 집이 있었다. 또 다른 한쪽에는 여왕의 사촌인 켄트공 부부가 살았는데 다이애나비는 이웃들과 특별히 친하게 지내지는 않았다. 나는 약속시간에 맞춰 12시 30분에 도착해 계단을 통해 거실로 걸어 올라갔다. 다이애나비의 예쁜 초상화가 걸려 있는 거실 입구에서 그녀가 나를 맞이했다. 거실은 연한 노란색으로 꾸며져 있었는데 그녀는 최근에 페인트칠을 새로 한 것이라고 내게 설명했다. 우연하게도 나는 노란색 정장을 하고 갔는데 다이애나비는 방에 맞춰 옷을 입고 왔다고 웃으며 말했다.

당시 그녀는 대단히 힘든 시기를 보내고 있었다. 남편과 별거 중이었지만 정식 이혼은 하지 않은 상태였다. 그녀의 불행한 생활은 과식증을 포함해 여러 가지 증상으로 나타났는데 앤드루 모튼이 쓴 초대형 베스트셀러 책에 잘 나타나 있다. 처음에 다이애나비는 그 책과 아무 관련이 없다고 발뺌했으나 나중에 책을 쓰도록 녹음 인터뷰를 해준 것으로 드러났다. 점심을 먹으며 그녀는 남편과 시댁 식구들이 자신이 정신병이 있는 것처럼 보이게 만들어 어딘가로 보내 버리려고 한다는 말을 태연스럽게 말했다. 그런 소문은 영국 신문들에 많이 실렸지만 치킨 샐러드를 먹으며 그녀가 직접 그런 말을 하니 매우 듣기 거북했다. 나는 그녀가 과장해서 말한다고 생각했지만 그녀는 사실로 믿고 있었다. 그녀는 자기는 정신에 아무 이상이 없는데 그런 취급을 받으니 너무 힘들다고 했다. 그녀는 또한 남동생인 찰스 얼 스펜스에 대한 불만도 이야기했는데 여름에 지낼 곳이 마땅치 않아 앨소프 파크에 있는 친정 소유 집에 가서 지내려고 했더니 동생이 "파파라치가 너무 많이 몰려와 안 된다"며 거절했다는 것이었다. 그녀는 그 일로 마음이 많이 상해 있었다. 나는 얼이 다이애나의 장례식에 참석해서 감동적인 애도사를 하고 누나에 대해 엄청난 애정을 나타내는 것을 들으며 그 말이 생각났다. 그래서 나는 그녀가 죽은 뒤에 그녀한테서 들은 말을 방송에서 상세히 소개했는데 그랬더니 얼 스펜서는 격분해서 나를 고소하겠다고 협박했다. 하지만 내 말은 사실이었기 때문에 고소는 하지 못했다.

지금은 오래전의 일이 되어 버린 그 점심을 마치고 떠나기 전에 나는 다시 한번 나와 인터뷰하면 어떻겠느냐고 청했다. 지금 심정이 어떻고 앞으로 어떻게 살 생각인지 등에 대해 이야기하면 되지 않겠느냐는 말도 덧붙였다. 그녀는 당장은 할 생각이 없다고 말하고 하지만 조만간 마음이 정해지면 첫 인터뷰는 나와 하겠다고 약속했다. 나는 한껏 고무되었다. 그녀는 계단을 함께 내려와 내 차가 있는 데까지 배웅해 주었는데 그곳에서 눈이 휘둥그레진 내 차 운전기사와 악수를 나누었다. 별것 아닌 것 같지만 사려 깊고 아름다운 웨일스비는 문밖까지 따라 나와 처음 보는 운전기사에게 친절히 악수까지 청했던 것이다. 그걸 보고 나는 그녀가 소위 보통 사람들로부터 왜 그토록 많은 사랑을 받는지 그 이유를 알 수 있었다. 호텔로 돌아오자마자 나는 뉴욕 사무실로 전화를 걸어 잘하면 다이애나비와 인터뷰를 할 수 있을 것 같다는 말을 전했다. 반 시간 뒤에 사무실에서 전화를 걸어와서는 방금 전에 통신을 통해 들어온 뉴스를 전해 주었는데 내가 다이애나비를 만나기 이틀 전에 사실은 BBC의 이름이 별로 알려지지 않은 마틴 바시르라는 기자와 이미 인터뷰했다는 것이었다. 마틴은 훌륭한 저널리스트로 지금은 뉴욕의 ABC에서 일하고 있으며 우리는 친구 사이이다. 하지만 당시 나는 그 말을 듣고 무척 화가 났고 좋게 말해서 실망스러웠다. 당시 내가 몰랐던 사실은 마틴은 파키스탄 태생으로 칸 박사와 친구 사이였다. 그것 때문에 그는 다이애나와 만나는 특권을 누렸고 그녀는 그를 신뢰했다. 그는 소리 없이 차분하게 큰일을 해냈다. 다이애나는 그 인터뷰에서 자기의 결혼생활은 자기 자신과 남편, 그리고 카밀라 파커 볼스 세 사람이 함께 했다는 말을 해 엄청난 파장을 불러일으켰다. 그리고 여왕이 아들 웨일스공과 다이애나를 이혼시키기로 결심하게 된 계기가 된 것도 이 인터뷰였다. 한 가지만 더 이야기하겠다. 그 인터뷰는 그녀의 공보비서인 패트릭 제프슨도 모르게 이루어졌는데 그것 때문에 제프슨은 나중에 그 자리를 그만두게 된다. 그녀가 죽은 뒤에 제프슨은 다이애나비에 대해 새로운 사실이 많이 담긴 책을 썼는데 책에서 그는 그녀에 대한 헌신과 함께 그녀 밑에서 일하며 겪었던 좌절감도 상세하게 기록했다. 나는 그와 첫 인터뷰를 했지만 그걸로 눈앞에서 놓친 다이애나 인터뷰를 만회하기에는 턱없이 부족했다.

바시르와의 인터뷰가 영국에서 방영되자 ABC는 그 인터뷰의 미국 방영권을 샀고 내가 그 인터뷰 소개하는 일을 맡았다. 나는 다이애나비에게 편지를 써서 인터뷰를 보고 깊은 감동을 받았다고 하고 언젠가는 나도 인터뷰하고 싶다

는 뜻을 전했다. 그녀는 답장을 보내 고맙다는 인사와 함께 언젠가는 나와 인터
뷰를 할 것이라고 전해 왔다. 그 인터뷰는 결국 하지 못했다. 그 다음 내가 다이
애나비 소식을 보도한 것은 그녀의 장례식장에서였다.

이제는 최소한 두 번 이상씩 여러 번 인터뷰를 한 사람들 이야기를 해보려
고 한다. 그런 사람은 많지만 인터뷰를 하지 못한 사람들 목록과 균형을 맞추기
위해 일부만 추려서 소개하겠다.

먼저 셰어 이야기부터 하겠다. 그녀는 항상 새로운 이야기를 쏟아내는 데
재미있고 솔직하고 어떨 때는 유쾌하게 화도 냈다. 여러 해에 걸쳐 수차례 나와
인터뷰를 하면서 그녀는 읽고 쓰기를 깨치지 못해 힘들어하는 이야기를 솔직하
게 털어놓았다. 그리고 그녀의 삶을 자기 뜻대로 좌지우지하려 했던 소니 보노
와의 힘든 결혼생활, 연애 이야기 등도 모두 털어놓았다. 그리고 왜 자기보다
한참 연하남들을 좋아하는지, 나이 드는 데 대해 느끼는 감정 등 내가 알고 싶
은 무슨 문제든 거침없이 이야기했다. 그녀는 자기는 자기 방식대로 사니 남들
도 자기들 방식대로 살면 된다는 주의였다. 의상과 헤어스타일, 행동거지는 조
금씩 바뀌었을지 모르지만 셰어는 언제 만나도 이야기하면 기분 좋은 상대였
다. 이런 태도는 무대에서도 똑같이 나타난다고 생각한다. 지금도 우리 딸은 셰
어 공연이 있다고 하면 그걸 보려고 몇 마일이고 달려간다.

다음은 베트 미들러 이야기. 베트도 셰어와 거의 같은 부류의 사람이다. 나
는 베트 미들러의 공연을 보려고 몇 마일이라도 달려가는 사람이다. 그녀는 정
말 유쾌하게 웃기면서도 많은 감동을 안겨준다. 그녀의 재능이 얼마나 놀라운
지 그녀가 부르는 '윈드 비니스 마이 윙스' Wind Beneath My Wings를 들으면 나도
모르게 눈물이 난다. 그녀가 회전의자에 앉아 음탕한 인어 돌로레스 델라고 역
을 하는 것을 보면 이번에는 너무 웃겨서 눈물이 난다. 베트는 왕년의 가수 소
피 터커 흉내를 내며 무대 위에서 가끔 음담패설을 내뱉는다. 그런 것을 보면
나는 색다른 기분을 갖게 된다. 앞서 이야기했듯이 예전에 소피 터커는 해마다
라틴 쿼터에 출연해 노래를 불렀기 때문이다. 베트는 소피 터커보다는 훨씬 많

은 재능을 지닌 가수이지만 웃기는 것도 그녀 못지않다.

　마이클 더글러스와 그의 아름다운 아내 캐서린 제타 존스에게 나는 특별한 애정을 갖고 있다. 세 사람 모두 생일이 같은 날이라는 것 외에도 우리는 가족끼리 인연이 있다. 나는 마이클의 아버지 커크 더글러스, 그의 아내 앤과 여러 해 동안 알고 지냈다. 커크는 지금 90대가 되었다. 그는 70대 때 회고록을 썼는데 아주 가난한 유대인 소년 시절의 이야기를 솔직하게 써놓았다. 그 책이 나온 다음 그는 첫 인터뷰를 나와 했다. 마이클 더글러스와는 적어도 네 번 인터뷰를 했는데 그는 항상 생각이 깊고 솔직한 태도를 보였다. 나는 그가 첫 번째 결혼을 실패로 끝내고 힘든 시기를 보낼 때 인터뷰했기 때문에 캐서린과 재혼하는 것을 보고 기분이 좋았다. 나는 두 사람과 함께 인터뷰를 했다. 나는 그들 부부와 친구로 지낸다. 지난해 여름에는 마이클이 출연한 최신작 '킹 오브 캘리포니아' The King of California 시사회에 갔는데 그는 수염이 텁수룩한 늙은이 역을 했다. 훌륭한 연기였다. 축하해 주었더니 그는 내 귀에다 대고 "이 영화를 보니 우리 아버지를 보는 것 같아요"라고 말하는 것이었다. 나는 "그래요"라고 하고는 이렇게 말했다. "하지만 당신이 훨씬 더 뛰어난 배우예요." (용서하세요 커크. 하지만 사실이에요.)

　다음은 톰 행크스 차례다. 그는 카메라 앞에 있을 때나 평상시나 똑같은 사람이다. 그는 지적이고 꾸밈이 없고 그리고 뛰어난 재능을 갖고 있다. 1989년 나와 처음 인터뷰할 때 그는 자기가 성공을 못할 것이라는 두려움을 갖고 있다는 말을 했다. 톰은 불우한 어린 시절을 보냈다. 그의 부모는 그가 다섯 살 때 이혼했는데 그때부터 톰은 일거리를 찾아서 그리고 이 여자 저 여자를 전전하는 아버지를 따라 서부 해안 곳곳을 돌아다녔다. 그런데도 그는 자신의 어린 시절을 상당히 괜찮고 '정상적'이었다고 말했다. "열 살 때 나의 세 번째 어머니가 된 아버지의 새 부인은 중국인이었어요. 사는 집은 열 번째로 이사 간 집이었고 나는 학교를 여덟 군데나 옮겨 다녔어요. 사람들은 우리를 보고는 왜 그렇게 사는지 이해가 안 된다며 머리를 절레절레 흔들었습니다."

　그런 성장배경을 갖고 있다면 아주 신경질적인 배우가 되었을 법도 한데 그는 1988년에 여우 리타 윌슨과 결혼한 다음 지금까지 아주 가정적인 남편으로 살고 있다. 자기가 하는 일에 대해서 그는 이렇게 말했다. "헤이, 이건 내가 지금 하는 일이고 대단한 일도 아닙니다. 내가 무슨 로켓 과학자도 아니고 국가기밀을 다루는 사람도 아니지요. 사람들은 악마나 끔찍한 사건, 곡예 운전, 나쁜 짓 같은 것을 기대하지요. 그렇지 않으면 내가 어떻게 지금 같은 인기를 누릴 수 있겠어요? 사람들은 나를 보고 연기를 하는 데 무슨 심리적인 배경이 있는 것처럼 생각하는데 그건 그렇지가 않습니다."

"그럼 뭔가요?" 나는 이렇게 되물었다.

"재미있으니 하는 거지요"라고 톰은 대답했다. "내가 일은 잘하는 것 같아요. 벽돌공은 돈을 받고 벽돌을 쌓습니다. 트럭에서 매트리스 내리는 일 같은 것도 마찬가지입니다. 인부들은 돈을 받고 짐 내리는 일을 합니다. 나는 연기하면서 트럭에서 매트리스를 내리지요. 그러면 사람들이 나를 보고 '와, 저 친구 좀 봐. 저 무거운 매트리스를 트럭에서 들어 내리네!' 합니다."

나는 "금년에 거둔 성공이 당신에게 가져다 준 것 가운데 제일 좋은 건 무엇인가요?"라고 물었다.

"아마도 어느 정도의 자신감일 겁니다"라고 그는 답했다. "석사학위를 마친 정도의 기분이 듭니다. 학사학위는 갖고 있었고 이제는 박사 학위에 도전해 볼 때가 된 것 같은 기분이라고나 할까요."

나중에 아카데미상을 두 번이나 수상했으니 톰 행크스는 박사 학위를 딴 정도가 아니라 학생들을 가르쳐도 될 만한 자격을 충분히 갖춘 셈이다. 하지만 그는 지금도 힘든 일을 계속하고 있다. 행복한 결혼생활을 하고 있고 유쾌하며 정말 괜찮은 사람이다.

다음은 조지 클루니 이야기다. 내가 조지를 좋아하는 이유는 새삼스레 이야기할 필요도 없다. 그는 솔직하고 웃기며 게다가 사려 깊고 자신이 믿는 가치에 충실한 사람이다. 그가 출연한 영화에서도 그걸 느낄 수가 있다. 내가 그와 처음으로 인터뷰한 것은 1995년이었다. 텔레비전 프로에서 두각을 나타내기 위해 몇 년간 정신없이 뛰어다닌 그는 메디컬 시리즈 'ER'를 통해 마침내 스타덤에 오른다. 다른 많은 텔레비전 스타들과 달리 조지는 성공적으로 영화배우로 변신했다. 영화에 출연해 처음으로 히트한 작품은 '황혼에서 새벽까지'From Dusk Till Dawn였는데 그 작품이 개봉되기 직전에 나는 그와 인터뷰를 했다. 그 인터뷰에서 두 가지가 기억에 남는데 하나는 그가 커다란 애완 돼지를 기르고 있다는 사실이었다. 작은 돼지가 아니라 맥스라는 이름의 크고 살찐 돼지였는데 우리를 자기 집으로 안내했을 때 보니 집밖에서 키우는 게 아니라 집안에다 두고 있었다(그 후에 맥스는 죽었다). 또 다른 하나는 그가 이혼남이라는 것을 알고 재혼할 생각이 있느냐고 물었을 때 그가 한 대답이었다. 이런 통상적인 질문을 던지면 대부분의 사람들은 "좋은 사람 만나면 해야지요"라고 답하는 게 보통이다. 거기다 애도 갖고 싶고 등등 몇 가지 핑계가 덧붙여진다. 하지만 조지는 그렇지 않았다. 그는 결혼은 이제 절대로 하지 않겠다고 했다. 이유를 물었더니 그저 결혼생활에는 서툴다는 말만 했다. 아이도 원치 않는다고 했다.

조지와 마지막으로 인터뷰한 것은 2006년이었는데 그때 나는 데이트하는 여자가 만약에 당신과 결혼하고 싶다고 하면 무슨 말을 해줄 것이냐고 물어 보았다. 그랬더니 그는 "재미있는 게 뭔지 아세요?"라며 이렇게 말했다. "당신 덕분에 굳이 그런 말할 필요가 없어요. 사람들이 이미 다 알고 있으니까요. 당신이 내가 할 말을 다 해 놓았으니 당신에게 고마워해야지요."

천만에, 조지.

톰 크루즈는 그동안 여러 번 인터뷰했고 앞으로도 더 하게 될 것 같은 배우다. 톰은 솔직한 성격이기는 하지만 그동안 노련해져서 답변하기 불편한 질문은 웃어넘기는 요령을 터득했다. 사이언톨로지나 자기 아내 케이티에 대해서는 아무리 어려운 질문도 피하지 않지만 자기 자신과 관련해서 답변하기 곤란한 질문을 던지면 빙그레 미소를 짓거나 호방한 웃음으로 흘려보낸다. 톰은 홀어머니 밑에서 세 명의 누이와 같이 자랐기 때문에 여성들에 대해 정말 다정하게 대한다. 그가 신봉하는 사이언톨로지는 논란이 많은 종교이기는 하지만 그는 그것 때문에 "좋은 일을 하려고 노력하며 기회만 되면 사람들을 돕고 주어진 삶에 보답하려고 애쓴다"고 했다. 그는 한마디로 정말로 괜찮은 사람이다.

다음은 앤절리나 졸리 차례다. 내가 그녀를 칭찬하는 것은 유엔난민고등판
무관을 돕는다거나 네 명이나 되는 어린이를 기르는 일 때문만은 아니다. 나는
정말 그녀를 좋아한다.

앤절리나와 처음 인터뷰한 것은 2003년 7월이었다. 당시 그녀는 '라라 크로
프트 툼 레이더:판도라의 상자'를 홍보하고 있었다. 대성공을 거둔 모험영화
'라라 크로프트:툼 레이더' 속편이었다. 당시 그녀는 배우 빌리 밥 손턴과 3년간
의 기이한 결혼생활을 공식으로 끝낸 뒤였다. 결혼기간 동안 그녀는 그의 피를
담은 호리병을 목에 걸고 다니는가 하면 몸의 문신 곳곳에다 그의 이름을 새겨
넣어 다니기도 했다. 그리고 캄보디아에서 어린 소년을 입양해 와서 마독스라는
이름을 지어 주었다.

나는 앤절리나가 정말 훌륭하고 솔직한 여성이라고 생각했다. 나를 정말 놀
라게 만든 그 인터뷰 중에서 그녀는 자라면서 죽음에 대한 생각이 떠나지 않았
다는 말을 털어놓았다(그녀는 15살 때 집에서 시체방부처리 강습을 받았다). 그리고 칼
로 자기 몸을 베기도 했는데 그러면 기분이 좋았다고 했다. "나는 언제나 자기
파괴적이었어요"라고 그녀는 말했다. "누구와도 친할 수가 없고, 살아 있다는
기분을 느낄 수가 없었어요. 처음 섹스를 하고 나서는 칼을 갖고 나와서 상대와
밤새 서로 공격했어요. 참 바보 같은 짓이었지요. 지금도 경정맥 급소 바로 옆
에 흉터가 있답니다. 하지만 그렇게 발산하고 나면 기분이 조금 나아졌습니다.
정말 원시적이지만 후련했습니다."

하지만 마독스를 입양하고 나서 그런 증세가 싹 사라졌다는 것이었다. "어
린아이를 돌보고, 그리고 나를 믿고 나를 좋아하는 아이가 있다는 건 정말 놀라
운 일이었어요. 무언가 목적이 생긴 것 같은 기분이 들었어요. 그 아이만 괜찮
다면, 그 아이만 건강하다면 다른 것은 아무래도 좋다는 기분입니다"라고 그녀
는 말했다. "그전까지는 내게 그렇게 명료하게 다가온 일이 하나도 없었어요."

당시 마독스는 그녀가 원해서 맺은 유일한 인연이었다. 다시 결혼할 생각은
없느냐고 물었더니 없다고 했다. "지금처럼 내가 아이를 가지면 남편은 내 아들
에게 아버지가 되는 거지요. 나는 그게 지속적인 관계가 되었으면 좋겠어요. 하

지만 나는 지금까지 살아오면서 내 아버지나 다른 남자들에 대해 좋은 기억이 없습니다. 그래서 어떤 남자와도 내 아들과 일시적인 관계를 맺게 해주고 싶지는 않습니다."

아이를 더 입양하는 일에 대해 그녀는 '많이' 하고 싶다고 하면서도 직접 아이를 낳고 싶은 생각은 없다고 했다. "부부가 사랑해서 아이를 갖는다는 것은 정말 멋진 일이라고 생각합니다. 하지만 이제 아이를 입양하고 보니 그것과는 다른 어떤 초자연적인 섭리가 느껴지기도 합니다."

2003년에 한 인터뷰에서였다. 하지만 그녀의 이러한 생각은 브래드 피트를 만나고 나서 완전히 바뀌어 버렸다. 아직 결혼한 것은 아니지만 두 사람은 세 명의 입양아와 한 명의 친딸을 키우고 있다. 이 글을 쓰는 지금 앤절리나는 그녀가 오랫동안 갈망해 왔던 삶의 목적을 찾은 것같이 보인다.

그리고 이제 사람들이 훌륭한 대통령감이라고 말하는 한 남자 이야기를 할 차례다. 그런데 한 가지 장애물이 있다. 이 나라에서 태어나지 않았다는 점이다. 지금 캘리포니아 주지사인 아널드 슈워제네거 이야기를 하는 것이다. 슈워제네거는 특이한 사연을 가진 사람이다. 오스트리아에서 보디빌더 챔피언인 그가 미국으로 건너왔을 때 그를 진지하게 바라본 사람은 아무도 없었다. 이름부터 웃겼지만 바꾸지 않고 그대로 고집했고 사람들은 그의 우람한 몸을 보고 신기해했다. 게다가 억양은 특이했다. 하지만 그는 사람들에게 전파되는 온화한 성품, 명석한 정신과 비전을 가진 사람이었다. 물론 게다가 영화계 박스 오피스 최고의 인기 배우 가운데 한 명이 되었다. 그는 정말 멋진 여성인 케네디 가문의 마리아 슈라이버와 결혼했다. 나는 슈워제네거와 여러 번 인터뷰했는데 그는 언제나 재미있는 얘깃거리를 가지고 나왔다. 1990년 아카데미 시상식 '스페셜'에서 그와 한 인터뷰 때 오간 이야기 한 토막을 소개한다.

"챔피언이 되는 사람과 그렇지 못하는 사람의 차이는 무엇인가요?"라고 묻자 슈워제네거는 이렇게 답했다. "추진력이지요. 의지 말입니다. 엄청난 굶주림 속에서 성장한 사람들이 있습니다. 아주 힘든 어린 시절을 보낸 사람들이지요. 그런 사람이 나중에 안락하고 행복한 생활을 갖게 되면 모든 것이 고루 균형을 갖춘 좋은 사람이 됩니다. 하지만 그렇게 되면 세계에서 최고가 되는 데 필요한 의지와 배고픔은 유지하기 힘들지요."

슈워제네거가 자신의 이야기를 하는가 싶어서 "당신의 인생철학은 무엇인 가요?"라고 물었더니 그는 "배고픔을 유지하는 것입니다. 그것뿐입니다"라고 대답했다.

다음은 클린트 이스트우드 이야기다. 이 사람 역시 나이가 들어도 재능과 창의성이 줄어들지 않는 할리우드의 살아 있는 전설이다. '스페셜'을 자주 보는 사람이라면 다음 이야기를 알 것이다. 1982년 내가 클린트와 두 번째 인터 뷰를 했을 때의 이야기다. 할리우드에서 비행기로 40분 거리의 캘리포니아주 카멜에 있는 야생 꽃이 만발하고 햇볕이 쨍쨍 내리쬐는 들판에서 가진 인터뷰 였다. 당시 그는 52세로 미혼이었다. 인터뷰 첫머리에 나는 이렇게 소개했다. "이스트우드는 키가 크고 명사수이며 누구보다도 수입이 많은 사람입니다. 그 런데도 그는 겸손하고 사생활을 드러내지 않으며 인터뷰를 거의 하지 않습니 다. 대화를 비롯해 그와 관련된 모든 것은 양이 많지 않습니다." 대화 한 대목을 소개한다.

나: 사람들은 당신이 냉정하고 신비스러운 인물이며 연기하는 주인공과 비슷한 사람이라고 생각합니다. 감정을 드러내는 게 두려우신가요?
이스트우드: 그렇지는 않습니다. 내가 연기하는 인물의 이미지는 절제된 것인데 아마도 그렇게 연기하는 게 쉽기 때문일 것입니다. 나는 내 마음속에 있는 생각 을 다 말로 나타낼 필요성을 느끼지 않습니다. 많은 사람들이 나를 보고 카타르 시스를 느낀다는 것을 압니다. 일종의 해방감을 맛보는 것이겠지요. 그래서 정 신과 의사들이 돈을 그렇게 많이 버는 것 아닙니까? 하지만 나는 특별히 누굴 보 고 대리만족을 느끼거나 하지는 않습니다.
나: 정신과 의사한테 가본 적은 없나요?
이스트우드: 강박증 같은 것을 느껴 본 적이 없습니다. 항상 밖으로 나와 이 들판 을 거닐며 꽃과 나무를 보면서 나 자신을 내려놓습니다.

나: 가깝게 이야기를 나누는 여인이 있습니까?

이스트우드: 조금은 이야기를 나누지만 100% 다하지는 않지요. 100%를 기준으로 하면 60% 정도 이야기하는 정도라고 할까. 당신은 알아야 할 것을 100% 다 알고 싶으세요?

나: 알면 좋지요. 내가 당신한테 홀딱 반하면 아마도 나 때문에 미쳐 버릴걸요? 궁금한 걸 계속 물어 댈 테니까요.

그러자 이스트우드는 내 눈을 지그시 쳐다보면서 장난스러운 미소를 지으며 이렇게 말했다. "좋아요, 그러면 어떻게 되나 한번 해봅시다."

어느 순간엔가 나는 처음이자 마지막으로 인터뷰하는 도중에 정신을 놓아 버렸다. 당황하고 얼이 빠진 채 나는 카메라맨에게 테이프를 멈추라고 말했다. 더 고약한 것은 인터뷰가 끝난 다음에 이스트우드가 나보고 남아서 저녁을 같이 하겠느냐고 물었던 것이다. 이유야 뻔하지 않은가. 나는 크루들과 함께 로스앤젤레스로 돌아가야 한다고 대답했다. 하지만 속으로 나는 인터뷰를 그렇게 끝내는 게 아니라 남아서 저녁을 먹고 싶었던 것이다. 무슨 일이 일어났을지 누가 알아? 참, 그는 디나라는 정말 사랑스러운 여인과 결혼해서 지금까지 행복하게 사는 것 같다. 그녀는 그의 100%를 다 차지하는지 궁금하다.

내가 오프라 윈프리를 몇 번이나 인터뷰할 수 있었다는 이야기를 했는지 모르겠다. 내가 보기에 그녀는 자기에게 쏟아지는 모든 찬사를 받을 자격이 있는 여성이다. 그녀는 너무도 많은 역경을 이겨냈고 정말 큰 성공을 거두었으며 많은 사람들의 삶을 더 나은 쪽으로 바꾸어 주었다. 나와 오프라의 관계는 여러 해 전으로 거슬러 올라간다. 아마도 내가 그녀와 한 인터뷰 가운데서 가장 기억에 남는 것은 1988년 4월에 한 것이었다. 당시 그녀의 프로그램은 전국 텔레비전에 나가기 시작한 지 일 년 반밖에 안 되었지만 벌써 전국에서 제일 높은 시청률을 기록하는 신디케이트 토크쇼로 자리 잡고 있었다. 놀랄 일도 아니다. 바로 시청자 자신의 이야기를 털어놓는 토크쇼였기 때문이다. 그녀는 자신의 삶에 대해서는 거의 이야기를 하지 않았지만 조금만 이야기하면 수백만 명의 시

청자들이 그녀도 자기들처럼 고통 받는다는 사실에 열광했다. 나와 가진 인터
뷰에서 가장 힘들었던 부분은 오프라가 아홉 살 때 무엇인지도 모른 채 강간당
한 이야기를 털어놓았을 때였다.

　"친척집에 갔는데 집에 다른 사람은 아무도 없이 열아홉 살 난 사촌오빠가
있었는데 그가 나를 강간했어요. 나는 그게 나쁜 짓인 줄 알았어요. 너무도 아
파서 나쁘다고 생각했어요. 그러고 나서 그 오빠는 내게 아이스크림을 사주고
동물원에도 데리고 가며 만약에 그 사실을 입 밖에 내면 두 사람 모두 큰 어려
움에 처할 것이라고 했어요. 그래서 나는 누구에게도 그 사실을 말하지 않았어
요. 그러다 그해 가을 5학년이 되었는데 마리아 곤잘레스가 운동장에서 놀면서
내게 아이가 어떻게 태어나는지 이야기해 주었습니다. 그래서 나는 5학년 내내
매일 '내가 아이를 갖게 될 거야'라는 생각을 하며 보냈어요."

　그런 일을 또 한번 겪게 되었는데 이번에는 엄마 집에 같이 사는 다른 친척
의 남자 친구한테서 당했다고 했다. "그런 일을 당하게 되면 자신에게 낙인이
찍힌 것 같은 생각을 하게 됩니다. 그 일은 나를 성적으로 문란한 십대 아이로
만들었습니다. 누구로부터 제대로 애정을 받아 보지 못한 경우에는 그런 일을
사랑으로 혼동하게 됩니다. 그래서 다른 데 가서 그런 일을 또 찾게 됩니다." 오
프라는 열네 살 때 아빠와 함께 살게 되었는데 그때까지는 엄마가 집에 없으면
남자 아이들을 집으로 불러들였다고 했다. 그녀는 아버지는 나를 어떻게 다루
어야 하는지 아셨기 때문에 자기를 아주 엄하게 키웠다고 했다.

　그런 말을 듣고 나서 나는 이렇게 말했다. "오프라, 당신 말을 들으니 이런
궁금증이 생기네요. 도대체 이 여자는 어디서 왔지? 어떻게 지금과 같은 사람
이 될 수 있었단 말인가?"

　오프라는 "어디선가에서 왔지요"라며 이렇게 이야기했다. "나는 항상 나 자
신이 큰일을 할 사람이라고 생각했어요." 그러고는 계속해서 이렇게 말했다.
"나는 항상 그렇게 생각했어요. 나는 사생아로 태어났다고 불만스러워하지 않
았어요. 과거에 내가 지나온 일들을 후회하지 않습니다. 그런 일을 통해 바로
지금의 내가 된 것이니까요. 성적인 학대를 포함해서 그런 과거가 없었더라면

아마도 지금의 내가 없을지 모른다고 생각해요."

그로부터 몇 년 뒤 다시 인터뷰할 때 오프라는 자기가 큰일을 할 사람인 줄 알았다는 말이 너무 건방지다는 욕을 들었다고 했다. 그녀는 그게 자기가 대단한 사람이라는 말이 아니라며 이렇게 해명했다. "모든 영혼은 타고난 소명이 있으며 나는 큰일을 하도록 타고난 것입니다. 내가 큰일을 할 사람이라는 건 바로 그런 뜻입니다." 1988년에 가졌던 그 인터뷰에서 오프라는 내게 이런 일화를 소개했다. 열여섯 살 때 '미스 화재예방' 선발대회에 참가했는데 자기가 유일한 흑인 참가자였다고 했다. 선발될 것이라고는 전혀 기대도 하지 않았는데 선발이 되었다는 것이었다.

"나는 바버라 월터스 같은 저널리스트가 되고 싶다는 말을 했어요. 왜 내가 그런 말을 한 줄 아세요? 나는 사실 커서 무엇이 되고 싶은지 아무런 생각도 없었습니다. 그러다 그날 아침 투데이쇼에서 당신을 보고는 그날부터 당신은 내 스승이 되었습니다. 당신은 내가 아는 여성 중에서 무엇인가 일을 하는 유일한 여성이었으니까요. 나는 이렇게 생각했습니다. '그래, 저게 좋겠다. 나도 저런 일을 할 거야. 그리고 사람들이 물으면 저런 일을 할 거라고 해야지.' 실제로 그런 일을 할 뜻도 없으면서 그런 말을 하고 다녔습니다. 그것은 나 자신에게 자기도취적인 주문을 거는 행위였습니다."

오프라는 한 손을 턱에 괴고 앉는 자세도 나를 따라했다고 말했다. 그리고 최종 오디션을 볼 때 실제로 하는 질문이 아니었는데도 내가 하는 것처럼 예상 질문을 적어서 갔다고 했다. 그러고는 나를 쳐다보며 이렇게 말했다. "내 머릿속에는 바버라 월터스가 자리 잡고 있었어요. 오랜 세월 동안 나는 매일 아침 당신을 보면서 나도 언젠가는 방송에 나가 당신처럼 할 것이라고 생각했지요." 나는 이 대단히 성공한 여자를 보면서 이렇게 말했다. "그렇다면 내가 전적으로 당신을 책임져야겠군요." 그 말에 오프라는 "당연히 그래야지요"라고 답했다.

그렇게 해서 맞건 틀리건 상관없이 나는 오프라 윈프리의 스승이었다고 주장할 수 있게 되었다.

내 삶에 영향을 미친 유명 인사들

인터뷰가 정보가 되고 감동적이고 지적으로 혹은 정서적으로 영향을 미치는 것이면 나는 그것을 통해 무언가를 배우게 된다. 심지어 집에서 인터뷰 준비를 하면서도 배우는 게 있다. 수백 회의 인터뷰를 했어도 뼈에 사무치게 남는 인터뷰는 극히 드물다. 그러나 내 개인적인 사정 때문에 뇌리에 남아 내 삶에 영향을 미치고 심지어 나를 변화시키기까지 한 인터뷰가 더러 있다.

1987년에 베티 데이비스와 인터뷰를 했는데 그때 그녀의 나이는 78세였고 심한 뇌졸중으로 몸이 많이 쇠약해져 있었다. 얼굴 근육은 뒤틀리고 말은 심하게 어눌했다. 그러면서도 90편이 넘는 영화에 출연해서 두 번의 아카데미상을 수상한 열정은 그대로였다. 하지만 그 인터뷰에서 내 마음에 와 닿았던 것은 결혼에 대한 그녀의 생각이었다. 나는 자신이 결혼에는 썩 소질이 없는 것 같았기 때문에 항상 결혼생활을 제대로 굴러가게 해주는 게 무엇인지에 대해 관심이 많았다. 훌륭한 결혼생활을 위한 베티 데이비스의 처방을 소개하면 이렇다.

"욕실을 따로 쓸 것." 그녀는 웃으면서 이렇게 말했다. "그러면 기회가 와요."

데이비스 자신은 네 번 결혼했으니 기회가 여러 번 있었던 셈이다(아마도 욕실 해법을 너무 뒤늦게 터득한 모양이다). 그녀는 독립적이고 성공한 여성과 자기만 사랑해 주는 남자를 갖는 것 사이에서 줄다리기를 해 왔다. 그녀는 자기가 제일 좋아하는 노래가 바로 '섬원 투 워치 오버 미'Someone to Watch Over Me라고 했는데 그런 사람을 찾지 못했다. "사람들은 내게는 그런 사람이 필요 없는 줄로만 생각했어요"라고 그녀는 말했다. "나는 항상 능력 있고 혼자 힘으로 살아갔기 때문에 내게도 나를 돌봐줄 사람이 필요하다는 생각은 하지 않는 것이었어요." 그 말을 들으니 나도 같은 생각이 들었다.

그것 외에 내가 계속해서 파고든 문제는 여성들이 직장과 가정 사이에서 균형을 이루는 게 얼마나 어려운가에 대한 것이었다. 앞서 이야기했듯이 내가 여러 해 동안 재키와 일 사이에서 마음 졸일 때(바버라 부시는 나를 보고 "선택의 여지가 없어요. 아이들이 우선이에요"라고 했다)조차도 재키와 나는 한번도 서로 사랑하지 않은 적은 없었다. 하지만 베티 데이비스는 아주 애지중지하는 딸이 하나 있었는데 그 딸이 나중에 자서전을 쓰면서 자기 엄마에 대해 아주 고약한 험담을 늘어놓았다. 데이비스는 그 일로 몹시 마음이 상했고 그 자서전이 출판되고 나서부터는 딸과 두 번 다시 말을 하지 않았다. 그녀는 딸한테서 그런 못된 소리를 들을 만큼 잘못한 게 없다고 했다. 그러면서 모든 게 평생 정상에 오르고야 말겠다고 기를 쓰고 해온 '노력'과 자신의 야망이 모녀의 관계를 그렇게 만들었다고 했다.

인터뷰 말미에 나는 베티 데이비스에게 자신을 어떻게 생각하느냐고 물어보았다. 그랬더니 그녀는 가쁜 숨을 몰아쉬며 이렇게 말했다. "너무 힘들어요."

아마 그녀의 딸도 같은 기분이었을 것이다.

만약에 베티 데이비스가 너무 힘들어했다면 캐서린 헵번도 분명히 그랬다. 나는 마음속의 스승을 둔 적은 없지만 만약에 두었더라면 헵번을 택했을 것이다. 그녀는 정말 독립적인 여성이고 자기 확신이 강하고 매사에 긍정적이었다. 그래서 어떤 일에 대해서 말을 하면 마치 반석에 새긴 것처럼 확고했기 때문에 주의를 기울여서 듣지 않을 수가 없었다. 나는 그녀와 지금까지 네 번 인터뷰했는데 한번은 이렇게 말하는 것이었다. "나는 옳고 그른 게 무엇인지 압니다. 내 눈에는 흑백이 뚜렷하게 보여요. 당신은 그렇지 않아요?" 당시 나는 중동 출장

에서 돌아온 지 얼마 되지 않은 때여서 이렇게 말했다. "미스 헵번, 흑백이 아니
라 회색으로 보일 때도 있답니다." 그러자 캐서린 헵번은 정색을 하며 "그렇다
면 안됐군요"라고 말하는 것이었다. 외교적으로 중도를 걷자니 너무 힘들었다.

그녀는 사람들을 잘 놀라게 했는데 만약 "짖는 게 무는 것보다 더 고약하다"
는 말을 사람에게 적용한다면 바로 헵번에게 어울리는 말이 아닐까 싶다. 그녀
는 여러 해 동안 나의 인터뷰 요청을 거부했다. 마침내 인터뷰에 동의하면서 그
녀는 나를 먼저 한번 만나 보겠다고 했다. 약속시간은 초저녁인 오후 다섯 시.
뉴욕 이스트 포티스에 있는 그녀의 고급 타운 하우스로 찾아가기로 했다. 5시
에서 5분쯤 지나 나는 그녀에게 잘보이기 위해 만면에 미소를 머금은 채 문 앞
에 섰다. 현관문이 열리자 계단 위쪽에 헵번이 서서 그야말로 헵번처럼 사람을
내려다보았다. 바지에 터틀넥 스웨터, 그리고 목에다 스웨터를 한 벌 더 두르고
부풀어 올린 머리를 하고 있었다. "당신 늦었군요." 그녀가 짖듯이 말했다. "초
콜릿은 가져왔어요?"(가져가지 않았다. 하지만 그 뒤로는 초콜릿 없이 간 적이 한번도 없
다. 그녀는 항상 도저히 알아볼 수 없이 꾸불꾸불한 글씨로 고맙다는 인사 편지를 적어서 내
게 보내 주었다. 그녀는 할아버지로부터 물려받은 '악필'이라고 했는데 손떨림 증세도 있었
다.) 그날 우리는 이야기가 꽤 잘 통했고 이후에도 나는 여러 차례 그녀를 찾아
갔다. 가끔은 사교적이고 사람 좋은 가십 칼럼니스트 리즈 스미스와 헵번의 젊
은 친구로 당시 그녀 집에서 같이 살던 신시아 맥페이든도 자리를 함께했다. 그
녀의 타운 하우스 이층에 있는 작지만 아늑한 거실에 같이 앉아서 저녁시간을
보내는 날이 많았다. 보통은 벽난로를 피웠고 우리는 접시에 음식을 담아 먹었
는데 큰 고기 덩어리와 감자, 그리고 디저트로 아이스크림을 먹었다. 당시 71살
이던 헵번은 우리에게 자기 생각을 들려주었는데 그녀에게 일과 결혼생활은 별
개였다. 그건 전혀 문제가 안 된다는 것이었다.

결혼생활과 일, 자녀에 대한 헵번의 의견은 내 뇌리에 남아 있다. 그녀는 따
로 이야기할 때나 나와 인터뷰할 때 너무 소신에 차서 지금까지도 나는 그 말을
똑같이 되풀이할 수 있다.

"안 될 말입니다." 그녀는 내게 이렇게 말했다 "내가 만일 남자라면 일을 하

는 여자와 결혼해서 엄마 노릇까지 맡아서 하지는 않을 겁니다. 어린 자니와 케이티가 떼를 쓰는데 내가 영화 시사회가 있다고 가정해 봐요. 정말이지 애들 목을 졸라 버리고 싶을 거예요. '좋은 기분으로 가야 하는데 애들이 무슨 상관이야. 저리 가' 하는 기분일 겁니다."

그녀는 실제로 아이들을 밀쳐내는 제스처를 취해 보였다. 그러고 나서 그녀는 일하는 여자들이 겪는 뒤죽박죽이 된 남녀의 역할에 대해 자신의 해법을 이야기했다. "나는 50년 전부터 바지를 입고 일종의 중간 길을 가겠다고 선언했어요. 나는 여자가 아니라 남자로 살아 왔어요." "어떻게요?" 내가 이렇게 묻자 그녀는 "스스로 부양할 수 있을 정도로 돈을 많이 벌었어요. 그래서 혼자가 되는 걸 겁내지 않도록 말이에요."

혼자 되는 걸 두려워하지 않는다는 그녀는 자신의 삶에 엄청나게 많은 남자들을 끌어들였다. 짧은 기간이지만 젊었을 때 결혼도 한 적이 있다. 그리고 자기 에이전트인 릴랜드 헤이워드, 괴짜 억만장자 하워드 휴스를 거쳐서 27년간 연인 사이를 지속해온 스펜서 트레이시를 만나 정착했다. 두 사람은 결혼은 하지 않았다. 아니할 수가 없었다. 아홉 편의 영화에 그녀와 같이 출연한 트레이시는 이미 결혼한 몸이었고 가톨릭인 데다 두 아이의 아버지였으며 아이 하나는 귀가 먹었다. 하지만 그녀는 두 사람의 관계에 대해 "우리는 결혼한 것처럼 좋았어요"라고 했다.

트레이시는 1967년 헵번과 공연한 마지막 영화 '초대받지 않은 손님' 촬영을 마치고 나서 두 주 뒤에 심장병으로 사망했다. 그녀는 자기 집 부엌에 쓰러져 있는 그를 발견하고 곧바로 그의 아내 루이즈에게 전화를 걸었다. 두 여자가 서로 이야기를 나눈 것은 그때가 처음이었다. 트레이시 부인과 그녀의 아이들은 도착해서 장례절차를 의논했는데 그 자리에서 서로 처음 만난 것이었다. 헵번은 트레이시 가족들을 배려해서 장례식에는 참석하지 않았다. "나는 그의 아내가 아니었으니까요"라고 그녀는 차분한 목소리로 내게 말했다. 대신 자동차를 몰고 장례식장을 지나가면서 그를 추모하기 위해 모인 사람들을 쳐다보았다. 그녀는 '초대받지 않은 손님'은 한번도 보지 않았다고 했다. "기억들이 말이에요." 그녀는 말했다. "너무 가슴 아픈 기억들이기 때문이었어요."

결혼과 가족, 일에 대한 단호한 입장에도 불구하고 그녀의 집에는 곳곳에 스펜서 트레이시의 사진들이 걸려 있었다. 그의 초상화도 하나 있고 그가 직접 그린 그림들도 여럿 있었다. 자녀가 있건 없건, 결혼의 법적인 뒷은 차치하고라도 두 사람의 사랑은 진정한 러브 스토리였다. 2003년에 그녀가 96세를 일기로 숨을 거두자 브로드웨이는 그녀를 추모하며 조명 불빛을 어둡게 낮추었다. 우리가 한 인터뷰와 그녀와 함께 한 사소한 저녁식사까지도 내게는 모두 소중한 추억으로 남아 있다.

"샴페인과 초콜릿 고마워요." 한번은 저녁식사를 하고 나서 내게 이런 쪽지를 보내 주었다. "언젠가 신세를 갚아야 할 텐데."

헵번은 내게 한 가지 이상한 유산을 남겼다. 나는 그녀가 84살 때 그녀와 마지막 인터뷰를 했는데 한번은 왜 그토록 살아 있는 전설 같은 인물이 되었다고 생각하느냐고 물어 보았다. 그녀는 자기가 "어떤 존재가 되었기 때문"이라고 했다. "어떤 존재 말인가요?"라고 내가 묻자 그녀는 "나는 나무 같은 존재입니다"라고 대답했다. 그녀는 이 말을 지나가는 말처럼 슬쩍 했지만 나는 놓치지 않고 다시 물었다. "당신은 어떤 나무인가요?" 그랬더니 그녀는 "느릅나무는 싫고요. 느릅나무 입고병立枯病에 걸리고 수양버들은 입이 모두 떨어져서 싫어요." 대신 그녀는 참나무가 되고 싶다고 했다. "얼마 전에 숲에 갔다가 화이트 오크 참나무를 봤는데 정말 강하고 멋있었어요." 그렇게 말하며 그녀는 양팔을 쭉 벌려 보였다. 정말 멋진 장면이었다. 하지만 나는 지금까지도 그때 그녀에게 어떤 나무가 되고 싶으냐는 질문을 했다고 사람들로부터 놀림을 받는다. 자니 카슨도 나무 문제를 그냥 지나치지 않는 사람 중의 한 명이다. 그는 몇 년 전에 나와 인터뷰하면서 그 문제를 들고 나와 나를 못살게 굴었다. 나는 마침내 하는 수 없이 그에게 그러면 당신은 어떤 나무가 되고 싶으냐고 물었다. "잡초"라고 그는 대답했다.

캐서린 헵번과는 전혀 다른 차원이지만 오드리 헵번도 나의 삶에 영향을 끼쳤다. 나이도 더 위고 심각한 헵번과 달리 오드리 헵번은 연약한 여성이었다.

1953년에 그녀의 첫 번째 미국 영화 '로마의 휴일'에 출연했을 때 오드리는 매력에 넘치는 아름다운 공주 역을 연기했고 그 영화로 아카데미 여우주연상을 받았다. 호리호리한 몸매에 바지가 아니라 지방시 드레스를 입은 그녀는 나를 포함해 모든 젊은 여성들의 우상이었다. 나는 그녀처럼 머리를 짧게 자르고 지방시 오리지널을 흉내 낸 소매 없는 검은색 짝퉁 드레스를 입었다. 눈에는 그녀처럼 크고 드라마틱하게 보이려고 아이라이너를 덕지덕지 발랐다. 광대뼈가 튀어나오고 각진 얼굴의 캐서린 헵번을 닮겠다고 나선 사람은 별로 없었지만 한동안 온 나라가 오드리 헵번 팬들로 넘쳐났다. 감히 말하건대 1950년대와 1960년대에는 모든 남자와 모든 여자들이 나름대로 오드리 헵번과 사랑에 빠졌다.

1989년 멕시코에서 나와 인터뷰할 때 그녀는 60세 생일을 앞두고 있었다. 당시 그녀는 두 번 결혼한 전력이 있었는데 한번은 배우 멜 페러, 그 다음에는 이탈리아 정신과의사 안드레아 도티와 했다. 그리고 마지막 9년간은 네덜란드 배우 로버트 우더와 행복하게 살고 있었다. 우더는 자기보다 훨씬 연상의 여배우 멀 오베론과 사별했다. 헵번은 각각의 결혼에서 낳은 장성한 두 아들을 두고 있었는데 여전히 아름답고 매혹적이었다. 그녀는 또한 아주 태평스러웠다. 인터뷰하는 동안 새가 한 마리 머리 위로 날아와서 그녀의 눈처럼 흰 드레스에다 똥을 쌌는데도 전혀 개의치 않았다.

오드리 헵번은 일과 남편, 그리고 아이들을 어떻게 같이 조화시킬 수 있느냐는 물음에 나름대로의 해법을 갖고 있었다. 어떻게 해결했느냐는 물음에 그녀는 "나는 아이들과 같이 있기 위해 영화를 그만두었어요"라고 답했다. "아들들을 떼어 놓고 받는 스트레스를 감당할 수 없었어요. 너무 보고 싶은 거예요. 떼어 놓고 있으니 너무 마음이 좋지 않았습니다."

20편의 영화에 출연하고 '로마의 휴일'로 아카데미 여우주연상을 수상한 뒤에도 네 번이나 더 아카데미상을 수상한 여배우로서는 어려운 결정이었다. "어떻게 하더라도 나는 서글펐어요"라고 그녀는 말했다. "나는 일을 하면서 남편과 자녀들을 잘 돌보는 여자들을 보면 정말 존경스러워요. 하지만 나는 그걸 못했어요." 헵번은 자기는 영화 찍고 쇼핑하고 요리하는 것 세 가지는 한꺼번에

할 수 있다고 했다. 하지만 그게 전부였다. "복잡한 감정은 한꺼번에 다루지를 못해요"라고 그녀는 말했다.

돌이켜 생각해 보면 영화를 그만둔 게 후회되느냐고 물어 보았다. "오, 천만에요. 아니에요." 그녀는 이렇게 말했다. "다른 결정을 내렸더라면 지금 크게 후회하고 있을 것입니다. 영화를 계속했으면 우리 아들들 크는 걸 못 봤을 거예요."

오드리는 4년 동안 유니세프 특별 대사를 지냈다. 그녀는 가난한 아이들의 삶을 더 낫게 만들기 위해 노력을 아끼지 않았다. 나와 인터뷰하기 위해 만났을 때도 온두라스, 엘살바도르, 과테말라 순방에서 돌아온 직후였다.

오드리 헵번은 1993년 63세라는 너무 이른 나이에 스위스에 있는 자기 집에서 암으로 죽었다. 하지만 그녀는 영화 '티파니에서 아침을' '샤레이드' '화니 페이스'를 재상영을 통해 보는 모든 젊은 여성들의 꿈속에 빛나는 환상으로 영원히 살아남아 있다.

이렇게 해서 가정생활과 일 사이의 균형을 해결하는 방식이 각기 다른 아주 총명한 세 명의 여자 이야기를 했다. 그렇다면 나는 어느 쪽에 속할까? 나는 멋진 결혼생활과 멋진 일('일'이지 '직업'을 말하는 게 아니다), 혹은 멋진 결혼생활과 멋진 자녀들, 혹은 멋진 일과 멋진 자녀들을 함께 가질 수는 있다. 하지만 이 세 가지를 동시에 다 가질 수는 없다는 말을 즐겨 했다. 하지만 이제 생각이 바뀌었다. 지금은 아이들과 강한 유대감을 갖고 아이들을 돌봐주는 남편들이 많다. 남편들이 이제는 집안일까지 도와준다. ABC 같은 회사에서는 여성들이 파트타임으로 일하거나 잡 세어링을 할 수 있도록 해준다. '더 뷰'에서 일하는 엄마들 몇몇은 아이들을 사무실에 데려와서 젖 먹일 시간이 되면 젖을 먹인다. 그러면서도 맡은 일은 잘해 낸다. 여성들에게 도움의 손길이 더 필요한가? 직장에 탁아시설을 갖추고 근무시간도 좀 더 유연하게 해줄 필요가 있을까? 물론이다. 하지만 사정이 너무 많이 좋아져서 이제는 결혼생활과 일, 자녀를 한꺼번에 가져갈 수 있다고 생각한다. 하지만 오해는 마시라. 쉬운 일은 아니다. 나는 그걸 결코 할 수 없었다.

비극적인 상황에서 낙천적으로 산다는 것은 쉬운 일이 아니다. 아마도 독자 여러분이 이름을 들어보지 못했을 어떤 한 남자보다 더 좋은 예는 없을 것이다. 그럼에도 불구하고 그의 이야기를 유명 인사들 이야기에 넣었다. 사람들은 내게 숱하게 많이 한 인터뷰 가운데서 누가 제일 기억에 남느냐는 질문을 자주 한다. 역사적으로 생각하면 안와르 사다트라고 나는 대답한다. 하지만 인간적인 차원에서 생각하면 그 답은 로버트 스미스다스이다. 그와의 인터뷰는 30여 년 전에 투데이쇼에서 처음 했고 이어서 1988년에 20/20에서 다시 한번 했다.

로버트 스미스다스는 교사며 시인이다. 그리고 완전히 장님에다 중증 농아였다. 그는 첫 인터뷰 때 엄지를 내 입술에 대고 나머지 손가락은 내 성대에 대고 했다. 그런데 그는 내가 하는 말을 기막히게 알아들었다. 그걸 보고 나는 정말 놀랐다.

스미스다스는 대학도 최우수 성적으로 졸업했는데 장님 농아로서는 헬렌 켈러 이래 처음 있는 일이었다. 그런 다음에 그는 뉴욕대에서 석사학위를 받았는데 장님 농아가 석사학위를 받은 것은 처음이었다. 나와 첫 인터뷰를 한 뒤에 그는 결혼을 했고 롱아일랜드에 있는 헬렌 켈러 내셔널 센터에서 다른 장님 농아들을 가르쳤다. 그의 아내인 미셸도 그와 함께 가르쳤는데 그녀 역시 장님 농아였다.

만약에 좌절이나 자기연민에 빠져 있는 사람이 있다면 로버트 스미스다스와 미셸 스미스다스 부부에게 가면 단 하루, 한 시간이면 낫게 해 줄 것이다. 20/20에서 인물 소개를 준비하면서 우리는 두 사람과 함께 먼저 교회로 갔다. 미셸은 얼마 전에 전극電極을 내이에 심어서 희미하게나마 소리를 들을 수 있었고 로버트는 의자에 손을 얹고 성가 합창의 진동을 느꼈다. 그 다음에는 그들이 사는 아파트로 갔고 거기서 로버트는 우리에게 치킨 카차토레를 만들어 주었는데 양파도 직접 썰었다. 가스스토브에서 요리를 했는데 열 조절도 전문 요리사처럼 능숙하게 했다. 그와 미셸은 아무것도 보지 못하고 거의 듣지도 못했지만 두 사람은 얼마나 풍요롭고 얼마나 독립적으로 살고 있는지 몰랐다.

두 사람은 서로 상대의 손바닥에 손가락으로 글씨를 써서 의사를 주고받았다. 미셸도 석사학위를 갖고 있었는데(컬럼비아대 사범대) 남편이 손가락 글씨를 급하게 써대면 화가 나거나 기분이 나쁜 것이라고 했다. 헬렌 켈러 센터에서 일하는 통역이 내 질문을 두 사람에게 손가락 글씨로 전달하면 두 사람은 자기 목소리로 대답했다. 집에서 두 사람은 초인종이 울리거나 아파트 안에서 서로를 찾을 때 필요한 진동 페이저를 차고 지낸다. 그들은 앞을 보는 친구들의 도움을 받는데 특히 린다 스틸먼이라는 이름의 정말 특별한 친구가 있었다. 스틸먼 부인은 미셸이 컬럼비아대에 다닐 때부터 5년을 함께 지냈는데 대학원 강의를 그녀에게 손가락 글씨로 전해 주고 교과에 필요한 책도 점자로 옮겨 주었다. 두 여성에게 그게 얼마나 힘든 일인지 우리가 상상할 수 있을까? 얼마나 큰 인내심이 필요했을지 우리가 상상할 수 있을까? 그리고 미셸이 석사학위를 받았을 때 두 사람이 얼마나 큰 보상을 느꼈을지 상상할 수 있을까?

미셸과 로버트 두 사람 모두 대단한 독서가들이다. 특히 로버트는 이코노미스트에서부터 파퓰러 메카닉스, 마사 스튜어트 리빙에 이르기까지 매달 20권에 달하는 점자 잡지를 읽는다. 그리고 두 사람 중 누구도 자신의 장애를 불평하지 않는다. 미셸은 어렸을 때 시각과 청각이 약간 있었는데 앓고 난 다음에 갑자기 두 가지 모두 다 사라져 버렸다고 했다. 그녀는 내게 이렇게 말했다. "나는 내가 지금 할 수 있는 것 때문에, 내가 지금 갖고 있는 것, 특히 내 남편이 있어서 행복합니다." 우리가 같이 지낸 하루 내내 그녀는 웃으며 유쾌했다.

로버트는 네 살 때 시력과 청각을 잃었는데 친구들을 보지 못하고, 특히 그들의 목소리를 듣지 못하는 게 아쉽다는 말을 했다. "앞을 못 보면 장면들을 못 보게 되는 것입니다." 그는 이렇게 말했다. "하지만 지금 나는 못 보고 못 듣는 데 아주 익숙해져 있습니다."

그들이 사는 집을 나서며 나는 열린 마음과 낙관적인 마음가짐이 얼마나 대단한 일을 이룰 수 있게 해 주는지에 대해 숙연해지며 내 마음은 두 사람에 대한 존경심으로 넘쳤다. 그리고 매일매일 내가 얼마나 축복받은 사람인지 기억하며 살겠다고 다짐했다. 이런 질문이 나올 줄 알고 미리 대답하자면 솔직히 매일 기억하며 살지는 못했다. 하지만 그렇게 하려고 노력은 한다.

제일 그럴듯한 거짓말을 해서 나를 감동시킨 사람은 고인이 된 리처드 프라이어였다. 1979년에 나와 가진 인터뷰 때 리처드는 이렇게 말했다. "우리는 결국 서로 좋아하게 될까요?" 나는 솔직하게 대답했다. "그야 모르지요." 그러자 리처드는 또 이렇게 말했다. "아, 좋습니다. 아직 희망이 있다는 말이니 기분 좋습니다."

로버트와 미셸 스미스다스 부부가 역경을 이겨내고 살아가는 사람들이라면 천재적인 배우 겸 코미디언인 리처드 프라이어는 내가 보기에 엄청난 재능을 타고났으면서도 그것을 망가뜨려 버린 사람이다. 그 자신도 어쩔 수가 없었던 모양이다. 나는 그를 처음 만난 순간부터 그가 자신을 이겨 내려고 발버둥치고 있다는 것을 눈치 챘고 그런 모습을 보며 마음이 아팠다.

나는 결국 그를 좋아하게 되었다. 어떻게 그런 사람을 좋아하지 않을 수 있겠는가? 그는 내게 자신의 끔찍했던 어린 시절 이야기를 했다. 어린 시절 그는 창녀인 어머니와 한 집에 살았는데 신음소리와 엄마의 방 앞에 줄지어 서서 기다리는 남자들의 투덜대는 소리를 들으며 자랐다. 그는 남자들이 엄마의 방문을 두드려 대는 소리를 못 들은 체하려고 애썼다. 조금 더 나이가 들어서는 자기가 좋아하는 여자 친구와 잤는데 나중에 자기 아버지로부터 자기도 그 애와 잤다는 말을 들었다. 그러니 남자든 여자든 그가 어떻게 다른 사람을 믿을 수 있었겠는가?

나와의 이 첫 인터뷰가 나간 다음 리처드는 대단한 스타가 되었다. 그는 다이애나 로스, 마이클 잭슨과 함께 영화 '더 위즈' The Wiz에 출연했고 흑인이건 백인이건 모든 젊은 코미디언들은 그의 예리한 유머를 따라하려고 애썼다. 나 역시 그의 천재성에 매료되었고 무엇이든 물어 보고 싶었다. 그는 무슨 말을 해도 언짢아하는 법이 없고 항상 반갑게 대꾸해 주었다.

나: 마약은 이제 완전히 끊은 거예요?

리처드: 아닙니다. 나는 마약을 사랑합니다. 정말입니다. 하지만 많이는 못합니다. 왜냐하면 그러면 내 인생을 망칠 뿐 아니라 과음을 하거나 코를 너무 골게 되

어서 항상 문제가 되기 때문입니다. 그래도 나는 마약을 좋아합니다. 약간의 코카인을 이따금씩 하지요.

리처드는 제니퍼 리라는 이름의 예쁜 백인 여자 친구와 동거했는데 그는 두 사람의 교제를 '마법의 시간'이라고 불렀다. 나는 바보같이 그녀에 대한 자기의 사랑이 그렇다는 말인 줄로 알았는데 나중에 알고 보니 두 사람이 마약을 같이 하는 것을 두고 한 말이었다. 그래도 나는 제니퍼를 좋아했다. 그녀는 진정으로 그에게 헌신적이었고 그를 신뢰하는 것 같았다. 나도 마찬가지였다.

1980년에 프라이어가 자기 몸에 불을 지르고는 몸이 절반은 불에 탄 채로 비명을 지르며 로스앤젤레스 거리를 달리는 사건이 벌어졌을 때 그가 한 말을 내가 곧이곧대로 믿은 것도 그를 믿었기 때문이다. 그는 병원으로 급히 옮겨져 한 달여 치료를 받은 뒤에 다시 나와 마주 앉았다. 그는 얼굴은 불에 타지 않았지만 온몸이 바짝 여위고 덜덜 떨었으며 정말 끔찍한 몰골이었다. 온몸에 입은 화상 때문에 너무 고통스러워서 잠시도 가만히 앉아 있지 못할 정도였다.

"리처드, 어떻게 된 일이에요?" 나는 가능한 한 부드러운 어조로 물었다.

"바보짓이었어요"라고 그는 대답했다. "나는 파트너와 둘이서 자메이카산 럼주를 마시고 있었는데 술이 엎질러지자 그가 욕실에 가서 타월을 가져와서는 닦았어요. 그런데 내가 담뱃불을 붙였고 그리고 그런 일이 일어난 거지요. 온몸에 불이 붙었다는 기억밖에 없어요."

"마약을 했어요?"라고 나는 물었다.

"아니요." 내 질문에 거의 화가 난 듯한 어투로 리처드는 이렇게 대답했다.

6년 뒤에 우리는 다시 인터뷰를 했다. 당시 소문이 무성했기 때문에 나는 지난 번 인터뷰 때 프라이어가 내 면전에서 거짓말을 했다는 사실을 알고 있었다.

"내가 그 사고에 대해 물었을 때 당신은 '코카인과는 아무 관계가 없는 일이었어요. 마약과는 상관없어요'라고 했어요. 다시 말하면 내게 거짓말을 한 거지요."

"그렇습니다." 프라이어는 순순히 이렇게 말했다. "그렇게 말한 한 가지 이유는 당시 내 변호사가 언론에 사고 경위에 대해 발표한 내용 때문이었어요. 그 사람은 아무것도 몰랐기 때문에 내 허물을 감싸 주려고 했어요. 나는 코카인을 하지 않았다고 말함으로써 그의 허물을 덮어 주려고 했어요. 그때도 마음속으로는 당신에게 진실을 말하고 싶다고 소리치고 있었어요."

나: 사고가 아니었지요.

프라이어: 맞아요. 솔직히 말하면 그날 밤 나는 완전히 미쳐서 자신을 죽이려고 했어요.

나: 일부러 그런 것이 맞군요?

프라이어: 그렇습니다. 그때 나는 미쳤어요. 완전히 돌아버린 것입니다. 그래서 내가 어떤 짓을 저질렀는지 정말 모르겠어요. 럼을 내 옷에 쏟아붓고 라이터를 켠 기억만 납니다.

나: 자신을 죽이려고 했으니 사고가 아니네요. 왜 죽으려고 했어요?

프라이어: 창피했어요.

나: 무엇이?

프라이어: 나 자신이 창피스러웠어요. 나는 여기까지 왔는데 하느님이 내게 이런 재능을 주셨는데, 내가 그걸 가지고 어떻게 하고 있는 거지? 방안에 혼자 앉아 한심한 파이프나 빨고 앉았으니. 하루 종일 멈출 수가 없었어요. 파이프를 손에서 내려놓으면 금방 다시 내 손에 쥐어져 있는 것이었어요. 단 5분을 참을 수가 없었어요. 이해하시겠어요? 단 5분입니다. 스스로에게 다짐도 해봤어요. 그래 5분만 참자. 앞으로는 안 피우겠다. 하지만 1분도 못 넘기고 다시 파이프를 손에 들었어요. 당신에게 도저히 말할 수가 없었어요. 누구에게도 말할 수 없었어요.

프라이어는 다시 시작해 보려 했지만 예전처럼 되지는 않았다. 분신 사건 뒤에 제니퍼는 그를 떠났다. 그의 인생에서 제대로 되는 일이 하나도 없는 것 같았다. 그리고 다발성 경화증에 걸렸다. 나는 가끔 그에게 전화를 걸어 이런 저런 이야기를 나누었지만 인터뷰는 다시 하지 않았다. 그가 원하지 않았고 나

도 그를 다그칠 마음이 없었다. 항상 그를 사랑했던 제니퍼는 다시 그에게로 돌
아왔다. 두 사람은 마침내 결혼하고 그녀는 그가 죽을 때까지 그를 보살폈다.
내가 리처드를 얼마나 좋아하는지 아는 제니퍼는 2005년에 내게 직접 전화를
걸어 그가 죽었다는 사실을 알려 주었다. 65세였다. 내게 비록 거짓말을 했지만
나는 지금도 그가 나와 인터뷰한 사람 중에서 제일 고통스럽게 정직했던 사람
이라고 생각한다.

다음에는 자신의 인생을 망가뜨린 사람의 이야기에서 타인의 삶을 고양시
키려고 노력해온 사람의 이야기로 건너뛰어 보려고 한다. 나는 달라이 라마와
인터뷰했는데 그의 이야기는 나뿐만 아니라 전 세계 수백만 명의 사람들에게
영향을 미쳤다. 나는 2005년에 두 시간짜리 특별 '스페셜' 프로그램에서 달라
이 라마와 이야기를 나누었다. 프로그램 제목은 '천국은 어디에 있나? 어떻게
하면 그곳에 갈 수 있나?'로 했다. 그런데 원래는 제목을 '천국은 존재하는가'
로 하려고 했으나 그렇게 할 수 없다는 말을 들었다. 왜냐하면 개신교 기독교
측에서 천국은 분명히 존재한다며 우리 프로그램을 보이콧하겠다고 위협해 왔
기 때문이다. 우리는 위협에 굴복해서가 아니라 굳이 그 사람들을 자극할 필요
가 없다는 생각에서 제목을 바꾸기로 했다. 개신교도들도 우리 프로그램을 보
도록 만들고 싶었기 때문이다.

나는 여러 해 전에 전혀 뜻밖의 장소에서 달라이 라마를 잠깐 만난 적이 있
었는데 바로 캘리포니아 주 베니스비치의 산책로에서였다. 당시 머브와 결혼생
활 중이었는데 우리는 운동이 부족해서 그날 새벽 6시 30분에 자전거를 타러
나갔다. 개를 데리고 산책하는 사람 한 명 외에는 아무도 없었는데 갑자기 자동
차가 한 대 서더니 승복 차림의 승려 6명이 바다 구경을 하기 위해 내려서는 것
이었다. 그중 한 분이 바로 달라이 라마였다. 나는 그에게 다가가 "안녕하세요,
성하聖下"라며 두서없는 인사를 건넸고 그는 인자하게 인사를 받아주었다. 그리
고 승려들은 다시 자동차에 올랐고 해변에는 다시 그 남자와 개만 남았다. 나는
그 남자가 집에 돌아가서 아침상에 앉아 자기 아내에게 "무슨 일이 있었는지 알
아, 여보? 조금 전에 해변에서 바버라 월터스와 달라이 라마를 봤어"라고 하면

그 아내가 자기 남편이 돌았다고 생각하지 않을까 걱정되었다.

이번에는 달라이 라마를 만나기가 한층 더 어려웠다. 우선 몸이 고단했다. 나는 프로듀서 롭 월래스, 카메라 크루와 함께 뉴델리로 날아간 다음 거기서 다시 한 시간 떨어진 다람살라 외곽에 있는 작은 공항까지 갔다. 다람살라는 1960년에 인도의 자와할랄 네루 총리가 달라이 라마의 망명정부에 내준 작은 산악 은신처였다. 당시 달라이 라마는 티베트를 점령한 중국 당국에 쫓겨나 갈 곳이 없었다. 우리는 그가 승려와 순례자들을 대상으로 2주간 연례 가르침을 주는 시기에 맞추어서 갔다. 그런데 기후도 미리 알아보고 갔어야 했는데 그렇게 하지 않은 게 잘못이었다.

자동차를 타고 산중으로 올라갈수록 공기는 점점 더 차가워졌다. 산속으로 들어가니 나무 위에서 원숭이들이 우리를 내려다보며 놀랐고 우리는 우리대로 놀랐다. 마침내 조약돌이 깔린 다람살라의 좁은 도로에 도착했을 때는 비까지 내려 더 추웠다. 호텔에는 난방이 되지 않고 더운 물도 나오지 않아 우리는 옷을 있는 대로 껴입고 담요를 겹겹이 덮고 잤다. 그런데도 냉기가 온몸을 휘감았다.

달라이 라마는 한쪽 어깨가 드러나는 붉은 장삼을 걸치고 비를 맞으며 바깥에 앉아 젊은 승려들에게 몇 시간씩 설법을 하는 데도 전혀 추위를 타지 않는 것 같았다. 여러 나라 말로 통역되는 헤드폰이 몇 개 있었지만 손에 넣기가 쉽지가 않았다. 학생들이 웃음을 터뜨리고 달라이 라마 본인도 낄낄대는 것을 봐서는 웃기는 이야기도 더러 하는 게 분명했다. 그는 그냥 웃음을 터뜨리는 게 아니라 정말 낄낄댔는데 무척 정겨운 모습이었다.

설법이 모두 끝난 뒤에 우리는 인터뷰를 했다. 여전히 눅눅하고 추웠지만 두 손을 비롯해 달라이 라마와 관련되는 것은 모든 게 따뜻했다. 내가 악수를 청하며 한쪽 손을 내밀자 그는 두 손으로 그것을 꼭 잡고는 그대로 가만히 있었다. 그의 두 눈도 따스하고 유쾌했다. 기억하겠지만 우리가 다룰 주제는 천국이었는데 천국이 무엇이냐에 대한 불교의 개념은 독특했다. "천국은 열 가지 방향에 다 있소." 달라이 라마는 이렇게 말했다. "동남서북과 위아래." 불교에서는 천국을 마지막 목표점이 아니라 정신적으로 계속 발전해 나가는 장소로 받

아들였다. "불자들에게 최종 목표는 천국에 도착하는 게 아니라 스스로 부처가
되는 것입니다." 그는 독특한 억양의 완벽하지 않은 영어로 말을 이었다. 불교
에서는 윤회를 믿는다. 더 올바른 삶을 살수록 다시 태어날 때는 더 행복한 삶
을 부여 받는다. 반대로 "살생을 하거나 도둑질을 하는 등 아주 나쁜 짓을 저지
르면 동물의 몸을 쓰고 태어날 수도 있어요"라고 달라이 라마는 말했다.

불교는 내가 짤막하게 하는 이런 설명보다는 훨씬 더 복잡한 종교이지만 달
라이 라마는 자신의 신념을 쉽게 이해시키려고 애썼다. 그는 내게 자기는 자신
을 어떤 사람들이 생각하는 것처럼 살아 있는 신이 아니라 교사라고 생각한다
고 했다. 사실 나는 윤회가 어느 정도 일리가 있다고 생각되었다. 나는 불교 신
자가 아닌 게 분명하지만 재키 언니처럼 힘든 삶을 살다 가는 사람들은 나중에
좀 더 나은 삶으로 다시 태어날 수 있을 것이라는 생각도 들었다. 그런 사람들
은 전생에 어떤 잘못을 저질러서 이승에서 그렇게 행복한 삶을 살지 못했지만
그 대가를 치렀으니 이제 다시 한번 행복해질 기회를 얻었을지 모른다.

달라이 라마의 가르침 가운데서 내게 가장 감명 깊었던 것은 삶의 목적에
대해 그가 내린 정의였다. 그는 인생의 목적은 바로 '행복해지기 위한 것'이라
고 했다. 어떻게 하면 그 목적을 달성할 수 있느냐고 물었더니 그는 "따뜻한 마
음씨와 동정심이라고 생각한다"고 대답했다. "동정심은 여러분에게 내적인 힘
과 더 큰 자신감을 가져다 줍니다. 동정심은 삶에 대한 여러분의 태도를 진정으
로 바꾸어 놓을 수 있습니다."

정말 간단명료한 가르침이었다. 나는 그가 해준 가르침을 '스페셜'에서 인
터뷰한 다른 위대한 종교 지도자들의 가르침과 비교해 보았다. 워싱턴 교구 대
주교인 시어도어 매캐릭 추기경은 가톨릭 신자들의 삶의 목적은 천국에 가기
위한 것이라고 했다. 뉴욕에 있는 마스지드 알파라 모스크의 정신적 지도자인
이맘 파이잘 압둘 라우프가 하는 말에 따르면 무슬림 교도들도 그와 비슷한 목
적을 가졌다. 콜로라도 스프링스에 있는 뉴 라이프 교회의 유명한 개신교 지도
자인 테드 해거드 목사와도 인터뷰했는데 그는 내게 삶의 목적은 다시 태어나
예수를 여러분의 삶에 받아들이기 위한 것이라고 말했다. 그렇게 하지 않으면

우리 모두 천국에 가지 못할 것이라고 그는 말했다. 해거드 목사는 항상 미소를 머금고 유쾌한 사람이었다. 불행히도 그는 나중에 동성애 성추행 혐의가 들통 나 자기 신도들의 손에 의해 성직을 박탈당했다. 물론 그런 사건은 그의 위선적인 성격을 드러내 보여 주는 것일 뿐 그의 믿음에 손상을 가게 하는 것은 아니라고 나는 생각한다.

유대교 신자들은 천국에 가는 것과는 다른 삶의 목적을 갖고 있다. 뉴욕 유대교 신학교의 철학교수인 랍비 닐 길먼의 말에 따르면 유대교 신자들은 보상을 바라서가 아니라 지상에서 '품위 있는' 삶을 사는 것 그 자체에 더 큰 비중을 둔다.

그리고 달라이 라마는 삶의 목적을 단순히 행복해지기 위한 것이라고 말하고 그 목적을 이루는 방법 역시 간단히 따뜻한 마음씨와 동정심을 가지면 되는 것이라고 했다. 나는 너무도 단순하고 달콤한 그의 인품에 감동받아서 인터뷰가 끝났을 때 달라이 라마에게 볼에 키스해도 좋으냐고 물어 보았다. 그는 웃으며 뉴질랜드 사람들이 하는 것처럼 하자고 했다. 그래서 우리는 에스키모인들이 하는 것처럼 코를 서로 맞대고 부볐다. 그러고 나서 그는 흰 스카프를 내 목과 카메라 크루, 프로듀서의 목에 차례로 한 번씩 감아 주면서 낄낄대며 걸어나갔다.

하지만 그가 들려준 메시지는 계속 귀전을 맴돌았다. 앞서 말했듯이 달라이 라마 방문을 마친 다음에 나는 특별휴가로 우리 스태프들과 함께 인도의 몇몇 도시를 주마간산으로 둘러보았다. 매혹적인 핑크 시티 자이푸르와 타지마할이 있는 아그라도 그 가운데 들어 있었다. 여명에 둘러본 타지마할은 너무도 장관이었다. 그 한 주일 동안 나는 정말 칭찬할 만한 사람이었다. 절대로 화도 내지 않고 목소리조차 한번 올린 적이 없고 어떤 일에도 괘념치 않았다. 한마디로 질투도 욕심도 없는 사람이 된 것이었다. 그러면서 약간 지루했다. 귀국 비행기를 타고 다시 서방세계로 돌아왔고 옛날의 정서가 다시 살금살금 되돌아왔다. 그렇지만 나는 지금도 계속해서 그가 가르쳐 준 삶의 목적에 대한 단순한 공식을 기억하고 실천에 옮기려고 애쓰는 편이다. 바로 동정심과 따뜻한 마음가짐이다.

그리고 마지막으로 크리스토퍼 리브가 있다. 그는 한때 강건했지만 비극적인 사고를 당해 망가진 몸을 가지고 세계를 감동시킨 새로운 힘을 보여준 태산과 같은 사람이다. 나는 크리스토퍼의 꿋꿋함과 용기에 경탄할 뿐만 아니라 한 인간으로서 그가 갖고 있는 정신과 유머, 의지를 좋아하지 않을 수가 없다. 그는 대부분의 사람들이 삶을 포기했을 정도의 불행을 당했다. 하지만 그는 포기하지 않고 그 불행에 맞섰고 사지마비에 대한 사람들의 생각을 바꾸어 놓았다.

크리스토퍼 리브의 이야기는 모르는 사람이 거의 없다. 슈퍼맨으로 알려진 핸섬한 배우가 심한 낙마사고를 당해 목 아래쪽이 모두 마비되었다. 사고는 1995년 5월 27일 크로스컨트리 승마경기에서 리브의 말이 점프대 앞에서 갑자기 멈춰 서는 바람에 일어났다. 노련한 기수인 리브는 앞으로 내팽개쳐질 때 두 손이 말굴레에 걸리는 바람에 머리부터 땅바닥에 떨어졌다. 그러면서 척수가 망가졌고 겨우 목숨만 구할 수 있었다.

나는 어느 의미에서 크리스토퍼의 병상일지를 텔레비전으로 기록한 사람이다. 그는 1995년 9월에 처음으로 20/20에 나와서 자신의 상태를 이야기했다. 그리고 많은 인터뷰를 한 끝에 죽기 11개월 전인 2003년 11월에 마지막 인터뷰를 했다. 우리는 카메라 밖에서도 친구로서 수시로 만났다. 나와 그는 생일도 9월 25일로 같았다.

나는 리브가 사고를 당하기 전에 딱 한번 편안하게 만난 적이 있었다. 당시 그는 나보다 훨씬 더 잘 알고 지내는 기자들이 많았다. 그러나 병원에 입원해 있으면서 텔레비전을 많이 보게 되었고 그때 내 인터뷰도 많이 보았다. 그리고 나중에 뉴저지에 있는 케슬러 재활연구소에서 여러 달 있는 동안에도 마찬가지였다. 그는 내게 말하기를 나는 인터뷰 때 상대의 말을 방해하지 않는 것 같다고 했다. 그는 그것을 중요시했다. 그는 한번에 불과 몇 분밖에 말을 못했다. 왜냐하면 호흡기에 연결된 관을 목에 끼워 폐에 공기를 들여보내 주고 또한 성대를 통해 공기를 바깥으로 내보내 주기 때문이었다. 그는 숨을 멈춘 동안에만 말할 수 있었다. 그리고 호흡기가 대신 숨을 쉬어 주기를 기다렸다가 다시 말했다. 그러한 과정은 느리게 진행되었기 때문에 인터뷰하는 사람은 참을성이 있어야 했다. 내가 상대의 말을 잘 듣는 것 같았기 때문에 리브는 나를 골라서 자기 이야기를 하기로 한 것이었다.

우리는 그가 마비상태에 놓인 지 4개월 지난 뒤에 재활센터에서 만났다. 인터뷰가 어떤 식으로 진행될지 전혀 짐작이 되지 않았다. 나는 20/20의 책임 프로듀서인 데이비드 슬론과 상의한 끝에 방송시간은 15분에서 20분 사이로 하기로 결정했다. 그 이상은 시청자들이 보기가 너무 고통스러울 것이라고 생각했기 때문이다. 그리고 리브의 모습이 어떨지도 걱정이 되었다. 차마 못 봐 줄 정도로 얼굴이 일그러졌을까? 에드가 앨런 포의 괴기물에 나오는 사람 같지는 않을까? 터무니없는 소리를 지껄인다고 할지 모르겠으나 텔레비전을 하는 입장에서 보면 그랬다는 말이다.

하지만 얼굴을 마주하고 보니 그는 핸섬한 얼굴로 휠체어에 꼿꼿이 앉아 얼굴에 환한 웃음을 머금고 있었다. 마비된 두 팔과 손은 의자 팔걸이에 묶어 놓아서 떨지 않았고 머리는 두 개의 검은 패드 사이에 고정시켜서 똑바로 앞을 보도록 해놓았다. 옷은 헐렁한 바지와 스웨터를 입고 있었는데 스웨터 깃에는 애스컷 타이를 끼워 넣어 놓았고 애스컷 타이로 호흡기에 연결된 산소호스를 가리고 있었다. 단 일 분이라도 호흡기가 꺼지거나 산소호스가 빠지면 리브는 죽는 것이었다.

그의 옆에 앉아서 예쁘고 차분하게 역시 환한 미소를 머금고 있는 사람은 그의 아내이며 세 살 난 아들 윌의 어머니 다나였다. 리브는 자신의 초기 병원 생활을 이렇게 회상했다.

"꿈속에서 나는 완전한 삶을 즐기고 있었습니다. 말을 타고 가족들과 놀며 다나와 내가 같이 꾸민 예쁜 보트도 있고, 우리는 사랑을 나누었습니다." 리브는 이렇게 말했다. "그런데 갑자기 잠에서 깨어 보니 새벽 두 시였어요. 나는 침대에 누워 있고 인공호흡장치가 달려 있고 몸을 움직일 수가 없었어요."

그가 하는 이야기는 자신의 이야기만이 아니라 러브 스토리였다. 크리스토퍼는 신체 감각이 거의 없었지만 그와 다나 사이의 애정은 사고를 당한 뒤 더

깊어지며 꽃을 피웠다. 그녀가 키스하고 얼굴을 만져 주면 그는 그것을 느낄 수
있었다. 그는 왼쪽 갈비뼈 옆 일부분과 왼쪽 발바닥에 약간 감각이 남아 있었
다. 그게 전부였다. 포옹을 해도 아무 감각이 없고 자비로운 일이지만 통증도
느끼지 못했다.

"의식이 돌아오자 제일 먼저 이런 생각이 들었어요." 그는 내게 이렇게 말했
다. "모두를 이렇게 힘들게 할 필요가 있을까. 그만 여기서 끝내는 게 좋지 않을
까 하고요." 그러자 다나가 남편의 얼굴을 쓰다듬으며 내게 이렇게 말했다. "우
리 가족들 모두의 마음에 '그이와 같은 사람이 어떻게 이런 식으로 살 수 있을
까?' 하는 생각이 들었다는 것을 나도 압니다. 하지만 그이가 중환자실에 있을
때 그이 옆에서 나는 그이의 얼굴을 쳐다보고 만져 보면서 이런 생각이 들었어
요. '그이를 잃지 않았어. 그이가 이렇게 살아 있어'라고요."

하지만 살 것인가 죽을 것인가 하는 결정은 그에게 달려 있었다.

"그가 언제 생명유지 장치를 제거하지 않기로 결정을 내렸는지 아세요?"라
고 내가 묻자 다나는 "아이들이 병실로 들어왔을 때였어요"라고 대답했다. 자
녀들은 막내아들 월과 크리스토퍼가 전처와의 사이에서 낳은 십대 딸과 아들인
알렉산드라와 매튜였다. "아이들이 들어오는 순간 사랑을 느낄 수 있었어요. 아
이들을 보면 우리는 여전히 가족이라는 사실이 떠올랐고 그래도 뇌가 제대로
자리 잡고 있다는 게 얼마나 다행이냐는 생각이 들었어요. 그만 끝내고 싶다는
생각은 그때 사라졌고 두 번 다시 되돌아오지 않았습니다."

엄청나게 어려운 문제들이 기다리고 있었다. "폐와 피부, 장, 방광에도 문제
가 있었습니다. 모두 다 척추 때문에 생긴 문제들이었습니다." 그는 이렇게 말
을 이었다. "이들을 통제하는 메시지가 뇌로 전달되지 못하는 것이었어요." 기
침을 못하기 때문에 최소한 반 시간마다 폐 청소를 해주어야 했다. 땀도 흘리지
못했다. "여름철인데도 바깥에 나갈 수가 없었습니다"라고 그는 말했다. "열이
올라가 의식을 잃을 수 있기 때문이었어요."

크리스토퍼는 너무도 솔직하고 진지했으며 그가 털어놓는 이야기는 너무나
비극적이면서도 감동적이어서 우리는 20/20에 20분 방영하기로 한 당초 계획

을 바꿔 한 시간을 꼬박 내보냈다. 그리고 두 번 더 방영했는데 그때마다 높은 시청률을 기록했다.

리브는 카메라가 없을 때 한 가지 일화를 소개해 주었는데 그걸 듣고 나도 웃었다. 병실에서 의식이 들어서 보니 전신에 튜브가 연결되어 있는 것이었다. 그때 흰 가운을 입은 의사 한 명이 들어와서는 러시아 억양으로 이렇게 명령조로 말하는 것이었다. "돌아누워 봐!"

'미친놈 아니야?' 라고 리브는 속으로 생각했다.

그러자 의사는 "돌아누우라고 말했지!"라고 다시 명령했다.

"이 미친놈아"라고 소리치려는 순간 리브는 흰 가운을 입은 남자가 낯이 익다는 생각이 들었다. 그 사람은 의사가 아니라 줄리아드 연기 스쿨에서부터 리브의 오랜 친구인 로빈 윌리엄스였던 것이다. 리브는 잠시 숨이 모이기를 기다렸다가 우스워서 거의 목이 막힐 뻔했다. 그는 "웃을 수 있다면 살 수도 있는 것 아닌가" 하는 생각이 들었다는 말을 내게 했다.

여러 해에 걸쳐 나는 리브의 피나는 재활노력에 대해 여섯 번 정도 보도했다. 나는 뉴욕 교외에 있는 크리스토퍼와 다나의 집으로 찾아갔는데 집은 휠체어가 드나들 수 있도록 완벽하게 고쳐져 있었다. 우리는 그가 나아지고 있는 점과 악화되고 있는 점을 그대로 방영했다. 그가 더 이상 자기 마음대로 하지 못하는 신체기능에 대해 이야기했고 한밤중에 갑자기 호흡기가 꺼져 버리면 어쩌나 하는 그의 공포감에 대해서도 이야기를 들었다.

그리고 우리는 그의 활동에 대한 보도도 내보냈다. 그는 알프레드 히치코크의 공포영화 '이창' Rear Window 리메이크 영화에 사지마비 환자로 등장했고 마이클 J. 폭스처럼 줄기세포 연구의 열렬한 지지자가 되었다. 그는 또한 척수마비 부상을 당한 사람들의 치료법을 연구하는 크리스토퍼 리브 재단을 설립했고 자기처럼 부상당한 사람들의 삶의 질을 높여 주기 위한 노력도 했다.

리브 부부와 나는 거의 매년 9월 25일은 마이클 더글러스와 캐서린 제타 존스 등 친구들과 함께 지냈다. 크리스토퍼와 나만 그날이 생일이 아니라 마이클과 캐서린도 그날이 생일이었다. 한번은 우리 아파트에서 생일축하 파티를 열기로 하고 산소통, 호흡기, 크리스토퍼를 태운 자동 휠체어 등 그에게 필요한 특수장비를 좁은 엘리베이터로 모두 옮겼다. 다나가 그에게 생일 케이크를 먹여 주었다. 우리는 많이 웃었고 다나는 생일 축하 노래를 불렀다.

마지막 인터뷰를 할 즈음에 크리스토퍼는 눈에 띄게 나아졌다. 여러 해에 걸쳐 특수 약물 치료를 포함한 갖가지 운동을 하고 스스로 엄청난 노력을 한 결과 그는 마침내 호흡기 없이도 삼십 분은 숨을 쉴 수 있는 정도가 되었다. 그것은 처음으로 냄새를 맡을 수 있게 되었다는 말이고 그래서 내가 장미꽃을 한 송이 가져다주었더니 그는 좋다고 싱긋 웃어 보였다. 우리는 커피도 같이 마셨고 그는 마침내 커피 향도 즐길 수 있게 되었다. 무엇보다도 손가락 하나와 가슴에 감각이 되살아났기 때문에 나는 그에게 제대로 포옹을 해줄 수 있게 되었다.

어쩌면 회복에 대한 그의 꿈이 실현될 것이라고 나는 생각했다.

여러 해 동안 그는 이따금씩 목숨을 위태롭게 만드는 감염에 시달렸는데 그때마다 기적처럼 회복되었다. 그리고 2004년 또다시 심각한 감염이 발생했고 이번에는 회복하지 못했다. 그는 힘든 몸을 이끌고 막내아들 윌의 하키경기를 보고 온 이튿날인 10월 10일에 숨을 거두었다. 52세였다.

다나와 나는 계속 연락을 주고받았다. 그녀는 2005년 가을 '더 뷰'에 출연해 노래를 부르기로 되어 있었다. 그녀는 예쁜 목소리를 갖고 있었고 모두들 그녀의 출연을 기대하고 있었다. 그런데 그녀가 별다른 이유도 없이 방송출연을 돌연 취소해 버렸다. 나는 크게 당황했고 화도 약간 났다. 나중에 이유를 들었는데 그녀는 담배를 피우지 않았지만 폐암에 걸렸다는 것이었다.

다나는 2006년 3월 6일에 44세의 젊은 나이로 죽었다. 그녀를 아는 우리 모두 너무도 가슴이 아팠다.

내가 크리스토퍼와 가진 인터뷰는 소개하고 싶은 부분이 많지만 제일 처음으로 한 인터뷰에서 한 대목을 골라 소개하기로 한다.

크리스: 당신의 몸은 당신 자신이 아니라는 사실을 차츰 알게 되지요. 마음과 정신이 몸을 이겨내야 합니다. 그리고 "내가 왜?" "이건 불공평해"라는 생각을 버

리고 "자, 남은 가능성은 얼마나 되지?" 하는 쪽으로 생각을 고쳐 먹어야 합니다. 나는 세계 전역에서 10만 통이 넘는 편지를 받았습니다. 그걸 보고 나는 왜 불행한 일에 사람들이 서로 아파하고 마음을 써 주는지 놀라게 됩니다. 나는 사람들이 격려해 주는 것을 보고 크게 감동을 받았습니다. 그리고 이런 격려는 누구든 받을 수 있다는 점을 사람들에게 알려 줄 수 있다면 보람 있다고 생각합니다. 그래서 나는 지금 정말 어떤 여행을 하고 있다는 생각이 듭니다.

나: 다시 걸을 수 있다고 생각하세요?

크리스: 가능하다고 생각합니다. 나는 다시 걸을 것입니다.

나: 걷지 못하게 되면?

크리스: 그러면 못 걷는 것이지요.

나: 그게 다예요?

크리스: 걷거나 걷지 못하거나 둘 중 하나입니다. 카드놀이와 마찬가지예요. 해볼 만한 게임이면 계속하는 것이지요. 꽃놀이패가 나올 때도 많지만 그렇지 않은 때도 있습니다. 그래도 게임은 해볼 만하다고 나는 생각합니다. 정말입니다.

나도 기분이 우울할 때는 크리스토퍼를 떠올리며 내가 얼마나 운이 좋은지, 그리고 게임은 해볼 만한 것이라고 스스로에게 다짐해 본다.

이처럼 나는 그들의 인격과 철학이 계속 내게 남아 있는 사람들과도 인터뷰를 했다. 나는 수시로 그들 생각을 떠올리며 그런 사람들을 알게 되어서 정말 행운이라는 생각을 한다. 나는 그 사람들의 삶에 잠시 영향을 미쳤겠지만 그들은 지금까지도 나의 삶에 영향을 주고 있다.

모니카 르윈스키

인터뷰는 당시는 물론 지금까지도 텔레비전 뉴스 '스페셜' 사상 최고의 시청률을 기록한 프로그램이다. 그것은 또한 내가 일을 해오면서 낚은 최대의 '대어'였다. 그녀의 이름은 바로 모니카 르윈스키다. 그녀는 백악관 인턴이었고 모든 신문과 텔레비전 저널리스트, 토크쇼 진행자, 잡지가 미국 대통령을 거의 자리에서 끌어내릴 뻔한 이 젊은 여성과 인터뷰를 하기 위해 몰려들었다. 1999년 3월 3일 두 시간에 걸친 인터뷰가 방영되었을 때 거의 5000만 명이 그 인터뷰를 시청했다. 광고 시간대에는 많은 도시에서 수위가 일제히 내려갔다는 보도도 있었다. 사람들이 동시에 화장실 물을 내렸기 때문이다.

아주 어린 독자가 아니라면 모니카 르윈스키와 빌 클린턴 대통령이 얽힌 이야기는 다 알고 있을 것이다. 1990년대 말에 사건이 처음 터졌을 때는 '블로잡(구강성교)'이라는 말이 인구에 회자되었다. 언론에서는 모두 모니카 르윈스키를 수치스럽고 음란하고 철없는 젊은 여성으로 비하했다. 나는 그녀와 인터뷰하면서 그렇지 않다는 생각을 했다. 하지만 먼저 내가 그녀를 '어떻게 잡았는지'부터 소개하기로 한다.

클린턴-르윈스키 사건이 처음 폭로된 1998년 2월 21일에 나는 마이크로소프트 설립자 빌 게이츠와 인터뷰하기 위해 시애틀에 가 있었다. 세계 최고 부자와의 인터뷰를 마칠 때까지만 해도 섹스 스캔들 같은 것은 꿈에도 생각지 못했다. 하지만 그날 오전에 케네스 W. 스타라는 특별검사가 임명되어 클린턴 대통령이 모니카 르윈스키라는 전직 백악관 인턴에게 두 사람의 관계에 대해 거짓 증언을 하라고 부추겼는지에 대해 조사한다는 뉴스가 터져 나오면서 섹스 스캔들이 제일 중요한 일이 되어 버렸다. 그 뉴스는 인터넷 언론 드러지 리포트와 워싱턴 포스트가 터뜨렸다. ABC 뉴스 데스크에서는 시애틀에 있는 내게 전화를 걸어서 정신을 바짝 차리고 르윈스키와의 인터뷰가 가능할지 알아보라고 했다. 뉴스 데스크에서는 내게만 전화를 건 게 아니었다. 당시 ABC는 기자 한 명에게 맡기기에 사안이 크다 싶은 인터뷰는 다이앤 소여와 내게도 일을 맡겼으며 당시 ABC에 있던 코니 정에게도 같이 맡겼다. 3자간 경쟁을 유도하는 것인데 그것 때문에 우리는 일하기가 무척 힘들었다. 하지만 이번 경우에는 그녀를 '잡는 게' 너무 중요하기 때문에(ABC는 다른 방송사들도 모두 기를 쓰고 뛴다는 사실을 알고 있었다) 모두 각자 최선을 다해 인터뷰를 성사시키라는 지시가 내려왔다.

약간의 배경설명을 하면 이렇다. 모니카 르윈스키는 1995년 여름에 클린턴 대통령을 처음 만날 당시 22살의 백악관 인턴이었다. 그녀는 대통령을 처음 본 순간 "숨이 멎는 것 같았습니다"라고 나중에 내게 말했다. 그리고 그날 이후 두 사람은 마주칠 때마다 "강렬한 눈길을 주고받았다"고 했다. 지금은 유명한 사진이지만 베레모를 쓴 모니카가 사람들과 악수하는 클린턴을 애정 어린 눈길로 응시하는 사진도 있다. 하지만 그해 가을 행정부 업무가 마비되는 사태가 벌어지지 않았더라도 두 사람의 관계는 크게 발전되지 않았을지도 모른다. 예산안 통과가 지연되며 보수를 받는 직원 대부분이 출근하지 않게 되었고 모니카와 같은 젊은 자원봉사자들이 추가로 일을 더 하게 되었다. 행정부 업무 마비 이틀째인 11월 15일에 모니카는 대통령 비서실장실에서 대통령과 단 둘이 있게 된다. 그녀가 나중에 증언한 바에 따르면 그녀는 그 자리에서 대통령에게 자기가 입은 가죽끈 팬티를 보여 주었고 그날 저녁 늦게 대통령이 전화하는 동안 오럴 섹스를 해주었다. 모니카는 이틀 뒤 대통령 집무실에 피자를 가지고 들어갔을 때도 오럴 섹스를 했다. 피자와 가죽끈 팬티로 시작된 이 스캔들은 미국 역사상 가장 유명하고 가장 철저히 조사된 사건이 되었다.

모니카는 열성적이고 열심히 일했기 때문에 인턴십이 끝나기 전에 백악관에서 정식으로 일자리를 얻었다. 그래서 그녀는 홀, 주방, 그리고 대통령 집무실 바깥에 있는 욕실에서 가끔 은밀하게 대통령과의 관계를 이어나갈 수 있게 되었다. 그리고 심야에 대통령으로부터 50통 이상 전화를 받았다고 했다. 1996년 봄이 되자 백악관의 몇몇 고위 직원들이 모니카가 대통령 집무실 부근에서 보내는 시간에 주목하기 시작했고 4월에는 보수가 더 많은 국방부의 일자리로 전보시켰다. 백악관에서 쫓겨나게 되자 모니카는 크게 낙담했고 대통령은 11월 대통령선거가 끝나면 다시 돌아오도록 하겠다고 약속했다.

국방부에 가서 모니카는 린다 트립이라는 백악관에서 일한 적이 있는 연상의 동료에게 자기가 겪은 일을 털어놓게 되었다. 대통령이 백악관으로 불러 주겠다는 약속을 지키지 않자 실의에 빠진 모니카는 결국 린다 트립에게 두 사람의 관계를 털어놓았다. 자기는 대통령을 사랑하며 대통령도 자기를 사랑하는 것 같다고 그녀는 트립에게 말했다. 세상에서 힘 있는 나이 많은 남자에게 환상을 품은 여자가 모니카가 처음은 아닐 것이고 아마 트립도 그걸 알았을 것이다. 하지만 트립은 나름대로의 계산이 있었다. 그녀는 빌 클린턴을 아주 싫어했으며 그에 대한 책을 쓸 준비를 하고 있었다. 그래서 그녀는 금지된 사랑에 대해 모니카와 나눈 대화를 비밀리에 녹음하기 시작했다. 전화대화는 물론 직접 만나서 나누는 대화도 모두 녹음했다.

그리고 나서 트립은 젊은 친구를 배신하고 특별검사 사무실과 접촉했다. 당시 특별검사는 클린턴 부부가 연루된 다른 여러 불법 행위에 대해 조사를 진행하고 있었다. 스타 검사 팀이 트립과 모니카의 대화를 녹음한 테이프를 들었을까? 그랬다.

모니카는 1998년 1월 국방부 시티 몰에서 트립과 만나기 전까지만 해도 자신이 얼마나 큰 사건에 휘말리게 될지 전혀 모르고 있었다. 그녀는 폴라 존스라는 여성이 클린턴이 아칸소 주지사 재직 시절에 한 일에 대해 제기한 민사소송에서 진술하는 문제를 놓고 의논하는 줄로 생각했다. 존스는 당시 주 직원이었는데 클린턴이 자기에게 섹스를 요구했다며 성적 학대 혐의로 그를 고소했다. 존스의 변호인들은 모니카를 끌어들여 성을 탐닉하는 클린턴의 행동 패턴을 입증한다면 사건에 도움이 될 것이라고 생각했고 그녀는 소환장을 발부받게 되었다. 하지만 모니카는 그런 일이 없다고 거짓 진술을 했다. 대통령과 섹스 관계는 없었다고 진술한 것이었다. 그녀는 자기가 한 진술이 트립이 특별검사 사무실에 제출한 테이프 내용과 상반된다는 사실을 생각지 못했다. 그렇게 해서 모니카는 큰 도박판에 끌려들어가게 된 것이었다.

모니카가 국방부 몰에서 트립을 만날 때 트립은 혼자가 아니었다. 트립은 두 명의 무장 FBI 요원을 대동하고 나타나서는 모니카를 근처 리츠 칼튼 호텔 1012호로 데려갔고 그곳에는 켄 스타 특별검사 사무실에서 나온 여섯 명이 기다리고 있었다. 모니카는 평생 그렇게 놀란 적이 없었다고 나중에 내게 말했다. 몇 시간 조사 끝에 그들은 모니카에게 위증죄와 증인매수죄, 그리고 사법방해죄로 27년 감옥에서 썩게 할 수 있다고 위협했다. 더 고약한 것은 검사들이 그녀의 엄마까지도 사법방해죄를 적용해 처벌하겠다고 위협했다. 트립의 테이프에 의하면 모니카의 엄마가 딸과 클린턴의 관계에 대해 알고 있었기 때문이라는 것이었다. 검사들은 그 자리에서 르윈스키에게 클린턴과의 관계에 대해 모든 것을 털어놓고 관련자 몇 사람과의 대화내용을 비밀리에 녹음해 준다면 무죄로 만들어 주겠다고 약속했다. 대통령의 친구인 버넌 조던(이 사람은 모니카에게 뉴욕에 일자리를 구해 주겠다고 제의했다), 대통령 공보비서 베티 쿠리, 그리고 가능하다면 대통령 본인과의 대화를 녹음해 달라는 것이었다. 사람들이 알아주지는 않았지만 모니카는 그런 짓을 할 사람이 아니었기 때문에 그 제안을 거절했다. 모니카가 변호사에게 전화하겠다고 하자 검사들은 그것을 거부했다. 모니카는 열두 시간 동안 그들의 요구를 거절한 다음 겨우 자기 엄마와 통화가 되었고, 엄마는 그날 밤 뉴욕에서 워싱턴으로 와 모니카에게 갔다. 모니카의 부모는 이혼한 상태였지만 두 사람은 로스앤젤레스에 있는 모니카의 아버지에게 전화를 걸었다. 의사인 그녀의 아버지는 놀라서 자기가 아는 변호사를 선임했고 모니카는 엄마와 함께 뉴욕의 집으로 돌아갔다. 모니카의 엄마는 당시 모니카가 너무 낙심한 상태였기 때문에 딸이 샤워할 때도 혹시 자해라고 할까 봐 욕실 문을 열어놓고 지켜봤다고 했다.

당시 한 인턴과 대통령이 벌인 이 스캔들이 얼마나 대단한 사건이었는지는 지금도 생생하게 기억이 날 것이다. 두 사람의 관계에 대해 갖가지 정보와 잘못된 정보들이 난무했다. 순식간에 모니카 르윈스키는 전 세계적으로 가장 유명한 인사 가운데 한 명이 되었고 런던 타임스에서부터 보르네오 불레틴에 이르기까지 전 세계 모든 언론이 시시각각 스캔들의 진행 내용을 보도했다. 1998년 한 해 동안 미국 언론에서만 그녀의 이름이 거론된 횟수가 10만 번에 달했다.

내게 닥친 과제는 어떻게 해야 이 젊은 여성을 설득해 나와 인터뷰하도록 만들 수 있느냐는 것이었다.

내가 보니 열쇠는 윌리엄 긴즈버그란 사람이 쥐고 있었다. 놀란 모니카의 아버지가 황급히 전화를 걸어 도움을 요청한 바로 그 변호사였다. 긴즈버그는 로스앤젤레스에서 의료 분쟁 전문으로 성공한 법정 변호사였다. 업무 관계상 그는 방사선 암 전문의인 모니카의 아버지와 친한 친구가 되었다. 나비 넥타이와 법정 변호사로서의 타고난 입담으로 긴즈버그는 금방 언론과 가까워졌으며 많은 시간을 카메라 앞에서 지칠 줄 모르는 궁금증을 풀어 주는 데 보냈다. 그는 TV 스튜디오에서 보내는 시간이 너무 많았다. 상상력이 풍부하고 공격적인 우리 프로듀서 케이티 톰슨이 긴즈버그가 NBC에서 생방송으로 이야기하는 것을 보고는 그곳 경비원 한 명을 설득해서 건물에서 걸어나오는 긴즈버그와 전화를 연결하는 데 성공했다. 거의 모든 기자들이 케이티와 같은 예약 담당 프로듀서와 일하는데 이들은 큰 인터뷰를 성사시키는 데 없어서는 안 되는 인물들이다. 그렇게 해서 우리는 내 생애에서 아주 특별한 인터뷰를 하게 되었다.

바로 그 주 토요일에 케이티와 나는 워싱턴 D.C.로 날아가 남의 눈을 피해 코스모스 클럽이라는 곳에서 비밀리에 긴즈버그를 만났다. 바에 자리를 잡고 앉자마자 긴즈버그는 모니카와 대통령 사이에 관계가 있었다는 사실을 확인해 주었다. 그는 모니카가 처한 법률적인 위험과 특별검사 사무실에서 모니카에게 20년 이상 감옥에 갈 수 있다고 말한 내용 등에 대해 이야기해 주었다. 그는 갓

난아기 때부터 보아 온 정말 착한 아이인 모니카가 이런 처지에 놓이게 된 데 대해 정말 통탄스럽다는 말을 했다.

그러고 나서 긴즈버그는 프로듀서 없이 나와 단 둘이서 보다 솔직하게 이야기하고 싶다고 했다. 그는 내 팬이며 20/20을 즐겨 본다고 했다. 그리고 인기 있는 비평가로 지금은 작고한 조엘 시걸이 긴즈버그와 고교 시절 단짝 친구였다. 조엘과 나는 친구였기 때문에 내가 부탁하자 그는 긴즈버그에게 나를 믿어도 좋을 것이라는 말을 해주었다. 어쨌든 간에 그는 철저히 오프더레코드로 나와 솔직히 이야기할 준비가 되어 있었다. 놀랄 일도 아니지만 그는 모니카와 대통령의 관계는 "절대로 완전한 성교는 아니었다"고 했다. 다시 말해 삽입은 하지 않았다는 것이었다. 어떤 것인지에 대한 결론은 나보고 내리라고 했다.

그러면서 내게 이야기한 것은 아무도 모르는 사실이라고 했다. 나는 더 다그쳐 물어 보았지만 그는 더 이상 답하지 않았다. 하지만 그것은 단순한 섹스 이상의 것이 분명했다. 클린턴은 또한 그녀에게 곰 모양의 대리석 모자핀과 월트 휘트먼의 시집 '풀잎' 특별본 같은 크고 작은 선물들도 주었다고 했다. 그녀가 대통령에게 준 선물 가운데는 도자기 개구리 같은 게 있었다. "얼룩진 드레스가 있다는 소문은 어떻게 된 건가요?"라고 물었더니 그는 그런 드레스가 있는지는 모른다고 했다.

헤어지면서 긴즈버그는 "내가 지금 말한 내용은 절대로 공개해서는 안 됩니다"라고 단단히 주의를 주었고 나는 일을 하면서 여러 차례 그랬던 것처럼 입을 다물었다. 물론 그가 내게 해준 말을 보도하면 좋았겠지만 그와 오프더레코드 약속을 했기 때문에 약속을 지킨 것이다. 그가 한 말을 보도했으면 헤드라인을 장식했겠지만 나는 그의 믿음을 저버리고 싶지 않았다. 그리고 내가 그에게서 기대한 것은 나를 모니카에게로 데려가 달라는 것이었다.

나는 계속해서 긴즈버그와의 약속을 지켰으며 언론에서는 르윈스키와 클린턴의 관계에 대해 온갖 추측성 기사들이 난무했다. 언론들은 백악관 관리들의 말을 인용해 모니카의 성격과 신뢰성에 의문을 표시하기 시작했다. 그녀는 스토커였고 거짓말쟁이며 주목을 받기 위해 기를 썼다는 등의 말이 인용되었다.

나중에 힐러리 클린턴은 자기는 모니카에 대한 그런 말이 사실이라고 믿었다고 했다. 탁상공론을 일삼는 심리학자들은 열네 살 때 겪은 부모의 이혼과 체중 문제가 그녀를 정서적으로 문제가 있는 젊은 여성으로 만들었다는 말을 했다.

백악관이 뭐라고 하든 나는 긴즈버그의 말을 믿었다. 그런 말을 지어내기는 어려울 것이라고 생각했기 때문이다. 나중에 긴즈버그로부터 들은 말을 내 동료들에게 했더니 선임 정치 전문기자로 빌 클린턴의 고위 보좌관이었던 조지 스테파노풀로스는 대통령이 밤늦은 시간에 모니카와 이야기하는 것을 보고 놀랍게 생각하지는 않았다는 말을 했다. 왜냐하면 클린턴은 밤늦게까지 일하는 사람이라 자기도 늦은 시간에 불려가서 이야기를 나누었기 때문이라는 것이었다. 하지만 스테파노풀로스는 내가 모니카가 대통령에게 선물한 도자기 개구리 이야기를 해주자 깜짝 놀랐다. 대통령의 '개구리 수집품'에 대해 아는 사람은 극히 몇 명 되지 않았기 때문이다. 내 말을 듣고 그는 모니카가 정말로 대통령과 가까운 사이였다는 사실을 믿게 되었다.

모니카와 그녀의 가족들은 언론으로부터 숨어 있었지만 그녀의 변호인은 나보다 TV에 더 자주 나왔다. 어떤 일요일에는 모든 텔레비전 방송 토크쇼에 번갈아 가며 출연한 적도 있었다(아마도 세계 기록이 아닌가 생각한다). 모니카와 그녀의 가족에 대해 기사들이 난무했는데 대부분 비우호적이었다. 긴즈버그는 그런 기사를 잠재우기 위해 애를 썼고 또한 모니카의 기소면제를 얻어내기 위해 노력했지만 별 소득이 없었다. 마침내 2월에 그녀의 아버지가 입을 열 때가 되었다는 생각을 했다. 긴즈버그 덕분에 그는 나와 이야기하기로 했다. 그 사건에서 최초로 '대어'가 등장하는 셈이었다. 그는 로스앤젤레스에 있는 자기 집에서 인터뷰를 하고 싶어 하지 않았기 때문에 우리는 비교적 한적한 호텔 스위트를 빌려서 비밀리에 인터뷰를 진행했다.

버나드 르윈스키는 엄청나게 부유한 베벌리힐스 의사로 알려졌지만 사실은 매우 열심히 일하는 암 전문의였고 베벌리힐스에서는 활동도 하지 않았다. 그는 또한 조용한 사람으로 딸이 언론에서 음탕한 여자로 묘사되는 것을 보고 절망스러워하고 있었다. 모니카와 마찬가지로 그도 특별검사 측이 전처인 마르시아 르위스에게, 딸에게 유죄평결을 내릴 대배심에 나와 증언하도록 압력을 가하는 데 대해 분노했다. 2월 11일 모니카는 로스앤젤레스 아버지 집에 머물고 있었으며 자기 엄마가 법정에서 심문에 시달리다 중압감을 견디지 못해 의식을 잃고 쓰러졌다고 부축을 받고 나오는 장면을 아버지와 함께 텔레비전을 통해 지켜보았다. 나와의 인터뷰에서 르윈스키 박사는 이렇게 말했다. "켄 스타가 그녀에게 가한 일은 정말 파렴치한 일입니다. 엄마를 딸에 맞세워 억지로 증언하도록 만든 것은 매카시 시대의 망령을 되살려 줄 뿐 아니라 나아가 종교재판이나 히틀러 시대까지 떠올리게 만들었습니다."

인터뷰는 1990년 2월 20일 20/20에 방영되었다. 르윈스키 박사가 스타 검사의 심문을 히틀러의 전술에 비유한 것은 많은 주목과 함께 비판도 받았다. 하지만 그 인터뷰로 말미암아 마침내 르윈스키라는 이름은 인간의 얼굴을 찾게 되었고 사람들은 그녀의 가족이 시달리는 중압감을 이해하게 되었다. 그리고 그 인터뷰를 통해 나는 모니카와의 인터뷰로 나아가는 징검다리를 얻게 된 셈이었다. 그녀의 아버지는 나와의 인터뷰에 만족했고 내가 공정하고 정확하게 일을 한다고 신뢰하게 되었다.

모니카는 틀어박혀 지냈는데 친구를 만나 이야기도 못하고 언론이 달려들 것이 겁나 집밖 출입도 못하고 있었다. 어쩌다 외출을 하고 나면 비우호적인 사진이 실리고 늘어난 체중을 빗대 '터비 템프트레스(뚱보 유혹녀)'나 '포틀리 페퍼포트(뚱보 후춧가루병)' 같은 고약한 별명이 따라붙었다. 어쩌다 델리 가게나 레스토랑에 들르기라도 하면 식탐에 걸렸다는 등 갖가지 보도가 실렸다.

윌리엄 긴즈버그는 모니카와 통하는 유일한 창구였기 때문에 기자들은 그에게 잘 보이려고 애를 썼다. 다소 앞서가기는 했지만 나도 가능한 한 모든 카드를 총동원했다. 타임 매거진이 창간 75주년을 기념해 엄청나게 요란한 축하연을 준비했는데 클린턴 대통령부터 톰 크루즈까지 온갖 사람이 다 참석하기로 되어 있었다. 나도 초청을 받았는데(주요 저널리스트는 모두 초청받았다) 손님을 한 명 데려갈 수 있었다. 그래서 나는 긴즈버그에게 같이 가자고 했고 그는 무척 좋아했다. 하지만 클린턴이 참석했기 때문에 우리가 앉는 테이블은 방 뒤쪽 제일 구석에 배정되었다. 고위인사와 스타들, 내 동료들을 비롯해 유명 저널리스트들은 모두 링사이드에 배정받았다. 그래서 나는 한쪽 구석에서 처량한 신세가 되었지만 속으로 '그래 좋아, 언젠가 보답을 받을 거야'라는 생각을 하고 있었다.

하지만 긴즈버그에게 추파를 보내는 게 나 혼자뿐이었다고 생각하면 착각이다. 경쟁은 점점 더 치열해지고 있었다. 한번은 긴즈버그에게 전화를 걸었더니 60미니츠의 마이크 월래스와 저녁식사를 하고 있는 것이었다. 긴즈버그는 내게 내 동료 가운데 한 명이 사진 애호가인 모니카의 아버지에게 유명한 사진작가 리처드 애버든을 소개해 주겠노라는 제안을 해 왔다고 했다. 긴즈버그 본인은 수없이 많은 저녁식사 초대뿐만 아니라 극장 입장권과 특별행사 초대권을 받고 있었다. 그는 그들이 왜 그러는지 잘 알고 있었기 때문에 가감해서 받아들였지만 그래도 우쭐해 있었다.

타임지 파티 장에서는 찬밥신세가 되었지만 그래도 나와 긴즈버그의 관계는 순조롭게 진행되어 아주 친한 친구 사이로 발전하고 있었다. 1998년 4월에 나는 리포터로서는 처음이자 유일하게 모니카와 개인적인 면담을 하게 되는 부러운 입장이 되었다. 긴즈버그는 나보고 캘리포니아에 들를 일이 있으면 르윈스키 박사의 집에 '우연히 들르는' 기회를 마련해 주겠다고 했다. 나로서는 그게 바로 캘리포니아에 들를 일이었다. 긴즈버그는 나를 로스앤젤레스 브렌트우드 섹션에 있는 르윈스키네 집으로 데려갔다. 묘하게도 4년 전에 니콜 브라운 심슨과 론 골드먼이 살해된 장소에서 불과 몇 블록 떨어지지 않은 곳이었다. 아주 수수한 집에 르윈스키 박사가 그의 두 번째 부인인 바버라와 함께 살고 있었으며 벽은 온통 그가 찍은 사진으로 장식되어 있었다.

모니카가 방안으로 들어왔는데 보니 태평스러운 얼굴이었다. 그녀는 미소를 지었고 쾌활했다. 나의 첫 인상은 그녀가 사진보다 더 예쁘다는 것이었다. 피부가 고왔고 윤기 나는 검은 머리를 하고 있었다. 다소 뚱뚱해 보였지만 비만과는 거리가 멀었다. 우리 할머니가 보셨으면 통통하다고 했을 법하고 좋게 말하면 풍만했다. 모니카는 쇼핑을 나갔다가 새 모자를 몇 개 사왔는데 행복한 표정으로 내 앞에서 써보였다. 아주 잘 어울렸다. 베레모를 쓰고 찍은 사진 생각이 났다. 모니카는 양어머니가 니트 짜는 법을 가르쳐 주어서 자신의 법적인 운명이 어떻게 될지 모르는 요즈음 시간 보내는 데 도움을 받고 있다는 말을 했다. 니트를 하기 전에는 대부분 텔레비전을 보거나 인터넷에서 자기 사건에 관한 정보를 서핑하면서 시간을 보냈다고 했다. 그날 방문에서 그 사건 이야기한 것은 그게 전부였다. 나는 첫 번째 만남에서 그녀에게 부담이 될 만한 말은 하고 싶지 않았다. 나는 그녀가 자신에게 닥친 일에 대해 불만을 나타내거나 울부짖지 않는 것이 인상 깊었다. 이런 일을 겪는다는 게 얼마나 힘든 것인지 잘 안다는 말을 했더니 그녀는 이전까지 단 한번도 스캔들에 휘말린 적이 없었다며 "나는 자랄 때 기본적으로 착한 아이였습니다"라고 했다. "담배도 피우지 않았고 마약도 하지 않았어요. 성적도 좋았고 물건을 훔친 적도 없었습니다." 내가 "다음에는 물건을 한번 훔쳐 봐요"라고 했더니 그녀는 소리 내어 웃었다. 나는 우리의 관계가 시작되었다는 기분이 들었다. 모니카는 나중에 내게 내가 대수롭지 않게 던진 말이 아주 큰 힘이 되었다는 말을 했다. 내가 유머 감각이 있는 사람으로 생각되었다는 것이었다. 그녀는 "내가 힘든 고통을 이겨내도록 만들어 준 게 바로 "유머였습니다"라고 말했다. "저는 유머를 통해 사람들과 소통합니다."

하지만 그녀는 아직 인터뷰에 응하기에는 한참 멀리 있었다. 특별검사는 수사를 계속 진행했고 그녀는 체포당할지 모른다는 두려움에 떨고 있었다. 그녀의 아버지도 두려움은 마찬가지였고 긴즈버그가 언론에 나가 떠들어 대는 데 마음이 상한 나머지 르윈스키 박사와 모니카는 그를 해고해 버렸다. 6월 2일에 두 사람은 워싱턴 인사이더인 플레이토 캐처리스와 제이콥 스타인을 새 변호인으로 선임했다.

나는 개인적으로 긴즈버그를 좋아했지만 문제는 모니카와 긴즈버그의 관계였으니 어쩔 도리가 없었다. 앞을 보고 나가는 수밖에.

우연하게도 나는 새로 선임된 변호사 두 명 모두와 아는 사이였다. 그들의 의뢰인들과 논란이 많고 뉴스 가치가 높은 인터뷰를 한 적이 있기 때문이었다.

캐처리스 변호사는 올리버 노스 중령의 금발의 아름다운 여비서 폰 홀의 변호를 맡았다. 그녀는 이란–콘트라 사건 때 유죄를 입증해 줄 수 있는 중요한 서류들을 속옷에 감춰 사무실 바깥으로 빼낸 혐의를 받았다. 스타인 변호사는 밥 팩우드 상원의원 변호를 맡았다. 팩우드 의원은 자신이 채용한 직원을 포함해 모두 29명의 여성들로부터 성추행으로 고소당했다. 두 변호인의 의뢰인들 모두 나의 인터뷰가 공정했다면서 만족해했다. 나는 그 일이 도움이 될 것이라고 기대했다.

우리는 새 변호인단에 전화를 걸고 편지를 보냈는데 그 당시 르윈스키 부녀는 노련하고 존경받는 주디 스미스를 대변인으로 영입해 언론의 요청을 처리하는 일을 맡겼다. 앞서 언급한 바 있는 사우디아라비아와 거래한 홍보회사의 바로 그 주디 스미스다. 우리는 당시 몇 주 그곳에서 함께 일했는데 그녀는 맡은 일을 아주 잘해냈다. 나는 그녀와 만나 모니카 이야기를 상의했지만 주디가 크게 열의를 보이지 않아서 걱정이 되기 시작했다.

마지막으로 그해 여름에 모니카의 새 변호인팀은 그녀가 특별검사와 충실히 협조하고 솔직하게 증언을 하는 대가로 '사안별 면책특권'을 얻어내는 거래를 성사시켰다.

7월 말에 모니카는 그 유명한 얼룩 묻은 파란색 갭 드레스를 제출했다. 증언에서 대통령의 DNA가 묻어 있다고 실토한 드레스였다. 그해 8월에 면책특권 아래 그녀는 대배심원에서 대통령과 섹스 관계를 가졌다고 증언했다. 폴라 존스 소송 때는 진술을 통해 부인했던 내용이었다. 그녀는 대통령과의 만남과 나눈 대화내용을 상세히 털어놓아야 했다. 열하루 뒤인 8월 17일에 빌 클린턴은 현직 미국 대통령으로서는 최초로 자신의 행동에 대해 연방 대배심에 나와 증언했다. 이 증언은 백악관 폐쇄회로 텔레비전으로 통해 진행되었지만 물론 외부로 유출되었다. 수개월 동안 부인한 끝에 그는 마침내 모니카 르윈스키와 '부적절한 신체접촉'과 '부적절한 성희롱'을 했다는 사실을 시인했다. 하지만 그는 자신과 모니카가 성적인 삽입을 한 적은 없기 때문에 섹스 관계는 갖지 않았다고 말했다. 클린턴과 모니카에게는 실제 삽입을 해야만 '섹스 관계'가 이루어지는 것 같았다. 대통령은 또한 위증과 증거 조작, 그리고 다른 사람에게 거짓 증언을 하도록 교사했다는 사실은 모두 부인했다.

　그날 저녁 전국으로 생중계된 4분간에 걸친 연설을 통해 클린턴은 이렇게 고백했다. "나는 나의 아내를 포함해 국민을 호도했습니다. 나는 그 일에 대해 후회하고 있습니다." 하지만 중요한 일이 하나 있는데 그가 모니카나 그의 가족에게는 사과하지 않았다는 사실이다. 모니카는 나중에 나와 인터뷰하면서 그날 저녁 클린턴의 연설은 자기로 하여금 '쓰레기 조각처럼' 비참한 기분이 들게 만들었다고 했다. 그저 자기한테 봉사한 어떤 사람으로 만들었다는 것이었다. 연설을 끝낸 뒤에 카메라는 클린턴이 마서즈 빈야드로 휴가를 가기 위해 그의 아내, 딸 강아지 버디와 함께 대통령 전용 헬기에 오르는 모습을 비춰 주었다. 첼시 클린턴이 부모 사이에서 두 사람의 손을 잡고 가는 모습은 어색해 보였다.

　대통령의 시인은 모니카에게 도움이 되지 않았다. 이제 그녀는 모든 코미디 프로의 조크 소재가 되었다.

　마침내 9월 9일에 무장 경호원들이 케네스 스타 특별검사가 작성한 18박스 분량의 조사 보고서를 하원으로 날랐다. 이틀 뒤 스타 보고서는 일반에 공개되었다. 거의 500페이지 분량에 걸쳐 보고서는 모니카 르윈스키와 클린턴 대통령이 만나는 모든 장면을 포르노처럼 소상하게 묘사했다. 두 사람 모두에게 그보다 더한 굴욕이 또 있을 수 있을까? 스타 보고서는 베스트셀러가 되었고 모니카와 인터뷰를 하고 싶어 하는 나도 그것을 한 페이지도 빠짐없이 모두 읽었다. 나는 보고서가 끔찍할 뿐 아니라 불필요하게 상세히 묘사했다고 생각했다. 요점을 나타내는 데 굳이 500페이지나 쓸 필요는 없었다. 나는 모니카뿐만 아니라 대통령도 안됐다는 생각이 들었다. 대통령은 나라를 끌고 가는 일을 하며 충분히 힘들어하지 않았을까.

　보고서가 나온 날 아침 워싱턴 D.C.에서 열린 한 조찬 기도모임에서 클린턴 대통령은 처음으로 모니카 르윈스키와 그녀의 가족에게 사과했다. 자신이 고통스럽게 만들었다고 생각하는 사람들 명단에 그들을 포함시킨 것이었다.

　모니카는 대통령과의 관계를 밝히고 싶지 않았지만 할 수 없이 그렇게 상세하게 증언하게 되자 이제는 특별검사와 대배심, 그리고 FBI로부터 자유롭게 되었다는 생각을 했다. 이제 자신의 삶을 살 준비가 되자 그녀는 인터뷰를 심각하게 생각하기 시작했다. 그녀는 자기 입으로 자신의 이야기를 하고 싶어 했다. 하지만 그녀는 다른 생각도 하고 있었다. 바로 엄청난 법률 비용이었다. 변호인 팀은 사건이 종결될 때까지 그 일에 매달렸다. 모니카는 어떤 때는 변호사료가 하루에 1만 5000달러에 달했다며 총비용은 100만 달러가 넘는다고 했다. 대배심에서 증언한 그녀의 어머니와 그녀의 친구 네 명도 변호사료를 빚지고 있었다. 모니카는 그 돈을 한꺼번에 만회하고 싶어 했다. 그녀의 가족은 그녀 역시 살아가는 데 돈이 필요할 것이라는 생각을 했다. 너무 좋지 않은 쪽으로 이름이 알려졌기 때문에 정상적인 직장을 잡기도 매우 어렵거나 불가능할 것으로 보였기 때문이다.

모니카는 아주 어려운 결정에 직면하게 되었다. 미국의 텔레비전 방송 뉴스 부서에서는 인터뷰를 하는 데 돈을 지불하지 않는다는 규정을 갖고 있다. 영국을 비롯해 많은 나라들에서는 그와 같은 규정이 없다. 미국에서도 토크쇼나 뉴스 부서 소속이 아닌 인터뷰 쇼에서는 그녀와 첫 인터뷰를 하는 데 거액을 지불할 곳이 많았다. 잡지도 마찬가지였다. 그녀는 어떻게 할 것인가?

나는 모니카를 그녀의 아버지 집에서 만난 이후 거의 다섯 달 동안 그녀를 만나거나 이야기를 나누지 못했다. 나는 그녀와 주디 스미스가 많은 저널리스트를 만난다는 이야기를 들었지만 그들이 만나는 상대가 누구인지는 알 길이 없었다. 당연한 일이지만 모두들 만남을 비밀에 부쳤기 때문이다. 그러는 동안 모니카의 가족은 가족의 친구이며 전직 텔레비전 저널리스트로 '미국의 소리' 방송 임원인 리처드 칼슨의 도움을 받기로 했다. 칼슨은 은밀히 막후에서 모니카를 위해 숱한 인터뷰 요청 서신과 출연 요청 등을 일일이 검토하는 일을 맡았다. 어떤 식품회사는 모니카에게 커피 크림 광고 출연을 요청했는데 청색 갭 드레스를 입고 나와서 제품이 옷에 쏟아지자 "오 노, 다시는 안 돼"라고 소리치는 광고였다.

엄청난 액수가 제시되고 있다는 말이 들려오기 시작했다. 루퍼트 머독이 폭스 네트워크에 인터뷰 두 번을 패키지로 하는 데 500만 달러를 제시했다는 보도도 있었다. 한번은 폭스 채널과 하고 또 한번은 영국의 한 채널과 해서 전 세계로 내보낸다는 것이었다. 게다가 머독은 자기가 소유한 출판사와 출판 계약도 제의했다는데 그 액수는 얼마가 되는지 아무도 몰랐다. 이러한 보도는 확인된 사실은 아니었지만 모니카가 첫 인터뷰를 돈을 받고 할 것임은 의심의 여지가 없었다.

헤드라인을 장식한 사람이 그런 결정에 직면한 경우는 그게 처음도 아니고 끝도 아니었다. 여기서 잠시 패리스 힐튼의 이야기를 해보자. 2007년 6월에 이 젊은 여성은 다른 일도 아닌 정지된 면허증으로 운전을 한 죄로 감옥에서 복역 중이었는데 당시 나는 패리스의 엄마와 감옥에서 내게 연락해온 패리스 본인과 많은 이야기를 나누었다. 나는 그녀가 첫 번째 인터뷰를 나와 할 것으로 생각했다. 하지만 나중에 보니 패리스의 아버지인 릭 힐튼이 인터뷰하는 데 돈을 요구하는 것이었다. NBC와 ABC 모두 패리스의 개인 사진과 비디오 등을 사주는 방법으로 가족에게 돈을 지불하는 방법을 찾았다. 흔히 있는 일이기도 했다. 하지만 ABC는 NBC보다 훨씬 적은 액수를 제시했다. 그 정도면 적당한 액수라고 생각했던 것인데 릭 힐튼이 요구한 여섯 자리 숫자에는 크게 못 미친 액수였다. 릭 힐튼은 내게 NBC가 훨씬 더 많은 '천문학적인 액수의' 돈을 제시했다는 말을 하며 패리스의 인터뷰는 NBC와 하겠다고 했다. 그렇게 하면 패리스의 신뢰성에 문제가 생길 수 있다고 했더니 그는 거절하기에 너무 큰 액수라고 대답했다. 하지만 NBC가 제의한 액수가 뉴스를 통해 흘러나오면서 엄청나게 부정적인 헤드라인이 이어졌고 결국 NBC는 제안을 철회하기에 이르렀다. 그러자 힐튼 가족은 돈을 받지 않고 나와 인터뷰를 하겠다고 제의해 왔지만 그때 나는 이미 모든 호감이 사라져서 그 제안을 거절했고 우리 방송도 내 결정을 존중했다. 패리스 가족은 결국 래리 킹과 인터뷰를 했고 밋밋했지만 그런대로 괜찮은 인터뷰였다. 하지만 가족들이 너무 돈을 밝히는 바람에 인터뷰가 그녀의 퇴색한 이미지를 회복하는 데는 별로 도움이 되지 못했다.

패리스 힐튼의 이야기는 모니카 일보다 훨씬 오래전에 있었던 것이지만 사정은 유사했다. 바로 돈이냐 신뢰성이냐의 대결이었다.

　이런 어려운 상황에서 나는 ABC 뉴스의 사장인 데이비드 웨스틴을 만났다. 데이비드 사장은 본인이 저명한 변호사로 처음에는 법률 고문으로 ABC로 온 사람이다. 우리는 모니카가 돈을 필요로 하며 그녀의 가족, 특히 엄마인 마샤 루이스가 딸이 빚에서 벗어날 수 있도록 많은 돈을 원한다는 문제를 놓고 의논을 했다. 데이비드 사장은 루이스 부인을 한번 만나 보자고 했고 그래서 새로 선임된 모니카의 변호사 사무실에서 만났다. 새로 선임된 변호사는 리처드 호프스테터라는 이름의 연예계 전문 변호사였다. 나도 과거에 만나 본 적이 있어서 아는 사람이었다.

　나는 또한 마샤 루이스와도 그 전에 몇 차례 전화 통화를 하며 미리 연락을 취했다. 나는 그녀를 좋아했는데 언론에서 묘사된 그런 종류의 사람은 전혀 아니었다. 그녀는 그동안 허영심 많고 오염된 베벌리힐스 사교계 여인으로 그리고 대통령과의 관계를 그만두라고 딸을 말리지도 않은 여인으로 욕을 먹었다. 그녀가 실제로 딸을 부추겼다는 보도까지 있었다. 루이스 부인은 당시 나도 아는 R. 피터 스트로스라는 사람과 재혼한 지 얼마 되지 않았다. 피터 스트로스는 몇 개의 신문과 뉴욕에 라디오 방송국을 몇 개 소유하고 있는 저명 인사로 아내와 사별하고 그동안 혼자 살아 왔다. 그런 사람이 언론에 묘사된 대로라면 사악하기 짝이 없는 여인과 결혼했다는 말인데 나로서는 믿을 수 없는 일이었다. 피터에게 전화를 걸었더니 나를 자기 아내와 통화하도록 주선해 주었다. 전화 목소리를 들어 보니 부드러운 말씨에 상냥한 여인이었다. 매스컴에 나서기를 좋아하는 여자는 절대로 아닌 것 같았다. 비록 자신과 딸의 법률 비용을 대기 위해 자기가 겪은 이야기를 파는 한이 있더라도 나를 포함해 누구와도 인터뷰는 하지 않겠다고 거절하고 있었다. 실제로 그녀는 자신의 이야기를 누구에게도 팔지 않았다. 내가 이야기해 보니 그녀는 오직 딸이 앞으로 어떻게 살아갈지에 대한 걱정밖에 없는 것 같았다.

　데이비드 웨스틴 사장과 내가 만나러 갔을 때 그녀는 캘리포니아에 있는 모니카를 불러냈다. 우리 세 사람은 스피커폰으로 이야기를 나누었다. 데이비드와 나는 모니카가 현재 돈이 필요하다는 점을 인정했다. 우리는 그런 사실을 폄하하지 않았다. 하지만 돈보다 더 중요한 것은 그녀의 손상된 이미지와 미래의 신뢰성이라는 점을 거듭 강조했다. 우리는 앞으로 남은 세월 동안 그녀의 신뢰성은 그녀가 제일 걱정해야 할 사안이라는 점을 이야기했다. 어떻게든 법률 비용을 충당할 돈은 마련할 수 있을 것이라고 해주었다.

우리는 우리가 하는 말을 확신했다. 물론 나는 인터뷰를 하고 싶었지만 양심상 강력하게 우길 수는 없었다. 데이비드는 바로 그 모임에서 정말 중요한 타협안을 내놓았다. 그는 ABC는 모니카에게 인터뷰의 대가로는 단 한 푼도 지불할 수 없다는 점을 거듭 강조하고 하지만 방송은 딱 한번만 내보낼 것이며 미국과 캐나다에서만 방영되도록 하겠다는 것이었다. 만약에 모니카가 국제시장에서 돈을 받고 인터뷰를 하겠다면 그것은 우리 다음에 얼마든지 할 수 있을 것이며 돈을 받든 안 받든 그건 우리 소관이 아니라고 했다. 유럽에서는 우리 인터뷰를 본 사람이 없기 때문에 해외의 관심은 지대할 것이었다. 호프스테터 변호사 사무실에서는 아무런 결정도 내려지지 않았지만 데이비드 사장과 나는 희망을 가지고 그곳을 떠났다.

모니카와 나는 계속 전화로 이야기를 나누었다. 당시 모니카는 더 이상 주디 스미스를 통하지 않았다. 한번은 내게 자기 엄마가 계속해서 자기를 클린턴 대통령으로부터 떼어 놓으려고 했지만 자기는 어릴 때부터 제 고집대로 하는 아이였다는 말을 했다. 나중에 나와 인터뷰하면서 그녀는 이렇게 말했다. "저는 고집이 셉니다… 두 살 때 내가 처음 배운 말이 두 손을 엉덩이에 대고는 '나한테 이래라 저래라 하지 마'였습니다. 그때부터 죽 그랬습니다." 모니카는 그때까지도 그런 기질을 가지고 있었다. 여러 사람이 그녀에게 이런저런 충고를 했지만 최종 결정은 자기가 내렸다.

그해 가을에 모니카는 우리 아파트로 와서 저녁식사를 같이하자는 초대를 받아들였다. 그녀는 다른 저널리스트도 만나는 게 분명했지만 적어도 선두주자는 나인 것 같았다. 하지만 신뢰도와 공짜 인터뷰냐 아니면 거액을 받고 이야기를 팔아넘기느냐의 사이에서 갈등하고 있는 것 같았다. 결정은 아직 내려지지 않은 상태였다. 모니카는 검은색 긴 셔츠를 입고 짙은 안경을 끼고 자기가 짠 것이라며 내게 줄 정말 예쁜 스카프 선물을 들고 나타났다. 자기 아버지 집에서 니트를 하는 그녀 모습을 보았을 때 나는 디킨스의 소설 '두 도시 이야기' A Tale of Two Cities에 등장하는 마담 드파주 생각이 떠올랐다. 그녀는 프랑스혁명 당시 처형되어야 한다고 자기가 생각하는 사람들의 이름을 자수로 떴다. "파멸시키고 싶은 사람들의 이름을 뜨는 거예요?" 이렇게 물었지만 그녀는 내가 그때 무슨 말을 하는지 몰랐을 것이다.

모니카는 온화하고 유쾌한 여성으로 나를 꼭 껴안아 주었다. 이코델을 소개해 주자 모니카는 그녀도 꼭 껴안았다. 그 뒤 나와 만날 때마다 그녀는 이코델 안부를 물었다. 저녁을 하면서 나는 돈 문제를 단호한 어조로 이야기했다. "내 말 들어 봐요"라며 나는 이렇게 말했다. "당신은 본격적인 인터뷰를 하게 될 거예요. 솔직해야 하고 그래서 고통스러울지 몰라요. 하지만 그렇게 하면 당신은 진실을 중요시하고 정직하고자 노력하는 여성으로 거듭날 거예요. 아니면 많은 사람들이 믿고 싶어 하는 당신 모습, 다시 말해 명성과 돈을 노리는 탐욕에 찬 기회주의자로 비쳐질 수도 있어요. 어느 쪽이냐는 전적으로 당신 선택에 달렸어요. 나는 당신에게 최고로 존엄심을 가진 모습으로 비쳐질 수 있도록 자리와 기회를 마련해 줄 수 있어요." 그게 다였다. 더 이상 말이 필요 없었다. 결과가 어떻게 되는지 지켜볼 뿐이었다.

그 후 한 달 동안 모니카로부터 아무런 연락이 없었다. 그러다 그녀는 11월에 전화를 걸어와 인터뷰 작업에 참여할 사람들을 만나고 싶다고 했다. 나는 우리 아파트에서 점심을 같이 하자고 했다.

ABC 뉴스의 특별 프로젝트 담당 부사장인 필리스 맥그레이디와 프로듀서인 마틴 클랜시, 그리고 케이티 톰슨이 자리를 함께했다. 모니카는 뜨개질하던 것을 몇 개 들고 와서 우리에게 보여 주었다. 모두 "모니카가 당신을 위해 특별히 만들었어요"라는 귀여운 레이블이 붙어 있었다. 우리는 레이블 때문에 니트 값이 엄청 나가겠다고 농담을 했다. 실과 뜨개바늘을 담은 천 가방도 예쁘다고 칭찬했더니 그녀는 가방도 자기가 직접 만들었다고 했다. 나중에 그녀는 비슷한 천 가방을 파는 소규모 사업을 시작했으나 성공하지는 못했다.

나는 인터뷰 시작 전에 주제를 놓고 이야기를 너무 많이 하는 것은 좋아하지 않는다. 상대가 내게 사전에 이야기를 해 버리면 나중에 신선감이 떨어지기 때문이다. 그래서 그 모임에서 모니카가 우리 인터뷰에서 할 내용을 꺼내기만 하면 나는 말을 돌려 버렸다. 하지만 그녀가 너무 말을 하고 싶어 하는 바람에 말을 막기가 쉽지 않았다. 게다가 이야기를 들으니 너무 재미있었다. 그녀는 그 유명한 파란색 드레스에 대해 소상하게 말해 주었다. 그때까지는 모두들 왜 그녀가 그 더럽혀진 드레스를 간직하고 있는지 이해할 수 없었다. 그녀는 체중이 오르락내리락하는 바람에 옷이 많다고 했다. 체중이 어느 정도 늘어난 다음부터는 갭 드레스가 어울리지 않는다고 생각해서 입지 않았다. 그리고 그녀는 돈을 아끼려고 옷을 다시 입을 일이 생기면 그때서야 드라이클리닝을 맡겼다. 그리고 그 드레스를 다시 입게 되었을 때 그녀는 그것을 린다 트립에게 보여 주었다. 그때 옷에 묻은 얼룩을 보았고 린다에게 빌 클린턴에게서 나온 것이거나 아니면 시금치 딥이 묻은 것 같다고 했다(이 말은 평생 못 잊을 것이다). 시금치 딥이라고? 세상에! 그게 만약 시금치 딥이었다면 클린턴은 절대로 탄핵당하지 않았을 것이다(다음에 또 책을 쓰게 되면 시금치 딥 맛있게 만드는 조리법에 대해 써야겠다).

나는 모니카에게 증언에서 모든 섹스에 대해 왜 그렇게 소상하게 설명했는지 그 이유를 물어 보았다. 그랬더니 그녀는 사람들이 자기가 그런 이야기를 린다 트립 외에도 엄마와 이모 등 열 명에게 더 말했다는 사실을 몰랐다고 말했다. 특검은 그 열 명을 모두 소환해 조사를 벌였는데 만약 그녀의 증언이 그들이 한 증언과 차이가 났으면 거짓증언 혐의로 면책특권을 상실하고 기소되었을 것이라는 말을 했다.

점심을 먹으며 우리는 일종의 홍보전략도 논의했는데 모니카의 대답은 사전에 공개하지 않고 그녀의 얼굴과 우리의 질문만 보여 주기로 했다. 그리고 광고와 홍보에서는 어느 정도 품위를 유지하기로 했다.

점심을 다 먹고 나자 모니카는 마침내, 드디어 마침내 그녀의 첫 인터뷰를 ABC와 하겠다는 말을 했다. 그것은 돈을 받지 않고 하겠다는 말이었다. 대로를 따라 걷기로 하고 신용을 보여주기 위해 수백만 달러를 포기한 것은 대단히 용기 있는 행동이었다. 나는 모니카의 그런 행동이 제대로 평가받지 못했다고 생각한다. 여전히 장애물들이 남아 있기는 했지만 이제는 사건이 처음 터져 나온 지 거의 일 년 만에, 그리고 나와 알게 된 지 몇 달 만에, 여러 차례 준비 모임을 갖고 그녀의 가족을 만나고 그리고 서서히 그녀의 신뢰를 얻은 끝에 모니카는 마침내 침묵을 깨고 내게 모든 것을 털어놓기로 한 것이었다. 나는 마음속으로 그녀를 위해 내가 할 수 있는 최고의 인터뷰를 하겠다고 다짐했다.

점심이 끝나고 나는 마틴 클랜시에게 모니카를 집까지 바래다주라고 했다. 두 사람은 불과 몇 블록 걸어서 매디슨 애비뉴까지 함께 걸어갔는데 그 뒤 마틴은 미스터리에 싸인 '모니카의 남자'로 그려졌다. 슈퍼마켓 타블로이드 신문인 '스타'는 그의 사진을 대문짝만 하게 싣고 '모니카의 산타'라고 제목을 붙이고는 두 사람이 "맨해튼 쇼핑에 나서 돈을 물 쓰듯 했는데 모두 그 남자의 크레디트 카드로 긁어댔다!"는 것이었다. 기사는 한 발 더 나아가 "로맨틱하고 멋진 도심 외출같이 보였다"고 썼다.

물론 우리는 그 신문을 보고 웃었지만 그럴수록 우리는 모든 문제가 말끔히 해소될 때까지는 우리의 인터뷰를 철저히 비밀에 부쳐야 한다는 걸 명심했다.

이상하게도 모니카는 미국 출판사와 출판계약을 체결하는 데 어려움을 겪고 있었다. 많은 출판업자들이 그녀의 이야기는 이미 스타 보고서에 다 나와 있다는 생각을 했던 것이었다. 하지만 1998년 11월 16일에 모니카 르윈스키가 영국의 필자 앤드루 모튼에게 자신의 이야기를 털어놓을 것이라는 발표가 나왔다. 그는 1992년에 다이애나비가 자신의 불행한 결혼생활에 대해 털어놓는 베스트셀러 책을 쓰도록 도와준 사람이었다. 그 출판계약은 100만 달러가 넘는 규모여서 모니카의 경제적 부담을 덜어 주게 되었다.

그리고 나서 나는 연예 담당 중역인 프레디 드맨으로부터 전화를 받았는데 그는 그 전에 마돈나와 마이클 잭슨의 커리어를 관리해 준 경력도 있고 베벌리 힐스에서 모니카와 제일 친한 친구의 아버지였다. 그는 나와 인터뷰를 하게 되면 인터뷰에 때맞춰 모니카가 쓴 책을 출간해도 되겠느냐고 물어 왔다.

데이비드 웨스틴 사장은 인터뷰가 끝난 다음에는 책이 나와도 좋다고 했다. 내가 인터뷰 도중에 그 책에 나오는 몇 구절을 인용하기도 했기 때문에 사실상 우리가 책 홍보도 도와준 셈이 되었다. 우리는 할 수 있는 한 모니카를 도와주 겠다고 약속했고 실제로 그 약속을 지켰다. 돈을 직접 줄 수는 없었지만 내 인 터뷰에 영향을 미치지 않는 한에서는 그녀가 돈을 버는 것은 방해하지 않기로 한 것이었다.

그 다음 달에 모니카는 영국의 채널 4 방송 측과 60만 달러를 받고 영국 방 송인 존 스노와 인터뷰하기로 합의했다. 그 인터뷰는 전 세계로 팔려나갔다. 모 니카는 유럽의 인기 화보지인 '헬로! 매거진'과 50만 달러에 사진 계약도 맺었 다. 적지 않은 돈이기는 했지만 첫 인터뷰를 돈 받고 했으면 받았을 경우와 비 교하면 수백만 달러 적은 액수였다.

모니카와 합의가 이루어지자 우리는 곧바로 인터뷰 준비 작업에 들어갔다. 나는 수백 페이지에 달하는 린다 트립 테이프의 내용을 일일이 다 읽었는데 그 건 시작에 불과했다. 나는 스타 보고서도 다시 읽고 발표된 보충자료도 모두 훑 어보았다. 뿐만 아니라 사건과 관련된 주요 인사들의 대배심 증언과 클린턴 대 통령이 한 각종 연설문도 모두 읽었다. 읽을 자료는 끝이 없었다. 나는 사실상 여러 주 동안 밤낮 가리지 않고 자료를 읽었다. 다행스럽게도 나는 최고의 프로 듀서들인 마틴과 케이티뿐만 아니라 크리스 블래스토의 도움도 받았다. 우리는 질문이 너무 야한 쪽으로 흐르지 않도록 했으나 그럼에도 불구하고 이것은 섹 스에 대한 이야기였다. 우리는 일종의 균형을 유지하기 위해 애를 썼다. 한번은 케이티가 회의 때 우물거리듯 이런 말을 했다. "나도 백악관에 여러 번 들어가 봤는데 도대체 어떻게 대통령에게 팬티를 들춰 보여 줄 수 있는지 도저히 이해 가 안 돼." 우리는 첫 질문을 이렇게 적었다. "당신은 재킷 뒤쪽을 들어 올려 미 국 대통령에게 가죽끈 팬티를 보여 주었다고 했는데 어디서 그런 배짱이 생긴 거지요? 도대체 누가 그런 짓을 하던가요?"

초반에 골라낸 질문은 200개가 넘었다. 열심히 일하는 내 보조원 모니카 콜 필드는 질문을 내가 평소에 쓰는 인덱스카드에 일일이 옮겨 적었다(르윈스키 인

터뷰를 준비하는 동안 우리는 인터뷰할 모니카와 구분하기 위해 그녀를 '오리지널 모니카'
라고 불렀다). 그런 다음에 나는 그 가운데서 반드시 물어야 할 질문들을 추려 냈
다. 한참 가다 보면 그루터기 방해물이 나오고 빙산도 만났다. 인터뷰가 빠른
시일 안에 진행될 것 같지는 않았다. 우리는 모르고 있었지만 모니카는 우리가
인터뷰를 하려면 특별검사로부터 허가를 받아야 했는데 그게 생각보다 훨씬 어
려운 일이었다. 모니카의 면책 합의에는 '본 사건이 최종 종결되기 이전에는'
모니카가 특별검사 사무실의 사전 승인 없이 '뉴스 미디어 사람들을 상대로'
이야기할 수 없다고 명시되어 있었다. 출판 계약도 하고 비非뉴스 부문 쇼에는
얼마든지 돈을 받고 출연할 수도 있지만 ABC 뉴스에는 허가 없이 출연할 수 없
게 되어 있는 것이었다.

허가 없이 나와 인터뷰하면 모니카의 면책 합의를 위반하는 것이 되어 특별
검사가 그녀를 기소할 수 있도록 되어 있었다. ABC는 그래서 켄 스타 특별검사
사무실 사람과 연락을 취하기 시작했다. 모니카는 한번도 켄 스타를 직접 만난
적은 없다고 했다. 몇 주가 지났는데도 허락은 나오지 않았다. 특별검사는 의회
에서 아직 대통령의 운명이 결정되지 않았기 때문에 사건이 최종 해결된 게 아
니라는 판단을 하고 있었다.

데이비드 웨스틴 사장은 이 협상 과정에서 엄청난 도움이 되어 주었다. 그
는 유명한 1차 수정헌법 전문 변호사 플로이드 에이브람스의 도움을 얻어 모니
카의 인터뷰 금지결정을 뒤엎는 소송을 제출하기로 했다. 특별검사 측은 우리
가 진짜 그럴 의도라는 것을 알았다.

1998년 12월에 하원은 클린턴 대통령에게 적용된 두 가지 조항에 대해 탄
핵안을 가결했다. 대배심에서 위증을 한 것과 사법 집행을 방해했다는 조항이
었다. 그는 사퇴하지 않겠다고 공언했다. 우리는 질문 내용을 수십 번 고쳐 쓰
면서 기다렸지만 모니카 르윈스키 인터뷰는 이루어지지 않은 채 해를 넘겼다.

1999년 1월에 상원 탄핵재판이 시작되었다. 특별검사 측은 상원의 재판이
끝나기만 하면 모니카 인터뷰를 막지 않겠다고 약속했다. 모니카가 증언하도록
소환당함으로써 우리에게는 새로운 걱정거리가 생겼다. 그렇게 되면 그녀의 모

습이 또다시 일반대중에게 공개되기 때문이었다. 그녀의 모습은 낯익은 것이지만 일반 국민이 그녀의 목소리를 듣는 것은 처음이었다. 그녀는 짧게 대답했기 때문에 우리는 그것 때문에 인터뷰에 대한 시청자들의 호기심이 줄어들지 않기를 바랐다. 다행히 호기심은 줄어들지 않았다.

2월 12일에 상원은 미국 역사상 두 번째 탄핵표결에서 두 가지 탄핵 조항을 모두 부결시켰다. 그로부터 나흘 뒤에 특별검사 측에서 모니카의 변호인들 앞으로 인터뷰를 허용한다는 서한을 보내 왔다. 특검은 세 가지 금지조항을 붙였는데 그 가운데 하나가 우리와 관련이 있었다. 모니카는 특별검사의 활동이나 수사에 관해서는 어떤 내용도 언급할 수 없다는 조항이었다. 호텔방에 구금된 채 보낸 끔찍한 하루와 국방부 몰에서 린다 트립을 만난 뒤에 당한 심문도 발설 금지 조항에 포함되어 있었다. 하지만 내게는 아무런 제한이 가해지지 않았다. 나는 이미 곧 출간될 모니카의 책을 한 권 받아 놓고 있었기 때문에 방송에서는 그날 밤에 대해 책에 쓴 내용을 그대로 읽기로 했다.

우리는 방송사 시청률에 따라 광고비가 책정되는 중요한 기간에 방송을 내보내기 위해 인터뷰를 빨리 하고 싶었다. ABC는 3월 3일을 방영일로 잡았다. 중요한 결정을 한 가지 더 내렸는데 묻고 싶은 게 너무 많아서 방송시간을 두 시간으로 늘린 것이었다. 방송사는 당시 2위이던 시청률을 의식해 기꺼이 방송 시간을 늘려 주었다. 이제 인터뷰만 하면 되었다.

2월 20일 아침에 극도의 비밀과 보안 속에 우리는 모니카를 건물 주차장을 통해 20/20 스튜디오로 데려왔다. 빌 클린턴을 처음 만났을 때 22살이던 그녀는 이제 25살이 되어 있었다. 그녀는 긴장한 모습이었지만 아주 예뻤다. 얼굴이 드러나게 짙은 검은색 머리칼을 뒤로 넘겼고 입술은 반짝였다. 단색 검정 정장을 입었고 뚱뚱하게 보이지 않게 하려고 우리는 그녀를 몸이 가려지도록 팔걸이의자에 앉혔다. 인터뷰는 꼬박 4시간 반이 걸렸다. 대사 기록을 보니 150쪽에 달했다. 하이라이트를 일부 소개해 보겠다.

어떻게 해서 대통령에게 가죽끈 팬티를 보여줄 배짱이 생겼느냐는 첫 질문에 대해 그녀는 이렇게 대답했다. "일종의 장난이고 춤이었습니다. 그렇게 해서 사람을 만나고 한 밑천 잡기도 하잖아요.”

그녀는 대통령에 대해 이렇게 설명했다. “아주 감각적이고 감각적인 정서가
풍부한 남자입니다. 게다가 종교적인 가르침을 강하게 받고 자랐기 때문에 육
체적인 탐닉 사이에서 갈등이 많은 분이셨습니다. 자신을 억제하려고 노력하다
가는 다시 포기하기를 되풀이하셨어요.”

그녀는 자기와 빌 클린턴의 관계는 단순한 섹스뿐만이 아니라고 단호하게
말했다. “모두 믿기 힘들겠지만 나를 한 인간으로서 알고 싶어 하느냐고 물었을
때 그분은 눈물을 흘리며 나를 그런 식으로 대하지 않은 적이 결코 없다고 믿어
달라고 했습니다. 우리는 섹스 때문에 만난 게 아닙니다.”

왜 대통령이 자기에게 끌렸을 거라고 생각하느냐는 질문에 그녀는 이렇게
대답했다. “그분은 내가 활력이 넘치고 내가 들어서면 방안이 환해진다고 생각
했고 내가 똑똑하다고 생각하셨어요.”

그녀는 관계가 깊어지면서 그를 사랑한다는 말을 했는데 대통령은 그 말에
대해 “그건 내게 아주 소중한 것”이라고 대답했다고 했다. 하지만 자기를 사랑
하느냐고 묻자 그건 아니라고 대답하더라고 했다.

삽입을 해 달라고 하자 그는 “네가 내 나이가 되면 그런 행동에는 결과가 따
른다는 사실을 이해하게 될 거야”라는 말을 했다고 했다. 그리고 그녀는 내게
이렇게 말했다. “나는 그것 때문에 정말 속이 상했어요. 왜냐하면 나는 그걸 해
야 관계가 완성된다고 생각했거든요. 그래서 나는 그와 가까이 지내는 게 어떤
성질의 것인지 정말 알 수가 없었어요.”

나중에 그녀는 백악관 출입을 공식으로 금지당해 몇 주 몇 개월 동안 그의
얼굴을 못 본 채 지냈다. 거의 밤마다 걸려 오던 전화도 오지 않았다. 클린턴은
그녀와의 관계를 정리하려고 했지만 그녀는 떠나지 않고 계속해서 그를 만나려
고 했다.

“자존심은 어디로 내팽개쳐 버린 거지요?”라고 내가 물었다. “자부심도 없
었어요?”

“저는 여자라면 마땅히 가졌어야 할 자존심이 없었어요.” 슬픔에 젖은 목소

리로 그녀는 이렇게 대답했다. "내가 저지른 실수와 내가 당한 많은 고통의 중심에는 바로 그 문제가 자리 잡고 있었다고 생각합니다."

그녀는 조사를 받으면서 당한 고통과 언론의 관심 때문에 가족이 겪어야 했던 고통에 대해 이야기하면서 제일 격한 감정을 보였다. 그녀는 여러 차례 자살을 생각했다고 말하고 부모들도 엄청난 절망감에 시달렸다고 했다. 두 눈에 눈물이 가득 고인 채 그녀는 이렇게 한탄했다. "우리가 어떤 일을 겪었는지 사람들은 모릅니다 … 모니카 르윈스키라는 이름 뒤에는 한 인간이 있고 가족이 있습니다. 이 일 때문에 우리는 너무나 큰 고통을 겪어야 했습니다. 너무도 끔찍한 고통이었습니다."

유명한 드레스에 대해 묻자 그녀는 그것을 자기 엄마 아파트에 있는 옷장에 넣어 두었는데 엄마는 그 옷이 거기 있는지도 몰랐다고 했다. 사실은 켄 스타 특별검사 쪽 사람들도 그 드레스에 대해서는 모르고 있었지만 자기가 그것을 제출했다고 했다. 왜 그랬느냐고 물었더니 그녀는 이렇게 대답했다.

"그렇게 할 수밖에 없었어요. 면책특권을 얻어내는 것은 내게 너무 중요했기 때문에 그 옷을 포함해 모든 것을 솔직히 털어놓을 수밖에 없었습니다. 만약에 그들이 나중에 그 드레스를 발견한다면 위증 혐의로 기소될 것이기 때문이었습니다." 그녀는 이렇게 말을 이었다. "그 드레스는 내가 겪은 일 중에서 가장 수치스러운 일입니다. 그 일을 겪은 뒤에 만나는 사람들마다 모두 내게 '그 드레스의 진짜 이야기가 무엇이냐?'고 묻습니다. 정말 일어나지 않았으면 좋았을 일이에요."

나의 마지막 질문은 "만약에 나중에 아이들이 생긴다면 무슨 말을 해주고 싶어요?"였다. 그녀는 웃으면서 이렇게 말했다. "엄마가 큰 잘못을 저질렀단다."

3월 3일 저녁에 나는 쇼의 프로듀서들과 몇몇 친구들을 우리 아파트로 불러 프로그램을 같이 봤다. 여러 가지 이유로 흥분되는 저녁이었다. 나는 불을 피웠는데 굴뚝의 연기관이 닫혀 있었다. 그래서 방안이 온통 연기로 가득 찼고 소방서에서 달려왔다. 그날 달려온 소방관들 가운데 두 명이 3년 뒤 일어난 9/11 사태 때 죽었다는 것을 알고 나는 너무 슬펐다.

　쇼가 시작되자 나는 도대체 전국에서 몇 명이 그것을 보는지 궁금했다. 너무도 많은 사람이 "나는 모니카 르윈스키를 안 볼 거야. 볼 가치도 없어"라는 말을 했다. 많은 사람들이 정말 그럴 것이라고 나는 생각했다. 하지만 어느 순간인가 나는 창가로 가서 거리를 내려다보았다. 애비뉴에 자동차가 한 대도 없었다. 움직이는 것이라고는 정말 아무것도 없었다.

　이상한 일이지만 인터뷰가 방영된 뒤에 우리가 제일 많이 들은 질문은 모니카가 바른 반짝이는 립스틱에 관한 것이었다. ABC에는 립스틱 제품의 이름을 묻는 전화와 이메일이 수백 통 쏟아졌다. 그것은 의류가게 클럽 모나코에서 새로 내놓은 메이크업 라인에 들어 있는 것으로 글레이즈라는 컬러였다. 그 립스틱은 전국에서 순식간에 동이 났다.

　이제 모니카 르윈스키 이야기가 처음 터져 나온 지 십 년이 지났다. 책을 쓰고 인터뷰를 한 뒤에 모니카는 자기 이름을 내세워 상품화도 해보고 TV 일자리도 얻어 보았다. 제니 크레이그 다이어트의 대변인도 하고 폭스에서 '미스터 퍼스낼리티'라는 이름의 리얼리티 데이트 프로그램 진행도 맡았다. 하지만 그녀에게 진짜 일거리를 주려는 사람은 아무도 없었다. 마침내 그녀는 다시 평범한 사람으로 돌아가기로 결심하고 학교에 다시 들어갔다. 2006년 12월에 그녀는 명문 런던정경대를 졸업했다. 그녀가 쓴 석사논문 제목은 '불공평한 배심원:제3자가 끼치는 영향과 재판 전殿 언론 공개에 대한 연구'였다. 모니카가 졸업한 다음 워싱턴 포스트의 칼럼니스트인 리처드 코언은 칼럼에서 이렇게 썼다.

　프로이트 전문가가 아니더라도 르윈스키가 왜 이런 주제를 택했는지 짐작할 수 있다. 그녀는 언론 공개의 피해자이다. 그녀의 삶 자체가 하나의 재판이었고 방청객은 우리 모두였다. 그녀는 낙인찍힌 여인이었다. 하지만 그녀는 자기 또래의 많은 여자들이 하는 짓을 했을 뿐이다. 자기보다 나이 든 남자를 유혹했다. 아니면 유혹했다고 생각했을지 모른다. 그녀가 저지른 죄는 그것이었다. 그녀는 한 남자에게 반한 여자였을 뿐이다. 하지만 이제 그녀는 명문대학에서 석사학위를 취득했고 이제 34세가 된다. 그녀를 아내로 맞이할 만큼 용기 있고 강하고 존경할 만한 남자는 어디 있는가? 그리하여 비록 미국 역사에서는 그녀에게 항상 별표가 따라붙더라도 세상을 향해 나는 이 여자를 사랑하노라고 말할 남자는 어디 있는가? 나는 그런 남자가 어딘 가에 분명히 있기를 기대한다. 그러면 멋있을 것이다. 그래야 공평하다.

마지막으로 모니카를 만나던 날 나는 그녀에게 이 책에서 그녀 이야기를 쓸 것이라는 말을 해 주었다. 그녀는 그때까지도 일자리를 구하려고 열심히 노력 중이었다. 항상 그랬던 것처럼 그녀는 남편과 가족을 간절히 갖고 싶어 했다. 나도 리처드 코언의 말에 동감이다. 그렇게 되면 멋있을 것 같다. 그래야 공평하다.

더 뷰

1997년에 '더 뷰' The View가 내게 몰래 다가왔다. 당시 나는 낮 시간 텔레비전은 생각해 본 적이 없었다. 오프라 윈프리와 필 도나휴가 낮 시간대에 방영되면서 높은 인기를 누린다는 것은 알고 있었다. 그들이 진행하는 프로그램에 출연한 적은 있었지만 나는 뉴스가 시작되는 초저녁 이전의 텔레비전에는 별로 관심이 없었다. 나는 바버라 월터스 스페셜과 함께 20/20에만 전적으로 매달려 있었다. 당시 나는 20년 동안 연간 네 편의 스페셜을 만들어서 대단한 성공을 거두었는데 그 대부분의 시간을 프로듀서 빌 게디와 함께 일했다. 내 접시는 가득 차서 그레이비 소스를 추가로 얹을 자리가 없었다.

그런데 그레이비 소스를 추가로 얹어야 할 사정이 생겼다. 신디케이트 방송이 아니라 ABC 고유 편성 시간대인 오전 11시 방송 시간대가 계속 흔들리고 있었던 것이다. 많은 진행자들이 도전해 보았지만 어떤 프로그램도 일이년 이상 지속되지 못했다. 이른 아침이나 늦은 오후 프로그램과 달리 이 시간대는 아주 까다로운 시간대였다. 오전 11시면 대부분의 전업주부들이 아이들을 학교에 보내고 집안일도 끝내는 시간이었다. 장보러 가거나 허드렛일을 하고 아니면 유아원에 보낸 아이를 데리러 가는 시간이었다. 그래서 위기에 처한 낮 시간 방송 담당 임원들은 나와 빌 게디를 찾아와서 "낮 시간 프로그램에 무슨 아이디어든 좀 내 볼 수 없어요?"라고 애원하다시피 했다.

그들이 말을 꺼냈으니 말이지만 내 나름대로 가끔 생각해둔 아이디어가 하나 있었다. 그리고 그 프로그램이 마침내 방송을 타게 되었을 때 나는 "나는 항상 다양한 세대와 다양한 배경, 자기주장을 가진 여성들과 함께 쇼를 진행해 보고 싶었습니다"라는 말을 했다. 내 생각에는 이런 여성들이 모여서 모든 주제에 대해 이야기를 나누도록 한다는 것이었다. 그런 다음 유명 인사 한두 명과의 인터뷰를 딸려서 내보내고, 건강이나 패션, 아니면 여성들에게 관심 있는 무슨 주제든 정보가 되는 파트를 함께 내보낸다는 생각이었다. 어찌 보면 간단한 콘셉트였다. 두 개 프로에서 힌트를 얻었는데 하나는 ABC 일요일 아침 뉴스 프로그램인 '디스 위크 위드 데이비드 브링클리'였다. 한 시간짜리 프로그램 말미에 브링클리는 서너 명의 저널리스트들과 같이 앉아 최근 뉴스에 대해 논평하는 라운드테이블을 진행했다. 정보도 풍부하고 자유로운 분위기였고 아주 유쾌한 때도 많아서 나는 그게 프로그램에서 제일 좋은 부분이라고 생각했다.

다른 힌트는 버지니아 그레이엄이라는 여성으로부터 얻은 것이었다. 그녀는 한때 초대 손님 한두 명과 함께 '걸 토크'Girl Talk라는 꽤 성공적인 낮 시간 프로그램을 진행했는데 나도 간혹 출연했다. 대화는 아무런 사전 준비 없이 진행되었는데 엉뚱한 방향으로 이야기가 흘러가면 아주 재미있었다. 그래서 나는 적은 수의 여성과 남성들을 고정 캐스트로 출연시키면 정보도 있고 재미있는 한 시간짜리 프로그램이 되지 않을까 하는 생각을 했다.

방송사 측에서는 크게 감동하는 것 같지는 않았지만 한번 고려해 보겠다며 시험 프로그램을 제작해 보라고 했다. 그러면서 나더러 반드시 여성 패널에 들어가야 한다는 단서를 달았다. 그렇지 않으면 광고주들에게 프로그램을 팔아먹을 수 없을 것이라고 생각한 것이었다. 나는 한 주에 두세 번만 패널로 출연하고 매일 진행을 맡지는 않는다면 해보겠다고 했다.

물론 핵심은 그 프로그램에 딱 들어맞는 여성 패널들을 고르는 일이었다. 간단히 말하자면 서로 나이도 다르고 성격도 다르며, 입장이 다르면서도 적대적이지 않고 서로 좋아할 수 있는 네 명의 똑똑한 여성을 모으는 것이었다. 첫 단계로 우리는 큰 호텔 스위트를 하나 빌려서 편안한 소파와 의자를 갖추고 카메라를 설치했다. 그리고 옆방에다 미니 컨트롤 센터를 만들고 그곳에서 텔레비전 모니터를 통해 다양한 후보자들이 모여서 어떻게 서로 이야기를 주고받는지 지켜보았다. 우리는 그들에게 그날 신문에서 주제를 골라 목록을 만들어 주고는 그냥 자유롭게 이야기를 진행해 보라고 시켰다.

수십 명의 탤런트 에이전트들에게 말했더니 우리가 여성 여러 명이 모여 잡담하는 프로그램을 만든다는 소문이 금방 퍼졌다. 이력서와 전화 문의, 녹화 테이프가 홍수처럼 몰려들었다. 딱 맞는 적임자라고 추천하는 사람들 일색이었다. 수다 떠는 것이라면야 내가 왜 못해? 모두들 이렇게 생각했다.

첫 번째 그룹의 네 명은 괜찮은 것 같았다. 하지만 실제로 어떨지는 누가 알아? 진행자 후보로 우리는 메레디스 비에이라라는 매력적인 여성을 생각했다. 메레디스는 한때 CBS에서 60미니츠의 기자를 했는데 그녀는 당시 어린애가 있는 데다 둘째 아이를 임신해서 출장 다니는 것을 원치 않았다. 프로그램의 책임 프로듀서인 돈 휴이트는 자기와 같이 일하는 리포터는 모두 취재 출장을 다녀야 한다고 생각하는 사람이었고 메레디스에게도 예외를 적용하지 않았다. 그래서 당시 두 사람은 다소 껄끄러운 관계였다. 그 뒤에 나는 ABC에서 메레디스를 알게 되었는데 그때 그녀는 방송에서 시작하려는 뉴스매거진 '터닝 포인트' 작업을 하고 있었다. 아쉽게도 뉴스매거진 프로그램은 빛을 보지 못했고 메레디스는 ABC와 재계약이 되지 않았다. 그래서 그녀는 특별히 하는 일이 없게 되었다. 그녀와 같이 일한 프로듀서들에게 물어 보니 그녀는 똑똑할 뿐만 아니라 새 프로그램에 무엇보다도 중요한 자질인 짓궂은 유머 감각이 있다는 것이었다.

처음에 메레디스는 낮 시간 프로그램에 출연하는 일에 별로 흥미가 없었다. 그녀는 평생 뉴스 방송만 해온 사람이었다. 왜 해보지도 않은 낮 시간 토크쇼에 나가는 모험을 하려고 하겠는가? 하지만 CBS의 뉴스 프로듀서인 그녀의 남편 리처드 코언이 한번 해보라고 그녀를 설득했다. "재미있을 거요"라고 그는 말했다. "그리고 출장 다니지 않아도 되지 않소." 거기다 아이들이 학교에서 돌아오기 전에 집에 돌아올 수도 있었다. 그녀로서는 잃을 게 없는 일 아닌가?

진행자 후보는 일단 구한 셈이었다.

메레디스 옆자리에는 브루클린에서 변호사로 일하는 흑인 여성 스타 존스가 앉기로 했다. 그녀는 법정 TV 첫 리포트를 맡아 유명해졌고 이후 '인사이드 에디션'에서 O. J. 심슨 재판 보도도 맡아서 했다. 그녀는 특히 법률과 관련된 주제에 대해서는 재미있게 말하고 아는 것도 많았다. 그녀가 제일 즐겨 쓰는 단어는 '알려진 바에 따르면'allegedly이었다. 그녀는 삼십대의 독신인데 남편감을 구하는 중이었다. 빌과 나는 같이 일하기 힘들 때가 간혹 있을 것이라는 말을 듣기도 했으나 앙상블을 이루는 데 그녀 정도면 괜찮을 것이라고 생각했다.

그리고 우리가 이구동성으로 진짜 유머를 제공해 줄 사람으로 지목한 여성이 한 명 있었다. 그녀의 이름은 조이 베어였다. 코미디언인 그녀는 당시 시내에 있는 소규모 클럽들에서 일하고 있었는데 나를 비롯해 사람들에게 널리 알려진 인물은 아니었다. 어느 날 저녁에 자선 바자행사를 보러 갔는데 오락시간이 되자 예쁜 얼굴에 붉은 머리를 한 여성이 나타나 살만 루시디에 대한 조크를 하는 것이었다. 루시디는 무슬림을 비하하는 내용의 책을 썼다가 이란 정부로부터 살해 명령이 내려진 사람이었다. 그래서 루시디는 런던 경찰의 보호를 받으며 꽁꽁 숨어 지내고 있었다. "남자와 여자의 차이를 말해 보겠어요." 베어는 이렇게 말했다. "루시디는 5년 동안 독방에 틀어박혀 지냈답니다. 누구도 면회가 허락되지 않았지요. 그런데 그 기간 중에 그 남자는 두 번 결혼했어요." 내가 말을 옮기니 재미가 좀 없긴 하지만 어쨌든 나는 그 자리에서 "이 여자라면 우리에게 딱 들어맞는 사람"이라는 생각이 들었다.

마지막으로 우리는 20대의 젊은 여성을 불러다 오디션을 봤는데 이름이 데비 마테노폴로스로 간혹 MTV에 출연한다고 했다. 조금 모자라는 듯하면서도 호감이 가는 인물이었는데 우리는 그저 패널에서 제일 어린 막내자리에 앉히면 되겠다는 생각을 했다.

이 네 명이 바로 이틀 동안 오디션할 때 제일 먼저 한 사람들이었다. 우리는 이들이 훌륭한 팀이라고 생각했지만 프로그램을 본격 시작할 때는 이들과 같이 하지는 않을 것이라고 생각했기 때문에 50명 정도를 모아서 네 명씩 여러 그룹으로 나누었다. 오디션 두 번째 날이 끝날 때쯤 빌과 나는 서로 얼굴을 쳐다보며 이렇게 말했다. "첫 번째 그룹이 제일 낫군요. 메레디스를 사회자로 정하고 스타, 조이, 데비를 패널에 앉힙시다." 나도 시간 나는 대로 한 주일에 두 번씩 패널에 참가할 예정이었다.

　이름은 어떻게 지었느냐 하면 우리는 '더 뷰 프롬 히어' The View from Here가 마음에 들었다. 하지만 그 이름이 캐나다에서 사용되고 있었기 때문에 우리는 줄여서 '더 뷰'로 하기로 했다. 일이 그렇게 된 것이다.

　빌과 나는 공동 책임 프로듀서를 맡았다. 우리는 나의 오리지널 아이디어를 바탕으로 포맷을 만들었다. 프로그램의 기본 성격은 여자들이 모여 리허설 없이 즉흥적인 잡담을 하는 것이었다. 우리는 이 부분을 '핫 토픽'으로 부르기로 했다. 지금도 이 프로그램은 기본적으로 초기에 정한 포맷을 따르고 있다.

　빌은 그때나 지금이나 없어서는 안 될 사람이다. 그는 감독을 비롯해 여러 명의 재능 있는 젊은 프로듀서들을 채용하고 그들에게 이런저런 주문을 내리고 하면서 쇼의 형태를 갖추어 나갔다. 그 프로듀서들은 대부분 지금도 우리와 같이 일하며 빌의 오른팔로 슈퍼바이징 프로듀서인 알렉산드라 '더스티' 코언의 통솔을 받는다. 그리고 두 명의 코디네이팅 프로듀서인 매튜 스트라우스와 패트릭 이그노지가 있다. 도널드 버먼과 수 솔로몬은 초대 손님 섭외를 담당한다. 그리고 처음부터 재능 많고 창의성이 뛰어난 마크 젠타일 감독이 있었고, 멋진 젊은 여성 프랜 테일러는 생김새와 덩치에 관계없이 모든 출연진의 의상을 책임지고 있다. 린다 핀슨은 쇼의 제작과 예산을 총괄한다. 이들 외에도 '더 뷰'가 성공하기까지에는 그때나 지금이나 많은 사람의 손이 작용하고 있다. 우리는 오랜 기간 동안 사람이 거의 바뀌지 않았다.

　초창기에 내가 맡은 것은 주로 방송사측을 비롯해 광고주, 언론 등을 상대하는 외부 일이었다. 한마디로 우리 프로그램이 잘 굴러가도록 하는 일을 맡았다.

　'더 뷰'는 1997년 8월 11일 첫 방송을 내보냈다. 우리는 일부러 시청률이 저조한 여름철을 택해 방송을 시작했다. 그렇게 하면 문제가 생기더라도 이를 고쳐 나갈 여유를 가질 수 있다는 생각을 한 것이었다. 우리 모두 새롭고 산뜻한 기분으로 임했지만 세트는 그렇지가 못했다. 방송사 측에서는 우리 프로그램에 대해 세트를 새로 만들어 줄 만큼 투자가치가 있는지 확신이 서지 않았던 것이다. 우리는 실패로 끝난 ABC의 멜로드라마 '더 시티' The City가 쓰다 버린 세트를 물려받았는데 허드슨 강 옆에 있는 웨스트 66번 스트리트에 자리 잡고 있었다. 오른쪽으로 몇 걸음만 떼면 바로 강이었다.

한번은 어느 날 아침에 이런 일이 있었다. 신디케이트가 아닌 네트워크 프로그램을 진행하고 있을 때였다. 프로그램은 신디케이트를 통해 전국에 있는 개별 방송국에 팔려나간다. 그렇기 때문에 신디케이트 프로그램은 아무 시간대나 어떤 방송에서도 나올 수 있는 것이다. 오프라쇼는 시카고에서는 아침 9시에 방영되지만 뉴욕에서는 오후 4시에 방영된다. 우리는 네트워크 프로그램이어서 매일 같은 시간대인 동부시간 오전 11시, 나머지 지역에서는 오전 10시에 내보내졌다. 첫 방송이 나가자 ABC 소유의 방송국들(모두 10곳)은 우리 프로그램을 의무적으로 내보내게 되어 있었다. 하지만 ABC 소유도 아니고 ABC에 소속되지도 않은 방송사들은 우리 쇼를 방영할지 안 할지에 대한 재량권을 갖고 있었다. 당시 우리는 전국에 있는 방송국 가운데 20% 이상이 우리 쇼를 아침 시간대에 내보내지 않는다는 사실을 몰랐다. ABC 소속 방송사들 가운데는 심야에 내보내는 곳들도 있었다. 그 가운데는 보스턴, 필라델피아, 워싱턴 D.C. 같은 대도시 방송사들도 들어 있었다. 마이애미, 피츠버그, 밀워키에서는 아예 내보지도 않았다. 그래서 나는 매주 이들 방송사 책임자(대부분은 내가 개인적으로 아는 사람들이었다)와 매니저들에게 전화를 걸어 '더 뷰'를 방영해 달라고 부탁하는 게 일이었다.

닭이 먼저냐 달걀이 먼저냐 하는 수수께끼와 마찬가지였다. 큰 방송국들을 끌어들이려면 높은 시청률이 필요했고, 그래서 우리는 가능한 한 많은 방송사들이 우리 프로그램을 방영하도록 끌어들여야 했다. 대도시 방송사들이 우리 고객으로 들어오지 않고 시청률이 높지 않으면 ABC 소속사들도 우리 프로그램을 내보내지 않았다. 대신 그들은 '더 뷰' 보다 더 우수하다고 생각하는 자체 제작 프로그램을 내보냈다. 하지만 시청자들은 차츰차츰 우리 프로그램에 맛을 들여 갔다. 시간이 지나며 시청률도 높아졌고 참여하는 방송국 수도 늘어났다. 지금은 모든 방송이 거의 100% 우리 프로그램을 방영한다.

나는 이 프로그램에 관련되어 일을 하면서 거물급 유명 인사들을 섭외하는 일까지 도와주게 되었다. 예를 들어 나는 톰 셀렉을 '스페셜'에서 인터뷰한 적이 있는데 그는 아주 좋은 사람으로 우리 프로그램의 첫 번째 유명 인사 초대 손님으로 응해 주었다. 첫 주에 우리는 마이클 J. 폭스와 실베스터 스탤론도 초대 손님으로 앉혔는데 두 사람 모두 나에 대한 호의로 초대에 응해 주었다. 초기에 거물 초대 손님들은 내가 출연하는 경우에만 초대에 응하겠다고 했다. 그런 일은 지금도 되풀이되는데 나도 톰 크루즈나 마이클 더글러스처럼 내가 정말 잘 아는 사람이 나올 경우에는 가능한 한 자리를 함께하려고 노력한다. 하지만 프로그램의 인기가 높아지면서부터는 내가 출연하건 안 하건 상관없이 섭외하기가 수월해졌다.

패널들은 초창기에 우리가 어떤 걱정을 하고 있는지 몰랐다. 그들은 자신들에게 '더 뷰'가 멋진 기회라는 사실만 알고 있었다. 처음 몇 주는 놀랄 정도로 잘 진행되었다. 지금도 마찬가지이지만 당시 우리 다섯 명의 출연자들은 아침 9시면 대형 분장실에 도착해서는 생방송이 시작되기 전까지 꼬박 두 시간을 그 방에서 보냈다. 그리고 리서치 요원이 그날의 뉴스를 정리한 용지 다발을 건네준다. 떠들고 웃으면서 우리는 어떤 주제를 걸고넘어질지를 결정한다. 토론이 시작되면 간혹 논쟁도 벌어지는데 그렇더라도 드레싱 룸을 떠나기 전까지는 반드시 쟁점을 말끔하게 마무리 짓도록 한다. 그때나 지금이나 우리는 섹스와 관련된 이야기를 좋아하는데 그것은 확실하게 성공을 보장하는 주제이다. 너무 심하다 싶으면 내가 제동을 걸지만 메레디스와 조이가 유머 감각이 짓궂게 풍부해서 거의 매일 여성의 음부나 페니스 이야기가 나오지 않을 때가 없었다. 그러면 내가 "페니스 이야기는 이제 그만" 하고 브레이크를 걸지만 그래도 대화는 활기에 넘치고 쇼킹 그 자체였다. 나는 얌전한 패널의 역할을 했다.

스타 존스는 말이 제일 많았고 하는 이야기도 항상 재미있고 도발적이었다. 그녀는 얼마 안 가 시청자들이 제일 좋아하는 인기 패널이 되었다. 그녀는 또한 패널의 유일한 흑인으로서 시청자들이 가장 잘 기억하는 출연자였다. 뿐만 아니라 변호사로서 그녀가 입버릇처럼 쓰는 '알려진 바에 따르면' allegedly이라는 말은 우리에게 항상 빠져나갈 구멍을 마련해 주었다.

조이는 정말 웃겼다. 게다가 그녀는 자기주장도 강하고 아주 똑똑했다. 우리가 패널을 제대로 고른 것이었다.

메레디스는 사회자 역할을 정말 잘했다. 머리손질과 메이크업이 끝나면 그녀는 보조자와 같이 앉아서 아무리 뜨거운 주제에 대해서도 일일이 소갯말을 꼼꼼하게 정리했다. 인사말은 텔레프롬프터로 보여 주었지만 나머지는 모조리 애드리브로 처리했다.

메레디스는 매력적이고 웃기는 여자였지만 시청자들은 처음에 그녀의 역할이 정확하게 무엇인지 잘 몰랐다. 처음에 시청자들은 그녀도 다른 패널과 같은 그저 예쁜 여성인 줄 알았다. 시간이 지나면서 시청자들은 그녀가 우리들 가운데서 제일 화끈한 여자로 생각하게 되었다. 어떤 날은 자기는 속옷을 안 입는다는 말을 털어놓고 또 어떤 날은 세 아이 이야기와 온 집안을 돌아다니며 오줌을 싸대는 자기 집 고양이 이야기를 늘어놓았다.

메레디스는 거의 모든 문제에 대해 다 이야기를 할 수 있었고 그러면서도 심각한 면도 있었다. 그녀의 남편 리처드는 다발성 경화증과 결장암을 앓고 있었다. 메레디스는 수시로 이 이야기를 했는데 절대로 감상적인 어조로 하지는 않았다. 우리는 모두 자신의 사는 이야기를 했다. 좋은 일과 힘든 일을 함께 나누는 가족 같은 분위기였다.

시청자들은 조이가 이혼녀이고 딸이 한 명 있다는 사실을 알게 되었다. 이브는 전직 교사인 스티브와 거의 20년을 함께 살고 있었다. 스티브는 가끔 그녀가 선의로 하는 농담의 도마에 올려졌다.

스타는 자신의 꿈이 좋은 직업을 가진 흑인 기독교 신자와 결혼하는 것이라고 했다. 자기 손으로 남자를 먹여 살릴 생각은 추호도 없노라는 것이었다. 그러면서 데이트 상대 이야기도 했는데 하나같이 오래 가지는 않는 것 같았다. 우리는 마음속으로 그녀가 정말 좋은 남자를 빨리 만나게 되기를 빌었다.

우리는 또한 시간이 가면서 그녀의 체중이 불어나는 것에 대해 걱정했는데 그러면서도 감히 그런 말을 해줄 용기가 없었다. 스타는 남의 비판을 쉽게 받아들이지 못하는 성격이어서 자칫 말을 꺼냈다가는 자기 일이나 신경 쓰라는 면박을 당할지 모르기 때문이었다. 더구나 그녀는 방송에서 자기 몸이 얼마나 맘에 드는지 모른다는 말을 계속했다. 하지만 돌이켜 생각해 보면 그녀에게 말을 해 주는 게 옳았다는 생각이 든다. 너무 비만해졌기 때문이다. 지금은 나도 그때 듣기 싫은 말을 해주지 않은 것을 후회한다. 물론 스타는 나중에 내게 말하기를 그때 내가 그런 말을 했더라도 자기는 귀담아 듣지 않았을 거라고 했다.

프로그램 초기 몇 달 동안 출연자 가운데서 나는 제일 자기 이야기를 하지 않는 사람이었다. 나는 그 당시 20/20에서 심각한 문제를 다루는 인터뷰어로 알려져 있었기 때문에 '더 뷰'에 너무 몰두한다는 인상을 주고 싶지 않았던 것이다. 그 때문에 나는 말을 삼가고 가끔은 다른 사람들에게 방해가 되었다. 그래서 나는 이 문제를 고쳐 보려고 노력했고 그 결과 많이 나아져서 한번은 딸이 나보고 "엄마, 사람들이 드디어 엄마에게도 유머 감각이 있다는 사실을 알게 되었어요"라고 하더라는 농담을 하기도 했다.

내가 말을 아끼는 이유 중 하나는 당시 ABC 뉴스 사장으로 나의 보스인 룬 알리지가 내가 그 프로그램에 나가는 것 자체를 못마땅하게 생각한다는 것이었다. 내가 못 나가게 막지는 않았지만 그는 내가 거기 나감으로써 뉴스에서 나의 권위가 손상될 수 있다는 우려를 나타냈다. 이는 텔레비전 저널리스트가 뉴스 전달뿐 아니라 자신의 개성도 가질 수 있다고 생각되기 여러 해 전의 이야기다. 나도 그런 문제를 생각한 끝에 도전을 해보기로 한 것이었지만 룬의 충고가 내내 마음에 걸렸다. 다행히도 시청자들은 여러 해 동안 방송에서 나를 잘 알기 때문에 내가 두 가지 역할을 하는 것을 받아들이는 것 같았다. 솔직히 말해 나는 우리 딸이 말한 것처럼 나도 재미있고 웃길 줄 안다는 사실이 시청자들에게 더 호감을 준다고 생각했다. 그렇게 해서 일은 잘 굴러가는 것 같았다.

그런데 문제가 딱 한 사람 있었는데 바로 데비 마테노폴로스였다. 그녀의 이야기를 제일 마지막으로 미룬 것도 그 때문이다. 처음에 볼 때 그녀는 참하고 사랑스러운 여성이었다. 그런데 얼마 안 가 독서나 신문 읽는 것보다는 파티에 돌아다니는 데 훨씬 더 관심이 많은 사람이란 게 드러났다. 그러다 보니 젊고 머리가 쌩쌩 잘 돌아가는 게 아니라 젊지만 아는 게 없는 여자가 된 것이었다.

'새터데이 나잇 라이브'에서는 데비를 주제로 농담을 하기 시작했다. 일종의 칭찬이었고 또한 많은 사람들에게 '더 뷰'의 존재를 알리는 효과도 있기는 했지만 그것은 또한 많은 사람들에게 우리 프로그램에 약간 모자라는 여자가 있다는 사실을 알려 주었다. 우리가 실시한 리서치에는 그녀 때문에 시청자들이 프로그램을 외면해 시청률에 영향을 미치는 것으로 나타났다. 그리하여 쇼가 시작된 지 일 년 조금 지난 1998년 가을에 방송국에서는 마침내 데비에게 계약을 갱신하지 않겠다고 통보했다. 우리는 개인적으로 그녀를 좋아했고 그녀가 연기 공부를 하기 위해 '더 뷰'를 떠난다고 말할 수 있도록 해주었으며 또한 근사한 송별파티도 열어 주었다. 데비는 1999년 1월 6일 정식으로 프로그램을 떠났다. '더 뷰' 출범 9년째인 2006년에 데비는 초청 진행자로 돌아왔는데 그녀는 정말 매력적인 여인이 되어 있었다. 결혼도 했고 E! 방송에서 '더 데일리 10' 공동 진행을 맡고 있었다. '더 뷰'가 그녀의 경력에 도움이 된 것이었다. 나도 그런 그녀를 보니 기분이 좋았다.

데비가 쇼에서 빠지자 그녀의 자리에 도전하려는 테이프, 전화, 편지가 쏟아져 들어 왔고 심지어 길거리에서도 우리를 붙들고 물어 보는 사람들이 있었다. 여러 해 소식도 없던 사람이 갑자기 전화를 걸어 오면 틀림없이 '더 쇼'의 빈자리 때문이었다. 당시 ABC의 소유주인 월트 디즈니사의 CEO인 마이클 아이즈너까지도 누구를 추천하겠다고 했다. 그래서 우리는 "테이프를 한번 보내라고 하세요"라고 했다. 우리는 그가 추천한 젊은 여자를 채용하지 않았다.

우리는 젊은 히스패닉계 여성이 왔으면 좋겠다는 생각이었다. 프로그램에 히스패닉계가 없었기 때문이다. 하지만 4개월 동안 패널에 들어올 새 인물 물색 작업을 했는데도 히스패닉, 흑인, 백인 모두 못 구하고 미국 태생의 중국계 여성

리사 링을 뽑았다. 그녀는 외모도 예쁘고 총명했으며 무엇보다도 다른 출연자
들과 호흡이 잘 맞는 것 같았다. 그녀와 함께 있으면 모두들 마음이 편안했다.

　리사는 1999년 5월에 '더 뷰'에 들어 왔는데 들어온 첫날부터 그녀는 내게
자기는 뉴스 프로그램을 정말 하고 싶다고 했다. 우리와 3년 남짓 일할 때쯤 그
녀에게 기회가 왔는데 내셔널 지오그래픽에서 아주 흥미롭고 힘든 자리인 순회
텔레비전 기자 자리를 제의해온 것이었다. 그녀는 정말 뛰어나 나중에 오프라
가 그녀를 자기 프로그램 고정 출연자로 채용했다. 어쨌든 그렇게 해서 리사는
2002년 12월에 우리를 떠났다.

　"이제 또 사람 찾아나서야지"라고 우리는 말했다. 콘테스트에다 테이프, 이
메일이 쏟아져 들어왔고 리사가 떠나고 거의 일 년 만에 우리는 마침내 마음에
드는 사람을 찾아냈다. 정말 마음에 드는 사람이었다. 우리는 히트 텔레비전 쇼
인 '서바이버'의 생존자인 26세의 엘리자베스 해슬벡을 채용했다. 우리는 벌레
를 먹으며 살아남아 다른 도전자들을 물리칠 수 있었다면 우리 프로그램에 와
서도 분명히 살아남을 수 있을 것이라 생각했다. 엘리자베스는 기혼이었고 그
녀의 남편은 풋볼 선수 팀 해슬벡이다. 그리고 우리 팀에 들어온 지 일 년쯤 지
나서 그녀는 임신을 했고, 그래서 낳은 딸 그레이스가 두 살 때 다시 임신을 했
다. 2007년 11월에 그녀는 아들 테일러 토머스를 낳았다. 우리는 그게 모두 우
리 시청률에 도움이 되었고 아기를 볼 기회까지 주었으니 고맙다고 그녀에게
감사했다.

　그것 외에도 엘리자베스는 빌과 내가 생각하기에 우리 프로그램에서 아주
중요한 역할을 해 주었다. 메레디스를 비롯해 특히 스타와 조이는 정치문제가
나오면 뚜렷한 진보성향을 보였다. 그래서 우리 프로그램은 토론 때 한쪽으로
치우치는 경향이 있었다. 엘리자베스는 20대의 젊은 여성이었는데도 아주 보수
적이고 조지 W. 부시의 지지자여서 알차고 활기찬 토론이 되었다. 처음에 엘리
자베스는 자기 입장을 나타내는 데 서툴렀으나 시간이 지나면서 아주 적극적이
었다. 특히 부시의 이라크 정책을 옹호하는 데는 특히 더 그랬다.

　그렇게 해서 우리는 9년을 끌었다. 나를 포함해 우리 프로그램이 그렇게 오

래 끌 줄은 아무도 몰랐다.

모방이 찬사의 일종이라면 우리는 찬사를 많이 받은 게 분명하다. '더 뷰'가 성공을 거두면서 우리를 모방한 프로그램이 속속 등장했다. 1999년 가을에 NBC 뉴스는 투데이 뉴스가 끝나고 곧바로 세 명의 여성을 등장시키는 프로그램을 선보였다. 하지만 '레이터 투데이' Later Today라는 이름이 붙은 그 프로그램은 우리를 따라잡지 못하고 결국 일 년 만에 문을 닫았다. 그리고 2001년에는 딕 클라크 프로덕션이 클라크 자신이 직접 진행을 맡은 '디 아더 하프' The Other Half를 내놓았다. 남자들이 출연해서 잡담을 나눈 다음 인터뷰가 뒤따랐다. 여성 시청자들을 겨냥한 프로였는데 제법 재미가 있었다. 어떤 도시에서는 '더 뷰' 경쟁 프로로 방영하기도 했지만 우리에게 별 피해를 입히지는 못했다. '디 아더 하프'는 2년 정도 끌다가 결국 막을 내렸다. 그쪽 프로듀서들은 공동 진행자들 사이의 호흡이 얼마나 중요한지를 깨닫지 못했던 것이다. 우리는 캐스팅을 아주 잘했고 운도 좋았으며 게다가 제작도 아주 잘되었다. 우리는 여러 해 동안 대화진행과 초청손님 선정에 균형감각을 잘 유지했다.

여자들이 여럿 모이다 보니 유명 인사들에 대한 접근방식과 던지는 질문 등 대하는 태도가 전혀 달랐다. 하나같이 느긋하고 웃겼으며 초대 손님들은 여자건 남자건 막론하고 우리가 하는 이야기를 재미있게 듣고는 기꺼이 대화에 참여했다. 초대손님의 경우는 그들이 쓴 저서나 출연한 영화, TV가 화제에 올랐다. 우리는 진행자 가운데 최소한 한 명은 해당 책을 읽거나 영화, TV를 미리 보는 것을 원칙으로 삼았고 초대 손님들은 그런 사실에 아주 흡족해했다. 유명 스타들이 줄줄이 몰려왔고 우리는 그저 편안하게 소파에 몸을 파묻은 채 영화나 성생활 등을 주제로 잡담을 나누면 되었다.

쇼 비즈니스계의 연예인들만 오는 게 아니었다. 세월이 지나며 우리는 유명 정치인들도 소파에 앉혔다. 예를 들면 힐러리 클린턴, 버락 오바마, 존 에드워즈, 존 매케인, 조 바이든, 크리스 도드, 론 폴, 알 샤프턴, 그리고 낸시 펠로시 등이 초청되었다. 콜린 파월 장군은 올해 마틴 루터 킹 주니어 탄생 기념일에 우리와 자리를 함께했다. 그리고 칠레의 첫 여성 대통령으로 선출된 미첼 바첼

레트 박사도 당선된 직후 우리 프로그램에 출연했다. 반드시 그렇다고 할 수는 없지만 재미삼아 우리가 생각하는 꿈의 남편감을 선정해 보기도 했다. 나는 시장을 꼽았다. 부자고 똑똑하면서 게다가 귀엽다는 이유를 들었다. 우리는 널빤지에 새겨진 그의 사진을 들고 나왔는데 갑자기 그가 무대 위로 걸어 들어와 나는 기겁을 했다. 그래서 널빤지는 치우고 우리는 잠시 부부 행세를 했다. 하지만 실제 결혼은 이루어지지 않았다.

한두 번 위기도 겪었다. 2002년 봄에는 CBS 뉴스가 '더 뷰'를 본뜬 이른 아침 프로그램을 출범시키며 출연진을 짤 때 메레디스에게 거액을 제시하며 데려가려고 했다. 메레디스는 잠시 마음이 끌리기도 했으나 신생 쇼에 자신의 미래를 걸고 싶지 않아 포기하고 계속 '더 뷰'에서 행복하게 지냈다. 그때 나는 한가지 해결책을 생각해 냈다. 퀴즈쇼 '백만장자가 되고 싶은 사람'Who Wants to Be a Millionaire이 낮 시간 신디케이트 프로그램을 시작했는데 내가 나서서 ABC 측에다 메레디스에게 그 프로그램 진행을 맡겨 보라고 제안한 것이다. 방송국 측에서도 아주 좋은 아이디어라고 생각했다. 그렇게 해서 메레디스는 추가 수입이 생겼을 뿐만 아니라 퀴즈쇼 진행도 맡게 되었다. 우리는 그녀가 CBS의 제안을 거절해 주어서 안도의 한숨을 내쉬었다.

하지만 2003년 여름이 되면서 사정이 달라지기 시작했다. 체중이 점점 불어난 스타가 마침내 특단의 조치를 취하기로 결심한 것이었다. 그녀는 가쁜 숨소리가 방송에서도 들리고 걸음을 옮기기 힘든 지경이 되었다. 그녀는 의사들과 상의한 끝에 위측관형성수술gastric bypass surgery을 해서 위 크기를 줄인 다음 많이 먹으면 위험하지는 않더라도 아주 거북한 기분이 들도록 만들었다.

스타는 수술을 받는 동안 심하게 앓아서 프로그램에 몇 번 빠졌다. 우리는 상태가 호전되고 나면 그녀가 자기가 받은 수술에 대해 방송에서 직접 이야기해 주기를 바랐다. 왜냐하면 그녀 인생에서 아주 중요한 수술이었고 비밀에 부치기도 힘든 일이라고 우리는 생각했기 때문이다. 스타 본인도 내게 나중에 20/20에 출연해서 수술 전 과정과 경과에 대해 이야기하겠노라는 말까지 했다. 하지만 수술을 하고 난 다음에 그녀는 소위 그 수술의 '선전 포스터 어린이'가

되고 싶지 않으며 숱한 질문에 답하기도 싫다고 했다. 그 심정이 이해는 되었으나 그 때문에 우리 모두 끔찍한 처지에 놓이게 되었다. 다시 말해 우리 모두 스타에 대해 거짓말을 해야 할 처지가 된 것이었다. 더구나 그녀가 방송에서 자기 체중이 준 것은 전적으로 식사량 조절과 필라테스 운동 덕분이라고 떠들었다. 하지만 우리 동료였기 때문에 그녀가 들통 나게 할 수는 없었다. 속임수를 계속하기가 점점 더 어려워졌다. 더구나 프로그램에서는 다이어트와 체중 감소에 대한 세그먼트를 계속 내보냈다. 특히 조이는 복근운동을 하고 쿠키를 두 개 대신 하나만 먹으면 해결된다는 식의 거짓말을 계속하는 걸 못 견뎌 했다.

하지만 스타는 다른 소식으로 우리를 즐겁게 해주었다. 수술 받고 4개월 뒤인 그해 11월에 그녀는 알 스케일스 레널즈라는 이름의 매력적인 흑인 총각을 만나게 된 것이었다. 바로 그녀가 찾던 이상형이었다. 모두 그녀를 축하해 주었으며 매년 하는 '더 뷰' 팀 크리스마스 파티 때 알을 만났는데 우리 모두 그를 아주 좋아했다. 얼마 지나지 않아 스타는 이듬해 가을에 알과 결혼할 것이라는 소식을 알려 주었다. 알은 NBA 농구 올스타 경기에서 카메라 앞에서 한쪽 무릎을 꿇고 그녀에게 정식으로 청혼했다. 그는 그녀에게 커다란 다이아몬드 반지를 선물했는데 모든 타블로이드 텔레비전 프로그램이 일제히 그 청혼 기사를 내보냈고 거의 매일 스튜디오에 온 방청객들 가운데 스타에게 그 반지를 보여 달라고 부탁하는 사람이 나왔다. 행복한 시절이었다.

그러고 나서 그림자가 드리우기 시작했다. 스타는 빌과 내게 와서 자기는 엄청나게 성대한 결혼식을 올리고 싶다는 말을 했다. 일생에 한 번뿐인 결혼인데 공주처럼 하고 싶다는 것이었다. 공주처럼 하려면 엄청난 돈이 필요했다. 스타는 공짜로 구할 수 있는 것은 공짜로 조달한다는 생각을 했다. 초청장과 화환, 결혼 케이크, 신부 드레스 같은 것을 방송에서 선전해 주는 대신 공짜로 쓰겠다는 것이었다. 그녀는 그것을 '더 뷰'에서 하고 싶지만 그게 안 되면 다른 프로그램을 알아보겠노라고 했다. 그래서 우리는 초청장과 신부 드레스 같은 것을 프로그램에서 약간만 보여 주었다. 시청자들이 보고 싶어 할 것이라는 판단에서였다. 시청자들의 반응은 좋았다.

하지만 내가 그때 잘못한 것 같았다. 선전을 해주는 대가로 이러한 공짜 선물을 받는 것은 금지되어 있다는 사실을 그때 그녀에게 말해 주었어야 옳았는데 그렇게 하지 않았던 것이다. 얼마 안 가서 우리는 '더 뷰'에서 그녀의 결혼식 선전하는 것을 중단했다. 하지만 스타가 다른 프로그램에 나가서 그 짓을 계속하는 것을 막지는 못했다. 그녀의 계약에 '더 뷰' 외에 다른 프로그램에 제한적으로 출연할 수 있도록 허용되어 있었기 때문이다. 하지만 그녀에게 좋지 않은 보도가 나오기 시작했다. 그녀가 점점 더 많은 요구를 하면서 물품 제공업자와 제공 요구를 받지 않은 사람들이 타블로이드에다 그녀가 하는 짓을 흘린 것이었다. 뉴욕 포스트는 그녀를 '브라이드질라(고릴라 신부)'로 부르기 시작했다. 칭찬하는 말이 결코 아니었고 그녀는 전국적인 이야깃거리가 되었다. 우리는 그 때문에 기분이 아주 언짢았다. 그런 보도는 우리 쇼에 도움이 되지 않을 뿐 아니라 스타 본인에게도 도움이 안 되는 일이었다. 그녀는 사랑스럽고 로맨틱한 신부가 아니라 탐욕스런 신부로 비쳐지게 된 것이었다.

그녀는 알을 만난 지 일 년 뒤인 2004년 11월에 호화스러운 결혼식을 올렸다. 도를 넘은 결혼식은 타블로이드들의 더 좋은 먹잇감이 되었다. 우리 가운데서 제일 인기 있는 패널로 시작한 스타는 제일 인기 없는 사람으로 급격히 추락하고 말았다.

ABC의 낮 시간대 담당 중역들은 다시 한번 포커스 집단 여론조사를 실시한 끝에 스타 때문에 우리 시청률이 떨어진다는 사실을 알아냈다. 그들은 그녀의 에이전트에게 2006년 8월로 만료되는 계약을 갱신하지 않을 것이라는 경고를 보냈다. 방송국 측은 2005년 크리스마스 직전에 빌과 내게 스타를 교체하기로 했다는 방침을 전달했다. 그러면서 우리보고 그녀에게 직접 이야기를 전달하라는 것이었다. 우리는 망설였다. 크리스마스를 앞두고 있었을 뿐 아니라 스타가 '샤인!' Shine! 이라는 제목의 책 출간을 앞두고 있었기 때문이었다. 책에서 그녀는 독자들에게 자기가 "육체적으로, 정서적으로, 그리고 정신적으로 얼마나 행복한지" 모르겠다는 말을 했다. 이제 완전히 다른 사람이 되었다고 써 놓은 것이었다. 위측관형성수술 이야기는 쓰지 않았다. 스타는 책 선전을 위해 여러 도시 순회를 나설 것이라고 했다. 빌과 나는 그녀가 자기 책을 베스트셀러로 만들기 위해 노력하는 중에 그녀에 대해 좋지 않은 소식을 차마 전할 수가 없었다. 그뿐 아니라 우리는 정말로 그녀를 좋아했다. 그녀는 여러 해 동안 프로그램에서 멋진 역할을 했고 우리는 그녀가 이미지를 바꿔 주기를 진심으로 원했다. 내 의견이 감안되기는 하지만 실제로 탤런트를 채용하고 해고하는 것은 방송사였다. 우리는 방송사 측에 결정을 잠시 보류해 달라고 요청했다.

마침내 4월에 ABC는 스타의 에이전트에게 그녀의 계약이 갱신되지 않을 것이라는 사실을 최종 통보했다. 빌과 나는 스타에게 우리는 그녀의 경력을 보호해 줄 것이며 그녀가 해고되었다는 소식은 아무도 모르도록 해 주겠다고 말했다. 또 다른 책을 쓴다고 할 수도 있고 인생의 새로운 장을 열어 볼 생각이라는 말을 해도 좋으니 하고 싶은 대로 말하라고 했다. 우리는 그녀에게 이 정도는 해주어야 한다는 말을 했고 그녀도 좋다고 했다.

엎친 데 덮친 격으로 더 고통스러운 이별이 우리를 기다리고 있었다. 9년 동안 '더 뷰'의 사회를 맡아온 메레디스가 NBC로부터 케이티 쿠릭의 뒤를 이어 투데이쇼의 진행을 맡아 달라는 거액의 제안을 받은 것이었다. 나는 그 제안에 대해 메레디스와 이야기를 해보았다. '더 뷰'는 그녀의 이름을 높여 주었고 우리는 그러한 사실을 자랑스러워하지만 알아 본 결과 NBC가 제시한 액수의 돈을 줄 수는 없었다. 나는 그때나 지금이나 메레디스를 정말 좋아하지만 그 제안은 그녀가 거절하기 불가능한 기회였다. 눈물과 격려가 뒤범벅이 된 가운데 우리는 2006년 6월에 메레디스와 작별했다. 스타뿐 아니라 메레디스까지 잃게 된 것이었다. 새롭고 대대적이고 과감한 쇄신이 필요했다.

그때 머릿속에 떠오른 사람이 바로 로지 오도넬이었다. 나는 여러 해 동안 로지의 숭배자였다. 나는 수시로 그녀가 진행하는 텔레비전 쇼에 출연했고 그녀가 아플 때는 대신 진행을 맡기도 했다. 로지는 2002년에 진행하던 쇼를 그만두었는데 평생의 동반자인 켈리를 비롯해 가족들과 더 많은 시간을 보내기 위해서였다고 했다. 2006년에 자녀가 네 명으로 늘어났다. 나는 로지와 켈리 두 사람을 모두 좋아했다.

로지와 켈리는 게이 가정을 이루었으며 두 사람이 맺어 준 여러 게이 가정 들을 위해 아름답고 감동적인 크루즈 다큐멘터리를 만들었다. 2006년 3월 28 일 나는 그 다큐멘터리 시사회에 갔는데 보면서 내내 웃다가 울다가 했다. 로 지는 자기 프로그램을 그만둔 뒤 4년 동안 그림을 그리며 지냈는데 나는 그녀 가 그린 그림도 한 점 갖고 있다. 하지만 이 다큐멘터리를 계기로 로지가 다시 사람들에게로 돌아올지 모른다는 생각이 들었다. 나는 그날 저녁에 로지가 우 리 새 사회자 자리를 수락할지도 모른다는 생각을 해봤다. 그래서 나는 그녀에 게 물어 보았는데 바로 그 자리에서 좋다고 하는 것이었다. 이튿날 빌에게 그 이야기를 했더니 빌 역시 멋진 아이디어라는 것이었다. 나는 로지에게 전화를 걸어 마음이 바뀌지 않았는지 재차 물어 보았고 그녀는 마음이 바뀌지 않았다 고 했다.

ABC 임원들은 처음에 다소 망설였다. 로지는 텔레비전에서 손을 뗀 다음 그녀의 이름을 딴 잡지의 발행인들과 지저분한 법적 분쟁에 휘말렸고 보이 조 지가 출연한 브로드웨이 쇼를 제작했다가 완전히 실패했다. 그 때문에 평판이 별로 좋지 못했고 게다가 그녀가 레즈비언이라는 사실도 만천하에 다 알려졌기 때문에 ABC 측에서는 망설였던 것이다. 방송국 측에서는 로지의 성격이 너무 불같아서 분란을 일으킬까 봐 걱정도 되었다. 하지만 나는 그녀를 옹호했고 세 월이 지나면서 성격도 많이 부드러워졌다고 설명했다. 나는 또한 이제는 시대 가 변해 게이나 레즈비언도 별문제 없이 받아들여지는 세상이 되었다고 생각했 다. 로지를 방송사 우두머리들과 만나게 해 주자 그들도 그녀를 '더 뷰'에 출연 시키면 대단히 파격적인 사건이 될 것이라는 데 생각을 같이했다. 로지는 일 년 계약으로 가을부터 쇼에 출연하기로 합의했다. 나는 계약조건에는 일절 상관하 지 않았는데 나중에 보니 아주 잘한 일이었다.

물론 스타에게는 재계약이 되지 않는다는 사실을 이미 통보했다. 문제는 스 타와 로지 사이에 아주 고약한 기류가 흐른다는 사실이었다. 로지는 그 전에 간 혹 '더 뷰'에 출연한 적이 있는데 그때마다 갖가지 문제를 놓고 스타와 서로 충 돌했다. 로지는 '더 뷰'를 시작하기 전에 다른 프로그램에서 인터뷰하면서 스타가 체중 감량에 대해 거짓말했다고 비난한 적이 있었다. '더 뷰'에 초대 손님으로 와서는 스타의 면전에다 대고 '트윙클 트윙클 슈링킹 스타'라고 놀려댔다. 만약에 스타가 우리 프로그램에 계속 남아 있었다면 아마도 로지를 불러다 앉힐 생각은 감히 못했을 것이다. 하지만 스타는 로지 영입과 상관없이 '더 뷰'를 떠나기로 되어 있었기 때문에 문제될 것이 없었다.

우리는 스타에게 방송사 측에서는 그녀를 해고했다는 말을 절대로 하지 않을 것이라는 사실을 다시 한번 분명히 해 주었다. 나는 그녀에게 떠나게 된 사유는 원하는 대로 둘러대도 좋고 프로그램을 떠나는 날도 자기가 정하라고 거듭 이야기해 주었다. 우리는 그녀를 위해 한 시간짜리 회고 프로그램도 제작하고 방송에서 송별파티도 해 주기로 했다. 스타도 그렇게 하겠다고 동의했다.

스타는 메레디스가 떠난 다음인 6월 29일 목요일에 그만두겠다고 했다. 하지만 화요일인 6월 27일 생방송 도중에 스타는 갑자기 나와 조이의 손을 잡고는 '많은 기도와 조언을 참고한 끝에' 프로그램을 떠나기로 했다고 말했다. 우리는 그녀의 이 같은 선언에 어안이 벙벙했다. 그녀가 갑자기 떠나는 날짜를 앞당기기로 한 모양이라고 생각하며 나는 청중들에게 일어나서 그녀에게 기립박수를 해 주자고 제안했다. 하지만 알고 보니 놀랍게도 스타는 그 전 주에 이미 곧 발매될 예정인 피플 매거진과의 인터뷰를 통해 자기가 해고당했다는 사실을 밝혔다. 스타는 그 인터뷰에서 자기가 쫓겨나게 된 이유가 시청자들 사이에 인기가 떨어져서가 아니라 우리 쇼에서 '새로운 방향'을 잡기 위해서 자기를 몰아낸 것이라고 주장했다. 로지의 영입을 가리키는 말이었다. 그녀는 남아 있는 사람들, 다시 말해 빌이나 나와 달리 자기는 진실을 말하겠다며 이렇게 주장했다. 빌과 나는 거짓말을 하는 위험을 감수하면서까지 그녀를 보호해 주려고 애썼던 것인데 그녀는 우리의 신뢰성을 손상시켰다. 우리는 너무 마음이 아팠다.

방송사 측에서는 즉각 긴급회의를 갖고 어떻게 할지 논의했다. 나는 스타가 원래 떠나기로 한 날까지 방송을 계속하도록 해 주고 싶었다. 나는 대결을 원치 않았고 방송을 계속하게 해 주면 사태가 덜 폭발적이 될 것이라는 생각도 했다. 하지만 빌은 이제 더 이상 스타를 믿을 수 없다고 강하게 주장했다. 방송사 측도 그 입장에 동의했다. 스타는 방송에 더 이상 출연하지 못하게 되었다.

이게 거의 2년 전에 있었던 일이다. 스타는 이후 새로운 일자리를 구하는 데 어려움을 겪고 있는 것 같다. 나는 그녀가 우리가 제의한 대로 명예롭게 물러났더라면 다른 일자리를 구하기도 좀 더 수월했을 것이라고 생각한다. 하지만 2007년 8월에 그녀는 법정 TV에 데뷔해서 자기 이름으로 된 프로그램 진행을 맡았다. 그녀는 일을 맡기 전에 오래 고심했다고 말했다. 그리고 새 프로그램을 시작하면서 자신이 위측관형성수술을 받은 사실을 털어놓았다. 나는 그녀가 무척 대견스럽다. 지금 그녀는 '더 뷰'에 있을 때와 완전히 다른 사람이 되었지만 (무엇보다도 이제는 안경을 쓴다) 지성과 매력은 여전히 그대로다. 아쉽게도 스타가 맡은 프로그램은 6개월밖에 지속되지 못했다. 나는 2007년 가을에 그녀에게 편지를 보내 한번 만나자고 했다. 그래서 우리는 아침식사를 같이 했고(스타의 스케줄이 너무 바빠서 점심식사 시간을 낼 수가 없었다) 정말 따뜻한 포옹을 나누었다.

스타가 떠난 뒤에 '더 뷰'는 다른 사람을 물색하지 않았다. 한 시즌에 새로운 인물을 두 명씩이나 들이는 것은 적절치 않다는 생각을 우선 했고, 거기다 스타가 초창기 우리 프로그램에 불어넣어 준 것과 같은 자질을 갖춘 사람이 떠오르지도 않았다. 대신 빌은 여러 명의 '초대 공동 진행자'를 섭외해서 앉혔는데 대부분 흑인이었다.

로지 오도넬은 2006년 9월 5일에 '더 뷰' 공동 진행을 시작했다. 그녀는 우리 프로그램의 완전히 새로운 도전을 시작했다. 어떻게 말해야 좋을까? 그건 마치 롤러코스터를 타는 것 같기도 하고 빠르게 질주하는 버스를 타고 울퉁불퉁한 도로를 달리는 것 같기도 했다. 로지는 원래 자기는 버스를 운전하기보다는 버스를 타는 것을 더 좋아한다는 말을 했다. 로지는 대단한 재능을 가졌고 총명한 데다 자기주장이 분명하고 열정적이었다. 그리고 절제할 줄 알았다.

프로그램 시작 거의 첫 주부터 로지는 빌이 프로듀서로서 프로그램의 책임을 모두 지는 것을 받아들이지 못했다. 그녀는 그가 내리는 결정에 도전했다. 그녀는 미용이나 패션, 의학 분야를 특집 주제로 다루는 것을 좋아하지 않았는데 이 주제들은 하나 같이 인기 있는 분야들이었다. 처음 몇 달간 두 사람은 거의 서로 말을 하지 않았다. 한번은 빌이 내게 프로그램을 앞으로 계속 맡아야 할지 자신이 없다는 말을 했다. 로지는 마크 젠타일을 비롯해 다른 크루들과의 사이에도 문제가 있었다. 플로어 매니저, 무대 담당, 오디오 엔지니어 등등. 분위기가 얼마나 나빠졌던지 '더 뷰'의 연례 크리스마스 파티 때는 대부분의 스태프들이 로지가 참석한다면 파티에 참석하지 않겠다고 하는 지경에까지 이르렀다. 나는 이런 상황이 곤혹스러웠지만 때가 되면 해결되겠거니 생각했다. 로지는 전문가였고 프로그램에 열정을 바치고 있었다. 물론 그녀도 힘들었을 것이다. 나도 그걸 알고 있었다.

프로그램 시작 때부터 로지는 감정을 다스리는 데 문제가 있다는 점을 공개적으로 털어놓았다. 우울증에 시달렸고 분노를 다스리기 힘들어 약을 복용 중이라고 했다. 그녀의 어머니는 로지의 열한 살 생일을 나흘 앞두고 세상을 떠났고 그 상실감이 평생 그녀를 괴롭혔다. 그녀는 엄마의 사랑과 손길이 그립다는 말을 자주 했다. 가끔 그녀는 내게서 그런 역할을 기대한다는 말을 했는데 나도 그 말을 듣고 기분이 좋았다. 나 역시 로지에 대해 모성애 같은 것을 자주 느꼈다.

우리는 우울증에 대해 특집방송을 한 시간 했는데 로지도 자기 자신이 겪는 문제를 솔직하게 털어놓았다. 그녀는 자기가 우울증을 달랠 때 쓰는 방법을 보여 주기 위해 장비를 이용해 거꾸로 매달려 보이기도 했는데 아주 중요한 장면이었다. 시청자들에게 정보가 되었을 뿐만 아니라 그런 솔직함 때문에 우리는 로지가 보이는 감정의 기복을 이해할 수 있게 되었다. 프로그램 초기 몇 주 동안 우리는 로지가 드레싱 룸으로 들어오면 그날 그녀의 기분이 어떤지 몰라 전전긍긍했다. 어떤 날은 기분이 좋아 미소를 보이다가도 그 다음날이 되면 침울하게 저기압이 되었다. 우리는 차츰 그러한 감정 기복에 적응하게 되었으며 그녀의 아침 기분에 따라 일희일비하지 않게 되었다.

'더 뷰'는 오랜 세월 동안 대단한 성공을 기록했다. 로지가 오기 전에도 그랬지만 특히 로지는 우리 프로그램에 대단한 유머와 에너지를 가져와 새롭게 도약시켰다. 그녀는 아이들과 함께 행복하게 지냈으며 아이들 키우는 이야기로 우리를 즐겁게 해 주었다. 그녀는 또한 브로드웨이를 좋아해 우리는 가능한 한 많은 브로드웨이 스타들을 섭외했다.

'더 뷰'는 기본적으로 팀워크를 중요시하는 프로였지만 로지의 역할은 '다이애나 로스와 더 슈프림스'에서 다이애나 로스 같았다. 그녀는 차츰 프로그램을 접수해 나갔다. 하지만 그녀의 재능이 워낙 뛰어나다 보니 우리가 그것에 맞춰 나갔다. 크리스마스 휴가철에 일어난 도널드 트럼프와의 불화가 터지기 전까지는 모든 일이 순조롭게 진행되었다. 당시 '더 뷰'는 휴가철 동면에 들어가려고 하고 있었다. 나는 휴가철 시작 일주일 전에 프로그램을 떠나 친구인 칼럼니스트 신디 애덤스와 함께 주디 판사의 요트를 타러 갔다. 내가 없는 동안 로지가 방송에서 트럼프를 '음흉한 석유상'이라고 공격하고 그의 헤어스타일을 비웃고 또한 그가 파산했다는 말까지 했다. 나는 이전에 트럼프와 인터뷰했기 때문에 그게 사실이 아니라는 걸 알고 있었다. 트럼프는 ABC와 '더 뷰', 로지와 나를 고소하겠다고 위협했다. 카리브해 보트 안에서 나는 콘퍼런스 전화로 빌, 트럼프와 함께 통화했는데 그는 엄청나게 화가 나 있었다. 빌과 나는 그에게 파산문제는 깨끗이 해명해 주겠다고 했다. 우리는 그것으로 문제가 해결된 줄 알았다. 그런데 그게 아니었다. 불과 삼십 분도 안 되어서 트럼프는 온갖 라디오, TV 방송에 나가 로지에 대해 개인적인 험담을 늘어놓았다. 트럼프와 나는 여러 해 동안 친구 사이로 지내 왔다. 그는 '더 뷰'에도 자주 출연했고 나는 그가 아름다운 멜라니아와 결혼할 때 결혼식에도 참석했다. 그래서 나는 화해를 시도했다. ABC는 그가 파산하지 않았다는 점을 분명히 밝혔다. 나는 로지가 휴가에서 돌아오기 일주일 전에 '더 뷰'에 복귀해서는 ABC의 법률부서와 로지의 개인 변호사, 그리고 그녀를 도와주고 있는 그녀 오빠의 도움을 얻어 성명서를 작성했다. 그리고 나는 방송에서 트럼프가 파산하지 않았다는 점을 분명하게 밝혔다. 그렇게 해서 소송당할 가능성은 막아 놓았다. 나는 로지에 대해 모욕적인 언급을 한 데 대해 트럼프를 비판하며 로지를 강하게 옹호했다. 나는 그녀가 우리 프로그램에 얼마나 소중한 존재이며 시청자들과 비평가들까지도 그녀를 얼마나 사랑하는지에 대해 이야기했다. 그러자 트럼프는 나를 공격했고 사태는 더 악화되었다.

휴가를 마치고 '더 뷰'에 복귀한 로지는 드레싱 룸에서 나를 보더니 자기를 제대로 변호해 주지 않았다고 내게 화를 내는 것이었다. 그 말을 듣고 나는 너무 놀랐다. 그녀는 내가 요트에서 가진 콘퍼런스 콜 통화에서 도널드 트럼프에게 자기를 프로그램에 그대로 두지 않겠다는 말을 했다는 것이었다. 빌까지 나서서 내가 그런 말을 절대로 한 적이 없다고 해명했지만 그녀는 우리 말을 믿지 않았다. 이상하게도 나는 그렇게 터무니없는 주장을 해도 그녀가 처한 기분은 이해할 수 있을 것 같았다. 어쩌면 그녀는 나를 자기를 두 번 버린 엄마로 생각하는지도 모를 일이었다.

어쩌다 나와는 직접 상관도 없는 일에 이렇게 휘말리게 되었단 말인가? 나는 곤경에 처했지만 시청자들은 그 분란을 즐겼고 시청률은 올라갔다.

사태가 진정되면서 로지와 나는 다시 예전의 친근한 사이로 돌아갔다. 시청자들은 솔직한 성격의 로지 입에서 무슨 말이 튀어나올지 몰라 매일 그녀의 입을 주시했고 ABC 경영진은 로지 때문에 기분이 좋았다. 방송사 측과 마찬가지로 나도 "이것은 새로운 뷰다. '더 뷰'에 좋으면 내게도 좋은 것이다"고 생각했다.

트럼프 사건 때문에 시청률이 올라갔지만 문제는 로지가 이제 분란을 즐기는 것 같이 된 것이었다. 그녀는 켈리 리파, 폴라 압둘, 그리고 그녀가 진행하는 '아메리칸 아이돌'American Idol 쇼와 사소한 분란을 일으켰고 빌 오라일리와는 큰 싸움이 벌어졌다. 오라일리는 자기 프로그램을 진행하며 로지를 쫓아내라고 주장하기 시작했다. 뿐만 아니라 그녀는 거의 매일 부시 대통령과 미국의 이라크 침공에 대해 공격했다. 엘리자베스 해슬벡은 부시 지지자였기 때문에 수시로 방송에서 부딪쳤다. 개인적인 다툼은 결코 아니었지만 시간이 지나면서 프로그램은 점점 더 정치적으로 변했고 로지는 더욱더 문제의 인물이 되어 갔다. 시청자들은 좋아하든 싫어하든 그녀를 보지 않고는 못 배겼다. 하지만 방송사 측에서는 점차 불편함을 느끼기 시작했다. 그럼에도 불구하고 2007년 봄이 되자 방송사 측은 로지와 다음 시즌 계약협상을 시작했다. 나는 일부러 그 협상에 일절 관여하지 않았다. 스타 존스 때처럼 결정은 방송사에서 하고 욕은 내가 먹는 일을 또 당하고 싶지 않았기 때문이다. 나는 로지를 잘 알기 때문에 그녀가 방송을 계속해 주기를 바랐다. 하지만 ABC 데이타임과 로지의 대리인 사이의 협상은 결렬되었고 2007년 4월에 로지는 '더 뷰'와의 재계약을 하지 않겠다고 발표했다. 나는 실망했지만 스타가 떠날 때와 달리 로지의 발표는 아주 호의적인 내용이었다. 로지는 6월 말까지 프로그램을 진행하겠다고 했고 우리는 평상시처럼 일을 계속했다.

그런데 5월 23일 수요일에 조이가 방송에서 자기는 조지 부시 대통령이 탄핵되어야 한다고 생각한다는 발언을 했다. 엘리자베스는 부시 대통령을 옹호했고 처음에 논쟁은 그런대로 정중하게 진행되었는데 로지가 뛰어들며 분위기가 바뀌고 말았다. 몇 주 동안 로지는 이라크를 침공함으로써 미 국민도 테러리스트 취급을 받게 될 수 있다는 입장을 나타냈다. 특히 부시 지지자들을 비롯한 일부 사람들은 그 말을 이라크에 파병된 우리 군인들도 테러리스트라는 뜻으로 받아들였다. 로지의 말은 결코 그런 게 아니었지만 많은 시청자와 비평가들이 그런 말이라며 그녀를 몰아붙였다. 그날 그녀는 보수적 관점을 대변하는 엘리자베스에게 자신의 뜻이 그게 아니라는 점을 변호해 달라고 요구했다(자기가 도널드 트럼프에 대해 한 말을 나보고 해명해 달라고 부탁한 것과 비슷한 맥락이었다).

엘리자베스는 로지더러 자기가 직접 해명하라고 했다. 그러자 마침내 분노가 폭발했고 고성이 오가고 사태가 점점 더 험악해졌다. 나는 그날 프로그램에 출연하지 않았지만 집에서 그 장면을 보고 있었다. 나는 컨트롤 룸에 전화를 걸어 곧바로 광고를 내보내라고 했다. 그런데 광고가 곧바로 나오지 않고 말싸움이 계속되었다. 나중에 빌 게디는 만약에 로지가 말하는 도중에 광고를 내보냈으면 그녀가 곧바로 세트를 박차고 나가 사태가 더 악화될 수 있었다고 내게 말했다.

어쨌든 마침내 광고가 나갔고 다시 시작되었을 때는 인터뷰할 초대 손님으로 앨리샤 실버스톤이 와 있어서 프로그램은 정상을 되찾았다. 하지만 그 때문에 입은 타격은 엄청났다. 그날 저녁과 이튿날 아침의 모든 뉴스 프로그램이 우리 쇼에서 벌어진 요란한 말싸움을 내보냈다. 사람들은 제일 재미있는 여자들 말싸움을 구경하며 즐거워했다. 그런 도발을 당할 줄 예상치 못했던 엘리자베스는 몹시 기분이 상해 있었고 내가 보기에는 로지도 분명 마찬가지 기분이었을 것이다.

사건이 벌어진 날 오후에 로지는 이튿날인 목요일이 켈리의 마흔 번째 생일이기 때문에(실제로 생일이었다) 그날부터 쉬겠다고 했다. 그래서 목요일에는 내가 쇼 사회를 맡아 진행했는데 나는 "바버라 아줌마가 다시 왔습니다. 왕국에도 평화가 돌아왔습니다"는 말로 시작했다. 하지만 다행인지 불행인지 부시 대통령이 바로 그날 오전 11시에 이민 관련 기자회견을 해서 미국 내 대부분의 지역에서 우리 프로그램이 나가지 않았다. 화해와 유머를 위한 나의 노력은 사람들이 모른 채 지나가고 말았다.

장기간의 메모리얼 데이 주말 휴식에 들어가기 때문에 우리는 금요일과 월요일 분을 미리 녹화했다. 트럼프 사건도 크리스마스 휴가 중에 일어났으니 휴가 때면 꼭 무슨 일이 터지는 셈이었다. 휴가와 관계없이 방송사 측과 나는 로지가 3주간의 휴가를 마치고 프로그램에 복귀할지 초조하게 기다렸다.

마침내 로지로부터 소식이 왔는데 내게 이메일을 보내 '더 뷰'에 복귀하지 않겠노라고 알려온 것이었다. 프로그램을 떠나는 이유는 일절 밝히지 않았다. 어쩌면 우리와의 관계를 이렇게 끝낸단 말인가. ABC는 웹사이트에 간단한 발표문을 실었다. ABC 데이타임 사장인 브라이언 프론스는 그녀가 더 뷰에서 보여준 엄청난 공헌에 대해 감사한다고 했다. 나도 그 발표문에서 "내가 로지를 우리 쇼에 데려왔으며 그녀는 우리 프로그램이 가장 재미있고 성공적인 한 해를 보내도록 해 주었다"고 썼다. 로지도 개인 언론 담당자를 통해 낸 성명에서 "엄청나게 감사한다"고 말하고 "멋진 한 해였으며 세 명의 여성 모두를 사랑한다"고 했다.

그렇게 해서 마무리가 되었다. 나는 지치고 슬펐다. 나는 로지에게 이메일을 보내 이렇게 말했다. "당신이 돌아오지 않기로 해서 정말 슬퍼요. 아마도 당신과 당신 가족을 위해 내린 최선의 결정이라 믿어요. 당신에 대한 나의 존경과 애정은 변치 않을 것이라는 점을 알아주었으면 해요." 진심이었다.

하지만 2007년 가을에 로지가 '셀리브리티 디톡스' Celebrity Detox라는 책을 출간하고 난 뒤 그런 생각은 싹 바뀌고 말았다. 그녀는 다음과 같은 내용을 친필로 써서 내게 미리 한 권 보내 주었다. "내 책을 보내 드리니 좋아하실 것으로 생각합니다. 내가 당신을 정말 사랑한다는 사실을 기억해 줘요. 바버라 월터스." 그 글을 읽으며 나는 미소를 지었지만 책을 읽어 보고는 울고 싶었다. 로지는 다시 한번 나를 도널드 트럼프와의 사건 때 자기를 배신한 거짓말쟁이라고 불렀다. 그밖에도 모욕적이고 거친 말들이 여러 페이지에 들어 있었다. 비난의 말과 함께 애정의 표현이 곳곳에 뒤섞여 있었다. 감정의 기복이 너무 심해 나는 어떻게 대응해야 좋을지 알 수가 없었다.

나는 낙천주의자는 아니지만 로지가 정말 나를 해칠 마음은 없을 것으로 믿는다. 그녀도 자기가 쓴 내용에 대해 후회하고 있을 것이 틀림없다고 나는 생각한다. 책을 선전하기 위해 잡혀 있던 텔레비전 인터뷰를 대부분 취소한 것을 보면 알 수 있다. 그녀는 또한 내게 장문의 부드러운 이메일을 여러 통 보내 왔는데 나는 그것을 받고 감동을 받아 마침내 답장을 보냈다. 로지에게 계속 화를 내며 살 수는 없었다.

로지는 마음이 정말 사랑스러운 여인이다. 간혹 과잉반응을 보이지만 그것은 분노와 상처, 열정적인 확신이 잘못 뒤엉켜 그렇게 되는 것일 뿐이다. 그녀는 정말 소중하고 본받을 만한 사람이다.

하지만 로지가 '더 뷰'를 떠날 때는 나도 슬픈 마음과 함께 안도의 기분도 들었던 게 사실이다. 롤러코스터 타기가 끝났다는 생각 때문이었다. 우리는 심호흡을 한 번 하고 '더 뷰'의 새로운 장을 시작했다.

하지만 이제 또 어디서 우수하고 똑똑하고 재미있고 TV를 아는 사람을 구한단 말인가. 브레인스토밍을 해보자. 우피 골드버그가 생각났다. 우피는 여러 해에 걸쳐 '더 뷰'에 출연한 횟수가 20회 정도 되었다. 특별 손님이 필요하면 우리는 무조건 우피에게 전화를 걸었다. 그녀는 당시 뉴욕에 살며 이른 아침 라디오 쇼를 진행하고 있었다. 그녀가 '더 뷰'를 할 수 있을까? 하려고 할까?

그녀는 능력이 되었고 하려고도 했다.

우리의 열한 번째 시즌은 2007년 노동절 다음날인 9월 4일에 시작되었다. 우피가 무대로 걸어 나오자 청중들은 좋아서 거의 어쩔 줄 몰라 했다. 그녀는 조이 옆자리에 앉아서 내내 사람들을 웃겼다. 우피는 유머뿐 아니라 지혜까지 갖춘 여자였다. 그녀는 부드러우면서도 프로그램에서 필요로 하는 날카로움도 가져다주었다. 우리가 완벽한 선택을 한 것이었다.

다음 주에 우리는 공동 진행자 한 명을 더 영입한다고 발표했다. 스탠드업 코미디언인 세리 세퍼드였는데 그녀는 우리 프로그램의 제일 인기 있는 인물이 되었다. 우피처럼 그녀도 '더 뷰'에 많이 출연했었다. 어린 사내아이가 딸린 이혼녀로 성질 좋고 현실적이고 타고나기를 웃겼다. 두 명이 우리 패널에 추가로 들어오면서 시청률은 다시 한번 치솟았다. 그렇게 해서 '더 뷰'는 출범 12년이 넘었는 데도 갈수록 점점 더 성공적인 프로그램이 되고 있다.

빌과 나는 '더 뷰'가 원래 의도했던 것처럼 시청자들이 편안하게 앉아서 두 번째 커피 잔을 들며 시청할 수 있는 프로그램이 되기를 바랐다. 그러면서 다양한 의견과 다양한 주제를 여러 여자들의 입을 통해 듣는 것이었다. 그리고 무엇보다도 모든 시청자가 정말 유익한 시간을 갖게 되었으면 한다. 우리는 그런 시간을 보내고 있다.

정상에 있을 때 떠나다

내 인생에서 '더 뷰'는 아주 큰 부분을 차지하지만 그렇다고 제일 큰 부분은 아니다. 내가 정말로 이름을 얻은 것은 ABC의 뉴스매거진 20/20에서의 활동 덕분이다. 하지만 나는 이제 그것을 바꾸고 싶었다. 2004년 1월 26일 월요일에 나는 그 프로그램을 떠난다고 발표했다. 나의 계약기간은 2년 반이나 남아 있었고 그 기간이 지나면 다시 5년 계약을 하기로 되어 있었다. 나는 순전히 자발적으로 떠났다. 나는 그러한 결정을 ABC 뉴스의 사장인 데이비드 웨스틴과 뉴욕 타임스의 수석 텔레비전 담당 기자인 빌 카터에게만 미리 알려 주었다. 빌 카터는 내 이야기를 자기 신문에 처음 보도했는데 기사 내용은 이랬다.

ABC 뉴스매거진 20/20에서 지난 4반세기 동안 가장 기억에 남을 만한 텔레비전 인터뷰를 진행해온 끝에 바버라 월터스는 이 프로그램의 공동 앵커를 그만두기로 했다.

미스 월터스는 ABC 뉴스의 데이비드 웨스틴 사장에게 이 같은 사실을 알리고 오는 9월에 20/20에서 물러나기로 했다. 그녀는 앞으로 자신이 하는 일을 높은 시청률을 기록하는 오스카 나이트 인터뷰를 진행하고 자신이 만든 '더 뷰'에 고정 출연하는 것을 포함해서 연간 5~6편의 뉴스 스페셜로 줄인다는 계획이다.

ABC 뉴스는 오늘 그녀가 20/20을 떠난다는 사실을 공식 발표한다.

텔레비전 업계에서는 큰 뉴스였다. 거의 아무도 예상하지 못한 사건이었다. 어떻게 설명해야 할까? 얼마 뒤에 같은 신문의 버지니아 헤퍼넌 기자는 나와 소위 '엑시트 인터뷰'를 했는데 기사 일부를 소개하면 이렇다.

헤퍼넌: 당신은 25년 동안 20/20에서 일했는데 왜 이제 떠나기로 한 것이지요?
월터스: 정상에 있을 때 떠나고 싶었어요. 마사 스튜어트와의 두 번째 인터뷰를 비롯해 그동안 센세이셔널한 한 해를 보냈습니다. 지금 뉴스매거진은 전반적으로 어려움에 처해 있습니다. 사람들로부터 "그녀가 쫓겨났다. 그녀가 떠날 수밖에 없는 처지가 되었다"는 소리를 듣고 싶지 않았습니다.
헤퍼넌: 텔레비전 뉴스에 싫증이 난 것입니까?
월터스: 시대가 변하고 있습니다. 예를 들면 이런 것입니다. 개구리와 사랑에 빠진 어떤 여자와 인터뷰하고 싶다고 칩시다. 그러면 프로듀서들이 내게 와서 이렇게 말합니다. "바버라, 이 여자가 개구리와 사랑에 빠졌는데 다이앤 소여가 이 여자를 이미 섭외했어요. 그러니 개구리를 만나 보시겠어요?" 그러면 나는 이렇게 대답합니다. "오케이, 하지만 개구리와 개구리의 엄마를 함께 인터뷰하겠어요." 그러면 프로듀서들이 또 이렇게 말합니다. "하지만 개구리는 한 시간을 달라고 해요. 그리고 개구리와 인터뷰하기 전에 한 가지만 더 알려주겠어요. 그 개구리는 지금 오프라와 인터뷰하려고 해요. 오케이?"

사실이 그랬다. 하지만 다이앤이나 오프라 혹은 다른 누구와의 경쟁을 이야기한 것만은 아니었다. 그것보다는 뉴스매거진의 성격이 바뀐다는 말을 한 것이었다. 우리가 그동안 해온 딱딱한 뉴스는 CBS에서 굳건히 버티고 있는 60미니츠를 제외하고는 극히 찾아보기 힘들게 되었다. 20/20은 18세에서 49세 사이의 젊은 층을 대상으로 하고 있었다. 그게 바로 광고주들이 원하는 연령대였기 때문이다. 그래서 우리는 점점 더 유명 인사들, 특히 문제가 있는 유명인들을 쫓아다녔다. 점점 더 많은 살인자와 개구리들을 찾아다녀야 하는 것이었다.

그런데 이제는 모든 유명 인사, 모든 살인자, 모든 개구리들이 하나같이 변호사와 언론 담당 에이전트를 두고 있어서 제일 유리한 방송시간은 물론 어떤 질문을 물어야 하는지, 얼마나 많은 흥행과 광고효과가 보장되는지까지 일일이 체크하려고 한다. 인터뷰하기 위해서는 기자가 오디션을 받아야 하는 처지가 된 것이다. 유명 인사들의 언론 담당 에이전트들은 끝없는 요구조건과 금지조항을 내걸어 정말 최고로 상대하기 까다로운 사람들이다. "이건 물을 수 없습니다." "저건 물어 봐도 좋습니다" 하는 식이다. 나는 이제 그런 일에는 더 이상 흥미가 없을 뿐 아니라 보람도 느끼지 않는다.

나는 엄청나게 바쁘게 지냈다. 2002년부터 2004년 사이에 나는 20/20에서 약 100명을 인터뷰했다. 머라이어 캐리에서부터 앨 고어, 그리고 25년을 기다린 끝에 피델 카스트로와도 다시 인터뷰했다. 하지만 국가원수와의 인터뷰는 카스트로처럼 힘들게 성사된 경우라 할지라도 뉴스매거진에서 점차 매력을 잃어 가고 있다. 그리고 문제가 있는 유명 인사들은 이제 내가 흥미를 잃었다.

물론 다 그런 것은 아니다. 내가 일하는 이 분야에서는 모두가 지금도 열심히 한다. 적어도 대부분이 열심히 한다. 그런 점에서는 나도 눈코 뜰 새 없이 바빴다. 나는 20/20을 비롯해서 당시 출범 7년째인 '더 뷰'에 전적으로 매달려 있을 뿐 아니라 한 시간짜리 프라임 타임 스페셜을 연간 최소한 세 편은 만들었다.

평소에 나는 다른 건물에서 '더 뷰'를 마친 뒤 낮 12시 30분이면 20/20 사무실로 출근했다. 나는 곧장 ABC 카페테리아로 가서 샐러드를 한 쟁반 집어 와서는 내 책상에서 먹었다. 출근하면 프로듀서들이 기삿거리를 갖고 나와 의논하려고 줄지어 기다린다. 정말 꼼꼼한 예약 담당자 케이티 톰슨도 초청 손님 후보 명단을 들고 나를 기다린다. 그러고 나면 20/20의 책임 프로듀서인 데이비드 슬론이 또 다른 리스트를 들고 나를 기다린다. '스페셜'을 진행하는 날은 빌 게디가 전화해서 나를 찾는다. 20/20과 충돌을 피하려면 어떤 인터뷰를 해야 할지 상의하기 위해서다.

'대어'를 낚겠다는 욕심과 첫 인터뷰를 해야 한다는 압박감이 없었으면 이 모든 일을 모두 감당하기 힘들었을 것이다. 뉴스를 만들고 스캔들을 만드는 사람이면 누구든, 새 영화에 출연하는 사람이면 누구든, 그리고 부모나 아내, 연인을 살해한 용의자면 누구든 막론하고 만나기 위해 나는 필사적으로 뛰었다. 하지만 20/20에서의 마지막 2년 동안 '대어'를 잡는 일이 여의치 않았다. 데이트라인, 48아워스, 60미니츠, 그리고 거기서 떨어져나온 60미니츠II 등 다른 방송 뉴스매거진들과의 경쟁뿐만 아니라 엔터테인먼트 투나잇, 액세스 할리우드 등등 새로 등장한 심야 연예 인터뷰 프로그램들과도 경쟁해야 했다. 게다가 내가 일하는 방송국 내에서도 경쟁해야 했다.

짤막한 이야기를 하나 소개해 보겠다. ABC는 저녁 뉴스매거진 시간대에 경쟁관계에 있는 두 명의 여성을 함께 두고 있는 유일한 방송국이었다. 다이앤 소여와 나였다. 그렇게 만든 것은 룬 알리지였다. 룬은 다른 방송에 대형 스타가 있으면 그냥 두고 보지 못하고 ABC로 데려다 놓아야 직성이 풀렸다. ABC가 그처럼 막강한 뉴스 라인업을 갖추게 된 것도 그런 사연이 있다. 예를 들어 룬은 월터 크롱카이트가 CBS에서 저녁뉴스를 진행할 때 댄 래더에게 ABC 앵커 자리를 제안했다. 당시 CBS는 월터가 1981년에 은퇴하면 그 자리를 댄 래더에게 물려주기로 작정하고 있었다. 월터는 나중에 자기는 그때 은퇴할 의사가 없었다고 말했다. 그렇게 되자 CBS는 당시 월터가 몇 년은 너끈히 앵커 일을 계속할 수 있었는데도 불구하고 밀어내듯이 "바이 바이" 하고는 댄 래더를 그 자리에 앉혔다. 그래서 룬은 ABC 안에서만 일을 벌이는 게 아니라 다른 방송사의 물까지 흐려 놓았다.

1989년에 룬은 60미니츠에서 성공적으로 출연하고 있는 다이앤 소여를 CBS에서 유인해 냈다. 그는 그녀에게 60미니츠에서는 여러 명 가운데 한 명일 뿐이지만 ABC에 오면 독자적인 매거진 프로그램을 맡겨 주는 것은 물론 기사 선정도 마음대로 할 수 있도록 해 주겠다고 약속했다. 그리고 룬은 매주 목요일 저녁 10시에 '프라임 타임 라이브'라는 새 매거진 프로그램을 만들었다. 다이앤의 파트너는 성미가 괄괄한 백악관 출입기자 출신의 샘 도널드슨이었다. 두 사람은 미녀와 야수 조로 불렸다. 다이앤은 차분하고 예쁜데 도널드슨은 시끌

벅적하고 마음 내키는 대로 떠드는 스타일이었기 때문이다. 딱 맞아떨어지는
짝은 아니었다. 어쨌든 그렇게 해서 ABC는 목요일 저녁 10시에 한 시간짜리
뉴스매거진을 갖게 되었고 금요일 저녁에도 10시에 20/20이 있었다. 나중에 찰
리 깁슨이 샘 도널드슨 대신 다이앤의 파트너로 들어갔다. 그럴 즈음 프라임 타
임은 성공적인 프로그램으로 자리 잡았고 어느 순간 우리 20/20은 다른 방송사
의 뉴스매거진과 함께 우리 프라임 타임과도 경쟁의식을 갖게 되었다.

그러던 중 1999년에 훌륭한 리포터이자 열심히 일하는 다이앤은 찰리 깁슨
이 진행하는 굿모닝 아메리카GMA의 공동앵커라는 대단한 자리를 또 하나 맡게
되었다. 굿모닝 아메리카는 NBC의 카운터파트이자 나의 옛날 놀이터였던 투
데이쇼와 치열한 경쟁을 벌이고 있었다. 아침 쇼는 뉴스매거진보다도 훨씬 더
큰 소득원이었다. 일주일에 다섯 번 방송을 하기 때문에 우선 광고시간이 훨씬
더 많았다. 그러다 보니 다이앤이 '대어'를 낚는 게 훨씬 더 중요한 일이 되었
다. 우리 20/20 팀은 갑자기 프라임 타임뿐 아니라 굿모닝 아메리카와도 경쟁
해야 하는 처지가 되어 버렸다. 우리는 그렇게 돌아가는 상황이 너무 싫었다.

다이앤과 나는 각자의 뉴스매거진에 출연시킬 뉴스메이커나 유명 인사 섭
외를 놓고 경쟁을 벌여야 했다. 우리는 예약 담당자가 따로 있어서 그들이 초청
손님 후보의 변호사나 언론 담당자, 기타 관계자들과 접촉해서 먼저 의사를 타
진했다. 그러고 나면 우리가 마지막 단계에 나서서 전화를 걸거나 직접 만났다.
예약 담당자들 사이에는 경쟁이 엄청나게 치열했다. 다이앤과 나는 다소 공손
한 태도를 유지했다. 우리는 언론 담당자들에게 "나와 인터뷰해 주기를 바랍니
다. 만약에 그렇지 않으면 내 동료(바버라 월터스 아니면 다이앤 소여)와 해 주세요"
라고 말했다. 우리 두 사람 가운데 한 명과 인터뷰하지 다른 방송과는 하지 말
아 달라는 부탁이었다.

우리 두 사람 모두 각자의 뉴스매거진에서 아주 성공적으로 일했다. 독자들
은 기억하지 못할 테지만 다이앤이 굿모닝 아메리카 진행을 시작하기 전해인
1998년 9월에 ABC는 우리 두 사람을 20/20의 선데이 나잇 에디션에 공동 진행
자로 앉힌 적도 있었다. 방송사 측에서는 한 명이 해도 잘하니 두 명을 같이 앉

히면 더 잘할 것이라고 생각했던 것이다. 우리는 경쟁하지 않고 재미있게 일했지만 마음은 서로 딴 데 가 있었다. 제일 재미있는 기사는 각자 자기 프로그램에 써먹으려고 아껴두는 것이었다. 선데이 프로그램은 일 년 만에 문을 닫았다. 또한 프라임 타임과 20/20을 서로 다른 뉴스매거진으로 별도로 운영하는 대신 이틀 저녁 방송하는 프로그램으로 통합시켜서 보다 성공적인 20/20을 만들기로 결정이 되었다. 스태프도 합쳐졌지만 다이앤과 나는 해오던 대로 각자 저녁에 앵커를 진행했다. 끔찍한 시절이었다. 프로듀서들은 어떤 기사를 어느 날 저녁에 내보내야 할지 우왕좌왕했고 같은 이름 아래 나가면서도 두 저녁 사이의 경쟁관계는 계속되었다. 레몬을 따서 레모네이드를 만든 게 아니라 레모네이드를 먼저 만든 다음 레몬을 딴 꼴이었다.

  2인 20/20은 꼬박 2년 계속되었다. 데이비드 웨스틴이 룬의 뒤를 이어 뉴스 부분 사장이 된 다음 우리는 프라임 타임과 20/20이라는 두 개의 별도 프로그램으로 되돌아갔다. 당시 휴 다운스는 20/20에서 은퇴해 애리조나 주에 살고 있었다. 휴가 떠난 뒤에 존 밀러가 나의 새 파트로 왔다. 존은 ABC 최고의 탐사 전문 리포터로 우리 가운데서 오사마 빈 라덴과 인터뷰한 유일한 사람이었다. 나는 존을 정말 좋아했다. 그는 총명하고 웃겼다. 하지만 우리의 파트너십은 단명으로 끝났다. 존은 방송의 명성과 돈을 마다하고 로스앤젤레스로 가서 L.A.P.D.의 윌리엄 브래턴 경찰청장 밑에서 카운터 테러리즘 및 범죄 정보국 국장직을 맡았다. 현재 존은 워싱턴에서 FBI 공보국 부국장으로 일하고 있다. 존이 떠나고 난 다음에 나는 운 좋게도 또 다른 존을 새 파트너로 만났는데 존 스토셀이었다. 존은 20/20에서 여러 해 동안 같이 일해 왔기 때문에 파트너로 일하는 데 별 문제가 없었다. 하지만 존은 물론 다이앤의 파트너인 찰리 깁슨도 '거물'을 물색하는 일은 하지 못했다. 그 일은 주로 다이앤과 나의 몫이었다.

  또 한번의 굴곡이 있었는데 최고의 인재는 무조건 데려온다는 신조를 가진 룬은 CBS의 코니 정을 데려왔다. 당시 그녀는 저녁뉴스에서 댄 래더와 짝을 이뤄 저녁뉴스를 진행하고 있었다. 그런데 1993년에 두 사람은 과거 해리 리즈너와 내가 이룬 짝처럼 실패작이었다. 룬은 코니 정에게 앵커 자리를 제안했고 그렇게 해서 그녀는 다이앤과 나 두 사람과 경쟁하는 처지가 되었다.

　　나는 그때나 지금이나 코니를 좋아하는데 그녀로서는 우리와 경쟁한다는 게 쉽지 않은 일이었다. 그녀는 '거물'을 낚으려고 하면 항상 다이앤과 내가 먼저 미끼를 던져 놓았다는 말을 들어야 했다. 코니가 큰 건을 물은 것은 캐리 콘디트 하원의원과의 첫 인터뷰를 성사시킨 것이었다. 콘디트 의원은 당시 워싱턴에서 인턴을 하던 찬드라 레비양의 실종 및 피살사건과 연루된 혐의를 받고 있었다. 하지만 그녀는 다른 중요한 인터뷰는 모두 성사시키는 데 어려움을 겪었기 때문에 편치 않은 나날을 보내고 있었다. 콘디트 인터뷰가 이루어진 지 얼마 되지 않아 CNN이 그녀에게 자리를 제안했고 데이비드 웨스틴은 기다렸다는듯이 그녀를 ABC와의 계약에서 놓아주었다.

　　그렇게 해서 코니 정은 떠났지만 그렇다고 굿모닝 아메리카와 프라임 타임, 20/20의 상황의 근본적으로 나아진 것은 아니었다. 결국 하는 수 없이 웨스틴은 케리 스미스라는 꼼꼼한 중재자를 보내서 어떤 인터뷰는 누가 하라는 식으로 조정하는 일을 맡겼다. 그녀로서는 생색나지 않은 일이지만 그 때문에 나는 대단히 불리하게 되었다. 케리 스미스는 누구든지 작업을 먼저 시작한 사람에게 우선권을 준다는 원칙을 적용했다. 다이앤은 프라임 타임에 예약 담당자가 있었을 뿐 아니라 굿모닝 아메리카에도 예약팀이 따로 있어서 단기 예약과 장기 예약을 모두 진행했다. 그리고 아침방송 경쟁이 워낙 치열하다 보니 주간 20/20보다는 매일 진행하는 굿모닝 아메리카에서 '거물'을 데려가는 게 더 중요하다는 것은 나도 알았다. 나는 최대한 빨리 움직였지만 어차피 내게 불리하게 만들어진 싸움이었다.

　　더구나 다이앤은 섭외하는 상대에게 굿모닝 아메리카에 출연한 다음 프라임 타임에 장시간 출연하도록 패키지 출연을 제의할 수 있었지만 나는 그런 카드가 없었다. 뿐만 아니라 투데이쇼도 같은 수법을 썼다. 두 프로그램 사이의 경쟁은 치열했다. 내가 진행하는 가벼운 주제의 '더 뷰'는 굿모닝 아메리카나 투데이 같은 뉴스매거진들과 같은 리그에 끼지도 못했다.

　　이제 다이앤과 나는 더 이상 경쟁할 일도 없기 때문에 서로 농담이나 주고

받으며 친하게 지낸다. 사실이다. 다이앤은 멋진 리포터이며 솔직히 말하면 최고다. 하지만 그 당시에 우리는 서로 치열한 경쟁관계였고 우리도 어쩔 도리가 없었다. 우리는 공개석상이나 글을 통해 서로 비난한 적은 단 한번도 없었지만 두 사람의 경쟁은　ABC 안에서는 익히 알려진 사실이었다.

2003년 당시에는 사정이 그랬다. 나는 딸 재키와 이야기할 때는 늘 쇼에 대해 불평을 늘어놓았다. 그러면 딸은 "그만두면 되잖아요, 엄마?"라고 했다. "25년이나 그 프로그램을 진행했는데 또 무엇을 더 보여 주고 싶어요? 아직 좋은 감정을 갖고 있는 지금 떠나세요." 나는 딸의 말이 옳을지 모른다는 생각을 했다. 내가 믿는 보조원 모니카 콜필드의 조언도 들었다. 그녀는 다른 누구보다도 내 스케줄이 어떤지 잘 아는 사람이었다. 그녀는 "넓고 멋진 세상이 기다리고 있어요. 얼마든지 자유롭게 지내실 수 있을 거예요"라고 했다. 그래도 나는 확신이 서지 않았다. 그해 여름에 나는 나와 친하고 현명한 두 부부인 엘리자베스 로하틴과 펠릭스 로하틴 부부, 루이제 그룬월드와 헨리 그룬월드 부부와 함께 해변을 거닐며 20/20을 그만두는 문제에 대해 상의했다. 펠릭스는 프랑스 주재 미국대사를 지냈고 헨리는 오랫동안 타임의 에디터를 지냈다. 두 사람 모두 대단히 중요하고 영향력 있는 자리를 그만둔다는 게 어떤 것인지 잘 알았다. 두 사람의 부인들도 돌아가는 사정을 잘 알고 이해하고 있었다. 나는 복잡한 심정을 네 명에게 훌훌 털어놓았다.

당시 '더 뷰'는 디저트 같은 맛이었다. 재미있고 진행하기에 힘들지도 않았다. '더 스페셜' 역시 작업하는 데 시간이 걸렸지만 전반적으로 재미있었다. 하지만 20/20 일은 생색도 안 나고 너무 힘들었다. 그만두면 후회될까? 대통령이나 국가수반들과 가끔씩 하는 인터뷰를 못하게 되면 아쉬울까? 주요 뉴스 프로그램에서 일하지 않게 되면 정장에 검은 넥타이 맨 디너 모임에서 방문한 외국 총리 옆 자리에 앉지 못할 텐데 그러면 서운하지 않을까? 그런 건 문제가 안 되었다. 솔직히 말해 영어를 할 줄 모르는 여성 총리나 남성 총리 옆에는 앉지 않는 게 훨씬 더 재미있다. 하지만 파티에 아예 초대받지 못할 수도 있을 것이다. 더 중요한 것은 내가 해온 경력의 대부분을 차지하는 일을 그만둔다는 것이었다. 대신 다른 일을 찾지 못할지도 모를 일이었다. 그렇다면야 못 배운 스페인 어도 배우고 박물관도 찾아다니고 여행도 하고 외국에 가서 하루 이상 머물러 보기도 하면 되는 것 아닌가라고 자신을 타일렀다. 나는 확신이 설 때까지 계속 해변을 걸었다.

그러고 나서 2003년 가을에 나는 데이비드 웨스틴에게 전화를 걸어 내 사무실로 와서 이야기 좀 하자고 했다. 그는 다이앤과 나 사이에 벌어지는 예약 경쟁을 완화시킬 새로운 복안이 있다고 했다. 그 문제는 자기도 나 못지않게 불편하게 생각한다는 말도 했다. 하지만 그때 나는 이미 마음의 결정을 내린 상태였다. 그가 자신의 복안을 이야기하려고 하자 나는 그의 말을 막으며 이렇게 말했다. "내게 그 말 할 필요 없어요." 나는 이렇게 말했다. "기분 나쁘게 듣지 마세요. 나는 20/20을 그만둘 겁니다." 그는 깜짝 놀랐다. 나는 그 같은 결심을 하게 된 이유와 앞으로의 계획을 말해 준 다음 앞으로 그 같은 결심을 내가 언제 어떤 식으로 밝힐지 결정하기 전까지는 누구한테도 이 사실을 밝히지 말아 달라고 부탁했다. 나는 심지어 마이클 아이즈너에게도 말하지 말아 달라고 했다. 쉽지 않은 부탁이었지만 데이비드는 그렇게 하겠다고 수긍했다. 나는 데이비드 웨스틴이 어떤 사람이라는 걸 잘 안다. 그는 자기 말을 지키는 사람이고 그의 말 한마디만 있으면 나는 믿고 따랐다. 그는 이렇게 말했다. "당신이 무슨 일을 하든 나는 당신을 놓치고 싶지 않아요. 당신은 우상입니다. [그 말을 들으니 기분이 좋았다. 하지만 요즘은 우상들이 너무 많다] 계속 뉴스에 남으셔야 하고 무슨 일을 하실지는 우리가 생각해 보겠습니다."

그렇게 이야기를 끝냈다. 나는 그때 에이전트를 두고 있지 않았기 때문에 총명한 연예 전문 변호사인 앨런 그루브먼에게 나를 대신해 데이비드와 ABC 뉴스에서 나의 앞날에 대해 상의해 달라고 부탁했다. 약속대로 웨스틴은 내게 새로 장기계약을 제시했고 연간 4~5회 프라임타임 스페셜을 진행해 주겠느냐는 의사를 전해 왔다. 거기에는 내가 오랫동안 진행해온 아주 인기 있는 프로인 '가장 매력적인 인물 10명'과 아카데미상 수상 스페셜이 포함되어 있었다. 나머지는 상호합의 아래 진행하기로 했다. 20/20을 떠난 뒤에 나는 대단히 높은 시청률을 기록했고 많은 논란을 불러일으킨 비연예 부문 스페셜을 3편 만들었다. 하나는 육체를 잘못 타고났다고 믿는 트랜스젠더 어린이들을 다룬 것이고, 다른 두 편은 천국이 정말 있느냐는 문제와 100세까지 살 수 있는 문제를 연구하는 새로운 분야인 장수학을 다룬 것이었다(나도 100세까지 살 생각이다. 그런데 내 비타민을 어디다 두었더라?). 데이비드는 또한 내가 인터뷰한 대통령이나 국가수반, 혹은 중요한 연예인이 죽으면 해설도 맡아 달라고 했다. 그리고 대단히 중요하다고 생각되는 경우에는 '스페셜'에 인터뷰를 해 달라고 부탁했다. 자기가 기르는 개에게 공격당한 뒤 최초로 안면이식술을 받은 여성의 집도 의사와 프랑스에서 가진 인터뷰, 그리고 호주에서 테리 어윈과 가진 인터뷰가 이 경우에 해당된다. 또한 나는 로널드 레이건, 제럴드 포드 등 두 전직 대통령의 장례식 보도에도 참여했다.

나는 이런 리포트를 하겠다고 동의하고 계약서에 서명했다. 스페인어 공부와 박물관 탐방은 없었던 일로 했다. 여전히 할 일은 꽉 찼지만 매일매일 벌이는 경쟁에서는 비켜서게 되었다. 지나고 보니 너무 잘된 일이었다.

우리는 몇 달 뒤인 2004년 1월에 내가 20/20을 그만둔다는 소식을 발표하기로 합의하고 후임자가 정해지는 9월까지는 내가 프로그램을 계속 맡기로 했다. 데이비드 웨스틴은 훌륭한 리포터인 엘리자베스 바가스를 낙점했다.

1월에 나는 빌 카터에게 전화를 걸어 비밀리에 할 말이 있다고 했다. 빌은 1992년 뉴욕 타임스 매거진 커버스토리를 포함해 전에 나에 관한 기사를 몇 번 쓴 적이 있었다. 나는 물러나는 발표문을 가장 권위 있는 방법으로 내보내고 싶었고 그래서 그 뉴스를 그에게 특종으로 주었다. 기사가 실리기 전날 데이비드 웨스틴이 ABC뉴스의 언론 담당 부사장인 마이클 아이즈너와 제프리 슈나이더에게 그 같은 사실을 미리 알렸다.

이튿날 아침 카터가 쓴 칼럼이 뉴욕 타임스 비즈니스 섹션의 1면에 실렸다. 내가 한 말이 마침내 신문에 실리는 것을 보자 나는 두려운 한편 안심이 되었다. 내가 일한 경력의 주무대였던 25년간의 20/20 생활이 끝난 것이었다. 그리하여 나는 미지의 새로운 길을 가기 시작했다.

동료들은 놀라지 않을 것이라고 나는 생각했다. 그들은 내가 그동안 '거물'을 섭외하기 위해 얼마나 고군분투해야 했는지 알고 있기 때문이었다. 책임 프로듀서 데이비드 슬론은 분명히 알 것이라고 나는 생각했다. 그와 일을 못하게 되면 정말 아쉬울 것 같았다. 그는 나의 친구일 뿐만 아니라 자기가 하는 일에 정말 대단한 재능을 가진 사람이었다. 나는 사무실에 들어서자마자 스태프들을 모두 한자리에 불러 모았다. 몇 명은 눈물을 지어 보였다. 일자리를 잃게 될까 봐 걱정도 되었을 것이다. 데이비드 슬론과 나는 그런 일은 없을 것이라고 그들을 안심시켰다. 대부분은 나를 껴안아 주면서 마지막 방송이나 앞으로 방송을 하게 되면 자기들과 하자는 말을 해 주었다. 나는 우리 프로듀서들을 좋아했다. 우리는 준비하고 편집하며 정말 신나게 일했다. 나는 편집 일도 직접 일선에서 했다. 그들 중 몇 명은 우리 프로그램에서 나하고만 일한 사람도 있다. 정말 가슴 찡한 자리였다.

그해 가을에 ABC 뉴스는 나를 위해 '20/20과 함께한 25년'이란 제목으로 두 시간짜리 회고 스페셜을 내보냈다. 오랜 세월 나와 함께 숱한 인터뷰와 리포트를 한 마틴 클랜시가 공들여 만든 것이었다. 마틴은 25년 가운데서 연도별로, 그리고 주제별로 하이라이트를 모았다. 국가수반과 정치인, 휴먼 스토리, 혐의자와 형 확정자를 불문하고 살인자들, 유명이든 무명이든 막론하고 연예인들이 모두 망라되어 있었다. 수백 회에 달하는 인터뷰에서 뽑은 리스트를 보고 나도 놀랐다. 정말 자랑스러웠다. 회고 프로그램은 2004년 9월 17일에 방영되었다.

내가 떠난 뒤 20/20은 약간의 변화를 겪었다. 내가 떠남으로써 '거물' 섭외는 더 힘들게 되었다. 그래서 포맷을 바꾸어 가끔 인터뷰 대신 특정 주제를 다루는 프로그램을 내보내기도 했다. 한 가지 주제를 한 시간 동안 추적하고 분석하는 식이었다. 존 스토셀은 우리가 쓸데없이 겁내는 미신들을 찾아 소개하는 프로그램을 진행했으며 증오, 욕정, 행복, 탐욕 같은 주제들도 한 시간씩 다루었다. 중요한 인터뷰는 여전히 내보냈지만 대형 스타나 세계적인 지도자들의 인터뷰는 점점 줄어들었다. 그런 '거물급' 들은 오프라에게 가거나 아니면 굿모닝 아메리카의 다이앤에게로 갔다. 그럼에도 불구하고 20/20은 여전히 중요하고 훌륭한 프로그램이었다.

떠난다는 발표를 하고 나자 이번에는 여러 단체에서 기념으로 인터뷰를 하고 초청하겠다는 요청이 쏟아졌다. 마치 나 자신의 사망기사를 읽는 것 같은 기분이었다. 텔레비전에서 완전히 은퇴하는 것도 아니었는데도 마치 그러는 것처럼 비쳐졌다. 나는 기념 초청은 물론 인터뷰도 대부분 거절했다. 나는 뉴욕 타임스와 가진 '엑시트' 인터뷰 하나면 충분하다고 생각했다. 나는 오프라와 두 번의 인터뷰를 했는데 하나는 그녀의 잡지 O와 한 것이고 다른 하나는 그녀의 텔레비전 프로그램에 출연한 것이었다. 앞에서 밝혔듯이 오프라는 내가 여러 차례 인터뷰할 수 있었던 사람 가운데 한 명이지만 이제는 자리가 바뀌어 그녀가 나와 인터뷰를 하자고 했다.

둘의 오랜 관계 때문에 그녀의 인터뷰 요청을 들어주어야겠다는 생각이 들었을 뿐만 아니라 그녀는 내 생명을 구해준 사람이기도 하다. 문자 그대로 그렇다는 말은 아니지만 사정을 소개하자면 이렇다. 1995년에 나는 커뮤니케이션 분야의 최고 여성들을 초대해서 가지는 점심식사 모임에 참석했다. 모두들 직장으로 돌아가야 하기 때문에 점심은 오후 2시까지는 끝나야 했다. 그런데 행사가 자꾸 늦어지면서 오프라가 하기로 된 작가 토니 모리슨에 대한 인사말도 늦어졌다. 그래서 나는 오후 3시 가까이 되어서야 사무실에 돌아왔다. 돌아와서 보니 당시 ABC의 사장 겸 최고업무책임자COO였던 로버트 아이거와 경찰이 기다리고 있었고 내 보조원들은 겁에 질려 울고 있었다. 전후 이야기를 들어보니 내가 오프라의 인사말을 듣는 동안 고약한 돌풍이 불어서 내 사무실 길 건너 건설 공사장의 지주 하나가 쓰러지면서 그것이 내 사무실 창을 때려 부숴 놓았던 것이다. 내 책상과 창유리는 그 지주에 박살이 났고 사무실 전체가 파편으로 뒤덮여 있었다. 만약 그 시간에 내가 책상에 앉아 있었더라면 어떻게 되었을지 생각만 해도 끔찍했다.

오프라와의 인터뷰 때 그녀의 프로듀서들이 내 딸 재키와 함께 출연해 줄 수 있느냐고 물어왔다. 재키는 그동안 항상 스포트라이트에서 벗어나 있고 싶어 했는데 이번에는 좋다고 했다. 딸은 사실 무대 공포증이 있기 때문에 이번 출연은 나에 대한 애정의 표시 같은 것이었다. 오프라가 재키에게 내가 20/20을 떠나는 걸 보고 기분이 어떠냐고 묻자 나는 웃음을 터뜨리고 말았다. 재키는 진작부터 내게 프로그램을 그만두고 자기 시간을 좀 더 가지라는 말을 했다고 대답했다. "그런데 한 가지 나쁜 일이 있기는 해요"라고 딸애는 말했다. "이제는 엄마가 툭하면 내게 전화를 하는 거예요."

나는 오프라의 잡지 O와는 인터뷰를 특별히 하고 싶었다. 나는 O를 정기구독하는데 항상 읽을거리가 많았다. 오프라는 8월에 뉴욕의 우리 아파트로 와서 인터뷰했다. 차차와 이코델, 그리고 멋진 조지 등 우리 집에 있는 사람들 모두 그녀를 좋아했다. 조지 피네다는 머브 밑에서 일하던 사람이었는데 이혼하고 몇 년 뒤부터 아주 소중한 내 비서실장으로 일했다. 오프라는 정말 따뜻하고 온화했다. 우리는 모두 그녀와 사진을 같이 찍었는데 그녀는 나중에 사진에 일일이 사인을 해서 은제 사진틀에 넣어서 보내 주었다. 우리 모두 그녀의 열렬한 팬이다.

잡지 인터뷰에서 그녀와 나는 여러 이야기를 나누었는데 그 가운데서 가장 기억에 남는 것은 마지막 질문과 답변이었다. 다시 소개하면 이런 내용이었다.

오프라: 바버라 월터스라는 존재가 어떤 의미를 갖는가요?

나: 확실히는 모르겠어요. 정말 축복받은 삶이라는 건 알지만 지금도 여전히 부족하다는 걸 느낍니다. 나는 요리도 할 줄 모르고 운전도 못해요. 내가 살아온 삶을 되돌아볼 때마다 항상 이런 생각이 듭니다. 내가 어떻게 살아온 거지? 왜 좀 더 즐기며 살지 않았지? 너무 일만 열심히 하느라 제대로 보지 못하고 산 게 아닌가?

이 말을 하며 오프라를 쳐다보았더니 그녀의 두 눈에 눈물이 맺혀 있었다. 내가 심금을 건드린 것이었다. 더 이상의 말이 필요 없이 두 사람은 우리가 무엇을 이루었고 무엇을 포기했는지 알고 있었던 것이다. 열심히 일하는 대부분의 여성들이 우리가 느낀 심정을 이해할 것이다.

코니 정도 그렇게 열심히 일하는 여성 가운데 한 명이다. 그녀는 내가 20/20 을 떠난 직후에 내게 멋진 점심을 대접해 주었다. 코니는 그 자리에 뉴욕과 워싱턴 일대에서 일하는 여성 텔레비전 저널리스트 거의 모두를 함께 초대했다. 완전히 신참인 젊은 그룹도 들어 있었다. 건배사에서는 내가 자기들을 위해 어떻게 '길을 닦고' '문을 열고' '싸웠는지' 하는 말이 무수히 쏟아졌다. 나는 스스로가 자랑스럽고 행복했다. 그리고 한 백살쯤 먹은 것 같은 기분이 들었다.

그러고 나서 내가 20/20을 떠나기 이틀 전인 9월 22일에 ABC에서 공식 송별 파티를 열어 주었다. 나는 광고업자와 출판업자들만 초청해서 치르는 조촐한 행사이려니 하고 생각했다. 앞으로도 '스페셜'을 계속 진행할 것이기 때문에 계속 접촉을 해야 할 것이라는 생각에 그들을 초청했다. 우리 업계에서 같이 일하지 않는 내 친구들은 그래서 초청하지 않았다. 업계 사람들이 많이 오는 자리이기 때문에 그 친구들은 와봐야 재미가 없을 것이라고 생각했다. 나는 당시 메인 주에 사는 재키에게도 "대단한 행사는 아니야"라며 일부러 올 필요는 없다고 했다.

파티는 저녁 6시부터 8시까지 ABC의 타임스 스퀘어 스튜디오에 있는 넓은 플로어에서 진행되기로 되어 있었다. 나는 제일 먼저 가기가 뭐해서 일부러 6시 30분 조금 못 되어 도착했는데 입구에 수십 명의 파파라치들이 줄지어서 기다리는 것이 아닌가. 모두들 나 때문에 왔단 말인가? 다른 사람 누가 오기로 되어 있었나? 안으로 들어갔더니 사람이 꽉 들어차 있었다. 사람들끼리 웃고 이야기하며 서로 인사를 나누고 있었다. 모든 방송사에서 사람들이 참석했고 서로 몇 년째 만나지 못한 사람들이 그곳에서 만나 인사를 나누고 있었던 것이다. 지난 몇 달 동안 자상하게 나를 배려해 준 데이비드 웨스틴이 입구에 서서 손님을 맞이했다.

나의 모든 동료들(프로듀서, 에디터, 작가 등)도 거기 와 있었는데 백 명은 족히 되는 것 같았다. ABC 기자들도 모두 와 있었다. 이제는 아주 온화하고 부드러운 피터 제닝스와 다이앤 소여, 찰리 깁슨, 로빈 로버츠, 엘리자베스 바가스, 존 스토셀, 그리고 ABC 뉴스에서 같이 일한 동료들도 모두 와 있었다. 나의 ABC

초창기 시절부터 오랜 친구인 테드 코플과 샘 도널드슨도 워싱턴에서 비행기를 타고 왔다가 그날 밤에 다시 돌아갔다. 당시 유엔 사무총장이던 코피 아난과 뉴욕 시장 마이클 블룸버그, 도널드 트럼프와 멜라니아 트럼프 부부도 와 있었다. 당시는 나와 트럼프의 사이가 좋을 때였다. 제일 감동적인 것은 크리스토퍼 리브가 특수 휠체어에 실려 아내 다나와 함께 와 준 것이었다. 그리고 제랄도 리베라, 빌 오라일리, 로저 에일스(폭스 뉴스 채널 회장), 폴라 잔, 코니 정, 모리 포비치, 주디 판사, 브라이언트 검벨, 케이티 쿠릭, 그리고 '더 뷰'의 모든 여성들도 당연히 왔다. 우리 업계 행사에 잘 나타나지 않는 헨리 키신저도 모습을 드러냈다.

피터 제닝스는 마이크를 잡고 1977년 사다트의 역사적인 예루살렘 방문을 비롯해 우리가 여러 해 동안 같이 취재했던 이야기를 소개했다. 내가 30년 전에 ABC로 옮겼을 때 피터는 이미 ABC에서 일하고 있었다. 그는 이제는 나와 일하는 것을 즐겁게 생각했다. 그리고 그날 저녁 그의 사랑스러운 아니 케이스는 너무 예뻐 보였다. 이듬해 피터가 폐암으로 세상을 떠날 줄 누가 상상이나 했을까? 그의 죽음은 우리 모두를 충격으로 몰아넣었다.

마이클 아이즈너는 테이프로 감동적인 인사말을 보내 왔다. 아주 총명한 ABC 사장 앤 스위니는 내가 회사 초창기 한 페이지를 이루었다는 말을 하며 당시 '탤런트'에게 가까이 가지 말라는 말을 들었다는 일화를 소개했다. 탤런트는 나를 가리키는 말이었지만 다행히도 나는 그녀에게는 친절하게 대했던 모양이다. 사장이 될지 누가 알았나.

그리고 깜짝 놀랄 사람들이 나타났다. 불과 며칠 전에 조지 W. 부시 대통령에 대해 오보를 내보내 백악관과 언론계 동료들로부터 심하게 욕을 먹은 댄 래더가 용감하게 모습을 드러냈다. 그는 질문을 외쳐 대는 파파라치들 사이로 늠름하게 나타났다. 마사 스튜어트도 마찬가지였다. 그녀는 유죄판결을 받아 조만간 수감생활을 시작할 예정이었는데 모습을 드러냈다. 댄 래더와 마사 스튜어트가 참석해 준 것은 정말 뜻 깊었다.

모두들 내게 와서 키스하고 건배했다. 이런 말을 하면 내가 엄청나게 멍청이가 된 것처럼 보일까? 그런 일들이 내게 그렇게 대단한 일이란 말인가? 글쎄, 잘 모르겠지만 그랬다. 아카데미상을 받고 나서 "여러분들은 나를 좋아해요. 여러분들은 정말로 나를 좋아해요"라는 유명한 말을 한 샐리 필드 같은 기분이었다고나 할까.

리셉션은 예정보다 늦게 저녁 9시가 되어서야 끝이 났다. 아무도 떠날 생각을 안 했기 때문이다. 나는 다시 한번 길게 늘어선 파파라치들 사이를 지나갔고 카메라 플래시는 계속 터졌다. 나는 웃으며 포즈를 취했다. 데이비드 웨스틴과 세리 웨스틴 부부, 필리스 맥그레이디, 데이비드 슬론이 나와 함께 나왔다. 나는 그들을 모두 데리고 유명한 레스토랑 르 서크로 가서 마티니 디너를 대접했다. 결국 완전히 취해서 나는 집으로 돌아갔다. 그날의 따뜻한 기억은 지금까지도 나를 흐뭇하게 만든다.

20/20을 그만둔다는 생각에 조금이라도 미련이 남아 있었다 해도 그것은 이튿날 아침에 깨끗이 사라졌다. 나는 안도의 느낌밖에 들지 않았다. 전화도 없고 편지도 논쟁도 더 이상 없었다. 다음에 모실 '거물'에게 더 이상 간청할 필요도 없게 된 것이었다. 이제는 '더 뷰'와 내가 맡은 '스페셜'을 제외하고는 매주 몇 시간씩 매달려야 하는 숙제도 할 필요가 없었다. "이제는 소중한 날 며칠만 남았네"라는 가사가 생각났다. 이제는 내 시간을 가질 때였다.

나는 20/20에서 내가 하게 될 마지막 인터뷰를 부시 대통령과 하고 싶었다. 그가 재선을 위한 공화당 후보지명을 획득하고 난 9월에 나는 그에게 인터뷰 요청서를 보냈고 고려해 보겠다는 답변을 받았다. 그런데 그보다 앞서 초여름에 나는 매리 케이 르투어노라는 여자로부터 전화 한 통을 받았다. 속삭이는 듯한 작은 목소리였다. 그녀는 미성년자인 제자 빌리 푸알라우와 성관계를 맺은 죄로 7년형을 복역하고 최근 감옥에서 풀려났다고 했다(두 사람은 나중에 결혼했다). 나는 매리 케이가 감옥에 들어가기 전에 그녀와 만나 이야기를 나눈 적이 있었는데 그때 내가 자기에게 동정적이라는 느낌을 받았다는 말을 했다. 그녀는 통화에서 전에 자기가 가졌던 심경과 감옥에서 나온 지금의 심경을 모두 털어놓고 싶다며 출옥한 후 첫 인터뷰를 할 의향이 있느냐는 것이었다. 나는 좋다고 대답하고 8월이나 9월에 그 인터뷰를 하고 싶다고 했다. 하지만 매리 케이는 말을 해야 할지 말아야 할지 최종 결심을 주저하고 있었다. 그러다 내가 마지막 방송을 하기 딱 일주일 전에 마침내 결심을 굳혔던 것이었다. 그녀는 거주하는 주를 떠나면 안 되었기 때문에 인터뷰를 하려면 내가 워싱턴 주 시애틀로 가야 했다. 일정대로 일이 순조롭게 진행된다면 그녀와의 인터뷰는 2004년 9월 24일에 방영될 수 있을 것이었다. 이미 발표된 대로 20/20에서 내가 하는 마지막 방송 날이었다.

이 문제를 저울질하고 있는데 부시 대통령 측에서 전화가 걸려 왔다. 나와 인터뷰를 하기로 했다는 것이었다. 그러면서 내 주에 하겠느냐고 물었다.

미국 대통령이냐 아니면 징역형을 선고받은 미성년 성추행범인가? 대통령? 미성년 성추행범? 대통령? 미성년 성추행범? 결론은 매리 케이 르투어노로 내려졌다.

나는 그렇게 해서 짐을 내려놓았다.

마지막 오디션

나는 2007년 1월 1일 새해 첫날에 나는 이 마지막 장을 쓰기 위해 책상에 앉았다. 그 주말에도 내게는 많은 일이 일어났다. 잠시 페이지를 한번 뒤로 넘겨보기로 한다.

재키와 전화 통화를 막 끝냈을 즈음이었다. 딸은 메인 주에서 문제 청소년 소녀들을 위해 운영하는 뉴호라이즌에서 겪은 최근 소식들을 내게 전해 주었다. 그 프로그램은 아주 성공적으로 운영되고 있어서 나는 우리 딸이 젊은 여자 아이들 목숨을 많이 구했을 것으로 생각한다. 나는 딸이 해온 일이 너무도 자랑스럽다. 물론 딸이 자랄 때 내가 잘못한 일이 있을 것이다. 하지만 이 대단히 특별한 여자가 만들어지는 데 도움이 될 만한 잘한 일도 분명히 했을 것이라고 생각한다. 나는 딸을 정말 사랑하고 너무도 귀하게 생각한다.

그 전날 나는 친구 몇 명과 점심을 같이 했는데 그 가운데는 오래전에 데이트 상대였던 존 하이만이라는 멋진 남자도 들어 있었다. 우리는 재키가 힘든 시절을 보낼 때 자주 만나던 사이였다. 그는 당시 내가 딸과 나 자신의 장래에 대해 얼마나 걱정했는지에 대해 이야기해 주었다. 지금 딸의 모습을 미리 내다볼 수 있었더라면 그렇게 걱정은 하지 않아도 되었을 텐데. 이후 오랫동안 정말 순탄하게 지내 왔다.

나는 새해 휴가기간 중에 휴가를 내서 며칠은 친한 친구인 아네트 드 라 렌타, 오스카 드 라 렌타 부부와 함께 보냈다. 오스카는 유명한 디자이너로 도미니카공화국 푼타카나에 멋진 리조트를 소유하고 있었다. 아네트와 오스카 부부는 정말 친절하게 나를 대접해 주었다. 나는 여러 해 동안 매년 크리스마스 시즌이 되면 그들의 집으로 초대받아 갔다.

밤이 되면 드 라 렌타 부부는 그 지역에 사는 친구들을 초대하는 경우가 많았는데 한번은 어떤 부부가 정신적 육체적으로 심하게 병든 아들을 데려왔다. 나는 일부러 그런 아이들이 나오는 영화나 연극도 피했다. 그 사내아이는 언니보다 장애가 훨씬 더 심했지만 나는 옛날의 슬픈 기억이 되살아날까 겁났다. 내가 이야기하려고 하는 요점은 그런데 겁이 나지 않았다는 것이다. 나는 그저 그 사내아이와 그의 부모들에게 강한 동정심이 솟아났을 뿐이었다. 언니에게 이렇게 해 주었더라면 어땠을까와 같은 추측은 더 이상 하지 않게 되었던 것이다. 마침내 평탄한 길이 내 앞에 놓여진 것이었다.

나는 가족이 적었기 때문에 친구들이 모두 내 가족이 되었다. 휴가를 그들과 같이 보내는 것도 그런 이유에서였고 보통 때도 가능한 한 자주 그들을 보려고 애썼다. 뉴욕으로 돌아온 다음 나는 바쁜 주말을 보냈다. 12월 31일에 나는 내 친구인 롤라 핀켈스틴과 점심을 같이 했다. 앞에서 이야기했듯이 그녀는 25년 전 모세 다얀의 장례식 때 이스라엘에서 같이 지냈던 친구다. 지금 그녀는 결혼한 자녀 네 명에 열한 명의 손자를 두고 있다. 지금도 아주 총기가 넘치며 브리지 게임에 아주 열중이다. 우리는 각자 너무 다른 삶을 살아왔기 때문에 서로 공통점이 거의 없다고 생각하겠지만 우리는 많은 추억을 함께하고 있고 서로를 너무도 잘 안다. 나는 그녀에게 그렇게 사랑스러운 대가족을 갖고 있으니 얼마나 부자냐고 말하고 그녀는 내게 그처럼 멋진 경력을 보냈으니 얼마나 부유한 삶이냐고 말한다. 둘 다 맞는 말이다. 우리는 또한 모든 것을 다 가진 사람은 세상에 없다는 것을 잘 안다. 우리는 서로 포옹하며 그런 말을 한다.

주초에 또한 나는 사귄 기간으로 치면 제일 오래된 친구인 조이스 애슐리와 새해맞이 점심을 같이 했다. 그녀는 훌륭한 정신분석의다. 우리는 어린 시절부터 친구였으며 결혼과 이혼 등 갖은 경험을 함께 나누었다. 우리는 가능한 한 자주 만나 이야기를 나누는데 서로 각자 인생에서 상대방이 있어 얼마나 다행인지 모르겠다는 말을 한다.

새해가 되면 흔히들 그렇게 하듯이 돌이켜 보면 얼마나 많은 사람들이 내 인생에 그토록 오랜 세월 동안 가까운 자리를 차지하게 되었는지 깨닫게 된다. 나의 보조원인 모니카 코필드는 27년을 나와 같이 일했다. 그녀는 내 오른팔이다. 나는 그녀가 자라서 활짝 꽃을 피우고 정말 완벽한 배필인 빌리 달링거와 결혼하는 것을 지켜보았다. 2008년 4월에 모니카는 은퇴해서 뉴욕시 교외로 이사해 살고 있다. 나는 우리가 함께 보낸 멋진 세월을 결코 잊지 않을 것이며 그녀가 정말 행복하게 살기를 기도한다.

내게는 모니크 메디나라는 이름의 보조원도 한 명 더 있었다. 그녀는 나와 같이 일한 지 4년밖에 되지 않지만 사랑스럽고 차분하고 모니카 못지않게 일을 잘한다. 나의 보조원 두 명의 이름이 모니카와 모니크라는 것 때문에 사람들은 돌아버리겠다고 했다. 전화를 걸어서 "모니카인가요?" 하면 "아닙니다. 저는 모니크입니다"라는 대답이 돌아온다. 그래서 다음번에는 "모니크인가요?" 하면 "아닙니다. 저는 모니카입니다"라는 대답이 돌아온다. 그래서 전화를 끊어 버리는 경우들도 있다.

일을 하는 동안 매일 함께 지낸 사람들 이야기를 하자니 다시 한번 아름다운 갈색 눈을 가진 로리 클라인 이야기를 하지 않을 수가 없다. 그녀는 14년째 내 메이크업을 담당해 왔다. 나는 사실 카메라에 비친 얼굴과 실제 얼굴에 별 차이가 없지만 최근 몇 년 동안 그녀는 내게 가짜 속눈썹을 달아 주었다. 훨씬 보기 좋았는데 나 혼자서는 붙일 수가 없었다. 그래서 내가 외출하는 전날 밤에 로리가 붙여 주면 나는 그것을 붙인 채 조심스럽게 잠자리에 들었다. 하지만 별 소용이 없었는데 아침에 일어나서 보면 한쪽 속눈썹은 제자리에 붙어 있고 한쪽 것은 떨어져 나가 사팔뜨기처럼 보이기 일쑤였다. 속눈썹 이야기를 하려는 게 아니고 로리가 얼마나 특별한 존재인지를 말하려는 것이다. 그녀는 항상 침착하게 나를 도와주었다. 앞에서 투데이 시절과 내가 ABC로 처음 옮겼을 당시 나의 메이크업 아티스트였던 바비 암스트롱 이야기를 한 적이 있는데 그녀 역시 지금의 로리처럼 힘들었던 그 시절 내게 큰 위안이 되었던 사람이다.

브라이언트 렘프로는 23년째 내 머리의 스타일링과 커팅, 컬러링을 담당해 왔다(독자들에게 내가 자연 금발이 아니라는 사실을 알게 해드려 미안한 마음이 든다). 나는 출장 갈 때 한 사람을 대동할 수 있도록 계약에 명시되어 있었는데 종종 보조원 대신 브라이언트와 함께 갔다.

그는 여행을 함께 하기 좋은 동반자일 뿐만 아니라 항공편 예약에는 도사급이고 컴퓨터 다루는 데는 슈퍼 도사였다. 비행기를 타게 되면 그는 자기 컴퓨터에 내가 볼 필요가 있는 비디오를 잔뜩 저장해 왔는데 그 덕분에 나는 못 볼 뻔한 자료들을 많이 볼 수 있었다. 예를 들어 2006년 9월 호주 출장 때 나는 테리 어윈과 인터뷰했는데 브라이언트는 컴퓨터에 그녀의 남편 장례식 관련 자료를 잔뜩 넣어 와서 내가 인터뷰하기 전에 볼 수 있게 해 주었다. 브라이언트는 또한 자기 블랙베리에서 읽은 최신 뉴스들을 내게 알려 주었다. 그는 "나는 황소처럼 힘이 세다"는 말을 하곤 했는데 비행기에 타면 내 휴대가방을 짐칸에 넣는 일도 맡아서 했다. 그런 일들 외에 그는 내 머리 손질을 책임졌다.

모니카와 모니크, 로리와 브라이언트 모두 다 나의 동료와 친구로서 없어서는 안 될 사람들이었다.

그 다음 즐거운 나의 집 이야기를 해야겠다. 사랑하는 이코델 톰린슨이 없었다면 우리 집이 그렇게 즐겁기 힘들었을 것이다. 그녀는 정말 최고로 사랑스러운 미소를 머금고서 34년 동안 우리 집안일을 돌보았다. 이코델은 지상에 내려온 천사이고 나의 가장 믿음직한 상담 상대이다. 하지만 우리 집에 함께 사는 다른 누구 이야기를 하지 않을 수가 없다. 실제로 이코델은 이 녀석을 가리켜 반은 개이고 반은 사람이라고 말한다. 우리 집 개인 꿀색의 아바나제 차차 이야기를 하는 것이다. 차차가 가끔 짖어대지 않으면 우리 집은 그야말로 적막강산이다.

다시 뉴욕 이야기로 돌아가서 나는 하워드 스트링거 경과 그의 아내 제니퍼 패터슨 박사의 화려하고 아늑한 집에서 새해 이브를 맞았다. 스트링거 경은 현재 소니의 회장 겸 CEO이다. 독자들도 기억하겠지만 하워드 경(여왕으로부터 기사 작위를 받기 전에)은 CBS에서 내게 엄청난 계약조건을 내걸며 ABC를 떠나라고 제안한 주인공이었다. 나는 그 제안을 거절하기는 했지만 우리는 서로를 너무 좋아해서 좋은 친구로 지내게 되었다. 그의 아내 제니퍼는 쾌활하고 총명하고 아주 웃겼다. 내가 그들과 함께 새해맞이를 하게 된 것은 이번이 두 번째인데 훌륭한 작가들인 노라 에프론과 그녀의 남편인 닉 필레기를 비롯해 아는 친구들과 함께였다. 우리는 샴페인을 마시고 서로 건배하며 테라스에 나가 불꽃놀이를 구경했다. 금년에는 새로운 손님도 불렀는데 후세인 왕의 미망인인 요르단의 누르 왕비였다. 아무리 왕비라 해도 그녀는 새해 이브에 다른 계획이 없었다. 그녀는 몸에 딱 붙는 하얀 이브닝 가운을 입고 나타났는데 너무 아름다워서 최근에 할머니가 된 사람이라고는 도저히 믿기지 않았다. 오래전인 1978년에 이 미국 태생의 젊은 왕비와 그녀의 남편은 결혼하고서 가진 첫 번째 텔레비전 인터뷰를 나와 했다. 그리고 후세인 왕이 죽은 뒤 그녀는 첫 번째 텔레비전 인터뷰를 나와 했다. 생각해 보면 첫 번째 인터뷰도 참 많이 했고 많은 추억이 떠오른다. 이스라엘과 이집트의 평화협상에 관한 보도는 마치 지난 세기에 있었던 일처럼 까마득한 옛날 일로 생각된다. 생각해 보니 정말 지난 세기였다.

자정이 되자 하워드와 제니퍼는 텔레비전을 켜서 우리 모두 타임스 스퀘어에서 볼이 떨어지는 모습을 지켜보았다. 타임스 스퀘어는 42번 스트리트 브로드웨이에 자리하고 있다. 불과 여섯 블록 떨어진 곳에 '루 월터스 웨이'라는 거리 이름이 붙어 있다. 그 표지판을 지나가는 사람들은 루 월터스가 누구인가 하며 그리고 왜 저 사람 이름을 딴 거리 이름이 생겼는지 의아해할 것이다. 나는 그곳을 자주 지나다니는데 그것을 볼 때마다 내 머릿속에는 옛 시절의 모습들이 스쳐 지나간다.

클럽 입구 가까이에 있는 아버지의 테이블에 앉아서 아버지가 만든 쇼의 오프닝 나잇 구경을 하던 장면들, 테이블에 설치해 놓은 '인터폰'을 통해 아버지가 무대 뒤쪽에다 이런저런 지시를 내리는 장면들, 한껏 멋을 낸 엄마, 그리고 언니. 언니는 항상 무대 뒤쪽으로 가고 싶어 했는데 거기가 그렇게 편하고 좋다고 했다. 그리고 칼럼니스트들이 테이블에 다가와서는 아버지의 손을 움켜잡으며 "멋진 쇼였어요, 루"라고 인사를 건넸다. 그리고 수줍고 진지한 소녀였던 나도 그곳에 있었다. 새해 이브와 추수감사절, 생일을 비롯해 축하할 일만 생기면 우리는 모두 그곳으로 몰려갔다.

　나는 지금도 우리 가족의 꿈을 꾼다. 어떤 때는 달콤한 꿈이고 어떤 때는 슬픈 꿈이다. 하지만 우리는 정말 한 가족이었고 지금의 나는 우리 가족이 있었기 때문에 만들어진 것이다. 나는 그곳을 지날 때마다 거리 표지를 쳐다보면 저절로 웃음이 나온다.

　나는 20/20에서는 은퇴했지만, 많은 사람들이 생각하듯이 텔레비전에서 물러난 것은 아니다. 나는 지금도 '더 뷰', '스페셜'과 관련해 매일 일을 한다. 더구나 새로운 일도 시작했는데 바로 라디오 일이다. 현재 나는 시리우스 위성 라디오에서 빌 게디와 함께 일주일에 한 번씩 생방송 프로그램을 진행한다. 우리는 청취자들로부터 전화를 받고 논란이 되는 주제를 놓고 격렬한 토론도 벌인다. 빌과 같이 일하면 재미있는데 그는 나와 입장이 확연하게 다르기 때문에 활발한 토론이 되도록 해준다. 시리우스에서 일할 때는 메이크업이나 머리 손질을 하지 않아도 된다. 라디오 일은 노망이 들 때까지 할 생각이다. 시리우스에서는 또한 내가 지난 30년 동안 '스페셜'에서 한 인터뷰를 거의 전부 다시 내보내고 있다. 청취자들은 텔레비전을 통해 직접 보는 것 못지않게 듣는 것도 좋아하는 것 같다.

　나는 특히 금년에 하는 스페셜이 마음에 드는데 주제가 '150세까지 사는 비결'이다. 최첨단 과학 이야기로 최근의 줄기세포 연구와 현재 실험쥐를 대상으로 하고 있지만 앞으로는 사람에게도 실험을 하게 될 노화연구 등을 다룬다. 놀라지 마시라! 스페셜을 진행하면서 나는 100살이 넘는 남녀 대여섯 명을 인터뷰했다. 그중에서도 내가 제일 좋아하는 사람은 101살의 도로시인데 그녀는 94살 된 남자친구와 함께 나타났다. 도로시는 지금이 과거 그 어느 때보다도 더 행복하다고 했다. 그녀는 남편이 죽을 때까지 46년을 함께 살았는데 좋은 결혼생활이 아니었다고 했다. 그리고 이제야 마침내 진정한 사랑을 찾았다고 했다.

그러니 자, 보시라. 너무 늦은 때란 없는 법이다.

　나는 또한 옛날과 똑같이 '스페셜'을 즐긴다. 솔직히 '즐긴다'는 말은 맞지 않는 표현이기는 하다. 폴 뉴먼이 모는 레이스카에 함께 타고 시속 150마일로 달리는 것이었기 때문이다. 마지막 두 바퀴 남겨 놓고 커브를 돌 때 나는 이를 악물고 버텼다. 결국 83살의 폴 뉴먼은 그날 자기 나이의 절반밖에 안 되는 남자들을 물리치고 1위로 들어왔다. 그가 100살 때도 레이싱을 계속할 수 있을지는 모르겠다. 한 가지 분명한 것은 그가 들으면 멋쩍어할지도 모르지만 그의 멋진 푸른 눈은 지금도 여전하다. 나는 지난 30년 동안 뉴먼과 여러 번 인터뷰했는데 이번 인터뷰를 끝낸 다음 우리는 서로 팔을 두르고 이제는 두 사람 모두 골동품이 되어 간다는 사실을 인정했다. 하지만 그렇게 서글픈 기분은 아니었다.

　이제 정말 언제 은퇴할 것이냐는 질문이 남았다. 마지막 이야기를 하나 해야겠다.

　지난번 새해 때 나는 외출하기 전에 아주 친한 친구인 베벌리 실스가 퍼블릭 텔레비전에서 진행하는 '그레이트 퍼포먼스'라는 프로그램을 보았다. 사실 전 세계적으로 가장 호평 받은 오페라 소프라노였던 베벌리보다 더 뛰어난 공연을 한 사람은 세상에 많지 않다. 그녀와 친구가 된 것은 30년쯤 전이었으니 그렇게 오래된 것은 아니었다. 베벌리는 오페라 가수를 그만둔 다음 뉴욕시티오페라의 총감독이 되었다가 링컨 센터 총감독, 메트로폴리탄 오페라 총감독을 맡았다. 뉴욕시티오페라를 그만두었을 때 그녀의 남편 피터가 그녀에게 글씨가 새겨진 금반지를 선물했다. 내가 20/20을 그만두었을 때 베벌리는 내게 그 금반지를 주었는데 뭐라고 쓰여 있는지 한번 보라고 했다. 반지에는 이렇게 쓰여져 있었다. "나는 진작 그만두었는데."

　슬프게도 사랑하는 나의 베벌리는 2007년 7월에 암으로 세상을 떠났다. 그해 9월 메트로폴리탄 오페라가 마련한 그녀의 추모식에서 나는 조사를 했다. 수천 명이 모여서 오페라 하우스의 제일 위층까지 꽉 들어찼다. 그날 내게 가장 소중한 사람은 베벌리의 딸 머피였다. 머피는 태어날 때부터 완전히 귀머거리

여서 엄마가 부르는 노래를 한번도 들어 보지 못했다. 하지만 머피는 똑똑하고 다정다감하고 베벌리가 갖고 있는 유머 감각을 물려받은 정말 놀라운 여자다. 정말 모든 면에서 엄마를 쏙 빼닮은 딸이다. 우리는 지금도 계속 가까이 지내며 훌륭한 엄마에 대한 사랑을 함께 나누고 있다. 나는 매일 베벌리가 보고 싶다.

추억 또 추억만 남았다. 이제는 대부분 좋은 추억만 남았다. 악령은 물러갔다. 하지만 가끔은 악령들이 전면에 튀어나오기도 한다. 최근에 나는 디너파티를 열었는데 늘 하던 대로 음식을 다 먹었을 즈음에 같이 앉은 손님들에게 한 가지 질문을 던져 놓고 돌아가면서 대답을 해 보라고 했다. 내가 던진 질문은 "여러분의 삶을 되돌아볼 때 제일 후회스러운 일이 무엇입니까?" 하는 것이었다. 세라 심스 로젠탈이 이렇게 대답했다. 그녀의 남편 미첼 로젠탈 박사는 재키에게 정말 많은 도움이 되어 주었다. "엄마가 돌아가실 때 옆에 같이 있어 드리지 못한 게 제일 후회스러워요." 그 말을 듣는 순간 내 두 눈에 금방 눈물이 핑 돌았다. 나 역시 엄마의 임종을 지켜보지 못해 지금껏 후회스럽다. 하지만 과거의 일을 바로잡을 수 있는 사람은 없다.

무엇보다도 중요한 사실은 나는 지금 과거 그 어느 때보다도 더 행복하고 마음이 편하다는 것이다. 물론 나는 멋진 경력을 보냈다. 가보지 못한 곳이 없고 만나야 할 중요한 인물은 거의 모조리 다 만났다. 내가 상상했던 것 이상으로 나는 많은 것을 이루며 살았다.

나의 동료인 돈 휴이트는 항상 나보고 우리는 텔레비전의 황금기를 살아왔다는 말을 한다. 그의 말이 옳을지도 모른다. 하지만 아직도 나는 과거를 뒤돌아보며 남은 시간을 보내고 싶지는 않다. 하지만 한 가지는 분명하다. 지금과 같은 인스턴트 인터넷 뉴스의 시대에서는 휴대폰으로 비디오를 찍고, 블로그가 지천에 널려 모든 사람이 리포터가 되는 시대에서는 어떤 한 사람이 나와 같은 경력을 갖기는 매우 어려울 것이라는 사실이다. 내가 정상에 설 수 있었던 것은 게임이 시작되기 전에 앞서 출발한 이점을 누렸기 때문이기도 하다. 얼마나 운이 좋았던가! 정말 운이 좋았어!

나는 나와 같은 길을 걸어온 다른 여성들보다도 좀 더 수월한 길을 걸어 왔다. 다른 분야의 여성들과 비교해도 마찬가지일 것이다. 이제 텔레비전은 더 이상 남자들의 영역이 아니다. 물론 이렇게 바꾸는 데는 나도 일조를 했을 것이다. 나는 그 점에 대해서도 감사하는 마음이다. 나는 정말 축복받은 사람이다. 어떤 때는 내가 그런 대접을 받을 만한 자격이 있는 게 아닌가 하는 생각이 들 때도 있다. 하지만 이제는 나도 드디어 "나는 진작 그만두었는데" 하는 말을 할 때가 온 것 같다는 생각이 든다.

이제는 오디션을 그만둘 때가 되었다.

이 책 작업만 남았을 뿐이다.

고마운 사람들

누구보다도 제일 먼저 린다 버드 프랭크에게 고마움을 전한다. 그녀의 도움이 없었으면 이 책은 쓰여지지 못했을 것이다. 내가 잊고 있던 대부분의 역사적인 자료는 모두 그녀의 것이다. 그것뿐만이 아니다. 내가 이 책을 마치면서 섭섭한 마음이 드는 유일한 이유는 이제 린다를 볼 수 없게 되기 때문이다.

모든 잰클로는 나의 훌륭한 에이전트일 뿐만 아니라 그의 아내 린다와 함께 오랜 세월 나의 절친한 친구였다. 그는 계약협상 때부터 나를 도와주었고 첫날부터 내내 함께했다.

베치 슐러는 최고의 리서처이고 사실 확인자이다. 그녀는 아주 조직적이고 효율적으로 일을 하며 정말 멋진 사람이다. 피터 게서스는 혜안을 가진 에디터로 약간만 손을 대도 엄청난 변화를 가져오게 만드는 사람이다. 두 사람 모두에게 감사한다.

내 책을 출판해 준 앨프리드 A. 크노프의 편집인이자 사장인 소니 메타에게도 감사를 드리지 않을 수 없다.

그리고 조지 피네다 이야기를 하지 않을 수 없다. 그가 내 인생에서 차지하는 의미는 말로 어떻게 표현해야 할지 모를 정도다. 그는 가장 겸손한 방법으로 내 일상생활의 모든 것을 챙겨 준 사람이다. 그는 너무 겸손한 사람이라 내가 여기서 자기 이름을 거론하는 것조차 못마땅해할지 모르겠다. 하지만 컴퓨터를 비롯해 모든 것을 챙겨 준 사람이 바로 조지였다. 그의 도움이 없었더라면 나는 컴퓨터 때문에 진작 미쳐 버렸을 것이다. 모두 다 아는 이야기이지만 내 인생의 좌우명은 "잘 모르면 조지에게 물어 보라"였다.

바탄 그레고리언은 여러 해 전부터 나보고 책을 쓰라는 말을 했다. 드디어 나는 책을 쓰게 되었고 바탄은 한 페이지 한 페이지 꼼꼼하게 읽으며 확실하고 중요한 충고를 해주었다. 고마워요 바탄.

내 딸 재클린 댄포스는 책을 읽어 보고 자기와 관련된 중요하고 아주 사적인 부분에 대해 용감하게 오케이라는 말을 해 주었다.

다음에 적은 사람들도 시간과 지혜를 가지고 기꺼이 나를 도와주었다. 데이비드 웨스틴, 필리스 맥그레이디, 빌 새파이어, 샘 도널드슨, 루 와이스, 리처드 월드, 허브 슐로서, 그리고 ABC에서 일하는 나의 멋진 프로듀서들, 그중에서도 특히 빌 게디, 마틴 클랜시, 케이티 톰슨, 데이비스 슬론, 앨런 골드버그, 캐런 번스, 브래드 라로사의 이름을 적지 않을 수 없다. ABC 뉴스 리서치 센터의 실라 맥닐에게도 감사의 인사를 전한다.

이 책에 대해 끊임없이 이야기를 해대는 데도 나보고 그만 입 닥치라는 소리를 하지 않고 들어 준 내 친구들에게도 깊은 고마움을 전한다.

마지막으로 제일 중요하게 감사의 인사를 드릴 사람은 오랜 세월 나와 함께해준 나의 시청자들이다. 내가 제일 감사하는 것은 바로 내게 보내준 그분들의 성원이었다.